Estudo interativo, fácil e eficiente

Este livro oferece materiais digitais exclusivos

Acesse:

No seu computador

➤ Acesse o link http://somos.in/MDT07

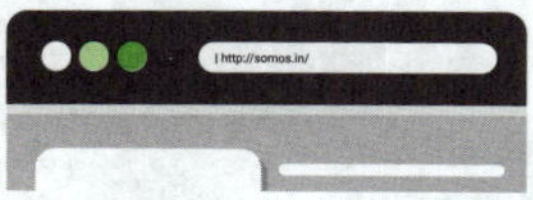

No seu celular ou tablet

➤ Entre no Google Play ou na AppStore e procure por "QR Code". Baixe o aplicativo de leitor de QR Code de sua preferência.

➤ Abra o aplicativo baixado e aponte para um QR Code disponível no livro.

➤ Faça seu cadastro:

a. Clique em "Não tem conta? Cadaste-se".

b. Preencha as informações – insira um e-mail que você costuma usar, ok?

c. Crie sua senha.

Pronto! Agora é aproveitar o conteúdo desta obra.

Obs.: se você já tem uma conta conosco, basta entrar com seu login e senha já criados.

Qualquer dúvida, entre em contato pelo e-mail
suportedigital@saraivaconecta.com.br

Confira o recado do professor Mazza para você:

http://somos.in/MDT0701

ALEXANDRE MAZZA

Pós-doutor pelas Universidades de Coimbra e Salamanca.
Doutor e Mestre em Direito Administrativo pela Pontifícia Universidade Católica de São Paulo (PUC-SP).
Professor de Direito Administrativo e Direito Tributário da Escola do Mazza.
Autor das obras *Manual de Direito Tributário*, *Administrativo #naprática*, *Tributário #naprática* e *Relação Jurídica de Administração Pública*, todas pela Saraiva Educação. Advogado.

Manual de DIREITO TRIBUTÁRIO

7ª edição

2021

saraiva jur

saraiva EDUCAÇÃO | saraiva jur

Av. Paulista, 901, 3º andar
Bela Vista – São Paulo – SP – CEP: 01311-100

SAC | sac.sets@somoseducacao.com.br

DADOS INTERNACIONAIS DE CATALOGAÇÃO NA PUBLICAÇÃO (CIP)
ANGÉLICA ILACQUA CRB-8/7057

Mazza, Alexandre
Manual de direito tributário / Alexandre Mazza. - 7. ed. – São Paulo: Saraiva Educação, 2021.
928p.

Bibliografia
ISBN978-65-5559-319-8 (impresso)

1. Direito tributário – Brasil. I. Título.

CDD 340
20-0524 CDU 34:336.2(81)

Índice para catálogo sistemático:

1. Direito tributário : Brasil

Direção executiva	Flávia Alves Bravin
Direção editorial	Renata Pascual Müller
Gerência de projetos e produção editoriais	Fernando Penteado
Planejamento	Josiane de Araujo Rodrigues
Novos projetos	Sérgio Lopes de Carvalho Dalila Costa de Oliveira
Edição	Clarissa Boraschi Maria (coord.) Liana Ganiko Brito
Produção editorial	Daniele Debora de Souza (coord.) Daniela Nogueira Secondo
Arte e digital	Mônica Landi (coord.) Camilla Felix Cianelli Chaves Claudirene de Moura Santos Silva Deborah Mattos Guilherme H. M. Salvador Tiago Dela Rosa
Projetos e serviços editoriais	Daniela Maria Chaves Carvalho Kelli Priscila Pinto Laura Paraíso Buldrini Filogônio Marília Cordeiro Nicoly Wasconcelos Razuk
Diagramação	Join Bureau
Revisão	Lilian Moreira Mendes
Capa	Bruno Ortega
Produção gráfica	Marli Rampim Sergio Luiz Pereira Lopes
Impressão e acabamento	Bartira

Data de fechamento da edição: 12-11-2020

Dúvidas? Acesse www.editorasaraiva.com.br/direito

CL 606849 CAE 742809

Para Tatiana, Duda e Luísa.
Presentes de Deus
na minha vida.

SUMÁRIO

AGRADECIMENTOS

Quero agradecer em primeiro lugar a Deus, que sempre me deu mais do que eu preciso e mereço. Obrigado, Pai.

Impossível não lembrar da minha família. Tatazinha, minha mulher maravilhosa, que aguenta meu mau humor quando estou escrevendo. E nossas filhas amadas, Duda e Lulu, nosso maior projeto de vida.

Agradeço aos meus pais, Lúcio e Isabel, pelo exemplo e apoio que nunca faltaram.

À Saraiva, minha editora querida. Tenho orgulho de ser Saraiva.

Um agradecimento especial aos meus editores, que sempre apostam tudo nos meus projetos, especialmente à querida Flávia Bravin. Obrigado, "Chefes"!

Por fim, e muito especialmente, gostaria de agradecer a todos e a cada um dos meus alunos. Àqueles que sempre me cobraram e incentivaram a fazer um Manual de Tributário "igual ao de Administrativo, Mazza" (risos!).

O livro é de vocês.

OBRIGADO!

Com carinho,

Alexandre Mazza

NOTA DO AUTOR À 7ª EDIÇÃO

O ano de 2020 foi fundamental para ampliar a aceitação do nosso *Manual de direito tributário*, especialmente entre alunos da graduação.

Agradeço especialmente aos amigos professores universitários que vêm ajudando na divulgação do meu trabalho.

O ano me trouxe muitas novidades profissionais importantes com impacto positivo neste *Manual*.

Continuo como professor de cursos preparatórios, atividade que desenvolvo ininterruptamente há 20 anos, ministrando aulas de Administrativo e Tributário para milhares de alunos. Fora os preparatórios, em 2019 criei uma plataforma *on-line* própria, na qual disponibilizo aulas para concursos, OAB e atualização. Era um sonho antigo, agora realizado, ter a minha "Escola do Mazza" (<http://www.escoladomazza.com.br>). As aulas *on-line* me obrigam a estar sempre muito atualizado, circunstância que, sem dúvida, favorece muito meus *Manuais*.

Para minha alegria, retomei as aulas na graduação, lecionando intensivamente aos queridos alunos da Universidade São Judas Tadeu, em São Paulo. O contato permanente com graduandos vitaliza a docência e permite que meus *Manuais* mantenham uma linguagem apropriada para todas as gerações de leitores.

Houve também uma importante melhoria no conteúdo do meu Instagram (@professormazza), no qual tenho postado vídeos curtos com dicas diárias de Administrativo e Tributário. A interação permanente com meus 500 mil seguidores nas redes sociais é indispensável para compreender em tempo real as demandas de todos.

Todas essas novidades favorecem a melhoria constante deste *Manual*.

Nesta edição, acrescentei diversas informações, atualizações legislativas e jurisprudenciais, novas questões de concursos, tópicos adicionais, assuntos atuais e novidades doutrinárias.

Além disso, reformulei os quadros sinóticos e as esquematizações para torná-los mais eficientes. O livro conta com novos vídeos meus explicando temas essenciais. Incluí também mapas mentais para facilitar a memorização.

Por fim, a nova edição reflete também melhorias que são fruto da minha vivência na Universidade de Salamanca, durante os trabalhos de conclusão do meu Pós-Doutorado. Pesquisei na Espanha pontos de contato entre o Direito Público brasileiro e os direitos sociais. Registro aqui meu agradecimento a todos os professores e colegas da USAL pela oportunidade, especialmente à coordenadora do programa, Prof.ª Dra. María Esther Martínez Quinteiro, e à minha orientadora, Prof.ª Dra. Lucyléa Gonçalves França.

Aos leitores, peço que continuem mandando sugestões e críticas para aperfeiçoamento do nosso *Manual.*

Sucesso e bons estudos.

Forte abraço e muito obrigado,

Alexandre Mazza
Instagram: @professormazza

NOTA DO AUTOR À 1ª EDIÇÃO

"ESTUDANDO O DIREITO TRIBUTÁRIO EM QUATRO PLANOS"

Em 2015 completo dezesseis anos ininterruptos dando aulas de Direito Tributário para turmas de Concursos Públicos, Pós-Graduação e Exame de Ordem, especialmente na Rede de Ensino LFG.

Minha paixão pela matéria despertou na graduação. Tive o privilégio na PUC-SP de ser aluno de ícones como Roque Antonio Carrazza, Paulo de Barros Carvalho e Elizabeth Carrazza. Todos nós da Escola Paulista de Direito somos discípulos do inigualável mestre Geraldo Ataliba.

Fiz o mestrado e doutorado em Direito Administrativo, mas sempre combinando créditos com Tributário. Poucos meses depois de formado, dava aulas de Administrativo e Tributário, sempre das duas disciplinas. E assim tem sido durante esses dezesseis anos.

O contato permanente com o Direito Administrativo favorece uma visão mais completa do Tributário. São ramos coligados. É virtualmente impossível compreender a atividade fiscal sem articular adequadamente inúmeros institutos integrantes do regime jurídico-administrativo. Basta lembrar que o Fisco é parte da Administração Pública. Lançamento tributário é ato administrativo. Ação anulatória visa promover judicialmente a extinção de decisão administrativa inválida. A atividade de cobrar tributos é manifestação da função administrativa. Os recursos contra exigência tributária são recursos administrativos. Taxas são cobradas para remunerar tarefas da Administração, a saber: serviço público ou poder de polícia. Contribuições de melhoria pressupõem a realização de uma obra pública (função administrativa). Entre tantos outros exemplos.

É essa visão integrada dos ramos coirmãos, o Tributário e o Administrativo, que o querido leitor poderá experimentar desde as primeiras linhas do presente livro.

Alguém poderia perguntar: por que lançar mais um livro de Direito Tributário se já existem tantos disponíveis no mercado editorial?

Este é um livro diferente!

A enorme acolhida que meu *Manual de Direito Administrativo* recebeu e, ao mesmo tempo, os incessantes pedidos de leitores para que eu fizesse um livro parecido, mas agora de Direito Tributário, me animaram a ir além!

Durante quatro anos pesquisei a opinião de alunos, seguidores nas redes sociais, leitores, concurseiros e profissionais da área sobre como seria um "livro ideal" em Tributário. E mais: estudei as provas dos concursos públicos mais exigentes do País.

O resultado surpreendeu. O Direito Tributário, ao contrário de outros ramos, é abordado pelas bancas em pelo menos três planos distintos: a) doutrina; b) legislação; c) jurisprudência.

Mas, dependendo da prova que o candidato prestar, é preciso inserir ainda, assim como fiz no meu *Manual de Direito Administrativo*, um quarto plano: a opinião da banca examinadora.

É isso!

O meu *Manual*, por mais trabalho que desse, precisaria apresentar ao leitor **o Direito Tributário em quatro planos diferentes:**

a) **doutrina;**

b) **legislação;**

c) **jurisprudência;**

d) **visão das bancas.**

É exatamente a proposta do meu livro, querido leitor.

Trata-se de obra com ênfase na preparação para provas e concursos públicos, embora possa perfeitamente ser usada na graduação e pós-graduação, ou mesmo por profissionais do Direito.

O conteúdo integra de forma inovadora doutrina, legislação, jurisprudência e questões de prova.

DOUTRINA: O texto é apresentado em linguagem direta e objetiva, sem rodeios, como sempre fiz em sala de aula. Uso o destaque para salientar as informações mais importantes criando um segundo nível, que facilita o acesso rápido às chaves para assimilação da matéria.

LEGISLAÇÃO: As provas de Tributário, com surpreendente frequência, perguntam a letra da lei. Como se sabe, a legislação tributária no Brasil é caótica e pouco conhecida. Assim, visando facilitar o estudo, utilizo a técnica de transcrever o texto normativo, sem alteração ou comentários. Com isso, evito que o leitor abandone o livro para pesquisar em outra fonte. Bem mais prático e eficiente.

JURISPRUDÊNCIA: Como grande diferencial deste *Manual*, incorporei no texto todos os informativos recentes do STF e do STJ sobre tributação. Ao final de muitos temas organizei o "Direito Sumular" transcrevendo as súmulas do STF, STJ e TFR pertinentes. Dificilmente alguma questão de prova versando sobre jurisprudência tributária não estará abordada neste livro.

VISÃO DAS BANCAS: Do mesmo modo como fiz no meu *Manual de Direito Administrativo*, inseri questões de prova em balões junto ao texto permitindo que o leitor saiba exatamente como aquele ponto cai no seu concurso. Além disso, ao final de cada capítulo incluí uma seleção de questões com o objetivo de testar o conhecimento e ampliar a visão de como os temas são perguntados pelas diferentes bancas.

Meu querido leitor, gostaria que você soubesse que este livro é "nosso". Foi feito para você!

Sinta-se à vontade para fazer sugestões, críticas, propor mudanças, novos temas. Mas principalmente: se encontrar alguma pergunta de prova que "nosso livro" não ajudou a responder, por favor me avise.

Eu quero, de coração, que este *Manual* atenda ao seu maior objetivo: tratar, com clareza e objetividade, de todas as questões sobre Direito Tributário abordadas nas provas e concursos públicos mais concorridos do Brasil!

E, para isso, conto com a sua ajuda, hein?

Forte abraço e SUCESSO!

Alexandre Mazza
Instagram: @professormazza

1

NOÇÕES GERAIS

Acesse também a videoaula pelo *link*:
http://somos.in/MDT0702

1.1 CONCEITO DE DIREITO TRIBUTÁRIO

Convém iniciar o estudo de um ramo jurídico pela análise do seu conceito.

Existe **divergência** na doutrina **quanto ao conceito** de Direito Tributário. Embora haja pontos de contato entre as diversas conceituações, cada autor escolhe certos elementos que considera mais significativos para chegar ao conceito, como se pode notar nos exemplos abaixo:

Segundo a lição clássica de **Rubens Gomes de Souza**, um dos precursores da ciência tributária no Brasil, "Direito Tributário é o ramo do Direito Público que rege as relações jurídicas entre o Estado e os particulares, decorrentes da **atividade financeira** do Estado no que se refere à **obtenção de receitas** que correspondam ao conceito de tributos"[1].

Para **Hugo de Brito Machado**, defensor de uma concepção mais garantista, "é o ramo do Direito que se ocupa das relações entre o Fisco e as pessoas sujeitas a imposições tributárias de qualquer espécie, **limitando o poder de tributar** e **protegendo o cidadão** contra os abusos desse poder"[2].

Ricardo Lobo Torres, por sua vez, adota uma conceituação objetivo-funcional voltada para as atividades estatais que são objeto do ramo. "Direito Tributário é o conjunto de normas e princípios que regulam a atividade financeira relacionada com a **instituição e cobrança de tributos**: impostos, taxas, contribuições e empréstimos compulsórios"[3].

> Esaf: A prova de Técnico do Tesouro Nacional de 1997 considerou ERRADA a afirmativa: "Tributo é gênero de que são espécies o imposto, a taxa, a contribuição de melhoria e o preço de serviços públicos".

De acordo com **Paulo de Barros Carvalho** "Direito Tributário positivo é o **ramo didaticamente autônomo** do direito, integrado pelo conjunto de proposições

---

1. *Compêndio de Legislação Tributária*, p. 40.
2. *Curso de Direito Tributário*, p. 50.
3. *Curso de Direito Financeiro e Tributário*, p. 13.

jurídico-normativas que correspondam, direta ou indiretamente, à instituição, arrecadação e fiscalização de tributos"[4].

> PGE/GO: A prova da Procuradoria do Estado/GO de 2000 considerou CORRETA a afirmativa: "No ordenamento jurídico nacional, identifica-se o Direito Tributário positivo como ramo didaticamente autônomo, porque integra conjunto das proposições jurídico-normativas que correspondem à instituição e arrecadação de tributos".

Para finalizar o rol de conceitos que selecionamos, a formulação bastante sintética de **Luciano Amaro**: "o Direito Tributário é a **disciplina jurídica dos tributos**"[5].

1.1.1 Considerações sobre os núcleos conceituais

A análise dos conceitos acima apresentados permite identificar alguns elementos fundamentais, isto é, núcleos conceituais que são úteis para formar uma compreensão mais detalhada do que é o Direito Tributário:

a) "atividade financeira para obtenção de receitas": o Direito Tributário estuda a disciplina normativa de atividades estatais cuja finalidade precípua é a captação de recursos (receita) para custeio do Estado. Por essa razão, as regras tributárias aproximam-se da fronteira com o Direito Financeiro, ramo do Direito Público voltado à análise do regime jurídico das receitas e despesas do Estado. **Quando o dinheiro do contribuinte ingressa nos cofres públicos, termina o Direito Tributário e começa o Direito Financeiro**;

> FCC: A prova da PGE/SP considerou ERRADA a afirmativa: "Direito tributário é o conjunto de normas que regula o destino dos valores arrecadados a título de tributo dentro da máquina do Estado".

b) "limitando o poder de tributar e protegendo o cidadão": o papel fundamental desempenhado pelo Direito Tributário é o de regrar as atividades fiscais, estabelecendo restrições ao poder de cobrar tributos como forma de proteger os direitos do contribuinte. Assim, o Direito Tributário apresenta-se ao mesmo tempo como limitador do poder tributante e garantidor dos direitos do contribuinte;

c) "instituição e cobrança de tributos": o objeto do Direito Tributário é a disciplina jurídica de três atividades estatais interligadas, a saber: 1) a instituição de tributos; 2) a cobrança de tributos; e 3) a fiscalização do pagamento de tributos;

d) "ramo didaticamente autônomo": **o Direito** em si, considerado como o conjunto de regras impostas pelo Estado para disciplina coercitiva de condutas sociais, **é uno e indivisível**. Porém, com o objetivo de facilitar seu estudo, o Direito foi pedagogicamente dividido em ramos autônomos. **Não é uma autonomia**

4. *Curso de Direito Tributário*, p. 47.
5. *Direito Tributário Brasileiro*, p. 2.

científica, mas meramente didática, na medida em que as fronteiras entre o Direito Tributário e os demais ramos são definidas segundo critérios de simples conveniência para melhor compreensão do ordenamento;

> Cejur: A prova de Procurador do Estado/GO de 2000 considerou CORRETA a afirmativa: "No ordenamento jurídico nacional, identifica-se o Direito Tributário positivo como ramo didaticamente autônomo, porque integra o conjunto de proposições jurídico-normativas que correspondem à instituição e arrecadação de tributos".

e) "disciplina jurídica de tributos": conforme dito, o Direito Tributário constitui um ramo jurídico integralmente construído em torno de um único instituto: o tributo.

1.1.2 Nosso conceito

A partir das considerações feitas no item anterior é possível pensar em um conceito sintético de Direito Tributário apropriado para utilização em provas e concursos públicos: **Direito Tributário é o ramo do Direito Público que estuda[6] princípios e regras disciplinadores do exercício das atividades de instituição, cobrança e fiscalização de tributos.**

No conceito apresentado destacam-se três partes fundamentais:

a) "ramo do Direito Público": o Direito Tributário é classificado como ramo do Direito Público[STJ] por estudar atividades estatais;

> STJ: "O Direito Tributário, um dos ramos do Direito Público, tem por finalidade precípua o interesse público, segundo o qual ao Estado é dado o direito-dever de arrecadar tributos, com o objetivo de obter receitas para garantia do bem-estar social" (REsp 1.233.721 PR, j. 1º-3-2011, 2ª T., voto do rel. Min. Humberto Martins).

b) "estuda princípios e regras": significa dizer que existem dois tipos de normas jurídicas pertencentes ao Direito Tributário: 1) princípios: normas gerais que veiculam valores essenciais do sistema jurídico; 2) regras: normas específicas que disciplinam comportamentos determinados;

c) "disciplinadores do exercício das atividades de instituição, cobrança e fiscalização de tributos": essas são as três atividades estatais que compõem campo específico de interesse do Direito Tributário.

---

6. Conforme tivemos oportunidade de esclarecer no *Manual de Direito Administrativo*, publicado pela Editora Saraiva, ao dizer que o Direito Tributário "estuda os princípios e normas" faz-se uma opção por considerar o direito uma ciência explicativa das regras jurídicas. Outra possibilidade seria tratar do Direito Tributário como o próprio conjunto de princípios e normas, destacando o objeto da ciência. A existência dessas duas alternativas metodológicas revela a dualidade entre o *Direito como ciência* e o *direito como objeto da ciência*.

> FCC: A prova da PGE/SP considerou CORRETA a afirmativa: "Direito tributário é o conjunto de normas que regula o comportamento das pessoas de levar dinheiro aos cofres públicos".

1.2 TAXONOMIA OU NATUREZA JURÍDICA

Taxonomia é a definição da natureza jurídica de determinado instituto, ou seja, o processo técnico por meio do qual se investiga o enquadramento do objeto dentro das grandes categorias da ciência do Direito.

Quanto a um ramo jurídico, definir sua taxonomia consiste precisamente em classificá-lo como pertencente ao Direito Privado ou ao Direito Público.

Os ramos do Direito Privado são aqueles voltados à disciplina jurídica das atividades de particulares, como o Direito Civil e o Direito Empresarial.

Já os ramos de Direito Público dirigem-se à regulação das atuações estatais, como ocorre com o Direito Constitucional, o Direito Administrativo, o Direito Penal, o Direito Processual Civil, entre tantos outros.

Diante dessa dicotomia fundamental é inegável que o Direito Tributário classifica-se como **ramo do Direito Público** na medida em que as três atividades que pertencem ao seu objeto de estudos (criação, cobrança e fiscalização de tributos) são atividades que o ordenamento jurídico brasileiro define como próprias do Estado.

E mais, por estabelecer uma disciplina de natureza substancial, e não adjetiva ou formal, o Direito Tributário é ramo de **direito material**.

Além disso, de acordo com a doutrina de Bernardo Ribeiro de Moraes, o Direito Tributário apresenta-se também como um "ordenamento de **direito obrigacional**"[7], uma vez que se estrutura a partir da ideia de uma relação jurídica obrigacional ligando o Fisco e o **contribuinte**.

> Vunesp: A prova da Magistratura/SP de 2009 considerou ERRADA a assertiva: "O Direito Tributário não se caracteriza como um ordenamento obrigacional e comum".

> Cespe: A prova de Analista do TRE/PE de 2017 considerou ERRADA a afirmação: "O tributo constitui direito real do Estado perante o contribuinte".

Cabe registrar, ao final, que a jurisprudência pátria frequentemente refere-se ao Direito Tributário como um **direito comum** (EI 129.810 TJ/SC), no sentido de ser um ramo aplicável à generalidade das pessoas, e não um ramo especial ou excepcional[8].

Portanto, pode-se falar em uma **quádrupla natureza jurídica** do Direito Tributário: a) direito público; b) direito material; c) direito obrigacional[STF]; d) direito comum.

---

7. *Compêndio de Direito Tributário*, passim.
8. Jorge Antônio Bezerra Oliveira, *Direito Tributário*, Editora Librus, passim.

STF: "Tributo, sabemos todos, encontra definição no art. 3º do CTN, definição que se resume, em termos jurídicos, no constituir ele uma obrigação que a lei impõe às pessoas, de entrega de uma certa importância em dinheiro ao Estado. As obrigações são voluntárias ou legais. As primeiras decorrem da vontade das partes, assim, do contrato; as legais resultam da lei, por isso são denominadas obrigações *ex lege* e podem ser encontradas tanto no Direito Público quanto no Direito Privado. A obrigação tributária, obrigação *ex lege*, a mais importante do Direito Público, 'nasce de um fato qualquer da vida concreta, que antes havia sido qualificado pela lei como apto a determinar o seu nascimento" (ADIn 447, rel. Min. Octavio Gallotti, voto do Min. Carlos Velloso, j. 5-6-1991, Plenário, *DJ* 5-3-1993).

1.3 DENOMINAÇÃO DO RAMO

Na doutrina nacional e estrangeira é possível encontrar diversas nomenclaturas utilizadas para designar o ramo jurídico voltado ao estudo das atividades jurídico-tributárias, tais como: "Direito Fiscal", "Legislação Tributária", "Legislação Fiscal", "Direito do Imposto", "Direito Impositivo", "*Tax Law*", "Direito Financeiro" e "Direito Tributário".

Direito Fiscal: sob influência do francês "droit fiscal" e do inglês "fiscal law"[9], a nomenclatura "direito fiscal" já foi utilizada por autores clássicos como sinônimo de Direito Tributário, mas carrega o inconveniente de enfatizar a pessoa do Fisco, isto é, destacando o papel do Estado tributante em desfavor da figura do contribuinte. No Brasil, o simples fato de termos um Código Tributário Nacional justifica a preferência pelo nome Direito Tributário, cuja utilização encontra também ampla acolhida no atual texto constitucional (por exemplo: Art. 24. "Compete à União, aos Estados e ao Distrito Federal legislar concorrentemente sobre: I – Direito Tributário"). É certo, porém, que a denominação "Direito Fiscal" ainda goza de relativo prestígio no Direito estrangeiro.

Legislação tributária: trata-se de expressão de alcance mais reduzido[10], significando o conjunto de regras formais disciplinadoras da atuação do Fisco. Assim, não parece apropriada para designar o ramo jurídico-tributário.

Legislação fiscal: É expressão sinônima de "legislação tributária" e, por isso, igualmente imprópria para denominar o Direito Tributário.

Direito do Imposto (*steuerrecht*): nome comumente utilizado por autores alemães e suíços[11], pressupõe sistemas jurídicos com uma única espécie tributária. Como o ordenamento brasileiro prevê cinco tipos de tributos (impostos, taxas, contribuições de melhoria, empréstimos compulsórios e contribuições especiais),

---

9. Hugo de Brito Machado, *Curso de Direito Tributário*, p. 50.
10. Hugo de Brito Machado, *Curso de Direito Tributário*, p. 50.
11. Eduardo Marcial Ferreira Jardim, *Manual de Direito Tributário e Financeiro*, p. 43.

o emprego da terminologia "direito do imposto" seria inapropriado para designar a totalidade das espécies tributárias existentes entre nós.

Direito impositivo: denominação criada pelo espanhol Otero Castello[12], tem o inconveniente de mostrar-se uma expressão redundante, uma vez que todos os ramos do Direito têm caráter impositivo.

Tax law: nome do Direito Tributário na Inglaterra e nos Estados Unidos.

Direito Financeiro: muitos autores clássicos consideravam que a expressão "direito financeiro" poderia ser utilizada como sinônimo de "Direito Tributário". Atualmente, entretanto, trata-se de dois nomes que designam ramos jurídicos inconfundíveis. A própria Constituição Federal de 1988, de forma clara, distingue os referidos ramos, como, por exemplo, no art. 24, I, ao atribuir as competências para legislar sobre Direito Tributário e Direito Financeiro. A diferenciação entre os dois ramos jurídicos será objeto de item específico neste Capítulo 1.

Direito Tributário: é indubitavelmente a nomenclatura preferida entre os doutrinadores pátrios, além de estar difundida por toda nossa jurisprudência e ter sido amplamente adotada pelo legislador em milhares de diplomas normativos nacionais. Como dito anteriormente, o simples fato de termos um "Código Tributário Nacional" é suficiente para explicar a universal aceitação do nome "Direito Tributário" entre nós, legitimada inclusive por seu emprego no texto constitucional.

Portanto, em provas e concursos públicos não tenha dúvida: use somente "Direito Tributário".

1.4 FINALIDADES DO DIREITO TRIBUTÁRIO

Ao contrário do tributo, cuja razão de existir é propiciar a obtenção de recursos financeiros para custeio do Estado, a finalidade do Direito Tributário é **delimitar o poder de tributar** evitando abusos no exercício das atividades do Fisco em prejuízo dos contribuintes[13-14].

---

12. Eduardo Marcial Ferreira Jardim, *Manual de Direito Tributário e Financeiro*, p. 43.
13. Hugo de Brito Machado, *Curso de Direito Tributário*, p. 51.
14. Convém esclarecer que, em rigor, "delimitar o poder de tributar" é a finalidade do Direito Tributário positivo, ou seja, do conjunto de princípios e normas disciplinadores do exercício da atividade tributante. Porém, se for utilizado o vocábulo "Direito Tributário" em sua outra acepção, ramo científico voltado para a compreensão do conjunto de regras tributárias, a pergunta sobre sua finalidade deve ser respondida de modo diverso. A finalidade do ramo científico Direito Tributário é permitir o conhecimento do sentido e alcance das regras jurídicas que disciplinam o exercício da atividade tributante. Entretanto, é certo que a clássica indagação sobre a finalidade do Direito Tributário, especialmente no contexto de provas e concursos públicos, pressupõe o emprego da expressão naquele primeiro sentido mencionado, razão pela qual o candidato deve responder "delimitar o poder de tributar".

> FCC: A prova da Magistratura/PE de 2015 considerou CORRETA a assertiva: "A tributação tem por papel determinar qual proporção dos recursos da sociedade ficará sob o controle do governo para ser gasta de acordo com algum procedimento de decisão coletiva, e qual proporção será deixada, na qualidade de propriedade pessoal, sob o arbítrio de particulares".

1.4.1 Características do sistema tributário e "tributação ótima"

De acordo com as lições de Luís Eduardo Schoueri, além da função imediata arrecadadora, um bom sistema tributário deve ter as seguintes **características**[15]:

a) **eficiência econômica:** não interferência na alocação econômica de recursos;

b) **simplicidade administrativa:** gestão fácil e pouco custosa do sistema;

c) **flexibilidade:** capacidade de reação de modo apropriado a mudanças econômicas;

d) **responsabilidade política:** garantia de transparência;

e) **equidade:** respeito às diferenças individuais.

Nesse sentido, o autor relaciona tais características com a **teoria da tributação ótima**, segundo a qual o sistema tributário deve permitir ao governo arrecadar a receita necessária e, ao mesmo tempo, atingir objetivos distributivos, com a menor perda possível de eficiência econômica[16].

1.5 CONCEITO DE "ESTADO FISCAL"

> FCC: A prova da Magistratura/PE de 2015 considerou ERRADA a assertiva: "Coaduna-se com o texto da Constituição Federal de 1988 a ideia de que a arrecadação de receitas é a finalidade última do Direito Tributário, devendo ser este o parâmetro a ser utilizado pelo legislador ou pelo intérprete para verificar a concordância de determinada norma tributária com o postulado da proporcionalidade".

Na história da formação do Estado moderno, o denominado "Estado Fiscal" ou "Estado Tributário" sucedeu o chamado Estado Patrimonial (século XVI), caracterizado por gerar sua própria riqueza, e posteriormente substituiu também o Estado de Polícia (século XVII), este último marcado pela ação intervencionista sobre a economia[17].

O Estado Fiscal, nascido a partir do século XVIII e cujo modelo hoje evoluiu para o "Estado Social Fiscal", tem como característica fundamental ser **financiado essencialmente por meio de tributos**, ou seja, **os particulares são a fonte originária da riqueza**, e não o próprio Estado[18].

---

15. *Direito Tributário*, p. 38.
16. Luis Eduardo Schoueri, *Direito Tributário*, p. 38.
17. Luis Eduardo Schoueri, *Direito Tributário*, p. 20.
18. Luis Eduardo Schoueri, *Direito Tributário*, p. 21.

1.6 ATIVIDADE FINANCEIRA DO ESTADO

Para que o Estado Social Fiscal possa cumprir adequadamente todos os deveres impostos pela Constituição e pelas leis, ele necessita de recursos financeiros provenientes de diversas fontes.

Dá-se o nome de **atividade financeira** do Estado ao **conjunto de ações para obtenção de receitas e realização dos gastos** visando atender às necessidades públicas[19]. Direito Financeiro é o ramo do Direito Público que estuda a disciplina jurídica dessa atividade financeira.

> FCC: A prova de Técnico de Controle Externo do TCE/GO de 2010 considerou CORRETA a afirmativa: "A atividade financeira do Estado tem como característica a instrumentalidade, porque arrecadação não é a finalidade do Estado, mas o meio para atingir seus objetivos".

Segundo o Direito Financeiro, denomina-se "**entrada**" **qualquer disponibilização**, mesmo que provisória, de dinheiro nos cofres públicos. É o caso, por exemplo, dos valores obtidos por meio de um empréstimo. Já as "**receitas**" são **ingressos definitivos** de recursos nos cofres públicos. Exemplo: valores arrecadados com a cobrança de impostos.

> FGV: A prova de Auditor do TCM/RJ de 2008 considerou CORRETA a afirmativa: "Atualmente, segundo a doutrina moderna, ingresso e receita são expressões sinônimas".

O tema das entradas e receitas é disciplinado pela Lei n. 4.320/64, que estabelece normas gerais de Direito Financeiro para elaboração e controle dos orçamentos e balanços da União, dos Estados, dos Municípios e do Distrito Federal.

As **receitas públicas** podem ser **de dois tipos:**

a) **receitas originárias:** aquelas que decorrem da exploração do **próprio patrimônio do Estado**, com regime de **Direito Privado**. Exemplo: recursos provenientes de alugueres, depósitos, fianças e cauções;

b) **receitas derivadas:** aquelas **originadas do patrimônio e da riqueza dos particulares**, tendo regime de direito público. Exemplo: arrecadação proveniente do pagamento de multas e tributos.

> Esaf: A prova de Analista Administrativo do TCU de 2004 considerou CORRETA a afirmativa: "O tributo é uma receita derivada e compulsória".

ATENÇÃO: O enquadramento dos tributos como receita derivada decorre de expressa previsão da Lei n. 4.320/64: "Art. 9º **Tributo é a receita derivada** instituída pelas entidades de direito público, compreendendo os impostos, as taxas e contribuições nos termos da Constituição e das leis vigentes em matéria

19. Ricardo Lobo Torres, *Curso de Direito Financeiro e Tributário*, p. 3.

financeira, destinando-se o seu produto ao custeio de atividades gerais ou específicas exercidas por essas entidades".

> FCC: A prova de Procurador do TCE/AP de 2010 considerou CORRETA a afirmativa: "A receita tributária se classifica, de acordo com a Lei n. 4.320/64, como receita derivada".

Importante salientar que o art. 9º da Lei n. 4.320/64 apresenta o conceito de tributo segundo a ótica do Direito Financeiro, e não do Direito Tributário. É por essa razão que o referido conceito, se analisado do ponto de vista do Direito Tributário, conteria duas imprecisões: a) admitir instituição de tributo por qualquer entidade de direito público (autarquias, por exemplo), quando na verdade somente pessoas federativas detêm competência para criar tributos; b) fazer referência à destinação como um elemento relevante para a conceituação de tributo, o que colide com a regra o art. 4º do CTN ("A natureza jurídica específica do tributo é determinada pelo fato gerador da respectiva obrigação, sendo irrelevantes para qualificá-la: II – a destinação legal do produto da sua arrecadação).

Vale lembrar que o conceito de tributo, para fins de Direito Tributário, consta do art. 3º do Código Tributário Nacional ("Tributo é toda prestação pecuniária compulsória, em moeda ou cujo valor nela se possa exprimir, que não constitua sanção de ato ilícito, instituída em lei e cobrada mediante atividade administrativa plenamente vinculada").

1.7 DIREITO TRIBUTÁRIO, DIREITO FINANCEIRO E CONCEITOS AFINS

São frequentes as confusões envolvendo os conceitos de Direito Tributário, Direito Financeiro, Direito Econômico, Ciência das Finanças, Política Fiscal e Política Tributária.

Adotando as lições de Hugo de Brito Machado sobre o tema[20], convém apresentar as diferenças entre os referidos conceitos.

Direito Tributário é o ramo do Direito Público, pertencente portanto ao domínio da deontologia ou do "dever-ser", que estuda princípios e normas reguladoras das atividades estatais de instituição, cobrança e fiscalização de tributos. O objeto do Direito Tributário termina com o ingresso nos cofres públicos do dinheiro pago pelo contribuinte. Assim, o estudo da destinação do dinheiro arrecadado pelo Fisco cabe ao Direito Financeiro.

Direito Financeiro é o ramo do Direito Público (domínio deontológico) que tem por objeto a disciplina jurídica das atividades financeiras do Estado, excetuadas aquelas de natureza tributária. A ressalva "excetuadas aquelas de natureza tributária" é relevante porque, na verdade, as atividades de criação,

---

20. *Curso de Direito Tributário*, p. 53-55.

cobrança e fiscalização de tributos também são atividades financeiras do Estado, mas por pertencerem ao objeto específico do Direito Tributário foram suprimidas do domínio do Direito Financeiro[21]. De modo mais preciso, pode-se dizer que as atividades financeiras compreendidas no objeto do Direito Financeiro são **despesa pública, receita pública, crédito público e orçamento público**[22].

> Cespe: A prova da Magistratura da 2ª Região de 2009 considerou CORRETA a afirmativa: "A despesa, a receita, o orçamento e o crédito públicos são objeto de estudo do Direito Financeiro".

Direito Econômico é o ramo do Direito Público que estuda a disciplina jurídica da **atividade econômica do Estado e dos particulares**, no que diz respeito à produção, distribuição, circulação e consumo de riquezas[23].

Ciência das Finanças ou Ciência das Finanças Públicas não é um ramo jurídico, mas uma ciência do "mundo do ser" (**domínio da ontologia**) voltada ao **conhecimento dos fatos**, e não das normas, que compõem a atividade financeira do Estado[24]. Enquanto o Direito Financeiro destina-se a disciplinar a atividade financeira do Estado, a Ciência das Finanças preocupa-se em compreender tal atividade.

A **Política Fiscal** são os planejamentos, decisões e medidas do governo a respeito do **conjunto de receitas e gastos públicos**.

> Esaf: A prova de Analista de Finanças da CGU de 2004 considerou CORRETA a afirmativa: "Para atingir os objetivos de política econômica, o governo dispõe de um conjunto de instrumentos. Entre eles estão a política fiscal, monetária e cambial. A política fiscal pode ser dividida em política tributária e política de gastos públicos".

Já a **Política Tributária** diz respeito somente aos planejamentos, decisões e medidas do governo **em matéria de tributação**[25].

Por fim, dada a especial importância para as provas e concursos públicos convém apresentar um quadro comparativo apontando semelhanças e diferenças entre o Direito Tributário e o Direito Financeiro.

	Direito Tributário	**Direito Financeiro**
Taxonomia	Ramo de Direito Público (domínio da deontologia)	Ramo de Direito Público (domínio da deontologia)
Objeto	Disciplina normativa das atividades estatais de instituição, cobrança e fiscalização de tributos	Disciplina normativa das atividades financeiras do Estado (despesa pública, receita pública e orçamento público)

21. Hugo de Brito Machado, *Curso de Direito Tributário*, p. 54.
22. Eduardo Marcial Ferreira Jardim, *Manual de Direito Financeiro e Tributário*, p. 37.
23. Eduardo Marcial Ferreira Jardim, *Manual de Direito Financeiro e Tributário*, p. 48.
24. Hugo de Brito Machado, *Curso de Direito Tributário*, p. 54.
25. Hugo de Brito Machado, *Curso de Direito Tributário*, p. 55.

Competência legislativa	Concorrente entre União, Estados e Distrito Federal (art. 24, I, da CF)	Concorrente entre União, Estados e Distrito Federal (art. 24, I, da CF)
Disciplina constitucional	arts. 145 a 156 e 195	arts. 163 a 169
Lei fundamental	Lei n. 5.172/66 (Código Tributário Nacional)	Lei n. 4.320/64 (Estabelece normas gerais sobre Direito Financeiro)
Conceito de tributo	"Toda prestação pecuniária compulsória, em moeda ou cujo valor nela se possa exprimir, que não constitua sanção de ato ilícito, instituída em lei e cobrada mediante atividade administrativa plenamente vinculada" (art. 3º do CTN)	"A receita derivada instituída pelas entidades de direito público, compreendendo os impostos, as taxas e contribuições nos termos da Constituição e das leis vigentes em matéria financeira, destinando-se o seu produto ao custeio de atividades gerais ou específicas exercidas por essas entidades" (art. 9º da Lei n. 4.320/64)
Dica especial	Quando o dinheiro do contribuinte ingressa nos cofres públicos termina o campo de interesse do Direito Tributário	Estuda a destinação do dinheiro arrecadado pelo Fisco

1.8 AUTONOMIA DO DIREITO TRIBUTÁRIO

Existe controvérsia doutrinária a respeito da questão que envolve a autonomia do Direito Tributário. O debate parte da constatação inegável de que o Direito, entendido como o conjunto de princípios e normas que formam o ordenamento jurídico-positivo, em si é uno e indivisível. Seu estudo compartimentado em ramos atende somente a conveniências de ordem didática.

Nesse sentido, para a corrente majoritária trata-se de simples autonomia didática, e não científica, em relação aos demais ramos jurídicos. É a posição sustentada por Paulo de Barros Carvalho, Hugo de Brito Machado e Alfredo Augusto Becker, entre outros. Esse ponto de vista é referendado por grande parte dos administrativistas, segundo os quais o Direito Tributário seria um mero capítulo do Direito Administrativo voltado a compreender as peculiaridades no exercício da função administrativa sobre as atividades de criação, cobrança e fiscalização de tributos.

TRF 1ª Região: A prova da Magistratura Federal 1ª Região de 2005 considerou CORRETA a seguinte afirmativa: "A autonomia do Direito Tributário é didática, dogmática e estrutural".

Há quem defenda, em posição minoritária, a existência, além da autonomia didática, de uma verdadeira autonomia científica do Direito Tributário[26]. A adoção desse ponto de vista significa reconhecer institutos, formas, técnicas e conceitos próprios do Direito Tributário.

---

26. Alberto Xavier, *Manual de Direito Fiscal*, p. 24.

Geraldo Ataliba, adotando **concepção** hoje **inaceitável**, defendia a tese de que o Direito Tributário seria um **sub-ramo do Direito Administrativo**, sem autonomia científica, apenas didática[27].

Independentemente da posição adotada, algumas considerações servem como premissas inquestionáveis para responder a perguntas sobre o tema em provas e concursos públicos:

1) o Direito Tributário goza de autonomia didática perante os demais ramos jurídicos;

2) a **autonomia do Direito Tributário é sempre relativa**[28], e não absoluta, na medida em que o ramo está interligado com diversas outras disciplinas jurídicas;

3) o Direito Tributário possui princípios específicos e normas próprias, tornando-o uma **disciplina especializada** em relação a outros ramos jurídicos.

1.9 RELAÇÃO COM OUTROS RAMOS DO DIREITO

O Direito Tributário tem autonomia didática e, para alguns, até autonomia científica em relação aos demais ramos jurídicos, possuindo princípios próprios e técnicas específicas para compreensão de seu objeto. Ocorre que, embora seja autônomo, o Direito Tributário tem diversos pontos de conexão com outras disciplinas jurídicas, conforme será visto a seguir.

> Vunesp: A prova da Magistratura/SP de 2009 considerou ERRADA a afirmativa: "O Direito Tributário tem plena independência em relação aos outros ramos do Direito".

Direito Financeiro: o objeto específico do Direito Financeiro é o estudo da normatização das atividades financeiras do Estado[STF].

> STF: "Esta Corte, em oportunidades anteriores, firmou o entendimento de que, embora os Estados-membros sejam incompetentes para fixar índices de correção monetária superiores aos fixados pela União para o mesmo fim, podem defini-los em patamares inferiores – incentivo fiscal. Precedentes. A competência dos Estados-membros para fixar índices de correção monetária de créditos fiscais é tema que também foi examinado por este Tribunal. A União e Estados-membros detêm competência legislativa concorrente para dispor sobre matéria financeira, nos termos do disposto no art. 24, I, da CB/88. A legislação paulista é compatível com a Constituição de 1988, desde que o fator de correção adotado pelo Estado-membro seja igual ou inferior ao utilizado pela União. Pedido julgado parcialmente procedente para conferir interpretação conforme ao art. 113 da Lei n. 6.374/89 do Estado de São Paulo, de modo que o valor da União Fiscal do Estado de São Paulo (UFESP) não exceda o valor do índice de correção dos tributos federais" (ADIn 442, rel. Min. Eros Grau, j. 14-4-2010, Plenário, *DJe* 28-5-2010).

27. *Hipótese de Incidência Tributária*, p. 35.

28. Luciano Amaro, *Direito Tributário Brasileiro*, p. 9.

E, conforme visto nos itens anteriores, as atuações do Fisco estão englobadas no conjunto das atividades financeiras desempenhadas pelo Estado. Assim, entende-se que a criação, cobrança e fiscalização de tributos são atividades materialmente financeiras, mas que foram subtraídas do campo de interesse do Direito Financeiro para integrar, pelo processo de especialização, o objeto do Direito Tributário. Por essa razão, é comum até hoje no direito estrangeiro encontrar autores considerando sinônimas as expressões "Direito Tributário" e "Direito Financeiro". Portanto, a conexão entre os dois ramos é bastante profunda. Inicialmente, é preciso lembrar que o tributo constitui a mais importante forma de receita pública, sendo classificado pelo Direito Financeiro como receita derivada. Já os empréstimos compulsórios, uma das espécies tributárias existentes em nosso ordenamento jurídico, são considerados, em termos jusfinanceiros, uma forma de entrada provisória de recursos nos cofres públicos. Cabe ao Direito Financeiro estudar também a destinação do dinheiro arrecadado pelo Fisco, sendo observadas inclusive as regras de repartição de receitas tributárias previstas nos arts. 157 e 158 da Constituição Federal[STF].

TRF 1ª Região: A prova da Magistratura Federal 1ª Região de 2005 considerou ERRADA a seguinte afirmativa: "A autonomia do Direito Tributário inexiste por ser um ramo do Direito Financeiro".

STF: "Lei que institui incentivo fiscal para as empresas que contratarem apenados e egressos. Matéria de índole tributária e não orçamentária" (ADI 3.809, rel. Min. Eros Grau, j. 14-6-2007, Plenário, *DJ* 14-9-2007).

Direito Constitucional: a opção do constituinte de 1988 por dedicar um título (título V) do Texto Maior à "tributação e orçamento" contribuiu decisivamente para aproximar o Direito Tributário e o Direito Constitucional. O capítulo que versa sobre o Sistema Tributário Nacional, abrangendo os arts. 145 a 162, implica a constitucionalização dos seguintes temas tributários: a) espécies de tributo (arts. 145, 148, 149 e 195); b) reserva de lei complementar (art. 146); c) competência tributária (arts. 147, 153, 155 e 156); d) princípios (art. 150); e) imunidades (art. 150, VI); f) tributação de guerra (arts. 148, I, e 154, II); g) regime do Simples Nacional (art. 146, parágrafo único). Além desses temas, o constituinte incluiu no Sistema Tributário Nacional as regras de repartição de receitas tributárias (arts. 157 e 158), tema que na verdade pertence ao objeto específico do Direito Financeiro.

PGE/GO: A prova da Procuradoria do Estado/GO de 2000 considerou ERRADA a afirmativa: "No ordenamento jurídico nacional, identifica-se o Direito Tributário positivo como ramo do Direito Constitucional, porque depende da previsão da Carta Magna para sua existência".

Direito Administrativo: os pontos de contato entre o Direito Tributário e o Direito Administrativo são bastante numerosos. De início convém lembrar que muitos administrativistas consideram que o Direito Tributário seria um simples capítulo do Direito Administrativo, destituído de qualquer autonomia técnica ou científica. Exageros à parte, certo é que o Direito Administrativo empresta ao Direito Tributário uma importante base valorativa e principiológica. Especialmente porque, com exceção da criação do tributo, que é função legislativa, todas as atividades desempenhadas pela Administração Tributária, ou Fisco, são manifestações da função administrativa, regidas portanto pelos princípios e regras do Direito Administrativo[STJ].

> STJ: "Tanto o direito administrativo quanto o direito Tributário, sendo ramos do Direito Público, externam-se por meio de atos administrativos de seus agentes públicos que sempre são pautados pelo Princípio da Legalidade. Em outras palavras, todo ato emanado de autoridade pública – fazendária ou administrativa – decorre de lei" (EDcl no REsp 1.123.995-RS, voto do rel. Min. Mauro Campbell Marques).

É por essa razão que a violação, por parte do Fisco, de princípios administrativos como legalidade, impessoalidade, segurança jurídica, publicidade, entre outros, gera a nulidade do comportamento da autoridade tributante. Importante relembrar que os atos praticados pelo Fisco, como o lançamento tributário por exemplo, são atos administrativos (art. 3º do CTN). Os processos instaurados no âmbito da autoridade tributária são processos administrativos (art. 1º do Decreto n. 70.235/72, que dispõe sobre o processo administrativo fiscal). Além do que, a estrutura organizacional e o quadro de pessoal componentes da Administração Tributária estão subordinados ao regramento do Direito Administrativo.

Interessante também é a utilização de tributação progressiva aliada ao instituto administrativo da desapropriação como mecanismo a serviço da Administração Pública para forçar o cumprimento da função social da propriedade. Isso ocorre na cobrança de ITR progressivo para desestimular latifúndios improdutivos (art. 153, § 4º, da CF) e também na hipótese de IPTU progressivo no tempo, sobre imóveis não edificados, não utilizados ou subutilizados (art. 182, § 4º, da CF).

Desse modo, é possível constatar que nenhum outro ramo guarda tanta relação com o Direito Tributário quanto o Direito Administrativo.

ATENÇÃO: Embora exista essa importante conexão entre as duas disciplinas jurídicas, é equivocado afirmar em provas e concursos que o Direito Tributário é um ramo dependente ou subordinado ao Direito Administrativo.

> PGE/GO: A prova da Procuradoria do Estado/GO de 2000 considerou ERRADA a afirmativa: "No ordenamento jurídico nacional, identifica-se o Direito Tributário positivo como ramo didaticamente dependente do Direito Administrativo, porque regula obrigatoriamente a ação do estado para a cobrança de tributos".

Direito Civil: a legislação tributária utiliza diversos institutos, conceitos e formas do Direito Civil. Quando, por exemplo, o legislador define como hipótese de incidência do IPTU "ser proprietário de imóvel predial e territorial urbano", os conceitos de "proprietário" e "imóvel" são provenientes do Direito Civil, que foram importados pela legislação tributária. Daí falar-se que o Direito Tributário é um "ramo de sobreposição", porque utiliza conceitos e institutos próprios de outros ramos. Embora o tema seja tratado nos itens seguintes deste capítulo, convém adiantar que, por força de expressa previsão no Código Tributário Nacional, o legislador tributário nunca poderá alterar o significado original de institutos, conceitos e formas importados do direito privado **(art. 110 do CTN)**.

> PGE/GO: A prova da Procuradoria do Estado/GO de 2000 considerou ERRADA a afirmativa: "No ordenamento jurídico nacional, identifica-se o Direito Tributário positivo como ramo complementar do Direito Civil, porque disciplina a previsão legal das hipóteses de cobrança compulsória de obrigação pecuniária".

> FMP: A prova da PGE/AC de 2017 considerou ERRADA a afirmação: "Em razão de sua especificidade, o Direito Tributário deve utilizar os conceitos de direito privado da forma que mais traga efetividade à tributação, desde que não fira direitos individuais".

Direito Penal: as relações entre o Direito Penal e o Direito Tributário dizem respeito especialmente à existência dos chamados "crimes contra a ordem tributária", tipificados na Lei n. 8.137/90, que revogou[29] a antiga Lei de Sonegação Fiscal (4.729/65). O crime mais importante definido na Lei n. 8.137/90 é o de "supressão ou redução de tributo" (art. 1º), semelhante ao antigo crime de sonegação.

Predomina o entendimento de que **o pagamento do tributo extingue a punibilidade** nos crimes contra a ordem tributária[30].

Direito Processual Penal: os ritos utilizados para apuração e julgamento dos crimes contra a ordem tributária pertencem ao campo específico de interesse do Direito Processual Penal, outro ramo do Direito Público com o qual o Direito Tributário tem uma relação de proximidade e colaboração.

Direito Empresarial: o Direito Tributário também possui pontos de conexão com temas afetos ao objeto do Direito Empresarial, especialmente no que diz respeito ao tema da responsabilidade tributária. Nessa seara vale mencionar a disciplina normativa, entre outros, dos seguintes assuntos que interligam os dois ramos jurídicos: a) responsabilidade tributária nas transformações empresariais (art. 132 do CTN); b) responsabilidade tributária no trespasse empresarial (art. 133 do CTN); c) desconsideração da personalidade jurídica para fins tributários (art. 135 do CTN).

---

29. Hugo de Brito Machado, *Curso de Direito Tributário*, p. 499.

30. Hugo de Brito Machado, *Curso de Direito Tributário*, p. 511.

Direito Processual Civil: conforme visto nos itens anteriores deste capítulo, o Direito Tributário é ramo de direito material por constituir-se em um regramento de natureza substancial. Cabe ao Direito Processual Civil definir as normas adjetivas (formais) a serem observadas quando a questão tributária material for levada a juízo pelo contribuinte ou pelo Fisco. O Direito Processual Civil estabelece o devido processo legal para a cobrança judicial de tributos, bem como para a propositura de ações em defesa do contribuinte contra exigências tributárias indevidas. O rito ordinário previsto no Código de Processo Civil (arts. 282 a 475) é utilizado para a maioria das ações judiciais em prol do contribuinte, tais como: a) ação declaratória de inexistência de relação jurídico-tributária; b) ação anulatória de débito fiscal; e c) ação de repetição de indébito. Tal rito foi nomeado, pelo CPC de 2015, comum, e está regulado pelos arts. 318 a 512. Os arts. 538 a 549 do CPC disciplinam ainda a ação de consignação em pagamento, bastante usada na defesa contra a bitributação ilegal (art. 164 do CTN). Além dessas ações em prol do contribuinte, vale destacar o importantíssimo mandado de segurança, disciplinado pela Lei n. 12.016/2009.

É o Direito Processual Civil que disciplina também as ações judiciais propostas pela Fazenda Pública contra o contribuinte, especialmente a execução fiscal (Lei n. 6.830/80) e a medida cautelar fiscal (Lei n. 8.397/92).

Direito Internacional Público: por fim, o Direito Tributário relaciona-se atualmente também com o Direito Internacional Público, pois é cada vez mais frequente a celebração de tratados e convenções internacionais versando sobre questões tributárias. A participação do Brasil no Mercosul tem criado novos desafios envolvendo tributação internacional, especialmente quanto ao equilibro da balança comercial nas importações e exportações.

1.10 OBJETO DO DIREITO TRIBUTÁRIO

Empregando a expressão "Direito Tributário" no sentido de ciência jurídica (direito-ciência), seu objeto é o conjunto de princípios e normas reguladores do exercício da atividade tributária exercida pelo Estado. Já, se utilizarmos o termo "Direito Tributário" na acepção de "direito-ordenamento", isto é, para fazer referência ao próprio conjunto de princípios e normas que disciplinam a atuação do Fisco, tem-se que o objeto do Direito Tributário são as três atividades que compõem o núcleo da função fiscal do Estado: a) instituição do tributo; b) cobrança do tributo; c) fiscalização do pagamento do tributo.

Assim, é possível falar em objeto imediato e objeto mediato do Direito Tributário.

O **objeto imediato** do Direito Tributário é o **conjunto de princípios e normas** que disciplinam a atuação do Fisco.

Enquanto o **objeto mediato** do Direito Tributário são as **atividades de instituição, cobrança e fiscalização de tributos**, a seguir analisadas:

Instituição de tributo: instituir ou criar tributo é atividade exercida em caráter **exclusivo e indelegável pelo Poder Legislativo** consistente na definição, **por meio de lei**, de todos os cinco aspectos da hipótese de incidência tributária, a saber: a) aspecto material (fato gerador); b) aspecto pessoal (credor e devedor); c) aspecto temporal (momento de ocorrência do fato gerador); d) aspecto espacial ou territorial (local da ocorrência do fato gerador); e) aspecto quantitativo (valor devido).

Materialmente, a aptidão para instituir tributo manifesta-se por meio de uma **função legislativa** e recebe o nome de **competência tributária**.

> FGV: A prova de Auditor-Fiscal/RJ considerou CORRETA a seguinte afirmativa: "A pessoa jurídica dotada de competência legislativa tem competência tributária".

Inclui-se também na noção de "instituição de tributo" a competência para majorar, reduzir e extinguir tributo, a qual em princípio é igualmente exclusiva do Poder Legislativo. Entretanto, é preciso lembrar que o art. 153, § 1º, da Constituição Federal admite a modificação da alíquota de quatro impostos federais por meio de ato do Poder Executivo: a) imposto de importação; b) imposto de exportação; c) imposto sobre operações financeiras; d) imposto sobre produtos industrializados. Além dessas hipóteses, a Constituição de 1988 admite modificação de alíquotas por ato do Executivo também nos casos do ICMS/combustíveis (art. 155, § 4º, IV, *c*) e da Cide/combustíveis (art. 177, § 4º, I, *b*).

Na verdade, como será visto nos capítulos seguintes, essas denominadas "exceções ao princípio da legalidade" não constituem de fato delegação ao Executivo do poder de instituição da alíquota tributária, mas simples atribuição da possibilidade de modificar alíquotas dentro dos limites que o legislador estabelecer.

Tampouco é admitida a delegação entre entidades federativas da competência para criar tributos. **Competência tributária é indelegável**.

> Cespe: A prova de Advogado da EBC de 2011 considerou ERRADA a afirmativa: "Somente é lícita a delegação de competência tributária a pessoa jurídica de direito privado se a função ou encargo referir-se a arrecadação de tributos".

Portanto, a instituição de tributo é atividade exclusiva do Poder Legislativo e indelegável a outros poderes estatais ou a entidades federativas diversas ou a particulares.

Cobrança de tributo: é a atividade **materialmente administrativa** exercida no âmbito do **Poder Executivo** ou, na linguagem usada pelo Código Tributário Nacional, da "Administração Tributária", consistente na realização do devido processo legal para a arrecadação de tributos. A competência para criar tributos é indelegável, mas **admite-se delegação, por meio de lei, da capacidade para**

cobrar tributos. É a chamada "parafiscalidade", disciplinada pelo art. 7º do Código Tributário Nacional e que será abordada no item seguinte.

> Esaf: A prova de Auditor-Fiscal/MG de 2005 considerou CORRETA a seguinte afirmativa: "Quando a lei atribui a capacidade tributária ativa a ente diverso daquele que detém a competência tributária, estar-se-á diante do fenômeno da parafiscalidade".

A delegação da atividade administrativa de cobrar tributos pode favorecer outras pessoas federativas ou até pessoas jurídicas de direito privado. Ao delegar a capacidade de cobrança do tributo, permite-se também a aplicação dos recursos arrecadados nas finalidades institucionais da entidade delegada. A cobrança de tributos constitui atividade plenamente vinculada (art. 3º do CTN).

Fiscalização do tributo: constitui outra atividade de natureza administrativa exercida pelo Poder Executivo (Administração Tributária) e que se manifesta por meio de atos de polícia (atos administrativos de fiscalização) tendentes a estimular o contribuinte a pagar o tributo. A fiscalização do tributo, como toda atividade de polícia administrativa, constitui atividade discricionária.

ATENÇÃO: O campo de interesse do Direito Tributário termina com a arrecadação do valor do tributo. O estudo da destinação do dinheiro arrecadado pelo Fisco cabe ao Direito Financeiro.

1.10.1 Parafiscalidade

1.10.1.1 Conceito e fundamento legal

Denomina-se parafiscalidade a delegação legal da capacidade administrativa para cobrar e fiscalizar tributos.

> TRF2: A prova de Juiz Federal de 2017 considerou ERRADA a afirmação: "Denomina-se salvaguarda tributária a situação na qual o sujeito detentor da competência tributária não é o mesmo sujeito que foi investido da capacidade ativa tributária".

A disciplina normativa do instituto está no art. 7º do Código Tributário Nacional, *in verbis*: "a competência tributária é indelegável, salvo atribuição das funções de arrecadar ou fiscalizar tributos, ou de executar leis, serviços, atos ou decisões administrativas em matéria tributária, conferida por uma pessoa jurídica de direito público a outra".

Desse modo, a competência legislativa para instituir tributos é indelegável, mas a capacidade administrativa para sua arrecadação pode ser delegada[STJ] por meio de lei.

> TRF2: A prova de Juiz Federal de 2017 considerou ERRADA a afirmação: "Denomina-se capacidade tributária ativa a aptidão do Estado para instituir tributos, que é indelegável".

STJ: "O entendimento sobre a legitimidade da delegação de poderes às autarquias e empresas estatais para o exercício de funções descentralizadas consolidou-se na jurisprudência do extinto TFR e do STJ. 2. Indelegável é o poder de tributar, isto é, de instituir impostos, taxas, contribuições e empréstimos compulsórios, reservado ao Estado pela Constituição (art. 145)" (REsp 7.828/DF, rel. Min. Peçanha Martins, j. 28-3-1996, 2ª T.).

1.10.1.2 Objeto e alcance

O objeto da parafiscalidade são as **atividades** administrativas **de cobrar e fiscalizar** o pagamento de tributos. A delegação dessas atribuições compreende também as garantias e os privilégios processuais que competem à pessoa jurídica de direito público que a conferir (art. 7º, § 1º, do CTN).

Cespe: A prova do Ministério Público/RR de 2008 considerou INCORRETA a assertiva: "Considere que o Estado de Roraima tenha atribuído à União as funções de arrecadar ou fiscalizar tributos, ou de executar leis, serviços, atos ou decisões administrativas em matéria tributária. Nessa situação, tal atribuição não compreenderá as garantias e os privilégios processuais que competem àquele Estado".

Por óbvio, a parafiscalidade não tem qualquer impacto sobre a competência tributária. Daí o art. 7º, § 3º, do CTN declarar que: "Não constitui delegação de competência o cometimento, a pessoas de direito privado, do encargo ou da função de arrecadar tributos".

Cespe: A prova da Magistratura Federal da 5ª Região considerou ERRADA a afirmativa: "A atribuição da competência tributária compreende as garantias e os privilégios processuais que competem à pessoa jurídica de direito público que a conferir".

Quer dizer: a delegação da capacidade para arrecadar não implica a delegação da competência para instituir o tributo. A competência para criação de tributo é indelegável.

1.10.1.3 Veículo normativo

Veículo da parafiscalidade é o instrumento normativo por meio do qual a delegação da capacidade de cobrar tributos pode ser realizada.

Delegar a cobrança do tributo é uma decisão que, embora possa ser revogada a qualquer tempo pela pessoa jurídica de direito público que lhe tenha conferido (art. 7º, § 2º, do CTN), implica relevantes consequências para a entidade delegante, especialmente pela renúncia do montante a ser arrecadado. Por isso, é inaceitável a parafiscalidade por meio de ato unilateral do Poder Executivo, devendo a questão ser submetida à apreciação do Poder Legislativo da esfera competente para instituir o tributo. Portanto, a parafiscalidade exige

lei ordinária aprovada pela **entidade federativa competente para a criação do tributo** cuja arrecadação se pretende delegar.

Importante frisar que, como a arrecadação do tributo não tem relação com sua instituição, mesmo nos casos de tributo de instituição submetida a reserva de lei complementar a parafiscalidade depende de simples lei ordinária, e não de lei complementar.

1.10.1.3.1 Parafiscalidade por medida provisória?

Por falta de expressa vedação na Constituição Federal, é possível medida provisória editada com o objetivo de delegar a capacidade de cobrança de tributo, desde que haja comprovação, no caso concreto, do preenchimento dos requisitos constitucionais de "relevância" e "urgência" (art. 62 da CF). Obviamente, medida provisória editada pelo Presidente da República só pode autorizar parafiscalidade relativa a tributo federal, sob pena de violar a autonomia de outras esferas federativas.

1.10.1.4 Sujeito ativo da parafiscalidade

Sujeito ativo da parafiscalidade é **quem delega** a capacidade de cobrar tributos. Por isso, essa sujeição ativa é exclusiva da **entidade federativa** competente para instituição do tributo delegado, devendo efetivar a delegação por meio de **lei específica** aprovada para essa finalidade.

> Funiversa: A prova de Advogado da Adasa de 2009 considerou ERRADA a afirmativa: "É vedado ao Município delegar sua capacidade tributária".

1.10.1.5 Sujeito passivo (entidades parafiscais). Cobrança de seus créditos

Denomina-se sujeito passivo da parafiscalidade **o beneficiário da delegação**, ou seja, a pessoa a quem é legalmente atribuída a capacidade de cobrar tributos. O sujeito passivo da parafiscalidade recebe o nome de **entidade parafiscal**.

> Cespe: A prova da OAB de 2009 considerou CORRETA a afirmativa: "O ente político poderá transferir a terceiros as atribuições de arrecadação e fiscalização de tributos".

A entidade parafiscal passa a ocupar o **polo ativo da relação jurídico-tributária** para todos os fins de direito, inclusive na eventual propositura de ação judicial para discussão do tributo exigido.

> FCC: A prova de Técnico Judiciário do TRF4 de 2010 considerou CORRETA a afirmativa: "Sujeito ativo da obrigação tributária é a pessoa jurídica de direito público, titular da competência para exigir o seu cumprimento".

No julgamento do REsp 874.065, datado de 22-11-2011, a **4ª Turma do Superior Tribunal de Justiça** admitiu que o **Senai** (Serviço Nacional de Aprendizagem

Industrial), uma entidade parafiscal, pode **cobrar judicialmente seus créditos** tributários decorrentes da arrecadação de contribuições parafiscais **optando** entre a utilização do sistema da **Lei de Execuções Fiscais** (6.830/80) ou por meio de **habilitação em falência**[STJ].

> STJ: "1. De acordo com a jurisprudência desta Corte, a possibilidade de cobrança do crédito por meio de execução fiscal não impede a opção do credor pela habilitação do crédito no processo falimentar. 2. É possível ao SENAI habilitar seus créditos parafiscais na falência. 3. REsp conhecido e provido" (REsp 874.065, rel. Min. Antonio Carlos Ferreira, j. 17-11-2011, 4ª T.).

A redação do art. 7º do Código Tributário Nacional induz à conclusão de que a parafiscalidade somente poderia recair sobre pessoas jurídicas de direito público: "a competência tributária é indelegável, salvo atribuição das funções de arrecadar ou fiscalizar tributos, ou de executar leis, serviços, atos ou decisões administrativas em matéria tributária, conferida por uma pessoa jurídica de direito público a outra".

De fato, a parafiscalidade beneficiando **pessoa jurídica de direito público** é bastante comum e tem como importante exemplo a hipótese prevista no art. 153, § 4º, III, da Constituição Federal, que faculta à União delegar aos Municípios a capacidade para fiscalizar e cobrar, na forma da lei, o Imposto Territorial Rural, desde que não implique redução do imposto ou qualquer outra forma de renúncia fiscal.

Entretanto, **doutrina** e **jurisprudência** são unânimes em admitir também parafiscalidade em favor de **pessoas de direito privado**, tanto as pertencentes à Administração indireta (empresas públicas e sociedades de economia mista) quanto aquelas da iniciativa privada, que exerçam **atividades não lucrativas** e de interesse social. É o caso dos serviços sociais (Senai, Sesi, Sebrae, Sesc).

As anuidades cobradas pelos conselhos de classe são contribuições parafiscais.

Certo é que a parafiscalidade em benefício de pessoas jurídicas privadas com finalidade lucrativa, como é o caso de uma empresa comercial, seria inconstitucional por violação do princípio da isonomia (art. 5º, II, da CF).

1.10.1.6 Natureza precária da parafiscalidade

Como a parafiscalidade não transfere a competência para instituição de tributo, mas tão somente delega temporariamente a capacidade para sua arrecadação, ela é sempre **outorgada em caráter transitório,** podendo a delegação ser **revogada a qualquer momento**.

Nesse sentido, o art. 7º, § 2º, do Código Tributário Nacional prescreve: "a atribuição pode ser revogada, a qualquer tempo, **por ato unilateral** da pessoa jurídica de direito público que a tenha conferido".

Não obstante o dispositivo citado, se a parafiscalidade é realizada por meio de lei, aplicando-se o princípio do paralelismo das formas, é forçoso concluir que **a revogação da delegação** também **exige lei específica** aprovada pela entidade competente para a instituição do tributo delegado.

1.10.1.7 Tributos parafiscais

Tributos parafiscais são aqueles arrecadados por meio de parafiscalidade.

Alguns são intrinsecamente parafiscais, como as **anuidades profissionais** pagas aos Conselhos de Classe e as **contribuições sindicais**, na medida em que sua cobrança sempre ocorre por meio de delegação da capacidade tributária ativa.

Outros tributos revelam-se ocasionalmente parafiscais, podendo ou não ser arrecadados por meio da parafiscalidade. É o caso das taxas de fiscalização (ex.: taxas cobradas pelas agências reguladoras) e de alguns impostos (ex.: ITR, na hipótese do art. 153, § 4º, III, da CF).

1.10.1.8 Antigas contribuições "parafiscais"

Alguns doutrinadores denominavam "parafiscais" as contribuições previstas no art. 195 da Constituição Federal. Isso porque o Instituto Nacional do Seguro Social – INSS detinha capacidade tributária ativa para arrecadar algumas dessas contribuições. Sendo o INSS uma autarquia, tratava-se de um caso clássico de parafiscalidade legitimando o uso da nomenclatura "contribuições parafiscais" para fazer referência a tais exações.

Ocorre que, com a criação da "Super Receita", por força da Lei n. 11.457/2007, a Receita Federal do Brasil absorveu as antigas capacidades arrecadatórias do INSS (art. 2º), extinguindo qualquer forma de parafiscalidade na cobrança das contribuições para custeio da Seguridade Social[STJ].

STJ: "DIREITO TRIBUTÁRIO E PROCESSUAL CIVIL. ILEGITIMIDADE PASSIVA "AD CAUSAM" DO INSS EM AÇÃO DE REPETIÇÃO DE INDÉBITO TRIBUTÁRIO. Após a vigência da Lei n. 11.457/2007, o INSS não possui legitimidade passiva nas demandas em que se questione a exigibilidade das contribuições sociais previstas nas alíneas *a*, *b* e *c* do parágrafo único do art. 11 da Lei n. 8.212/91, ainda que se tenha por objetivo a restituição de indébito de contribuições recolhidas em momento anterior ao advento da Lei n. 11.457/2007. De fato, da leitura dos arts. 2º, 16 e 23 da Lei n. 11.457/2007, infere-se que as atividades referentes à tributação, fiscalização, arrecadação, cobrança e recolhimento das contribuições sociais vinculadas ao INSS foram transferidas à Secretaria da Receita Federal do Brasil, órgão da União, cuja representação, após os prazos estipulados no art. 16 da Lei n. 11.457/2007, ficou a cargo exclusivo da Procuradoria-Geral da Fazenda Nacional" (REsp 1.355.613-RS, rel. Min. Humberto Martins, j. 24-4-2014).

Desde então, o uso da expressão "contribuições parafiscais" com o objetivo de designar tais tributos deve ser evitado por constituir erro grosseiro.

1.10.2 Fiscalidade e extrafiscalidade (tributação indutiva)

Não se deve confundir parafiscalidade com extrafiscalidade. Parafiscalidade, como visto nos itens anteriores, é a delegação legal da capacidade para cobrar tributos. **Extrafiscalidade** ou **tributação indutiva** é a **utilização do tributo** para atingir objetivos de ordem social ou política contemplados no ordenamento jurídico, ou seja, **sem finalidade** imediatamente **arrecadatória**.

> Esaf: A prova de Analista de Planejamento de 2010 considerou CORRETA a afirmativa: "A extrafiscalidade é característica que possuem alguns tributos de permitirem, além da pura e simples forma de ingresso de receitas nos cofres públicos, também de intervirem na economia, incentivando ou não determinada atividade ou conduta do contribuinte".

Merece referência o conceito de extrafiscalidade presente na prova Esaf da Procuradoria da Fazenda Nacional/2012: "Alguns tributos possuem, além da função meramente arrecadatória ou fiscal, finalidade outra que se destina a **regular a economia**, criando mecanismos que **induzem, ou incentivam, a conduta do potencial contribuinte** numa ou noutra direção. É o que se viu com a majoração das alíquotas do IPI, incidente sobre a importação de automóveis, já que, no período de janeiro a agosto de 2011, a balança comercial do setor automotivo atingiu um déficit de R$ 3 bilhões".

Outro exemplo de tributação extrafiscal é o caso da cobrança de Imposto Territorial Rural com alíquotas progressivas para desestimular a manutenção de propriedades improdutivas (art. 153, § 4º, I, da CF).

Extrafiscalidade opõe-se à **fiscalidade**, que consiste na cobrança do **tributo com objetivo meramente arrecadatório**.

> Esaf: A prova de Analista Administrativo do TCU de 2004 considerou CORRETA a afirmativa: "As finalidades dos tributos são arrecadar para o Estado, servir de instrumento de política econômica e atender às exigências sociais".

O tema relativo às finalidades da tributação é extrajurídico, sendo afeto mais à política tributária, ciência das finanças e economia, do que propriamente ao Direito Tributário. Mas as frequentes referências a tributos fiscais ou extrafiscais, em provas e concursos, justificam a preocupação em abordar a matéria entre os temas de interesse para o concursando.

Partindo de um ponto de vista econômico, Luís Eduardo Schoueri[31] menciona, além da função mediata arrecadadora, a existência de **outras três funções imediatas do tributo**:

a) **função distributiva:** relacionada com a distribuição de renda para redução das desigualdades sociais;

---

31. *Direito Tributário*, p. 33.

b) **função alocativa ou indutora:** vinculada com a indução de comportamentos dos agentes econômicos;

c) **função estabilizadora:** tendo em vista que o sistema tributário deve promover um equilíbrio geral na economia.

Por fim, importante lembrar que os institutos da parafiscalidade e da extrafiscalidade guardam entre si uma relativa conexão. Isso porque sempre haverá uma finalidade social ou política justificadora da delegação da capacidade de cobrar tributos. Assim, **a parafiscalidade é um instrumento a serviço de objetivos extrafiscais.**

Convém registrar a opinião de Hugo de Brito Machado, para quem a parafiscalidade seria uma função dos tributos independente das funções fiscal e extrafiscal. Segundo o autor, além da função fiscal (predominantemente arrecadatória) e da extrafiscal (quando o tributo é utilizado para intervenção estatal no domínio econômico sem fins arrecadatórios imediatos), a **função parafiscal** surge quando o tributo é instituído para **custeio de atividades que não integram as funções próprias do Estado**[32].

1.11 COMPETÊNCIA PARA LEGISLAR SOBRE DIREITO TRIBUTÁRIO

Nos termos do art. 24, I, da Constituição Federal, a competência para criar leis sobre Direito Tributário **é concorrente** entre a União, os Estados e o Distrito Federal.

> TRF 3ª Região: A prova da Magistratura Federal 3ª Região de 2007 considerou CORRETA a seguinte afirmativa: "No campo legislativo concorrente, o exercício da competência da União não exclui completamente a competência dos Estados".

Os **Municípios** podem legislar sobre Direito Tributário, mas com base em **outro fundamento** constitucional: o **interesse local** (art. 30, I, da CF).

ATENÇÃO: competência para legislar sobre Direito Tributário **é diferente de competência tributária.**

A competência para legislar sobre Direito Tributário é mais ampla e envolve a aptidão para disciplinar diversos temas relacionados com a tributação. Já a competência tributária restringe-se à possibilidade de instituição do tributo propriamente dita. Somente pessoas políticas detêm competência tributária.

> Funiversa: A prova de Advogado da Adasa de 2009 considerou ERRADA a afirmativa: "Autarquia criada com o fim de fiscalizar as condições de higiene dos leitos hospitalares pode instituir taxa em razão do exercício do poder de polícia de sua incumbência".

Assim como ocorre em todos os temas de competência concorrente, **cabe à União** editar as **normas gerais sobre Direito Tributário** cuja observância é obrigatória para todas as demais esferas federativas (art. 24, § 1º, da CF).

---

32. *Curso de Direito Tributário*, p. 68.

Cespe: A prova do Ministério Público/RR de 2008 considerou CORRETA a assertiva: "A competência tributária abrange o poder de legislar plenamente, incluindo-se o estabelecimento de normas gerais em matéria tributária, desde que não existam normas gerais impostas pela União sobre a mesma matéria".

Atualmente, as normas gerais sobre Direito Tributário constam da Lei n. 5.172, de 25 de outubro de 1966 – o Código Tributário Nacional.

1.11.1 Iniciativa de projetos de lei em matéria tributária

O art. 61, § 1º, da Constituição Federal enumera os temas cuja iniciativa, em matéria de processo legislativo, cabe ao Presidente da República. Na alínea *b* do inciso II do referido dispositivo está dito: "organização administrativa e judiciária, matéria tributária e orçamentária, serviços públicos e pessoal da administração dos Territórios".

Desse modo, é de **iniciativa privativa do Presidente da República** a instauração do processo legislativo versando sobre qualquer **tema tributário** de competência dos **territórios federais**[STF].

STF: "A reserva de iniciativa do Poder Executivo para tratar de matéria tributária prevista no art. 61, § 1º, inciso II, letra *b*, da Constituição Federal, diz respeito apenas aos Territórios Federais" (ADIn 286/RO, 2002, Plenário, rel. Min. Maurício Corrêa).

Quanto às **demais esferas** federativas, o Supremo Tribunal Federal decidiu que a **iniciativa das leis** tributárias é de **competência concorrente**[STF1], por vezes chamada de **comum**[STF2], entre o **Executivo e o Legislativo**.

STF[1]: "A iniciativa de leis que versem sobre matéria tributária é concorrente entre o chefe do Poder Executivo e os membros do Legislativo. A circunstância de as leis que versem sobre matéria tributária poderem repercutir no orçamento do ente federado não conduz à conclusão de que sua iniciativa é privativa do chefe do Executivo" (RE 590.697-ED, rel. Min. Ricardo Lewandowski, j. 23-8-2011, 2ª T., *DJe* 6-9-2011).

STF[2]: "A Constituição de 1988 admite a iniciativa parlamentar na instauração do processo legislativo em tema de Direito Tributário. Constituição. – A iniciativa reservada, por constituir matéria de direito estrito, não se presume e nem comporta interpretação ampliativa, na medida em que – por implicar limitação ao poder de instauração do processo legislativo – deve necessariamente derivar de norma constitucional explícita e inequívoca. O ato de legislar sobre Direito Tributário, ainda que para conceder benefícios jurídicos de ordem fiscal, não se equipara – especialmente para os fins de instauração do respectivo processo legislativo – ao ato de legislar sobre o orçamento do Estado" (ADIn-MC 724/92, rel. Min. Celso de Mello, j. 6-5-1992, Tribunal Pleno).

1.12 NATUREZA JURÍDICA DO CÓDIGO TRIBUTÁRIO NACIONAL

No âmbito da competência legislativa concorrente cabe à União editar as normas gerais (art. 24, § 1º, da CF).

> Instituto Cidades: A prova de Defensor Público/AM de 2011 considerou CORRETA a afirmativa: "As normas gerais de Direito Tributário são instrumentos necessários à uniformização da legislação tributária entre os distintos Entes Federativos, incumbindo à União, no exercício da competência legislativa concorrente, estabelecer, nos termos do art. 146 da CR/88, parâmetros sobre a definição de tributos e de suas espécies, prescrição e decadência tributárias e adequado tratamento tributário ao ato cooperativo. Mesmo que a União não exercite sua competência para edição de normas gerais, os Estados poderão exercer a competência legislativa plena em matéria tributária, atendendo às suas peculiaridades".

Além das regras previstas no próprio texto constitucional, as normas gerais sobre Direito Tributário estão na Lei n. 5.172/66, o Código Tributário Nacional.

Promulgado sob a vigência da Constituição de 1946, o CTN tem forma, aparência e numeração de lei ordinária. Vale dizer, o CTN é **formalmente uma lei ordinária.**

Entretanto, com a entrada em vigor da Constituição Federal de 1988, por força de seu art. 146, III, as normas gerais sobre Direito Tributário passaram a sujeitar-se a uma reserva de lei complementar ("Cabe à lei complementar: III – estabelecer normas gerais em matéria de legislação tributária").

Desse modo, o Código Tributário foi **recepcionado,** pelo Texto de 1988, **como lei complementar.** Seus temas, assuntos, matérias são reservados à lei complementar. Daí falar-se que o CTN tem uma **natureza dúplice ou híbrida**, na medida em que formalmente é lei ordinária, mas materialmente lei complementar.

> Cespe: A prova de Auditor-Fiscal de 2005 considerou CORRETA a seguinte afirmativa: "O Código Tributário Nacional foi recepcionado pela atual Constituição da República Federativa do Brasil, atualizada pela Emenda Constitucional n. 48/2005, com natureza de lei complementar".

LEMBRE-SE: O CTN formalmente é uma lei ordinária e materialmente uma lei complementar.

> Esaf: A prova de Auditor-Fiscal da Receita Federal de 2002 considerou CORRETA a afirmativa: "O Código Tributário Nacional, embora tenha sido aprovado como lei ordinária, pode regular as matérias para as quais a Constituição, que lhe é posterior, passou a exigir lei complementar".

1.12.1 Taxonomia do CTN: norma federal ou norma nacional?

A doutrina diferencia normas federais e normas nacionais. Os dois tipos de norma emanam do Congresso Nacional, podendo ser veiculadas por leis ordinárias ou leis complementares. A diferença está no âmbito pessoal de abrangência.

Normas federais são aquelas provenientes do Congresso Nacional e obrigatórias somente para o **âmbito da União**, não estendendo seu alcance às demais esferas federativas. Exemplos de normas federais: as destinadas à disciplina do Imposto de Importação.

Normas nacionais também emanam do Congresso Nacional, mas, ao contrário das federais, são **aplicáveis simultaneamente a todas as esferas federativas**. É o caso das normas contidas no Código Tributário Nacional, que são de cumprimento obrigatório pela União, Estados, Distrito Federal e Municípios.

Curioso notar que, quase sempre, normas federais são veiculadas por lei ordinária, ao passo que normas nacionais têm como instrumento normativo uma lei complementar. O que justifica a exigência de um quórum mais rigoroso (maioria absoluta) para aprovação de uma lei complementar: as normas nela contidas alcançam todas as esferas federativas, "atuando entre a rigidez da Constituição e a mutabilidade constante da legislação ordinária"[STF].

> STF: "A Constituição previu que a lei complementar exerce diferentes funções em matéria tributária como, por exemplo, criação de tributos na hipótese dos empréstimos compulsórios (art. 148), criação de impostos não previstos na Constituição (art. 154) e criação de novas fontes de custeio da seguridade social (art. 195, § 4º, c/c o art. 154, I). Nesses casos, as normas complementares eventualmente editadas têm âmbito federal. No entanto, na hipótese do art. 146, III, *a*, da CF, a lei complementar possui a qualidade de norma nacional ['Art. 146. Cabe à lei complementar: I – dispor sobre conflitos de competência, em matéria tributária, entre a União, os Estados, o Distrito Federal e os Municípios; II – regular as limitações constitucionais ao poder de tributar; III – estabelecer normas gerais em matéria de legislação tributária, especialmente sobre: a) definição de tributos e de suas espécies, bem como, em relação aos impostos discriminados nesta Constituição, a dos respectivos fatos geradores, bases de cálculo e contribuintes']. No âmbito deste último inciso, a lei complementar atua entre a rigidez da Constituição e a mutabilidade constante da legislação ordinária" (RE 567.935/SC, rel. Min. Marco Aurélio, j. 4-9-2014).

Portanto, a natureza jurídica (taxonomia) do CTN é: a) formalmente lei ordinária; b) materialmente lei complementar; c) lei veiculadora de normas nacionais.

1.13 DIREITO TRIBUTÁRIO COMO "RAMO DE SOBREPOSIÇÃO"

Reconhecido como disciplina científica há menos de cem anos, o Direito Tributário é um **ramo jurídico recente.** Assim, no período histórico do seu surgimento (primeiras décadas do século XX) já havia um amplo conhecimento em diversas áreas do direito, construído durante cerca de dois mil anos de produção intelectual notadamente na seara jurídico-privada.

Por essa razão o legislador não precisou criar, partindo do zero, os conceitos normativos utilizados nas leis tributárias. Tornou-se comum um **processo de importação conceitual** realizado pelo Direito Tributário, de modo que as leis relativas à tributação passaram a "tomar emprestados" institutos, conceitos e formas próprios do direito privado, especialmente do Direito Civil, para disciplina de temas tributários.

Conceitos de Direito Privado como "serviço", "propriedade móvel", "circulação", "mercadoria", "transmissão do bem" começaram a integrar leis tributárias por meio do referido processo de importação.

> Vunesp: A prova da Magistratura/SP de 2009 considerou CORRETA a seguinte assertiva: "O conceito de mercadoria adotado pela Constituição Federal é o que a lei comercial define como tal".

Daí dizer-se que **"o Direito Tributário não cria suas próprias realidades"**, mas utiliza institutos, conceitos e formas típicos de outros ramos. Ou então: **"o Direito Tributário é um ramo de sobreposição"** porque seus princípios e normas empregam as mesmas noções existentes no direito privado.

Impondo **limites ao processo de importação conceitual**, existem duas importantes regras no Código Tributário Nacional:

Art. 109: "Os princípios gerais de direito privado utilizam-se para pesquisa da definição, do conteúdo e do alcance de seus institutos, conceitos e formas, mas não para definição dos respectivos efeitos tributários".

Art. 110: "A lei tributária não pode alterar a definição, o conteúdo e o alcance de institutos, conceitos e formas de direito privado, utilizados, expressa ou implicitamente, pela Constituição Federal, pelas Constituições dos Estados, ou pelas Leis Orgânicas do Distrito Federal ou dos Municípios, para definir ou limitar competências tributárias".

1.14 DIREITO TRIBUTÁRIO COMO UM RAMO RECENTE

De acordo com Marco Aurélio Greco, o Direito Tributário é um ramo jurídico com uma **data de nascimento definida**. Isso porque, embora já existissem estudos anteriores sobre o fenômeno econômico da tributação, foi somente com a publicação da **Lei Tributária Alemã de 1919** que o Direito Tributário ganhou um tratamento como ramo científico autônomo[33].

1.15 FONTES DO DIREITO TRIBUTÁRIO

Numa primeira aproximação em relação ao tema lembramos que fonte é local de onde algo emana. Fontes do direito são **centros emanadores de regras jurídicas**.

Lembramos também que regras jurídicas são comandos de conduta, não se confundindo com os instrumentos normativos veiculadores dos referidos comandos.

---

33. *Contribuições de Intervenção no Domínio Econômico e Figuras Afins*, p. 147.

Uma lei ordinária, por exemplo, é um instrumento normativo introdutor de diversas regras jurídicas. Regra jurídica é o conteúdo veiculado pelo instrumento normativo. A regra é o conteúdo, a lei é o continente (forma).

Nesse sentido, a doutrina diferencia fontes materiais e fontes formais do Direito Tributário.

1.15.1 Fontes materiais, fontes reais e fontes formais (primárias e secundárias)

Fontes materiais são os **órgãos habilitados pelo sistema** para a produção de normas tributárias, assim como, segundo alguns autores, os **acontecimentos sociais relevantes** para a criação de regras jurídicas[34]. Exemplos: Congresso Nacional, Assembleias Legislativas, Câmaras Municipais, Presidência da República (na edição de medidas provisórias tributárias).

Fontes formais são os **veículos introdutores de normas tributárias**[35], como as leis ordinárias, as leis complementares, as medidas provisórias, a Constituição Federal etc. As fontes formais, por sua vez, dividem-se em primárias e secundárias.

a) Fontes formais **primárias, principais ou imediatas** são aquelas que podem criar efetivamente regras jurídicas, inovando em caráter originário na ordem jurídica. Exemplos: leis, medidas provisórias, emendas constitucionais;

b) Fontes formais **secundárias, acessórias ou mediatas**: podem somente detalhar regras introduzidas pelas fontes primárias, não tendo força para inovar originariamente na ordem jurídica. Exemplos: decretos, regulamentos, instruções normativas, portarias ministeriais.

Há autores que mencionam ainda a existência de **fontes reais** do Direito Tributário, significando o conjunto de pressupostos ou suportes fáticos das regras tributárias[36].

Por fim, convém esclarecer que essas fontes materiais e formais acima mencionadas **são fontes do direito positivo.** Não se confundem com as fontes da Ciência do Direito.

1.15.2 Fontes dogmáticas

Fontes da Ciência do Direito ou **dogmáticas** são tudo aquilo que colabore para "a boa compreensão do fenômeno jurídico"[37]. Nessa categoria incluem-se a doutrina, os costumes e a jurisprudência.

34. Paulo de Barros Carvalho, *Curso de Direito Tributário*, p. 79.
35. Luis Eduardo Schoueri, *Direito Tributário*, p. 64.
36. Eduardo Sabbag, *Manual de Direito Tributário*, p. 510.
37. Paulo de Barros Carvalho, *Curso de Direito Tributário*, p. 86.

Fepese: A prova de Auditor-Fiscal da Receita Estadual/SC considerou ERRADA a assertiva: "O costume não pode ser fonte primária ou secundária de Direito Tributário, eis que, de acordo com o princípio da legalidade tributária, o tributo somente pode ser instituído ou aumentado por lei, ato formal e materialmente emanado do Poder Legislativo".

A ideia da jurisprudência como fonte do Direito Tributário foi reforçada com a criação das súmulas vinculantes (art. 103-A da CF, inserido pela EC n. 45/2004), cuja observância é obrigatória tanto pelos órgãos do Poder Judiciário quanto da Administração Pública.

1.15.3 Fontes formais em espécie

Para encerrar a análise das fontes do Direito Tributário, apresentaremos uma visão panorâmica sobre o papel desempenhado pelos diversos veículos introdutores de regras tributárias (fontes formais) no direito positivo brasileiro. Trata-se de uma primeira aproximação do tema, sendo certo que nos capítulos seguintes deste *Manual* muitos dos temas pertinentes às fontes formais do Direito Tributário serão abordados detalhadamente.

AOCP: A prova de Procurador do Município de Camaçari/BA de 2010 considerou CORRETA a afirmativa: "São fontes do Direito Tributário leis em sentido amplo, a Constituição Federal e suas Emendas, Leis Ordinárias, Complementares, Delegadas, Medidas Provisórias, Decretos Legislativos, Resoluções do Senado e Convênios Interestaduais do ICMS".

1.15.3.1 Constituição Federal

Acesse também a videoaula pelo *link*:
http://somos.in/MDT0729

A Constituição Federal[STF]

STF: No embate diário Estado/contribuinte, a Carta Política da República exsurge com insuplantável valia, no que, em prol do segundo, impõe parâmetros a serem respeitados pelo primeiro" (RE 172.058, rel. Min. Marco Aurélio, j. 30-6-1995, Plenário, *DJ* 13-10-1995).

não cria tributo, pois essa tarefa cabe exclusivamente ao legislador quando define os cinco aspectos da hipótese de incidência (aspectos pessoal, temporal, territorial, material e quantitativo), mas o Texto de 1988 trata de diversos temas de Direito Tributário, a saber:

> Esaf: A prova para Agente da Receita Federal de 2009 considerou ERRADA a afirmativa: "A Constituição Federal, além de conter normas instituidoras de tributos, igualmente contempla, em seus dispositivos, regras voltadas à discriminação das competências tributárias, a fim de que os entes políticos possam criar seus tributos, dentro das suas respectivas esferas de atribuição".

> TJ/DF: A prova da Magistratura/DF de 2008 considerou FALSA a seguinte assertiva: "A Constituição Federal, na sua condição de 'lei das leis', além de abarcar normas instituidoras de tributos, igualmente contempla em seus preceptivos regras voltadas à discriminação das competências tributárias, a fim de que os entes/políticos/estatais possam criar seus tributos, dentro das suas respectivas esferas de atribuições".

1) espécies tributárias (arts. 145, 148, 149 e 195);
2) reserva de lei complementar (art. 146);
3) princípios (art. 150);
4) imunidades (art. 150, VI);
5) competência tributária (arts. 153, 155 e 156);
6) repartição de receitas tributárias (arts. 157 e 158 da CF).

1.15.3.1.1 Constitucionalização e petrificação do Direito Tributário

A constitucionalização é uma **tendência à incorporação de princípios e normas de Direito Tributário** brasileiro **no texto constitucional** de modo a garantir maior estabilidade à matéria, dificultando o processo legislativo para alteração da disciplina normativa da tributação. A inserção de regras tributárias no corpo da Constituição torna seu cumprimento obrigatório para todas as entidades federativas, retirando-lhes a possibilidade de modificar essas regras por meio de leis ordinárias ou complementares.

Dado seu conteúdo valorativo diferenciado, **alguns temas** tributários foram petrificados, compondo **o núcleo imodificável da Constituição de 1988**, vale dizer, fazem parte do rol de **cláusulas pétreas** enumeradas no art. 60, § 4º. Tais matérias não podem ser suprimidas ou ter seu alcance reduzido nem por meio de emenda constitucional. É o caso dos **princípios** e **imunidades tributárias**, pois, tendo natureza de "garantias fundamentais do contribuinte" (art. 150, *caput*, da CF), constituem cláusula pétrea referida no art. 60, § 4º, IV, da CF ("Não será objeto de deliberação a proposta de emenda tendente a abolir: IV – os direitos e garantias individuais).

A jurisprudência do Supremo Tribunal Federal é pacífica quanto à natureza de cláusulas pétreas das limitações constitucionais ao poder de tributar.

> Cespe: A prova do Ministério Público/RR de 2008 considerou CORRETA a assertiva: "Consoante jurisprudência firmada pelo STF, o poder que tem o Estado de tributar sofre limitações que são tratadas como cláusulas pétreas".

1.15.3.2 Emendas à Constituição Federal

As emendas constitucionais podem modificar as regras tributárias contidas no texto constitucional, até mesmo inserindo novos comandos ou suprimindo os já existentes, desde que **sem violar as cláusulas pétreas**.

Como visto no item anterior, não será objeto de deliberação a proposta de emenda constitucional tendente a suprimir ou reduzir princípios e imunidades tributárias (art. 60, § 4º, IV, da CF).

Sucessivas emendas constitucionais já foram promulgadas versando sobre matéria tributária, merecendo destaque:

a) **Emenda Constitucional n. 3/93:** autorizou a União a instituir o Imposto sobre Movimentação ou Transmissão de Valores e de Créditos e Direitos de Natureza Financeira – IPMF (art. 2º da Emenda);

b) **Emenda Constitucional n. 17/97:** alterou regras de distribuição aos Municípios da receita proveniente da arrecadação do Imposto de Renda (art. 3º da Emenda);

c) **Emenda Constitucional n. 20/98:** modificou o regime constitucional das contribuições sociais (art. 195, I, da CF);

d) **Emenda Constitucional n. 32/2001:** alterou o regime das medidas provisórias tributárias (art. 62, § 2º, da CF);

e) **Emenda Constitucional n. 33/2001:** disciplinou a instituição de Cides (art. 149, § 2º) e alterou regras do ICMS (art. 155, § 2º, IX, da CF);

f) **Emenda Constitucional n. 42/2003:** modificou o regime da anterioridade tributária (art. 150, III, *c*, da CF); e

g) **Emenda Constitucional n. 55/2007:** alterou os percentuais de distribuição de receitas do IPI (art. 159, I, *d*, da CF).

h) **Emenda Constitucional n. 105/2019:** acrescenta o art. 166-A à Constituição Federal, para autorizar a transferência de recursos federais a Estados, ao Distrito Federal e a Municípios mediante emendas ao projeto de lei orçamentária anual.

Assim como ocorre com o próprio texto constitucional, as emendas constitucionais **não criam tributos,** pois esta tarefa é exclusiva do legislador ao definir legalmente os cinco aspectos da hipótese de incidência tributária (aspectos pessoal, material, territorial, temporal e quantitativo).

1.15.3.3 Leis complementares federais

A Constituição de 1988 selecionou diversos temas de Direito Tributário que somente poderão ser disciplinados por meio de lei complementar. É a chamada **reserva de lei complementar**.

Devido ao fato de sua aprovação exigir **quórum de maioria absoluta** (art. 69 da CF), a obrigatoriedade de utilização da lei complementar para disciplina de certa matéria pressupõe maior consenso entre os parlamentares do que o necessário para aprovação de uma lei ordinária e, por conseguinte, maior dificuldade na aprovação de novas leis, conferindo estabilidade adicional para os temas reservados à lei complementar. Fala-se também em um adensamento na disciplina constitucional do Sistema Tributário realizado por força das leis complementares.

CFC: A prova de Técnico em Contabilidade do CFC de 2011 considerou CORRETA a seguinte assertiva: "As leis complementares serão aprovadas por maioria absoluta".

Esaf: A prova de Fiscal de Tributos/PA de 2002 considerou CORRETA a afirmativa: "As leis complementares prestam-se a adensar a disciplina constitucional conferida ao sistema tributário e a criar certos tributos".

Todavia, tais peculiaridades não significam uma hierarquia da lei complementar tributária sobre as leis ordinárias. Leis complementares e leis ordinárias têm no Direito Tributário âmbitos materiais distintos de atuação, mas sem qualquer supremacia de umas em relação às outras.

FMP: A prova da PGE/AC de 2017 considerou ERRADA a afirmação: "A lei complementar tributária é hierarquicamente superior à lei ordinária tributária".

O tema será detalhadamente abordado em capítulo específico deste *Manual*. Por ora, é oportuno listar as matérias tributárias constitucionalmente sujeitas à reserva de lei complementar:

a) dispor sobre conflitos de competência, em matéria tributária, entre a União, os Estados, o Distrito Federal e os Municípios (art. 146, III, *a*);

FGV: A prova da OAB Nacional de 2011 considerou CORRETA a seguinte assertiva: "Conforme a Constituição Federal, o veículo legislativo adequado para dispor sobre conflitos de competência entre os entes políticos em matéria tributária é a lei complementar".

b) regular as limitações constitucionais ao poder de tributar (art. 146, III, *b*);

Cespe: A prova de Fiscal de Tributos de Maceió de 2003 considerou CORRETA a afirmativa: "Conforme estabelecido na lei maior, a função típica reservada à lei complementar pelo sistema tributário nacional é a de detalhar as disposições constitucionais, explicitando regras para solucionar os conflitos de competência entre os entes políticos, regulando as limitações constitucionais ao poder de tributar e estabelecendo normas gerais de direito tributário".

c) adequado tratamento ao ato cooperativo (art. 146, III, *c*);

d) estabelecer normas gerais em matéria de legislação tributária, especialmente sobre: *1)* definição de tributos e de suas espécies, bem como, em relação aos impostos discriminados na Constituição, a dos respectivos fatos geradores, bases de cálculo e contribuintes; *2)* obrigação, lançamento, crédito, prescrição e decadência tributários; *3)* adequado tratamento tributário ao ato cooperativo praticado pelas sociedades cooperativas; *4)* definição de tratamento diferenciado e favorecido para microempresas e empresas de pequeno porte (art. 146, III, *d*);

> Esaf: A prova de Auditor da Receita Federal de 2012 considerou CORRETA a assertiva: "Em matéria tributária, de acordo com a Constituição Federal, compete à Lei Complementar dispor sobre o adequado tratamento tributário ao ato cooperativo praticado pelas sociedades cooperativas".

> Cespe: A prova do Ministério Público/RR de 2008 considerou ERRADA a seguinte assertiva: "Se, no corpo de uma lei complementar destinada ao estabelecimento de normas gerais em matéria tributária, a União inserir norma aplicável apenas a ela própria e que se destine a definir os contribuintes de certo imposto, poderá ela revogar aquela norma por meio de lei ordinária".

> Esaf: A prova de Auditor-Fiscal da Receita Federal de 2002 considerou ERRADA a seguinte afirmativa: "O estabelecimento, em caráter geral, da definição da base de cálculo e do fato gerador dos impostos discriminados na Constituição há de ser feito exclusivamente por lei complementar federal, para a União, e por lei complementar estadual para os Estados e Municípios".

e) **regime único de arrecadação** dos impostos e contribuições da União, dos Estados, do Distrito Federal e dos Municípios (art. 146, parágrafo único);

> Esaf: A prova de Auditor da Receita Federal de 2012 considerou CORRETA a assertiva: "Em matéria tributária, de acordo com a Constituição Federal, compete à Lei Complementar estabelecer tratamento diferenciado e favorecido para as microempresas e para as empresas de pequeno porte, inclusive regimes especiais ou simplificados".

f) critérios especiais de tributação com o objetivo de prevenir desequilíbrios da concorrência (art. 146-A);

g) **empréstimos compulsórios** (art. 148);

> Cespe: A prova de Procurador/BH de 2017 considerou CORRETA a afirmação: "A União pode instituir empréstimos compulsórios para atender a despesas extraordinárias decorrentes de calamidade pública, desde que o faça mediante lei complementar".

h) instituição do **imposto sobre grandes fortunas** (art. 153, VII);

i) criação de **impostos residuais** (art. 154, I);

j) aspectos da disciplina do ICMS (art. 155, § 2º, XII);

k) definição do fato gerador do ISS (art. 156, III);

l) novas fontes de custeio da seguridade social (art. 195, § 4º).

ATENÇÃO: Lembre que o art. 62, § 1º, III, da CF proíbe a edição de medidas provisórias tratando de tema sob reserva de lei complementar.

> Cespe: A prova do Ministério Público/RR de 2008 considerou CORRETA a assertiva: "Uma medida provisória que estabeleça nova hipótese de fato gerador de um imposto contraria a CF".

1.15.3.4 Leis complementares estaduais, distritais e municipais

Existem leis complementares também nos âmbitos estadual, distrital e municipal, sendo que os temas a elas reservados são definidos pelas Constituições Estaduais e pelas Leis Orgânicas.

Por simetria ao modelo da Constituição Federal, é comum as Constituições Estaduais e Leis Orgânicas reservarem à lei complementar a disciplina de **normas gerais** e **conflitos de competência em matéria de tributação estadual, distrital e municipal.**

1.15.3.5 Leis ordinárias federais

O Direito Tributário, em regra, é disciplinado por lei ordinária. O uso de lei complementar em matéria de tributação constitui exceção. Assim, as leis ordinárias são o **veículo normativo mais importante** para a disciplina dos temas tributários não gerais de competência **federal**.

> FMP: A prova da PGE/AC de 2017 considerou ERRADA a afirmação: "A Constituição Federal define perfeitamente cada tributo, não havendo espaço para o legislador infraconstitucional definir os tributos".

Em termos práticos, cabe à lei ordinária disciplinar tudo aquilo que não estiver sob reserva de lei complementar. A instituição de **taxas** e **contribuições de melhoria**, bem como da **maioria dos impostos** e **contribuições especiais**, é realizada por meio de lei ordinária.

> AOCP: A prova de Procurador do Município de Camaçari/BA de 2010 considerou CORRETA a afirmativa: "Em regra, a lei apta a instituir tributos é a Ordinária".

1.15.3.6 Leis ordinárias estaduais, distritais e municipais

Assim como ocorre na esfera federal, a lei ordinária também é a fonte formal mais importante para o Direito Tributário nos âmbitos estadual, distrital e municipal, cabendo-lhe disciplinar todos os temas não reservados à lei complementar.

Compete à lei ordinária, entre outros temas, instituir, majorar, reduzir e extinguir todos os tributos de competência dos Estados, Distrito Federal e **Municípios**.

> Cespe: A prova de Analista do TRE/PE de 2017 considerou ERRADA a afirmação: "Tributo deve ser criado por lei ou por qualquer norma que tenha força de lei".

1.15.3.7 Medidas provisórias federais

A edição de medidas provisórias está regida pelo art. 62 da Constituição Federal: "em caso de relevância e urgência, o Presidente da República poderá adotar medidas provisórias, com força de lei, devendo submetê-las de imediato ao Congresso Nacional".

Atualmente, encontra-se superada a discussão sobre a possibilidade de edição de medidas provisórias tributárias uma vez que o art. 62, § 2º, da Constituição Federal, com redação dada pela Emenda 32/2001, disciplina expressamente as medidas tributárias versando sobre questões tributárias: "**Medida provisória que implique instituição ou majoração de impostos**, exceto os previstos nos arts. 153, I, II, IV, V, e 154, II, **só produzirá efeitos no exercício financeiro seguinte** se houver sido convertida em lei até o último dia **daquele em que foi editada**".

Assim, admite-se amplamente a medida provisória, pelo Presidente da República, tratando de matéria tributária desde que: a) o tema seja de **competência federal**; b) **não haja reserva de lei complementar**.

Como já visto, o art. 62, § 1º, III, veda a edição de medida provisória tratando de matéria reservada à lei complementar. Assim, **medida provisória só trata de temas próprios de lei ordinária**.

A complicada questão que envolve a aplicação do princípio da anterioridade nos tributos instituídos ou majorados por medida provisória será abordada nos capítulos seguintes deste *Manual*.

1.15.3.8 Medidas provisórias estaduais, distritais e municipais

No julgamento da ADIn 2.391/2006, o Supremo Tribunal Federal admitiu a possibilidade de existirem medidas provisórias estaduais, desde que expressamente previstas na Constituição do respectivo Estado-membro. O entendimento baseou-se na ausência de proibição, na Constituição de 1988, para outras esferas federativas editarem medidas provisórias. Nessa esteira, nada impede que Municípios e o Distrito Federal também façam uso do referido veículo normativo se houver previsão em suas Leis Orgânicas.

Por simetria ao modelo federal, medidas provisórias estaduais, distritais e municipais só podem tratar de **temas próprios de lei ordinária**, vedada sua edição versando sobre assuntos reservados, segundo as Constituições Estaduais e Leis Orgânicas, à lei complementar.

1.15.3.9 Constituições Estaduais

São também fontes formais do Direito Tributário as Constituições Estaduais, cabendo-lhes o papel de ampliar, para o âmbito dos Estados-membros, as limitações ao poder de tributar definidas na Constituição Federal.

A Constituição Estadual **não cria tributos**, mas promove um detalhamento da disciplina normativa aplicável à tributação estadual podendo aumentar o rol de garantias estabelecidas em favor do contribuinte. Infelizmente, o que se observa na maioria das Constituições Estaduais é uma simples repetição das regras tributárias previstas na Constituição Federal. As CEs não podem conceder isenções **fiscais**.

É vedado às Constituições Estaduais suprimir ou reduzir o alcance de qualquer princípio tributário, imunidade ou garantia assegurada ao contribuinte na Constituição Federal.

> FMP: A prova da PGE/AC de 2017 considerou ERRADA a afirmação: "A Constituição Estadual pode isentar determinadas operações dos tributos de competência estadual, devido à sua hierarquia perante a lei instituidora do tributo".

1.15.3.10 Emendas às Constituições Estaduais

As Constituições Estaduais podem ser alteradas por meio de emendas e, se estas versarem sobre temas tributários, a emenda à Constituição Estadual será fonte formal do Direito Tributário.

1.15.3.11 Leis orgânicas dos Municípios e do Distrital Federal

Assim como os Estados-membros são regidos por Constituições Estaduais, Municípios e o Distrito Federal têm sua estrutura definida em leis orgânicas. As leis orgânicas **não instituem tributos**, mas são fontes formais do Direito Tributário porque preveem regras sobre tributação municipal, quase sempre reproduzindo dispositivos da Constituição Federal.

Princípios tributários, imunidades e garantias do contribuinte, assegurados na Constituição Federal ou nas Constituições Estaduais, não podem ser suprimidos ou reduzidos pela lei orgânica.

1.15.3.12 Emendas às leis orgânicas dos Municípios e do Distrito Federal

As emendas aprovadas para alteração das leis orgânicas dos municípios e do Distrito Federal também são fonte formal do Direito Tributário, pois podem tratar dos temas tributários pertinentes ao âmbito municipal e distrital.

1.15.3.13 Resolução

Resolução é a espécie normativa utilizada para veiculação de **matérias de competência privativa do Senado, da Câmara dos Deputados ou do Congresso Nacional** (arts. 51 e 52 da CF). A promulgação da resolução cabe ao Presidente do Senado (no caso de resolução do Senado ou do Congresso) ou da Câmara (para resolução da Câmara dos Deputados).

> FCC: A prova de Auditor Tributário de Jaboatão de Guararapes/PE de 2003 considerou CORRETA a afirmativa: "As Resoluções do Senado são consideradas fontes primárias do Direito Tributário".

No que diz respeito ao Direito Tributário, a Constituição de 1988 prevê a necessidade de **resolução nas seguintes hipóteses**:

a) aprovar delegação ao Presidente da República para editar leis delegadas (resolução do Congresso Nacional, art. 68, § 2º, da CF);

b) estabelecer **alíquotas do ICMS** aplicáveis às **operações e prestações, interestaduais e de exportação**, mediante resolução do Senado, de iniciativa do Presidente da República ou de um terço dos Senadores, aprovada pela maioria de seus membros (art. 155, § 2º, IV, da CF);

c) definir **alíquotas mínima e máxima do ICMS** nas operações internas (resolução do Senado, art. 155, § 2º, V, *a* e *b*, da CF). Convém frisar que a votação da alíquota mínima depende de iniciativa de um terço dos senadores e maioria absoluta para aprovação (art. 155, § 2º, V, *a*). Já no caso da alíquota máxima, a iniciativa exige maioria absoluta e aprovação de dois terços dos senadores (art. 155, § 2º, V, *b*);

> Esaf: A prova de Auditor-Fiscal da Receita Federal de 2002 considerou ERRADA a afirmativa: "Resolução do Senado Federal, obedecidas as condições constitucionais, poderá estabelecer, para o ICMS, as alíquotas aplicáveis às operações e prestações, interestaduais e de exportação".

> FGV: A prova da Magistratura/MS de 2008 considerou CORRETA a assertiva: "Em relação ao ICMS é facultado ao Senado Federal estabelecer alíquotas mínimas nas operações internas, mediante resolução de iniciativa de um terço e aprovada pela maioria absoluta de seus membros".

d) fixar **alíquota máxima do ITCMD** (resolução do Senado, art. 155, § 1º, IV, da CF);

e) estabelecer **alíquota mínima do IPVA** (resolução do Senado, art. 155, § 3º, III, da CF).

Como o Senado é a casa que representa a vontade dos Estados-membros no bicameralismo federal, as Resoluções do Senado, em síntese, desempenham dupla função:

a) regular o exercício de competência heterônoma e privativa, pelo qual se impõe aos Estados a uniformização de alíquotas na política de exportação;

b) promover a edição de normas gerais de delimitação quantitativa das alíquotas estaduais[38].

1.15.3.14 Decreto legislativo

O decreto legislativo é um instrumento normativo previsto no art. 59, VI, da Constituição Federal, para disciplina de **competências exclusivas do Congresso Nacional,** sendo promulgado pelo Presidente do Senado.

Por meio de decreto legislativo cabe ao Congresso Nacional "resolver definitivamente sobre tratados, acordos ou atos internacionais que acarretem encargos ou compromissos gravosos ao patrimônio nacional" (art. 49, I, da CF). Desse modo, é a espécie normativa por meio da qual os **tratados** e **convenções internacionais** versando sobre matéria tributária **são internalizados no ordenamento jurídico brasileiro**.

38. Aliomar Baleeiro, *Direito Tributário Brasileiro*, p. 50.

Esaf: A prova de Auditor-Fiscal da Receita Federal de 2002 considerou CORRETA a afirmativa: "O Acordo para Isenção de Impostos Relativos à Implementação do Projeto do Gasoduto Brasil-Bolívia, celebrado entre o Governo da República Federativa do Brasil e o Governo da República da Bolívia, em Brasília, em 5 de agosto de 1996, se obedeceu aos comandos constitucionais, foi aprovado por decreto legislativo".

Compete esclarecer, por fim, que o decreto legislativo não tem qualquer relação com o ato administrativo "decreto". Assim, não há hipótese em que o decreto legislativo possa instituir ou majorar tributo.

Cespe: A prova da Magistratura/DF de 2008 considerou INCORRETA a afirmativa: "A expressão 'reserva de lei' envolve a necessidade de lei material e lei formal para o disciplinamento do tributo. Entretanto, esta regra sofre temperamentos, eis que a Carta da República contempla, no caso de alguns impostos, exceções restritas à necessidade de lei formal, permitindo ao Executivo e ao Legislativo a faculdade de modificar alíquotas através da edição de decreto e de decreto legislativo".

1.15.3.15 Leis delegadas

Previstas no art. 59, IV, da Constituição Federal, as leis delegadas são **elaboradas pelo Presidente da República** após a delegação da competência legislativa ser **aprovada pelo Congresso Nacional**, que definirá os limites da atribuição por meio de resolução (art. 62, § 2º, da CF).

O emprego de leis delegadas no Brasil perdeu razão de existir com a criação do instituto das medidas provisórias. A doutrina majoritária considera **constitucional a instituição de tributos** por meio de lei delegada. É expressamente proibida, todavia, a delegação de temas reservados à lei complementar (art. 68, § 1º, da CF). Desse modo, o tema tributário a ser disciplinado por lei delegada obrigatoriamente deve estar entre os assuntos passíveis de normatização por meio de lei ordinária.

Esaf: A prova de Fiscal de Tributos/PA de 2002 considerou CORRETA a afirmativa: "No Brasil persiste controvérsia doutrinária sobre se, por meio de leis delegadas, podem ser instituídos tributos. A Constituição Federal, todavia, veda expressamente a utilização de tais normas jurídicas para a criação de empréstimos compulsórios".

1.15.3.16 Convênios interestaduais

Convênios são **contratos administrativos multilaterais** de cooperação celebrados entre **entidades federativas heterogêneas** (entre o Distrito Federal e Estados-membros, por exemplo). Diferem, neste último aspecto, dos consórcios públicos, que também são contratos administrativos multilaterais e de cooperação, mas celebrados por entidades federativas homogêneas (exemplo: consórcio entre municípios).

Na Constituição de 1988, os convênios são instrumentos normativos utilizados para **deliberação conjunta** entre os Estados-membros sobre **temas relacionados com** a cobrança de **ICMS**.

A hipótese mais importante de utilização de convênios tributários vem prevista no art. 155, § 2º, XII, *g*, da CF: "cabe à lei complementar: g) regular a forma como, **mediante deliberação** dos Estados e do Distrito Federal, isenções, incentivos e benefícios fiscais serão concedidos e revogados"[STF].

> STF: "1. A concessão de benefícios fiscais concernentes ao imposto sobre operações relativas à circulação de mercadorias e sobre prestações de serviços de transporte interestadual e intermunicipal e de comunicação – ICMS pressupõe a prévia elaboração de convênio entre os Estados e o Distrito Federal, consoante o disposto no art. 155, § 2º, XII, *g*, da Constituição do Brasil. 2. A elaboração do convênio entre os entes federados deve preceder à edição da lei que conceda os benefícios fiscais, pouco importando em qual momento haverá a produção de efeitos plenos da norma. Isso porque a deliberação prévia dos Estados-membros e do Distrito Federal é requisito constitucional de validade do benefício, cuja inobservância acaba por inquiná-lo desde o nascedouro. 3. Ato normativo que, instituindo isenção de ICMS sem a prévia e necessária edição de convênio entre os Estados e o Distrito Federal, contraria o disposto no mencionado art. 155, § 2º, XII, *g*, do texto constitucional. 4. Destarte, a discussão sobre o momento a partir do qual a lei editada antes da celebração de convênio produzirá efeitos plenos é irrelevante para aferir a validade jurídico-constitucional do diploma instituidor do benefício fiscal. A formalização do convênio deve preceder a edição da lei" (STF, RE 637.959/DF, rel. Min. Luiz Fux, j. 19-2-2013, 1ª T.).

A celebração desses convênios em matéria de ICMS cabe ao **Confaz** – Conselho Nacional de Política Fazendária, órgão composto por representantes dos Estados, do Distrito Federal e da União. Para regular produção de efeitos, a celebração do convênio **precisa ser ratificada pelo Poder Legislativo** de cada entidade federativa conveniada.

> Esaf: A prova de Auditor da Receita Federal de 2005 considerou ERRADA a seguinte assertiva: "Os convênios reclamam o prévio abono da Assembleia Legislativa, por assimilação deles aos tratados internacionais que, pela Constituição, necessitam de aprovação prévia do Congresso Nacional".

ATENÇÃO: O art. 100, IV, do Código Tributário Nacional trata dos convênios intergovernamentais como **normas complementares à legislação tributária**. O art. 103, III, do CTN prescreve ainda que os convênios **entram em vigor na data neles prevista**.

1.15.3.17 Decretos e regulamentos

Decretos e regulamentos são **atos administrativos** gerais e abstratos, expedidos **privativamente pelos Chefes do Executivo** (Presidente da República, Governadores e Prefeitos), para **dar fiel execução à lei**.

Em rigor, os nomes "decreto" e "regulamento" designam a mesma realidade jurídica, mas decreto é o veículo introdutor do regulamento. Decreto é a forma (continente), regulamento é o conteúdo.

Devido à sua **natureza normativa**, o art. 96 do Código Tributário Nacional afirma que os decretos **fazem parte do conceito de "legislação tributária"**: "a expressão "legislação tributária" compreende as leis, os tratados e as convenções internacionais, os decretos e as normas complementares que versem, no todo ou em parte, sobre tributos e relações jurídicas a eles pertinentes".

Embora considerados "legislação" pelo art. 96 do CTN, os decretos são atos administrativos e, como tais, são manifestações com **caráter infralegal** não podendo inovar originariamente na ordem jurídica. Seu papel é meramente secundário no Direito Brasileiro, na medida em que existem somente para viabilizar a aplicação nos casos concretos. Decreto só trata de tema anteriormente disciplinado por lei, não podendo contrariar dispositivo legal.

Nesse sentido, prescreve o art. 99 do CTN: "o conteúdo e o alcance dos decretos restringem-se aos das leis em função das quais sejam expedidos, determinados com observância das regras de interpretação estabelecidas nesta Lei".

> AOCP: A prova de Procurador do Município de Camaçari/BA de 2010 considerou ERRADA a afirmativa: "O conteúdo dos decretos pode alcançar diversas leis ordinárias e/ou complementares, não se restringindo à lei que os criou".

A função dos decretos em matéria tributária é **limitar a discricionariedade do Fisco,** reduzindo as opções de comportamento dadas por lei à Administração Pública. Por força do art. 5º, II, da Constituição Federal, **decretos não podem criar deveres e proibições** pois essa tarefa cabe exclusivamente à lei formal.

Infelizmente, esse papel secundário e subalterno dos decretos não tem sido observado na prática. Muitos regulamentos são verdadeiras leis, criando inconstitucionalmente deveres e proibições para os contribuintes e agentes públicos. É o caso do Decreto n. 3.000/99 (RIR – Regulamento do Imposto de Renda) e do Decreto n. 7.212/2010 (RIPI – Regulamento do Imposto sobre Produtos Industrializados).

> Esaf: A prova de Auditor-Fiscal da Receita Federal de 2002 considerou ERRADA a afirmativa: "Decretos podem instituir impostos autorizados pela Constituição".

Na Constituição Federal de 1988 os decretos têm a importante função de, observados os limites legais, **modificar as alíquotas dos tributos** que podem ser alteradas **por ato do Executivo**, como é o caso de alguns tributos:

> CFC: A prova de Técnico em Contabilidade do CFC de 2011 considerou ERRADA a seguinte assertiva: "Qualquer tributo, uma vez instituído por Lei, pode ser modificado por Decreto, que são normas jurídicas elaboradas pelo Poder Executivo".

a) **II** – imposto de importação;

b) **IE** – imposto de exportação;

c) IPI – imposto sobre produtos industrializados;

d) IOF – imposto sobre operações financeiras;

e) Cide/combustíveis.

> Magistratura/SP: A prova da Magistratura/SP considerou ERRADA a afirmativa: "Uma vez instituído o tributo, cabe ao Chefe do Poder Executivo do ente político tributante majorar ou minorar a carga tributária".

Essa competência dada ao Poder Executivo para modificar por decreto as alíquotas dos tributos acima mencionados está prevista nos arts. 153, § 1º, e 177, § 4º, I, *b*, ambos da Constituição Federal. Semelhante possibilidade existe no caso do ICMS/Combustíveis, mas a alteração das alíquotas não ocorre por decreto e sim por meio de convênio intergovernamental.

O tema da modificação de alíquotas por ato do Executivo será abordado mais detalhadamente nos capítulos seguintes.

1.15.3.18 Instruções

Instruções são atos administrativos normativos de competência dos Ministros de Estado, expedidos para viabilizar a aplicação da lei e de outros atos normativos.

Devido à sua natureza infralegal, não podem criar deveres e proibições, e nem contrariar dispositivos legais. Na prática tributária, o exemplo mais importante de atos desse tipo são as instruções normativas expedidas pela Secretaria da Receita Federal.

Sendo atos normativos, o Código Tributário Nacional trata das instruções como normas complementares da legislação tributária (art. 100) cuja entrada em vigor ocorre na data de sua publicação (art. 103).

> Esaf: A prova de Auditor da Receita Federal de 2005 considerou CORRETA a seguinte afirmativa: "Os atos administrativos normativos entram em vigor, em regra, na data de sua publicação".

1.15.3.19 Portarias ministeriais

Outra fonte formal do Direito Tributário são as portarias, que são atos administrativos normativos ordinatórios voltados à disciplina de assuntos internos da Administração.

Importante registrar que portaria do Ministro da Fazenda vem sendo utilizada para modificar as alíquotas do II (Imposto de Importação) e do IE (Imposto de Exportação). Trata-se de uma delegação ao Ministro, da competência atribuída ao Presidente da República para, nos limites da lei, promover a modificação das alíquotas desses dois tributos aduaneiros.

No julgamento do Recurso Extraordinário 413.245/CE, decidido em 25-3-2010, o Supremo Tribunal Federal manifestou-se admitindo o uso de portaria ministerial para modificação das alíquotas do IOF – Imposto sobre Operações Financeiras.

1.15.3.20 Outras normas complementares

O art. 100 do CTN afirma serem normas complementares à legislação tributária:

a) atos normativos expedidos pelas autoridades administrativas. Exemplo: Ordem de Serviço expedida por Delegado da Receita Federal do Brasil;

> Esaf: A prova de Auditor-Fiscal da Receita Federal de 2002 considerou CORRETA a seguinte afirmativa: "À luz do CTN, os atos normativos expedidos pelas autoridades administrativas podem ser considerados como legislação tributária".

> Esaf: A prova de Auditor da Receita Federal de 2009 considerou CERTA a afirmativa: "Pode-se afirmar que ordem de serviço expedida por Delegado da Receita Federal do Brasil, contendo normas relativas ao atendimento do contribuinte, integra a legislação tributária".

b) decisões de órgãos do Fisco a que a lei atribua eficácia normativa;

> Esaf: A prova de Auditor da Receita Federal de 2009 considerou ERRADA a afirmativa: "As decisões proferidas pelas Delegacias da Receita Federal de Julgamento, em regra, integram a legislação tributária".

c) práticas reiteradas da autoridade (costumes);

d) convênios, que entre si celebrem a União, os Estados, o Distrito Federal e os Municípios.

> Esaf: A prova de Técnico da Receita Federal de 2002 considerou CORRETA a afirmativa: "São normas complementares das leis, dos tratados e das convenções internacionais e dos decretos as práticas reiteradamente observadas pelas autoridades administrativas".

1.15.3.21 Tratados e convenções internacionais

Os tratados e convenções internacionais dos quais o Brasil seja signatário são fontes formais do Direito Tributário, sendo considerados "legislação tributária" pelo CTN (art. 96).

> Ieses: A prova de Titular de Cartórios/MA de 2011 considerou ERRADA a afirmativa: "São normas complementares das leis, dos tratados e das convenções internacionais e dos decretos os atos normativos expedidos pelas autoridades administrativas, as decisões dos órgãos singulares ou coletivos de jurisdição administrativa, a que a lei atribua eficácia normativa e os convênios que entre si celebrem a União e os Estados, excluídos o Distrito Federal e os Municípios".

Ingressam na ordem jurídica interna, em regra, com *status* de lei ordinária. Os tratados e as convenções internacionais revogam ou modificam a legislação tributária interna, e serão observados pela que lhes sobrevenha (art. 98 do CTN).

> Esaf: A prova de Agente Tributário Estadual/MS de 2001 considerou CORRETA a afirmativa: "Os tratados e as convenções internacionais que disponham sobre matéria tributária modificam ou revogam a legislação tributária interna, e serão observados pela que lhes sobrevenha".

> Fepese: A prova de Auditor-Fiscal da Receita Estadual/SC de 2010 considerou CORRETA a afirmativa: "Nos termos do art. 98 do Código Tributário Nacional, os tratados e as convenções internacionais revogam ou modificam a legislação tributária interna, mas não precisam ser observados pela que lhes sobrevenha".

Segundo o Supremo Tribunal Federal, nada impede que a União celebre tratado internacional concedendo isenção de tributos estaduais e municipais (RE 229.096/RS). Assim, como será visto nos capítulos seguintes, a vedação prevista no art. 151, III, da CF (proibição de isenções heterônomas) não se aplica à União quando atua como sujeito de direito internacional.

> FGV: A prova de Fiscal da Receita Estadual/AP de 2010 considerou CORRETA a afirmativa: "A jurisprudência admite a possibilidade de tratados internacionais, de competência privativa do Presidente da República e referendo do Congresso Nacional, versarem sobre tributos estaduais ou municipais, inclusive, isentando-os".

> FGV: A prova de Advogado do Senado de 2008 considerou ERRADA a afirmativa: "A vedação às isenções heterônomas impede a concessão de isenções em tratados internacionais".

1.15.3.22 Conceito de "legislação tributária" no CTN

Nos termos do art. 96 do Código Tributário Nacional: a expressão legislação tributária compreende as leis, os tratados e as convenções internacionais, os decretos e as normas complementares que versem, no todo ou em parte, sobre tributos e relações jurídicas a eles pertinentes.

> Ieses: A prova de Titular de Cartórios/MA de 2011 considerou CORRETA a afirmativa: "Nos termos do art. 96 do Código Tributário Nacional, a expressão legislação tributária compreende as leis, os tratados e as convenções internacionais, os decretos e as normas complementares que versem, no todo ou em parte, sobre tributos e relações jurídicas a eles pertinentes".

Nota-se, portanto, que para o CTN o conceito de "legislação" é mais abrangente do que a ideia de "lei", isso porque na definição de legislação estão incluídas diversas fontes formais do Direito Tributário.

1.16 CONCEITO DE SISTEMA TRIBUTÁRIO NACIONAL

Para encerrar o capítulo, convém fazer referência ao conceito de "sistema tributário nacional", cuja utilização nas provas e concursos públicos é bastante frequente.

O art. 2º do CTN menciona o referido conceito ao estabelecer que: "O sistema tributário nacional é regido pelo disposto na Constituição, em leis complementares, em resoluções do Senado Federal e, nos limites das respectivas competências, em leis federais, nas Constituições e em leis estaduais, e em leis municipais"[STF].

> **STF: "Os tributos, nas suas diversas espécies, compõem o Sistema Constitucional Tributário brasileiro, que a Constituição inscreve nos seus arts. 145 a 162. Tributo, sabemos todos, encontra definição no art. 3º do CTN, definição que se resume, em termos jurídicos, no constituir ele uma obrigação que a lei impõe às pessoas, de entrega de uma certa importância em dinheiro ao Estado" (ADIn 447, rel. Min. Octavio Gallotti, voto do Min. Carlos Velloso, j. 5-6-1991, Plenário, *DJ* 5-3-1993).**

Para Kiyoshi Harada: "Sistema Tributário Nacional é o conjunto de normas constitucionais de natureza tributária, inserido no sistema jurídico global, formado por um conjunto unitário e ordenado de normas subordinadas aos princípios fundamentais reciprocamente harmônicos, que organiza os elementos constitutivos do Estado, que outra coisa não é senão a própria Constituição"[39].

> **FCC: A prova da Magistratura/PE de 2015 considerou ERRADA a assertiva: "A Constituição Federal de 1988 possui um título específico dedicado a regular o 'Sistema Tributário Nacional', que pela extensão e intensidade com que trata a relação tributária pode ser considerado como exaustivo em tal propósito".**

A identificação entre o conceito de "Sistema Tributário Nacional" e as normas constitucionais sobre tributação é reforçada pelo fato de o Capítulo I do Título VI da Constituição de 1988 ser denominado "Do Sistema Tributário Nacional".

Para provas e concursos públicos é mais apropriada a conceituação de Regina Helena Costa, para quem o Sistema Tributário Nacional é o **complexo normativo** "formado pela **Constituição Federal**, pelas **leis complementares** e pelas **leis de cada pessoa política**"[40].

39. *Direito Financeiro e Tributário*, p. 322.
40. *Código Tributário Nacional Comentado*, p. 17.

1.17 QUADRO SINÓTICO

CONCEITO DE DIREITO TRIBUTÁRIO
• Direito Tributário é o ramo do Direito Público que estuda princípios e regras disciplinadores do exercício das atividades de instituição, cobrança e fiscalização de tributos. Ou seja: *"é ramo do Direito Público"* por estudar atividades estatais; • *"Estuda princípios e regras"* por serem elas as normas pertencentes ao Direito Tributário, sendo os "princípios" as normas gerais que veiculam valores essenciais do sistema jurídico e as "regras" as normas específicas que disciplinam comportamentos determinados; e • *"Disciplinadores do exercício das atividades de instituição, cobrança e fiscalização de tributos"* por serem as três atividades estatais que compõem o campo específico de interesse do Direito Tributário.
TAXONOMIA OU NATUREZA JURÍDICA
Taxonomia é a definição da natureza jurídica de determinado instituto, ou seja, o processo técnico por meio do qual se investiga o enquadramento do objeto dentro das grandes categorias da Ciência do Direito. Pode-se falar em uma **quádrupla natureza jurídica** do Direito Tributário: a) Direito Público = as três atividades que pertencem ao seu objeto de estudo (criação, cobrança e fiscalização de tributos) são atividades que o ordenamento jurídico brasileiro define como próprias do Estado; b) direito material = por estabelecer uma disciplina de natureza substancial; c) direito obrigacional = por se estruturar a partir da ideia de uma relação jurídica obrigacional ligando o Fisco e o contribuinte; e d) direito comum (entendimento jurisprudencial – EI 129.810 TJ/SC) = ramo aplicável à generalidade das pessoas.
FINALIDADES DO DIREITO TRIBUTÁRIO
A finalidade do Direito Tributário é **delimitar o poder de tributar**, evitando abusos no exercício das atividades do Fisco em prejuízo dos contribuintes. **Características do sistema tributário e "tributação ótima":** **a) eficiência econômica:** não interferência na alocação econômica de recursos; **b) simplicidade administrativa:** gestão fácil e pouco custosa do sistema; **c) flexibilidade:** capacidade de reação de modo apropriado a mudanças econômicas; **d) responsabilidade política:** garantia de transparência; **e) equidade:** respeito às diferenças individuais. Essas características da teoria da "tributação ótima" permitem ao governo arrecadar a receita necessária e, ao mesmo tempo, atingir objetivos distributivos, com a menor perda possível de eficiência econômica.
CONCEITO DE "ESTADO FISCAL"
O Estado Fiscal, nascido a partir do século XVIII e cujo modelo hoje evoluiu para o "Estado Social Fiscal", tem como característica fundamental ser **financiado essencialmente por meio de tributos**, ou seja, **os particulares são a fonte originária da riqueza**, e não o próprio Estado.
ATIVIDADE FINANCEIRA DO ESTADO
Conjunto de ações para obtenção de receitas e realização dos gastos visando atender às necessidades públicas. O Direito Financeiro é o ramo do direito público que estuda a disciplina jurídica dessa atividade financeira. Segundo o Direito Financeiro, denomina-se: • **"entrada" = qualquer disponibilização**, mesmo que provisória, de dinheiro nos cofres públicos (ex.: valores obtidos por meio de um empréstimo); e • **"receitas" = ingressos definitivos** de recursos nos cofres públicos. Podem ser: **originárias, que decorrem da exploração do próprio patrimônio do Estado, com regime de direito privado (ex.: recursos provenientes de alugueres, depósitos, fianças e cauções); ou derivadas, aquelas provenientes do patrimônio e da riqueza dos particulares, tendo regime de direito público (ex.: arrecadação proveniente do pagamento de multas e tributos).** **ATENÇÃO:** o enquadramento dos tributos como receita derivada decorre de expressa previsão do art. 9º da Lei n. 4.320/64: "Tributo é a **receita derivada** instituída pelas entidades de direito público, compreendendo os impostos, as taxas e contribuições nos termos da Constituição e das leis vigentes em matéria financeira, destinando-se o seu produto ao custeio de atividades gerais ou específicas exercidas por essas entidades". Contudo, o art. 9º apresenta o conceito de tributo segundo a visão do Direito Financeiro e não do Direito Tributário e, por isso, colide com a regra do art. 4º do CTN ("A natureza jurídica específica do tributo é determinada pelo fato gerador da respectiva obrigação, sendo **irrelevantes** para qualificá-la: II – a destinação legal do produto de sua arrecadação). É importante lembrar que o **conceito de tributo para fins de Direito Tributário** consta do **art. 3º do Código Tributário Nacional**: "Tributo é toda prestação pecuniária compulsória, em moeda ou cujo valor nela se possa exprimir, que não constitua sanção de ato ilícito, instituída em lei e cobrada mediante atividade administrativa plenamente vinculada".

DIREITO TRIBUTÁRIO, DIREITO FINANCEIRO E CONCEITOS AFINS
Direito Tributário (DT) = é o ramo do Direito Público, pertencente ao **domínio da deontologia** ou do "dever-ser", que estuda princípios e regras reguladoras das **atividades estatais de instituição, cobrança e fiscalização de tributos**. Seu objeto termina com o ingresso nos cofres públicos do dinheiro pago pelo contribuinte, e o estudo dessa destinação do dinheiro cabe ao Direito Financeiro. **Direito Financeiro (DF)** = é o ramo do Direito Público (**domínio deontológico**) que tem por objeto a disciplina jurídica das **atividades financeiras do Estado, excetuadas aquelas de natureza tributária**. Assim, as atividades financeiras compreendidas no objeto do Direito Financeiro relacionam-se com os institutos da **despesa pública, receita pública, crédito público** e **orçamento público**. **Direito Econômico** = é o ramo do Direito Público que estuda a disciplina jurídica da **atividade econômica do Estado e dos particulares**, no que diz respeito à produção, distribuição, circulação e consumo de riquezas. **Ciência das Finanças** ou **Ciência das Finanças Públicas** = não é um ramo jurídico, mas uma ciência do "mundo do ser" (**domínio da ontologia**) voltada ao **conhecimento dos fatos**, e não das normas, que compõem a atividade financeira do Estado. **Política Fiscal** = são os planejamentos, decisões e medidas do governo a respeito do **conjunto de receitas e gastos públicos**. **Política Tributária** = diz respeito somente aos planejamentos, decisões e medidas do governo **em matéria de tributação**.
DIREITO TRIBUTÁRIO E DIREITO FINANCEIRO – DIFERENÇAS E SEMELHANÇAS
(a) **taxonomia:** ambos são ramos de Direito Público; (b) **objeto: DT** é disciplina normativa das atividades estatais de instituição, cobrança e fiscalização de tributos e **DF** é disciplina normativa das atividades financeiras do Estado (despesa pública, receita pública e orçamento público); (c) **competência legislativa:** ambos possuem competência concorrente entre União, Estados e Distrito Federal, conforme o art. 24, I, da CF; (d) **disciplina constitucional:** a do DT encontra-se entre os arts. 145 a 156 e 195 da CF; a do **DF** entre os arts. 163 a 169 da CF; (e) **lei fundamental: DT** – Lei n. 5.172/66 (Código Tributário Nacional); **DF** – Lei n. 4.320/64 (estabelece normas gerais sobre Direito Financeiro); (f) **conceito de tributo: DT** – art. 3º do CTN e **DF** – art. 9º da Lei n. 4.320/64; **DICA ESPECIAL: DT** – quando o dinheiro do contribuinte ingressa nos cofres públicos termina o campo de interesse do Direito Tributário; o **DF** – estuda a destinação do dinheiro arrecadado pelo Fisco.
AUTONOMIA DO DIREITO TRIBUTÁRIO
Para a **corrente majoritária**, trata-se de simples **autonomia didática**, e não científica, em relação aos demais ramos jurídicos. Algumas considerações: **1)** o Direito Tributário goza de autonomia didática perante os demais ramos jurídicos; **2)** a **autonomia do Direito Tributário é sempre relativa** (Luciano Amaro, *Direito Tributário Brasileiro*, p. 9), e não absoluta, na medida em que o ramo está interligado com diversas outras disciplinas jurídicas; **3)** o Direito Tributário possui princípios específicos e regras próprias, tornando-o uma **disciplina especializada** em relação a outros ramos jurídicos.
RELAÇÃO COM OUTROS RAMOS DO DIREITO
Embora o Direito Tributário seja autônomo, possui diversos pontos de conexão com outras disciplinas jurídicas: **Direito Financeiro:** seu objeto específico é o estudo da normatização das atividades financeiras do Estado, relacionadas aos institutos da despesa pública, receita pública e orçamento público. **Direito Constitucional:** o constituinte de 1988 aproximou o Direito Tributário e o Direito Constitucional ao dedicar o "título V" do Texto Maior à "tributação e orçamento". Tal título versa sobre o Sistema Tributário Nacional e constitucionalizou os seguintes temas tributários: espécies de tributo (arts. 145, 148, 149, 149-A e 195), reserva de lei complementar (art. 146), competência tributária (arts. 147, 153, 155 e 156), princípios (art. 150), imunidades (art. 150, VI), tributação de guerra (arts. 148, I e 154, II) e regime do Simples Nacional (art. 146, parágrafo único). Além disso, incluiu no Sistema Tributário Nacional as regras de repartição de receitas tributárias (arts. 157 e 158) que pertencem ao objeto específico do Direito Financeiro. **Direito Administrativo:** nenhum outro ramo do Direito guarda tanta relação com o Direito Tributário quanto o Direito Administrativo. Isso porque os atos praticados pelo Fisco, como por exemplo o lançamento tributário, são atos administrativos (art. 3º do CTN). **Direito Civil:** pelo fato de a legislação tributária utilizar diversos institutos, conceitos e formas, tanto do Direito Civil quanto de outros ramos do Direito, o Direito Tributário constitui "ramo de sobreposição". No entanto, por força de expressa previsão no Código Tributário Nacional, o legislador tributário nunca poderá alterar o significado original de institutos, conceitos e formas do Direito Privado (art. 100 do CTN). **Direito Penal:** as relações entre o Direito Penal e o Direito Tributário dizem respeito especialmente à existência dos chamados "crimes contra a ordem tributária".

Direito Processual Penal: prevê os ritos utilizados para apuração e julgamento dos crimes contra a ordem tributária.

Direito Empresarial: especialmente por conta do tema da responsabilidade tributária que interliga dois ramos, com destaque para os seguintes assuntos: responsabilidade tributária nas transformações empresariais (art. 132 do CTN), trespasse empresarial (art. 133 do CTN) e desconsideração da personalidade jurídica para fins tributários (art. 135 do CTN).

Direito Processual Civil: cabe ao DPC definir as normas adjetivas (formais) a serem observadas quando a questão tributária material for levada a juízo, estabelecendo o devido processo legal para a cobrança judicial de tributos, bem como para a propositura de ações em defesa do contribuinte contra exigências tributárias indevidas.

Direito Internacional Público: a relação se dá pela celebração de tratados e convenções internacionais versando sobre questões tributárias, especialmente quanto ao equilíbrio da balança comercial nas importações e exportações.

OBJETO DO DIREITO TRIBUTÁRIO

É possível falar em **objeto imediato** do Direito Tributário, como o **conjunto de princípios e regras** que disciplinam a atuação do Fisco, e em **objeto mediato** do Direito Tributário, como as próprias atividades de instituição, cobrança e fiscalização de tributos.

PARAFISCALIDADE

É a delegação legal da capacidade administrativa para cobrar e fiscalizar tributos, cuja disciplina normativa encontra-se no art. 7º do CTN.

A competência legislativa para instituir tributos é indelegável, mas a capacidade administrativa para sua arrecadação pode ser delegada por meio de lei.

Características da parafiscalidade:

- **objeto** = são as **atividades** administrativas **de cobrar e fiscalizar** o pagamento de tributos. A delegação dessas atribuições compreende também as garantias e os privilégios processuais que competem à pessoa jurídica de direito público que a conferir (art. 7º, § 1º, do CTN);
- **veículo normativo** = a parafiscalidade exige **lei ordinária** aprovada pela **entidade federativa competente para a criação do tributo** cuja arrecadação se pretende delegar.
- **sujeito ativo (quem delega** a capacidade de cobrar tributos) = **entidade federativa** competente para instituição do tributo delegado;
- **sujeito passivo = beneficiário da delegação,** ou seja, a pessoa a quem é legalmente atribuída a capacidade de cobrar tributos, que recebe o nome de **entidade parafiscal;**
- **natureza precária** = a parafiscalidade não transfere a competência para instituição de tributo, apenas delega temporariamente a capacidade para sua arrecadação, sendo sempre **outorgada em caráter transitório**. Pode a delegação ser **revogada a qualquer momento,** conforme prescreve o art. 7º, § 2º, do CTN.

Tributos parafiscais: são aqueles arrecadados por meio de parafiscalidade, ou seja, alguns são intrinsecamente parafiscais, como as **anuidades profissionais** pagas aos Conselhos de Classe, na medida em que sua cobrança sempre ocorre por meio de delegação da capacidade tributária ativa. Outros tributos revelam-se ocasionalmente parafiscais, podendo ou não ser arrecadados por meio da parafiscalidade.

FISCALIDADE X EXTRAFISCALIDADE

- **Fiscalidade** = consiste na cobrança do **tributo com objetivo meramente arrecadatório.**
- **Extrafiscalidade** ou **tributação indutiva** = é a **utilização do tributo** para atingir objetivos de ordem social ou política contemplados no ordenamento jurídico, ou seja, **sem finalidade** imediatamente **arrecadatória.**

Partindo de um ponto de vista econômico, Luís Eduardo Schoueri menciona, além da função mediata arrecadadora, a existência de **outras três funções imediatas do tributo**:

(a) **função distributiva**, que é relacionada com a distribuição de renda para redução das desigualdades sociais;

(b) **função alocativa ou indutora**, que é vinculada com a indução de comportamentos dos agentes econômicos;

(c) **função estabilizadora,** tendo em vista que o sistema tributário deve promover um equilíbrio geral na economia.

COMPETÊNCIA PARA LEGISLAR SOBRE O DIREITO TRIBUTÁRIO

A competência para criar leis sobre Direito Tributário **é concorrente** entre a União, os Estados e o Distrito Federal (art. 24, I, da CF). Os **Municípios** também podem legislar sobre Direito Tributário, com base no **interesse local** (art. 30, I, da CF).

ATENÇÃO: competência para legislar sobre Direito Tributário **é diferente de competência tributária.**

A competência para legislar sobre Direito Tributário é mais ampla e envolve a aptidão para disciplinar diversos temas relacionados com a tributação. Já a competência tributária restringe-se à possibilidade de instituição do tributo propriamente dito.

Iniciativa de projetos de lei em matéria tributária:

É de **iniciativa privativa do Presidente da República** a instauração do processo legislativo versando sobre qualquer **tema tributário** de competência dos **territórios federais.**

Quanto às **demais esferas** federativas, o Supremo Tribunal Federal decidiu que a **iniciativa das leis** tributárias é de **competência concorrente**, por vezes chamada de **comum**, entre o **Executivo e o Legislativo.**

NATUREZA JURÍDICA DO CÓDIGO TRIBUTÁRIO NACIONAL

O Código Tributário Nacional tem uma **natureza dúplice ou híbrida** na medida em que formalmente é lei ordinária, mas materialmente lei complementar.

Taxonomia do CTN: norma federal ou norma nacional?

Normas federais são aquelas provenientes do Congresso Nacional e obrigatórias somente para o **âmbito da União**, não estendendo seu alcance às demais esferas federativas. Exemplos de normas federais: as destinadas à disciplina do Imposto de Importação.

Normas nacionais também emanam do Congresso Nacional, mas, ao contrário das federais, são **aplicáveis simultaneamente a todas as esferas federativas. É o caso das normas contidas no Código Tributário Nacional**, que são de cumprimento obrigatório pela União, Estados, Distrito Federal e Municípios.

O CTN é norma de natureza nacional.

DIREITO TRIBUTÁRIO COMO "RAMO DE SOBREPOSIÇÃO"

Reconhecido como disciplina científica há menos de cem anos, o Direito Tributário é um **ramo jurídico recente**. Assim, no período histórico do seu surgimento (primeiras décadas do século XX) já havia um amplo conhecimento em diversas áreas do direito, construído durante cerca de dois mil anos de produção intelectual, notadamente na seara jurídico-privada.

Por essa razão o legislador não precisou criar, partindo do zero, os conceitos normativos utilizados nas leis tributárias. Tornou-se comum um **processo de importação conceitual** realizado pelo Direito Tributário, de modo que as leis relativas à tributação passaram a "tomar emprestado" institutos, conceitos e formas próprios do direito privado, especialmente do Direito Civil, para a disciplina de temas tributários.

FONTES DO DIREITO TRIBUTÁRIO

Fontes materiais são os **órgãos habilitados pelo sistema** para a produção de normas tributárias, assim como, segundo alguns autores, os **acontecimentos sociais relevantes** para a criação de regras jurídicas.

Fontes formais são os **veículos introdutores de normas tributárias.** As fontes formais, por sua vez, dividem-se em primárias e secundárias, sendo as primárias (principais ou imediatas) aquelas que podem criar efetivamente regras jurídicas, inovando em caráter originário na ordem jurídica. Exemplos: leis, medidas provisórias, emendas constitucionais; e as secundárias (acessórias ou mediatas) as que podem somente detalhar regras introduzidas pelas fontes primárias, não tendo força para inovar originariamente na ordem jurídica. Exemplos: decretos, regulamentos, instruções normativas, portarias ministeriais.

Fontes dogmáticas ou fontes da Ciência do Direito são tudo aquilo que colabore para "a boa compreensão do fenômeno jurídico". Nessa categoria incluem-se a doutrina, os costumes e a jurisprudência.

Fontes formais em espécie:

- Constituição Federal
- Emendas à Constituição Federal
- Leis complementares federais
- Leis complementares estaduais, distritais e municipais
- Leis ordinárias federais
- Leis ordinárias estaduais, distritais e municipais
- Medidas provisórias federais
- Medidas provisórias estaduais, distritais e municipais
- Constituições Estaduais
- Emendas às Constituições Estaduais
- Leis orgânicas dos municípios e do Distrito Federal
- Emendas às leis orgânicas dos municípios e do Distrito Federal
- Resolução
- Decreto legislativo
- Leis delegadas
- Convênios interestaduais
- Decretos e regulamentos
- Instruções
- Portarias ministeriais

CONCEITO DE SISTEMA TRIBUTÁRIO NACIONAL

O sistema tributário nacional é regido pelo disposto na Constituição, em leis complementares, em resoluções do Senado Federal e, nos limites das respectivas competências, em leis federais, nas Constituições e em leis estaduais, e em leis municipais (art. 2º do CTN).

Para provas e concursos públicos é mais apropriada a conceituação de Regina Helena Costa, para quem o Sistema Tributário Nacional é o **complexo normativo** "formado pela **Constituição Federal**, pelas **leis complementares** e pelas **leis de cada pessoa política**".

1.18 QUESTÕES

1. **(Vunesp – Procurador Municipal de Rio Preto – 2019)** Quando o tributo está relacionado com a descentralização da atividade pública, sendo instituído para o fim de dotar de recursos determinadas entidades, encarregadas pelo Estado de atender necessidades sociais específicas, referido tributo terá por característica a:
   a) fiscalidade;
   b) extrafiscalidade;
   c) parafiscalidade;
   d) seletividade;
   e) essencialidade.

2. **(Cespe – Defensor Público – DPE-PE – 2018)** Em matéria tributária, as medidas provisórias podem:
   a) regular as limitações constitucionais ao poder de tributar;
   b) estabelecer normas gerais a respeito da definição de tributos e de suas espécies;
   c) instituir empréstimos compulsórios em favor da União;
   d) instituir ou majorar impostos;
   e) dispor sobre conflitos de competência entre a União, os Estados, o Distrito Federal e os Municípios.

3. **(FMP Concursos – Procurador do Estado – PGE-AC – 2017)** Em matéria de Direito Constitucional Tributário é CORRETO afirmar que:
   a) a proibição de confisco é adstrita aos tributos em si, conforme a letra da constituição, e não abarca as multas sancionatórias;
   b) o princípio da isonomia tributária não é corolário do princípio da igualdade, sendo aquele, em razão do caráter tributário, bem mais restrito, exigindo-se duas situações exatamente idênticas para a comparação;
   c) a lei complementar tributária é hierarquicamente superior à lei ordinária tributária;
   d) a lei tributária pode ser editada com o objetivo de prevenir distorções de concorrência mercadológica;
   e) a Constituição Federal define perfeitamente cada tributo, não havendo espaço para o legislador infraconstitucional definir os tributos.

4. **(Vunesp – Juiz Substituto – TJ-SP – 2017)** A extrafiscalidade pode ser conceituada como:
   a) a possibilidade de delegação da capacidade tributária ativa e da aptidão de exigir e arrecadar tributo, desde que o faça por lei, a outra pessoa de direito público ou privado que preste serviços públicos;
   b) o mecanismo pelo qual a pessoa política, por meio de lei, transfere sua capacidade ativa a outra pessoa de direito público, como as autarquias;
   c) a atividade que se expressa na atuação estatal de exigência de tributos com o objetivo exclusivo de arrecadação, e a geração de receitas, operando-se em desvio de finalidade;
   d) o emprego de instrumentos tributários para o alcance das finalidades não arrecadatórias, mas incentivadoras ou inibidoras de comportamentos, com vista à realização de valores constitucionalmente relevantes.

5. **(FMP Concursos – Procurador do Estado-AC – 2017)** Em referência à delegação de competência tributária assinale a alternativa CORRETA.
   a) É possível delegar a competência tributária uma vez ao ano, por ocasião da produção da lei orçamentária.
   b) As funções de fiscalização e arrecadação dos tributos podem ser delegadas, e também a produção de normas para definição dos tributos a serem arrecadados.
   c) Somente a função de produção de normas tributárias pode ser delegada de um ente para outro.
   d) Somente a prerrogativa de fiscalizar os tributos pode ser delegada.
   e) Nenhuma das alternativas acima está correta.

6. (Ibeg – Procurador do Iprev – 2017) Considerando as normas de Direito Tributário, assinale a afirmação correta:

a) a competência tributária se distingue da capacidade tributária ativa. A primeira é o poder, a aptidão de criar tributos, é legislar instituindo tributos, já a segunda diz respeito à capacidade de ser sujeito ativo da relação jurídica tributária;
b) tributo é gênero de que são espécies o imposto, a taxa, a contribuição de melhoria e o preço de serviços públicos;
c) preços de serviços públicos e taxas às vezes se confundem porque ambos são compulsórios;
d) a contribuição previdenciária não é considerada tributo pelos nossos tribunais;
e) os rendimentos advindos do jogo do bicho e da exploração do lenocínio não são tributáveis, sujeitando-se, contudo, a pesadas multas em decorrência da prática de atividade ilícita.

7. (Consulplan – Analista – TRF2 – 2017) A competência tributária plena diz respeito à criação de tributos, edição de normas tributárias, administração e julgamento de tributos. Com relação à competência tributária assinale a única alternativa que contempla duas assertivas corretas em que a segunda completa o sentido da primeira.

a) A competência tributária é indelegável. Assim sendo, a execução das leis, atos ou decisões administrativas em matéria tributária não pode ser conferida por uma pessoa jurídica de direito público a outra.
b) Os municípios têm competência tributária sujeita à lei complementar no que concerne às normas gerais de direito tributário. No que diz respeito ao interesse local, contudo, têm competência concorrente plena.
c) A competência tributária dos Estados é limitada. Isto ocorre porque se submete aos limites da lei complementar federal e fica jungida ao poder federal quando a questão a julgar exceder o âmbito puramente regional.
d) A competência tributária é parcela do poder de tributar conferida pela Constituição a cada ente político, para criar tributos. Desta forma, como os territórios são entes políticos, têm competência tributária para instituir impostos municipais.

8. (UFPR – Procurador Jurídico da Câmara de Curitiba – PR – 2020) Sobre a competência tributária, assinale a alternativa correta.

a) A competência tributária decai pelo decurso do tempo.
b) Competem aos Municípios os impostos sobre serviços de transporte intermunicipal, interestadual e de comunicação.
c) Compete ao Município do domicílio do adquirente do bem o imposto sobre transmissão intervivos, a qualquer título, por ato oneroso, de bens imóveis, por natureza ou acessão física, e de direitos reais sobre imóveis, exceto os de garantia, bem como cessão de direitos a sua aquisição (ITBI).
d) Competem à União, em território federal, os impostos estaduais e, se o território não for dividido em Municípios, cumulativamente, os impostos municipais.
e) Compete aos Municípios instituir contribuição de melhoria para fazer face aos custos de obra pública federal, estadual ou municipal que cause valorização imobiliária.

9. (AMEOSC – Prefeitura de Barra Bonita – SC – 2020) De acordo com o Código Tributário Nacional, a atribuição constitucional de competência tributária compreende a competência legislativa plena, ressalvadas as limitações contidas na Constituição Federal, nas Constituições dos Estados e nas Leis Orgânicas do Distrito Federal e dos Municípios, e observado o disposto nesta Lei. Sobre tal atribuição, assinale a alternativa incorreta:

a) A atribuição não pode ser revogada, a qualquer tempo, por ato unilateral da pessoa jurídica de direito público que a tenha conferido.
b) Não constitui delegação de competência o cometimento, a pessoas de direito privado, do encargo ou da função de arrecadar tributos.
c) O não-exercício da competência tributária não a defere a pessoa jurídica de direito público diversa daquela a que a Constituição a tenha atribuído.
d) A atribuição compreende as garantias e os privilégios processuais que competem à pessoa jurídica de direito público que a conferir.

10. (FCC – Advogado Legislativo – Procurador – AL-AP – 2020) De acordo com as normas da Constituição Federal e do Código Tributário Nacional, uma Assembleia Legislativa estadual pode:

a) aprovar projeto de lei cominando novas penalidades pecuniárias para as infrações à legislação tributária estadual, o qual, se sancionado e promulgado, poderá ensejar a aplicação das novas penalidades, sem a necessidade de observar os princípios da anterioridade de exercício financeiro e da anterioridade nonagesimal.

b) instituir imposto sobre as transmissões *causa mortis* e doações, bem como sobre as cessões onerosas de herança, em âmbito judicial.

c) instituir taxa para emissão ou renovação de passaporte, cuja emissão é de atribuição do Departamento de Polícia Federal (DPF).

d) conceder isenção do ICMS nas prestações de serviço de transporte municipais, intermunicipais e interestaduais.

e) instituir e cobrar o IPVA relativamente a veículos automotores de propriedade da União, desde que esses veículos não sejam utilizados em atividades relacionadas às finalidades essenciais daquela pessoa jurídica de direito público.

GABARITO

1. C / **2.** D /**3.** D / **4.** D /**5.** E / **6.** A / **7.** A / **8.** D / **9.** A / **10.** A

1.19 QUESTÕES COMENTADAS

1. (Cespe – Sefaz-RS – Auditor-Fiscal da Receita Estadual – Bloco II – 2019) A respeito de tributos, assinale a opção correta.

a) São três as espécies de tributos: impostos, taxas e contribuições sociais.

b) A extrafiscalidade relaciona-se com a independência do Estado em prestar atividade ao contribuinte.

c) A manifestação prévia do sujeito passivo é condição para a cobrança assumir natureza tributária.

d) Instituir contribuições previdenciárias de servidores públicos do Distrito Federal é competência exclusiva da União.

e) Pessoa natural destinatária de operações de importação pode ser equiparada a pessoa jurídica.

COMENTÁRIO

a) Essa é a classificação prevista no art. 5º do CTN. Contudo, com a CF/88, o STF passa a adotar a classificação pentapartite, que inclui os empréstimos compulsórios e as contribuições especiais. **(Errado)**

b) A extrafiscalidade ocorre quando o tributo tem outras finalidades além da arrecadação. **(Errado)**

c) No lançamento de ofício, a cobrança é tributária mas não há manifestação prévia do sujeito passivo. **(Errado)**

d) O art. 40 da CF/88 permite que a contribuição previdenciária dos respectivos servidores públicos seja cobrada pelo respectivo ente público. **(Errado)**

e) Previsão expressa do art. 149, § 3º, da CF. **(Correto)**

Gabarito: letra E

2. (Cespe – Sefaz-RS – Auditor-Fiscal da Receita Estadual – Bloco II – 2019) A legislação tributária atribui particularidades à medida provisória enquanto instrumento com força de lei. Nesse sentido, é correto afirmar que:

a) é vedado o aumento de imposto por medida provisória que não possa ser votada no mesmo exercício financeiro de sua edição;

b) a exigibilidade de tributo instituído por medida provisória depende do cumprimento do princípio da legalidade estrita;

c) as relações jurídico-tributárias decorrentes de medida provisória conservam-se por esta regidas no caso de não se editar decreto legislativo no prazo de sessenta dias;

d) a eficácia de medida provisória que instituir tributo será vinculada a sua votação em prazo improrrogável de sessenta dias;

e) pode ser objeto de medida provisória a criação de tributos para custear despesas excepcionais que decorram de guerra internacional ou da iminência desta.

COMENTÁRIO

a) A CF não proíbe MPs aumentando imposto, mas a medida provisória que institua ou aumente imposto só produz efeito no exercício financeiro seguinte da conversão da MP em lei (art. 62, § 2º, da CF). **(Errado)**

b) É possível instituição ou aumento de tributo por meio de medida provisória, que não é lei, mas possui força de lei. **(Errado)**

c) O art. 62, § 3º, da CF, determina que as MPs devem ser convertidas em lei no prazo de 60 dias e o Congresso Nacional deve disciplinar, por decreto legislativo, as relações jurídicas. Caso o decreto não venha a ser editado, o § 11 dispõe que as relações jurídicas constituídas e decorrentes de atos praticados durante a vigência da MP devem ser conservadas e regidas por ela. **(Correto)**

d) O prazo de 60 dias é prorrogável, nos termos do art. 62, § 3º, da CF. **(Errado)**

e) Empréstimo compulsório para custear guerra externa depende de lei complementar (art. 148, I, CF). O art. 62, III, CF, prevê que MP não pode tratar de matéria reservada a lei complementar. **(Errado)**

Gabarito: letra C

3. (Cespe – TJ-PR – Juiz Substituto – 2019) A Constituição Federal de 1988 prevê exceções ao princípio tributário da anterioridade, como ocorre nos casos dos impostos sobre importação e sobre exportação. Nesses casos, a exceção é justificada pela necessidade de ajuste do tributo aos objetivos da política cambial e do comércio exterior.

De acordo com a doutrina majoritária, a referida hipótese de exceção ao princípio tributário da anterioridade é explicada em razão de os tributos citados terem finalidade:

a) parafiscal;

b) parafiscal e extrafiscal;

c) extrafiscal;

d) exclusivamente fiscal.

COMENTÁRIO

a) A parafiscalidade ocorre quando o ente que detém a competência tributária não é o mesmo que atua como sujeito ativo. Assim, um ente federativo institui o tributo e a própria lei determina que a cobrança e arrecadação sejam feitas por outra entidade, que pode até ser de direito privado, como é o caso das contribuições do "sistema S" (SESC, SENAI, SEBRAE etc.). A parafiscalidade não tem qualquer relação com exceções ao princípio da anterioridade. **(Errado)**

b) Mesma explicação da alternativa anterior. **(Errado)**

c) A extrafiscalidade é o uso de um tributo sem finalidade arrecadatória. Assim, para dar agilidade às mudanças na balança comercial (importação *vs.* exportação), a CF/88 prevê o II e o IE como exceções ao princípio da anterioridade. **(Correto)**

d) Tributos fiscais têm exclusivamente finalidade arrecadatória. Não é o caso do II e do IE. **(Errado)**

Gabarito: letra C

4. (NC-UFPR – TJ-PR – Titular de Serviços de Notas e de Registros – Provimento – 2019) Sobre as fontes formais (legislação) do Direito Tributário, identifique como verdadeiras (V) ou falsas (F) as seguintes afirmativas.

( ) As Leis Complementares são, como regra geral, o veículo normativo capaz de instituir, majorar ou mesmo extinguir tributos, a exemplo do Imposto de Renda (IR).

( ) As Leis Ordinárias dispõem sobre conflitos de competência e normas gerais de Direito Tributário. A Lei Ordinária só pode versar sobre assuntos expressamente discriminados pela Constituição Federal.

( ) A Constituição da República Federativa do Brasil estabelece a repartição das Competências Tributárias aos entes políticos (União, Estados, Distrito Federal e Municípios) e seus respectivos limites.

( ) As Emendas à Constituição podem alterar, dentro dos limites estabelecidos na CRF/88, princípios e regras que regularão o Sistema Tributário Nacional.

( ) O conteúdo e o alcance dos decretos restringem-se aos das leis em função das quais sejam expedidos, devendo observar as regras de interpretação estabelecidas no Código Tributário Nacional.

Assinale a alternativa que apresenta a sequência correta, de cima para baixo.

a) V – V – F – F – F.
b) V – V – V – V – F.
c) V – F – F – V – V.
d) F – V – V – F – V.
e) F – F – V – V – V.

COMENTÁRIO

Sobre as fontes formais (legislação) do Direito Tributário, identifique como verdadeiras (V) ou falsas (F) as seguintes afirmativas:

Assertiva I – No Direito brasileiro predomina o uso da lei ordinária. A lei complementar é utilizada somente para casos excepcionais previstos na Constituição Federal. **(Errada)**

Assertiva II – Fundamento: CF/88 – Art. 146. Cabe à lei complementar: I – dispor sobre conflitos de competência, em matéria tributária, entre a União, os Estados, o Distrito Federal e os Municípios. **(Errada)**

Assertiva III – A Constituição Federal é a "carta das competências" porque seu papel central é dividir as atribuições (competências) entre as entidades federativas **(Correta)**

Assertiva IV – Os princípios e imunidades são cláusulas pétreas. Assim, desde que não eliminem ou reduzam o alcance dessas garantias fundamentais, as emendas podem ampliar o conteúdo garantista criando novos princípios e imunidades. **(Correta)**

Assertiva V – Fundamento: CTN – "Art. 99. O conteúdo e o alcance dos decretos restringem-se aos das leis em função das quais sejam expedidos, determinados com observância das regras de interpretação estabelecidas nesta Lei". **(Correta)**

Gabarito: letra E

5. (Contemax – Prefeitura de Lucena-PB – Procurador – 2019) Qual o valor normativo, no ordenamento jurídico pátrio, dos tratados e as convenções internacionais revogam ou modificam a legislação tributária interna?

a) Lei Ordinária.
b) Lei Complementar.
c) Norma Supralegal.
d) Emenda Constitucional.
e) Direito Fundamental.

COMENTÁRIO

Quanto ao valor normativo dos tratados no ordenamento jurídico pátrio:

Os tratados e convenções internacionais dos quais o Brasil seja signatário são fontes formais do Direito Tributário. São considerados legislação tributária pelo CTN (art. 96) e ingressam na ordem jurídica interna, em regra, com *status* de lei ordinária.

Gabarito: letra C

6. (Vunesp – TJ-AC – Juiz de Direito Substituto – 2019) A respeito da hierarquia das normas tributárias no ordenamento jurídico brasileiro, é correto afirmar, com base no Código Tributário Nacional (CTN), que:

a) as normas gerais contidas no CTN podem ser alteradas por lei ordinária, apesar da aprovação desse código como lei complementar;

b) por ser materialmente lei ordinária, o CTN pode ser modificado livremente por medida provisória posterior que o contrarie;

c) o CTN é formalmente lei ordinária, mas materialmente lei complementar, motivo pelo qual apenas pode ser alterado por lei complementar no que refere às normas gerais sobre tributação;

d) o CTN é formalmente lei complementar, mas materialmente lei ordinária, motivo pelo qual pode ser alterado por lei ordinária no que refere às normas gerais sobre tributação.

COMENTÁRIO

O Código Tributário Nacional foi promulgado sob a vigência da Constituição de 1946 e tem forma, aparência e numeração de lei ordinária, ou seja, é formalmente uma lei ordinária.

Contudo, com a entrada em vigor da Constituição Federal de 1988, por força do seu art. 146, III, as normas gerais sobre Direito Tributário passaram a sujeitar-se a uma reserva de lei complementar. Assim, o Código Tributário foi recepcionado pelo Texto de 1988 como lei complementar. Seus temas, assuntos e matérias são reservados à lei complementar e por isso fala-se que o CTN possui uma natureza dúplice ou híbrida, na medida em que formalmente é lei ordinária, mas materialmente lei complementar.

Gabarito: letra C

7. (VUNESP – ANALISTA – FITO – 2020) É correta a correlação a seguir a respeito das espécies tributárias:

a) contribuição social: imposto cobrado de forma desvinculada de qualquer atuação estatal específica, cujos recursos possuem destinação vinculada legalmente a finalidades precisas.

b) taxa: tributo cobrado de forma vinculada a uma ação estatal relativa ao exercício do poder de polícia ou prestação de serviço público geral e indivisível.

c) contribuição de melhoria: instituída para fazer face ao custo de obras públicas de que decorram valorização imobiliária, tendo como limite total a despesa realizada e como limite individual o acréscimo de valor que da obra resultar para cada imóvel.

d) imposto: tributo cobrado de forma desvinculada de qualquer atuação estatal específica, cujos recursos possuem destinação vinculada legalmente a finalidades precisas.

e) empréstimos compulsórios: são considerados como espécie tributária pelo Código Tributário Nacional, apesar de se tratar juridicamente de operações de crédito, cuja destinação é vinculada à justificativa de sua instituição.

COMENTÁRIO

a) Contribuição Social: não é um imposto, mas um tipo de "Contribuição Especial", a qual é uma espécie de tributo.

b) Taxas: seu fato gerador é uma atividade que o poder público realiza em favor do contribuinte, podendo ter dois fatos geradores: o exercício regular do poder de polícia e a utilização, efetiva ou potencial, de serviço público específico e divisível.

d) Impostos: tributos não vinculados (a vinculação está totalmente proibida pelo texto constitucional), relaciona-se à manifestação de riqueza do contribuinte (independe de qualquer atividade estatal específica) e remunera os serviços *uti universi*.

e) Empréstimos compulsórios: 1 – CTN adota a repartição tributária tripartida: impostos, taxas e contribuições de melhoria; CF/88 adota a repartição tributária pentapartida: impostos, taxas, contribuições de melhoria, empréstimos compulsórios e contribuições especiais; 2 – Situações autorizadoras: despesas extraordinárias, decorrentes de calamidade pública, de guerra externa ou sua iminência ou investimento público de caráter urgente e de relevante interesse nacional; 3 – Fato gerador: a critério do legislador (somente com lei complementar); 4 – Os recursos são vinculados à despesa que o fundamentou; 5 – Os empréstimos compulsórios são tributos de arrecadação vinculada e não, necessariamente, tributos vinculados.

Gabarito: letra C

8. (CESPE – Auditor Fiscal da Receita Estadual – SEFAZ-AL – 2020) No que se refere a legislação tributária, obrigação tributária e crédito tributário, julgue o item que se segue.

Se, no âmbito de determinado estado, um ente público delega a determinada pessoa jurídica de direito público a função de arrecadação dos tributos, a essa pessoa jurídica serão aplicáveis as garantias e os privilégios processuais que competem ao ente público cedente.

( ) Certo ( ) Errado

COMENTÁRIO

Art. 7º do CTN – A competência tributária é indelegável, salvo atribuição das funções de arrecadar ou fiscalizar tributos, ou de executar leis, serviços, atos ou decisões administrativas em matéria tributária, conferida por uma pessoa jurídica de direito público a outra.

§ 1º A atribuição compreende as garantias e os privilégios processuais que competem à pessoa jurídica de direito público que a conferir.

Gabarito: Certo

9. (CESPE – Auditor Fiscal da Receita Estadual – SEFAZ-AL – 2020) A respeito da competência tributária e do conceito e da classificação dos tributos, julgue o item a seguir.

A União pode instituir impostos extraordinários na iminência ou no caso de guerra externa, desde que tais impostos estejam compreendidos em sua competência tributária, devendo esses impostos ser suprimidos gradativamente quando cessadas as causas de sua criação.

( ) Certo ( ) Errado

COMENTÁRIO

Art. 154, da CF – A União poderá instituir: II – na iminência ou no caso de guerra externa, impostos extraordinários, compreendidos ou não em sua competência tributária, os quais serão suprimidos, gradativamente, cessadas as causas de sua criação.

Gabarito: Errado

10. (VUNESP – Advogado – EBSERH – 2020) São tributos com caráter predominantemente extrafiscal:

a) o imposto sobre a renda e proventos de qualquer natureza, o empréstimo compulsório e as contribuições sociais.

b) o imposto de importação, a contribuição de intervenção no domínio econômico e o imposto sobre operações de crédito, câmbio e seguro, ou relativas a títulos ou valores mobiliários.

c) o imposto sobre produtos industrializados, o imposto sobre serviços de qualquer natureza e o imposto sobre a circulação de bens e serviços.

d) o imposto de exportação, o imposto sobre operações de crédito, câmbio e seguro, ou relativas a títulos ou valores mobiliários e o imposto sobre vendas do varejo.

e) o imposto sobre a renda e proventos de qualquer natureza, as contribuições de intervenção no domínio econômico e os impostos extraordinários.

COMENTÁRIO

Extrafiscalidade é a utilização do tributo para atingir objetivos de ordem social ou política contemplados no ordenamento jurídico, ou seja, sem finalidade imediatamente arrecadatória. Ex: Imposto sobre Importação (II), Imposto sobre Exportação (IE), Imposto sobre Produtos Industrializados (IPI) e Imposto sobre Operações Financeiras (IOF).

Gabarito: letra B

2

TRIBUTO

Acesse também a videoaula pelo *link*:
http://somos.in/MDT0703

2.1 A IMPORTÂNCIA DO CONCEITO DE TRIBUTO

O Direito Tributário é único ramo jurídico construído em torno de um só instituto: o tributo. Segundo Geraldo Ataliba, tributo é um **conceito primário e fundamental**, tendo a função de "categoria de pensamento" que aglutina todos os demais institutos do Direito Tributário[1]. A exata delimitação do conceito de tributo é fundamental para definir contra quais exigências estatais os indivíduos podem invocar o regime protetivo que o ordenamento garante ao contribuinte.

É cada vez mais comum o legislador maliciosamente mascarar a natureza tributária de determinada exação com o objetivo de afastar a incidência dos princípios e regras do Direito Tributário. "Tarifas", "preços públicos", "pedágios", "contrapartidas ambientais", "patrocínios", "subsídios", **"multas"** e "contribuições" de todo tipo são alguns dos rótulos que recentemente vêm sendo utilizados para burlar as garantias asseguradas pelo Sistema Tributário Nacional.

> Cespe: A prova de Contador da SEDF de 2017 considerou ERRADA a afirmação: "Licenciamento de veículos e multas de trânsito são tributos da espécie taxa".

Além disso, a correta definição de tributo permite também distinguir o instituto de outras obrigações públicas, com regimes jurídicos bastante diversos, que a legislação atribui aos particulares em face do Estado, como as multas, o dever de indenizar, as prestações compulsórias de serviço, as sanções administrativas, entre tantas outras.

2.2 ACEPÇÕES DO VOCÁBULO "TRIBUTO"

O termo "tributo" é plurissignificativo, na medida em que pode ser utilizado em, pelo menos, **cinco acepções** distintas[2]:

a) como o **dever de levar dinheiro** aos cofres públicos;

---

1. *Hipótese de Incidência Tributária*, p. 35.
2. Geraldo Ataliba, *Hipótese de Incidência Tributária*, p. 21.

b) a quantia em dinheiro entregue ao Estado no cumprimento desse dever;

c) o comportamento de levar dinheiro (prestação);

d) a lei que prescreve tal dever (norma jurídica);

e) a relação jurídica obrigacional que tal lei cria;

f) o direito do sujeito ativo a receber seu crédito tributário.

Importante destacar que predomina doutrinariamente o uso do vocábulo "tributo" no sentido da relação jurídica obrigacional que une o Fisco e o contribuinte. É nesse sentido, também, que o art. 3º do CTN emprega o vocábulo.

2.3 CONCEITO LEGISLATIVO (ART. 3º DO CTN)

Com a finalidade de evitar previsíveis divergências doutrinárias na definição do instituto, o próprio Código Tributário Nacional preferiu formular um conceito legislativo de tributo em seu art. 3º.

Estabelece o art. 3º do Código Tributário Nacional: "**Tributo é toda prestação pecuniária compulsória, em moeda ou cujo valor nela se possa exprimir, que não constitua sanção de ato ilícito, instituída em lei e cobrada mediante atividade administrativa plenamente vinculada**".

> Fepese: A prova de Auditor-Fiscal da Receita Estadual/SC de 2010 considerou VERDADEIRA a afirmativa: "Tributo, nos termos do CTN, é toda prestação pecuniária compulsória, em moeda ou cujo valor nela se possa exprimir, que não constitua sanção de ato ilícito, instituída em lei, e cobrada mediante atividade administrativa plenamente vinculada".

Passemos à análise detalhada de cada uma das partes que compõem o referido conceito.

2.3.1 Tributo é uma obrigação instituída em lei

O dever de pagar tributos sempre surge da lei. Fala-se que o tributo é uma obrigação "ex lege", e não "ex voluntate"[3]. Em outras palavras: **a lei é a única fonte possível** da obrigação de recolher tributos. A Teoria Geral das Obrigações enumera diversas fontes das obrigações: a) a lei; b) os contratos; c) os atos ilícitos; d) as declarações unilaterais de vontade. Porém, a obrigação tributária principal (pagar o tributo) só pode ter como fonte a lei, nunca surgindo dos contratos, dos atos ilícitos, das declarações unilaterais de vontade ou de qualquer outra fonte.

> FCC: A prova de Procurador do Estado/SE de 2005 considerou CORRETA a afirmativa: "Sobre o conceito de tributo construído a partir da definição do Código Tributário Nacional, é correto afirmar que o tributo está submetido à reserva legal".

3. Geraldo Ataliba, *Hipótese de Incidência Tributária*, p. 33.

É o que estabelece o art. 114 do Código Tributário Nacional: "Fato gerador da obrigação principal é a situação **definida em lei** como necessária e suficiente à sua ocorrência".

O princípio da legalidade tributária exige que todos os aspectos da hipótese de incidência tributária (aspectos pessoal, material, territorial, temporal e quantitativo) estejam definidos em lei. Somente após a definição legal desses cinco aspectos considera-se instituído o tributo.

Note-se que as chamadas obrigações tributárias acessórias, ou deveres instrumentais, podem decorrer da "legislação tributária" (art. 113, § 2º, CTN), mas a obrigação tributária principal surge somente da lei.

IMPORTANTE: O dever de pagar tributo **NUNCA** nasce de contrato. Nos termos do art. 123 do CTN: "Salvo disposições de lei em contrário, as **convenções particulares**, relativas à responsabilidade pelo pagamento de tributos, **não podem ser opostas à Fazenda Pública**, para modificar a definição legal do sujeito passivo das obrigações tributárias correspondentes".

> Esaf: A prova de Auditor do Tesouro Municipal/Natal de 2008 considerou FALSA a afirmativa: "As convenções particulares, relativas à responsabilidade pelo pagamento de tributos, não podem ser opostas à Fazenda Pública, mesmo que haja lei em sentido contrário".

Assim, por exemplo, se um contrato de locação contém cláusula "transferindo" ao inquilino o dever de pagar, durante a vigência contratual, os tributos referentes ao imóvel, essa disposição não vale perante a Fazenda Pública, ou produz qualquer efeito tributário. Se o IPTU, nesse caso, não for pago, o Fisco Municipal cobrará o proprietário e este, depois da quitação, poderá propor, com base no contrato, ação regressiva contra o locatário. Assim, a referida disposição contratual não produz efeitos tributários, mas somente efeitos civis. Apesar da aparência de que o contrato estaria produzindo o dever de o inquilino pagar tributos, na verdade isso não ocorreu, o que confirma a regra de que o contrato não é fonte do dever de pagar tributo.

> FCC: A prova de Analista de Controle Externo do TCE/GO de 2009 considerou FALSA a afirmativa: "O contrato de locação é o meio necessário para transferir a responsabilidade tributária do locador ao locatário pelos tributos incidentes sobre o imóvel locado".

É nesse sentido que o STJ editou a Súmula 614: "O locatário não possui legitimidade ativa para discutir a relação jurídico-tributária de IPTU e de taxas referentes ao imóvel alugado nem para repetir indébito desses tributos" (1ª Seção, j. 9-5-2018, *DJe* 14-5-2018).

Pela mesma razão, se na venda de um veículo as partes pactuam que o antigo dono assume o dever de, mesmo após a transferência, continuar pagando o IPVA durante os exercícios seguintes como forma de aumentar o interesse do comprador na realização do negócio, mesmo que o acordo seja formalizado em contrato, o dever de pagar o imposto incumbe sempre ao proprietário atual do veículo, de modo que o acordo firmado entre as partes não pode ser oposto perante a Fazenda Pública.

Por fim, cabe destacar que a necessidade de lei "em sentido estrito" para instituição de tributo **não impede a sua criação** também **por medidas provisórias**, já que estas, de acordo com a própria Constituição, são editadas "com força de lei" (art. 62 da CF).

2.3.2 Tributo é toda prestação pecuniária (em moeda)

O art. 3º do Código Tributário Nacional foi redundante ao afirmar que tributo é uma prestação "pecuniária" e "em moeda", na medida em que as duas expressões significam rigorosamente a mesma coisa: o **tributo é** sempre uma **obrigação de entregar** determinada **quantia em dinheiro ao Estado**.

Isso não significa que o pagamento deva ser feito obrigatoriamente em dinheiro. O art. 3º fala "em moeda ou cujo valor nela se possa exprimir". E o art. 162 do CTN completa:

"O pagamento é efetuado:

I – em **moeda corrente**, **cheque** ou **vale postal**;

> Cespe: A prova de Professor do IFB de 2011 considerou CORRETA a afirmativa: "O Código Tributário Nacional prevê que o pagamento do crédito tributário seja efetuado em moeda corrente, cheque ou vale postal".

II – nos casos previstos em lei, em **estampilha**, em **papel selado**, ou por **processo mecânico**".

Sobre os referidos meios de pagamento, vale transcrever as regras contidas nos cinco parágrafos do art. 162 do CTN:

"§ 1º A legislação tributária pode determinar as garantias exigidas para o pagamento por cheque ou vale postal, desde que não o torne impossível ou mais oneroso que o pagamento em moeda corrente.

§ 2º O crédito pago por cheque somente se considera extinto com o resgate deste pelo sacado.

§ 3º O crédito pagável em estampilha considera-se extinto com a inutilização regular daquela, ressalvado o disposto no art. 150.

§ 4º A perda ou destruição da estampilha, ou o erro no pagamento por esta modalidade, não dão direito a restituição, salvo nos casos expressamente previstos na legislação tributária, ou naquelas em que o erro seja imputável à autoridade administrativa.

§ 5º O pagamento em papel selado ou por processo mecânico equipara-se ao pagamento em estampilha".

> FCC: A prova de Procurador do Estado/SE de 2005 considerou INCORRETA a afirmativa: "Sobre o conceito de tributo construído a partir da definição do Código Tributário Nacional, está correto afirmar que pode ser pago por intermédio de prestação de serviço de qualquer natureza".

ATENÇÃO: Ao prescrever que o tributo é sempre prestação pecuniária, o art. 3º do CTN excluiu do direito brasileiro as figuras do "tributo *in labore*" (prestações de serviço) e do "tributo *in natura*" (entrega de bens)[4].

> Cespe: A prova de Advogado da Serpro de 2010 considerou ERRADA a assertiva: "O Código Tributário Nacional admite que a prestação tributária ocorra nas formas 'in natura' ou 'in labore'".

Portanto, os conscritos (convocados para o serviço militar obrigatório), mesários e jurados, ao desempenharem as funções para as quais são requisitados pelo Estado, não estão "pagando tributo", na medida em que cumprem obrigações de fazer, enquanto o tributo é sempre uma obrigação de pagar.

Relevante destacar que existem muitas outras prestações pecuniárias previstas em lei, como por exemplo o dever de pagar multas ou a obrigação de ressarcir danos causados a terceiros. Assim, todo tributo é uma prestação pecuniária prevista em lei, mas nem toda prestação pecuniária prevista em lei tem natureza de tributo.

> Esaf: A prova de Analista do Ministério do Planejamento de 2010 considerou CORRETA a afirmativa: "Nem toda prestação pecuniária prevista em lei constitui tributo, mas sim toda prestação pecuniária que reúna o conjunto dos requisitos constantes do art. 3º do CTN, como por exemplo o caráter obrigatório".

2.3.2.1 Dação em pagamento

A natureza obrigatoriamente pecuniária do tributo não impediu o Código Tributário Nacional de aceitar a dação em pagamento como uma das formas de extinção do crédito tributário (art. 156: "Extinguem o crédito tributário: XI – a dação em pagamento em bens imóveis, na forma e condições estabelecidas em lei").

Como será visto nos capítulos seguintes, a dação em pagamento é **admitida como forma de extinção do crédito tributário** desde que preenchidas **três condições**:

a) existência de **lei específica** autorizando;

b) haja manifesto **interesse do Fisco** no bem;

c) o **bem** oferecido seja **imóvel**.

---

4. Hugo de Brito Machado, *Curso de Direito Tributário*, p. 57.

FCC: A prova de Defensor Público/SP considerou INCORRETA a afirmativa: "A dação em pagamento em bens móveis extingue o crédito tributário".

Se fosse possível a dação de bens móveis, os contribuintes com dívidas fiscais, especialmente as pessoas jurídicas, poderiam repassar ao Estado parte do que produzem, sem realização de concorrência pública, violando o princípio constitucional da isonomia (art. 5º, II, da CF), atendido quando a aquisição de bens é feita por meio de licitação.

A respeito do tema, cabe transcrever decisão do Supremo Tribunal Federal, no julgado abaixo:

> O Tribunal julgou procedente pedido formulado em ação direta ajuizada pelo Governador do Distrito Federal para declarar a inconstitucionalidade da Lei distrital n. 1.624/97, que dispõe sobre o pagamento de débitos das microempresas, das empresas de pequeno porte e das médias empresas, mediante dação em pagamento de materiais destinados a atender a programas de Governo do Distrito Federal. Entendeu-se que a norma impugnada viola o art. 37, XXI, da CF, porquanto afasta a incidência do processo licitatório, por ele exigido, para aquisição de materiais pela Administração Pública, bem como o art. 146, III, da CF, que prevê caber à lei complementar o estabelecimento de normas gerais em matéria de legislação tributária, eis que cria nova causa de extinção de crédito tributário (ADIn 1.917/DF, rel. Min. Ricardo Lewandowski, j. 26-4-2007).

Nota-se, também, que a **aceitação do bem imóvel** ofertado é **ato discricionário** do poder público, de modo que o oferecimento em dação gera para o contribuinte simples **expectativa de direito** e não direito adquirido **à extinção do crédito tributário**.

2.3.2.2 Novos requisitos para a dação em pagamento no âmbito federal

A partir de 16 de março de 2016, com o advento da Lei n. 13.259, a dação em pagamento de tributos federais passou a ter dois requisitos adicionais (art. 4º):

a) deve ser precedida de avaliação do bem ou dos bens ofertados, que devem estar livres e desembaraçados de quaisquer ônus, nos termos de ato do Ministério da Fazenda; e

b) deve abranger a totalidade do crédito ou créditos que se pretende liquidar com atualização, juros, multa e encargos legais, sem desconto de qualquer natureza, assegurando-se ao devedor a possibilidade de complementação em dinheiro de eventual diferença entre os valores da totalidade da dívida e o valor do bem ou dos bens ofertados em dação.

Desse modo, ao menos em âmbito federal, a dação agora exige cinco requisitos:

a) lei específica autorizando;

b) aceitação discricionária do credor;

c) natureza imóvel do bem;

d) avaliação prévia;

e) abranger a totalidade do crédito com atualização, juros, multa e encargos legais.

Incluído pela Lei n. 14.011, de 2020, o art. 4º-A da Lei n. 13.259 determina que: "sem prejuízo dos requisitos e das condições estabelecidos no art. 4º desta Lei, na hipótese de estado de calamidade pública reconhecido em ato do Poder Executivo federal, o crédito inscrito em dívida ativa da União poderá ser extinto mediante dação em pagamento de bens imóveis que possuam valor histórico, cultural, artístico, turístico ou paisagístico, desde que estejam localizados nas áreas descritas nas informações de desastre natural ou tecnológico e as atividades empresariais do devedor legítimo proprietário do bem imóvel decorram das áreas afetadas pelo desastre.

Vale ressalvar, todavia, que a Lei n. 13.259/2016 é inconstitucional, pois disciplina por lei ordinária uma causa de extinção do crédito, matéria constitucionalmente reservada à lei complementar (art. 146, III, *b*, da CF).

2.3.3 Tributo é prestação compulsória

A **compulsoriedade** é a **característica fundamental** do dever de pagar tributos. Não se trata de uma obrigação consensual ou facultativa, mas de uma imposição surgida unilateralmente como decorrência do poder de império atribuído ao Estado.

> FCC: A prova de Procurador do Estado/SE de 2005 considerou INCORRETA a afirmativa: "Sobre o conceito de tributo construído a partir da definição do Código Tributário Nacional, está correto afirmar que é toda prestação pecuniária facultativa".

A compulsoriedade decorre da natureza legal da obrigação tributária.

> FGV: A Prova de Auditor-Fiscal/RJ considerou VERDADEIRA a afirmativa: "A compulsoriedade, como elemento conceitual do tributo, decorre da natureza legal da obrigação tributária".

Entretanto, as atividades administrativas de arrecadar tributos **não são autoexecutáveis**, na medida em que, se o contribuinte deixa de pagar a obrigação tributária, o Fisco é obrigado a **recorrer ao Poder Judiciário** para fazer valer o seu direito de receber o crédito tributário, por meio da ação de execução fiscal (Lei n. 6.830/80).

IMPORTANTE: Com a aprovação da controvertida "Reforma Trabalhista", instituída pela Lei n. 13.467, de 13 de julho de 2017, foram alterados os arts. 545, 578, 579 e 582 da Consolidação das Leis do Trabalho (CLT), tornando facultativo o pagamento, pelos empregados, da contribuição sindical. Assim, ao perder o caráter compulsório, **a contribuição sindical deixou de ser tributo**! Cabe destacar que o Supremo Tribunal Federal, no julgamento da ADI 5.794 e da Ação

Declaratória de Constitucionalidade n. 55, realizado em 29-5-2018, declarou constitucional a referida mudança efetivada pela Reforma Trabalhista.

Acesse também a videoaula pelo *link*: http://somos.in/MDT0719

CUIDADO: Não se deve confundir a contribuição sindical, que perdeu natureza tributária, com a contribuição compulsória devida pelo empregador sobre a folha de salários, destinada às entidades privadas de serviço social e de formação profissional vinculadas ao sistema sindical (art. 240 da CF/88)[5]. **A contribuição patronal prevista no art. 240 da CF permanece com natureza tributária compulsória**, sendo seus recursos responsáveis pelo custeio de serviços sociais como o Sesi, Sesc, Senai, Sebrae etc.

2.3.4 Tributo não constitui sanção por ato ilícito

Ao afirmar que o tributo não constitui sanção por ato ilícito o legislador quis afirmar, em síntese, que **tributo não se confunde com multa**. A distinção é importante, pois existem diversas espécies de obrigações pecuniárias vinculando os indivíduos e o Estado, sendo que as multas constituem prestações bastante assemelhadas ao tributo.

A diferença reside na circunstância de que o dever de pagar tributo surge da realização de um ato conforme ao direito (fato gerador), ao passo que a obrigação de pagar uma multa nasce como resposta do ordenamento jurídico à prática de um ato ilícito (infração).

O **tributo não pode ser utilizado como punição** aplicada ao contribuinte em consequência de alguma conduta contrária ao Direito.

> Cespe: A prova de Especialista em Regulação da Antaq de 2009 considerou INCORRETA a afirmativa: "Tributo é toda prestação pecuniária sancionatória de ato ilícito".

Nesse sentido, o Supremo Tribunal Federal julgou inconstitucional lei municipal que determinou acréscimo de 200% ao IPTU incidente sobre imóveis com construções irregulares (RE 94.001). Considerou-se, ao ensejo da decisão, que a lei utilizava o tributo como instrumento punitivo, consistindo em verdadeira sanção administrativa, o que contraria frontalmente o art. 3º do CTN[STF].

5. "Art. 240. Ficam ressalvadas do disposto no art. 195 as atuais contribuições compulsórias dos empregadores sobre a folha de salários, destinadas às entidades privadas de serviço social e de formação profissional vinculadas ao sistema sindical."

STF: "O Supremo Tribunal Federal, tendo presentes os postulados constitucionais que asseguram a livre prática de atividades econômicas lícitas, de um lado, e a liberdade de exercício profissional, de outro – e considerando, ainda, que o Poder Público dispõe de meios legítimos que lhe permitem tornar efetivos os créditos tributários –, firmou orientação jurisprudencial, hoje consubstanciada em enunciados sumulares, no sentido de que a imposição, pela autoridade fiscal, de restrições de índole punitiva, quando motivadas tais limitações pela mera inadimplência do contribuinte, revela-se contrária às liberdades públicas ora referidas. O Estado não pode valer-se de meios indiretos de coerção, convertendo-os em instrumentos de acertamento da relação tributária, para, em função deles – e mediante interdição ou grave restrição ao exercício da atividade empresarial, econômica ou profissional –, constranger o contribuinte a adimplir obrigações fiscais eventualmente em atraso. Exemplo de sanção tributária claramente desproporcional em sentido estrito é a interdição de estabelecimento comercial ou industrial motivada pela impontualidade do sujeito passivo tributário relativamente ao cumprimento de seus deveres tributários. Embora contumaz devedor tributário, um sujeito passivo jamais pode ver aniquilado completamente o seu direito à livre-iniciativa em razão do descumprimento do dever de recolher os tributos por ele devidos aos cofres públicos. O Estado deve responder à impontualidade do sujeito passivo com o lançamento e a execução céleres dos tributos que entende devidos, jamais com o fechamento da unidade econômica" (RE 550.769/RJ, rel. Min. Joaquim Barbosa. Trechos extraídos do voto vencido do Min. Celso de Mello, publicado no *DJe* 3-4-2014).

Importa frisar que, embora não sejam tributo, o CTN trata das multas (penalidades pecuniárias) como obrigações tributárias principais (art. 113, § 1º).

Esaf: A prova de Analista do Ministério do Planejamento de 2010 considerou CORRETA a assertiva: "As multas pelo descumprimento da obrigação tributária não são tributos, mas consideradas pelo CTN como obrigação tributária, ao lado do tributo, para que se submetam ao mesmo regime de constituição, discussão administrativa, inscrição em dívida ativa e execução dos tributos".

2.3.4.1 *Atividades ilícitas e princípio do* non olet

Importantíssimo salientar que o art. 3º do **CTN não proíbe que a tributação recaia sobre atividades ilícitas ou sobre os frutos de atos ilícitos**. Isso porque a ocorrência do fato gerador independe da validade jurídica dos atos efetivamente praticados pelo contribuinte (art. 118 do CTN).

Fepese: A prova de Auditor-Fiscal da Receita Estadual/SC de 2010 considerou VERDADEIRA a afirmativa: "No que concerne à definição legal do fato gerador, podemos afirmar que o CTN consagra o princípio 'pecunia non olet', no sentido de que a mesma é interpretada abstraindo-se da validade jurídica dos atos efetivamente praticados pelos contribuintes, responsáveis, ou terceiros, bem como da natureza do seu objeto ou dos seus efeitos e dos efeitos dos fatos efetivamente ocorridos".

Desse modo, por exemplo, traficantes, "bicheiros" ou mafiosos também devem pagar Imposto de Renda. Pela mesma razão, a venda de madeira de corte proibido e a comercialização de animais silvestres sujeitam-se à incidência do Imposto sobre Circulação de Mercadorias e Serviços.

Esaf: A prova de Analista do Ministério do Planejamento de 2010 considerou CORRETA a afirmativa: "A aquisição de renda e a promoção da circulação de mercadorias com o produto de renda advinda do jogo do bicho, por exemplo, apesar de fatos ilícitos, são passíveis de tributação".

A respeito da matéria o STF já decidiu caracterizar crime de sonegação fiscal a omissão, na declaração de rendimentos, de lucros oriundos de atividade criminosa (HC 77.530), conforme ementa abaixo:

> Sonegação fiscal de lucro advindo de atividade criminosa: "non olet". Drogas: tráfico de drogas, envolvendo sociedades comerciais organizadas, com lucros vultosos subtraídos à contabilização regular das empresas e subtraídos à declaração de rendimentos: caracterização, em tese, de crime de sonegação fiscal, a acarretar a competência da Justiça Federal e atrair pela conexão, o tráfico de entorpecentes: irrelevância da origem ilícita, mesmo quando criminal, da renda subtraída à tributação. A exoneração tributária dos resultados econômicos de fato criminoso – antes de ser corolário do princípio da moralidade – constitui violação do princípio de isonomia fiscal, de manifesta inspiração ética.

Para o Direito Tributário brasileiro a origem remota do dinheiro é irrelevante (princípio do *non olet*, literalmente: "o dinheiro não tem cheiro").

De acordo com muitos juristas, a tributação de atividades ilícitas e a irrelevância da origem do dinheiro ferem o princípio da moralidade (art. 37, *caput*, da Constituição). Entretanto, o raciocínio não procede. Se a Administração deixasse de arrecadar tributos por desconfiar da origem do dinheiro, ou pela ilicitude da atividade tributada, estaria descumprindo a lei (art. 118 do CTN), de modo a ferir o princípio da legalidade e a desatender o caráter plenamente vinculado da atividade fiscal (art. 3º do CTN).

Acesse também a videoaula pelo *link*:
http://somos.in/MDT0730

2.3.4.2 Progressividade sancionatória

É certo que o tributo não constitui sanção por ato ilícito (art. 3º do CTN). Porém, admite-se que o ordenamento jurídico utilize instrumentos tributários com efeito punitivo visando estimular ou desestimular determinados comportamentos do contribuinte.

Bastante usual é o emprego da tributação progressiva sancionatória como meio de forçar o cumprimento da função social da propriedade. Trata-se de manifestação da chamada extrafiscalidade.

> Esaf: A prova de Analista de Planejamento de 2010 considerou CORRETA a afirmativa: "A extrafiscalidade é característica que possuem alguns tributos de permitirem, além da pura e simples forma de ingresso de receitas nos cofres públicos, também de intervirem na economia, incentivando ou não determinada atividade ou conduta do contribuinte".

O art. 153, § 4º, I, da Constituição Federal, por exemplo, afirma que o imposto territorial rural será progressivo e terá suas alíquotas fixadas de forma a desestimular a manutenção de propriedades improdutivas.

Semelhante previsão consta do art. 182, § 4º, II, da CF, que admite cobrança de IPTU progressivo no tempo incidente sobre imóveis urbanos não edificados, subutilizados ou não utilizados.

Frise-se que a possibilidade de progressividade sancionatória não representa qualquer afronta ao art. 3º do CTN. O referido dispositivo veda a utilização do tributo em si como sanção pela prática de ato ilícito, mas não exclui a eficácia sancionatória de outros instrumentos tributários.

2.3.5 Tributo é cobrado mediante atividade administrativa plenamente vinculada

Por fim, o art. 3º do CTN afirma que o tributo é "cobrado mediante atividade plenamente vinculada".

> Esaf: A prova de Analista do Ministério do Planejamento de 2010 considerou CORRETA a afirmativa: "O poder de tributar é prerrogativa do Poder Público, que o faz para custear suas ações no interesse da sociedade. A fiscalização tributária implica exercício do poder de polícia, e somente mediante atividade administrativa pode ser exigido o pagamento de tributo".

Isso significa que, constatando a ocorrência do fato gerador, o Fisco é obrigado a realizar o lançamento tributário.

Vale destacar que lançamento é o ato administrativo vinculado e obrigatório, declaratório do fato gerador e constitutivo do crédito tributário, que se não for realizado, importa em responsabilidade funcional do agente público competente (art. 142, parágrafo único, do CTN).

> Cespe: A prova de Advogado da ECT considerou ERRADA a assertiva: "Tributo, definido como prestação pecuniária compulsória em moeda, pode constituir sanção de ato ilícito, cobrada mediante atividade judicial ou administrativa".

Em síntese, lançamento é ato vinculado, não discricionário.

> Esaf: A prova de Analista do Ministério do Planejamento de 2010 considerou INCORRETA a afirmativa: "Ocorrido o fato gerador da obrigação tributária, a autoridade administrativa tem o dever de exigir o cumprimento da obrigação por parte do contribuinte, havendo, no entanto, alguma margem de discricionariedade nesta atividade".

2.3.6 Princípios constitucionais inerentes ao conceito de tributo

O conceito de tributo previsto no art. 3º do CTN faz implícita referência a, pelo menos, dois princípios tributários contidos no texto constitucional de 1988:

a) Legalidade tributária (art. 150, I, da CF). É o que se depreende da expressão "tributo é uma obrigação instituída em lei";

b) Vedação de tributo com efeito de confisco (art. 150, IV, da CF). Pode-se deduzir a implícita proibição de tributo confiscatório no momento em que legislador afirma que "tributo não constitui sanção por ato ilícito". Isso porque, no ordenamento jurídico brasileiro, o confisco tem sempre natureza sancionatória[STJ].

> STJ: "DIREITO TRIBUTÁRIO. APLICABILIDADE DA PENA DE PERDIMENTO A MERCADORIAS IMPORTADAS. A mercadoria importada qualificada como bagagem acompanhada que fora apreendida em zona secundária e desacompanhada de Declaração de Bagagem Acompanhada (DBA) será restituída ao viajante até o limite da cota de isenção determinada pela Receita Federal (art. 33 da IN 1.059/2010 da RFB), aplicável a pena de perdimento em relação à mercadoria que exceda esse limite. Isso porque, conforme dispõe o art. 33 da IN 1.059/2010 da RFB, o viajante procedente do exterior poderá trazer, com a isenção a que se refere o *caput* do art. 32, em sua bagagem acompanhada (art. 2º, III), livros, folhetos, periódicos, bens de uso ou consumo pessoal e outros bens cujos limites de valor global não ultrapassem os limites da cota de isenção determinada por esse dispositivo normativo" (2ª T., REsp 1.443.110-PR, rel. Min. Humberto Martins, j. 12-8-2014).

2.3.7 Outros elementos conceituais (art. 9º da Lei n. 4.320/64)

Conforme adverte Luís Eduardo Schoueri existem outros elementos da conceituação de tributo estabelecida pelo direito positivo brasileiro, além daqueles indicados no art. 3º do CTN. Isso porque o art. 9º da Lei n. 4.320/64 também enuncia um **conceito financeiro de tributo**: "Tributo é a receita derivada instituída pelas entidades de direito público, compreendendo os impostos, as taxas e contribuições nos termos da constituição e das leis vigentes em matéria financeira, destinando-se o seu produto ao custeio de atividades gerais ou específicas exercidas por essas entidades".

Do referido conceito podem ser destacados cinco elementos fundamentais:

a) tributo é receita derivada;

b) instituído pelas entidades de direito público;

c) compreendendo os impostos, as taxas e as contribuições;

d) nos termos da Constituição e das leis vigentes em matéria financeira;

e) destinando-se o seu produto ao custeio de atividades gerais ou específicas exercidas por essas entidades.

Convém analisar cada um desses elementos.

2.3.7.1 Tributo é receita derivada

Como visto no capítulo anterior, dentro do quadro das receitas estatais o tributo é classificado como receita derivada porque tem **origem no patrimônio e na riqueza dos particulares**.

> FGV: A prova de Procurador do TCM/RJ de 2008 considerou FALSA a afirmativa: "Segundo a melhor doutrina, a receita originária pode ser considerada a que tem origem no patrimônio do particular, pelo exercício do poder de império do Estado, enquanto a receita derivada é a que tem origem no próprio patrimônio público, em que o Estado atua como empresário por meio de um acordo de vontades, e não com seu poder de império, por isso não há compulsoriedade na sua instituição".

2.3.7.2 Tributo é instituído pelas entidades de direito público

O art. 9º da Lei n. 4.320/64 afirma também que o tributo é instituído pelas entidades de direito público. Na verdade, nem toda entidade de direito público possui competência para criar tributos (competência tributária), na medida em que esta é uma **competência legislativa** atribuída **exclusivamente às entidades federativas**. Autarquias e fundações públicas, por exemplo, são entidades de direito público, mas não têm competência para instituir tributo.

2.3.7.3 Compreendendo os impostos, as taxas e as contribuições

A **redação** do art. 9º da Lei n. 4.320/64 **está desatualizada** ao fazer referência somente a impostos, taxas e contribuições como espécies de tributo. Ainda que se considere que o termo "contribuições" inclua contribuições de melhoria e as contribuições especiais, o dispositivo **deixou de mencionar os empréstimos compulsórios**, espécie tributária que financeiramente se opõe às demais categorias devido ao caráter provisório da entrada das receitas provenientes de sua arrecadação.

2.3.7.4 Nos termos da Constituição e das leis vigentes em matéria financeira

O regime jurídico aplicável ao tributo, como instituto financeiro, está definido na Constituição e nas leis vigentes de Direito Financeiro. Esse regime jurídico não exclui outras disciplinas normativas conferidas ao instituto por outros ramos, como é o caso do Direito Tributário.

2.3.7.5 Destinando-se o seu produto ao custeio de atividades gerais ou específicas exercidas por essas entidades

Do ponto de vista financeiro, é relevante analisar a destinação das receitas provenientes da arrecadação de tributos. Daí o art. 9º da Lei n. 4.320/64 afirmar que o seu produto destina-se "ao custeio de atividades gerais ou específicas exercidas por essas entidades". Na verdade, **nem sempre a receita é empregada para custeio de atividades da mesma entidade que criou o tributo**. Nas hipóteses de repartição de receitas tributárias (arts. 157 e 158 da CF), o tributo é instituído por determinada entidade federativa, mas o produto da arrecadação é distribuído a outras pessoas políticas.

Convém lembrar que, para definir a **natureza específica do tributo**, é **irrelevante a destinação** do montante arrecadado (art. 4º do CTN).

> Ieses: O concurso para Titular de Cartório/MA de 2011 considerou FALSA a afirmativa: "A natureza jurídica específica do tributo é determinada pelo fato gerador da respectiva obrigação, sendo relevante igualmente, conforme o Código Tributário Nacional, a destinação legal do produto de sua arrecadação".

2.4 TRIBUTO COMO CONCEITO PRESSUPOSTO NO TEXTO CONSTITUCIONAL

Embora a Constituição de 1988 não conceitue expressamente tributo, a doutrina considera que **o conceito está pressuposto no texto constitucional.**

Segundo Geraldo Ataliba, o legislador teria apenas revelado o conceito de tributo já presente na própria Constituição. Para o autor: "o conceito tributo é constitucional. Nenhuma lei pode alargá-lo, reduzi-lo ou modificá-lo"[6].

2.5 INSTITUTOS AFINS

Diversos institutos jurídicos são confundidos, tanto pelo legislador quanto pelos operadores do direito em geral, com exigências de natureza tributária. É o caso das tarifas, pedágios, preços públicos, laudêmios, foros, emolumentos, compensações financeiras, entre tantas outras exações cobradas atualmente pelo Estado.

Convém lembrar que a questão não é simplesmente acadêmica. Só é possível invocar o regime especial de proteção do contribuinte diante de uma exação que se enquadra na definição de tributo.

Por isso, a análise detalhada do conceito de tributo realizada nos itens anteriores permite compreender por que determinado instituto não tem natureza tributária, afastando a incidência dos princípios de normas próprios do Direito Tributário.

---

6. *Hipótese de Incidência Tributária*, p. 31.

2.5.1 Tarifa. Visão jurisprudencial

Tarifa é nome dado pelo Direito Administrativo para a **remuneração paga pelo usuário a concessionários e permissionários** em troca da prestação de serviços públicos delegados. Assim, o art. 175, parágrafo único, III, da Constituição Federal, ao tratar do regime jurídico dos serviços públicos, afirma que: "a lei disporá sobre: III – *política tarifária*". Importante constatar que na Constituição de 1988 a referência à política tarifária não é feita dentro do "Sistema Tributário Nacional" (arts. 145 a 162), mas no capítulo referente aos "Princípios Gerais da Atividade Econômica" (arts. 170 a 181).

A Lei Geral das Concessões, Lei n. 8.987/95, tem todo um capítulo (Capítulo IV) dedicado à "política tarifária", dentro do qual o art. 9º prescreve: "a tarifa do serviço público concedido será fixada pelo preço da proposta vencedora da licitação e preservada pelas regras de revisão previstas nesta Lei, no edital e no contrato".

Nota-se pela simples análise do posicionamento do tema dentro da Constituição Federal e na legislação brasileira que **tarifa não é tributo,** mas uma contraprestação de natureza administrativa utilizada para remunerar serviços públicos delegados por meio de concessão ou permissão.

A compreensão do tema parte da regra contida no art. 175 da Constituição de 1988: "Incumbe ao Poder Público, na forma da lei, diretamente ou sob regime de concessão ou permissão, sempre através de licitação, a prestação de serviços públicos".

Serviços públicos são atividades cujo desempenho a Constituição e a lei definem como deveres do Estado. São exemplos de serviços públicos: a) serviço postal e correio aéreo nacional (art. 21, X, da CF); b) serviços de telecomunicações (art. 21, XI, da CF); c) rádio e televisão (art. 21, XII, *a*, da CF); d) energia elétrica (art. 21, XII, *b*, da CF); e) navegação aérea, aeroespacial e a infraestrutura aeroportuária (art. 21, XII, *c*, da CF).

Cabe ao legislador, atendidas as diretrizes constitucionais, estabelecer a forma como o serviço público será prestado. Quando a prestação é realizada pelo próprio aparelho do Estado, fala-se em prestação direta do serviço público. Em outros casos, abre-se procedimento licitatório para selecionar particulares encarregados de executar a prestação por meio de contratos de concessão e permissão de serviços públicos. Aí, tem-se prestação indireta ou delegada de serviços públicos.

Quando **o serviço público** é **prestado diretamente pelo Estado**, havendo cobrança de contraprestação junto ao usuário, a **natureza** da exigência será de **taxa**. Porém, na hipótese de **delegação da prestação** do serviço a particulares concessionários ou permissionários, o valor exigido do usuário **é tarifa**.

> **Funiversa: A prova de Auditor-Fiscal do Seplag/DF de 2011 considerou FALSA a afirmativa: "Em relação à taxa, é correto afirmar que ela é sinônimo de tarifa pública".**

Assim, por exemplo, se o legislador municipal opta pela prestação direta do serviço público de transporte de passageiros, ou seja, utilizando servidores públicos e a estrutura estatal para realizar a execução, o valor cobrado dos usuários será uma taxa (natureza de tributo). Porém, se a lei municipal preferir o regime de prestação indireta, contratando via licitação uma empresa concessionária para realizar o transporte de passageiros no âmbito do município, o valor da passagem terá natureza de tarifa.

Desse modo, a natureza da remuneração dependerá da forma de prestação do serviço público.

Como **tarifa** não é tributo, sua **majoração** pode ocorrer **por meio de ato administrativo** e com **aplicabilidade imediata.** Em outras palavras, tarifa não se sujeita aos princípios tributários da legalidade e da anterioridade.

Convém lembrar que a garantia constitucional de equilíbrio econômico-financeiro (art. 37, XXI, da CF) pede a necessidade de mudanças imediatas no valor da tarifa, incompatíveis com as exigências impostas pela legalidade e anterioridade tributárias.

Atualmente, essa é a orientação predominante na jurisprudência do Supremo Tribunal Federal: estabelecer a diferença entre taxa e tarifa a partir da forma de prestação do serviço público.

> Defensoria/MT: Adotando visão minoritária, a prova da Defensoria Pública/MT de 2007 considerou CERTA a afirmativa: "O critério relevante utilizado para diferenciar taxa de tarifa é verificar se a atividade concretamente executada pelo Poder Público configura um serviço público ou não".

O **Superior Tribunal de Justiça** sempre adotou orientação diversa para diferenciar os institutos. A **taxa** seria cobrada para todo **serviço público de fruição compulsória**, como no caso dos serviços de água e esgoto.

Já nas hipóteses de serviço de **fruição facultativa**, prevaleceria uma **natureza contratual**; sendo viável ao administrado dispensar a prestação, o valor cobrado como remuneração seria uma **tarifa**.

Veja-se um exemplo do entendimento tradicional do STJ sobre o tema:

"[...] O art. 11, da Lei n. 2312, de 3-9-1994 (Código Nacional de Saúde) determina: 'É obrigatória a ligação de toda construção considerada habitável à rede de canalização de esgoto, cujo afluente terá destino fixado pela autoridade competente'. [...] 8. 'A remuneração dos serviços de água e esgoto normalmente é feita por taxa, em face da obrigatoriedade da ligação domiciliar à rede pública' (Hely Lopes Meirelles, in *Direito Municipal Brasileiro*, 3ª ed., RT, 1977, p. 492). 9. 'Se a ordem jurídica obriga a utilização de determinado serviço, não permitindo o atendimento da respectiva necessidade por outro meio, então é justo que a remuneração correspondente, cobrada pelo Poder Público, sofra as limitações próprias de tributo' (Hugo de Brito Machado, in Regime Tributário da Venda de

Água, *Rev. juríd. da Procuradoria-Geral da Fazenda Estadual/Minas Gerais*, n. 05, p. 11) [...]" (REsp 167.489/SP, Min. José Delgado, *DJ* 24-8-1998).

> Cespe: A prova de Analista Administrativo/MS de 2010 considerou VERDADEIRA a afirmativa: "A natureza jurídica da remuneração dos serviços de água e esgoto prestados por concessionária de serviço público é de tarifa ou preço público".

Porém, pode-se observar uma **mudança na jurisprudência do STJ** sobre a matéria. Desde o final de 2009 o Superior Tribunal de Justiça passou a **acompanhar a visão do STF** ao considerar que a remuneração cobrada pelos serviços de **água e esgoto** tem **natureza de tarifa**:

ADMINISTRATIVO. RESP. SERVIÇO PÚBLICO DE ÁGUA E ESGOTO. NATUREZA JURÍDICA DE TARIFA OU PREÇO PÚBLICO. PRAZO PRESCRICIONAL. CÓDIGO CIVIL. PRECEDENTE DA 1ª SEÇÃO DO STJ. DECISÃO MANTIDA POR SEUS PRÓPRIOS FUNDAMENTOS. 1. A controvérsia em exame foi analisada recentemente pela 1ª Seção deste Tribunal, na ocasião do julgamento dos EREsp 690.609/RS, de relatoria da eminente Min. Eliana Calmon, *DJ* 7-4-2008, que, acompanhando o entendimento do Supremo Tribunal Federal, firmou posicionamento no sentido de que a natureza jurídica das contraprestações cobradas por concessionárias de serviços público de água e esgoto não é de taxa, mas, sim, de tarifa ou preço público, razão por que deve ser aplicada a prescrição vintenária nos termos da legislação de Direito Civil. 2. REsp provido (STJ; REsp 1.179.478/RS; rel. Min. Mauro Campbell Marques; 2ª T.; j. 23-11-2010).

PROCESSUAL CIVIL E ADMINISTRATIVO. VIOLAÇÃO DO ART. 535 DO CPC. DEFICIÊNCIA NA FUNDAMENTAÇÃO. SÚMULA 284/STF. AUSÊNCIA DE PREQUESTIONAMENTO. SÚMULA 282/STF. TAXA DE ESGOTO. TARIFA COBRADA INDEVIDAMENTE. INEXISTÊNCIA DE REDE COLETORA. DEVOLUÇÃO EM DOBRO. ART. 42, PARÁGRAFO ÚNICO, DO CDC. PRECEDENTES. SÚMULA 83/STJ. APELAÇÃO. SEGUIMENTO NEGADO. AGRAVO INTERNO. APLICAÇÃO DA MULTA DO ART. 557, § 2º, DO CPC. SUPOSTA VIOLAÇÃO DO ART. 557, § 2º. AFASTAMENTO DA MULTA (STJ; AgRg no AgRg no Ag 1.324.136/RJ; rel. Min. Herman Benjamin; 2ª T.; j. 16-11-2010).

TRIBUTÁRIO. AGRAVO REGIMENTAL. RESP. SERVIÇO PÚBLICO DE ÁGUA E ESGOTO. NATUREZA JURÍDICA DE TARIFA OU PREÇO PÚBLICO. PRAZO PRESCRICIONAL. CÓDIGO CIVIL. PRECEDENTE DA 1ª SEÇÃO DO STJ. DECISÃO MANTIDA POR SEUS PRÓPRIOS FUNDAMENTOS. 1. A controvérsia em exame foi analisada recentemente pela 1ª Seção deste Tribunal, na ocasião do julgamento dos EREsp 690.609/RS, de relatoria da eminente Min. Eliana Calmon, *DJ* 7-4-2008, que, acompanhando o entendimento do Supremo Tribunal Federal, firmou posicionamento no sentido de que a natureza jurídica das contraprestações cobradas por concessionárias de serviços público de água e esgoto não é de taxa, mas, sim, de tarifa ou preço público, razão por que deve ser aplicada a prescrição vintenária nos termos da legislação de Direito Civil. 2. Os argumentos apresentados no agravo interno são insuficientes para infirmar o entendimento externado na decisão agravada, que deve ser mantida por seus próprios fundamentos. 3. Agravo regimental não provido (STJ, AgRg no REsp 1.155.657/SP, rel. Min. Benedito Gonçalves, 1ª T., j. 17-12-2009).

Desse modo, a grande controvérsia que sempre existiu em torno da distinção entre taxa e tarifa perdeu força nos tribunais e na doutrina. Se o serviço público é prestado diretamente pelo Estado, sua remuneração ocorre por meio de taxa. Havendo prestação indireta via concessão ou permissão, o valor cobrado será uma tarifa.

2.5.2 Preço

Preço, ou **preço público**, é a nomenclatura dada pelo **Direito Financeiro** para a remuneração de serviços públicos prestados por concessionários e permissionários, cuja **utilização não é compulsória,** predominando a relação contratual sujeita a um **regime de direito privado** (STF: RE 89.876; e STJ: REsp 167.489).

> Cespe: A prova de Procurador do Estado/AL de 2009 considerou CORRETA a assertiva: "O valor cobrado pela prestação de um serviço público feito por uma concessionária ou permissionária corresponde tão somente a um preço público".

Pela definição apresentada, fica claro que preço público não é tributo.

> Magistratura Federal: O 13º Concurso da Magistratura Federal da 4ª Região de 2008 considerou FALSA a afirmativa: "A sinonímia existente entre taxa e preço público torna acadêmica e juridicamente irrelevante a discussão sobre classificação de determinada exigência fiscal em uma ou outra dessas figuras jurídicas".

Desse modo, as nomenclaturas **preço público** e **tarifa** designam o **mesmo instituto**. Ocorre que "preço" é o nome dado pelo Direito Financeiro, enquanto "tarifa" é a linguagem adotada pelo Direito Administrativo. Preço público ou tarifa são exemplos de receitas originárias.

> Funiversa: A prova de Auditor-Fiscal do Seplag/DF de 2011 considerou CORRETA a afirmativa: "O valor cobrado pelo Estado do particular, por meio de contrato e sob regime de direito privado, pela exploração de serviços públicos é um preço público, que é uma receita originária".

2.5.3 Pedágio

Segundo o que dispõe o art. 150, V, da CF, pedágio é o valor cobrado do usuário "pela utilização de vias conservadas pelo Poder Público". Pela redação do dispositivo, é possível constatar que o pedágio constitui uma **retribuição pelo uso de vias públicas**.

Quando a via pública for **conservada diretamente pelo Estado**, havendo cobrança pela sua utilização, tal **pedágio** terá natureza tributária de **taxa**. É o que se depreende da expressão "vias conservadas pelo Poder Público", contida no art. 150, V, da CF, regra esta inserida no texto constitucional dentro do "Sistema

Tributário Nacional". Quando é o próprio Estado que conserva a via, tem-se o pedágio-taxa. Assim, como se trata de um tributo, sua majoração depende de lei (art. 150, I, da CF), e somente poderá ser exigida respeitado o intervalo mínimo imposto pelo princípio da anterioridade (art. 150, III, *b* e *c*, da CF).

Entretanto, o serviço público de conservação de vias pode ser delegado, mediante licitação prévia, a particulares concessionários, hipótese em que haverá prestação indireta da atividade via concessão de serviço público. Nesse caso, o valor cobrado do usuário pela utilização da via irá remunerar diretamente o particular prestador, ou seja, sua natureza jurídica será de tarifa. É o pedágio-tarifa, exação sem natureza tributária, podendo ser majorada por ato administrativo e sem respeitar o intervalo mínimo exigido pela anterioridade.

Analisando a visão do Supremo Tribunal Federal a respeito da matéria é possível constatar que, para nossa Corte Maior, pedágio não tem natureza tributária[STF].

> STF: "Pedágio e preço público. O pedágio cobrado pela efetiva utilização de rodovias não tem natureza tributária, mas de preço público (tarifa), consequentemente, não está sujeito ao princípio da legalidade estrita. Os defensores da natureza tributária, da subespécie taxa, o fazem sob os seguintes fundamentos: a) a referência ao pedágio, nas limitações constitucionais ao poder de tributar; b) o pagamento de um serviço específico ou divisível, prestado ao contribuinte ou posto à sua disposição; e c) a impossibilidade de remunerar serviços públicos por meio outro que não o de taxa. Entretanto, os defensores da natureza contratual da exação como preço público o fazem com base nas seguintes considerações: a) a inclusão no texto constitucional apenas esclareceria que, apesar de não incidir tributo sobre o tráfego de pessoas ou bens, poderia, excepcionalmente, ser cobrado o pedágio, espécie jurídica diferenciada; b) a ausência de compulsoriedade na utilização de rodovias; e c) a cobrança se daria em virtude da utilização efetiva do serviço, e não seria devida com base no seu oferecimento potencial. O Plenário sublinhou ser irrelevante, para a definição da natureza jurídica do pedágio, a existência, ou não, de via alternativa gratuita para o usuário trafegar. O elemento nuclear para identificar e distinguir taxa e preço público seria o da compulsoriedade, presente na primeira e ausente na segunda espécie. Nesse sentido, mencionou o Enunciado 545 da Súmula do STF ('Preços de serviços públicos e taxas não se confundem, porque estas, diferentemente daqueles, são compulsórias e têm sua cobrança condicionada à prévia autorização orçamentária, em relação à lei que as instituiu')" (ADIn 800/RS, rel. Min. Teori Zavascki, j. 11-6-2014).

Já no Superior Tribunal de Justiça parece predominar a orientação do pedágio com natureza de preço definido contratualmente (ARSL 73/2004).

2.5.4 Foro e laudêmio

Foro e laudêmio são valores devidos, no contrato de enfiteuse, pelo detentor do domínio útil ao senhorio direto do imóvel. Na enfiteuse ou aforamento, que pode recair sobre imóveis públicos ou privados, quem tem o domínio útil denomina-se enfiteuta ou foreiro.

> Cespe: A prova de Analista Judiciário do TRT da 16ª Região de 2005 considerou CORRETA a afirmativa: "A enfiteuse, também conhecida como aforamento, é o instituto civil que permite ao proprietário atribuir a outrem o domínio útil de imóvel, pagando o enfiteuta ao senhorio direto uma pensão ou foro, anual, certo e invariável".

O caso mais comum de enfiteuse ocorre nos chamados **terrenos de marinha** e seus acrescidos (art. 20, VII, da Constituição Federal), obrigando todos os moradores de áreas litorâneas (enfiteutas) a recolherem foro e laudêmio **para a União** (detentora do senhorio direto).

Nos termos do Decreto-lei n. 9.760/46 consideram-se terrenos de marinha aqueles localizados a uma distância máxima de 33 metros da linha da preamar-média.

A União Federal também vem cobrando foro, laudêmio e taxa de ocupação em áreas do território nacional consideradas remanescentes de **aldeamentos indígenas.**

Convém realizar uma diferenciação entre as mencionadas exigências.

Foro é o valor **pago anualmente** por quem detém o domínio útil dos terrenos de marinha. Nos termos do art. 101 do Decreto-lei n. 9.760/46, com redação dada pela Lei n. 7.450/85: "Os terrenos aforados pela União ficam sujeitos ao foro de **0,6%** (seis décimos por cento) do valor do respectivo domínio pleno, que será anualmente atualizado".

O **laudêmio** é devido, no contrato de enfiteuse, somente na hipótese de **alienação onerosa do imóvel**, sendo pago pelo foreiro ao detentor do senhorio direto (União). Atualmente, sua cobrança está a cargo da Secretaria de Patrimônio da União (SPU), órgão pertencente do Ministério do Planejamento, Orçamento e Gestão. O laudêmio existe como compensação financeira em favor do senhorio direto, sempre que optar por não exercer o direito de preferência na compra do imóvel aforado (STJ, AgRg no REsp 926.956 RS 2007/0035563-5).

O art. 3º do Decreto-lei n. 2.398/87 determina que: "Dependerá do prévio recolhimento do laudêmio, em quantia correspondente a **5%** (cinco por cento) do valor atualizado do domínio pleno e das benfeitorias, a transferência onerosa, entre vivos, do domínio útil de terreno da União ou de direitos sobre benfeitorias neles construídas, bem assim a cessão de direito a eles relativos".

A normatização do laudêmio devido na hipótese de transferência onerosa do imóvel fortaleceu a tese de que a União não poderia exigir seu pagamento pela simples ocupação. Entretanto, no julgamento do REsp 1240709/2010-SC, a 1ª Turma do Superior Tribunal de Justiça firmou o entendimento no sentido de que o laudêmio também pode ser exigido pela mera ocupação:

> Processo: REsp 1240709 SC 2011/0042498-4
>
> Relator(a): Min. ARNALDO ESTEVES LIMA
>
> Julgamento: 5-4-2011
>
> Órgão Julgador: 1ª T.
>
> Publicação: *DJe* 11-4-2011

Ementa

ADMINISTRATIVO. TERRENO DE MARINHA. ENFITEUSE. MERA OCUPAÇÃO. TRANSFERÊNCIA ONEROSA. LAUDÊMIO DEVIDO. DECRETO-LEI 2.398/87. PRECEDENTES DO STJ. RECURSO PROVIDO.

1. Ao concluir o julgamento do REsp 1.143.801/SC, a 1ª Turma do STJ, por maioria de votos, deu provimento ao REsp interposto pela União, determinando a cobrança de laudêmio mesmo na hipótese de mera ocupação.

2. "Inaplicável o entendimento de que o laudêmio somente pode ser cobrado na transferência do imóvel aforado, nos termos do art. 686 do Código Civil, porque os imóveis localizados em terreno de marinha encontram-se sujeitos ao regime jurídico administrativo, sendo disciplinados por legislação específica, total ou parcialmente derrogatória dos princípios e dos institutos de Direito Privado" (REsp 1.128.333/SC, rel. Min. Herman Benjamin, 2ª T., *DJe* 30-9-2010).

3. REsp provido.

Embora sejam ainda comuns equivocadas referências a uma suposta destinação do dinheiro obtido com a enfiteuse dos terrenos de marinha aos descendentes da família real brasileira ou à Marinha, na verdade os **recursos arrecadados** com a cobrança de foro e laudêmio são destinados aos **cofres públicos da União**[7].

Erroneamente tratado por alguns como "impostos do império", o **foro e o laudêmio não têm natureza tributária**, na medida em que constituem uma contraprestação originada no contrato privado de enfiteuse; ao passo que o tributo necessariamente deve ser uma obrigação legal, conforme exige o art. 3º do Código Tributário Nacional.

O recolhimento de foro e laudêmio não afasta a incidência de tributos sobre o imóvel. Como foro e laudêmio não são tributos, impossível cogitar sua inconstitucionalidade sob o argumento de suposta bitributação, ou *bis in idem*, em relação a tributos como IPTU e ITR[STJ].

> STJ: "DIREITO TRIBUTÁRIO. COBRANÇA DE LAUDÊMIO. TRANSFERÊNCIA DE DIREITOS SOBRE BENFEITORIAS CONSTRUÍDAS EM TERRENO DE MARINHA. É cabível a cobrança de laudêmio quando o ocupante transfere a terceiros direitos sobre benfeitorias construídas em terreno de marinha, conforme previsto no art. 3º do Decreto-lei n. 2.398/87" (EDcl nos EDcl nos EDcl no Ag 1.405.978-SC, rel. Min. Herman Benjamin, j. 18-10-2012).

2.5.5 Taxa de ocupação de terrenos da União

O Decreto-lei n. 2.398/87 faz referência, além do foro e laudêmio, à possibilidade de a União cobrar **taxa de ocupação** em decorrência do uso de imóveis de sua propriedade.

Nos casos em que existe um regular contrato de aforamento entre a União e o titular do domínio útil é devido o recolhimento anual do foro. Já na hipótese

7. Fonte: <http://www.laudemio.com.br>.

de moradores que **não são foreiros** regularizados, mas **simples ocupantes da área sem contrato de aforamento**, a União arrecada taxa de ocupação.

De acordo com o art. 1º do Decreto-lei n. 2.398/87:

> A taxa de ocupação de terrenos da União será de 2% (dois por cento) do valor do domínio pleno do terreno, excluídas as benfeitorias, anualmente atualizado pela Secretaria do Patrimônio da União.

Embora tenha recebido do legislador o nome de "taxa", a taxa de ocupação também **não tem natureza tributária**, na medida em que constitui uma contrapartida contratual pela utilização de bem público, não se enquadrando em qualquer das espécies tributárias existentes no sistema tributário nacional.

2.5.6 Emolumentos notariais

Emolumentos são os valores pagos pelo usuário como remuneração pelos serviços prestados por registradores e notários, nos cartórios extrajudiciais. Embora o art. 236 da Constituição Federal prescreva que os serviços notariais e de registro "são exercidos em caráter privado", predomina o entendimento doutrinário e jurisprudencial no sentido de que os **emolumentos têm natureza tributária** sendo **taxas de serviço público.**

> Esaf: A prova de Auditor-Fiscal da Receita Federal de 2012 considerou CORRETA a afirmação: "Considerando decisões emanadas do STF, lei complementar estadual que isenta os membros do Ministério Público do pagamento de custas judiciais, notariais, cartorárias e quaisquer taxas ou emolumentos fere o princípio da isonomia".

Desse modo, seu aumento depende de lei (sujeição à legalidade) e submete-se aos intervalos mínimos determinados pelo princípio da anterioridade tributária.

> FCC: A prova de Titular de Serviços de Notas e de Registros/AP de 2011 considerou INCORRETA a afirmativa: "Os emolumentos têm natureza tributária, mas não observam aos princípios da anterioridade anual e nonagesimal e da irretroatividade tributária".

Os emolumentos notariais são tributos de **competência estadual ou distrital**.

O valor fixado para os emolumentos deverá corresponder ao efetivo custo e à adequada e suficiente remuneração dos serviços prestados (art. 1º, parágrafo único, da Lei n. 10.169/2000).

> Cespe: A prova de Delegado de Polícia/RN de 2009 considerou FALSA a afirmativa: "O STF firmou orientação no sentido de que as custas judiciais e os emolumentos concernentes aos serviços notariais e registrais não possuem natureza tributária, uma vez que não se enquadram em nenhuma das espécies tributárias previstas na CF".

É o entendimento pacificado na jurisprudência do Supremo Tribunal Federal, como se nota pela decisão abaixo:

> AÇÃO DIRETA DE INCONSTITUCIONALIDADE – CUSTAS JUDICIAIS E EMOLUMENTOS EXTRAJUDICIAIS – NATUREZA TRIBUTÁRIA (TAXA) – DESTINAÇÃO PARCIAL DOS RECURSOS ORIUNDOS DA ARRECADAÇÃO DESSES VALORES A INSTITUIÇÕES PRIVADAS – INADMISSIBILIDADE – VINCULAÇÃO DESSES MESMOS RECURSOS AO CUSTEIO DE ATIVIDADES DIVERSAS DAQUELAS CUJO EXERCÍCIO JUSTIFICOU A INSTITUIÇÃO DAS ESPÉCIES TRIBUTÁRIAS EM REFERÊNCIA – DESCARACTERIZAÇÃO DA FUNÇÃO CONSTITUCIONAL DA TAXA – RELEVÂNCIA JURÍDICA DO PEDIDO – MEDIDA LIMINAR DEFERIDA. NATUREZA JURÍDICA DAS CUSTAS JUDICIAIS E DOS EMOLUMENTOS EXTRAJUDICIAIS.
>
> A jurisprudência do Supremo Tribunal Federal firmou orientação no sentido de que as custas judiciais e os emolumentos concernentes aos serviços notariais e registrais possuem natureza tributária, qualificando-se como taxas remuneratórias de serviços públicos, sujeitando-se, em consequência, quer no que concerne à sua instituição e majoração, quer no que se refere à sua exigibilidade, ao regime jurídico-constitucional pertinente a essa especial modalidade de tributo vinculado, notadamente aos princípios fundamentais que proclamam, dentre outras, as garantias essenciais (a) da reserva de competência impositiva, (b) da legalidade, (c) da isonomia e (d) da anterioridade. Precedentes. Doutrina. SERVENTIAS EXTRAJUDICIAIS (ADIn-MC 1.378/ES).

De acordo com o art. 3º da Lei n. 10.169/2000:

> É vedado:
>
> I) fixar emolumentos em percentual incidente sobre o valor do negócio jurídico objeto dos serviços notariais e de registro;
>
> II) cobrar das partes interessadas quaisquer outras quantias não expressamente previstas nas tabelas de emolumentos;
>
> III) cobrar emolumentos em decorrência da prática de ato de retificação ou que teve de ser refeito ou renovado em razão de erro imputável aos respectivos serviços notariais e de registro.
>
> IV) impor ao registro e averbação de situações jurídicas em que haja a interveniência de produtor rural quaisquer acréscimos a título de taxas, custas e contribuições para o Estado ou Distrito Federal, carteira de previdência, fundo de custeio de atos gratuitos e fundos especiais do Tribunal de Justiça, bem como de associação de classe, ou outros que venham a ser criados.

A natureza tributária dos emolumentos extrajudiciais, bem como sua consequente sujeição ao princípio da legalidade, é reforçada pelo disposto no § 2º do art. 236 da CF: "Lei federal estabelecerá normas gerais para fixação de emolumentos relativos aos atos praticados pelos serviços notariais e de registro".

> FCC: Adotando visão isolada a prova de Titular de Serviços de Notas e de Registros/AP de 2011 considerou CORRETA assertiva que rejeitou natureza tributária aos emolumentos: "os emolumentos não têm natureza tributária e devem ser instituídos por lei dos Estados e do Distrito Federal, levando em conta a natureza pública e o caráter social dos serviços notariais e de registro".

2.5.6.1 Percentual repassado pelas serventias extrajudiciais aos Tribunais de Justiça

Importante destacar que o art. 236, § 1º, da Constituição Federal impõe ao Poder Judiciário a atribuição de exercer controle externo sobre as atividades notariais. Por essa razão, uma parcela do montante arrecadado pelos cartórios extrajudiciais deve ser repassada ao Tribunal de Justiça como mecanismo de custeio das referidas **atuações de vigilância, orientação e correição.**

É certo que o **percentual repassado** pelo cartório ao respectivo Tribunal de Justiça **tem natureza tributária de taxa de polícia.**

2.5.7 Custas, emolumentos e taxas judiciárias

Custas, emolumentos e taxas judiciárias são nomenclaturas utilizadas atecnicamente pela legislação brasileira para designar valores exigidos como contrapartida pela prestação da atividade jurisdicional.

> Cespe: A prova de Juiz Federal do TRF5 de 2011 considerou INCORRETA a afirmativa: "Consoante a jurisprudência do STF, as custas, a taxa judiciária e os emolumentos constituem espécies de preço público. Assim, é admissível que parte da arrecadação obtida com essas espécies seja destinada a instituições privadas, entidades de classe e caixas de assistência dos advogados".

Todas as exações, na visão do **Supremo Tribunal Federal**, têm natureza jurídica de **taxas de serviço público** (ADIn 1.145-6/2002).

> Cespe: A prova de Agente de Tributos/MT considerou ERRADA a afirmativa: "Apesar da legislação estadual prever a possibilidade de cobrança de taxa judiciária, as atividades judiciárias só são passíveis de cobrança de preço público, no entender do STF".

No caso da Justiça comum, a taxa judiciária é tributo de competência estadual. Já quando cobrada na Justiça federal, trata-se de taxa de competência da União.

Nos termos da Súmula 667 do STF: "Viola a garantia constitucional de acesso à jurisdição a taxa judiciária calculada sem limite sobre o valor da causa".

2.5.8 Compensação financeira pela exploração de recursos minerais (tributo mineral)

O ordenamento jurídico pátrio prevê diversos instrumentos de contraprestação pela exploração financeira de recursos minerais e riquezas do subsolo. Trata-se do denominado "tributo mineral".

O caso mais conhecido é o da CFEM – Compensação Financeira pela Exploração de Recursos Minerais –, instituída pela Lei n. 7.990/89 e arrecadada sob fiscalização do Departamento Nacional de Produção Mineral.

O fundamento constitucional para arrecadação dessas contrapartidas é o art. 20, § 1º, da CF: "É assegurada, nos termos da lei, à União, aos Estados, ao Distrito Federal e aos Municípios a participação no resultado da exploração de petróleo ou gás natural, de recursos hídricos para fins de geração de energia elétrica e de outros recursos minerais no respectivo território, plataforma continental, mar territorial ou zona econômica exclusiva, ou compensação financeira por essa exploração".

O texto constitucional define os recursos minerais, inclusive os do subsolo, como bens públicos pertencentes à União (art. 20, IX), não havendo qualquer espécie tributária apropriada para enquadrar exações exigidas como contrapartida pela exploração de bens públicos.

Assim, predomina o entendimento de que o **"tributo mineral"** na verdade **não é tributo**, mas uma exigência de natureza administrativo-contratual, cobrada a título de compensação pela exploração econômica de bens pertencentes ao domínio público.

No julgamento do REsp 756.530/DF a 1ª Turma do **Superior Tribunal de Justiça** firmou o entendimento de que a CFEM tem natureza jurídica de **preço público**. Já a 2ª Turma do **Supremo Tribunal Federal** vem se posicionando no sentido de que a exação seria uma simples "**participação no resultado da exploração**" (RE 228.800/DF). Portanto, é certo que para a jurisprudência de nossos tribunais superiores a CFEM **não tem natureza tributária.**

2.5.9 Compensação financeira pela exploração de recursos hídricos

Fundamentada também no art. 20, § 1º, da Constituição Federal, a Compensação Financeira pela Exploração de Recursos Hídricos (CFERH) é cobrada sobre o valor da energia produzida, sendo devida pelo titular da exploração de potencial hidráulico (Lei n. 7.990/89).

De acordo com visão unânime na doutrina e jurisprudência, a referida compensação também **não tem natureza tributária**, por não se enquadrar em nenhuma das espécies de tributo existentes na ordem jurídica nacional.

O Supremo Tribunal Federal posicionou-se pela natureza não tributária da CFERH no julgamento do MS 24.312-1/DF[8].

2.5.10 *Royalties* do petróleo

O art. 20, § 1º, da Constituição Federal prevê ainda a possibilidade de União, Estados e Municípios arrecadarem participação governamental pela exploração de petróleo e gás natural.

O dispositivo constitucional foi regulamentado pela Lei n. 9.478/97, que prevê a cobrança a cargo da Agência Nacional do Petróleo dos denominados "bônus de assinatura", *royalties*, "participações especiais" e "pagamentos pela ocupação ou retenção de área", como formas de contrapartida pela exploração comercial das jazidas de petróleo e gás natural[9].

Pelas mesmas razões apontadas na análise das demais contrapartidas fundamentadas no art. 20, § 1º, da Constituição Federal, os *royalties* do petróleo **não**

8. Luís Eduardo Schoueri, *Direito Tributário*, p. 126.
9. Luís Eduardo Schoueri, *Direito Tributário*, p. 127.

têm natureza tributária, na medida em que inexiste no ordenamento jurídico pátrio uma espécie tributária apropriada para disciplinar a exploração remunerada de bens públicos.

2.5.11 Contrapartidas ambientais. Falsos tributos

Tornou-se bastante comum o Poder Público utilizar as chamadas "contrapartidas ambientais" como forma de criar exigências financeiras compulsórias destituídas das garantias tributárias. São os chamados "falsos tributos ambientais".

Assim, o legislador transforma antigas taxas em "pedágios-verdes", "tarifas pelo manejo de água potável", "contrapartidas ambientais", "taxas de permanência", afastando com isso a incidência do regime protetivo estabelecido pelo Direito Tributário.

Importante relembrar que a simples mudança na denominação legal, de "taxa" para "contrapartida ambiental", não é capaz de eliminar a natureza tributária da exigência (art. 4º do CTN). Será preciso analisar se o fato gerador da exação enquadra-se, ou não, em alguma das espécies tributárias existentes no Sistema Tributário Nacional, sendo irrelevante a nomenclatura definida pelo legislador.

2.5.12 Outras formas de invasão patrimonial

A subordinação aos princípios e regras do Direito Tributário constitui a diferença fundamental entre o tributo e outras formas estatais de invasão patrimonial, como desapropriação, requisição, tombamento e servidão. Enquanto o tributo sujeita-se ao regime jurídico tributário, estas outras formas de intervenção do Estado na propriedade estão submetidas basicamente aos princípios e regras do Direito Administrativo.

2.6 TRIBUTO OCULTO OU DISFARÇADO

Segundo Hugo de Brito Machado, tributo oculto ou disfarçado é a prestação pecuniária exigida pelo Estado sem observância dos princípios e regras que compõem o regime jurídico do tributo[10]. Trata-se de uma forma oblíqua de arrecadar recursos compulsoriamente, deixando de assegurar os direitos e garantias fundamentais do contribuinte.

O autor cita como exemplos de tributo oculto na atual legislação brasileira[11]:

a) valor da outorga, exigido da empresa vencedora da licitação como requisito para outorga da concessão de serviço público;

b) sobrepreço nos monopólios estatais, cobrado de empresas privadas que atuam em setores monopolizados como a indústria do petróleo;

c) contraprestação de serviços públicos de uso compulsório.

---

10. *Curso de Direito Tributário*, p. 69.

11. *Curso de Direito Tributário*, p. 71.

2.7 QUADRO SINÓTICO

A IMPORTÂNCIA DO CONCEITO DE TRIBUTO
O Direito Tributário é o único ramo jurídico construído em torno de um só instituto: o tributo. Sua exata delimitação conceitual é fundamental para definir contra quais exigências estatais os indivíduos podem invocar o regime protetivo que o ordenamento garante ao contribuinte.
ACEPÇÕES DO VOCÁBULO "TRIBUTO"
a) o **dever de levar dinheiro** aos cofres públicos; b) a **quantia em dinheiro** entregue ao Estado no cumprimento desse dever; c) o comportamento de levar dinheiro **(prestação)**; d) a lei que prescreve tal dever **(norma jurídica)**; e) a relação jurídica obrigacional que tal lei cria; f) o **direito do sujeito ativo** a receber seu crédito tributário.
CONCEITO LEGISLATIVO (ART. 3º DO CTN)
"Tributo é toda prestação pecuniária compulsória, em moeda ou cujo valor nela se possa exprimir, que não constitua sanção de ato ilícito, instituída em lei e cobrada mediante atividade administrativa plenamente vinculada." (art. 3º do CTN) – **obrigação instituída em lei:** a **lei é a única fonte possível** da obrigação de recolher tributos. **IMPORTANTE:** o dever de pagar tributo **NUNCA** nasce de contrato. Contudo, a necessidade de lei "em sentido estrito" para instituição de tributo **não impede a sua criação** também **por medidas provisórias** que, de acordo com a Constituição, são editadas "com força de lei" (art. 62 da CF). – **prestação pecuniária (em moeda):** o **tributo** é sempre uma **obrigação de entregar** determinada **quantia em dinheiro ao Estado**. **ATENÇÃO:** Ao prescrever que o tributo é sempre prestação pecuniária, o art. 3º do CTN excluiu do direito brasileiro as figuras do "tributo *in labore*" (prestações de serviço) e do "tributo *in natura*" (entrega de bens). – **Dação em pagamento** (art. 156, XI, do CTN): é **admitida como forma de extinção do crédito tributário**, desde que preenchidas três condições: **a)** existência de **lei específica** autorizando; **b)** haja manifesto **interesse do Fisco** no bem; e **c)** o **bem** oferecido seja **imóvel**. **IMPORTANTE:** a aceitação do bem imóvel ofertado é ato discricionário do Poder Público, de modo que o oferecimento em dação gera para o contribuinte simples expectativa de direito e não direito adquirido à extinção do crédito tributário. – **Tributo é prestação compulsória:** a **compulsoriedade** é a **característica fundamental** do dever de pagar tributos. Não se trata de uma obrigação consensual ou facultativa, mas de uma imposição surgida unilateralmente como decorrência do poder de império atribuído ao Estado. – **Tributo não constitui sanção por ato ilícito:** o **tributo não pode ser utilizado como punição** aplicada ao contribuinte em consequência de alguma conduta contrária ao direito. – **Atividades ilícitas e princípio do *non olet*:** importantíssimo salientar que o art. 3º do **CTN não proíbe que a tributação recaia sobre atividades ilícitas**. Isso porque a ocorrência do fato gerador independe da validade jurídica dos atos efetivamente praticados pelo contribuinte (art. 118 do CTN). Para o Direito Tributário brasileiro a origem remota do dinheiro é irrelevante (princípio do *non olet*, literalmente: "o dinheiro não tem cheiro"). – **Progressividade sancionatória:** admite-se que o ordenamento jurídico utilize **instrumentos tributários com efeito punitivo** visando estimular ou desestimular determinados comportamentos do contribuinte. Frise-se que a possibilidade de progressividade sancionatória não representa qualquer afronta ao art. 3º do CTN. O referido dispositivo veda a utilização do tributo em si como sanção pela prática de ato ilícito, mas não exclui a eficácia sancionatória de outros instrumentos tributários. – **Tributo é cobrado mediante atividade administrativa plenamente vinculada:** o art. 3º do CTN afirma que o tributo é "cobrado mediante atividade plenamente vinculada". Isso significa que, constatando a ocorrência do fato gerador, **o Fisco é obrigado a realizar o lançamento tributário**. Assim, é importante destacar que **lançamento** é o **ato administrativo vinculado e obrigatório**, declaratório do fato gerador e constitutivo do crédito tributário, que, se não for realizado, importa em responsabilidade funcional do agente público competente (art. 142, parágrafo único, do CTN). – **Princípios constitucionais inerentes ao conceito de tributo:** o conceito de tributo previsto no art. 3º do CTN faz implícita referência a, pelo menos, dois princípios tributários contidos no texto constitucional de 1988: **a)** Legalidade tributária (art. 150, I, da CF), que se depreende da expressão "tributo é uma obrigação instituída em lei"; e **b)** Vedação de tributo com efeito de confisco (art. 150, IV, da CF), que deduz a implícita proibição de tributo confiscatório no momento em que o legislador afirma que "tributo não constitui sanção por ato ilícito". Isso porque, no ordenamento jurídico brasileiro, o confisco tem sempre natureza sancionatória.

– **Outros elementos conceituais** (**art. 9º da Lei n. 4.320/64**): Conforme adverte Luís Eduardo Schoueri, existem outros elementos da conceituação de tributo estabelecido pelo direito positivo brasileiro, além daqueles indicados no art. 3º do CTN. Isso porque o art. 9º da Lei n. 4.320/64 também enuncia um **conceito financeiro de tributo**: "Tributo é a receita derivada instituída pelas entidades de direito público, compreendendo os impostos, as taxas e contribuições nos termos da constituição e das leis vigentes em matéria financeira, destinando-se o seu produto ao custeio de atividades gerais ou específicas exercidas por essas entidades". Desse conceito podem ser destacados cinco elementos fundamentais:

a) tributo é receita derivada;

b) instituído pelas entidades de direito público;

c) compreendendo os impostos, as taxas e as contribuições;

d) nos termos da Constituição e das leis vigentes em matéria financeira;

e) destinando-se o seu produto ao custeio de atividades gerais ou específicas exercidas por essas entidades.

TRIBUTO COMO CONCEITO PRESSUPOSTO NO TEXTO CONSTITUCIONAL

Embora a Constituição de 1988 não conceitue expressamente tributo, a doutrina considera que **o conceito está pressuposto no texto constitucional**.

Segundo Geraldo Ataliba, o legislador teria apenas revelado o conceito de tributo já presente na própria Constituição, pois "o conceito tributo é constitucional. Nenhuma lei pode alargá-lo, reduzi-lo ou modificá-lo".

INSTITUTOS AFINS

Tarifa: é o nome dado para a **remuneração paga pelo usuário a concessionários e permissionários** em troca da prestação de serviços públicos delegados.

Como tarifa não é tributo, sua majoração pode ocorrer por meio de ato administrativo e com aplicabilidade imediata, não se sujeitando aos princípios tributários da legalidade e da anterioridade.

Preço público: o mesmo que tarifa.

Pedágio: é o valor cobrado do usuário pela utilização de vias conservadas pelo Poder Público.

Foro e laudêmio: **foro** é o valor **pago anualmente** por quem detém o domínio útil dos terrenos de marinha. **Laudêmio** é devido, no contrato de enfiteuse, somente na hipótese de **alienação onerosa do imóvel**, sendo pago pelo foreiro ao detentor do senhorio direto (União).

Erroneamente tratados como "imposto do império", o foro e o laudêmio não têm natureza tributária na medida em que constituem uma contraprestação originada no contrato privado de enfiteuse.

IMPORTANTE: o recolhimento de foro e laudêmio não afasta a incidência de tributos sobre o imóvel.

Taxa de ocupação de terrenos da União: é a possibilidade de a União cobrar taxa em decorrência de uso de imóveis de sua propriedade.

Nos casos em que existe um regular contrato de aforamento entre a União e o titular do domínio útil é devido o recolhimento anual do foro. Já na hipótese de moradores que não são foreiros regularizados, mas simples ocupantes da área sem contrato de aforamento, a União arrecada taxa de ocupação.

Emolumentos notariais: são os valores pagos pelo usuário como remuneração pelos serviços prestados por registradores e notários, nos cartórios extrajudiciais.

Embora o art. 236 da Constituição Federal prescreva que os serviços notariais e de registro "são exercidos em caráter privado", predomina o entendimento doutrinário e jurisprudencial no sentido de que os emolumentos têm natureza tributária sendo taxas de serviços públicos.

Desse modo, seu aumento depende de lei e submete-se aos intervalos mínimos determinados pelo princípio da anterioridade tributária, sendo eles, ainda, de competência estadual e distrital.

IMPORTANTE: o art. 236, § 1º, da CF impõe ao Poder Judiciário a atribuição de exercer controle externo sobre as atividades notariais e, por essa razão, parcela do montante arrecadado pelos cartórios extrajudiciais deve ser repassada ao Tribunal de Justiça como mecanismo de custeio das atuações de vigilância, orientação e correição, além de possuir natureza tributária de taxa de polícia.

Custas, emolumentos e taxas judiciárias: são nomenclaturas utilizadas atecnicamente pela legislação brasileira para designar valores exigidos como contrapartida pela prestação da atividade jurisdicional.

Compensação financeira pela exploração de recursos minerais (tributo mineral): predomina o entendimento de que o **"tributo mineral"** na verdade **não é tributo**, mas uma exigência de natureza administrativo-contratual, cobrada a título de compensação pela exploração econômica de bens pertencentes ao domínio público.

Compensação financeira pela exploração de recursos hídricos: de acordo com visão unânime na doutrina e jurisprudência, essa compensação **não tem natureza tributária** por não se enquadrar em nenhuma das espécies de tributo existentes na ordem jurídica nacional. O Supremo Tribunal Federal posicionou-se pela natureza não tributária da CFERH no julgamento do MS 24.312-1/DF.

***Royalties* do petróleo:** **não têm natureza tributária,** na medida em que inexiste no ordenamento jurídico pátrio uma espécie tributária apropriada para disciplinar a exploração remunerada de bens públicos.

Contrapartidas ambientais / Falsos tributos: o legislador transforma antigas taxas em "pedágios verdes", "tarifas pelo manejo de água potável", "contrapartidas ambientais", "taxas de permanência", afastando com isso a incidência do regime protetivo estabelecido pelo Direito Tributário.

É importante lembrar que a simples mudança na denominação legal, de "taxa" para "contrapartida ambiental", não é capaz de eliminar a natureza tributária da exigência (art. 4º do CTN), sendo necessário analisar se o fato gerador da exação enquadra-se, ou não, em alguma das espécies tributárias existentes no Sistema Tributário Nacional, sendo irrelevante a nomenclatura definida pelo legislador.

Outras formas de invasão patrimonial: a subordinação aos princípios e regras do Direito Tributário constitui a diferença fundamental entre o tributo e outras formas estatais de invasão patrimonial, como desapropriação, requisição, tombamento e servidão. Enquanto o tributo sujeita-se ao regime jurídico tributário, estas outras formas de intervenção do Estado na propriedade estão submetidas basicamente aos princípios e normas do Direito Administrativo.

TRIBUTO OCULTO OU DISFARÇADO

Segundo Hugo de Brito Machado, tributo oculto ou disfarçado é a **prestação pecuniária** exigida pelo Estado **sem observância dos princípios e normas** que compõem o regime jurídico do tributo. Trata-se de uma forma oblíqua de arrecadar recursos compulsoriamente, deixando de assegurar os direitos e garantias fundamentais do contribuinte.

2.8 QUESTÕES

1. **(Core-SP – Inaz do Pará – Assistente Jurídico – 2019)** De acordo com o Código Tributário Nacional, tributo é:

   a) toda prestação pecuniária compulsória, em moeda ou cujo valor nela se possa exprimir, que não constitua sanção de ato ilícito, instituída em lei e cobrada mediante atividade administrativa plenamente vinculada;

   b) toda prestação pecuniária compulsória, em moeda ou cujo valor nela se possa exprimir, que constitua sanção de ato ilícito, instituída em lei e cobrada mediante atividade administrativa plenamente vinculada;

   c) toda prestação pecuniária não compulsória, em moeda ou cujo valor nela se possa exprimir, que não constitua sanção de ato ilícito, instituída em lei e cobrada mediante atividade administrativa plenamente vinculada;

   d) toda prestação pecuniária compulsória, em moeda ou cujo valor nela se possa exprimir, que não constitua sanção de ato ilícito, instituída em lei e cobrada mediante atividade executiva plenamente vinculada;

   e) toda prestação pecuniária compulsória, em moeda ou cujo valor nela se possa exprimir, que constitua sanção de ato lícito, instituída em lei e cobrada mediante atividade administrativa plenamente vinculada.

2. **(Vunesp – TJ-SP – Contador Judiciário – 2019)** Salvo situação em especial, toda prestação pecuniária compulsória, em moeda ou cujo valor nela possa expressar, que não constitua sanção por ato ilícito, instruída em lei e cobrada mediante atividade administrativa plenamente vinculada, significa:

   a) da qualificação da arrecadação do tributo;

   b) da determinação pelo fato gerador de uma obrigação fiscal;

   c) o conceito de tributo;

   d) do processo de cobrança em compulsório de arrecadação;

   e) a natureza jurídica específica do tributo.

3. **(FGV – Sefin-RO – Auditor-Fiscal de Tributos Estaduais – 2018)** De acordo com a definição de tributo, segundo o Código Tributário Nacional, assinale a afirmativa incorreta.

   a) A compensação financeira pela exploração de recursos minerais não é tributo, por ausência do caráter compulsório.

   b) A concessão de desconto ao contribuinte do IPVA, que não tenha cometido infrações de trânsito, viola o conceito de tributo, pois o tributo não é sanção por ato ilícito.

   c) O serviço militar obrigatório não é tributo, por ser uma obrigação compulsória não pecuniária.

   d) O acréscimo no valor do IPTU, a título de multa administrativa por ausência de inscrição imobiliária, viola o conceito de tributo, por se tratar de sanção por ato ilícito.

   e) Os agentes públicos envolvidos na cobrança do tributo não podem agir motivados por pressupostos de conveniência e oportunidade, devendo cumprir o que determina a lei, pois a cobrança do tributo é atividade administrativa plenamente vinculada.

4. **(Cespe – PGE-PE – Procurador do Estado – 2018)** Considerando-se o que dispõe o CTN, é correto afirmar que, como regra geral, os tributos:

   a) são compulsórios, podendo a sua obrigatoriedade advir da lei ou do contrato;

   b) podem ser pagos em pecúnia, *in natura* ou *in labore*;

   c) são cobrados mediante atividade administrativa, a qual pode ser vinculada ou discricionária;

   d) podem incidir sobre bens e rendimentos decorrentes de atos ilícitos, embora não possam ser utilizados como sanção;

   e) têm por fato gerador uma situação jurídica abstrata, não sendo possível vincular um tributo a qualquer atividade estatal específica.

5. (Ieses – TJ-AM – Titular de Serviços de Notas e de Registros – Remoção – 2018) Tributo é toda prestação pecuniária compulsória, em moeda ou cujo valor nela se possa exprimir, que não constitua sanção de ato ilícito, instituída em lei e cobrada mediante atividade administrativa plenamente vinculada. São consideradas espécies de tributos, EXCETO:

a) contribuições de melhoria;
b) tarifa;
c) taxas;
d) impostos.

6. (Ieses – TJ-CE – Titular de Serviços de Notas e de Registros – Remoção – 2018) Segundo o Código Tributário Nacional, toda prestação pecuniária compulsória, em moeda ou cujo valor nela se possa exprimir, que não constitua sanção de ato ilícito, instituída em lei e cobrada mediante atividade administrativa plenamente vinculada é denominada:

a) encargos;
b) emolumentos;
c) subsídios;
d) tributo.

7. (Vunesp – PauliPrev – SP – Procurador Autárquico – 2018) Segundo o Código Tributário Nacional, a natureza jurídica específica do tributo é determinada:

a) pela destinação dos recursos arrecadados, sendo relevantes para qualificá-la a denominação e as demais características formais adotadas pela lei;
b) pelo fato gerador da respectiva obrigação, sendo irrelevante para qualificá-la a destinação do produto da sua arrecadação;
c) pela destinação dos recursos arrecadados, sendo irrelevantes para qualificá-la a denominação e as demais características formais adotadas pela lei;
d) pelo fato gerador da respectiva obrigação, sendo relevantes a denominação e as demais características formais adotadas pela lei;
e) pela denominação e pelas demais características formais adotadas pela lei de criação do tributo, sendo relevante para qualificá-la a destinação do produto da sua arrecadação.

8. (TRF – 3ª Região – Juiz Federal Substituto – 2018) Indique a afirmação INCORRETA.

a) Tributo é toda prestação pecuniária compulsória, em moeda ou cujo valor nela se possa exprimir, instituída em lei, que não constitua sanção por ato ilícito.
b) Medida provisória pode estabelecer a extinção de tributo.
c) Lei que disponha sobre outorga de isenção deve ser interpretada literalmente.
d) Os decretos restringem o conteúdo e o alcance das leis em função das quais são expedidos.

9. (Vunesp – Prefeitura de Sorocaba – SP – Procurador do Município – 2018) Com base no Código Tributário Nacional, é correto afirmar que a natureza jurídica específica do tributo é determinada:

a) pela denominação adotada pela lei, sendo irrelevantes para qualificá-la o fato gerador da respectiva obrigação e as demais características formais;
b) pela destinação legal do produto da sua arrecadação, sendo irrelevantes para qualificá-la o fato gerador da respectiva obrigação e as demais características formais;
c) pelo fato gerador da respectiva obrigação, sendo irrelevantes para qualificá-la a destinação legal do produto da sua arrecadação e a denominação adotada pela lei;
d) pelo fato gerador da respectiva obrigação e pela denominação adotada pela lei, sendo irrelevante para qualificá-la a destinação legal do produto da sua arrecadação;
e) pelo fato gerador da respectiva obrigação e pela destinação legal do produto da sua arrecadação, sendo irrelevante para qualificá-la a denominação adotada pela lei.

10. (Cespe – Auditor do Estado – Bloco II – Sefaz-RS – 2018) A respeito de tributo, assinale a opção correta.

a) O tributo somente pode se referir a serviço público específico e divisível.
b) Não se admite dação em pagamento em caso de tributo, o qual é prestação exclusivamente pecuniária.
c) O ato que gera o tributo é sempre lícito, não se confundindo tributo e multa.
d) No tocante à atualização de alíquota, o tributo submete-se ao princípio da legalidade mitigada.
e) A função ou o ônus de arrecadação do tributo não podem ser atribuídos a pessoas de direito privado, conforme o Código Tributário Nacional.

11. (MS Concursos – PGM de Tanguá-RJ – 2017) O Código Tributário Nacional (CTN), instituído pela Lei n. 5.172, de 25 de outubro de 1966, foi elevado ao *status* de lei complementar pelo Supremo Tribunal Federal em inúmeros julgados, concretizando o art. 145 da Constituição da República de 1988. Segundo o CTN, qual conceito abaixo está correto?

a) Tributo é toda prestação pecuniária compulsória, em moeda ou cujo valor nela se possa exprimir, que não constitua sanção de ato ilícito, instituída em lei e cobrada mediante atividade administrativa plenamente vinculada.
b) Contribuição de melhoria é o tributo cuja obrigação tem por fato gerador uma situação independente de qualquer atividade estatal específica, relativa ao contribuinte.
c) As taxas cobradas pela União, pelos Estados, pelo Distrito Federal ou pelos Municípios, no âmbito de suas respectivas atribuições, têm como fato gerador o custeio de obra pública, que enseja valorização imobiliária.
d) Imposto é o tributo cuja obrigação tem por fato gerador uma situação dependente de atividade estatal específica, relativa ao contribuinte.

12. (UFPR – Câmara de Curitiba – Procurador Jurídico – 2020) De acordo com o art. 3º do Código Tributário Nacional, "tributo é toda prestação pecuniária compulsória, em moeda ou cujo valor nela se possa exprimir, que não constitua sanção de ato ilícito, instituída em lei e cobrada mediante atividade administrativa plenamente vinculada". Sobre o tema, assinale a alternativa correta.

a) Nos casos previstos em lei, admite-se a extinção do crédito tributário mediante dação em pagamento de bem imóvel.
b) Não se admite a edição de medida provisória que implique instituição ou majoração de impostos.
c) A data de vencimento da obrigação tributária deve ser fixada em lei, assim como os demais elementos da regra matriz de incidência.
d) A criação de contribuição de iluminação pública pelos Municípios depende da edição de lei complementar.
e) Os impostos são tributos vinculados e de arrecadação não vinculada.

13. (UFPR – Câmara de Curitiba – Procurador Jurídico – 2020) O Município Alpha decidiu instituir uma taxa como contraprestação ao serviço de licenciamento para localização e funcionamento de estabelecimentos comerciais. A lei instituidora da referida taxa dispunha sobre todos os elementos da regra matriz de incidência do tributo, bem como hipóteses de isenção e não incidência. Nas disposições referentes à alíquota, contudo, a lei limitava-se a estabelecer o percentual máximo que poderia ser cobrado pelo Município. Sobre a situação hipotética descrita acima, assinale a alternativa correta.

a) O serviço descrito não pode ser remunerado mediante taxa, por não se tratar de serviço específico e divisível, tampouco de exercício de poder de polícia administrativa.
b) Essa lei não viola a legalidade tributária, pois, ao prescrever o percentual máximo que poderia ser cobrado pelo Município, ela possibilita a ato normativo infralegal fixar o valor de taxa em proporção razoável aos custos da atuação estatal.
c) Apenas os critérios material e subjetivo da regra matriz de incidência das taxas precisam figurar em lei.
d) O Município não detém competência para exercer o serviço mencionado, logo, a taxa em comento é inconstitucional.
e) A base de cálculo do referido tributo não pode contemplar elemento(s) da base de cálculo própria de determinado imposto.

14. (FUNDATEC – Prefeitura de Santo Augusto-RS – Auditor Fiscal de Tributos Municipais – 2020) Analise as afirmativas a seguir a respeito dos conceitos estabelecidos no código tributário nacional:

I. As taxas têm como fato gerador o exercício regular do poder de polícia, ou a utilização, efetiva ou potencial, de serviço público específico e divisível, prestado ao contribuinte ou posto à sua disposição. II. Imposto é o tributo cuja obrigação tem por fato gerador uma situação específica, dependente de atividade estatal vinculada diretamente ao contribuinte. III. Tributo é toda prestação pecuniária compulsória que não constitua sanção de ato ilícito, instituída em lei, decreto ou instrução normativa e cobrada mediante atividade administrativa vinculada.

Quais estão corretas?

a) Apenas I.
b) Apenas II.
c) Apenas III.
d) Apenas I e III.
e) I, II e III.

15. (FCM – Prefeitura de Contagem-MG – Auditor Fiscal – 2020) Segundo o Código Tributário Nacional, são características do conceito de tributo, EXCETO:

a) é instituído mediante lei ordinária, em regra.
b) configura prestação pecuniária obrigatória e não sancionatória.
c) trata-se de receita originária do Estado decorrente de sua atuação.
d) o pagamento poderá ser realizado em moeda ou em cujo valor nela se possa exprimir.
e) a cobrança e a fiscalização ocorrerão mediante atividade administrativa em caráter vinculado.

GABARITO

1. A / **2.** C / **3.** B / **4.** D / **5.** B / **6.** D / **7.** B / **8.** D / **9.** C / **10.** D / **11.** A / **12.** A / **13.** A / **14.** A / **15.** C

2.9 QUESTÕES COMENTADAS

1. (Upenet/Iaupe – UPE – Advogado – 2019) Sobre o conceito de tributo, assinale a alternativa CORRETA.

a) Os tributos podem ser cobrados em moeda ou cujo valor nela se possa exprimir, e não necessariamente sua cobrança será compulsória, por se tratar de uma ação discricionária do Estado, a atividade de fiscalização e cobrança/imposição fiscal.
b) As contribuições previdenciárias, conforme já pacificado pelo Supremo Tribunal Federal, não são tributos, possuindo natureza jurídica própria.
c) O tributo não deve se confundir com uma sanção para atos ilícitos, embora penalidades possam ser cobradas em função da desatenção da legislação tributária, pois as penalidades possuem uma previsão de fato gerador distinta da previsão do fato gerador dos tributos.
d) A cobrança simultânea de tributos e penalidades justifica uma alegação de bitributação por parte do contribuinte, mas não do responsável tributário.
e) O agente fiscal, ao preencher um auto de infração, relativo à prestação devida por um tributo, deve atuar de forma discricionária, tal qual ocorre com a inscrição do valor devido como crédito tributário, em mora, na dívida ativa.

COMENTÁRIO

a) Essa alternativa contradiz o conceito de tributo mencionado no art. 3º do CTN: Tributo é toda prestação pecuniária compulsória (isto é, imposta pelo Estado), em moeda ou cujo valor nela se possa exprimir, que não constitua sanção de ato ilícito, instituída em lei e cobrada mediante atividade administrativa plenamente vinculada. **(Errada)**

b) "O custeio da Previdência Social se dá por meio do recolhimento de tributos, e as contribuições previdenciárias constituem espécies do gênero contribuições sociais, previstas nos arts. 149 e 195 da Constituição. O STF reiteradamente reconhece a natureza tributária das contribuições previdenciárias, como no RE 138.284/CE (Pleno, rel. Min. Carlos Velloso, j. 1º-7-1992, *DJ* 28-8-1992, p. 13.456) e no RE 556.664/RS (Pleno, rel. Min. Gilmar Mendes, j. 12-6-2008, *DJe* 13-11-2008), entre outros julgados". **(Errada)**

c) Tributo NÃO é sanção por ato ilícito. A diferença da natureza jurídica entre tributo e multa (sanção) é que apenas a multa possui caráter confiscatório e punitivo. Isto porque o tributo nasce de uma imposição estatal da qual o contribuinte não pode eximir-se. O ente tributante (Estado) institui o tributo e o administrado deverá recolhê-lo, desde que realize o fato gerador. A multa, ao contrário, nasce a partir de uma conduta contrária à legislação tributária ou civil, conduta esta que pode ser evitada pelo contribuinte ficando livre da sanção. **(Correta)**

d) A bitributação ocorre quando entes diferentes exigem de um único sujeito passivo tributos referentes ao mesmo fato gerador ou base de cálculo. Quanto à possibilidade de o responsável tributário arguir bitributação, não existe vedação na jurisprudência. **(Errada)**

e) O auto de infração é ato administrativo vinculado:
"ADMINISTRATIVO. CONSTITUCIONAL. AUTO DE INFRAÇÃO. ATO ADMINISTRATIVO VINCULADO. MOTIVAÇÃO. – Sendo a lavratura do Auto de Infração ato administrativo vinculado, é dever da Administração motivá-lo, tornando clara a conformidade de sua prática com os preceitos legais que o condicionam, sob pena de nulidade. – Na espécie, ofensa, também, aos incisos LIV e LV, do art. 5º da Constituição Federal de 1988, por desrespeito ao direito de propriedade e cerceamento ao direito de defesa (TRF-2 – AMS: 21.283 RJ 97.02.46366-1, 4-11-1999)". **(Errada)**

Gabarito: letra C

2. (Vunesp – TJ-AC – Juiz de Direito Substituto – 2019) Segundo o CTN, a natureza jurídica do tributo:

a) é determinada pela denominação do tributo, sendo relevante para qualificá-la a destinação da obrigação tributária;

b) é determinada pelo fato gerador da respectiva obrigação, sendo ainda relevante para qualificá-la a destinação legal do produto da sua arrecadação;

c) é determinada pela destinação do recurso arrecadado, sendo irrelevante para qualificá-la o fato gerador da obrigação tributária;

d) é determinada pelo fato gerador da respectiva obrigação, sendo irrelevantes para qualificá-la a denominação e demais características formais adotadas pela lei.

COMENTÁRIO

O fundamento da questão é encontrado no art. 4º do CTN:

"Art. 4º A natureza jurídica específica do tributo é determinada pelo fato gerador da respectiva obrigação, sendo irrelevantes para qualificá-la:

I – a denominação e demais características formais adotadas pela lei;

II – a destinação legal do produto da sua arrecadação".

Gabarito: letra D

3. (Cespe – STM – Analista Judiciário – Contabilidade – 2018) A respeito de noções básicas sobre tributos, julgue o item a seguir.

Caso pretenda lançar um novo programa governamental para a construção de ferrovias, a União poderá, de forma lícita, criar, mediante lei complementar, um imposto residual e vincular a receita advinda da arrecadação desse tributo ao financiamento das despesas do referido programa.

( ) Certo ( ) Errado

COMENTÁRIO

Impostos não possuem vinculação de receita a uma finalidade específica, conforme art. 167, V, da CF, que veda expressamente a vinculação de receita de imposto a órgão, fundo ou despesa, ressalvadas algumas exceções previstas no próprio dispositivo.

Gabarito: Errado

4. (Cespe – Sefaz-RS – Auditor do Estado – Bloco II – 2018) A respeito de tributo, assinale a opção correta.

a) O tributo somente pode se referir a serviço público específico e divisível.

b) Não se admite dação em pagamento em caso de tributo, o qual é prestação exclusivamente pecuniária.

c) O ato que gera o tributo é sempre lícito, não se confundindo tributo e multa.

d) No tocante à atualização de alíquota, o tributo submete-se ao princípio da legalidade mitigada.

e) A função ou o ônus de arrecadação do tributo não podem ser atribuídos a pessoas de direito privado, conforme o Código Tributário Nacional.

COMENTÁRIO

a) Pode haver também, por exemplo, tributo decorrente do poder de polícia (taxa) ou de obra pública (contribuição de melhoria). **(Errada)**

b) O CTN prevê a dação em pagamento como forma de extinção do crédito tributário, conforme art. 156, inciso XI. **(Errada)**

c) Atividades ilícitas, se enquadradas na hipótese de incidência, também ensejam o dever de pagar tributo, consoante art. 118, I, do CTN. **(Errada)**

d) Como regra, modificação de alíquota exige lei, exceto nos casos em que pode a alíquota ser alterada por ato do Executivo (exemplos: II, IE, IOF, IPI etc.). Daí estar correto falar-se em "legalidade mitigada". **(Correta)**

e) Não há impedimento no CTN, conforme art. 7º, § 3º, de a parafiscalidade favorecer pessoa jurídica de direito privado, desde que a beneficiária não tenha fins lucrativos. **(Errada)**

Gabarito: letra D

5. (Cesgranrio – Transpetro – Contador Júnior – 2018) O Código Tributário Nacional (CTN) regula as normas gerais de direito tributário aplicáveis à União, Estados, Distrito Federal e Municípios sem prejuízo da legislação complementar, supletiva ou regulamentar e estabelece que Tributo é toda prestação pecuniária compulsória, em moeda, ou cujo valor nela se possa exprimir, que não constitua sanção de ato ilícito, instituída em lei e cobrada mediante atividade administrativa plenamente vinculada.

Nesse enfoque e contexto das disposições do Código Tributário Nacional, classifica(m)-se como tributo:

a) as multas ambientais;

b) o pedágio pela utilização de via de transporte;

c) as contribuições sociais para a seguridade social;

d) o laudêmio pago ao proprietário do domínio direto;

e) as tarifas cobradas por permissionárias do serviço público.

COMENTÁRIO

a) Tributo não pode constituir sanção por ato ilícito, daí por que tributo é diferente de multa. **(Errado)**

b) Quando a via é explorada em regime de concessão ou permissão, o pedágio tem natureza de tarifa ou preço público (não é tributo). **(Errado)**

c) as contribuições sociais para a seguridade social são tributos (arts. 149 e 195 da CF). **(Correto)**

d) Não é tributo, pois não é devido ao Estado. **(Errado)**

e) São preço público ou tarifa. **(Errado)**

Gabarito: letra C

6. (Cespe – EMAP – Analista Portuário – Financeira e Auditoria Interna – 2018) No que se refere a tributos, julgue o item a seguir.

As taxas cobradas no Porto do Itaqui – MA pela utilização da infraestrutura de proteção e acesso aquaviário são um tipo de tributo.

( ) Certo ( ) Errado

COMENTÁRIO

Não existe no Brasil taxa cobrada para remunerar uso de bem público (utilização de infraestrutura). *Vide* art. 145, II, da CF.

Gabarito: Errado

7. (FCC – AL-AP – Analista Legislativo-Assessor Jurídico – 2020) No Código Tributário Nacional (CTN), o termo tributo é definido sob o ponto de vista do Direito Tributário, enquanto que, na Lei federal n. 4.320/1964, ele é definido sob o ponto de vista do Direito Financeiro. De acordo com

a) o CTN, tributo é toda prestação pecuniária, em moeda ou cujo valor nela se possa exprimir, instituída na legislação e cobrada na data de seu vencimento.

b) o CTN, tributo é modalidade de imposto cujo produto se destina ao custeio de atividades gerais ou específicas exercidas pelas pessoas jurídicas de direito público, nos termos da Constituição Federal, das Constituições Estaduais e das Leis Orgânicas dos Municípios.

c) o CTN, tributo é a receita originária compulsória, em moeda ou cujo valor nela se possa exprimir, inclusive quando constitua sanção pecuniária pela prática de ato ilícito.

d) a Lei federal n. 4.320/1964, tributo é a receita derivada, instituída pelas entidades de direito público, compreendendo os impostos, as taxas e contribuições, nos termos da constituição e das leis vigentes em matéria financeira, destinando-se o seu produto ao custeio de atividades gerais ou específicas exercidas por essas entidades.

e) a Lei federal n. 4.320/1964, tributo é toda prestação pecuniária compulsória originária, ainda quando constitua sanção de ato ilícito, instituída por entidades de direito público, compreendendo os impostos, as taxas e contribuições, nos termos da constituição e das leis vigentes em matéria financeira, sendo o seu produto destinado ao custeio de atividades gerais ou específicas exercidas por essas entidades.

COMENTÁRIOS

a) O tributo é cobrado por meio de uma atividade administrativa plenamente vinculada, conforme art. 3º do CTN. **(Errada)**

b) Tributo é gênero, do qual imposto é espécie. **(Errada)**

c) Tributo é receita derivada e não constitui sanção de ato ilícito. **(Errada)**

d) Conceito de tributo previsto no art. 9º da Lei n. 4.320/1964: "Tributo é a receita derivada instituída pelas entidades de direito publico, compreendendo os impostos, as taxas e contribuições nos termos da constituição e das leis vigentes em matéria financeira, destinado-se o seu produto ao custeio de atividades gerais ou especificas exercidas por essas entidades". **(Correta)**

e) Mesmo fundamento do item d. **(Errada)**

Gabarito: letra D

8. (CESPE/CEBRASPE – SEFAZ-AL – Auditor Fiscal da Receita Estadual – 2020) A respeito da competência tributária e do conceito e da classificação dos tributos, julgue o item a seguir.

A cobrança de contribuição de melhoria pela União, pelos estados, pelo Distrito Federal ou pelos municípios, no âmbito de suas respectivas atribuições, poderá somente ocorrer quando a obra pública estiver executada na sua totalidade ou em parte suficiente para beneficiar determinados imóveis e depois de verificada a existência da valorização imobiliária.

( ) Certo ( ) Errado

COMENTÁRIO

É o que determina o art. 81 do CTN: "A contribuição de melhoria cobrada pela União, pelos Estados, pelo Distrito Federal ou pelos Municípios, no âmbito de suas respectivas atribuições, é instituída para fazer face ao custo de obras públicas de que decorra valorização imobiliária, tendo como limite total a despesa realizada e como limite individual o acréscimo de valor que da obra resultar para cada imóvel beneficiado". E conforme determina o art. 9º do DL n. 195/67: "Executada a obra de melhoramento na sua totalidade ou em parte suficiente para beneficiar determinados imóveis, de modo a justificar o início da cobrança da Contribuição de Melhoria, proceder-se-á ao lançamento referente a êsses imóveis depois de publicado o respectivo demonstrativo de custos".

Gabarito: Certo

9. (VUNESP – Prefeitura de São Roque-SP – Advogado – 2020) A respeito das contribuições em matéria tributária, é correto afirmar que

a) os municípios não têm competência para a cobrança de tributos na forma de contribuições de qualquer natureza, que competem exclusivamente à União.
b) as contribuições sociais incidirão também sobre a importação de produtos estrangeiros ou serviços.
c) as contribuições de intervenção no domínio econômico não poderão ter alíquota específica, isto é, tendo por base a unidade de medida adotada para cobrança.
d) as contribuições para custeio do regime próprio de previdência social não se submetem à chamada anterioridade nonagesimal.
e) a instituição de contribuições se dá exclusivamente por meio de lei complementar do ente instituidor.

COMENTÁRIO

a) Os municípios e o Distrito Federal poderão instituir Contribuição sobre o Serviço de Iluminação Pública (COSIP), conforme art. 149-A da CF/88. **(Errada)**
b) Conforme art. 149, § 2º, II, da CF/88, "as contribuições sociais incidirão também sobre a importação de produtos estrangeiros ou serviços". **(Correta)**
c) Conforme art. 149, § 2º, III, da CF/88, as contribuições de intervenção no domínio econômico poderão ter alíquotas *ad valorem* ou específicas. **(Errada)**
d) Conforme art. 195, § 6º, da CF/88, as contribuições para o custeio do regime próprio de previdência social se submetem a anterioridade nonagesimal e só poderão ser exigidas após decorridos 90 dias da data da publicação da lei que as houver instituído ou majorado. **(Errada)**
e) Basta lei ordinária. **(Errada)**

Gabarito: letra B

10. (CESPE/CEBRASPE – SEFAZ-AL – Auditor Fiscal da Receita Estadual – 2020) A respeito da competência tributária e do conceito e da classificação dos tributos, julgue o item a seguir.

Os empréstimos compulsórios podem ser instituídos pela União, entre outros casos, na hipótese de existência de conjuntura que exija absorção temporária de poder aquisitivo.

( ) Certo ( ) Errado

COMENTÁRIO

O art. 15, III, do CTN, que contempla a hipótese de instituição de empréstimo compulsório em face da conjuntura que exija a absorção temporária de poder aquisitivo, não foi recepcionado pela Constituição de 1988, logo, sua instituição não é permitida, sob pena de incorrer em inconstitucionalidade.

Gabarito: Errado

3

ESPÉCIES TRIBUTÁRIAS

Acesse também a videoaula pelo *link*:
http://somos.in/MDT0704

3.1 CLASSIFICAÇÕES DOS TRIBUTOS

A grande quantidade de tributos existentes no Brasil e as diferenças que guardam entre si têm obrigado os estudiosos a desenvolver classificações com o objetivo de agrupar os tributos em categorias, impondo certa ordem ao caos reinante na legislação nacional.

Diversos critérios são apresentados pela doutrina especializada com o objetivo de classificar os tributos brasileiros. Seguem as classificações mais relevantes.

3.1.1 Quanto à função

a) **tributos fiscais:** cobrados com finalidade meramente arrecadatória, para prover os cofres públicos de recursos aptos a custear o aparelho estatal. Exemplo: Imposto de Renda;

b) **tributos extrafiscais:** instituídos pelo Estado com objetivos predominantemente sociais ou políticos, e não com a simples finalidade de obter recursos financeiros. Tais tributos atuam **estimulando ou desestimulando comportamentos do contribuinte**. Exemplo: Imposto Territorial Rural progressivo para desestimular propriedades improdutivas;

> TRF1: A 8ª prova de Juiz Federal do TRF1 considerou CORRETA a assertiva: "Um tributo tem caráter extrafiscal quando tem por objetivo estimular ou desestimular comportamentos do contribuinte".

c) **tributos parafiscais:** arrecadados por pessoa diversa daquela que detém a competência constitucional para sua criação. Exemplos: contribuições sindicais e anuidades dos conselhos de classe.

3.1.2 Quanto à competência

a) **tributos federais:** aqueles que competem à União Federal.

O rol dos impostos federais consta do art. 153 da Constituição Federal, a saber:

> Compete à União instituir impostos sobre:
>
> I – importação de produtos estrangeiros;
>
> II – exportação, para o exterior, de produtos nacionais ou nacionalizados;
>
> III – renda e proventos de qualquer natureza;
>
> IV – produtos industrializados;
>
> V – operações de crédito, câmbio e seguro, ou relativas a títulos ou valores mobiliários;
>
> VI – propriedade territorial rural;
>
> VII – grandes fortunas, nos termos de lei complementar.

São federais também os impostos residuais (art. 154, I, CF) e os extraordinários de guerra (art. 154, II, da CF), além dos empréstimos compulsórios (art. 148 da CF) e da maioria das contribuições especiais (arts. 149 e 195 da CF).

Cabe à União ainda instituir taxas e contribuições de melhoria, como forma de remunerar atividades administrativas de sua competência (art. 145, II e III, respectivamente).

São de **competência da União**, também, todos os **tributos arrecadados em territórios federais**, exceto os tributos municipais quando os territórios forem divididos em municípios (art. 147 da CF).

> Uniuv: A Prova de Advogado da PM/PR de 2011 considerou CORRETA a assertiva: "Compete à União instituir, nos territórios federais, os impostos atribuídos aos Estados e, se aqueles não forem divididos em Municípios, cumulativamente, os atribuídos a estes".

b) **tributos estaduais:** de competência dos Estados-membros.

Os impostos estaduais estão elencados no art. 155 da CF.

> Compete aos Estados e ao Distrito Federal instituir impostos sobre:
>
> I – transmissão *causa mortis* e doação, de quaisquer bens ou direitos;
>
> II – operações relativas à circulação de mercadorias e sobre prestações de serviços de transporte interestadual e intermunicipal e de comunicação, ainda que as operações e as prestações se iniciem no exterior;
>
> III – propriedade de veículos automotores.

Os Estados-membros podem cobrar taxas e contribuições de melhoria, quando a atuação ensejadora da arrecadação for de sua competência.

Além disso, são competentes ainda para cobrança de contribuição previdenciária de seus servidores visando ao financiamento de regime previdenciário próprio (art. 149, § 1º, da CF)[STF];

> STF: "O Plenário desta Corte, ao apreciar o RE n. 573.540/MG-RG, cuja repercussão geral já havia sido reconhecida, rel. o Min. Gilmar Mendes, *DJe* 11-6-2010, decidiu que falece aos Estados-

> -membros competência para a criação de contribuição compulsória ou de qualquer outra espécie tributária destinada ao custeio de serviços médicos, hospitalares, farmacêuticos ou odontológicos prestados aos seus servidores" (AgRg no ARE n. 670.075-MG, rel. Min. Dias Toffoli).

c) **tributos distritais:** de competência do Distrito Federal. O Distrito Federal é competente para instituir os tributos estaduais e os municipais (art. 147, c/c art. 155 da CF);

d) **tributos municipais:** aqueles de competência dos Municípios.

Quanto aos impostos, estabelece o art. 156 da CF:

> Compete aos Municípios instituir impostos sobre:
>
> I – propriedade predial e territorial urbana;
>
> II – transmissão *inter vivos*, a qualquer título, por ato oneroso, de bens imóveis, por natureza ou acessão física, e de direitos reais sobre imóveis, exceto os de garantia, bem como cessão de direitos a sua aquisição;
>
> III – serviços de qualquer natureza, não compreendidos no art. 155, II, definidos em lei complementar.

Os Municípios instituem também taxas e contribuições de melhoria, além das contribuições de iluminação pública e de seus servidores para custeio de previdência própria (arts. 149-A e 149, § 1º, da CF, respectivamente).

3.1.3 Quanto à vinculação

a) **tributos vinculados, bilaterais ou sinalagmáticos:** aqueles que pressupõem uma atividade estatal a ser por eles remunerada. É o caso das taxas e contribuição de melhoria;

> FCC: A prova de Analista Judiciário do TRF2 considerou ERRADA a seguinte assertiva sobre taxas: "O referido tributo independe de uma atuação estatal, como o exercício do poder de polícia da Administração Pública federal, estadual ou municipal".

b) **tributos desvinculados, unilaterais ou "sem causa":** independem de uma atividade estatal relativa ao contribuinte. Exemplo: impostos.

> FCC: A prova de Agente Técnico da Alesp de 2010 considerou CORRETA a assertiva: "Existem inúmeras classificações para os tributos. Duas podem ser citadas como muito usuais. A primeira considera o tributo como vinculado e não vinculado. A outra considera o tributo quanto à destinação específica do produto da arrecadação. Recebe a classificação como não vinculado e sem destinação específica do produto da arrecadação o imposto".

3.1.4 Quanto ao impacto financeiro

a) **tributos diretos:** são pagos pela mesma pessoa que sofre o impacto financeiro do pagamento. Exemplo: imposto de renda;

b) **tributos indiretos:** são pagos por uma pessoa (contribuinte de direito), mas seu valor é embutido no custo do produto de modo a repercutir financeiramente no patrimônio de um terceiro (contribuinte de fato). É o caso típico do ICMS, que é pago pelo lojista (contribuinte de direito) mas tem seu valor repassado ao consumidor final (contribuinte de fato).

São também considerados tributos indiretos o IPI e o ISS.

A relevância prática na distinção entre tributos diretos e indiretos reside no fato de que o art. 166 do Código Tributário Nacional, ao disciplinar a **restituição de tributos indiretos**[STJ],

> STJ: "DIREITO TRIBUTÁRIO E PROCESSUAL CIVIL. ILEGITIMIDADE ATIVA DA FONTE PAGADORA PARA PLEITEAR RESTITUIÇÃO DE IRPJ PAGO A MAIOR. Não tem legitimidade para pleitear a restituição do indébito a pessoa jurídica que retém na fonte IRPJ a maior relativo às importâncias pagas a outra pessoa jurídica pela prestação de serviços caracterizadamente de natureza profissional" (1ª T., REsp 1.318.163-PR, rel. Min. Benedito Gonçalves, j. 20-5-2014).

exige que o contribuinte de direito preencha condições especiais **(princípio da repercussão)**, nos seguintes termos: "a restituição de tributos que comportem, por sua natureza, transferência do respectivo encargo financeiro somente será feita a quem prove haver assumido o referido encargo, ou, no caso de tê-lo transferido a terceiro, estar por este expressamente autorizado a recebê-la"[STJ].

> STJ: "ICMS. DEPÓSITO ADMINISTRATIVO. LEVANTAMENTO. LEGITIMAÇÃO SUBJETIVA ATIVA. Cuida-se, na espécie, do levantamento de valores depositados administrativamente relativos à cobrança de ICMS sobre serviços de instalação de linhas telefônicas. Afastou-se o levantamento do depósito administrativo pela empresa de telefonia, por se entender que somente o contribuinte de fato (o que suporta efetivamente o ônus financeiro do tributo) é que está legitimado para o pedido de repetição de valores indevidamente pagos ao Fisco. O valor depositado foi repassado para o consumidor final, ou seja, o usuário do serviço de telefonia. Assim, apenas o usuário do serviço tem legitimidade subjetiva ativa para requerer o levantamento do depósito em função de haver suportado o ônus indevido (art. 166 do CTN e Súm. n. 546-STF). Ademais, consignou-se que o depósito realizado pela empresa de telefonia não diminuiu seu patrimônio, tendo em vista que essa quantia foi repassada ao contribuinte, sendo que o levantamento pleiteado acabaria por beneficiar indevidamente pessoa que não sofreu o encargo, caracterizando enriquecimento ilícito" (AgRg no Ag 1.365.535-MG, rel. originário Min. Benedito Gonçalves, rel. p/ Acórdão Min. Napoleão Nunes Maia Filho, j. 7-2-2012).

3.1.5 Quanto ao objeto

a) **tributos reais ou objetivos:** incidem sobre fatos ou coisas. Exemplos: IPTU e ITR;

b) tributos pessoais ou subjetivos: incidem sobre realidades que levam em conta certas qualidades do sujeito passivo. Exemplo: Imposto de Renda.

3.1.6 Quanto ao tipo de incidência

a) tributos monofásicos: incidem uma única vez sobre determinado item. Exemplo: Imposto de Importação;

b) tributos plurifásicos ou multifásicos: incidem várias vezes sobre o mesmo item. É a chamada tributação "em cascata" ou "em cadeia". Exemplos: ICMS e IPI.

A incidência plurifásica, por sua vez, pode ser:

1) tributos plurifásicos cumulativos: o tributo incide várias vezes sobre o mesmo item sem que haja um mecanismo de redução do efeito cascata. Exemplo: Cofins sobre papel imune (Lei n. 10.833, de 2003);

2) tributos plurifásicos não cumulativos: ocorre a incidência sucessiva do tributo, mas com utilização de um sistema de compensação para mitigar o efeito cascata. Exemplo: ICMS (art. 155, § 2º, I, da CF).

3.1.7 Quanto à cumulatividade

a) tributos cumulativos: incidem sucessivamente sobre determinado item sem que haja um sistema de redução do efeito cascata;

b) tributos não cumulativos: operam por meio de incidência sucessiva, mas com utilização de um sistema de compensação para mitigar o efeito cascata.

3.1.8 Quanto à natureza econômica

Esse critério é citado por Hugo de Brito Machado[1] como sendo a fonte utilizada pelo Código Tributário Nacional para classificar os impostos, a saber:

a) tributos incidentes sobre comércio exterior (arts. 19 a 28 do CTN). Exemplos: Imposto de Importação e Imposto de Exportação;

b) tributos incidentes sobre patrimônio e renda (arts. 29 a 45 do CTN). Exemplos: IPTU, ITBI e IR;

c) tributos incidentes sobre produção e circulação (arts. 46 a 73 do CTN). Exemplos: IPI, ICMS, IOF e ISS;

d) tributos incidentes sobre circunstâncias especiais (arts. 74 a 76 do CTN). Exemplo: Imposto Extraordinário de Guerra.

3.1.9 Quanto à seletividade

a) tributos seletivos: têm sua força econômica graduada conforme a relevância social do produto ou do serviço. Exemplos: IPI (art. 153, § 3º, I, da CF) e ICMS (art. 155, § 2º, III, da CF);

b) tributos não seletivos: cobrados sem levar em consideração a importância social do objeto tributado. Exemplo: ITBI.

1. *Curso de Direito Tributário*, p. 67.

3.1.10 Quanto à progressividade

a) tributos progressivos: têm alíquotas graduadas conforme a capacidade econômica do contribuinte. A Constituição Federal de 1988 admite a utilização de alíquotas progressivas somente em três impostos: IR, ITR e IPTU;

b) tributos não progressivos: cobrados de modo uniforme em relação a todos os contribuintes, sem levar em consideração a capacidade econômica de cada um. Exemplos: ICMS e IPVA.

3.1.11 Quanto à natureza jurídica (espécies tributárias)

Existe grande divergência doutrinária a respeito de quantas espécies de tributos existem no Direito brasileiro.

Indiscutivelmente a análise deve começar pelo art. 4º do Código Tributário Nacional, pelo qual:

> A natureza jurídica específica do tributo é determinada pelo fato gerador da respectiva obrigação, sendo irrelevantes para qualificá-la:
>
> I – a denominação e demais características formais adotadas pela lei;
>
> II – a destinação legal do produto da sua arrecadação.

> Cespe: A prova de Consultor Executivo da Sefaz/ES de 2010 considerou CORRETA a assertiva: "Se dois tributos tiverem o mesmo fato gerador, embora um deles seja denominado taxa, e o outro, imposto, um deles estará com uma incorreta atribuição de natureza jurídica específica".

> Cespe: A prova de Advogado da Serpro de 2010 considerou ERRADA a assertiva: "A destinação legal do produto da arrecadação de determinado tributo é imprescindível para qualificar sua natureza jurídica".

Assim, o cerne da questão consiste em saber se, tomando como ponto de partida o tipo de fato gerador, haveria duas, três, quatro ou cinco tipos de tributo em nosso ordenamento jurídico.

> Ibeg: A prova de Procurador do Iprev de 2017 considerou ERRADA a afirmação: "A denominação é irrelevante para determinar a natureza jurídica específica do tributo".

O tema divide os especialistas há décadas, podendo ser identificadas quatro teorias principais: a) bipartite; b) tripartite; c) quadripartite; d) quinquipartite.

3.1.11.1 Teoria bipartite

Defendida por Geraldo Ataliba[2], a teoria bipartite ou dualista defende a divisão dos tributos em: a) vinculados a uma atuação estatal, como as taxas e

2. *Hipótese de Incidência*, p. 128.

contribuições de melhoria; b) desvinculados de uma atividade do Estado, como os impostos.

Segundo os defensores dessa concepção, empréstimos compulsórios e contribuições especiais não seriam tipos autônomos de tributos, mas categorias que sempre poderiam ser reconduzidas às espécies básicas, sendo impostos ou taxas.

A divisão de todos os tributos brasileiros em duas categorias básicas, impostos e taxas, embora rejeitada pela maioria da doutrina, ainda pode ser considerada válida somente para fins didáticos[3].

3.1.11.2 Teoria tripartite

A teoria tripartite considera a existência de três espécies tributárias: a) impostos; b) taxas; c) contribuições de melhoria.

Trata-se da concepção adotada pelo Código Tributário Nacional e aceita pela doutrina tradicional.

> Ieses: A prova de Cartório/RO de 2017 considerou CORRETA a afirmação: "De acordo com as disposições expressas no Código Tributário Nacional, os tributos são impostos, taxas e contribuições de melhoria".

A existência de três espécies tributárias encontra respaldo também no art. 145 da Constituição Federal de 1988, segundo o qual:

> A União, os Estados, o Distrito Federal e os Municípios poderão instituir os seguintes tributos:
>
> I – impostos;
>
> II – taxas, em razão do exercício do poder de polícia ou pela utilização, efetiva ou potencial, de serviços públicos específicos e divisíveis, prestados ao contribuinte ou postos a sua disposição;
>
> III – contribuição de melhoria, decorrente de obras públicas.

> Cespe: A prova de Analista Judiciário do STJ de 2012 considerou ERRADA a assertiva: "O exercício do poder de polícia administrativa é um dos fatos geradores da cobrança de taxas, impostos e contribuições de melhoria".

Embora cientificamente seja a corrente mais coerente à luz do ordenamento jurídico pátrio, a teoria tripartite é minoritária na doutrina, na jurisprudência e nos concursos públicos, especialmente pelo fato de a Constituição de 1988 haver conferido um tratamento normativo autônomo para outros dois tipos de tributos: empréstimos compulsórios (art. 148) e contribuições especiais (arts. 149 e 195).

---

3. Eduardo Sabbag, *Manual de Direito Tributário*, p. 354.

É a concepção aceita, entre outros, por Paulo de Barros Carvalho, para quem empréstimos compulsórios e contribuições especiais não seriam tipos autônomos de tributos[4].

Os defensores da teoria tripartite consideram que empréstimos compulsórios e contribuições especiais não são categorias que se opõem às três espécies tributárias. Pelo contrário, poderiam assumir no caso concreto a feição de imposto, taxa ou contribuição de melhoria.

> ESPP: Embora seja minoritária em provas e concursos a teoria tripartite, a prova de Analista Administrativo do BB considerou CORRETA a afirmativa: "Os tributos são impostos, taxas e contribuições de melhoria".

3.1.11.3 Teoria quadripartite

A teoria quadripartite advoga a existência de quatro espécies tributárias: a) impostos; b) taxas; c) contribuições; e d) empréstimos compulsórios.

Quem defende tal ponto de vista reúne na mesma categoria as contribuições de melhoria (art. 145, III, da CF) e as contribuições especiais (art. 149 da CF).

O inconveniente dessa concepção é agrupar sob o mesmo rótulo "contribuição" institutos dotados de regimes jurídicos absolutamente diferentes.

No julgamento do RE 138.284-CE/92 o Min. Carlos Velloso manifestou sua adesão à corrente quadripartite. Trata-se de posicionamento isolado na jurisprudência do Supremo Tribunal Federal, pois a corte sempre defendeu a divisão quinquipartida.

3.1.11.4 Teoria quinquipartite

A teoria **amplamente majoritária** na doutrina, jurisprudência e concursos públicos é a que identifica cinco espécies de tributos na atual ordem jurídica brasileira:

a) impostos;

b) taxas;

c) contribuições de melhoria;

d) empréstimos compulsórios;

e) contribuições especiais.

Também conhecida como **corrente quinária**, a teoria que defende a existência de cinco espécies tributárias encontra **respaldo no texto constitucional de 1988**. Isso porque logo após fazer expressa referência à possibilidade de as entidades políticas instituírem impostos, taxas e contribuições de melhoria (art. 145),

4. *Curso de Direito Tributário*, p. 76.

o constituinte tratou da competência para criação de empréstimos compulsórios e contribuições especiais (arts. 148 e 149, respectivamente).

De fato, o modo como o tema vem tratado na Constituição de 1988 sugere uma opção do constituinte pela divisão quinquipartida das espécies tributárias.

Trata-se também da orientação predominante na jurisprudência do Supremo Tribunal Federal (RE 138.284 e RE 146.733).

> FMPRS: A Prova de Procurador do Estado/AC de 2012 considerou ERRADA a assertiva: "Segundo o entendimento do Supremo Tribunal Federal existem três espécies tributárias em nosso Sistema Tributário Nacional: impostos, taxas e contribuições de melhoria".

3.1.11.4.1 Crítica

Embora a teoria quinquipartite, em razão de seu caráter amplamente majoritário, deva ser aquela adotada pelo candidato em todas as provas e concursos públicos, tal concepção não está imune a críticas.

Sua principal fragilidade reside no fato de basear a distinção entre as cinco espécies tributárias em critérios diferentes.

Impostos, taxas e contribuições de melhoria têm identidade jurídica conferida pelo fato gerador da respectiva obrigação (art. 4º do CTN).

Já os empréstimos compulsórios apartam-se das demais espécies por outro critério: o caráter restituível. Enquanto as contribuições especiais diferenciam-se pelo binômio base de cálculo/destinação.

Ora, a simples constatação de que são necessários critérios distintos para apartar as cinco espécies tributárias demonstra a debilidade científica da teoria.

Passemos agora ao estudo detalhado de cada um dos tipos de tributos existentes no ordenamento jurídico brasileiro.

3.2 IMPOSTOS

Espécie tributária mais importante na ordem jurídica brasileira, os impostos são tributos desvinculados de uma atividade estatal relativa ao contribuinte.

> FGV: A prova de Auditor-Fiscal da Receita/RJ considerou ERRADA a assertiva: "De acordo com o Código Tributário Nacional, considera-se imposto o tributo vinculado a qualquer atividade estatal específica".

> FCC: A prova de Auditor-Fiscal de Tributos Estaduais/RO de 2010 considerou ERRADA a assertiva: "Imposto é o tributo cuja obrigação tributária tem por fato gerador uma atividade estatal".

Nesse sentido, o art. 16 do CTN prescreve: "Imposto é o tributo cuja obrigação tem por fato gerador uma situação independente de qualquer atividade estatal específica, relativa ao contribuinte".

Cespe: A prova de Procurador de Fortaleza de 2017 considerou CORRETA a afirmação: "O imposto é espécie tributária caracterizada por indicar fato ou situação fática relativa ao próprio contribuinte no aspecto material de sua hipótese de incidência".

Ao contrário das taxas e contribuições de melhoria, que remuneram atuações do Estado, os impostos não têm caráter retributivo, e sim contributivo[5], sendo utilizados para obter recursos voltados ao custeio de serviços públicos *uti universi* e outras despesas estatais gerais. Mas o fato de a prestação dos serviços indivisíveis ser custeada indiretamente pelas receitas provenientes de impostos não significa que eles, sendo tributos desvinculados, possam ser cobrados para remunerar diretamente serviços públicos indivisíveis.

Upenet: A prova de Agente Fiscal do Município de Olinda de 2011 considerou CORRETA a assertiva: "O Imposto pode ser cobrado compulsoriamente, independente da contraprestação de serviços ao contribuinte".

FCC: A prova de Juiz de Direito do TJ/GO de 2012 considerou ERRADA a assertiva: "O imposto pode ter por fato gerador serviços públicos indivisíveis, assim como o serviço de iluminação pública".

A hipótese de incidência dos impostos nunca descreve uma atividade estatal, mas um fato ou situação econômica pertinentes à esfera privada de interesses do contribuinte. São, por isso, chamados também de tributos sem causa, unilaterais ou não contraprestacionais[6].

3.2.1 Competência para criar impostos

A competência para instituir impostos é atribuída em caráter privativo a cada uma das entidades federativas, segundo as regras dos arts. 153, 155 e 156 da Constituição Federal.

A natureza privativa é marcada também pela indelegabilidade, impedindo que uma pessoa política transfira a qualquer outra entidade a competência para instituir impostos (art. 7º do Código Tributário Nacional).

3.2.2 Veículo normativo para criação de impostos

Como regra geral, os impostos são criados por lei ordinária da entidade federativa competente para sua instituição.

No caso dos impostos federais, excetuados aqueles submetidos à reserva de lei complementar, admite-se também sua criação por meio de medidas provisórias. Porém, a exigência de impostos instituídos por esse veículo normativo somente será feita no exercício seguinte ao da conversão da MP em lei (art. 62, § 1º, da CF).

5. Ricardo Alexandre, *Direito Tributário Esquematizado*, p. 45.
6. Eduardo Sabbag, *Manual de Direito Tributário*, p. 359.

3.2.3 Princípio da capacidade contributiva

O art. 145, § 1º, da Constituição Federal vincula a cobrança de impostos ao cumprimento do princípio da capacidade contributiva, nos seguintes termos: "Sempre que possível, os impostos terão caráter pessoal e serão graduados segundo a capacidade econômica do contribuinte, facultado à administração tributária, especialmente para conferir efetividade a esses objetivos, identificar, respeitados os direitos individuais e nos termos da lei, o patrimônio, os rendimentos e as atividades econômicas do contribuinte".

> Cespe: A prova de Analista Judiciário do TRT da 10ª Região de 2013 considerou ERRADA a assertiva: "Segundo a CF, todos os tributos terão caráter pessoal e serão graduados segundo a capacidade econômica de cada contribuinte".

Trata-se de um comando dirigido ao legislador determinando que os impostos deverão ser cobrados de modo a subtrair progressivamente mais riqueza dos contribuintes segundo o potencial econômico de cada um. Em uma palavra: ricos devem pagar mais imposto do que pobres.

Cabe ressaltar que o princípio da capacidade contributiva é um desdobramento do princípio da isonomia e, segundo entendimento majoritário, considera-se aplicável somente a alguns impostos.

> FCC: A prova de Analista de Controle Externo do TCE-GO de 2009 considerou CORRETA a assertiva: "Previsto expressamente na Constituição Federal como sendo um princípio direcionado aos impostos para que, sempre que possível, tenham caráter pessoal e atendam às condições econômicas do contribuinte, corresponde ao princípio da capacidade contributiva".

Entretanto, no julgamento do RE 406.955-AgRg/2010, o Supremo Tribunal Federal manifestou-se pela aplicabilidade do princípio da capacidade contributiva a todos os tributos: "IPVA. Progressividade. Todos os tributos submetem-se ao princípio da capacidade contributiva (precedentes), ao menos em relação a um de seus três aspectos (objetivo, subjetivo e proporcional), independentemente de classificação extraída de critérios puramente econômicos" (RE 406.955-AgRg, rel. Min. Joaquim Barbosa, j. 4-10-2011, 2ª T., *DJe* 21-10-2011.)

3.2.4 Princípio da não afetação e "dupla desvinculação" dos impostos

O princípio da não afetação proíbe que o legislador vincule a receita de impostos a órgão, fundo ou despesa.

Sua previsão consta expressamente no art. 167, IV, da Constituição Federal:

> São vedados: IV – a vinculação de receita de impostos a órgão, fundo ou despesa, ressalvadas a repartição do produto da arrecadação dos impostos a que se referem os arts. 158 e 159, a destinação de recursos para as ações e serviços públicos de saúde, para manutenção e desenvolvimento do ensino e para realização de atividades da administração

tributária, como determinado, respectivamente, pelos arts. 198, § 2º, 212 e 37, XXII, e a prestação de garantias às operações de crédito por antecipação de receita, previstas no art. 165, § 8º, bem como o disposto no § 4º deste artigo.

Segundo entendimento do Supremo Tribunal Federal, a regra da não afetação **decorre do princípio da tripartição de poderes**, pois cabe ao Poder Executivo, e não ao Legislativo, decidir discricionariamente onde devem ser aplicadas as receitas provenientes da arrecadação de impostos.

Depreende-se da leitura do dispositivo constitucional acima transcrito a existência de **cinco exceções** ao princípio da não afetação, de modo que poderá haver vinculação da receita de impostos nas hipóteses taxativas abaixo indicadas:

a) **repartição de receitas**, nos termos dos arts. 158 e 159 da CF;

b) destinação de recursos para as ações e serviços públicos de **saúde**;

c) manutenção e desenvolvimento do **ensino**;

d) atividades da **administração tributária**;

e) **prestação de garantias** às operações de crédito por antecipação de receita.

De acordo com reiteradas decisões do STF, o princípio da não afetação **só se aplica aos impostos**, inexistindo qualquer restrição à vinculação legal da receita proveniente da arrecadação de taxas, empréstimos compulsórios e contribuições.

> TJ/PR: A prova da Magistratura/PR considerou ERRADA a assertiva: "Impostos são tributos criados mediante lei, que não se vinculam a nenhuma atividade estatal específica, podendo estar relacionados com determinada entidade ou fundo público".

As **demais espécies tributárias** têm suas **receitas necessariamente afetadas**[7] à circunstância, finalidade ou atividade estatal ensejadora de sua instituição.

Veja-se, por exemplo, o referido entendimento no julgado abaixo:

> Lei Estadual n. 12.986/96. Violação do art. 167, IV, da CF. Não ocorrência. Preceito de lei estadual que destina 5% [cinco por cento] dos emolumentos cobrados pelas serventias extrajudiciais e não oficializadas ao Fundo Estadual de Reaparelhamento e Modernização do Poder Judiciário – FUNDESP não ofende o disposto no art. 167, IV, da CF. Precedentes. A norma constitucional veda a vinculação da receita dos impostos, não existindo, na Constituição, preceito análogo pertinente às taxas (RE 570.513-AgRg, rel. Min. Eros Grau, j. 16-12-2008, 2ª T., *DJe* 27-2-2009).

E, no mesmo sentido, quanto às contribuições:

> O Plenário, por maioria, julgou parcialmente procedente pedido formulado em ações diretas de inconstitucionalidade ajuizadas pelo Partido Social Liberal (PSL) e pela

7. Leandro Paulsen, *Direito Tributário*, p. 422.

> Confederação Nacional da Indústria (CNI) contra os arts. 1º; 2º; 3º; 4º, I e II; 6º, § 7º; 12; 13 e 14, *caput*, I e II, da Lei Complementar n. 110/2001. A norma adversada instituíra contribuição social, devida pelos empregadores em caso de despedida de empregado sem justa causa, à alíquota de 10% sobre o montante de todos os depósitos devidos, referentes ao Fundo de Garantia do Tempo de Serviço. Também criara contribuição social, a cargo dos empregadores, à alíquota de 0,5% sobre a remuneração devida, no mês anterior, a cada trabalhador. (...) Consignou-se que as restrições previstas nos arts. 157, II, e 167, IV, da CF seriam aplicáveis aos impostos e, no caso em exame, tratar-se-ia da espécie tributária contribuição, nitidamente caracterizada pela prévia escolha da destinação específica do produto arrecadado (ADI 2.556 e ADI 2.568, rel. Min. Joaquim Barbosa, j. 13-6-2012, Plenário, *Informativo 670)*. *Vide*: ADI 2.556-MC, rel. Min. Moreira Alves, j. 9-10-2002, Plenário, *DJ* 8-8-2003.

Diante disso, conclui-se que os **impostos são duplamente desvinculados**: quanto à origem, porque o dever de pagá-los surge independentemente de uma atuação estatal relativa ao contribuinte; e, quanto à destinação da receita arrecadada, em decorrência do princípio da não afetação, exceto nos casos em que ocorre expressa previsão constitucional.

> FCC: A prova de PGM de João Pessoa considerou CORRETA a afirmação: "Um tributo que tenha por características ser não vinculado a uma atividade estatal, admita, por expressa e excepcional previsão constitucional, destinação específica do produto da arrecadação e não admita previsão de restituição ao final de determinado período classifica-se como imposto".

3.2.4.1 Desvinculação de receitas da União (DRU), dos Estados (DRE) e dos Municípios (DREM)

O art. 76 do ADCT, com redação dada pela EC n. 93/2016, estabeleceu, até 31 de dezembro de 2023, a **desvinculação de 30% (trinta por cento) da arrecadação da União** relativa às contribuições sociais, sem prejuízo do pagamento das despesas do Regime Geral da Previdência Social, às contribuições de intervenção no domínio econômico e às taxas, já instituídas ou que vierem a ser criadas até a referida data.

Já os Estados e o Distrito Federal têm regra similar contida no art. 76-A do ADCT, segundo a qual são desvinculados de órgão, fundo ou despesa, até 31 de dezembro de 2023, 30% (trinta por cento) das receitas dos Estados e do Distrito Federal relativas a impostos, taxas e multas, já instituídos ou que vierem a ser criados até a referida data, seus adicionais e respectivos acréscimos legais, e outras receitas correntes.

Os mesmos 30% de desvinculação valem para os Municípios sobre as receitas relativas a impostos, taxas e multas, já instituídos ou que vierem a ser criados até a referida data, seus adicionais e respectivos acréscimos legais, e outras receitas correntes (art. 76-B).

Acesse também a videoaula pelo *link*:
http://somos.in/MDT0720

3.2.5 Impostos residuais

Conforme dispõe o art. 154, I, da Constituição Federal:

> A União poderá instituir: I – mediante lei complementar, impostos não previstos no artigo anterior, desde que sejam não cumulativos e não tenham fato gerador ou base de cálculo próprios dos discriminados nesta Constituição.

Trata-se da chamada competência impositiva residual, isto é, da competência para instituir impostos novos ainda não previstos entre os atualmente atribuídos pela Constituição às entidades federativas.

Desse modo, a criação de novos impostos deve observar as seguintes regras:

1) instituição pela União;

2) por meio de lei complementar (sendo vedada edição de medida provisória com esse fim);

3) devem ser não cumulativos;

4) não podem bitributar (é vedado que tenham base de cálculo ou fato gerador de impostos já existentes).

Importante destacar que as regras para a criação de novos impostos são dirigidas ao legislador, não se aplicando a tributos criados pelo poder constituinte derivado (STF, ADIn 936/DF). Assim, a não cumulatividade e a vedação de *bis in idem* deixam de ser observadas quando a criação do imposto ocorrer por meio de emenda constitucional[8].

Por fim, vale lembrar que o art. 195, § 4º, da Constituição Federal estendeu os requisitos do art. 154, I, para a criação de novas fontes de custeio da seguridade social, ou seja, para a instituição de novas contribuições sociais.

Por fim, o art. 157, I, da CF determina que 20% do montante arrecadado com impostos residuais será repassado aos Estados e Distrito Federal.

3.2.5.1 Impostos residuais vs. taxas residuais

A competência da União para instituir impostos novos não se confunde com a competência residual para a criação de novas taxas.

---

8. Leandro Paulsen, *Direito Tributário*, p. 328. O referido entendimento foi defendido pelo STF a propósito da criação do IPMF (Imposto Provisório sobre Movimentação Financeira), realizada por força de emenda constitucional.

Como as taxas são tributos remuneratórios, a competência residual para sua instituição cabe à entidade federativa com atribuição para prestar serviços públicos ou atividades de polícia não discriminados na Constituição Federal.

Nos termos do art. 25, § 1º, do Texto Maior: "São reservadas aos Estados as competências que não lhes sejam vedadas por esta Constituição". Assim, com base no referido dispositivo constitucional, conclui-se que a **competência residual para a instituição de taxas é dos Estados-membros.**

3.2.6 Impostos extraordinários de guerra

Estabelece o art. 154, II, da Constituição Federal:

> A União poderá instituir: II – na iminência ou no caso de guerra externa, impostos extraordinários, compreendidos ou não em sua competência tributária, os quais serão suprimidos, gradativamente, cessadas as causas de sua criação.

Os impostos extraordinários de guerra (IEGs) podem ser criados **pela União**, por meio de **lei ordinária** (admitida sua instituição também por medida provisória), em caso de **guerra externa ou sua iminência.**

> FMPRS: A prova de Procurador do Estado/AC de 2012 considerou ERRADA a assertiva: "De acordo com a Constituição Federal, a União pode instituir, desde que por lei complementar, impostos extraordinários compreendidos ou não em sua competência tributária".

Trata-se de tributo de emergência, razão pela qual a Constitucional **autoriza** sua cobrança incidindo em **bitributação**, isto é, recaindo sobre base de cálculo ou fato gerador de imposto já existente (ainda que estadual ou municipal).

> Cespe: A prova de Advogado do Serpro de 2010 considerou ERRADA a assertiva: "Para que, no caso de guerra externa, a União possa instituir imposto extraordinário, esse imposto deverá estar, necessariamente, compreendido em sua competência tributária".

Além disso, os IEGs são **exceções às duas anterioridades**, podendo ser cobrados no dia seguinte à publicação da lei que os haja instituído.

Sendo um caso raro de "imposto de escopo", desaparecendo a necessidade que ensejou a instituição do IEG, deve-se considerar ilegítima a continuidade na sua arrecadação, independentemente da revogação da lei instituidora[9].

3.2.6.1 Simultaneidade entre IEG e empréstimo compulsório

O texto constitucional prevê dois instrumentos tributários distintos para captação de recursos pela União na hipótese de guerra externa ou sua iminência. Além do imposto extraordinário (art. 154, II), é autorizada também a cobrança de empréstimo compulsório.

---

9. Leandro Paulsen, *Direito Tributário*, p. 330.

Acesse também a videoaula pelo *link*:
http://somos.in/MDT0723

É o que prescreve o art. 148, I, da Constituição Federal:

> A União, mediante lei complementar, poderá instituir empréstimos compulsórios:
>
> I – para atender a despesas extraordinárias, decorrentes de calamidade pública, de guerra externa ou sua iminência.

Por falta de vedação expressa, **nada impede a instituição simultânea** dos dois tributos como instrumentos de obtenção de recursos para custeio dos gastos com uma única guerra.

Porém, enquanto os IEG devem ser suprimidos gradativamente cessadas as causas de sua criação (art. 154, II, da CF), **não existe na Constituição regra semelhante que imponha supressão gradativa dos empréstimos compulsórios.**

> FCC: A prova de Agente Fiscal da Sefaz/SP de 2009 considerou ERRADA a assertiva: "Os empréstimos compulsórios têm sua cobrança suprimida, gradativamente, cessadas as causas de sua criação".

3.2.6.2 Impostos residuais vs. IEGs

Têm sido comuns as questões de prova abordando a comparação entre impostos residuais e impostos de guerra, especialmente pela circunstância de as duas exações estarem fundamentadas no mesmo dispositivo constitucional.

Para facilitar o estudo do tema, segue um quadro comparativo entre as duas figuras:

	Imposto residual	IEG
Base constitucional	art. 154, I	art. 154, II
Circunstância legitimadora	não tem	guerra externa ou sua iminência
Competência	União	União
Veículo normativo	lei complementar	lei ordinária ou medida provisória
Bitributação	não pode bitributar	pode bitributar
Repartição de receitas	20% para Estados e Distrito Federal	não tem
Cumulatividade	deve ser não cumulativo	pode ser cumulativo ou não cumulativo
Aplicação dos recursos	livre, observado o repasse dos 20% a Estados e DF	vinculada à circunstância que ensejou sua criação
Natureza	tende a ser permanente	arrecadação temporária

3.2.7 Base de cálculo dos impostos

Base de cálculo é a grandeza econômica sobre a qual o tributo incide. Ao contrário das taxas, cuja base de cálculo necessariamente deve conter o custo da atividade a ser por elas remunerada, nos impostos a base de cálculo escolhida pelo legislador deverá sempre ser um valor (e não um custo) desvinculado de qualquer atividade estatal relativa ao contribuinte[10].

3.2.8 Alíquota dos impostos

Alíquota é o percentual da base de cálculo devido pelo contribuinte.

Como regra, os impostos têm alíquota fixa.

Alguns impostos específicos submetem-se a regras especiais quanto ao sistema de alíquotas.

Aplicando a mesma alíquota sobre bases de cálculo variáveis, tem-se a chamada técnica da proporcionalidade.

Em função do princípio da seletividade, o IPI e o ICMS têm alíquotas variáveis conforme a essencialidade do produto, mercadoria ou serviço (arts. 153, § 3º, I, e 155, § 2º, III, da CF).

O IPVA também tem previsão de alíquotas diferenciadas conforme o uso e tipo do carro (art. 155, § 6º, II, da CF).

Por fim, IR, ITR e IPTU possuem alíquotas progressivas, que aumentam em função da maior capacidade econômica do contribuinte (art. 145, § 1º, da CF).

3.2.9 Quadro competencial dos impostos brasileiros

> Esaf: A prova de Agente da Fazenda Municipal/RJ de 2012 considerou CORRETA a afirmativa: "De acordo com a Constituição Federal, compete aos municípios instituir tributos sobre a transmissão *inter vivos*, a qualquer título, por ato oneroso, de bens imóveis, por natureza ou acessão física, e de direitos reais sobre imóveis, exceto os de garantia, bem como cessão de direitos a sua aquisição".

> FCC: A prova de Promotor de Justiça/PE de 2008 considerou ERRADA a assertiva: "O imposto sobre operação de crédito é de competência dos Estados-membros".

> FMPRS: A Prova de Procurador do Estado/AC de 2012 considerou ERRADA a assertiva: "É vedada ao Distrito Federal a instituição do IPTU".

Diante de tudo o que foi visto nos itens anteriores, a distribuição de competências para instituição de impostos pode ser resumida conforme o quadro a seguir:

10. Eduardo Sabbag, *Manual de Direito Tributário*, p. 382.

União	Estados	Municípios	Distrito Federal
II	IPVA	IPTU	IPVA
IE	ICMS	ISS	ICMS
IOF	ITCMD	ITBI	ITCMD
IPI			IPTU
IR			ISS
ITR			ITBI
IGF			
IEG			
Impostos residuais			

3.3 TAXAS

As taxas são **tributos vinculados** cobrados com o objetivo de **remunerar atividades estatais específicas relativas ao contribuinte**. Em termos técnicos, o fato gerador da taxa está vinculado a uma atividade estatal relacionada ao contribuinte[11]. Diferentemente do que ocorre com os impostos, a arrecadação de taxas pressupõe um agir estatal (primeiro momento), e só depois se promove a cobrança do tributo (segundo momento) com **natureza de contraprestação** da atuação realizada.

> FCC: A prova de Analista Judiciário do TRF2 considerou ERRADA a seguinte assertiva sobre taxas: "São classificadas entre os tributos não vinculados e indiretos, confundindo-se, de regra, com os preços públicos".

> FGV: A prova de Auditor-Fiscal da Receita/RJ considerou ERRADA a assertiva: "A taxa é um tributo não vinculado a uma atuação estatal específica e tem, como possível fato gerador, o exercício regular do poder de polícia".

> TJ/SP: A 177ª prova da Magistratura/SP considerou CORRETA a assertiva: "O tributo cujo fato gerador é sempre ligado a uma atividade estatal, e que deve ser instituído e cobrado pela entidade estatal competente para o desempenho da respectiva atividade é a taxa".

Sua instituição atende ao princípio financeiro segundo o qual, sempre que possível, o custeio de uma atividade estatal específica deve recair sobre seu beneficiário direto.

Por essa razão, a doutrina refere-se às taxas como tributos **bilaterais, contraprestacionais, causais, retributivos, remuneratórios** ou **sinalagmáticos**[12-13].

> AOCP: A prova de Procurador Municipal de Camaçari de 2010 considerou CORRETA a assertiva: "A taxa é um gravame bilateral, contraprestacional e sinalagmático".

11. Hugo de Brito Machado, *Curso de Direito Tributário*, p. 434.
12. Eduardo Sabbag, *Manual de Direito Tributário*, p. 367.
13. Ricardo Alexandre, *Direito Tributário Esquematizado*, p. 49.

Nos termos dos arts. 145, II, da Constituição Federal e 77 do Código Tributário Nacional, são **duas as atividades estatais** que podem figurar na **hipótese de incidência das taxas:**

a) a prestação de **serviços públicos específicos e divisíveis**;

> **FMPRS: A Prova de Procurador do Estado/AC de 2012 considerou ERRADA a assertiva: "Taxas, de acordo com o Código Tributário Nacional, podem ser cobradas em razão da prestação de serviços públicos específicos e indivisíveis".**

b) o **exercício efetivo do poder de polícia**.

No primeiro caso, temos as taxas de serviço; no segundo, taxas de polícia.

Nesse sentido, estabelece o art. 145, II, da Constituição Federal:

> Art. 145. A União, os Estados, o Distrito Federal e os Municípios poderão instituir os seguintes tributos:
>
> II – taxas, em razão do exercício do poder de polícia ou pela utilização, efetiva ou potencial, de serviços públicos específicos e divisíveis, prestados ao contribuinte ou postos a sua disposição.

> **TJ/SP: A 4ª prova de Cartório/SP considerou CORRETA a assertiva: "O exercício potencial do poder de polícia não permite a exigência de taxa".**

De semelhante modo, prescreve o art. 77 do Código Tributário Nacional:

> As taxas cobradas pela União, pelos Estados, pelo Distrito Federal ou pelos Municípios, no âmbito de suas respectivas atribuições, têm como fato gerador o exercício regular do poder de polícia, ou a utilização, efetiva ou potencial, de serviço público específico e divisível, prestado ao contribuinte ou posto à sua disposição.

3.3.1 Competência para instituir taxas

A competência para criar a taxa cabe à mesma entidade federativa que exerceu a atividade ensejadora de sua arrecadação. Assim, por exemplo, a competência para instituir taxa remuneratória de determinado serviço público municipal é do município que realizar a prestação. Já, se o exercício de certa fiscalização (poder de polícia) couber à União, somente esta entidade poderá criar e cobrar a correspondente taxa.

> **FGV: A prova de Auditor-Fiscal de Angra dos Reis de 2010 considerou CORRETA a assertiva: "A possibilidade de instituir uma taxa está diretamente vinculada ao campo de atuação da entidade federativa".**

Desse modo, conclui-se que a competência para instituir taxas é **comum a todas as entidades federativas** (arts. 145, II, da CF e 77 do CTN). E, como visto nos itens anteriores, a **competência residual** para a criação de taxas cabe aos Estados (art. 25, § 1º, da CF).

> Copeve/Ufal: A prova de Advogado da Casal considerou ERRADA a assertiva: "As taxas, cobradas tão somente pela União, têm como fato gerador o exercício regular do poder de polícia, ou a utilização, efetiva ou potencial, de serviço público específico e divisível".

3.3.2 Veículo normativo para criação de taxas

As taxas são criadas e disciplinadas sempre por meio de **lei ordinária** editada pela entidade federativa competente para sua instituição. Em âmbito federal, admite-se também a criação de taxa via **medida provisória**, na medida em que as MPs têm a mesma potencialidade jurídica das leis ordinárias.

3.3.3 Base de cálculo das taxas

Base de cálculo é a grandeza econômica sobre a qual o tributo incide. Enquanto a base de cálculo dos impostos é um valor (valor venal do imóvel, valor da mercadoria etc.), a base de cálculo da taxa **é o custo da atividade estatal** a ser remunerada pela cobrança do tributo.

Reforçando tal entendimento, o art. 145, § 1º, da CF enuncia que "**as taxas não poderão ter base de cálculo própria de impostos**". E, semelhantemente, o art. 77, parágrafo único, do Código Tributário prescreve que "a taxa **não pode ter base de cálculo ou fato gerador idênticos aos que correspondam a imposto nem ser calculada em função do capital da empresa**".

> FCC: A prova de Analista Judiciário do TRF2 considerou ERRADA a seguinte assertiva sobre taxas: "A competência residual permite a cobrança da taxa com base de cálculo idêntica à dos impostos, ou cuja base de cálculo esteja em função do capital das empresas".

> Copeve/Ufal: A prova de Advogado da Casal considerou ERRADA a assertiva: "As taxas podem ter base de cálculo ou fato gerador idêntico aos que correspondam a imposto".

Ao contrário do que se costuma pensar, os referidos dispositivos não contemplam somente uma proibição de bitributação, vedando que uma base de cálculo ou fato gerador "já ocupados" com a incidência de um imposto sejam simultaneamente onerados também por meio de taxa.

Mais do que isso, as citadas normas emitem um comando ao legislador infraconstitucional para que este, ao eleger a base de cálculo da taxa, observe a **necessária correlação lógica que deve haver entre a base de cálculo da taxa e sua hipótese de incidência**. Isso porque a taxa deve ser cobrada sobre uma grandeza econômica capaz de quantificar o custo da atividade estatal causadora da instituição do tributo[STF].

STF: "Taxa de Licença de Localização e de Funcionamento. Base de cálculo. Número de empregados. Inconstitucionalidade. A Corte adota entendimento no sentido da inconstitucionalidade da cobrança da Taxa de Licença de Localização e de Funcionamento pelos municípios quando utilizado como base de cálculo o número de empregados" (AgRg no RE n. 614.246-SP, rel. Min. Dias Toffoli).

Em outras palavras, é como se o constituinte quisesse dizer: "as taxas não poderão ter 'valor' na base de cálculo, porque 'valor' é base de cálculo própria de imposto".

Vunesp: A prova do 133º Exame da OAB/SP considerou CORRETA a afirmativa: "Com o objetivo de viabilizar financeiramente a conservação de estradas de rodagem, foi editada lei municipal instituindo taxa de conservação a ser cobrada dos proprietários de imóveis sediados na zona rural, tendo como base de cálculo o número de hectares de propriedade do contribuinte. A aludida taxa é inconstitucional, dentre outras razões, pode determinar base de cálculo típica de imposto".

Predomina, porém, o entendimento segundo o qual na definição do valor da taxa deve-se considerar o custo da atividade estatal a ser remunerada, mas **não é obrigatória sua precisa quantificação**.

Funiversa: A prova de Advogado do CEB de 2009 considerou CORRETA a assertiva: "Na aferição do valor da taxa, leva-se em consideração o custo do serviço público, sendo desnecessária sua mensuração exata".

3.3.3.1 Súmula Vinculante 29

O Supremo Tribunal Federal firmou o entendimento no sentido de que a base de cálculo das taxas pode ter elementos que integram a base de cálculo dos impostos, desde que não haja uma identidade absoluta.

Nesse sentido foi editada a Súmula Vinculante 29:

> É CONSTITUCIONAL A ADOÇÃO, NO CÁLCULO DO VALOR DE TAXA, DE UM OU MAIS ELEMENTOS DA BASE DE CÁLCULO PRÓPRIA DE DETERMINADO IMPOSTO, DESDE QUE NÃO HAJA INTEGRAL IDENTIDADE ENTRE UMA BASE E **OUTRA**.

Acesse também a videoaula pelo *link:*
http://somos.in/MDT0731

Cespe: A prova de Advogado da ECT considerou ERRADA a assertiva: "Reputa-se inconstitucional a adoção, no cálculo do valor de determinada taxa, de um ou mais elementos da base de cálculo própria de determinado imposto, mesmo que não haja integral identidade entre uma base de cálculo e outra".

> Vunesp: A prova de Advogado da CRBio de 2017 considerou CORRETA a afirmação: "É constitucional a adoção, no cálculo do valor de taxa, de um ou mais elementos da base de cálculo própria de determinado imposto, desde que não haja integral identidade entre uma base e outra".

3.3.4 Espécies de taxas

O art. 145, II, da Constituição Federal faz referência expressa a duas espécies de taxas: a) de serviço público; b) de polícia.

Tal dispositivo deve ser interpretado como uma **vedação à instituição de taxas remuneratórias de outras atividades estatais**, como:

a) obras públicas;

b) uso de bens públicos;

c) fomento;

d) intervenção no domínio econômico;

e) intervenção na propriedade privada;

f) intervenção no domínio social;

g) atividades desvinculadas;

h) serviços públicos gerais *uti universi*;

i) socorro a calamidade pública;

j) captação de recursos para fazer frente a guerra externa.

Passemos à análise detalhada das duas espécies de taxas.

3.3.4.1 Taxas de serviço

Taxas de serviço são cobradas quando o Estado presta ao contribuinte, ou disponibiliza, um serviço público específico e divisível *uti singuli*.

> FCC: A prova de Analista Judiciário do TRF2 considerou ERRADA a seguinte assertiva sobre taxas: "Esse tributo pode ter como fato gerador a prestação de um serviço público, indivisível e efetivo, mas não aquele colocado à disposição do contribuinte, ainda que de uso compulsório".

Segundo o Direito Administrativo, **serviço público** "é toda **atividade material ampliativa**, definida pela lei ou pela Constituição como dever estatal, consistente no **oferecimento de utilidades e comodidades ensejadoras de benefícios particulares a cada usuário**, sendo prestada pelo Estado ou por seus delegados, e submetida predominantemente aos princípios e normas de direito público"[14].

Assim, em síntese, serviços públicos são atividades estatais prestadas em favor, em benefício do contribuinte, ampliando sua esfera de interesses. Haverá sempre uma "prestação", um "fornecimento" tornando mais cômoda a vida do

---

14. Alexandre Mazza, *Manual de Direito Administrativo*, p. 909.

usuário. São exemplos de serviços públicos o fornecimento de água, gás canalizado, telefonia fixa, transporte coletivo, energia elétrica etc.[STF].

STF: "TAXA DE COMBATE A SINISTROS – CONSTITUCIONALIDADE. O Tribunal, no julgamento do Recurso Extraordinário n. 206.777/SP, da relatoria do Min. Ilmar Galvão, concluiu pela constitucionalidade da Taxa de Combate a Sinistros" (AgRg no AI 510.583-SP, rel. Min. Marco Aurélio).

As taxas de serviço são arrecadadas para que o contribuinte beneficiado retribua o custo da prestação.

Porém, a Constituição Federal e o CTN não permitem a cobrança de taxa para remunerar todo e qualquer serviço público. Exige-se que o serviço seja "específico e divisível" (art. 145, II, da CF).

Serviços públicos são **específicos** quando **possam ser destacados em unidades autônomas de intervenção**, de utilidade, ou de necessidades públicas[STF] (art. 79, II, do CTN).

STF: "Taxa de incêndio. Constitucionalidade. É legítima a cobrança da Taxa cobrada em razão da prevenção de incêndios, porquanto instituída como contraprestação a serviço essencial, específico e divisível" (AI 677.891-AgRg, rel. Min. Ricardo Lewandowski, j. 17-3-2009, 1ª T., *DJe* 17-4-2009).

Consideram-se **divisíveis** quando **suscetíveis de utilização, separadamente, por parte de cada um dos seus usuários** (art. 79, III, do CTN).

Consulplan: A prova de Promotor de Justiça/MG de 2012 considerou ERRADA a assertiva: "Os serviços públicos são considerados divisíveis quando puderem ser destacados em unidades autônomas de intervenção, de unidade, ou de necessidades públicas".

A ordem jurídica pátria limitou a taxação aos serviços específicos e divisíveis porque somente estes permitem aferição do benefício exato que a prestação traz a cada contribuinte. São exemplos de serviços específicos e divisíveis: telefonia fixa, coleta de lixo (Súmula Vinculante 19 do STF), transporte coletivo, água, gás, atividade jurisdicional, serviço notarial e energia residencial.

FCC: A prova de Juiz de Direito do TJ/GO de 2012 considerou ERRADA a assertiva: "Serviço de coleta de lixo domiciliar é fato gerador de taxa de serviço específico e indivisível; deve ter valor fixo para todos os beneficiários do serviço, desde que haja efetiva fruição".

3.3.4.1.1 Taxa ou tarifa?

A simples caracterização de um serviço público como específico e divisível não basta para autorizar sua remuneração via taxa. Faz-se necessária a verificação de outra circunstância: a forma como o serviço é prestado.

Conforme visto no capítulo anterior, a prestação de um serviço público *uti singuli* pode ocorrer por meio de taxa ou tarifa. Tudo depende da forma de prestação. **Se o serviço público *uti singuli* for prestado diretamente pelo Estado**, ou por meio de entidades da Administração indireta, a remuneração tem a **natureza tributária de taxa**.

Porém, se o Estado decide realizar a **prestação por meio de concessionários e permissionários** contratados para tal finalidade, a remuneração paga pelo usuário tem **natureza não tributária de tarifa**[STJ] (ou **preço público**).

> STJ: "DIREITO TRIBUTÁRIO. COBRANÇA DE TARIFA DE ESGOTAMENTO SANITÁRIO NA HIPÓTESE EM QUE A CONCESSIONÁRIA RESPONSÁVEL PELO SERVIÇO REALIZE APENAS A COLETA E O TRANSPORTE DOS DEJETOS SANITÁRIOS. É possível a cobrança de tarifa de esgotamento sanitário mesmo na hipótese em que a concessionária responsável pelo serviço realize apenas a coleta e o transporte dos dejetos sanitários, sem a promoção do seu tratamento final. O art. 3º, I, *b*, da Lei n. 11.445/2007 deixa claro que o serviço de esgotamento sanitário é constituído por diversas atividades, dentre as quais a coleta, o transporte e o tratamento final dos dejetos, mas não estabeleceu que somente exista o serviço público de esgotamento sanitário na hipótese em que todas as etapas estejam presentes, nem proibiu a cobrança de tarifa pela só prestação de uma ou algumas destas atividades. Ademais, o art. 9º do Dec. n. 7.217/2010, que regulamenta a Lei n. 11.445/2007, confirma a ideia de que o serviço de esgotamento sanitário encerra um complexo de atividades, qualquer delas suficiente e autônoma a permitir a cobrança da respectiva tarifa, uma vez que o dispositivo legal é expresso ao afirmar que constitui serviço de esgotamento sanitário '[...] uma ou mais das seguintes atividades: I – coleta [...]; II – transporte [...]; III – tratamento dos esgotos sanitários [...]'. Além disso, o concessionário é remunerado pela tarifa que cobra pela realização do serviço, o que viabiliza a própria prestação das atividades de coleta e transporte. Se a concessionária é onerada com a instalação, operação e manutenção de toda a estrutura necessária à coleta e ao escoamento do esgoto, deve ser remunerada por isso, sob pena de não haver receita suficiente para custear o sistema já implantado, sua manutenção e expansão. Por fim, deve-se ressaltar que o benefício individualmente considerado para o usuário do serviço de esgotamento sanitário está na coleta e escoamento dos dejetos, sendo o tratamento final de efluentes uma etapa complementar, de destacada natureza socioambiental, travada entre a concessionária e o Poder Público. Assim, não pode o usuário do serviço, sob a alegação de que não há tratamento, evadir-se do pagamento da tarifa" (REsp 1.330.195-RJ, rel. Min. Castro Meira, j. 6-12-2012).

Atualmente, por serem serviços públicos prestados indiretamente pelo Estado, **não são remunerados por meio de taxa** (mas por tarifa):

1) telefonia fixa;

> Vunesp: A prova de advogado da Codesp de 2011 considerou ERRADA a assertiva: "A taxa pode ser constitucionalmente instituída para custear serviço de telefonia".

2) telefonia celular (na verdade, trata-se de atividade econômica);

3) serviço postal;

> Vunesp: A prova de advogado da Codesp de 2011 considerou ERRADA a assertiva: "A taxa pode ser constitucionalmente instituída para custear serviço postal".

4) fornecimento de energia elétrica;

> Vunesp: A prova de advogado da Codesp de 2011 considerou ERRADA a assertiva: "A taxa pode ser constitucionalmente instituída para custear serviço fornecimento de energia elétrica".

5) transporte aéreo de passageiros.

Para uma visão mais detalhada do tema, remetemos o leitor ao item 2.5.1 deste *Manual*.

3.3.4.1.2 Exemplos de taxas de serviço

São exemplos de taxas de serviço atualmente cobradas no Brasil[STF]: a) taxa de fornecimento de água; b) taxa judiciária; c) emolumentos pagos aos cartórios extrajudiciais; d) pedágio em rodovia explorada diretamente pelo Poder Público; e) taxa do lixo.

> STF: "Ensino público: gratuidade e taxa de alimentação. A cobrança de 'taxa de alimentação' por instituição federal de ensino profissionalizante é inconstitucional. Com base nessa orientação, a 1ª Turma deu provimento a recurso extraordinário em que se questionava a referida exigência. No caso, aluno de escola técnico-agrícola, proveniente da zona rural, matriculado sob o regime de internato, fora compelido a satisfazer a exação. A cobrança foi instituída por portarias administrativas que afastaram o Programa Nacional de Alimentação Escolar – PNAE de alunos do ensino médio e do profissionalizante. A Turma salientou que o princípio da legalidade foi desrespeitado ante a ausência de lei autorizadora de cobrança da citada 'anuidade-alimentação'. As aludidas portarias administrativas foram inadequadas para criar obrigações dessa natureza. Mesmo que a 'taxa' tivesse sido instituída por lei, ainda assim seria inconstitucional, por afrontar o princípio da gratuidade do ensino público. A instituição de ensino em comento, autarquia federal, não poderia reforçar o orçamento com base na referida anuidade sem vulnerar o art. 206, IV, da CF. A interpretação conjunta dos arts. 206, IV, e 208, VI, da CF revela que programa de alimentação de estudantes em instituição pública de ensino profissionalizante que se apresentasse oneroso consistiria na própria negativa de adoção do programa. O princípio constitucional da gratuidade de ensino público em estabelecimento oficial alcança não apenas o ensino em si. Abarca, também, as garantias de efetivação do dever do Estado com a educação previsto na Constituição. Nessas garantias, está englobado o atendimento ao educando em todas as etapas da educação básica, incluído o nível médio profissionalizante, além do fornecimento de alimentação. Conclusão diversa distorce o sistema de educação pública gratuita consagrado na Constituição" (RE 357.148/MT, rel. Min. Marco Aurélio, j. 25-2-2014).

3.3.4.1.2.1 Taxa do lixo e Súmula Vinculante 19

A constitucionalidade da taxa cobrada para remunerar a coleta municipal de lixo sempre despertou grande debate na doutrina e jurisprudência pátrias. Isso porque é controvertida a caracterização de tal serviço público, consistente na retirada sistemática de todo o lixo ensacado produzido pelos imóveis, como *uti singuli* ou não.

O maior obstáculo à aceitação da coleta de lixo como um serviço *uti singuli* reside na dificuldade em quantificar o custo da prestação em favor de cada usuário. Como regra no Brasil, o serviço é prestado de modo que os caminhões recolhem tudo que estiver ensacado em frente ao imóvel, sem que seja feita qualquer espécie de pesagem ou quantificação do lixo produzido pelos usuários individualmente considerados.

Assim, salvo raríssimos municípios onde balanças são acopladas aos veículos para precisar o montante de lixo recolhido em cada passagem pelo imóvel, a cobrança é calculada com base em um arbitramento do volume médio mensal de lixo produzido pelo contribuinte.

Nesse cenário, a enorme dificuldade técnica para definir o valor adequado da cobrança vinha desnaturando o caráter sinalagmático da taxa do lixo. Sempre predominou o entendimento segundo o qual **a taxa do lixo era inconstitucional.**

Porém, no ano de 2009 o Supremo Tribunal Federal editou a **Súmula Vinculante 19**, considerando **constitucional a taxa do lixo**, *in verbis*: "A taxa cobrada exclusivamente em razão dos serviços públicos de coleta, remoção e tratamento ou destinação de lixo ou resíduos provenientes de imóveis, não viola o art. 145, II, da Constituição Federal".

> Cespe: A prova de Juiz Federal do TRF5 de 2011 considerou CERTA a assertiva: "A cobrança de taxa exclusivamente em razão dos serviços públicos de coleta, remoção e tratamento ou destinação de lixo ou resíduos provenientes de imóveis não viola o texto constitucional".

Embora ainda haja margem doutrinária para discutir a legitimidade da cobrança, para provas e concursos públicos o tema, após a edição da súmula vinculante, encontra-se pacificado no sentido da constitucionalidade da taxa do lixo.

3.3.4.1.3 Serviços públicos *uti universi*

Os serviços públicos *uti universi* (inespecíficos e indivisíveis) não podem ser taxados nem dados em concessão porque sua prestação cria vantagens com custos insuscetíveis de quantificação para cada usuário. São serviços que favorecem difusa e indistintamente toda a coletividade. Não há como definir um valor justo para a cobrança. Sua remuneração por meio de taxa violaria o caráter contraprestacional dessa espécie de tributo.

Como exemplos de serviços *uti universi* podem ser mencionados: iluminação pública, limpeza e conservação de logradouros (varrição de ruas), saúde, educação[STF].

> Cespe: A prova de Analista Judiciário do STJ de 2012 considerou CERTA a assertiva: "Segundo o STF, o serviço de iluminação pública não pode ser remunerado mediante taxa".

> STF: "TAXA DE EXPEDIENTE. FATO GERADOR. EMISSÃO DE GUIA PARA PAGAMENTO DE TRIBUTO. AUSÊNCIA DOS CRITÉRIOS EXIGIDOS PELO ART. 145, II, CF/88. INCONSTITUCIONALIDADE. 1. A emissão de guia de recolhimento de tributos é de interesse exclusivo da Administração, sendo mero instrumento de arrecadação, não envolvendo a prestação de um serviço público ao contribuinte. 2. Ratifica-se, no caso, a jurisprudência da Corte consolidada no sentido de ser inconstitucional a instituição e a cobrança de taxas por emissão ou remessa de carnês/guias de recolhimento de tributos" (Repercussão Geral em RE n. 789.218-MG, rel. Min. Dias Toffoli).

O custeio dos serviços públicos *uti universi* é considerado despesa geral do Estado, devendo ser suportado indiretamente pelos recursos provenientes de impostos.

Nesse sentido, o STF editou a Súmula Vinculante 41: "O serviço de iluminação pública não pode ser remunerado mediante taxa".

3.3.4.1.4 Fruição efetiva ou potencial

Nos termos dos arts. 145, II, da Constituição Federal e 77 do Código Tributário Nacional, a utilização do serviço público, para que a taxa seja devida, pode ser efetiva ou potencial.

> FCC – A prova de Defensor Público/SP de 2006 considerou CERTA a assertiva: "A Constituição Federal estabelece que, nos serviços públicos específicos e divisíveis, a cobrança da taxa deve ser baseada na utilização, efetiva ou potencial dos serviços pelo contribuinte".

A **utilização efetiva** é aquela em que o **serviço público é usufruído a qualquer título** pelo contribuinte (art. 79, I, *a*, do CTN).

Já a **utilização potencial** ocorre quando, sendo de utilização compulsória, **o serviço público é posto à disposição do contribuinte** mediante atividade administrativa em efetivo funcionamento (art. 79, I, *b*, do CTN).

> Consulplan: A prova de Promotor de Justiça/MG de 2012 considerou ERRADA a assertiva: "A taxa não pode ter como fato gerador a utilização apenas potencial de serviço público específico e divisível posto à disposição do contribuinte".

Ocorre que a disponibilização de um serviço público tem um custo, e, mesmo que o contribuinte decida não utilizar, **o prestador pode exigir um valor fixo mínimo** somente pelo fato de o **serviço estar disponível para utilização a qualquer momento.**

> Cespe: A prova de Juiz Federal do TRF2 considerou CORRETA a assertiva: "Diferentemente dos impostos, as taxas têm como característica essencial a existência de atividade estatal específica e divisível, ou seja, há a necessidade de o serviço realizado trazer, em tese, benefício potencial e determinado ao contribuinte, que deve pagá-lo ainda que não o utilize".

É o que ocorre, por exemplo, com o valor da **assinatura da telefonia fixa**, um valor mensal pago, independentemente da efetiva realização de chamadas, para remunerar a disponibilização da linha telefônica ao usuário.

3.3.4.2 Taxas de polícia

As taxas de polícia são cobradas para remunerar o **exercício efetivo do poder de polícia** pelo Estado.

> FCC: A prova de Analista Judiciário do TRF2 considerou CORRETA a seguinte assertiva sobre taxas: "Para serem cobradas pelo Distrito Federal, dentre outras esferas da organização político-administrativa, no âmbito de suas respectivas atribuições, seu fato gerador é também o exercício do poder de polícia".

De acordo com o art. 78 do CTN: "considera-se poder de polícia atividade da administração pública que, limitando ou disciplinando direito, interesse ou liberdade, regula a prática de ato ou abstenção de fato, em razão de interesse público concernente à segurança, à higiene, à ordem, aos costumes, à disciplina da produção e do mercado, ao exercício de atividades econômicas dependentes de concessão ou autorização do Poder Público, à tranquilidade pública ou ao respeito à propriedade e aos direitos individuais ou coletivos".

Entende-se como regular[STF]:

> STF: "PODER DE POLÍCIA – PRESUNÇÃO. Presume-se o que normalmente ocorre, ou seja, o exercício do poder de polícia ante a cobrança da taxa respectiva. MANDADO DE SEGURANÇA – INSTRUÇÃO. O mandado de segurança não é meio próprio a demonstrar-se a inexistência do exercício do poder de polícia que estaria a respaldar o implemento da taxa" (AgRg no AI 786.940-RJ, rel. Min. Marco Aurélio).

o exercício do poder de polícia quando desempenhado pelo órgão competente nos limites da lei aplicável, com observância do processo legal e, tratando-se de atividade que a lei tenha como discricionária, sem abuso ou desvio de poder[STF] (art. 78, parágrafo único, do CTN).

> Esaf: A prova de Agente da Fazenda Municipal/RJ de 2012 considerou CORRETA a afirmativa: "Entende-se por regular o poder de polícia quando desempenhado por órgão competente, nos limites da lei, observando devido processo legal, e exercida sem desvio ou excesso de poder".

STF: "TAXA DE FISCALIZAÇÃO AMBIENTAL. EXAÇÕES COBRADAS PELA UNIÃO E PELO ÓRGÃO ESTADUAL. BITRIBUTAÇÃO DESCARACTERIZADA. É condição constitucional para a cobrança de taxa pelo exercício de poder de polícia a competência do ente tributante para exercer a fiscalização da atividade específica do contribuinte (art. 145, II, da Constituição). Por não serem mutuamente exclusivas, as atividades de fiscalização ambiental exercidas pela União e pelo Estado não se sobrepõem e, portanto, não ocorre bitributação" (AgRg no RE 602.089-MG, rel. Min. Joaquim Barbosa).

Em síntese, o poder de polícia desdobra-se num trinômio consistente nas atividades administrativas de **LIMITAR, FISCALIZAR e SANCIONAR** particulares em favor do interesse público[15].

Esaf: A prova de Agente da Fazenda Municipal/RJ de 2012 considerou CORRETA a afirmativa: "Exercendo o poder de polícia, o Estado impõe restrições aos interesses individuais em favor do interesse público, conciliando esses interesses".

Convém destacar uma importante diferença entre serviço público e poder de polícia. Enquanto serviço público é uma atividade ampliativa (utilidades e comodidades oferecidas ao usuário), **o poder de polícia tem sempre natureza de atuação restritiva da esfera de interesses do particular**.

Esaf: A prova de Agente da Fazenda Municipal/RJ de 2012 considerou CORRETA a afirmativa: "A atuação fiscalizadora do Estado, em rigor, visa ao interesse da coletividade e não ao do contribuinte da taxa, isoladamente. É este, porém, que provoca a atuação do Estado, sendo isso que justifica a imposição da taxa".

Desse modo, as taxas de polícia são cobradas para remunerar atividades exercidas pelo Estado **contra o interesse do contribuinte**, na medida em que limitam sua liberdade e propriedade em benefício do interesse coletivo[STF].

STF: "Taxa. Exercício do poder de polícia presumido. Este Tribunal tem orientação no sentido de que o exercício do poder de polícia é presumido em favor da Municipalidade. Precedente. Agravo regimental a que se nega provimento" (RE 581.947-AgRg, rel. Min. Eros Grau, j. 16-12-2008, 2ª T., *DJe* 27-2-2009).

Exemplos de taxas de polícia:

1) taxa de fiscalização ambiental[STJ];

STJ: "A cobrança da Taxa de Controle e Fiscalização Ambiental – TCFA – submete-se ao prévio procedimento administrativo fiscal, que contempla exigências para a constituição do crédito tributário. 2. Ausente na notificação de lançamento o prazo para a apresentação de defesa administrativa, requisito previsto no art. 11, inciso II, do Decreto n. 70.235/72, é nula a respectiva cobrança. Agravo regimental improvido" (AgRg no REsp 1.352.234/PR, rel. Min. Humberto Martins, j. 21-2-2013, 2ª T.).

15. Alexandre Mazza, *Manual de Direito Administrativo*, p. 826.

2) taxa de licenciamento de veículo;
3) taxa de licenciamento de elevadores;
4) taxa para obtenção de alvarás;

> FCC: A prova de Juiz de Direito do TJ/GO de 2012 considerou CERTA a assertiva: "A concessão de alvará de construção pode ser remunerada por taxa de polícia, pois se trata de exercício regular do poder de polícia".

5) taxa para expedição de certidões e atestados;
6) taxa para expedição de passaporte;

> Vunesp: A prova de Advogado da Codesp de 2011 considerou CORRETA a afirmação: "A taxa pode constitucionalmente ser instituída para custear expedição de passaporte".

7) taxa para renovação da licença de funcionamento do estabelecimento comercial.

Importante salientar que, ao contrário do que comumente se pensa, as atividades estatais exercidas pelos **órgãos de segurança pública** (polícias) tecnicamente não constituem serviços públicos, mas **manifestação do poder de polícia**. Daí ser incorreto falar em "serviço público de segurança". Pela mesma razão, qualquer tentativa de remunerar tais atividades pela cobrança de tributos exigiria, atendidos todos os requisitos constitucionais, a arrecadação de taxa de polícia, ou seu custeio por meio da receita proveniente de impostos. Impossível a cobrança de qualquer tipo de "taxa de serviço" na medida em que não se trata de um serviço público.

> Cespe: A prova de Delegado de Polícia/RN de 2008 considerou ERRADA a assertiva: "O ordenamento jurídico brasileiro admite a instituição de taxa para o custeio de serviços prestados por órgãos de segurança pública, na medida em que tal atividade, por ser essencial, pode ser financiada por qualquer espécie de tributo existente".

3.3.4.2.1 Necessidade de fiscalização efetiva

Ao contrário das taxas de serviço, que podem ser cobradas pela utilização efetiva ou potencial, as taxas de polícia só podem ser arrecadadas se o Estado tiver efetivamente realizado a atividade de polícia. **Não se admite cobrança de taxa por fiscalização potencial ou posta à disposição do contribuinte.**

> Uniuv: A prova de Advogado da PM/PR de 2011 considerou ERRADA a assertiva: "As taxas cobradas pela União, pelos Estados, pelo Distrito Federal ou pelos Municípios, no âmbito de suas respectivas atribuições, têm como fato gerador a utilização, efetiva ou potencial, do poder de polícia, ou a regular prestação de serviço público essencial ao contribuinte".

3.3.5 Ordem de imputação ao pagamento

Existindo simultaneamente dois ou mais débitos vencidos do mesmo sujeito passivo para com a mesma pessoa jurídica de direito público envolvendo taxas e outros tributos, se o devedor fizer um pagamento parcial, considera-se a dívida quitada na seguinte ordem: **primeiramente contribuições de melhoria, depois taxas e por fim os impostos** (art. 163, II, do CTN).

3.3.6 Lançamento das taxas

Por fim, quanto à modalidade de lançamento, as taxas **são lançadas de ofício**, isto é, diretamente pela autoridade administrativa, sem qualquer participação do contribuinte (art. 149 do CTN).

3.3.7 Afetação da receita das taxas

A receita proveniente da arrecadação das taxas deve ser destinada ao custeio da atividade estatal que ensejou sua cobrança. Por tal razão, é **inconstitucional qualquer forma de destinação de tais receitas a entidades privadas.**

> FGV: A prova de Fiscal de Rendas de Angra dos Reis de 2010 considerou CORRETA a afirmativa: "Em determinado Estado da Federação foi editada lei que dispõe em seu artigo Y que X% do valor dos emolumentos relativos aos atos praticados pelos cartórios de notas serão destinados à Caixa de Assistência dos Advogados do Estado e XX% à Associação dos Magistrados do Estado. Essa lei é inconstitucional no que se refere à destinação dos emolumentos, que têm natureza de taxa, e não podem ser destinados a entidades privadas".

3.3.8 Direito sumular

Em matéria de taxas, merecem destaques as súmulas abaixo transcritas.

3.3.8.1 Súmulas Vinculantes

Súmula Vinculante 19 do STF

A taxa cobrada exclusivamente em razão dos serviços públicos de coleta, remoção e tratamento ou destinação de lixo ou resíduos provenientes de imóveis não viola o art. 145, II, da CF.

Súmula Vinculante 29 do STF

É constitucional a adoção, no cálculo do valor de taxa, de um ou mais elementos da base de cálculo própria de determinado imposto, desde que não haja integral identidade entre uma base e outra.

Súmula Vinculante 41 do STF

O serviço de iluminação pública não pode ser remunerado mediante taxa.

3.3.8.2 Súmulas do Supremo Tribunal Federal

Súmula 545

Preços de serviços públicos e taxas não se confundem, porque estas, diferentemente daqueles, são compulsórias e têm sua cobrança condicionada à prévia autorização orçamentária, em relação à lei que as instituiu.

Súmula 595

É inconstitucional a taxa municipal de conservação de estradas de rodagem cuja base de cálculo seja idêntica à do imposto territorial rural.

Súmula 665

É constitucional a taxa de fiscalização dos mercados de títulos e valores mobiliários instituída pela Lei n. 7.940/89.

3.3.9 Repercussão geral

RE 643.247, voto do rel. Min. Marco Aurélio, j. 1º-8-2017, P, *DJe* de 19-12-2017, Tema 16: "A segurança pública, presentes a prevenção e o combate a incêndios, faz-se, no campo da atividade precípua, pela unidade da Federação e, porque serviço essencial, tem como viabilizá-la a arrecadação de impostos, não cabendo ao Município a criação de taxa para tal fim".

RE 594.116, rel. Min. Edson Fachin, j. 3-12-2015, P, *DJe* de 5-4-2016, Tema 135: "A despesa com porte de remessa e retorno não se enquadra no conceito de taxa judiciária, uma vez que as custas dos serviços forenses se dividem em taxa judiciária e custas em sentido estrito. Precedente: AI 309.883 ED, rel. Min. Moreira Alves, 1ª T., *DJ* de 14-6-2002. O porte de remessa e retorno é típica despesa de um serviço postal, prestado por empresa pública monopolística e, assim, remunerado mediante tarifas ou preço público. Precedente: AI 351.360 QO, rel. Min. Sepúlveda Pertence, 1ª T., *DJ* de 7-6-2002. O art. 511 do CPC dispensa o recolhimento dessa despesa processual por parte do INSS, pois se trata de norma válida editada pela União, a quem compete dispor sobre as receitas públicas oriundas da prestação do serviço público postal".

RE 576.321 QO-RG, voto do rel. Min. Ricardo Lewandowski, j. 4-12-2008, P, *DJe* de 13-2-2009, Tema 146: "(...) a Corte entende como específicos e divisíveis os serviços públicos de coleta, remoção e tratamento ou destinação de lixo ou resíduos provenientes de imóveis, desde que essas atividades sejam completamente dissociadas de outros serviços públicos de limpeza realizados em benefício da população em geral (*uti universi*) e de forma indivisível, tais como os de conservação e limpeza de logradouros e bens públicos (praças, calçadas, vias, ruas, bueiros). Decorre daí que as taxas cobradas em razão exclusivamente dos serviços públicos de coleta, remoção e tratamento ou destinação de lixo ou resíduos provenientes de imóveis são constitucionais, ao passo que é inconstitucional a cobrança de valores tidos como taxa em razão de serviços de conservação e limpeza de logradouros e bens públicos".

RE 588.322, rel. Min. Gilmar Mendes, j. 16-6-2010, P, *DJe* de 3-9-2010, Tema 217: "O texto constitucional diferencia as taxas decorrentes do exercício do poder de polícia daquelas de utilização de serviços específicos e divisíveis, facultando apenas a estas a prestação potencial do serviço público. A regularidade do exercício do poder de polícia é imprescindível para a cobrança da taxa de localização e fiscalização. À luz da jurisprudência deste STF, a existência do órgão administrativo não é condição para o reconhecimento da constitucionalidade da cobrança da taxa de localização e fiscalização, mas constitui um dos elementos admitidos para se inferir o efetivo exercício do poder de polícia, exigido constitucionalmente. (...) É constitucional taxa de renovação de funcionamento e localização municipal, desde que efetivo o exercício do poder de polícia, demonstrado pela existência de órgão e estrutura competentes para o respectivo exercício, tal como verificado na espécie quanto ao Município de Porto Velho/RO (...)".

RE 789.218 RG, rel. Min. Dias Toffoli, j. 17-4-2014, P, *DJe* de 1º-8-2014, Tema 721: "Taxa de expediente. (...) Inconstitucionalidade. A emissão de guia de recolhimento de tributos é de interesse exclusivo da Administração, sendo mero instrumento de arrecadação, não envolvendo a prestação de um serviço público ao contribuinte. Possui repercussão geral a questão constitucional suscitada no apelo extremo. Ratifica-se, no caso, a jurisprudência da Corte consolidada no sentido de ser inconstitucional a instituição e a cobrança de taxas por emissão ou remessa de carnês/guias de recolhimento de tributos".

3.4 CONTRIBUIÇÕES DE MELHORIA

Contribuições de melhoria são **tributos vinculados** de **competência comum** entre União, Estados, Distrito Federal e Municípios, cobrados quando a **realização de uma OBRA PÚBLICA** causa **ACRÉSCIMO NO VALOR DO IMÓVEL** localizado nas áreas beneficiadas direta ou indiretamente pela obra (art. 1º do Decreto-lei n. 195/67).

> Copeve/Ufal: A prova de Advogado da Casal considerou CORRETA a assertiva: "A contribuição de melhoria pode ser instituída por qualquer dos entes da federação".
>
> Cespe: A prova de Juiz Federal do TRF2 considerou ERRADA a assertiva: "As contribuições de melhoria, de competência exclusiva dos municípios, são tributos cujo fato gerador é a valorização de imóveis urbanos em razão de obras realizadas pelo poder público local".

> Cetro: A prova de Procurador de Campinas de 2012 considerou ERRADA a assertiva: "Nas contribuições de melhoria, a realização de obra pública é o fato gerador da contribuição de melhoria".

> FGV: A prova de Auditor-Fiscal da Receita/RJ considerou ERRADA a assertiva: "A contribuição de melhoria é o tributo cobrado em função da realização de obras e prestação de serviços".

> FCC: A prova de Auditor-Fiscal de Tributos Estaduais/RO de 2010 considerou CORRETA a assertiva: "Contribuição de melhoria é uma espécie de tributo vinculado a uma prévia atividade estatal, qual seja, obra pública".

Nesse sentido, o art. 145, III, da Constituição Federal prescreve que: "a União, os Estados, o Distrito Federal e os Municípios poderão instituir os seguintes tributos: III – contribuição de melhoria, decorrente de obras públicas".

> Cetro: A prova de Procurador de Campinas de 2012 considerou ERRADA a assertiva: "As contribuições de melhoria são tributos de competência exclusiva dos municípios".

O elemento finalístico dessa espécie tributária é a **absorção da "mais-valia"** que a obra pública produz no patrimônio imobiliário do contribuinte. Além disso, em nome da **proibição do enriquecimento sem causa** não seria justo o proprietário beneficiar-se de um aumento patrimonial provocado por terceiros (Poder Público executor da obra).

> AOCP: Considerando que o mero "benefício imobiliário" decorrente da obra não autoriza a cobrança do tributo, a prova de Procurador Municipal de Camaçari de 2010 considerou ERRADA a assertiva: "O fato gerador da contribuição de melhoria é a valorização ou o benefício imobiliário decorrente de uma obra pública".

3.4.1 Obras públicas autorizadoras da cobrança

A contribuição de melhoria, no caso de **valorização de imóveis de propriedade privada,** pode ser cobrada em virtude das seguintes obras (art. 2º do Decreto-lei n. 195/67):

I – abertura, alargamento, pavimentação, iluminação, arborização, esgotos pluviais e outros melhoramentos de praças e vias públicas;

> FCC: A prova de Juiz de Direito do TJ/GO de 2012 considerou ERRADA a assertiva: "Pavimentação asfáltica é fato gerador de taxa de serviço específico e divisível; deve ter valor fixo para todos os beneficiários da obra".

II – construção e ampliação de parques, campos de desportos, pontes, túneis e viadutos;

III – construção ou ampliação de sistemas de trânsito rápido, inclusive todas as obras e edificações necessárias ao funcionamento do sistema;

IV – serviços e obras de abastecimento de água potável, esgotos, instalações de redes elétricas, telefônicas, transportes e comunicações em geral ou de suprimento de gás, funiculares, ascensores e instalações de comodidade pública;

V – proteção contra secas, inundações, erosão, ressacas, e de saneamento de drenagem em geral, diques, cais, desobstrução de barras, portos e canais, retificação e regularização de cursos d'água e irrigação;

VI – construção de estradas de ferro e construção, pavimentação e melhoramento de estradas de rodagem;

VII – construção de aeródromos e aeroportos e seus acessos;

VIII – aterros e realizações de embelezamento em geral, inclusive desapropriações em desenvolvimento de plano de aspecto paisagístico.

O rol acima transcrito tem **natureza taxativa** para o âmbito da União. Quanto às demais esferas federativas, trata-se de listagem meramente exemplificativa, na medida em que um diploma normativo com natureza federal não tem força jurídica para vincular Estados, Distrito Federal e Municípios.

3.4.2 Veículo normativo instituidor da contribuição de melhoria

Contribuições de melhoria são criadas e disciplinadas por lei ordinária da entidade federativa executora da obra pública. Em âmbito federal, nada impede também a edição de medida provisória com o mesmo objetivo.

3.4.3 Obra pública *vs.* serviço público

Taxas e contribuições de melhoria são tributos vinculados cuja principal diferença consiste na atividade estatal ensejadora da cobrança. Enquanto as taxas são cobradas para retribuir a prestação de serviços públicos e o exercício do poder de polícia, as contribuições de melhoria surgem para remunerar a realização de obra pública.

> FCC: A prova de Defensor Público/SP de 2006 considerou ERRADA a assertiva: "O tributo encontra fundamento de validade na competência tributária da pessoa política, não havendo necessidade, para que ele seja instituído e cobrado, de que o Poder Público desenvolva, em relação ao contribuinte, qualquer atividade específica".

> FCC: A prova de Auditor-Fiscal de Tributos Estaduais/RO de 2010 considerou ERRADA a assertiva: "Taxa é o tributo cuja obrigação tributária tem por fato gerador uma obra pública".

A grande semelhança entre serviços públicos e obras públicas vem criando dificuldades para identificar se, em face de uma determinada atividade estatal, o tributo correto a ser cobrado seria taxa ou contribuição de melhoria.

> Consulplan: A prova de Promotor de Justiça/MG de 2012 considerou ERRADA a assertiva: "A União, os Estados, o Distrito Federal e os Municípios poderão instituir contribuição de melhoria, no âmbito de suas respectivas atribuições, em decorrência dos serviços públicos prestados junto ao Sistema Único de Saúde – SUS".

Por exemplo, asfaltamento de rua (primeira cobertura) é obra ou serviço? Deve-se cobrar taxa ou contribuição de melhoria? E recapeamento asfáltico (segunda cobertura em diante), é obra ou serviço?

A distinção é de grande interesse prático e constitui na verdade problema de Direito Administrativo, não de Tributário.

Para o Direito Administrativo, a diferença entre obra e serviço deve ser feita com base no critério da preponderância.

Se em determinada atuação prepondera o resultado final sobre a atividade, trata-se de uma obra pública. É o caso do asfaltamento de rua (pavimentação), verdadeira obra pública ensejadora, se valorizar imóvel particular, da cobrança de contribuição de melhoria (art. 2º, I, do Decreto-lei n. 195/67).

Porém, havendo predominância da atividade sobre o resultado final, a atuação da Administração tem natureza jurídica de serviço público, autorizando a cobrança de taxa. Exemplo: recapeamento asfáltico.

Cespe: A prova de Juiz Federal do TRF5 de 2011 considerou ERRADA a assertiva: "É cabível a cobrança de contribuição de melhoria em virtude da construção de estradas de rodagem e do recapeamento de via pública já asfaltada".

3.4.4 Contribuição de custeio *vs.* contribuição decorrente de obra

O regime jurídico da contribuição de melhoria decorre atualmente de três diplomas normativos principais: a Constituição Federal (art. 145, III), o Código Tributário Nacional (arts. 81 e 82) e o Decreto-lei n. 195/67.

Ocorre que o CTN e o Decreto-lei n. 195/67, ao tratar da contribuição de melhoria, misturaram elementos característicos de dois institutos europeus diferentes: a contribuição para custeio da obra (cobrada antes de sua realização) e a contribuição decorrente da obra (para absorver a valorização)[16].

Essa é a razão pela qual o legislador parece preocupado ora em usar o tributo para custear a obra, ora para absorver a valorização dela derivada.

O certo é que, como a Constituição de 1988, em seu art. 145, III, fala na cobrança de contribuição de melhoria "decorrente de obras públicas", **exclui qualquer possibilidade de arrecadar o tributo antes da realização total ou parcial da obra** (art. 9º do Decreto-lei n. 195/67).

Assim, existe uma cronologia implícita: primeiro se realiza a obra pública; depois, observada a valorização dela decorrente, pode ser realizada a cobrança.

A contribuição para custeio de obra pública não foi recepcionada pelo art. 145, III, da Constituição Federal de 1988.

3.4.5 Conceito de obra "pública"

Para ser legítima a cobrança da contribuição de melhoria, é necessário que a obra seja pública, isto é, **realizada pelo Poder Público** ou por **particulares em nome do Estado.** O importante é que o produto final da execução termine incorporado ao domínio público.

Assim, afasta-se qualquer possibilidade de cobrar o referido tributo em decorrência da valorização imobiliária oriunda de obras particulares, como *shopping centers*, estádios esportivos privados, condomínios de luxo e outros empreendimentos sem natureza pública, ainda que os recursos utilizados para sua execução tenham sido total ou parcialmente obtidos por meio de financiamentos captados junto ao Estado.

3.4.6 E se a obra desvalorizar o imóvel?

Interessante questão consiste em saber o que pode ser feito se uma obra pública desvalorizar imóvel do contribuinte. Tal circunstância ocorre com bastante

16. Geraldo Ataliba, *Hipótese de Incidência Tributária*, passim.

frequência na construção de presídios, unidades de internação de menores infratores, viadutos e estações do metrô.

Constata-se, inicialmente, que não existe nenhuma solução de Direito Tributário para resguardar os direitos do contribuinte prejudicado pela desvalorização imobiliária decorrente da execução de obra pública. Porém, o Direito Administrativo admite a propositura de **ação indenizatória** fundamentada na prática de ato lícito contra o Poder Público responsável pela obra (art. 37, § 6º, da CF).

3.4.7 Obras realizadas em consórcio

Na hipótese de obra pública realizada em consórcio por mais de uma entidade federativa, havendo valorização imobiliária dela decorrente, a contribuição de melhoria deve ser **rateada entre as entidades consorciadas na proporção dos respectivos percentuais de investimento.**

Assim, se por exemplo uma rodovia federal for duplicada com recursos provenientes 50% da União, 30% do Estado X e 20% dos Municípios Y e Z, ocorrendo valorização, metade da contribuição de melhoria caberá à União, 30% ao Estado X e os restantes 20% aos Municípios Y e Z.

Reputam-se feitas pela União as obras executadas pelos Territórios federais (art. 3º, § 4º, do Decreto-lei n. 195/67).

3.4.8 Devido processo legal para a cobrança

> UEL: Comprovando que é indispensável a observância de todo o devido processo legal para ser legítima a arrecadação do tributo, a prova de Procurador do Estado/PR de 2011 considerou ERRADA a assertiva: "A veiculação de notícia que anuncie a realização de obra pública e que com isso gere a valorização dos imóveis próximos a ele autoriza a cobrança de contribuição de melhoria, nos termos do art. 145, III, da Constituição Federal".

O Decreto-lei n. 195/67 define o devido processo legal para cobrança da contribuição de melhoria. O rito arrecadatório deve ser **fixado na lei relativa à contribuição de melhoria** (art. 82 do CTN) e obedecer à sequência abaixo:

1) publicação de edital contendo os seguintes elementos (art. 5º do Decreto-lei n. 195/67, c/c art. 82 do CTN):

> I – delimitação das áreas direta e indiretamente beneficiadas e a relação dos imóveis nelas compreendidos;
>
> II – memorial descritivo do projeto;
>
> III – orçamento total ou parcial do custo das obras;
>
> IV – determinação do fator de absorção do benefício da valorização para toda a zona ou para cada uma das áreas diferenciadas, nela contidas (determinação da parcela do custo das obras a ser ressarcida pela contribuição, com o correspondente plano de rateio entre os imóveis beneficiados).

2) **impugnação do edital** pelos proprietários dos imóveis situados nas zonas beneficiadas pela obra dentro do prazo de 30 dias (art. 6º);

3) **regulamentação do processo administrativo de instrução e julgamento da impugnação** acima referida, sem prejuízo da sua apreciação judicial (art. 82, III, do CTN);

4) **publicação do demonstrativo de custos da obra**, incluindo despesas de estudos, projetos, fiscalização, desapropriações, administração, execução e financiamento, inclusive prêmios de reembolso e outras de praxe em financiamento ou empréstimos (art. 4º do Decreto-lei n. 195/67);

5) **lançamento de ofício** referente aos imóveis beneficiados, após executada a obra de melhoramento na sua totalidade ou em parte (art. 9º do Decreto-lei n. 195/67);

6) **escrituração, em registro próprio, do débito** referente à contribuição de melhoria relativa a cada imóvel pelo órgão encarregado do lançamento (art. 10 do Decreto-lei n. 195/67);

7) **notificação do proprietário**, diretamente ou por edital, informando especificamente a respeito do (art. 10 do Decreto-lei n. 195/67):

> I – valor da contribuição de melhoria lançada;
>
> II – forma e prazo para o seu pagamento, suas prestações e vencimentos, bem como sobre os elementos que integram o respectivo cálculo;
>
> III – prazo para a impugnação;
>
> IV – local do pagamento.

8) **abertura de prazo não inferior a 30 dias para o proprietário reclamar** contra (art. 10, parágrafo único, do Decreto-lei n. 195/67):

> I – erro na localização e dimensões do imóvel;
>
> II – cálculo dos índices atribuídos;
>
> III – valor da contribuição;
>
> IV – número de prestações.

9) **pagamento** de forma que a parcela anual não exceda a três por cento do maior valor fiscal do seu imóvel, atualizado à época da cobrança (art. 12 do Decreto-lei n. 195/67).

Nos termos do art. 12, § 4º, do Decreto-lei n. 195/67, é lícito ao contribuinte liquidar a contribuição de melhoria com títulos da dívida **pública**, emitidos especialmente para financiamento da obra pela qual foi lançado; neste caso, o pagamento será feito pelo valor nominal do título, se o preço do mercado for inferior".

> Cespe: A prova de Analista do TRE/PE de 2017 considerou ERRADA a afirmação: "É vedado o pagamento de tributos com títulos da dívida mobiliária".

3.4.9 Parafiscalidade nas contribuições de melhoria

Parafiscalidade é a delegação por meio de lei da capacidade de cobrar tributos (art. 7º do CTN).

O art. 12, § 6º, do Decreto-lei n. 195/67 autoriza a União a delegar, **mediante convênio**, aos Estados e Municípios, ou ao Distrito Federal, o lançamento e a arrecadação de contribuição de melhoria devida por obra pública federal, fixando a percentagem na receita, que caberá ao Estado ou Município que arrecadar o tributo.

Além disso, nas obras federais, quando o montante previsto na arrecadação da contribuição de melhoria não compensar o lançamento pela União, ou por seus órgãos, o lançamento poderá ser delegado aos municípios interessados, e neste caso: a) caberão aos Municípios o lançamento, a arrecadação e as receitas apuradas; b) o órgão federal delegante se limitará a fixar os índices e critérios para o lançamento (art. 12, § 7º, do Decreto-lei n. 195/67).

Embora tais dispositivos prevejam somente parafiscalidade envolvendo obra federal, nada impede que as demais entidades federativas também realizem delegação, por lei específica, da capacidade de cobrar contribuição de melhoria umas às outras, inclusive em favor da própria União.

A cobrança da contribuição de melhoria, resultante de obras executadas pela União, situadas em áreas urbanas de um único Município, poderá ser efetuada pelo órgão arrecadador municipal, em convênio com o órgão federal que houver realizado a referida obra (art. 13).

3.4.10 Ônus de conservação das obras públicas

Como regra geral, o ônus de conservar a obra pública incumbe à entidade federativa que a realizou. Porém, nos termos do art. 14 do Decreto-lei n. 195/67, tal regra possui importante exceção: no caso de obra executada pela União situada em área urbana de um único município, se a União tiver delegado por convênio ao município a capacidade de cobrar a respectiva contribuição de melhoria, **a conservação, operação e manutenção da obra constituem encargos do município em que estiver situada.**

3.4.11 Abatimento no Imposto de Renda

Para fins de recolhimento do Imposto de Renda, devido sobre a valorização imobiliária resultante de obra pública, deve ser deduzida a importância que o contribuinte tiver pago a título de contribuição de melhoria (art. 17 do Decreto-lei n. 195/67).

3.4.12 Preferência da dívida fiscal

De acordo com o disposto no art. 18 do Decreto-lei n. 195/67, a dívida fiscal originada da contribuição de melhoria tem preferência sobre outras dívidas fiscais relativas ao imóvel beneficiado.

3.4.13 Ordem de imputação ao pagamento

Existindo simultaneamente dois ou mais débitos vencidos do mesmo sujeito passivo para com a mesma pessoa jurídica de direito público envolvendo contribuição de melhoria e outros tributos, se o devedor fizer um pagamento parcial, considera-se a dívida quitada na seguinte ordem: **primeiramente contribuições de melhoria, depois taxas e por fim os impostos** (art. 163, II, do CTN).

3.4.14 Modalidade de lançamento

Assim como ocorre com as taxas, as contribuições de melhoria também **são lançadas de ofício pela autoridade administrativa** sem qualquer participação do sujeito passivo (art. 149 do CTN).

3.4.15 Limite total

O valor exigido do sujeito passivo a título de contribuição de melhoria encontra dois limites estabelecidos pela legislação: a) limite total; b) limite individual.

> Cetro: A prova de Procurador de Campinas de 2012 considerou ERRADA a assertiva: "Os limites total e individual da contribuição de melhoria são constitucionalmente previstos".

O **limite total** ou **global** é **a despesa realizada** (custo da obra), computando gastos com estudos, projetos, fiscalização, desapropriações, administração, execução e financiamento, inclusive prêmios de reembolso e outras de praxe em financiamento ou empréstimos, e terá a sua expressão monetária atualizada na época do lançamento mediante aplicação de coeficientes de correção monetária (art. 4º do Decreto-lei n. 195/67).

Importante destacar que o limite total será aplicado **levando-se em conta o montante pago por todos os imóveis** localizados na área de influência da obra. Assim, se somarmos o valor pago por todos os contribuintes beneficiados pela obra, esse montante global não pode superar a despesa realizada pelo Poder Público.

3.4.16 Limite individual

Ao contrário do limite global, que leva em consideração a situação de todos os imóveis beneficiados pela obra pública, o limite individual está vinculado à **condição de cada imóvel isoladamente analisada.**

O art. 81 do Código Tributário Nacional define como limite individual o **acréscimo de valor (mais-valia) que da obra resultar para cada imóvel beneficiado**.

> Ieses: A prova de Titular de Cartório do TJ/MA de 2011 considerou ERRADA a assertiva: "Com a redação do art. 145, III, CF, o critério da valorização deixou de ser importante para caracterizar o aspecto material da hipótese de incidência da Contribuição de Melhoria, sendo esta a orientação majoritária da doutrina e jurisprudência nacionais".

> Cespe: A prova de Advogado do Serpro de 2010 considerou CORRETA a assertiva: "O ente tributante, ao instituir contribuição de melhoria, deve respeitar como limite individual o acréscimo de valor decorrente da valorização imobiliária resultante de obra pública".

Além da valorização propriamente dita, a apuração será feita levando em conta outros elementos considerados isolada ou conjuntamente, como testada do imóvel, área, finalidade de exploração econômica (art. 3º, § 1º, do Decreto-lei n. 195/67).

3.4.17 Cálculo do valor final

O cálculo do valor final devido a título de contribuição de melhoria exige a **combinação entre os limites total e individual**. Assim, tomando como ponto de partida a despesa global realizada com a execução integral da obra (incluindo gastos com estudos, projetos, fiscalização, desapropriações, administração e financiamento), é preciso ratear esse montante total entre os proprietários de todos os imóveis localizados no entorno da obra, proporcionalmente à metragem do imóvel.

Feito esse cálculo, passa-se à verificação se o rateio do custo global ultrapassa ou não, no caso de cada imóvel individualmente considerado, o acréscimo patrimonial resultante da obra.

Se o montante do rateio não ultrapassar o *quantum* da valorização, a quantia devida pelo contribuinte será exatamente o valor rateado.

Porém, na hipótese de o custo da obra rateado entre os proprietários superar, no caso de um imóvel específico, o acréscimo resultante da valorização, a cobrança da contribuição de melhoria ficará limitada ao valor do acréscimo que da obra resultar para o imóvel.

3.4.18 Contribuição de melhoria e desapropriação por zona

Por fim, convém recordar a existência de um instituto de Direito Administrativo utilizado exatamente com a mesma finalidade de absorver a valorização em imóveis particulares provocada por obras públicas. É a desapropriação por zona. Prevista no art. 4º do Decreto-lei n. 3.345/41, trata-se da possibilidade de a desapropriação incidir sobre área maior do que a necessária visando a absorção da futura valorização no entorno.

Para alguns autores (visão minoritária), o instituto da contribuição de melhoria atingiria o mesmo objetivo da desapropriação por zona, mas de um modo menos gravoso para o particular, razão pela qual a figura da desapropriação por zona teria sido revogada pela Constituição Federal de 1988[17].

---

17. Alexandre Mazza, *Manual de Direito Administrativo*, p. 868.

Acesse também a videoaula pelo *link*:
http://somos.in/MDT0732

3.5 EMPRÉSTIMOS COMPULSÓRIOS

Previstos no art. 148 da Constituição Federal, os empréstimos compulsórios são **tributos restituíveis** de **competência exclusiva da União.**

Esaf: A prova de Agente da Receita Federal de 2009 considerou CORRETA a afirmativa: "Os empréstimos compulsórios são tributos, pois atendem às cláusulas que integram o art. 3º do Código Tributário Nacional".

O **caráter restituível** é a nota fundamental de sua natureza jurídica e constitui o elemento que **confere identidade aos empréstimos compulsórios**, diferenciando-os das demais espécies tributárias.

3.5.1 Fundamentos normativos

A instituição de empréstimos compulsórios está disciplinada tanto na Constituição Federal quanto no Código Tributário.

O art. 148 da CF estabelece que: "A União, mediante lei complementar, poderá instituir empréstimos compulsórios: I – para atender a despesas extraordinárias, decorrentes de calamidade pública, de guerra externa ou sua iminência; II – no caso de investimento público de caráter urgente e de relevante interesse nacional, observado o disposto no art. 150, III, *b*. Parágrafo único. A aplicação dos recursos provenientes de empréstimo compulsório será vinculada à despesa que fundamentou sua instituição".

Já o art. 15 do Código Tributário prescreve: "Somente a União, nos seguintes casos excepcionais, pode instituir empréstimos compulsórios: I – guerra externa, ou sua iminência; II – calamidade pública que exija auxílio federal impossível de atender com os recursos orçamentários disponíveis; III – conjuntura que exija a absorção temporária de poder aquisitivo. Parágrafo único. A lei fixará obrigatoriamente o prazo do empréstimo e as condições de seu resgate, observando, no que for aplicável, o disposto nesta Lei".

3.5.2 Competência

A competência para instituição dos empréstimos compulsórios é **exclusiva da União** (art. 148 da CF), sendo incabível sua criação, ainda que mediante delegação, pelos Estados, Distrito Federal ou Municípios.

> Ieses: A prova de Titular de Cartório do TJ/MA de 2011 considerou CORRETA a assertiva: "O Empréstimo Compulsório, conforme a Constituição Federal, somente pode ser instituído pela União, sendo que os Estados e os Municípios não podem exercer tal competência".

> Fepese: A prova de Auditor-Fiscal da Receita Estadual/SC considerou ERRADA a assertiva: "O Empréstimo Compulsório, conforme a Constituição Federal, pode ser instituído pela União e pelos Estados membros da Federação, nesse caso desde que a Constituição estadual fixe sua competência".

> FCC: A prova de Auditor-Fiscal de Tributos Estaduais/RO de 2010 considerou ERRADA a assertiva: "O empréstimo compulsório é um tributo de competência comum e pode ser instituído por medida provisória em caso de investimento urgente".

3.5.3 Inaplicabilidade do art. 4º do CTN

Segundo dispõe o art. 4º do CTN: "A natureza jurídica específica do tributo é determinada pelo fato gerador da respectiva obrigação, sendo irrelevantes para qualificá-la: I – a denominação e demais características formais adotadas pela lei; II – a destinação legal do produto da sua arrecadação".

O referido dispositivo identifica o fato gerador como elemento fundamental capaz de identificar a natureza jurídica das espécies tributárias. Porém, a regra vale somente para impostos, taxas e contribuições de melhoria, **não se aplicando aos empréstimos compulsórios e contribuições especiais.**

Empréstimos compulsórios e contribuições especiais não se diferenciam dos demais tributos pelo fato gerador porque **podem ter fato gerador idêntico ao de outros tributos**, admitindo bitributação.

Assim, dependendo do fato gerador escolhido pelo legislador, o empréstimo compulsório **pode ser vinculado ou desvinculado** de uma atividade estatal específica.

> Cespe: A prova de Advogado do Serpro de 2010 considerou ERRADA a assertiva: "No empréstimo compulsório, tributo não vinculado, é admissível a aplicação dos recursos provenientes de sua arrecadação em programas de investimento de saúde pública".

Na verdade, os empréstimos compulsórios distinguem-se pelo caráter restituível, ao passo que as contribuições especiais encontram identidade no universo das espécies tributárias a partir da destinação constitucional.

Vale ressaltar, ainda, que nos empréstimos compulsórios e nas contribuições especiais **é relevante a destinação do montante arrecadado.**

> FMPRS: A prova de Procurador do Estado/AC de 2012 considerou ERRADA a assertiva: "A destinação da receita do tributo não é relevante para caracterizar qualquer espécie tributária prevista no Sistema Tributário Nacional".

Portanto, no caso dessas duas espécies de tributos é inaplicável a regra da identidade pelo fato gerador definida no art. 4º do Código Tributário Nacional.

3.5.4 Veículo normativo

Os empréstimos compulsórios são criados e disciplinados por **lei complementar federal**, vedada sua disciplina por meio de leis ordinárias ou medidas provisórias (art. 64, § 1º, III, da CF).

> FCC: A prova de Agente Fiscal da Sefin/RO de 2009 considerou ERRADA a assertiva: "O empréstimo compulsório é um tributo de competência comum e pode ser instituído por medida provisória em caso de investimento urgente".

> Uniuv: A prova de Advogado da PM/PR de 2011 considerou ERRADA a assertiva: "Em caso de investimento público de caráter urgente e de relevante interesse nacional, empréstimos compulsórios poderão ser instituídos pela União por meio de Medida Provisória".

3.5.5 Hipóteses constitucionais de instituição

O art. 148 da Constituição Federal de 1988 prevê três hipóteses autorizativas da instituição de empréstimos compulsórios:

a) calamidade pública (inciso I);

b) guerra externa ou sua iminência (inciso I); ou

c) investimento público relevante (inciso II).

Convém destacar que tais circunstâncias **não representam fato gerador dos empréstimos compulsórios**, mas as hipóteses constitucionais que autorizam sua instituição. O fato gerador dos empréstimos compulsórios não está definido na Constituição Federal, devendo ser fixado pela lei complementar de criação do tributo.

Outra constatação importante é que o inciso I do art. 148 faz referência à instituição de empréstimo compulsório para atender a "**despesa extraordinária**" decorrente de calamidade pública ou guerra externa. Assim, o texto constitucional pressupõe que **os gastos gerem despesas anormais que não possam ser suportadas pelos fundos públicos disponíveis no orçamento.**

> Furmarc: A prova de Agente Fiscal de Ouro Preto de 2011 considerou ERRADA a assertiva: "O tributo empréstimo compulsório poderá ser instituído no caso de despesas ordinárias".

> Esaf: A prova de Agente da Receita Federal de 2009 considerou ERRADA a afirmativa: "O conceito de 'despesa extraordinária' a que alude o art. 148, inciso I, da Constituição Federal, pode abranger inclusive aquelas incorridas sem que tenham sido esgotados todos os fundos públicos de contingência".

Passemos à análise das três hipóteses que autorizam a instituição de empréstimos compulsórios.

3.5.5.1 Calamidade pública

A primeira circunstância constitucional autorizadora da instituição de empréstimo compulsório é calamidade pública. Trata-se de uma **situação emergencial**

transitória provocada pela **ação humana** ou **evento da natureza** e cujo enfrentamento exija uma captação extraordinária de recursos pelo Poder Público junto à iniciativa privada. Exemplos: acidente aéreo de grandes proporções, furacão, terremoto, *tsunami*, enchente, desmoronamento etc.

Embora a competência para a instituição de empréstimos compulsórios seja exclusiva da União, a calamidade pública **não precisa ser de proporção nacional**, podendo ter seu alcance restrito ao âmbito territorial até mesmo de um único Município. Seria o caso, por exemplo, do empréstimo compulsório criado pela União para socorrer as vítimas de enchente em determinada cidade de Santa Catarina.

Não é necessária tampouco a existência de vinculação geográfica direta entre o local onde ocorreu a calamidade e os contribuintes eleitos para suportar o pagamento do tributo. Assim, no mencionado exemplo da enchente ocorrida num específico município catarinense, nada impede que o empréstimo compulsório seja cobrado de todos os brasileiros, ainda que, na maioria dos casos, o contribuinte não tenha qualquer relação com a localidade afetada pela calamidade ensejadora da cobrança.

3.5.5.1.1 Regime de anterioridade

No caso de calamidade pública, o empréstimo compulsório é de **cobrança imediata**, não se sujeitando nem à anterioridade anual, nem à nonagesimal (art. 150, § 1º, da CF). Desse modo, pode ser cobrado no dia seguinte ao da publicação da lei complementar que o houver instituído.

> Esaf: A prova de Agente da Receita Federal de 2009 considerou ERRADA a afirmativa: "Os empréstimos compulsórios se subordinam, em todos os casos, ao princípio da anterioridade da lei que os houver instituído".

3.5.5.2 Guerra externa ou sua iminência

A segunda hipótese autorizadora da instituição de empréstimos compulsórios é a situação de guerra externa ou sua iminência (art. 148, I, da CF). A extrema gravidade de uma guerra internacional e a necessidade urgente de captar recursos para custeio de seus enormes gastos justificam a criação de um tributo especial previsto para tal finalidade.

Importante constatar que, para ser legítima a cobrança do empréstimo compulsório, **a guerra não precisa ter iniciado**, bastando haver indícios de que está prestes a começar (guerra iminente).

Por óbvio, **a guerra deve ser externa**, isto é, precisa envolver o Brasil e pelo menos mais um país entre as nações beligerantes.

Exclui-se qualquer possibilidade de criação de empréstimo compulsório para custear guerra interna, civil ou de secessão (guerra para desligamento de um membro da federação).

> Furmarc: A prova de Agente Fiscal de Ouro Preto de 2011 considerou ERRADA a assertiva: "O tributo empréstimo compulsório poderá ser instituído no caso de guerra interna entre Estados".

3.5.5.2.1 Regime de anterioridade

O empréstimo compulsório instituído no caso de guerra externa também é de **cobrança imediata**, não se sujeitando nem à anterioridade anual, nem à nonagesimal (art. 150, § 1º, da CF). Assim como o de calamidade pública, também pode ser cobrado no dia seguinte ao da publicação da lei complementar que o tiver instituído.

> FCC: A prova de Agente Fiscal da Sefaz/SP de 2009 considerou CORRETA a assertiva: "Os empréstimos compulsórios poderão ser instituídos para atender às despesas extraordinárias decorrentes de calamidade pública, de guerra externa ou sua iminência, não sendo necessária, nesses casos, a observância ao princípio da anterioridade".

3.5.5.2.2 Comparação entre os tributos de guerra

Conforme visto nos itens anteriores, a Constituição de 1988 oferece dois instrumentos tributários para a captação de recursos diante de uma guerra externa: imposto extraordinário e empréstimo compulsório.

Passemos a uma comparação entre os dois institutos.

	Imposto Extraordinário	Empréstimo Compulsório
Fundamento	Art. 154, II, da CF	Arts. 148, I, da CF e 15 do CTN
Competência	União	idem
Motivo	Guerra externa ou iminência	idem
Veículo normativo	Lei ordinária	Lei complementar
Admite medida provisória?	Sim	Não
Deve ser restituído?	Não	Sim
Pode bitributar?	Sim	Sim
Regime de anterioridade	Cobrança imediata	Cobrança imediata
Supressão da cobrança	Deve ser suprimida gradativamente cessadas as causas de sua criação	Não existe regra similar

O quadro comparativo acima deixa claro que a existência dos impostos extraordinários eliminou qualquer possibilidade prática de, diante de uma guerra externa, ser instituído empréstimo compulsório, haja vista ter este tributo um grau bem mais acentuado de dificuldade para aprovação (exige lei complementar), além de o valor exigir restituição por parte da União.

> FCC: A prova de Agente Fiscal da Sefaz/SP de 2009 considerou ERRADA a assertiva: "Os empréstimos compulsórios são de competência comum da União, dos Estados, do Distrito Federal e dos Municípios, observando-se a competência material de cada um desses entes políticos".

3.5.5.3 Investimento público de caráter urgente e de relevante interesse nacional

A última circunstância constitucional autorizadora da instituição de empréstimo compulsório é o investimento público de caráter urgente e de relevante interesse nacional. Trata-se de **empreendimento estatal emergencial que favoreça todo o país** e cuja realização não possa ser feita com os recursos orçamentários ordinários.

> Furmarc: A prova de Agente Fiscal de Ouro Preto de 2011 considerou ERRADA a assertiva: "O tributo empréstimo compulsório poderá ser instituído no caso de investimento privado".

É imperioso descartar, de plano, o uso dessa segunda hipótese para custear o socorro a tragédias, da natureza ou provocadas pela ação humana, já que tais calamidades devem estar enquadradas no inciso I do art. 148.

Impossível, tampouco, utilizar tal hipótese de empréstimo compulsório para obtenção de recursos visando atender a planos econômicos ou medidas governamentais similares, porque não se pode falar, nesse caso, em um "investimento".

O fundamental é que os recursos captados com fundamento no art. 148, II, da CF sejam utilizados para a execução de algo concreto, permanente, como seria o caso da **realização de obras públicas de grandes proporções**, como a transposição das águas do Rio São Francisco, por exemplo.

3.5.5.3.1 Regime de anterioridade

Existe importante controvérsia a respeito do regime de anterioridade aplicável ao empréstimo compulsório no caso de investimento público relevante.

É certo que a parte final do **art. 148, II, da Constituição Federal** sujeita o referido empréstimo compulsório **somente à anterioridade anual.** Porém, é preciso ponderar que a redação está desatualizada diante da Emenda Constitucional n. 42/2003, que passou a submeter a maioria dos tributos às duas anterioridades combinadas: anual e nonagesimal.

> FCC: A prova de Agente Fiscal da Sefaz/SP de 2009 considerou ERRADA a assertiva: "Os empréstimos compulsórios poderão ser instituídos no caso de investimento público de caráter urgente e de relevante interesse nacional, não sendo necessária, nesse caso, a observância ao princípio da anterioridade".

Verdade também que o constituinte reformador silenciou quanto à situação do empréstimo compulsório de investimento público relevante, deixando de esclarecer se tal tributo estaria enquadrado na regra geral das duas anterioridades ou faria parte de algum grupo de exceções (art. 150, § 1º, da CF).

Porém, **predomina amplamente a orientação** segundo a qual, após a Emenda Constitucional n. 42/2003, o empréstimo compulsório de investimento público relevante **está submetido simultaneamente às anterioridades anual e nonagesimal** (art. 150, III, *b* e *c*, da CF).

3.5.5.4 A regra do art. 34, § 12, do ADCT

O art. 34, § 12, do Ato das Disposições Constitucionais Transitórias cria uma ressalva específica ao afirmar que "a urgência prevista no art. 148, II, não prejudica a cobrança do empréstimo compulsório instituído, em benefício das Centrais Elétricas Brasileiras S.A. (Eletrobrás), pela Lei n. 4.156, de 28 de novembro de 1962, com as alterações posteriores".

É que o art. 4º da Lei n. 4.156/62 instituiu um empréstimo compulsório pago pelo consumidor de energia elétrica em favor da Eletrobrás, com valor resgatável em até 10 anos, mas o tributo não era revestido de qualquer caráter de urgência. Daí a preocupação do constituinte em proteger a cobrança de tal exação.

3.5.5.5 Cobrança para enxugamento da moeda: uma quarta hipótese de empréstimo compulsório?

O art. 15, III, do Código Tributário Nacional prevê a instituição de empréstimo compulsório **no caso excepcional de conjuntura de exija absorção temporária do poder aquisitivo.** A doutrina costuma tratar essa hipótese como uma instituição do tributo voltada ao "enxugamento da moeda", ou seja, uma manobra econômica utilizada pelo governo na tentativa de conter a inflação.

Porém, **o art. 15, III, do CTN está revogado** pela Constituição de 1988 na medida em que as únicas hipóteses de empréstimo compulsório para despesas extraordinárias são aquelas previstas no art. 148, I, do Texto Maior (calamidade pública e guerra externa).

Mas como ocorreu uma **revogação tácita** a norma permanece inserida no corpo do Código Tributário Nacional, sem, todavia, produzir qualquer efeito.

> Esaf: A prova de Agente da Receita Federal de 2009 considerou ERRADA a afirmativa: "A União, mediante lei complementar, poderá instituir empréstimos compulsórios em face de conjuntura que exija a absorção temporária de poder aquisitivo".

3.5.5.5.1 O Plano Collor 1

> Esaf: A prova de Agente da Receita Federal de 2009 considerou ERRADA a afirmativa: "Os empréstimos compulsórios são uma espécie de confisco, como ocorreu com a retenção dos saldos de depósitos a vista, cadernetas de poupança e outros ativos financeiros, por ocasião do chamado 'Plano Collor'".

Na tentativa de conter o avanço inflacionário, a Medida Provisória n. 168/90, posteriormente convertida na Lei n. 8.024/90, promoveu o bloqueio de parte dos valores depositados na caderneta de poupança de milhões de brasileiros. Embora o Supremo Tribunal Federal não tenha se manifestado sobre a constitucionalidade da retenção, houve decisões de tribunais pátrios no sentido da inconstitucionalidade da medida porque o "enxugamento da moeda" não se enquadra nas hipóteses de empréstimo compulsório atualmente admitidas pelo art. 148 do Texto Maior[STJ] (TRF1, 2ª T., AMS 91.01.06056-2)[18].

> STJ: "DIREITO TRIBUTÁRIO. CESSÃO DE CRÉDITO DECORRENTE DE EMPRÉSTIMO COMPULSÓRIO SOBRE ENERGIA ELÉTRICA. É possível a cessão dos créditos decorrentes de empréstimo compulsório sobre energia elétrica. De fato, o empréstimo compulsório instituído em favor da Eletrobrás pela Lei n. 4.156/62 e alterações posteriores tem a forma de resgate disciplinada pelo Decreto-lei n. 1.512/76. Ao estabelecer o modo de devolução do referido tributo, a legislação de regência não criou óbice à cessão do respectivo crédito a terceiros, razão pela qual não há impedimento para tanto" (AgRg no REsp 1.090.784-DF, rel. Min. Arnaldo Esteves Lima, j. 11-4-2013).

3.5.6 Fato gerador

Conforme afirmado anteriormente, calamidade pública, guerra externa e investimento público relevante não são fatos geradores dos empréstimos compulsórios, mas circunstâncias constitucionais que autorizam sua instituição.

Na verdade, o fato gerador do empréstimo compulsório será definido pela lei complementar que o instituir, **podendo ser um fato econômico qualquer**, ainda que já utilizado para cobrança de imposto, taxa ou contribuição, de melhoria ou especial, existente.

3.5.7 Base de cálculo

O ordenamento pátrio não estabelece qualquer exigência geral quanto à base de cálculo dos empréstimos compulsórios. Assim, a lei complementar que instituir o tributo poderá definir **uma base de cálculo qualquer**, mesmo que já utilizada para cobrança de outro tributo.

3.5.8 Natureza vinculada ou desvinculada

A Constituição Federal de 1988 não estabelece diretrizes sobre a natureza vinculada ou desvinculada dos empréstimos compulsórios. Isso porque **o legislador tem liberdade para decidir se o empréstimo compulsório será cobrado de forma vinculada ou não** a determinada atividade estatal.

3.5.9 Bitributação e *bis in idem*

Conforme visto anteriormente, enquanto na bitributação duas ou mais entidades exigem tributos sobre um único fato gerador ou a mesma base de cálculo, no *bis in idem* as exigências tributárias simultâneas sobre a mesma base de cálculo ou fato gerador emanam de uma única entidade tributante.

---

18. Ricardo Alexandre, *Direito Tributário Esquematizado*, p. 65.

Ora, devido ao caráter emergencial implícito na arrecadação dessa espécie tributária, inexiste qualquer impedimento à cobrança de empréstimo compulsório sobre fato gerador ou base de cálculo de tributos já existentes, sejam federais, estaduais ou municipais.

Assim, **nada impede a ocorrência de *bis in idem* ou bitributação na arrecadação de empréstimos compulsórios**, ou seja, podem ser cobrados sobre grandezas econômicas já utilizadas para incidência de outros tributos.

3.5.10 Cobrança simultânea com o Imposto Extraordinário de Guerra

Se o ordenamento jurídico pátrio não veda bitributação e *bis in idem* envolvendo empréstimos compulsórios, a possibilidade de sua exigência simultânea junto com outros tributos alcança também os impostos extraordinários de guerra (art. 154, II, da CF).

De fato, diante da hipótese de guerra externa ou sua iminência, **pode a União instituir simultaneamente empréstimo compulsório e imposto extraordinário** para fazer frente aos gastos com o embate internacional.

3.5.11 Proibição de desvio de finalidade

De acordo com o art. 148, parágrafo único, da Constituição Federal: "A aplicação dos recursos provenientes de empréstimo compulsório será vinculada à despesa que fundamentou sua instituição".

> FCC: A prova de Agente Fiscal da Sefaz/SP de 2009 considerou ERRADA a assertiva: "Os empréstimos compulsórios têm, em decorrência das razões de urgência e de relevância para sua instituição, a aplicação dos recursos desvinculada da despesa que fundamentou sua instituição".

O referido dispositivo estabelece a obrigatoriedade de aplicação dos recursos arrecadados com o empréstimo compulsório exatamente na mesma destinação que ensejou sua criação.

Desse modo, **a Constituição veda expressamente o desvio de finalidade** (tredestinação) **na aplicação do montante arrecadado**, ainda que em favor de outra destinação também de interesse público, por mais legítima que seja.

> Cespe: A prova de Juiz Federal do TRF5 de 2011 considerou ERRADA a assertiva: "A receita proveniente da arrecadação de empréstimo compulsório instituído para atender a despesa extraordinária decorrente de calamidade pública ocorrida no sul do país pode ser destinada para a construção de escolas públicas na região Nordeste, uma vez que é vedada vinculação de receita de tributo a órgão, fundo ou despesa".

Inexiste em matéria de empréstimo compulsório tredestinação lícita (inaplicável o art. 519 do Código Civil).

Por tal razão, **a lei complementar de criação** dessa espécie tributária **sempre deve declarar para qual finalidade** a exação está sendo instituída.

Para o Direito Financeiro, trata-se de uma **hipótese de vinculação entre receita e despesa.**

Assim, por exemplo, se o empréstimo foi cobrado para custear uma guerra externa contra o Estado estrangeiro X, ainda que o recurso seja destinado para outra guerra na qual o Brasil esteja envolvido, ou mesmo para melhoria das condições gerais das Forças Armadas, **a tredestinação será sempre inconstitucional**, sujeitando os agentes envolvidos no desvio às punições previstas.

3.5.12 Entrada provisória de receita

Do ponto de vista financeiro, os valores provenientes da arrecadação de empréstimos compulsórios são espécie de **entradas provisórias** (temporárias), na medida em que os recursos ingressam nos cofres públicos, mas posteriormente precisam ser devolvidos aos contribuintes.

3.5.13 Empréstimos compulsórios disfarçados

A jurisprudência do Supremo Tribunal Federal contempla grande variedade de decisões em que se considerou **inconstitucional a retenção forçada de valores pagos pelo contribuinte**, sob os mais diversos títulos, em desatenção a regras exigidas para a criação de empréstimos compulsórios. São os chamados "falsos empréstimos compulsórios" ou "empréstimos compulsórios disfarçados".

Foi o caso, por exemplo, da Lei n. 3.985/67, do Estado de Santa Catarina, que limitava o aproveitamento dos créditos do ICMS ao montante de 80% sobre o valor do imposto na saída da mercadoria durante determinado período, mecanismo que, em termos práticos, constituía um tipo de empréstimo compulsório embutido no tributo estadual. Tal lei foi declarada inconstitucional pelo Supremo Tribunal Federal no julgamento do RE 70.204.

Semelhante raciocínio fundamentou a decisão exarada liminarmente pelo Supremo Tribunal Federal na Ação Declaratória de Inconstitucionalidade 2.022/2000, a respeito do art. 3º da Lei capixaba n. 5.827/99, que autorizava o Executivo estadual a reter 20% dos vencimentos dos servidores públicos para posterior devolução. Tratava-se, uma vez mais, conforme consta do teor da decisão do relator, Min. Ilmar Galvão, de um empréstimo compulsório disfarçado – uma forma oblíqua de o Estado-membro exercer ilegitimamente competência exclusiva da União.

3.5.14 Devolução do montante arrecadado

Os empréstimos compulsórios são tributos restituíveis. Assim, o valor arrecadado deve ser devolvido pela União aos contribuintes. Nesse sentido, o art. 15, parágrafo único, do CTN afirma que "a lei fixará obrigatoriamente o prazo do empréstimo **e as condições de seu resgate**".

Assim, a lei complementar que institui o empréstimo compulsório deve dispor obrigatoriamente sobre prazos e condições para resgate integral dos valores pagos, corrigidos monetariamente.

O certo é que, se o tributo é pago em dinheiro, obrigatoriamente o resgate do empréstimo compulsório deve ser em dinheiro, ou, segundo orientação do Supremo Tribunal Federal, **a restituição precisa ser efetuada na mesma espécie em que o tributo foi recolhido** (RE 175.385/CE)[19].

Porém, no caso de empréstimos compulsórios instituídos **antes da Constituição de 1988**, o STF admitiu **resgate em ações** (AGRRE 193.798/PR)[20].

3.5.15 Súmula 418 do STF

Na Súmula 418, publicada em 6-7-1964, o Supremo Tribunal Federal fixou o seguinte entendimento: "O empréstimo compulsório não é tributo, e sua arrecadação não está sujeita a exigência constitucional da prévia autorização orçamentária".

Entretanto, a referida súmula **foi cancelada no julgamento do RE 111.954.**

3.6 CONTRIBUIÇÕES ESPECIAIS

A quinta espécie tributária existente no ordenamento jurídico brasileiro é uma "colcha de retalhos" formada pela aglomeração no texto constitucional, sob o rótulo genérico de "contribuições", de todas as tentativas malsucedidas de criar exações que não se ajustavam às outras modalidades tributárias presentes em nosso direito.

3.6.1 Conceito

Contribuições especiais são **tributos finalísticos qualificados pela destinação**. Assim, o elemento que confere identidade às contribuições, diante dos demais tributos, é a finalidade para a qual são instituídas.

> Esaf: A prova de Agente da Receita Federal de 2012 considerou CORRETA a afirmativa: "Com relação ao entendimento do STF sobre as contribuições é correto afirmar que sua constitucionalidade seria aferida pela necessidade pública atual do dispêndio vinculado e pela eficácia dos meios escolhidos para alcançar essa finalidade".

Enquanto nas outras espécies tributárias a competência constitucional para criação é definida basicamente a partir do fato gerador, nas contribuições o Texto Maior estabelece **a base de cálculo** e a **finalidade** do tributo.

Note-se, por exemplo, que a Constituição Federal de 1988 prevê a criação de diversas contribuições, sempre definindo qual a finalidade de sua instituição:

1) PARA intervenção no domínio econômico (art. 149);

2) PARA custeio das categorias profissionais ou econômicas (art. 149);

---

19. Ricardo Alexandre, *Direito Tributário Esquematizado*, p. 67.
20. Ricardo Alexandre, *Direito Tributário Esquematizado*, p. 67.

3) PARA custeio do serviço de iluminação pública (art. 149-A);

4) PARA financiamento da Seguridade Social[STF] (art. 195);

STF: "Vale-transporte e contribuição previdenciária. O Plenário acolheu embargos declaratórios para esclarecer que a inconstitucionalidade do art. 4º da Lei n. 7.418/85 e do art. 5º do Decreto n. 95.247/87 seria tão somente para efeitos fiscais, portanto, exclusivamente com o intuito de afastar a incidência de contribuição previdenciária sobre o valor pago, em pecúnia, a título de vale-transporte pelo recorrente aos seus empregados" (RE 478.410 ED/SP, rel. Min. Luiz Fux, j. 15-12-2011).

5) PARA custeio de entidades privadas de serviço social e formação profissional (art. 240);

6) PARA custeio da educação básica pública (art. 212, § 5º, da CF).

É possível perceber que as contribuições têm sua natureza definida pela finalidade a que a Constituição vincula sua existência. Daí o conceito de "tributos qualificados pela destinação"[STF].

STF: "A espécie tributária contribuição ocupa lugar de destaque no sistema constitucional tributário e na formação de políticas públicas, além de caracterizar-se pela previsão de destinação específica do produto arrecadado com a tributação. As contribuições escapam à força atrativa do pacto federativo, pois a União estaria desobrigada a partilhar o dinheiro recebido com os demais entes federados. Relembrou-se que o uso compartilhado de base de cálculo própria de imposto pelas contribuições não se revelaria bitributação. Enfatizou-se que a tributação somente se legitimaria pela adesão popular e democrática, cujo expoente seria a regra da legalidade. Além disso, afirmou-se que a cobrança de contribuições somente se justificaria se a exação respeitasse os limites constitucionais e legais que a caracterizariam. Assim, a existência das contribuições com todas as suas vantagens e condicionantes deveria preservar sua destinação e finalidade. Frisou-se que a constitucionalidade das contribuições seria aferida pela necessidade pública atual do dispêndio vinculado e pela eficácia dos meios escolhidos para alcançar essa finalidade. Sublinhou-se que a jurisprudência do Supremo teria considerado constitucionais as referidas contribuições, que objetivariam custear os dispêndios da União, em decorrência de decisão do STF que entendera devido o reajuste do saldo do FGTS, desde que respeitado o prazo de anterioridade para início das respectivas exigibilidades" (ADIn 2.556/DF, rel. Min. Joaquim Barbosa, j. 13-6-2012).

Por outro lado, as provas e concursos vêm considerando inconstitucional a criação de contribuições para atender a finalidades não previstas no Texto de 1988.

Cespe: A prova de Advogado da União de 2008 considerou ERRADA a afirmativa: "Suponha que determinado tributo criado pela União, com base em sua competência tributária residual, tenha o produto de sua arrecadação destinado à formação de reservas cambiais. Nesse caso, o referido tributo somente poderá ser uma contribuição".

3.6.2 A questão terminológica

Muitos nomes diferentes têm sido utilizados para fazer referência à quinta espécie tributária: "contribuições", "contribuições especiais", "contribuições sociais", "contribuições parafiscais".

O art. 149 da Constituição Federal emprega simplesmente o termo "contribuições" para se referir à quinta espécie tributária, subdividindo-a em contribuições "sociais", "de intervenção no domínio econômico" e "de interesse das categorias profissionais ou econômicas". O inconveniente de adotar tal opção é que as contribuições de melhoria também são "contribuições", mas de outra espécie.

A nomenclatura "contribuições sociais", por sua vez, jamais pode ser empregada para designar a espécie como um todo, na medida em que a própria Constituição Federal utiliza o termo no sentido de um dos tipos de contribuição, as de custeio da Seguridade (art. 149, c/c o art. 195).

Quanto à expressão "contribuições parafiscais", sua utilização não é mais recomendada como antigamente, pois hoje nem todas as contribuições são arrecadadas mediante delegação legal da capacidade ativa para sua cobrança (parafiscalidade).

Pelo menos no âmbito federal, com a criação da chamada "Super Receita" (art. 1º da Lei n. 11.457/2007), praticamente todas as contribuições federais passaram a ser arrecadadas pela Administração Direta, abolindo-se o modelo parafiscal até então predominante nas contribuições.

Portanto, fica evidenciado que a melhor nomenclatura a ser utilizada é a de "contribuições especiais", evitando assim imprecisões e confusões terminológicas desnecessárias.

3.6.3 Fundamento normativo

A Constituição Federal de 1988 disciplina a criação e o regime das contribuições especiais em três dispositivos principais:

> **Art. 149:** "Compete exclusivamente à União instituir **contribuições sociais**, de **intervenção no domínio econômico** e de **interesse das categorias profissionais ou econômicas**, como instrumento de sua atuação nas respectivas áreas, observado o disposto nos arts. 146, III, e 150, I e III, e sem prejuízo do previsto no art. 195, § 6º, relativamente às contribuições a que alude o dispositivo".

> **Art. 149-A:** "Os Municípios e o Distrito Federal poderão instituir contribuição, na forma das respectivas leis, para o custeio do serviço de iluminação pública, observado o disposto no art. 150, I e III. Parágrafo único. É facultada a cobrança da contribuição a que se refere o *caput*, na fatura de consumo de energia elétrica".

> **Art. 195:** "A seguridade social será financiada por toda a sociedade, de forma direta e indireta, nos termos da lei, mediante recursos provenientes dos orçamentos da União, dos Estados, do Distrito Federal e dos Municípios, e das seguintes contribuições sociais:

> Uniuv: A prova de Advogado da PM/PR de 2011 considerou ERRADA a assertiva: "É obrigatória a cobrança da contribuição pelo serviço de iluminação pública na fatura de consumo de energia elétrica".

I – do empregador, da empresa e da entidade a ela equiparada na forma da lei, incidentes sobre:

a) a folha de salários e demais rendimentos do trabalho pagos ou creditados, a qualquer título, à pessoa física que lhe preste serviço, mesmo sem vínculo empregatício;

b) a receita ou o faturamento;

c) o lucro;

II – do trabalhador e dos demais segurados da previdência social, não incidindo contribuição sobre aposentadoria e pensão concedidas pelo regime geral de previdência social de que trata o art. 201;

III – sobre a receita de concursos de prognósticos;

IV – do importador de bens ou serviços do exterior, ou de quem a lei a ele equiparar".

O art. 149 define a competência "exclusiva" da União e enumera os três tipos de contribuições especiais atualmente existentes: sociais, de intervenção no domínio econômico (Cides) e de interesse das categorias profissionais ou econômicas.

Já o art. 149-A, acrescentado pela Emenda n. 39/2002, prevê a competência do Distrito Federal e Municípios para instituir a Contribuição de Iluminação Pública (Cipe).

Por fim, o art. 195 estabelece as linhas gerais do regime aplicável às contribuições de custeio da Seguridade Social (contribuições sociais), prescrevendo regras que serão detalhadamente analisadas nos itens seguintes.

3.5.4 Competência

O art. 149 da Constituição Federal afirma textualmente que a competência para instituir contribuições cabe **"exclusivamente"** à União ("Compete exclusivamente à União instituir contribuições sociais, de intervenção no domínio econômico e de interesse das categorias profissionais ou econômicas, como instrumento de sua atuação nas respectivas áreas, observado o disposto nos arts. 146, III e 150, I e III, e sem prejuízo do previsto no art. 195, § 6º, relativamente às contribuições a que alude o dispositivo").

Como regra geral, quando a Constituição Federal define uma competência exclusiva inexistem exceções. Essa é a diferença fundamental para as competências privativas, pois estas admitem exceções.

Por isso, não faltam doutrinadores e bancas examinadoras que apontam o **equívoco constitucional ao tratar essa competência como exclusiva**, na medida em que o próprio Texto Maior prevê várias outras contribuições que não são federais.

O certo seria estar escrito "compete PRIVATIVAMENTE à União instituir contribuições". Já houve provas que, corrigindo o erro do constituinte, chegaram a considerar correta a alternativa que trata tal competência como privativa da União.

Porém, **em respeito à dicção constitucional, a POSIÇÃO MAIS SEGURA** e majoritária é a que aponta a natureza da competência para instituir contribuições como **EXCLUSIVA DA UNIÃO, COM EXCEÇÕES.**

> FGV: A prova de Auditor-Fiscal da Receita/RJ considerou CORRETA a assertiva: "A instituição de contribuições sociais, de intervenção no domínio econômico e de interesse das categorias profissionais ou econômicas, é de competência exclusiva da União".

Assim, em regra, compete à União instituir contribuições especiais, com exceção daquelas previstas nos arts. 149, § 1º, e 149-A da CF, que serão analisadas no item seguinte.

> FGV: A prova de Auditor-Fiscal da Receita/RJ considerou ERRADA a assertiva: "A União, os Estados e o Distrito Federal, e os Municípios poderão instituir, exclusivamente, os seguintes tributos: impostos, taxas e contribuições de melhoria".

Importante frisar que somente a Constituição Federal poderá definir novos casos de contribuições não federais.

3.6.4.1 Contribuição para custeio de regime previdenciário próprio

O art. 149, § 1º, da CF autoriza **Estados, Distrito Federal e Municípios** a instituir **contribuição cobrada de seus servidores para custeio em benefício destes de regime previdenciário próprio**, cuja alíquota não será inferior à da contribuição dos servidores titulares de cargos efetivos da União[STF].

> STF: "AÇÃO DIRETA DE INCONSTITUCIONALIDADE. ART. 149, § 1º, DA CONSTITUIÇÃO DA REPÚBLICA (ALTERADO PELA EMENDA CONSTITUCIONAL N. 41/2003). 1. A norma que fixa alíquota mínima (contribuição dos servidores titulares de cargos efetivos na União) para a contribuição a ser cobrada pelos Estados, pelo Distrito Federal e pelos Municípios de seus servidores, para o custeio, em benefício destes, do regime previdenciário de que trata o art. 40 da Constituição da República não contraria o pacto federativo ou configura quebra de equilíbrio atuarial. 2. A observância da alíquota mínima fixada na Emenda Constitucional n. 41/2003 não configura quebra da autonomia dos Estados Federados. O art. 201, § 9º, da Constituição da República, ao estabelecer um sistema geral de compensação, há ser interpretado à luz dos princípios da solidariedade e da contributividade, que regem o atual sistema previdenciário brasileiro" (ADIn 3.138-DF, rel. Min. Cármen Lúcia).

O referido dispositivo cria um privilégio em favor de **servidores públicos estatutários titulares de cargos efetivos** estaduais, distritais e municipais, mediante um sistema previdenciário especial, de caráter contributivo e solidário (art. 40 da CF), que os subtrai do regime geral da Previdência Social.

Em regra, o modelo especial de previdência é administrado por autarquias previdenciárias especializadas que realizam também a arrecadação da respectiva contribuição.

A contribuição paga pelos servidores estatutários estaduais, distritais e municipais às respectivas autarquias previdenciárias constitui o primeiro caso excepcional, no Texto de 1988, de contribuição não federal.

3.6.4.2 Contribuição para iluminação pública

Declarada inconstitucional pelo STF, a antiga taxa de iluminação pública foi escandalosamente transformada em contribuição e constitucionalizada por força da EC n. 39/2002 (Súmula 670 do STF: "O serviço de iluminação pública não pode ser remunerado mediante taxa"). No mesmo sentido, a Súmula Vinculante 41 do STF: "O serviço de iluminação pública não pode ser remunerado mediante taxa".

Hoje, a denominada **CIP** ou **Cosip** pode ser instituída pelo **Distrito Federal e Municípios**, na forma das respectivas leis, para custeio do serviço de iluminação pública (art. 149-A da CF).

> FCC: A prova de Auditor-Fiscal de Tributos Estaduais/RO de 2010 considerou ERRADA a assertiva: "A contribuição para o custeio do serviço de iluminação pública é de competência exclusiva dos Estados e Distrito Federal".

> Cespe: A prova de Procurador do TCE/ES de 2009 considerou CORRETA a assertiva: "Apenas os municípios e o DF podem instituir contribuição para custear o serviço de iluminação pública".

> Cespe: A prova de Procurador do DF de 2013 considerou ERRADA a assertiva: "O DF pode instituir contribuições parafiscais, inclusive destinadas à intervenção no domínio econômico, desde que o faça por lei complementar".

> Copeve/Ufal: A prova de Advogado da Casal considerou ERRADA a assertiva: "A contribuição para o custeio da iluminação pública tem natureza extrafiscal".

Admite-se a cobrança da Cosip na fatura da energia elétrica (art. 149, parágrafo único, da Constituição Federal), ou seja, o valor do tributo pode ser exigido junto com a conta de luz.

> Esaf: A prova de Auditor-Fiscal da Receita Federal de 2012 considerou CORRETA a afirmação: "Considerando decisões emanadas do STF, a progressividade da alíquota, que resulta do rateio do custo da iluminação pública entre os consumidores de energia elétrica, não afronta o princípio da isonomia".

A Cosip sujeita-se às duas anterioridades.

> Cespe: A prova de Procurador do TCE/ES de 2009 considerou CORRETA a assertiva: "A contribuição para o custeio do serviço de iluminação pública deve obedecer tanto aos princípios da anterioridade quanto aos da noventena".

> Esaf: A prova de Agente da Fazenda Municipal/RJ de 2012 considerou CORRETA a afirmativa: "Sobre a Cosip é correto afirmar que os municípios somente poderão instituir tal tributo sob a forma de contribuição, que observará as garantias da anterioridade e da legalidade".

3.6.5 Veículo normativo introdutor

Como regra geral, as contribuições especiais são criadas e disciplinadas por meio de **lei ordinária**[STF]

> STF: "A fixação da base de incidência da contribuição social alusiva ao frete submete-se ao princípio da legalidade. CONTRIBUIÇÃO SOCIAL – FRETE – BASE DE INCIDÊNCIA – PORTARIA – MAJORAÇÃO. Surge conflitante com a Carta da República majorar mediante portaria a base de incidência da contribuição social relativa ao frete. MANDADO DE SEGURANÇA – BALIZAS. No julgamento de processo subjetivo, deve-se observar o pedido formalizado" (RMS 25.476-DF, Red. p/ o Acórdão: Min. Marco Aurélio. TRIBUTO – BASE DE INCIDÊNCIA – PRINCÍPIO DA LEGALIDADE ESTRITA).

promulgada pela entidade federativa competente para sua instituição. Nada impede, assim, pelo menos em âmbito federal, a utilização de **medida provisória** para a mesma finalidade.

Porém, registre-se a existência de importante exceção a essa regra. Isso porque, nos termos do art. 195, § 4º, da CF, a criação de **novas fontes de custeio da Seguridade Social (contribuições sociais residuais) exige lei complementar federal.**

> Cespe: A prova de Juiz Federal do TRF5 de 2011 considerou CERTA a assertiva: "As contribuições sociais residuais devem ser instituídas por lei complementar, ser não cumulativas e ter bases de cálculo e fatos geradores diferentes dos de outras contribuições sociais".

Tal exigência só se aplica a contribuições ainda não descritas (base de cálculo ou fato gerador) no texto constitucional. Assim, se o legislador for instituir **contribuição já mencionada no Texto Maior, basta lei ordinária.**

> Esfcex: A Prova de Oficial de Direito do Exército de 2011 considerou ERRADA a assertiva: "Os fatos geradores, as bases de cálculo e os contribuintes das contribuições de seguridade social previstas no texto constitucional devem estar definidos em lei complementar".

3.6.6 Tipos de contribuições especiais segundo a Constituição

Embora a doutrina e o Supremo Tribunal Federal apresentem outras classificações das espécies de contribuições, que serão mencionadas nos itens seguintes, convém iniciar o estudo do tema pelo modo como o Texto de 1988 organiza a matéria.

De acordo com o art. 149 da Constituição Federal, as contribuições especiais são de três tipos:

> FCC – A prova de Defensor Público/SP de 2006 considerou ERRADA a assertiva: "A Constituição Federal traz expressa no seu texto a previsão de contribuição, que por certo tem natureza tributária, obedece ao regime jurídico tributário e possui uma única modalidade que é a contribuição social".

1) sociais (art. 195);

2) de intervenção no domínio econômico (Cides);

3) de interesse das categorias profissionais ou econômicas.

Passemos ao estudo separado de cada um dos três tipos. Convém lembrar o leitor de que o tratamento mais detalhado de cada uma das contribuições específicas será objeto de capítulo próprio deste *Manual*. Assim, o objetivo dos itens a seguir é analisar somente as características normativas comuns aos tipos de contribuição.

3.6.6.1 Contribuições sociais

As contribuições sociais são tributos federais instituídos para **financiamento da Seguridade Social**[STF] (art. 195 da CF).

> STF: "Competência trabalhista e execução de contribuições sociais. A competência da Justiça do Trabalho para execução de contribuições sociais pressupõe decisão condenatória em parcela trabalhista geradora da incidência da referida espécie tributária. ('Art. 114. Compete à Justiça do Trabalho processar e julgar: (...) VIII – a execução, de ofício, das contribuições sociais previstas no art. 195, I, *a*, e II, e seus acréscimos legais, decorrentes das sentenças que proferir')". RE 564.424 AgRg/PA, rel. Min. Marco Aurélio, j. 18-9-2012.

Na Constituição Federal de 1988, a Seguridade é um sistema que compreende um conjunto integrado de ações de iniciativa dos Poderes Públicos e da sociedade, destinadas a assegurar os direitos relativos aos subsistemas da: a) **Previdência Social**; b) **Assistência Social**; 3) **Saúde** (art. 194).

Nesse sentido, o art. 195 afirma que a Seguridade Social será financiada por toda a sociedade, de forma direta e indireta, nos termos da lei, mediante recursos provenientes dos orçamentos da União, dos Estados, do Distrito Federal e dos Municípios, e **das seguintes contribuições**:

I – do empregador, da empresa e da entidade a ela equiparada na forma da lei, incidentes sobre:

a) a folha de salários e demais rendimentos do trabalho pagos ou creditados, a qualquer título, à pessoa física que lhe preste serviço, mesmo sem vínculo empregatício;

b) a receita ou o faturamento;

c) o lucro;

II – do trabalhador e dos demais segurados da previdência social, não incidindo contribuição sobre aposentadoria e pensão concedidas pelo regime geral de previdência social;

III – sobre a receita de concursos de prognósticos.

IV – do importador de bens ou serviços do exterior, ou de quem a lei a ele equiparar.

Assim, são exemplos de contribuições sociais o **PIS** (Contribuição para o Programa de Integração Social – Lei Complementar n. 7/70), o **Pasep** (Contribuição para o Programa de Formação do Patrimônio do Servidor Público – Lei Complementar n. 8/70), a **Cofins** (Contribuição para Financiamento da Seguridade Social – Lei n. 10.833/2003), a **Cofins-Importação** (Lei n. 10.863/2004), a **CSLL** (Contribuição Social Sobre o Lucro Líquido – Lei n. 7.689/88) e a **Contribuição Social do Trabalhador** (art. 11 da Lei n. 8.212/91).

Sobre a CSLL, é importante mencionar que a Primeira Turma do STJ, no julgamento do REsp 1.805.925/SP em 23 de junho de 2020, entendeu que a limitação de 30% à compensação de prejuízos fiscais do IRPJ e da base de cálculo negativa da CSLL se aplica inclusive na hipótese de pessoas jurídicas extintas.

3.6.6.1.1 Contribuições sociais *vs.* contribuições previdenciárias

É importante não confundir contribuições sociais, que são todas aquelas voltadas genericamente ao custeio da Seguridade Social (Previdência + Assistência + Saúde), com contribuições previdenciárias.

Contribuições previdenciárias são somente aquelas especificamente destinadas a custear benefícios previdenciários, devidas pelos segurados e pelas empresas (arts. 20 e 23 da Lei n. 8.212)[STJ].

> STJ: "DIREITO TRIBUTÁRIO. CONTRIBUIÇÕES PREVIDENCIÁRIAS. CONTRATAÇÃO DE MÃO DE OBRA TERCEIRIZADA. RESPONSABILIDADE DA EMPRESA TOMADADORA DO SERVIÇO. A partir da redação do art. 31 da Lei n. 8.212/91 dada pela Lei n. 9.711/98, a empresa contratante é responsável, com exclusividade, pelo recolhimento da contribuição previdenciária por ela retida do valor bruto da nota fiscal ou fatura de prestação de serviços, afastada, em relação ao montante retido, a responsabilidade supletiva da empresa prestadora cedente de mão de obra. Em consonância com o exposto pela 1ª Seção desta Corte no julgamento do REsp 1.131.047-MA, *DJe* 2-12-2010, representativo de controvérsia, a responsabilidade pelo recolhimento da contribuição previdenciária retida na fonte incidente sobre a mão de obra utilizada na prestação de serviços contratados é exclusiva do tomador do serviço, nos termos do art. 33, § 5º, da Lei n. 8.212/91, não havendo falar em responsabilidade supletiva da empresa cedente" (AgRg no AgRg no REsp 721.866-SE, rel. Min. Arnaldo Esteves Lima, j. 20-9-2012).

Portanto, as contribuições previdenciárias são uma espécie do gênero contribuições sociais. Assim, **toda contribuição previdenciária é uma contribuição social, mas nem toda contribuição social é previdenciária.**

> Cespe: A prova de Contador da SEDF de 2017 considerou CORRETA a afirmação: "É obrigatória a retenção da contribuição ao INSS quando do pagamento por serviços contratados por empreitada para preparação de dados para processamento eletrônico, excetuados os relativos a vigilância ou segurança por meio de monitoramento eletrônico".

3.6.6.1.2 Veículo normativo instituidor

As contribuições sociais já descritas no **art. 195** da Constituição Federal são criadas e disciplinadas por **lei ordinária** ou **medida provisória**.

No entanto, sendo instituída **nova fonte de custeio da Seguridade Social**, a disciplina normativa exige **lei complementar**[STF] (art. 195, § 4º, da CF).

> STF: "É inconstitucional a contribuição a cargo de empresa, destinada à seguridade social, no montante de 'quinze por cento sobre o valor bruto da nota fiscal ou fatura de prestação de serviços, relativamente a serviços que lhe são prestados por cooperados por intermédio de cooperativas de trabalho', prevista no art. 22, IV, da Lei n. 8.212/91, com a redação dada pela Lei n. 9.876/99. A Lei n. 9.876/99 transferiu a sujeição passiva da obrigação tributária para as empresas tomadoras dos serviços. Embora os sócios/usuários possam prestar seus serviços no âmbito dos respectivos locais de trabalho, com seus equipamentos e técnicas próprios, a prestação dos serviços não é dos sócios/usuários, mas da sociedade cooperativa. Os terceiros interessados nesses serviços efetuam os pagamentos diretamente à cooperativa, que se ocuparia, posteriormente, de repassar aos sócios/usuários as parcelas relativas às respectivas remunerações. A norma extrapolou a base econômica delineada no art. 195, I, *a*, da CF, ou seja, a regra sobre a competência para se instituir contribuição sobre a folha de salários ou sobre outros rendimentos do trabalho. Afrontou ainda o princípio da capacidade contributiva (CF, art. 145, § 1º), porque os pagamentos efetuados por terceiros às cooperativas de trabalho, em face de serviços prestados por seus associados, não se confundem com os valores efetivamente pagos ou creditados aos cooperados. O legislador ordinário, ao tributar o faturamento da cooperativa, descaracterizou a contribuição hipoteticamente incidente sobre os rendimentos do trabalho dos cooperados, com evidente *bis in idem*. A contribuição destinada a financiar a seguridade social, que tenha base econômica estranha àquelas indicadas no art. 195 da CF, somente poderia ser legitimamente instituída por lei complementar, nos termos do art. 195, § 4º, da CF" (RE 595.838/SP, rel. Min. Dias Toffoli, j. 23-4-2014).

3.6.6.1.3 Regime de anterioridade

As contribuições sociais submetem-se exclusivamente à anterioridade nonagesimal (art. 195, § 6º, da CF), **não precisando respeitar a anterioridade anual**[STF].

STF: "TRIBUTÁRIO. CONTRIBUIÇÃO SOCIAL. § 6º DO ART. 195, DA CONSTITUIÇÃO DA REPÚBLICA: APLICAÇÃO À CONTRIBUIÇÃO AO PIS. LEI DE CONVERSÃO DE MEDIDA PROVISÓRIA. DISPOSITIVO SUSCITADO AUSENTE DO TEXTO DA MEDIDA PROVISÓRIA: CONTAGEM DA ANTERIORIDADE NONAGESIMAL A PARTIR DA PUBLICAÇÃO DA LEI. 1. A contribuição ao PIS sujeita-se à regra do § 6º do art. 195 da Constituição da República. 2. Aplicação da anterioridade nonagesimal à majoração de alíquota feita na conversão de medida provisória em lei" (RE 568.503-RS, rel. Min. Cármen Lúcia).

Assim, se determinada contribuição é criada ou majorada, por exemplo no dia 28 de maio de 2019, poderá ser exigida 90 dias depois (aproximadamente 28 de agosto de 2019).

3.6.6.1.4 Normas constitucionais específicas

As contribuições sociais (art. 149, § 2º, da CF):

a) **não incidirão sobre** receitas decorrentes de **exportação**;

b) **incidirão sobre a importação** de produtos estrangeiros ou serviços;

c) poderão ter **alíquotas**: 1) ***ad valorem*** (variáveis proporcionalmente ao valor do bem): tendo por base o faturamento, a receita bruta[STF] ou o valor

STF: "CONTRIBUIÇÃO SOCIAL – INCIDÊNCIA SOBRE A RECEITA DA COMERCIALIZAÇÃO DA PRODUÇÃO RURAL – LEI N. 8.540/92 – INCONSTITUCIONALIDADE – ALCANCE. A inconstitucionalidade da Contribuição Social sobre a receita bruta da comercialização da produção rural não alcança os produtores rurais autônomos sem empregados, mencionados no § 8º do art. 195 da Carta" (AgRg no RE n. 701.254-PR, rel. Min. Marco Aurélio).

da operação e, no caso da importação, o valor aduaneiro; 2) **específica**: é uma alíquota fixa tendo por base a unidade de medida adotada.

Além disso, convém listar outras regras constitucionais aplicáveis às contribuições sociais, que serão posteriormente analisadas, com maior nível de detalhamento, nos capítulos específicos deste *Manual*:

1) São imunes a contribuições sociais as entidades beneficentes de assistência social que atendam às exigências estabelecidas em lei (art. 195, § 7º);

2) O produtor, o parceiro, o meeiro e o arrendatário rurais e o pescador artesanal, bem como os respectivos cônjuges, que exerçam suas atividades em regime de economia familiar, sem empregados permanentes, contribuirão para a seguridade social mediante a aplicação de uma alíquota sobre o resultado da comercialização da produção e farão jus aos benefícios nos termos da lei (art. 195, § 8º);

3) As contribuições sociais poderão ter alíquotas ou bases de cálculo diferenciadas em razão da atividade econômica, da utilização intensiva de mão de obra, do porte da empresa ou da condição estrutural do mercado de trabalho (art. 195, § 9º).

A respeito da possibilidade de as contribuições sociais terem alíquotas diferenciadas em razão da atividade econômica, o STF, no julgamento da ADI 4.101 e da ADI 5.485, decidiu pela constitucionalidade da majoração da alíquota da CSLL das instituições financeiras;

> STF: "O Plenário finalizou julgamento virtual e, por unanimidade, julgou improcedente o pedido formulado na ação direta, nos termos do voto do Relator.
> O Min. Relator registrou voto no sentido de reconhecer 'a constitucionalidade da majoração de 9% para 15% da alíquota da CSLL devida por instituições financeiras e pessoas jurídicas de seguros privados e de capitalização, assim como da majoração provisória da alíquota da CSLL das referidas entidades de 15% para 20% e das bolsas de valores e de mercadorias e futuros de 15% para 17%. Isso porque, verifica-se que esta Suprema Corte, em diversos julgados, já vem declarando a constitucionalidade de alíquotas diferenciadas para instituições financeiras, não se verificando a alegada discriminação. Cito ementa do julgamento da ADI 2.898, Rel. Min. Dias Toffoli, *DJe* de 3/12/2018, na qual ficou assentado que 'a imposição de alíquotas diferenciadas em razão da atividade econômica pode estar fundada nas funções fiscais ou nas funções extrafiscais da exação. *A priori*, estando fundada na função fiscal, deve a distinção corresponder à capacidade contributiva; estando embasada nas funções extrafiscais, deve ela respeitar a proporcionalidade, a razoabilidade, bem como o postulado da vedação do excesso" (ADI 4.101 e ADI 5.485, rel. Min. Luiz Fux, j. 16-6-2020).

4) A lei definirá os critérios de transferência de recursos para o sistema único de saúde e ações de assistência social da União para os Estados, o Distrito Federal e os Municípios, e dos Estados para os Municípios, observada a respectiva contrapartida de recursos (art. 195, § 10);

5) É vedada a concessão de remissão ou anistia das contribuições sociais para débitos em montante superior ao fixado em lei complementar (art. 195, § 11);

6) A lei definirá os setores de atividade econômica para os quais as contribuições incidentes na forma dos incisos I, *b*; e IV do *caput*, serão não cumulativas (art. 195, § 12).

3.6.6.1.5 Fontes de custeio

As contribuições de custeio da Seguridade Social têm as seguintes fontes de custeio (art. 195 da CF):

a) empregador, empresa e entidade a ela equiparada[STJ];

STJ: "1 – Incide contribuição previdenciária a cargo da empresa sobre os valores pagos a título de salário-maternidade; 2 – Incide contribuição previdenciária a cargo da empresa sobre os valores pagos a título de salário paternidade; 3 – Não incide contribuição previdenciária a cargo da empresa sobre o valor pago a título de terço constitucional de férias gozadas; 4 – Não incide contribuição previdenciária a cargo da empresa sobre o valor pago a título de terço constitucional de férias indenizadas; 5 – Não incide contribuição previdenciária a cargo da empresa sobre o valor pago a título de aviso prévio indenizado; 6 – Não incide contribuição previdenciária a cargo da empresa sobre a importância paga nos quinze dias que antecedem o auxílio-doença" (1ª Seção, REsp 1.230.957-RS, rel. Min. Mauro Campbell Marques, j. 26-2-2014).

b) trabalhador e demais segurados da previdência;

c) receita de concurso de prognósticos (loterias);

d) importador de bens ou serviços do exterior ou quem a lei a ele equiparar.

3.6.6.2 Cides

As contribuições de intervenção no domínio econômico (Cides) são tributos federais utilizados pela União como **ferramenta de regulação sobre setores estratégicos da economia.**

Em outras palavras, as Cides são uma **manifestação do poder de polícia estatal** para disciplina de mercados com potencial de crise.

Cespe: A prova de Procurador do TCE/ES de 2009 considerou CORRETA a assertiva: "A contribuição de intervenção no domínio econômico é utilizada pela União quando ela atua como agente normativo e regulador da ordem econômica, exercendo as funções de fiscalização, incentivo e planejamento, nos termos da CF".

São exemplos de Cides atualmente existentes em nosso ordenamento a Cide/combustíveis (art. 177, § 4º, da CF e Lei n. 10.233/2001) e a Cide/*Royalties* (Lei n. 10.168/2000).

Esaf: A prova de Agente da Receita Federal de 2009 considerou CORRETA a afirmativa: "A Constituição Federal prevê a possibilidade de criação, exclusivamente por lei, de contribuição de intervenção no domínio econômico relativa às atividades de importação ou comercialização de petróleo e seus derivados, gás natural e seus derivados e álcool combustível".

3.6.6.2.1 Veículo normativo instituidor

Esaf: A prova de Agente da Receita Federal de 2012 considerou ERRADA a afirmativa: "Não se pode prescindir de lei complementar para a criação das contribuições de intervenção no domínio econômico e de interesse das categorias profissionais".

> FCC: A prova de Agente Fiscal da Sefaz/SP de 2009 considerou ERRADA a assertiva: "As contribuições sobre o domínio econômico devem ser instituídas por lei complementar, em razão de sua natureza excepcional".

As Cides devem ser instituídas e disciplinadas por meio de lei ordinária[STF] federal, admitindo também veiculação via medida provisória.

> STF: "A contribuição destinada ao Sebrae possui natureza de contribuição de intervenção no domínio econômico e não necessita de edição de lei complementar para ser instituída. Com base nessa jurisprudência, o Plenário, por maioria, negou provimento a recurso extraordinário em que se alegava: a) indevida exigência do pagamento da referida exação, pois criada por meio de lei ordinária, em afronta ao art. 146, II, *a*, da CF; e b) identidade de fato gerador e base de cálculo com outras contribuições, em violação ao art. 195, § 4º, c/c o art. 154, I, ambos da CF. Reputou-se que o acórdão recorrido estaria em consonância com a orientação da Corte. Vencido o Min. Marco Aurélio, que dava provimento ao recurso. Assentava a exigência de lei complementar, bem como realçava o fato de a contribuinte, além de já submetida a outras contribuições, não se incluir no rol de beneficiárias do Sebrae, haja vista não se identificar com micro e pequenas empresas" (RE 635.682/RJ, rel. Min. Gilmar Mendes, j. 25-4-2013).

3.6.6.2.2 Regime de anterioridade

As Cides estão submetidas às duas anterioridades, ou seja, sujeitam-se tanto à anterioridade anual quanto à nonagesimal.

3.6.6.2.3 Normas constitucionais específicas

Assim como ocorre com as contribuições sociais, as Cides sujeitam-se a três regras constitucionais específicas (art. 149, § 2º, da CF):

1) não incidirão sobre receitas decorrentes de exportação;

> FCC: A prova de Agente Fiscal da Sefaz/SP de 2009 considerou ERRADA a assertiva: "As contribuições sobre o domínio econômico incidirão sobre as receitas decorrentes de exportação".

2) incidirão sobre a importação de produtos estrangeiros ou serviços;

> FCC: A prova de Agente Fiscal da Sefaz/SP de 2009 considerou CORRETA a assertiva: "As contribuições sobre o domínio econômico incidirão sobre importação de produtos estrangeiros ou serviços".

3) poderão ter alíquotas: a) *ad valorem* (variáveis conforme o valor do bem): tendo por base o faturamento, a receita bruta ou o valor da operação e, no caso da importação, o valor aduaneiro; b) específica: tendo por base a unidade de medida adotada.

3.6.6.3 Contribuições de interesse das categorias profissionais ou econômicas

O terceiro tipo de contribuição especial mencionado no art. 149 da Constituição Federal são as contribuições de interesse das categorias profissionais ou econômicas. São tributos federais instituídos para **custear entidades de classe e outras instituições representativas de interesses profissionais.**

Exemplo importante dessa contribuição é a anuidade paga por profissionais aos Conselhos de Classe (OAB, Crea, CRM, Creci, Corecon etc.).

Enquadra-se também nessa categoria a contribuição compulsória, prevista no art. 240 da Constituição Federal, devida pelo empregador sobre a folha de salário, destinada às entidades privadas de serviço social e de formação profissional vinculadas ao sistema sindical, tais como Sesi, Sesc, Senai, Sebrae etc.

CUIDADO: Até a entrada em vigor da reforma trabalhista (Lei n. 13.467/2017), que alterou os arts. 578, 579 e 582 da CLT, **as contribuições sindicais** eram tributos devidos pelos empregados para custeio dos respectivos sindicatos. Desde a reforma trabalhista, todavia, as contribuições sindicais deixaram de ser compulsórias (arts. 578 e 579 da CLT), perdendo sua natureza tributária devido à falta de **compulsoriedade**. Agora, o recolhimento é facultativo, condicionado à autorização individual e por escrito do empregado.

Importante destacar que **entidades profissionais, como conselhos de classe e instituições sindicais, não detêm competência tributária para instituir as contribuições**. Assim, como dito anteriormente, cabe à União criar e emanar os preceitos normativos disciplinadores do tributo. Por meio da parafiscalidade típica dessas contribuições (art. 7º do CTN), a União delega por lei às entidades profissionais a capacidade tributária ativa, ou seja, delega a aptidão para cobrar o tributo. Portanto, **as entidades profissionais exercem a atribuição administrativa de cobrar o tributo, podendo também aplicar os recursos arrecadados em suas finalidades,** mas a instituição e regramento normativo da contribuição constituem competências indelegáveis da União.

3.6.6.3.1 Veículo normativo instituidor

As contribuições de interesse das categorias profissionais ou econômicas são criadas e disciplinadas por meio de **lei ordinária federal**, admitindo também regramento por **medida provisória.**

> Consulplan: A prova de Cartório/MG de 2015 considerou CORRETA a assertiva: "É defeso ao Estado e ao Distrito Federal a instituição de contribuição de intervenção no domínio econômico".

3.6.6.3.2 Regime de anterioridade

As contribuições de interesse das categorias profissionais ou econômicas estão submetidas **tanto à anterioridade anual quanto à nonagesimal.**

3.6.6.3.3 Contribuição confederativa (art. 8º, IV, da CF)

Não se deve confundir contribuição sindical, que era o tributo pago pelo trabalhador ao respectivo sindicato da categoria[21], com a denominada contribuição confederativa.

Contribuição confederativa não é tributo, mas uma exigência **de recolhimento facultativo** que pode ser **instituída pela Assembleia Geral** (e não por lei) da categoria profissional **para custeio do sistema sindical como um todo** (federações, confederações e centrais sindicais).

Nesse sentido, o STF editou a Súmula Vinculante 40: "A contribuição confederativa de que trata o art. 8º, IV, da Constituição Federal, só é exigível dos filiados ao sindicato respectivo".

A natureza não tributária da contribuição confederativa, bem como as enormes distinções entre ela e a contribuição sindical, vem indicada no art. 8º, IV, da CF: "a Assembleia Geral fixará a contribuição que, em se tratando de categoria profissional, será descontada em folha, para custeio do sistema confederativo da representação sindical respectiva, **independentemente da contribuição prevista em lei**".

> STF: "A Lei n. 13.467/2017 emprega critério homogêneo e igualitário ao exigir prévia e expressa anuência de todo e qualquer trabalhador para o desconto da contribuição sindical, ao mesmo tempo em que **suprime a natureza tributária da contribuição, seja em relação aos sindicalizados, seja quanto aos demais, motivos pelos quais não há qualquer violação ao princípio da isonomia tributária** (art. 150, II, da Constituição), até porque não há que se invocar uma limitação ao poder de tributar para prejudicar o contribuinte, expandindo o alcance do tributo, como suporte à pretensão de que os empregados não sindicalizados sejam obrigados a pagar a contribuição sindical. **A Carta Magna não contém qualquer comando impondo a compulsoriedade da contribuição sindical**, na medida em que o art. 8º, IV, da Constituição remete à lei a tarefa de dispor sobre a referida contribuição e o art. 149 da Lei Maior, por sua vez, limita-se a conferir à União o poder de criar contribuições sociais, o que, evidentemente, inclui a prerrogativa de extinguir ou modificar a natureza de contribuições existentes" (ADI 5.794, rel. Min. Edson Fachin, j. 29-6-2018, P, *DJe* de 23-4-2019).

---

21. Lembrar que a "Reforma Trabalhista", instituída pela Lei n. 13.467, de 13 de julho de 2017, retirou o caráter compulsório **da contribuição sindical. O seu pagamento agora é facultativo, razão pela qual a contribuição sindical deixou de ser um tributo.**

3.6.7 Classificação das contribuições segundo o STF

Na jurisprudência do Supremo Tribunal Federal é possível encontrar diversas classificações das contribuições, todas elas superando a concepção tripartite adotada pelo art. 149 da Constituição Federal.

Duas são as construções mais conhecidas.

No julgamento do **RE 148.754-4/98**, o voto do rel. **Min. Carlos Velloso** defendeu a existência do **gênero "contribuição"**, do qual seriam espécies:

a) contribuições de melhoria;

b) contribuições parafiscais;

c) contribuições especiais.

As contribuições parafiscais, por sua vez, estariam subdivididas em:

b1) contribuições para a seguridade social (PIS, Finsocial, previdenciárias);

b2) contribuições sociais gerais (FGTS, salário-educação e contribuições do sistema "S");

> Cespe: Embora o STF tenha inserido nesse julgado o FGTS como exemplo de contribuição geral, já está pacificado o entendimento no sentido de que o FGTS não tem natureza tributária, conforme se constata da assertiva considerada CORRETA pelo Cespe na prova de Advogado da Serpro de 2008: "O Fundo de Garantia por Tempo de Serviço – FGTS não tem natureza jurídica tributária".

> Cespe: A prova de Juiz Federal do TRF5 de 2011 considerou ERRADA a assertiva: "Aplicam-se às contribuições para o fundo de garantia por tempo de serviço as disposições do CTN".

b3) novas fontes de custeio da seguridade (art. 195, § 4º, da CF).

Já as contribuições especiais seriam de dois tipos:

c1) de intervenção no domínio econômico (Cides);

c2) de interesse das categorias profissionais ou econômicas.

Porém, no julgamento da **ADIn 2.556/2001**, o Supremo Tribunal Federal, a partir de voto do **Min. Moreira Alves**, passou a adotar **outra classificação.**

Segundo esse entendimento mais recente, o gênero "contribuição" possuiria quatro espécies:

a) sociais para custeio da seguridade (art. 195);

b) sociais gerais (art. 149);

c) Cides (art. 149);

d) corporativas (art. 149).

Independentemente das vantagens e desvantagens de cada uma das classificações acima mencionadas, é possível constatar que o sistema tributário nacional vigente não prevê somente as três contribuições indicadas no art. 149 da Constituição Federal.

De fato, qualquer esforço classificatório deve levar em considerações outras contribuições além das sociais, de intervenção no domínio econômico e de interesse das categorias profissionais ou econômicas.

3.6.8 Todas as contribuições na Constituição de 1988

Fazendo uma busca criteriosa pelo texto constitucional de 1988, o estudioso encontrará a nomenclatura "contribuição" utilizada para fazer referência às seguintes exações, exatamente na ordem em que ocorrem na sequência de dispositivos:

1) **contribuição confederativa** (art. 8º, IV): sem natureza tributária, é uma exigência instituída pela assembleia geral das categorias profissionais, recolhida junto a empregados e empregadores filiados a instituições de classe, de pagamento facultativo, voltada ao custeio do sistema sindical geral;

> STF: "São compatíveis com a Constituição Federal os dispositivos da Lei n. 13.467/2017 (Reforma Trabalhista) que extinguiram a obrigatoriedade da contribuição sindical e condicionaram o seu pagamento à prévia e expressa autorização dos filiados. (...) No âmbito formal, o STF entendeu que a Lei n. 13.467/2017 não contempla normas gerais de direito tributário (...) dispensada a edição de lei complementar para tratar sobre matéria relativa a contribuições. Também não se aplica ao caso a exigência de lei específica prevista no art. 150, § 6º, da CF, pois a norma impugnada não disciplinou nenhum dos benefícios fiscais nele mencionados, quais sejam, subsídio ou isenção, redução de base de cálculo, concessão de crédito presumido, anistia ou remissão. Sob o ângulo material, o Tribunal asseverou que a Constituição assegura a livre associação profissional ou sindical, de modo que ninguém é obrigado a filiar-se ou a manter-se filiado a sindicato [CF, art. 8º, V]. O princípio constitucional da liberdade sindical garante tanto ao trabalhador quanto ao empregador a liberdade de se associar a uma organização sindical, passando a contribuir voluntariamente com essa representação. Ressaltou que a contribuição sindical não foi constitucionalizada no texto magno. Ao contrário, não há qualquer comando ao legislador infraconstitucional que determine a sua compulsoriedade. A Constituição não criou, vetou ou obrigou a sua instituição legal. Compete à União, por meio de lei ordinária, instituir, extinguir ou modificar a natureza de contribuições [CF, art. 149]. Por sua vez, a CF previu que a assembleia geral fixará a contribuição que, em se tratando de categoria profissional, será descontada em folha, para custeio do sistema confederativo da representação sindical respectiva, independentemente da contribuição prevista em lei [CF, art. 8º, IV]. A parte final do dispositivo deixa claro que a contribuição sindical, na forma da lei, é subsidiária como fonte de custeio em relação à contribuição confederativa, instituída em assembleia geral. Não se pode admitir que o texto constitucional, de um lado, consagre a liberdade de associação, sindicalização e expressão [CF, arts. 5º, IV e XVII, e 8º, *caput*] e, de outro, imponha uma contribuição compulsória a todos os integrantes das categorias econômicas e profissionais" (ADI 5.794, rel. p/ o ac. Min. Luiz Fux, j. 29-6-2018, P, *Informativo* 908).

2) **contribuição de melhoria** (art. 145, III): espécie tributária autônoma, vinculada à realização de uma obra pública que valorize imóvel do contribuinte;

3) **contribuições sociais** (art. 149, c/c art. 195): são tributos federais arrecadados para custear a Seguridade Social[STJ] (Previdência, Assistência e Saúde);

> STJ: "DIREITO TRIBUTÁRIO E PREVIDENCIÁRIO. ISENÇÃO DE CONTRIBUIÇÃO SOCIAL SOBRE DESPESAS COM MEDICAMENTOS PAGOS DIRETAMENTE PELO EMPREGADOR. Não incide contribuição social sobre o valor dos medicamentos adquiridos pelo empregado e pagos pelo empregador ao estabelecimento comercial de forma direta, mesmo que o montante não conste na folha de pagamento" (2ª T., REsp 1.430.043-PR, rel. Min. Mauro Campbell Marques, j. 25-2-2014).
>
> STJ: "DIREITO TRIBUTÁRIO. CONTRIBUIÇÃO SOCIAL AO FUNRURAL. A despeito dos arts. 1º da Lei n. 8.540/92, 1º da Lei n. 9.528/97 e 1º da Lei n. 10.256/2001, desde a vigência da Lei n. 8.212/91, não é possível exigir a contribuição social ao FUNRURAL, a cargo do empregador rural pessoa física, incidente sobre o valor comercial dos produtos rurais. A contribuição social incidente sobre a produção rural foi extinta pela Lei n. 8.213/91 para os produtores rurais empregadores pessoas físicas, que passaram a recolher contribuições sobre a folha de salários de seus empregados. Todavia, a referida contribuição foi mantida para os segurados especiais (produtores rurais em regime de economia familiar)" (1ª T., REsp 1.070.441-SC, rel. Min. Sérgio Kukina, j. 2-9-2014).

4) **contribuições de intervenção no domínio econômico – Cides** (art. 149): cobradas pela União como mecanismo de polícia sobre setores econômicos relevantes;

5) **contribuições de interesse das categorias profissionais ou econômicas** (art. 149) instituídas pela União, mas cuja arrecadação é delegada a entidades de classe para custeio de suas atividades finalísticas;

6) **contribuição para custeio de regime previdenciário próprio** (art. 149, § 1º): cobradas pelos Estados, Distrito Federal e Municípios junto a seus servidores estatutários para manutenção de autarquias previdenciárias especializadas em sistema especial de previdência;

7) **contribuição de iluminação pública – CIP ou Cosip** (art. 149-A): arrecadada pelos Municípios e Distrito Federal para custeio do serviço de iluminação pública, facultada a cobrança na fatura da energia residencial;

> Consulplan: A prova de Cartório/MG de 2015 considerou CORRETA a assertiva: "Os Municípios e o Distrito Federal não podem instituir taxa para remunerar o serviço de iluminação pública".

> STF: "Contribuição para o Custeio do Serviço de Iluminação Pública (COSIP). Art. 149-A da CF. LC n. 7/2002, do Município de São José, Santa Catarina. (...) Lei que restringe os contribuintes da Cosip aos consumidores de energia elétrica do Município não ofende o princípio da isonomia, ante a impossibilidade de se identificar e tributar todos os beneficiários do serviço de iluminação pública. A progressividade da alíquota, que resulta do rateio do custo da iluminação pública entre os consumidores de energia elétrica, não afronta o princípio da capacidade contributiva. Tributo de caráter *sui generis*, que não se confunde com um imposto, porque sua receita se destina a finalidade específica, nem com uma taxa, por não exigir a contraprestação individualizada de um serviço ao contribuinte. Exação que, ademais, se amolda aos princípios da razoabilidade e da proporcionalidade" (RE 573.675, rel. Min. Ricardo Lewandowski, j. 25-3-2009, P, *DJe* de 22-5-2009, Tema repercussão geral 44).

8) **contribuição social do salário-educação** (art. 212, § 5º): devida pelas empresas como fonte adicional de financiamento da educação básica pública[STF];

> STF: "Nos termos da Súmula 732/STF, é constitucional a cobrança da contribuição do salário--educação, seja sob a Carta de 1969, seja sob a Constituição Federal de 1988, e no regime da Lei n. 9.424/96. A cobrança da exação, nos termos do Decreto-lei n. 1.422/75 e dos Decretos n. 76.923/75 e 87.043/82 é compatível com as Constituições de 1969 e 1988. Repercussão geral da matéria reconhecida e jurisprudência reafirmada, para dar provimento ao recurso extraordinário da União" (Repercussão Geral em RE n. 660.933-SP, rel. Min. Joaquim Barbosa).

9) **contribuição geral para os serviços sociais** (art. 240): recolhida compulsoriamente junto aos empregadores, sobre a folha de salários, destinada às entidades privadas de serviço social e formação profissional vinculadas ao sistema sindical, como Sesc, Sebrae e Senac[STJ-STF]. Cabe reforçar que, mesmo com o advento da reforma trabalhista (Lei n. 13.467/2017), que retirou a natureza tributária da contribuição sindical, a contribuição patronal sobre a folha de salário permanece compulsória e com natureza de tributo.

> STJ: "CONTRIBUIÇÃO AO SESC E SENAC. EMPRESAS PRESTADORAS DE SERVIÇOS EDUCACIONAIS. INCIDÊNCIA. A Seção, ao apreciar o REsp submetido ao regime do art. 543-C do CPC e Res. n. 8/2008-STJ, entendeu que as empresas prestadoras de serviços educacionais, embora integrem a Confederação Nacional de Educação e Cultura, estão sujeitas às contribuições destinadas ao SESC e Senac. A lógica em que assentados os precedentes é que os empregados das empresas prestadoras de serviços não podem ser excluídos dos benefícios sociais das entidades em questão quando inexistente entidade específica a amparar a categoria profissional a que pertencem. Assim, na ausência daquelas, há que fazer o enquadramento correspondente à Confederação

Nacional do Comércio, ainda que submetida a atividade respectiva a outra confederação, incidindo as contribuições ao SESC e Senac, que se encarregarão de fornecer os benefícios sociais correspondentes" (REsp 1.255.433-SE, rel. Min. Mauro Campbell Marques, j. 23-5-2012).

STF: "2. Tributário. 3. Contribuição para o SEBRAE. Desnecessidade de lei complementar. 4. Contribuição para o SEBRAE. Tributo destinado a viabilizar a promoção do desenvolvimento das micro e pequenas empresas. Natureza jurídica: contribuição de intervenção no domínio econômico. 5. Desnecessidade de instituição por lei complementar. Inexistência de vício formal na instituição da contribuição para o SEBRAE mediante lei ordinária. 6. Intervenção no domínio econômico. É válida a cobrança do tributo independentemente de contraprestação direta em favor do contribuinte" (RE 635.682-RJ, rel. Min. Gilmar Mendes).

3.6.9 Natureza parafiscal

A doutrina tradicional costumava identificar uma natureza parafiscal inerente a todas as contribuições especiais. Isso porque, até o ano de 2007, a quase totalidade das contribuições era arrecadada por entidades que recebiam delegação legal de tal atribuição por meio da chamada parafiscalidade (art. 7º do Código Tributário Nacional). Por isso, eram comumente denominadas "contribuições parafiscais".

Porém, como dito nos itens anteriores, com o advento da Lei n. 11.457/2007 foi instituída a "Super Receita", órgão federal que acumulou a atribuição de arrecadar os tributos da União, praticamente eliminando os casos de parafiscalidade envolvendo contribuições.

Atualmente, permanecem genuinamente parafiscais somente as contribuições de interesse das categorias profissionais (art. 149 da CF) e as contribuições para custeio dos serviços sociais[STJ] (art. 240 da CF).

STJ: "DIREITO TRIBUTÁRIO. ISENÇÃO TRIBUTÁRIA DO SENAI REFERENTE À IMPORTAÇÃO DE PRODUTOS E SERVIÇOS. O Serviço Nacional de Aprendizagem Industrial (SENAI) goza de isenção do imposto de importação, da contribuição ao PIS-importação e da COFINS-importação independentemente de a entidade ser classificada como beneficente de assistência social ou de seus dirigentes serem remunerados. Isso porque a isenção decorre diretamente dos arts. 12 e 13 da Lei n. 2.613/55" (2ª T., REsp 1.430.257-CE, rel. Min. Mauro Campbell Marques, j. 18-2-2014).

3.6.10 Bitributação e *bis in idem*

As contribuições são tributos vocacionados para a bitributação, ou seja, inexiste vedação à sua cobrança incidindo sobre base de cálculo e/ou fato gerador já utilizados para a arrecadação de tributos já existentes.

Copeve/Ufal: A prova de Advogado da Casal considerou ERRADA a assertiva: "As contribuições não podem ter base de cálculo própria de impostos".

Quando as exigências simultâneas emanam da **mesma entidade tributante**, tem-se o fenômeno do ***bis in idem***. Já no caso de os tributos incidentes sobre a mesma base de cálculo e/ou fato gerador decorrerem de **entidades tributantes diferentes**, trata-se da denominada **bitributação.**

Por ausência de impedimento constitucional, contribuições podem bitributar e incidir em *bis in idem*, admitindo multitributação.

3.6.11 Criação de novas fontes de custeio da seguridade

Por força do art. 195, § 4º, da CF, a **criação de novas fontes de custeio da seguridade** deve obedecer aos **seguintes condicionamentos**:

a) competência exclusiva da União;

b) necessidade de lei complementar;

c) vedação de edição de medida provisória para tal finalidade;

d) o tributo deve ser não cumulativo;

e) não pode ter fato gerador ou base de cálculo já utilizados para arrecadação **de outra contribuição já existente.**

3.6.12 Tributação sobre importações e nas exportações

Quanto à incidência das contribuições especiais nas importações e exportações, tais tributos seguem a mesma regra geral adotada pelo Texto de 1988 para os demais tributos: desonerar as exportações e superonerar as importações.

Trata-se de uma lógica pensada como um mecanismo de proteção da indústria brasileira. Como as exportações são excelentes para a indústria nacional, pois aumentam as vendas e a clientela, foram desoneradas de modo a recolher somente imposto de exportação. Já as importações são ruins para a indústria nacional, pois trazem de fora produtos estrangeiros para competir com o equivalente nacional, razão pela qual diversos tributos incidem sobre as importações.

É nesse sentido que devem ser compreendidas as normas contidas nos incisos I e II do § 2º do art. 149 da Constituição Federal:

"§ 2º As contribuições sociais e de intervenção no domínio econômico de que trata o *caput* deste artigo:

I – não incidirão sobre as receitas decorrentes de exportação;

II – incidirão também sobre a importação de produtos estrangeiros ou serviços".

Caro leitor, para registrar bem a lógica geral sobre a tributação sobre importações e exportações, memorize esta frase:

"Quando **importo** um produto, **pago tudo** que é tributo; mas na **exportação só incide o IE**".

> Cespe: A prova de Procurador do TCE/ES de 2009 considerou ERRADA a assertiva: "Sobre as receitas decorrentes de exportação incide a contribuição social, mas não incide a contribuição de intervenção no domínio econômico".

3.7 QUADRO SINÓTICO

CLASSIFICAÇÃO DOS TRIBUTOS

Quanto à função:

a) **fiscais:** cobrados com finalidade meramente arrecadatória. Exemplo: *Imposto de Renda*;

b) **extrafiscais:** instituídos com objetivos sociais ou políticos, atuando de forma a estimular ou desestimular comportamentos do contribuinte. Exemplo: *Imposto Territorial Rural* progressivo para desestimular propriedades improdutivas;

c) **parafiscais:** arrecadados por pessoa diversa daquela que detém a competência constitucional para sua criação. Exemplo: anuidade dos conselhos de classe.

Quanto à competência:

a) **federais:** de competência da União Federal (art. 153 da CF). Também são federais os *impostos residuais* (art. 154, I, da CF), os *extraordinários de guerra* (art. 154, II, da CF), os *empréstimos compulsórios* (art. 148 da CF) e a maioria das *contribuições especiais* (arts. 149 e 195 da CF);

b) **estaduais:** de competência dos Estados-membros (art. 155 da CF). Estados podem cobrar *taxas* e *contribuições de melhoria* quando a atuação ensejadora da arrecadação for de sua competência, bem como possuem competência para a cobrança de *contribuição previdenciária* de seus servidores visando ao financiamento de regime previdenciário próprio (art. 149, § 1º, da CF);

c) **distritais:** de competência do Distrito Federal, que cumula as competências tributárias estaduais e municipais (art. 147, c/c art. 155 da CF);

d) **municipais:** art. 156 da CF. Municípios podem instituir *taxas* e *contribuições de melhoria*, além das *contribuições de iluminação pública e de seus servidores* para custeio de previdência própria (arts. 149-A e 149, § 1º, da CF, respectivamente).

Quanto à vinculação:

a) **vinculados, bilaterais ou sinalagmáticos:** pressupõem atividade estatal remunerada pelo tributo. É o caso das taxas e contribuição de melhoria;

b) **desvinculados, unilaterais ou "sem causa":** independem de uma atividade estatal relativa ao contribuinte. Exemplo: impostos.

Quanto ao impacto financeiro:

a) **diretos:** pagos pela mesma pessoa que sofre o impacto financeiro do pagamento. Exemplo: Imposto de Renda;

b) **indiretos:** pagos por uma pessoa (contribuinte de direito), mas seu valor é embutido no custo do produto de modo a repercutir financeiramente no patrimônio de um terceiro (contribuinte de fato). Exemplos: IPI, ISS, bem como é o caso típico do ICMS, que, na operação final, é pago pelo lojista (contribuinte de direito) mas tem seu valor repassado ao consumidor final (contribuinte de fato).

Quanto ao objeto:

Podem ser **reais/objetivos** (incidem sobre fatos ou coisas, como o *IPTU* e o *ITR*), ou **pessoais/subjetivos** (incidem sobre realidades que levam em conta certas qualidades do sujeito passivo, por exemplo, o *Imposto de Renda*).

Quanto ao tipo de incidência:

a) monofásicos: incidem uma única vez sobre determinado item, como o *Imposto de Importação*;

b) **plurifásicos ou multifásicos:** incidem várias vezes sobre o mesmo item, ou seja, a chamada tributação "em cascata" ou "em cadeia", que pode ser exemplificada pelos *ICMS* e *IPI*.

Quanto à cumulatividade:

Os tributos podem ser **cumulativos** (incidem sucessivamente sobre determinado item sem que haja um sistema de redução do efeito cascata) ou **não cumulativos** (que operam por meio de incidência sucessiva, mas com utilização de um sistema de compensação para mitigar o efeito cascata).

Quanto à natureza econômica:

a) incidentes sobre comércio exterior: arts. 19 a 28 do CTN. Exemplos: *Imposto de Importação e Imposto de Exportação*;

b) incidentes sobre patrimônio e renda: arts. 29 a 45 do CTN. Exemplos: *IPTU, ITBI e IR*;

c) incidentes sobre produção e circulação: arts. 46 a 73 do CTN. Exemplos: *IPI, ICMS, IOF e ISS*;

d) incidentes sobre circunstâncias especiais: arts. 74 a 76 do CTN. Exemplo: *Imposto Extraordinário de Guerra*.

Quanto à seletividade:

São **tributos seletivos** os que têm sua força econômica graduada conforme a relevância social do produto ou do serviço, como por exemplo o *IPI* (art. 153, § 3º, I, da CF) e o *ICMS* (art. 155, § 2º, III, da CF). **Tributos não seletivos** são aqueles cobrados sem levar em consideração a importância social do objeto tributado, como por exemplo o *ITBI*.

Quanto à progressividade:

Podem ser **progressivos** (aqueles que têm alíquotas graduadas conforme a capacidade econômica do contribuinte; a Constituição Federal de 1988 admite utilização de alíquotas progressivas somente para *IR, ITR* e *IPTU, além do ITCMD cuja progressividade é aceita pelo STF*) ou **não progressivos** (aqueles cobrados de modo uniforme em relação a todos os contribuintes, sem levar em consideração a capacidade econômica de cada um, por exemplo o *ICMS* e o *IPVA*).

Quanto à natureza jurídica (espécies tributárias):

Podem ser identificadas quatro teorias principais:

a) teoria bipartite ou dualista: Defendida por **Geraldo Ataliba**, sustenta a divisão dos tributos em **vinculados** a uma atuação estatal ou **desvinculados** de uma atividade do Estado. Segundo seus defensores, os *empréstimos compulsórios* e as *contribuições especiais* não seriam tipos autônomos de tributo, mas categorias que sempre poderiam ser reconduzidas às espécies básicas, sendo impostos ou taxas.

b) teoria tripartite: Considera a existência de três espécies tributárias: *impostos, taxas* e *contribuições de melhoria*, e trata-se da concepção **adotada pelo Código Tributário Nacional** e aceita pela doutrina tradicional. Embora cientificamente seja a **corrente mais coerente à luz do ordenamento jurídico** pátrio, essa teoria **é minoritária** na doutrina, na jurisprudência e nos concursos públicos, especialmente pelo fato de a Constituição de 1988 haver conferido um tratamento normativo autônomo para outros dois tipos de tributos: *empréstimos compulsórios* (art. 148) e *contribuições especiais* (arts. 149 e 195). Os defensores dessa teoria consideram que empréstimos compulsórios e contribuições especiais não são categorias que se opõem às três espécies tributárias, pelo contrário, poderiam assumir no caso concreto a feição de imposto, taxa ou contribuição de melhoria.

c) teoria quadripartite: advoga a existência de quatro espécies tributárias: *impostos, taxas, contribuições* e *empréstimos compulsórios*. Quem defende tal ponto de vista reúne na mesma categoria as *contribuições de melhoria* (art. 145, III, da CF) e as *contribuições especiais* (art. 149 da CF).

d) teoria quinquipartite: amplamente majoritária na doutrina, jurisprudência e concursos públicos, identifica cinco espécies de tributos: *impostos, taxas, contribuições de melhoria, empréstimos compulsórios e contribuições especiais*. É também conhecida como **corrente quinária**.

IMPOSTOS

São **tributos desvinculados** de uma atividade estatal relativa ao contribuinte. Os impostos **não têm caráter retributivo, e sim contributivo**, sendo utilizados para obter recursos voltados ao custeio de serviços públicos *uti universi* e outras despesas estatais gerais. Entretanto, o fato de a prestação dos serviços indivisíveis ser custeada indiretamente pelas receitas provenientes de impostos não significa que eles, sendo tributos desvinculados, possam ser cobrados para remunerar diretamente serviços públicos indivisíveis.

A hipótese de incidência dos impostos nunca descreve uma atividade estatal, mas um fato ou situação econômica pertinentes à esfera privada de interesses do contribuinte. São, por isso, chamados também de "tributos sem causa", "unilaterais" ou "não contraprestacionais".

Competência para criar impostos	**Veículo normativo para criação**
– atribuída em **caráter privativo** a cada uma das entidades federativas (arts. 153, 155 e 156 da CF); – indelegável (art. 7º do CTN).	– regra: **lei ordinária** (impostos federais; excetuando aqueles submetidos à reserva de LC); – exceção: **medidas provisórias** (art. 62, § 1º, da CF).
Princípio da capacidade contributiva	**Princípio da não afetação e "dupla desvinculação" dos impostos**
– art. 145, § 1º, da CF; **– trata-se de comando dirigido ao legislador** determinando que os impostos deverão ser cobrados de modo a subtrair progressivamente mais riqueza dos contribuintes segundo o potencial econômico de cada um; **– é também um desdobramento do princípio da isonomia e, segundo entendimento majoritário, considera-se aplicável somente a alguns impostos.**	– art. 167, IV, da CF; – proíbe que o legislador vincule a receita de impostos a órgão, fundo ou despesa; **– só se aplica aos impostos.** – exceções ao princípio: a) repartição de receitas, nos termos dos arts. 158 e 159 da CF; b) destinação de recursos para as ações e serviços públicos de saúde; c) manutenção e desenvolvimento do ensino; d) atividades da administração tributária; e e) prestação de garantias às operações de crédito por antecipação de receita;

Impostos residuais:

Trata-se da chamada **competência impositiva residual**, ou seja, da competência para instituir impostos novos ainda não previstos entre os atualmente atribuídos pela Constituição às entidades federativas, e deve observar as seguintes regras:

1) competência da União;
2) lei complementar (vedada a edição de medida provisória);
3) devem ser não cumulativos e;

4) não podem bitributar (é vedado que tenham base de cálculo ou fato gerador de impostos já existentes).

É importante mencionar que as regras para a criação de novos impostos são dirigidas ao legislador, não se aplicando a tributos criados pelo poder constituinte derivado (STF, ADIn 936/DF). Assim, a não cumulatividade e a vedação de *bis in idem* deixam de ser observadas quando a criação do imposto ocorrer por meio de emenda constitucional.

A competência da União para instituir impostos novos não se confunde com a competência residual para a criação de novas taxas, que são tributos remuneratórios cuja competência para sua instituição cabe à entidade federativa com atribuição para prestar serviços públicos ou atividades de polícia não discriminados na Constituição Federal, conforme previsão do art. 25, § 1º, do Texto Maior. Assim, com base no referido dispositivo constitucional, conclui-se que a competência residual para a instituição de taxas é dos Estados-membros.

Impostos extraordinários de guerra:

Podem ser criados **pela União**, por meio de **lei ordinária** (admitida sua instituição também por medida provisória), em caso de **guerra externa ou sua iminência**, e, por tratar-se de tributo de emergência, a Constituição Federal **autoriza** sua cobrança incidindo em **bitributação**, ou seja, recaindo sobre base de cálculo ou fato gerador de imposto já existente (ainda que estadual ou municipal).

Os IEGs são **exceções às duas anterioridades** e podem ser cobrados no dia seguinte à publicação da lei que os haja instituído.

Do mesmo modo, para captação de recursos pela União na hipótese de guerra externa ou sua iminência, a Constituição também autoriza a cobrança **simultânea** do imposto extraordinário (art. 154, II), e de empréstimo compulsório, nos termos do art. 148, I. Contudo, enquanto os IEGs devem ser suprimidos gradativamente cessadas as causas de sua criação (art. 154, II, da CF), não existe na Constituição regra semelhante que imponha supressão gradativa dos empréstimos compulsórios.

COMPARAÇÃO ENTRE IMPOSTOS RESIDUAIS E IEGS

	IMPOSTO RESIDUAL	IEG
Base constitucional	art. 154, I	art. 154, II
Circunstância legitimadora	não tem	guerra externa ou sua iminência
Competência	União	União
Veículo normativo	lei complementar	lei ordinária ou medida provisória
Bitributação	não pode bitributar	pode bitributar
Repartição de receitas	20% para Estados e Distrito Federal	não tem
Cumulatividade	deve ser não cumulativo	pode ser cumulativo ou não cumulativo
Aplicação dos recursos	livre, observado o repasse dos 20% a Estados e DF	vinculada à circunstância que ensejou sua criação
Natureza	tende a ser permanente	arrecadação temporária

Base de cálculo dos impostos:

Ao contrário das taxas, cuja base de cálculo necessariamente deve conter o custo da atividade a ser por elas remunerada, nos impostos a base de cálculo escolhida pelo legislador deverá sempre ser um valor (e não um custo) desvinculado de qualquer atividade estatal relativa ao contribuinte.

Alíquotas dos impostos:

É o percentual da base de cálculo devido pelo contribuinte, e, como regra, os impostos têm alíquota fixa.

Entretanto, alguns impostos específicos submetem-se a regras especiais quanto ao sistema de alíquotas. Assim, aplicando a mesma alíquota sobre bases de cálculo variáveis, tem-se a chamada técnica da **proporcionalidade**.

É o que ocorre em função do princípio da seletividade, com o IPI e o ICMS que têm alíquotas variáveis conforme a essencialidade do produto, mercadoria ou serviço (arts. 153, § 3º, I, e 155, § 2º, III, da CF).

O IPVA tem previsão de alíquotas diferenciadas conforme o uso e o tipo do carro (art. 155, § 6º, II, da CF), mas não pode ser progressivo.

Só admitem **progressividade** o IR, ITR, IPTU e o ITCMD (STF) em função da maior capacidade econômica do contribuinte (art. 145, § 1º, da CF).

Quadro competencial dos impostos brasileiros:

União	Estados	Municípios	Distrito Federal
II	IPVA	IPTU	IPVA
IE	ICMS	ISS	ICMS
IOF	ITCMD	ITBI	ITCMD
IPI			IPTU
IR			ISS
ITR			ITBI
IGF			
IEG			
Impostos residuais			

TAXAS

São tributos vinculados cobrados para remunerar atividades estatais específicas relativas ao contribuinte.

Competência para instituir taxas:

É **comum a todas as entidades federativas** (arts. 145, II, da CF e 77 do CTN). Entretanto, a competência cabe à mesma entidade federativa que exerceu a atividade ensejadora de sua arrecadação.

Veículo normativo para criação de taxas:

São criadas e disciplinadas sempre por meio de **lei ordinária** editada pela entidade federativa competente para sua instituição. Em âmbito federal, admite-se também a criação de taxa via **medida provisória**.

Base de cálculo das taxas:

Enquanto a base de cálculo dos impostos é um valor (valor venal do imóvel, valor da mercadoria etc.), a **base de cálculo da taxa é o custo da atividade estatal a ser remunerada pela cobrança do tributo**, conforme orientação do art. 145, § 1º, da CF.

Espécies de taxas:

O art. 145, II, da CF aponta expressamente duas espécies de taxas (de **serviço público** e de **polícia**), e deve ser interpretado como uma vedação à instituição de taxas remuneratórias de outras atividades estatais, como: *a)* obras públicas; *b)* uso de bens públicos; *c)* fomento; *d)* intervenção no domínio econômico; *e)* intervenção na propriedade privada; *f)* intervenção no domínio social; *g)* atividades desvinculadas; *h)* serviços públicos gerais uti universi; *i)* socorro a calamidade pública e; *j)* captação de recursos para fazer frente a guerra externa.

Taxas de serviço	Taxas de polícia
– Cobradas quando o Estado presta ao contribuinte, ou disponibiliza, um serviço público específico e divisível *uti singuli*. – Serviços públicos são **específicos** quando **possam ser destacados em unidades autônomas de intervenção,** de utilidade, ou de necessidades públicas (art. 79, II, do CTN). Consideram-se divisíveis quando suscetíveis de utilização, separadamente, por parte de cada um dos seus usuários (art. 79, III, do CTN). – Atualmente, os serviços de *telefonia fixa, serviço postal, fornecimento de energia elétrica e transporte aéreo de passageiros*, por serem serviços públicos prestados indiretamente pelo Estado, **não são remunerados por meio de taxa,** mas por **tarifa**. – A simples caracterização de um serviço público como específico e divisível não basta para autorizar sua remuneração via taxa, fazendo-se necessária a verificação de outra circunstância: a forma como o serviço é prestado. Assim, se o Estado decide realizar a prestação por meio de concessionários e permissionários contratados para tal finalidade, a remuneração paga pelo usuário tem natureza não tributária de tarifa (ou preço público).	– Cobradas para remunerar o **exercício efetivo do poder de polícia**. – Art. 78 do CTN: *"considera-*se poder de polícia *atividade da administração pública que, limitando ou disciplinando direito, interesse ou liberdade*, regula a prática de ato ou abstenção de fato, *em razão de interesse público concernente à segurança, à higiene, à ordem, aos costumes, à disciplina da produção e do mercado, ao exercício de atividades econômicas dependentes de concessão ou autorização do Poder Público, à tranquilidade pública ou ao respeito à propriedade e aos direitos individuais ou coletivos"*. – Poder de polícia desdobra-se num trinômio consistente nas atividades administrativas de **LIMITAR, FISCALIZAR e SANCIONAR** particulares em favor do interesse público. – Diferença entre serviço público e poder de polícia: serviço público é uma atividade ampliativa (utilidades e comodidades oferecidas ao usuário); já **o poder de polícia tem sempre natureza de atuação restritiva da esfera de interesses do particular**.

– Exemplos de taxas de serviços atualmente cobradas no Brasil: *taxa de fornecimento de água, taxa judiciária, emolumentos pagos aos cartórios extrajudiciais, pedágio em rodovia explorada diretamente pelo Poder Público, e taxa do lixo.* – Quanto à constitucionalidade da taxa do lixo, o STF editou a Súmula Vinculante 19: "A taxa cobrada exclusivamente em razão dos serviços públicos de coleta, remoção e tratamento ou destinação de lixo ou resíduos provenientes de imóveis, não viola o art. 145, II, da Constituição Federal".	– Exemplos de taxas de polícia: *taxa de fiscalização ambiental, taxa de licenciamento de veículo, taxa de licenciamento de elevadores, taxa para obtenção de alvarás, taxa para expedição de certidões e atestados, taxa para expedição de passaporte, e taxa para renovação de licença de funcionamento do estabelecimento comercial.* – Ao contrário do que comumente se pensa, as atividades estatais exercidas pelos órgãos de segurança pública (polícias) tecnicamente não constituem serviços públicos, mas manifestação do poder de polícia.

Ordem de imputação ao pagamento:

Existindo simultaneamente dois ou mais débitos vencidos do mesmo sujeito passivo para com a mesma pessoa jurídica de direito público envolvendo taxas e outros tributos, se o devedor fizer um pagamento parcial, considera-se a dívida quitada na seguinte ordem: primeiramente contribuições de melhoria, depois taxas e por fim os impostos (art. 163, II, do CTN).

Lançamento das taxas:

São lançadas de ofício, isto é, diretamente pela autoridade administrativa, sem qualquer participação do contribuinte (art. 149 do CTN).

Afetação da receita das taxas:

A receita proveniente da arrecadação das taxas deve ser destinada ao custeio da atividade estatal que ensejou sua cobrança. Por tal razão, é inconstitucional qualquer forma de destinação de tais receitas a entidades privadas.

CONTRIBUIÇÕES DE MELHORIA

São tributos vinculados de competência comum entre União, Estados, Distrito Federal e Municípios, cobrados quando a realização de uma OBRA PÚBLICA causa ACRÉSCIMO NO VALOR DO IMÓVEL localizado nas áreas beneficiadas direta ou indiretamente pela obra (art. 1º do Decreto-lei n. 195/67). Seu elemento finalístico é a absorção da "mais-valia" que a obra pública produz no patrimônio imobiliário do contribuinte. Além disso, em nome da proibição do enriquecimento sem causa não seria justo o proprietário beneficiar-se de um aumento patrimonial provocado por terceiros (Poder Público executor da obra).

Obras públicas autorizadoras da cobrança:

No caso de valorização de imóveis de propriedade privada, as obras que autorizam a cobrança da referida exação fiscal estão discriminadas no art. 2º do Decreto-lei n. 195/67, sendo taxativas para o âmbito da União e meramente exemplificativas às demais esferas federativas, na medida em que um diploma normativo com natureza federal não tem força jurídica para vincular Estados, Distrito Federal e Municípios.

Veículo normativo instituidor da contribuição de melhoria:

São criadas e disciplinadas por lei ordinária da entidade federativa executora da obra pública. Porém, em âmbito federal nada impede a edição de medida provisória com o mesmo objetivo.

Obra pública	Serviço público
– prepondera o resultado final sobre a atividade (ex.: asfaltamento de rua). Se valorizar imóvel particular, autoriza cobrança de contribuição de melhoria (art. 2º, I, do Decreto-lei n. 195/67)	– predominância da atividade sobre o resultado final (ex.: recapeamento asfáltico). Autoriza a cobrança de taxa

Conceito de obra pública:

Para ser legítima a cobrança da contribuição de melhoria, é necessário que a obra seja realizada pelo Poder Público ou por particulares em nome do Estado. O importante é que o produto final da execução termine incorporado ao domínio público.

E se a obra desvalorizar o imóvel?

Em Direito Tributário não existe nenhuma solução para resguardar os direitos do contribuinte prejudicado pela desvalorização imobiliária decorrente da execução de obra pública. Porém, o Direito Administrativo admite a propositura de ação indenizatória fundamentada na prática de ato lícito contra o Poder Público responsável pela obra (art. 37, § 6º, da CF).

Obras realizadas em consórcio:

Na hipótese de obra pública realizada em consórcio por mais de uma entidade federativa, havendo valorização imobiliária dela decorrente, a contribuição de melhoria deve ser rateada entre as entidades consorciadas na proporção dos respectivos percentuais de investimento.

Devido processo legal para a cobrança:

O Decreto-lei n. 195/67 define o devido processo legal para cobrança da contribuição de melhoria. O rito arrecadatório deve ser fixado na lei relativa à contribuição de melhoria (art. 82 do CTN) e obedecer à seguinte sequência:

1) publicação de edital (art. 5º do Decreto-lei n. 195/67, c/c art. 82 do CTN);

2) impugnação do edital pelos proprietários dos imóveis situados nas zonas beneficiadas pela obra dentro do prazo de 30 dias (art. 6º);

3) regulamentação do processo administrativo de instrução e julgamento da impugnação do edital, sem prejuízo da sua apreciação judicial (art. 82, III, do CTN);

4) publicação do demonstrativo de custos da obra, incluindo despesas de estudos, projetos, fiscalização, desapropriações, administração, execução e financiamento, inclusive prêmios de reembolso e outras de praxe em financiamento ou empréstimos (art. 4º do Decreto-lei n. 195/67);

5) lançamento de ofício referente aos imóveis beneficiados, após executada a obra de melhoramento na sua totalidade ou em parte (art. 9º do Decreto-lei n. 195/67);

6) escrituração, em registro próprio, do débito referente à contribuição de melhoria relativa a cada imóvel pelo órgão encarregado do lançamento (art. 10 do Decreto-lei n. 195/67);

7) notificação do proprietário, diretamente ou por edital (art. 10 do Decreto-lei n. 195/67);

8) abertura de prazo não inferior a 30 dias para o proprietário reclamar (art. 10, parágrafo único, do Decreto-lei n. 195/67); e

9) pagamento de forma que a parcela anual não exceda a três por cento do maior valor fiscal do seu imóvel, atualizado à época da cobrança (art. 12 do Decreto-lei n. 195/67).

Parafiscalidade nas contribuições de melhoria:

O art. 12, § 6º, do Decreto-lei n. 195/67 autoriza a União a delegar, mediante convênio, aos Estados e Municípios, ou ao Distrito Federal, o lançamento e a arrecadação de contribuição de melhoria devida por obra pública federal, fixando a percentagem na receita, que caberá ao Estado ou Município que arrecadar o tributo.

Além disso, nas obras federais quando o montante previsto na arrecadação da contribuição de melhoria não compensar o lançamento pela União, ou por seus órgãos, o lançamento poderá ser delegado aos municípios interessados e neste caso: a) caberão aos Municípios o lançamento, arrecadação e as receitas apuradas; b) o órgão federal delegante se limitará a fixar os índices e critérios para o lançamento (art. 12, § 7º, do Decreto-lei n. 195/67). Embora tais dispositivos prevejam somente parafiscalidade envolvendo obra federal, nada impede que as demais entidades federativas também realizem delegação, por lei específica, da capacidade de cobrar contribuição de melhoria umas às outras, inclusive em favor da própria União.

Ônus de conservação das obras públicas:

Incumbe à entidade federativa que a realizou. Porém, importante exceção se encontra no art. 14 do Decreto-lei n. 195/67, no caso de obra executada pela União, situada em área urbana de um único município, se a União tiver delegado por convênio ao município a capacidade de cobrar a respectiva contribuição de melhoria, a conservação, operação, manutenção da obra constituem encargos do município em que estiver situada.

Abatimento no Imposto de Renda:

Para fins de recolhimento do IR devido sobre a valorização imobiliária resultante de obra pública, deve ser deduzida a importância que o contribuinte tiver pago a título de contribuição de melhoria (art. 17 do Decreto-lei n. 195/67).

Preferência da dívida fiscal:

De acordo com o disposto no art. 18 do Decreto-lei n. 195/67, a dívida fiscal originada da contribuição de melhoria tem preferência sobre outras dívidas fiscais relativas ao imóvel beneficiado.

Ordem de imputação ao pagamento:

Existindo simultaneamente dois ou mais débitos vencidos do mesmo sujeito passivo para com a mesma pessoa jurídica de direito público envolvendo contribuição de melhoria e outros tributos, se o devedor fizer um pagamento parcial, considera-se a dívida quitada na seguinte ordem: primeiramente contribuições de melhoria, depois taxas e por fim os impostos (art. 163, II, do CTN).

Modalidade de lançamento:

São lançadas de ofício pela autoridade administrativa sem qualquer participação do sujeito passivo (art. 149 do CTN).

Limite total/individual:

O valor exigido do sujeito passivo a título de contribuição de melhoria encontra dois limites estabelecidos pela legislação: a) limite total ou global, que é a despesa realizada (custo da obra), computando gastos com estudos, projetos, fiscalização, desapropriações, administração, execução e financiamento, inclusive prêmios de reembolso e outras de praxe em financiamento ou empréstimos, e terá a sua expressão monetária atualizada na época do lançamento mediante a aplicação de coeficientes de correção monetária (art. 4º do Decreto-lei n. 195/67); e b) limite individual, que está vinculado à condição de cada imóvel isoladamente analisada. O art. 81 do Código Tributário Nacional define como limite individual o acréscimo de valor (mais-valia) que da obra resultar para cada imóvel beneficiado.

Cálculo do valor final:

Exige a combinação entre os limites total e individual. Assim, considerando a despesa global da obra (incluindo gastos com estudos, projetos, fiscalização, desapropriações, administração e financiamento), é preciso ratear esse montante total entre os proprietários de todos os imóveis localizados no entorno da obra, proporcionalmente à metragem do imóvel. Com tal cálculo feito, passa-se à verificação se o rateio do custo global ultrapassa ou não, no caso de cada imóvel individualmente considerado, o acréscimo patrimonial resultante da obra. Se o montante do rateio não ultrapassar o quantum da valorização, a quantia devida pelo contribuinte será exatamente o valor rateado.

Contribuição de melhoria e desapropriação por zona:

Para alguns autores (visão minoritária), o instituto da contribuição de melhoria atingiria o mesmo objetivo da desapropriação por zona, mas de um modo menos gravoso para o particular, razão pela qual a figura da desapropriação por zona teria sido revogada pela Constituição Federal de 1988.

EMPRÉSTIMOS COMPULSÓRIOS

Previstos no art. 148 da CF, os empréstimos compulsórios são tributos restituíveis de competência exclusiva da União.

Seu caráter restituível é o elemento que confere identidade aos empréstimos compulsórios, diferenciando-os das demais espécies tributárias.

Fundamentos normativos:

Art. 148 da CF e art. 15 do CTN.

Competência:

É exclusiva da União (art. 148 da CF), sendo incabível sua criação, ainda que mediante delegação, pelos Estados, Distrito Federal ou Municípios.

Inaplicabilidade do art. 4º do CTN:

Tal dispositivo identifica o fato gerador como elemento fundamental capaz de identificar a natureza jurídica das espécies tributárias. Porém, a regra vale somente para impostos, taxas e contribuições de melhoria, não se aplicando aos empréstimos compulsórios e contribuições especiais, pois eles não se diferenciam dos demais tributos pelo fato gerador porque podem ter fato gerador idêntico ao de outros tributos, admitindo bitributação. Assim, dependendo do fato gerador escolhido pelo legislador, o empréstimo compulsório pode ser vinculado ou desvinculado a uma atividade estatal específica. A destinação do montante arrecadado pelo empréstimo compulsório é relevante e, por isso, a regra da identidade pelo fato gerador definida no art. 4º do Código Tributário Nacional não é aplicável.

Veículo normativo:

São criados e disciplinados por lei complementar federal, vedada sua disciplina por meio de leis ordinárias ou medidas provisórias (art. 64, § 1º, III, da CF).

Hipóteses constitucionais de instituição:

O art. 148 da CF prevê três hipóteses:

a) calamidade pública (inciso I);

b) guerra externa ou sua iminência (inciso I); ou

c) investimento público relevante (inciso II).

ATENÇÃO: Tais circunstâncias não representam fato gerador dos empréstimos compulsórios, mas as hipóteses constitucionais que autorizam sua instituição. O fato gerador dos empréstimos compulsórios não está definido na Constituição Federal, devendo ser fixado pela lei complementar de criação do tributo.

Outra constatação importante é que o inciso I do art. 148 da CF faz referência à instituição de empréstimo compulsório para atender a "despesa extraordinária" decorrente de calamidade pública ou guerra externa. Assim, o texto constitucional pressupõe que os gastos gerem despesas ANORMAIS que não possam ser suportadas pelos fundos públicos disponíveis no orçamento.

Calamidade pública: Trata-se de uma situação emergencial transitória provocada pela ação humana ou evento da natureza e cujo enfrentamento exija uma captação extraordinária de recursos pelo Poder Público junto à iniciativa privada, como por exemplo acidente aéreo de grandes proporções, furacão, terremoto, desmoronamento etc.

Embora a competência para instituição de empréstimos compulsórios seja exclusiva da União, a calamidade pública não precisa ser de proporção nacional, podendo ter seu alcance restrito ao âmbito territorial até mesmo de um único Município.

No caso de calamidade pública ou guerra externa, o empréstimo compulsório é de cobrança imediata, não se sujeitando nem à anterioridade anual, nem à nonagesimal (art. 150, § 1º, da CF).

Guerra externa ou sua iminência: A extrema gravidade de uma guerra internacional e a necessidade urgente de captar recursos para custeio de seus enormes gastos justificam a criação de um tributo especial previsto para tal finalidade. Para ser legítima a cobrança do empréstimo compulsório, a guerra não precisa ter iniciado, bastando haver indícios de que está prestes a começar (guerra iminente). Nesse caso, o empréstimo compulsório é de cobrança imediata, não se sujeitando nem à anterioridade anual, nem à nonagesimal (art. 150, § 1º, da CF).

Diante de uma guerra externa, além dos empréstimos compulsório, a Constituição Federal oferece ainda o imposto extraordinário para captação de recursos.

Quadro comparativo entre os dois tributos de guerra

	IMPOSTO EXTRAORDINÁRIO	EMPRÉSTIMO COMPULSÓRIO
Fundamento	Art. 154, II, da CF	Arts. 148, I, da CF e 15 do CTN
Competência	União	Idem
Motivo	Guerra externa ou iminência	Idem
Veículo normativo	Lei ordinária	Lei complementar
Admite medida provisória?	Sim	Não
Deve ser restituído?	Não	Sim
Pode bitributar?	Sim	Sim
Regime de anterioridade	Cobrança imediata	Cobrança imediata
Supressão da cobrança	Deve ser suprimida gradativamente cessadas as causas de sua criação	Não existe regra similar

Investimento público de caráter urgente e de relevante interesse nacional:

Trata-se de **empreendimento estatal emergencial** cuja realização não possa ser feita com os recursos orçamentários ordinários. **Nesse caso, predomina amplamente a orientação** segundo a qual, após a Emenda Constitucional n. 42/2003, o empréstimo compulsório de investimento público relevante **está submetido simultaneamente às anterioridades anual e nonagesimal** (art. 150, III, *b* e *c*, da CF).

E a regra do art. 34, § 12, do ADCT?

Tal artigo cria uma ressalva específica ao afirmar que "a urgência prevista no art. 148, II, não prejudica a cobrança do empréstimo compulsório instituído, em benefício das Centrais Elétricas Brasileiras S.A. (Eletrobrás), pela Lei n. 4.156, de 28 de novembro de 1962, com as alterações posteriores". É que o art. 4º da referida lei instituiu um empréstimo compulsório pago pelo consumidor de energia elétrica em favor da Eletrobrás, com valor resgatável em até 10 anos, mas o tributo não era revestido de qualquer caráter de urgência. Daí a preocupação do constituinte em proteger a cobrança de tal exação.

Fato gerador:

Será definido pela lei complementar que o instituir, **podendo ser um fato econômico qualquer**, ainda que já utilizado para cobrança de imposto, taxa ou contribuição, de melhoria ou especial, existente.

Base de cálculo:

O ordenamento pátrio não estabelece qualquer exigência geral; assim, a lei complementar que instituir o tributo poderá definir **uma base de cálculo qualquer**, mesmo que já utilizada para cobrança de outro tributo.

Natureza vinculada ou desvinculada:

A CF não estabelece diretrizes sobre a natureza dos empréstimos compulsórios. Isso porque **o legislador tem liberdade para decidir se o empréstimo compulsório será cobrado de forma vinculada ou não** a determinada atividade estatal.

Bitributação e *bis in idem*:

Nada impede a ocorrência de *bis in idem* ou bitributação na arrecadação de empréstimos compulsórios, ou seja, podem ser cobrados sobre grandezas econômicas já utilizadas para incidência de outros tributos.

Cobrança simultânea com o Imposto Extraordinário de Guerra:

Diante da hipótese de guerra externa ou sua iminência, **pode a União instituir simultaneamente empréstimo compulsório e imposto extraordinário** para fazer frente aos gastos com o embate internacional.

Proibição de desvio de finalidade:

A Constituição veda expressamente o desvio de finalidade (tredestinação) **na aplicação do montante arrecadado**, ainda que em favor de outra destinação também de interesse público, por mais legítima que seja. Inexiste, em matéria de empréstimo compulsório, tredestinação lícita (inaplicável o art. 519 do Código Civil). Por tal razão, **a lei complementar de criação** dessa espécie tributária **sempre deve declarar para qual finalidade** a exação está sendo instituída.

Entrada provisória de receita:

Do ponto de vista financeiro, os valores provenientes da arrecadação de empréstimos compulsórios são espécie de **entradas provisórias** (temporárias), na medida em que os recursos ingressam nos cofres públicos, mas posteriormente precisam ser devolvidos aos contribuintes.

Empréstimos compulsórios disfarçados:

A jurisprudência do Supremo Tribunal Federal contempla grande variedade de decisões em que se considerou **inconstitucional a retenção forçada de valores pagos pelo contribuinte**, sob os mais diversos títulos, em desatenção a regras exigidas para a criação de empréstimos compulsórios. São os chamados "falsos empréstimos compulsórios" ou "empréstimos compulsórios disfarçados".

Devolução do montante arrecadado:

Por serem tributos restituíveis, o valor arrecadado deve ser devolvido pela União aos contribuintes. Nesse sentido, o art. 15, parágrafo único, do CTN afirma que "a lei fixará obrigatoriamente o prazo do empréstimo **e as condições de seu resgate**". O certo é que, se o tributo é pago em dinheiro, obrigatoriamente o resgate do empréstimo compulsório deve ser em dinheiro, ou, segundo orientação do Supremo Tribunal Federal, **a restituição precisa ser efetuada na mesma espécie em que o tributo foi recolhido** (RE 175.385/CE).

CONTRIBUIÇÕES ESPECIAIS

São **tributos finalísticos qualificados pela destinação**. Assim, o elemento que lhes confere identidade diante dos demais tributos é a finalidade para a qual são instituídas. Enquanto nas outras espécies tributárias a competência constitucional para criação é definida basicamente a partir do fato gerador, nas contribuições o Texto Maior estabelece **a base de cálculo** e a **finalidade** do tributo. Por conta disso é fácil verificar que a Constituição Federal prevê a criação de diversas contribuições sempre definindo qual a finalidade de sua instituição:

– Para intervenção no domínio econômico (art. 149);
– Para custeio das categorias profissionais ou econômicas (art. 149);
– Para custeio do serviço de iluminação pública (art. 149-A);
– Para financiamento da Seguridade Social (art. 195);
– Para custeio de entidades privadas de serviço social e formação profissional (art. 240);
– Para custeio da educação básica pública (art. 212, § 5º).

Fundamentos normativos:

O art. 149 da CF define a competência "exclusiva" da União e enumera os três tipos de contribuições especiais atualmente existentes: sociais, de intervenção no domínio econômico (Cides) e de interesse das categorias profissionais ou econômicas;

Art. 149-A da CF: acrescentado pela Emenda Constitucional n. 39/2002, prevê a competência do Distrito Federal e Municípios para instituir a Contribuição de Iluminação Pública (Cipe);

Art. 195 da CF: estabelece as linhas gerais do regime aplicável às contribuições de custeio da Seguridade Social (contribuições sociais).

Competência:

O art. 149 da CF afirma textualmente que a competência para instituir contribuições cabe **"exclusivamente"** à União, mas a própria CF prevê exceções. Em respeito à dicção constitucional, a **POSIÇÃO MAIS SEGURA e majoritária é a que aponta a natureza da competência para instituir contribuições como EXCLUSIVA DA UNIÃO, COM EXCEÇÕES.**

Contribuição que não são federais:

Contribuição para custeio de regime previdenciário próprio: o art. 149, § 1º, da CF autoriza **Estados**, **Distrito Federal** e **Municípios** a instituir **contribuição cobrada de seus servidores para custeio em benefício destes de regime previdenciário próprio**, cuja alíquota não será inferior à da contribuição dos servidores titulares de cargos efetivos da União. O referido dispositivo cria um privilégio em favor de **servidores públicos estatutários titulares de cargos efetivos** estaduais, distritais e municipais, mediante um sistema previdenciário especial, de caráter contributivo e solidário (art. 40 da CF), que os subtrai do regime geral da Previdência Social;

Contribuição para iluminação pública: declarada inconstitucional pelo STF, a antiga taxa de iluminação pública foi escandalosamente transformada em contribuição e constitucionalizada por força da EC n. 39/2002 (Súmula 670 do STF: *"O serviço de iluminação pública não pode ser remunerado mediante taxa"*). No mesmo sentido, a Súmula Vinculante 41 do STF: *"O serviço de iluminação pública não pode ser remunerado mediante taxa"*. Assim, hoje a denominada CIP ou Cosip pode ser instituída pelo Distrito Federal e Municípios, na forma das respectivas leis, para custeio do serviço de iluminação pública (art. 149-A da CF), podendo ser cobrada na fatura da energia elétrica (art. 149-A, parágrafo único, da CF).

Veículo normativo introdutor das contribuições especiais:

Como regra geral, são criadas e disciplinadas por meio de **lei ordinária** da entidade federativa competente para sua instituição. Nada impede, assim, pelo menos em âmbito federal, a utilização de **medida provisória** para a mesma finalidade.

EXCEPCIONALMENTE, n**os termos do art. 195, § 4º, da CF, a criação de novas fontes de custeio da Seguridade Social (contribuições sociais residuais) exige lei complementar federal.**

Tipos de contribuições especiais segundo a Constituição:

De acordo com o art. 149 da CF, as contribuições especiais são de três tipos: sociais (art. 195), de intervenção no domínio econômico (Cides) e de interesse das categorias profissionais ou econômicas:

1) Contribuições Sociais: são tributos federais instituídos para o **financiamento da Seguridade Social** (art. 195, CF), criadas e disciplinadas por **lei ordinária** ou **medida provisória**. No entanto, sendo instituída **nova fonte de custeio da Seguridade Social** a disciplina normativa exige **lei complementar** (art. 195, § 4º, da CF).

Normas constitucionais específicas (art. 149, § 2º), as contribuições sociais:

a) não incidirão sobre receitas decorrentes de exportação;

b) incidirão sobre a importação de produtos estrangeiros ou serviços;

c) poderão ter alíquotas: 1) *ad valorem* (variáveis proporcionalmente ao valor do bem): tendo por base o faturamento, a receita bruta ou o valor da operação e, no caso da importação, o valor aduaneiro; 2) **específica**: tendo por base a unidade de medida adotada.

As *fontes de custeio* das contribuições da Seguridade Social estão previstas no art. 195 da CF:

a) empregador, empresa e entidade a ela equiparada;

b) trabalhador e demais segurados da previdência;

c) receita de concurso de prognósticos (loterias); e

d) importador de bens ou serviços do exterior ou quem a lei a ele equiparar.

2) Contribuições de intervenção no domínio econômico (Cides): são tributos federais utilizados pela União como **ferramenta de regulação sobre setores estratégicos da economia**, criadas e disciplinadas por meio de **lei ordinária federal**, admitindo também veiculação via **medida provisória**, respeitando **as duas anterioridades**, ou seja, sujeitam-se tanto à anterioridade anual quanto à nonagesimal.

Assim como ocorre com as contribuições sociais, as Cides sujeitam-se a três *regras constitucionais específicas* (art. 149, § 2º, da CF): **1)** não incidirão sobre receitas decorrentes de exportação; **2)** incidirão sobre a importação de produtos estrangeiros ou serviços; **3)** poderão ter *alíquotas*: a) *ad valorem* (variáveis conforme o valor do bem): tendo por base o faturamento, a receita bruta ou o valor da operação e, no caso da importação, o valor aduaneiro; b) **específica**: tendo por base a unidade de medida adotada.

3) Contribuições de interesse das categorias profissionais ou econômicas: como as anuidades pagas aos Conselhos de Classe e a contribuição patronal para custeio dos serviços sociais (art. 240 da CF). **Lembre que, com o advento da reforma trabalhista, as contribuições sindicais NÃO SÃO MAIS TRIBUTO.**

Todas as contribuições na Constituição de 1988

1) contribuição confederativa (art. 8º, IV): sem natureza tributária, é uma exigência instituída pela assembleia geral das categorias profissionais, recolhida junto a empregados e empregadores filiados a instituições de classe, de pagamento facultativo, voltada ao custeio do sistema sindical geral;

2) contribuição de melhoria (art. 145, III): espécie tributária autônoma, vinculada à realização de uma obra pública que valorize imóvel do contribuinte;

3) contribuições sociais (art. 149, c/c art. 195): são tributos federais arrecadados para custear a Seguridade Social (Previdência, Assistência e Saúde);

4) contribuições de intervenção no domínio econômico – Cides (art. 149): cobradas pela União como mecanismo de polícia sobre setores econômicos relevantes;

5) contribuições de interesse das categorias profissionais ou econômicas (art. 149): instituídas pela União, mas cuja arrecadação é delegada a entidades de classe para custeio de suas atividades finalísticas;

6) contribuição para custeio de regime previdenciário próprio (art. 149, § 1º): cobradas pelos Estados, Distrito Federal e Municípios junto a seus servidores estatutários, para manutenção de autarquias previdenciárias especializadas em sistema especial de previdência;

7) contribuição de iluminação pública – CIP ou Cosip (art. 149-A): arrecadada pelos Municípios e Distrito Federal para custeio do serviço de iluminação pública, facultada a cobrança na fatura da energia residencial;

8) contribuição social do salário-educação (art. 212, § 5º): devida pelas empresas como fonte adicional de financiamento da educação básica pública;

9) contribuição geral para os serviços sociais (art. 240): recolhida compulsoriamente junto aos empregadores, sobre a folha de salários, destinada às entidades privadas de serviço social e formação profissional vinculadas ao sistema sindical, como Sesc, Sebrae e Senac.

Natureza parafiscal:

Atualmente, permanecem genuinamente parafiscais somente as contribuições de interesse das categorias profissionais (art. 149 da CF) e as contribuições para custeio dos serviços sociais (art. 240 da CF).

Bitributação e *bis in idem*:

Por ausência de impedimento constitucional, contribuições podem bitributar e incidir em *bis in idem*, admitindo multitributação.

Criação de novas fontes de custeio da seguridade:

Previstas no art. 195, § 4º, da CF, a criação de novas fontes de custeio da seguridade deve obedecer aos seguintes requisitos:

a) competência exclusiva da União;

b) necessidade de lei complementar;

c) vedação de edição de medida provisória para tal finalidade;

d) o tributo deve ser não cumulativo; e

e) não pode ter fato gerador ou base de cálculo já utilizados para arrecadação de outra contribuição já existente.

Tributação sobre importações e nas exportações:

As contribuições especiais seguem a mesma regra geral adotada pelo Texto de 1988 para os demais tributos: desonerar as exportações e superonerar as importações.

Trata-se de uma lógica pensada como um mecanismo de proteção da indústria brasileira. Como as exportações são excelentes para a indústria nacional, pois aumentam as vendas e a clientela, foram desoneradas, de modo a recolher somente imposto de exportação. Já as importações são ruins para a indústria nacional, pois trazem de fora produtos estrangeiros para competir com o equivalente nacional, razão pela qual diversos tributos incidem sobre as importações.

Guarde assim: "Quando IMPORTO um produto, PAGO TUDO que é tributo; mas na EXPORTAÇÃO SÓ INCIDE o IE".

3.8 QUESTÕES

1. **(Instituto Aocp – UFPB – Tecnólogo Formação – Gestão Pública – 2019)** Há três tipos básicos de tributos no Brasil: imposto, taxa e contribuições. A esse respeito, é correto afirmar que:
   a) a taxa é um valor pago para financiar uma obra pública;
   b) as contribuições se estabelecem com recolhimento relativo ao pagamento por um serviço específico;
   c) o imposto é apenas uma espécie de tributo, aquele não vinculado a uma despesa pública específica. São exemplos de tributos em nível estadual: IPVA, IPTU e ICMS;
   d) o IPVA é um imposto estadual, o IPTU é um imposto municipal e o IRPF é um imposto federal;
   e) o ICMS é um imposto federal, assim como o IRPF.

2. **(Vunesp – Prefeitura de Itapevi-SP – Analista Jurídico – Procurador Municipal – 2019)** A lei relativa à contribuição de melhoria observará os requisitos mínimos estabelecidos pelo Código Tributário Nacional e fixará, para impugnação pelos interessados de quaisquer de tais requisitos, prazo não inferior a:
   a) 15 dias;
   b) 30 dias;
   c) 60 dias;
   d) 120 dias;
   e) 180 dias.

3. **(Vunesp – Prefeitura de Itapevi-SP – Analista Jurídico – Procurador Municipal – 2019)** No que se refere às taxas cobradas pela utilização, efetiva ou potencial, de serviço público específico e divisível prestado ao contribuinte ou posto à sua disposição, é correto afirmar que tais serviços consideram-se:
   a) efetivamente utilizados pelo contribuinte quando por ele usufruídos a qualquer título;
   b) potencialmente utilizados pelo contribuinte, quando, sendo de utilização compulsória, por ele usufruídos a qualquer título;
   c) específicos, quando suscetíveis de utilização, separadamente, por parte de cada um dos seus usuários;
   d) divisíveis, quando possam ser destacados em unidades autônomas de intervenção, de utilidade, ou de necessidades específicas;
   e) indivisíveis quando, sendo de utilização compulsória, sejam postos à disposição do contribuinte mediante atividade administrativa em efetivo funcionamento.

4. **(NC-UFPR – Prefeitura de Curitiba-PR – Procurador – 2019)** As contribuições de melhoria são considerados tributos indiretamente vinculados a uma contraprestação estatal específica. Os Municípios são competentes para a instituição de contribuições de melhoria. Levando em consideração os dados apresentados, assinale a alternativa correta.
   a) A hipótese de incidência da Contribuição de Melhoria é a realização de obra pública ou privada municipal, da qual advenha benefício direto ou indireto aos imóveis localizados na zona de influência.
   b) A contribuição de melhoria tem como limite total a despesa realizada e como limite individual o acréscimo de valor que da obra resultar para cada imóvel beneficiado, não sendo aplicável, atualmente, o limite para que a parcela anual não exceda a 3% (três por cento) do maior valor fiscal do seu imóvel, atualizado à época da cobrança.
   c) A lei que instituir a contribuição de melhoria deverá conter a publicação prévia do memorial descritivo do projeto, do orçamento do custo da obra e da determinação da parcela do custo da obra a ser financiada pela contribuição.
   d) Assim como a contribuição de iluminação pública, a contribuição de melhoria é de competência privativa dos Municípios.
   e) A contribuição de melhoria sujeita-se ao lançamento por homologação.

5. (Vunesp – Prefeitura de Arujá-SP – Advogado – 2019) As contribuições de melhoria são espécie tributária ainda pouco explorada pelos Municípios brasileiros, mas com grande potencial arrecadatório e de justiça fiscal. A respeito das contribuições de melhoria, é correto afirmar, com base no Código Tributário Nacional, que:

a) a contribuição de melhoria pode ser cobrada apenas pelos Municípios e é instituída para fazer face ao custo de obras públicas de que decorra desvalorização imobiliária;

b) a contribuição de melhoria tem como limite total a despesa realizada com a obra pública e como limite individual o acréscimo de valor que da obra resultar para cada imóvel beneficiado;

c) por ocasião do lançamento da obra pública, cada contribuinte deverá ser informado do montante da contribuição de melhoria, da forma e dos prazos de seu pagamento, podendo optar pelo pagamento parcelado;

d) a contribuição relativa a cada imóvel será determinada pelo rateio linear da parcela do custo da obra pelos imóveis situados na zona beneficiada;

e) as contribuições de melhoria poderão ser implementadas por meio de decretos municipais, sendo necessária lei apenas para o estabelecimento de critérios desiguais de rateio das contribuições entre os imóveis atingidos.

6. (FCC – Semef Manaus – AM – Técnico Fazendário – 2019) Determinado Município realizou obra pública, sendo que o total da despesa realizada foi de R$ 9.000.000,00. A referida obra, por sua vez, acarretou valorização imobiliária dos imóveis circunvizinhos, nos seguintes montantes: os imóveis comerciais tiveram valorização de R$ 20.000,00, cada um; os imóveis residenciais tiveram valorização de R$ 15.000,00, cada um; e os terrenos tiveram valorização de R$ 10.000,00, cada um. A Fazenda Pública municipal, em razão dessa valorização, pretende lançar e cobrar contribuição de melhoria. De acordo com o Código Tributário Nacional, a contribuição de melhoria:

a) poderá ser lançada e cobrada até o valor de R$ 15.000,00 (valor médio de valorização), de todos os proprietários dos imóveis valorizados, observado o limite total;

b) a ser lançada e cobrada terá como limite total valor não superior a R$ 9.000.000,00;

c) não poderá, em hipótese nenhuma, ser lançada e cobrada em valor superior a R$ 10.000,00, de nenhum dos proprietários dos diversos imóveis valorizados;

d) tem como limite individual a valorização de cada de cada imóvel, salvo em relação aos imóveis de uso comercial ou com destinação comercial;

e) a ser lançada e cobrada terá como limite total valor equivalente à soma dos valores correspondentes à valorização individual de todos os imóveis beneficiados com a obra.

7. (FGV – Prefeitura de Salvador – BA – Fiscal de Serviços Municipais – 2019) Leia o fragmento a seguir.

Trata-se de tributo que representa contraprestação a uma atividade do poder público e que não pode superar a relação de razoável equivalência que deve existir entre o custo real da atuação estatal referida ao contribuinte e o valor que o Estado pode exigir de cada um, considerados, para esse efeito, os elementos pertinentes às alíquotas e à base de cálculo fixadas em lei.

O fragmento acima trata de:

a) preço público;

b) empréstimo compulsório;

c) tarifa;

d) contribuição de melhoria;

e) taxa.

8. (Vunesp – Prefeitura de Guarulhos – SP – Inspetor Fiscal de Rendas – Conhecimentos Específicos – 2019) A Constituição Federal, no art. 145, aponta os impostos, as taxas e a contribuição de melhoria como tributos que compõem o Sistema Tributário Nacional. Assim, é correto afirmar que:

a) o imposto é um tributo cuja obrigação tem por fato gerador o exercício do poder de polícia;

b) o imposto é uma prestação pecuniária que incide sobre fatos descritos em lei só pela atuação do contribuinte;

c) a taxa tem por fato gerador a valorização de imóveis do contribuinte em decorrência da execução de obras públicas;
d) a taxa é um tributo cuja obrigação tem por fato gerador uma situação independente de qualquer atividade estatal específica;
e) a contribuição de melhoria pressupõe a utilização, efetiva ou potencial, de serviços públicos específicos e divisíveis, prestados ao contribuinte ou postos à sua disposição.

9. (Orhion Consultoria – Prefeitura de Jaguariúna – SP – Procurador Jurídico – 2018) Considerando as Súmulas do Supremo Tribunal Federal, em matéria tributária, analise os Enunciados a seguir.

I – A taxa cobrada exclusivamente em razão dos serviços públicos de coleta, remoção e tratamento ou destinação de lixo ou resíduos provenientes de imóveis, não viola o art. 145, II, da Constituição Federal.

II – É inconstitucional a adoção, no cálculo do valor de taxa, de um ou mais elementos da base de cálculo própria de determinado imposto, desde que não haja integral identidade entre uma base e outra.

III – É constitucional a incidência do Imposto sobre Serviços de Qualquer Natureza – ISS sobre operações de locação de bens móveis.

IV – Norma legal que altera o prazo de recolhimento da obrigação tributária não se sujeita ao princípio da anterioridade.

V – Ainda quando alugado a terceiros, permanece imune ao IPTU o imóvel pertencente a qualquer das entidades referidas pelo art. 150, VI, c, da Constituição Federal, desde que o valor dos aluguéis seja aplicado nas atividades para as quais tais entidades foram constituídas.

Assinale a alternativa CORRETA:

a) Apenas as afirmativas I e III estão corretas;
b) Apenas as afirmativas II e IV estão corretas;
c) Apenas as afirmativas I, II e III estão corretas;
d) Apenas as afirmativas I, IV e V estão corretas.

10. (Consulplan – Câmara de Belo Horizonte-MG – Procurador – 2018) Lei de determinado Estado da Federação cria taxa de fiscalização de atividade profissional e delega ao respectivo conselho a possibilidade de fixar o valor da exação, através de regulamento, observado o limite máximo de "x" vezes o maior valor de referência vigente na respectiva unidade da federação. Chamado a opinar sobre a lei em questão, entende-se que:

a) há vício de inconstitucionalidade, eis que taxa é tributo e todos os seus elementos devem estar descritos no texto legal que a criar;
b) como se trata de tributo, cuja receita remunera atividade fiscalizadora do conselho de classe, não há qualquer vício na lei mencionada;
c) a lei é inconstitucional, por delegar ao próprio ente tributante a função de fixar um dos elementos essenciais da regra matriz de incidência;
d) a lei é constitucional, sendo admitido o diálogo desta com o regulamento na fixação do aspecto quantitativo da regra matriz de incidência, fixado um teto legal.

11. (Cesgranrio – Petrobras – Advogado Júnior – 2018) O Estado X estabeleceu por lei uma contribuição de melhoria, cujo fato gerador era delimitado à valorização imobiliária decorrente de obra realizada por órgão sob sua administração no município Y, localizado em seu território. O proprietário de imóvel localizado na área onde foi realizada a obra foi cobrado da exação, sendo a base de cálculo composta pelo índice atualizado de valorização dos imóveis da região.

Em relação a essa cobrança, verifica-se que:

a) é válida, pois a base de cálculo quantificou a valorização imobiliária decorrente de obra pública;
b) é válida, pois a competência para instituir a contribuição de melhoria é exclusiva dos Estados;
c) é válida, pois a obra pública é condição suficiente para instituir o tributo;
d) não é válida, pois a lei deveria ser instituída pelo município Y, onde a obra foi realizada;
e) não é válida, pois a base de cálculo do tributo deveria ser o custo da obra estatal.

12. (Cespe – PGE-PE – Procurador do Estado – 2018) Determinado Município deseja criar um novo tributo com a finalidade específica de custear o serviço de iluminação pública. O valor arrecadado ficará afetado exclusivamente a esse tipo de despesa.

De acordo com a CF, nesse caso, o Município deve criar:

a) um imposto;
b) uma contribuição;
c) uma taxa;
d) um emolumento;
e) um preço público.

13. (Vunesp – Juiz de Direito Substituto – TJ-RS – 2018) O prefeito do Município X pretende instituir uma taxa para custear o serviço de coleta, remoção e destinação do lixo doméstico produzido no Município. A taxa será calculada em função da frequência da realização da coleta, remoção e destinação dos dejetos e da área construída do imóvel ou da testada do terreno. Acerca dessa taxa, é correto afirmar que ela é:

a) ilegal, porque a coleta, remoção e destinação do lixo doméstico não podem ser considerados como serviço público específico e divisível;
b) ilegal, porque sua base de cálculo utiliza elemento idêntico ao do IPTU, qual seja, a metragem da área construída ou a testada do imóvel;
c) legal se houver equivalência razoável entre o valor cobrado do contribuinte e o custo individual do serviço que lhe é prestado;
d) ilegal, porque não possui correspondência precisa com o valor despendido na prestação do serviço;
e) legal, porque foi instituída em razão do exercício regular de poder de polícia, concernente à atividade da Administração Pública que regula ato de interesse público referente à higiene.

14. (Ieses – Cartório-RO – 2017) Sobre as TAXAS, assinale a alternativa INCORRETA.

a) As taxas têm como fato gerador o exercício regular do poder de polícia, ou a utilização, efetiva ou potencial, de serviço público específico e divisível, prestado ao contribuinte ou posto à sua disposição.
b) Considera-se poder de polícia atividade da administração pública que regula a prática de ato ou abstenção de fato, em razão de interesse público concernente à segurança, à higiene, à ordem, aos costumes, à disciplina da produção e do mercado, ao exercício de atividades econômicas dependentes de concessão ou autorização do Poder Público, à tranquilidade pública ou ao respeito à propriedade e aos direitos individuais ou coletivos.
c) A taxa pode ter base de cálculo ou fato gerador idênticos aos que correspondam a imposto e ser calculada em função do capital das empresas.
d) Considera-se regular o exercício do poder de polícia quando desempenhado pelo órgão competente nos limites da lei aplicável, com observância do processo legal e, tratando-se de atividade que a lei tenha como discricionária, sem abuso ou desvio de poder.

15. (Ieses – Cartório-RO – 2017) É instituída para fazer face ao custo de obras públicas de que decorra valorização imobiliária, tendo como limite total a despesa realizada e como limite individual o acréscimo de valor que da obra resultar para cada imóvel beneficiado. A sentença acima define:

a) a contribuição de melhoria;
b) taxa;
c) imposto;
d) tarifa.

16. (MP-PR – Promotor de Justiça – 2017) Quanto às taxas, assinale a alternativa incorreta.

a) As taxas não poderão ter base de cálculo própria de impostos.
b) É constitucional a adoção, no cálculo do valor da taxa, de um ou mais elementos da base de cálculo própria de determinado imposto, desde que não haja integral identidade entre uma e outra.

c) Segundo entendimento do Supremo Tribunal Federal, o texto constitucional diferencia taxas decorrentes do exercício do poder de polícia daquelas de utilização de serviços específicos e divisíveis, facultando, em ambos os casos, a prestação potencial do serviço público.

d) Segundo entendimento do Supremo Tribunal Federal, a regularidade do exercício do poder de polícia é imprescindível para a cobrança da taxa de localização e fiscalização.

e) O fato gerador da taxa de serviço é a utilização, efetiva ou potencial, de serviço público específico e divisível, prestado ao contribuinte ou posto a sua disposição.

17. (FCC – Magistratura-SC – 2017) Município X cobra taxa por coleta de lixo urbano, feita por empresa contratada pela Administração municipal. O tributo é calculado sobre o valor, atribuído por lei municipal, da frente para a via pública do imóvel em que se dará a coleta, medida em metros lineares. O tributo é julgado inconstitucional. A taxa não pode ser cobrada porque:

a) a base de cálculo é semelhante ao valor venal do imóvel, base de cálculo do IPTU;

b) a base de cálculo não é apropriada para prestação de serviços, prestando-se, somente, para o caso de taxa por exercício de poder de polícia;

c) o serviço público é prestado por particular contratado, sendo, portanto, caso de cobrança de preço público diretamente pelo contratado;

d) o serviço é, por natureza, indivisível, tendo em vista a impossibilidade de pesar o lixo no momento da coleta;

e) a base de cálculo não tem pertinência com o serviço prestado ou posto à disposição.

18. (Consulplan – Cartório-MG – 2017) Sobre os empréstimos compulsórios, à luz da disciplina constante da Constituição Federal, é INCORRETO afirmar.

a) A sua instituição deve ocorrer mediante lei complementar.

b) Podem ser instituídos no caso de investimento público de caráter urgente e de relevante interesse nacional, vedada a cobrança no mesmo exercício financeiro em que haja sido publicada a lei que os instituiu.

c) A sua instituição pelos Estados deve ser previamente autorizada pelo Senado Federal.

d) A aplicação dos recursos provenientes de empréstimo compulsório será vinculada à despesa que fundamentou sua instituição.

19. (Cespe – Magistratura-PR – 2017) O Município de Curitiba – PR instituiu, por lei ordinária, taxa de coleta e remoção de lixo para os imóveis urbanos situados em seu território, estabelecendo como base de cálculo do tributo a área construída do imóvel, que, multiplicada pelo valor de R$ 2, resultaria no valor do tributo devido pelo contribuinte.

Acerca dessa situação hipotética e dos preceitos constitucionais pertinentes ao poder de tributar, assinale a opção correta.

a) A utilização da área construída do imóvel como parte da base de cálculo do tributo em questão, por também compor a base de cálculo do IPTU, torna inconstitucional a instituição do mencionado tributo.

b) A restrição constitucional para que haja identidade da base de cálculo atinge apenas as contribuições, e não as taxas, sendo, portanto, constitucional o tributo em questão.

c) O serviço de coleta e remoção de lixo em questão pode adotar um dos elementos de base de cálculo de impostos, desde que não haja identidade completa e o valor pago pelo contribuinte seja proporcional ao serviço que lhe é prestado.

d) A coleta e remoção de lixo é serviço público inespecífico e indivisível, por beneficiar toda a coletividade, sendo, portanto, inconstitucional a instituição da referida taxa.

20. (Cespe – PC-GO – 2017) O Estado de Goiás instituiu, por lei ordinária, um departamento de fiscalização de postos de gasolina com objetivo de aferir permanentemente as condições de segurança e vigilância de tais locais, estabelecendo um licenciamento especial e anual para o funcionamento de tais estabelecimentos e instituindo uma taxa anual de R$ 1.000 a ser paga pelos empresários, relacionada a tal atividade estatal.

A respeito dessa situação hipotética, assinale a opção correta.

a) A instituição do departamento de fiscalização de postos de gasolina como órgão competente com funcionamento regular é suficiente para caracterizar o exercício efetivo do poder de polícia.

b) É desnecessária, para justificar a cobrança de taxa, a criação de órgão específico para o desempenho das atividades de fiscalização de postos de gasolina, por se tratar de competências inerentes às autoridades de segurança pública.

c) Para observar o princípio da capacidade contributiva, a taxa deveria ter correspondência com o valor venal do imóvel a ser fiscalizado, sendo inconstitucional a cobrança de valor fixo por estabelecimento.

d) A taxa em questão é inconstitucional, já que a segurança pública é um dever do Estado, constituindo um serviço indivisível, a ser mantido apenas por impostos, o que torna incabível a cobrança de taxa.

e) Por ter caráter contraprestacional, a taxa só será devida caso o departamento de fiscalização de postos de gasolina faça visitas periódicas aos estabelecimentos, certificando-se do cumprimento das normas de segurança e vigilância de tais locais, de acordo com a legislação.

21. (FMP Concursos – Procurador do Estado – PGE-AC – 2017) Analise as assertivas abaixo, regras para instituição de impostos, e marque a CORRETA.

a) O fato gerador da obrigação deve configurar uma situação que independa de uma atividade estatal específica relativa ao contribuinte.

b) O imposto deve estar previsto na Constituição Federal ou ser instituído com base na competência residual da União, dentro das limitações constitucionais impostas, podendo ser, em razão disso, instituído por lei ordinária.

c) O imposto instituído com base na competência residual da União pode inclusive ter o mesmo fato gerador dos demais discriminados na Constituição, se a destinação for outra.

d) Quando a base de cálculo de dois impostos se sobrepõe, a solução jurídica e a aplicação da maior alíquota, dividida entre os dois tributos.

e) Todas as alternativas acima estão CORRETAS.

22. (MPE-RR – Promotor Substituto – MPE-RR – 2017) Quanto às taxas, assinale a alternativa incorreta:

a) As taxas não poderão ter base de cálculo própria de impostos.

b) É constitucional a adoção, no cálculo do valor da taxa, de um ou mais elementos da base de cálculo própria de determinado imposto, desde que não haja integral identidade entre uma e outra.

c) Segundo entendimento do Supremo Tribunal Federal, o texto constitucional diferencia taxas decorrentes do exercício do poder de polícia daquelas de utilização de serviços específicos e divisíveis, facultando, em ambos os casos, a prestação potencial do serviço público.

d) Segundo entendimento do Supremo Tribunal Federal, a regularidade do exercício do poder de polícia é imprescindível para a cobrança da taxa de localização e fiscalização.

e) O fato gerador da taxa de serviço é a utilização, efetiva ou potencial, de serviço público específico e divisível, prestado ao contribuinte ou posto a sua disposição.

23. (FCC – Juiz Substituto – TJ-SC – 2017) Município X cobra taxa por coleta de lixo urbano, feita por empresa contratada pela Administração municipal. O tributo é calculado sobre o valor, atribuído por lei municipal, da frente para a via pública do imóvel em que se dará a coleta, medida em metros lineares. O tributo é julgado inconstitucional. A taxa não pode ser cobrada porque:

a) a base de cálculo é semelhante ao valor venal do imóvel, base de cálculo do IPTU;

b) a base de cálculo não é apropriada para prestação de serviços, prestando-se, somente, para o caso de taxa por exercício de poder de polícia;

c) o serviço público é prestado por particular contratado, sendo, portanto, caso de cobrança de preço público diretamente pelo contratado;

d) o serviço é, por natureza, indivisível, tendo em vista a impossibilidade de pesar o lixo no momento da coleta;

e) a base de cálculo não tem pertinência com o serviço prestado ou posto à disposição.

24. (Vunesp – Procurador Jurídico – Prefeitura de Porto Ferreira-SP – 2017) Na forma das respectivas leis, para o custeio do serviço de iluminação pública, a Constituição Federal autoriza os Municípios e o Distrito Federal a instituir:

a) tarifa;
b) preço público;
c) taxa;
d) contribuição;
e) imposto.

25. (IBADE – Prefeitura de São Felipe D'Oeste-RO – Fiscal de Patrimônio – 2020) A contribuição de melhoria poderá ser cobrada dos proprietários de imóveis valorizados por obras públicas municipais, tendo como limite total e como limite individual:

a) a despesa não realizada e o acréscimo de valor que da obra resultar para cada imóvel beneficiado.
b) a despesa realizada e o desconto de valor que da obra resultar para cada imóvel beneficiado.
c) a despesa não realizada e a depreciação do valor que da obra resultar para cada imóvel beneficiado.
d) a despesa prevista e o desconto de valor que da obra resultar para cada imóvel beneficiado.
e) a despesa realizada e o acréscimo de valor que da obra resultar para cada imóvel beneficiado.

26. (IBADE – Prefeitura de São Felipe D'Oeste-RO – Fiscal de Patrimônio – 2020) Sempre que possível, os impostos terão caráter pessoal e serão graduados segundo:

a) a capacidade econômica do Estado, facultado à administração municipal, especialmente para conferir efetividade a esses objetivos, identificar, respeitados os direitos individuais e nos termos da lei, o patrimônio, os rendimentos e as atividades econômicas do contribuinte.
b) a capacidade econômica do contribuinte, facultado à administração municipal, especialmente para conferir efetividade a esses objetivos, identificar, respeitados os direitos individuais e nos termos da lei, o patrimônio, os rendimentos e as atividades econômicas do contribuinte.
c) a capacidade econômica da Câmara Municipal de São Felipe D'Oeste, facultado à administração municipal, especialmente para conferir efetividade a esses objetivos, identificar, respeitados os direitos individuais e nos termos da lei, o patrimônio, os rendimentos e as atividades econômicas do contribuinte.
d) a capacidade econômica do município, facultado à administração municipal, especialmente para conferir efetividade a esses objetivos, identificar, respeitados os direitos individuais e nos termos da lei, o patrimônio, os rendimentos e as atividades econômicas do contribuinte.
e) a capacidade econômica do contribuinte, não facultado à administração municipal, especialmente para conferir efetividade a esses objetivos, identificar, não respeitados os direitos individuais e nos termos da lei, o patrimônio, os rendimentos e as atividades econômicas do contribuinte.

27. (IBADE – Prefeitura de São Felipe D'Oeste-RO – Fiscal de Patrimônio – 2020) A contribuição de melhoria cobrada pela União, pelos Estados, pelo Distrito Federal ou pelos Municípios, no âmbito de suas respectivas atribuições, é instituída para fazer face ao:

a) orçamento público.
b) custo de obras públicas de que decorra valorização imobiliária, tendo como limite total a despesa realizada e como limite individual o acréscimo de valor que da obra resultar para cada imóvel beneficiado.
c) fato gerador.
d) custo de obras privadas de que decorra valorização imobiliária, tendo como limite total a despesa realizada e como limite individual o acréscimo de valor que da obra resultar para cada imóvel beneficiado.
e) custo de obras públicas de que decorra desvalorização imobiliária, tendo como limite total a despesa realizada e como limite individual o acréscimo de valor que da obra resultar para cada imóvel beneficiado.

28. (INSTITUTO AOCP – Prefeitura de Betim-MG – Auditor Fiscal de Tributos Municipais – 2020) Segundo o Código Tributário, as taxas cobradas pela União, pelos Estados, pelo Distrito Federal ou pelos Municípios, no âmbito de suas respectivas atribuições, têm como fato gerador o exercício regular do poder de polícia, ou a utilização, efetiva ou potencial, de serviço público específico e divisível, prestado ao contribuinte ou posto à sua disposição. Nesse sentido, assinale a alternativa INCORRETA.

a) A taxa não pode ter base de cálculo ou fato gerador idênticos aos que correspondam a imposto nem ser calculada em função do capital das empresas.
b) Considera-se regular o exercício do poder de polícia quando desempenhado pelo órgão competente nos limites da lei aplicável, com observância do processo legal e, tratando-se de atividade que a lei tenha como discricionária, sem abuso ou desvio de poder.
c) Os serviços públicos consideram-se divisíveis, quando suscetíveis de utilização, separadamente, por parte de cada um dos seus usuários.
d) A taxa é uma remuneração devida por um serviço público, de sujeição alternativa, que se estabelece em virtude de uma relação contratual entre o cidadão e o Poder Público, quase sempre representado por uma concessionária ou permissionária.
e) Os serviços públicos consideram-se específicos, quando possam ser destacados em unidades autônomas de intervenção, de utilidade, ou de necessidades públicas.

29. (FUNDEP – Prefeitura de Barão de Cocais-MG – Fiscal de Renda e Tributos – 2020) Com relação à Contribuição de Melhoria, assinale a alternativa correta.

a) Apenas os municípios possuem competência para instituir a Contribuição de Melhoria.
b) A Contribuição de Melhoria pode ser criada por decreto do prefeito, após consulta popular.
c) É instituída para fazer face ao custo de obras públicas de que decorra valorização imobiliária.
d) O Poder Público não é legalmente obrigado a definir a zona na qual será aplicada a Contribuição de Melhoria.

30. (INSTITUTO AOCP – Prefeitura de Cariacica-SC – Fiscal de Tributos Municipais – 2020) Conforme o direito tributário brasileiro, assinale a alternativa correta.

a) Para o Código Tributário Nacional, são tributos apenas os impostos e as taxas.
b) As taxas têm como fato gerador o exercício regular do poder de polícia, ou a utilização, efetiva ou potencial, de serviço público específico e divisível, prestado ao contribuinte ou posto à sua disposição.
c) Imposto é o tributo instituído para fazer face ao custo de obras públicas de que decorra valorização imobiliária.
d) Para o Código Tributário Nacional, os impostos têm como fato gerador o exercício regular do poder de polícia, ou a utilização, efetiva ou potencial, de serviço público específico e divisível, prestado ao contribuinte ou posto à sua disposição.

GABARITO

1. D / **2.** B / **3.** A / **4.** C / **5.** B / **6.** B / **7.** E / **8.** B / **9.** D / **10.** D / **11.** A / **12.** B / **13.** C / **14.** C / **15.** A / **16.** C / **17.** E / **18.** C / **19.** C / **20.** A / **21.** A / **22.** C / **23.** E / **24.** D / **25.** E / **26.** B / **27.** B / **28.** D / **29.** C / **30.** B

3.9 QUESTÕES COMENTADAS

1. (Cespe – TJ-BA – Juiz de Direito Substituto – 2019) Conforme a CF, as contribuições de intervenção no domínio econômico:

a) são de competência exclusiva da União;
b) podem incidir sobre as receitas decorrentes de exportação;
c) não podem incidir sobre a importação de serviços;
d) devem ter alíquota somente *ad valorem*;
e) podem instituir tratamento desigual entre contribuintes exclusivamente em razão de ocupação profissional.

COMENTÁRIO

Nessa questão é necessário conhecer as regras constitucionais acerca das contribuições de intervenção no domínio econômico.

a) Art. 149: as contribuintes de intervenção no domínio econômico são de competência exclusiva da União Federal. **(Correto)**

b) Art. 149, § 2º, I: não incidem receitas decorrentes de exportação. **(Errado)**

c) Art. 149, § 2º, II: incidem sobre importação de serviços estrangeiros. **(Errado)**

d) Art. 149, § 2º, III: as alíquotas também podem ser específicas, e não apenas *ad valorem*. **(Errado)**

e) Como qualquer tributo, as Cides devem observar o disposto no art. 150, II, CF, que trata da isonomia tributária e veda qualquer distinção em razão de ocupação profissional. **(Errado)**

Gabarito: letra A

2. (Cespe – Sefaz-RS – Auditor-Fiscal da Receita Estadual – Bloco II – 2019) Com base nas disposições da CF quanto à contribuição de intervenção no domínio econômico incidente sobre combustíveis (CIDE), assinale a opção correta.

a) A contribuição em referência subordina-se ao princípio da anterioridade relativa ao exercício financeiro.

b) A destinação do valor arrecadado dessa contribuição é definida por resolução do Senado Federal.

c) Essa contribuição incide exclusivamente sobre petróleo e seus derivados.

d) A alíquota da referida contribuição pode ser reduzida e restabelecida por ato do Poder Executivo Federal.

e) Não pode haver diferenciação de alíquotas da contribuição mencionada por uso ou produto.

COMENTÁRIO

a) O art. 177, § 4º, I, *b*, CF, expressamente afasta a aplicação do princípio da anterioridade anual para as Cides. **(Errada)**

b) Não há previsão nesse sentido. O produto da arrecadação da CIDE-Combustíveis está previsto no art. 159, III, da CF, que determina o repasse de 29% para os Estados e DF. Quanto aos recursos que ficam com a União, devem ser observadas as alíneas do art. 177, § 4º, II, CF. **(Errada)**

c) Além de petróleo e seus derivados, a CIDE-Combustíveis também incide sobre o gás natural e derivados e álcool combustível. **(Errada)**

d) A CIDE-Combustíveis está prevista na CF no art. 177, § 4º. O inciso I, *b*, prescreve que a alíquota pode ser reduzida e restabelecida por ato do Poder Executivo, não sendo aplicável o princípio da anterioridade (art. 150, III, *b*, da CF). **(Correta)**

e) O art. 177, § 4º, I, *a*, da CF, prevê a possibilidade de alíquotas diferenciadas em razão do produto ou uso. **(Errada)**

Gabarito: letra D

3. (Inaz do Pará – Core-PE – Assistente Jurídico – 2019) O objeto do Direito Tributário é exatamente a figura jurídica denominada pelo direito positivo de "tributo", o qual está definido no art. 3º do CTN. Sobre o "tributo", podemos afirmar:

a) as taxas, cobradas por todas as unidades de poder, possuem como fato gerador o exercício do poder de polícia;

b) trata-se de uma prestação, pecuniária compulsória ou não, em moeda ou cujo valor nela se possa exprimir;

c) pode-se constituir em sanção de ato ilícito, sendo cobrado mediante atividade administrativa vinculada;

d) está classificado, de acordo com o CTN, em três espécies: impostos, taxas e contribuição social;

e) imposto é o tributo cuja obrigação tem por fato gerador uma situação que depende da atividade estatal específica.

COMENTÁRIO

a) Todos os entes federativos podem instituir taxas em função do exercício regular do poder de polícia ou pela utilização de serviço público específico e divisível, conforme previsão no art. 77 do CTN. **(Correto)**

b) Art. 3º do CTN: o tributo é sempre prestação compulsória. **(Errado)**

c) Art. 3º do CTN: o tributo não constitui sanção de ato ilícito. **(Errado)**

d) Nos termos do art. 5º do CTN, os tributos são impostos, taxas e contribuições de melhoria. No entanto, é importante mencionar que essa classificação do CTN está superada na jurisprudência que, com base em critérios constitucionais, adota uma classificação pentapartite (impostos, taxas, contribuições de melhoria, contribuições sociais e empréstimos compulsórios). **(Errado)**

e) Nos termos do art. 16 do CTN, o imposto tem como fato gerador uma situação independente de qualquer atividade estatal específica. **(Errado)**

Gabarito: letra A

4. (NC-UFPR – TJ-PR – Titular de Serviços de Notas e de Registros – Remoção – 2019) Sobre as espécies tributárias, assinale a alternativa correta.

a) Imposto é o tributo cuja obrigação tem por fato gerador uma situação vinculada a uma atividade estatal específica, relativa ao contribuinte.

b) São exemplos de Contribuições Sociais: CIDE (Contribuições de Intervenção no Domínio Econômico), CICES (Contribuição de interesse de categorias econômicas e sociais), as Contribuições de Melhoria e as Contribuições Previdenciárias (Seguridade Social).

c) Empréstimos Compulsórios devem ser instituídos por lei ordinária e têm por causas as seguintes situações: despesas extraordinárias decorrentes de calamidade pública, guerra externa ou sua iminência e investimento público de caráter urgente e de relevante interesse nacional.

d) Taxa é o tributo exigível em razão do exercício do poder de polícia ou pela utilização efetiva ou potencial de serviços públicos específicos e divisíveis, prestados ao contribuinte ou postos à sua disposição.

e) Contribuição de Melhoria é o tributo exigível em decorrência de obra pública que implique valorização imobiliária e destina-se a custear a obra realizada, já que a lei autoriza que o valor arrecadado de Contribuições de Melhoria dos contribuintes seja superior ao custo da obra pública, sem prejuízo para a legalidade e a legitimidade da cobrança do referido tributo.

COMENTÁRIO

a) Imposto é o tributo cuja obrigação tem por fato gerador uma situação NÃO VINCULADA a uma atividade estatal específica, relativa ao contribuinte. **(Errada)**

b) São exemplos de Contribuições Sociais: CIDE (contribuições de intervenção no domínio econômico), CICES (contribuição de interesse de categorias econômicas e sociais), e as Contribuições Previdenciárias (seguridade social). As contribuições de melhoria NÃO SÃO exemplos de Contribuições Sociais. **(Errada)**

c) Empréstimos Compulsórios devem ser instituídos por LEI COMPLEMENTAR. Podem ser instituídos nos casos de: despesas extraordinárias decorrentes de calamidade pública, guerra externa ou sua iminência e investimento público de caráter urgente e de relevante interesse nacional. **(Errada**)

d) Taxa é o tributo exigível em razão do exercício do poder de polícia ou pela utilização efetiva ou potencial de serviços públicos específicos e divisíveis, prestados ao contribuinte ou postos à sua disposição. **(Correta)**

e) O CTN NÃO autoriza que o valor arrecadado via Contribuições de Melhoria dos contribuintes seja superior ao custo da obra pública. **(Errada)**

Gabarito: letra D

5. (Upenet/Iaupe – UPE – Advogado – 2019) Quanto às espécies tributárias, assinale a alternativa CORRETA.

a) Todos os pedágios têm suas cobranças classificáveis como taxas.

b) Os impostos cabem para o custeio de despesas gerais, devendo ser a principal fonte de receita para o custeio de serviços públicos indivisíveis.

c) As contribuições de melhoria possuem dois possíveis tetos ou limites para sua cobrança: 1º. o valor da obra pública que gere valorização imobiliária; e 2º. o montante da valorização efetiva que a obra pública provocou no imóvel do contribuinte. Cabe à lei que criar a cobrança da contribuição de melhoria, usar os dois ou apenas um desses limites, como critério de incidência, desde que tal critério reste claro e inequívoco.

d) As taxas são cobradas para o custeio de serviços que possam ser, ou não, efetivamente prestados ao contribuinte, mas o que for arrecadado com elas pode ser remanejado para outras despesas, nas especificadas na lei criadora da referida taxa.

e) Uma guerra interna pode justificar a cobrança do empréstimo compulsório.

COMENTÁRIO

a) Quando a via for explorada por concessionários, pedágio é tarifa. **(Errada)**

b) Sendo tributos desvinculados, os impostos têm suas receitas destinadas a custear os serviços públicos indivisíveis bem como as demais despesas gerais do Estado. **(Correta)**

c) Os dois limites devem ser observados em todos os casos. **(Errada)**

d) O valor arrecadado com as taxas só pode ser usado para custear a atividade estatal que ensejou sua cobrança. **(Errada)**

e) Só cabem no caso de guerra EXTERNA. **(Errada)**

Gabarito: letra B

6. (UFU-MG – Técnico em Contabilidade – 2019) Com base no Sistema Tributário Nacional vigente, analise as afirmativas abaixo.

I. O tributo tem por fato gerador uma situação independentemente de qualquer atividade estatal específica, relativa ao contribuinte.

II. Imposto é toda prestação pecuniária compulsória em moeda ou cujo valor nela se possa exprimir, que não constitua sanção de ato ilícito, instituída em lei e cobrada mediante atividade administrativa plenamente vinculada.

III. As taxas cobradas pela União, pelos estados, pelo Distrito Federal ou pelos municípios, no âmbito de suas respectivas atribuições, têm como fato gerador o exercício regular do poder de polícia ou a utilização, efetiva ou potencial, de serviço público específico e divisível, prestado ao contribuinte ou posto a sua disposição.

IV. A contribuição de melhoria cobrada pela União, pelos estados, pelo Distrito Federal ou pelos municípios, no âmbito de suas respectivas atribuições, é instituída para fazer face ao custo de obras públicas de que decorra valorização imobiliária, tendo como limite total a despesa realizada e como limite individual o acréscimo de valor que da obra resultar para cada imóvel beneficiado. Assinale a alternativa que apresenta apenas afirmativas corretas.

a) I e II.

b) e III.

c) III e IV.

d) II, III e IV.

COMENTÁRIO

Assertiva I – Foi inserido o conceito de imposto (art. 16 do CTN) mas com a palavra "tributo" para transformá-la em incorreta. **(Errada)**

Assertiva II – Foi transcrito o conceito de tributo, conforme art. 3º do CTN, e não o de imposto. **(Errada)**

Assertiva III – Está correta e trata justamente da competência estabelecida pelo art. 145, inciso II, da CF, no tocante às taxas. **(Correta)**

Assertiva IV – Transcreve o regime do CTN para a cobrança das contribuições de melhoria. **(Correta)**

Gabarito: letra C

7. **(Vunesp – Câmara de Monte Alto – SP – Auxiliar Técnico Legislativo – 2019)** No que diz respeito à Administração Tributária e Financeira, a Lei Orgânica do Município de Monte Alto dispõe que, em razão do exercício do poder de polícia, ou pela utilização, efetiva ou potencial, de serviços públicos, de sua atribuição, especificados e divisíveis, prestados ao contribuinte ou postos à sua disposição, o Município pode cobrar:

a) taxas;
b) contribuição de melhoria;
c) impostos;
d) contribuição social;
e) tarifas.

COMENTÁRIO

O enunciado dessa questão descreve o fato gerador da "taxa", que é uma das 5 espécies tributárias previstas na Constituição Federal (*vide* art. 145, II, da CF).

Gabarito: letra A

8. **(Instituto Aocp – PC-ES – Perito Oficial Criminal – Área 8 – 2019)** A respeito da classificação dos Tributos, assinale a alternativa que se refere à Taxa.

a) A taxa é o tributo vinculado que incide porque o imóvel foi valorizado em decorrência de obra pública.
b) A taxa é a modalidade de tributo contraprestacional, que depende sempre de uma ação estatal.
c) A taxa não é tributo, segundo a legislação nacional vigente a respeito da matéria.
d) A taxa é o tributo instituído para atender despesas extraordinárias em razão de calamidade pública, guerra externa ou de sua iminência.
e) A taxa é o tributo cuja obrigação tem por fato gerador uma situação independente de qualquer atividade estatal relativa ao contribuinte.

COMENTÁRIO

a) A descrição se refere às contribuições de melhoria. **(Errada)**
b) As taxas são sempre contraprestacionais e dependem de atuação estatal, seja na prestação de serviços públicos específicos e divisíveis, ou no exercício regular do poder de polícia. **(Correta)**
c) Taxas são tributos, conforme previsto no art. 145, II, CF. **(Errada)**
d) A descrição se refere aos empréstimos compulsórios, nos termos do art. 148, I, CF. **(Errada)**
e) As taxas sempre têm como fato gerador uma atuação estatal, conforme explicado no comentário da alternativa b. **(Errada)**

Gabarito: letra B

9. **(Instituto Consulplan – TJ-CE – Juiz Leigo – 2019)** Encontra-se em discussão, no âmbito dos temas em repercussão geral no Supremo Tribunal Federal, a constitucionalidade da cobrança de taxa pela utilização potencial do serviço de extinção de incêndio. Sob a perspectiva da Constituição Federal vigente, um dos argumentos que justificariam a inconstitucionalidade do referido tributo é:

a) proibição de cobrança de taxa pela prestação de serviços públicos de natureza indivisível;
b) vedação de instituição de taxa em função do exercício de poder de polícia pelos entes estatais;
c) vedação de instituição de taxa em razão da prestação de serviços públicos de qualquer natureza;
d) competência exclusiva da união para instituir taxa relativa ao serviço público de combate a incêndio.

COMENTÁRIO

É inconstitucional taxa de combate a sinistros instituída por lei municipal. Tese fixada pelo STF: "A segurança pública, presentes a prevenção e o combate a incêndios, faz-se, no campo da atividade precípua, pela unidade da Federação, e, porque serviço essencial, tem como a viabilizá-la a arrecadação de impostos, não cabendo ao Município a criação de taxa para tal fim" (STF. Plenário. RE 643.247/SP, rel. Min. Marco Aurélio, j. 1º-8-2017. Repercussão geral – *Informativo* 871).

Gabarito: letra A

10. (Ieses – TJ-SC – Titular de Serviços de Notas e de Registros – Remoção – 2019) No que atine ao conceito de tributo e às espécies tributárias, assinale a alternativa correta:

a) tributo é toda prestação pecuniária compulsória, em moeda ou cujo valor nela se possa exprimir, que não constitua sanção de ato ilícito, instituída em lei e cobrada mediante atividade administrativa discricionária;

b) imposto, de acordo com o Código Tributário Nacional, é o tributo cuja obrigação tem por fato gerador uma situação independente de qualquer atividade estatal específica, relativa ao contribuinte;

c) a contribuição de melhoria não é um tributo;

d) as taxas são tributos de competência privativa da União, dos Estados e do Distrito Federal.

COMENTÁRIO

a) Art. 3º do CTN: Tributo é toda prestação pecuniária compulsória, em moeda ou cujo valor nela se possa exprimir, que não constitua sanção de ato ilícito, instituída em lei e cobrada mediante atividade administrativa plenamente VINCULADA. **(Errada)**

b) Art. 16 do CTN: Imposto é o tributo cuja obrigação tem por fato gerador uma situação independente de qualquer atividade estatal específica, relativa ao contribuinte. **(Correta)**

c) Art. 145, III, da CF: A União, os Estados, o Distrito Federal e os Municípios poderão instituir os seguintes **tributos**: III – **contribuição de melhoria**, decorrente de obras públicas. **(Errada)**

d) Art. 77 do CTN: As taxas cobradas pela União, pelos Estados, pelo Distrito Federal OU PELOS MUNICÍPIOS, no âmbito de suas respectivas atribuições, têm como fato gerador o exercício regular do poder de polícia, ou a utilização, efetiva ou potencial, de serviço público específico e divisível, prestado ao contribuinte ou posto à sua disposição. **(Errada)**

Gabarito: letra B

11. (Cespe – PGE-PE – Analista Judiciário de Procuradoria – 2019) À luz dos dispositivos constitucionais que regem o Direito Tributário, julgue o item a seguir.

Taxa pela utilização de serviço público pode ter a mesma base de cálculo própria de um imposto, desde que ambos não tenham vigência concomitante.

( ) Certo ( ) Errado

COMENTÁRIO

O art. 145, § 2º, da CF, é expresso em dispor que "as taxas não poderão ter base de cálculo própria de impostos" e, não há qualquer disposição sobre "vigência concomitante", sendo sempre proibida a identidade de base de cálculo entre taxas e impostos.

Gabarito: Errado

12. (Cespe – PGE-PE – Analista Judiciário de Procuradoria – 2019) À luz da jurisprudência dos tribunais superiores, julgue o item subsequente, acerca de imunidade e obrigação tributárias.

É permitido aos Municípios criar taxa de custeio da iluminação pública.

( ) Certo ( ) Errado

COMENTÁRIO

Taxas de serviços somente podem ser cobradas quando o Estado presta ou disponibiliza ao contribuinte um serviço público específico e divisível (*uti singuli*).

A iluminação pública é um serviço público inespecífico e indivisível (*uti universi*) e por isso não pode ser taxado nem dado em concessão porque sua prestação cria vantagens com custos insuscetíveis de quantificação para cada usuário.

Esses serviços (*uti universi*) favorecem difusa e indistintamente toda a coletividade, não sendo possível definir um valor justo para sua cobrança.

Nesse sentido, o STF editou a Súmula Vinculante 41: "O serviço de iluminação pública não pode ser remunerado mediante taxa".

Lembre, porém, que o art. 149-A na CF permite aos Municípios e ao DF criarem "contribuição para custeio do serviço de iluminação pública", a COSIP, espécie tributária autônoma distinta da taxa.

Gabarito: Errado

13. (Cespe - PGM - Campo Grande - MS - Procurador Municipal - 2019) Acerca do disposto pelo Sistema Tributário Nacional, julgue o item seguinte, considerando o entendimento doutrinário e jurisprudencial.

Empréstimos compulsórios no caso de investimentos públicos de caráter urgente e de relevante interesse nacional – como a reconstrução de escolas e hospitais atingidos por enchentes – dada a urgência do investimento público, não se sujeitam à anterioridade do exercício financeiro e à anterioridade nonagesimal.

( ) Certo ( ) Errado

COMENTÁRIO

Com previsão constitucional no art. 148 da CF, os empréstimos compulsórios são tributos restituíveis de competência exclusiva da União, sendo incabível sua criação, ainda que mediante delegação, pelos Estados, Distrito Federal ou Municípios.

Possuem três hipóteses autorizadoras: (i) calamidade pública; (ii) guerra externa ou sua iminência; (iii) investimento público relevante.

Sendo instituído no caso de guerra externa, sua cobrança é imediata, não se sujeitando à anterioridade anual nem à nonagesimal (art. 150, § 1º, da CF). Assim como o de calamidade pública, também pode ser cobrado no dia seguinte ao da publicação da lei complementar que o tiver instituído.

Contudo, sendo o empréstimo compulsório instituído para atender investimento público de caráter urgente e de relevante interesse nacional, deve se submeter simultaneamente às anterioridades anual e nonagesimal (art. 150, III, *b* e *c*, da CF.

Gabarito: Errado

14. (CESPE/CEBRASPE - SEFAZ-AL - Auditor Fiscal da Receita Estadual - 2020) A respeito da competência tributária e do conceito e da classificação dos tributos, julgue o item a seguir.

O conceito de taxa pressupõe a utilização efetiva de serviços públicos específicos e divisíveis, ou o exercício do regular poder de polícia.

( ) Certo ( ) Errado

COMENTÁRIO

Pressupõe o uso efetivo ou potencial dos serviços públicos, conforme art. 77 do CTN: "As taxas cobradas pela União, pelos Estados, pelo Distrito Federal ou pelos Municípios, no âmbito de suas respectivas atribuições, têm como fato gerador o exercício regular do poder de polícia, ou a utilização, efetiva ou potencial, de serviço público específico e divisível, prestado ao contribuinte ou posto à sua disposição".

Gabarito: Errado

15. (CESPE/CEBRASPE - SEFAZ-AL - Auditor de Finanças e Controle de Arrecadação da Receita Estadual - 2020) O governo federal estuda incluir na proposta de reforma tributária a redução da alíquota máxima do imposto de renda das pessoas físicas (IRPF), hoje de 27,5%. Outros pontos prováveis são o fim das deduções com educação e saúde e a tributação dos dividendos. Internet: <www.correiobraziliense.com.br> (com adaptações).

Com relação ao tema abordado no texto anterior, julgue o item que se segue.

Diferentemente do IRPF, os impostos indiretos, tais quais os impostos que incidem sobre a circulação de mercadorias e serviços, são regressivos, posto que oneram proporcionalmente mais os indivíduos com menor capacidade de pagamento, e não neutros, no sentido de provocarem distorções sobre a alocação de recursos na economia.

( ) Certo ( ) Errado

COMENTÁRIO

Tributos INDIRETOS, que incidem sobre mercadorias, têm forte caráter REGRESSIVO, pois, como são colocados nos preços, os mais pobres pagam proporcionalmente mais que os ricos.

Além disso, como interferem no preço da economia, eles influenciam na escolha do consumidor, o que indica que não são neutros.

Já o IRPF é um tributo DIRETO (incide sobre a renda da pessoa), é progressivo e neutro (pois tributa as pessoas direto na fonte de renda e não no consumo, não afetando preços relativos).

Gabarito: Certo

16. (IBFC – EBSERH – Advogado – 2020) Nos termos do artigo 145 da Constituição, A União, os Estados, o Distrito Federal e os Municípios poderão instituir impostos, taxas e contribuição de melhoria, decorrente de obras públicas. Sobre os impostos, especificamente, assinale a alternativa correta.

a) Sempre que possível, os impostos terão caráter impessoal e serão graduados segundo a capacidade econômica do contribuinte, facultado à administração tributária, especialmente para conferir efetividade a esses objetivos, identificar, respeitados os direitos difusos e nos termos da lei, o patrimônio, os rendimentos e as atividades econômicas do contribuinte

b) Sempre que possível, os impostos terão caráter pessoal e serão graduados segundo as necessidades do Estado, facultado à administração fiscal, especialmente para conferir efetividade a esses objetivos, identificar, respeitados os direitos individuais e nos termos da lei, o patrimônio, os rendimentos e as atividades econômicas do Estado

c) Sempre que possível, os impostos terão caráter pessoal e serão graduados segundo a capacidade econômica do contribuinte, facultado à administração fazendária, especialmente para conferir efetividade a esses objetivos, identificar, respeitados os direitos difusos e nos termos da lei, o patrimônio, os rendimentos e as atividades econômicas do contribuinte

d) Sempre que possível, os impostos terão caráter impessoal e serão graduados segundo a capacidade econômica do contribuinte, facultado à administração tributária, especialmente para conferir efetividade a esses objetivos, identificar, respeitados os direitos individuais e nos termos da lei, o patrimônio, os rendimentos e as atividades econômicas do Estado

e) Sempre que possível, os impostos terão caráter pessoal e serão graduados segundo a capacidade econômica do contribuinte, facultado à administração tributária, especialmente para conferir efetividade a esses objetivos, identificar, respeitados os direitos individuais e nos termos da lei, o patrimônio, os rendimentos e as atividades econômicas do contribuinte

COMENTÁRIO

Art. 145, § 1º, da CF/88 – "A União, os Estados, o Distrito Federal e os Municípios poderão instituir os seguintes tributos:

§ 1º Sempre que possível, os impostos terão caráter pessoal e serão graduados segundo a capacidade econômica do contribuinte, facultado à administração tributária, especialmente para conferir efetividade a esses objetivos, identificar, respeitados os direitos individuais e nos termos da lei, o patrimônio, os rendimentos e as atividades econômicas do contribuinte".

Gabarito: letra E

4

PRINCÍPIOS

Acesse também a videoaula pelo *link*:
http://somos.in/MDT0705

4.1 CONCEITO

Princípios tributários são preceitos fundamentais de observância obrigatória pelo legislador e pelo Fisco, cujo descumprimento causa a nulidade do tributo e de sua cobrança.

> Cespe: A prova de Promotor de Justiça/TO de 2012 considerou CORRETA a assertiva: "Para a validade de uma norma, é necessária sua adequação aos princípios constitucionais, o que se tem convencionado chamar de Estado de Constituição. Nesse sentido, o Sistema Tributário Nacional tem sua regulamentação constitucional com uma série de princípios, que são utilizados para regular diversas situações de incidência tributária".

4.2 TAXONOMIA. NATUREZA DÚPLICE DOS PRINCÍPIOS

Definir a taxonomia ou natureza jurídica de um instituto é inseri-lo nas grandes categorias do direito (atos, processos, bens) com a finalidade de precisar o regime aplicável, ou seja, esclarecer quais os princípios e regras que sobre ele incidem.

O Texto de 1988 define duas espécies de limitações constitucionais ao poder de tributar: 1) princípios; 2) imunidades.

É a conclusão que pode ser extraída da Seção II do Sistema Tributário Nacional na Constituição de 1988, intitulada "Das Limitações ao Poder de Tributar".

Assim, verifica-se inicialmente que, junto com as imunidades, os princípios são normas constitucionais que restringem a atividade tributante. Princípios são preceitos instituídos em favor do contribuinte e contra o Fisco, nunca o contrário. São proteções sistêmicas erigidas para defesa da parte hipossuficiente na relação Fisco-contribuinte. Não faz qualquer sentido invocar um princípio contra o interesse do contribuinte!

Na mesma linha, o art. 150 da Constituição Federal trata dos princípios como verdadeiras "garantias fundamentais do contribuinte". O referido dispositivo afirma que: "Sem prejuízo de outras garantias asseguradas ao contribuinte, é vedado à União, aos Estados, ao Distrito Federal e aos Municípios (...)".

Portanto, conclui-se que o Texto de 1988 confere aos princípios tributários uma **natureza dúplice**, sendo, a um só tempo, do ponto de vista do Fisco, **limitações ao poder de tributar** e representando, para o contribuinte, **garantias fundamentais.**

4.3 CONSEQUÊNCIAS DA NATUREZA DE GARANTIA FUNDAMENTAL E DE LIMITAÇÃO AO PODER DE TRIBUTAR

Como os princípios são garantias fundamentais do contribuinte e, ao mesmo tempo, limitações constitucionais ao poder de tributar, **decorrem** dessa natureza dúplice **as seguintes consequências**:

a) **constituem cláusulas pétreas**: isso porque, nos termos do art. 60, § 4º, IV, da Constituição Federal, "não será objeto de deliberação a proposta de emenda tendente a abolir: IV – direitos e garantias fundamentais". Assim, os princípios fazem parte do núcleo imodificável da Constituição Federal, não podendo ser suprimidos ou ter seu alcance reduzido por emenda constitucional. Registre-se, todavia, o entendimento do Supremo Tribunal Federal no sentido de que os **princípios tributários que não constam do art. 150** da Constituição Federal **não são cláusulas pétreas**, pois estariam fora da lista do *caput* do referido dispositivo constitucional, denominada "garantias asseguradas ao contribuinte", tais como os princípios da seletividade e da não cumulatividade;

b) **sua regulamentação infraconstitucional, se necessária, exige lei complementar**: de acordo com o art. 146, II, da CF, "cabe à lei complementar: II – regular as limitações constitucionais ao poder de tributar". Desse modo, tornando-se necessária a promulgação de lei com o objetivo de viabilizar a aplicação concreta de qualquer princípio tributário, tal lei deve ser uma lei complementar, vedada a edição de medida provisória com esse fim (art. 62, § 1º, III, da CF);

c) **devem receber interpretação ampliativa**: como toda norma consagradora de garantias fundamentais, os princípios devem ser interpretados ampliativamente.

4.4 ROL DOS PRINCÍPIOS TRIBUTÁRIOS EM ESPÉCIE

No vigente Sistema Tributário Nacional são os seguintes os princípios tributários existentes:

1) legalidade (arts. 150, I, da CF e 97 do CTN);
2) anterioridade (art. 150, III, *b* e *c*, da CF);
3) isonomia (art. 150, II, da CF);
4) irretroatividade (art. 150, III, *a*, da CF);
5) vedação do confisco (art. 150, IV, da CF);
6) uniformidade geográfica (art. 151, I, da CF);
7) não limitação (art. 150, V, da CF);

8) não cumulatividade (arts. 153, § 3º, II, e 155, § 2º, I, da CF);

9) seletividade (arts. 153, § 3º, I, e 155, § 2º, III, da CF);

10) não discriminação quanto à procedência ou destino (art. 152 da CF);

11) princípio do *non olet* (art. 118, I, do CTN).

Passemos ao estudo detalhado de cada um dos referidos princípios específicos.

4.5 PRINCÍPIO DA LEGALIDADE (ARTS. 150, I, DA CF E 97 DO CTN)

O princípio da legalidade tributária, estrita legalidade ou tipicidade cerrada[1] vem enunciado nos arts. 150, I, da Constituição Federal e 97 do CTN.

Nos termos do art. 150, I, da CF:

> Sem prejuízo de outras garantias asseguradas ao contribuinte, é vedado à União, aos Estados, ao Distrito Federal e aos Municípios: I – exigir ou aumentar tributo sem lei que o estabeleça.

A infeliz redação da citada norma constitucional sugere que a lei somente seria necessária nos casos de instituição e majoração do tributo[2], mas não nas hipótese de redução ou extinção. Na verdade, o integral conteúdo do princípio da legalidade depende da leitura associada com o art. 97 do Código Tributário Nacional, *in verbis*:

> Art. 97. Somente a lei pode estabelecer:
>
> I – a instituição de tributos, ou a sua extinção;
>
> II – a majoração de tributos, ou sua redução, ressalvado o disposto nos arts. 21, 26, 39, 57 e 65;
>
> III – a definição do fato gerador da obrigação tributária principal, ressalvado o disposto no inciso I do § 3º do art. 52, e do seu sujeito passivo;
>
> IV – a fixação de alíquota do tributo e da sua base de cálculo, ressalvado o disposto nos arts. 21, 26, 39, 57 e 65;
>
> V – a cominação de penalidades para as ações ou omissões contrárias a seus dispositivos, ou para outras infrações nela definidas;
>
> VI – as hipóteses de exclusão, suspensão e extinção de créditos tributários, ou de dispensa ou redução de penalidades.

TJ/SP: A 178ª prova da Magistratura/SP considerou CORRETA a assertiva: "Somente a lei tributária pode dispensar penalidade".

Assim, analisando associadamente os preceitos contidas na Constituição Federal e no CTN, verifica-se que o princípio da legalidade tributária tem o seguinte

1. Eduardo Sabbag, *Manual de Direito Tributário*, p. 23.
2. Eduardo Sabbag, *Manual de Direito Tributário*, p. 25.

conteúdo: a INSTITUIÇÃO, MAJORAÇÃO, REDUÇÃO ou EXTINÇÃO DE TRIBUTO sempre DEPENDEM DE LEI.

> Vunesp: A prova da Magistratura/RJ de 2012 considerou CORRETA a assertiva: "O Princípio da Legalidade Tributária há de ser analisado sob dupla óptica: a formal e a material. A legalidade formal impõe que toda norma tributária deve estar inserta no ordenamento jurídico, enquanto que a material exige, ademais, que a própria lei defina todos os aspectos pertinentes ao fato gerador, aos sujeitos da obrigação, à qualificação do tributo, dentre outros aspectos relevantes. Assim, do ponto de vista formal, o Princípio da Legalidade insculpido na Constituição Federal está associado ao ato meramente legiferante, ao passo que, do ponto de vista material, está associado à denominada determinação conceitual específica".

> Esaf: A prova de Analista Técnico da Susep/2012 considerou CORRETA a assertiva: "A lei deve esgotar, como preceito geral e abstrato, os dados necessários à identificação do fato gerador da obrigação tributária e à quantificação do tributo, sem que restem à autoridade poderes para, discricionariamente, se 'A' irá ou não pagar tributo, em face de determinada situação".

> Esaf: A prova de Analista Técnico da Susep/2012 considerou CORRETA a assertiva: "A lei é a fonte da obrigação tributária, que surge com a sua incidência, e não por força de acordo de vontades. Por isso, diz-se que se trata de uma obrigação *ex lege*. Há que se distinguir, porém, a legalidade geral (segundo a qual ninguém será obrigado a fazer ou deixar de fazer alguma coisa senão em virtude de lei) da legalidade tributária, que implica no fato de que a instituição dos tributos se dê não apenas com base legal, mas diretamente por meio da lei".

> Cespe: A prova de Juiz Federal do TRF1 de 2009 considerou INCORRETA a assertiva: "Autarquia federal pode expedir instrução normativa para cobrança de preço público objetivando custear o cadastro de empresas e serviços administrativos referente à fiscalização das atividades desenvolvidas por empresas do ramo importador de pescados, inclusive estabelecendo sanções pecuniárias para o descumprimento das obrigações que relacionar".

4.5.1 Qual é o tipo de lei exigido para tratar de matéria tributária?

Como regra geral, a lei exigida pelo ordenamento jurídico brasileiro para instituir, majorar, reduzir ou extinguir tributo é a lei ordinária emanada da entidade federativa competente para a respectiva exação. Assim, por exemplo, sendo o Imposto Territorial Rural (ITR) um tributo federal, a lei utilizada para sua instituição deve ser uma lei ordinária federal.

4.5.2 A regra da lei ordinária tem exceções?

Importante destacar que SOMENTE QUATRO TRIBUTOS são instituídos por meio de LEI COMPLEMENTAR. Tais exceções à regra da lei ordinária justificam-se por uma simples "vontade política" do constituinte, que preferiu sujeitar a instituição de tais exações ao quórum mais rigoroso para aprovação de uma lei complementar (maioria absoluta) se comparado ao que se exige para aprovar a lei ordinária (maioria simples).

Os quatro únicos tributos submetidos à reserva de lei complementar quanto à sua instituição são:

1) **empréstimos compulsórios (art. 148);**

2) **imposto sobre grandes fortunas (art. 153, VII);**

3) **impostos residuais (art. 154, I);**

4) **novas fontes de custeio da seguridade (art. 195, § 4º).**

4.5.3 Tributos criados por lei ordinária e disciplinados por lei complementar

É muito importante perceber que somente quatro tributos são criados por lei complementar. Mas muitos outros, embora instituídos por lei ordinária, têm aspectos do seu regime submetidos constitucionalmente à reserva de lei complementar.

Assim, **uma coisa é ser criado por lei complementar. Outra coisa é ser disciplinado, em alguns aspectos, por lei complementar.**

Entre tantos outros exemplos, note-se o caso do ICMS.

O ICMS é um tributo estadual, e, por isso, é criado por lei ordinária estadual (art. 155, II, da CF).

Porém, uma grande quantidade de temas relacionados ao ICMS deve ser disciplinada por lei complementar da União, conforme dispõe o art. 155, § 2º, XII, da Constituição Federal:

> XII – cabe à lei complementar (*em matéria de ICMS*):
>
> a) definir seus contribuintes;
>
> b) dispor sobre substituição tributária;
>
> c) disciplinar o regime de compensação do imposto;
>
> d) fixar, para efeito de sua cobrança e definição do estabelecimento responsável, o local das operações relativas à circulação de mercadorias e das prestações de serviços;
>
> e) excluir da incidência do imposto, nas exportações para o exterior, serviços e outros produtos além dos mencionados no inciso X, *a*;
>
> f) prever casos de manutenção de crédito, relativamente à remessa para outro Estado e exportação para o exterior, de serviços e de mercadorias;
>
> g) regular a forma como, mediante deliberação dos Estados e do Distrito Federal, isenções, incentivos e benefícios fiscais serão concedidos e revogados.
>
> h) definir os combustíveis e lubrificantes sobre os quais o imposto incidirá uma única vez, qualquer que seja a sua finalidade, hipótese em que não se aplicará o disposto no inciso X, *b*;
>
> i) fixar a base de cálculo, de modo que o montante do imposto a integre, também na importação do exterior de bem, mercadoria ou serviço.

Na mesma condição peculiar encontra-se o Imposto sobre Serviços de Qualquer Natureza (art. 156, III, da CF).

Tal expediente, o de submeter determinados temas de tributos estaduais e municipais à disciplina de lei complementar federal, tem a finalidade de padronizar aspectos relevantes do regime jurídico de certos tributos, uniformizando a maneira como são exigidos em todo o território nacional.

A mesma preocupação com padronização na forma de tributar que justifica a norma contida no art. 146, III, *a* e *b*, da Constituição, segundo a qual:

> Cabe à lei complementar:
>
> III – estabelecer normas gerais em matéria de legislação tributária, especialmente sobre:
>
> a) definição de tributos e de suas espécies, bem como, em relação aos impostos discriminados nesta Constituição, a dos respectivos fatos geradores, bases de cálculo e contribuintes;
>
> b) obrigação, lançamento, crédito, prescrição e decadência tributários.

Portanto, é preciso ficar claro que o fato de certo aspecto de um tributo ser disciplinado por lei complementar não significa que sua instituição exija lei complementar. Embora vários tributos tenham aspectos disciplinados por lei complementar, instituídos por lei complementar, nunca é demais repetir, somente: a) empréstimos compulsórios; b) impostos sobre grandes fortunas; c) impostos residuais; e d) novas fontes de custeio da seguridade.

4.5.4 Temas de lei complementar não admitem medida provisória

Nunca é demais lembrar que o art. 62, § 1º, III, da CF proíbe a edição de medida provisória versando sobre temas reservados à lei complementar.

> FGV: A prova da Magistratura/MS de 2008 considerou ERRADA a assertiva: "É vedado o uso de medida provisória para instituir empréstimos compulsórios, imposto sobre grande fortuna e imposto de importação, por serem tributos reservados à lei complementar".

Para melhor fixação dessa regra, guarde a frase: "TEMAS DE LEI COMPLEMENTAR NÃO ADMITEM MP".

A referida proibição tem uma justificativa dentro do sistema jurídico brasileiro. A lógica que inspirou a redação original do Texto de 1988 pretendia reservar as leis complementares como instrumento para veicular normas nacionais, ou seja, normas que afetassem simultaneamente os âmbitos federal, estadual e municipal, ao contrário das leis ordinárias, prioritariamente concebidas para introduzir no sistema normas federais, isto é, de alcance exclusivo para o âmbito da União.

Com as sucessivas alterações que o texto original sofreu na assembleia constituinte, a clara divisão de funções entre a lei complementar e a lei ordinária foi bastante comprometida. Porém, em larga medida ainda é possível verificar que, na maioria dos casos, os temas reservados à lei complementar afetam o interesse simultâneo de todas as entidades federativas. Daí a preocupação do constituinte em exigir um quórum mais rigoroso para aprovação de leis complementares.

Sendo assim, haveria uma interferência na autonomia das entidades federativas se o chefe do Executivo Federal, o Presidente da República, editasse medida provisória versando sobre tema afeto aos interesses dos Estados, Distrito Federal e Municípios.

Essa é a razão pela qual o art. 62, § 1º, III, da CF proíbe a edição de medidas provisórias sobre temas reservados à lei complementar.

> FGV: A prova da Magistratura/MS de 2008 considerou ERRADA a assertiva: "O STF pacificou o entendimento de que medida provisória tem força de lei; por isso, admite-se em qualquer hipótese o seu uso em matéria tributária para instituir ou majorar os tributos previstos na Constituição Federal".

Desse modo, está vedada a edição de medida provisória para instituição de empréstimo compulsório, imposto sobre grandes fortunas, imposto residual e novas fontes de custeio da seguridade.

4.5.5 Alcance possível das MPs tributárias

A Constituição Federal proíbe a edição de medidas provisórias sobre temas reservados à lei complementar. Assim, o campo possível de incidência das MPs é a seara das leis ordinárias.

> FGV: A prova da Magistratura/MS de 2008 considerou ERRADA a assertiva: "Segundo a Constituição Federal de 1988 é vedado o uso de medidas provisórias para instituir ou majorar impostos por violar o princípio da legalidade tributária".

Como a regra geral no Direito Tributário é o uso de lei ordinária, em regra, admite-se a edição de medidas provisórias tributárias.

> Cespe: A prova da Magistratura/CE de 2012 considerou INCORRETA a assertiva: "De acordo com o princípio da legalidade, apenas a lei, em sentido formal, configura veículo apto para instituir tributo, razão pela qual é vedada a instituição de tributo por intermédio de medida provisória".

Porém, sabendo que as medidas provisórias são editadas pelo Presidente da República (Chefe do Executivo Federal), por respeito à autonomia das entidades federativas, **o campo possível de incidência das medidas provisórias tributárias é aquele próprio das leis ordinárias federais.**

> FGV: A prova da Magistratura/MS de 2008 considerou ERRADA a assertiva: "Medida provisória não poderá instituir ou majorar o imposto de importação, exportação, IPI e IOF por serem tributos extrafiscais".

4.5.5.1 Medidas provisórias que criam ou aumentam impostos

Importante destacar que o § 2º do art. 62 da Constituição Federal estabelece regra especial para as medidas provisórias que impliquem criação ou majoração de impostos:

> Medida provisória que implique instituição ou majoração de impostos, exceto os previstos nos arts. 153, I, II, IV, V, e 154, II, só produzirá efeitos no exercício financeiro seguinte se houver sido convertida em lei até o último dia daquele em que foi editada.

> FGV: A prova da Magistratura/MS de 2008 considerou CORRETA a assertiva: "Medida provisória que implique instituição ou majoração de impostos, como regra, só produzirá efeitos no exercício financeiro seguinte se houver sido convertida em lei até o último dia daquele em que foi editada".

A referida norma submete ao princípio da anterioridade anual os impostos que houverem sido criados ou majorados por medida provisória. Desse modo, **a própria medida provisória instituidora ou majoradora do imposto não terá eficácia alguma**. Na verdade, o imposto somente poderá ser exigido SE HOUVER A CONVERSÃO DA MEDIDA PROVISÓRIA EM LEI, e, mesmo assim, a exigência efetiva ainda deverá aguardar o exercício seguinte ao da conversão (1º de janeiro do ano seguinte).

> Cartório/SP: A 4ª Prova de Cartório/SP considerou CORRETA a assertiva: "Em matéria tributária, as medidas provisórias podem instituir ou aumentar as alíquotas previstas em lei, desde que a respectiva cobrança só tenha lugar no exercício seguinte ao de sua conversão em lei, respeitado o princípio da anterioridade".

Como regra geral, funciona assim: se, por exemplo, uma medida provisória for editada no dia 28 de novembro de 2019 majorando a alíquota do Imposto Territorial Rural, o novo valor só poderá ser cobrado depois da conversão da MP em lei. Suponhamos que essa MP seja convertida em lei pelo Congresso Nacional na data de 30 de janeiro de 2020. Nesse caso, a nova alíquota só poderá ser exigida a partir de 1º de janeiro de 2021 (exercício seguinte ao da conversão da MP em lei).

Para ser mais exato, essa regra do art. 62, § 2º, precisa ainda ser compatibilizada com o art. 150, III, *c*, com redação dada pela Emenda Constitucional n. 42/2003. A Emenda n. 42/2003 estabeleceu a obrigatoriedade de a maioria dos tributos respeitar, além da anterioridade anual, a regra da noventena.

Desse modo, conciliando as duas regras (art. 62, § 2º, c/c art. 150, III, *c*) chega-se à seguinte conclusão: **se medida provisória criar ou majorar imposto, este somente poderá ser exigido após a conversão da medida provisória em lei e RESPEITADA A ANTERIORIDADE VÁLIDA PARA O IMPOSTO ESPECÍFICO EM QUESTÃO** (que pode ser só a anual; só a nonagesimal; ou ambas, dependendo do imposto).

As regras de anterioridade aplicáveis a cada tributo, após as alterações promovidas pela Emenda n. 42/2003, serão estudadas nos itens seguintes.

4.5.5.2 Medidas provisórias que reduzem ou extinguem impostos

Embora a Constituição não trate expressamente do tema, por interpretação sistemática pode-se concluir que medida provisória que reduz ou extingue imposto produz efeito **imediatamente após sua conversão em lei**, momento em que o tributo em questão já poderá ser exigido a menor ou deixar de ser cobrado.

4.5.5.3 Medidas provisórias versando sobre tributo diverso de imposto

No caso de medida provisória instituir ou majorar tributo diverso de imposto, como uma taxa, por exemplo, a Constituição Federal não indica qualquer orientação quanto à forma de cobrança.

> Cartório/SP: A 4ª Prova de Cartório/SP considerou ERRADA a assertiva: "Em matéria tributária, as medidas provisórias não podem instituir ou majorar tributos, em nenhuma hipótese".

Como o art. 62, § 2º, estabelece uma regra específica para o caso de impostos, se a medida provisória instituir ou majorar taxa, contribuição de melhoria ou contribuição especial, não se deve concluir que a cobrança precisa aguardar a conversão da MP em lei e, após isso, respeitar a anterioridade.

Pelo contrário. Se medida provisória for editada para instituir ou majorar taxa, contribuição de melhoria ou contribuição especial, o tributo pode ser exigido **antes mesmo da conversão em lei, respeitada a anterioridade específica do tributo em questão.**

Suponhamos, por exemplo, que foi editada medida provisória publicada em 10 de outubro de 2019 instituindo determinada taxa. Como as taxas estão submetidas às duas anterioridades (anual e nonagesimal), essa nova taxa já poderá ser exigida 90 dias após a publicação da MP, ou seja, a partir de 10 de janeiro de **2020**.

> Cespe: A prova de Procurador de BH de 2017 considerou ERRADA a afirmação: "Medida provisória que instituir ou majorar taxas só produzirá efeitos no exercício financeiro seguinte ao da sua edição".

Inexiste, nesse caso, necessidade de aguardar a conversão da MP em lei (tal necessidade é constitucionalmente exigida apenas para impostos).

Porém, como as medidas provisórias têm validade de 60 dias, prorrogáveis por igual período (art. 62, § 3º, da CF), se tal prazo de 120 dias não for suficiente para ultrapassar a anterioridade exigida para o tributo que a medida provisória instituir ou majorar, ela perde a eficácia sem que o tributo chegue a ser exigido.

Por fim, se medida provisória reduzir ou extinguir qualquer tributo, produzirá efeito imediatamente após sua conversão em lei sem qualquer intervalo exigido por anterioridade.

4.5.6 Exceções ao princípio da legalidade

> Cespe: A prova da Magistratura/CE de 2012 considerou INCORRETA a assertiva: "O princípio da legalidade afasta em caráter absoluto a possibilidade de se remeter, para o plano infralegal, a definição de aspectos inerentes aos elementos do tributo".

A Constituição de 1988 prevê **seis tributos** cujas **ALÍQUOTAS** podem ser **MODIFICADAS** por meio de **ATO DO PODER EXECUTIVO.**

Como nesses casos a alteração na matéria tributária não é promovida por lei, convencionou-se chamar esse conjunto de hipóteses de "exceções ao princípio da legalidade".

> Esaf: A prova de Analista Técnico da Susep de 2012 considerou CORRETA a assertiva: "Não há a possibilidade de delegação de competência tributária ao Executivo, para que institua tributo, qualquer que seja, tampouco para que integre a norma tributária impositiva, ressalvadas apenas as atenuações por meio das quais a própria Constituição, de modo excepcional, autoriza a graduação de alíquotas pelo Executivo".

> Cespe: A prova de Promotor de Justiça/PI de 2012 considerou INCORRETA a assertiva: "O princípio da legalidade, o mais importante no âmbito do Direito Tributário, não comporta exceções ou mitigações".

A primeira constatação importante é que em todos os casos a alteração por ato do Executivo diz respeito somente às alíquotas (art. 153, § 1º, da CF), **nunca às bases de cálculo.** Base de cálculo é tema que, como regra, somente pode ser disciplinado por meio de lei (art. 97, IV, do CTN).

Outra observação relevante: a competência do Poder Executivo é para "alterar/modificar" as alíquotas, e não para instituir as alíquotas. **A instituição de alíquotas é tema reservado exclusivamente ao legislador.**

A competência para "alterar/modificar" dada ao Poder Executivo pressupõe que as alíquotas já tenham sido instituídas em seus patamares mínimo e máximo pelo legislador. É isso que o art. 153, § 1º, da CF quer dizer ao prescrever que: "É facultado ao Poder Executivo, **atendidas as condições e os limites estabelecidos em lei**, alterar as alíquotas dos impostos enumerados nos incisos I, II, IV e V".

Portanto, enquanto o legislador não estabelecer as alíquotas mínima e máxima desses tributos não surge a competência para o Executivo alterá-las.

4.5.6.1 Quais tributos excepcionam a legalidade?

Os tributos que podem ter alíquotas alteradas por ato do Executivo são seis:

a) imposto de importação **(II)**;

b) imposto de exportação **(IE)**;

c) imposto sobre operações financeiras (IOF);

d) imposto sobre produtos industrializados (IPI);

> Cespe: A prova de professor do IFG de 2011 considerou ERRADA a assertiva: "Se a União, por ato do Poder Executivo, alterar as alíquotas do imposto sobre a produção industrial, majorando-as em 2%, com o objetivo de intervir sobre determinada atividade econômica, tal ato violará o princípio da legalidade tributária".

e) ICMS/combustíveis;

f) Cide/combustíveis.

O fundamento constitucional das quatro primeiras exceções é o art. 153, § 1º. A previsão quanto ao ICMS/combustíveis está no art. 155, § 4º, IV, c, da CF, com redação dada pela Emenda n. 33/2001. E no caso da Cide/combustíveis é o art. 177, § 4º, I, *b*, da CF, com redação pela Emenda n. 33/2001.

Importante destacar que, enquanto nos quatro primeiros impostos (II, IE, IOF e IPI) o texto constitucional permite ao Executivo "alterar as alíquotas", quanto à Cide/combustíveis e ao ICMS/combustíveis a expressão utilizada é "reduzir e restabelecer" as alíquotas. A diferença é bastante significativa.

A competência para "alterar alíquotas" significa que, observados os limites legais máximo e mínimo, o Poder Executivo pode manobrar o percentual livremente, majorando e reduzindo à vontade.

> Cespe: A prova de Juiz Federal do TRF1 de 2009 considerou INCORRETA a assertiva: "Inexistindo legislação específica impondo condições e limites, é lícito ao Poder Executivo alterar as alíquotas da contribuição de intervenção no domínio econômico".

Porém, no caso da Cide/combustíveis e do ICMS/combustíveis a margem de manobra nas alíquotas é bem mais reduzida. O ato do Executivo poderá, sempre observados os limites mínimo e máximo estabelecidos em lei, diminuir a alíquota e, num segundo momento, devolver ao patamar anterior, sem escalas intermediárias.

Assim, por exemplo, se a alíquota da Cide/combustíveis era de 2,0% e o ato do Executivo reduziu para 0,5%, a única possibilidade de modificação posterior será restabelecer ao patamar inicial de 2,0%.

4.5.6.2 Quais os veículos normativos para tal excepcionalização?

A Constituição Federal de 1988 afirma que os tributos acima mencionados podem ter suas alíquotas "alteradas por ato do Executivo". No entanto, não esclarece qual exatamente o tipo de ato administrativo que precisa ser expedido para tal finalidade.

O instrumento normativo apto para modificar as alíquotas dos seis tributos que excepcionam a legalidade varia conforme o tributo em questão, podendo ser:

a) Decreto do Presidente da República: nos casos o II, IE, IOF, IPI e a Cide/combustíveis (arts. 153, § 1º, e 177, § 4º, I, *b*, da CF);

> Cespe: A prova de Promotor de Justiça/RR de 2012 considerou CORRETA a assertiva: "As alíquotas do imposto de exportação podem ser alteradas pelo Poder Executivo federal por decreto, desde que obedecidos os limites e condições estabelecidos por lei".

b) **Portaria do Ministro da Fazenda:** nos casos do II e IE (art. 153, § 1º);

c) **Resolução da Câmara de Comércio Exterior (Camex):** no caso do IE (STF: RE 570.680);

> Cespe: A prova da Defensoria Pública da União de 2010 considerou CORRETA a assertiva: "A competência para a fixação das alíquotas do imposto de exportação de produtos nacionais ou nacionalizados não é exclusiva do presidente da República; pode ser exercida por órgão que integre a estrutura do Poder Executivo".

d) **Convênio interestadual:** no caso do ICMS/combustíveis (art. 155, § 4º, IV, *c*, da CF);

e) **Medida provisória:** nos casos do IOF, IPI, II, IE e Cide/combustíveis.

Desse modo, podemos resumir as regras de alteração das alíquotas por ato do Poder Executivo de acordo com o quadro abaixo:

Quadro das exceções à legalidade tributária

	II	IE	IOF	IPI	Cide/Comb.	ICMS/Comb.
Alcance da alteração	alteração de alíquota	alteração de alíquota	alteração de alíquota	alteração de alíquota	redução e restabelecimento	redução e restabelecimento
Veículos normativos	decreto presidencial, medida provisória ou portaria ministerial	decreto presidencial, medida provisória, resolução da Camex ou portaria ministerial	decreto presidencial ou medida provisória	decreto presidencial ou medida provisória	decreto presidencial ou medida provisória	convênio interestadual
Anterioridade	nenhuma (cobrança imediata)	nenhuma (cobrança imediata)	nenhuma (cobrança imediata)	nonagesimal	nonagesimal	nonagesimal

4.5.6.3 Qual a eficácia da medida provisória usada para excepcionar a legalidade?

Se o Presidente da República editar medida provisória com o objetivo de alterar as alíquotas do IOF, IPI, II, IE ou Cide/combustíveis, ela **não produzirá os efeitos típicos de uma medida provisória tributária.** Na verdade, tal MP deverá ser recebida como um decreto presidencial e não com força de lei. Porque, se tal MP fosse recebida como uma típica medida provisória tributária, deveria submeter-se à regra prevista no art. 62, § 2º, da CF, e o imposto somente poderia ser exigido no exercício seguinte ao da sua conversão em lei.

Porém, aqui temos uma **medida provisória editada com força de decreto presidencial, produzindo efeitos imediatos sem sujeitar-se a qualquer anterioridade, nem precisando aguardar a conversão em lei.**

4.5.6.4 Alterações na base de cálculo por decreto

Redigidos antes da entrada em vigor da Constituição de 1988, os arts. 21, 26 e 65 do CTN autorizavam o Presidente da República a alterar por decreto também as bases de cálculo de alguns tributos federais (II, IE e IOF).

Com o Texto de 1988, a modificação da base de cálculo depende sempre de lei, razão pela qual os dispositivos acima citados **estão revogados**.

4.5.6.5 Princípio da legalidade no CTN

O art. 97 do CTN estabelece um rol infraconstitucional de temas reservados à lei. Nos termos desse dispositivo, **somente a lei** pode estabelecer:

I – a instituição de tributos ou a sua extinção;

II – a majoração de tributos ou a sua redução;

III – a definição do **fato gerador** da obrigação principal;

IV – a fixação da **alíquota** do tributo e da sua **base de cálculo**;

V – a **cominação de penalidades** para as ações ou omissões contrárias a seus dispositivos;

VI – as hipóteses de **exclusão, suspensão e extinção** de créditos tributários, ou de dispensa ou redução de penalidades.

Nos termos do § 1º do art. 97: "Equipara-se à majoração do tributo a modificação da sua base de cálculo, que importe em torná-lo mais oneroso".

> Cespe: A prova de Auditor de Controle Externo do TCE/ES de 2012 considerou CORRETA a assertiva: "O princípio da legalidade não obsta a possibilidade de que a definição de alguns conceitos seja realizada no plano infralegal, por determinação legal".

Segundo orientação jurisprudencial do Supremo Tribunal Federal, o art. 97 contempla um **rol taxativo** dos temas sob reserva de lei no Direito Tributário brasileiro (RE 172.394).

4.5.6.6 Fixação da data para pagamento do tributo

Sendo taxativa a lista de temas constantes do art. 97 do CTN, de acordo com entendimento do STF a **definição ou modificação da data para pagamento** do tributo **não depende de lei** (RE 172.394), na medida em que o tema não consta do rol do dispositivo e, pela mesma razão, **não se sujeita à anterioridade**.

Nesse sentido, o STF editou a Súmula Vinculante 50: "Norma legal que altera o prazo de recolhimento de obrigação tributária não se sujeita ao princípio da anterioridade".

> MPF: A 17ª prova de Procurador da República considerou CORRETA a afirmativa: "Lei que altera prazo de recolhimento do PIS não se submete ao princípio da anterioridade".

> Cartório/RJ: A 38ª Prova de Cartório/RJ considerou CORRETA a assertiva: "Portaria da Secretaria de Fazenda que, respaldada em lei estadual, altera e antecipa o prazo para pagamento do IPVA é constitucional".

> Cespe: A prova de Juiz Federal do TRF5 considerou INCORRETA a seguinte assertiva: "De acordo com a CF, as normas gerais de direito tributário e a jurisprudência do STJ e do STF, a edição pela União de norma modificadora alterando o prazo para o recolhimento de determinada obrigação tributária deve respeitar o princípio da anterioridade".

> Cespe: A prova de Juiz Federal do TRF1 de 2009 considerou INCORRETA a assertiva: "Ofende o princípio da legalidade decreto que antecipa data de recolhimento de tributo".

> FGV: A prova da Magistratura/MS de 2008 considerou ERRADA a afirmação: "Norma legal que altera prazo de recolhimento da obrigação tributária se sujeita ao princípio da anterioridade tributária".

4.5.6.7 Atualização monetária da base de cálculo

Por força de norma expressa no § 2º do art. 97 do CTN, a mera atualização do valor monetário da base de cálculo não é considerada majoração tributária.

O dispositivo está assim redigido: "Não constitui majoração de tributo, para os fins do disposto no inciso II deste artigo, a atualização do valor monetário da respectiva base de cálculo".

Isso ocorre porque **atualização monetária não é aumento real**, mas mera recomposição da perda inflacionária do período.

Em termos práticos, se o aumento na base de cálculo for inferior ao percentual da inflação no lapso temporal considerado, a majoração do tributo **não se sujeita nem à legalidade nem à anterioridade**, podendo ser realizada por ato do Executivo e exigida imediatamente.

> Consulplan: A prova de Cartório/MG de 2015 considerou ERRADA a assertiva: "Ofende o princípio da legalidade a atualização monetária da base de cálculo do tributo por meio de decreto".

A observância da legalidade e anterioridade somente é obrigatória se a majoração no valor da base de cálculo ultrapassar o índice inflacionário.

> FGV: A prova da Magistratura/MS de 2008 considerou CORRETA a afirmação: "É defeso ao Município atualizar o IPTU, mediante decreto, em percentual superior ao índice oficial de correção monetária".

Nesse sentido, preceitua a **Súmula 160 do STJ**: "É defeso, ao Município, atualizar o IPTU, mediante decreto, em percentual superior ao índice oficial de correção monetária".

Note-se que a regra prevista no § 2º do art. 97 do CTN é aplicável somente à atualização da base de cálculo. **Majoração de alíquota é aumento real, nunca podendo ser considerada simples atualização monetária.**

STF: "(...) a contribuição confederativa, à luz do disposto no art. 8º, IV, da Carta Magna, por não se revestir de caráter tributário, somente pode ser cobrada pelas entidades sindicais de seus respectivos filiados. Esse mesmo raciocínio aplica-se às contribuições assistenciais que, em razão da sua natureza jurídica não tributária, não podem ser exigidas indistintamente de todos aqueles que participem das categorias econômicas ou profissionais, ou das profissões liberais, mas tão somente dos empregados filiados ao sindicato respectivo. (...) ainda que a Constituição reconheça, em seu art. 7º, XXVI, a força das convenções e acordos coletivos de trabalho, com base nos princípios constitucionais da livre associação ou sindicalização, é impossível a cobrança de contribuição assistencial dos empregados não filiados ao sindicato. (...) Finalmente, consigno que, por violação ao princípio da legalidade tributária, é manifesta a inconstitucionalidade da instituição de nova contribuição compulsória, por meio de acordo ou convenção coletiva, a empregados não filiados ao sindicado beneficiário da exação" (ARE 1.018.459 RG, voto do rel. Min. Gilmar Mendes, j. 23-2-2017, P, *DJe* de 10-3-2017, Tema 935).

4.6 PRINCÍPIO DA ANTERIORIDADE (ART. 150, III, *B* E *C*, DA CF)

Também chamado de **princípio da não surpresa** ou da **eficácia diferida**, o princípio da anterioridade tributária estabelece um **intervalo mínimo entre a publicação da lei que cria ou majora o tributo e a data de sua efetiva exigência.** Sua finalidade é dar um "prazo de respiro" a fim de que o contribuinte possa preparar-se para pagar novos valores ao Fisco.

Trata-se, em última análise, de um **desdobramento do imperativo da segurança jurídica**.

Esaf: A prova de Auditor-Fiscal da Receita Federal de 2012 considerou CORRETA a assertiva: "Parte significativa da doutrina entende que os princípios da legalidade e da anterioridade tributária constituem regras concretizadoras da segurança jurídica".

Cartório/RJ: A 38ª Prova de Cartório/RJ considerou CORRETA a assertiva: "O princípio da eficácia diferida tem a função preservar a segurança jurídica), evitando surpresas repentinas no aumento da carga tributária".

É por essa razão que o art. 150, III, da Constituição Federal deixa claro que o intervalo da anterioridade **só se aplica para criação e aumento do tributo**, mas não quando o tributo é reduzido ou extinto.

Leis que REDUZEM ou EXTINGUEM tributos, embora muito raras no Brasil, **TÊM APLICAÇÃO IMEDIATA**, não se sujeitando a qualquer intervalo de anterioridade, na medida em que são mais benéficas ao contribuinte, inexistindo lógica na invocação de uma garantia (regra da anterioridade) contra o interesse de seu titular (contribuinte).

4.6.1 Conceito didático de anterioridade

Nos termos do art. 150, III, *b* e *c*, da CF: **tributo instituído (criado) ou majorado (aumentado) em um exercício (ano) somente poderá ser exigido no ano seguinte, respeitado o intervalo mínimo de noventa dias.**

> Cespe: A prova de Analista de Gestão Financeira do Serpro de 2013 considerou CORRETA a assertiva: "A adoção da noventena, associada ao princípio da anterioridade, confere ao contribuinte a possibilidade de aperfeiçoar o seu planejamento pessoal e empresarial, prevenindo-se, com antecedência, das modificações provocadas pela criação ou majoração dos tributos devidos".

No Brasil o chamado "exercício fiscal" inicia em 1º de janeiro e termina em 31 de dezembro. Assim, o exercício fiscal coincide com o ano civil.

Guarde bem:

EXERCÍCIO = ANO

Conforme será melhor explicado adiante, o atual conteúdo do princípio da anterioridade é composto por duas partes: a) anterioridade anual: adia a cobrança para o exercício seguinte (art. 150, III, *b*, da CF); b) anterioridade nonagesimal: estabelece um intervalo de mínimo 90 dias entre a publicação da lei e a exigência do tributo (art. 150, III, *c*, da CF). Após a Emenda n. 42/2003, essas duas anterioridades atuam de forma combinada. O tema será detalhado a seguir.

4.6.2 Anterioridade e anualidade

Importante destacar que o atual princípio da anterioridade não deve ser confundido com a antiga anualidade.

> TJ/PR: A prova da Magistratura/PR de 2003 considerou ERRADA a assertiva: "Não há diferença técnica entre o princípio da anualidade e o da anterioridade tributária".

Previsto na Constituição de 1946 e na Carta de 1967, o **princípio da anualidade** exigia que a **cobrança do tributo** em um ano deveria estar **autorizada na legislação orçamentária do ano anterior**.

Sobre o tema, prescrevia o art. 141, § 34, da Constituição de 1946:

> Nenhum tributo será exigido ou aumentado sem que a lei o estabeleça; nenhum será cobrado em cada exercício sem prévia autorização orçamentária, ressalvada, porém, a tarifa aduaneira e o imposto lançado por motivo de guerra.

No mesmo sentido, o art. 153, § 28, da Carta de 1967:

> Nenhum tributo será exigido ou aumentado sem que a lei o estabeleça, nem cobrado, em cada exercício, sem que a lei que o houver instituído ou aumentado esteja em vigor antes do início do exercício financeiro, ressalvados a tarifa alfandegária e a de transporte, o impôsto sôbre produtos industrializados e o imposto lançado por motivo de guerra e demais casos previstos nesta Constituição.

A anualidade era uma garantia adicional assegurada ao contribuinte, **mas não foi mantida no texto constitucional de 1988.** Assim, atualmente o contribuinte brasileiro tem direito à observância da anterioridade mas não à anualidade tributária.

> CETAP: A prova de Analista do MPCM de 2015 considerou CORRETA a assertiva: "Com o advento do Princípio da Anterioridade (art. 150, III, b da CF/88) que passou a regular a matéria tributária na CF/88, o Princípio da Anualidade (art. 165, III, da CF/88 c/c art. 34 da Lei n. 4.320/64) passou a ser adstrito a matéria orçamentária".

Ressalte-se, entretanto, que em matéria de Direito Financeiro reconhece-se a existência de um princípio denominado anualidade sem, todavia, relação exata com a antiga anualidade tributária.

4.6.3 Conceito de anterioridade antes e depois da EC n. 42/2003

Na redação original da Constituição de 1988, o princípio da anterioridade enunciava duas regras distintas aplicadas a tributos separados:

a) anterioridade anual (art. 150, III, *b*, da CF): valia para a maioria absoluta dos tributos, transferindo a possibilidade de sua arrecadação para o exercício (ano) seguinte ao da publicação da lei que os tivesse instituído ou majorado;

b) anterioridade nonagesimal (art. 195, § 6º, da CF): de aplicação exclusiva às contribuições sociais, tal regra criava um intervalo mínimo de noventa dias entre a data de publicação da lei e o momento de exigência do tributo instituído ou majorado.

Assim, as duas anterioridades operavam separadamente antes da Emenda Constitucional n. 42/2003.

A principal deficiência desse modelo residia no fato de que a anterioridade anual, aplicada de forma isolada para praticamente todos os tributos, não tinha força para proteger o contribuinte contra novas exações instituídas nos meses finais do ano. Isso porque, como a anterioridade anual somente transferia a exigência para o exercício (ano) seguinte, em termos práticos o novo tributo já poderia ser cobrado no próximo 1º de janeiro.

> Cespe: A prova de Juiz Federal do TRF1 de 2009 considerou CORRETA a assertiva: "Atende ao princípio da anterioridade de exercício a publicação, no Diário Oficial, da lei instituidora de imposto no dia 31/12, sábado, apesar de a sua circulação dar-se apenas na segunda-feira".

Assim, se a lei de criação fosse publicada, por exemplo, em 30 de dezembro de 2001, o tributo poderia ser cobrado já a partir de 1º de janeiro de 2002, ou seja, somente DOIS DIAS DEPOIS!

Era, sem dúvida alguma, uma garantia pouco eficiente.

Diante dessa fragilidade do princípio, foi promulgada a Emenda Constitucional n. 42, de 19 de dezembro de 2003, que acrescentou a alínea *c* ao inciso III do art. 150 da Constituição Federal, modificando o conteúdo do princípio da anterioridade.

Após a EC n. 42/2003, o princípio da anterioridade passou a vigorar fundamentado no art. 150, III, *b* e *c*, nos seguintes termos:

> Art. 150. Sem prejuízo de outras garantias asseguradas ao contribuinte, é vedado à União, aos Estados, ao Distrito Federal e aos Municípios:
>
> III – cobrar tributos:
>
> b) no mesmo exercício financeiro em que haja sido publicada a lei que os instituiu ou aumentou;
>
> c) antes de decorridos noventa dias da data em que haja sido publicada a lei que os instituiu ou aumentou, observado o disposto na alínea *b*.

Desse modo, agora **a regra geral** para a maioria dos tributos passou a ser o funcionamento combinado das duas anterioridades, anual e nonagesimal, aplicando-se a **REGRA DA ANTERIORIDADE MAIS BENÉFICA PARA O CONTRIBUINTE.**

> Cespe: A prova de Juiz Federal do TRF1 de 2009 considerou INCORRETA a assertiva: "Às taxas é aplicado o princípio da anterioridade de exercício, mas não o da anterioridade nonagesimal, que é restrita a impostos e contribuições".

4.6.4 Regra da anterioridade mais benéfica para o contribuinte

Após a promulgação da Emenda Constitucional n. 42/2003, passou a vigorar a "regra da anterioridade mais benéfica para o contribuinte", segundo a qual, quando determinado tributo for instituído ou majorado, **deve ser aplicada a regra de anterioridade (anual ou nonagesimal) que tornar mais distante a data da exigência.**

Em termos práticos, é preciso verificar se para o contribuinte é mais vantajoso o uso da anterioridade anual ou da nonagesimal. Desse modo, constata-se que a Emenda n. 42/2003 garantiu um **intervalo mínimo de 90 dias entre as datas de publicação da lei e da cobrança efetiva do novo tributo.**

4.6.4.1 Como fazer a contagem da anterioridade

Após a Emenda n. 42/2003, para realizar a contagem da data a partir da qual o tributo pode ser exigido basta **aplicar separadamente as duas anterioridades sobre o dia em que foi publicada a lei** que instituiu ou majorou o tributo. A anterioridade que "empurrar a cobrança mais longe" indicará a data correta da exigência.

Vamos entender a aplicação dessa regra por meio dos exemplos contidos no quadro a seguir*:

Data de publicação da lei que instituiu ou majorou o tributo	Data considerando a aplicação somente da anterioridade anual	Data considerando a aplicação somente da anterioridade nonagesimal	Anterioridade mais vantajosa no caso concreto	Data a partir da qual a exigência fica autorizada
Ex. 1: 28-4-2019	1º-1-2020	28-7-2019	anual	1º-1-2020 (anual)
Ex. 2: 15-7-2019	1º-1-2020	15-10-2019	anual	1º-1-2020 (anual)
Ex. 3: 13-11-2019	1º-1-2020	13-2-2020	nonagesimal	13-2-2020 (nonagesimal)
Ex. 4: 3-1-2020	1º-1-2021	3-4-2020	anual	1º-1-2021 (anual)

ATENÇÃO: A contagem didática feita no quadro acima considerou, para fins da anterioridade nonagesimal, meses de 30 dias. A verificação de uma data real precisaria levar em conta o número de dias dos meses em questão. Por óbvio, recomenda-se o uso de um calendário na aferição da data exata.

4.6.5 Anterioridade e entrada em vigor da lei

O princípio da anterioridade estabelece um intervalo mínimo entre a publicação da lei e a efetiva cobrança do tributo, não tendo qualquer relação com a entrada em vigor da lei tributária.

Isso está bem claro na redação do art. 150, III, *b* e *c*, da Constituição, segundo o qual:

> Art. 150. Sem prejuízo de outras garantias asseguradas ao contribuinte, é vedado à União, aos Estados, ao Distrito Federal e aos Municípios:
>
> III – **cobrar** tributos:
>
> b) no mesmo exercício financeiro em que **haja sido publicada** a lei que os instituiu ou aumentou;
>
> c) antes de decorridos noventa dias da data em que **haja sido publicada** a lei que os instituiu ou aumentou, observado o disposto na alínea *b*.

O texto constitucional afirma que a anterioridade se posiciona entre a "publicação" da lei e a "cobrança" do tributo. Ao contrário do que muitos pensam, **a anterioridade não impede que a lei tributária entre em vigor na data de sua publicação.** "Entrar em vigor na data de sua publicação" é o fenômeno da vigência, o que não significa necessariamente que o tributo seja efetivamente cobrado com base na lei nova. **Inexiste qualquer relação entre anterioridade e vigência.**

> FGV: A prova de Advogado do Senado Federal de 2008 considerou ERRADA a afirmação: "O princípio da anterioridade é uma regra de vigência, que impede que a lei seja aplicada antes do próximo exercício fiscal".

Portanto, mesmo que a lei, instituindo ou majorando tributo, seja publicada e entre em vigor na mesma data, não haverá afronta ao princípio da anterioridade, desde que qualquer exigência somente seja realizada no exercício seguinte (anterioridade anual), observado o intervalo mínimo de noventa dias (anterioridade nonagesimal).

4.6.6 Anterioridade e revogação de isenção

A isenção é um benefício legal que libera temporariamente o contribuinte do pagamento do tributo. E, como toda vantagem concedida pelo legislador, a isenção pode ser também revogada com a simples revogação da lei que a concedeu.

Ocorre que, do ponto de vista do contribuinte beneficiário da isenção, a revogação do benefício equivale à criação de um novo tributo, na medida em que o contribuinte passa a pagar valores anteriormente indevidos.

Em nome do princípio da isonomia (situações equivalentes, tratamento equivalente), alguns doutrinadores passaram a defender que, havendo revogação de isenção, o contribuinte beneficiário somente deveria voltar a recolher o tributo no exercício seguinte, para garantir a simetria com a posição de quem é surpreendido com a criação de tributo novo.

Favorecendo tal orientação, o art. 178, III, do Código Tributário Nacional prescreve que:

> Art. 104. Entram em vigor no primeiro dia do exercício seguinte àquele em que ocorra a sua publicação os dispositivos de lei, referentes a impostos sobre o patrimônio ou a renda:
>
> III – que extinguem ou reduzem isenções, salvo se a lei dispuser de maneira mais favorável ao contribuinte, e observado o disposto no art. 178.

Embora o dispositivo acima transcrito seja bastante claro ao sujeitar a revogação de isenções ao princípio da anterioridade anual, **essa não é a corrente majoritária**. Atualmente, **predomina o entendimento de que a revogação de isenção NÃO SE SUJEITA À ANTERIORIDADE**, especialmente com base em dois argumentos:

1) o art. 104 do CTN não seria uma regra específica de anterioridade, mas de vigência, porque fala em "entrada em vigor", e, como visto nos itens pretéritos, o princípio da anterioridade não tem qualquer relação com o fenômeno da entrada em vigor da lei;

2) o art. 104 do CTN não teria sido recepcionado pela Constituição de 1988, pois inexiste no Texto Maior qualquer referência a tal aplicação do princípio da anterioridade.

Esse é o entendimento do Supremo Tribunal Federal, segundo o qual, "na isenção, o tributo já existe. Por isso, revogado o favor legal, força é concluir que um novo tributo não foi criado, senão que houve apenas a restauração do direito de cobrar o tributo, o que não implica o obrigatoriedade de ser observado o princípio da anterioridade" (RE 204.026). Tal visão, entretanto, foi alterada pelo STF, que voltou a aplicar a anterioridade na revogação de benefícios fiscais (RE 564.225, rel. Min. Marco Aurélio, 2-9-2014, *vide* item 11.6.1 deste *Manual*).

Por fim, é importante destacar que, **quando se tratar de ISENÇÃO ONEROSA e TEMPORÁRIA**, deve-se garantir o direito adquirido do contribuinte que preencher os requisitos necessários para sua concessão, como será visto nos capítulos seguintes deste *Manual* (art. 178 do CTN e Súmula 544 do STF: "Isenções tributárias concedidas, sob condição onerosa, não podem ser livremente suprimidas").

4.6.7 As várias anterioridades

A promulgação da Emenda Constitucional n. 42/2003 trouxe como resultado principal a consolidação de um **complexo sistema de aplicação do princípio da anterioridade.**

Para compreensão integral de todo o conteúdo da atual anterioridade **é preciso fixar as seguintes premissas**:

1) o nome "anterioridade anual" ou simplesmente "anterioridade" compreende a regra específica que adia a cobrança do tributo para o exercício seguinte àquele da publicação da lei que o tiver instituído ou majorado;

2) a terminologia "anterioridade nonagesimal", "anterioridade mitigada", "anterioridade reduzida" ou "noventena" corresponde ao preceito específico que empurra a cobrança para noventa dias após a data da publicação da lei que houver criado ou majorado o tributo;

3) atualmente, para a maioria absoluta dos tributos as anterioridades anual e nonagesimal atuam de forma combinada, aplicando-se aquela que, diante do caso concreto, for mais favorável ao contribuinte, afastando-se a cobrança para a data mais distante;

4) a Emenda n. 42/2003 estabeleceu três grupos de tributos submetidos a regras próprias de anterioridade (exceções), previstos no art. 150, § 1º, da Constituição Federal, conforme será visto no item seguinte.

4.6.8 Exceções à anterioridade

A Emenda n. 42/2003 alterou a redação do § 1º do art. 150 da Constituição Federal, definindo um conjunto de três grupos de exceções ao princípio da anterioridade. Estabelece o referido dispositivo:

> A vedação do inciso III, *b*, não se aplica aos tributos previstos nos arts. 148, I, 153, I, II, IV e V; e 154, II; e a vedação do inciso III, *c*, não se aplica aos tributos previstos nos

arts. 148, I, 153, I, II, III e V; e 154, II, nem à fixação da base de cálculo dos impostos previstos nos arts. 155, III, e 156, I.

Interpretando as diversas referências que o citado preceito faz a outras normas constitucionais, podemos dividir as exceções em três grupos:

1) TRIBUTOS DE COBRANÇA IMEDIATA (podem ser cobrados no dia seguinte): nesse primeiro grupo estão os tributos que não se sujeitam nem à anterioridade anual, nem à nonagesimal. São eles: alteração nas alíquotas do **Imposto de Importação**, **Imposto de Exportação**, **Imposto sobre Operações Financeiras**, bem como criação e majoração do **Imposto Extraordinário de Guerra** e do **Empréstimo Compulsório** nos casos de calamidade pública ou guerra externa;

> Vunesp: A prova de Procurador do Município de São Paulo de 2008 considerou CORRETA a assertiva: "Em relação aos impostos, haverá exceção aos princípios da anterioridade anual e nonagesimal a majoração de alíquotas do IOF".

> Vunesp: A prova de Advogado da SPTRANS de 2012 considerou CORRETA a assertiva: "Excepciona o princípio da anterioridade o imposto sobre operações relativas a títulos ou valores mobiliários".

> Cespe: A prova de Juiz Federal da 2ª Região de 2011 considerou ERRADA a afirmação: "Pelo princípio da anterioridade tributária, nenhum tributo, seja da União, dos Estados, do DF ou dos Municípios, pode ser cobrado no mesmo exercício financeiro em que tenha sido aprovada a lei que o instituiu".

2) TRIBUTOS QUE RESPEITAM SOMENTE A ANTERIORIDADE NONAGESIMAL (podem ser cobrados no mesmo exercício): no segundo grupo de exceções temos os tributos que, embora submetidos à anterioridade nonagesimal, não cumprem a anual, razão pela qual podem ser exigidos noventa dias após a publicação do ato normativo que os houver instituído ou majorado, ainda que a cobrança ocorra no mesmo ano. São eles: instituição ou majoração do **Imposto sobre Produtos Industrializados, Contribuições Sociais (art. 195 da CF), Cide/Combustíveis e ICMS/Combustíveis** (art. 155, § 4º, IV, *c*, e § 5º da CF);

> Esaf: A prova da PFN de 2012 considerou CORRETA a seguinte afirmação: "Alguns tributos possuem, além da função meramente arrecadatória ou fiscal, finalidade outra que se destina a regular a economia, criando mecanismos que induzem, ou incentivam, a conduta do potencial contribuinte numa ou noutra direção. É o que se viu recentemente com a majoração das alíquotas do IPI – Imposto sobre Produtos Industrializados, incidente sobre a importação de automóveis, já que, no período de janeiro a agosto de 2011, a balança comercial do setor automotivo atingiu um déficit de R$ 3 bilhões. Contudo, o STF entendeu que o decreto que majorar as alíquotas aplicáveis às operações de importação de veículos automotores submete-se, dentre outros, ao princípio constitucional da anterioridade nonagesimal, ou seja, fica suspenso até que tenha transcorrido o prazo de noventa dias da sua publicação".

3) TRIBUTOS QUE RESPEITAM SOMENTE A ANTERIORIDADE ANUAL (não se sujeitam ao intervalo mínimo de noventa dias): por fim, no terceiro grupo estão os tributos que se submetem somente à anterioridade anual, mas não à nonagesimal. Nesse caso, tais tributos podem ser cobrados sempre em 1º de janeiro do ano seguinte ao da publicação do ato normativo que os tiver instituído ao majorado, independentemente do intervalo mínimo de noventa dias. São eles o **Imposto de Renda**, bem como as **alterações na base de cálculo do IPTU** (mudança na planta genérica de valores que implique aumento real no imposto) e na **base de cálculo do IPVA** (modificação na tabela oficial de valores de veículos resultando em majoração efetiva no valor do carro).

4.6.8.1 Redução de desconto ou alteração no prazo legal para recolhimento do tributo

A anterioridade aplica-se especificamente sobre a norma que cria ou majora tributo. Porém, havendo redução de desconto no pagamento ou alteração no prazo legal para recolhimento do tributo, não incide o princípio da anterioridade. Nesses casos, inexiste criação ou majoração do tributo, por isso a lei produz efeito imediatamente, sem qualquer intervalo **mínimo**.

> Cespe: A prova de Procurador de Fortaleza de 2017 considerou CERTA a afirmação: "O princípio da anterioridade do exercício, cláusula pétrea do sistema constitucional, obsta a eficácia imediata de norma tributária que institua ou majore tributo existente, o que não impede a eficácia, no mesmo exercício, de norma que reduza desconto para pagamento de tributo ou que altere o prazo legal de recolhimento do crédito".

4.7 PRINCÍPIO DA ISONOMIA (ART. 150, II, DA CF)

> Cespe: A prova de Promotor de Justiça/PI de 2012 considerou INCORRETA a assertiva: "O princípio da isonomia não se inclui entre os princípios que limitam o poder de tributar, mas entre os princípio universais de justiça".

Pela aplicação da noção geral de isonomia (art. 5º, *caput*, da CF) no campo fiscal, o princípio da igualdade tributária **proíbe seja dado tratamento diferenciado a contribuintes que se encontrem em situação equivalente**.

Nesse sentido, dispõe o art. 150, II, da Constituição Federal:

> Sem prejuízo de outras garantias asseguradas ao contribuinte, é vedado à União, aos Estados, ao Distrito Federal e aos Municípios: II – instituir tratamento desigual entre contribuintes que se encontrem em situação equivalente, proibida qualquer distinção em razão de ocupação profissional ou função por eles exercida, independentemente da denominação jurídica dos rendimentos títulos ou direitos.

Note-se que o princípio da isonomia tributária tem **dois destinatários**: a) o legislador; b) a administração tributária (Fisco). Daí poder falar-se em "igualdade na lei" e em "igualdade perante a lei".

A observância da **igualdade na lei** é um dever que se volta ao legislador, na medida em que exige um **tratamento paritário conferido pela legislação** aos contribuintes.

> Cespe: A prova do Exame Nacional da OAB de 2009 considerou CORRETA a assertiva: "Considerando que Júnior, Júlio e Augusto tenham diferentes ocupações profissionais, exerçam diferentes funções e percebam remunerações de diferentes denominações jurídicas, à luz do princípio constitucional tributário da isonomia, os três devem ser tributados com a mesma carga de imposto de renda".

Já a **igualdade perante a lei** constitui imperativo destinado a quem exerce as atividades de fiscalização e arrecadação de tributos, isto é, **aplica-se ao Fisco, que não pode desigualar, no exercício de suas atribuições, contribuintes que se encontrem em situação equivalente**.

É importante destacar que nem todas as diferenciações estabelecidas pela legislação são atentatórias ao referido princípio.

> Esaf: A prova de Auditor-Fiscal da Receita Federal de 2012 considerou INCORRETA a afirmação: "Considerando decisões emanadas do STF, a sobrecarga imposta aos bancos comerciais e às entidades financeiras, no tocante à contribuição previdenciária sobre a folha de salários, fere o princípio da isonomia tributária".

> FCC: A prova de Agente Técnico Legislativo da Alesp de 2010 considerou CORRETA a assertiva: "A concessão de isenção de certo tributo para um determinado setor produtivo, que esteja passando por dificuldades de mercado, em detrimento de outros setores produtivos, é constitucional, atendendo, em tese, ao princípio da isonomia".

Por exemplo, a previsão de alíquotas progressivas para o Imposto de Renda (art. 153, § 2º, I, da CF) tem o objetivo, precisamente, de conferir tratamento diferenciado a contribuintes, tributando com mais intensidade aqueles que são economicamente mais fortes.

O que a Constituição veda é a discriminação injustificada.

Imagine-se, por hipótese, que a lei confira isenção fiscal a certas classes de portadores de deficiência motora. Determinado indivíduo requer o benefício fiscal, mas seu tipo específico de deficiência não foi previsto expressamente pelo legislador por se tratar de restrição desconhecida até então. Se houver demonstração de que as limitações físicas do requerente equivalem, na prática, àquelas verificáveis nas deficiências mencionadas na lei, o princípio da igualdade justifica a extensão da vantagem ao portador da nova doença.

Em termos práticos, a aplicação mais relevante do princípio da isonomia tem sido justamente a apontada acima: ampliar o alcance de vantagens tributárias a certas categorias de portadores de deficiência injustamente esquecidos pelo legislador na concessão do benefício.

É importante frisar que, em certos casos, a aplicação do princípio da igualdade tributária obriga o operador do direito a mitigar o alcance de algumas normas restritivas previstas no CTN. O art. 111, II, por exemplo, determina que deve ser interpretada literalmente a legislação tributária que disponha sobre isenções. Tal norma é importantíssima, pois impede que vantagens tributárias sejam estendidas indiscriminadamente a toda e qualquer situação concreta que não guarde uma mínima relação de semelhança com os casos previstos na norma isentiva. Ocorre que uma regra do CTN não pode imobilizar a produção de efeitos de normas constitucionais. Por isso, ao intérprete cabe a tarefa de indagar se, no caso concreto, está ocorrendo, ou não, a hipótese de tratamento injustificadamente desigual entre contribuintes que se encontrem em situação equivalente, podendo, se a resposta for afirmativa, afastar a incidência do art. 111, II, do CTN, sob pena de tornar-se inaplicável o disposto no art. 150, II, da Constituição Federal.

A respeito da aplicação do princípio da igualdade, o STF decidiu pela inconstitucionalidade de lei do Estado do Amapá que concedia isenção do IPVA aos proprietários de veículos destinados ao transporte escolar, mas restringia o benefício apenas aos condutores cujos carros estivessem devidamente regularizados junto à cooperativa de transportes escolares do Município de Macapá, limitação esta considerada atentatória à isonomia (ADIMC 1.655).

Em outra oportunidade o STF também considerou inconstitucional a proibição, imposta pelo Ministério da Fazenda, de importação de automóveis usados, medida contrária à isonomia porque a restrição não se estendia à importação de carros novos (RE 203.954).

4.7.1 Desdobramentos do princípio da isonomia tributária

Tão relevante quanto compreender o conteúdo próprio do princípio da isonomia é conhecer três importantes desdobramentos, ou subprincípios, que derivam do preceito isonômico[3], a saber:

a) a regra da irrelevância da capacidade civil para fins tributários;

b) o princípio do *non olet*;

c) o princípio da capacidade **contributiva**.

> Cespe: A prova de Procurador de Fortaleza de 2017 considerou CERTA a afirmação: "O princípio da isonomia pressupõe a comparação entre sujeitos, o que, em matéria tributária, é efetivado pelo princípio da capacidade contributiva em seu aspecto subjetivo".

Devido à relevância do tema, convém analisar cada um dos três subprincípios separadamente.

3. Eduardo Sabbag, *Manual de Direito Tributário*, p. 96.

4.7.1.1 Irrelevância da capacidade civil para fins tributários (art. 126, I, do CTN)

O primeiro desdobramento do princípio da isonomia tributária é a regra segundo a qual **a incapacidade civil é irrelevante para o Direito Tributário.**

Esse postulado decorre daquilo que se encontra disposto no art. 126 do Código Tributário Nacional:

> A capacidade tributária passiva independe:
>
> **I – da capacidade civil das pessoas naturais;**
>
> II – de achar-se a pessoa natural sujeita a medidas que importem privação ou limitação do exercício de atividades civis, comerciais ou profissionais, ou da administração direta de seus bens ou negócios;
>
> III – de estar a pessoa jurídica regularmente constituída, bastando que configure uma unidade econômica ou profissional.

Em razão dessa regra, **todos os civilmente incapazes pagam tributos** desde que realizem o fato gerador tributário. Assim, nada impede, por exemplo, que **menor de idade seja contribuinte**, ou os loucos de todo o gênero, ou ainda **as empresas irregularmente constituídas** (sem registro na Junta Comercial). Na verdade, este último exemplo demonstra que até **a ausência de personalidade jurídica não impede o surgimento do dever de pagar tributo**, na medida em que o registro na Junta Comercial é condição para aquisição na personalidade empresarial.

São exemplos dessa regra:

1) camelô irregular que, embora atue clandestinamente, deve recolher ICMS sobre as mercadorias que vender;

2) criança de 1 ano que receber de herança um imóvel urbano (é contribuinte do IPTU).

4.7.1.2 Princípio do non olet (art. 118, I, do CTN)

A expressão latina *non olet*, que em português pode ser traduzida como "sem cheiro", deriva do provérbio *pecunia non olet* ("o dinheiro não tem cheiro"). A origem da expressão remonta à história de Roma, quando o Imperador Nero instituiu uma taxa para utilização dos banheiros públicos. Quando o tributo foi extinto e depois restabelecido pelo Imperador Vespasiano, seu filho Tito reclamou com o pai sobre a natureza imoral da exigência, dizendo que a cidade ficaria malcheirosa. Então, Vespasiano pegou uma moeda de ouro e disse: "*pecunia non olet*" (dinheiro não tem cheiro).

Para a realidade atual do Direito Tributário brasileiro, o princípio do *non olet* significa que **não importa a origem remota do dinheiro do contribuinte e nem se a atividade tributada é ilícita ou imoral. Assim, nada impede que os frutos do ato ilícito sofram tributação.**

Cartório/RJ: A 38ª Prova de Cartório/RJ considerou CORRETA a assertiva: "O princípio do *non olet*, na relação tributária, significa que o tributo deve incidir sobre as atividades ilícitas ou imorais".

O fundamento normativo do princípio é o art. 118, I, do CTN, segundo o qual:

> Art. 118. **A definição legal do fato gerador é interpretada abstraindo-se**:
>
> I – **da validade jurídica dos atos efetivamente praticados pelos contribuintes**, responsáveis, ou terceiros, bem como da natureza do seu objeto ou dos seus efeitos;
>
> II – dos efeitos dos fatos efetivamente ocorridos.

Desse modo, por exemplo, **traficantes**, "bicheiros" ou mafiosos também **devem Imposto de Renda**. A venda de madeira de corte proibido e a comercialização de animais silvestres sujeitam-se à incidência do Imposto sobre Circulação de Mercadorias e Serviços.

Sobre o tema, o STF já decidiu caracterizar crime de sonegação fiscal a omissão, na declaração de rendimentos, de lucros oriundos de atividade criminosa (HC 77.530).

Há quem sustente que a tributação de atividades ilícitas viole o princípio da moralidade (art. 37, *caput*, da Constituição). Entretanto, o raciocínio não procede. Se a Administração deixasse de arrecadar tributos por desconfiar da origem do dinheiro, ou pela ilicitude da atividade tributada, estaria descumprindo a lei (art. 118 do CTN), de modo a ferir o princípio da legalidade e a desatender o caráter plenamente vinculado da atividade fiscal (art. 3º do CTN). Além disso, ocorreria desoneração tributária da atividade ilegal, acarretando verdadeiro incentivo do comportamento contrário à ordem jurídica.

Assim, por todas as razões, e ainda em atenção ao princípio da igualdade, a tributação de atividades ilícitas é um imperativo exigido pelo ordenamento jurídico nacional.

4.7.1.3 Capacidade contributiva como subprincípio da isonomia

Conforme visto no capítulo anterior deste *Manual* (item 3.2.3), o princípio da capacidade contributiva é um **comando dirigido ao legislador**, obrigando que **todos os tributos** (Supremo Tribunal Federal) sejam **graduados conforme a capacidade econômica do contribuinte**[STF].

STF: "Servidor público. Contribuição previdenciária. Alíquota progressiva. Impossibilidade. Precedentes. 1. Esta Corte já decidiu que a instituição de alíquotas progressivas para a contribuição previdenciária dos servidores públicos ofende o princípio da vedação à utilização de qualquer tributo com efeito de confisco (art. 150, inciso IV, da Constituição Federal)" (AgRg no RE 346.197-DF, rel. Min. Dias Toffoli).

Seu fundamento constitucional está no art. 145, § 1º, da CF: "Sempre que possível, os impostos terão caráter pessoal e serão graduados segundo a capacidade econômica do contribuinte, facultado à administração tributária, especialmente para conferir efetividade a esses objetivos, identificar, respeitados os direitos individuais e nos termos da lei, o patrimônio, os rendimentos e as atividades econômicas do contribuinte".

> TJ/SC: A prova da Magistratura/SC de 2013 considerou CORRETA a seguinte assertiva: "Os impostos sempre terão caráter pessoal e serão graduados segundo a capacidade econômica do contribuinte, facultado à administração tributária, especialmente para conferir efetividade a esses objetivos, identificar, respeitados os direitos individuais e nos termos da lei, o patrimônio, os rendimentos e as atividades econômicas do contribuinte".

Embora o dispositivo faça referência somente a impostos, no julgamento do RE 406.955/2010 o STF firmou o entendimento no sentido de que a capacidade contributiva é aplicável a todos os tributos.

Trata-se de um desdobramento do princípio da isonomia, na medida em que o ideal almejado pela capacidade contributiva é **tributar os contribuintes na proporção de suas riquezas**, observando a fórmula clássica de tratar "igualmente os iguais e desigualmente os desiguais" em matéria de tributação.

> TJ/SP: A 175ª prova da Magistratura/SP considerou CORRETA a assertiva: "O princípio da capacidade contributiva escuda-se no princípio da isonomia".

> TJ/PR: A prova da Magistratura/PR de 2003 considerou ERRADA a assertiva: "A capacidade econômica não se confunde com capacidade financeira dos contribuintes".

4.7.1.3.1 Capacidade contributiva e alíquotas progressivas

Alíquotas progressivas são aquelas que aumentam ou diminuem, como regra, em função da capacidade econômica do contribuinte.

Chama-se **progressividade fiscal** a técnica que utiliza as alíquotas progressivas voltadas para o cumprimento do princípio da capacidade contributiva, **graduando a cobrança dos tributos de acordo com a riqueza** revelada pelo sujeito passivo. Exemplo: Imposto de Renda (art. 153, § 2º, I, da CF).

Já a **progressividade extrafiscal** é aquela aplicada **visando a objetivo alheio** à tributação segundo a capacidade econômica. Exemplo: Imposto Territorial Rural progressivo para desestimular propriedades improdutivas (art. 153, § 4º, I, da CF).

Convém ressalvar que grande fator de limitação concreta no uso de sistema de alíquotas progressivas fiscais é que **raríssimos tributos incidem sobre fatos signos presuntivos de riqueza** ("termômetros de riqueza"), ou seja, poucos tributos são capazes de revelar a capacidade econômica do contribuinte.

> TJ/SP: A 175ª prova da Magistratura/SP considerou CORRETA a assertiva: "O princípio da capacidade contributiva é atendido com a aplicação de alíquota proporcional à base de cálculo".

Isso porque a aplicação da técnica das alíquotas progressivas fiscais só se legitima se o tributo for "revelador de capacidade econômica" do contribuinte, sob pena de inconstitucionalidade na utilização do sistema por violação ao art. 145, § 1º, da CF: "Sempre que possível, os impostos terão caráter pessoal e serão graduados segundo a capacidade econômica do contribuinte, facultado à administração tributária, especialmente para conferir efetividade a esses objetivos, identificar, respeitados os direitos individuais e nos termos da lei, o patrimônio, os rendimentos e as atividades econômicas do contribuinte".

Se, por exemplo, o ICMS fosse cobrado com alíquotas progressivas, haveria uma subversão na lógica do sistema da progressividade, porque tal imposto incide sobre uma grandeza econômica (circulação de mercadorias) que não é indício de riqueza. Sabe-se que indivíduos muito ricos compram diariamente mercadorias de baixo valor (canetas, copos de água, balas) e pessoas de baixo poder aquisitivo podem adquirir esporadicamente itens caros (carros, equipamentos eletrônicos, móveis). Se o ICMS tivesse alíquota progressiva, a compra de uma caneta por um rico tributaria pouquíssimo o indivíduo de muito poder aquisitivo, enquanto a operação da compra de um carro pela pessoa de baixa renda atrairia alta alíquota sobre o contribuinte economicamente mais frágil. Haveria uma inversão nos valores da capacidade contributiva. Isso demonstra que alguns tributos, como o ICMS, por exemplo, simplesmente são incapazes de revelar a capacidade econômica do contribuinte. Neles, as alíquotas progressivas não podem ser utilizadas.

Portanto, existe uma relação direta entre alíquotas progressivas fiscais e o princípio da capacidade contributiva.

4.7.1.3.2 Impostos progressivos na CF/88

Na Constituição de 1988 pressupõe-se que as alíquotas progressivas sejam uma **excepcionalização ao direito de propriedade** do contribuinte, diante do elevado potencial de lesividade que tal técnica de tributação pode causar sobre o patrimônio privado.

Assim, vem-se se formando um **consenso jurisprudencial** no sentido de que **as alíquotas progressivas somente** podem ser aplicadas **com expressa previsão no texto constitucional.**

Isso porque, se a Constituição Federal assegura o direito de propriedade (art. 5º, XXII), somente o próprio Texto Maior poderia limitar tal direito.

Na Constituição de 1988 existe previsão de **progressividade apenas para três impostos:**

a) **Imposto de Renda** (art. 153, § 2º, I, da CF);

> TJ/SP: A 175ª prova da Magistratura/SP considerou CORRETA a assertiva: "O princípio da capacidade contributiva é atendido com a progressividade do imposto sobre a renda".

b) **Imposto Territorial Rural** (art. 153, § 4º, I, da CF);

c) **Imposto Predial e Territorial Urbano** (arts. 156, § 1º, I, e 182, § 4º, II, da CF).

Portanto, atualmente só há três impostos expressamente progressivos pela Constituição de 1988: o IR, o ITR e o IPTU.

> Fepese: A prova de Auditor da Receita Estadual/RJ de 2010 considerou CORRETA a assertiva: "O princípio da progressividade aplica-se, conforme a Constituição Federal, ao IR, ITR e IPTU".

> Cespe: A prova de Auditor de Controle Externo do TCE/ES de 2012 considerou CORRETA a assertiva: "Consoante a jurisprudência do STF, o princípio da capacidade contributiva restringe a utilização da progressividade às hipóteses autorizadas constitucionalmente, motivo pelo qual não poderá a lei ordinária estabelecer alíquotas progressivas, com base no valor venal do imóvel, para o imposto de transmissão *inter vivos* de bens imóveis".

> Cespe: A prova da Magistratura/CE de 2012 considerou INCORRETA a assertiva: "Dado que o estabelecimento da progressividade de alíquotas constitui instrumento a serviço do princípio da capacidade contributiva, entende o STF ser constitucional lei que estabelece alíquotas progressivas para o imposto de transmissão *inter vivos* de bens imóveis, com base no valor venal do imóvel".

Vamos analisar separadamente a progressividade desses três impostos. Vale lembrar que o estudo detalhado do regime jurídico de cada um dos tributos existentes no ordenamento brasileiro será feito no capítulo sobre tributos em espécie.

4.7.1.3.2.1 Progressividade do Imposto de Renda

A progressividade do IR está prevista no art. 153, § 2º, I, da CF, segundo o qual: "O imposto previsto no inciso III: I – será informado pelos critérios da generalidade, da universalidade e da progressividade, na forma da lei".

Trata-se de uma **progressividade fiscal**, na medida em que seu objetivo é atender ao princípio da capacidade contributiva, cumprindo **finalidade arrecadatória** ao tributar de forma mais acentuada o contribuinte que revelar maior capacidade econômica.

O tema será melhor abordado no capítulo sobre tributos em espécie.

4.7.1.3.2.2 Progressividade do Imposto Territorial Rural

No caso do Imposto Territorial Rural, as alíquotas progressivas vêm previstas no art. 153, § 4º, I, da CF, com redação dada pela Emenda 42/2003: "O imposto previsto no inciso VI do *caput*: I – será progressivo e terá suas alíquotas fixadas de forma a desestimular a manutenção de propriedades improdutivas".

Ao contrário do que ocorre no Imposto de Renda, no ITR a **progressividade é essencialmente extrafiscal**, isto é, sua finalidade primeira não consiste na mera arrecadação de recursos para custeio das despesas estatais, mas atende ao objetivo, constitucionalmente declarado, de desestimular a manutenção de propriedades improdutivas.

Atualmente, as alíquotas do imposto variam de 0,03% a 20% (art. 11 da Lei n. 9.393/96).

4.7.1.3.2.3 Progressividades do IPTU

O IPTU sujeita-se a **três sistemas diferenciados de alíquotas**:

a) alíquotas progressivas no tempo em razão do uso inadequado do solo urbano (art. 182, § 4º, II, da CF);

b) alíquotas progressivas em função do valor do imóvel (art. 156, § 1º, I, da CF);

c) alíquotas diferenciadas de acordo com o binômio localização/uso do imóvel (art. 156, § 1º, II, da CF).

Importantíssimo salientar que até a promulgação da Emenda Constitucional n. 29, no ano de 2000, o Texto Maior somente continha previsão expressa de progressividade do IPTU para a hipótese de uso inadequado do solo urbano (art. 182, § 4º, II, da CF), razão pela qual a jurisprudência do Supremo Tribunal Federal pacificou o entendimento de que, antes do ano de promulgação da referida Emenda, não se admitia a cobrança do imposto com alíquotas progressivas em razão do valor ou do uso/localização do imóvel.

Acesse também a videoaula pelo *link*:
http://somos.in/MDT0727

A progressividade do IPTU no tempo (art. 182, § 4º, II, da CF) consiste em instrumento para o Município desestimular a manutenção de imóveis urbanos não edificados, subutilizados ou não utilizados, podendo a alíquota atingir patamar máximo de 15% sobre o valor venal do imóvel (art. 7º, § 1º, do Estatuto da Cidade – Lei federal n. 10.257/2001).

A progressividade em função do valor do imóvel (art. 156, § 1º, I, da CF) é instituída com finalidade puramente arrecadatória (progressividade fiscal), realizando a exigência de tributação graduada conforme a capacidade econômica do contribuinte (art. 145, § 1º, da CF).

Por fim, o art. 156, § 1º, II, da CF prevê a cobrança de IPTU com alíquotas variáveis de acordo com o uso e a localização do imóvel. Note-se que a norma constitucional impõe ao legislador o dever de combinar uso e localização para determinar a diferenciação nas alíquotas.

Assim, por exemplo, descumpriria o referido dispositivo da Constituição a lei municipal que estabelecesse alíquotas de 3% para imóveis comerciais e de 2% para imóveis residenciais, pois nessa hipótese o tipo de uso foi empregado separadamente do quesito localização. Seria preciso, para tornar válida a exigência, delimitar certa região do Município dentro da qual os imóveis comerciais estariam sujeitos a alíquotas superiores às aplicadas a imóveis residenciais, não dissociando assim o binômio uso/localização referido pelo texto constitucional.

4.7.1.3.3 O caso da progressividade do ITCMD

A Constituição Federal de 1988 não prevê alíquotas progressivas para o ITCMD. Porém, o **Supremo Tribunal Federal** no julgamento do Recurso Extraordinário n. 562.045/RS, em 6-2-2013, rel. Min. Ricardo Lewandowski, **passou a admitir a possibilidade da cobrança progressiva do ITCMD**.

A síntese do entendimento do Tribunal consta da ementa abaixo transcrita:

> Contudo, todos os impostos estariam sujeitos ao princípio da capacidade contributiva, mesmo os que não tivessem caráter pessoal. Esse dispositivo estabelece que os impostos, sempre que possível, devem ter caráter pessoal. Assim, todos os impostos, independentemente de sua classificação como de caráter real ou pessoal, podem e devem guardar relação com a capacidade contributiva do sujeito passivo. É possível aferir a capacidade contributiva do sujeito passivo do ITCMD, pois, tratando-se de imposto direto, a sua incidência poderia expressar, em diversas circunstâncias, progressividade ou regressividade direta. A progressividade de alíquotas do imposto em comento não teria como descambar para o confisco, porquanto haveria o controle do teto das alíquotas pelo Senado Federal (CF, art. 155, § 1º, IV). Diferentemente do que ocorreria com o IPTU, no âmbito do ITCMD não haveria a necessidade de emenda constitucional para que o imposto fosse progressivo.

Importante destacar que se trata de um **reconhecimento jurisprudencial de progressividade**, não devendo ser equiparado, para provas em concursos, com os casos do IR, ITR e IPTU, cuja previsão de alíquotas progressivas têm expresso fundamento no texto constitucional.

4.7.1.3.4 A situação da progressividade do IPVA

O IPVA **não tem previsão expressa de progressividade** na Constituição de 1988, embora haja quem sustente uma progressividade implícita no Texto Maior, o que, todavia, é incompatível com o raciocínio das alíquotas progressivas como exceções expressas ao direito de propriedade.

A controvérsia sobre progressividade implícita do imposto reside na regra contida no art. 155, § 6º, II, da CF: "O imposto previsto no inciso III: II – poderá ter alíquotas diferenciadas em função do tipo e utilização".

Na verdade, o referido dispositivo não contempla autorização para alíquotas progressivas, mas para cobrança do imposto com alíquotas variáveis em função de critérios alheios à capacidade econômica do contribuinte, a saber: o tipo de utilização do veículo.

Portanto, não se trata de progressividade.

4.7.1.3.5 Proporcionalidade e progressividade

Importante fazer uma distinção entre proporcionalidade e progressividade.

Na **proporcionalidade** ocorre a aplicação de uma alíquota fixa sobre base calculada variável, resultando em valores devidos diferentes. Imagine, por exemplo, os indivíduos submetidos à alíquota máxima do Imposto de Renda no Brasil (27,5%) mas com salários bem diferentes. Pedro ganha R$ 10.000,00 por mês e Antônio aufere R$ 400.000,00 mensais.

Pelo simples fato de a base calculada variar (de 10 mil para 400 mil), o valor do imposto devido será proporcionalmente maior para Antônio.

Porém, **a proporcionalidade não atende aos ideais da justiça social, da isonomia e da capacidade contributiva**, na medida em que contribuintes com capacidades econômicas visivelmente distintas são tratados como se tivessem o mesmo potencial contributivo. **A proporcionalidade tributa igualmente os desiguais.**

Já na **progressividade** busca-se um aumento nas alíquotas sempre que a base calculada do tributo revela maior capacidade contributiva. **As alíquotas são ajustadas para sofrer majoração na medida da riqueza do contribuinte**, atendendo adequadamente aos imperativos da justiça social, da isonomia e da capacidade contributiva. A progressividade tributa igualmente os iguais e desigualmente os desiguais. Trata-se de um sistema mais avançado, socialmente justo e isonômico do que a proporcionalidade.

4.7.1.3.6 Progressividade desvinculada da capacidade contributiva

A progressividade, em regra, é vinculada ao princípio da capacidade contributiva (progressividade fiscal) e tem como objetivo graduar a tributação de acordo com a riqueza do contribuinte.

Entretanto, em casos raros o sistema de alíquotas progressivas pode ser aplicado visando interesses diversos da mera tributação segundo a capacidade contributiva. Tem-se então a progressividade extrafiscal. É o caso, por exemplo, do IPTU progressivo no tempo, cuja finalidade é estimular o uso adequado do solo urbano (art. 182, § 4º, II, da CF).

4.7.1.3.7 Progressividade simples e graduada

Existem dois modos principais de aplicação do sistema de alíquotas progressivas: progressividade simples e graduada[4].

Na progressividade simples a alíquota aplicável incide sobre a integralidade da base calculada. A grande desvantagem desse modelo de progressividade é que

---

4. Hugo de Brito Machado, *Os Princípios Jurídicos da Tributação na Constituição de 1988*, p. 143.

a passagem para a faixa seguinte de tributação faz com que o valor do tributo devido, por vezes, torne mais interessante permanecer na faixa anterior de incidência.

Preste muita atenção ao seguinte exemplo. João ganha R$ 2.900,00 mensais, atraindo alíquota de 10% do Imposto de Renda (valores fictícios), e acaba recebendo o montante líquido de R$ 2.610,00 após os descontos do imposto. Suponha agora que a faixa seguinte de tributação fosse a alíquota de 20% do IR para rendimentos acima de R$ 3.000,00. Se o chefe de João propusesse um aumento de salário para R$ 3.100,00, a mudança de faixa tornaria o aumento salarial desvantajoso, porque, aplicando 20% sobre R$ 3.100,00, a remuneração líquida de João cairia para R$ 2.480,00. Ou seja, apesar do aumento salarial, João acabaria recebendo menos do que antes.

Por incrível que pareça, o sistema da progressividade simples pode acarretar o absurdo prático de tornar desvantajoso um aumento salarial!

O modelo da **progressividade graduada** corrige a incoerência da progressividade simples porque **aplica as alíquotas mais altas somente sobre a fração da base calculada que superar a faixa anterior**. Desse modo, tomando como exemplo o caso do aumento salarial e o Imposto de Renda, torna-se impossível que a mudança da faixa de tributação resulte em recebimento líquido menor do que o anterior.

Usando os mesmos dados do exemplo fictício anteriormente referido, se João ganha R$ 2.900,00 mensais e paga 10% de IR, recebendo aumento para R$ 3.100,00, a nova alíquota de 20% incidirá somente sobre o que exceder R$ 3.000,00. Assim, sobre os primeiros R$ 3.000,00 recolherá 10% (R$ 300,00) + 20% somente sobre R$ 100,00, totalizando R$ 320,00 de imposto devido, que, descontados dos R$ 3.100,00 do novo salário, resulta numa remuneração líquida de R$ 2.780,00 (R$ 180,00 a mais do que o salário líquido anterior, ou seja, João pode comemorar seu aumento REAL!!!).

Portanto, tendo em vista que o **ordenamento brasileiro adotou o modelo da progressividade graduada**, havendo várias alíquotas diferentes, cada uma delas somente incide sobre a fração da base calculada que ultrapassar a faixa anterior.

4.7.1.3.8 Alíquotas regressivas?

Por fim, deve-se registrar a existência de casos raros em nosso ordenamento nos quais a legislação prevê a utilização de um sistema de **alíquotas decrescentes ou regressivas.** É o que ocorre, por exemplo, no caso no regime previsto no art. 1º da Lei n. 11.053/2004, em que a **tributação do Imposto de Renda sobre planos de previdência privada vai recuando** a depender de por quanto tempo o contribuinte mantiver o dinheiro aplicado, podendo variar de 35%, para aplicações por até 2 anos, a 10% se o aporte permanecer por mais de 10 anos aplicado.

Trata-se de curiosa hipótese de alíquotas regressivas.

4.7.1.3.9 Princípio da progressividade sobre impostos reais

A técnica da progressividade adquiriu modernamente o *status* de verdadeiro princípio tributário, tendo sua aplicabilidade estendida a todas as espécies tributárias (RE 406.955/2010). Por isso, não importa para fins de incidência do princípio da progressividade se o imposto é real ou **pessoal**.

> Cespe: A prova de Procurador de Fortaleza de 2017 considerou ERRADA a afirmação: "O princípio da progressividade exige a graduação positiva do ônus tributário em relação à capacidade contributiva do sujeito passivo, não se aplicando, todavia, aos impostos reais, uma vez que, em se tratando desses tributos, é impossível a aferição dos elementos pessoais do contribuinte".

> STF: "É constitucional a contribuição adicional de 2,5% (dois e meio por cento) sobre a folha de salários instituída para as instituições financeiras e assemelhadas pelo art. 3º, § 2º, da Lei n. 7.787/89, ainda que considerado o período anterior à Emenda Constitucional n. 20/98. (...) No caso, a contribuição adicional foi estabelecida pelo art. 3º, § 2º, da Lei n. 7.787/89, antes da EC n. 20/98, que autorizou a adoção de alíquotas diferenciadas de contribuições sociais. O Colegiado afirmou que, com a Constituição Federal de 1988, o princípio da solidariedade assumiu papel de enorme relevo a justificar que os contribuintes sejam chamados para participar da manutenção do sistema, sem a exigência de vínculo com os demais segurados, ou direito a determinada retribuição ou qualquer espécie de benefício.(...) A previsão de tributação diferenciada para segmentos econômicos determinados com destaque para as empresas que se utilizam de mão de obra intensiva, como no caso da Lei n. 7.789/89, é compatível com a Constituição. A Corte frisou que o princípio da capacidade contributiva, tal como previsto no art. 145, § 1º, da CF aplica-se a todas as exações fiscais, e não exclusivamente aos impostos.(...) Consignou que, quando uma emenda à Constituição se limita a explicitar algo, sem inovar no mundo jurídico, é descabida a discussão acerca da incidência de efeitos retroativos.(...) Por fim, asseverou que não padece de vício de inconstitucionalidade a norma que instituiu adicional à contribuição social devida por empregadores de certos segmentos produtivos ou financeiros, pois é compatível com os princípios da solidariedade, equidade e capacidade contributiva, que constituem os principais esteios da seguridade social" (RE 599.309, rel. Min. Ricardo Lewandowski, j. 6-6-2018, P, *Informativo* 905, Tema 470).

4.7.1.3.10 Súmulas do Supremo Tribunal Federal sobre o princípio da Isonomia

Súmula 668

É inconstitucional a lei municipal que tenha estabelecido, antes da EC n. 29/2000, alíquotas progressivas para o IPTU, salvo se destinada a assegurar o cumprimento da função social da propriedade urbana.

Súmula 656

É inconstitucional a lei que estabelece alíquotas progressivas para o Imposto de Transmissão *Inter Vivos* de Bens Imóveis (ITBI) com base no valor venal do imóvel.

4.8 PRINCÍPIO DA IRRETROATIVIDADE (ART. 150, III, *A*, DA CF)

Estabelece o art. 150, III, *a*, da Constituição Federal:

> Sem prejuízo de outras garantias asseguradas ao contribuinte, é vedado à União, aos Estados, ao Distrito Federal e aos Municípios:
>
> III – cobrar tributos:
>
> a) em relação a fatos geradores ocorridos antes do início da vigência da lei que os houver instituído ou aumentado.

O princípio da irretroatividade é um **desdobramento da garantia da segurança jurídica** e tem como objetivo específico **impedir que novas leis tributárias alcancem fatos anteriores à data de sua vigência.**

> Cespe: A prova de Advogado do Detran/ES considerou ERRADA a assertiva: "Em obediência ao princípio da irretroatividade, a lei tributária, ao entrar em vigor, aplica-se imediatamente aos fatos geradores futuros, mas não aos pendentes e pretéritos".

Desse modo, a lei publicada hoje vale para o presente (fatos pendentes) e o futuro (fatos futuros), mas não atinge os fatos geradores já ocorridos.

No mesmo sentido prescreve o art. 105 do Código Tributário Nacional: "A legislação tributária aplica-se **imediatamente aos fatos geradores futuros e aos pendentes**, assim entendidos aqueles cuja ocorrência tenha tido início mas não esteja completa nos termos do art. 116".

> FGV: A prova de Advogado da Codeba/BA de 2010 considerou CORRETA a afirmação: "O Supremo Tribunal Federal tem como referência, para análise da irretroatividade, o aspecto temporal da hipótese de incidência, ou seja, o momento apontado pela lei como sendo aquele em que se deve considerar ocorrido o fato gerador".

4.8.1 Exceções

O art. 106 do CTN define **duas exceções** ao princípio da irretroatividade:

a) **lei interpretativa**;

b) **lei mais benéfica em matéria de infração**.

O referido dispositivo tem a seguinte redação:

> Art. 106. A lei aplica-se a ato ou fato pretérito:
>
> I – em qualquer caso, quando seja expressamente interpretativa, excluída a aplicação de penalidade à infração dos dispositivos interpretados;
>
> II – tratando-se de ato não definitivamente julgado:
>
> a) quando deixe de defini-lo como infração;
>
> b) quando deixe de tratá-lo como contrário a qualquer exigência de ação ou omissão, desde que não tenha sido fraudulento e não tenha implicado em falta de pagamento de tributo;

c) quando lhe comine penalidade menos severa que a prevista na lei vigente ao tempo da sua prática.

Vamos estudar os dois casos separadamente.

4.8.1.1 Retroatividade da lei interpretativa

Lei interpretativa é aquela **promulgada com o objetivo de explicar o conteúdo de lei anterior**. Conforme exigido pelo art. 106, I, do CTN, para que tenha efeito retroativo **a lei deve ser expressamente interpretativa**, ou seja, o diploma normativo precisa autodeclarar-se interpretativo, sob pena de o efeito retroativo não ocorrer.

Assim, a lei autodeclarada interpretativa retroage à data da lei interpretada, operando em termos práticos como se os dispositivos da lei nova substituíssem as normas da lei anterior dentro do próprio corpo desta.

Porém, para evitar que a referida exceção não esvazie por completo o princípio, deve-se verificar se a nova lei é verdadeiramente interpretativa. Isso porque inexistindo dúvida real sobre o conteúdo da lei anterior, e se a nova lei não tiver, de fato, o objetivo de interpretar a lei anterior bastaria o legislador dizer que uma lei é interpretativa para atribuir-lhe efeito retroativo.

Portanto, existem ao menos **três requisitos fundamentais** que precisam ser rigorosamente observados para que a lei tributária interpretativa retroaja:

1) existência de fundada dúvida interpretativa sobre o conteúdo da lei tributária anterior;

2) a lei nova deve ser expressamente declarada pelo legislador como interpretativa;

3) o conteúdo da lei nova deve ser de fato voltado a solucionar a dúvida interpretativa da lei anterior.

4.8.1.2 Retroatividade da lei mais benéfica em matéria de infração

A segunda hipótese de lei tributária retroativa ocorre no caso da lei mais benéfica em matéria de infração (art. 106, II, do CTN). Exige-se o preenchimento dos seguintes **requisitos**:

1) a **lei deve tratar de infração tributária, multa, penalidade ou temas afins**, excluída a retroatividade se a lei versar sobre pagamento do tributo. Assim, **lei que reduz ou extingue tributo NÃO retroage**, na medida em que trata do tributo em si, e não de multas, penalidades ou infrações;

2) **a lei tem que ser favorável ao contribuinte**, ou seja, reduzir a penalidade, eliminar uma infração, dilatar o prazo para pagamento da pena;

3) a lei nova mais benéfica **somente retroage para favorecer casos que ainda não tenham sido definitivamente julgados**, quer na esfera judicial, quer

no âmbito administrativo. Isso porque o caso definitivamente julgado na esfera judicial é imutável por força da coisa julgada, sendo inatingível pela lei nova. Já o caso definitivamente julgado na esfera administrativa, esgotado por força da preclusão, é imodificável por força do ato jurídico perfeito e também não pode ser alcançado pela nova lei.

O fundamento para as duas hipóteses de imutabilidade é o art. 5º, XXXVI, da Constituição Federal: "a lei não prejudicará o direito adquirido, o ato jurídico perfeito e a coisa julgada".

São **exemplos de leis tributárias mais benéficas** em matéria de infração, **dotadas de força retroativa**:

a) lei que deixa de definir certa conduta como infracional (abolição de infração);

b) lei que reduz multa tributária;

c) lei que comina penalidade menos severa que a prevista na lei vigente ao tempo de sua prática.

4.8.2 Retroatividade da lei que institui novos critérios de apuração ou amplia poderes do Fisco

Além das hipóteses de retroatividade previstas no art. 106, a doutrina costuma fazer referência a um **terceiro caso de lei tributária retroativa**, enunciado no art. 144, § 1º, do CTN:

> Aplica-se ao lançamento a legislação que, posteriormente à ocorrência do fato gerador da obrigação, tenha instituído novos critérios de apuração ou processos de fiscalização, ampliado os poderes de investigação das autoridades administrativas, ou outorgado ao crédito maiores garantias ou privilégios, exceto, neste último caso, para o efeito de atribuir responsabilidade tributária a terceiros.

Assim, tem efeitos retroativos também a lei tributária que **estabelece melhorias no procedimento de fiscalização, ampliando os poderes de investigação** das autoridades administrativas, **ou outorgando ao crédito maiores garantias ou privilégios.**

> FMP: A prova de Defensor Público/PA de 2015 considerou ERRADA a assertiva: "Não se aplica ao lançamento a legislação que, posteriormente à ocorrência do fato gerador, tenha ampliado os poderes de investigação das autoridades administrativas".

4.8.3 O caso do Imposto de Renda

Bastante peculiar é a situação do Imposto de Renda diante da aplicação dos princípios da irretroatividade e anterioridade.

Nos termos do art. 43 do Código Tributário Nacional:

> O imposto, de competência da União, sobre a renda e proventos de qualquer natureza tem como fato gerador a aquisição da disponibilidade econômica ou jurídica:

> I – de renda, assim entendido o produto do capital, do trabalho ou da combinação de ambos;
>
> II – de proventos de qualquer natureza, assim entendidos os acréscimos patrimoniais não compreendidos no inciso anterior.

Assim, o fato gerador do Imposto de Renda consiste no acréscimo patrimonial proveniente do produto do capital, do trabalho ou de outra fonte.

Pelo princípio da irretroatividade, as novas leis tributárias em matéria de Imposto de Renda somente se aplicam sobre acréscimos patrimoniais posteriores à data de publicação.

A grande dificuldade nessa matéria é que a legislação define diferentes momentos em que se considera ocorrido o fato gerador do Imposto de Renda, dependendo do tipo de operação.

Em linhas gerais, como será visto detalhadamente no capítulo sobre tributos em espécie, o fato gerador do Imposto de Renda é do tipo continuado ("complessivo" ou pendente), ou seja, o tributo incide, em regra, sobre o conjunto de rendas e proventos apurados durante determinado período de tempo[5].

Como regra, o imposto incide anualmente sobre a totalidade de rendas e proventos auferidos durante o ano-base compreendido entre 1º de janeiro e 31 de dezembro.

Desse modo, para fins de apuração geral, o fato gerador do imposto fica pendente durante o ano-base e considera-se definitivamente consumado somente ao final do dia 31 de dezembro de cada ano.

Para outras situações muito específicas (ganho de capital, por exemplo), a legislação considera ocorrido o fato gerador na própria data em que acontece o acréscimo patrimonial. Mas estes são casos diferentes e bastante peculiares, que devem ser tratados como exceções.

Mas, se o fato gerador do Imposto de Renda leva em consideração todos os acréscimos patrimoniais ocorridos desde o início do ano-base até o dia 31 de dezembro, havendo alteração durante o ano na legislação aplicável ao imposto, qual lei deve ser aplicada?

Como o Imposto de Renda tem, em regra, fato gerador pendente, **vale a lei vigente na época do início do ano-base.** Essa é a conclusão decorrente daquilo que exige o princípio da irretroatividade.

Qualquer tentativa de aplicar uma nova lei em matéria de Imposto de Renda no mesmo ano de sua publicação viola o princípio da irretroatividade.

Por exemplo. Se no dia 2 de janeiro de 2019 sobrevém uma lei modificando regras sobre a arrecadação do Imposto de Renda, por força do princípio da

5. Hugo de Brito Machado, *Curso de Direito Tributário*, p. 322.

irretroatividade a nova lei somente poderá ser aplicada a partir de 1º de janeiro de 2020. A nova lei não valerá para o ano de 2019, na medida em que os fatos geradores desse ano estão pendentes, sendo que sua consumação efetiva somente se dará ao final do dia 31 de dezembro.

O raciocínio acima desenvolvido é válido para as situações gerais de incidência do imposto. Para os casos de operações especiais, nada impede que a lei determine regra diferenciada estabelecendo, por exemplo, que o fato gerador considera-se ocorrido na própria data do acréscimo patrimonial. Em tais casos, sendo aprovada nova lei em matéria de Imposto de Renda, o princípio da irretroatividade não irá determinar a aplicação somente a partir de 1º de janeiro do ano seguinte. Na verdade, tal lei aplica-se aos fatos geradores ocorridos já no dia seguinte à sua publicação, na medida em que, para as referidas operações especiais (repita-se o exemplo do ganho de capital), o fato gerador é instantâneo e não pendente.

Quanto ao princípio da anterioridade, conforme já visto, o Imposto de Renda submete-se somente à anterioridade anual (art. 150, III, *b*, e § 1º, da CF), de modo que, sendo publicada lei que crie ou majore o tributo, sua exigência poderá ser feita a partir de 1º de janeiro do ano seguinte, sem necessidade de observar os 90 dias de intervalo mínimo.

Enquanto a garantia da irretroatividade aplica-se a qualquer lei, o princípio da anterioridade vale somente para leis que criem ou majorem o tributo, tendo por isso a anterioridade um alcance bem mais reduzido se comparado à abrangência do princípio da irretroatividade.

Desse modo, o princípio da anterioridade autoriza a cobrança do Imposto de Renda, instituído ou majorado por nova lei, já a partir de 1º de janeiro do ano seguinte à data em que essa nova lei tiver sido publicada. Como a anterioridade é um intervalo entre a publicação da lei e a exigência do tributo, não existe grande dificuldade na aplicação do referido princípio quanto ao Imposto de Renda. Todavia, mesmo que autorizada a arrecadação com base na anterioridade, será preciso verificar se foi atendida a exigência da irretroatividade quanto à nova lei, conforme comentado nos parágrafos acima, pois a irretroatividade constitui o requisito mais rigoroso para instituição de inovações em matéria de Imposto de Renda devido às peculiaridades decorrentes de seu fato gerador complessivo.

Interessante notar que os dois princípios, anterioridade anual e irretroatividade, resultam na aplicação das novas leis a partir de 1º de janeiro do ano seguinte em matéria de regime geral do Imposto de Renda. Desse modo, para leis que instituem ou majoram o imposto termina ocorrendo uma coincidência no alcance prático das duas garantias, pois ambas adiam a ação do novo regime tributário para o início do próximo ano-base.

O mesmo não pode ser dito, porém, para os casos de incidência especial do Imposto de Renda. Naquelas situações excepcionais em que a lei considera o fato gerador ocorrido na própria data do acréscimo patrimonial, o alcance dos dois princípios será bastante diferente. A irretroatividade exigirá que a nova lei somente atinja fatos geradores ocorridos a partir do dia seguinte à data de sua publicação. Já a anterioridade resultará em garantia mais vantajosa, na medida em que irá impedir que o novo regime do tributo seja aplicado antes de 1º de janeiro do ano seguinte.

4.8.3.1 A polêmica Súmula 584 do STF

Embora o assunto não envolva grande polêmica na doutrina, o Supremo Tribunal Federal possui uma antiga súmula que há décadas vem tumultuando a compreensão da irretroatividade em matéria de Imposto de Renda.

Trata-se da controvertida **Súmula 584 do STF**:

> Ao imposto de renda calculado sobre os rendimentos do ano-base, aplica-se a lei vigente no exercício financeiro em que deve ser apresentada a declaração.

Como a declaração do Imposto de Renda é apresentada sempre no exercício seguinte ao ano-base, **em termos práticos a Súmula 584 afirma ser aplicável a lei vigente no ano seguinte ao do fato gerador.** É como se o princípio da irretroatividade simplesmente não existisse!

O entendimento firmado pelo STF na Súmula 584 data do ano de 1976 e contempla visão completamente antagônica às garantias asseguradas ao contribuinte pelos princípios da anterioridade e irretroatividade na Constituição de 1988.

Essa ainda é a visão atualmente defendida pelo Supremo Tribunal Federal na matéria.

Para provas e concursos deve ser adotada a orientação majoritária, segundo a qual **a Súmula 584 do STF não foi recepcionada pelo Texto de 1988**. Aplica-se ao Imposto de Renda a lei vigente no início do ano-base, e não aquela em vigor no exercício da declaração. Este último ponto de vista somente deve ser sustentado quando for cobrado o posicionamento do Supremo Tribunal Federal sobre o tema.

4.9 PRINCÍPIO DA VEDAÇÃO DO CONFISCO (ART. 150, IV, DA CF)

Estabelece o art. 150, IV, da Constituição Federal:

> Sem prejuízo de outras garantias asseguradas ao contribuinte, é vedado à União, aos Estados, ao Distrito Federal e aos Municípios:
>
> IV – utilizar tributo com efeito de confisco.

O princípio da vedação do confisco, ou do não confisco, **proíbe que a tributação seja estabelecida em patamar exorbitante** a ponto de o bem tributado inviabilizar o exercício de atividade econômica.

Trata-se de um desdobramento dos princípios da razoabilidade e proporcionalidade[STF] na seara específica da tributação,

> STF: "O Poder Público, especialmente em sede de tributação, não pode agir imoderadamente, pois a atividade estatal acha-se essencialmente condicionada pelo princípio da razoabilidade, que traduz limitação material à ação normativa do Poder Legislativo. O Estado não pode legislar abusivamente. A atividade legislativa está necessariamente sujeita à rígida observância de diretriz fundamental, que, encontrando suporte teórico no princípio da proporcionalidade, veda os excessos normativos e as prescrições irrazoáveis do Poder Público. O princípio da proporcionalidade, nesse contexto, acha-se vocacionado a inibir e a neutralizar os abusos do Poder Público no exercício de suas funções, qualificando-se como parâmetro de aferição da própria constitucionalidade material dos atos estatais. A prerrogativa institucional de tributar, que o ordenamento positivo reconhece ao Estado, não lhe outorga o poder de suprimir (ou de inviabilizar) direitos de caráter fundamental constitucionalmente assegurados ao contribuinte. É que este dispõe, nos termos da própria Carta Política, de um sistema de proteção destinado a ampará-lo contra eventuais excessos cometidos pelo poder tributante ou, ainda, contra exigências irrazoáveis veiculadas em diplomas normativos editados pelo Estado" (ADIn 2.551-MC-QO, rel. Min. Celso de Mello, j. 2-4-2003, Plenário, *DJ* 20-4-2006).

proibindo exageros no montante exigido pelo Fisco a título de tributo.

> Esaf: A prova de Auditor da Receita Federal de 2009 considerou CORRETA a assertiva: "O princípio do não confisco ajuda a dimensionar o alcance do princípio da progressividade, já que exige equilíbrio, moderação e medida na quantificação dos tributos".

É um princípio aplicável a **todas as espécies tributárias**.

Como a Constituição Federal de 1988, ao contrário de Textos anteriores, optou por não estabelecer uma alíquota máxima admitida para a cobrança válida de tributos, a definição daquilo que deve ser considerado tributo confiscatório permanece bastante imprecisa.

É certo que o referido princípio **impede o estabelecimento de alíquotas próximas de 100%**, na medida em que teriam o efeito de praticamente desapropriar o contribuinte, ao contrário de tributar.

Não há dúvida também de que a vedação do confisco **proíbe elevações muito súbitas nas alíquotas aplicáveis**. Entretanto, a doutrina e a jurisprudência encontram enorme dificuldade prática para delimitar outras aplicações concretas para o referido princípio.

Importante notar que, além de impedir alíquotas elevadas ou majorações excessivas no âmbito de um tributo isoladamente considerado, a vedação do confisco **deve ser analisada também à luz da somatória da carga tributária total do país,** isso porque, em determinados casos, o impacto do aumento de mais um tributo pode resultar na total inviabilização do exercício da atividade econômica pelo contribuinte. Assim, embora, individualmente considerado, o aumento possa não parecer confiscatório, se for analisado no contexto da carga tributária total revelará sua natureza contrária ao princípio ora analisado.

> Esaf: A prova de Auditor da Receita Federal de 2009 considerou ERRADA a assertiva: "A identificação do efeito confiscatório não deve ser feita em função da totalidade da carga tributária, mas sim em cada tributo isoladamente".

> FGV: A prova de Advogado do Senado Federal de 2008 considerou ERRADA a afirmação: "O princípio do não confisco deve considerar a incidência específica de cada tributo".

No caso de **tributação extrafiscal** - como ocorre com o Imposto sobre Importação, o Imposto sobre Exportação e principalmente o IPI -, as finalidades não arrecadatórias motivam a projeção das **alíquotas a patamares bastante elevados sem que necessariamente ocorra o efeito confiscatório.**

> Esaf: A prova de Auditor da Receita Federal de 2009 considerou CORRETA a assertiva: "Uma alíquota do imposto sobre produtos industrializados de 150%, por exemplo, não significa necessariamente confisco".

> Cespe: A prova de Advogado do Detran/ES considerou CERTA a assertiva: "Considere que certo contribuinte tenha sido compelido a pagar multa de cerca de 300% sobre o valor do tributo devido, em razão de descumprimento de obrigação tributária. Nessa situação, é aplicável o princípio da vedação do uso de multa com efeito de confisco".

Segundo entendimento pacificado na jurisprudência, a vedação do confisco **também se aplica a multas tributárias**, proibindo penalidades pecuniárias com alíquotas exageradas em relação ao valor do tributo devido.

> MPU: A prova de Procurador da República de 2015 considerou ERRADA a assertiva: "O art. 150, IV, da Constituição Federal estabelece o não confisco como princípio a ser aplicado aos tributos, vale dizer, a restrição não se aplica às multas tributárias".

Interessante orientação doutrinária vem diferenciando a análise da tributação confiscatória nos impostos patrimoniais sob as perspectivas estática e dinâmica[6]. A partir da **perspectiva estática, o patrimônio é analisado de forma imobilizada**, sendo confiscatória a tributação que o suprimisse integralmente.

Porém, há quem sustente que haveria também **efeito confiscatório sob a perspectiva dinâmica** se um imposto incidisse sobre **grandeza superior aos acréscimos patrimoniais agregados e/ou produzidos** pelo bem em determinado período. Assim, por exemplo, se o total de benefícios patrimoniais produzidos pelo imóvel durante o ano foi de 4% de seu valor venal, qualquer imposto sobre ele incidente cuja alíquota superasse tal patamar seria confiscatório.

Para provas e concursos públicos, todavia, a vedação do confisco sob a perspectiva dinâmica, como regra, não vem sendo reconhecida pelas bancas examinadoras.

---

6. Ayres Barreto. Vedação ao Efeito do Confisco. *Revista de Direito Tributário*, v. 64, 1994.

> Esaf: A prova de Auditor da Receita Federal de 2009 considerou CORRETA a assertiva: "Os impostos sobre o patrimônio podem ser confiscatórios, quando considerados em sua perspectiva estática".

Por força do princípio do não confisco, o Supremo Tribunal Federal sumulou três orientações vedando o emprego de meios coercitivos para coagir o contribuinte a realizar o pagamento do tributo.

Súmula 70

"É inadmissível a interdição de estabelecimento como meio coercitivo para cobrança de tributo".

Súmula 323

"É inadmissível a apreensão de mercadorias como meio coercitivo para pagamento de tributos".

Súmula 547

"Não é lícito à autoridade proibir que o contribuinte em débito adquira estampilhas, despache mercadorias nas alfândegas e exerça suas atividades profissionais".

4.10 PRINCÍPIO DA UNIFORMIDADE GEOGRÁFICA (ART. 151, I, DA CF)

Nos termos do art. 151, I, da Constituição Federal: "É vedado à União: I – instituir tributo que não seja uniforme em todo o território nacional ou que implique distinção ou preferência em relação a Estado, ao Distrito Federal ou a Município, em detrimento de outro, admitida a concessão de incentivos fiscais destinados a promover o equilíbrio do desenvolvimento socioeconômico entre as diferentes regiões do País".

O princípio da uniformidade geográfica **obriga a União a aplicar a mesma alíquota para os seus tributos em todo o território nacional**, sem qualquer distinção entre Estados, Regiões ou Municípios.

Trata-se de uma **projeção do princípio da isonomia** na relação entre a União e as demais entidades federativas, proibindo favoritismos ou discriminações negativas no modo como os tributos federais são cobrados nos outros entes políticos.

> TJ/DF: A prova da Magistratura/DF de 2012 considerou INCORRETA a assertiva: "É vedado à União instituir tributo uniforme em todo o território nacional".

Assim, por exemplo, é inconstitucional um decreto que majore o IPI sobre os calçados fabricados no Rio Grande do Sul. Sendo o IPI um tributo federal, sua alíquota deve ser a mesma para os calçados fabricados em todo o Brasil.

> TJ/PR: A prova da Magistratura/PR de 2003 considerou CORRETA a assertiva: "A tributação de veículos importados com alíquota maior do IPVA não agride o princípio da uniformidade geográfica".

Embora o art. 151, I, da Constituição Federal faça referência somente aos tributos da União, deve-se concluir que, por simetria, **a mesma vedação é extensiva a Estados, Distrito Federal e Municípios**, que não poderão instituir tributo diferenciado nos seus respectivos territórios, desigualando as alíquotas de acordo com a região, cidade, bairro ou localidade onde ocorrer o fato gerador, sob pena de frontal violação ao princípio da uniformidade geográfica.

4.10.1 As zonas de incentivo fiscal. A Zona Franca de Manaus

O próprio art. 151, I, da Constituição Federal prevê **importante exceção ao princípio** da uniformidade geográfica na medida em que autoriza a **concessão de incentivos fiscais** destinados a "**promover o equilíbrio do desenvolvimento** socioeconômico entre as diferentes regiões do País".

> TJ/DF: A prova da Magistratura/DF de 2012 considerou CORRETA a assertiva: "É admitida a concessão de incentivos fiscais destinados a promover o equilíbrio do desenvolvimento socioeconômico entre as diferentes regiões do País".

As denominadas "zonas de incentivo fiscal" são áreas definidas em lei dentro das quais fica constitucionalmente autorizada a outorga de vantagens tributárias e não tributárias visando fomentar o desenvolvimento regional.

O exemplo mais conhecido no Brasil é o da Zona Franca de Manaus, prevista nos arts. 40 e 92 do Ato das Disposições Constitucionais Transitórias. A Zona Franca de Manaus, **segundo a jurisprudência do STF**, fundamenta-se constitucionalmente em verdadeira **imunidade tributária**[STF].

> STF: "Zona Franca de Manaus e Isenção de ICMS. O art. 92 do ADCT, incluído pela EC n. 42/2003, aumentou o prazo constante do art. 40 do ADCT, que passou a encerrar-se em 2023. A ZFM, instituída pela Lei n. 3.173/57, somente teve existência jurídica e pleno funcionamento com a edição do Decreto-lei n. 288/67. O art. 5º da Lei Complementar n. 4/69, que concedera isenção do ICMS nas hipóteses especificadas. As indústrias instaladas ou que viessem a instalar-se na ZFM também foram excluídas dos convênios necessários para a concessão ou revogação de isenções do ICMS, regulamentados pela Lei Complementar n. 24/75, que vedou expressamente às demais unidades da federação determinar a exclusão de incentivo fiscal, prêmio ou estímulo concedido pelo Estado do Amazonas. Quando do advento da ordem constitucional vigente, a antiga legislação do ICMS conferiu à saída de mercadorias para a ZFM o mesmo tratamento fiscal outorgado à exportação, cujas operações, no regime constitucional anterior, eram feitas sem a cobrança do ICMS, bem como era vedado aos entes federados modificar esse favorecimento fiscal. A Constituição atual (art. 155, § 2º, XII, *g*) agregou novas hipóteses de incidência do ICMS, razão pela qual alegado que teria sido criado imposto novo, sujeito a disciplina diversa da existente sob a égide da Constituição anterior. A edição do Convênio 65/88, que tornou expressa a isenção do ICMS sobre circulação de mercadorias às saídas de produtos industrializados de origem nacional para comercialização ou industrialização na área, desde que o estabelecimento destinatário tivesse domicílio em Manaus. O advento da EC n. 42/2003, que tornara explícito o reconhecimento da não incidência sobre serviços prestados a destinatários no exterior, e abandonara a subdivisão dos produtos industrializados presente na Constituição (art. 155, § 2º, X, *a*). Além disso, a aludida emenda assentara a não incidência do ICMS sobre mercadorias destinadas ao exterior, nos termos do art. 4º do Decreto-lei n. 288/67. Por fim, concluiu que a incidência do ICMS determinada nas situações previstas nos convênios questionados gerara redução da eficácia real do art. 40 do ADCT" (ADIn 310/AM, rel. Min. Cármen Lúcia, j. 19-2-2014).

> **Art. 40.** É mantida a Zona Franca de Manaus, com suas características de área livre de comércio, de exportação e importação, e de incentivos fiscais, pelo prazo de vinte e cinco anos, a partir da promulgação da Constituição.
>
> **Parágrafo único.** Somente por lei federal podem ser modificados os critérios que disciplinaram ou venham a disciplinar a aprovação dos projetos na Zona Franca de Manaus.
>
> **Art. 92.** São acrescidos dez anos ao prazo fixado no art. 40 deste Ato das Disposições Constitucionais Transitórias.

Para fins de delimitação da área de incentivos fiscais, é importante concluir que o **seu território não pode coincidir com a fronteira exata ou aproximada de um Estado-membro ou Município**, sob pena de, a pretexto de estabelecer uma região de benefícios fiscais, o legislador realizar uma aberta violação ao princípio da uniformidade geográfica.

Assim, a "região" a que se refere o art. 151, I, da CF deve ser delimitada como uma parcela de território definida por critérios sociais, econômicos ou de outra natureza, sendo vedado todavia que sua delimitação seja idêntica ou muito similar à dimensão geográfica das entidades federativas existentes.

A Lei n. 12.546, de 14 de dezembro de 2011, instituiu o Regime Especial de Reintegração de Valores Tributários para as Empresas Exportadoras (Reintegra), um benefício fiscal que tem como objetivo incentivar a exportação de produtos manufaturados, de modo que a pessoa jurídica poderá apurar valor para fins de ressarcir parcial ou integralmente o resíduo tributário federal existente na sua cadeia de produção.

Nesse sentido, o STJ editou a Súmula 640: "O benefício fiscal que trata do Regime Especial de Reintegração de Valores Tributários para as Empresas Exportadoras (REINTEGRA) alcança as operações de venda de mercadorias de origem nacional para a Zona Franca de Manaus, para consumo, industrialização ou reexportação para o estrangeiro".

Por fim, sobre a Zona Franca de Manaus, a 1ª Turma do STJ firmou entendimento de que é possível o creditamento de PIS e COFINS decorrentes da aquisição de bens e serviços provenientes de pessoas jurídicas que se encontram fora da ZFM quando não estão isentos, nem sujeitos a alíquota zero, nem alcançados pela contribuição. Veja:

> STJ: "É cabível o creditamento de PIS e Cofins decorrentes da aquisição de bens e serviços provenientes de empresas localizadas fora da Zona Franca de Manaus (ZFM), quando tais bens e serviços não são revendidos ou utilizados como insumo em produtos ou serviços sujeitos a alíquota 0 (zero), isentos ou não alcançados pela contribuição" (STJ. 1ª Turma. REsp 1.259.343-AM, Rel. Min. Sérgio Kukina, Rel. Acd. Min. Regina Helena Costa, j. 3-3-2020. *Informativo* 670).

STF: "(...) surge constitucional, sob o ângulo do caráter seletivo, em função da essencialidade do produto e do tratamento isonômico, o art. 2º da Lei n. 8.393/91, a revelar alíquota máxima de IPI de 18%, assegurada a isenção, quanto aos contribuintes situados na área de atuação da Superintendência de Desenvolvimento do Nordeste (Sudene) e da Superintendência de Desenvolvimento da Amazônia (Sudam), e autorização para redução de até 50% da alíquota, presentes contribuintes situados nos Estados do Espírito Santo e do Rio de Janeiro" (RE 592.145, rel. p/ o ac. Min. Marco Aurélio, j. 5-4-2017, P, *DJe* de 1º-2-2018, Tema 80).

4.11 PRINCÍPIO DA NÃO LIMITAÇÃO (ART. 150, V, DA CF)

O art. 150, V, da Constituição Federal prescreve:

> Sem prejuízo de outras garantias asseguradas ao contribuinte, é vedado à União, aos Estados, ao Distrito Federal e aos Municípios:
>
> V – estabelecer limitações ao tráfego de pessoas ou bens, por meio de tributos interestaduais ou intermunicipais, ressalvada a cobrança de pedágio pela utilização de vias conservadas pelo Poder Público.

O princípio da não limitação **impede que o tributo seja utilizado para restringir o trânsito de pessoas e bens no território nacional.**

Ieses: A prova de Cartório/RO de 2012 considerou CORRETA a afirmação: "É vedado à União, aos Estados, ao Distrito Federal e aos Municípios, estabelecer limitações ao tráfego de pessoas ou bens, por meio de tributos interestaduais ou intermunicipais, ressalvada a cobrança de pedágio pela utilização de vias conservadas pelo Poder Público".

Desse modo, o art. 150, V, da CF atua como norma jurídica de reforço da liberdade constitucional de ir, vir e permanecer (art. 5º, XV, da CF), vedando que a tributação crie barreiras para a livre locomoção de pessoas e bens.

Assim, por exemplo, é inconstitucional, por violar tal princípio, a taxa de estacionamento cobrada para restringir o acesso de turistas a determinada praia.

Acesse também a videoaula pelo *link*:
http://somos.in/MDT0728

4.11.1 O pedágio como exceção ao princípio

O art. 150, V, da Constituição Federal estabelece importante **exceção ao princípio** da não limitação, **admitindo a cobrança de pedágio** pela utilização de vias conservadas pelo Poder Público.

Conforme visto nos capítulos anteriores, o pedágio poderá ter natureza de taxa ou tarifa, dependendo da forma como é prestado o serviço de conservação da via pública. Se a conservação estiver a cargo do próprio Poder Público (prestação direta), havendo cobrança de pedágio, sua natureza será de taxa (natureza tributária). Porém, se a via for explorada em regime de concessão ou permissão (prestação indireta), o pedágio terá natureza de tarifa (ou preço público).

Importante destacar que, em qualquer caso, a cobrança de pedágio está em conformidade com o princípio da não limitação, diante da expressa ressalva estabelecida pelo art. 150, V, da CF.

4.12 PRINCÍPIO DA NÃO DISCRIMINAÇÃO QUANTO À PROCEDÊNCIA (ART. 152 DA CF)

O art. 152 da Constituição Federal **proíbe tratamento diferenciado em razão da procedência ou destino** de bens ou serviços.

Assim prescreve o citado dispositivo:

> É vedado aos Estados, ao Distrito Federal e aos Municípios estabelecer diferença tributária entre bens e serviços, de qualquer natureza, em razão de sua procedência ou destino.

> Cespe: A prova de Defensor Público/DF considerou ERRADA a assertiva: "É vedado à União estabelecer diferença tributária entre bens e serviços, de qualquer natureza, em razão de sua procedência ou destino".

> MPE-SC: A prova de Promotor de Justiça/SC de 2013 considerou ERRADA a assertiva: "Diante do princípio da autonomia dos entes federativos, aos Estados, ao Distrito Federal e aos Municípios é permitido estabelecer diferença tributária entre bens de qualquer natureza em razão da sua procedência ou do seu destino".

> TJ/DF: A prova da Magistratura/DF de 2012 considerou INCORRETA a assertiva: "É facultado aos Estados, ao Distrito Federal e aos Municípios estabelecer diferença tributária entre bens e serviços, de qualquer natureza, em razão de sua procedência ou destino".

Entre outros exemplos, o referido princípio **veda a cobrança de IPVA diferenciado para veículo importado** (precedentes do STF), na medida em que isso constitui discriminação quanto à procedência do produto.

4.13 PRINCÍPIO DA NÃO CUMULATIVIDADE (ARTS. 153, § 3º, II, E 155, § 2º, I, DA CF)

Previsto nos arts. 153, § 3º, II, e 155, § 2º, I, da Constituição Federal, o princípio da não cumulatividade **tem o objetivo de impedir que determinados tributos plurifásicos "incidam em cascata".** Ou seja, sua finalidade é evitar que o recolhimento do tributo recaia sobre o valor dele mesmo, inserido na base de cálculo devido a sua incidência na operação anterior.

Em termos práticos, quando determinado item ingressa no estabelecimento, o valor do tributo recolhido gera um crédito (operação de creditamento), que será descontado do montante devido no valor do mesmo tributo incidente sobre a operação de saída do item.

O texto constitucional explica as operações de creditamento e débito afirmando que tais tributos não cumulativos são pagos **"compensando-se o que for devido em cada operação com o montante cobrado nas anteriores"**.

Assim, por exemplo, se uma caixa de chocolates entra no estabelecimento atacadista X pelo valor de R$ 10,00, com recolhimento de R$ 1,00 de ICMS (suponha uma alíquota hipotética de 10%), esse valor (R$ 1,00) gera um crédito em favor de X. Quando X revende a mercadoria por R$ 15,00, o R$ 1,50 que seria devido de ICMS terá desconto do crédito de R$ 1,00 na entrada, gerando um valor final de R$ 0,50 a ser pago.

Esse recolhimento não cumulativo evita que o ICMS crie um efeito "bola de neve", aumentando excessivamente o valor dos itens de modo a prejudicar o consumidor final.

Principalmente nos tributos que incidem em cadeia (incidência plurifásica), a regra da não cumulatividade é essencial para desonerar mercadorias, produtos e serviços.

Sob pena de caracterizar tributação confiscatória, o limite da incidência cumulativa é o princípio da razoabilidade.

> Cespe: A prova de Juiz Federal do RTF5 considerou CORRETA a seguinte assertiva: "De acordo com a CF, as normas gerais de direito tributário e a jurisprudência do STJ e do STF configura-se o caráter confiscatório de determinado tributo sempre que o efeito cumulativo, resultante das múltiplas incidências tributárias estabelecidas pela mesma entidade estatal, afetar, substancialmente e de maneira irrazoável, o patrimônio ou os rendimentos do contribuinte".

4.13.1 Tributos sujeitos à não cumulatividade

A incidência da regra da não cumulatividade **só tem sentido nos tributos plurifásicos.**

Submetem-se à não cumulatividade:

a) IPI (art. 153, § 3º, II, da CF);

b) ICMS (art. 155, § 2º, I, da CF);

> TJ/SP: A 177ª prova da Magistratura/SP considerou CORRETA a assertiva: "O princípio da não cumulatividade é um atributo do imposto sobre produto industrializado e imposto sobre operações relativas à circulação de mercadorias e prestação de serviços".

c) impostos residuais (art. 154, I, da CF);

d) novas fontes de custeio da Seguridade Social (art. 195, § 4º, da CF);

e) Cofins/PIS (art. 1º da Lei n. 10.833/2003).

STF: "Incide, na importação de bens para uso próprio, o IPI, sendo neutro o fato de tratar-se de consumidor final" (RE 723.651, rel. Min. Marco Aurélio, j. 4-2-2016, P, *DJe* de 5-8-2016, Tema 643).

STF: "Aquisição de insumos isentos, não tributados ou sujeitos à alíquota zero. Creditamento de IPI. Impossibilidade. Os princípios da não cumulatividade e da seletividade, previstos no art. 153, § 3º, I e II, da CF, não asseguram direito de crédito presumido de IPI para o contribuinte adquirente de insumos não tributados ou sujeitos à alíquota zero" (RE 398.365 RG, rel. Min. Gilmar Mendes, j. 27-8-2015, P, *DJe* de 22-9-2015, Tema 844).

STF: "(...) atentem para a razão de ser do creditamento. Visa a evitar a sobreposição de cobrança de tributo consideradas sucessivas operações. Então, ante o princípio da não cumulatividade, o valor do tributo apurado em certa operação sofre a diminuição do que satisfeito anteriormente. Utiliza-se o crédito com o objetivo único de não haver a sobreposição, a cobrança do tributo em cascata, transgredindo-se o princípio vedador da duplicidade. Fora isso, é desconhecer a essência do instituto, o objetivo buscado. Ninguém coloca em dúvida que o IPI é seletivo, observando-se a essencialidade do que produzido, e não cumulativo, compensando-se o que for devido em cada operação com o montante cobrado nas anteriores. (...) Considerado apenas o princípio da não cumulatividade, se o ingresso da matéria-prima ocorreu com incidência do tributo, logicamente houve a obrigatoriedade de recolhimento. Mas, se na operação final verificou-se a isenção, não existirá compensação do que recolhido anteriormente, ante a ausência de objeto. (...) somente em 1999, até mesmo em observância à exigência instrumental do § 6º do art. 150 da CF, veio à balha lei disciplinando o creditamento a envolver, implicitamente, a isenção na saída final do produto e incidência na entrada da matéria-prima. (...) Ocorreu com essa previsão a disciplina do direito a crédito, tal como exigido no § 6º do art. 150 em comento e, sob o ângulo do sistema, no inciso II do § 2º do art. 155, implicitamente – repito –, do crédito em se tratando de recolhimento na primeira fase de produção e isenção considerada a última fase. Antes do advento da Lei n. 9.779/99, não havia base, quer sob o aspecto interpretativo em virtude do princípio da não cumulatividade, quer sob o aspecto legal expresso, para concluir-se pela procedência do direito ao creditamento, levando-se em conta a isenção" (RE 562.980 ED, voto do rel. Min. Marco Aurélio, j. 12-6-2013, P, *DJe* de 1º-8-2013, Tema 49).

4.14 PRINCÍPIO DA SELETIVIDADE (ARTS. 153, § 3º, I, E 155, § 2º, III, DA CF)

Previsto nos arts. 153, § 3º, I, e 155, § 2º, III, da Constituição Federal, o princípio da seletividade exige que **as alíquotas do ICMS e do IPI sejam graduadas conforme a ESSENCIALIDADE da mercadoria, serviço ou produto.**

> Fepese: A prova de Auditor da Receita Estadual/RJ de 2010 considerou ERRADA a assertiva: "A seletividade, nos estritos termos constitucionais, deve ser observada apenas pelo ITR e IPTU".

Assim, quanto maior a importância social que o item tributo tiver, menor a alíquota aplicável.

Importantíssimo notar, todavia, que existe uma fundamental diferença entre o regime de seletividade no ICMS e no IPI.

Isso porque, **em matéria de ICMS**, a Constituição afirma que o imposto **PODERÁ SER seletivo** (art. 155, § 2º, III), ou seja, o legislador tem a **faculdade** de graduar as alíquotas segundo a essencialidade, **podendo até definir uma alíquota única.**

> Cespe: A prova de Procurador de Fortaleza de 2017 considerou CERTA a afirmação: "O princípio da seletividade aplica-se impositivamente ao IPI e facultativamente ao ICMS em função da essencialidade dos produtos, das mercadorias e dos serviços, de modo a assegurar a concretização da isonomia no âmbito da tributação do consumo".

Já **no caso do IPI**, o Texto Maior determina que imposto **SERÁ seletivo** (art. 153, § 3º, I), de modo que o constituinte excluiu qualquer possibilidade de o legislador abolir o sistema de seletividade. Assim, **fica proibido o estabelecimento do modelo de alíquota única.**

> STF: "(...) surge constitucional, sob o ângulo do caráter seletivo, em função da essencialidade do produto e do tratamento isonômico, o art. 2º da Lei n. 8.393/91, a revelar alíquota máxima de IPI de 18%, assegurada a isenção, quanto aos contribuintes situados na área de atuação da Superintendência de Desenvolvimento do Nordeste (Sudene) e da Superintendência de Desenvolvimento da Amazônia (Sudam), e autorização para redução de até 50% da alíquota, presentes contribuintes situados nos Estados do Espírito Santo e do Rio de Janeiro" (RE 592.145, rel. Min. Marco Aurélio, j. 5-4-2017, P, *DJe* de 1º-2-2018, Tema 80).

4.15 PRINCÍPIO DA SEGURANÇA JURÍDICA

Previsto expressamente no art. 2º, parágrafo único, da Lei n. 9.784/99 (Lei do Processo Administrativo), a segurança jurídica é um **fundamento geral do ordenamento**, sendo **aplicável a todos os ramos do Direito**. Seu conteúdo volta-se à garantia de estabilidade, ordem, paz social e previsibilidade das atuações sociais[7]. No Direito Tributário, serve de **fundamento para os princípios da legalidade, anterioridade e irretroatividade**, tendo sido objeto de frequentes perguntas em provas e concursos públicos.

---

7. Alexandre Mazza, *Manual de Direito Administrativo*, p. 162.

> UFG: A prova de Procurador da AL/GO de 2015 gabaritou como CORRETA a assertiva: "Considerando o princípio constitucional da segurança jurídica na tributação, a legalidade tributária corresponde ao princípio da reserva legal, dado que toda imposição tributária, em cada um dos aspectos do fato gerador, deve necessariamente estar prevista em lei no sentido estrito".

A título de exemplo, a prova de Auditor-Fiscal da Receita Federal/2012, elaborada pela Esaf, associou o conteúdo da segurança jurídica aos **seguintes valores** protegidos pelo sistema tributário:

a) **Certeza do direito**, segundo a qual a instituição e a majoração de tributos obedecem aos postulados da legalidade, da irretroatividade e das anterioridades de exercício e nonagesimais mínima e especial, demonstrando a garantia adicional que representam para o contribuinte se comparadas ao princípio geral da legalidade e às garantias de proteção ao direito adquirido, ato jurídico perfeito e coisa julgada.

> FGV: A prova de Advogado da Codeba/BA de 2010 considerou CORRETA a afirmação: "A irretroatividade da lei tributária vem preservar o passado da atribuição de novos efeitos tributários, reforçando a própria garantia da legalidade, porquanto resulta na exigência de lei prévia, evidenciando-se como instrumento de otimização da segurança jurídica ao prover uma maior certeza do direito".

b) **Confiança no tráfego jurídico**, segundo o qual o contribuinte não pode ser penalizado se agir em obediência às normas complementares das leis e dos decretos.

c) **Tutela jurisdicional**, que se materializa pela ampla gama de instrumentos processuais colocados à disposição do contribuinte para o questionamento de créditos tributários, tanto na esfera administrativa como na judicial.

4.16 QUADRO SINÓTICO

CONCEITO
Princípios tributários são **preceitos fundamentais** de observância obrigatória pelo legislador e pelo Fisco, cujo descumprimento causa a nulidade do tributo e de sua cobrança.
TAXONOMIA **NATUREZA DÚPLICE DOS PRINCÍPIOS**
A CF/88 confere aos princípios tributários uma **natureza dúplice**, sendo, a um só tempo, do ponto de vista do Fisco, **limitações ao poder de tributar**, e representando, para o contribuinte, **garantias fundamentais.**
CONSEQUÊNCIAS DA NATUREZA DE GARANTIA FUNDAMENTAL E DE LIMITAÇÃO AO PODER DE TRIBUTAR
a) **constituem cláusulas pétreas:** isso porque, nos termos do art. 60, § 4º, IV, da Constituição Federal, *"não será objeto de deliberação a proposta de emenda tendente a abolir: IV – direitos e garantias fundamentais"*. Assim, os princípios fazem parte do núcleo imodificável da Constituição Federal, não podendo ser suprimidos ou ter seu alcance reduzido por emenda constitucional. Registre-se, todavia, o entendimento do Supremo Tribunal Federal no sentido de que os **princípios tributários que não constam do art. 150** da Constituição Federal **não são cláusulas pétreas**, pois estariam fora da lista que o *caput* do referido dispositivo constitucional denomina "garantias asseguradas ao contribuinte", tais como os princípios da seletividade e da não cumulatividade; **b) sua regulamentação infraconstitucional, se necessária, exige lei complementar:** de acordo com o art. 146, II, da CF, *"cabe à lei complementar: II – regular as limitações constitucionais ao poder de tributar"*. Desse modo, tornando-se necessária a promulgação de lei com o objetivo de viabilizar a aplicação concreta de qualquer princípio tributário, tal lei deve ser uma lei complementar, vedada a edição de medida provisória com esse fim (art. 62, § 1º, III, da CF); **c) devem receber interpretação ampliativa:** como toda norma consagradora de garantias fundamentais, os princípios devem ser interpretados ampliativamente.
PRINCÍPIOS TRIBUTÁRIOS EM ESPÉCIE
1) **legalidade** (arts. 150, I, da CF e 97 do CTN); 2) **anterioridade** (art. 150, III, *b* e *c*, da CF); 3) **isonomia** (art. 150, II, da CF); 4) **irretroatividade** (art. 150, III, *a*, da CF); 5) **vedação do confisco** (art. 150, IV, da CF); 6) **uniformidade geográfica** (art. 151, I, da CF); 7) **não limitação** (art. 150, V, da CF); 8) **não cumulatividade** (arts. 153, § 3º, II, e 155, § 2º, I, da CF); 9) **seletividade** (arts. 153, § 3º, I, e 155, § 2º, III, da CF); 10) **não discriminação quanto à procedência ou destino** (art. 152 da CF); 11) **princípio do** *non olet* (art. 118, I, do CTN).
PRINCÍPIO DA LEGALIDADE (ARTS. 150, I, DA CF E 97 DO CTN)
O princípio da **legalidade tributária**, **estrita legalidade** ou **tipicidade cerrada** está enunciado nos arts. 150, I, da Constituição Federal e 97 do CTN. A **INSTITUIÇÃO, MAJORAÇÃO, REDUÇÃO** ou **EXTINÇÃO DE TRIBUTO** sempre **DEPENDEM DE LEI**. Qual é o tipo de lei exigido para tratar de matéria tributária? Como **regra geral,** é a **lei ordinária** emanada **da entidade federativa competente para a respectiva exação**. Assim, por exemplo, sendo o Imposto Territorial Rural (ITR) um tributo federal, a lei utilizada para sua instituição deve ser uma lei ordinária federal. A regra da lei ordinária tem exceções? **SOMENTE QUATRO TRIBUTOS** são instituídos por meio de **LEI COMPLEMENTAR**: 1) **empréstimos compulsórios** (art. 148); 2) **imposto sobre grandes fortunas** (art. 153, VII); 3) **impostos residuais** (art. 154, I); e 4) **novas fontes de custeio da seguridade** (art. 195, § 4º). Não confundir com os tributos criados por lei ordinária e disciplinados por lei complementar: apenas quatro tributos devem ser instituídos por lei complementar, sendo muitos outros instituídos por lei ordinária e possuindo aspectos do seu regime submetidos constitucionalmente à reserva de lei complementar.

Assim, uma coisa é ser criado por lei complementar e outra coisa é ser disciplinado, em alguns aspectos, por lei complementar, visto que o fato de certo aspecto de um tributo ser disciplinado por lei complementar não significa que sua instituição exija lei complementar.

Temas de lei complementar não admitem medida provisória:

Nunca é demais lembrar que o art. 62, § 1º, III, da CF proíbe a edição de medida provisória versando sobre temas reservados à lei complementar.

Como a regra geral no Direito Tributário é o uso de lei ordinária, em regra, admite-se a edição de medidas provisórias tributárias. Assim, o campo possível de incidência das MPs é a seara das leis ordinárias.

O § 2º do art. 62 da Constituição Federal estabelece regra especial para as medidas provisórias que impliquem criação ou majoração de impostos. Na verdade, o imposto somente poderá ser exigido se houver a conversão da medida provisória em lei e, mesmo assim, a exigência efetiva ainda deverá aguardar o exercício seguinte ao da conversão (1º de janeiro do ano seguinte).

No caso de medida provisória instituir ou majorar tributo diverso de imposto, como uma taxa por exemplo, a CF não indica qualquer orientação quanto à forma de cobrança, inexistindo, nesse caso, necessidade de aguardar a conversão da MP em lei, visto que tal necessidade é constitucionalmente exigida apenas para impostos.

Exceções ao princípio da legalidade:

A CF prevê **seis tributos** cujas **ALÍQUOTAS** podem ser **MODIFICADAS** por meio de **ATO DO PODER EXECUTIVO**:

a) imposto de importação (II);

b) imposto de exportação (IE);

c) imposto sobre operações financeiras (IOF);

d) imposto sobre produtos industrializados (IPI);

e) ICMS/combustíveis; e

f) Cide/combustíveis.

O fundamento constitucional das quatro primeiras exceções é o art. 153, § 1º. A previsão quanto ao ICMS/combustíveis está no art. 155, § 4º, IV, ***c***, da CF, com redação dada pela Emenda n. 33/2001. E no caso da Cide/combustíveis é o art. 177, § 4º, I, *b*, da CF, com redação pela Emenda n. 33/2001.

Diferença bastante significativa: enquanto nos quatro primeiros impostos (II, IE, IOF e IPI) o texto constitucional permite ao Executivo "alterar as alíquotas", quanto à Cide/combustíveis e ao ICMS/combustíveis a expressão utilizada é "reduzir e restabelecer" as alíquotas.

Assim, no caso da Cide/combustíveis e do ICMS/combustíveis a margem de manobra nas alíquotas é bem reduzida. O ato do Executivo poderá, sempre observados os limites mínimo e máximo estabelecidos em lei, diminuir a alíquota e, num segundo momento, devolver ao patamar anterior, sem escalas intermediárias.

Quais os veículos normativos para tal excepcionalização?

O instrumento normativo apto para modificar as **alíquotas** dos **seis tributos** que excepcionam a legalidade varia conforme o tributo em questão, podendo ser:

a) Decreto do Presidente da República: nos casos do **II, IE, IOF, IPI** e **Cide/combustíveis** (arts. 153, § 1º, e 177, § 4º, I, *b*, da CF);

b) Portaria do Ministro da Fazenda: nos casos do **II** e **IE** (art. 153, § 1º);

c) Resolução da Câmara de Comércio Exterior (Camex): no caso do **IE** (STF: RE 570.680);

d) Convênio interestadual: no caso do **ICMS/combustíveis** (art. 155, § 4º, IV, *c*, da CF);

e) Medida provisória: nos casos do **IOF, IPI, II, IE** e **Cide/combustíveis.**

ATOS DO EXECUTIVO QUE MODIFICAM ALÍQUOTAS TRIBUTÁRIAS

	II	IE	IOF	IPI	CIDE/COMB.	ICMS/COMB.
Alcance da alteração	alteração de alíquota	alteração de alíquota	alteração de alíquota	alteração de alíquota	redução e restabelecimento	redução e restabelecimento
Veículos normativos	decreto presidencial medida provisória ou portaria ministerial	decreto presidencial medida provisória resolução da Camex ou portaria ministerial	decreto presidencial ou medida provisória	decreto presidencial ou medida provisória	decreto presidencial ou medida provisória	convênio interestadual
Anterioridade	nenhuma (cobrança imediata)	nenhuma (cobrança imediata)	nenhuma (cobrança imediata)	nonagesimal	nonagesimal	nonagesimal

Princípio da legalidade no CTN:

O art. 97 do CTN estabelece um rol infraconstitucional de temas reservados à lei. Nos termos desse dispositivo, **somente a lei** pode estabelecer:

I – *a instituição de tributos ou a sua extinção;*

II – *a majoração de tributos ou a sua redução;*

III – *a definição do fato gerador da obrigação principal;*

IV – *a fixação da alíquota do tributo e da sua base de cálculo;*

V – *a cominação de penalidades para as ações ou omissões contrárias a seus dispositivos;*

VI – *as hipóteses de exclusão, suspensão e extinção de créditos tributários, ou de dispensa ou redução de penalidades.*

Nos termos do § 1º do art. 97: *"Equipara-se à majoração do tributo a modificação da sua base de cálculo, que importe em torná-lo mais oneroso".*

Nesse sentido, o STF editou a **Súmula Vinculante 50**: *"Norma legal que altera o prazo de recolhimento de obrigação tributária não se sujeita ao princípio da anterioridade".*

Atualização monetária da base de cálculo:

Por força de norma expressa no § 2º do art. 97 do CTN, a mera atualização do valor monetário da base de cálculo não é considerada majoração tributária. Isso ocorre porque **atualização monetária não é aumento real**, mas mera recomposição da perda inflacionária do período.

PRINCÍPIO DA ANTERIORIDADE (ART. 150, III, *B* E *C*, DA CF)

Também chamado de **princípio da não surpresa** ou da **eficácia diferida**, o princípio da anterioridade tributária estabelece um **intervalo mínimo entre a publicação da lei que cria ou majora o tributo e a data de sua efetiva exigência**. Sua finalidade é dar um "prazo de respiro", a fim de que o contribuinte possa preparar-se para pagar novos valores ao Fisco.

Nos termos do art. 150, III, *b* e *c*, da CF: tributo instituído (criado) ou majorado (aumentado) em um exercício (ano) somente poderá ser exigido no ano seguinte, respeitado o intervalo mínimo de noventa dias.

No Brasil o chamado "exercício fiscal" inicia em 1º de janeiro e termina em 31 de dezembro. Assim, o exercício fiscal coincide com o ano civil.

Conceito de anterioridade DEPOIS da EC n. 42/2003: aplica-se a regra da anterioridade mais benéfica para o contribuinte!

Desse modo, agora **a regra geral** para a maioria dos tributos passou a ser o funcionamento combinado das duas anterioridades, anual e nonagesimal, aplicando-se a **REGRA DA ANTERIORIDADE MAIS BENÉFICA PARA O CONTRIBUINTE**, segundo a qual, quando determinado tributo for instituído ou majorado, **deve ser aplicada a regra de anterioridade (anual ou nonagesimal) que tornar mais distante a data da exigência**. Em termos práticos, é preciso verificar se para o contribuinte é mais vantajoso o uso da anterioridade anual ou da nonagesimal.

Como fazer a contagem da anterioridade?

Após a Emenda n. 42/2003, para realizar a contagem da data a partir da qual o tributo pode ser exigido basta **aplicar separadamente as duas anterioridades sobre o dia em que foi publicada a lei** que instituiu ou majorou o tributo. Assim, a anterioridade que "empurrar a cobrança mais longe" indicará a data correta da exigência.

Anterioridade e entrada em vigor da lei:

O texto constitucional afirma que a anterioridade se posiciona entre a "publicação" da lei e a "cobrança" do tributo. Ao contrário do que muitos pensam, **a anterioridade não impede que a lei tributária entre em vigor na data de sua publicação**. "Entrar em vigor na data de sua publicação" é o fenômeno da vigência, o que não significa necessariamente que o tributo seja efetivamente cobrado com base na lei nova. **Inexiste qualquer relação entre anterioridade e vigência.**

Anterioridade e revogação de isenção:

A isenção é um benefício legal que libera temporariamente o contribuinte do pagamento do tributo. E, como toda vantagem concedida pelo legislador, a isenção pode ser também revogada com a simples revogação da lei que a concedeu.

Ocorre que, do ponto de vista do contribuinte beneficiário da isenção, a revogação do benefício equivale à criação de um novo tributo, na medida em que o contribuinte passa a pagar valores anteriormente indevidos.

Embora as combinações entre os arts. 104, III, e 178 do CTN tenham deixado clara a sujeição da revogação de isenções ao princípio da anterioridade anual, **essa não é a corrente majoritária. O entendimento que predomina é o de que a revogação de isenção NÃO SE SUJEITA À ANTERIORIDADE**, especialmente com base nos argumentos de que **(i)** o art. 104 do CTN não seria uma regra específica de anterioridade, mas de vigência, porque fala em "entrada em vigor", e, como visto nos itens pretéritos, o princípio da anterioridade não tem qualquer relação com o fenômeno da entrada em vigor da lei; e **(ii)** o art. 104 do CTN não teria sido recepcionado pela Constituição de 1988, pois inexiste no Texto Maior qualquer referência a tal aplicação do princípio da anterioridade.

Esse é o entendimento do Supremo Tribunal Federal, segundo o qual, *"na isenção, o tributo já existe. Por isso, revogado o favor legal, força é concluir que um novo tributo não foi criado, senão que houve apenas a restauração do direito de cobrar o tributo, o que não implica a obrigatoriedade de ser observado o princípio da anterioridade"* (RE 204.026). Tal visão, entretanto, foi recentemente alterada pelo STF, que voltou a aplicar a anterioridade na revogação de benefícios fiscais (RE 564225, rel. Min. Marco Aurélio, 2-9-2014, *vide* item 11.6.1 deste *Manual*).

Exceções à anterioridade divididas em TRÊS grupos:

1) TRIBUTOS DE COBRANÇA IMEDIATA (podem ser cobrados no dia seguinte): nesse primeiro grupo estão os tributos que não se sujeitam nem à anterioridade anual, nem à nonagesimal. São eles: alteração nas alíquotas do **Imposto de Importação, Imposto de Exportação, Imposto sobre Operações Financeiras**, bem como criação e majoração do **Imposto Extraordinário de Guerra** e do **Empréstimo Compulsório** nos casos de calamidade pública ou guerra externa;

2) TRIBUTOS QUE RESPEITAM SOMENTE A ANTERIORIDADE NONAGESIMAL (podem ser cobrados no mesmo exercício): no segundo grupo de exceções temos os tributos que, embora submetidos à anterioridade nonagesimal, não cumprem a anual, razão pela qual podem ser exigidos noventa dias após a publicação do ato normativo que os houver instituído ou majorado, ainda que a cobrança ocorra no mesmo ano. São eles: instituição ou majoração do **Imposto sobre Produtos Industrializados, Contribuições Sociais (art. 195 da CF), Cide/Combustíveis e ICMS/Combustíveis** (art. 155, § 4º, IV, c, e § 5º da CF);

3) TRIBUTOS QUE RESPEITAM SOMENTE A ANTERIORIDADE ANUAL (não se sujeitam ao intervalo mínimo de noventa dias): por fim, no terceiro grupo estão os tributos que se submetem somente à anterioridade anual, mas não à nonagesimal. Nesse caso, tais tributos podem ser cobrados sempre em 1º de janeiro do ano seguinte ao da publicação do ato normativo que os tiver instituído ao majorado, independentemente do intervalo mínimo de noventa dias. São eles o **Imposto de Renda**, bem como as **alterações na base de cálculo do IPTU** (mudança na planta genérica de valores que implique aumento real no imposto) e na **base de cálculo do IPVA** (modificação na tabela oficial de valores de veículos resultando em majoração efetiva no valor do carro).

PRINCÍPIO DA ISONOMIA (ART. 150, II, DA CF)

A observância da **igualdade na lei** é um dever que se volta ao legislador, na medida em que exige um **tratamento paritário conferido pela legislação** aos contribuintes. Já a **igualdade perante a lei** constitui imperativo destinado a quem exerce as atividades de fiscalização e arrecadação de tributos, isto é, **aplica-se ao Fisco, que não pode desigualar, no exercício de suas atribuições, contribuintes que se encontrem em situação equivalente**.

Desdobramentos do princípio da isonomia tributária

a) regra da irrelevância da capacidade civil para fins tributários (art. 126, I, do CTN): Em razão dessa regra, **todos os civilmente incapazes pagam tributos** desde que realizem o fato gerador tributário. Assim, nada impede, por exemplo, que **menor de idade seja contribuinte**, ou os loucos de todo o gênero, ou ainda as empresas irregularmente constituídas (sem registro na Junta Comercial). Na verdade, este último demonstra que mesmo **a ausência de personalidade jurídica não impede o surgimento do dever de pagar tributo**, na medida em que o registro na Junta Comercial é condição para aquisição da personalidade empresarial;

b) princípio do *non olet* (art. 118, I, do CTN): Para a realidade atual do Direito Tributário brasileiro, o princípio do *non olet* significa que não importa a origem remota do dinheiro do contribuinte e nem se a atividade tributada é ilícita ou imoral;

c) capacidade contributiva como subprincípio da isonomia (art. 145, § 1º, da CF): **Esse princípio é um comando dirigido ao legislador obrigando que todos os tributos (Supremo Tribunal Federal) sejam graduados conforme a capacidade econômica do contribuinte.** Trata-se de um desdobramento do princípio da isonomia, na medida em que o ideal almejado pela capacidade contributiva é **tributar os contribuintes na proporção de suas riquezas**, observando a fórmula clássica de tratar "igualmente os iguais e desigualmente os desiguais" em matéria de tributação.

➪E a *capacidade contributiva e alíquotas progressivas*? Alíquotas progressivas são aquelas que aumentam ou diminuem, como regra, em função da capacidade econômica do contribuinte. Chama-se **progressividade fiscal** a técnica que utiliza as alíquotas progressivas voltadas para o cumprimento do princípio da capacidade contributiva, **graduando a cobrança dos tributos de acordo com a riqueza** revelada pelo sujeito passivo. Exemplo: Imposto de Renda (art. 153, § 2º, I, da CF). Já a **progressividade extrafiscal** é aquela aplicada **visando a objetivo alheio** à tributação segundo a capacidade econômica.

➪**Atualmente, só há três impostos progressivos pela Constituição Federal:**

a) Imposto de Renda (art. 153, § 2º, I, da CF): trata-se de progressividade fiscal, na medida em que seu objetivo é atender ao princípio da capacidade contributiva, cumprindo a finalidade arrecadatória ao tributar de forma mais acentuada o contribuinte que revelar maior capacidade econômica;

b) Imposto Territorial Rural (art. 153, § 4º, I, da CF): trata-se de progressividade essencialmente extrafiscal, ou seja, sua finalidade primeira não consiste na mera arrecadação de recursos para custeio das despesas estatais, mas atende ao objetivo, constitucionalmente declarado, de desestimular a manutenção de propriedades improdutivas;

c) Imposto Predial e Territorial Urbano: o IPTU sujeita-se a três sistemas diferenciados de alíquotas: alíquotas progressivas no tempo em razão do uso inadequado do solo urbano (art. 182, § 4º, II, da CF); alíquotas progressivas em função do valor do imóvel (art. 156, § 1º, I, da CF) e alíquotas diferenciadas de acordo com o binômio localização/uso do imóvel (art. 156, § 1º, II, da CF). Mas o STF admite também progressividade no ITCMD.

PRINCÍPIO DA IRRETROATIVIDADE (ART. 150, III, *A*, DA CF)
É um desdobramento da garantia da segurança jurídica e tem como objetivo específico impedir que novas leis tributárias alcancem fatos anteriores à data de sua vigência. Desse modo, a lei publicada hoje vale para o presente (fatos pendentes) e o futuro (fatos futuros), mas não atinge os fatos geradores já ocorridos. Exceções: O art. 106 do CTN apresenta **duas exceções** ao princípio da irretroatividade (**lei interpretativa** e **lei mais benéfica em matéria de infração**). **Retroatividade da lei interpretativa:** É aquela lei publicada exclusivamente para explicar o conteúdo de uma lei anterior. Ou seja, a nova lei retroage à data da lei interpretada, **autodeclarando-se expressamente** interpretativa da lei, sob pena de o efeito retroativo não ocorrer, bem como deve ser **materialmente interpretativa,** no sentido de esclarecer o significado da lei anterior. **Retroatividade da lei mais benéfica em matéria de infração:** Nessa segunda hipótese, exige-se o preenchimento dos seguintes **requisitos: a)** a **lei deve tratar de infração tributária, multa, penalidade ou temas afins,** excluída a retroatividade se a lei versar sobre pagamento do tributo (assim, **lei que reduz ou extingue tributo NÃO retroage**, na medida em que trata do tributo em si, e não de multas, penalidades ou infrações); **b) a lei tem que ser favorável ao contribuinte**, ou seja, **reduzir a penalidade, eliminar uma infração, dilatar o prazo para pagamento da pena**; **c)** a **lei nova mais benéfica somente retroage para favorecer casos que ainda não tenham sido definitivamente julgados**, quer na esfera judicial, quer no âmbito administrativo. Isso porque o caso definitivamente julgado na esfera judicial é imutável por força da coisa julgada, sendo inatingível pela lei nova. Já o caso definitivamente julgado na esfera administrativa, esgotado por força da preclusão, é imodificável por força do ato jurídico perfeito e também não pode ser alcançado pela nova lei. Retroatividade da lei que institui novos critérios de apuração ou amplia poderes do Fisco: Além das hipóteses de retroatividade previstas no art. 106, a doutrina costuma fazer referência a um **terceiro caso de lei tributária retroativa,** constante do art. 144, § 1º, do CTN, no sentido de que tem efeitos retroativos também a lei tributária que estabelece melhorias no procedimento de fiscalização, ampliando os poderes de investigação das autoridades administrativas, ou outorgando ao crédito maiores garantias ou privilégios. O caso do Imposto de Renda: Pelo princípio da irretroatividade, as novas leis tributárias em matéria de Imposto de Renda somente se aplicam sobre acréscimos patrimoniais posteriores à data de publicação. **A polêmica Súmula 584, do STF: Para provas e concursos deve ser adotada a orientação majoritária**, segundo **a qual a Súmula 584 do STF não foi recepcionada pelo Texto de 1988**. Aplica-se ao Imposto de Renda a lei vigente no início do ano-base, e não aquela em vigor no exercício da declaração. Este último ponto de vista somente deve ser sustentado quando for cobrado o posicionamento do Supremo Tribunal Federal sobre o tema.
PRINCÍPIO DA VEDAÇÃO DO CONFISCO (ART. 150, IV, DA CF)
O princípio da vedação do confisco, ou do não confisco, **proíbe que a tributação seja estabelecida em patamar exorbitante** a ponto de o bem tributado inviabilizar o exercício de atividade econômica. Trata-se de um desdobramento dos princípios da razoabilidade e proporcionalidade na seara específica da tributação, **proibindo exageros** no montante exigido pelo Fisco a título de tributo. É um princípio aplicável a todas as espécies tributárias. Segundo entendimento pacificado na jurisprudência, a vedação do confisco **também se aplica a multas tributárias**, proibindo penalidades pecuniárias com alíquotas exageradas em relação ao valor do tributo devido. Entretanto, para provas e concursos públicos, a vedação do confisco sob a perspectiva dinâmica, como regra, não vem sendo reconhecida pelas bancas examinadoras. Por força do princípio do não confisco, o STF sumulou três orientações vedando o emprego de meios coercitivos para coagir o contribuinte a realizar o pagamento do tributo: Súmula 70: "É inadmissível a interdição de estabelecimento como meio coercitivo para cobrança de tributo"; Súmula 323: "É inadmissível a apreensão de mercadorias como meio coercitivo para pagamento de tributos"; Súmula 547: "Não é lícito à autoridade proibir que o contribuinte em débito adquira estampilhas, despache mercadorias nas alfândegas e exerça suas atividades profissionais".
PRINCÍPIO DA UNIFORMIDADE GEOGRÁFICA (ART. 151, I, DA CF)
O princípio da uniformidade geográfica **obriga a União a aplicar a mesma alíquota para os seus tributos em todo o território nacional**, sem qualquer distinção entre Estados, Regiões ou Municípios. Trata-se de uma **projeção do princípio da isonomia** na relação entre a União e as demais entidades federativas, proibindo favoritismos ou discriminações negativas no modo como os tributos federais são cobrados nos outros entes políticos. Embora o art. 151, I, da Constituição Federal faça referência somente aos tributos da União, deve-se concluir que, por simetria, **a mesma vedação é extensiva a Estados, Distrito Federal e Municípios**, que não poderão instituir tributo diferenciado nos seus respectivos territórios, desigualando as alíquotas de acordo com a região, cidade, bairro ou localidade onde ocorrer o fato gerador, sob pena de frontal violação ao princípio da uniformidade geográfica.

Zonas de incentivo fiscal (Zona Franca de Manaus)

O próprio art. 151, I, da Constituição Federal prevê importante exceção ao princípio da uniformidade geográfica na medida em que autoriza a concessão de incentivos fiscais destinados a "promover o equilíbrio do desenvolvimento socioeconômico entre as diferentes regiões do País".

As denominadas "zonas de incentivo fiscal" são áreas legalmente definidas dentro das quais fica constitucionalmente autorizada a outorga de vantagens tributárias e não tributárias visando a fomentar o desenvolvimento regional. O exemplo mais conhecido no Brasil é o da Zona Franca de Manaus (arts. 40 e 92 do Ato das Disposições Constitucionais Transitórias), que segundo a jurisprudência do STF, fundamenta-se constitucionalmente em verdadeira imunidade tributária.

Para fins de delimitação da área de incentivos fiscais, é importante concluir que o seu território não pode coincidir com a fronteira exata ou aproximada de um Estado-membro ou Município, sob pena de, a pretexto de estabelecer uma região de benefícios fiscais, o legislador realizar uma aberta violação ao princípio da uniformidade geográfica.

PRINCÍPIO DA NÃO LIMITAÇÃO (ART. 150, V, DA CF)

Impede que o tributo seja utilizado para restringir o trânsito de pessoas e bens no território nacional.

O art. 150, V, da Constituição Federal estabelece importante **exceção ao princípio** da não limitação, **admitindo a cobrança de pedágio** pela utilização de vias conservadas pelo Poder Público.

PRINCÍPIO DA NÃO DISCRIMINAÇÃO QUANTO À PROCEDÊNCIA (ART. 152 DA CF)

O art. 152 da Constituição Federal proíbe tratamento diferenciado em razão da procedência ou destino de bens ou serviços.

PRINCÍPIO DA NÃO CUMULATIVIDADE (ARTS. 153, § 3º, II, E 155, § 2º, I, DA CF)

Previsto nos arts. 153, § 3º, II, e 155, § 2º, I, da Constituição Federal, o princípio da não cumulatividade **tem o objetivo de impedir que determinados tributos plurifásicos "incidam em cascata"**. Ou seja, sua finalidade é evitar que o recolhimento do tributo recaia sobre o valor dele mesmo, inserido na base de cálculo devido a sua incidência na operação anterior.

Tributos sujeitos à não cumulatividade: A incidência da regra **só tem sentido nos tributos plurifásicos e submete-se à não cumulatividade:**

a) IPI (art. 153, § 3º, II, da CF);

b) ICMS (art. 155, § 2º, I, da CF);

c) impostos residuais (art. 154, I, da CF);

d) novas fontes de custeio da Seguridade Social (art. 195, § 4º, da CF); e

e) Cofins/PIS (art. 1º da Lei n. 10.833/2003).

PRINCÍPIO DA SELETIVIDADE (ARTS. 153, § 3º, I, E 155, § 2º, III, DA CF)

Previsto nos arts. 153, § 3º, I, e 155, § 2º, III, da Constituição Federal, o princípio da seletividade exige que **as alíquotas do ICMS e do IPI sejam graduadas conforme a ESSENCIALIDADE da mercadoria, serviço ou produto**.

Assim, quanto maior a importância social que o item tributo tiver, menor a alíquota aplicável.

É importante mencionar que existe uma fundamental diferença entre o regime da seletividade no ICMS e no IPI, isso porque, em matéria de ICMS, a Constituição Federal afirma que o imposto PODERÁ SER seletivo (art. 155, § 2º, III), dando ao legislador a faculdade de graduar as alíquotas segundo a essencialidade ou, até mesmo, definir alíquota única. Já no caso do IPI, o Texto Maior determina que o imposto SERÁ seletivo (art. 153, § 3º, I), de modo que o constituinte excluiu qualquer possibilidade de o legislador abolir o sistema da seletividade, ficando proibido o estabelecimento do modelo de alíquota única.

PRINCÍPIO DA SEGURANÇA JURÍDICA

Previsto expressamente no art. 2º, parágrafo único, da Lei n. 9.784/99 (Lei do Processo Administrativo), a segurança jurídica é um **fundamento geral do ordenamento**, sendo **aplicável a todos os ramos do Direito**. Seu conteúdo volta-se à garantia de estabilidade, ordem, paz social e previsibilidade das atuações sociais (Alexandre Mazza, *Manual de Direito Administrativo*, p. 162). No Direito Tributário, serve de **fundamento para os princípios da legalidade, anterioridade e irretroatividade**, tendo sido objeto de frequentes perguntas em provas e concursos públicos.

4.17 QUESTÕES

1. **(Cespe – TJ-SC – Juiz Substituto – 2019)** O § 1º do art. 145 da Constituição Federal de 1988 dispõe que "Sempre que possível, os impostos terão caráter pessoal e serão graduados segundo a capacidade econômica do contribuinte, facultado à administração tributária, especialmente para conferir efetividade a esses objetivos, identificar, respeitados os direitos individuais e nos termos da lei, o patrimônio, os rendimentos e as atividades econômicas do contribuinte".

   O princípio do Direito Tributário relacionado à norma constitucional transcrita anteriormente é o:

   a) princípio da capacidade contributiva;
   b) princípio da igualdade tributária;
   c) princípio da irretroatividade tributária;
   d) princípio da não cumulatividade;
   e) princípio da benignidade.

2. **(Cespe – TJ-SC – Juiz Substituto – 2019)** Determinada lei tributária prevê o valor do teto para a cobrança de uma taxa de fiscalização, permitindo que ato do Poder Executivo fixe o valor específico do tributo e autorizando o ministro da Economia a corrigir monetariamente, a partir de critérios próprios, esse valor.

   A respeito dessa lei hipotética, considerando-se a jurisprudência do STF acerca do princípio da legalidade tributária, é correto afirmar que:

   a) a delegação do ato infralegal para a fixação do valor da taxa ou determinação dos critérios para a sua correção é inconstitucional;
   b) os índices de correção monetária da taxa podem ser atualizados por ato do Poder Executivo, ainda que em percentual superior aos índices de correção monetária legalmente previstos;
   c) a fixação do valor da taxa por ato normativo infralegal, se em proporção razoável com os custos da atuação estatal, é permitida, devendo sua correção monetária ser atualizada em percentual não superior aos índices legalmente previstos;
   d) o Poder Executivo tem permissão legal para fixar discricionariamente o valor da correção monetária da referida taxa, independentemente de previsão legal de índice de correção;
   e) a fixação, em atos infralegais, de critérios para a correção monetária de taxas é inconstitucional, independentemente de observar expressa previsão legal.

3. **(Vunesp – Prefeitura de Arujá – SP – Advogado – 2019)** Visando o desenvolvimento de determinada região do país, a União Federal decide estabelecer regime fiscal específico, contemplando a isenção de impostos federais, estaduais e municipais para as empresas que se instalarem naquela região e empregarem mais de dez empregados.

   A respeito da situação hipotética descrita, é correto afirmar que:

   a) a Constituição autoriza à União, no interesse da redução das desigualdades regionais, estabelecer isenções, ainda que de impostos atribuídos a outras esferas da federação, não havendo inconstitucionalidade na decisão;
   b) a concessão de isenções pela União com o objetivo de redução de desigualdades regionais é inconstitucional, porém, seria constitucional o atingimento dos mesmos objetivos pelos estados, por meio de tributo que estabelecesse diferença entre bens em razão de sua procedência ou destino;
   c) caso implementada, a medida configuraria hipótese de imunidade recíproca, por implicar na não incidência tributária qualificada, estabelecida por um ente federal em relação ao tributo cobrado por outro ente;
   d) embora seja vedado à União instituir tributo que não seja uniforme no território nacional, assim como instituir isenções de tributos da competência de outros entes federais, é admitida a concessão de incentivos destinados a promover o equilíbrio socioeconômico entre as regiões do país;
   e) não é o poder público autorizado a interferir nas relações econômicas por meios tributários, motivo pelo qual o objetivo almejado pela União deverá ser implementado por intermédio de outros instrumentos, cabendo aos tributos apenas a função arrecadatória.

4. **(Vunesp – Prefeitura de Arujá – SP – Advogado – 2019)** Determinado Município brasileiro pretende, em respeito à Constituição, instituir regime próprio de previdência para os seus servidores, de caráter solidário e contributivo. A esse respeito, e considerando as regras e princípios vigentes no Brasil em matéria de Direito Tributário, é correto afirmar que:
   a) a criação ou a majoração de eventual alíquota de contribuição a ser cobrada dos servidores municipais deverá respeitar à chamada anterioridade nonagesimal;
   b) por se tratar de regime próprio de previdência, a majoração das alíquotas de contribuição do servidor e patronal poderá ser realizada por mero decreto;
   c) a alíquota a ser cobrada dos servidores públicos municipais não será inferior à da contribuição dos titulares de cargos efetivos do estado em que o território do município esteja inserido;
   d) não terá caráter de tributo a cobrança de contribuição por parte dos servidores municipais para custeio do regime próprio, por se referir a contribuição ao custeio de suas próprias aposentadorias futuras;
   e) carece o Município de competência constitucional para legislar a respeito da previdência social dos seus servidores, inclusive quanto ao estabelecimento de alíquotas de contribuição do servidor e patronal.

5. **(Vunesp – Prefeitura de Guarulhos – SP – Inspetor Fiscal de Rendas – Conhecimentos Específicos – 2019)** O princípio da capacidade contributiva:
   a) veda a concessão de incentivos fiscais destinados a promover o equilíbrio do desenvolvimento socioeconômico regional;
   b) determina que todos tributos atendam às condições sociais e econômicas do contribuinte;
   c) não se aplica ao Imposto de Importação de Produtos Estrangeiros, ao Imposto sobre a Renda e Proventos de Qualquer Natureza e ao Imposto sobre Transmissão *Causa Mortis* e Doação;
   d) não se aplica às contribuições de melhoria;
   e) deve considerar a totalidade da carga tributária suportada pelo contribuinte, no mesmo exercício fiscal, inclusive contribuições parafiscais.

6. **(FGV – SEFIN-RO – Auditor-Fiscal de Tributos Estaduais – 2018)** A Lei Z, do estado Delta, publicada no dia 31 de dezembro de 2016, alterou, em seu art. 1º, a data de recolhimento do imposto de transmissão *causa mortis* e doação, de quaisquer bens e direitos, e, em seu art. 2º, aumentou a respectiva alíquota. O art. 3º, por sua vez, dispôs que a Lei Z entraria em vigor no dia 1º de janeiro de 2017.
   À luz da sistemática constitucional afeta ao sistema tributário nacional, o art. 3º da Lei Z:
   a) é totalmente inconstitucional, sob o prisma material;
   b) é totalmente constitucional, sob os prismas formal e material;
   c) é parcialmente inconstitucional, sob o prisma material, em relação à entrada em vigor do art. 1º;
   d) é parcialmente inconstitucional, sob o prisma material, em relação à entrada em vigor do art. 2º;
   e) é totalmente constitucional, apenas sob o prisma material.

7. **(Cespe – Auditor do Estado – Bloco II – Sefaz-RS – 2018)** Após regular processo administrativo, determinado auditor tributário aplicou multa a contribuinte, em decorrência do não recolhimento de imposto. O valor da multa corresponde ao dobro do montante não recolhido com base em previsão legal. Nessa situação hipotética:
   a) não se aplica o princípio do não confisco, porque não se pode confundir multa com tributo;
   b) não se aplicará o princípio do não confisco caso haja previsão legal nesse sentido;
   c) a redução da multa é condicionada à anulação do processo administrativo;
   d) não é possível a redução do valor da multa por decisão judicial;
   e) houve violação do princípio do não confisco, dado o valor da multa aplicada.

8. (Cespe – Defensor Público – DPE-PE – 2018) A respeito dos princípios da anterioridade e da irretroatividade, ambos princípios constitucionais do sistema tributário, assinale a opção correta.

a) Todos os impostos se submetem aos princípios da anterioridade e da irretroatividade, mas as taxas, contribuições e demais espécies tributárias somente se submetem ao princípio da irretroatividade.

b) Todos os tributos devem se submeter aos princípios da anterioridade e da irretroatividade.

c) O princípio da irretroatividade aplica-se a todo tributo; o da anterioridade, por sua vez, admite exceções.

d) O princípio da irretroatividade se aplica apenas aos impostos e às taxas; o da anterioridade se aplica a todos os tipos de tributos.

e) O princípio da irretroatividade se aplica apenas aos tributos parafiscais; o da anterioridade, por sua vez, se aplica tanto aos tributos fiscais como aos extrafiscais.

9. (XXV Exame de Ordem Unificado) Em 2015, o Município X estabeleceu, por meio da Lei n. 123, alíquotas progressivas do Imposto sobre propriedade Predial e Territorial Urbana (IPTU), tendo em conta o valor do imóvel. Sobre a hipótese, assinale a afirmativa correta.

a) A lei é inconstitucional, pois a Constituição da República admite alíquotas progressivas do IPTU apenas se destinadas a assegurar o cumprimento da função social da propriedade urbana, o que não é a hipótese.

b) A lei é inconstitucional, pois viola o Princípio da Isonomia.

c) A lei está de acordo com a Constituição da República, e a fixação de alíquotas progressivas poderia até mesmo ser estabelecida por Decreto.

d) A lei está de acordo com a Constituição da República, que estabelece a possibilidade de o IPTU ser progressivo em razão do valor do imóvel.

10. (Consulplan – Cartório-MG – 2017) À luz do entendimento sumulado pelo Supremo Tribunal Federal, assinale a alternativa INCORRETA.

a) Na entrada de mercadoria importada do exterior, é legítima a cobrança do ICMS por ocasião do desembaraço aduaneiro.

b) A norma legal que altera o prazo de recolhimento da obrigação tributária se sujeita ao princípio da anterioridade.

c) É inconstitucional a incidência do Imposto sobre Serviços de Qualquer Natureza sobre operações de locação de bens móveis.

d) É inconstitucional a exigência de depósito prévio como requisito de admissibilidade de ação judicial na qual se pretenda discutir a exigibilidade de crédito tributário.

11. (Cespe – Analista Judiciário – TRE-PE – 2017) O princípio tributário que transfere o ônus fiscal do contribuinte de direito para o contribuinte de fato é o princípio do(a):

a) seletividade;

b) isonomia ou da igualdade tributária;

c) anterioridade da legislação;

d) não confisco.

e) não cumulatividade.

12. (Cespe – PC-GO – 2017) Sabendo que, por disposição constitucional expressa, em regra, os princípios tributários e as limitações ao poder de tributar não se aplicam de forma idêntica a todas as espécies tributárias, assinale a opção correta a respeito da aplicação desses institutos.

a) Apenas aos impostos estaduais aplica-se o princípio que proíbe o estabelecimento de diferença tributária entre bens e serviços de qualquer natureza em razão de sua procedência ou seu destino.

b) A aplicação do princípio da não vinculação de receita a despesa específica é limitada aos impostos.

c) Em regra, o princípio da anterioridade do exercício aplica-se da mesma forma aos impostos e às contribuições sociais da seguridade social.
d) O princípio da capacidade contributiva aplica-se sempre e necessariamente aos impostos.
e) O princípio da anterioridade do exercício atinge, de forma ampla, as hipóteses de empréstimos compulsórios previstas no texto constitucional.

13. (Cespe – Juiz Federal Substituto – TRF5 – 2017) Sob a vigência de determinada norma tributária, contribuintes deixaram de recolher o tributo devido, do que resultou a autuação do Fisco e a impugnação dos contribuintes. Antes mesmo do fim do processo administrativo fiscal, foi aprovada e entrou em vigor legislação tributária que concedeu isenção parcial, reduzindo em 50% o referido tributo, para as mesmas operações. Com relação a essa situação hipotética, assinale a opção correta, conforme as normas a respeito da aplicação e vigência da lei tributária dispostas no Código Tributário Nacional (CTN).

a) Os contribuintes inadimplentes não poderão recolher os 50% do tributo devido, dada a impossibilidade de retroação no caso de a lei nova ser interpretativa, o que ocorreu na situação hipotética apresentada.
b) Os contribuintes inadimplentes terão o direito de recolher o valor do tributo em 50%, já que o ato ainda não se encontra definitivamente julgado.
c) A irretroatividade da lei tributária não alcança algumas exceções previstas no Código Tributário Nacional (CTN), como é o caso da concessão da isenção parcial prevista na situação hipotética apresentada, uma vez que a exceção busca aplicação do princípio da segurança jurídica.
d) Os contribuintes inadimplentes não poderão se beneficiar do recolhimento com base na nova lei, já que ela passou a viger após o nascimento da obrigação tributária e não há fundamento legal para desconsiderá-la.
e) Os contribuintes inadimplentes terão o direito de recolher 50% a título de tributo devido, pois a lei retroage para beneficiá-los, mesmo antes do fim do processo administrativo fiscal, dado o princípio da lei mais benigna.

14. (FMP Concursos – Promotor de Justiça Substituto – MPE-RO – 2017) É CORRETO afirmar que o Princípio da Anterioridade Nonagesimal previsto no art. 150, III, c, da Constituição da República Federativa do Brasil, não se aplica:

a) aos empréstimos compulsórios que sirvam ao atendimento de despesas extraordinárias decorrentes de calamidade pública, de guerra externa ou sua iminência; ao imposto sobre a importação de produtos estrangeiros; ao imposto sobre a exportação de produtos nacionais ou nacionalizados; ao imposto sobre produtos industrializados; ao imposto sobre operações de crédito, câmbio, seguro, ou relativas a títulos ou valores mobiliários; aos impostos extraordinários, previstos no art. 154, II, do texto constitucional; à fixação da base de cálculo do imposto sobre a propriedade de veículos automotores e à fixação da base de cálculo do imposto sobre a propriedade predial e territorial urbana;
b) aos empréstimos compulsórios que sirvam ao atendimento de despesas extraordinárias decorrentes de calamidade pública, de guerra externa ou sua iminência; ao imposto sobre a importação de produtos estrangeiros; ao imposto sobre a exportação de produtos nacionais ou nacionalizados; ao imposto sobre serviços de qualquer natureza; ao imposto sobre operações de crédito, câmbio, seguro, ou relativas a títulos ou valores mobiliários; aos impostos extraordinários previstos no art. 154, II, do texto constitucional; à fixação da base de cálculo do imposto sobre a propriedade de veículos automotores e à fixação da base de cálculo do imposto sobre a propriedade predial e territorial urbana;
c) aos empréstimos compulsórios instituídos nos casos de investimento público de caráter urgente e de relevante interesse nacional; ao imposto sobre a importação de produtos estrangeiros; ao imposto sobre a exportação de produtos nacionais ou nacionalizados; ao imposto sobre serviços de qualquer natureza; ao imposto sobre operações de crédito, câmbio, seguro, ou relativas a títulos ou valores mobiliários; aos

impostos extraordinários previstos no art. 154, II, do texto constitucional; à fixação da base de cálculo do imposto sobre a propriedade de veículos automotores e à fixação da base de cálculo do imposto sobre a propriedade predial e territorial urbana;

d) aos empréstimos compulsórios instituídos nos casos de investimento público de caráter urgente e de relevante interesse nacional; ao imposto sobre a importação de produtos estrangeiros; ao imposto sobre a exportação de produtos nacionais ou nacionalizados; ao imposto sobre produtos industrializados; ao imposto sobre operações de crédito, câmbio, seguro, ou relativas a títulos ou valores mobiliários; aos impostos extraordinários previstos no art. 154, II, do texto constitucional; à fixação da base de cálculo do imposto sobre a propriedade de veículos automotores e à fixação da base de cálculo do imposto sobre a propriedade predial e territorial urbana;

e) aos empréstimos compulsórios que sirvam ao atendimento de despesas extraordinárias decorrentes de calamidade pública, de guerra externa ou sua iminência; ao imposto sobre a importação de produtos estrangeiros; ao imposto sobre a exportação de produtos nacionais ou nacionalizados; ao imposto sobre a renda e os proventos de qualquer natureza; ao imposto sobre operações de crédito, câmbio, seguro, ou relativas a títulos ou valores mobiliários; aos impostos extraordinários, previstos no art. 154, II, do texto constitucional; à fixação da base de cálculo do imposto sobre a propriedade de veículos automotores e à fixação da base de cálculo do imposto sobre a propriedade predial e territorial urbana.

15. (FMP Concursos – Procurador do Estado – PGE-AC – 2017) Em relação ao princípio da capacidade contributiva do contribuinte é CORRETA a afirmação.

a) A Constituição Federal expressamente determina que seja observado o princípio da capacidade contributiva na estruturação de todos os tributos.

b) Para cumprir os objetivos do princípio da capacidade contributiva, é facultado à administração identificar o patrimônio, os rendimentos e as atividades econômicas do contribuinte.

c) É obrigatória à administração tributária a observação do princípio da capacidade contributiva, quando se trata de impostos.

d) No que tange às contribuições sociais, a Constituição Federal determina que o princípio da capacidade contributiva seja aplicado respeitando as faixas de contribuição à previdência.

e) O princípio da capacidade contributiva deve ser avaliado também segundo a capacidade econômica futura de cada contribuinte.

16. (FMP Concursos – Procurador do Estado – PGE-AC – 2017) Sobre o princípio da isonomia é CORRETO afirmar.

a) A Emenda à Constituição Federal n. 42/2003 estabeleceu a possibilidade de estabelecerem-se "critérios especiais de tributação" no art. 146-A, flexibilizando o princípio da isonomia.

b) A "situação equivalente" mencionada no art. 150, II, do CTN é dependente de definição pelo legislador complementar, devido à sua imprecisão.

c) Devido às disparidades continentais do Brasil, os Estados estão autorizados a conceder benefícios e condições especiais tributárias aos seus administrados, independentemente dos outros Estados.

d) O princípio da isonomia tributária impacta diretamente os princípios da livre concorrência e da livre-iniciativa, uma vez que o Estado deve garantir as mesmas regras do jogo para todos os contribuintes.

e) Ao se deparar com uma situação de privilégio e, portanto, anti-isonômica, a solução que a Justiça confere é a de estender o eventual privilégio a quem mais solicitar.

17. (FMP Concursos – Procurador do Estado – PGE-AC – 2017) A tributação dos atos ilícitos é tema sempre tormentoso. No atual estágio da doutrina e jurisprudência, é CORRETO afirmar que:

a) não se pode tributar atos ilícitos sob pena de conferir uma pretensa legalidade para as operações;

b) deve-se proceder caso a caso, avaliando os prós e contras da tributação sobre a atividade ilícita, pois o Estado não pode perder de vista que os recursos a ingressar no Tesouro são imprescindíveis;

c) dependendo de qual for a atividade ilícita, a solução pode ser uma ou outra. Nos casos de mera contravenção penal, é plenamente aceitável a tributação. Já no tráfico de drogas, por exemplo, não é aceita;
d) se com a atividade ilícita há uma outra, lícita, pode-se proceder à autuação fiscal na parte lícita, como sonegação fiscal;
e) a atividade ilícita deve ser tributada e assim o permitem a Constituição Federal e o CTN.

18. (Vunesp – Juiz Substituto – TJ-SP – 2017) O princípio da função social da propriedade:
a) só tem aplicação como mecanismo de extrafiscalidade (art. 182, § 4º, II da Constituição Federal);
b) tem incidência no âmbito do Direito Tributário, uma vez que pressupõe manifestação de riqueza e se liga à ideia de justiça distributiva;
c) não tem aplicação no Direito Tributário, porque a propriedade por si só não implica submissão à função social e à tributação;
d) não se aplica ao Direito Tributário, uma vez que inexiste correlação entre essa função e a tributação.

19. (Vunesp – Juiz Substituto – TJ-SP – 2017) Sobre a hipótese de ICMS incidente sobre operações com combustíveis e lubrificantes, é correto afirmar:
a) não incide o princípio da anterioridade em qualquer de suas manifestações no que se refere à diminuição e reestabelecimento de alíquotas;
b) incide o princípio da anterioridade próprio das contribuições sociais, no que se refere à diminuição e reestabelecimento de alíquotas;
c) incide a anterioridade especial no que se refere à diminuição e reestabelecimento de alíquotas;
d) incide o princípio da anterioridade genérica no que se refere à diminuição e reestabelecimento de alíquotas.

20. (Cespe – Promotor de Justiça Substituto – MPE-RR – 2017) Lei municipal antecipou a data de recolhimento da taxa de coleta de lixo do dia dez para o dia sete do mês seguinte ao do fato gerador. Nessa situação, segundo o entendimento do STF, a referida lei municipal:
a) não se sujeitará nem ao princípio da anterioridade anual nem ao da anterioridade nonagesimal;
b) sujeitar-se-á ao princípio da anterioridade anual;
c) sujeitar-se-á ao princípio da anterioridade nonagesimal;
d) não se sujeitará ao princípio da anterioridade anual, mas sujeitar-se-á ao da anterioridade nonagesimal.

21. (Vunesp – Procurador Jurídico – Prefeitura de Porto Ferreira-SP – 2017) A hipotética Lei "A", publicada em 10-1-2017, alterou o prazo para recolhimento de determinada obrigação tributária, sendo certo que suas determinações passaram a ser exigidas a partir da data de sua publicação. A Lei "A" é:
a) inconstitucional, porque afronta o princípio da anterioridade;
b) constitucional, porque não se sujeita ao princípio da anterioridade;
c) válida, mas somente poderia entrar em vigor após 90 dias de sua publicação;
d) válida, mas somente poderia entrar em vigor após 45 dias de sua publicação;
e) ilegal, porque contraria disposições do Código Tributário Nacional acerca da vigência das normas tributárias.

22. (UFPR – Procurador Jurídico – 2020) Sobre os princípios constitucionais tributários, assinale a alternativa correta.
a) Por força do princípio da irretroatividade, não se admite, em hipótese alguma, que a lei tributária se aplique a ato ou fato pretérito.
b) O princípio da proibição de utilização de tributo com efeito de confisco torna inconstitucional a multa tributária punitiva fixada por Município em alíquota superior a 20% do valor do tributo devido.

c) A lei que restringir a Contribuição de Iluminação Pública aos consumidores de energia elétrica do Município ofenderá o princípio da isonomia tributária.

d) É inconstitucional a lei que fixa alíquotas progressivas para o imposto sobre transmissão *causa mortis* e doações, por violação ao princípio da capacidade contributiva.

e) O princípio da igualdade tributária realiza-se, no tocante aos impostos, mediante a observância da capacidade contributiva; quanto às contribuições de melhoria, por meio da proporcionalidade entre o custo da obra pública e a valorização que esta trouxe para o imóvel do particular; e, referentemente às taxas, pelo específico princípio da retribuição ou remuneração.

23. (GANZAROLI – Prefeitura de Araçu-GO – Fiscal de Tributos – 2020) O art. 5º, II da Constituição Federal traz o princípio da legalidade de forma a contemplar o Estado Democrático de Direito, ao dispor que "ninguém será obrigado a fazer ou deixar de fazer alguma coisa, senão em virtude de lei". A Declaração dos Direitos do Homem e do Cidadão de 1789, base da Declaração Universal dos Direitos Humanos de 1948, consignou em seu texto o princípio da legalidade, ao dispor que as balizas do direito natural só podem ser determinadas pela lei. Sobre o princípio da legalidade, pode afirmar que:

a) O princípio da legalidade quando dirigido ao particular deve ser entendido fora da autonomia da vontade, onde está a afirmar que o particular pode fazer tudo que for proibido por lei; e sob o prisma da Administração Pública, onde está a estabelecer que esta só pode fazer o que a lei permitir.

b) São exceções ao princípio da legalidade, o artigo 97, § 2° do CTN, que dispõe não constituir majoração de tributo a atualização do valor monetário da respectiva base de cálculo.

c) O princípio da legalidade não atua no valor venal do imóvel obedece a uma tabela de valores disposta pela União a indicar o valor da área construída em determinada região.

d) O princípio da legalidade e anterioridade não são de estudos obrigatórios para a compreensão da ciência fiscal.

24. (FUNDEP – Câmara de Patrocínio-MG – Advogado – 2020) Com relação aos princípios que servem de vetores para o conhecimento do Direito Tributário, assinale a alternativa incorreta.

a) A rigidez do princípio da legalidade encontra alguma mitigação na própria Constituição Federal, na medida em que o constituinte viu em certos tributos um veículo para introduzir no ordenamento jurídico normas indutoras de comportamento.

b) O princípio da anterioridade, que não se estende à totalidade dos tributos, impõe a existência de um prazo entre a lei que institui ou aumenta um tributo e o início de sua vigência.

c) Para que não haja violação ao princípio da capacidade contributiva, a hipótese tributária deve ser escolhida mediante a adoção de um critério único de valoração, de modo a impedir eventual distinção entre os que tem e os que não tem capacidade contributiva.

d) Em matéria tributária, diante da previsão expressa de irretroatividade, não se invoca a segurança jurídica como balança na ponderação dos bens jurídicos quando se está diante de um tributo afetado por retroatividade verdadeira, autêntica ou própria.

25. (CESPE/CEBRASPE – MPE-CE – Promotor de Justiça – 2020) Considerando as limitações constitucionais ao poder de tributar, assinale a opção correta.

a) A fixação da base de cálculo do IPVA está sujeita à anterioridade anual, mas não à anterioridade nonagesimal.

b) Livros e jornais gozam de isenção tributária.

c) É vedado instituir tratamento desigual entre contribuintes que se encontrem em situação equivalente, salvo se a distinção se der em razão da sua ocupação profissional.

d) A União não pode instituir tributos de nenhuma natureza sobre o patrimônio dos estados e municípios.

e) A concessão de crédito presumido relativo a quaisquer impostos somente pode ser feita mediante lei complementar.

GABARITO

1. A / **2.** C / **3.** D / **4.** A / **5.** C / **6.** D / **7.** E / **8.** C / **9.** D / **10.** B / **11.** E / **12.** B / **13.** D / **14.** E / **15.** B / **16.** D / **17.** E / **18.** B / **19.** C / **20.** A / **21.** B / **22.** E / **23.** B / **24.** C / **25.** A

4.18 QUESTÕES COMENTADAS

1. (Cespe – TJ-BA – Juiz de Direito Substituto – 2019) De acordo com as limitações constitucionais ao poder de tributar, a fixação da base de cálculo do IPVA se submete à:

a) anterioridade nonagesimal, sem necessidade de observância da anterioridade anual;
b) anterioridade anual, sem necessidade de observância da anterioridade nonagesimal;
c) anualidade, sem necessidade de observância da anterioridade nonagesimal;
d) anualidade e à anterioridade anual, sem necessidade de observância da anterioridade nonagesimal;
e) anterioridade anual e à anterioridade nonagesimal, sem necessidade de observância da anualidade.

COMENTÁRIO

a) Não se submete à anterioridade nonagesimal. **(Errado)**
b) Nos termos do art. 150, § 1º, CF, o princípio da anterioridade nonagesimal não se aplica à fixação da base de cálculo do IPVA, ao passo que a anterioridade anual é aplicável. **(Correto)**
c) Não há previsão constitucional do princípio da anualidade. **(Errado)**
d) Não há previsão constitucional do princípio da anualidade. **(Errado)**
e) A fixação da base de cálculo do IPVA se submete apenas à anterioridade do exercício, não se aplicando a anterioridade nonagesimal. **(Errado)**

Gabarito: letra B

2. (Cespe – Sefaz-RS – Auditor-Fiscal da Receita Estadual – Bloco III – 2019) O princípio da essencialidade do ICMS:

a) restringe-se aos produtos de primeira necessidade;
b) não admite a diferenciação de alíquotas entre itens supérfluos;
c) emana do caráter seletivo do tributo;
d) não se aplica a serviços;
e) relaciona-se ao potencial subjetivo de arrecadação.

COMENTÁRIO

a) A Constituição Federal não utiliza o termo "produtos de primeira necessidade". **(Errado)**
b) A seletividade implica em estabelecer alíquotas menores para itens que não são supérfluos. **(Errado)**
c) Nos termos do art. 155, § 2º, III, CF, o ICMS "poderá ser seletivo em função da essencialidade das mercadorias e serviços". **(Correto)**
d) De acordo com o art. 155, § 2º, III, CF, o ICMS "poderá ser seletivo em função da essencialidade das mercadorias e serviços", ou seja, se aplica a serviços. **(Errado)**
e) O princípio da seletividade está relacionado à essencialidade do bem que está sendo tributado, e não ao sujeito passivo. **(Errado)**

Gabarito: letra C

3. (FCC – Prefeitura de Recife – PE – Analista de Gestão Contábil – 2019) A Constituição Federal estabelece várias limitações ao poder de tributar. De acordo com o texto constitucional:

a) o aumento do Imposto sobre Propriedade Territorial Urbana (IPTU), imposto municipal, por meio de majoração de sua base de cálculo ou de sua alíquota, não está sujeito ao princípio da anterioridade de exercício financeiro;

b) o aumento do Imposto de Serviço Sobre Qualquer Natureza (ISSQN), por meio de majoração de base de cálculo, está sujeito aos princípios da irretroatividade, legalidade, anterioridade nonagesimal e anterioridade de exercício financeiro;

c) a redução do Imposto Sobre a Transmissão de Bens Imóveis (ITBI), tributo municipal, por meio de diminuição de sua alíquota ou de sua base de cálculo, está sujeita ao princípio da anterioridade de exercício financeiro;

d) o aumento da contribuição para o custeio do serviço de iluminação pública, de competência municipal, não está sujeito ao princípio da anterioridade nonagesimal;

e) a cobrança de taxas estaduais não está sujeita aos princípios da irretroatividade, anterioridade nonagesimal e anterioridade de exercício financeiro.

COMENTÁRIO

O § 1º do art. 150 da Constituição Federal foi alterado pela EC n. 42/2003 e criou 3 grupos de exceções à anterioridade:

1º grupo) Cobrança IMEDIATA (não respeita nenhuma anterioridade):

Quem está no 1º grupo: II, IE, IOF, IEG, Empréstimo compulsório (de calamidade pública ou guerra externa).

Em se tratando de "majoração de alíquota" dos tributos II, IE e IOF – podem ser cobrados no dia seguinte da publicação da lei/ato executivo.

2º grupo) Vale somente a anterioridade NONAGESIMAL (aplicam-se os 90 dias, podendo haver cobrança no mesmo ano):

Quem está no 2º grupo: IPI (obs.: sua criação depende de lei e deve respeitar a anterioridade. Exceção à legalidade quanto à majoração de alíquota); Contribuições sociais do art. 195 da CF (contribuições previdenciárias) – (demais contribuições têm dupla anterioridade); Cide-combustíveis e ICMS-combustíveis (exceção à legalidade para majoração de alíquotas).

3º grupo) Vale somente a anterioridade anual (cobrança válida após 1º de janeiro, sem necessidade de observar os 90 dias):

Quem está no 3º grupo: IR; Alterações na base de cálculo do IPTU (planta genérica de valores); alterações na base de cálculo do IPVA (tabela oficial dos valores dos carros).

OBSERVAÇÃO IMPORTANTE: A majoração da base de cálculo dentro dos índices inflacionários não é aumento real do tributo (art. 97, § 2º, do CTN), por isso, pode ser realizada por ato administrativo (não respeita a legalidade) e com exigência imediata (não respeita a anterioridade).

Em relação à alternativa "e", como na maioria dos tributos, as TAXAS se sujeitam à irretroatividade, à anterioridade anual e à anterioridade nonagesimal!

Gabarito: letra B

4. (FCC – DPE-SP – Defensor Público – 2019) Com relação ao sistema tributário nacional, é correto afirmar.

a) Compete privativamente à autoridade administrativa constituir o crédito tributário pelo lançamento, assim entendido o procedimento administrativo tendente a presumir a ocorrência do fato gerador da obrigação correspondente, arbitrar a matéria tributável, calcular o montante do tributo que entende devido, indicar o sujeito passivo e, sendo o caso, propor a aplicação da penalidade cabível.

b) A autoridade competente para interpretar a legislação tributária utilizará sucessivamente, na ordem indicada: a analogia, os princípios gerais de direito tributário, os princípios gerais de direito público e a jurisprudência.

c) O lançamento regularmente notificado ao sujeito passivo não pode ser alterado por iniciativa de ofício da autoridade administrativa, mesmo que se comprove que ocorreu falta funcional da autoridade que o efetuou.

d) Segundo a Constituição Federal de 1988, o Poder Executivo pode, nas condições e nos limites estabelecidos em lei, alterar as alíquotas ou as bases de cálculo do imposto de importação, a fim de ajustá-lo aos objetivos da política cambial e do comércio exterior.

e) Segundo o Código Tributário Nacional, entram em vigor, no primeiro dia do exercício seguinte àquele em que ocorra a sua publicação, os dispositivos de lei referentes a impostos sobre o patrimônio ou a renda, que extinguem ou reduzem isenções.

COMENTÁRIO

a) A alternativa transcreve o art. 142 do CTN quase na sua literalidade, alterando partes da sua redação para tornar a resposta errada. Por exemplo: o lançamento não "presume", mas constata a ocorrência do fato gerador. **(Errado)**

b) A ordem correta (analogia, princípios gerais do direito tributário, princípios gerais do direito público e equidade) está prevista no art. 108 do CTN e nele não há previsão da jurisprudência. **(Errado)**

c) O inciso III do art. 145 do CTN prevê hipóteses em que o lançamento regularmente notificado ao sujeito passivo pode ser alterado de ofício. O art. 149, IX, do CTN admite alteração do lançamento quando ocorrer fraude ou falta funcional da autoridade que o efetuou. **(Errado)**

d) O art. 153, § 1º, da CF faculta ao Poder Executivo alterar apenas as alíquotas, e não a base de cálculo do Imposto de Importação. **(Errado)**

e) O enunciado é a transcrição do art. 104, e inciso III, do CTN, que prevê o princípio da anterioridade do exercício. **(Correto)**

Gabarito: letra E

5. (FCC – DPE-SP – Defensor Público – 2019) Acerca do regime dos princípios tributários, considere as assertivas abaixo:

I. o princípio da capacidade contributiva autoriza a graduação dos impostos de caráter pessoal, segundo a capacidade econômica do contribuinte;

II. o princípio da igualdade tributária, que se encontra expressamente previsto na Constituição Federal de 1988, permite ao legislador ordinário estabelecer critérios de diferenciação entre contribuintes, com a finalidade de promover a igualdade material;

III. o princípio da anterioridade da lei tributária, implícito na Constituição Federal de 1988, veda a cobrança de tributos cujos fatos geradores ocorreram antes do início da vigência da lei que os criou ou aumentou;

IV. o princípio do não confisco, implícito no texto constitucional, veda o emprego da tributação com finalidade extrafiscal. Está correto o que se afirma APENAS em:

a) I e II;

b) I e III;

c) I e IV;

d) III e IV;

e) II e III.

COMENTÁRIO

Assertiva I – A assertiva está correta, conforme disposto no art. 145, § 1º, da CF, que prevê que os "os impostos terão caráter pessoal e serão graduados segundo a capacidade econômica do contribuinte". **(Correta)**

Assertiva II – O princípio da igualdade/isonomia tributária está expressamente previsto no art. 150, II, CF, obrigando o legislador ordinário a tratar igualmente os iguais e desigualmente os desiguais. **(Correta)**

Assertiva III – O conceito corresponde ao princípio da irretroatividade, expressamente previsto no art. 150, III, *b*, da CF. **(Errada)**

Assertiva IV – O princípio não é implícito e está previsto no art. 150, IV, CF. **(Errada)**

Gabarito: letra A

6. (FCC – Sefaz-BA – Auditor-Fiscal – Administração Tributária – Prova I – 2019) A Constituição Federal consagra o princípio da anterioridade anual, ou seja, a proibição de a Administração Fiscal cobrar tributos no mesmo exercício financeiro em que haja sido publicada a lei que os instituiu ou aumentou e consagra, também, o princípio da anterioridade nonagesimal ou noventena, que veda a cobrança de tributos antes de decorridos noventa dias da data em que haja sido publicada a lei que os instituiu ou aumentou.

Sobre este tema, a Constituição vigente estabelece que:

a) o imposto sobre a renda deve observar os princípios constitucionais da anterioridade anual e da anterioridade nonagesimal (noventena);

b) a anterioridade nonagesimal (noventena), prevista na Constituição Federal, aplica-se à fixação da base de cálculo do imposto sobre propriedade de veículos automotores e do imposto sobre propriedade predial e territorial urbana;

c) o imposto sobre produtos industrializados observa o princípio da anterioridade nonagesimal (noventena), mas não observa o princípio da anterioridade anual;

d) os empréstimos compulsórios instituídos para atender a despesas extraordinárias, decorrentes de calamidade pública, de guerra externa ou sua iminência, e no caso de investimento público de caráter urgente e de relevante interesse nacional devem observar a anterioridade anual;

e) os Municípios e o Distrito Federal poderão instituir contribuição, na forma das respectivas leis, para o custeio do serviço de iluminação pública, observando o princípio da anterioridade nonagesimal, não precisando observar a anterioridade anual, por expressa autorização constitucional.

COMENTÁRIO

O § 1º do art. 150 da Constituição Federal foi alterado pela EC n. 42/2003 e criou 3 grupos de exceções à anterioridade:

1º grupo) Cobrança IMEDIATA (não respeita nenhuma anterioridade):

Quem está no 1º grupo: II, IE, IOF, IEG, Empréstimo compulsório (de calamidade pública ou guerra externa). Em se tratando de "majoração de alíquota" dos tributos II, IE e IOF – podem ser cobrados no dia seguinte da publicação da lei/ato executivo.

2º grupo) Vale somente a anterioridade NONAGESIMAL (aplicam-se os 90 dias, podendo haver cobrança no mesmo ano):

Quem está no 2º grupo: IPI (obs.: sua criação depende lei e deve respeitar a anterioridade. Exceção à legalidade quanto à majoração de alíquota); Contribuições sociais do art. 195 da CF (contribuições previdenciárias) – (demais contribuições têm dupla anterioridade); Cide-combustíveis e ICMS-combustíveis (exceção à legalidade para majoração de alíquotas).

3º grupo) Vale somente a anterioridade anual (cobrança válida após 1º de janeiro, sem necessidade de observar os 90 dias):

Quem está no 3º grupo: IR; alterações na base de cálculo do IPTU (planta genérica de valores); alterações na base de cálculo do IPVA (tabela oficial dos valores dos carros).

OBSERVAÇÃO IMPORTANTE: A majoração da base de cálculo dentro dos índices inflacionários não é aumento real do tributo (art. 97, § 2º, do CTN), por isso, pode ser realizada por ato administrativo (não respeita a legalidade) e com exigência imediata (não respeita a anterioridade).

Gabarito: letra C (note que o IPI está no 2º grupo de exceções, respeitando somente a anterioridade nonagesimal)

7. (Ieses – TJ-SC – Titular de Serviços de Notas e de Registros – Provimento – 2019) Os princípios constitucionais tributários e as imunidades tributárias impõem limitações relevantes ao poder de tributar, sendo elementos fundamentais do Sistema Tributário Nacional, erigido no Capítulo I do Título VI da Constituição Federal. Quanto aos princípios constitucionais tributários e as imunidades tributárias, assinale a alternativa correta.

a) Segundo entendimento sumulado do Supremo Tribunal Federal, o imóvel pertencente a partidos políticos, inclusive suas fundações, bem como entidades sindicais dos trabalhadores, instituições de educação e instituições de assistência social, sem fins lucrativos, está albergado pela imunidade ao IPTU, mesmo quando alugado a terceiros, desde que o valor dos aluguéis seja aplicado em atividades definidas pelo Município.

b) O princípio da legalidade tributária veda que a União, os Estados, o Distrito Federal e os Municípios exijam ou aumentem tributos em lei que os estabeleça, devendo ser utilizada, em regra, lei complementar para instituir tributos.

c) A imunidade recíproca dos entes federados aplica-se ao patrimônio, à renda e aos serviços, relacionados com exploração de atividades econômicas regidas pelas normas aplicáveis a empreendimentos privados, ou em que haja contraprestação ou pagamento de preços ou tarifas pelo usuário, nem exonera o promitente-comprador da obrigação de pagar imposto relativamente ao bem imóvel.

d) O princípio da anterioridade, cuja aplicação alcança o imposto de renda, proíbe a cobrança de tributos no mesmo exercício financeiro em que haja sido publicada a lei que os instituiu ou aumentou.

COMENTÁRIO

a) Nos termos da Súmula Vinculante 52 do STF: "Ainda quando alugado a terceiros, permanece imune ao IPTU o imóvel pertencente a qualquer das entidades referidas pelo art. 150, VI, *c*, da Constituição Federal, desde que o valor dos aluguéis seja aplicado nas atividades para as quais tais entidades foram constituídas". **(Errada)**

b) Conforme art. 150, I, da CF: "Sem prejuízo de outras garantias asseguradas ao contribuinte, é vedado à União, aos Estados, ao Distrito Federal e aos Municípios: I – exigir ou aumentar tributo sem lei que o estabeleça". A lei citada no dispositivo é, em regra, "lei ordinária" e não "lei complementar". **(Errada)**

c) Sobre a aplicação da imunidade recíproca, o art. 150, § 3º, da CF estabelece importante ressalva: "As vedações do inciso VI, *a*, e do parágrafo anterior **não se aplicam** ao patrimônio, à renda e aos serviços, relacionados com exploração de atividades econômicas regidas pelas normas aplicáveis a empreendimentos privados, ou em que haja contraprestação ou pagamento de preços ou tarifas pelo usuário, nem exonera o promitente-comprador da obrigação de pagar imposto relativamente ao bem imóvel" **(Errada)**

d) O Imposto de Renda é exceção ao princípio da anterioridade nonagesimal, conforme enuncia o art. 150, § 1º, da CF: "A vedação do inciso III, *b*, não se aplica aos tributos previstos nos arts. 148, I, 153, I, II, IV e V; e 154, II". **(Correta)**

Gabarito: letra D

8. (Cespe – DPE-PE – Defensor Público – 2018) A respeito dos princípios da anterioridade e da irretroatividade, ambos princípios constitucionais do sistema tributário, assinale a opção correta.

a) Todos os impostos se submetem aos princípios da anterioridade e da irretroatividade, mas as taxas, contribuições e demais espécies tributárias somente se submetem ao princípio da irretroatividade.

b) Todos os tributos devem se submeter aos princípios da anterioridade e da irretroatividade.

c) O princípio da irretroatividade aplica-se a todo tributo; o da anterioridade, por sua vez, admite exceções.

d) O princípio da irretroatividade se aplica apenas aos impostos e às taxas; o da anterioridade se aplica a todos os tipos de tributos.

e) O princípio da irretroatividade se aplica apenas aos tributos parafiscais; o da anterioridade, por sua vez, se aplica tanto aos tributos fiscais como aos extrafiscais.

COMENTÁRIO

a) O princípio da anterioridade, como sabemos, tem três grupos de exceções na CF/88 (art. 150, § 1º). A irretroatividade tem exceções no CTN mas sem qualquer relação com tributos específicos. **(Errada)**

b) *Idem*. **(Errada)**

c) Todos os tributos devem observar o princípio da irretroatividade (art. 150, III, *a*, CF). Entretanto, nem todos os tributos devem observar o princípio da anterioridade, cujas exceções estão previstas no art. 150, § 1º, CF. **(Correta)**

d) O art. 150, III, *a*, da CF, que trata do princípio da irretroatividade, se aplica a todos os tributos e não apenas aos impostos e às taxas. **(Errada)**

e) Os aspectos da fiscalidade, parafiscalidade e extrafiscalidade não se relacionam com as regras de aplicação dos princípios da irretroatividade e anterioridade. **(Errada)**

Gabarito: letra C

9. **(FGV – Câmara de Salvador – BA – Especialista – Advogado Legislativo – 2018)** Conforme previsto na Constituição da República de 1988, deve obediência integral aos princípios da legalidade, anterioridade anual e anterioridade nonagesimal, o imposto sobre:

a) a propriedade de veículos automotores;

b) a renda e proventos de qualquer natureza;

c) operações de crédito, câmbio e seguro, ou relativas a títulos ou valores mobiliários;

d) serviços de qualquer natureza;

e) a propriedade territorial urbana.

COMENTÁRIO

a) O IPVA deve obediência à legalidade, anterioridade anual, mas a fixação da sua base de cálculo constitui exceção ao princípio da anterioridade nonagesimal. **(Errado)**

b) O IR excepciona o princípio da anterioridade anual, devendo obediência apenas aos princípios da anterioridade nonagesimal e legalidade. **(Errado)**

c) O IOF constitui exceção aos princípios da anterioridade anual, nonagesimal e legalidade, sendo que, quanto à legalidade, apenas em relação à alteração de suas alíquotas dentro dos limites e condições legais. **(Errado)**

d) O ISS deve obediência aos três princípios constitucionais mencionados no enunciado da questão, quais sejam: legalidade, anterioridade anual e anterioridade nonagesimal. **(Correto)**

e) O IPTU sujeita-se à legalidade, anterioridade anual, mas a fixação da sua base de cálculo constitui exceção ao princípio da anterioridade nonagesimal. **(Errado)**

Gabarito: letra D

10. **(Cespe – Sefaz-RS – Auditor do Estado – Bloco II – 2018)** Após regular processo administrativo, determinado auditor tributário aplicou multa a contribuinte, em decorrência do não recolhimento de imposto. O valor da multa corresponde ao dobro do montante não recolhido com base em previsão legal.

Nessa situação hipotética:

a) não se aplica o princípio do não confisco, porque não se pode confundir multa com tributo;

b) não se aplicará o princípio do não confisco caso haja previsão legal nesse sentido;

c) a redução da multa é condicionada à anulação do processo administrativo;

d) não é possível a redução do valor da multa por decisão judicial;

e) houve violação do princípio do não confisco, dado o valor da multa aplicada.

COMENTÁRIO

A vedação do confisco é aplicada como critério para o controle de excessos tanto na imposição de tributos como de penalidades tributárias. O STF tem se manifestado no seguinte sentido:

"(...) multa tributária aplicada no patamar de 20% não possui caráter confiscatório, razão pela qual não se divisa a alegada ofensa aos dispositivos constitucionais suscitados. Precedentes" (STF, 1ª T., ARE 886.446 AgR, rel. Min. Rosa Weber, ago. 2016).

"MULTA FISCAL. PERCENTUAL SUPERIOR A 100%. CARÁTER CONFISCATÓRIO. ALEGADA OFENSA AO ART. 97 DA CONSTITUIÇÃO. INEXISTÊNCIA. AGRAVO IMPROVIDO. I – Esta Corte firmou entendimento no sentido de que são confiscatórias as multas fixadas em 100% ou mais do valor do tributo devido. II – A obediência à cláusula de reserva de plenário não se faz necessária quando houver jurisprudência consolidada do STF sobre a questão constitucional discutida" (STF, 2ª T., RE 748257 AgR, rel. Min. Ricardo Lewandowski, ago. 2013).

Gabarito: letra E

11. **(Cespe – PGE-PE – Procurador do Estado – 2018)** A técnica de tributação que observa o princípio da capacidade contributiva consiste em:

a) diminuir a alíquota na proporção da ampliação da base de cálculo;

b) majorar a carga tributária conforme a essencialidade do produto tributado;

c) estabelecer teto máximo de valor para o pagamento de determinados tributos, mantendo-se a modicidade tributária;

d) fixar alíquotas percentualmente menores para os contribuintes que tenham menor patrimônio pessoal;

e) confiscar bens considerados supérfluos em relação aos contribuintes que apresentem sinais externos de riqueza excessiva.

COMENTÁRIO

O princípio da capacidade contributiva tem previsão no art. 145, § 1º, da CF, determinando que, sendo possível, os impostos terão caráter pessoal e serão graduados segundo a capacidade econômica do contribuinte, sendo facultado à administração tributária identificar, respeitados os direitos individuais e nos termos da lei, o patrimônio, os rendimentos e as atividades econômicas do contribuinte.

O princípio da capacidade contributiva ganha alcance prático com as chamadas alíquotas progressivas, que aumentam ou diminuem em função da capacidade econômica do contribuinte, graduando a cobrança dos tributos de acordo com a riqueza revelada pelo sujeito passivo.

Gabarito: letra D

12. (FUNDATEC – AL-RS – Procurador – 2018) Assinale e alternativa correta a respeito da instituição e cobrança de tributos.

a) A anterioridade nonagesimal garante ao contribuinte o interstício de tempo entre a publicação da lei majoradora do tributo e sua incidência apta a gerar obrigações tributárias.

b) É constitucional a exigência de depósito prévio de dinheiro ou bens para admissibilidade de recurso administrativo cujo objeto seja o valor de taxa administrativa.

c) A exclusão do crédito tributário dispensa o cumprimento das obrigações tributárias acessórias dele dependente.

d) Segundo o entendimento do Superior Tribunal de Justiça, o parcelamento do débito tributário suspende o prazo de prescrição para execução fiscal.

e) É inconstitucional, em razão do princípio da anterioridade, a lei que dispensa a inscrição e a cobrança dos débitos tributários de pequeno valor.

COMENTÁRIO

a) A finalidade da anterioridade nonagesimal consiste em estabelecer um intervalo entre a publicação do novo tributo e sua exigência a fim de permitir que o contribuinte se prepare para o pagamento da nova exação. **(Correta)**

b) Súmula Vinculante 21 do STF: "É inconstitucional a exigência de depósito ou arrolamento prévios de dinheiro ou bens para admissibilidade de recurso administrativo". **(Errada)**

c) Art. 175, parágrafo único, do CTN: "A exclusão do crédito tributário não dispensa o cumprimento das obrigações acessórias, dependentes da obrigação principal cujo crédito seja excluído, ou dela consequente." **(Errada)**

d) "TRIBUTÁRIO. AGRAVO INTERNO EM RECURSO ESPECIAL. ADESÃO A PARCELAMENTO. PRESCRIÇÃO INTERROMPIDA ATÉ A EXCLUSÃO FORMAL. 1. O pedido de parcelamento resulta no reconhecimento dos débitos tributários correspondentes pelo devedor, sendo causa de interrupção da prescrição. Precedentes. 2. Inexistindo exclusão formal do parcelamento, fato esse não demostrado no decorrer da instrução processual, o prazo prescricional permanece interrompido. 3. Agravo interno a que se nega provimento" (STJ, 2ª T., Agint no REsp 1.615.178 / RS, rel. Min. Og Fernandes, 18-9-2018). **(Errada)**

e) Determina o art. 2º, § 3º, da Lei n. 6.830/80: "A inscrição, que se constitui no ato de controle administrativo da legalidade, será feita pelo órgão competente para apurar a liquidez e certeza do crédito e suspenderá a prescrição, para todos os efeitos de direito, por cento e oitenta dias ou até a distribuição da execução fiscal, se esta ocorrer antes de findo aquele prazo". A dispensa da cobrança de créditos tributários de pequeno valor não guarda qualquer relação com o princípio da anterioridade. **(Errada)**

Gabarito: letra A

13. (CESPE/CEBRASPE – SEFAZ-DF – Auditor Fiscal – 2020) No que se refere a aplicação da lei e responsabilidade tributária, julgue o item seguinte.

O Código Tributário Nacional admite a aplicação do princípio da insignificância aos ilícitos tributários, de modo que a ocorrência da infração fiscal depende da análise da efetividade e da extensão dos efeitos do ato.

( ) Certo ( ) Errado

COMENTÁRIO

A jurisprudência dos tribunais superiores admite a aplicação do Princípio da Insignificância aos ilícitos tributários, e não o CÓDIGO TRIBUTÁRIO NACIONAL. Além disso, o CTN é claro ao dispor que a responsabilidade por infrações da legislação tributária independe da efetividade e da extensão dos efeitos do ato, salvo disposição de lei em contrário.

CTN. "Art. 136. Salvo disposição de lei em contrário, a responsabilidade por infrações da legislação tributária independe da intenção do agente ou do responsável e da efetividade, natureza e extensão dos efeitos do ato".

Gabarito: Errado

14. (CESPE/CEBRASPE – SEFAZ-DF – Auditor Fiscal – 2020) Julgue o próximo item, com base no disposto na Lei Orgânica do DF, na Constituição Federal de 1988 e no Código Tributário Nacional (CTN).

A majoração de qualquer tributo por medida provisória somente produzirá efeitos no exercício financeiro seguinte se for convertida em lei até o último dia do exercício em que tiver sido editada.

( ) Certo ( ) Errado

COMENTÁRIO

De acordo com o § 2º do art. 62 da Constituição Federal de 1988 (CF), essa norma somente é aplicável para os impostos, não para qualquer tributo. Além disso, mesmo para os impostos, ela não é aplicável para os que incidem sobre importação, sobre exportação, IPI, IOF e impostos extraordinários.

Gabarito: Errado

15. (CESPE/CEBRASPE – MPE-CE – Analista Ministerial – 2020) Determinado estado da Federação não promoveu a instituição, a previsão e a efetiva arrecadação de todos os impostos de sua competência constitucional em 2019.

A respeito dessa situação hipotética, julgue o item subsecutivo.

Caso esse estado decida pela instituição desses impostos faltantes em 2020, a efetiva arrecadação será imediata, logo após a instituição dos referidos tributos estaduais.

( ) Certo ( ) Errado

COMENTÁRIO

A cobrança não pode ser imediata, uma vez que a União, Estados, DF e Municípios, via de regra, ao instituir ou majorar tributos, devem respeitar a anterioridade anual e a anterioridade nonagesimal, nos termos do art. 150, III, *b* e *c*, da CF/88: "Sem prejuízo de outras garantias asseguradas ao contribuinte, é vedado à União, aos Estados, ao Distrito Federal e aos Municípios:

(...)

III – cobrar tributos:

b) no mesmo exercício financeiro em que haja sido publicada a lei que os instituiu ou aumentou;

c) antes de decorridos noventa dias da data em que haja sido publicada a lei que os instituiu ou aumentou, observado o disposto na alínea *b*;"

Gabarito: Errado

16. (FCC – TJ-MS – Juiz Substituto – 2020) A respeito do princípio da anterioridade tributária, é correto afirmar:

a) Medida provisória pode instituir ou majorar imposto e, neste caso, a obediência à anterioridade anual tributária pressupõe a sua conversão em lei até o último dia do exercício financeiro em que for editada, para que a nova norma possa ser aplicada no ano seguinte.
b) A lei estadual que implique em postergação de novas hipóteses de creditamento relativo ao Imposto sobre Circulação de Mercadorias e Serviços (ICMS) sujeita-se à regra da anterioridade tributária.
c) Há tributos que podem ser majorados sem precisar observar o principio da anterioridade anual, todavia essas exceções se aplicam apenas a alguns impostos federais.
d) O Senado Federal pode majorar alíquotas do Imposto sobre Circulação de Mercadorias e Serviços (ICMS) sem que seja aplicável o princípio da anterioridade anual.
e) A majoração da base de cálculo do Imposto Sobre Propriedade Territorial Urbana (IPTU) deve respeitar o princípio da anterioridade nonagesimal.

COMENTÁRIO

a) Art. 62, § 2º, da CF: "Medida provisória que implique instituição ou majoração de impostos, exceto os previstos nos arts. 153, I, II, IV, V, e 154, II, só produzirá efeitos no exercício financeiro seguinte se houver sido convertida em lei até o último dia daquele em que foi editada". **(Correta)**
b) Tese de repercussão geral fixada – 382 STF:
A postergação do direito do contribuinte do ICMS de usufruir de novas hipóteses de creditamento, por não representar aumento do tributo, não se sujeita à anterioridade nonagesimal prevista no art. 150, III, *c*, da Constituição. **(Errada)**
c) CIDE-combustível e ICMS-combustível, quando houver redução e/ou restabelecimento das alíquotas, não observam o princípio da anterioridade anual. Ou seja, não somente impostos federais, a exemplo de II, IE e outros. **(Errada)**
d) A Constituição Federal não atribui competência ao Senado para aumentar alíquotas do ICMS. **(Errada)**
e) A majoração da base de cálculo do Imposto Sobre Propriedade Territorial Urbana (IPTU) não deve respeitar o princípio da anterioridade nonagesimal. **(Errada)**

Gabarito: **letra A**

17. (VUNESP – EBSERH – Advogado – 2020) É correta a correlação entre o princípio jurídico da tributação e o dispositivo constitucional contida na alternativa:

a) parafiscalidade – possibilidade de estabelecimento de limitações ao tráfego de pessoas ou bens, por meio de tributos interestaduais ou intermunicipais.
b) legalidade – proibição à utilização de tributo com efeito de confisco.
c) irretroatividade – vedação à cobrança de tributos em relação a fatos geradores ocorridos antes do início da vigência da lei que os houver instituído ou aumentado.
d) anualidade – vedação à exigência ou aumento de tributo sem lei que o estabeleça.
e) hierarquia federativa – possibilidade de a União instituir isenções de tributos da competência dos Estados, do Distrito Federal ou dos Municípios.

COMENTÁRIO

a) Ocorre a parafiscalidade quando o Ente instituidor do Tributo repassa a atividade de arrecadação e fiscalização a outro Ente. Em verdade, a CF VEDA o estabelecimento de limitações ao tráfego de pessoas ou bens, por meio de tributos interestaduais ou intermunicipais, SALVO O PEDÁGIO. **(Errada)**
b) Na legalidade tributária, é VEDADO aos entes federados exigir ou aumentar tributo sem lei. A proibição à utilização de tributo com efeito de confisco se refere ao princípio da vedação ao confisco.
c) **Correta**.

d) A anualidade ou periodicidade é princípio aplicável ao Direito Financeiro e traduz-se na ideia de que o orçamento é lei de vigência anual. Exceção (art. 167, § 2º, CF): os créditos especiais e extraordinários (espécies de créditos adicionais) autorizados nos últimos 4 meses do exercício, reabertos nos limites de seus saldos, serão incorporados ao orçamento subsequente. Já a vedação à exigência ou aumento de tributo sem lei que o estabeleça se refere ao princípio da legalidade tributária.

e) A hierarquia federativa tem aplicação em Direito Administrativo, mais especificamente nas servidões administrativas, nas quais é possível a incidência da servidão sobre bens públicos, desde que respeitada a hierarquia federativa. Em verdade, é VEDADO à União instituir isenções de tributos da competência dos Estados, do Distrito Federal ou dos Municípios (vedação à isenção heterônoma ou heterotópica).

Gabarito: letra C

5

IMUNIDADES TRIBUTÁRIAS

Acesse também a videoaula pelo *link*:
http://somos.in/MDT0706

5.1 NATUREZA JURÍDICA

Assim como os princípios tributários, as imunidades têm **natureza jurídica dúplice**, na medida em que são, ao mesmo tempo, **limitações constitucionais ao poder de tributar**, restringindo o poder do Fisco de instituir tributos, e também **garantias fundamentais do contribuinte.**

FGV: A prova de Auditor da Sefaz/RJ de 2011 considerou ERRADA a afirmação: "As imunidades seguem as regras de competência previstas na Constituição, mas são criadas por meio de lei".

A natureza de limitações constitucionais ao poder de tributar está declarada no título da Seção II do Sistema Tributário Nacional que, ao tratar das imunidades tributárias, se autodeclara "Das Limitações ao Poder de Tributar"[STJ].

STJ: "DIREITO TRIBUTÁRIO E INTERNACIONAL PÚBLICO. COBRANÇA DE TRIBUTO DE ESTADO ESTRANGEIRO. O Município não pode cobrar IPTU de Estado estrangeiro, embora possa cobrar taxa de coleta domiciliar de lixo. Encontra-se pacificado na jurisprudência do STJ o entendimento de que os Estados estrangeiros possuem imunidade tributária e de jurisdição, segundo os preceitos das Convenções de Viena de 1961 (art. 23) e de 1963 (art. 32), que concedem isenção sobre impostos e taxas, ressalvadas aquelas decorrentes da prestação de serviços individualizados e específicos que lhes sejam prestados. Assim, em tese, a Taxa de Coleta Domiciliar de Lixo que decorra da prestação de serviço específico pode ser cobrada do Estado estrangeiro. Ademais, a Súmula Vinculante 19 do STF preconiza que 'a taxa cobrada exclusivamente em razão dos serviços públicos de coleta, remoção e tratamento ou destinação de lixo ou resíduos provenientes de imóveis não viola o art. 145, II, da Constituição Federal'" (2ª T., RO 138-RJ, rel. Min. Herman Benjamin, j. 25-2-2014).

Já o *status* de garantias fundamentais dos contribuintes decorre do disposto no art. 150, *caput*, da Constituição Federal, segundo o qual: "Sem prejuízo de **outras garantias asseguradas ao contribuinte**, é vedado à União, aos Estados, ao Distrito Federal e aos Municípios (...)".

Da natureza que as imunidades tributárias têm de garantias fundamentais e limitações ao poder de tributar decorrem as seguintes **consequências**:

1) imunidades tributárias constituem cláusulas pétreas: isso porque, nos termos do art. 60, § 4º, IV, da CF, não será objeto de deliberação a proposta de emenda constitucional tendente a abolir direitos e garantias fundamentais. Desse modo, as **imunidades tributárias não podem ser reduzidas ou suprimidas por emenda constitucional**, fazendo parte do núcleo imodificável da Constituição[STF];

> Cespe: A prova de Procurador de Fortaleza de 2017 considerou CORRETA a afirmação: "A imunidade tributária recíproca que veda à União, aos estados, ao DF e aos municípios instituir impostos sobre o patrimônio, renda ou serviços uns dos outros é cláusula pétrea".

> Cespe: A prova da Magistratura Federal da 5ª Região de 2013 considerou CORRETA a afirmativa: "A imunidade tributária recíproca é princípio garantidor da Federação, motivo pelo qual não pode ser restringida nem mesmo por emenda constitucional".

> STF: "Ainda que não se trata tecnicamente de direitos e garantias individuais, as imunidades, todas elas, instrumentos de salvaguarda fundamentais de princípios, liberdades e direitos básicos da Constituição, como liberdade religiosa, de manifestação do pensamento, pluralismo político do regime, a liberdade sindical, a solidariedade social, o direito à educação e assim por diante" (ADIn 939, voto do rel. Min. Sepúlveda Pertence).

2) a regulamentação infraconstitucional das imunidades tributárias exige lei complementar: de acordo com o que dispõe o art. 146, II, da CF, é necessária lei complementar para regulamentar limitação constitucional ao poder de tributar. Por isso, havendo qualquer necessidade de editar lei disciplinando, em nível infraconstitucional, uma imunidade tributária, tal lei obrigatoriamente deve ser lei complementar;

> Consulplan: A prova de Cartório/MG de 2015 considerou CORRETA a assertiva: "As limitações constitucionais ao poder de tributar devem ser reguladas por meio de lei complementar"

3) é vedada a edição de medida provisória para a regulamentação infraconstitucional de imunidade tributária: como a regulamentação das limitações constitucionais ao poder de tributar está sob reserva de lei complementar (art. 146, II, da CF), e a Constituição Federal veda a edição de medida provisória sobre temas exclusivos de lei complementar (art. 62, § 1º, III, da CF: "é vedada a edição de medidas provisórias sobre matéria: III – reservada a lei complementar"), conclui-se pela absoluta proibição da edição de medida provisória versando sobre a regulamentação de imunidade tributária;

4) imunidades devem ser invocadas em favor do contribuinte, e não em favor do Fisco: sendo as imunidades tributárias limitações ao poder de tributar, constituem regras restritivas da atuação do Fisco e favoráveis ao contribuinte. Desse modo, seria um contrassenso admitir a utilização de uma garantia contra o interesse de seu beneficiário. Por isso, qualquer invocação concreta de imunidades tributárias, ou de regras delas decorrentes, somente pode ser feita em favor do contribuinte e em desfavor do Fisco, nunca o contrário.

5.2 CONCEITOS DOUTRINÁRIOS

Devido à grande importância do tema para provas e concursos, convém fazer uma rápida referência aos conceitos de imunidade apresentados por alguns de nossos doutrinadores mais renomados, destacando elementos fundamentais que merecem especial atenção.

Paulo de Barros Carvalho: "Imunidades são uma classe finita e imediatamente determinável de normas jurídicas, **contidas no texto da Constituição Federal**, e que **estabelecem, de modo expresso, a incompetência das pessoas políticas** de direito constitucional interno para expedir regras instituidoras de tributos que alcancem situações específicas e suficientemente caracterizadas"[1].

Aliomar Baleeiro: "Imunidades são **vedações absolutas ao poder de tributar** certas pessoas ou certos bens"[2].

Hugo de Brito Machado: "Imunidade é o **obstáculo decorrente de regra da Constituição à incidência** de regra jurídica de tributação"[3].

José Eduardo Soares de Melo: "Imunidade consiste na **exclusão da competência** da União, Estados, Distrito Federal e Municípios **para instituir tributos relativamente a determinados atos, fatos e pessoas**, expressamente previstos na Constituição Federal"[4].

Desse modo, reunindo os elementos fundamentais integrantes dos conceitos doutrinários acima transcritos é possível identificar o seguinte denominador comum acerca da conceituação do instituto das imunidades tributárias:

1) são normas contidas no texto da Constituição Federal;

2) atuam limitando as regras de competência tributárias das entidades federativas;

3) afastam a possibilidade de instituição de tributos sobre determinados atos, fatos e pessoas.

Com base na síntese dos conceitos acima transcritos, podemos apresentar a nossa conceituação de imunidades tributárias.

---

1. *Curso de Direito Tributário*, p. 236.
2. *Direito Tributário Brasileiro*, p.113.
3. *Curso de Direito Tributário*, p. 285.
4. *Curso de Direito Tributário*, p. 156.

5.3 NOSSO CONCEITO

Imunidades são normas constitucionais que limitam a competência tributária afastando a incidência de tributos sobre determinados itens ou pessoas.

A análise do conceito apresentado exige a compreensão dos seguintes elementos:

a) **imunidades são normas constitucionais;**

b) **que limitam a competência tributária;**

c) **afastando a incidência de tributos sobre determinados produtos ou pessoas.**

Passemos à análise detalhada de cada uma das partes integrantes do conceito proposto.

5.3.1 Imunidades são normas constitucionais

O primeiro elemento integrante do conceito aponta para a **natureza das imunidades tributárias como normas ontologicamente constitucionais**, ou seja, dentro da pirâmide representativa do ordenamento jurídico pátrio, o único patamar onde as regras imunizantes podem estar alocadas é dentro do próprio Texto Maior.

E existe uma razão para isso.

Como as imunidades atuam sistemicamente limitando o alcance das regras constitucionais atribuidoras da competência tributária, as imunidades somente poderiam ocupar o mesmo *status* hierárquico das normas com as quais interagem, isto é, o nível constitucional.

Daí afirmar-se que as imunidades tributárias são "hipóteses de não incidência constitucionalmente qualificadas", "normas ontologicamente constitucionais", "fenômenos normativos necessariamente constitucionais".

Tais expressões consagradas na doutrina reconhecem que a **imunidade é um instituto necessariamente previsto na Constituição Federal.**

Curioso destacar que a natureza da imunidade como norma constitucional prevalece sobre a nomenclatura utilizada pelo constituinte. Assim, mesmo que o texto constitucional empregue nomes como "isenção", "não incidência", ou termos correlatos para se referir à exclusão da incidência tributária, o fenômeno será imunidade.

É o que ocorre, entre tantos exemplos, com a norma prevista no art. 195, § 7º, da CF, segundo o qual: "São **isentas** de contribuição para a seguridade social as entidades beneficentes de assistência social que atendam às exigências estabelecidas em lei".

Embora o termo usado seja "isentas", trata-se de verdadeira imunidade, porque **o *status* constitucional prevalece sobre a nomenclatura utilizada**[STF].

> STF: "Isenção prevista na Constituição imunidade é, conforme entendimento já firmado por esta Corte" (ADIMC 2.028, voto do Min. rel. Moreira Alves, *DJ* 16-6-2000).

5.3.2 Imunidades limitam a competência tributária

O segundo elemento do conceito de imunidade faz referência à sua função limitadora da competência tributária. Em razão das imunidades previstas no texto constitucional, as entidades federativas já recebem as competências tributárias parcialmente subtraídas quanto ao seu alcance potencial, na medida em que os entes tributantes ficam impedidos de instituir tributos sobre pessoas e itens protegidos pelas regras imunizantes.

> Esaf: A prova de Auditor-Fiscal da Receita Federal de 2009 considerou CORRETA a afirmação: "A forma de desoneração tributária pela qual não nascem nem a obrigação tributária, nem o respectivo crédito por força do não exercício da competência a que tem direito o poder tributante denomina-se imunidade".

5.3.3 Imunidades afastam a incidência de tributos sobre determinados produtos ou pessoas

Por fim, as imunidades são normas constitucionais voltadas a afastar a incidência de tributos sobre determinados itens ou pessoas. Embora os casos mais comuns sejam de imunidades que excluam somente a incidência de impostos, há casos de normas imunizantes atingindo as demais espécies tributárias. Assim, **não é mais correto afirmar que imunidade afasta somente impostos.**

Importante destacar também que existem imunidades prioritariamente destinadas a **proteger pessoas**, denominadas imunidades subjetivas (ex.: imunidade das entidades federativas, art. 150, VI, *a*, da CF), e outras imunidades voltadas a **tutelar produtos**, chamadas de imunidades objetivas (ex.: imunidade dos livros, jornais e periódicos, art. 150, VI, *d*, da CF). A diferença entre imunidades subjetivas e objetivas será explicada mais detalhadamente nos itens seguintes.

5.4 IMUNIDADE E ISENÇÃO

Imunidade e isenção possuem, do ponto de vista extrajurídico, uma grande semelhança, isso porque na prática as duas figuras liberam o contribuinte de efetuar o pagamento do tributo.

Do ponto de vista do Direito Tributário, porém, **imunidade e isenção são institutos inconfundíveis.**

Como visto nos itens anteriores, a imunidade é uma norma constitucional que limita a competência tributária, afastando a incidência de tributos sobre determinados itens ou pessoas. Assim, a **imunidade opera no plano constitucional**, interagindo com as regras que definem a competência para a instituição de tributos **antes que o fato gerador ocorra.**

A isenção é um benefício legal concedido pelo legislador que, excluindo o crédito tributário (art. 175 do CTN), libera o contribuinte de realizar o pagamento do tributo **após a ocorrência do fato gerador**.

Costuma-se dizer que, enquanto a imunidade é uma hipótese de não incidência constitucionalmente qualificada, a isenção é uma hipótese de não incidência legalmente qualificada.

No capítulo específico sobre causas de exclusão do crédito tributário, veremos que a outorga de isenção decorre de uma vontade política da própria entidade competente para instituir o tributo, porque, da mesma forma que a Constituição Federal confere a aptidão para arrecadar determinado tributo, permite também que o Ente Tributante delibere sobre dispensar legalmente o seu recolhimento em casos predeterminados. **A competência para isentar é um desdobramento da competência para instituir o tributo.**

> Cespe: A prova de Analista do TRE/ES de 2011 considerou CORRETA a afirmativa: "A isenção tributária não se confunde com a imunidade tributária. Entre seus traços distintivos, destaca-se o caráter discricionário do ato de concessão da isenção, praticado por ente federativo competente para a instituição do tributo, que pode incidir em face de todas as espécies tributárias, mediante estrito respeito ao princípio da reserva legal; já a imunidade tributária constitui matéria típica do texto constitucional".

No contexto específico das provas e concursos públicos, é comum serem apontadas as seguintes diferenças entre imunidade e isenção:

1) quanto ao nível hierárquico: imunidade é norma constitucional; isenção tem previsão em lei;

2) quanto à natureza jurídica: imunidade limita a competência tributária (antes do fato gerador); isenção dispensa o pagamento (depois do fato gerador);

3) quanto ao tipo de interpretação: tendo natureza de garantia fundamental, a imunidade deve ser interpretada ampliativamente, já a isenção interpreta-se de modo literal[STF] (art. 111, II, do CTN);

> STF: "Sob o pretexto de tornar efetivo o princípio da isonomia tributária, não pode o Poder Judiciário estender benefício fiscal sem que haja previsão legal específica. No caso em exame, a eventual conclusão pela inconstitucionalidade do critério que se entende indevidamente restritivo conduziria à inaplicabilidade integral do benefício fiscal. A extensão do benefício àqueles que não foram expressamente contemplados não poderia ser utilizada para restaurar a igualdade de condições tida por desequilibrada. Precedentes. Recurso extraordinário provido" (RE 405.579/PR, rel. Min. Joaquim Barbosa, j. 1º-12-2010, Tribunal Pleno).

4) quanto ao alcance: como regra, imunidades atingem impostos; isenções alcançam todos os tributos;

5) quanto ao efeito: imunidade exclui a competência tributária; isenção é manifestação da competência tributária;

6) quanto à revogabilidade: imunidades são irrevogáveis (cláusulas pétreas); isenções são benefícios revogáveis;

7) quanto à permanência: imunidades tendem à perenidade; isenções tendem à temporariedade.

Assim, as principais diferenças entre imunidade e isenção podem ser didaticamente sintetizadas conforme o quadro abaixo:

Quadro comparativo entre imunidade e isenção

IMUNIDADE	ISENÇÃO
na CONSTITUIÇÃO FEDERAL	na LEI
LIMITA A COMPETÊNCIA TRIBUTÁRIA (antes do fato gerador)	DISPENSA O PAGAMENTO (depois do fato gerador)
INTERPRETAÇÃO AMPLIATIVA	INTERPRETAÇÃO LITERAL (art. 111, II, do CTN)
em regra, alcança SÓ IMPOSTOS	alcança TODOS OS TRIBUTOS
EXCLUI A COMPETÊNCIA TRIBUTÁRIA	É DECORRÊNCIA DA COMPETÊNCIA TRIBUTÁRIA
IRREVOGÁVEL	REVOGÁVEL
PERENE	TENDE À TEMPORARIEDADE

5.5 OUTROS INSTITUTOS AFINS

Existem outros institutos que se assemelham à imunidade no sentido de também liberarem o contribuinte de realizar o pagamento do tributo. Além da **isenção simples (autonômica)**, é o caso da **isenção heterônoma,** da **não incidência**, da **alíquota zero**, da **desoneração**, do **crédito presumido** e da **base reduzida.**

Juridicamente é importante identificar os pontos em que tais figuras se distinguem das imunidades.

Passemos à análise separada de cada caso.

5.5.1 Diferença entre imunidade e isenção autonômica

Isenções simples ou autonômicas (ou autônomas) são aquelas concedidas por lei **da mesma entidade competente para instituir o tributo**. Assim, por exemplo, sendo o IPTU tributo municipal, quando o próprio município outorga isenção de IPTU trata-se de isenção autonômica.

Em regra, isenções somente podem ser concedidas pela entidade competente para instituir o tributo. No Brasil predominam as isenções autonômicas.

Assim, as diferenças entre imunidade e isenção autonômica são todas aquelas mesmas apontadas nos itens anteriores existentes entre imunidade e isenção. Em especial merecem destaque duas diferenças principais:

a) a imunidade é uma norma prevista na Constituição Federal, enquanto a isenção autonômica é prevista na lei;

b) a imunidade limita a competência tributária, ao passo que a isenção dispensa o contribuinte de realizar o pagamento do tributo.

5.5.2 Diferença entre imunidade e isenção heterônoma

Isenção imprópria ou heterônoma é um **tipo especial de isenção concedida por entidade diversa daquela competente para instituir o tributo**. Trata-se de uma exceção à autonomia dos entes políticos para conceder benefícios aos seus próprios tributos. Por isso, **somente a Constituição Federal pode prever isenções heterônomas.**

Atualmente, a Constituição Federal prevê **apenas dois casos** de isenções heterônomas, **ambos em favor da União**:

> FGV: A prova de Procurador do TCM/RJ de 2008 considerou ERRADA a afirmação: "Segundo a Constituição de 1988, é vedado à União conceder isenção heterônoma".

a) art. 155, § 2º, XII, *e*: cabe à lei complementar da União excluir da incidência do ICMS nas exportações de serviços e produtos além dos mencionados no inciso X, *a*;

b) art. 156, § 3º, II: cabe à lei complementar da União excluir da incidência do ISS a exportação de serviços do exterior.

Assim, nas isenções heterônomas atualmente existentes, a União concede isenções de tributos estaduais (ICMS) e municipais (ISS).

Mas, se tanto a imunidade quanto a isenção heterônoma estão previstas na Constituição Federal, qual a diferença entre os institutos?

Simples. Embora prevista na Constituição Federal, **a isenção heterônoma, como toda isenção, é concedida por lei e não pela Constituição.**

Na imunidade a própria norma constitucional exclui a incidência do tributo. Já na isenção heterônoma, a norma constitucional manda o legislador dar a isenção, de modo que o texto constitucional em si não tem qualquer poder de excluir o pagamento do tributo.

Enquanto nas imunidades o contribuinte extrai da Constituição uma garantia direta e imediata de que não recolherá o tributo, nas isenções heterônomas a norma constitucional não traz qualquer benefício direto e imediato ao contribuinte beneficiário, porque toda a eficácia do dispositivo fica condicionada à promulgação da futura lei concessiva da isenção.

5.5.3 Diferença entre imunidade e não incidência

Não incidência é a situação em que o tributo é indevido porque **não ocorreu o seu fato gerador.** Trata-se de fato tributariamente atípico, ou seja, não enquadrado na hipótese de incidência tributária.

> FCC: A prova de Analista Judiciário do TRF2 de 2012 considerou CORRETA a afirmação: "O fato gerador está fora do alcance da regra jurídica, não nascendo assim a obrigação de pagar o tributo. O fato ocorrido é atípico". Tal situação diz respeito à não incidência.

É caso, por exemplo, da tentativa de exigir ISS sobre locação. Como locação não é serviço, o ISS é indevido diante da não ocorrência de seu fato gerador. Tal entendimento está consolidado na doutrina e jurisprudência, conforme o teor da Súmula Vinculante 31 do STF: "É inconstitucional a incidência do Imposto sobre Serviços de Qualquer Natureza – ISS sobre operações de locação de bens móveis".

A diferença para a imunidade é que **o fenômeno da não incidência tributária dispensa a existência de norma constitucional específica protegendo o contribuinte contra a ação do Fisco.**

Como veremos nos capítulos seguintes, toda hipótese de incidência tributária é composta por um verbo e um complemento. No caso do Imposto de Renda, por exemplo, o verbo da hipótese de incidência é "auferir", e o complemento, "renda". Há casos em que o Fisco tenta exigir tributo, fora das situações enquadradas na hipótese de incidência, descaracterizando o verbo e outros casos em que ocorre desnaturação do complemento.

Permanecendo no exemplo do Imposto de Renda. Se o Fisco Federal lança o Imposto de Renda sobre a venda não lucrativa de um imóvel, o tributo é indevido por não ocorrência do fato gerador em razão da descaracterização do verbo da hipótese. Se a venda não foi lucrativa, não houve "acréscimo", inexistiu "auferição". Já na hipótese de contribuinte que recebe uma restituição de tributo do governo, também inexiste dever de recolhimento do Imposto de Renda devido à desqualificação do complemento da hipótese de incidência. Tais valores não se enquadram como renda.

Nota-se, portanto, que o raciocínio que leva à proteção do contribuinte nos casos de não ocorrência do fato gerador é totalmente diferente daquele utilizado nas hipóteses de imunidade.

5.5.4 Diferença entre imunidade e alíquota zero

Outro instituto que produz um efeito prático similar ao da imunidade por liberar o contribuinte do pagamento do tributo é a alíquota zero. Trata-se da forma de desoneração tributária por meio da qual o legislador, ou Poder Executivo, elimina a tributação sobre determinado item, **zerando a alíquota** incidente sobre a base de cálculo **de modo a excluir qualquer valor devido pelo contribuinte**.

Nesse caso, ocorre a incidência da hipótese sobre o fato imponível. **Surge o fato gerador**, nasce a obrigação tributária, **mas não há valor devido**.

É totalmente diferente da imunidade, na medida em que, no caso desta última, sequer se dá a ocorrência do fato gerador, pois a norma imunizante limita a competência tributária, evitando o nascimento da obrigação tributária antes mesmo de o fato gerador ocorrer.

> FCC: A prova de Analista Judiciário do TRF2 de 2012 considerou CORRETA a afirmação: "O fato gerador não ocorre, visto que, mesmo que haja uma lei, ordinária ou complementar, a Constituição Federal prevalece. Logo, a lei infraconstitucional não pode obrigar o pagamento do tributo". Tal situação diz respeito à imunidade.

Além disso, ao contrário das imunidades, que são benefícios concedidos diretamente pelo texto constitucional, a alíquota zero é sempre conferida no plano infraconstitucional, tanto por meio de lei quanto via ato administrativo.

5.5.5 Diferença entre imunidade e desoneração

Desoneração é uma nomenclatura genérica utilizada para designar qualquer benefício fiscal capaz de reduzir a carga tributária suportada pelo contribuinte. Assim, pode-se dizer que isenção, imunidade, alíquota zero, base reduzida e até a extinção de um tributo sejam formas de desoneração.

Desse modo, pode-se dizer que a imunidade é uma espécie do gênero desoneração. Essa é a diferença entre os dois institutos.

5.5.6 Diferença entre imunidade e crédito presumido

O crédito presumido consiste em um instrumento fiscal utilizado pelo legislador, ou pelo Executivo, por meio do qual são atribuídos créditos de determinado tributo ao contribuinte visando à compensação nas operações seguintes, sem que tais créditos tenham sido efetivamente gerados em operação anterior. Com isso, o contribuinte se credita, realizando posterior abatimento do valor creditado no recolhimento seguinte do tributo, operação que resulta no pagamento de valor menor do que seria recolhido sem o crédito presumido.

Esse sistema somente pode ser utilizado nos tributos submetidos à denominada incidência em cadeia, como ICMS, IPI, PIS/Cofins, entre outros.

Como o modelo do crédito presumido é sempre previsto em diplomas normativos infraconstitucionais (leis, atos administrativos etc.), nisso reside sua principal diferença para o instituto da imunidade tributária, já que esta é sempre um benefício com natureza constitucional.

5.5.7 Diferença entre imunidade e base reduzida

Base reduzida é outra forma de desoneração fiscal por meio da qual o legislador, ou Poder Executivo, promove um abatimento quantitativo na grandeza econômica sobre a qual o tributo incide (desconto na base de cálculo) para que, ao ser aplicada a alíquota, o produto final, ou seja, o valor devido, seja inferior àquele que resultaria da utilização da base de cálculo integral.

Quanto à diferenciação perante a figura da imunidade tributária, valem os mesmos comentários feitos em relação aos institutos anteriormente analisados. O mecanismo da base reduzida é um benefício concedido por lei ou mediante ato administrativo, ao contrário da imunidade, que está sempre fundamentada na Constituição Federal.

5.6 TIPOS DE IMUNIDADES

A doutrina identifica diversos tipos de imunidades tributárias, dividindo-as didaticamente para facilitar o estudo do tema.

1) Quanto à finalidade, as imunidades dividem-se em: a) subjetivas; b) objetivas;

2) Quanto à abrangência, classificam-se em: a) gerais; b) específicas;

3) Quanto às espécies alcançadas, podem ser: a) tributárias; b) impositivas;

4) Quanto à aplicabilidade, são: a) autoaplicáveis ou incondicionadas; b) não autoaplicáveis ou condicionadas;

5) Quanto à natureza, dividem-se em: a) ontológicas; b) políticas.

Passemos ao estudo detalhado de cada categoria.

5.6.1 Imunidades subjetivas

Embora, em última análise, toda imunidade seja concedida em benefício de pessoas, algumas imunidades são mais diretamente voltadas à proteção de pessoas do que à tutela de itens, atos ou fatos. Dá-se o nome de imunidade subjetiva **quando o benefício constitucional for imediatamente dirigido à proteção de pessoas**.

É o caso, por exemplo, da imunidade religiosa, prevista no art. 150, VI, *b*, da Constituição Federal, segundo o qual: "Sem prejuízo de outras garantias asseguradas ao contribuinte, é vedado à União, aos Estados, ao Distrito Federal e aos Municípios: VI – instituir impostos sobre: b) templos de qualquer culto".

Como se sabe, em que pese o texto constitucional mencionar os "templos de qualquer culto", a imunidade não afasta somente os impostos sobre o local onde a cerimônia religiosa é realizada. Na verdade, trata-se de uma imunidade em favor das instituições religiosas como um todo, protegendo-as contra a incidência de qualquer imposto.

Importante destacar que o principal efeito de classificar uma imunidade como do tipo protetivo de pessoas é que **imunidades subjetivas afastam a incidência de todos os impostos.**

Assim, por exemplo, sendo protegidas por imunidade subjetiva, as instituições religiosas não pagam nenhum imposto.

São também imunidades subjetivas: a) imunidade das entidades federativas (art. 150, VI, *a*, da CF); b) imunidade dos partidos políticos, entidades de classe e instituições assistenciais (art. 150, VI, *c*, da CF).

5.6.1.1 Imunidades e impostos indiretos

Impostos indiretos são aqueles pagos por determinada pessoa (contribuinte de direito) mas repassados dentro do preço da mercadoria a um terceiro (contribuinte de fato). Como o contribuinte de fato não tem qualquer relação jurídica com o Fisco, as imunidades tributárias subjetivas só protegem nos impostos indiretos o contribuinte de direito.

Assim, por exemplo, não se pode invocar a regra imunizante do art. 150, VI, *b*, da CF para afastar o ICMS sobre conta telefônica de entidade religiosa, isso porque a verdadeira contribuinte (de direito) do imposto é a operadora de telefonia. Sendo a entidade religiosa mera contribuinte "de fato", o ICMS é integralmente devido na hipótese.

5.6.2 Imunidades objetivas

De outro lado, existem imunidades dirigidas para a proteção, não de pessoas, mas de produtos ou itens determinados. **Denomina-se imunidade objetiva aquela voltada a afastar a incidência de impostos sobre produtos**, e não para proteger diretamente pessoas.

É o caso, por exemplo, da denominada imunidade de imprensa, prevista no art. 150, VI, *d*, da Constituição Federal, segundo o qual: "Sem prejuízo de outras garantias asseguradas ao contribuinte, é vedado à União, aos Estados, ao Distrito Federal e aos Municípios: VI – instituir impostos sobre: d) livros, jornais, periódicos e o papel destinado a sua impressão".

A imunidade de imprensa não é dirigida à proteção imediata das pessoas que produzem ou vendem livros, jornais e periódicos, mas para a proteção direta de tais itens.

A principal característica de uma imunidade objetiva é que ela **não afasta todos os impostos, mas somente aqueles diretamente incidentes sobre o item protegido.**

Assim, um livro, por exemplo, não sofre tributação de IPI no processo de sua fabricação, ICMS na venda ou IE na exportação, porque tais impostos incidem diretamente sobre o item protegido pela imunidade. Porém, a editora que produziu tal livro e a livraria responsável por sua comercialização têm de recolher todos os impostos pessoais, como IR, IPTU ou IPVA, já que estes não guardam qualquer relação com o livro.

5.6.3 Imunidades gerais

São chamadas de imunidades gerais aquelas que, com o objetivo de proteger determinada pessoa ou certo produto, **afastam a incidência de mais de um tributo.**

Podem ser mencionadas como exemplos de imunidades gerais, entre outras, as previstas no art. 150, VI, da Constituição Federal, a saber:

a) das entidades federativas (alínea *a*);

b) religiosa (alínea *b*);

c) dos partidos políticos e outras entidades (alínea *c*);

d) de imprensa (alínea *d*);

e) dos fonogramas e videofonogramas musicais produzidos no Brasil (alínea *e*).

5.6.4 Imunidades específicas

Imunidades específicas são as previstas no texto constitucional **afastando a incidência de um só tributo.**

Diante de dezenas de casos de imunidades específicas previstas na Constituição de 1988, podem ser mencionados os seguintes exemplos:

a) IPI sobre produtos destinados ao exterior (art. 153, § 3º, III, da CF);

b) ITR sobre pequenas glebas rurais (art. 153, § 4º, II, da CF);

c) ICMS sobre operações com ouro definido em lei como ativo financeiro (art. 155, § 2º, X, c, da CF);

d) ICMS sobre serviço de comunicação nas modalidades de radiodifusão sonora e de sons e imagens de recepção livre e gratuita (art. 155, § 2º, X, *d*, da CF).

5.6.5 Imunidades tributárias

Denominam-se **imunidades tributárias** aquelas cuja abrangência ultrapassa o âmbito específico dos impostos. É o caso, por exemplo, das entidades assistenciais que têm imunidade a contribuições sociais (art. 195, § 7º, da CF).

5.6.6 Imunidades impositivas

Já as imunidades impositivas são aquelas que **excluem a incidência somente de impostos**. Por exemplo: art. 184, § 5º, da CF ("As operações de transferência de imóveis desapropriados para fins de reforma agrária são imunes a todos os impostos").

5.6.7 Imunidades autoaplicáveis ou incondicionadas

As imunidades autoaplicáveis ou incondicionadas são aquelas **aparelhadas para completa e imediata produção de efeitos**, inexigindo regulamentação infraconstitucional. Exemplo: imunidade recíproca (art. 150, VI, *a*, da CF).

> Cespe: A prova de Procurador de Fortaleza de 2017 considerou ERRADA a afirmação: "As imunidades tributárias incondicionadas são autoaplicáveis e independem de regulamentação, sendo admitida, entretanto, a suspensão de seus efeitos, por ato declaratório da administração tributária, quando ficar demonstrada a sua inaplicabilidade a fato jurígeno tributário".

5.6.8 Imunidades não autoaplicáveis ou condicionadas

Por outro lado, as imunidades não autoaplicáveis ou condicionadas **exigem**, para que o beneficiário delas usufrua, **o preenchimento de requisitos previstos em nível infraconstitucional**. Exemplo: imunidade das entidades educacionais e assistenciais sem fins lucrativos "nos termos da lei" (art. 150, VI, *d*, da CF).

5.6.9 Imunidades ontológicas[5] ou essenciais

As imunidades ontológicas são aquelas que representam **consequências necessárias de certo princípio constitucional maior**, especialmente o da isonomia, revestindo-se sempre de um caráter subjetivo. É o caso, por exemplo, da imunidade recíproca (art. 150, VI, *a*, da CF), que tem tal natureza na medida em que as entidades federativas, ante as incontáveis despesas com serviços públicos e gastos estatais, não revelam interesse público capaz de justificar o pagamento de impostos.

Por derivar de normas mais amplas, a imunidade ontológica permaneceria em vigor mesmo se houvesse a supressão do dispositivo constitucional específico que a prevê.

5.6.10 Imunidades políticas ou incidentais

Denominam-se imunidades políticas ou incidentais aquelas **decorrentes de valores constitucionais específicos mas não fundamentais para a ordem jurídica**. Exemplo: imunidade religiosa.

5.7 IMUNIDADES E OBRIGAÇÕES ACESSÓRIAS

As imunidades excluem **apenas a obrigação tributária principal**, isto é, o dever de pagar o tributo. As chamadas obrigações tributárias secundárias ou acessórias (ou ainda deveres instrumentais) subsistem mesmo para quem foi beneficiado pela norma imunizante[STF].

> STF: "A orientação da Corte é no sentido de que a imunidade tributária, por si só, não autoriza a exoneração de cumprimento das obrigações acessórias impostas por lei" (AgRg no ARE 709.980-SP, rel. Min. Dias Toffoli).

> UFPA: A prova de Procurador do Estado/PA de 2012 considerou CORRETA a afirmação: "O gozo de imunidade não dispensa o contribuinte do cumprimento de obrigações acessórias nem da sujeição à fiscalização tributária".

Assim, por exemplo, se é certo que as instituições religiosas não pagam IPTU ou ITR sobre imóveis utilizados para o serviço de culto, os deveres de manter cadastros atualizados (obrigações secundárias) junto ao Fisco permanecem existindo.

5. A referida distinção entre imunidades ontológicas e políticas foi extraída da obra de Regina Helena Costa: *O Princípio da Capacidade Contributiva*, Malheiros, p. 71-76.

5.8 IMUNIDADES EM ESPÉCIE

Acesse também a videoaula pelo *link*:
http://somos.in/MDT0733

Passemos agora ao estudo detalhado de cada uma das imunidades específicas presentes na Constituição Federal de 1988.

As mais importantes são as cinco previstas no art. 150, VI, do Texto Maior, conhecidas como imunidades gerais. São elas: 1) imunidade recíproca (art. 150, VI, *a*); 2) imunidade religiosa (art. 150, VI, *b*); 3) imunidade dos partidos políticos art. 150, IV, *c*); 4) imunidade de imprensa (art. 150, VI, *d*); 5) imunidade musical (art. 150, VI, *e*).

Devido à sua maior relevância, iniciaremos por essas cinco. Na sequência serão analisadas as demais imunidades, conhecidas como específicas.

5.8.1 Imunidade recíproca ou intergovernamental (art. 150, VI, *a*, da CF)

Nos termos do art. 150, VI, *a*, da Constituição Federal:

> Sem prejuízo de outras garantias asseguradas ao contribuinte, é vedado à União, aos Estados, ao Distrito Federal e aos Municípios:
>
> VI – instituir impostos sobre:
>
> a) patrimônio, renda ou serviços, uns dos outros.

FGV: A prova de Auditor da Receita/RJ de 2011 considerou CORRETA a assertiva: "A imunidade recíproca entre os entes federados não se aplica em relação à Contribuição Social sobre o Lucro Líquido".

Cespe: A prova da Magistratura Federal da 5ª Região de 2011 considerou ERRADA a afirmativa: "A imunidade tributária recíproca impede a cobrança de impostos, taxas e contribuições entre os entes federativos".

O citado dispositivo enuncia a denominada imunidade recíproca, regra constitucional que **impede as entidades federativas de cobrar impostos reciprocamente.**

Trata-se de um comando fundamental para **preservação do equilíbrio e harmonia do modelo federativo**, uma vez que a possibilidade, por exemplo, de a União exigir impostos das demais entidades federativas traria o inconveniente de permitir, em casos extremos, a absorção total, com o pagamento de dívidas federais, dos orçamentos estaduais ou municipais. Como os impostos podem ser exigidos do contribuinte sem qualquer contrapartida, a tributação recíproca, por meio dessa espécie tributária, acabaria por tornar-se uma chave para a autodestruição do sistema federativo[STF].

Vunesp: A prova da Magistratura/SP de 2009 considerou CORRETA a assertiva: "A imunidade tributária recíproca sob o prisma teleológico, assegura, confirma e preserva o regime constitucional federativo".

STF: "A imunidade tributária recíproca é norma constitucional de competência que proíbe a instituição de impostos sobre o patrimônio, a renda ou os serviços dos entes federados. Essa imunidade é instrumento de preservação e calibração do pacto federativo, destinado a proteger os entes federados de eventuais pressões econômicas, projetadas para induzir escolhas políticas ou administrativas da preferência do ente tributante. Nesse contexto, a imunidade tributária recíproca é inaplicável se a atividade ou a entidade tributada demonstra capacidade contributiva; se houver risco à livre-iniciativa e às condições de justa concorrência econômica; ou se não houver risco ao pleno exercício da autonomia política que a Constituição conferira aos entes federados. A Constituição é expressa ao excluir da imunidade: a) o patrimônio; b) a renda; e c) os serviços relacionados com a exploração de atividades econômicas regidas pelas normas aplicáveis a empreendimentos privados ou em que houvesse contraprestação ou pagamento de preço ou tarifas pelo usuário" (RE 599.176/PR, rel. Min. Joaquim Barbosa, j. 5-6-2014).

Note-se que a referida imunidade aplica-se **somente aos impostos**, de modo que **taxas**, contribuições de melhoria, contribuições sociais e empréstimos compulsórios são devidos normalmente pelos entes da federação reciprocamente.

FMP-RS: A prova de Procurador do Estado/AC considerou ERRADA a afirmação: "A imunidade recíproca alcança todas as espécies tributárias".

Consoante entendimento da melhor doutrina, a referência feita pelo art. 150, VI, *a*, ao "patrimônio, renda e serviços" não deve ser interpretada restritivamente de modo a reduzir o alcance da imunidade recíproca somente aos impostos incidentes sobre essas três grandezas econômicas. Ao contrário, é preciso considerar tal enumeração como um rol meramente exemplificativo, sendo certo, por isso, que a norma imunizante **afasta a possibilidade de cobrança de todos os impostos, sem exceção**[STF].

Cespe: A prova de Procurador de BH de 2017 considerou ERRADA a afirmação: "Os entes federativos não podem cobrar taxas e impostos que incidam sobre a venda ou sobre o patrimônio dos demais entes da Federação".

STF: "ICMS. SERVIÇOS DE ENERGIA ELÉTRICA. MUNICÍPIO. CONTRIBUINTE DE FATO. IMUNIDADE RECÍPROCA. ART. 150, VI, *A*, DA CONSTITUIÇÃO. INAPLICABILIDADE. I – A imunidade do art. 150, VI, *a*, da Constituição somente se aplica ao imposto incidente sobre serviço, patrimônio ou renda do próprio ente beneficiado, na qualidade de contribuinte de direito. II – Como o Município não é contribuinte de direito do ICMS relativo a serviços de energia elétrica, não tem o benefício da imunidade em questão, uma vez que esta não alcança o contribuinte de fato" (ARE 663.552/MG, rel. Min. Ricardo Lewandowski, j. 28-2-2012, 2ª T.).

Nada impede, por óbvio, o controle judicial sobre o adequado cumprimento das finalidades da imunidade recíproca.

STF: "Está em jogo definir se a imunidade prevista na alínea *a* do inciso VI do art. 150 da CF alcança, ou não, bem imóvel de propriedade da União cedido a empresa privada que explora atividade econômica. (...) Mostra-se inequívoco ser o imóvel da União empregado, por particular, em atividade de fins exclusivamente privados e com intuito lucrativo. Não há base a justificar o gozo de imunidade nos termos assentados pelo Tribunal de origem. (...) Fixo a seguinte tese: **"Incide o IPTU considerado imóvel de pessoa jurídica de direito público cedido a pessoa jurídica de direito privado, devedora do tributo"** (RE 601.720, voto do rel. p/ o ac. Min. Marco Aurélio, j. 19-4-2017, P, *DJe* de 5-9-2017).

Esaf: A prova de Procurador da Fazenda Nacional de 2012 considerou CORRETA a afirmação: "Tanto os objetivos como os efeitos do reconhecimento da aplicação da imunidade constitucional recíproca são passíveis de submissão ao crivo jurisdicional, em um exame de ponderação, não bastando a constatação objetiva da propriedade do bem".

5.8.1.1 Extensão da imunidade às autarquias e fundações públicas

Por força da regra expressa no art. 150, § 2º, da CF, a imunidade recíproca **é extensiva às autarquias e fundações públicas** instituídas e mantidas pelo Poder Público, **no que se refere ao patrimônio, à renda e aos serviços, vinculados a suas finalidades essenciais ou às delas decorrentes.**

MPE/SC: A prova de Promotor de Justiça/SC de 2010 considerou CORRETA a afirmação: "A imunidade tributária sobre o patrimônio e a renda dos entes políticos é extensiva às suas autarquias e fundações públicas".

Cesgranrio: A prova de Advogado da Casa da Moeda de 2009 considerou CORRETA a afirmação: "As autarquias e fundações instituídas e mantidas pelo Poder Público gozam de imunidade tributária, no que se refere a patrimônio, renda e serviços vinculados às suas finalidades essenciais ou às delas decorrentes".

Nesse dispositivo o Texto Maior concedeu a imunidade impositiva das entidades federativas também para as pessoas jurídicas de direito público da administração indireta.

Assim, somente pelo fato de o constituinte ter estendido o benefício às autarquias **devem ser consideradas beneficiadas pela imunidade** todas as espécies do gênero autárquico, ou seja:

a) autarquias comuns;

b) fundações públicas;

c) agências reguladoras;

d) agências executivas;

e) conselhos de classe (exceto a OAB[6]);

f) associações públicas.

Embora sem natureza autárquica, a OAB goza de imunidade tributária. As Caixas de Assistência dos Advogados não são imunes[STF].

> STF: "A Caixa de Assistência dos Advogados, instituída nos termos dos arts. 45, IV e 62 da Lei n. 8.906/94, não desempenha as atividades inerentes à Ordem dos Advogados do Brasil (defesa da Constituição, da ordem jurídica do Estado democrático de direito, dos direitos humanos, da justiça social). Também não lhe compete privativamente promover a representação, a defesa, a seleção e a disciplina dos advogados em toda a República Federativa do Brasil). Trata-se de entidade destinada a prover benefícios pecuniários e assistenciais a seus associados. 2. Por não se revelar instrumentalidade estatal, a Caixa de Assistência dos Advogados não é protegida pela imunidade tributária recíproca (art. 150, VI, *a* da Constituição). 3. A circunstância de a Caixa de Assistência integrar a estrutura maior da OAB não implica na extensão da imunidade, dada a dissociação entre as atividades inerentes à atuação da OAB e as atividades providas em benefício individual dos associados" (RE 233.843, rel. Min. Joaquim Barbosa, 2ª T., *DJ* 18-12-2009).

> STF: "O fato da Caixa de Assistência dos Advogados integrar a estrutura maior da OAB, não implica a extensão da imunidade tributária recíproca (art. 150, VI, *a*, da Constituição Federal) conferida a esta, dada a dissociação entre as atividades inerentes à atuação da OAB e as atividades providas em benefício individual dos associados" (RE 662.816 BA, rel. Min. Luiz Fux, j. 30-11-2011).

> STF: "As Caixas de Assistências dos Advogados prestam serviço público delegado, possuem *status* jurídico de ente público e não exploram atividades econômicas em sentido estrito com intuito lucrativo. A Caixa de Assistência dos Advogados de Minas Gerais encontra-se tutelada pela imunidade recíproca prevista no art. 150, VI, *a*, do texto constitucional, tendo em vista a impossibilidade de se conceder tratamento tributário diferenciado a órgãos da OAB, de acordo com as finalidades que lhe são atribuídas por lei" (RE 405.267, rel. Min. Edson Fachin, j. em 6-9-2018, *DJe* de 18-10-2018).

Todavia, visivelmente a imunidade das pessoas de direito público das autarquias e fundações públicas **tem o alcance mais restrito do que a imunidade das entidades federativas.** Isso porque o art. 150, § 2º, da CF reduz a imunidade das pessoas públicas da administração indireta somente "ao patrimônio, à renda e aos serviços, vinculados a suas finalidades essenciais ou às delas decorrentes".

6. A OAB é o único Conselho de Classe no Brasil sem natureza de autarquia (precedentes do STF).

Assim, enquanto as entidades federativas não pagam NENHUM imposto, as **entidades públicas da administração indireta são imunes somente aos impostos que recaem diretamente sobre suas atividades finalísticas.**

Se, por exemplo, a União tem um terreno desocupado, sobre ele não incide IPTU. Mas, se o mesmo terreno pertence ao INSS (autarquia federal previdenciária), o IPTU é devido, porque tal terreno não está vinculado à atividade finalística da autarquia[7].

Cabe lembrar que existe uma presunção de que os bens das autarquias e fundações são utilizados em suas finalidades essenciais, de modo que a entidade tributante tem o ônus de provar a destinação incompatível com finalidade institucional (STJ, 1ª T., AgRg no AREsp 304.126).

Importante destacar que, por força do art. 150, § 3º, da CF, **havendo exploração de atividade econômica, ou contraprestação, ou pagamento de preços ou tarifas pelo usuário,** as autarquias ou fundações públicas **perdem toda e qualquer imunidade**, evitando-se assim que o benefício tributário transforme-se em indevida vantagem competitiva do Estado diante de eventuais empresários privados que atuem no mesmo setor.

Quanto à inaplicabilidade da regra imunizante no caso de autarquia ou fundação pública que cobre contraprestação, tarifa ou preço do usuário, a regra explica-se para evitar que um serviço público *uti singuli* seja custeado, mediante a desoneração provocada pela imunidade, por toda a coletividade, e não pelo usuário diretamente beneficiado pela prestação.

Assim, se determinado serviço público é *uti universi*, favorecendo toda a coletividade indistintamente, faz sentido que a autarquia ou fundação pública encarregada da prestação seja beneficiada pela imunidade. Mas, se a entidade pública presta serviços públicos remunerados diretamente pelo usuário, serviços *uti singuli*, cuja fruição somente favorece quem por ele está pagando, a existência de imunidade financeiramente suportada por toda sociedade não se justifica.

Essa é a explicação para o teor do art. 150, § 3º, da Constituição Federal: "As vedações do inciso VI, *a*, e do parágrafo anterior não se aplicam ao patrimônio, à renda e aos serviços, relacionados com exploração de atividades econômicas regidas pelas normas aplicáveis a empreendimentos privados, ou em que haja contraprestação ou pagamento de preços ou tarifas pelo usuário, nem exonera o promitente-comprador da obrigação de pagar imposto relativamente ao bem imóvel".

> Consulplan: A prova de Cartório/MG de 2015 considerou ERRADA a assertiva: "Sendo vendedora uma autarquia, sua imunidade fiscal compreende o imposto de transmissão 'inter vivos', que é encargo do comprador".

7. Ricardo Alexandre, *Direito Tributário Esquematizado*, p. 45.

STF: "A imunidade tributária recíproca, prevista no art. 150, VI, *a*, da CF – extensiva às autarquias e fundações públicas – tem aplicabilidade restrita a impostos, não se estendendo, em consequência, a outras espécies tributárias, a exemplo das contribuições sociais" (RE 831.381 AgR-AgR, rel. Min. Roberto Barroso, j. 9-3-2018, 1ª T., *DJe* de 21-3-2018).

5.8.1.2 Imunidade de empresas públicas e sociedades de economia mista

Embora a Constituição Federal de 1988 tenha uma norma expressa sobre o alcance da imunidade tributária quanto às autarquias e fundações públicas (art. 150, § 2º), **inexiste disciplina constitucional clara quanto à tributação das pessoas jurídicas de direito privado da administração indireta** (empresas públicas e sociedades de economia mista).

A solução mais segura, de acordo com a doutrina e jurisprudência, faz a resposta variar conforme o tipo de atividade exercida predominantemente pela entidade.

Assim, empresas públicas e sociedades de economia mista **prestadoras de serviços públicos, como os Correios (ECT), são imunes**[STF] **nos mesmos termos das autarquias**, ou seja, no que se refere ao patrimônio, à renda e aos serviços, vinculados a suas finalidades essenciais ou às delas decorrentes (art. 150, § 2º, da CF). O raciocínio justifica-se porque a imunidade, nesse caso, integra regime jurídico protetivo do serviço público e de seus usuários, servindo como instrumento para a realização do princípio da modicidade da prestação.

STF: "As empresas públicas prestadoras de serviço público distinguem-se das que exercem atividade econômica. A Empresa Brasileira de Correios e Telégrafos é prestadora de serviço público de prestação obrigatória e exclusiva do Estado, motivo por que está abrangida pela imunidade tributária recíproca: C.F., art. 150, VI, *a*" (RE 407.099/RS, rel. Min. Carlos Velloso, j. 22-6-2004, 2ª T.).

Esaf: A prova de Procurador da Fazenda Nacional de 2012 considerou ERRADA a afirmação: "Sociedade de economia mista prestadora de serviço público de água e esgoto não é abrangida pela imunidade tributária recíproca".

Em lamentável confusão os conceitos de domínio econômico e a serviço público, o **Supremo Tribunal Federal** vem afirmando que a imunidade recíproca somente seria aplicável às empresas públicas e sociedades de economia mista **prestadoras de serviço público em regime de monopólio**. Ocorre que a noção de "monopólio", para o Direito Administrativo, diz respeito não ao campo do serviço público, mas a atividades econômicas cujo exercício, em princípio, a própria Constituição Federal impede seja realizado por particulares (art. 177 da CF).

UFPA: A prova de Procurador do Estado/PA de 2012 considerou CORRETA a afirmação: "O Supremo Tribunal Federal entende que a imunidade recíproca dos entes políticos alcança as empresas públicas e as sociedades de economia mista prestadoras de serviço público típico em regime de monopólio".

Já as empresas públicas e sociedades de economia mista **exploradoras de atividade econômica**, como Banco do Brasil, Petrobras e Caixa Econômica Federal, **não têm qualquer imunidade**, na medida em que tais entidades estatais atuam no mercado em regime de competição com empresas privadas e o referido benefício tributário seria uma vantagem competitiva sobre os demais concorrentes[STF].

> STF: "A imunidade tributária recíproca (CF, art. 150, VI, *a*) não afasta a responsabilidade tributária por sucessão, na hipótese em que o sujeito passivo era contribuinte regular do tributo devido. O Plenário deu provimento a recurso extraordinário para reformar acórdão que considerara aplicável a imunidade recíproca a débitos tributários da extinta Rede Ferroviária Federal S.A. – RFFSA, sucedida pela União" (RE 599176/PR, rel. Min. Joaquim Barbosa, j. 5-6-2014).

Existem dois dispositivos constitucionais que abertamente sustentam tal conclusão.

Em primeiro lugar o art. 173, § 1º, II, da CF prescreve: "§ 1º A lei estabelecerá o estatuto jurídico da empresa pública, da sociedade de economia mista e de suas subsidiárias que explorem atividade econômica de produção ou comercialização de bens ou de prestação de serviços, dispondo sobre: II – **a sujeição ao regime jurídico próprio das empresas privadas**, inclusive quanto aos direitos e obrigações civis, comerciais, trabalhistas e **tributários**".

E, com uma redação bem mais direta, o § 2º do mesmo art. 173 da Constituição Federal enuncia: "**As empresas públicas e as sociedades de economia mista não poderão gozar de privilégios fiscais não extensivos às do setor privado**".

> Cespe: A prova de Analista do INCA de 2010 considerou CORRETA a afirmação: "Segundo a CF, há vedação expressa às empresas públicas e às sociedades de economia mista de gozarem privilégios fiscais não extensivos ao setor privado".

Desse modo, sempre que entidades governamentais atuarem em regime de competição restará afastada qualquer imunidade tributária ou benefício fiscal de qualquer natureza.

O Supremo Tribunal Federal reconheceu vários temas em repercussão geral:

> STF: "Os bens e direitos que integram o patrimônio do fundo vinculado ao Programa de Arrendamento Residencial (PAR), criado pela Lei n. 10.188/2001, beneficiam-se da imunidade tributária prevista no art. 150, VI, *a*, da Constituição Federal (CF). Com base nesse entendimento, o Plenário, por maioria, ao apreciar o Tema 884 da repercussão geral, deu provimento ao recurso extraordinário para extinguir a execução fiscal relativamente aos valores cobrados a título de IPTU. (...) a União – tanto o Executivo quanto o Legislativo – implementou o Programa de Arrendamento Residencial (PAR), por meio de medida provisória, posteriormente convertida na Lei n. 10.188/2001. E como a União não pode gerir esse programa por meio de sua Administração Direta, a tarefa coube à CEF, braço instrumental do programa. Não há exploração de atividade

econômica, mas prestação de serviço público, uma vez que se trata de atividade constitucionalmente atribuída à União e cuja operacionalização foi delegada, por lei, a empresa pública federal, visando à consecução de direito fundamental. A CEF é apenas a administradora do Fundo de Arrendamento Residencial (FAR), constituído de patrimônio único e exclusivo da União Federal e somente administrado e operacionalizado pela empresa para fins de consecução do programa. A CEF não teve aumento patrimonial nem se beneficiou do programa. Não houve confusão patrimonial, e o serviço não concorreu com o mercado privado. (...) o Tribunal asseverou que todos os pressupostos da incidência da imunidade recíproca foram cumpridos. O PAR representa política habitacional da União, tendo a finalidade de garantir a efetividade do direito à moradia e a redução da desigualdade social. Trata-se do legítimo exercício de competências governamentais, mesmo que a CEF seja instrumento de sua execução. Não existe nenhuma natureza comercial ou prejuízo à livre concorrência" (RE 928.902, rel. Min. Alexandre de Moraes, j. em 17-10-2018, *Informativo* 920, Tema 884).

STF: "Está em jogo definir se a imunidade prevista na alínea *a* do inciso VI do art. 150 da CF alcança, ou não, bem imóvel de propriedade da União cedido a empresa privada que explora atividade econômica. (...) Mostra-se inequívoco ser o imóvel da União empregado, por particular, em atividade de fins exclusivamente privados e com intuito lucrativo. Não há base a justificar o gozo de imunidade nos termos assentados pelo Tribunal de origem. (...) Fixo a seguinte tese: "Incide o IPTU considerado imóvel de pessoa jurídica de direito público cedido a pessoa jurídica de direito privado, devedora do tributo" (RE 601.720, voto do rel. p/ o ac. min. Marco Aurélio, j. em 19-4-2017, P, *DJe* de 5-9-2017, Tema 437).

STF: "(...) cumpre definir se, à luz do art. 150, VI, *a*, da CF, a imunidade tributária recíproca alcança, ou não, sociedade de economia mista arrendatária de terreno localizado em área portuária pertencente à União. (...) Mostra-se inequívoco ser o imóvel da União empregado em atividade de sociedade de economia mista que atua no mercado com fins lucrativos. Não há base a justificar o gozo de imunidade nos termos pretendidos. (...) Fixo a seguinte tese: "Incide o IPTU considerado imóvel de pessoa jurídica de direito público arrendado a pessoa jurídica de direito privado, devedora do tributo" (RE 594.015, voto do rel. Min. Marco Aurélio, j. 6-4-2017, P, *DJe* de 25-8-2017, Tema 385).

STF: "O Plenário, por maioria, apreciando o tema 508 da repercussão geral, negou provimento ao recurso extraordinário, e entendeu que a imunidade tributária recíproca, prevista no art. 150, VI, *a*, da CF/1988, não se aplica às sociedades de economia mista que possuem ações negociadas na bolsa de valores, capazes de acumular e distribuir lucros" (RE 600.867, Tema 508 RG, rel. Min. Joaquim Barbosa, j. 26-6-2020).

5.8.1.3 Cartórios e serventias extrajudiciais

No julgamento do RE 756.915, o Supremo Tribunal Federal firmou o entendimento de que **atividades de cartórios, notários e serviços de registro público não têm direito à imunidade recíproca.**

De acordo com o relator, Min. Gilmar Mendes, o tema já fora discutido em diversos julgados na corte, quer em sede de controle concentrado, na Ação Direta de Inconstitucionalidade (ADI) 3.089, quer em recursos extraordinários. Prevaleceu a orientação de que as atividades notariais não se beneficiam da imunidade recíproca do art. 150, VI, *a*, da Constituição Federal. "Ainda que os serviços notariais e de registro sejam prestados, na forma do art. 236 da Constituição, por delegação do poder público, essa condição não é suficiente para resguardá-los da possibilidade de sofrer tributação", afirmou[8].

5.8.2 Imunidade religiosa (art. 150, VI, *b*, da CF)

Estabelece o art. 150, IV, *b*, da Constituição Federal:

> Sem prejuízo de outras garantias asseguradas ao contribuinte, é vedado à União, aos Estados, ao Distrito Federal e aos Municípios:
>
> VI – instituir impostos sobre:
>
> b) templos de qualquer culto.

Devido a uma tradição redacional mantida historicamente em todas as constituições brasileiras, o Texto de 1988 repetiu a fórmula segundo qual são imunes os "templos de qualquer culto". Porém, o modo como a imunidade está enunciada pode sugerir que a imunidade em questão seria uma proteção objetiva somente sobre o templo, favorecendo a visão equivocada de que o benefício afastaria somente os impostos diretamente incidentes sobre o local onde são realizadas as atividades religiosas.

Mas na verdade, consoante entendimento unânime da doutrina e da jurisprudência, o art. 150, VI, *b*, da CF institui uma **imunidade subjetiva** estabelecida para **beneficiar todas as instituições religiosas**, **afastando a incidência de quaisquer impostos** sobre patrimônio, renda e serviços relacionados com suas atividades essenciais (art. 150, § 4º, da CF).

Importante destacar que a imunidade religiosa é um desdobramento de outras normas constitucionais que estabelecem garantias fundamentais mais amplas, como a liberdade de crença, o livre exercício de cultos religiosos e a proteção aos locais de culto e suas liturgias (art. 5º, VI, da CF).

5.8.2.1 Tributos alcançados pela imunidade religiosa

Como se trata de imunidade subjetiva, ou seja, instituída para proteger as instituições religiosas, a norma imunizante tem o poder de afastar todos os impostos que seriam devidos pela pessoa jurídica.

Assim, **instituições religiosas não pagam nenhum imposto** cujo fato gerador pudesse ser a elas atribuído. Trata-se de imunidade total. Portanto, se é certo que não recolhem IPTU e ITR sobre o templo de sua propriedade, também não pagam

---

8. Fonte: *site* oficial do STF.

IPVA sobre seus carros, IR sobre suas rendas e ofertas recebidas, ICMS sobre itens vendidos aos fiéis. Nenhum imposto é devido.

No entanto, por força do art. 150, VI, da CF, a imunidade só vale para impostos, razão pela qual **taxas, contribuições e empréstimos compulsórios são devidos integralmente.**

> FCC: A prova da Magistratura/PE de 2013 considerou CORRETA a afirmação: "A imunidade sobre o templo de qualquer culto apenas alcança os impostos, sendo devidas, portanto, as taxas e contribuição de melhoria incidentes sobre o imóvel destinado ao templo".

5.8.2.2 Quais religiões são imunes?

Por força do princípio da isonomia, inevitável concluir que **a imunidade sob análise favorece toda e qualquer denominação religiosa**, independentemente de fatores como número de adeptos, origem, tipo de crença professada, se tem representantes eleitos no Parlamento ou qualquer outro elemento.

5.8.2.2.1 Maçonaria

Sempre existiu grande controvérsia doutrinária acerca do enquadramento, ou não, das lojas maçônicas como instituições religiosas para fins de aplicação da imunidade tributária.

A maçonaria é uma organização fechada voltada para a "busca da felicidade geral e paz universal"[9]. Embora muitos textos oficiais da instituição falem em "cultos" e denominem suas lojas "templos", a própria organização afirma que **a maçonaria não é uma religião**[10], inexistindo razão para ser tributariamente tratada como tal.

Nesse sentido, no julgamento do RE 562.351 **a 1ª Turma do STF negou imunidade tributária a uma instituição maçônica** ao argumento de que a maçonaria não é religião, mas uma "ideologia de vida"[STF].

> FMP: A prova de Defensor Público/PA de 2015 considerou ERRADA a assertiva: "Segundo entendimento do Supremo Tribunal Federal, a imunidade tributária dos templos de qualquer culto alcança as lojas maçônicas".

> STF: "O reconhecimento da imunidade tributária prevista no art. 150, VI, *c*, da Constituição Federal exige o cumprimento dos requisitos estabelecidos em lei. A imunidade tributária conferida pelo art. 150, VI, *b*, é restrita aos templos de qualquer culto religioso, não se aplicando à maçonaria, em cujas lojas não se professa qualquer religião... As liberdades, como é sabido, devem ser interpretadas de forma extensiva, para que o Estado não crie qualquer óbice à manifestação de consciência, como é o caso sob exame, porém, às imunidades deve ser dado tratamento

9. Fonte: *O que é a Maçonaria*, disponível em: <http://www.lojasaopaulo43.com.br>.
10. *A Maçonaria é religiosa?*. Disponível em: <http://www.macompaulista.com.br/sao-paulo/sessao/5438/perguntas-frequentes#>.

diametralmente oposto, ou seja, restritivo. Nessa linha, penso que, quando a Constituição conferiu imunidade tributária aos 'templos de qualquer culto', este benefício fiscal está circunscrito aos cultos religiosos" (RE 562.351/RS, Voto do rel. Min. Ricardo Lewandowski, j. 4-9-2012, 1ª T.)

5.8.2.2.2 Cemitérios

A respeito da aplicação da imunidade religiosa aos cemitérios, a jurisprudência do Supremo Tribunal Federal faz uma importante distinção. Quando se trata de **cemitérios que funcionem como extensão de entidades religiosas,** sem fins lucrativos e que se dediquem exclusivamente à realização de serviços religiosos e funerários, **o STF reconhece imunidade quanto ao IPTU** (RE 578.562). Os demais impostos, assim como os outros tributos, são devidos integralmente[STF].

Cespe: A prova de Delegado/RN de 2008 considerou ERRADA a afirmação: "Os cemitérios que consubstanciam extensões de entidades de cunho religioso não estão abrangidos pela imunidade tributária prevista na CF, uma vez que as normas que tratam de renúncia fiscal devem ser interpretadas restritivamente".

STF: "Os cemitérios que consubstanciam extensões de entidades de cunho religioso estão abrangidos pela garantia contemplada no art. 150 da Constituição do Brasil. Impossibilidade da incidência de IPTU em relação a eles. 2. A imunidade aos tributos de que gozam os templos de qualquer culto é projetada a partir da interpretação da totalidade que o texto da Constituição é, sobretudo do disposto nos arts. 5º, VI, 19, I e 150, VI, *b*. 3. As áreas da incidência e da imunidade tributária são antípodas" (RE 578.562/BA, rel. Min. Eros Grau, j. 21-5-2008, Tribunal Pleno).

Porém, **cemitérios de caráter comercial**, que alugam jazigos e prestam serviços com o objetivo de obtenção de lucro financeiro, **não têm direito à imunidade.**

5.8.2.2.3 Templos positivistas

Sustentando visão isolada, o professor Roque Antonio Carrazza sempre defendeu que os "templos" positivistas são equiparados a templos para fins de fruição da imunidade religiosa[11].

O Positivismo, Igreja Positivista do Brasil ou Religião da Humanidade é uma concepção filosófica criada pelo pensador francês Augusto Comte que prega "o amor por princípio, a ordem por base e o progresso por fim"[12].

11. *Curso de Direito Constitucional Tributário*, passim.
12. Fonte: <http://www.igrejapositivistabrasil.org.br/>.

Os termos "templo", "igreja" e "religião" são utilizados pelos positivistas somente como forma de contraponto ao discurso religioso tradicional.

A menos que se pretenda estender a imunidade religiosa também para entidades difusoras de conhecimento filosófico, **inexiste qualquer razão para considerar imunes os templos positivistas**. Não há qualquer posicionamento jurisprudencial relevante nessa matéria.

5.8.2.3 Abrangência objetiva da imunidade religiosa

Embora a Constituição Federal fale em imunidade dos "templos", o benefício tributário atinge **todas as áreas contíguas ao templo**, como creches, casas sacerdotais, quadras esportivas, estacionamentos, cemitérios e salões sociais.

Considera-se área contígua aquela que seja **uma extensão do imóvel onde se localiza o templo, integrando um só terreno e com o mesmo número de matrícula.** Tal conclusão justifica-se pela inviabilidade de realizar a cobrança desmembrada, de IPTU e ITR, para partes integrantes de um mesmo terreno. Assim, sendo o templo imune, suas áreas contíguas também serão favorecidas.

Além disso, não há sentido em interpretar o art. 150, VI, *b*, da Constituição Federal como uma imunidade que beneficia somente a parte exata da propriedade onde está localizado o templo. Para atender ao objetivo de proteção à liberdade de culto, a norma imunizante precisa ser entendida no sentido de alcançar também as áreas no entorno do templo, que são igualmente indispensáveis para a realização dos serviços religiosos.

Ainda que haja cobrança pela utilização do estacionamento, ou de qualquer outra área, **a eventual exploração econômica de partes anexas ao templo não afasta a incidência da imunidade**, exceto se o Fisco provar que os recursos captados não são utilizados nas finalidades essenciais da instituição religiosa (art. 150, § 4º, da CF). De qualquer forma, há uma presunção relativa de que os recursos captados são afetados às finalidades religiosas. Cabe ao Fisco fazer prova em sentido contrário.

> PUC/PR: A prova da Magistratura/RO de 2011 considerou CORRETA a assertiva: "Os frutos da atividade de locação de espaço para estacionamento dos fiéis pela entidade religiosa estão abrangidos pela imunidade tributária, desde que esses valores sejam revertidos para as atividades essenciais da entidade".

Porém, aplicando a mesma regra das áreas contíguas, deve-se concluir que, **se o imóvel pertence à instituição religiosa mas não é um templo, inexiste imunidade quanto ao IPTU e ITR** (art. 150, § 4º, da CF). Trata-se de uma importante regra de contenção da imunidade, evitando assim que inúmeros imóveis, sem qualquer relação com a atividade religiosa, sejam transferidos para tais instituições somente para afastar a incidência dos impostos prediais e territoriais.

No julgamento do AgRg no AREsp 444.193, a 2ª Turma do STJ entendeu que para o Município cobrar ITBI de imóvel de entidade religiosa é preciso que ele prove que esse bem está desvinculado de sua destinação institucional, isso porque existe presunção relativa de que o imóvel está vinculado às suas finalidades essenciais.

Por fim, no ARE 800.395 AgR, de relatoria do Ministro Roberto Barroso, julgado em 28-10-2014, 1ª Turma, o Supremo Tribunal Federal consolidou o entendimento de que não cabe à entidade religiosa demonstrar que utiliza o bem de acordo com suas finalidades institucionais, mas compete à administração tributária provar a eventual tredestinação do bem gravado pela imunidade.

5.8.2.4 Imóveis locados

Interessante questão envolve o tema da imunidade religiosa sobre imóveis que são objeto de locação.

Se a instituição religiosa for **locatária de imóvel de terceiro, não há imunidade quanto ao IPTU ou ITR**, na medida em que o contribuinte desses impostos é o proprietário e não o inquilino. A imunidade só pode favorecer igreja proprietária do imóvel.

Porém, **se a instituição religiosa locar seu templo, ou área contígua, a um terceiro, a imunidade permanece**, pressupondo-se, também aqui, que o valor do aluguel é revertido para suas finalidades essenciais. O raciocínio vale ainda que o locatário destine o bem a uma finalidade comercial[STF].

STF: "Instituição religiosa. IPTU sobre imóveis de sua propriedade que se encontram alugados. A imunidade prevista no art. 150, VI, *b*, CF, deve abranger não somente os prédios destinados ao culto, mas, também, o patrimônio, a renda e os serviços 'relacionados com as finalidades essenciais das entidades nelas mencionadas'. O § 4º do dispositivo constitucional serve de vetor interpretativo das alíneas *b* e *c* do inciso VI do art. 150 da CF. Equiparação entre as hipóteses das alíneas referidas" (RE 325.822, rel. p/ o Acórdão Min. Gilmar Mendes, j. 18-12-2002, Plenário, *DJ* 14-5-2004).

Evidentemente, se a igreja alugar para terceiro um imóvel seu sem imunidade (ex.: apartamento que não integra o terreno do templo), o bem permanece sofrendo a incidência integral de todos os tributos.

5.8.3 Imunidade dos partidos políticos (art. 150, VI, c, da CF)

O art. 150, VI, *c*, da Constituição Federal garante imunidade tributária a quatro espécies de pessoas jurídicas, nos seguintes termos:

> Sem prejuízo de outras garantias asseguradas ao contribuinte, é vedado à União, aos Estados, ao Distrito Federal e aos Municípios:
>
> VI – instituir impostos sobre:
>
> c) patrimônio, renda ou serviços dos partidos políticos, inclusive suas fundações, das entidades sindicais dos trabalhadores, das instituições de educação e de assistência social, sem fins lucrativos, atendidos os requisitos da lei.

Desse modo, são favorecidos pelo não recolhimento de **todos os impostos**, desde que preenchidos os requisitos legais:

1) partidos políticos e suas fundações;

2) entidades sindicais de trabalhadores;

3) instituições educacionais sem fins lucrativos;

4) instituições assistenciais sem fins lucrativos.

> Cespe: A prova da Magistratura Federal da 5ª Região em 2011 considerou ERRADA a afirmativa: "A imunidade tributária conferida aos partidos políticos, às entidades sindicais dos trabalhadores e às instituições de educação e de assistência social, sem fins lucrativos, não abrange o imposto sobre operações de crédito, câmbio e seguro, ou as relativas a títulos ou valores mobiliários".

> FCC: A prova de Defensor Público/SP de 2012 considerou ERRADA a afirmação: "Dentre as hipóteses constitucionais de vedação à União, aos Estados, ao Distrito Federal e aos Municípios para instituir impostos é autoaplicável a imunidade sobre partidos políticos e suas fundações".

Vamos analisar separadamente os quatro grupos de pessoas jurídicas beneficiadas.

5.8.3.1 Partidos políticos e suas fundações

A primeira categoria de pessoas jurídicas favorecidas pela imunidade tributária do art. 150, VI, *c*, da Constituição Federal são os partidos políticos. Os partidos são pessoas jurídicas de direito privado que não integram a estrutura estatal, mas sua existência é indispensável para o funcionamento da república e da democracia representativa.

Assim, a finalidade na norma imunizante é viabilizar, com a desoneração da atividade partidária, o pleno desenvolvimento do sistema democrático. Como forma de incentivo à atuação dos partidos, o Texto Maior estendeu o benefício também para fundações instituídas pelos partidos.

Conforme visto nos itens anteriores, a referência que a Constituição faz a "patrimônio, renda e serviços" é meramente exemplificativa, de modo que a melhor compreensão do dispositivo autoriza a concluir pelo afastamento de todos os impostos.

Portanto, **partidos políticos e fundações por eles instituídas não pagam nenhum imposto.** Convém sempre lembrar que taxas, contribuições e empréstimos compulsórios são devidos integralmente.

> MPE/PR: A prova de Promotor/PR de 2017 considerou ERRADA a afirmação: "Quando alugado a terceiros, não permanece imune ao IPTU o imóvel pertencente a partidos políticos, a entidades sindicais dos trabalhadores, a instituições de educação e de assistência social, sem fins lucrativos, independente da destinação conferida ao valor dos aluguéis".

Na hipótese de o partido político possuir imóvel locado a terceiros, o bem permanece imune ao IPTU, se o valor do aluguel for aplicado nas atividades essenciais da entidade. O mesmo raciocínio é utilizado pelo Supremo Tribunal Federal para todas as pessoas jurídicas beneficiadas pela imunidade do art. 150, VI, *c*, da CF.

> FMP-RS: A prova de Procurador do Estado/AC considerou ERRADA a afirmação: "Não fica imune ao IPTU o imóvel pertencente a partido político alugado a terceiros, mesmo que o valor dos aluguéis seja aplicado nas atividades essenciais da aludida entidade".

5.8.3.2 Entidades sindicais

O art. 150, VI, *c*, da Constituição Federal atribui imunidade a um segundo tipo de pessoas jurídicas, que textualmente denomina "entidades sindicais de trabalhadores".

Por "entidades sindicais" devemos entender sindicatos, federações sindicais, confederações sindicais e centrais sindicais.

> FCC: A prova de Defensor Público/SP de 2012 considerou ERRADA a afirmação: "Dentre as hipóteses constitucionais de vedação à União, aos Estados, ao Distrito Federal e aos Municípios para instituir impostos é autoaplicável a imunidade sobre entidades sindicais dos trabalhadores".

A literalidade do dispositivo menciona somente como favorecidas pela imunidade as entidades sindicais de trabalhadores, excluindo sindicatos patronais. Adotando corrente majoritária, provas e concursos que optam por seguir a letra da Constituição deixam de fora do benefício os sindicatos de empregadores (patronais) ao argumento de que a intenção do constituinte foi estimular as organizações de trabalhadores.

Porém, embora seguindo corrente minoritária, não encontramos razão para diferenciar sindicatos de empregados e empregadores para fins de fruição da imunidade. Por força do princípio da isonomia tributária, instituições sindicais patronais também devem ser consideradas imunes.

Em conclusão, sindicatos, federações sindicais, confederações sindicais e as centrais sindicais não pagam nenhum imposto. Todavia, taxas, contribuições e empréstimos compulsórios são devidos integralmente.

Cabe destacar que a referida imunidade somente é aplicável quando a entidade beneficiada ocupa a posição de contribuinte de direito, mas não a de contribuinte de fato.

> MPE/PR: A prova de Promotor/PR de 2017 considerou CORRETA a afirmação: "A imunidade tributária subjetiva, prevista no art. 150, inciso VI, *c*, da Constituição Federal, a impedir a instituição de impostos sobre patrimônio, renda ou serviços das entidades sindicais dos trabalhadores, das instituições de educação e de assistência social, sem fins lucrativos, aplica-se a seus beneficiários na posição de contribuinte de direito, mas não na de simples contribuinte de fato".

5.8.3.2.1 Requisitos do art. 14 do CTN

A parte final da alínea *c* do inciso VI do art. 150 da Constituição Federal condiciona a fruição da imunidade nele contida à observância de requisitos estabelecidos "nos termos da lei". Trata-se, por isso, de **imunidade que não é autoaplicável.**

> FMP-RS: A prova de Auditor Externo do TCE/RS de 2011 considerou CORRETA a afirmação: "As imunidades são verdadeiras limitações constitucionais ao poder de tributar que nem sempre são autoaplicáveis".

O art. 14 do Código Tributário Nacional define os **três requisitos** de preenchimento obrigatório para que tais entidades fazem jus à imunidade:

> I – não distribuírem qualquer parcela de seu patrimônio ou de suas rendas, a qualquer título;
>
> II – aplicarem integralmente, no País, os seus recursos na manutenção dos seus objetivos institucionais;
>
> III – manterem escrituração de suas receitas e despesas em livros revestidos de formalidades capazes de assegurar sua exatidão (regularidade contábil).

Havendo descumprimento de algum desses requisitos, a autoridade competente pode suspender a aplicação da imunidade (art. 14, § 1º, do CTN).

5.8.3.3 Instituições educacionais sem fins lucrativos

A imunidade é concedida também, pelo art. 150, VI, *c*, da Constituição Federal, a instituições educacionais sem fins lucrativos que atendem aos requisitos legais.

> FCC: A prova de Defensor Público/SP de 2012 considerou ERRADA a afirmação: "Dentre as hipóteses constitucionais de vedação à União, aos Estados, ao Distrito Federal e aos Municípios para instituir impostos é autoaplicável a imunidade sobre instituições de educação".

Os **requisitos para fruição da imunidade** pelas instituições educacionais são os mesmos previstos no **art. 14 do CTN**:

> I – não distribuírem qualquer parcela de seu patrimônio ou de suas rendas, a qualquer título;
>
> II – aplicarem integralmente, no País, os seus recursos na manutenção dos seus objetivos institucionais;
>
> III – manterem escrituração de suas receitas e despesas em livros revestidos de formalidades capazes de assegurar sua exatidão[STJ] (regularidade contábil).

> STJ: "DIREITO TRIBUTÁRIO. REQUISITOS PARA A CONCESSÃO DE IMUNIDADE TRIBUTÁRIA A INSTITUIÇÃO DE ENSINO SEM FINS LUCRATIVOS. Condicionar a concessão de imunidade tributária à apresentação do certificado de entidade de assistência social, na hipótese em que perícia

técnica tenha demonstrado o preenchimento dos requisitos legais, implica acréscimo desarrazoado e ilegal de pressupostos não previstos em lei para tanto, ainda mais quando o próprio texto constitucional prevê como condicionante para a concessão do referido benefício apenas a inexistência de finalidade lucrativa por parte da instituição" (1ª T., AgRg no AREsp 187.172-DF, rel. Min. Napoleão Nunes Maia Filho, j. 18-2-2014).

Desatendidos os requisitos, a autoridade competente pode suspender a aplicação da imunidade[STF] (art. 14, § 1º, do CTN).

STF: "IMUNIDADE. ENTIDADE EDUCACIONAL. ART. 150, INCISO VI, ALÍNEA *C*, DA CONSTITUIÇÃO FEDERAL. IPTU. IMÓVEL VAGO. FINALIDADES ESSENCIAIS. PRESUNÇÃO. ÔNUS DA PROVA. PRECEDENTES. 1. A condição de um imóvel estar vago ou sem edificação não é suficiente, por si só, para destituir a garantia constitucional da imunidade. 2. A regra da imunidade se traduz numa negativa de competência, limitando, *a priori*, o poder impositivo do Estado. 3. Na regra imunizante, como a garantia decorre diretamente da Carta Política, mediante decote de competência legislativa, as presunções sobre o enquadramento originalmente conferido devem militar a favor das pessoas ou entidades que se socorrem da norma constitucional. 4. Quanto à imunidade prevista no art. 150, inciso VI, *c*, da Constituição Federal, o ônus de elidir a presunção de vinculação às atividades essenciais é do Fisco. 5. A não utilização temporária do imóvel deflagra uma neutralidade, não atentando contra os requisitos autorizadores da imunidade" (AgRg no AI 674.339-SP. rel. Min. Dias Toffoli).

Nos termos do art. 12, § 1º, da Lei n. 9.532/97: "não estão abrangidos pela imunidade os rendimentos e ganhos de capital auferidos em aplicações financeiras de renda fixa ou de renda variável".

5.8.3.4 Instituições assistenciais sem fins lucrativos

Por fim, gozam igualmente de imunidade tributária as instituições assistenciais sem fins lucrativos que atenderem aos requisitos legais.

FCC: A prova de Defensor Público/SP de 2012 considerou ERRADA a afirmação: "Dentre as hipóteses constitucionais de vedação à União, aos Estados, ao Distrito Federal e aos Municípios para instituir impostos é autoaplicável a imunidade sobre entidades assistenciais, sem fins lucrativos".

Mais uma vez, os requisitos legais que autorizam a concessão da imunidade estão previstos no art. 14 do Código Tributário Nacional, a saber:

> I – não distribuírem qualquer parcela de seu patrimônio ou de suas rendas, a qualquer título;
>
> II – aplicarem integralmente, no País, os seus recursos na manutenção dos seus objetivos institucionais;

III – manterem escrituração de suas receitas e despesas em livros revestidos de formalidades capazes de assegurar sua exatidão (regularidade contábil).

Não sendo atendido algum requisito legal, a autoridade competente pode suspender a aplicação da imunidade (art. 14, § 1º, do CTN).

Importante destacar que as **entidades assistenciais são beneficiadas por uma dupla imunidade**STF,

> STF: "O STF confere sentido mais amplo ao termo 'assistência social' constante do art. 203 da CF, a concluir que, entre as formas de promover os objetivos revelados nos incisos desse preceito, estariam incluídos os serviços de saúde e educação. Toda pessoa jurídica a prestar esses serviços, sem fins lucrativos, com caráter assistencial, em favor da coletividade e, em especial, dos hipossuficientes, atua em conjunto com o Poder Público na satisfação de direitos fundamentais sociais. Essa é a razão de o constituinte ter assegurado a imunidade a essas pessoas em relação tanto aos impostos como às contribuições sociais, a partir da impossibilidade de tributar atividades típicas do Estado em favor da realização de direitos fundamentais no campo da assistência social" (RE 566.622/RS. Trecho do voto do rel. Min. Marco Aurélio, j. 4-6-2014).

na medida em que, além de não pagarem nenhum imposto (art. 150, VI, *c*, da CF), **são também imunes a contribuições sociais**STF (art. 195, § 7º, da CF).

> UFPA: A prova de Procurador do Estado/PA de 2012 considerou CORRETA a afirmação: "A imunidade tributária conferida a instituições de assistência social sem fins lucrativos pelo Art. 150, VI, *c*, da Constituição, somente alcança as entidades fechadas de previdência social se não houver contribuição dos beneficiários".

> STF: "A imunidade tributária prevista no art. 195, § 7º, da CF (§ 7º São isentas de contribuição para a seguridade social as entidades beneficentes de assistência social que atendam às exigências estabelecidas em lei), regulamentada pelo art. 55 da Lei n. 8.212/91, abrange a contribuição para o PIS" (RE 636.941/RS, rel. Min. Luiz Fux, j. 13-2-2014).

Não estão abrangidos pela imunidade os rendimentos e ganhos de capital auferidos em aplicações financeiras de renda fixa ou de renda variável (art. 12, § 1º, da Lei n. 9.532/97). Porém, **são imunes**, segundo a jurisprudência do STF, **as rendas obtidas** pela instituição assistencial **decorrentes da cobrança de estacionamento de veículo em área interna** da entidade.

> Cespe: A prova da Magistratura/CE de 2012 considerou CORRETA a afirmação: "Está abrangida pela imunidade estabelecida na CF eventual renda que, obtida por instituição de assistência social mediante cobrança de estacionamento de veículos em área interna da entidade, destine-se ao custeio das atividades desta".

Decisões do STF vêm **estendendo a imunidade** também para **imóveis locados e lotes não edificados**STF pertencentes à entidade assistencial.

STF: "A jurisprudência do Supremo Tribunal Federal vem flexibilizando as regras atinentes à imunidade, de modo a estender o alcance axiológico dos dispositivos imunitórios, em homenagem aos intentos protetivos pretendidos pelo constituinte originário. 2. Esta Corte já reconhece a imunidade do IPTU para imóveis locados e lotes não edificados. Nesse esteio, cumpre reconhecer a imunidade ao caso em apreço, sobretudo em face do reconhecimento, pelo Tribunal de origem, do caráter assistencial da entidade" (AI 746.263 MG, rel. Min. Dias Toffoli, j. 18-12-2012, 1ª T.).

STF: "Imunidade do art. 150, VI, *c*, CF. Entidade beneficente de assistência social. ICMS. Aquisição de insumos e produtos no mercado interno na qualidade de contribuinte de fato. Beneplácito reconhecido ao contribuinte de direito. Repercussão econômica. Irrelevância. (...) "A imunidade tributária subjetiva aplica-se a seus beneficiários na posição de contribuinte de direito, mas não na de simples contribuinte de fato, sendo irrelevante para a verificação da existência do beneplácito constitucional a repercussão econômica do tributo envolvido" (RE 608.872, rel. Min. Dias Toffoli, j. em 23-2-2017, P, *DJe* de 27-9-2017, tema 342).

Quanto às entidades fechadas de previdência privada, somente terão direito à imunidade prevista no art. 150, VI, *c*, da CF se não houver contribuição dos beneficiários[STF].

STF, Súmula 730: "A imunidade tributária conferida a instituições de assistência social sem fins lucrativos pelo art. 150, VI, *c*, da Constituição, somente alcança as entidades fechadas de previdência social privada se não houver contribuição dos beneficiários".

STF: "As instituições de assistência social, que trazem ínsito em suas finalidades a observância ao princípio da universalidade, da generalidade e concede benefícios a toda coletividade, independentemente de contraprestação, não se confundem e não podem ser comparadas com as entidades fechadas de previdência privada que, em decorrência da relação contratual firmada, apenas contempla uma categoria específica, ficando o gozo dos benefícios previstos em seu estatuto social dependente do recolhimento das contribuições avençadas, *conditio sine qua non* para a respectiva integração no sistema" (RE 202.700, j. 12-12-2002, rel. Min. Sepúlveda Pertence).

5.8.3.5 Requisitos previstos na Lei n. 9.532/97

Embora o art. 146, II, da CF exija lei complementar para regulamentar limitações constitucionais ao poder de tributar, o art. 12, § 2º, da Lei n. 9.532/97 estabeleceu **diversos requisitos para que entidades assistenciais e educacionais gozem de imunidade**:

a) não remunerar, por qualquer forma, seus dirigentes pelos serviços prestados;

b) aplicar integralmente seus recursos na manutenção e desenvolvimento dos seus objetivos sociais;

c) manter escrituração completa de suas receitas e despesas em livros revestidos das formalidades que assegurem a respectiva exatidão;

d) conservar em boa ordem, pelo prazo de cinco anos, contado da data da emissão, os documentos que comprovem a origem de suas receitas e a efetivação de suas despesas, bem assim a realização de quaisquer outros atos ou operações que venham a modificar sua situação patrimonial;

e) apresentar, anualmente, Declaração de Rendimentos, em conformidade com o disposto em ato da Secretaria da Receita Federal;

f) recolher os tributos retidos sobre os rendimentos por elas pagos ou creditados e a contribuição para a seguridade social relativa aos empregados, bem assim cumprir as obrigações acessórias daí decorrentes;

g) assegurar a destinação de seu patrimônio a outra instituição que atenda às condições para gozo da imunidade, no caso de incorporação, fusão, cisão ou de encerramento de suas atividades, ou a órgão público;

h) outros requisitos, estabelecidos em lei específica, relacionados com o funcionamento das entidades beneficiadas.

5.8.3.6 A questão da remuneração dos dirigentes nas entidades imunes

Como visto no item anterior, o art. 12, § 2º, da Lei n. 9.532/97 define como primeiro requisito para que entidades beneficentes e educacionais gozem de imunidade a "não remuneração, por qualquer forma, de seus dirigentes pelos serviços prestados".

No entanto, o § 4º do art. 12 da referida lei esclarece que **a exigência de não remuneração não impede**:

a) a remuneração aos diretores não estatutários que tenham vínculo empregatício; e

b) a remuneração aos dirigentes estatutários, desde que recebam remuneração inferior, em seu valor bruto, a 70% (setenta por cento) do limite estabelecido para a remuneração de servidores do Poder Executivo federal.

A remuneração dos **dirigentes estatutários** deverá obedecer às seguintes condições (Lei n. 12.868/2013):

a) nenhum dirigente remunerado poderá ser cônjuge ou parente até 3º (terceiro) grau, inclusive afim, de instituidores, sócios, diretores, conselheiros, benfeitores ou equivalentes da instituição; e

b) o total pago a título de remuneração para dirigentes, pelo exercício das atribuições estatutárias, deve ser inferior a 5 (cinco) vezes o valor correspondente ao limite individual estabelecido acima.

5.8.3.7 Imóveis locados e Súmula Vinculante 52

Quanto à incidência do IPTU sobre imóveis locados pelas entidades imunes com base no art. 150, VI, *c*, o STF editou a Súmula Vinculante 52: "Ainda quando alugado a terceiros, permanece imune ao IPTU o imóvel pertencente a qualquer das entidades referidas pelo art. 150, VI, *c*, da Constituição Federal, desde que o valor dos aluguéis seja aplicado nas atividades para as quais tais entidades foram constituídas".

5.8.3.8 Súmula do Supremo Tribunal Federal

Súmula 730

A imunidade tributária conferida a instituições de assistência social sem fins lucrativos pelo art. 150, VI, *c*, da Constituição, somente alcança as entidades fechadas de previdência social privada se não houver contribuição dos beneficiários.

5.8.4 Imunidade de imprensa ou cultural (art. 150, VI, *d*, da CF)

O art. 150, VI, *d*, da CF consagra a imunidade de imprensa, enunciada nos seguintes termos:

> Sem prejuízo de outras garantias asseguradas ao contribuinte, é vedado à União, aos Estados, ao Distrito Federal e aos Municípios:
>
> VI – instituir impostos sobre:
>
> d) livros, jornais, periódicos e o papel destinado a sua impressão.

Nos termos do texto constitucional, **livros, jornais, periódicos (revistas) e o papel para sua impressão não pagam nenhum imposto** como forma de baratear a difusão cultural, tornando mais acessíveis tais itens, por meio da desoneração tributária, à população em geral.

> FCC: A prova de Defensor Público/SP de 2012 considerou CORRETA a afirmação: "Dentre as hipóteses constitucionais de vedação à União, aos Estados, ao Distrito Federal e aos Municípios para instituir impostos é autoaplicável a imunidade sobre livros, jornais, periódicos e o papel destinado a sua impressão".

Convém lembrar que se trata, ao contrário das anteriormente estudadas, de uma **imunidade objetiva**, ou seja, voltada à proteção dos produtos citados no dispositivo constitucional. Não é uma imunidade subjetiva, instituída para proteger quem produz ou vende os referidos itens[STF].

> STF: "Veículo de radiodifusão e imunidade tributária. O Plenário confirmou medida cautelar e julgou procedente pedido formulado em ação direta para declarar a inconstitucionalidade da expressão 'e veículos de radiodifusão', constante do art. 193, VI, *d*, da Constituição do Estado do Rio de Janeiro, bem como da expressão 'e veículo de radiodifusão', constante do art. 40, XIV, da Lei estadual 1.423/89. Os dispositivos se referem à concessão de imunidade tributária no tocante a livros, jornais, periódicos, o papel destinado a sua impressão e a veículos de radiodifusão. O Colegiado reputou que teria havido expansão indevida do modelo de imunidade relativo a livros, jornais, periódicos e o papel destinado a sua impressão" (ADIn 773/RJ, rel. Min. Gilmar Mendes, j. 20-8-2014).

Desse modo, conforme já estudado nos itens anteriores, a imunidade afasta somente os impostos diretamente incidentes sobre os itens mencionados no dispositivo constitucional (IPI, ICMS, ISS, II, IE), razão pela qual **editoras e livrarias pagam todos os impostos pessoais**, como IPTU, IR e IPVA.

5.8.4.1 Outras matérias-primas imunes (insumos)

O art. 150, VI, *d*, da CF, quando trata da imunidade de imprensa, somente estende o benefício tributário a um insumo (matéria-prima) utilizado para a produção dos itens protegidos: o papel.

Assim, **o papel utilizado para a produção de livros, jornais e periódicos é imune.**

Porém, quanto às demais matérias-primas existe grande divergência doutrinária e jurisprudencial.

Para provas e concursos públicos a posição mais segura nessa matéria **é sempre adotar a orientação do Supremo Tribunal Federal.**

Atualmente, a Suprema Corte reconhece imunidade para os seguintes insumos:

1) peças sobressalentes para equipamentos de preparo e acabamento de chapas de impressão *offset* para jornais (RE 202.149);

> Consulplan: A prova de Cartório/MG de 2015 considerou CORRETA a assertiva: "A imunidade referente à vedação de a União, os Estados, o Distrito Federal e os Municípios instituírem impostos sobre livros, jornais, periódicos e o papel destinado a sua impressão abrange os filmes e papéis fotográficos necessários à publicação de jornais e periódicos".

2) filmes e papéis fotográficos utilizados para publicação de jornais e periódicos (Súmula 657 do STF);

3) filmes destinados à produção de capas de livros sem capa dura (RE 392.221);

4) todo e qualquer insumo ou ferramenta indispensável à edição de veículos de comunicação (RE 202.149, orientação que ainda não pode ser considerada uma tendência na jurisprudência do STF, na medida em que foi adotada somente no âmbito da sua 1ª Turma).

Desse modo, apesar do entendimento adotado pela 1ª Turma no julgamento do RE 202.149, em abril de 2011 (*vide* número 4 da lista acima), **as demais matérias-primas permanecem fora do alcance da imunidade cultural**, tais como:

1) tintas (RE 324.600);

2) capas duras autoencadernáveis utilizadas na distribuição de obras para incrementar a venda de jornais (RE 325.334-AgRg);

3) peças de reposição (RE 238.570);

4) tiras para amarrar jornal (RE 208.638);

5) serviços de composição gráfica (RE 230.782);

> Cespe: A prova da Magistratura/CE de 2012 considerou ERRADA a afirmação: "A imunidade tributária conferida aos livros, jornais, periódicos e papel destinado à sua impressão estende-se aos serviços de composição gráfica necessários à composição do produto final".

6) importação de bens para montagem de parque gráfico (AI 530.911-AgRg); e

7) serviços de transporte e distribuição de jornais (RE 116.607).

Contudo, no AI 735.816 AgR, de relatoria do Ministro Alexandre de Moraes, julgado em 23-3-2018, 1ª Turma, o Supremo Tribunal Federal entendeu que "a regra imunizante constante do art. 150, VI, *d*, da CF não pode ser interpretada de modo amplo e irrestrito. Inexiste imunidade relativa a tributos incidentes sobre a importação de tintas e chapas de gravação destinadas à publicação de jornal".

5.8.4.2 Livros digitais ou e-books são imunes. Virada jurisprudencial no STF (RE 330.817). E-readers têm imunidade, mas smartphones e tablets não

É indiscutível que o objetivo do constituinte ao estabelecer a imunidade de imprensa, ou seja, o elemento finalístico da norma imunizante, é a proteção do conteúdo veiculado por livros, jornais e periódicos, reconhecidos como veículos difusores da cultura e da informação.

Sendo assim, embora o art. 150, VI, *d*, da CF mencione o "papel para sua impressão", parece bastante óbvio que a imunidade cultural também é aplicável para formas mais modernas de veiculação da cultura e da informação, além do formato convencional impresso, como livros eletrônicos, CD-ROM e audiolivros.

Antes de analisar o posicionamento da Corte Suprema quanto a tais itens, convém apresentar a diferença entre eles.

Livro eletrônico ou *e-book* é o nome dado ao conteúdo de um livro para ser lido em aparelhos eletrônicos como *tablets*, celulares, computadores etc. Atualmente, é cada vez mais comum milhões de pessoas comprarem o acesso à leitura de *e-books* sem ter contato com o livro convencional em papel. Como regra, todo o processo de compra de um livro eletrônico ocorre via internet.

CD-ROM é uma sigla que designa *compact disc read-only memory* (disco compacto com memória somente para leitura). Trata-se de uma "mídia" utilizada para armazenar qualquer tipo de conteúdo, como textos, programas de computação, áudios, vídeos. Tornou-se frequente no mercado editorial brasileiro a disponibilização de livros para venda no formato de CD-ROM, permitindo leitura via computador, tendo como vantagens sobre o livro em papel, entre outras: a) preço; b) maior durabilidade; c) facilidade de armazenamento; d) questão ambiental (não são derrubadas árvores para fabricar CD-ROM).

Audiolivro ou *audiobook* é um livro para ser ouvido. A editora realiza gravações em estúdio com a leitura do texto integral do livro e disponibiliza para o "leitor" ouvir.

A jurisprudência do Supremo Tribunal Federal sempre foi bastante retrógrada quanto à extensão da imunidade de imprensa a esses novos formatos.

Entretanto, no julgamento do RE 330.817, em 8-3-2017, o Supremo Tribunal Federal passou a entender que os **livros eletrônicos e os suportes próprios para sua leitura são alcançados pela imunidade** tributária do art. 150, VI, *d*, da Constituição Federal, fixando a seguinte tese: "A imunidade tributária constante do art. 150, VI, *d*, da CF/88 aplica-se ao livro eletrônico (*e-book*), inclusive aos suportes exclusivamente utilizados para fixá-lo".

> MPE/PR: A prova de Promotor/PR de 2017 considerou CORRETA a afirmação: "A imunidade tributária constante do art. 150, VI, *d*, da Constituição Federal, alcança o livro digital ou *e-book*".

De acordo com o voto do Relator, Dias Toffoli, "tanto a Carta Federal de 1969 quanto a Constituição de 1988, ao considerarem imunes determinado bem, livro, jornal ou periódico, voltam o seu olhar para a finalidade da norma, de modo a potencializar a sua efetividade. Assim foi a decisão de se reconhecerem como imunes as revistas técnicas, a lista telefônica, as apostilas, os álbuns de figurinha, bem como mapas impressos e atlas geográficos. O argumento de que a vontade do legislador histórico foi restringir a imunidade ao livro editado em papel não se sustenta. O vocábulo 'papel' constante da norma não se refere somente ao método impresso de produção de livros, afirmou. O suporte das publicações é apenas o continente, o *corpus mechanicum* que abrange o seu conteúdo, o *corpus misticum* das obras. Não sendo ele o essencial ou, de um olhar teleológico, o condicionante para o gozo da imunidade".

Importantíssimo destacar que o entendimento imuniza os equipamentos digitais específicos para leitura de livros eletrônicos (*e-readers*, por exemplo, o Kindle ou o Lev), mas não atinge *smartphones* ou *tablets* usados também, mas não exclusivamente, para tal finalidade.

Conclui o Relator: "A regra da imunidade igualmente alcança os aparelhos leitores de livros eletrônicos ou *e-readers*, confeccionados exclusivamente para esse fim, ainda que eventualmente estejam equipados com funcionalidades acessórias que auxiliem a leitura digital como acesso à internet para *download* de livros, possibilidade de alterar tipo e tamanho de fonte e espaçamento. As mudanças históricas e os fatores políticos e sociais presentes na atualidade, seja em razão do avanço tecnológico, seja em decorrência da preocupação ambiental, justificam a equiparação do papel aos suportes utilizados para a publicação dos livros".

Sobre o tema, em abril de 2020, o STF confirmou tal entendimento ao aprovar em sessão virtual a Súmula Vinculante 57 com a seguinte redação: "A imunidade tributária constante do art. 150, VI, *d*, da CF/88 aplica-se à importação e comercialização, no mercado interno, do livro eletrônico (*e-book*) e dos suportes exclusivamente utilizados para fixá-los, como leitores de livros eletrônicos (*e-readers*), ainda que possuam finalidades acessórias".

5.8.4.3 Álbuns de figurinhas, cromos, apostilas, listas telefônicas, revistas técnicas, mapas impressos, atlas geográficos, panfletos publicitários e encartes

A jurisprudência do Supremo Tribunal Federal registra interessante variedade de decisões sobre a incidência, ou não, da imunidade cultural sobre itens similares aos livros, jornais e periódicos.

No julgamento do RE 179.893/SP, o STF **estendeu a imunidade de imprensa aos álbuns de figurinhas e respectivos cromos.** De acordo com o voto da rel. Min. Ellen Gracie: "a imunidade tributária sobre livros, jornais, periódicos e o papel destinado à impressão dessas publicações têm por finalidade evitar embaraços ao exercício da liberdade de expressão intelectual, artística, científica e de comunicação, consagrada no art. 5º, IX, da Constituição Federal, além de facilitar o acesso da população à cultura, à informação e à educação, com a redução do preço final". Segundo a Ministra: "o álbum de figurinhas é uma maneira de estimular o público infantil a se familiarizar com meios de comunicação impressos, atendendo, em última análise, à finalidade do benefício tributário".

As **apostilas também foram consideradas imunes** por constituírem veículo de transmissão de cultura simplificado (RE 183.403).

Quanto às **listas telefônicas**, **também tiveram imunidade reconhecida pelo Supremo Tribunal Federal**, ao argumento de que são periódicos sem caráter noticioso, discursivo, literário, poético ou filosófico, **mas de inegável utilidade pública** (RE 101.441).

> Cespe: A prova de Promotor de Justiça/RO de 2010 considerou ERRADA a afirmação: "A atividade de edição de listas telefônicas não está amparada pelo benefício constitucional da imunidade tributária".

Revistas técnicas, mapas impressos e atlas geográficos são igualmente **imunes (RE 330.817).**

Porém, em relação a **panfletos publicitários e encartes** com exclusiva finalidade comercial, mesmo quando inseridos dentro de jornais, não têm imunidade (RE 231.094). Todavia, o STF ponderou que a presença de propaganda no corpo da própria publicação, formando com ela um todo inseparável, não lhe retira a imunidade[13].

5.8.4.4 A questão dos materiais eróticos e pornográficos

A doutrina se divide quanto à aplicação da imunidade de imprensa quanto a livros e revistas de conteúdo adulto. Infelizmente, **inexiste posicionamento jurisprudencial relevante sobre a matéria.**

Diante disso, como a Constituição Federal não faz qualquer distinção quanto ao conteúdo da publicação, e, em nome de uma interpretação ampliativa das regras imunizantes, **os materiais de conteúdo adulto devem ser considerados alcançados pela imunidade de imprensa.**

> FMP-RS: A prova de Auditor Público Externo do TCE/RS de 2011 considerou CORRETA a afirmação: "Segundo o entendimento sufragado pelo Supremo Tribunal Federal, é irrelevante à aplicação da imunidade dos livros, jornais e periódicos, o conteúdo da publicação".

13. Ricardo Alexandre, *Direito Tributário Esquematizado*, p. 171.

5.8.5 A nova imunidade dos CDs e DVDs musicais

Com o objetivo de **combater a pirataria** por meio da **desoneração sobre músicas e vídeos musicais,** foi promulgada a Emenda Constitucional n. 75, de 15-10-2013, que incluiu a alínea *e* no inciso VI do art. 150 da Constituição Federal, **afastando a incidência de impostos** sobre:

> Fonogramas e videofonogramas musicais produzidos no Brasil contendo obras musicais ou literomusicais de autores brasileiros e/ou obras em geral interpretadas por artistas brasileiros bem como os suportes materiais ou arquivos digitais que os contenham, salvo na etapa de replicação industrial de mídias ópticas de leitura a *laser*.

Fonograma é toda gravação de sons de uma execução ou interpretação ou de outros sons, ou de uma representação de sons que não seja uma fixação de sons incluída em uma obra audiovisual (art. 5º, IX, da Lei n. 9.610/98). Videofonogramas são vídeos de conteúdo musical.

Embora o tema seja muito novo e ainda não tenha sido objeto de análise doutrinária, é possível identificar alguns pontos que devem ser inicialmente abordados pelas bancas nas provas e concursos:

1) trata-se de uma **imunidade objetiva** que **exclui somente os impostos diretamente incidentes sobre os fonogramas e videofonogramas**, não atingindo impostos desvinculados do processo produtivo ou circulatório, como IR, IPTU ou IPVA das gravadoras e lojas;

2) a referida imunidade só vale para impostos, **não alcançando taxas, contribuições ou empréstimos compulsórios;**

3) o benefício somente favorece fonogramas e videofonogramas musicais **produzidos no Brasil, contendo obras musicais ou literomusicais de autores brasileiros e/ou interpretadas por artistas brasileiros**. Desse modo, não havendo qualquer dessas conexões com a cultura musical pátria, inexiste imunidade;

4) a imunidade não se aplica aos filmes e à indústria cinematográfica em geral;

5) o benefício imunizante favorece também os suportes materiais (mídias) ou arquivos digitais que os contenham, o que significa dizer que as músicas e vídeos musicais comprados via *download* pela internet também são imunes;

6) a replicação industrial de mídias ópticas de leitura a *laser* foi excluída da imunidade como forma de preservar os benefícios concedidos às empresas instaladas na Zona Franca de Manaus (art. 40 do ADCT), que já gozam de vantagem ao afastamento da incidência de todos os **impostos**.

> MPE/RS: A prova de Promotor/RS de 2017 considerou CORRETA a afirmação: "É vedado à União, aos Estados, ao Distrito Federal e aos Municípios instituir impostos sobre fonogramas e videofonogramas musicais produzidos no Brasil contendo obras musicais ou literomusicais de autores brasileiros e/ou obras em geral interpretadas por artistas brasileiros, bem como os suportes materiais ou arquivos digitais que os contenham, salvo na etapa de replicação industrial de mídias ópticas de leitura a *laser*".

5.9 OUTRAS IMUNIDADES

Para finalizar o estudo das imunidades tributárias estabelecidas pela Constituição Federal de 1988, passaremos à análise dos demais casos de normas imunizantes específicas.

5.9.1 Imunidade do art. 153, § 3º, III, da CF

Esse dispositivo constitucional impede a incidência do IPI sobre produtos destinados ao exterior.

5.9.2 Imunidade do art. 153, § 4º, II, da CF

O Imposto Territorial Rural não incide sobre pequenas glebas rurais, definidas em lei, quando as explore o proprietário que não possua outro imóvel.

5.9.3 Imunidade do art. 155, § 2º, X, *a*, da CF

Por força do art. 155, § 2º, X, *a*, da Constituição Federal, não incide o ICMS sobre operações que destinem mercadorias para o exterior, nem sobre serviços prestados a destinatários no exterior.

Importante ressaltar que essa imunidade não alcança operações ou prestações anteriores à operação de exportação, segundo acórdão do RE 754.916 julgado em 4-8-2020, reconhecido como Tema 475 de Repercussão Geral, pelo STF.

5.9.4 Imunidade do art. 155, § 2º, X, *b*, da CF

Não incide ICMS sobre operações que destinem a outros Estados petróleo, inclusive lubrificantes, combustíveis líquidos e gasosos dele derivados e energia elétrica.

Sobre o tema, a 1ª Turma do STF decidiu que não incide referida imunidade se houve apenas a aquisição interna de óleo, não tendo havido, portanto, operação interestadual de venda de lubrificantes (STF. 1ª Turma. RE 642.564 AgR/RJ, rel. Min. Roberto Barroso, j. 30-6-2020. *Informativo* 984).

5.9.5 Imunidade do art. 155, § 2º, X, c, da CF

Não incide ICMS sobre operações com ouro definido em lei como ativo financeiro ou instrumento cambial.

5.9.6 Imunidade do art. 155, § 2º, X, *d*, da CF

Não incide ICMS na prestação de serviço de comunicação nas modalidades de radiodifusão sonora e de sons e imagens de recepção livre e gratuita.

5.9.7 Imunidade do art. 155, § 3º, da CF

Com exceção do ICMS, do Imposto de Importação e do Imposto de Exportação, nenhum outro imposto incide sobre operações de energia elétrica, telecomunicações, derivados de petróleo, combustíveis e minerais.

5.9.8 Imunidade do art. 156, § 2º, I, da CF

O referido dispositivo constitucional prescreve que o ITBI não incide sobre a transmissão de bens ou direitos incorporados ao patrimônio de pessoa jurídica em realização de capital, nem sobre a transmissão de bens ou direitos decorrente de fusão, incorporação, cisão ou extinção de pessoa jurídica, salvo se, nesses casos, a atividade preponderante do adquirente for a compra e venda desses bens ou direitos, locação de bens imóveis ou arrendamento mercantil.

5.9.9 Imunidade do art. 184, § 5º, da CF

As operações de transferência de imóveis desapropriados para fins de reforma agrária são imunes a todos os impostos.

5.9.10 Imunidade do art. 195, § 7º, da CF

Conforme já dito em capítulo anterior, o art. 195, § 7º, da CF prevê caso raríssimo de imunidade aplicável a contribuições sociais, afirmando que as entidades beneficentes de assistência social, que atendam às exigências estabelecidas em lei, são imunes ao pagamento de contribuições para o custeio da seguridade social[STF].

Os requisitos que as entidades de assistência social a que se refere o § 7º do art. 195 da CF/88 devem cumprir para gozar desse benefício devem estar previstos em Lei Complementar, assim como decidiu o STF no RE 566.622/RS julgado em 23-2-2017 (Tema 32 de Repercussão Geral).

Impende registrar que em 18-12-2019, o STF mudou a redação do julgado supracitado após a interposição de embargos de declaração, porém, permanecendo com o mesmo entendimento, veja: "A lei complementar é forma exigível para a definição do modo beneficente de atuação das entidades de assistência social contempladas pelo art. 195, § 7º, da CF, especialmente no que se refere à instituição de contrapartidas a serem por elas observadas" (STF. Plenário. RE 566.622/RS, Rel. Min. Marco Aurélio, j. 23-2-2017, Repercussão Geral – Tema 32 – *Informativo* 855). (STF. Plenário. RE 566.622 ED/RS, rel. orig. Min. Marco Aurélio, red. p/ o ac. Min. Rosa Weber, j. 18-12-2019 – *Informativo* 964).

> FCC: A prova da Magistratura/PE de 2013 considerou CORRETA a afirmação: "Possui imunidade de contribuição social para seguridade social a entidade beneficente de assistência social que atenda às exigências estabelecidas em lei sobre a folha de salários e demais rendimentos do trabalho pagos ou creditados, a qualquer título, à pessoa física que lhe preste serviço, mesmo sem vínculo empregatício".

STF: "As normas de imunidade tributária constantes da Constituição objetivam proteger valores políticos, morais, culturais e sociais essenciais, a não permitir que os entes tributassem certas pessoas, bens, serviços ou situações ligadas a esses valores. O § 7º do art. 195 da CF traz dois requisitos para o gozo da imunidade: ser pessoa jurídica a desempenhar atividades beneficentes de assistência social e atender a parâmetros legais" (RE 566.622/RS. Trecho do voto do rel. Min. Marco Aurélio, j. 4-6-2014).

5.9.11 Imunidade do art. 5º, XXXIV, da CF

São imunes ao pagamento de taxas: a) o direito de petição aos Poderes Públicos em defesa de direitos ou contra ilegalidade ou abuso de poder; b) a obtenção de certidões, em repartições públicas, para defesa de direitos e esclarecimento de situações de interesse pessoal.

5.9.12 Hipótese do art. 156, § 3º, II, da CF

Afirma que o ISS, nos termos de lei complementar, não incide sobre serviços prestados no exterior. Não é caso de imunidade, mas de isenção heterônoma, que consiste na possibilidade de a União dar isenção de tributo municipal.

5.9.13 Hipótese do art. 155, § 2º, XII, e, da CF

Lei complementar definirá a não incidência do ICMS sobre exportações. Como na hipótese anterior, ao contrário do afirmado por alguns doutrinadores, trata-se de isenção heterônoma, porque a tarefa de excluir a incidência do tributo foi entregue pelo constituinte ao legislador complementar federal.

5.9.14 Imunidade e gratuidade de ações constitucionais

Por fim, cabe salientar que, toda vez que a Constituição Federal institui a **gratuidade na propositura de determinada ação judicial**, está definindo hipótese de **imunidade** específica **da taxa judiciária** quanto àquela ação. É o caso, por exemplo, do art. 5º, LXXIII, da CF, que prescreve: "qualquer cidadão é parte legítima para propor ação popular que vise a anular ato lesivo ao patrimônio público ou de entidade de que o Estado participe, à moralidade administrativa, ao meio ambiente e ao patrimônio histórico e cultural, **ficando o autor**, salvo comprovada má-fé, **isento de custas judiciais** e do ônus da sucumbência".

FCC: A prova de Promotor de Justiça/CE de 2011 considerou CORRETA a afirmação: "A previsão de que o cidadão ficará isento de custas judiciais na ação popular é hipótese de imunidade de taxa".

Embora o dispositivo utilize o termo "isento", por estar previsto no texto constitucional, trata-se de evidente caso de imunidade, e não de isenção.

5.10 QUADRO SINÓTICO

NATUREZA JURÍDICA
Assim como os princípios tributários, as imunidades têm **natureza jurídica dúplice**, na medida em que são, ao mesmo tempo, **limitações constitucionais ao poder de tributar**, restringindo o poder do Fisco de instituir tributos, e também **garantias fundamentais do contribuinte**. Assim, por constituírem cláusulas pétreas, não podem ser reduzidas ou suprimidas por emenda constitucional, e sua regulamentação infraconstitucional exige lei complementar, nos termos do art. 146, II, da Constituição Federal, que, por conta disso, fica vedada a edição de medida provisória para sua regulamentação. Por fim, é importante ressaltar que imunidades devem ser invocadas exclusivamente em favor do contribuinte e não em favor do Fisco.
NOSSO CONCEITO
Imunidades são normas constitucionais que limitam a competência tributária, afastando a incidência de tributos sobre determinados itens ou pessoas. Imunidades são normas constitucionais: ou seja, dentro da pirâmide representativa do ordenamento jurídico pátrio, o único patamar onde as regras imunizantes podem estar alocadas é dentro do próprio Texto Maior. Imunidades limitam a competência tributária: em razão das imunidades previstas no texto constitucional, as entidades federativas já recebem as competências tributárias parcialmente subtraídas quanto ao seu alcance potencial, na medida em que os entes tributantes ficam impedidos de instituir tributos sobre pessoas e itens protegidos pelas regras imunizantes. Imunidades afastam a incidência de tributos sobre determinados produtos ou pessoas: embora os casos mais comuns sejam de imunidades que excluam somente a incidência de impostos, há casos de normas imunizantes atingindo as demais espécies tributárias. Assim, **não é mais correto afirmar que imunidade afasta somente impostos**, mas são normas constitucionais voltadas a afastar a incidência de tributos sobre determinados itens ou pessoas.
IMUNIDADE E ISENÇÃO
Do ponto de vista do Direito Tributário, imunidade e isenção são institutos inconfundíveis, ou seja, imunidade é uma norma constitucional que limita a competência tributária, afastando a incidência de tributos sobre determinados itens ou pessoas, operando **no plano constitucional** e interagindo com as regras que definem a competência para a instituição de tributos **antes que o fato gerador ocorra**. Já a **isenção é um benefício legal concedido pelo legislador** que, excluindo o crédito tributário (art. 175 do CTN), libera o contribuinte de realizar o pagamento do tributo **após a ocorrência do fato gerador**. No contexto específico das provas e concursos públicos, é comum serem apontadas as seguintes diferenças entre imunidade e isenção: 1) quanto ao nível hierárquico: imunidade é norma constitucional e isenção tem previsão em lei; 2) quanto à natureza jurídica: imunidade limita a competência tributária (antes do fato gerador) e isenção dispensa o pagamento (depois do fato gerador); 3) quanto ao tipo de interpretação: tendo natureza de garantia fundamental, a imunidade deve ser interpretada ampliativamente, já a isenção interpreta-se de modo literal (art. 111, II, do CTN); 4) quanto ao alcance: como regra, imunidades atingem impostos e isenções alcançam todos os tributos; 5) quanto ao efeito: imunidade exclui a competência tributária e isenção é manifestação da competência tributária; 6) quanto à revogabilidade: imunidades são irrevogáveis (cláusulas pétreas) e isenções são benefícios revogáveis; 7) quanto à permanência: imunidades tendem à perenidade e isenções tendem à temporariedade.
OUTROS INSTITUTOS AFINS
Existem outros institutos que se assemelham à imunidade no sentido de também liberarem o contribuinte de realizar o pagamento do tributo. Além da **isenção simples (autonômica)**, é o caso da **isenção heterônoma**, da **não incidência**, da **alíquota zero**, da **desoneração**, do **crédito presumido** e da **base reduzida**. Diferença entre imunidade e isenção autonômica: isenções simples ou autonômicas (ou autônomas) são aquelas concedidas por lei **pela mesma entidade competente para instituir o tributo**, haja vista que em regra, elas somente podem ser concedidas por essas entidades. No Brasil predominam as isenções autonômicas. As diferenças entre imunidade e isenção autonômica são todas aquelas mesmas apontadas entre imunidade e isenção. Em especial, merecem destaque duas principais diferenças: **a)** a imunidade é uma norma prevista na Constituição Federal, enquanto a isenção autonômica é prevista em lei e; **b)** a imunidade limita a competência tributária, ao passo que a isenção dispensa o contribuinte de realizar o pagamento do tributo. Diferença entre imunidade e isenção heterônoma: isenção imprópria ou heterônoma é um tipo especial de isenção concedida por entidade diversa daquela competente para instituir o tributo. Trata-se de uma exceção à autonomia dos entes políticos para conceder benefícios aos seus próprios tributos. Por isso, somente a Constituição Federal pode prevê-la, e prevê em apenas dois casos em favor da União: **a)** art. 155, § 2º, XII, *e*: cabe à lei complementar da União excluir da incidência do ICMS nas exportações de serviços e produtos além dos mencionados no inciso X, *a*; e; **b)** art. 156, § 3º, II: cabe à lei complementar da União excluir da incidência do ISS exportação de serviços do exterior.

Ou seja, nas isenções heterônomas atualmente existentes a União concede isenções de tributos estaduais (ICMS) e municipais (ISS).

Diferença entre imunidade e não incidência: não incidência é a situação em que o tributo é indevido porque **não ocorreu o seu fato gerador**. Trata-se de fato tributariamente atípico, ou seja, não enquadrado na hipótese de incidência tributária. **A diferença para a imunidade é que o fenômeno da não incidência tributária dispensa a existência de norma constitucional específica protegendo o contribuinte contra a ação do Fisco.**

Diferença entre imunidade e alíquota zero: trata-se da forma de desoneração tributária por meio da qual o legislador, ou o Poder Executivo, elimina a tributação sobre determinado item, **zerando a alíquota** incidente sobre a base de cálculo **de modo a excluir qualquer valor devido pelo contribuinte**. Nesse caso, ocorre a incidência da hipótese sobre o fato imponível. **Surge o fato gerador**, nasce a obrigação tributária, **mas não há valor devido**. Além disso, ao contrário das imunidades, que são benefícios concedidos diretamente pelo texto constitucional, a alíquota zero é sempre conferida no plano infraconstitucional, tanto por meio de lei quanto via ato administrativo.

Diferença entre imunidade e desoneração: desoneração é uma nomenclatura genérica utilizada para designar qualquer benefício fiscal capaz de reduzir a carga tributária suportada pelo contribuinte. Assim, pode-se dizer que isenção, imunidade, alíquota zero, base reduzida e até a extinção de um tributo sejam formas de desoneração. Desse modo, pode-se dizer que a imunidade é uma espécie do gênero desoneração. Essa é a diferença entre os dois institutos.

Diferença entre imunidade e crédito reduzido: o crédito presumido consiste em um instrumento fiscal utilizado pelo legislador, ou pelo Executivo, por meio do qual são atribuídos créditos de determinado tributo ao contribuinte visando à compensação nas operações seguintes, sem que tais créditos tenham sido efetivamente gerados em operação anterior. Com isso, o contribuinte se credita, realizando posterior abatimento do valor creditado no recolhimento seguinte do tributo, operação que resulta no pagamento de valor menor do que seria recolhido sem o crédito presumido.

Diferença entre imunidade e base reduzida: base reduzida é outra forma de desoneração fiscal por meio da qual o legislador, ou o Poder Executivo, promove um abatimento quantitativo na grandeza econômica sobre a qual o tributo incide (desconto na base de cálculo) para que, ao ser aplicada a alíquota, o produto final, ou seja, o valor devido, seja inferior àquele que resultaria da utilização da base de cálculo integral. Quanto à diferenciação, o mecanismo da base reduzida é um benefício concedido por lei ou mediante ato administrativo, ao contrário da imunidade, que está sempre fundamentada na Constituição Federal.

TIPOS DE IMUNIDADES

Imunidades subjetivas: tratam de benefícios constitucionais imediatamente dirigidos à proteção de pessoas e afastam a incidência de todos os impostos, por exemplo: **a)** imunidade das entidades federativas (art. 150, VI, *a*, da CF) e **b)** imunidade dos partidos políticos, entidades de classe e instituições assistenciais (art. 150, VI, *c*, da CF).

Imunidades objetivas: denomina-se imunidade objetiva aquela voltada a afastar a incidência de impostos sobre produtos, **e não para proteger diretamente pessoas.** A imunidade de imprensa não é dirigida à proteção imediata das pessoas que produzem ou vendem livros, jornais e periódicos, mas para a proteção direta de tais itens. A principal característica de uma imunidade objetiva é que ela não afasta todos os impostos, mas somente aqueles diretamente incidentes sobre o item protegido.

Imunidades gerais: são aquelas que, com o objetivo de proteger determinada pessoa ou certo produto, afastam a incidência de mais de um tributo, como por exemplo das imunidades das entidades federativas, religiosas, dos partidos políticos e outras entidades, de imprensa, e dos fonogramas e videofonogramas musicais produzidos no Brasil (art. 150, VI, *a*, *b*, *c*, *d* e *e*, da CF, respectivamente).

Imunidades específicas: são aquelas previstas no texto constitucional e afastam a incidência de um só tributo, por exemplo, IPI sobre produtos destinados ao exterior (art. 153, § 3º, III, da CF), ITR sobre pequenas glebas rurais (art. 153, § 4º, II, da CF), ICMS sobre operações com ouro definido em lei como ativo financeiro (art. 155, § 2º, X, *c*, da CF) e ICMS sobre serviço de comunicação nas modalidades de radiodifusão sonora e de sons e imagens de recepção livre e gratuita (art. 155, § 2º, X, *d*, da CF).

Imunidades tributárias: aquelas cuja abrangência ultrapassa o âmbito específico dos impostos. É o caso, por exemplo, das entidades assistenciais que têm imunidade a contribuições sociais (art. 195, § 7º, da CF).

Imunidades impositivas: são aquelas que **excluem a incidência somente de impostos**, como por exemplo o art. 184, § 5º, da CF ("As operações de transferência de imóveis desapropriados para fins de reforma agrária são imunes a todos os impostos").

Imunidades autoaplicáveis ou incondicionadas: são aquelas **aparelhadas para completa e imediata produção de efeitos**, inexigindo regulamentação infraconstitucional. Exemplo: imunidade recíproca (art. 150, VI, *a*, da CF).

Imunidades não autoaplicáveis ou condicionadas: elas **exigem**, para que o beneficiário delas usufrua, **o preenchimento de requisitos previstos em nível infraconstitucional.** Exemplo: imunidade das entidades educacionais e assistenciais sem fins lucrativos "nos termos da lei" (art. 150, VI, *d*, da CF).

Imunidades ontológicas ou essenciais: são aquelas que representam **consequências necessárias de certo princípio constitucional maior**, especialmente o da isonomia, revestindo-se sempre de um caráter subjetivo. É o caso, por exemplo, da imunidade recíproca (art. 150, VI, *a*, da CF), que tem tal natureza na medida em que as entidades federativas, ante as incontáveis despesas com serviços públicos e gastos estatais, não revelam interesse público capaz de justificar o pagamento de impostos.

Imunidades políticas ou incidentais: aquelas decorrentes de valores constitucionais específicos mas não fundamentais para a ordem jurídica. Exemplo: imunidade religiosa.

IMUNIDADES E OBRIGAÇÕES ACESSÓRIAS

As imunidades excluem **apenas a obrigação tributária principal**, isto é, o dever de pagar o tributo. As chamadas obrigações tributárias secundárias ou acessórias (ou ainda deveres instrumentais) subsistem mesmo para quem foi beneficiado pela norma imunizante.

IMUNIDADES EM ESPÉCIE

As mais importantes são as cinco previstas no art. 150, VI, da Constituição Federal, conhecidas como imunidades gerais. São elas:

Imunidade recíproca (art. 150, VI, *a*, da CF):

Impede as entidades federativas de cobrarem impostos reciprocamente.

Aplica-se **somente aos impostos**, de modo que taxas, contribuições de melhoria, contribuições sociais e empréstimos compulsórios são devidos normalmente pelos entes da federação reciprocamente.

Extensão da imunidade às autarquias e fundações públicas: Por força do art. 150, § 2º, da CF, e é extensiva às autarquias e fundações públicas instituídas e mantidas pelo Poder Público, no que se refere ao patrimônio, à renda e aos serviços, vinculados a suas finalidades essenciais ou às delas decorrentes, bem como para as pessoas jurídicas de direito público da administração indireta. Assim, somente pelo fato de o constituinte ter estendido o benefício às autarquias **devem ser consideradas beneficiadas pela imunidade** todas as espécies do gênero autárquico, ou seja: **a)** autarquias comuns; **b)** fundações públicas; **c)** agências reguladoras; **d)** agências executivas; **e)** conselhos de classe (exceto a OAB); e **f)** associações públicas.

Imunidades de empresas públicas e sociedades de economia mista: Embora a Constituição Federal de 1988 tenha uma norma expressa sobre o alcance da imunidade tributária quanto às autarquias e fundações públicas (art. 150, § 2º), **inexiste disciplina constitucional clara quanto à tributação das pessoas jurídicas de direito privado da administração indireta** (empresas públicas e sociedades de economia mista). **Assim, empresas públicas e sociedades de economia mista prestadoras de serviços públicos, como os Correios (ECT), são imunes nos mesmos termos das autarquias**, ou seja, no que se refere ao patrimônio, à renda e aos serviços, vinculados a suas finalidades essenciais ou às delas decorrentes (art. 150, § 2º, da CF). O raciocínio justifica-se porque a imunidade, nesse caso, integra regime jurídico protetivo do serviço público e de seus usuários, servindo como instrumento para realização do princípio da modicidade da prestação.

Já no caso das empresas públicas e sociedades de economia mista **exploradoras de atividade econômica**, como Banco do Brasil, Petrobras e Caixa Econômica Federal, **não têm qualquer imunidade**, na medida em que tais entidades estatais atuam no mercado em regime de competição com empresas privadas e o referido benefício tributário seria uma vantagem competitiva sobre os demais concorrentes.

Cartórios e serventias extrajudiciais: No julgamento do RE 756.915, o Supremo Tribunal Federal firmou o entendimento de que atividades de cartórios, notários e serviços de registro público não têm direito à imunidade recíproca.

Imunidade religiosa (art. 150, VI, *b*, da CF):

Consoante entendimento unânime da doutrina e jurisprudência, o art. 150, VI, *b*, da CF institui uma **imunidade subjetiva** estabelecida para **beneficiar todas as instituições religiosas, afastando a incidência de quaisquer impostos** sobre patrimônio, renda e serviços relacionados com suas atividades essenciais (art. 150, § 4º, da CF).

Tributos alcançados pela imunidade religiosa: só vale para impostos, razão pela qual **taxas, contribuições e empréstimos compulsórios são devidos integralmente.**

Quais religiões são imunes? Favorece toda e qualquer denominação religiosa, independentemente de fatores como número de adeptos, origem, tipo de crença professada, se tem representantes eleitos no Parlamento ou qualquer outro elemento.

No julgamento do RE 562.351 a **1ª Turma do STF negou imunidade tributária a uma instituição maçônica** ao argumento de que a maçonaria não é religião, mas uma "ideologia de vida".

A respeito da aplicação da imunidade religiosa aos cemitérios, a jurisprudência do Supremo Tribunal Federal faz uma importante distinção. Quando se trata de **cemitérios que funcionem como extensão de entidades religiosas**, sem fins lucrativos e que se dediquem exclusivamente à realização de serviços religiosos e funerários, **o STF reconhece imunidade quanto ao IPTU** (RE 578.562). Os demais impostos, assim como os outros tributos, são devidos integralmente. Porém, no caso de **cemitérios de caráter comercial**, que alugam jazigos e prestam serviços com o objetivo de obtenção de lucro financeiro, **não têm direito à imunidade**.

Quanto aos **imóveis locados**, se a instituição religiosa for **locatária de imóvel de terceiro, não há imunidade quanto ao IPTU ou ITR**, na medida em que o contribuinte desses impostos é o proprietário, e não o inquilino, tendo em vista que a imunidade só pode favorecer igreja proprietária do imóvel. Porém, **se a instituição religiosa locar seu templo, ou área contígua, a um terceiro, a imunidade permanece**, pressupondo-se, também aqui, que o valor do aluguel é revertido para suas finalidades essenciais. O raciocínio vale ainda que o locatário destine o bem a uma finalidade comercial.

Imunidade dos partidos políticos (art. 150, VI, *c*, da CF):

Desde que preenchidos os requisitos legais, os partidos políticos e suas fundações, entidades sindicais de trabalhadores, instituições educacionais sem fins lucrativos e instituições assistenciais sem fins lucrativos são favorecidos pelo não recolhimento de **todos os impostos**, desde que preenchidos os requisitos legais.

1) Partidos políticos e suas fundações: não pagam nenhum imposto, entretanto, é importante lembrar que taxas, contribuições e empréstimos compulsórios são devidos integralmente. Consequentemente, na hipótese de o partido político possuir **imóvel locado** a terceiros, o bem **permanece imune ao IPTU**, se o valor do aluguel for aplicado nas atividades essenciais da entidade.

2) Entidades sindicais de trabalhadores: Por "entidades sindicais" devemos entender sindicatos, federações sindicais, confederações sindicais e as centrais sindicais, que, por força do art. 150, VI, *c*, da CF **não pagam nenhum imposto**. Entretanto, em se tratando das demais exações fiscais, como taxas, contribuições e empréstimos compulsórios, tal imunidade não se estende e os tributos são devidos integralmente.

3) Instituições educacionais sem fins lucrativos: A imunidade também é concedida a tais instituições desde que elas atendam aos requisitos legais previstos no **art. 14 do CTN**, e não distribuam qualquer parcela de seu patrimônio ou de suas rendas, a qualquer título, apliquem integralmente, no País, os seus recursos na manutenção dos seus objetivos institucionais e mantenham a escrituração de suas receitas e despesas em livros revestidos de formalidades capazes de assegurar sua exatidão (regularidade contábil). Em contrapartida, caso as instituições desatendam aos requisitos, a autoridade competente pode suspender a aplicação da imunidade, conforme os termos do § 1º do art. 14 do CTN.

4) Instituições assistenciais sem fins lucrativos: Igualmente às instituições educacionais sem fins lucrativos, as instituições assistenciais sem fins lucrativos também possuem a imunidade prevista no art. 150, VI *c*, da CF, desde que atendam aos requisitos constantes do **art. 14 do CTN**, podendo, ainda, a autoridade competente suspender o benefício nos termos do § 1º do mesmo dispositivo legal.

Importante destacar que as entidades assistenciais são beneficiadas por uma dupla imunidade, na medida em que, além de não pagarem nenhum imposto (art. 150, VI, *c*, da CF), **são também imunes às contribuições sociais** (art. 195, § 7º, da CF).

E, segundo a jurisprudência do STF, **são imunes as rendas obtidas pela instituição assistencial decorrentes da cobrança de estacionamento de veículo em área interna da entidade, da mesma forma que o STF vem estendendo a imunidade** também para **imóveis locados e lotes não edificados** pertencentes à entidade assistencial.

Imunidade de imprensa ou cultural (art. 150, VI, *d*, da CF):

Livros, jornais, periódicos (revistas) e o papel para sua impressão não pagam nenhum imposto. Convém lembrar que se trata de uma **imunidade objetiva**, voltada à proteção dos produtos citados no dispositivo constitucional. Não é uma imunidade subjetiva, instituída para proteger quem produz ou vende os referidos itens.

Outras matérias-primas imunes (insumos): o papel utilizado para produção de livros, jornais e periódicos é imune, porém, há grande divergência doutrinária e jurisprudencial relativamente às demais matérias-primas.

Para provas e concursos públicos a posição mais segura nessa matéria **é sempre adotar a orientação do Supremo Tribunal Federal, no sentido de que são imunes: 1)** peças sobressalentes para equipamentos de preparo e acabamento de chapas de impressão *offset* para jornais (RE 202.149); **2)** filmes e papéis fotográficos utilizados para publicação de jornais e periódicos (Súmula 657 do STF); **3)** filmes destinados à produção de capas de livros sem capa dura (RE 392.221); **4)** todo e qualquer insumo ou ferramenta indispensável à edição de veículos de comunicação (RE 202.149, orientação que ainda não pode ser considerada uma tendência na jurisprudência no STF, na medida em que foi adotada somente no âmbito da 1ª Turma do STF).

Imunidades sobre livros eletrônicos, CD-ROM e audiolivros: **livro eletrônico** ou *e-book* é o nome dado ao conteúdo de um livro para ser lido em aparelhos eletrônicos como *tablets*, celulares, computadores etc. Atualmente, é cada vez mais comum milhões de pessoas comprarem o acesso à leitura de *e-books* sem ter contato com o livro convencional em papel. Como regra, todo o processo de compra de um livro eletrônico ocorre via internet.

CD-ROM é uma sigla que designa *compact disc read-only memory* (disco compacto com memória somente para leitura). Trata-se de uma "mídia" utilizada para armazenar qualquer tipo de conteúdo, como textos, programas de computação, áudios, vídeos.

Audiolivro ou **audiobook** é um livro para ser ouvido. A editora realiza gravações em estúdio com a leitura do texto integral do livro e disponibiliza para o "leitor" ouvir. Embora a jurisprudência do Supremo Tribunal Federal sempre tenha sido bastante retrógrada quanto à extensão da imunidade de imprensa a esses novos formatos, no julgamento no **RE 330.817**, o **Supremo Tribunal Federal entendeu que os livros eletrônicos e os suportes próprios para sua leitura são alcançados pela imunidade tributária do art. 150, VI, *d*, da CF.**

Importantíssimo destacar que o entendimento imuniza os equipamentos digitais específicos para leitura de livros eletrônicos (*e-readers*, como, por exemplo, o Kindle ou o Lev), mas não atinge *smartphones* ou *tablets* usados também, mas não exclusivamente, para tal finalidade.

↬ **Álbuns de figurinhas, cromos, apostilas, listas telefônicas, revistas técnicas, mapas impressos, atlas geográficos, panfletos publicitários e encartes:** **no julgamento do RE 179.893/SP, o STF estendeu a imunidade de imprensa aos álbuns de figurinhas e respectivos cromos.** As **apostilas também foram consideradas imunes** por constituírem veículo de transmissão de cultura simplificado (RE 183.403). Quanto às **listas telefônicas, também tiveram imunidade reconhecida pelo Supremo Tribunal Federal**, ao argumento de que são periódicos sem caráter noticioso, discursivo, literário, poético ou filosófico, **mas de inegável utilidade pública** (RE 101.441). **Revistas técnicas, mapas impressos e atlas geográficos** são igualmente **imunes** (RE 330.817). Porém, em relação a **panfletos publicitários e encartes** com exclusiva finalidade comercial, mesmo quando inseridos dentro de jornais, não têm imunidade (RE 231.094). Todavia, o STF ponderou que a presença de propaganda no corpo da própria publicação, formando com ela um todo inseparável, não lhe retira a imunidade.

↬ **Em relação aos materiais eróticos e pornográficos:** Inexiste posicionamento jurisprudencial relevante. Entretanto, como a Constituição Federal não faz qualquer distinção quanto ao conteúdo da publicação e, em nome de uma interpretação ampliativa das regras imunizantes, **os materiais de conteúdo adulto devem ser considerados alcançados pela imunidade de imprensa.**

OUTRAS IMUNIDADES

Imunidade do art. 153, § 3º, III, da CF: esse dispositivo impede a incidência do IPI sobre produtos destinados ao exterior.

Imunidade do art. 153, § 4º, II, da CF: o Imposto Territorial Rural não incide sobre pequenas glebas rurais, definidas em lei, quando as explore o proprietário que não possua outro imóvel.

Imunidade do art. 155, § 2º, X, *a*, da CF: por força do art. 155, § 2º, X, *a*, da Constituição Federal, não incide o ICMS sobre operações que destinem mercadorias para o exterior, nem sobre serviços prestados a destinatários no exterior.

Imunidade do art. 155, § 2º, X, *b*, da CF: não incide ICMS sobre operações que destinem a outros Estados petróleo, inclusive lubrificantes, combustíveis líquidos e gasosos dele derivados e energia elétrica.

Imunidade do art. 155, § 2º, X, *c*, da CF: não incide ICMS sobre operações com ouro definido em lei como ativo financeiro ou instrumento cambial.

Imunidade do art. 155, § 2º, X, *d*, da CF: não incide ICMS na prestação de serviço de comunicação nas modalidades de radiodifusão sonora e de sons e imagens de recepção livre e gratuita.

Imunidade do art. 155, § 3º, da CF: com exceção do ICMS, do Imposto de Importação e do Imposto de Exportação, nenhum outro imposto incide sobre operações de energia elétrica, telecomunicações, derivados de petróleo, combustíveis e minerais.

Imunidade do art. 156, § 2º, I, da CF: o referido dispositivo constitucional prescreve que o ITBI não incide sobre a transmissão de bens ou direitos incorporados ao patrimônio de pessoa jurídica em realização de capital, nem sobre a transmissão de bens ou direitos decorrente de fusão, incorporação, cisão ou extinção de pessoa jurídica, salvo se, nesses casos, a atividade preponderante do adquirente for a compra e venda desses bens ou direitos, locação de bens imóveis ou arrendamento mercantil.

Imunidade do art. 184, § 5º, da CF: as operações de transferência de imóveis desapropriados para fins de reforma agrária são imunes a todos os impostos.

Imunidade do art. 195, § 7º, da CF: o art. 195, § 7º, da CF prevê caso raríssimo de imunidade aplicável a contribuições sociais, afirmando que as entidades beneficentes de assistência social que atendam às exigências estabelecidas em lei são imunes ao pagamento de contribuições para o custeio da seguridade social.

Imunidade do art. 5º, XXXIV, da CF: são imunes ao pagamento de taxas: a) o direito de petição aos Poderes Públicos em defesa de direitos ou contra ilegalidade ou abuso de poder; b) a obtenção de certidões, em repartições públicas, para defesa de direitos e esclarecimento de situações de interesse pessoal.

Hipótese do art. 156, § 3º, II, da CF: afirma que o ISS, nos termos de lei complementar, não incide sobre serviços prestados no exterior. Não é caso de imunidade, mas de isenção heterônoma, que consiste na possibilidade de a União dar isenção de tributo municipal.

Hipótese do art. 155, § 2º, XII, *e*, da CF: lei complementar definirá a não incidência do ICMS sobre exportações. Como na hipótese anterior, ao contrário do afirmado por alguns doutrinadores, trata-se de isenção heterônoma, porque a tarefa de excluir a incidência do tributo foi entregue pelo constituinte ao legislador complementar federal.

Imunidade e gratuidade de ações constitucionais: toda vez que a Constituição Federal institui a **gratuidade na propositura de determinada ação judicial** está definindo hipótese de **imunidade** específica da **taxa judiciária** quanto àquela ação. Embora o dispositivo utilize o termo "isento", por estar previsto no texto constitucional, trata-se de evidente caso de imunidade, e não de isenção.

5.11 QUESTÕES

1. **(FCC – Prefeitura de Recife – PE – Analista de Gestão Contábil – 2019)** A Constituição Federal, em seu art. 150, estabelece que, sem prejuízo de outras garantias asseguradas ao contribuinte, é vedado à União, aos Estados, ao Distrito Federal e aos Municípios, instituir impostos sobre:
   a) patrimônio, renda e serviços atinentes a templos de quaisquer cultos, exceto dos dedicados a cultos panteístas ou não monoteístas;
   b) patrimônio, renda ou serviços, uns dos outros, inclusive de suas autarquias, fundações e empresas, seja em relação as suas atividades essenciais, seja em relação a qualquer outra atividade;
   c) livros, jornais, periódicos e o papel destinado a sua impressão e embalagem;
   d) templos de qualquer culto, no que diz respeito apenas ao patrimônio, a renda e os serviços relacionados com as finalidades essenciais destas entidades;
   e) livros, jornais, periódicos e o papel destinado a sua impressão e embalagem, sendo que, em relação aos periódicos, a vedação não compreende aqueles que se destinam a mero entretenimento e lazer.

2. **(NC-UFPR – TJ-PR – Titular de Serviços de Notas e de Registros – Provimento – 2019)** Sobre Princípios Constitucionais Tributários, Imunidades e Isenções Tributárias, assinale a alternativa correta.
   a) A imunidade estabelecida aos livros, jornais e periódicos se estende também aos livros, jornais e periódicos eletrônicos.
   b) O princípio da vedação do efeito confisco proíbe que o tributo seja tão baixo que não represente limitação alguma ao patrimônio do indivíduo.
   c) A imunidade recíproca refere-se à União, aos Estados e aos Municípios, mas não se estende ao Distrito Federal.
   d) A isenção, no tocante às suas atividades essenciais, benefício concedido pela legislação infraconstitucional aos partidos políticos e sindicatos, decorre das relevantes funções políticas e sociais exercidas por essas entidades.
   e) A imunidade estabelecida às entidades de assistência social e de educação condiciona-se ao cumprimento de requisitos para fazer jus à imunidade. Porém é permitido a essas entidades a distribuição de lucros da entidade entre sócios ou associados, sem prejuízo da imunidade tributária referida.

3. **(Vunesp – Prefeitura de Guarulhos – SP – Inspetor Fiscal de Rendas – Conhecimentos Específicos – 2019)** A imunidade recíproca, prevista na Constituição Federal:
   a) não alcança autarquias e fundações instituídas e mantidas pelo Poder Público;
   b) alcança os serviços relacionados com exploração de atividades econômicas regidas pelas normas aplicáveis a empreendimentos privados prestados por empresas estatais;
   c) alcança os serviços em que haja contraprestação ou pagamento de preços ou tarifas pelo usuário;
   d) exonera o promitente-comprador da obrigação de pagar imposto relativamente ao bem imóvel;
   e) não alcança taxas, contribuições de melhoria e contribuições sociais.

4. **(Cesgranrio – Petrobras – Advogado Júnior – 2018)** Uma empresa irá realizar a exportação de revestimentos cerâmicos que fabrica. Em consulta sobre a necessidade de pagar PIS e COFINS sobre a receita advinda da variação cambial relativa a essa operação comercial, recebe a informação de que os tributos:
   a) são devidos, já que a operação de exportação da cerâmica é a única a gozar de imunidade;
   b) são devidos, já que se trata de um benefício fiscal que, como tal, deve ser interpretado restritivamente;
   c) são devidos, porque a receita decorrente da variação cambial não está inserida no ato de exportar;
   d) não são devidos, havendo desoneração constitucional para todas as receitas advindas da exportação;
   e) não são devidos, se a receita da variação cambial foi embutida na receita total da operação comercial.

5. **(Cesgranrio – Petrobras – Auditor Júnior – 2018)** Uma sociedade empresária celebra contrato de prestação de serviços a ser realizado por pessoa jurídica de direito público federal. Caso houvesse a previsão de pagamento do imposto sobre serviços municipais, o ato não ocorreria diante da denominada:
   a) isenção;
   b) imunidade;
   c) incidência;
   d) imposição;
   e) inferência.

6. **(Cespe – PGE-PE – Procurador do Estado – 2018)** As hipóteses de limitação ao poder de tributar decorrente do princípio constitucional da imunidade recíproca incluem:
   a) proibir a União de instituir impostos sobre o patrimônio de Estados e Municípios;
   b) vedar as limitações ao tráfego de pessoas ou bens, por meio de tributos interestaduais ou intermunicipais;
   c) proibir que Estado estabeleça diferença tributária entre bens e serviços em razão do município de procedência ou de destino;
   d) vedar isenções de tributos da competência de outros entes federativos;
   e) proibir a instituição de tributo federal que não seja uniforme em todo o território nacional.

7. **(Fauel – Prefeitura de Paranavaí – PR – Procurador do Município – 2018)** Assinale a alternativa correta.
   a) A imunidade tributária referente aos livros, jornais, periódicos e o papel destinado a sua impressão, não se aplica ao livro eletrônico.
   b) A imunidade tributária recíproca não pode ser estendida a empresas públicas ou sociedades de economia mista prestadoras de serviço público de cunho essencial e exclusivo.
   c) A imunidade tributária recíproca não impede a cobrança do Imposto sobre Operações Financeiras nas operações financeiras realizadas pelos Municípios.
   d) A jurisprudência do Supremo Tribunal Federal orienta-se no sentido de que a imunidade recíproca deve ser reconhecida em favor da Empresa Brasileira de Correios e Telégrafos, ainda que o patrimônio, renda ou serviço desempenhado pela Entidade não esteja necessariamente relacionado ao privilégio postal.
   e) A imunidade recíproca dos entes federativos abrange os impostos, as taxas e as contribuições de melhoria.

8. **(Inaz do Pará – CRF-SC – Advogado – 2018)** Situação hipotética: Determinada Agência Reguladora vinculada à União, com o objetivo de melhor desenvolver suas atribuições de controle e fiscalização das atividades desenvolvidas por particulares no exercício de atividades de interesse público, resolve estabelecer centro administrativo no Município de Blumenau-SC. Para tal, adquire imóvel situado em bairro nobre da zona urbana.

   Estrategicamente localizado, tal centro passa a ser principal executor das atribuições da referida Agência. Entretanto, no início do ano de 2018, o Presidente da Agência percebeu que, mesmo com o bom desempenho do centro, a sua manutenção não seria viável, uma vez que o encargo relativo ao IPTU em relação ao imóvel adquirido em bairro nobre seria oneroso e traria desequilíbrio às finanças desta pessoa jurídica.

   Considerando o caso hipotético narrado e a legislação pátria pertinente, pode-se afirmar.
   a) Por ter natureza de agência executiva, que exerce certas atividades administrativas típicas do Ente Federativo ao qual está vinculada, a referida agência reguladora deverá ser alcançada pela imunidade tributária devida pelo Município à União.
   b) Compete às agências reguladoras relevante função de controle dos serviços e atividades exercidos sob o regime de concessão. Por esta razão, elas deverão ser isentas de impostos Municipais, Estaduais e Federais, porém, poderão ser alcançadas por outras espécies tributárias.

c) No caso narrado, é possível que a câmara de vereadores do Município de Blumenau, considerando a função social exercida pela referida agência, estabeleça redução da base de cálculo do IPTU devido, mediante lei específica.

d) Qualquer subsídio ou isenção, redução de base de cálculo, concessão de crédito presumido, anistia ou remissão, só poderá ser concedido mediante lei complementar municipal.

e) No que se refere ao patrimônio da referida autarquia em regime especial, desde que esteja vinculado a suas finalidades essenciais ou as delas decorrentes, ela estará amparada pela imunidade tributária recíproca.

9. (Cespe – Auditor do Estado – Bloco II – Sefaz-RS – 2018) Determinada entidade religiosa presta serviços de batismo e casamento, revende artigos religiosos produzidos por uma fábrica e vende artesanato sacro produzido pelos membros da entidade. Além disso, a entidade tem, além do imóvel onde funciona o templo, outros imóveis cuja renda é revertida à composição do patrimônio da entidade. Nessa situação hipotética, a imunidade religiosa relativa ao pagamento de impostos:

a) não abrange a venda do artesanato;

b) abrange todas as situações mencionadas;

c) não abrange o IPTU em caso de configuração de concorrência desleal;

d) não abrange os serviços de batismo e casamento;

e) abrange o ICMS relativo à compra e à venda de artigos religiosos da fábrica.

10. (Cespe – Promotor de Justiça-RR – 2017) A imunidade tributária assegurada às instituições de educação sem fins lucrativos garante imunidade apenas para os:

a) impostos, não vedando a instituição de outras modalidades de tributos;

b) tributos que incidam sobre sua renda e seu patrimônio, não afastando a cobrança de tributos que incidam sobre os serviços por elas prestados;

c) impostos e contribuições sociais, não impedindo a cobrança de taxas, empréstimos compulsórios e contribuições de melhoria;

d) tributos de competência da União, não prevendo a não incidência de tributos que sejam de competência dos estados, dos municípios ou do DF.

11. (TRF2 – Juiz Federal – 2017) Leia as proposições e, ao final, assinale a opção correta.

I. Instituição de educação, beneficiária de imunidade tributária, faz jus a exigir o afastamento do IPI incidente sobre o automóvel que ela vai adquirir e usar exclusivamente em suas atividades.

II. Instituição de educação, beneficiária de imunidade tributária, que tem certo imóvel alugado, cuja renda reverte em benefício de suas finalidades, não está sujeita a pagar IPTU sobre este seu bem, dado em locação.

III. A imunidade constitucional recíproca abrange os entes integrantes da administração indireta de cada unidade federada.

a) Apenas as assertivas I e II estão corretas.

b) Apenas as assertivas II e III estão corretas.

c) Apenas a assertiva II está correta.

d) Todas as assertivas são equivocadas.

e) Apenas a assertiva I está correta.

12. (MP-RS – Promotor de Justiça – 2017) Relativamente às imunidades tributárias, é INCORRETO afirmar que é vedado:

a) aos entes federados cobrar tributos em relação a fatos geradores ocorridos antes do início da vigência da lei que os houver instituído ou aumentado;

b) à União instituir imposto sobre a renda dos Estados, do Distrito Federal e dos Municípios;

c) à União instituir isenções de tributos de competência dos Estados, do Distrito Federal e dos Municípios;
d) à União cobrar imposto sobre produtos industrializados no mesmo exercício financeiro em que haja sido publicada a lei que o instituiu ou aumentou;
e) aos entes federados estabelecer limitações ao tráfego de pessoas ou bens, por meio de tributos interestaduais ou intermunicipais, ressalvada a cobrança de pedágio pela utilização de vias conservadas pelo Poder Público.

13. (Consulplan – Analista – TRF da 2ª Região – 2017) Todas as hipóteses referidas nas alternativas a seguir refletem hipótese de imunidade tributária. Assinale aquela que contemple imunidade subjetiva e autoexecutável (ou incondicional).

a) Impedimento de instituir impostos sobre livros, jornais, periódicos e o papel destinado a sua impressão.
b) Proibição aos Entes da Federação de instituir impostos sobre patrimônio, renda e serviços uns dos outros.
c) Interdição de instituir imposto sobre patrimônio, renda ou serviços dos partidos políticos, inclusive suas fundações.
d) Vedação à União, aos Estados, ao Distrito Federal e aos Municípios de instituir impostos sobre templos de qualquer culto.

14. (XXIII Exame de Ordem Unificado) O reitor de uma faculdade privada sem fins lucrativos (cujas receitas, inclusive seus eventuais superávits, são integralmente reinvestidas no estabelecimento de ensino) deseja saber se está correta a cobrança de impostos efetuada pelo Fisco, que negou a pretendida imunidade tributária, sob o argumento de que a instituição de ensino privada auferia lucros. Na hipótese, sobre a atuação do Fisco, assinale a afirmativa correta.

a) O Fisco agiu corretamente, pois a imunidade tributária apenas alcança instituições de ensino que não sejam superavitárias.
b) O Fisco agiu corretamente, pois a imunidade tributária apenas alcança instituições públicas de ensino.
c) O Fisco não agiu corretamente, pois não há impedimento à distribuição de lucro pelo estabelecimento de ensino imune.
d) O Fisco não agiu corretamente, pois, para que seja concedida tal imunidade, a instituição não precisa ser deficitária, desde que o superávit seja revertido para suas finalidades.

15. (XXII Exame de Ordem Unificado) O Município X instituiu taxa a ser cobrada, exclusivamente, sobre o serviço público de coleta, remoção e tratamento de lixo e resíduos provenientes de imóveis. A igreja ABC, com sede no Município X, foi notificada da cobrança da referida taxa. Sobre a hipótese apresentada, assinale a afirmativa correta.

a) As Igrejas são imunes; portanto, não devem pagar a taxa instituída pelo Município X.
b) A taxa é inconstitucional, pois não é específica e divisível.
c) A taxa é inconstitucional, uma vez que os Municípios não são competentes para a instituição de taxas de serviço público.
d) A taxa é constitucional e as Igrejas não são imunes.

16. (Cespe – Procurador do Estado – PGE-SE – 2017) Considerando-se as limitações ao poder de tributar previstas no texto constitucional, é juridicamente admissível que um ente público estadual institua a cobrança de:

a) ICMS incidente sobre a comercialização de jornais impressos;
b) ICMS com alíquotas diferenciadas em razão da ocupação profissional do contribuinte;
c) taxa referente a um serviço prestado à União;
d) taxa a ser cobrada no mesmo exercício financeiro em que for publicada a lei que a instituir;
e) IPVA incidente sobre veículos terrestres pertencentes ao poder público municipal e utilizados para transportar autoridades.

17. (Cespe – Procurador do Estado – PGE-SE – 2017) A principal distinção entre imunidade tributária e isenção tributária é que:

a) as imunidades estão expressamente previstas na CF e nas leis; e as isenções se referem a fatos não abrangidos pela hipótese de incidência;

b) as imunidades estão previstas na CF; e as isenções, no texto infraconstitucional;

c) as isenções estão previstas na CF; e as imunidades, no texto infraconstitucional;

d) as imunidades se referem ao aspecto subjetivo do contribuinte; e as isenções, ao elemento objetivo do fato gerador;

e) as isenções se referem ao aspecto subjetivo do contribuinte; e as imunidades, ao elemento objetivo do fato gerador.

18. (Vunesp – Juiz Substituto – TJ-SP – 2017) Considerando-se o disposto no art. 150, VI, *d*, da Constituição Federal de 1988, notadamente a expressão "(...) e o papel destinado à sua impressão", é de se concluir corretamente que:

a) a imunidade deve ser estendida também aos livros com suportes em CD e outros meios eletrônicos, em face das interpretações evolutiva e teleológica;

b) somente o livro de papel deve ser imune a impostos, uma vez que, operando a imunidade como limitação ao poder de tributar de que dotado o Estado, sua interpretação há de ser restritiva;

c) somente o livro de papel é imune a impostos, à vista da cláusula expressa "(...) e o papel destinado à sua impressão" (art. 150, VI, *d*, Constituição Federal);

d) se a Constituição não distinguiu o suporte tecnológico de elaboração de livros, jornais e periódicos, não pode o intérprete fazê-lo para o fim de ampliar a imunidade.

19. (Vunesp – Juiz Substituto – TJ-SP – 2017) Assinale a alternativa correta.

a) A imunidade do art. 150, VI, *b*, da Constituição Federal deve ser interpretada ampliativamente de modo a incluir todos os imóveis da entidade religiosa, sem restrição, uma vez que o Estado Brasileiro, embora laico, garante o exercício da fé religiosa, segundo orientação do Supremo Tribunal Federal.

b) A imunidade prevista no art. 150, VI, *b*, da Constituição Federal de 1988 deve ser estendida aos cemitérios de cunho religioso, segundo orientação do Supremo Tribunal Federal.

c) A imunidade conferida aos templos se estende à Maçonaria, em cujas lojas se professa culto no sentido empregado pela Constituição Federal, segundo decisão do Supremo Tribunal Federal.

d) A imunidade do art. 150, VI, *b*, da Constituição Federal de 1988 estende-se aos cemitérios, ainda que ostentem natureza privada e empresarial, uma vez que ali se realizam ritos relacionados com a fé religiosa, segundo orientação do Supremo Tribunal Federal.

20. (Cespe – Promotor de Justiça Substituto – MPE-RR – 2017) A imunidade tributária assegurada às instituições de educação sem fins lucrativos garante imunidade apenas para os:

a) impostos, não vedando a instituição de outras modalidades de tributos;

b) tributos que incidam sobre sua renda e seu patrimônio, não afastando a cobrança de tributos que incidam sobre os serviços por elas prestados;

c) impostos e contribuições sociais, não impedindo a cobrança de taxas, empréstimos compulsórios e contribuições de melhoria;

d) tributos de competência da União, não prevendo a não incidência de tributos que sejam de competência dos estados, dos municípios ou do DF.

21. (MPE-RR – Promotor Substituto – MPE-RR – 2017) Segundo o entendimento do Supremo Tribunal Federal, assinale a alternativa *incorreta*.

a) É inconstitucional a exigência de depósito prévio como requisito de admissibilidade de ação judicial na qual se pretenda discutir a exigibilidade do crédito tributário.

b) Quando alugado a terceiros, não permanece imune ao IPTU o imóvel pertencente a partidos políticos, a entidades sindicais dos trabalhadores, a instituições de educação e de assistência social, sem fins lucrativos, independente da destinação conferida ao valor dos aluguéis.
c) Norma legal que altera o prazo de recolhimento da obrigação tributária não se sujeita ao princípio da anterioridade.
d) A imunidade tributária subjetiva, prevista no art. 150, inciso VI, *c*, da Constituição Federal, a impedir a instituição de impostos sobre patrimônio, renda ou serviços das entidades sindicais dos trabalhadores, das instituições de educação e de assistência social, sem fins lucrativo aplica-se a seus beneficiários na posição de contribuinte de direito, mas não na de simples contribuinte de fato.
e) A imunidade tributária constante do art. 150, VI, *d* (livros, jornais, periódicos e o papel destinado a sua impressão), da Constituição Federal, alcança o livro digital (*e-book*).

22. (Vunesp – Procurador Jurídico – Prefeitura de Porto Ferreira-SP – 2017) A Constituição Federal, dentre outras hipóteses que prevê, veda a instituição de impostos sobre fonogramas e videofonogramas musicais produzidos no Brasil, contendo obras musicais ou literomusicais de autores brasileiros e/ou obras em geral interpretadas por artistas brasileiros, bem como os suportes materiais ou arquivos digitais que os contenham, salvo na etapa de replicação industrial de mídias ópticas de leitura a laser. Referida vedação consiste em hipótese de:
a) imunidade genérica;
b) imunidade específica;
c) imunidade recíproca;
d) isenção constitucionalmente garantida;
e) remissão constitucionalmente admitida.

23. (Dédalus Concursos – COREN-SC – Advogado – 2020) As imunidades tributárias apresentam-se como normas constitucionais de desoneração tributária. Sobre as imunidades tributárias, assinale a alternativa incorreta:
a) As imunidades e os princípios tributários são limitações constitucionais ao poder de tributar, recebendo, para o Supremo Tribunal Federal, a estatura de cláusulas pétreas.
b) A isenção difere da imunidade, uma vez que aquela situa-se no campo da incidência tributária e diz respeito à conjuntura econômica e social de um país.
c) Ao analisarmos o art. 150, VI, *a*, *b*, *c*, *d*, *e*, da CF/88, nota-se que o referido preceptivo afasta apenas a incidência de impostos; assim, sobre os templos o IPTU não incidirá, entretanto haverá a incidência normal de uma taxa de coleta de lixo.
d) A imunidade para as entidades sindicais protege a liberdade de associação sindical, prevista no art. 8º da CF/88, incluindo as entidades obreiras e as patronais.
e) A entidade de assistência social é, concomitantemente, imune a impostos (art. 150, VI, *c*, da CF) e a contribuições social-previdenciárias (art. 195, § 7º, da CF).

24. (IDIB – Prefeitura de Colinas do Tocantins – Auditor Fiscal – 2020) Acerca das imunidades tributárias, assinale a alternativa correta:
a) As imunidades tributárias estão taxativamente estabelecidas em lei, mas podem ser ampliadas através de decreto do chefe do Poder Executivo.
b) Isenção e imunidade são conceitos que se confundem, já que, na prática, significam a não incidência do tributo.
c) A chamada imunidade recíproca é extensiva às autarquias e às fundações instituídas e mantidas pelo Poder Público, no que se refere ao patrimônio, à renda e aos serviços, vinculados a suas finalidades essenciais ou às delas decorrentes.
d) O fisco não pode aplicar multas moratórias e punitivas às entidades imunes, ainda que aquelas estejam relacionadas a tributos não contemplados pelo favor fiscal.

25. (FCM – Prefeitura de Contagem-MG – Auditor Fiscal – 2020) Analise as asserções a seguir e a relação proposta entre elas.

O partido político Z é proprietário de dois galpões no Município X, sendo um deles utilizado para a sede de suas atividades e o outro alugado pela empresa W que atua no ramo de transportes coletivos; o partido político Z não paga IPTU sobre os dois galpões PORQUE ainda quando alugado a terceiros, o imóvel permanecerá desonerado da obrigação tributária principal no que se refere ao IPTU em razão da imunidade prevista no texto constitucional, desde que os valores auferidos sejam revertidos para as suas atividades essenciais.

A respeito das asserções é correto afirmar que

a) as duas são falsas.

b) a primeira é verdadeira e a segunda falsa.

c) a primeira é falsa e a segunda verdadeira.

d) as duas são verdadeiras e a segunda justifica a primeira.

e) as duas são verdadeiras, mas a segunda não justifica a primeira.

26. (FUNDEP – Câmara de Patrocínio-MG – Advogado – 2020) Considere a seguinte situação hipotética: Determinada instituição social, entidade assistencial imune ao pagamento de tributos, aluga um de seus imóveis a estacionamento de veículos, não sendo a locação a sua atividade típica.

Nesse caso, é correto afirmar que

a) ainda que alugado a terceiros, permanece imune ao IPTU o imóvel pertencente à instituição social, desde que o valor dos aluguéis seja aplicado nas atividades essenciais de tal entidade.

b) como o caso configura exploração da atividade empresarial, a entidade está sujeita ao pagamento do IPTU sobre o imóvel alugado a terceiros, uma vez que a imunidade não alcança a renda do beneficiário.

c) para que tenha garantida a imunidade em favor da instituição social e, por conseguinte, não se veja obrigada ao pagamento do IPTU, é necessário que o imóvel esteja integralmente destinado a sua atividade-fim.

d) permanece a imunidade quanto à cobrança de IPTU do imóvel destinado a estacionamento, independentemente da destinação dada à renda obtida com a exploração do imóvel, em razão da força vinculante de sua decisão concessiva.

GABARITO

1. D **/ 2.** A / **3.** E **/ 4.** D **/ 5.** B **/ 6.** A **/ 7.** D **/ 8.** E **/ 9.** C / **10.** A / **11.** C **/ 12.** D / **13.** B **/ 14.** D / **15.** D **/ 16.** C / **17.** B / **18.** A / **19.** B / **20.** A / **21.** B / **22.** A / **23.** D / **24.** C / **25.** D / **26.** A

5.12 QUESTÕES COMENTADAS

1. (Cespe – TJ-SC – Juiz Substituto – 2019) A respeito de imunidade tributária e isenção tributária, é correto afirmar que:

a) a isenção está no campo infraconstitucional e corresponde a uma hipótese de não incidência da norma tributária;

b) a imunidade está no plano constitucional e proíbe a própria instituição do tributo relativamente às situações e pessoas imunizadas;

c) a isenção é criada diretamente pela Constituição Federal de 1988, sendo uma norma negativa de competência tributária;

d) a imunidade pressupõe a incidência da norma tributária, sendo o crédito tributário excluído pelo legislador;

e) a imunidade está no plano de aplicação da norma tributária, sendo equivalente ao estabelecimento de uma alíquota nula.

COMENTÁRIO

a) A isenção é uma dispensa legal do pagamento do tributo. Difere da não incidência, caso em que o tributo é indevido porque não ocorreu o fato gerador. **(Errado)**

b) A imunidade, que sempre é prevista na CF, opera no âmbito do poder de tributar, impedindo a própria instituição do tributo relativamente às situações e pessoas imunizadas. **(Correto)**

c) Isenção é criada por lei. **(Errado)**

d) A alternativa traz o conceito de isenção. **(Errado)**

e) Não confundir a imunidade com a alíquota zero. Alíquota zero é um mecanismo de conceder isenção, pois, anulando o percentual aplicável sobre a base de cálculo, o valor devido é zero. **(Errado)**

Gabarito: letra B

2. (Vunesp – TJ-AC – Juiz de Direito Substituto – 2019) Determinado investidor realiza investimento em empresa do ramo imobiliário por meio do aporte, nesta empresa, de imóvel de sua propriedade. A empresa investida extrai e sempre extraiu 100% da sua receita a partir de transações imobiliárias. A respeito dessa situação hipotética, é correto afirmar, com base na Constituição Federal, que:

a) não incide o imposto sobre a transferência de bens imóveis *inter vivos* na situação descrita, por se tratar de transferência para realização de capital em empresa;

b) incide imposto de competência dos municípios sobre a transferência do imóvel à empresa em realização do seu capital;

c) incide imposto de competência dos estados sobre a transferência do imóvel à empresa em realização do seu capital;

d) haverá isenção do imposto estadual incidente sobre a transferência, caso o investidor seja instituição filantrópica.

COMENTÁRIO

a) O benefício da imunidade não se aplica se a pessoa jurídica atuar com compra e venda de imóveis, nos termos do art. 156, § 2º, I, da CF. **(Errado)**

b) Incide ITBI pelo fato de que a pessoa jurídica atua na compra e venda de imóveis (art. 156, § 2º, I, da CF). **(Correto)**

c) O ITBI é de competência dos Municípios, e não dos Estados. **(Errado)**

d) Seria caso de imunidade, não de isenção. **(Errado)**

Gabarito: letra B

3. (NC-UFPR – Itaipu Binacional – Profissional de Nível Universitário Jr. – Direito – 2019) Sobre as limitações constitucionais ao poder de tributar, identifique como verdadeiras (V) ou falsas (F) as seguintes afirmativas.

( ) É vedado à União, aos Estados, ao Distrito Federal e aos Municípios exigir ou aumentar tributo sem lei que o estabeleça.

( ) A União não poderá instituir impostos sobre livros, jornais, periódicos e papel destinado a sua impressão.

( ) Os Estados, o Distrito Federal e os Municípios poderão estabelecer diferença tributária entre bens e serviços, de qualquer natureza, em razão de sua procedência ou destino.

( ) O Município poderá cobrar Imposto sobre Propriedade Predial e Territorial Urbano (IPTU) de uma autarquia estadual.

Assinale a alternativa que apresenta a sequência correta, de cima para baixo.

a) V – F – F – V.

b) F – F – V – V.

c) V – V – F – F.

d) F – V – V – V.

e) V – F – V – F.

COMENTÁRIO

Assertiva I – A assertiva trata do princípio da legalidade tributária, previsto no art. 150, I, da CF. **(Correta)**

Assertiva II – A assertiva descreve a imunidade de imprensa, tal como descrita no art. 150, VI, *d*, CF. **(Correta)**

Assertiva III – O art. 152 da CF veda a diferenciação tributária entre bens e serviços em razão da procedência ou destino. Trata-se do princípio da não discriminação. **(Errada)**

Assertiva IV – O art. 150, VI, *a*, CF prevê a imunidade recíproca, que não permite que um ente federativo cobre imposto sobre patrimônio, renda ou serviço do outro. O § 2º estende o benefício para as autarquias e fundações instituídas e mantidas pelo Poder Público. **(Errada)**

Gabarito: letra C

4. (Inaz do Pará – Core-PE – Assistente Jurídico – 2019) De acordo com a seção das disposições gerais do Código Tributário Nacional (CTN), fica vedado à União, aos Estados, ao Distrito Federal e aos Municípios, cobrar imposto sobre certas situações, exceto:

a) o papel destinado exclusivamente à impressão de jornais, periódicos e livros;
b) o patrimônio, a renda ou serviços dos partidos políticos;
c) templos de qualquer culto;
d) serviços diretos ou indiretos de paramilitares civis;
e) o patrimônio, a renda ou os serviços uns dos outros.

COMENTÁRIO

a) Art. 9º, IV, *d*, CTN. **(Errado)**
b) Art. 9º, IV, *c*, do CTN. **(Errado)**
c) Art. 9º, IV, *b*, do CTN. **(Errado)**
d) Não há disposição nesse sentido no CTN. **(Correto)**
e) Art. 9º, IV, *a*, do CTN. **(Errado)**

Gabarito: letra D (Fato inédito: essa estranha questão elaborada pelo Inaz/PA cobrou o conhecimento das imunidades com base na literalidade do art. 9º do CTN, e não com fundamento no texto constitucional!)

5. (NC-UFPR – TJ-PR – Titular de Serviços de Notas e de Registros – Remoção – 2019) A Editora Sapiens S.A., especializada na produção e comercialização de livros, jornais e periódicos impressos, contata seu escritório para obter informações relativas à eventual tributação das atividades relacionadas à impressão, editoração e comercialização de livros, jornais e periódicos. A dúvida da Editora Sapiens S.A. refere-se à existência ou não de tributação sobre todas ou parte de suas atividades.

Sobre o assunto, assinale a alternativa correta.

a) A Editora Sapiens S.A. não precisa pagar quaisquer impostos, já que sua atividade, bem como a própria editora, é imune do pagamento de impostos.
b) A Editora Sapiens S.A. possui isenção relativa às suas atividades editoriais, sendo dispensada por lei de qualquer pagamento de impostos.
c) A Editora Sapiens S.A. possui imunidade tributária prevista na Constituição Federal referente tão somente aos livros, jornais e periódicos e no que tange aos materiais destinados à impressão destes, além de livros, jornais e revistas eletrônicos, que também são abrangidos pela imunidade.
d) A Editora Sapiens S.A. possui imunidade tributária prevista na legislação infraconstitucional, referente tão somente aos livros, jornais e periódicos e no que tange aos materiais destinados à impressão.
e) A Editora Sapiens S.A. possui imunidade tributária estabelecida na Constituição Federal, prevendo inclusive a desobrigação do pagamento de impostos como IRPJ (Imposto de Renda de Pessoa Jurídica) e CSL (Contribuição Social sobre o Lucro), incidentes sobre o lucro da empresa.

COMENTÁRIO

A questão foi integralmente extraída da jurisprudência do STF e do STJ:

- A imunidade de que trata o art. 150, VI, *d*, da CF, aplica-se ao livro eletrônico (*e-book*) e aos suportes para sua leitura (*e-readers*). (STF. Plenário, **RE 330.817/RJ**, rel. Min. Dias Toffoli, 8-3-2017 – repercussão geral – *Informativo* 856).
- **Súmula 657 do STF:** A imunidade de que trata o art. 150, VI, *d*, da CF, abrange os filmes e papéis fotográficos necessários à publicação de jornais e periódicos.
- A imunidade de que trata o art. 150, VI, *d*, da CF, não abarca o maquinário utilizado no processo de produção de livros, jornais e periódicos, por não guardarem relação direta com a finalidade constitucional do mencionado artigo (**STF, *Informativo* 904**).
- Não importa o conteúdo do livro, jornal ou periódico. Assim, um livro sobre piadas, um álbum de figurinhas ou uma revista pornográfica gozam da mesma imunidade que um compêndio sobre Medicina, História ou Direito. Em suma, todo livro, revista ou periódico é imune, considerando que a CF não estabeleceu esta distinção, não podendo ela ser feita por intérprete **(STF, RE 221.239/SP)**.
- Quanto às prestadoras de serviços de composição gráfica:

STF: As prestadoras de serviços de composição gráfica, que realizam serviços por encomenda de empresas jornalísticas ou editoras de livro, por serem meras prestadoras de serviços, não estão abrangidas pela imunidade tributária prevista no art. 150, VI, *d*, da CF (**STF, *Informativo* 729**).

STJ: A jurisprudência do STJ é firme no sentido de que a prestação de serviços de composição gráfica, personalizada e sob encomenda, está sujeita apenas ao ISS, não se submetendo ao ICMS ou ao IPI (**STJ, 2ª T., AgRg no AREsp 816.632/SP**, rel. Min. Humberto Martins, 2-2-2016).

Gabarito: letra C

6. (Cespe – TJ-SC – Juiz Substituto – 2019) A respeito de imunidade tributária e isenção tributária, é correto afirmar que:

a) a isenção está no campo infraconstitucional e corresponde a uma hipótese de não incidência da norma tributária;

b) a imunidade está no plano constitucional e proíbe a própria instituição do tributo relativamente às situações e pessoas imunizadas;

c) a isenção é criada diretamente pela Constituição Federal de 1988, sendo uma norma negativa de competência tributária;

d) a imunidade pressupõe a incidência da norma tributária, sendo o crédito tributário excluído pelo legislador;

e) a imunidade está no plano de aplicação da norma tributária, sendo equivalente ao estabelecimento de uma alíquota nula.

COMENTÁRIO

a) A isenção é uma dispensa legal do pagamento do tributo. Difere da não incidência, caso em que o tributo é indevido porque não ocorreu o fato gerador. **(Errado)**

b) Diz-se que a imunidade tributária é uma competência tributária negativa. Enquanto a competência tributária positiva determina qual tributo pode ser instituído, a imunidade dispõe sobre o que não pode sofrer tributação. Por interagir com a regra constitucional de competência, a imunidade tem que estar também no plano constitucional. **(Correto)**

c) A assertiva conceitua imunidade. **(Errado)**

d) Na imunidade sequer há exercício da competência legislativa para instituir o tributo. Logo, não se fala de incidência. **(Errado)**

e) A imunidade não opera no âmbito da aplicação da norma, mas no plano da instituição de tributo. **(Errado)**

Gabarito: letra B

7. (Vunesp – TJ-RS – Titular de Serviços de Notas e de Registros – Provimento – 2019) O Imposto Territorial Rural (ITR), por disposição constitucional, não incide sobre pequenas glebas rurais, definidas em lei, quando as explore o proprietário que não possua outro imóvel. Referida disposição consiste em:

a) fato gerador presumido;
b) Imunidade;
c) isenção qualificada;
d) isenção legal;
e) diferimento.

COMENTÁRIO

A questão traz como correta a alternativa "B". Trata-se de imunidade prevista no art. 153, § 4º, II, da CF:

> "Art. 153. Compete à União instituir impostos sobre:
>
> VI – propriedade territorial rural;
>
> § 4º O imposto previsto no inciso VI do *caput*:
>
> II – não incidirá sobre pequenas glebas rurais, definidas em lei, quando as explore o proprietário que não possua outro imóvel."

Gabarito: letra B

8. (Vunesp – Câmara de Serrana – SP – Procurador Jurídico – 2019) O sócio de uma empresa que se dedica à prestação de serviços de engenharia decide integralizar o capital social da empresa transferindo imóvel de sua propriedade para ser incorporado ao patrimônio da sociedade. Nessa hipótese, é correto afirmar que:

a) incidirá Imposto de Transmissão *Inter Vivos* (ITBI), de competência do Município da situação do Imóvel;
b) incidirá Imposto de Transmissão *Inter Vivos* (ITBI), por tratar-se de transmissão não onerosa de propriedade;
c) não incidirá Imposto de Transmissão *Inter Vivos* (ITBI), por tratar-se de mera operação de circulação de mercadoria;
d) não haverá incidência de Imposto de Transmissão *Inter Vivos* (ITBI), por tratar-se de imunidade constitucional;
e) não incidirá Imposto de Transmissão *Inter Vivos* (ITBI), por tratar-se de hipótese legal de exclusão do crédito tributário.

COMENTÁRIO

A questão considera correta a alternativa "D". Trata-se da imunidade do art. 156, § 2º, I, da CF que prescreve que o ITBI "não incide sobre transmissão de bens ou direitos incorporados ao patrimônio de pessoa jurídica em realização de capital, nem sobre a transmissão de bens ou direitos decorrentes de fusão, incorporação, cisão ou extinção de pessoa jurídica, salvo se, nesses casos, a atividade preponderante do adquirente for a compra e venda desses bens ou direitos, locação de bens imóveis ou arrendamento mercantil".

Gabarito: letra D

9. (Ieses – TJ-SC – Titular de Serviços de Notas e de Registros – Remoção – 2019) A Constituição Federal estabelece expressamente diversas limitações constitucionais ao poder de tributar, exteriorizadas através dos princípios constitucionais tributários e das imunidades tributárias. Sobre a matéria, assinale a alternativa correta.

a) O princípio da legalidade veda de maneira expressa a utilização da medida provisória para tratar de matéria tributária.
b) Os partidos políticos não gozam de imunidade tributária.
c) A imunidade recíproca das entidades políticas abrange, por extensão, as autarquias.
d) O princípio da anterioridade veda que a União, os Estados, o Distrito Federal e os Municípios cobrem taxas em relação a fatos geradores ocorridos antes do início da vigência da lei que os houver instituído ou majorado.

COMENTÁRIO

a) Nos termos do art. 62, § 2º, da CF, as medidas provisórias podem tratar de matéria tributária. **(Errada)**
b) Conforme previsto no art. 150, VI, *c*, da CF, os partidos políticos gozam de imunidade quanto ao patrimônio, renda ou serviços. **(Errada)**
c) Nos termos do art. 150, § 2º, da CF, a vedação do inciso VI, *a*, é extensiva às autarquias e às fundações instituídas e mantidas pelo Poder Público, no que se refere ao patrimônio, à renda e aos serviços, vinculados a suas finalidades essenciais ou delas decorrentes. **(Correta)**
d) O princípio da anterioridade anual está previsto no art. 150, III, *b*, da CF, sendo vedado a qualquer dos entes federativos cobrar tributos no mesmo exercício financeiro em que haja sido publicada a lei que os instituiu ou aumentou. **(Errada)**

Gabarito: letra C

10. (Iades – CFM – Advogado – 2018) Com base nos conhecimentos relativos ao Direito do Trabalho e no tocante às limitações constitucionais ao poder de tributar, assinale a alternativa correta.

a) À União, aos estados, ao Distrito Federal e aos municípios é vedado instituir tributos referentes a fonogramas e videofonogramas musicais produzidos no Brasil contendo obras musicais ou literomusicais de autores brasileiros e (ou) obras em geral interpretadas por artistas brasileiros, bem como os suportes materiais ou arquivos digitais que os contenham, salvo na etapa de replicação industrial de mídias ópticas de leitura a laser.
b) À União é vedado instituir tributo que não seja uniforme em todo o território nacional ou que implique distinção ou preferência em relação a estado, ao Distrito Federal ou a município, em detrimento de outro, admitida a concessão de incentivos fiscais destinados a promover o equilíbrio do desenvolvimento socioeconômico entre as diferentes regiões do País.
c) À União, aos Estados, ao Distrito Federal e aos Municípios é vedado instituir tributos referentes a patrimônio, renda ou serviços, uns dos outros.
d) A imunidade tributária recíproca não pode ser estendida a empresas públicas ou sociedades de economia mista prestadoras de serviço público de cunho essencial e exclusivo.
e) A regência de imunidade faz-se mediante lei ordinária.

COMENTÁRIO

a) A alternativa é cópia do art. 150, VI, *e*, da CF, a chamada de "imunidade musical". O que a faz estar errada é o fato de ter trazido a palavra "tributos", quando o correto quanto à vedação é abranger apenas "impostos". **(Errada)**
b) A alternativa transcreve o art. 151, I, da Constituição Federal. **(Correta)**
c) O erro é idêntico ao da alternativa A, visto que a imunidade recíproca abrange apenas impostos, consoante art. 150, VI, *a*, da CF. **(Errada)**
d) O STF tem entendimento consolidado no sentido de aplicar a imunidade recíproca somente a sociedades de economia mista e empresas públicas, como os Correios, que não atuam no mercado em regime de livre concorrência (STF. Plenário. RE 580.264, rel. Min. Joaquim Barbosa, red. p/ o ac. Min. Ayres Britto, j. 16-12-2010, *DJe* 6-10-2011). **(Errada)**
e) De acordo com o art. 146, II, da Constituição Federal, cabe à lei complementar regular as limitações constitucionais ao poder de tributar. **(Errada)**

Gabarito: letra B

11. (Cespe – PGE-PE – Analista Judiciário de Procuradoria – 2019) À luz da jurisprudência dos tribunais superiores, julgue o item subsequente, acerca de imunidade e obrigação tributárias.

A imunidade tributária das instituições de assistência social sem fins lucrativos está condicionada à inexistência de contribuição por parte de seus beneficiários.

( ) Certo ( ) Errado

COMENTÁRIO

O art. 150, VI, *c*, CF estabelece imunidade tributária para entidades de assistência social sem fins lucrativos. Ao interpretar esse dispositivo, o STF editou a Súmula 730, no sentido de que somente há imunidade se a entidade não cobrar contribuição dos seus beneficiários.

Gabarito: Certo

12. (Cespe – PGE-PE – Analista Judiciário de Procuradoria – 2019) À luz da jurisprudência dos tribunais superiores, julgue o item subsequente, acerca de imunidade e obrigação tributárias.

Partido político perde a imunidade de IPTU sobre imóvel de sua propriedade caso o alugue para terceiro, ainda que o valor dos aluguéis seja investido, por exemplo, em propaganda partidária.

( ) Certo ( ) Errado

COMENTÁRIO

O STF considera que a locação de imóveis de entidades imunes, quando a renda do aluguel é revertida para suas finalidades essenciais, não afasta a regra imunizante. Assim, considerando que a propaganda partidária é uma atividade essencial para o partido político, a imunidade não é afastada.

Gabarito: Errado

13. (Cespe – PGM – Campo Grande – MS – Procurador Municipal – 2019) Acerca do disposto pelo Sistema Tributário Nacional, julgue o item seguinte, considerando o entendimento doutrinário e jurisprudencial.

As imunidades recíprocas são limitações constitucionais ao poder de tributar e têm *status* de cláusulas pétreas.

( ) Certo ( ) Errado

COMENTÁRIO

A imunidade tributária recíproca está inserida no art. 150, VI, *a*, CF. Esse dispositivo está localizando no Título VI, Capítulo I, Seção II, que se intitula "Das Limitações do Poder de Tributar".

As imunidades tributárias constituem cláusulas pétreas porque o art. 60, § 4º, IV, da CF, prevê que não será objeto de deliberação a proposta de emenda constitucional tendente a abolir direitos e garantias fundamentais. Assim, imunidades não podem ser reduzidas ou suprimidas por emenda constitucional, integrando o núcleo imodificável da Constituição.

Gabarito: Certo

14. (VUNESP – FITO – Advogado – 2020) A entidade assistencial Bom Jesus aluga imóvel de sua propriedade para uma empresa que explora atividade econômica de produção de cachaça. O valor dos aluguéis auferidos pela entidade sem fins lucrativos são utilizados para compra de alimentos destinados aos assistidos. Diante dessa situação hipotética, é correto afirmar que

a) por força de Súmula Vinculante do STF, o imóvel pertencente à entidade permanece imune ao IPTU.

b) o Código Tributário Nacional assegura a imunidade do IPTU por se tratar de entidade assistencial, independentemente de ter ou não fins lucrativos.

c) a Constituição Federal assegura a imunidade à entidade, independentemente da atividade para a qual foi constituída, bem como do destino que dá às suas verbas, bastando que não tenha fins lucrativos.

d) não há de se falar em imunidade, haja vista que a locatária exerce atividade econômica cujo objeto é totalmente divorciado das finalidades essenciais da entidade locadora.

e) sendo a atividade de locação regida pelo direito civil, a ela não se aplicam as regras de imunidade ou de isenção, posto que concernem ao direito tributário.

COMENTÁRIO

Súmula Vinculante 52: "Ainda quando alugado a terceiros, permanece imune ao IPTU o imóvel pertencente a qualquer das entidades referidas pelo art. 150, VI, *c*, da CF, desde que o valor dos aluguéis seja aplicado nas atividades para as quais tais entidades foram constituídas".

Gabarito: letra A

15. (CESPE/CEBRASPE – SEFAZ-DF – Auditor Fiscal – 2020) Considerando as regras do CTN acerca da vigência da legislação tributária e das limitações constitucionais ao poder de tributar, julgue o item que se segue.

A imunidade tributária recíproca dos entes federativos não é extensível às respectivas autarquias e fundações públicas.

( ) Certo ( ) Errado

COMENTÁRIO

A imunidade tributária recíproca é sim extensível às autarquias e às fundações públicas instituídas e mantidas pelo Poder Público, no que se refere ao patrimônio, à renda e aos serviços, vinculados a suas finalidades essenciais ou às delas decorrentes.

Gabarito: Errado

6

COMPETÊNCIA TRIBUTÁRIA

Acesse também a videoaula pelo *link*:
http://somos.in/MDT0707

6.1 CONCEITO

Competência tributária é a **habilitação para criar (instituir) tributos por meio de lei**. A competência tributária, desse modo, é uma espécie de competência legislativa, sendo exercida somente pelo Parlamento.

> Cespe: A prova de Analista do TRE/PE de 2017 considerou ERRADA a afirmação: "O tributo pode ser instituído por procedimentos administrativos que não sejam proibidos por lei".

Constituem também manifestações do exercício da competência tributária a modificação, redução e extinção de tributos.

> FMPRS: A Prova de Procurador do Estado/AC de 2012 considerou ERRADA a assertiva: "A taxa e o preço público podem ser instituídos, fiscalizados e cobrados por empresas privadas que tenham recebido concessão de serviço público".

Mesmo nas hipóteses em que a Constituição Federal autoriza a modificação de alíquotas por ato do Executivo (exceções à legalidade), tais modificações devem ocorrer sempre nos termos e limites estabelecidos na lei (art. 153, § 1º, da CF).

Assim, como apenas o Poder Legislativo pode criar tributos, **somente as entidades federativas são dotadas de competência tributária.** Só quem legisla pode exercer a competência tributária, ou seja, apenas a União, os Estados-membros, o Distrito Federal e os Municípios.

Sendo uma competência legislativa, a competência tributária **é atribuída exclusivamente pela Constituição Federal**, inexistindo qualquer possibilidade de ser conferida ou modificada por leis, constituições estaduais ou qualquer outro veículo normativo.

6.2 TITULARIDADE

A competência tributária é atribuída pela Constituição Federal (arts. 145, 147, 148, 149, 149-A, 153, 155, 156 e 195) **somente às entidades federativas**. Assim, a titularidade da competência tributária é **exclusiva de pessoas jurídicas de direito**

público integrantes da Administração Direta (União, Estados, Distrito Federal e Municípios), sendo insuscetível de delegação a outras pessoas.

6.3 COMPETÊNCIA TRIBUTÁRIA *VS.* CAPACIDADE TRIBUTÁRIA ATIVA

Competência tributária é a aptidão para criar tributos por meio de lei. Não se confunde, portanto, com capacidade tributária ativa. **Capacidade tributária ativa** é a aptidão administrativa para **cobrar ou arrecadar tributos.**

Assim, enquanto a competência tributária é exercida pelo Legislativo, a **capacidade tributária desenvolve-se por meio do exercício de função estatal tipicamente administrativa** consistente em realizar os atos concretos de arrecadar, fiscalizar e promover a cobrança do tributo.

E, conforme visto no Capítulo 1 deste *Manual*, embora a **competência tributária seja indelegável**, nada impede a delegação legal da capacidade tributária ativa. Pelo contrário, o **art. 7º do CTN disciplina expressamente a delegação por meio de lei da capacidade tributária ativa, denominada "parafiscalidade".**

> Copeve-Ufal: A prova de Procurador Municipal de Penedo/AL de 2010 considerou ERRADA a assertiva: "A capacidade tributária ativa decorre da Constituição".

> Cespe: A prova de Juiz Federal da 5ª Região de 2011 considerou ERRADA a assertiva: "A atribuição da competência tributária compreende as garantias e os privilégios processuais que competem à pessoa jurídica de direito público que a conferir".

É o que ocorre, por exemplo, com as contribuições confederativas (art. 8º, IV da CF e Súmula 666 do STF) e com as contribuições cobradas pelos conselhos de classe (art. 149 da CF).

A parafiscalidade só não pode favorecer empresas privadas voltadas à obtenção de lucro, sob pena de transformar-se em uma vantagem competitiva perante os demais agentes no mercado, violando o princípio da livre concorrência (art. 170, IV, da CF).

Desse modo, podemos resumir as diferenças entre competência tributária e capacidade tributária ativa no quadro sinótico abaixo:

Competência tributária	Capacidade tributária ativa
CRIAR tributos	COBRAR, ARRECADAR tributos
função legislativa	função administrativa
Poder Legislativo	Poder Executivo (Fisco)
exclusiva de entidades federativas (PJs de direito público da Administração direta)	exercida por pessoas físicas ou jurídicas, de direito público ou privado
indelegável	passível de delegação por lei (parafiscalidade, art. 7º do CTN)

> Copeve-Ufal: A prova de Procurador Municipal de Penedo/AL de 2010 considerou ERRADA a assertiva: "A competência tributária pode ser objeto de delegação".

6.4 VEÍCULO NORMATIVO PARA O EXERCÍCIO DA COMPETÊNCIA TRIBUTÁRIA. A CONSTITUIÇÃO NÃO CRIA TRIBUTO

A Constituição Federal define as competências tributárias mas não cria nenhum tributo. Definir a competência tributária é estabelecer qual entidade federativa poderá, com exclusividade, criar determinado tributo. **Somente a Constituição Federal define as competências tributárias.** Mas a criação do tributo propriamente dita é realizada no plano infraconstitucional pelo legislador da entidade federativa competente.

Nunca o tributo é criado pela Constituição Federal, por emenda constitucional, pelas Constituições Estaduais ou por Leis Orgânicas Municipais.

O veículo normativo por meio do qual é exercida a competência tributária, como regra, é a **lei ordinária da entidade federativa competente para instituição do tributo.** Assim, se o tributo é federal, a competência tributária para sua instituição é exercida por uma lei ordinária da União. Se o tributo é estadual, por lei ordinária estadual etc. **Nos tributos federais** sujeitos à instituição por lei ordinária, **admite-se sua criação também por medida provisória**, observadas as condições fixadas no próprio texto constitucional (*vide* item 4.5.5 deste *Manual*).

Em **casos raros**, isto é, nos tributos federais submetidos a reserva de lei complementar (IGF, empréstimos compulsórios, impostos residuais e novas fontes de custeio da seguridade), **o veículo normativo será uma lei complementar da União.**

6.5 COMO É EXERCIDA A COMPETÊNCIA TRIBUTÁRIA

A competência tributária é exercida pelo legislador, como será visto nos capítulos seguintes, **por meio do estabelecimento na lei dos cinco aspectos da hipótese de incidência do tributo** que está sendo criado.

É que em todos os países modernos o dever de pagar tributo surge sempre do mesmo modo: primeiro, o legislador descreve abstratamente na lei uma conduta (hipótese de incidência). Depois, quando essa conduta ocorre no mundo concreto (fato gerador), o indivíduo que realizou tal comportamento está obrigado a pagar o tributo correspondente.

Aqueles denominados cinco "aspectos" da hipótese de incidência são elementos fundamentais integrantes da descrição legislativa da conduta (hipótese de incidência tributária) que correspondem a perguntas fundamentais, respondidas pelo legislador, sobre o pagamento do tributo:

1) aspecto temporal = **QUANDO** deve ser pago o tributo?

2) aspecto espacial = ONDE deve ser pago?

3) aspecto quantitativo = QUANTO deve ser pago?

4) aspecto pessoal = QUEM são o credor e devedor?

5) aspecto material = POR QUE deve ser pago?

O detalhamento sobre a teoria da hipótese de incidência tributária e suas partes integrantes será apresentado nos capítulos seguintes deste *Manual*. Por ora, convém notar que **a criação efetiva do tributo exige que o legislador determine os cinco aspectos da hipótese de incidência**, respondendo de modo satisfatório às perguntas fundamentais sobre o pagamento do tributo acima mencionadas: quando, onde, quanto, quem e por que o tributo deve ser pago?

Por fim, cabe salientar que o fato de a Constituição atribuir a competência tributária a determinada entidade federativa não obriga o legislador a criar o tributo. Isso porque, como se verá, o exercício da competência tributária é facultativo. No Brasil, como regra, ninguém pode obrigar o legislador a legislar. O Poder Legislativo só cria o tributo se quiser.

É nesse sentido que o art. 145 da Constituição Federal afirma que a União, Estado, Distrito Federal e Município "poderão" instituir impostos, taxas e contribuições de melhoria. "Poderão" é diferente de "deverão".

Bastante conhecido é o caso do Imposto sobre Grandes Fortunas (IGF), previsto no art. 153, VII, da CF, como tributo de competência da União, mas até hoje o legislador federal não quis criar o imposto.

6.6 COMPETÊNCIA LEGISLATIVA PLENA

Ao atribuir a competência tributária para a entidade federativa instituir determinado tributo, a Constituição Federal confere a respectiva competência legislativa plena. É o que prescreve o art. 6º do CTN, nos seguintes termos:

> A atribuição constitucional de competência tributária compreende a competência legislativa plena, ressalvadas as limitações contidas na Constituição Federal, nas Constituições dos Estados e nas Leis Orgânicas do Distrito Federal e dos Municípios, e observado o disposto nesta Lei.
>
> Parágrafo único. Os tributos cuja receita seja distribuída, no todo ou em parte, a outras pessoas jurídicas de direito público pertencerá à competência legislativa daquela a que tenham sido atribuídos.

> Cespe: A prova de Juiz Federal da 5ª Região de 2011 considerou CORRETA a assertiva: "De acordo com o que dispõe o CTN, os tributos cuja receita seja distribuída, no todo ou em parte, a outras pessoas jurídicas de direito público pertencem à competência legislativa daquela a que tenham sido atribuídos".

6.7 DIFERENTES TÉCNICAS DE ATRIBUIÇÃO DA COMPETÊNCIA TRIBUTÁRIA

A Constituição Federal de 1988 utilizou diversas técnicas para distribuição da competência tributária entre as entidades federativas:

1) competência exclusiva/privativa: utilizada para os **empréstimos compulsórios, impostos e na maioria das contribuições especiais**, é a modalidade de competência atribuída a uma determinada entidade federativa afastando a possibilidade de exercício simultâneo por outras pessoas;

2) competência comum: usada nas **taxas e contribuições de melhoria**, é o tipo de competência outorgada simultaneamente **a todas as entidades federativas**, de modo que será especificamente exercida pela pessoa política que realizar a atividade a ser remunerada pelo respectivo tributo;

> Copeve-Ufal: A prova de Procurador Municipal de Penedo/AL de 2010 considerou ERRADA a assertiva: "Em matéria de contribuição de melhoria a competência é privativa".

3) competência especial ou extraordinária: conferida à União, no caso de guerra externa ou sua iminência, para instituição de impostos extraordinários de guerra;

4) competência cumulativa: recebe esse nome a competência atribuída a determinada entidade federativa quando pode arrecadar seus tributos privativos e, simultaneamente, também os de outra entidade. É o que ocorre no caso da tributação nos territórios. Cabe à União, nos territórios que não forem divididos em Municípios, arrecadar os impostos federais, estaduais e, cumulativamente, também os municipais;

5) competência concorrente: dá-se o nome de competência concorrente àquela atribuída a mais de uma entidade federativa, mas não a todas. Como exemplo, tem-se o caso da contribuição de iluminação pública (Cosip), que pode ser arrecadada somente pelos Municípios e Distrito Federal (art. 149-A da CF);

6) competência residual: compete à União instituir, por lei complementar, impostos não previstos na Constituição Federal e novas fontes de custeio da Seguridade.

> Copeve-Ufal: A prova de Procurador Municipal de Penedo/AL de 2010 considerou CORRETA a assertiva: "A união tem competência residual para instituir outras contribuições para o custeio da seguridade social, desde que seja por lei complementar e não tenham fato gerador ou base de cálculo das contribuições já existentes".

6.8 ATRIBUTOS DA COMPETÊNCIA TRIBUTÁRIA

A competência tributária é dotada de seis atributos (características) fundamentais:

a) **indelegabilidade;**
b) **privatividade;**
c) **facultatividade;**
d) **irrenunciabilidade;**
e) **incaducabilidade;**
f) **inampliabilidade.**

Vamos estudar cada um dos atributos separadamente.

> Instituto Cidades: A prova de Defensor Público/AM de 2011 considerou CORRETA a assertiva: "A competência tributária é a aptidão para criar tributos, cujos elementos essenciais são definidos mediante lei específica, sendo atribuída pela CR/88 à União, Estados, Distrito Federal e Municípios, de modo a conferir-lhes autonomia financeira. São características da competência tributária a indelegabilidade, incaducabilidade e irrenunciabilidade".

6.8.1 Indelegabilidade

O primeiro atributo da competência tributária é a indelegabilidade, cujo teor aponta para a **impossibilidade de a entidade competente transferir por vontade própria a aptidão para instituir tributo a outra pessoa.**

Na verdade, como a competência tributária é atribuída pela Constituição Federal, isto é, por uma instância decisória que está acima do âmbito das entidades tributantes, seria juridicamente inviável uma simples lei alterar, ainda que temporariamente, tal atribuição.

Nesse sentido, o art. 7º do CTN prescreve textualmente que: "A competência tributária é indelegável".

> Ibeg: A prova de Procurador do Iprev de 2017 considerou ERRADA a afirmação: "A competência tributária é delegável, salvo atribuição das funções de arrecadar ou fiscalizar tributos, ou de executar leis, serviços, atos ou decisões administrativas em matéria tributária, conferida por uma pessoa jurídica de direito público a outra, nos termos do § 3º do art. 18 da CF/88".

6.8.2 Privatividade

A segunda característica da competência tributária é a privatividade, que, na verdade, não constitui um atributo da competência aplicável a todos os tributos, mas somente aos impostos, empréstimos compulsórios e à maioria das contribuições especiais.

> Cespe: A prova de Professor do IFB de 2011 considerou ERRADA a assertiva: "A competência tributária é indelegável, não sendo admissível atribuir a outra pessoa jurídica as funções de arrecadar ou fiscalizar tributos, bem como executar leis, serviços, atos ou decisões administrativas em matéria tributária".

Não há sentido em falar em privatividade, por exemplo, no caso da competência comum para instituir taxas e contribuições de melhoria.

A privatividade significa que **a competência atribuída a determinada entidade federativa exclui seu exercício pelas demais pessoas políticas.**

6.8.2.1 Desmembramento territorial da entidade tributante

A pessoa jurídica de direito público constituída pelo desmembramento territorial de outra sub-roga-se, salvo disposição de lei em contrário, nos direitos da entidade primária, cuja legislação tributária aplicará até que entre em vigor a sua própria (art. 120 do CTN).

6.8.3 Facultatividade

Outra característica da competência tributária é a facultatividade, ou seja, a Constituição Federal prevê a criação do tributo como uma permissão dada ao legislador, nunca como um dever. Por isso, **o legislador não está constitucionalmente obrigado a criar os tributos de sua competência.**

A evidente natureza facultativa da competência tributária decorre, entre tantas razões, do simples fato de que a arrecadação do tributo muitas vezes é uma operação financeiramente deficitária. Para muitos municípios, por exemplo, é comum não valer a pena cobrar seus impostos porque o montante total arrecadado acaba sendo insuficiente para suportar os custos do aparato administrativo de arrecadação.

Somente o Poder Legislativo de cada entidade federativa, conhecendo sua realidade local, pode decidir sobre a conveniência e oportunidade da criação do tributo.

Reconhecendo tais circunstâncias, o art. 145 da Constituição Federal prescreve que:

> A União, os Estados, o Distrito Federal e os Municípios **poderão instituir os seguintes tributos**: I – impostos; II – taxas, em razão do exercício do poder de polícia ou pela utilização, efetiva ou potencial, de serviços públicos específicos e divisíveis, prestados ao contribuinte ou postos a sua disposição; III – contribuição de melhoria, decorrente de obras públicas.

Desse modo, o texto constitucional afirma que as entidades federativas **PODERÃO** instituir seus tributos. Não diz “deverão instituir”. No plano constitucional a competência tributária é claramente mera faculdade.

Porém, no plano infraconstitucional a realidade é outra.

6.8.3.1 A polêmica sobre o art. 11 da Lei Complementar n. 101/2000

O art. 11 da Lei Complementar n. 101/2000, a Lei de Responsabilidade Fiscal, estabelece que: “Constituem requisitos essenciais da responsabilidade na gestão fiscal **a instituição, previsão e efetiva arrecadação de todos os tributos** da competência constitucional do ente da Federação”.

E o parágrafo único define uma punição para descumprimento do *caput*: "é vedada a realização de transferências voluntárias para o ente que não observe o disposto no *caput*, no que se refere aos impostos".

Assim, o legislador transformou em dever, cujo descumprimento é punido com uma sanção, o exercício da competência que a Constituição Federal define como facultativa.

Por razões óbvias, não cabe à lei obrigar aquilo que constitucionalmente é uma simples faculdade. **O art. 11 da Lei Complementar n. 101/2000, segundo a doutrina, é flagrantemente inconstitucional.**

> Copeve-Ufal: A prova de Procurador Municipal de Penedo/AL de 2010 considerou ERRADA a assertiva: "A competência é facultativa, segundo a maioria da doutrina e a lei de responsabilidade fiscal".

No julgamento da ADI 2.238/DF, o STF declarou constitucional a LC n. 101/2000 em face do art. 160 da CF/88, especialmente porque a vedação de repasse restringe-se às transferências voluntárias.

Cabe destacar, todavia, que o art. 160, parágrafo único, da CF, com redação dada pela EC n. 29/2000, autoriza que a União e os Estados condicionem os repasses obrigatórios:

> I – ao pagamento de seus créditos, inclusive de suas autarquias;
>
> II – ao cumprimento dos gastos mínimos com saúde e ensino, conforme disposto no art. 198, § 2º, incisos II e III, da CF.

6.8.4 Irrenunciabilidade

Outro atributo da competência tributária é a irrenunciabilidade. Significa que **a entidade federativa não pode abrir mão definitivamente de suas competências tributárias.**

Como a competência está definida acima da vontade da entidade tributante, ou seja, no plano constitucional, é impossível uma simples lei da pessoa federativa renunciar a tais atribuições. No máximo, o legislador pode decidir por permanecer temporariamente sem criar o tributo, mas isso nunca importará na renúncia definitiva da competência tributária.

6.8.5 Incaducabilidade

Também denominado imprescritibilidade, o atributo da incaducabilidade significa que **não há prazo para o exercício da competência tributária.** E, ainda que a entidade federativa permaneça, por um longo período de tempo, sem criar seus tributos, **a falta de uso não faz a competência tributária desaparecer nem ser transferida a outra entidade.**

Cespe: A prova de Professor do IFB de 2011 considerou ERRADA a assertiva: "Caso certo município paulista não exerça sua competência tributária, caberá ao município limítrofe o exercício dessa competência".

Nesse sentido, estabelece o art. 8º do CTN: "O não exercício da competência tributária não a defere a pessoa jurídica de direito público diversa daquela a que a Constituição a tenha atribuído".

Acesse também a videoaula pelo *link*:
http://somos.in/MDT0734

6.8.6 Inampliabilidade

O último atributo da competência tributária é a inampliabilidade, segundo o qual **a entidade federativa não pode, por vontade própria, aumentar suas competências tributárias.** Isso ocorre porque, como é a Constituição Federal que define as competências tributárias, somente o constituinte pode aumentar ou diminuir a esfera de tributos das entidades federativas, não cabendo ao legislador infraconstitucional interferir nessa matéria.

6.9 QUADRO SINÓTICO

CONCEITO
Competência tributária é a **aptidão para criar tributos por meio de lei**. É uma espécie de competência legislativa, sendo exercida somente pelo Parlamento. Constituem manifestações do exercício da competência tributária a modificação, redução e extinção de tributos. Como apenas o Poder Legislativo pode criar tributos, significa dizer que **somente as entidades federativas são dotadas de competência tributária**. Só quem legisla pode exercer a competência tributária, ou seja, apenas a União, os Estados-membros, o Distrito Federal e os Municípios. Sendo uma competência legislativa, a competência tributária **é atribuída exclusivamente pela Constituição Federal**, inexistindo qualquer possibilidade de ser conferida ou modificada por leis, constituições estaduais ou qualquer outro veículo normativo.
TITULARIDADE
É atribuída pela Constituição Federal (arts. 145, 147, 148, 149, 149-A, 153, 155, 156 e 195) **somente às entidades federativas**. Assim, a titularidade da competência tributária é **exclusiva de pessoas jurídicas de direito público integrantes da Administração Direta** (União, Estados, Distrito Federal e Municípios), sendo insuscetível de delegação a outras pessoas.
COMPETÊNCIA TRIBUTÁRIA VS. CAPACIDADE TRIBUTÁRIA ATIVA
Competência tributária é a aptidão para criar tributos por meio de lei. **Capacidade tributária ativa** é a aptidão administrativa para cobrar ou arrecadas tributos. Assim, enquanto a competência tributária é exercida pelo Legislativo, a **capacidade tributária desenvolve-se por meio do exercício de função estatal tipicamente administrativa**, consistente em realizar os atos concretos de arrecadar, fiscalizar e promover a cobrança do tributo. ESQUEMATIZANDO:

Competência tributária	Capacidade tributária
CRIAR tributos	COBRAR, ARRECADAR tributos
função legislativa	função administrativa
Poder Legislativo	Poder Executivo (Fisco)
exclusiva de entidades federativas (PJs de direito público da Administração direta)	exercida por pessoas físicas ou jurídicas, de direito público ou privado
indelegável	Passível de delegação por lei (parafiscalidade, art. 7º do CTN)

VEÍCULO NORMATIVO PARA O EXERCÍCIO DA COMPETÊNCIA TRIBUTÁRIA. "A CONSTITUIÇÃO NÃO CRIA TRIBUTO"
O veículo normativo por meio do qual é exercida a competência tributária, como regra, é a **lei ordinária da entidade federativa competente para instituição do tributo**. Assim, se o tributo é federal, a competência tributária para sua instituição é exercida por uma lei ordinária da União. Se o tributo é estadual, por lei ordinária estadual etc. **Nos tributos federais** sujeitos à instituição por lei ordinária, **admite-se sua criação também por medida provisória**, observadas as condições fixadas no próprio texto constitucional. Em **casos raros**, isto é, nos tributos federais submetidos a reserva de lei complementar (IGF, empréstimos compulsórios, impostos residuais e novas fontes de custeio da seguridade), o **veículo normativo será uma lei complementar da União**.
COMO É EXERCIDA A COMPETÊNCIA TRIBUTÁRIA
A competência tributária é exercida pelo legislador, por meio do estabelecimento na lei dos cinco aspectos da hipótese de incidência do tributo que está sendo criado. Primeiro, o legislador descreve abstratamente na lei uma conduta (hipótese de incidência). Depois, quando essa conduta ocorre no mundo concreto (fato gerador), o indivíduo que realizou tal comportamento está obrigado a pagar o tributo correspondente. 1) aspecto temporal = **QUANDO** deve ser pago o tributo? 2) aspecto espacial = **ONDE** deve ser pago? 3) aspecto quantitativo = **QUANTO** deve ser pago? 4) aspecto pessoal = **QUEM** são o credor e devedor? 5) aspecto material = **POR QUE** deve ser pago?

COMPETÊNCIA LEGISLATIVA PLENA
Ao atribuir a competência tributária para a entidade federativa instituir determinado tributo, a Constituição Federal confere a respectiva **competência legislativa plena.** É o que prescreve no art. 6º do CTN.
DIFERENTES TÉCNICAS DE ATRIBUIÇÃO DA COMPETÊNCIA TRIBUTÁRIA
As técnicas utilizadas pela Constituição para distribuição da competência tributária entre as entidades federativas são: **1) competência exclusiva/privativa:** utilizada para **empréstimos compulsórios, impostos** e **na maioria das contribuições especiais**, é a modalidade de competência atribuída a uma determinada entidade federativa, afastando a possibilidade de exercício simultâneo por outras pessoas; **2) competência comum:** usada nas **taxas e contribuições de melhoria**, é o tipo de competência outorgada simultaneamente **a todas as entidades federativas**, de modo que será especificamente exercida pela pessoa política que realizar a atividade a ser remunerada pelo respectivo tributo; **3) competência especial ou extraordinária:** conferida à União, no caso de guerra externa ou sua iminência, para instituição de impostos extraordinários de guerra; **4) competência cumulativa:** recebe esse nome a competência atribuída a determinada entidade federativa quando pode arrecadar seus tributos privativos e, simultaneamente, também os de outra entidade. É o que ocorre no caso da tributação nos territórios. Cabe à União, nos territórios que não forem divididos em Municípios, arrecadar os impostos federais, estaduais e, cumulativamente, também os municipais; **5) competência concorrente:** é aquela atribuída a mais de uma entidade federativa, mas não a todas; como exemplo, tem-se o caso da contribuição de iluminação pública (Cosip), que pode ser arrecadada somente pelos Municípios e Distrito Federal (art. 149-A da CF); **6) competência residual:** compete à União instituir por lei complementar impostos não previstos na Constituição Federal e novas fontes de custeio da Seguridade.
ATRIBUTOS DA COMPETÊNCIA TRIBUTÁRIA
Indelegabilidade: impossibilidade de a entidade competente transferir por vontade própria a aptidão para instituir tributo a outra pessoa. **Privatividade:** a competência atribuída a determinada entidade federativa exclui seu exercício pelas demais pessoas políticas. **Facultatividade:** a Constituição Federal prevê a criação do tributo como uma permissão dada ao legislador, nunca como um dever. Por isso, o legislador não está constitucionalmente obrigado a criar os tributos de sua competência. **Irrenunciabilidade:** a entidade federativa não pode abrir mão definitivamente de suas competências tributárias, podendo, no máximo, o legislador decidir por permanecer temporariamente sem criar o tributo, mas isso nunca importará na renúncia definitiva da competência tributária. **Incaducabilidade:** não há prazo para o exercício da competência tributária, **e, ainda que a entidade federativa permaneça por um longo período de tempo sem criar seus tributos,** a falta de uso não faz a competência tributária desaparecer nem ser transferida a outra entidade. **Inampliabilidade:** A entidade federativa não pode, por vontade própria, aumentar suas competências tributárias. Isso ocorre porque, como é a Constituição Federal que define as competências tributárias, somente o constituinte pode aumentar ou diminuir a esfera de tributos das entidades federativas, não cabendo ao legislador infraconstitucional interferir nessa matéria.

6.10 QUESTÕES

1. **(Vunesp – Prefeitura de Guarulhos – SP – Inspetor Fiscal de Rendas – Conhecimentos Específicos – 2019)** A competência para instituir impostos não cumulativos e que não tenham fato gerador ou base de cálculo próprios dos discriminados na Constituição Federal, mediante lei complementar, é chamada de competência tributária:
   a) extraordinária concorrente de todos os entes da Federação;
   b) plena dos Estados, Distrito Federal e Municípios;
   c) excepcional da União, exercida em caso de guerra externa ou sua iminência;
   d) ordinária de todos os entes da Federação;
   e) residual da União.

2. **(FCC – Sefaz-BA – Auditor-Fiscal – Administração Tributária – Prova I – 2019)** A Constituição Federal discrimina as competências dos entes políticos da federação, dispondo que:
   a) os Estados e o Distrito Federal poderão instituir contribuição, na forma das respectivas leis, para o custeio do serviço de iluminação pública;
   b) pertence ao Estado-membro a denominada competência residual tributária para instituir um novo imposto, desde que seja não cumulativo e não tenha fato gerador ou base de cálculo próprios dos impostos previstos na Constituição Federal;
   c) compete aos Estados e ao Distrito Federal instituírem o imposto sobre transmissão inter vivos, a qualquer título, por ato oneroso, de bens imóveis, por natureza ou acessão física, e de direitos reais sobre imóveis, exceto os de garantia, bem como cessão de direitos a sua aquisição;
   d) compete à União, na iminência ou no caso de guerra externa, instituir imposto extraordinário, compreendido ou não em sua competência tributária, desde que seja suprimido, gradativamente, cessadas as causas de sua criação;
   e) a União, os Estados, o Distrito Federal e os Municípios instituirão contribuições sociais, de intervenção no domínio econômico e de interesse das categorias profissionais ou econômicas, como instrumento de suas atuações nas respectivas áreas.

3. **(FCC – Semef Manaus – AM – Técnico Fazendário – 2019)** De acordo com a Constituição Federal, os Municípios têm competência para instituir, na forma da lei:
   a) contribuição para o custeio do serviço de iluminação pública;
   b) o ITBI, imposto que incide sobre a transmissão de quaisquer bens, a título oneroso;
   c) o IPVA, que incide sobre a propriedade de quaisquer veículos licenciados no Município;
   d) o IPTU, imposto que a incide sobre a propriedade e a transmissão de bens imóveis;
   e) o ITCMD, que incide sobre a transmissão de quaisquer bens ocorrida dentro dos limites municipais.

4. **(FCC – Sefaz-BA – Auditor-Fiscal – Administração Tributária – Prova I – 2019)** Consta na Constituição Federal que a União tem competência para, somente através de lei complementar, tratar de várias matérias de natureza tributária, citando, dentre outras:
   a) instituir as contribuições sociais, as contribuições de intervenção no domínio econômico e as contribuições de interesse das categorias profissionais ou econômicas, como instrumento de sua atuação nas respectivas áreas;
   b) instituir impostos não previstos na Constituição Federal, desde que sejam não cumulativos e não tenham fato gerador ou base de cálculo próprios dos discriminados na Constituição;
   c) instituir e alterar as alíquotas dos impostos sobre produtos industrializados e sobre operações de crédito, câmbio e seguro, ou relativas a títulos ou valores mobiliários;
   d) criar taxas, em razão do exercício do poder de polícia ou pela utilização, efetiva ou potencial, de serviços públicos específicos e divisíveis, prestados ao contribuinte ou postos a sua disposição;
   e) instituir imposto sobre livros, jornais, periódicos e o papel destinado a sua impressão.

5. (FCC – Semef Manaus – AM – Assistente Técnico Fazendário – 2019) A Constituição Federal outorga competência para as pessoas jurídicas de direito público interno instituírem impostos. De acordo com o texto constitucional e com a legislação tributária nacional em vigor, compete aos Municípios instituir impostos sobre:

a) a transmissão *inter vivos*, a qualquer título, inclusive por doação, de bens imóveis, por natureza ou acessão física, e de direitos reais sobre imóveis, exceto os de garantia, bem como cessão de direitos a sua aquisição;

b) serviços de qualquer natureza, inclusive de transporte intramunicipal, definidos em lei complementar;

c) a propriedade predial e territorial urbana e rural;

d) a transmissão, a qualquer título, inclusive *causa mortis*, exclusivamente de bens imóveis, por natureza ou acessão física, e de direitos reais sobre imóveis, exceto os de garantia, bem como cessão de direitos a sua aquisição;

e) serviços de qualquer natureza, inclusive de transporte intermunicipal, definidos em lei ordinária municipal específica.

6. (Ieses – TJ-AM – Titular de Serviços de Notas e de Registros – Provimento – 2018) Analise as sentenças abaixo e assinale a opção correta com relação às regras de competência tributária estabelecidas no Código Tributário Nacional.

I. Os tributos cuja receita seja distribuída, no todo ou em parte, a outras pessoas jurídicas de direito público pertencerá à competência legislativa daquela a que tenham sido atribuídos.

II. É vedado aos Estados, ao Distrito Federal e aos Municípios estabelecer diferença tributária entre bens de qualquer natureza, em razão da sua procedência ou do seu destino.

III. É vedado à União, aos Estados, ao Distrito Federal e aos Municípios, estabelecer limitações ao tráfego, no território nacional, de pessoas ou mercadorias, por meio de tributos interestaduais ou intermunicipais.

a) Apenas a alternativa I está correta.

b) Apenas as alternativas II e III estão corretas.

c) Apenas I e III estão corretas.

d) Todas as alternativas estão corretas.

7. (FCC – SABESP – Advogado – 2018) No tocante à competência tributária, considere.

I. A competência tributária, em regra, é indelegável.

II. O não exercício da competência tributária não a defere a pessoa jurídica de direito público diversa daquela a que a Constituição Federal a tenha atribuído.

III. Constitui delegação de competência o cometimento, a pessoas de direito privado, do encargo ou da função de arrecadar tributos.

Está correto o que se afirma APENAS em:

a) I;

b) I e III;

c) II e III;

d) I e II;

e) II.

8. (CS-UFG – Câmara de Goiânia – GO – Procurador Jurídico Legislativo – 2018) A Constituição Federal funda o Sistema Tributário Nacional, estabelecendo um conjunto de princípios e normas. Nesse sistema, estabelece-se a competência residual concedida:

a) igualmente aos entes federados, como possibilidade de criar novos tributos mediante lei competente;

b) hierarquicamente à União, aos Estados e Municípios, como possibilidade de aplicar tributos previstos em lei complementar;

c) concorrentemente à União e aos Estados, como possibilidade de criar impostos mediante legislação competente;

d) exclusivamente à União de criar impostos não previstos no texto constitucional mediante lei complementar.

9. (FCC – Câmara Legislativa do Distrito Federal – Procurador Legislativo – 2018) O Código Tributário Nacional, no Título II do Livro Primeiro, trata da competência tributária. De acordo com estas regras:

a) a competência dos Municípios para legislar concorrentemente sobre o IPVA, em razão da repartição de receita tributária deste imposto entre Estados e Municípios, alcança apenas os veículos de propriedade de pessoas naturais e jurídicas com domicílio nos referidos Municípios;

b) a competência dos Municípios para legislar concorrentemente sobre o IPVA, em razão da repartição de receita tributária deste imposto entre Estados e Municípios, alcança apenas os veículos que efetivamente circulam no Município, durante mais de 181 dias por ano, demonstrando o uso concreto de vias públicas;

c) a competência dos Municípios para legislar concorrentemente sobre o IPVA, em razão da repartição de receita tributária deste imposto entre Estados e Municípios, alcança apenas os veículos licenciados nos referidos Municípios;

d) a competência para legislar sobre o ITR será dos Municípios, sempre que estes optarem por fiscalizar e cobrar este imposto, como estabelecido no inciso III do § 4º do art. 153 da Constituição Federal, desde que, com isso, não ocorra redução do valor do imposto ou qualquer outra forma de renúncia fiscal;

e) o não exercício da competência tributária dos Municípios para instituir o ITBI não defere à União, nem aos Estados em que eles estão localizados, a competência para instituir o referido imposto.

10. (UFPR – COREN-PR – Advogado – 2018) Sobre competência tributária, assinale a correta.

a) Competência tributária consiste na aptidão que as pessoas políticas têm para criar, *in abstracto*, tributos, aptidão esta que pode ser delegada, por meio de lei, a outra pessoa jurídica de direito público, nos casos autorizados pela Constituição.

b) A União e os Estados da Federação são detentores da chamada competência residual, que consiste na atribuição voltada à criação de impostos e contribuições não previstos expressamente na Constituição Federal.

c) No caso de guerra externa ou sua iminência, a Constituição autoriza a instituição, exclusivamente pela União, tanto de impostos extraordinários como de empréstimo compulsório destinado ao atendimento de despesas extraordinárias decorrente de guerra externa ou sua iminência.

d) Muito embora a facultatividade seja uma das características da competência tributária, o direito ao exercício dessa atividade relacionada à criação de tributos deve ocorrer nos prazos estabelecidos pela Constituição, uma vez que a competência tributária é caducável.

e) No caso do ITR, Imposto Territorial Rural, o sujeito ativo da obrigação tributária será necessariamente a pessoa política detentora da competência tributária relacionada à sua criação.

11. (FCC – Sefaz-SC – Auditor-Fiscal da Receita Estadual – Gestão Tributária – Prova 2 – 2018) Conforme estabelece a Constituição Federal, cabe à lei complementar dispor sobre conflitos de competência tributária. Nesse sentido, o Código Tributário Nacional (CTN) dispõe que a competência tributária:

a) é indelegável, sendo permitida a atribuição das funções de fiscalizar tributos e de executar leis, serviços, atos ou decisões administrativas em matéria tributária a outra pessoa jurídica de direito público;

b) é delegável, mas pode ser revogada, a qualquer tempo, por ato unilateral da pessoa jurídica de direito público que a tenha conferido;

c) é plena, ilimitada e delegável e compreende a competência legislativa, fiscalizatória, arrecadatória e sancionatória;

d) é plena, ilimitada e delegável e compreende a competência legislativa, fiscalizatória, arrecadatória e sancionatória;

e) é indelegável, sendo permitida a atribuição das funções de arrecadar, de fiscalizar, de legislar e de executar leis a outra pessoa jurídica de direito interno.

12. (Cespe – TCE-MG – Analista de Controle Externo – Ciências Contábeis – 2018) Determinado município da Federação, ao instituir contribuição para o custeio do serviço de iluminação pública e contribuição de melhoria, decorrente de obra pública, exerce, respectivamente:

a) competência residual e competência privativa;
b) competência privativa e competência residual;
c) competência comum e competência privativa;
d) competência privativa e competência comum;
e) competência comum e competência comum.

13. (FMP Concursos – Procurador do Estado-AC – 2017) Analise as assertivas abaixo, regras para instituição de impostos, e marque a CORRETA.

a) O fato gerador da obrigação deve configurar uma situação que independa de uma atividade estatal específica relativa ao contribuinte.
b) O imposto deve estar previsto na Constituição Federal ou ser instituído com base na competência residual da União, dentro das limitações constitucionais impostas, podendo ser, em razão disso, instituído por lei ordinária.
c) O imposto instituído com base na competência residual da União pode inclusive ter o mesmo fato gerador dos demais discriminados na Constituição, se a destinação for outra.
d) Quando a base de cálculo de dois impostos se sobrepõe, a solução jurídica é a aplicação da maior alíquota, dividida entre os dois tributos.
e) Todas as alternativas acima estão CORRETAS.

14. (Consulplan – Analista – TRF2 – 2017) A competência tributária plena diz respeito à criação de tributos, edição de normas tributárias, administração e julgamento de tributos. Com relação à competência tributária assinale a única alternativa que contempla duas assertivas corretas em que a segunda completa o sentido da primeira.

a) A competência tributária é indelegável. Assim sendo, a execução das leis, atos ou decisões administrativas em matéria tributária não pode ser conferida por uma pessoa jurídica de direito público a outra.
b) Os municípios têm competência tributária sujeita à lei complementar no que concerne às normas gerais de direito tributário. No que diz respeito ao interesse local, contudo, têm competência concorrente plena.
c) A competência tributária dos Estados é limitada. Isto ocorre porque se submete aos limites da lei complementar federal e fica jungida ao poder federal quando a questão a julgar exceder o âmbito puramente regional.
d) A competência tributária é parcela do poder de tributar conferida pela Constituição a cada ente político, para criar tributos. Desta forma, como os territórios são entes políticos, têm competência tributária para instituir impostos municipais.

15. (MS Concursos – PGM de Tanguá-RJ – 2017) De acordo com a Constituição da República de 1988, a União não tem competência para instituir o seguinte tributo:

a) empréstimos compulsórios;
b) imposto sobre a propriedade territorial rural;
c) imposto de importação;
d) transmissão *causa mortis* e doação, de quaisquer bens ou direitos.

16. (ITAME – Prefeitura de Edeia-GO – Auditor da Receita Municipal – 2020) A competência tributária possui as seguintes características:

a) objetividade, naturalidade, informalidade, intransferibilidade, legalidade, inrrestribilidade e informalidade.
b) indelegabilidade, irrenunciabilidade, incaducabilidade, inalterabilidade, facultatividade de exercício e exclusividade.

c) indelegabilidade, assiduidade, publicidade de exercício, moralidade, retroatividade e objetividade.
d) irrenunciabilidade, imunidade, cumulatividade, indelegabilidade, ordenabilidade e mutabilidade.

17. (ITAME – Prefeitura de Edeia-GO – Auditor da Receita Municipal – 2020) Com base nas limitações da competência tributária é vedada à união:

a) instituir impostos extraordinários, incluindo os empréstimos compulsórios;
b) instituir nos territórios federais, os impostos atribuídos aos estados e, se aqueles não forem divididos em municípios;
c) instituir tributo que não seja uniforme em todo o território nacional, ou que importe distinção ou preferência em favor de determinado estado ou município;
d) estabelecer diferença tributária entre bens de qualquer natureza, em razão da sua procedência ou do seu destino.

18. (FCM – Prefeitura de Contagem-MG – Auditor Fiscal – 2020) Competência tributária e capacidade tributária ativa são institutos que não se confundem. Enquanto a competência se traduz na aptidão conferida pelo texto constitucional para instituir e legislar sobre tributos, a capacidade tributária ativa corresponde às funções de arrecadar, fiscalizar e executar.

Em razão dessa distinção, é correto afirmar que

a) o não exercício da competência tributária legitima a sua delegação a outra pessoa jurídica de direito público.
b) a capacidade tributária ativa, quando delegada, não poderá ser revogada unilateralmente pelo concedente.
c) o Distrito Federal possui competência residual em relação aos impostos dos Estados, nos termos da Constituição Federal.
d) a função de arrecadar tributos atribuída a uma pessoa jurídica de direito privado constitui hipótese de delegação de competência.
e) a capacidade tributária ativa em relação ao ITR poderá ser delegada pela União aos municípios mediante convênio, hipótese em que caberá a este a integralidade da exação.

GABARITO

1. E / **2.** D / **3.** A / **4.** B / **5.** B / **6.** D / **7.** D / **8.** D / **9.** E / **10.** C / **11.** A / **12.** D / **13.** A / **14.** C / **15.** D / **16.** B / **17.** C / **18.** E

6.11 QUESTÕES COMENTADAS

1. (Cespe – Sefaz-RS – Auditor-Fiscal da Receita Estadual – Bloco II – 2019) Com relação à competência tributária dos entes federados, assinale a opção correta.

a) O Distrito Federal e os municípios têm competência para instituir contribuições para o custeio de serviços de iluminação pública.
b) Os Estados federados e o Distrito Federal têm competência residual para legislar sobre empréstimos compulsórios.
c) Os Municípios, os Estados federados, o Distrito Federal e a União têm competência concorrente para instituir contribuições sociais interventivas e de interesse das categorias profissionais.
d) À União competem originariamente os impostos sobre doações de bens imóveis quando o donatário vier a ser beneficiado com os direitos reais em dois ou mais estados.
e) Aos Municípios e ao Distrito Federal competem os impostos incidentes sobre operações relativas à circulação de mercadorias com a mudança de titularidade.

COMENTÁRIO

a) De fato, a previsão da competência do Distrito Federal e do Município para criar a COSIP está no art. 149-A da CF. **(Correta)**

b) A competência para instituir empréstimos compulsórios é exclusiva da União, conforme art. 148 da CF. **(Errada)**

c) A competência para instituir contribuições interventivas é exclusiva da União, conforme art. 149 da CF. **(Errada)**

d) O ITCMD está previsto no art. 155, I, da CF e é de competência dos Estados, não existindo previsão legal de recolhimento em favor da União. **(Errada)**

e) O ICMS é de competência dos Estados e do Distrito Federal, conforme art. 155, II, da CF. **(Errada)**

Gabarito: letra A

2. (NC-UFPR – Itaipu Binacional – Profissional de Nível Universitário Jr. – Direito – 2019) Sobre competência para instituir impostos, identifique como verdadeiras (V) ou falsas (F) as seguintes afirmativas.

( ) A União poderá instituir impostos não elencados na Constituição, desde que não invada a competência dos demais entes federados, observe a reserva de lei complementar, sejam não cumulativos e não tenham fato gerador ou base de cálculo próprios dos discriminados na Constituição.

( ) Cabem à União os impostos municipais a serem arrecadados no Distrito Federal.

( ) Entre outros, compete à União instituir impostos sobre importação de produtos estrangeiros, doação de quaisquer bens ou direitos e renda e proventos de qualquer natureza.

( ) Compete ao Distrito Federal instituir imposto sobre a propriedade de veículos automotores licenciados em seu território.

Assinale a alternativa que apresenta a sequência correta, de cima para baixo.

a) V – F – F – V.

b) F – F – V – V.

c) V – V – F – F.

d) F – V – V – V.

e) V – F – V – F.

COMENTÁRIO

Assertiva I – A assertiva está de acordo com a competência residual da União, prevista no art. 154, I, da CF, que permite instituição de imposto não previsto na Constituição, desde que seja por lei complementar e não cumulativo. **(Correta)**

Assertiva II – O Distrito Federal tem competência para arrecadar os impostos municipais, nos termos do art. 147 da CF. **(Errada)**

Assertiva III – A União não tem competência para instituir imposto sobre doações. As doações podem ser tributadas pelos Estados por meio do ITCMD, conforme art. 155, I, da CF. **(Errada)**

Assertiva IV – Nos termos do art. 155, III, da CF, a competência do IPVA é dos Estados e Distrito Federal. **(Correta)**

Gabarito: letra A

3. (Cespe – TJ-PR – Juiz Substituto – 2019) De acordo com o Código Tributário Nacional, o sujeito ativo da obrigação tributária principal é a pessoa:

a) jurídica de direito público titular da competência de exigir o cumprimento da obrigação;

b) jurídica de direito público destinatária do produto da arrecadação do referido tributo;

c) física ou jurídica obrigada ao pagamento do tributo ou da penalidade pecuniária de natureza tributária;

d) física ou jurídica que tenha relação pessoal e direta com a situação que constitui o respectivo fato gerador.

COMENTÁRIO

a) Afirmação correta, conforme disposição expressa do art. 119 do CTN. **(Correto)**

b) A pessoa jurídica destinatária do produto da arrecadação não é sujeito ativo da obrigação. **(Errado)**

c) A definição se refere ao sujeito passivo, nos termos do art. 121 do CTN. **(Errado)**

d) O enunciado conceituou contribuinte, uma das espécies de sujeito passivo, nos termos do art. 121, I, do CTN. **(Errado)**

Gabarito: letra A

4. (NC-UFPR – TJ-PR – Titular de Serviços de Notas e de Registros – Remoção – 2019) Sobre a competência tributária, assinale a alternativa correta.

a) É possível delegar a competência tributária e atribuir as funções de legislar, arrecadar ou fiscalizar tributos, ou mesmo de executar leis, serviços, atos ou decisões administrativas em matéria tributária, conferida por uma pessoa jurídica de direito público a outra.

b) Dentre os atributos ou características da competência tributária destaca-se a incaducabilidade. Por esse atributo, o ente federado que receber a competência atribuída pela Constituição Federal manterá essa competência independentemente de exercê-la (por exemplo, através da criação de tributos).

c) O Código Tributário Nacional impede que haja o cometimento, a pessoas de direito privado, do encargo ou da função de arrecadar tributos.

d) Como regra geral, o ente competente para instituir tributos será aquele que figura na relação tributária como sujeito ativo (credor). Contudo, há exceções, como é o caso da extrafiscalidade, na qual outras pessoas jurídicas poderão ser sujeitos ativos da relação tributária.

e) Uma importante característica ou atributo da competência tributária é a liberdade que o ente federativo possui de livremente renunciar a competência tributária atribuída pela Constituição Federal, pois não pode ser obrigado a exercê-la.

COMENTÁRIO

a) Nos termos do art. 7º do CTN: "A competência tributária é indelegável, salvo atribuição das funções de arrecadar ou fiscalizar tributos, ou de executar leis, serviços, atos ou decisões administrativas em matéria tributária, conferida por uma pessoa jurídica de direito público a outra, nos termos do § 3º do art. 18 da Constituição". **(Errada)**

b) Também denominado "imprescritibilidade", o atributo da inducabilidade significa que não há prazo para o exercício da competência tributária. Ainda que a entidade federativa permaneça por um longo período sem criar o tributo, a falta de uso não faz a competência tributária desaparecer nem ser transferida a outra entidade. **(Correta)**

c) O art. 7º do CTN admite que a parafiscalidade favoreça pessoa pública ou privada, contanto que não tenha fins lucrativos. **(Errada)**

d) Extrafiscalidade ou "tributação indutiva" é a utilização do tributo para atingir objetivos de ordem social ou política contemplados no ordenamento jurídico, ou seja, sem finalidade imediatamente arrecadatória. Parafiscalidade é a delegação legal da capacidade administrativa para cobrar e fiscalizar tributos. Nunca confunda os dois conceitos. **(Errada)**

e) A irrenunciabilidade significa que a entidade federativa não pode abrir mão definitivamente de suas competências tributárias, visto que a competência está definida acima da vontade da entidade tributante, no plano constitucional, sendo impossível uma simples lei da pessoa federativa renunciar a tais atribuições. No máximo, o legislador pode decidir por permanecer temporariamente sem criar o tributo, mas isso nunca importará na renúncia definitiva da competência tributária. Nesse sentido, o art. 8º do CTN dispõe: "O não exercício da competência tributária não a defere a pessoa jurídica de direito público diversa daquela a que a Constituição a tenha atribuído." **(Errada)**

Gabarito: letra B

5. **(INSTITUTO AOCP – PC-ES – Perito Oficial Criminal – Área 8 – 2019)** A atribuição constitucional de competência tributária compreende a competência legislativa plena, ressalvadas as limitações apresentadas na Constituição Federal, nas Constituições dos Estados e nas Leis Orgânicas do Distrito Federal e dos Municípios, e observado o disposto no Código Tributário Nacional, Lei n. 5.172/66. A respeito da Competência Tributária, assinale a alternativa correta.

a) O não exercício da competência tributária não a defere a pessoa jurídica de direito público diversa daquela a que a Constituição a tenha atribuído.
b) É vedado aos Estados e aos Municípios, mas não à União, cobrar impostos de templos de qualquer culto.
c) Os tributos cuja receita seja distribuída, no todo ou em parte, a outras pessoas jurídicas de direito público pertencerão à competência legislativa daquela responsável pela arrecadação do tributo.
d) À União, é autorizado instituir tributo que não seja uniforme em todo o território nacional, mesmo que importe distinção ou preferência em favor de determinado Estado ou Município.
e) É vedado à União, mas não aos Estados e Municípios, cobrar imposto sobre o patrimônio e a renda com base em lei posterior à data inicial do exercício financeiro a que corresponda.

COMENTÁRIO

a) Trata-se de transcrição do art. 8º do CTN, no sentido que o exercício da competência tributária é facultativo. O não exercício da competência não implica na sua transferência a outro ente. **(Correta)**
b) A imunidade tributária para templos deve ser observada por todos os entes federativos, nos termos do art. 150, VI, *b*, da CF. **(Errada)**
c) A alternativa é uma transcrição modificada do art. 6º, parágrafo único, do CTN: "Os tributos cuja receita seja distribuída, no todo ou em parte, a outras pessoas jurídicas de direito público pertencerão à competência legislativa daquela a que tenham sido atribuídos". **(Errada)**
d) A alternativa é uma transcrição modificada do art. 10 do CTN: "É vedado à União instituir tributo que não seja uniforme em todo o território nacional, ou que importe distinção ou preferência em favor de determinado Estado ou Município." **(Errada)**
e) A anterioridade é obrigatória a todos os entes federativos (art. 9º, II, do CTN). **(Errada)**

Gabarito: letra A

6. **(Ieses – TJ-CE – Titular de Serviços de Notas e de Registros – Provimento – 2018)** A Constituição Federal delimitou a competência tributária da União, estabelecendo limites e requisitos para o seu exercício. Assinale a alternativa correta.

a) A União poderá instituir, mediante lei complementar, impostos não previstos na Constituição Federal, respeitando alguns requisitos relativos à questão de não cumulatividade, fato gerador e base de cálculo.
b) A União poderá instituir, na iminência ou no caso de guerra externa, impostos extraordinários, limitados à sua competência tributária.
c) A União poderá instituir empréstimo compulsório mediante lei ordinária.
d) Compete à União, mediante lei ordinária, instituir imposto sobre grandes fortunas.

COMENTÁRIO

a) Assertiva correta nos termos do art. 154, I, da CF. **(Correta)**
b) A alternativa distorce o previsto no art. 154, II, da CF que prevê a competência da União para instituição dos IEGs (impostos extraordinários de guerra), compreendidos ou não em sua competência tributária. **(Errada)**
c) Nos termos do art. 148 da CF, a União, por lei complementar, poderá instituir empréstimos compulsórios. **(Errada)**
d) A teor do art. 153, VII, da CF, compete à União instituir, por lei complementar, o imposto sobre grandes fortunas. **(Errada)**

Gabarito: letra A

7. (INSTITUTO AOCP – Prefeitura de Cariacica-ES – Fiscal de Tributos Municipais – 2020) Acerca da disciplina constitucional das limitações do poder de tributar, assinale a alternativa INCORRETA.

a) É vedado à União, aos Estados, ao Distrito Federal e aos Municípios instituir impostos sobre patrimônio, renda ou serviços dos partidos políticos, exceto sobre suas fundações de direito privado.

b) É vedado à União, aos Estados, ao Distrito Federal e aos Municípios cobrar tributos em relação a fatos geradores ocorridos antes do início da vigência da lei que os houver instituído ou aumentado.

c) É vedado à União tributar a renda das obrigações da dívida pública dos Estados, do Distrito Federal e dos Municípios, bem como a remuneração e os proventos dos respectivos agentes públicos, em níveis superiores aos que fixar para suas obrigações e para seus agentes.

d) É vedado aos Estados, ao Distrito Federal e aos Municípios estabelecer diferença tributária entre bens e serviços, de qualquer natureza, em razão de sua procedência ou destino.

COMENTÁRIO

a) Art. 150, CF/88. "Sem prejuízo de outras garantias asseguradas ao contribuinte, é vedado à União, aos Estados, ao Distrito Federal e aos Municípios:

VI – instituir impostos sobre:

c) patrimônio, renda ou serviços dos partidos políticos, inclusive suas fundações, das entidades sindicais dos trabalhadores, das instituições de educação e de assistência social, sem fins lucrativos, atendidos os requisitos da lei;" **(Incorreta)**

b) Art. 150. CF/88: "Sem prejuízo de outras garantias asseguradas ao contribuinte, é vedado à União, aos Estados, ao Distrito Federal e aos Municípios:

III – cobrar tributos:

a) em relação a fatos geradores ocorridos antes do início da vigência da lei que os houver instituído ou aumentado;" **(Correta)**

c) Art. 151, CF/88: "É vedado à União:

II – tributar a renda das obrigações da dívida pública dos Estados, do Distrito Federal e dos Municípios, bem como a remuneração e os proventos dos respectivos agentes públicos, em níveis superiores aos que fixar para suas obrigações e para seus agentes;" **(Correta)**

d) Art. 152, CF/88: "É vedado aos Estados, ao Distrito Federal e aos Municípios estabelecer diferença tributária entre bens e serviços, de qualquer natureza, em razão de sua procedência ou destino." **(Correta)**

Gabarito: letra A

8. (INSTITUTO AOCP – Prefeitura de Cariacica-ES – Fiscal de Tributos Municipais – 2020) Acerca da competência tributária para instituir impostos, é correto afirmar que

a) o imposto sobre propriedade territorial rural será fiscalizado e cobrado pelos Municípios que assim optarem, na forma da lei, desde que não implique redução do imposto ou qualquer outra forma de renúncia fiscal.

b) o imposto sobre propriedade territorial rural também incidirá sobre pequenas glebas rurais, definidas em lei, quando as explore o proprietário que não possua outro imóvel.

c) o imposto sobre a propriedade de veículos automotores não poderá ter alíquotas diferenciadas em função do tipo e da utilização.

d) o imposto sobre transmissão *causa mortis* e doação terá competência para sua instituição regulada por lei ordinária se o doador tiver domicílio ou residência no exterior.

COMENTÁRIO

a) É o que determina o art. 153, VI, § 4º, III, da CF/88: "Compete à União instituir impostos sobre:

VI – propriedade territorial rural

(...)

§ 4º O imposto previsto no inciso VI do *caput*:

III – será fiscalizado e cobrado pelos Municípios que assim optarem, na forma da lei, desde que não implique redução do imposto ou qualquer outra forma de renúncia fiscal". **(Correta)**

b) Não incidirá sobre pequenas glebas rurais, quando as explore proprietário que não possua outro imóvel conforme art. 155, II, CF/88. **(Errada)**

c) O IPVA poderá sim ter alíquotas diferenciadas em razão do tipo e da utilização, conforme art. 155, II, CF/88. **(Errada)**

d) "Art. 155 III – terá competência para sua instituição regulada por lei complementar: *a*) se o doador tiver domicilio ou residência no exterior;" **(Errada)**

7

RESERVA DE LEI COMPLEMENTAR

Acesse também a videoaula pelo *link*:
http://somos.in/MDT0708

7.1 DIFERENÇAS ENTRE LEI ORDINÁRIA E LEI COMPLEMENTAR

Denomina-se reserva de lei complementar o conjunto de temas do Direito Tributário brasileiro que a Constituição Federal exige sejam disciplinados somente por meio de lei complementar federal.

Conforme visto no Capítulo 4 deste *Manual*, **a regra geral no Direito Tributário brasileiro é uso da lei ordinária**, especialmente no que diz respeito à instituição, majoração, redução e extinção de tributos. A lei ordinária exige quórum de maioria simples para sua aprovação (art. 47 da CF), facilitando a aprovação das leis tributárias.

As **hipóteses de utilização da lei complementar** para versar sobre matéria tributária **reduzem-se a casos excepcionais**, taxativamente previstos na Constituição Federal, impondo para sua aprovação o quórum mais rigoroso de maioria absoluta (art. 69 da CF).

Além do quórum diferente para aprovação, os temas de lei ordinária federal podem ser disciplinados por meio de medida provisória, ao contrário daqueles reservados à lei complementar (art. 62, § 1º, III, da CF: "**É vedada a edição de medidas provisórias sobre matéria: III – reservada à lei complementar**").

Já fizemos referência à regra de memorização abaixo transcrita:

"TEMAS DE LEI COMPLEMENTAR NÃO ADMITEM MP."

Acesse também a videoaula pelo *link*:
http://somos.in/MDT0724

No item 4.5.4 deste *Manual* explicamos a razão de existir da referida proibição. Convém relembrar o tema:

> A lógica que inspirou a redação original do Texto de 1988 pretendia reservar as leis complementares como instrumento para veicular normas nacionais, ou seja, normas que

afetassem simultaneamente os âmbitos federal, estadual e municipal, ao contrário das leis ordinárias, prioritariamente concebidas para introduzir no sistema normas federais, isto é, de alcance exclusivo para o âmbito da União.

Com as sucessivas alterações que o texto original sofreu na assembleia constituinte, a clara divisão de funções entre a lei complementar e a lei ordinária foi bastante comprometida. Porém, em larga medida ainda é possível verificar que, na maioria dos casos, os temas reservados à lei complementar afetam o interesse simultâneo de todas as entidades federativas. Daí a preocupação do constituinte em exigir um quórum mais rigoroso para aprovação de leis complementares.

Sendo assim, haveria uma interferência na autonomia das entidades federativas se o Chefe do Executivo Federal, o Presidente da República, editasse medida provisória versando sobre tema afeto aos interesses dos Estados, Distrito Federal e Municípios.

Essa é a razão pela qual o art. 62, § 1º, III, da CF proíbe a edição de medidas provisórias sobre temas reservados à lei complementar.

Desse modo, está vedada a edição de medida provisória para instituição de empréstimo compulsório, imposto sobre grandes fortunas, imposto residual e novas fontes de custeio da seguridade.

Da explicação acima transcrita podemos extrair uma terceira distinção entre as leis ordinárias e leis complementares, válida exclusivamente para o âmbito da União. Como visto acima, as **leis ordinárias** emanadas pelo Congresso Nacional, como regra, veiculam **normas federais**, isto é, comandos aplicáveis somente ao âmbito da União. Ao passo que as **leis complementares** originárias do legislativo federal, via de regra, são veículos introdutores de **normas materialmente nacionais**, vale dizer, obrigatórias simultaneamente para todas as entidades federativas[STF].

> STF: "A lei complementar, com caráter de lei nacional, explicita princípios e conceitos indeterminados da Constituição. A ação posterior do legislador ordinário deve, portanto, observar as normas gerais contidas na lei complementar. Cumpre ao legislador complementar definir os fatos geradores, as bases de cálculo e os contribuintes dos impostos previstos na Constituição. A lei complementar tem papel limitador da instituição de impostos em face do legislador ordinário, além de objetivar a harmonização do sistema impositivo nacional. A incidência dos impostos apenas pode ocorrer se formuladas, previamente, tanto as normas gerais, por meio de lei complementar, quanto as normas instituidoras dessa espécie tributária, de competência do legislador ordinário de cada ente tributante e em conformidade com as aludidas diretrizes gerais. As leis ordinárias federais não podem implicar inovação no trato dos fatos geradores, bases de cálculo e contribuintes dos impostos federais, a revelar disciplina dissociada das normas gerais precedentes. Caso isso ocorra, ter-se-ia invasão de competência a ensejar a declaração de inconstitucionalidade formal do ato ordinário. A sujeição de todo e qualquer diploma ordinário à lei complementar de normas gerais, incluído o federal, decorre do caráter nacional do ato complementar" (RE 567.935/SC, rel. Min. Marco Aurélio, j. 4-9-2014).

Uma última diferença entre as mencionadas espécies normativas é que, enquanto as leis complementares versam somente sobre temas taxativamente elencados na Constituição Federal, as leis ordinárias tratam de assuntos residuais (remanescentes).

Em síntese, podemos resumir as principais diferenças entre lei ordinária e lei complementar utilizando o quadro abaixo:

Quadro comparativo entre leis ordinárias e leis complementares

LEI ORDINÁRIA	LEI COMPLEMENTAR
Regra geral	Exceções
Maioria simples	Maioria absoluta
Admitem MP	Não admitem MP
Normas federais	Normas nacionais
Casos residuais	Rol taxativo na CF

7.2 TEMAS SOB RESERVA DE LEI COMPLEMENTAR

Passemos à análise dos temas sob reserva de lei complementar no Texto de 1988.

7.2.1 Art. 146 da CF

As matérias mais importantes no Direito Tributário brasileiro sob reserva de lei complementar foram organizadas na Constituição de 1988 no rol do art. 146, segundo o qual:

> Cabe à lei complementar:
>
> I – dispor sobre conflitos de competência, em matéria tributária, entre a União, os Estados, o Distrito Federal e os Municípios;
>
> II – regular as limitações constitucionais ao poder de tributar;
>
> III – estabelecer normas gerais em matéria de legislação tributária, especialmente sobre:
>
> a) definição de tributos e de suas espécies, bem como, em relação aos impostos discriminados nesta Constituição, a dos respectivos fatos geradores, bases de cálculo e contribuintes;
>
> b) obrigação, lançamento, crédito, prescrição e decadência tributários;

Cespe: A prova de Defensor Público/ES de 2009 considerou CORRETA a assertiva: "Cabe à lei complementar estabelecer normas gerais em matéria de legislação tributária, especialmente sobre obrigação, lançamento, crédito, prescrição e decadência tributários".

TJ/DF: A prova da Magistratura/DF de 2011 considerou ERRADA a assertiva: "O art. 146 da Constituição Federal dispõe que cabe à lei complementar estabelecer normas gerais em matéria tributária, especialmente sobre obrigação, lançamento, crédito, prescrição e decadência tributários, bem como regular a execução fiscal".

> FCC: A prova de Procurador Municipal de João Pessoa/PB de 2012 considerou CORRETA a assertiva: "Sobre lei complementar em matéria tributária, é correto afirmar que é a fonte legislativa prevista na Constituição Federal para estabelecer normas gerais em matéria de legislação tributária, tal como definição de obrigação e crédito tributário".

c) adequado tratamento tributário ao ato cooperativo praticado pelas sociedades cooperativas;

d) definição de tratamento diferenciado e favorecido para microempresas e empresas de pequeno porte, inclusive regimes especiais ou simplificados no caso do imposto previsto no art. 155, II, das contribuições previstas no art. 195, I e §§ 12 e 13, e da contribuição a que se refere o art. 239.

> Esaf: A prova de Auditor da Receita Federal de 2012 considerou CORRETA a assertiva: "Em matéria tributária, de acordo com a Constituição Federal, compete à Lei Complementar estabelecer tratamento diferenciado e favorecido para as microempresas e para as empresas de pequeno porte, inclusive regimes especiais ou simplificados".

Além disso, o parágrafo único do mesmo art. 146 prevê a possibilidade, por meio de lei complementar, de instituição de regime único de arrecadação dos impostos e contribuições da União, dos Estados, do Distrito Federal e dos Municípios.

O art. 146-A, acrescentado pela Emenda n. 42/2003, autorizou que lei complementar estabeleça critérios especiais de tributação, com o objetivo de prevenir desequilíbrios da concorrência.

Analisemos, com maiores detalhes, cada um dos temas acima referidos.

> FCC: A prova de Julgador Administrativo da Sefaz/PE de 2015 considerou CORRETA a assertiva: "Lei complementar poderá estabelecer critérios especiais de tributação, com o objetivo de prevenir desequilíbrios da concorrência, sem prejuízo da competência de a União, por lei, estabelecer normas de igual objetivo".

7.2.1.1 Conflitos de competência em matéria tributária

O primeiro tema reservado à lei complementar é o atinente aos conflitos de competência em matéria tributária, ou seja, dúvidas a respeito de qual tributo deve incidir sobre determinado fato gerador ou base de cálculo.

> TJ/DF: A prova da Magistratura/DF de 2011 considerou ERRADA a assertiva: "O art. 146 da Constituição Federal dispõe que cabe à lei complementar dispor sobre conflitos de competência, em qualquer matéria, entre a União, os Estados, o Distrito Federal e os Municípios".

O que o art. 146, I, da Constituição Federal estabelece é que o instrumento normativo hábil a solucionar tal questão é a lei complementar.

Note-se que a hipótese de conflito de competência descrita no dispositivo parece restringir-se aos casos de bitributação, ou seja, às situações em que sejam exigidos, por entidades federativas distintas, dois ou mais tributos sobre um único fato gerador ou sobre a mesma base de cálculo. Por exemplo, se o Estado cobrar ICMS sobre serviço que já seja tributado via ISS pelo Município. Trata-se de um exemplo de bitributação porque os dois tributos (ICMS e ISS) são exigidos de entidades distintas.

Entretanto, os casos de *bis in idem* (que ocorre quando dois ou mais tributos são cobrados pela mesma entidade sobre um único fato gerador ou base de cálculo) também podem ensejar a promulgação de lei complementar para solucionar o problema concreto.

7.2.1.2 Limitações constitucionais ao poder de tributar

O segundo tema reservado à lei complementar, nos termos do art. 146, II, da CF, é a regulamentação das limitações constitucionais ao poder de tributar.

A Constituição Federal prevê duas formas de limitação ao poder de tributar: a) os princípios tributários; b) as imunidades.

> Esaf: A prova de Auditor da Receita Federal de 2012 considerou ERRADA a assertiva: "Em matéria tributária, de acordo com a Constituição Federal, compete à Lei Complementar instituir as limitações constitucionais ao poder de tributar".

Assim, havendo necessidade de ser promulgada lei para regulamentar o conteúdo de um princípio ou de uma imunidade, exige-se que seja uma lei complementar.

O Supremo Tribunal Federal, na ADI 1.802, de relatoria do Ministro Dias Toffoli, julgada em 12-4-2018, P, entendeu que **os aspectos procedimentais necessários à verificação do atendimento das finalidades constitucionais da regra de imunidade, tais como as referentes à certificação, à fiscalização e ao controle administrativo, continuam passíveis de definição por lei ordinária**:

> Imunidade. Art. 150, VI, c, da CF. (...) Com o advento da Constituição de 1988, o constituinte dedicou uma seção específica às "limitações do poder de tributar" (art. 146, II, CF) e nela fez constar a imunidade das instituições de assistência social. Mesmo com a referência expressa ao termo "lei", não há mais como sustentar que inexiste reserva de lei complementar. No que se refere aos impostos, o maior rigor do quórum qualificado para a aprovação dessa importante regulamentação se justifica para se dar maior estabilidade à disciplina do tema e dificultar sua modificação, estabelecendo regras nacionalmente uniformes e rígidas. **A necessidade de lei complementar para disciplinar as limitações ao poder de tributar não impede que o constituinte selecione matérias passíveis de alteração de forma menos rígida, permitindo uma adaptação mais fácil do sistema às modificações fáticas e contextuais, com o propósito de velar melhor pelas finalidades constitucionais**. Nos precedentes da Corte, prevalece a preocupação em respaldar normas de lei ordinária direcionadas a evitar que falsas instituições de

assistência e educação sejam favorecidas pela imunidade. É necessário reconhecer um espaço de atuação para o legislador ordinário no trato da matéria. A orientação prevalecente no recente julgamento das ADI 2.028/DF, ADI 2.036/DF, ADI 2.228/DF e ADI 2.621/DF é no sentido de que os artigos de lei ordinária que dispõem sobre o modo beneficente (no caso de assistência e educação) de atuação das entidades acobertadas pela imunidade, especialmente aqueles que criaram contrapartidas a serem observadas pelas entidades, padecem de vício formal, por invadir competência reservada a lei complementar. **Os aspectos procedimentais necessários à verificação do atendimento das finalidades constitucionais da regra de imunidade, tais como as referentes à certificação, à fiscalização e ao controle administrativo, continuam passíveis de definição por lei ordinária.**

Em sede de repercussão geral, no RE 566.622, julgado em 23-2-2017, Tema 32, o Supremo Tribunal Federal decidiu:

> (...) **o art. 55 da Lei n. 8.212, de 1991, prevê requisitos para o exercício da imunidade tributária, versada no § 7º do art. 195 da Carta da República**, que revelam verdadeiras condições prévias ao aludido direito e, por isso, **deve ser reconhecida a inconstitucionalidade formal desse dispositivo no que extrapola o definido no art. 14 do CTN**, por violação ao art. 146, II, da CF. Os requisitos legais exigidos na parte final do mencionado § 7º, enquanto não editada nova lei complementar sobre a matéria, são somente aqueles do aludido art. 14 do Código.

7.2.1.3 Normas gerais em matéria tributária

Conforme visto nos capítulos anteriores deste *Manual*, a competência para legislar em matéria tributária foi atribuída pelo art. 24, I, da Constituição Federal, de forma concorrente, a todas as entidades federativas. A competência para criar tributos é exercida, como regra, por meio de leis ordinárias.

> FCC: A prova de Procurador Municipal de João Pessoa/PB de 2012 considerou ERRADA a assertiva: "Sobre lei complementar em matéria tributária, é correto afirmar que é fonte instituidora de impostos e taxas não discriminados na Constituição Federal, desde que atrelados à competência residual da União".

A existência, no campo da competência legislativa concorrente, isto é, de leis originárias de diferentes fontes normativas, impõe a necessidade de certa uniformização das matérias versadas, sob pena de prejudicar a harmonia e a coerência exigidas pelo ordenamento jurídico. Daí o art. 24, § 1º, da CF afirmar que, "no âmbito da legislação concorrente, a competência da União limitar-se-á a estabelecer normas gerais".

> Cespe: A prova de Procurador Municipal/RR de 2010 considerou ERRADA a assertiva: "Em matéria de legislação tributária, a casa legislativa do município pode estabelecer norma dispondo sobre crédito, diferentemente do disposto em lei complementar".

Ocorre que a preocupação em atribuir à União a tarefa de editar dispositivos legais uniformizadores do tratamento conferido a matéria tributária pelos diversos entes federativos não exclui a necessidade de a União criar, também, normas específicas aplicáveis apenas no âmbito federal, que permitam disciplinar as funções de criação, arrecadação e fiscalização de seus tributos.

Por isso, a doutrina, a partir das lições de Geraldo Ataliba, tem realizado esforços para distinguir os conceitos de lei nacional e de lei federal.

Leis nacionais são aquelas destinadas à aplicação simultânea em todas as entidades federativas. Leis federais, ao contrário, voltam-se somente ao âmbito da União.

Essa distinção permite visualizar com maior clareza o papel primordial da lei complementar tributária na Constituição Federal, a saber, o de instrumento normativo vocacionado a regular matérias de caráter nacional, ou seja, temas de interesse de todas as Entidades Federativas e que, por isso, dependem de legislação uniformizadora que permita dar coerência e harmonia ao sistema tributário brasileiro.

Nessa linha, o art. 146, III, da Constituição determina competir à lei complementar da União estabelecer normas gerais em matéria tributária.

Entretanto, existem diversas controvérsias, na doutrina e na jurisprudência, sobre o que são normas gerais em matéria tributária. Trata-se, na verdade, de conceito jurídico impreciso ou indeterminado, de noção que, apesar de utilizada pela Constituição Federal, possui sentido e alcance fluidos e contornos pouco nítidos.

Porém, segundo os estudiosos do assunto, mesmo os conceitos jurídicos imprecisos ou indeterminados permitem visualizar uma zona de certeza positiva, isto é, o delineamento de casos em que indubitavelmente o conceito se aplica, e de uma zona de certeza negativa, composta por situações em que certamente o conceito não é aplicável. Além disso, há também a zona de incerteza ou de penumbra – elemento identificador da natureza indeterminada do conceito –, caracterizada pela impossibilidade de afirmar, com precisão, se o conceito se aplica ou não.

A utilização de tais noções permite agregar elementos úteis na busca do conteúdo mínimo da expressão "normas gerais", prevista no art. 146, III, da Constituição Federal.

Indubitavelmente, na zona de certeza positiva do conceito estão a regulamentação de princípios do Direito Tributário, a disciplina das imunidades e a distribuição de competência tributária, além das noções de tributo, obrigação e crédito tributários e espécies tributárias.

Interessante notar que o próprio constituinte elencou algumas matérias, no art. 146, III, *a*, incluídas no rol das normas gerais, tais como: "definição de tributo e de suas espécies, bem como, em relação aos impostos discriminados nesta Constituição, a dos respectivos fatos geradores, bases de cálculo e contribuintes; obrigação, lançamento, crédito, prescrição e decadência tributários".

Em relação à *zona de certeza negativa*, em tese, não são gerais as normas que esgotam determinado assunto, disciplinando-o de modo integral. Isso porque é próprio do atributo da generalidade normativa deixar margem de ação para que outras regras, editadas posteriormente, procedam ao detalhamento dos assuntos referidos.

Portanto, podemos afirmar que **são normas gerais em matéria tributária, sujeitas à reserva de lei complementar**, as que disciplinam:

a) princípios;
b) imunidades;
c) competência;
d) conceito de tributo;
e) obrigação tributária;
f) crédito tributário;
g) espécies tributárias;
h) prescrição;
i) decadência;
j) lançamento;
k) definição dos fatos geradores, das bases de cálculo[STF]

STF: "IPI e alteração da base de cálculo por lei ordinária: O Tribunal concluiu que o legislador ordinário incorreu em inconstitucionalidade formal, por invadir área reservada à lei complementar pelo art. 146, III, *a*, da CF" (RE 567.935/SC, rel. Min. Marco Aurélio, j. 4-9-2014).

e dos contribuintes relacionados com os impostos descritos na Constituição.

Acesse também a videoaula pelo *link*: http://somos.in/MDT0725

Cespe: A prova da AGU de 2004 considerou ERRADA a assertiva: "É matéria de lei complementar o estabelecimento, em relação a cada imposto previsto na Constituição Federal, dos respectivos fatos geradores, das bases de cálculo e alíquotas".

Esaf: A prova de Auditor da Receita Federal de 2012 considerou CORRETA a assertiva: "Em matéria tributária, de acordo com a Constituição Federal, compete à Lei Complementar dispor sobre obrigação, lançamento, crédito, prescrição e decadência tributários".

Por outro lado, não são normas gerais as que disciplinem determinado assunto de modo a esgotá-lo, sem deixar margem para a ação detalhadora da legislação futura.

O Supremo Tribunal Federal, na ADI 3.141, considerou **desnecessária lei complementar dispondo sobre retenção de valores pela fonte pagadora**:

> Trata-se de ação direta de inconstitucionalidade em que se discute a constitucionalidade da retenção na fonte do Imposto de Renda incidente sobre os rendimentos pagos em cumprimento de decisões da Justiça do Trabalho, da CSLL, da COFINS e da contribuição para o PIS/PASEP. A disciplina da retenção de valores pela fonte pagadora não necessita de lei complementar, não se enquadrando no conceito de fato gerador, base de cálculo, contribuinte de tributos (CF, art. 146, *a*), ou mesmo obrigação, lançamento, crédito, prescrição e decadência tributários (CF, art. 146, *b*).

7.2.1.3.1 CTN e "hipótese máxima de incidência"

Ao afirmar que a lei complementar da União (CTN) deve definir os fatos geradores, as bases de cálculo e os contribuintes dos impostos descritos na Constituição, o art. 146, III, *a*, da CF atribui ao legislador complementar federal a função de estabelecer a "hipótese máxima de incidência".

Assim, o CTN define a maior abrangência possível que a entidade federativa tem à sua disposição ao, por lei própria, fixar da hipótese de incidência dos impostos previstos na Constituição Federal. Apenas dentro dessa moldura geral do CTN é que o legislador ordinário pode definir o fato gerador, a base de cálculo e o contribuinte.

Por exemplo: quando o art. 32 do CTN prescreve que o IPTU tem como fato gerador "a propriedade, o domínio útil ou a posse de bem imóvel", o código não está fixando o aspecto material máximo da hipótese de incidência do imposto. Por óbvio, o art. 32 do CTN não cria o IPTU, pois a instituição do imposto é competência privativa municipal, não federal. Mas o legislador municipal, ao criar o IPTU definindo por lei ordinária os cinco aspectos da hipótese de incidência, pode optar entre cobrar o imposto sobre os três fatos geradores (a propriedade, o domínio útil ou a posse de bem imóvel) ou somente sobre algum deles.

No mesmo sentido, o art. 42 do CTN enuncia que o ITBI será devido por "qualquer das partes na operação tributada, como dispuser a lei", ou seja, ao legislador municipal cabe escolher se o imposto deve ser pago pelo adquirente ou pelo alienante do imóvel.

Cabe salientar que tal competência federal para definir a hipótese máxima de incidência inexiste quanto às taxas, contribuições de melhoria, empréstimos compulsórios e contribuições especiais.

7.2.1.3.2 Ausência de normas gerais federais

Se a União não tiver editado lei complementar com normas gerais sobre determinado tributo, a entidade federativa competente exerce a competência legislativa plena, ou seja, cria as normas gerais e as específicas. É o que ocorre atualmente com o IPVA, que não tem normas gerais previstas no CTN. Por isso, Estados e Distrito Federal exercem em matéria de IPVA a competência legislativa plena (art. 24, § 3º, da CF). Porém, a superveniência de lei federal suspende a eficácia de lei estadual, no que lhe for contrário (arts. 24, § 4º, da CF e 34, § 3º, do ADCT).

A prova de 2ª fase do XII Exame Unificado de Ordem elaborada pela FGV considerou CORRETA a assertiva: "Inexistindo normas gerais relativas ao imposto sobre propriedade de veículos automotores (IPVA), o legislador estadual, no contexto da competência concorrente, exerce competência plena sobre a matéria, nos termos do art. 24, § 3º, da Constituição da República e art. 34, § 3º, do ADCT".

7.2.1.3.3 Prescrição e decadência

Por força de norma prevista no art. 146, III, *b*, da CF, prescrição e decadência em Direito Tributário são temas reservados a lei complementar federal, mesmo no que diga respeito a tributos estaduais e municipais. Nesse sentido, o STF editou a Súmula Vinculante 8, segundo a qual "são inconstitucionais o parágrafo único do art. 5º do Decreto-lei n. 1.569/77 e os arts. 45 e 46 da Lei n. 8.212/91, que tratam da prescrição e decadência do crédito tributário". Tais dispositivos previam prescrição de 10 anos para cobrança de créditos da Seguridade Social.

7.2.1.4 Regime único de arrecadação (Super Simples)

Acesse também a videoaula pelo *link*: http://somos.in/MDT0735

O parágrafo único do art. 146 da Constituição Federal, com redação dada pela Emenda n. 42/2003, sujeita à reserva de lei complementar a instituição de regime único de arrecadação dos impostos e contribuições da União, dos Estados, do Distrito Federal e dos Municípios (Simples Nacional), observadas as seguintes características:

I – será opcional para o contribuinte;

II – poderão ser estabelecidas condições de enquadramento diferenciadas por Estado;

III – o recolhimento será unificado e centralizado e a distribuição da parcela de recursos pertencentes aos respectivos Entes Federados será imediata, vedada qualquer retenção ou condicionamento;

IV – a arrecadação, a fiscalização e a cobrança poderão ser compartilhadas pelos Entes Federados, adotado cadastro nacional único de contribuintes.

Atualmente, o regime do Super Simples (Simples Nacional) é disciplinado pela **Lei Complementar n. 123/2006** (com as alterações da Lei Complementar n. 155/2016), beneficiando **microempresas** e **empresas de pequeno porte** (EPPs).

> TJ/DF: A prova da Magistratura/DF de 2011 considerou CORRETA a assertiva: "O art. 146 da Constituição Federal dispõe que cabe à lei complementar definir tratamento diferenciado e favorecido para as microempresas e para as empresas de pequeno porte".

Nos termos do art. 3º da Lei Complementar n. 123/2006: "Consideram-se microempresas ou empresas de pequeno porte a sociedade empresária, a sociedade simples e o empresário a que se refere o art. 966 da Lei n. 10.406, de 10 de janeiro de 2002, devidamente registrados no Registro de Empresas Mercantis ou no Registro Civil de Pessoas Jurídicas, conforme o caso, desde que:

I – no caso da **microempresa**, aufira, em cada ano-calendário, **receita bruta igual ou inferior** a **R$ 360.000,00** (trezentos e sessenta mil reais);

II – no caso da **empresa de pequeno porte**, aufira, em cada ano-calendário, **receita bruta superior a R$ 360.000,00** (trezentos e sessenta mil reais) e igual ou **inferior a R$ 4.800.000,00** (quatro milhões e oitocentos mil reais)" (redação do inciso II dada pela Lei Complementar n. 155/2016).

> Esaf: A prova de Auditor-Fiscal da Receita Federal de 2012 considerou CORRETA a afirmação: "Considerando decisões emanadas do STF, não há ofensa ao princípio da isonomia tributária se a lei, por motivos extrafiscais, imprime tratamento desigual a microempresas e empresas de pequeno porte de capacidade contributiva distinta, afastando do regime do simples aquelas cujos sócios têm condição de disputar o mercado de trabalho sem assistência do Estado".

7.2.1.4.1 Simples Federal *vs.* Simples Nacional

O **primeiro sistema** unificado de arrecadação sob a vigência da Constituição de 1988, instituído pela Lei n. 9.317/96, incluía **somente impostos e contribuições da União**, razão pela qual era denominado **Simples Federal.**

Com a promulgação da Lei Complementar n. 123, de 14 de dezembro de 2006, posteriormente alterada pela Lei Complementar n. 155, de 27 de outubro de 2016, **foram incluídos no recolhimento unificado o ICMS e o ISS**, transformando o nome do sistema para **Simples Nacional.**

Nos termos do art. 13 da Lei Complementar n. 123/2006, estão atualmente incluídos no Simples Nacional os seguintes impostos e contribuições[STJ]:

> STJ: "DIREITO TRIBUTÁRIO. REGIME TRIBUTÁRIO DO SIMPLES. IMPOSSIBILIDADE DE INCLUSÃO DA TCFA. Não é possível a inclusão da TCFA no regime tributário do Simples. A Taxa de Controle e Fiscalização Ambiental (TCFA), instituída pela Lei n. 6.938/81 e alterada pela Lei n. 10.165/2000,

decorre da fiscalização de atividades poluidoras e utilizadoras de recursos ambientais, ou seja, remunera o exercício do poder de polícia exercido pelo Ibama. O Sistema Integrado de Recolhimento de Tributos (Simples) engloba o recolhimento exclusivo de tributos e contribuições expressamente elencados na Lei n. 9.317/96 e Lei Complementar n. 123/2006, não sendo possível abranger, por ausência de previsão legal, a TCFA" (REsp 1.242.940-PR, rel. Min. Benedito Gonçalves, j. 23-10-2012).

I – Imposto sobre a Renda da Pessoa Jurídica – IRPJ;

II – Imposto sobre Produtos Industrializados – IPI;

III – Contribuição Social sobre o Lucro Líquido – CSLL;

IV – Contribuição para o Financiamento da Seguridade Social – COFINS;

V – Contribuição para o PIS/Pasep;

VI – Contribuição Patronal Previdenciária – CPP para a Seguridade Social, a cargo da pessoa jurídica;

VII – Imposto sobre Operações Relativas à Circulação de Mercadorias e Sobre Prestações de Serviços de Transporte Interestadual e Intermunicipal e de Comunicação – ICMS;

VIII – Imposto sobre Serviços de Qualquer Natureza – ISS.

7.2.1.5 Prevenção de desequilíbrios da competitividade no mercado

O art. 146-A da Constituição, acrescentado também pela Emenda n. 42/2003, faculta à lei complementar fixar mecanismos tributários extrafiscais especificamente voltados para a prevenção de desequilíbrios na concorrência.

Esaf: A prova de Auditor da Receita Federal de 2012 considerou CORRETA a assertiva: "Em matéria tributária, de acordo com a Constituição Federal, compete à Lei Complementar estabelecer critérios especiais de tributação, com o objetivo de prevenir desequilíbrios da concorrência".

7.2.1.6 Empréstimos compulsórios

A instituição, majoração, disciplina normativa e extinção de empréstimos compulsórios, conforme visto anteriormente, sujeita-se à reserva de lei complementar federal (art. 148 da Constituição Federal).

7.2.1.7 Novas fontes de custeio da Seguridade Social

A criação de novas contribuições sociais para custeio da Seguridade Social (contribuições sociais residuais) depende de lei complementar, conforme disposto no art. 195, § 4º, da Constituição Federal.

Além disso, as novas contribuições devem ser não cumulativas e não podem ter fato gerador ou base de cálculo próprios de tributos previstos na Constituição Federal.

7.2.1.8 Competência impositiva residual

De acordo com a norma do art. 154, I, da Constituição Federal, o exercício da competência impositiva residual pela União, isto é, a criação de novos impostos não previstos no Texto Maior, depende de lei complementar.

> FCC: A prova de Procurador Municipal de João Pessoa/PB de 2012 considerou ERRADA a assertiva: "Sobre lei complementar em matéria tributária, é correto afirmar que o Imposto Residual, de competência da União, é instituído por lei complementar, tal qual o Imposto Extraordinário instituído em caso de guerra externa ou sua iminência".

Exige-se também que os novos impostos sejam não cumulativos e não tenham fato gerador ou base de cálculo próprios dos impostos já existentes.

7.2.1.9 Reserva de lei complementar em matéria de ISS

Segundo o disposto no art. 156, III e § 3º, da CF, compete à lei complementar federal determinar quais serviços se sujeitam à incidência do ISS, vale dizer, é o legislador complementar da União que define o fato gerador do ISS.

Além disso, a determinação das alíquotas mínima e máxima do imposto, a exclusão da sua incidência sobre serviços para o exterior e a regulação da forma e das condições para concessão e revogação de isenções, incentivos e benefícios são, igualmente, tarefas conferidas pela Carta Magna ao legislador complementar federal.

Atualmente, a Lei Complementar n. 116, de 31 de julho de 2003, disciplina o regime de instituição e cobrança em matéria de ISS.

> FCC: A prova de Procurador Municipal de João Pessoa/PB de 2012 considerou ERRADA a assertiva: "Sobre lei complementar em matéria tributária, é correto afirmar que o fato gerador, a base de cálculo e os contribuintes do Imposto sobre Serviços de Qualquer Natureza – ISS estão definidos no Código Tributário Nacional, recepcionado como lei complementar".

7.2.1.10 Reserva de lei complementar no ICMS

O art. 155, § 2º, XII, da Constituição Federal, com redação alterada pela Emenda n. 3/93, reservou, em matéria de ICMS, grande quantidade de temas à legislação complementar federal, a saber:

a) definir seus contribuintes;

b) dispor sobre substituição tributária;

c) disciplinar o regime de compensação do imposto;

d) fixar, para efeito de sua cobrança e definição do estabelecimento responsável, o local de ocorrência do fato gerador;

e) excluir a incidência sobre exportações;

f) prever casos de manutenção de crédito;

g) regular as formas de concessão e revogação de benefícios fiscais;

h) definir os casos de incidência monofásica sobre combustíveis e lubrificantes;

i) fixar regras para a incidência cumulativa nos casos de importação.

7.2.1.11 Reserva de lei complementar no ITCMD

Nos termos do disposto no art. 155, § 1º, III, da CF, o Imposto sobre a Transmissão *Causa Mortis* e sobre Doações (ITCMD) terá a competência para sua instituição regulada por lei complementar federal em dois casos:

a) se o doador tiver domicílio ou residência no exterior;

b) se o *de cujus* possuía bens, era residente ou domiciliado ou teve o seu inventário processado no exterior.

7.2.1.12 Reserva de lei complementar na repartição de receitas tributárias

Em matéria de repartição de receitas tributárias, o art. 161 da Constituição Federal atribui à lei complementar diversas incumbências, entre as quais se destacam:

a) definir o valor adicionado para fins de calcular o Imposto de Renda recolhido, na fonte, de servidores municipais;

b) estabelecer normas sobre entrega, pela União, de recursos para os fundos de participação dos Estados e dos Municípios;

c) dispor sobre o acompanhamento, pelos beneficiários, dos repasses federais para os fundos de participação dos Estados e dos Municípios.

7.3 QUADRO SINÓTICO

DIFERENÇAS ENTRE LEI ORDINÁRIA E LEI COMPLEMENTAR

Denomina-se reserva de lei complementar o conjunto de temas do Direito Tributário brasileiro que a Constituição Federal exige sejam disciplinados somente por meio de lei complementar federal.

As **hipóteses de utilização da lei complementar** para versar sobre matéria tributária **reduzem-se a casos excepcionais**, taxativamente previstos na Constituição Federal, impondo para sua aprovação o quórum mais rigoroso de maioria absoluta (art. 69 da CF).

Além do quórum diferente para aprovação, os temas de lei ordinária federal podem ser disciplinados por meio de medida provisória, ao contrário daqueles reservados à lei complementar (art. 62, § 1º, III, da CF: **"É vedada a edição de medidas provisórias sobre matéria: III – reservada à lei complementar"**.)

As **leis ordinárias** emanadas pelo Congresso Nacional, como regra, veiculam **normas federais**, isto é, comandos aplicáveis somente ao âmbito da União. Ao passo que as **leis complementares** originárias do legislativo federal, via de regra, são veículos introdutores de **normas materialmente nacionais**, vale dizer, obrigatórias simultaneamente para todas as entidades federativas.

QUADRO COMPARATIVO ENTRE LEI ORDINÁRIA E LEI COMPLEMENTAR

LEI ORDINÁRIA	LEI COMPLEMENTAR
Regra geral	Exceção
Maioria simples	Maioria absoluta
Admite MP em âmbito federal	Não admitem MP
Normas federais	Normas nacionais
Casos residuais	Rol taxativo na CF

TEMAS SOB RESERVA DE LEI COMPLEMENTAR

As matérias mais importantes no Direito Tributário brasileiro sob reserva de lei complementar foram organizadas na Constituição de 1988 no rol do art. 146:

I – dispor sobre conflitos de competência, em matéria tributária, entre a União, os Estados, o Distrito Federal e os Municípios;

II – regular as limitações constitucionais ao poder de tributar;

III – estabelecer normas gerais em matéria de legislação tributária: São normas gerais em matéria tributária, sujeitas à reserva de lei complementar, **as que disciplinam:**

a) princípios;
b) imunidades;
c) competência;
d) conceito de tributo;
e) obrigação tributária;
f) crédito tributário;
g) espécies tributárias;
h) prescrição;
i) decadência;
j) lançamento;
k) definição dos fatos geradores, das bases de cálculo e dos contribuintes relacionados com os impostos descritos na Constituição.

Por outro lado, não são normas gerais as que disciplinem determinado assunto de modo a esgotá-lo, sem deixar margem para a ação detalhadora da legislação futura.

Parágrafo único. Regime único de arrecadação (Super Simples): o parágrafo único do art. 146 da Constituição Federal, com redação dada pela Emenda n. 42/2003, sujeita à reserva de lei complementar a instituição de regime único de arrecadação dos impostos e contribuições da União, dos Estados, do Distrito Federal e dos Municípios (Simples Nacional), desde que seja opcional para o contribuinte, que possam ser estabelecidas condições de enquadramento diferenciadas por Estado, bem como o recolhimento seja unificado e centralizado e a distribuição da parcela de recursos pertencentes aos respectivos Entes Federados seja imediata, vedada qualquer retenção ou condicionamento e, ainda, a arrecadação, fiscalização e a cobrança possam ser compartilhadas pelos Entes Federados, adotado cadastro nacional único de contribuintes.

Atualmente, o regime do Super Simples (Simples Nacional) é disciplinado pela **Lei Complementar n. 123/2006** (com as alterações da Lei Complementar n. 155/2016), beneficiando **microempresas** e **empresas de pequeno porte** (EPPs).

Simples Federal *vs.* Simples Nacional: o **primeiro sistema** unificado de arrecadação sob a vigência da Constituição de 1988, instituído pela Lei n. 9.317/96, incluía **somente impostos e contribuições da União**, razão pela qual era denominado **Simples Federal**. Com a promulgação da Lei Complementar n. 123, de 14 de dezembro de 2006 (recentemente alterada pela Lei Complementar n. 155/2016), **foram incluídos no recolhimento unificado o ICMS e o ISS**, transformando o nome do sistema para **Simples Nacional**.

Nos termos do art. 13 da Lei Complementar n. 123/2006, estão atualmente incluídos no Simples Nacional os seguintes impostos e contribuições:

I – Imposto sobre a Renda da Pessoa Jurídica – **IRPJ**;

II – Imposto sobre Produtos Industrializados – **IPI**;

III – Contribuição Social sobre o Lucro Líquido – **CSLL**;

IV – Contribuição para o Financiamento da Seguridade Social – **COFINS**;

V – Contribuição para o **PIS/Pasep**;

VI – Contribuição Patronal Previdenciária – **CPP** para a Seguridade Social, a cargo da pessoa jurídica;

VII – Imposto sobre Operações Relativas à Circulação de Mercadorias e Sobre Prestações de Serviços de Transporte Interestadual e Intermunicipal e de Comunicação – **ICMS**;

VIII – Imposto sobre Serviços de Qualquer Natureza – **ISS**.

Prevenção de desequilíbrios da competitividade no mercado: o art. 146-A da Constituição, acrescentado também pela Emenda n. 42/2003, faculta à lei complementar fixar mecanismos tributários extrafiscais especificamente voltados para a prevenção de desequilíbrios na concorrência.

Empréstimos compulsórios: a instituição, majoração, disciplina normativa e extinção de empréstimos compulsórios, conforme visto anteriormente, sujeita-se à reserva de lei complementar federal (art. 148 da CF).

Novas fontes de custeio da Seguridade Social: a criação de novas contribuições sociais para custeio da Seguridade Social (contribuições sociais residuais) depende de lei complementar, conforme disposto no art. 195, § 4º, da CF. Além disso, as novas contribuições devem ser não cumulativas e não podem ter fato gerador ou base de cálculo próprios de tributos previstos na Constituição Federal.

Competência impositiva residual: de acordo com a norma do art. 154, I, da Constituição Federal, o exercício da competência impositiva residual pela União, isto é, a criação de novos impostos não previstos no Texto Maior, depende de lei complementar.

Reserva de lei complementar em matéria de ISS: segundo o disposto no art. 156, III e § 3º, da CF, compete à lei complementar federal determinar quais serviços se sujeitam à incidência do ISS, vale dizer, é o legislador complementar da União que define o fato gerador do ISS.

Reserva de lei complementar no ICMS: o art. 155, § 2º, XII, da CF, com redação alterada pela Emenda n. 3/93, reservou, em matéria de ICMS, grande quantidade de temas à legislação complementar federal, a saber: **a)** definir seus contribuintes; **b)** dispor sobre substituição tributária; **c)** disciplinar o regime de compensação do imposto; **d)** fixar, para efeito de sua cobrança e definição do estabelecimento responsável, o local de ocorrência do fato gerador; **e)** excluir a incidência sobre exportações; **f)** prever casos de manutenção de crédito; **g)** regular as formas de concessão e revogação de benefícios fiscais; **h)** definir os casos de incidência monofásica sobre combustíveis e lubrificantes; e **i)** fixar regras para a incidência cumulativa nos casos de importação.

Reserva de lei complementar no ITCMD: nos termos do disposto no art. 155, § 1º, III, da CF, o Imposto sobre a Transmissão *Causa Mortis* e sobre Doações (ITCMD) terá a competência para sua instituição regulada por lei complementar federal em dois casos: **a)** se o doador tiver domicílio ou residência no exterior e **b)** se o *de cujus* possuía bens, era residente ou domiciliado ou teve o seu inventário processado no exterior.

Reserva de lei complementar na repartição de receitas tributárias: em matéria de repartição de receitas tributárias, o art. 161 da CF atribui à lei complementar diversas incumbências, entre as quais se destacam: **a)** definir o valor adicionado para fins de calcular o Imposto de Renda recolhido, na fonte, de servidores municipais; **b)** estabelecer normas sobre entrega, pela União, de recursos para os fundos de participação dos Estados e dos Municípios e; **c)** dispor sobre o acompanhamento, pelos beneficiários, dos repasses federais para os fundos de participação dos Estados e dos Municípios.

Reserva de lei complementar nas isenções e anistias de contribuições sociais: por fim, o § 11 do art. 195 da CF, com redação dada pela Emenda n. 20/98, determina competir à lei complementar a fixação do montante máximo de débitos, a partir do qual será vedada a concessão de remissão ou anistia das contribuições sociais do empregador e do trabalhador.

7.4 QUESTÕES

1. **(FCC – Semef Manaus – AM – Auditor-Fiscal de Tributos Municipais – 2019)** Não são raros os conflitos de competência entre o ISSQN e o ICMS, no que diz respeito à inclusão de serviços no campo de incidência do ICMS e à inclusão de mercadorias no campo de incidência do ISSQN. Do mesmo modo, com alguma frequência, verificam-se conflitos entre o ITCMD e o ITBI, no tocante à incidência destes impostos em relação a determinadas transmissões. De acordo com a Constituição Federal, dispor sobre conflitos de competência, em matéria tributária, entre a União, os Estados, o Distrito Federal e os Municípios é matéria que cabe:
   a) às emendas à Constituição Federal;
   b) à lei ordinária;
   c) às Resoluções do Senado Federal;
   d) à lei complementar;
   e) às emendas às Constituição Estaduais e às leis orgânicas municipais, conforme o caso.

2. **(FGV – Prefeitura de Salvador – BA – Fiscal de Serviços Municipais – 2019)** Os fatos geradores dos impostos têm suas normas gerais reguladas por:
   a) lei ordinária;
   b) emenda constitucional;
   c) lei complementar;
   d) decreto legislativo;
   e) dispositivo constitucional.

3. **(Fundep (Gestão de Concursos) – TCE-MG – Auditor – Conselheiro Substituto – 2018)** No que compete à lei complementar em matéria tributária, é incorreto afirmar:
   a) o Código Tributário Nacional é formalmente lei ordinária e foi recepcionado materialmente pela Constituição da República Federativa do Brasil com status de lei complementar;
   b) lei complementar pode estabelecer critérios especiais de tributação, com o objetivo de prevenir desequilíbrios da concorrência, sem prejuízo da competência de a União, por lei, estabelecer normas de igual objetivo;
   c) cabe à lei complementar dispor sobre conflitos de competência, em matéria tributária, entre a União, os Estados, o Distrito Federal e os Municípios;
   d) cabe à lei complementar estabelecer normas gerais em matéria de legislação tributária, inclusive no que se refere à definição de tributos e de suas espécies, bem como, em relação aos impostos e as taxas, os respectivos fatos geradores, bases de cálculo e contribuintes;
   e) somente a União pode, mediante lei complementar, instituir empréstimos compulsórios.

4. **(FGV – Sefin-RO – Técnico Tributário – 2018)** Em determinada situação, verifica-se a necessidade de conferir tratamento tributário adequado aos atos de natureza cooperativa, praticados por sociedades cooperativas. Nesse caso, o instrumento legal adequado será:
   a) o decreto-lei;
   b) a lei complementar;
   c) a lei ordinária;
   d) a medida provisória;
   e) o convênio.

5. **(FMP Concursos – Procurador do Estado-AC – 2017)** Em matéria de Direito Constitucional Tributário é CORRETO afirmar que:
   a) a proibição de confisco é adstrita aos tributos em si, conforme a letra da Constituição, e não abarca as multas sancionatórias;
   b) o princípio da isonomia tributária não é corolário do princípio da igualdade, sendo aquele, em razão do caráter tributário, bem mais restrito, exigindo-se duas situações exatamente idênticas para a comparação;
   c) a lei complementar tributária é hierarquicamente superior à lei ordinária tributária;
   d) a lei tributária pode ser editada com o objetivo de prevenir distorções de concorrência mercadológica;
   e) a Constituição Federal define perfeitamente cada tributo, não havendo espaço para o legislador infraconstitucional definir os tributos.

6. **(FMP Concursos – Procurador do Estado – PGE-AC – 2017)** No que tange ao Direito Tributário, é CORRETO dizer que cabe à lei complementar:
   a) resolver eventuais conflitos de competência que possam surgir entre a União, os Estados, o Distrito Federal e os Municípios;
   b) estabelecer as limitações ao poder de tributar votadas pelo Congresso Nacional, além daquelas já previstas na Constituição Federal;
   c) explicitar a definição dos tributos e suas espécies, tão somente;
   d) estabelecer o teto máximo das multas tributárias;
   e) determinar o percentual de partição das receitas tributárias entre os entes da Federação.

7. **(Cespe – Procurador do Estado – PGE-SE – 2017)** Considerando as normas do regime tributário do SIMPLES Nacional e o disposto no Estatuto da Microempresa e da Empresa de Pequeno Porte – Lei Complementar n. 123/2006 –, julgue os itens a seguir.
   I. A empresa individual de responsabilidade limitada não pode ser enquadrada como microempresa para efeito de adesão ao SIMPLES Nacional.
   II. Para o enquadramento como microempresa ou empresa de pequeno porte, a sociedade empresária deve, em cada ano-calendário, ter receita bruta inferior a determinado montante legal, excluídas as vendas canceladas e os descontos incondicionais eventualmente concedidos.
   III. O recolhimento de tributo pelo regime especial unificado de arrecadação do SIMPLES Nacional não exclui a incidência do ICMS devido nas operações sujeitas ao regime de substituição tributária.

   Assinale a opção correta.
   a) Apenas o item I está certo.
   b) Estão certos apenas os itens I e II.
   c) Estão certos apenas os itens I e III.
   d) Estão certos apenas os itens II e III.
   e) Todos os itens estão certos.

8. **(FMP Concursos – Procurador do Estado – PGE-AC – 2017)** Observe os enunciados abaixo e marque a alternativa CORRETA.
   a) Em razão de sua especificidade, o Direito Tributário deve utilizar os conceitos de direito privado da forma que mais traga efetividade à tributação, desde que não fira direitos individuais.
   b) A Constituição Estadual é soberana para estabelecer normas sobre obrigação tributária, base de cálculo e fato gerador dos tributos estaduais.
   c) A Constituição Estadual pode isentar determinadas operações dos tributos de competência estadual, devido à sua hierarquia perante a lei instituidora do tributo.
   d) A Constituição Federal prevê, em situações excepcionais, que sejam estabelecidas condições de enquadramento em regime especial tributário diferenciadas por Estado.
   e) Tanto a União quanto os Estados podem instituir contribuições de interesse de categorias econômicas.

9. (Vunesp – Juiz Substituto – TJ-SP – 2017) A lei referida no § 7º do art. 195 da Constituição Federal que estabelece os requisitos para o reconhecimento da imunidade para a seguridade social das entidades beneficentes de assistência social, segundo o julgamento do tema 32 pelo plenário do STF, deve ter hierarquia de:

a) lei complementar de caráter nacional;
b) lei ordinária de caráter suplementar editada pelos entes federativos;
c) lei ordinária de caráter nacional;
d) lei ordinária a ser editada por cada ente federativo.

10. (Vunesp – Procurador Jurídico – Prefeitura de Porto Ferreira-SP – 2017) A Constituição Federal confere poder de tributar à União, aos Estados, ao Distrito Federal e aos Municípios, mas estabelece limitações ao exercício desse mesmo poder. Nesse sentido, é correto afirmar que a tarefa de regular as limitações constitucionais ao poder de tributar é matéria que a Constituição Federal confere:

a) à lei complementar;
b) à lei ordinária no âmbito da competência de cada ente tributante;
c) a qualquer espécie normativa, desde que no âmbito territorial de cada ente tributante;
d) à lei ordinária específica de cada tipo de tributo;
e) somente às Constituições Estaduais e às Leis Orgânicas.

11. (Cespe – Procurador Municipal – Prefeitura de Belo Horizonte-MG – 2017) Considerando as limitações constitucionais ao poder de tributar, assinale a opção correta.

a) Não poderá ser cobrado ICMS, por um estado ou pelo DF, sobre operações que destinem petróleo a outros entes federados, ressalvada a cobrança sobre lubrificantes e combustíveis líquidos e gasosos derivados daquele produto.
b) Medida provisória que instituir ou majorar taxas só produzirá efeitos no exercício financeiro seguinte ao da sua edição.
c) A União pode instituir empréstimos compulsórios para atender a despesas extraordinárias decorrentes de calamidade pública, desde que o faça mediante lei complementar.
d) Os entes federativos não podem cobrar taxas e impostos que incidam sobre a venda ou sobre o patrimônio dos demais entes da Federação.

GABARITO

1. D / **2.** C / **3.** D / **4.** B / **5.** D / **6.** A / **7.** D / **8.** D / **9.** A / **10.** A / **11.** C.

7.5 QUESTÕES COMENTADAS

1. (Cespe – TJ-BA – Juiz de Direito Substituto – 2019) Observados os requisitos legais, o SIMPLES Nacional permite o recolhimento mensal, mediante documento único de arrecadação, entre outros:

a) do imposto de importação, do ISSQN e do IOF;
b) do IOF, da COFINS e do ITR;
c) da CSLL, do ISSQN e do IRPJ;
d) da COFINS, da CSLL e da contribuição para o FGTS;
e) do ITR, da contribuição para o PIS/PASEP e da contribuição para o FGTS.

COMENTÁRIO

a) O Imposto de Importação e o IOF **não estão** incluídos no SIMPLES NACIONAL, conforme art. 13, § 1º, incisos I e II, da LC n. 123/2006. **(Errado)**
b) O IOF e o ITR **não estão** incluídos no SIMPLES NACIONAL, conforme art. 13, § 1º, incisos I e IV, da LC n. 123/2006. **(Errado)**

c) O art. 13 da LC n. 123/2006 prevê que o recolhimento da CSLL (inciso III), do ISSQN (inciso VIII) e do IRPJ (inciso I) estão englobados no SIMPLES NACIONAL. **(Correto)**

d) A contribuição para o FGTS **não integra** o SIMPLES, conforme art. 13, § 1º, inciso IX, da LC n. 123/2006. **(Errado)**

e) O ITR e a Contribuição para o FGTS **não estão** incluídos no SIMPLES NACIONAL, conforme art. 13, § 1º, incisos IV e IX, da LC n. 123/2006. **(Errado)**

PARA RELEMBRAR: De acordo com o art. 13 da Lei Complementar n. 123/2006, estão atualmente incluídos no Simples Nacional os seguintes impostos e contribuições:

I – Imposto sobre a Renda da Pessoa Jurídica – **IRPJ**;

II – Imposto sobre Produtos Industrializados – **IPI**;

III – Contribuição Social sobre o Lucro Líquido – **CSLL**;

IV – Contribuição para o Financiamento da Seguridade Social – **COFINS**;

V – Contribuição para o **PIS/Pasep**;

VI – Contribuição Patronal Previdenciária – **CPP** para a Seguridade Social, a cargo da pessoa jurídica;

VII – Imposto sobre Operações Relativas à Circulação de Mercadorias e Sobre Prestações de Serviços de Transporte Interestadual e Intermunicipal e de Comunicação – **ICMS**;

VIII – Imposto sobre Serviços de Qualquer Natureza – **ISS**.

Gabarito: letra C

2. (Cespe – Sefaz-RS – Auditor-Fiscal da Receita Estadual – Bloco II – 2019) O Simples Nacional:

a) depende, para o seu ingresso, da formalização dessa opção pelas sociedades empresariais;

b) é obrigatório para microempresas e facultativo para empresas de pequeno porte;

c) afasta a incidência de tributos federais, estaduais e daqueles que o Distrito Federal fiscaliza na condição de Estado-membro;

d) pode ser retratado no mesmo ano-calendário em que a microempresa exceder o limite de faturamento relativo ao seu enquadramento;

e) é inaplicável a sociedade limitada cujas cotas sociais pertençam, em um terço ou mais, a empregado público.

COMENTÁRIO

a) A previsão constitucional do SIMPLES está no art. 146, III, *d*, da CF/88. O parágrafo único, inciso I, desse mesmo artigo deixa claro que o regime será opcional para o contribuinte. **(Correto)**

b) Conforme explicado no comentário à alternativa A, o regime não é obrigatório. **(Errado)**

c) Ao contrário. O SIMPLES é um regime de arrecadação unificado de tributos de todos os entes federativos, nos termos do art. 146, parágrafo único, da CF. **(Errado)**

d) O art. 16 da LC n. 123/2006 dispõe que a opção **é irretratável para o mesmo ano-calendário** em que a microempresa exceder o limite de faturamento relativo ao seu enquadramento. **(Errado)**

e) Não há previsão legal nesse sentido. **(Errado)**

Gabarito: letra A

3. (Cespe – Sefaz-RS – Auditor-Fiscal da Receita Estadual – Bloco II – 2019) Uma cooperativa criada para industrializar produtos rurais insurgiu-se contra lançamento decorrente de ICMS por substituição tributária, sob o argumento de já ter realizado pagamento relativo a esse Tributo por meio do recolhimento mensal em documento único de arrecadação do Simples Nacional.

De acordo com a Lei Complementar n. 123/2006, o argumento apresentado pela cooperativa:

a) é válido caso, de fato, o tributo tenha sido integralmente pago na forma do Simples Nacional;

b) não é válido, pois nenhuma cooperativa poderá aderir ao regime tributário do Simples Nacional;

c) não é válido, pois essa cooperativa não pode aderir ao Simples Nacional e não pode recolher ICMS por substituição tributária pelo documento de arrecadação única mensal;

d) não é válido, pois, embora essa cooperativa possa recolher o ICMS mediante substituição tributária pelo documento de arrecadação única mensal, ela não pode aderir ao Simples Nacional;

e) não é válido, pois, embora essa cooperativa possa se enquadrar como microempresa, ela não pode aderir ao Simples Nacional.

COMENTÁRIO

a) Não é válido. A cooperativa descrita no enunciado não pode aderir ao SIMPLES, nem o ICMS-ST (com substituição tributária) está incluído nesse regime. **(Errado)**

b) O erro está no uso da expressão "nenhuma", pois o art. 3º, § 4º, VI, da LC n. 123/2006 possibilita que cooperativas **de consumo** optem pelo SIMPLES. **(Errado)**

c) O art. 3º, § 4º, VI, da LC n. 123/2006 prescreve que as pessoas jurídicas constituídas sob a forma de cooperativas não podem aderir ao SIMPLES, exceto as de consumo. Além disso, o art. 13, § 1º, XIII, *a*, prevê que o ICMS-ST não está incluído no regime. **(Correto)**

d) O ICMS-ST não pode ser recolhido pela guia de arrecadação do SIMPLES. **(Errado)**

e) O art. 3º, § 4º, VI, da LC n. 123/2006 prevê que as cooperativas, exceto as de consumo, não podem se beneficiar do tratamento jurídico diferenciado, o que inclui o enquadramento como microempresa. **(Errado)**

Gabarito: **letra C**

4. (Vunesp – Prefeitura de Itapevi – SP – Auditor-Fiscal Tributário – 2019) Dispor sobre conflitos de competência, em matéria tributária, entre a União, os Estados, o Distrito Federal e os Municípios, é atribuição:

a) do Supremo Tribunal de Justiça;

b) do Poder Judiciário em geral;

c) da Comissão de Assuntos Tributários;

d) de lei complementar;

e) de decreto-lei.

COMENTÁRIO

Conflitos de competência em matéria tributária são tema reservado à lei complementar (art. 146, I, da CF).

Gabarito: **letra D**

5. (FCC – Semef Manaus – AM – Assistente Técnico Fazendário – 2019) De acordo com o que dispõe a Constituição Federal acerca dos princípios gerais de direito tributário:

a) somente por Emenda à Constituição será possível regular as limitações constitucionais ao poder de tributar, em razão de se tratar de matéria atinente aos direitos e garantias fundamentais;

b) medida provisória poderá dispor sobre normas gerais de definição de tratamento diferenciado e favorecido para as microempresas e para as empresas de pequeno porte;

c) à lei ordinária de cada ente federativo caberá dispor sobre conflitos de competência, em matéria tributária, entre a União, os Estados, o Distrito Federal e os Municípios;

d) decreto do Presidente da República poderá estabelecer critérios especiais de tributação, com o objetivo de prevenir desequilíbrios da concorrência, sem prejuízo da competência de a União, por lei, estabelecer normas de igual objetivo;

e) cabe à lei complementar estabelecer normas gerais em matéria de legislação tributária, especialmente sobre adequado tratamento tributário ao ato cooperativo praticado pelas sociedades cooperativas, entre outros aspectos especificados no texto constitucional.

COMENTÁRIO

a) Art. 146, II, da CF: "Cabe à lei complementar regular as limitações constitucionais ao poder de tributar". **(Errado)**

b) Art. 146, III, *d*, da CF: Cabe à lei complementar "definição de tratamento diferenciado e favorecido para as microempresas e para as empresas de pequeno porte, inclusive regimes especiais ou simplificados no caso do imposto previsto no art. 155, II, das contribuições previstas no art. 195, I e §§ 12 e 13, e da contribuição a que se refere o art. 239". Se o tema é de LC, não admite MP! **(Errado)**

c) Art. 146, I, da CF: "Cabe à **lei complementar** dispor sobre conflitos de competência, em matéria tributária, entre a União, os Estados, o Distrito Federal e os Municípios". **(Errado)**

d) Art. 146-A da CF: "**Lei complementar** poderá estabelecer critérios especiais de tributação, com o objetivo de prevenir desequilíbrios da concorrência, sem prejuízo da competência de a União, por lei, estabelecer normas de igual objetivo". **(Errado)**

e) Art. 146, III, *c*, da CF: "Cabe à lei complementar estabelecer normas gerais em matéria de legislação tributária, especialmente sobre adequado tratamento tributário ao ato cooperativo praticado pelas sociedades cooperativas". **(Correto)**

Gabarito: letra E

6. (Cespe – PGE-PE – Analista Judiciário de Procuradoria – 2019) À luz dos dispositivos constitucionais que regem o Direito Tributário, julgue o item a seguir.

Tratamento favorável às empresas de pequeno porte será estabelecido por lei complementar, que poderá instituir regime único e obrigatório de arrecadação de impostos e contribuições para empresas contribuintes dessa natureza.

( ) Certo ( ) Errado

COMENTÁRIO

O art. 146, III, *d*, da CF, estabelece que cabe à lei complementar definir tratamento diferenciado e favorecido para ME e EPP. O parágrafo único desse artigo dispõe sobre o regime único de arrecadação de tributos, estabelecendo algumas condições. Entre essas condições, o inciso I do parágrafo único determina que o regime único de arrecadação **será opcional para o contribuinte**.

Gabarito: Errado

7. (Cespe – PGM – Campo Grande – MS – Procurador Municipal – 2019) Com referência às normas constitucionais relativas a tributos e contribuições, julgue o item que se segue.

Medida provisória não é instrumento válido para inclusão de fato gerador relacionado ao imposto sobre serviços de qualquer natureza (ISS), de competência municipal, ainda que essa matéria seja urgente e relevante para o equilíbrio de contas públicas municipais.

( ) Certo ( ) Errado

COMENTÁRIO

A competência municipal do ISS está prevista no art. 156, III, da CF, que prevê expressamente que os serviços serão definidos em lei complementar da União. Logo, o tema não admite MP, em função do art. 62, § 1º, III, da CF.

Gabarito: Certo

8

REPARTIÇÃO DE RECEITAS TRIBUTÁRIAS

Acesse também a videoaula pelo *link*:
http://somos.in/MDT0709

8.1 CONCEITO

Repartição de receitas tributárias é o conjunto de normas constitucionais que versam sobre a **distribuição do montante arrecadado com determinados tributos**. Assim, em alguns casos, a Constituição Federal atribui parcela do valor obtido com a cobrança de um tributo a entidades federativas diversas daquelas que detêm a competência para sua instituição.

A rigor, o tema repartição de receitas não integra o objeto específico de interesse do Direito Tributário (art. 4º, II, do CTN), sendo mais propriamente um assunto pertinente ao campo do Direito Financeiro. No entanto, a enorme frequência com que o tema é indagado dentro de provas de Direito Tributário nos concursos públicos justifica sua abordagem neste *Manual*.

8.2 REPARTIÇÃO DE RECEITA NÃO ALTERA COMPETÊNCIA

A existência de comando constitucional estabelecendo regra de repartição de receita não modifica a competência tributária transferindo-a para a entidade beneficiária da repartição.

É o que declara o parágrafo único do art. 6º do CTN:

> Os tributos cuja receita seja distribuída, no todo ou em parte, a outras pessoas jurídicas de direito público pertencerão à competência legislativa daquela a que tenham sido atribuídos.

Assim, por exemplo, embora o art. 157, I, da CF declare que 100% do Imposto de Renda retido na fonte sobre a remuneração paga por Estados aos seus servidores permaneça com os Estados, o Imposto de Renda continua sendo um imposto de competência da União.

8.3 REPARTIÇÃO DE RECEITAS NÃO ALTERA O PODER DE CONCEDER INCENTIVOS FISCAIS

Interessante notar que, embora a Constituição Federal determine a repartição de receitas de alguns tributos entre as entidades federativas, tais regras não afetam o poder de conceder incentivos fiscais, que é exclusivo da pessoa política competente para instituir o tributo.

Desse modo, ainda que certa entidade federativa seja beneficiária de parcela da receita arrecadada, nada pode fazer para impedir a outorga, por exemplo, de uma isenção do referido tributo, ainda que tal benefício, concedido pela entidade política competente, reduza substancialmente o montante a ser repassado.

8.4 REPARTIÇÃO DIRETA E INDIRETA DE RECEITAS

A repartição de receitas pode ser direta ou indireta.

Repartição direta é aquela em que o ente favorecido recebe seu montante sem que o produto da distribuição passe antes por qualquer outra entidade intermediária ou por fundo constitucional. Exemplo: o art. 158, III, da CF atribui diretamente 50% do produto da arrecadação do IPVA ao Município onde for licenciado o veículo.

Já na repartição indireta, os valores arrecadados são destinados a um fundo constitucional para posterior repartição entre as entidades beneficiadas, segundo critérios fixados no Texto Maior. Exemplo: o art. 159 estabelece as regras para distribuição de receitas do IR e do IPI entre os Fundos nele previstos.

Acesse também a videoaula pelo *link*: http://somos.in/MDT0736

8.5 CASOS DE REPARTIÇÃO DE RECEITAS

Passemos ao estudo de cada uma das hipóteses constitucionais de repartição de receitas.

8.5.1 Art. 157, I, da CF

A primeira hipótese de repartição de receitas tributárias está prevista no art. 157, I, da Constituição Federal, que determina pertencer aos **Estados** e ao **Distrito Federal** o **produto da arrecadação do Imposto sobre a Renda incidente na fonte**, sobre rendimentos pagos, a qualquer título, por eles, suas autarquias e pelas fundações que instituírem e mantiverem.

PUC/PR: A prova da Magistratura/RO de 2011 considerou CORRETA a assertiva: "Os recursos arrecadados pelas Fundações Distritais a título de imposto de renda sobre os rendimentos pagos aos seus servidores, diretamente na fonte, ficam nos cofres do Distrito Federal".

Assim, quando pessoas jurídicas de direito público remuneram seus agentes públicos, o valor do Imposto de Renda retido na fonte permanece com a entidade pagadora.

Importante destacar que, em relação a quaisquer outras rendas do agente público originárias de fonte diversa, o imposto é devido para a União.

Sobre o tema, vale transcrever algumas decisões do STF:

> STF: "A Constituição de 1967 não previa expressamente a partilha com os Estados-membros dos valores arrecadados com o Imposto sobre a Renda retido na fonte, incidente sobre os pagamentos efetuados a servidores de autarquia. A circunstância de as autarquias pertencerem à estrutura da Administração indireta não afasta a distinção entre as personalidades jurídicas e os patrimônios das entidades periférica e central. O pagamento de remuneração pela autarquia não se confunde, em termos financeiros-orçamentários, ao pagamento de remuneração pelo próprio Estado-membro" (RE 248.447, rel. Min. Joaquim Barbosa, j. 24-11-2009, 2ª T, *DJe* de 18-12-2009).

> STF: "Pretensão de assegurar ao Estado, na condição de pagante, o produto da arrecadação de imposto de renda retido na fonte relativo ao pagamento de complementações de aposentadorias e pensões a aposentados e pensionistas de suas empresas públicas. (...) O art. 157, I, da CF, que dispõe acerca da destinação aos Estados do produto de arrecadação do IRPF, não contempla os pagamentos originados das estatais, integrantes da administração pública indireta, não cabendo interpretação ampliativa" (ACO 571 AgR, rel. Min. Dias Toffoli, j. 7-3-2017, P, *DJe* de 3-4-2017).

> STF: "A *vexata quaestio*, desta feita, cinge-se à definição da competência para julgar a controvérsia quanto ao imposto de renda retido na fonte, a teor do disposto no art. 157, I, da CF, que preconiza pertencer "aos Estados e ao Distrito Federal o produto da arrecadação do imposto da União sobre renda e proventos de qualquer natureza, incidente na fonte, sobre os rendimentos pagos, a qualquer título, por eles, suas autarquias e pelas fundações que instituírem e mantiverem". **Registro que a jurisprudência desta Corte alinha-se no sentido de que, no caso, não há interesse da União, motivo pelo qual prevalece a competência da Justiça Comum**" (RE 684.169 RG, voto do rel. Min. Luiz Fux, j. 30-8-2012, P, *DJe* de 23-10-2012, Tema 572).

8.5.2 Art. 157, II, da CF

De acordo com a segunda regra constitucional de repartição de receitas, cabem aos **Estados** e ao **Distrito Federal vinte por cento** dos valores arrecadados pela União no exercício da **competência impositiva residual**, isto é, do montante auferido com a cobrança de novos impostos.

> PUC/PR: A prova da Magistratura/RO de 2011 considerou ERRADA a assertiva: "Todo o valor arrecadado pelo exercício da competência residual permanece com a União".

8.5.3 Art. 158, I, da CF

O art. 158, I, da CF, na mesma esteira do disposto no art. 157, I, determina caber aos Municípios a totalidade da arrecadação do Imposto de Renda e proventos de qualquer natureza, incidente na fonte, sobre rendimentos pagos, a qualquer título, por eles, suas autarquias e pelas fundações que instituírem e mantiverem.

> PUC/PR: A prova da Magistratura/RO de 2011 considerou CORRETA a assertiva: "Os recursos arrecadados na fonte pelas autarquias municipais a título de imposto de renda sobre o pagamento feito a seus servidores, a qualquer título, não são repassados para a União".

De igual modo, para quaisquer outras rendas do agente público originárias de fonte diversa o imposto é devido para a União.

> STF: "A expressão 'produto da arrecadação' prevista no art. 158, I, da Constituição da República não permite interpretação constitucional de modo a incluir na base de cálculo do FPM (Fundo de Participação dos Municípios) os benefícios e incentivos fiscais devidamente realizados pela União em relação a tributos federais, à luz do conceito técnico de arrecadação e dos estágios da receita pública. (...) É constitucional a concessão regular de incentivos, benefícios e isenções fiscais relativos ao Imposto de Renda e ao IPI por parte da União em relação ao Fundo de Participação de Municípios e respectivas quotas devidas às municipalidades" (RE 705.423, rel. Min. Edson Fachin, j. 23-11-2016, P, *DJe* de 5-2-2018, Tema 653).

8.5.4 Art. 158, II, da CF

Pertence aos Municípios, também, cinquenta por cento da arrecadação referente ao Imposto Territorial Rural sobre os imóveis neles situados.

Entretanto, a Emenda Constitucional n. 42/2003 passou a admitir o repasse da totalidade do ITR arrecadado na hipótese de celebração de convênio entre o Município e a União. Isso ocorre porque, sendo firmada tal parceria, a estrutura de fiscalização municipal utilizada para cobrança do IPTU pode ser também empregada no apoio à arrecadação do ITR, aumentando a eficácia na cobrança do imposto federal e justificando a hipótese de parafiscalidade em favor do Município.

8.5.5 Art. 158, III, da CF

Outro caso constitucionalmente previsto de repartição de receitas atribui aos Municípios cinquenta por cento do Imposto sobre a Propriedade de Veículos Automotores sobre os carros licenciados em seus territórios.

8.5.6 Art. 158, IV, da CF

Cabem ainda aos **Municípios vinte e cinco por cento do produto da arrecadação do Imposto sobre a Circulação de Mercadorias e Serviços**[STJ]

> STJ: "ICMS. EXTRAÇÃO DE MINERAL. MUNICÍPIOS CONTÍGUOS. VALOR ADICIONADO. A Turma decidiu, por maioria, que se destina ao município onde são realizadas as operações de entrada e saída de mercadoria o direito de receber as parcelas integrais do valor adicionado decorrente do ICMS arrecadado em seu território. *In casu*, a Companhia Vale do Rio Doce extrai potássio dos subsolos de dois municípios, entretanto a 'boca da mina' encontra-se localizada no território do recorrente, onde é beneficiado e comercializado, ocorrendo, portanto, nesta localidade o fato gerador do ICMS" (RMS 32.423-SE, rel. Min. Cesar Asfor Rocha, j. 15-3-2012).

de transporte interestadual e intermunicipal e de comunicação.

> Cespe: A prova de Procurador do Tribunal de Contas/DF de 2013 considerou CORRETA a assertiva: "A CF assegura aos municípios 25% do ICMS arrecadado pelo estado onde eles se situem, tendo adotado, para fins de distribuição desse percentual entre os municípios, o critério da territorialidade do valor adicionado, ou seja, a cada município compete o valor adicionado produzido em seu próprio território, relativamente a três quartos do valor a ser distribuído".

> PUC/PR: A prova da Magistratura/RO de 2011 considerou ERRADA a assertiva: "25% do produto da arrecadação do ICMS sobre serviço de comunicação é repassado integralmente com o Município que o arrecadou".

> MP/SC: A prova de Promotor/SC de 2013 considerou ERRADA a assertiva: "Do produto da arrecadação do Imposto sobre a Renda e Proventos de Qualquer Natureza e do Imposto sobre Produtos Industrializados 60% constitui a receita da União e o restante deve ser distribuído à razão de 20% ao Fundo de Participação dos Estados e do Distrito Federal e 20% ao Fundo de Participação dos Municípios".

> PUC/PR: A prova da Magistratura/RO de 2011 considerou ERRADA a assertiva: "48% do produto da arrecadação do IPI e imposto de renda serão repassados diretamente aos Fundos de Participação dos Estados e dos Municípios."

> STF: "ICMS. Repartição de rendas tributárias. Prodec [Programa de Desenvolvimento da Empresa Catarinense]. Programa de incentivo fiscal de Santa Catarina. Retenção, pelo Estado, de parte da parcela pertencente aos Municípios. Inconstitucionalidade. Recurso extraordinário desprovido. A parcela do imposto estadual sobre operações relativas à circulação de mercadorias e sobre prestações de serviços de transporte interestadual e intermunicipal e de comunicação, a que se refere o art. 158, IV, da Carta Magna, pertence de pleno direito aos Municípios. O repasse da quota constitucionalmente devida aos Municípios não pode sujeitar-se à condição prevista em

programa de benefício fiscal de âmbito estadual. Limitação que configura indevida interferência do Estado no sistema constitucional de repartição de receitas tributárias" (RE 572.762, rel. Min. Ricardo Lewandowski, j. 18-6-2008, P., Tema 42).

8.5.7 Art. 159, I, da CF

O referido dispositivo constitucional obriga a União a entregar, do produto da arrecadação dos **impostos sobre renda** e proventos de qualquer natureza e sobre **produtos industrializados**, quarenta e nove por cento, da seguinte forma:

a) vinte e um inteiros e cinco décimos por cento ao Fundo de Participação dos Estados e do Distrito Federal;

b) vinte e dois inteiros e cinco décimos por cento ao Fundo de Participação dos Municípios;

c) três por cento, para aplicação em programas de financiamento ao setor produtivo das Regiões Norte, Nordeste e Centro-Oeste, através de suas instituições financeiras de caráter regional, de acordo com os planos regionais de desenvolvimento, ficando assegurada ao semiárido do Nordeste a metade dos recursos destinados à Região, na forma que a lei estabelecer;

d) um por cento ao Fundo de Participação dos Municípios, que será entregue no primeiro decêndio do mês de dezembro de cada ano;

e) um por cento ao Fundo de Participação dos Municípios, que será entregue no primeiro decêndio do mês de julho de cada ano.

8.5.8 Art. 159, II, da CF

A União deverá entregar, ainda, **dez por cento** aos Estados e ao Distrito Federal da arrecadação do **Imposto sobre Produtos Industrializados**, proporcionalmente ao valor das respectivas exportações.

8.5.9 Art. 159, III, da CF

Nos termos do art. 159, III, da Constituição Federal, com redação dada pela Emenda n. 44/2004, a União deve entregar aos Estados e ao Distrito Federal **vinte e nove por cento** do produto arrecadado com a cobrança da **Contribuição de Intervenção no Domínio Econômico** sobre a importação ou comercialização **de petróleo** e derivados.

8.5.10 Art. 153, § 5º, da CF

De acordo com o art. 153, § 5º, da CF, o montante arrecadado a título de **IOF incidente sobre o ouro, quando definido em lei como ativo financeiro**, será distribuído nos seguintes termos:

a) trinta por cento para o Estado, o Distrito Federal ou o Território, conforme a origem;

b) setenta por cento para o Município de origem.

8.5.11 Quadro sinótico das regras constitucionais de repartição de receitas tributárias

Fundamento	Tributo	Hipótese	Percentual	Beneficiário
Art. 157, I, da CF	IR	Sobre rendimentos e renda, retidos na fonte, de servidores estaduais e distritais	100%	Estados/DF
Art. 157, II, da CF	Impostos residuais	Sobre impostos novos instituídos pela União	20%	Estados/DF
Art. 158, I, da CF	IR	Sobre rendimentos e renda, retidos na fonte, de servidores municipais	100%	Municípios
Art. 158, II, da CF	ITR	Relativamente a imóveis rurais situados nos municípios beneficiários	50% ou 100% (c/ convênio)	Municípios
Art. 158, III, da CF	IPVA	Sobre veículos automotores licenciados no território dos municípios beneficiários	50%	Municípios
Art. 158, IV, da CF	ICMS	Relativo às operações realizadas no território dos municípios beneficiários	25%	Municípios
Art. 159, I, da CF	IR/IPI	Do produto da arrecadação do IR e do IPI	Vários (*vide* percentuais indicados no art. 159, I, da CF)	Estados/DF/ Municípios
Art. 159, II, da CF	IPI	Do produto da arrecadação do IPI, proporcionalmente ao valor das respectivas exportações de produtos industrializados	10%	Estados/DF
Art. 159, III, da CF	Cide/ Comb.	Do produto da arrecadação da Cide/Combustíveis	29%	Estados/DF
Art. 153, § 5º, da CF	IOF/Ouro	Sobre o montante da arrecadação do IOF incidente sobre o ouro quando definido como ativo financeiro	30%, 30%, 30%, 70% (respectivamente)	Est./DF/Terr./ Municípios (respectivamente)

8.6 QUADRO SINÓTICO

CONCEITO
Repartição de receitas tributárias é o conjunto de normas constitucionais que versam sobre a **distribuição do montante arrecadado com determinados tributos**. Assim, em alguns casos, a Constituição Federal atribui parcela do valor obtido com a cobrança de um tributo a entidades federativas diversas daquelas que detêm a competência para sua instituição.
REPARTIÇÃO DE RECEITA NÃO ALTERA A COMPETÊNCIA
A existência de comando constitucional estabelecendo regra de repartição de receita não modifica a competência tributária transferindo-a para a entidade beneficiária da repartição. É o que declara o parágrafo único do art. 6º do CTN: *"Os tributos cuja receita seja distribuída, no todo ou em parte, a outras pessoas jurídicas de direito público pertencerão à competência legislativa daquela a que tenham sido atribuídos"*. Assim, por exemplo, embora o art. 157, I, da CF declare que 100% do Imposto de Renda retido na fonte sobre a remuneração paga por Estados aos seus servidores fiquem com os Estados, o Imposto de Renda continua sendo um imposto de competência da União.
REPARTIÇÃO DE RECEITAS NÃO ALTERA O PODER DE CONCEDER INCENTIVOS FISCAIS
Embora a Constituição Federal determine a repartição de receitas de alguns tributos entre as entidades federativas, tais regras não afetam o poder de conceder incentivos fiscais, que é exclusivo da pessoa política competente para instituir o tributo. Desse modo, mesmo que certa entidade federativa seja beneficiária de parcela da receita arrecadada, nada pode fazer para impedir a outorga, por exemplo, de uma isenção do referido tributo, ainda que tal benefício, concedido pela entidade política competente, reduza substancialmente o montante a ser repassado.
REPARTIÇÃO DIRETA DE RECEITAS: é aquela em que o ente favorecido recebe seu montante sem que o produto da distribuição passe antes por qualquer outra entidade intermediária ou por fundo constitucional. Exemplo: o art. 158, III, da CF atribui diretamente 50% do produto da arrecadação do IPVA ao Município onde for licenciado o veículo. **REPARTIÇÃO INDIRETA DE RECEITAS:** os valores arrecadados são destinados a um fundo constitucional para posterior repartição entre as entidades beneficiadas, segundo critérios fixados no Texto Maior. Exemplo: o art. 159 estabelece as regras para distribuição de receitas do IR e do IPI entre os Fundos nele previstos.
REGRAS CONSTITUCIONAIS DE REPARTIÇÃO DE RECEITAS
O art. 157 da CF determina pertencer aos Estados e ao Distrito Federal: a) 100% do IR (imposto sobre a renda) incidente na fonte, sobre rendimentos pagos, a qualquer título, por eles, suas autarquias e pelas fundações que instituírem e mantiverem. b) 25% dos valores arrecadados pela União no exercício da competência impositiva residual, isto é, do montante auferido com a cobrança de novos impostos. O art. 158, I, da CF atribui aos Municípios: a) 100% do IR e proventos de qualquer natureza, incidente na fonte, sobre rendimentos pagos, a qualquer título, por eles, suas autarquias e pelas fundações que instituírem e mantiverem. b) 50% da arrecadação referente ao ITR sobre os imóveis neles situados. c) 50% do IPVA sobre os carros licenciados em seus territórios. d) 25% do produto de arrecadação do ICMS.

8.7 QUESTÕES

1. **(Vunesp – Prefeitura de Guarulhos – SP – Inspetor Fiscal de Rendas – Conhecimentos Específicos – 2019)** O tributo incidente na fonte sobre renda e proventos de qualquer natureza por autarquia municipal constitui:
   a) imposto de competência municipal, cujo produto da arrecadação pertence à União;
   b) contribuição previdenciária, de competência federal, cujo produto da arrecadação pertence ao Município;
   c) taxa de competência municipal, cujo produto da arrecadação pertence ao próprio Município;
   d) imposto de competência federal, cujo produto da arrecadação pertence ao Município;
   e) imposto de competência estadual, cujo produto da arrecadação pertence ao Município.

2. **(Cespe – PGE-PE – Procurador do Estado – 2018)** Determinado Município ajuizou ação contra o Estado de Pernambuco, questionando a diminuição dos valores de repasse constitucional do ICMS. Conforme alegações do município: a diminuição resultou tanto da concessão de benefícios fiscais não aprovados pelo CONFAZ quanto de isenções aprovadas por esse conselho; o repasse total foi inferior a 25% da receita efetivamente auferida pelo Estado.

   No que se refere a essa situação hipotética, considere as asserções apresentadas a seguir.

   I. Conforme o entendimento jurisprudencial a respeito da matéria, o juiz responsável pela ação deverá decidir a favor do Município.

   II. A concessão de benefícios ou isenções não pode impactar o repasse aos municípios, já que a titularidade da receita do ICMS não é exclusiva do estado.

   Assinale a opção correta.
   a) As asserções I e II são falsas.
   b) A asserção I é verdadeira, e a II, falsa.
   c) A asserção I é falsa, e a II, verdadeira.
   d) As asserções I e II são verdadeiras, e a II é justificativa da I.
   e) As asserções I e II são verdadeiras, e a II não é uma justificativa da I.

3. **(FCC – Sefaz-SC – Auditor-Fiscal da Receita Estadual – Gestão Tributária – Prova 2 – 2018)** Uma parte do produto da arrecadação do ICMS pertence aos Municípios. Assim, conforme estabelece a Constituição Federal:
   a) compete aos Municípios um quinto do valor do ICMS arrecadado, sendo que o valor atribuído a cada município é calculado conforme critério previsto em lei complementar;
   b) a parte que pertence aos Municípios é de 25%, e o critério para divisão deste valor entre os Municípios é 75% previsto na própria constituição e 25% conforme dispuser a lei de cada Estado;
   c) compete aos Municípios 25% da arrecadação do ICMS ocorrida em seus territórios, apurada conforme previsto em lei complementar;
   d) a parte que pertence aos Municípios é de 22,5%, e o critério para divisão deste valor entre os municípios é fixado por lei complementar;
   e) compete aos Municípios brasileiros um quarto da arrecadação do ICMS, sendo que o critério de divisão é fixado por lei complementar federal e o valor transferido pelo Tesouro Nacional, até o dia 10 de cada mês.

4. **(Fepese – PGE-SC – Procurador do Estado – 2018)** Assinale a alternativa correta de acordo com as regras constitucionais de repartição das receitas tributárias.
   a) Pertence aos Estados e ao Distrito Federal cinquenta por cento do produto da arrecadação do imposto que a União instituir no exercício da competência residual.
   b) Pertence aos Municípios vinte e cinco por cento do produto da arrecadação do imposto do Estado sobre a propriedade de veículos automotores licenciados em seus territórios.

c) A União entregará, do produto da arrecadação do imposto sobre produtos industrializados, quinze por cento aos Estados e ao Distrito Federal, proporcionalmente ao valor das respectivas exportações de produtos industrializados.
d) Pertence aos Estados, ao Distrito Federal e aos Municípios o produto da arrecadação do imposto da União sobre renda e proventos de qualquer natureza, incidente na fonte, sobre os rendimentos pagos, a qualquer título, por eles, suas autarquias e pelas fundações que instituírem e mantiverem.
e) Pertence aos Municípios cinquenta por cento do produto da arrecadação do imposto do Estado sobre operações relativas à circulação de mercadorias e sobre prestações de serviços de transporte interestadual e intermunicipal e de comunicação.

5. **(FCC – Sead-AP – Analista Jurídico – 2018)** Sobre a repartição de receitas tributárias, conforme a Constituição Federal, os:
a) Municípios participam da arrecadação do Imposto sobre Propriedade de Veículos Automotores, em 50% do montante relativo aos veículos licenciados em seus territórios;
b) Estados e Distrito Federal participam da arrecadação do Imposto sobre a Renda, em 20% do montante relativo aos fatos geradores ocorridos em seus territórios;
c) Municípios participam da arrecadação do Imposto sobre Transmissão de Bens *Causa Mortis* e Doações, em 20% do montante relativo aos fatos geradores ocorridos em seus territórios;
d) Estados, Distrito Federal e Municípios não participam da arrecadação do Imposto sobre a Renda;
e) Municípios participam da arrecadação do Imposto sobre Circulação de Mercadorias e Prestação de Serviços de Transporte Interestadual e Intermunicipal e de Comunicação, em 10% do montante relativo aos fatos geradores ocorridos em seus territórios.

6. **(Cespe – Sefaz-RS – Técnico Tributário da Receita Estadual – Prova 2 – 2018)** A respeito da repartição das receitas tributárias da União, é correto afirmar que:
a) o imposto territorial rural (ITR) será integralmente repassado ao município se este assumir o encargo de fiscalizar e cobrar esse tributo; caso contrário, o repasse se resumirá a 50%;
b) o repasse do imposto sobre operação financeira OURO (IOF OURO), quando este for considerado ativo financeiro ou instrumento cambial, será feito em percentual idêntico para Estados e Municípios;
c) os impostos residuais serão repartidos entre os Municípios, em percentual não inferior a 35%;
d) o repasse do imposto de renda dos servidores municipais e estaduais será de 70% da receita retida na fonte;
e) o repasse da contribuição de intervenção no domínio econômico combustível (CIDE Combustível) será de 100% do total arrecadado destinado aos municípios para melhoria na infraestrutura de transportes.

7. **(FCC – Prefeitura de Caruaru – PE – Procurador do Município – 2018)** Sobre as parcelas de receita pertencentes aos Municípios na arrecadação do Imposto sobre Circulação de Mercadorias e de Serviços de Transporte Interestadual e Intermunicipal e de Telecomunicações, as quais serão a eles creditadas, é correto afirmar:
a) no mínimo, 3/4 da participação será calculada pelo valor adicionado nas operações de circulação de mercadorias e nas prestações de serviços no Município, conforme fixado em lei complementar federal;
b) no máximo, 3/4 da participação será calculada por critérios estabelecidos em lei do Estado competente para a instituição do imposto;
c) é integralmente calculado conforme a arrecadação do tributo verificada no Município;
d) no mínimo, 1/4 da participação será calculada pela população local no exercício anterior;
e) no mínimo, 1/4 da participação será calculada em razão da política nacional de erradicação da fome.

8. (Vunesp - Prefeitura de Pontal - SP - Procurador - 2018) Considerando a repartição das receitas tributárias, a Constituição Federal assenta que, entre outros, pertencem aos Municípios:

a) trinta e cinco por cento do produto da arrecadação do imposto do Estado sobre operações relativas à circulação de mercadorias;
b) trinta por cento do produto da arrecadação do imposto do Estado sobre a propriedade de veículos automotores licenciados em seus territórios;
c) quarenta por cento do produto da arrecadação do imposto da União sobre a propriedade territorial rural, relativamente aos imóveis neles situados;
d) vinte e cinco por cento do produto da arrecadação do imposto do Estado sobre a propriedade de veículos automotores licenciados em seus territórios;
e) cinquenta por cento do produto da arrecadação do imposto da União sobre a propriedade territorial rural, relativamente aos imóveis neles situados.

9. (XXV Exame de Ordem Unificado) O Município M, ao realizar a opção constitucionalmente prevista, fiscalizou e cobrou Imposto sobre Propriedade Territorial Rural (ITR), incidente sobre as propriedades rurais localizadas fora da sua área urbana. Em função desse fato, o Município M recebeu 50% (cinquenta por cento) do produto do imposto da União sobre a propriedade rural, relativo aos imóveis nele situados. Diante dessa situação, sobre a fiscalização e a cobrança do ITR pelo Município M, assinale a afirmativa correta.

a) Não são possíveis, por se tratar de imposto de competência da União.
b) São possíveis, sendo igualmente correta a atribuição de 50% (cinquenta por cento) do produto da arrecadação do imposto a ele.
c) São possíveis, porém, nesse caso, a totalidade do produto da arrecadação do imposto pertence ao Município.
d) São possíveis, porém, nesse caso, 25% (vinte e cinco por cento) do produto da arrecadação do imposto pertence ao Município.

10. (TRF2 - Juiz Federal - 2017) Acerca da repartição constitucional de receitas tributárias, marque a opção correta.

a) Pertence aos Estados e ao Distrito Federal metade do produto da arrecadação do imposto da União sobre renda e proventos de qualquer natureza, incidente na fonte, sobre rendimentos pagos por eles, a qualquer título.
b) A União entregará parcela do produto da arrecadação dos impostos sobre renda e proventos de qualquer natureza (IR) e sobre produtos industrializados (IPI) diretamente ao Fundo de Participação dos Municípios no primeiro decêndio do mês de julho de cada ano.
c) A União entregará parcela do produto da arrecadação da CIDE-combustíveis sobre imposto de renda e proventos de qualquer natureza diretamente ao Fundo de Participação dos Municípios.
d) A União entregará parcela da arrecadação do imposto sobre produtos industrializados (IPI) diretamente aos Municípios, proporcionalmente ao valor das respectivas exportações de produtos industrializados ocorridas em seus territórios.
e) A União entregará diretamente aos Estados das Regiões Norte, Nordeste e Centro-Oeste parcela do produto da arrecadação dos impostos sobre renda e proventos de qualquer natureza (IR) e sobre produtos industrializados (IPI), de acordo com os planos regionais de desenvolvimento.

11. (Consulplan - Analista - TRF2 - 2017) Havendo litígio sobre o imposto de renda incidente na fonte, relativo à licença-prêmio de funcionário público, a demanda foi proposta junto à vara competente na Justiça Federal. No entanto, o Magistrado determinou a emenda da inicial, com a exclusão da União do polo passivo e a inclusão do Estado-membro ao qual se vincula o servidor e declinou da competência, alegando ser esta da Justiça Estadual. Com referência à questão da competência para apreciar a lide, pode ser afirmado que o Magistrado:

a) agiu com erro, já que o imposto de renda é tributo de competência da União, não sendo o Estado-membro parte legítima para figurar neste litígio e havendo competência da Justiça Federal;

b) houve equívoco do Magistrado, visto que o simples fato de o produto do imposto de renda pertencer ao Estado-membro, não altera a competência tributária, que é da Justiça Federal;

c) agiu com acerto, por não haver interesse da União no litígio, pertencendo ao Estado-membro o produto da arrecadação do imposto de renda na hipótese do conflito em comento, sendo competente a Justiça Estadual;

d) o Magistrado decidiu corretamente, já que trata-se de servidor público estadual, pelo que seus vencimentos são pagos pelo Estado-membro, que efetua os descontos na fonte e qualquer controvérsia deve ser dirimida pela Justiça Estadual.

12. (FCC – Juiz Substituto – TJ-SC – 2017) As participações dos Municípios na arrecadação do ICMS são fixadas conforme os seguintes parâmetros:

a) lei estadual disporá livremente sobre os critérios aplicáveis para o cálculo das parcelas devidas aos Municípios, desde que respeitadas as desigualdades regionais;

b) são calculadas, integralmente, pelo valor adicionado nas operações relativas às prestações de serviços e circulação de mercadorias ocorridas nos territórios municipais;

c) são determinadas pelos valores adicionados nas operações relativas às prestações de serviços e circulação de mercadorias ocorridas nos territórios municipais e por outros critérios fixados em lei estadual;

d) são fixadas pelos Estados conforme critérios definidos por Resolução do Senado Federal, atentando para as desigualdades regionais e locais;

e) são calculadas sobre 1/3 do tributo efetivamente arrecadado, conforme a população local, áreas de preservação permanente, áreas alagadas para produção de energia elétrica e levando em conta o desenvolvimento regional.

13. (Vunesp – Procurador Jurídico – Prefeitura de Porto Ferreira-SP – 2017) Na repartição das receitas tributárias, a União entregará, do produto da arrecadação dos impostos sobre renda e proventos de qualquer natureza e sobre produtos industrializados, 49% aos Fundos de Participação dos Estados, do Distrito Federal e dos Municípios. Desse percentual, caberá ao Fundo de Participação dos Municípios:

a) 50%;

b) 30%;

c) 25%;

d) 22,5%;

e) 21,5%.

14. (CPCON – Câmara de Santa Rita-PB – Procurador Jurídico – 2019) No âmbito da repartição das receitas tributárias, segundo a CF/88, pertencem aos municípios,

a) cinquenta por cento do produto da arrecadação do imposto do Estado sobre a propriedade de veículos automotores licenciados em seus territórios.

b) cinquenta por cento do produto da arrecadação do imposto do Estado sobre operações relativas à circulação de mercadorias e sobre prestações de serviços de transporte interestadual e intermunicipal e de comunicação.

c) vinte e cinco por cento do produto da arrecadação do imposto da União sobre a propriedade territorial rural, relativamente aos imóveis neles situados.

d) vinte e cinco por cento do produto da arrecadação do imposto da União sobre renda e proventos de qualquer natureza, incidente na fonte, sobre rendimentos pagos, a qualquer título, por eles, suas autarquias e pelas fundações que instituírem e mantiverem.

e) cinquenta por cento do produto da arrecadação do imposto da União sobre renda e proventos de qualquer natureza, incidente na fonte, sobre rendimentos pagos, a qualquer título, por eles, suas autarquias e pelas fundações que instituírem e mantiverem.

15. (FUNDATEC – Prefeitura de Maçambara-RS – Auditor Interno – 2019) O imposto sobre operações relativas à circulação de mercadorias e sobre prestações de serviços de transporte interestadual, intermunicipal e de comunicação (ICMS) e o imposto sobre propriedade de veículos automotores (IPVA) são tributos de competência dos Estados (e do Distrito Federal). Todavia, uma parte dos valores arrecadados pelo Estado a título de ICMS e de IPVA é repassada aos Municípios, de acordo, respectivamente, com os índices de participação municipal e com os veículos licenciados nos respectivos territórios municipais. No total, o Estado repassa aos Municípios os seguintes percentuais dos valores arrecadados:

a) 15% do ICMS e 25% do IPVA.
b) 15% do ICMS e 50% do IPVA.
c) 25% do ICMS e 50% do IPVA.
d) 25% do ICMS e 75% do IPVA.
e) 50% do ICMS e 75% do IPVA.

16. (ITAME – Prefeitura de Senador Canedo-GO – Procurador Municipal – 2019) Relativamente à repartição constitucional de receitas tributárias é correto afirmar que:

a) Pertencem aos Estados e Distrito Federal o produto da arrecadação do imposto da União sobre a renda e proventos de qualquer natureza, incidentes na fonte, sobre os rendimentos pagos, a qualquer título, por eles, suas autarquias e fundações que instituírem e mantiverem;
b) Pertencem ao Município vinte e cinco por cento do produto da arrecadação do imposto do Estado sobre a propriedade de veículos automotores licenciados em seus territórios;
c) Pertencem aos Municípios cinquenta por cento do produto da arrecadação do imposto do Estado sobre operações relativas à circulação de mercadorias e sobre prestações de serviços de transporte interestadual e intermunicipal e de comunicação;
d) As parcelas de receita pertencentes aos Municípios do produto da arrecadação do imposto do Estado sobre a propriedade de veículos automotores licenciados em seus territórios, serão creditadas, três quartos, de acordo com o que dispuser lei estadual.

17. (VUNESP – Prefeitura de São Roque-SP – Advogado – 2020) As parcelas de receita pertencentes aos Municípios relativas à participação no imposto estadual sobre circulação de mercadorias e serviços serão creditadas conforme os seguintes critérios:

a) três quartos, no mínimo, na proporção do valor adicionado nas operações relativas à circulação de mercadorias e nas prestações de serviços, realizadas em seus territórios, e até um quarto, de acordo com o que dispuser lei estadual, ou, no caso dos Territórios, lei federal.
b) três quartos, no mínimo, na proporção do valor adicionado nas operações relativas à circulação de mercadorias e nas prestações de serviços, realizadas em seus territórios, e até um quarto, de acordo com a população residente em seus territórios.
c) dois terços, na proporção do valor adicionado nas operações relativas à circulação de mercadorias e nas prestações de serviços, realizadas em seus territórios, e um terço, de acordo com o que dispuser lei estadual, ou, no caso dos Territórios, lei federal.
d) um quarto, no mínimo, na proporção do valor adicionado nas operações relativas à circulação de mercadorias e nas prestações de serviços, realizadas em seus territórios, e três quartos, de acordo com a população residente em seus territórios.
e) dois quartos, na proporção do valor adicionado nas operações relativas à circulação de mercadorias e nas prestações de serviços, realizadas em seus territórios, um quarto, de acordo com a população residente em seus territórios, e um quarto de acordo com o que dispuser lei estadual, ou, no caso dos Territórios, lei federal.

18. (VUNESP – FITO – Advogado – 2020) Pertence aos Municípios, do produto da arrecadação do imposto da União sobre renda e proventos de qualquer natureza, incidente na fonte, sobre rendimentos pagos, a qualquer título, por eles, suas autarquias e pelas fundações que instituírem e mantiverem, o percentual de

a) 100%.
b) 50%.
c) 25%.
d) 22,5%.
e) 21,5%.

GABARITO

1. D / **2.** D / **3.** B / **4.** D / **5.** A / **6.** A / **7.** A / **8.** E / **9.** C / **10.** B / **11.** C / **12.** C / **13.** D / **14.** A / **15.** C / **16.** A / **17.** A / **18.** A

8.8 QUESTÕES COMENTADAS

1. (Cespe – MPE-PI – Promotor de Justiça Substituto – 2019) Considerando-se o esquema constitucional de repartição das receitas tributárias, é correto afirmar que, descontada a parcela do fundo de participação dos estados e do Distrito Federal, do fundo de participação dos municípios e do percentual de aplicação em programas de financiamento ao setor produtivo das regiões Norte, Nordeste e Centro-Oeste, o produto da arrecadação do imposto sobre produtos industrializados (IPI) será inicialmente entregue:

a) apenas à União;
b) à União, aos Estados e ao DF, sendo distribuído na forma que for fixada por lei complementar;
c) à União, aos Estados e ao DF, sendo certo que a proporção do repasse a cada ente é fixada proporcionalmente ao valor das respectivas exportações de produtos industrializados;
d) à União, aos Estados, ao DF e aos municípios, sendo certo que a proporção do repasse a cada ente é fixada de forma proporcional ao quantitativo populacional;
e) à União, aos Estados, ao DF e ao fundo de combate à seca, sendo certo que a proporção do repasse a cada ente deve ser fixada em lei.

COMENTÁRIO

a) Existe previsão de distribuição desses recursos aos Estados e ao DF, na forma do art. 159, II, da CF. **(Errado)**
b) A Constituição Federal determina que a divisão é proporcional ao valor das respectivas exportações de produtos industrializados. **(Errado)**
c) Nos termos do art. 159, I e II, da CF, após todos os repasses previstos nas alíneas do inciso I (como o Fundo de Participação dos Estados e o Fundo de Participação dos Municípios, por exemplo), o restante do produto da arrecadação do IPI fica com União, Estados e DF, proporcionalmente ao valor das exportações (inciso II). **(Correto)**
d) Os Municípios não recebem diretamente o repasse e a população não é critério de distribuição. **(Errado)**
e) Não é destinada à União e o critério não está previsto na lei, mas na própria CF. **(Errado)**

Gabarito: letra C

2. (Vunesp – Prefeitura de Arujá – SP – Advogado – 2019) É correto afirmar que haverá prejuízo financeiro aos Municípios caso haja a concessão de isenção pela União do seguinte tributo:

a) imposto sobre operações financeiras (IOF), pois os municípios são destinatários de 50% da arrecadação do IOF sobre operações realizadas em seu território;
b) taxas aeroportuárias, pois os municípios são destinatários de 1,5% das taxas recolhidas em favor de operadores de aeroportos localizados nos seus respectivos territórios;

c) *royalties* decorrentes da exploração mineral, pois se tratam de tributos 100% repassados aos estados e municípios com o objetivo de compensar eventuais danos ambientais provocados por essa atividade;

d) imposto sobre produtos industrializados, pois os municípios são destinatários de 25% dos recursos repassados aos estados pela União proporcionalmente ao valor das respectivas exportações de produtos industrializados;

e) preço público em razão da utilização de rodovia federal que cruze área municipal, pois a este é assegurada pela Constituição participação de 50% na arrecadação das praças de pedágio instaladas em seu território.

COMENTÁRIO

A transferência de parte da arrecadação do IPI para Estados, Distrito Federal e Municípios foi determinada pela Constituição de 1988 (art. 159, inciso II e §§ 2º e 3º), que fixou um repasse de 10% da arrecadação do imposto "proporcionalmente ao valor das respectivas exportações de produtos industrializados". Do montante recebido pelos Estados, 25% devem ser destinados a seus respectivos Municípios.

Gabarito: letra D

3. (Vunesp – Prefeitura de Guarulhos – SP – Inspetor Fiscal de Rendas – Conhecimentos Específicos – 2019) A Constituição Federal, ao tratar das limitações do poder de tributar, estabelece que a União, os Estados, o Distrito Federal e os Municípios devem:

a) instituir contribuição, na forma das respectivas leis, para o custeio do serviço de iluminação pública;

b) estabelecer diferença tributária entre bens e serviços, de qualquer natureza, em razão de sua procedência ou destino;

c) instituir impostos sobre patrimônio, renda ou serviços, uns dos outros;

d) cobrar tributos no mesmo exercício financeiro em que haja sido publicada a lei que os instituiu ou aumentou;

e) divulgar, até o último dia do mês subsequente ao da arrecadação, os montantes de cada um dos tributos arrecadados e os recursos recebidos, entre outros.

COMENTÁRIO

O fundamento do gabarito é o art. 162 da CF: "A União, os Estados, o Distrito Federal e os Municípios divulgarão, até o último dia do mês subsequente ao da arrecadação, os montantes de cada um dos tributos arrecadados, os recursos recebidos, os valores de origem tributária entregues e a entregar e a expressão numérica dos critérios de rateio".

Gabarito: letra E

4. (FCC – Sefaz-BA – Auditor-Fiscal – Administração Tributária – Prova I – 2019) Considere que determinada lei estadual disponha sobre a parcela, pertencente aos Municípios, do produto da arrecadação do imposto do Estado sobre operações relativas à circulação de mercadorias e sobre prestações de serviços de transporte interestadual e intermunicipal e de comunicação, estabelecendo:

I. a forma de cálculo do valor adicionado nas operações e prestações de serviços realizadas nos territórios dos Municípios;

II. critérios econômicos e sociais para distribuição diferenciada, entre os Municípios, de até três quartos dos valores que incumbe ao Estado repassar; e

III. como condição para a entrega da parcela, que os Municípios cumpram os limites constitucionais mínimos de aplicação de recursos em ações e serviços públicos de saúde.

Referida lei estadual será:

a) compatível com a Constituição Federal, desde que se trate de lei complementar;

b) incompatível com a Constituição Federal, por se tratar de matérias reservadas à lei complementar federal;

c) compatível com a Constituição Federal apenas no que se refere à distribuição por critérios econômicos e sociais de até três quartos do produto da arrecadação pertencente aos Municípios;

d) compatível com a Constituição Federal apenas no que se refere à forma de cálculo do valor adicionado;

e) compatível com a Constituição Federal apenas no que se refere à condição para a entrega da parcela aos Municípios.

COMENTÁRIO

Assertiva I – A forma de cálculo do valor adicionado deve ser prevista em lei complementar, nos termos do art. 161 da CF, segundo o qual cabe à lei complementar: "I – definir valor adicionado para fins do disposto no art. 158, parágrafo único, I". **(Errada)**

Assertiva II – O art. 158, parágrafo único, da CF dispõe que 3/4 do valor devem ser distribuídos na proporção do valor adicionado e 1/4 de acordo com o que dispuser lei estadual. **(Errada)**

Assertiva III – É possível que os Estados condicionem o repasse dos Municípios ao cumprimento do art. 198, § 2º, incisos II e III, da CF, ou seja, à aplicação do mínimo exigido da receita resultante de impostos nas ações e serviços públicos de saúde (art. 160, parágrafo único, II, da CF). **(Correta)**

Gabarito: letra E

5. **(Cespe – PGM – Campo Grande – MS – Procurador Municipal – 2019)** Com referência às normas constitucionais relativas a tributos e contribuições, julgue o item que se segue.

Pertence ao Município o produto da arrecadação do imposto da União sobre renda e proventos de qualquer natureza, incidente na fonte, sobre rendimentos pagos, a qualquer título, pelo próprio Município ou por suas autarquias, fundações, empresas públicas e sociedades de economia mista.

( ) Certo ( ) Errado

COMENTÁRIO

Nos termos do art. 157, incisos I e II, da CF, pertencem aos Estados e Municípios o produto da arrecadação do imposto de renda retido na fonte sobre os rendimentos pagos por eles, suas autarquias e fundações, não incluindo as empresas públicas e sociedades de economia mista.

Gabarito: Errado

6. **(CESPE/CEBRASPE – SEFAZ-AL – Auditor Fiscal da Receita Estadual – 2020)** No que concerne ao Sistema Tributário Nacional, julgue o item subsecutivo.

Pertencem aos municípios 25% do produto da arrecadação do IPVA sobre veículos licenciados em seus territórios.

( ) Certo ( ) Errado

COMENTÁRIO

Pertence aos Municípios 50% do produto da arrecadação do IPVA sobre veículos licenciados em seus territórios.

Gabarito: Errado

9

TRIBUTOS EM ESPÉCIE

Acesse também a videoaula pelo *link*:
http://somos.in/MDT0710

9.1 INTRODUÇÃO

O presente capítulo tem a finalidade de estudar em maior nível de detalhamento os mais importantes tributos brasileiros em espécie.

Como se sabe, o tema é bastante amplo, e cada um desses tributos renderia uma obra específica. Por isso, será dada prioridade aos temas mais exigidos em provas e concursos públicos.

Adotaremos a ordem utilizada pelo texto constitucional de 1988, iniciando pelos impostos federais, estaduais e municipais; depois, contribuições especiais e algumas taxas.

Para fins didáticos, o estudo de cada tributo será feito por meio de uma sequência temática padronizada (regime geral, fato gerador, contribuinte, não ocorrência do fato gerador), exceto se houver alguma peculiaridade adicional digna de ser mencionada.

9.2 IMPOSTO SOBRE IMPORTAÇÃO (II)

9.2.1 Regime geral

Previsto no art. 153, I, da Constituição Federal, o Imposto sobre Importação é tributo de **competência da União** disciplinado pelas Leis n. 7.810/89, 8.003/90, 8.032/90, 8.035/90 e 9.449/97 e, especialmente, pelo Decreto-lei n. 37/66.

> FMP-RS: A prova da PGE/AC de 2012 considerou ERRADA a afirmação: "O II (Imposto sobre a Importação) é de competência da União Federal, mas poderá, nas hipóteses previstas na Constituição Federal, ser cobrado e fiscalizado pelos Estados-membros que se situam nas fronteiras do território nacional".

O art. 153, I, da CF descreve sua hipótese de incidência utilizando a fórmula supostamente redundante "importação de produtos estrangeiros", mas, na verdade, a referência tem importante significado prático, já que em constituições anteriores, diante da imensidão do território brasileiro, determinadas operações entre

Estados-membros distantes eram equiparadas a vendas para o exterior sendo obrigadas a recolher os impostos sobre importação e exportação. Com a promulgação do Texto de 1988, as operações internas foram excluídas da incidência de ambos os impostos. Daí a menção à importação "de produtos estrangeiros", afastando qualquer possibilidade de exigência do imposto, no regime atual, sobre operações internas.

Sendo exceção à legalidade e à anterioridade, pode ter suas alíquotas modificadas por ato do Poder Executivo, atendidos os limites e condições fixados em lei (art. 153, § 1º, CF), hipótese em que a cobrança será imediata.

A função do Imposto de Importação é predominantemente extrafiscal, já que se trata de um imposto voltado à regulação da balança comercial e proteção da indústria nacional[1], muito mais do que utilizado para simples captação de recursos aos cofres públicos.

Como ocorre na quase totalidade dos tributos brasileiros na atualidade, o Imposto de Importação tem lançamento por homologação, de modo que o contribuinte é obrigado a antecipar o pagamento, cabendo ao Fisco apreciar os cálculos realizados pelo devedor para futura aprovação ou rejeição (art. 150 do CTN).

9.2.2 Fato gerador

O Imposto sobre Importação tem como fato gerador a entrada de mercadoria estrangeira no território nacional (art. 1º do Decreto-lei n. 37/66).

> Cespe: A prova de Procurador do Tribunal de Contas/DF considerou ERRADA a afirmação: "Conforme entendimento jurisprudencial assente no STJ, o fato gerador do imposto sobre a importação de produtos estrangeiros consuma-se na data do ingresso da mercadoria importada no país, devendo, por isso, ser aplicada para o cálculo do imposto a alíquota vigente nessa data".

Quando se tratar de mercadoria despachada para consumo, considera-se ocorrido o fato gerador na data do registro, na repartição aduaneira, da declaração apresentada à respectiva autoridade (art. 44 do Decreto-lei n. 37/66).

Ocorre o fato gerador do imposto também se a mercadoria constar como tendo sido importada mas cuja falta venha a ser apurada pela autoridade aduaneira.

Considera-se, do mesmo modo, estrangeira a mercadoria, nacional ou nacionalizada exportada, que retornar ao País, tendo de recolher o imposto, exceto se:

a) enviada em consignação e não vendida no prazo autorizado;

b) devolvida por motivo de defeito técnico, para reparo ou substituição;

c) por motivo de modificações na sistemática de importação por parte do país importador;

1 Hugo de Brito Machado, *Curso de Direito Tributário*, p. 307.

d) por motivo de guerra ou calamidade pública;

e) por outros fatores alheios à vontade do exportador.

Em geral, **as bagagens são isentas do recolhimento do Imposto de Importação,** desde que atendidas as condições previstas no art. 13 do Decreto-lei n. 37/66, assim como alguns bens de interesse para o desenvolvimento econômico (art. 14).

9.2.3 Isenção por falta de similaridade

Nos termos do art. 17 do Decreto-lei n. 37/66, a isenção do Imposto sobre Importação **somente beneficiará produto sem similar nacional**, em condição de substituir o importado.

Trata-se de uma importante **regra protetiva da indústria nacional**, que proíbe a concessão de incentivos fiscais à mercadoria estrangeira quando o benefício resulte vantagem competitiva em face do equivalente nacional.

9.2.4 Base de cálculo

O Imposto de Importação tem duas regras distintas para a fixação de sua base de cálculo, a depender do tipo de alíquota incidente sobre a mercadoria tributada (art. 2º do Decreto-lei n. 37/66):

a) quando a **alíquota for específica**, ou seja, fixa em função da categoria de bens tributados, a base de cálculo será a **quantidade de mercadoria** expressa na unidade de medida indicada na tarifa;

b) quando a **alíquota for *ad valorem***, isto é, variável proporcionalmente ao valor do bem tributado, a base de cálculo será **o valor aduaneiro apurado** segundo as normas do art. 7º do Acordo Geral sobre Tarifas Aduaneiras e Comércio – GATT[2].

Recentemente, em decisão proferida em Recurso Repetitivo, o STJ fixou a seguinte tese no que se refere à base de cálculo do Imposto de Importação: "Os serviços de capatazia estão incluídos na composição do valor aduaneiro e integram a base de cálculo do imposto de importação.

Os serviços de capatazia integram o conceito de valor aduaneiro, tendo em vista que tais atividades são realizadas dentro do porto ou ponto de fronteira alfandegado na entrada do território aduaneiro" (STJ. 1ª Seção, REsp 1.799.306/RS, rel. Min. Gurgel de Faria, j. 11-3-2020, Recurso Repetitivo, Tema 1.014, *Informativo* 671).

9.2.5 Cálculo do imposto devido

Na maioria dos casos, o valor do imposto devido será calculado pela simples aplicação das alíquotas previstas na Tarifa Aduaneira sobre a base de cálculo aplicável à mercadoria tributada (*vide* item 9.2.4).

---

2 GATT (do inglês *General Agreement on Tariffs and Trade*) é conhecido como *Acordo Geral sobre Pautas Aduaneiras e Comércio*. Trata-se de um acordo internacional de que o Brasil é signatário, estabelecido no ano de 1947, objetivando flexibilizar a liberalização comercial e combater práticas protecionistas.

9.2.6 Contribuintes, responsáveis tributários e responsáveis solidários

São **contribuintes** do Imposto sobre Importação (art. 31 do Decreto-lei n. 37/66):

a) o importador, assim considerada qualquer pessoa que promova a entrada de mercadoria estrangeira no território nacional;

b) o destinatário de remessa postal internacional indicado pelo respectivo remetente;

c) o adquirente de mercadoria entrepostada (art. 31 do Decreto-lei n. 37/66).

Nos termos do art. 32 do Decreto-lei n. 37/66, são **responsáveis tributários**:

a) o transportador, quando transportar mercadoria procedente do exterior ou sob controle aduaneiro, inclusive em percurso interno[STJ];

> STJ: "IMPOSTO DE IMPORTAÇÃO. MERCADORIAS DESTINADAS A LOJA FRANCA. REGIME DE SUSPENSÃO DE IMPOSTOS. EXTRAVIO E AVARIAS. RESPONSABILIDADE DO TRANSPORTADOR. NÃO OCORRÊNCIA. 1. O transportador não responde no âmbito tributário por extravio ou avaria de mercadorias ocorrida na importação efetivada sob o regime de suspensão de impostos. 2. A suspensão funciona como uma espécie de isenção temporária, que se converte em definitiva, por assim dizer, no momento em que ocorre a comercialização do produto em loja franca. 3. Caso a internação se realizasse normalmente, não haveria tributação em virtude da isenção de caráter objetivo incidente sobre os bens importados. Logo, como houve extravio, não se pode falar em responsabilidade subjetiva do transportador, em razão da ausência de prejuízo fiscal" (REsp 1.101.814/SP, rel. Min. Arnaldo Esteves Lima, j. 22-5-2012, 1ª T.).

b) o depositário, assim considerada qualquer pessoa incumbida da custódia de mercadoria sob controle aduaneiro.

São também definidos como **responsáveis solidários** pelo recolhimento do imposto (art. 32, parágrafo único, do Decreto-lei n. 37/66):

a) o adquirente ou cessionário de mercadoria beneficiada com isenção ou redução do imposto;

b) o representante, no País, do transportador estrangeiro;

c) o adquirente de mercadoria de procedência estrangeira, no caso de importação realizada por sua conta e ordem, por intermédio de pessoa jurídica importadora;

d) o encomendante predeterminado que adquire mercadoria de procedência estrangeira de pessoa jurídica importadora.

9.2.7 Não ocorrência do fato gerador

No estudo dos tributos em espécie é sempre importante analisar os casos legalmente reconhecidos de não ocorrência do fato gerador. São situações em que o próprio legislador reconhece que o tributo é indevido porque a situação concreta não se enquadra na hipótese de incidência.

Em se tratando do Imposto de Importação, merecem destaque os seguintes casos:

a) mercadoria estrangeira destruída sob controle aduaneiro, sem ônus para a Fazenda Nacional, antes de desembaraçada;

b) mercadoria estrangeira em trânsito aduaneiro de passagem, acidentalmente destruída;

c) mercadoria estrangeira que tenha sido objeto de pena de perdimento, exceto na hipótese em que não tenha sido localizada, tenha sido consumida ou revendida;

d) mercadoria enviada ao exterior em consignação, a mercadoria não for vendida no prazo autorizado e retornar;

e) se a mercadoria for devolvida por motivo de defeito técnico, para reparo ou substituição;

f) por motivo de modificações na sistemática de importação por parte do país importador;

g) por motivo de guerra externa ou calamidade pública;

h) por fatores alheios à vontade do exportador.

9.2.8 Despacho aduaneiro

Qualquer mercadoria procedente do exterior que ingresse no território nacional, sujeita ou não ao recolhimento do Imposto de Importação, deverá ser submetida à autoridade aduaneira para processamento do despacho aduaneiro (art. 44 do Decreto-lei n. 37/66).

O despacho será processado com base em declaração apresentada à autoridade aduaneira acompanhada da documentação exigida em lei. Realizada a conferência aduaneira da documentação e das mercadorias, será promovido o desembaraço aduaneiro.

9.2.9 Regime de trânsito aduaneiro. Admissão temporária

Regime de trânsito aduaneiro é aquele que permite o transporte de mercadorias sob controle aduaneiro, de um ponto a outro do território aduaneiro, sem recolhimento de tributos (art. 73 do Decreto-lei n. 37/66).

A mercadoria cuja chegada ao destino não for comprovada ficará sujeita aos tributos vigorantes na data da assinatura do termo de responsabilidade.

Já o denominado regime de admissão temporária é o sistema aduaneiro pelo ingresso no País de certas mercadorias, com uma finalidade e por um período de tempo determinados, com a suspensão total ou parcial do pagamento de tributos aduaneiros incidentes na sua importação, visando à reexportação[3].

Esaf: A prova de Auditor-Fiscal da Receita Federal de 2012 considerou CORRETA a afirmação: "Considerando decisões emanadas do STF, a exclusão do arrendamento mercantil – *leasing* – do campo de aplicação do regime de admissão temporária não constitui violação ao princípio da isonomia tributária".

3 Fonte: <http://www.receita.fazenda.gov.br>.

9.2.10 Direito sumular

Existem duas súmulas editadas em matéria de Imposto de Importação.

Súmula 124

A taxa de melhoramento dos portos tem base de cálculo diversa do imposto de importação, sendo legítima a sua cobrança sobre a importação de mercadorias de países signatários do GATT, da ALALC ou ALADI.

Súmula 569

Na importação, é indevida a exigência de nova certidão negativa de débito no desembaraço aduaneiro, se já apresentada a comprovação da quitação de tributos federais quando da concessão do benefício relativo ao regime de *drawback*.

9.3 IMPOSTO SOBRE EXPORTAÇÃO (IE)

9.3.1 Regime geral

O segundo imposto de competência da União é o Imposto de Exportação (IE).

Previsto no art. 153, II, da Constituição Federal, o IE é um **imposto federal** cuja hipótese de incidência enuncia a "exportação, para o exterior, de produtos nacionais ou nacionalizados". Sua normatização infraconstitucional consta essencialmente do Decreto-lei n. 1.578/77.

Assim como ocorre com o Imposto de Importação, o IE também constitui **exceção à legalidade e à anterioridade**, podendo ter alíquotas alteradas por ato do Poder Executivo, atendidos os limites e condições fixados em lei (art. 153, § 1º, CF), caso em que **a cobrança será imediata.**

A **função** do Imposto de Exportação é **extrafiscal**, pois se trata de um imposto dirigido à política econômica e ao comércio internacional[4], sendo que **sua receita líquida destina-se à formação de reservas monetárias** (art. 28 do CTN).

O art. 1º da Lei n. 5.072/66, atualmente revogada pelo Decreto-lei n. 1.578/77, enunciava no mesmo sentido: "o imposto de exportação é de caráter exclusivamente monetário e cambial e tem por finalidade disciplinar os efeitos monetários decorrentes da variação de preços no exterior e preservar as receitas de exportação".

O Imposto de Exportação é **lançado por declaração** com base em informações prestadas pelo devedor na Guia de Exportação ou documento equivalente (art. 1º, § 1º, do Decreto-lei n. 1.578/77).

9.3.2 Fato gerador

O fato gerador do Imposto sobre Exportação é a saída de produtos nacionais ou nacionalizados do território nacional, considerando-se como tal o momento

---

4 Hugo de Brito Machado, *Curso de Direito Tributário*, p. 313.

da expedição da guia de exportação ou documento equivalente (art. 1º do Decreto-lei n. 1.578/77).

9.3.3 Base de cálculo

A base de cálculo do imposto é o preço normal que o produto, ou seu similar, alcançaria, ao tempo da exportação, em uma venda em condições de livre concorrência no mercado internacional, observadas as normas expedidas pelo Poder Executivo, mediante ato da CAMEX – Câmara de Comércio Exterior (art. 2º do Decreto-lei n. 1.578/77).

> Cespe: A prova da Magistratura Federal do TRF5 de 2011 considerou ERRADA a assertiva: "A base de cálculo do imposto sobre a exportação corresponde, quando a alíquota for específica, ao preço normal que o produto ou seu similar alcançaria, ao tempo da exportação, em uma venda em condições de livre concorrência".

O preço à vista do produto, FOB ou posto na fronteira, é indicativo do preço normal (art. 2º, § 1º, do Decreto-lei n. 1.578/77).

Quando o preço do produto for de difícil apuração ou for suscetível de oscilações bruscas no mercado internacional, o Poder Executivo, mediante ato da CAMEX, fixará critérios específicos ou estabelecerá pauta de valor mínimo, para apuração de base de cálculo (art. 2º, § 2º, do Decreto-lei n. 1.578/77).

9.3.4 Alíquotas

Como visto, o IE é exceção ao princípio da legalidade, podendo ter alíquotas modificadas por ato do Poder Executivo. Porém, na ausência de fixação pelo Executivo a alíquota do IE é de 30% (art. 3º do Decreto-lei n. 1.578/77), sendo vedada em qualquer hipótese sua majoração para patamar superior a 150% (art. 3º, parágrafo único).

> STF: "**É compatível com a Carta Magna a norma infraconstitucional que atribui a órgão integrante do Poder Executivo da União a faculdade de estabelecer as alíquotas do Imposto de Exportação**. Competência que não é privativa do Presidente da República. Inocorrência de ofensa aos arts. 84, *caput*, IV, e parágrafo único, e 153, § 1º, da CF ou ao princípio de reserva legal. Precedentes. Faculdade discricionária atribuída à Câmara de Comércio Exterior (Camex), que se circunscreve ao disposto no DL n. 1.578/77 e às demais normas regulamentares" (RE 570.680, rel. Min. Ricardo Lewandowski, j. 28-10-2009, P, *DJe* de 4-12-2009, Tema 53).

9.3.5 Contribuinte

O contribuinte do IE é o exportador, assim considerada qualquer pessoa que promova a saída do produto do território nacional (art. 5º do Decreto-lei n. 1.578/77), ou quem a lei a ele equiparar (art. 27 do CTN).

9.3.6 Restituição e não ocorrência do fato gerador

Se não for efetivada a exportação do produto ou ocorrendo o seu retorno nos casos previstos em lei, a quantia paga será restituída mediante requerimento do interessado (art. 6º do Decreto-lei n. 1.578/77).

Não se trata propriamente de casos de não ocorrência do fato gerador do imposto, na medida em que, como dito anteriormente, seu fato gerador é a expedição da guia de exportação ou documento equivalente.

Dessa forma, antes de expedida a guia, o fato gerador não ocorre, sendo incabível exigir o tributo antes do ato de expedição do referido documento.

9.3.7 Direito sumular

Não existe súmula do STF ou do STJ em matéria de Imposto de Exportação.

9.4 IMPOSTO SOBRE A RENDA (IR)

9.4.1 Regime geral

Estabelece o art. 153, III, da CF que **compete à União** instituir Imposto sobre a Renda e proventos de qualquer natureza.

Atualmente, o IR rege-se pelas Leis n. 8.034/90, 8.166/91, 8.848/94, 8.849/94, 8.981/95, 9.316/96, 9.430/96, 9.532/97 e pelo Decreto n. 9.580, de 2018.

A **função** do Imposto sobre a Renda é **fiscal**, isto é, **meramente arrecadatória**, na medida em que a finalidade precípua que justifica sua cobrança consiste na **pura obtenção de recursos para custeio dos gastos gerais do Estado.** Constata-se, todavia, que a obrigatoriedade constitucional de aplicação do sistema de alíquotas progressivas aponta também para uma difusa função de redistribuição de renda associada à redução de desigualdades sociais.

O Imposto sobre a Renda sujeita-se ao regime geral da legalidade tributária, de modo que o tributo só pode ser criado, majorado, reduzido ou extinto mediante lei ordinária da União. No entanto, **é uma das exceções à anterioridade nonagesimal**. Assim, sendo criado ou majorado em um exercício, os novos valores podem ser exigidos no ano seguinte, **não havendo necessidade de aguardar o intervalo mínimo de noventa dias.** Esse é o modo geral de compreender a relação entre o IR e a anterioridade tributária. Os detalhes especiais do tema serão abordados nos tópicos seguintes.

Quanto à forma de lançamento, o IR é **lançado por homologação**, na medida em que cabe ao Fisco aprovar ou rejeitar a antecipação de pagamento e a declaração realizadas pelo devedor.

> Cetro: A prova de Titular de Cartório/RJ de 2012 considerou ERRADA a afirmação: "A formulação de declaração pelo contribuinte é obrigação principal, ou seja, o seu lançamento".

9.4.2 Universalidade, generalidade e progressividade

O art. 153, § 2º, I, da Constituição Federal determina que o Imposto sobre a Renda "será informado pelos critérios da generalidade, da universalidade e da progressividade, na forma da lei".

O critério da **universalidade** impõe o dever de o referido imposto incidir sobre **qualquer espécie de renda** ou provento.

A **generalidade** determina que, em princípio, **todas as pessoas** físicas ou jurídicas sujeitam-se à incidência do imposto.

Pela **progressividade**, as alíquotas do IR devem ser graduadas conforme a capacidade econômica do contribuinte (art. 145, § 1º, da CF).

9.4.3 Fato gerador

O fato gerador do IR é "a aquisição da disponibilidade econômica ou jurídica[STJ]:

> Cetro: A prova de Titular de Cartório/RJ de 2012 considerou CORRETA a afirmação: "O imposto de renda tem como fato gerador a aquisição da disponibilidade econômica ou jurídica sobre a renda e proventos de qualquer natureza".

> STJ: "DIREITO TRIBUTÁRIO. HIPÓTESE DE INCIDÊNCIA DE IMPOSTO DE RENDA SOBRE IMPORTÂNCIA RECEBIDA EM RAZÃO DE OBRIGAÇÃO ALTERNATIVA ASSUMIDA EM ACORDO COLETIVO DE TRABALHO. Incide imposto de renda sobre a quantia recebida pelo empregado em razão de acordo coletivo de trabalho firmado com o empregador, no qual fora ajustado a constituição de fundo de aposentadoria e pensão e, alternativamente, o pagamento de determinado valor em dinheiro correspondente ao que seria vertido para o aludido fundo" (2ª T., REsp 1.218.222-RS, rel. Min. Mauro Campbell Marques, j. 4-9-2014).

I – de renda, assim entendido o produto do capital, do trabalho ou da combinação de ambos[STJ];

> STJ: "PROCESSUAL CIVIL. AGRAVO REGIMENTAL. BENEFÍCIO PREVIDENCIÁRIO PAGO ACUMULADAMENTE E A DESTEMPO. JUROS DE MORA. IMPOSTO DE RENDA. 1. Em se tratando de benefício previdenciário pago a destempo e acumuladamente, a incidência do imposto de renda deve observar as tabelas e alíquotas vigentes à época em que os valores deveriam ter sido adimplidos. 2. Como a verba principal (benefício previdenciário) é em tese tributável, os juros de mora dela decorrentes também o são, considerando-se aqui o postulado *accessorium sequitur suum principale*" (AgRg no AREsp 300.240/RS, rel. Min. Humberto Martins, j. 9-4-2013, 2ª T.).

II – de proventos de qualquer natureza, assim entendidos os acréscimos patrimoniais não compreendidos no inciso anterior" (art. 43 do CTN)[STJ].

STJ: "IMPOSTO DE RENDA. TÍTULOS DA DÍVIDA AGRÁRIA – TDAS. INCIDÊNCIA SOBRE O GANHO DE CAPITAL ORIUNDO DA DIFERENÇA POSITIVA ENTRE O PREÇO DE AQUISIÇÃO E O PREÇO DE VENDA DO TÍTULO. OCORRÊNCIA DO FATO GERADOR. O recebimento de indenização em virtude de desapropriação para fins de reforma agrária não entra no cômputo do rendimento bruto da pessoa física ou do lucro real da pessoa jurídica, mesmo se for apurada nessa transferência ganho de capital, consoante o art. 22, parágrafo único da Lei n. 7.713/88 e art. 184, § 5º, da CF/88. Outrossim, não é tributada a operação financeira consistente na obtenção do rendimento do TDA. 3. Essas 'isenções' têm recebido amparo neste STJ e foram estendidas pela jurisprudência aos terceiros portadores do título no que diz respeito ao resgate do seu valor principal ou dos valores correspondentes a juros compensatórios e moratórios ali previstos. 4. Ocorre que no caso concreto o que se pretende ver livre da tributação é a própria operação de compra e venda dos títulos no mercado. Essa operação é completamente diferente da aquisição do título como indenização *pro soluto* da desapropriação realizada, ou do recebimento dos juros que remuneram o título enquanto não vencido o principal, ou do recebimento do valor do título quando de seu vencimento. Trata-se de uma mera compra e venda de título no mercado especulativo que pode gerar lucro ou prejuízo comparando-se o preço de aquisição com o preço de venda. O lucro gerado é ganho de capital que deve submeter-se à tributação pelo imposto de renda como qualquer outro título mobiliário. Não há aí qualquer impacto na justa e prévia indenização visto que a tributação somente ocorre quando o título for alienado com lucro (ganho de capital) pelo expropriado ou pelo portador" (REsp 1.124.133/RJ, rel. Min. Mauro Campbell Marques, j. 7-3-2013, 2ª T.).

Assim, pode-se dizer, em síntese, que o fato gerador do IR é **qualquer acréscimo patrimonial** observado em determinado período de tempo[STJ].

Cetro: A prova de Titular de Cartório/RJ de 2012 considerou ERRADA a afirmação: "Aos acréscimos patrimoniais decorrentes de atividade criminosa não incide o imposto sobre a renda e proventos de qualquer natureza".

STJ: "DIREITO TRIBUTÁRIO. IMPOSTO DE RENDA SOBRE VERBAS REFERENTES À MIGRAÇÃO DE PLANO DE BENEFÍCIOS DE PREVIDÊNCIA PRIVADA. Incide IRPF sobre os valores recebidos como incentivo à adesão ao processo de repactuação do regulamento do plano de benefícios de previdência privada" (2ª T., AgRg no REsp 1.439.516-PR, rel. Min. Humberto Martins, j. 6-5-2014).

Cabe salientar que não incide Imposto de Renda sobre a isenção de taxa condominial concedida ao síndico em razão do exercício de seu trabalho, segundo a 1ª Turma do Superior Tribunal de Justiça, uma vez que o benefício a ele concedido não configura acréscimo patrimonial. A incidência de IR sobre a mencionada isenção viola ainda o princípio da capacidade contributiva.

STJ: "O imposto de renda tem como fato gerador a aquisição da disponibilidade econômica ou jurídica de renda ou de proventos de qualquer natureza. Renda, para fins de incidência tributária, pressupõe acréscimo patrimonial ao longo de determinado período, ou seja, riqueza nova agregada ao patrimônio do contribuinte. A quota condominial é a obrigação mensal imposta a todos os condôminos para cobrir gastos necessários à manutenção de um condomínio. Trata-se, portanto, de uma despesa, um encargo que é suportado pelos condôminos. Assim, a dispensa do pagamento das taxas condominiais concedida ao síndico pelo trabalho por ele exercido não pode ser considerada como pró-labore, rendimento nem tampouco como acréscimo patrimonial. Logo, não está sujeita à incidência do imposto de renda, sob pena, inclusive, de violar o princípio da capacidade contributiva. Quando o síndico deixa de pagar a quota condominial não há uma alteração entre o patrimônio preexistente e o novo. Não há o ingresso de riqueza nova em seu patrimônio que justifique a inclusão do valor correspondente à sua quota condominial como ganho patrimonial na apuração anual de rendimentos tributáveis" (STJ. 1ª Turma. REsp 1.606.234-RJ, rel. Min. Napoleão Nunes Maia Filho, j. 5-12-2019. *Informativo* 662).

Importante verificar que o imposto incide tanto no caso de aquisição da disponibilidade econômica quanto jurídica.

Cespe: A prova de Procurador do Tribunal de Contas/DF considerou ERRADA a afirmação: "O fato gerador do imposto sobre a renda e proventos de qualquer natureza é a disponibilidade financeira da renda".

Disponibilidade econômica consiste no **recebimento efetivo** do valor a ser acrescentado no patrimônio do contribuinte[STJ].

STJ: "O portador de cardiopatia grave não tem direito à isenção do imposto de renda sobre seus vencimentos no caso em que, mesmo preenchendo os requisitos para a aposentadoria por invalidez, opte por continuar trabalhando. O art. 6º, XIV, da Lei n. 7.713/88 exige, para que se reconheça o direito à isenção, a presença de dois requisitos cumulativos: que os rendimentos sejam relativos a aposentadoria, pensão ou reforma; e que a pessoa física seja portadora de uma das doenças ali elencadas. Inexiste, portanto, previsão legal expressa da situação em análise como hipótese de exclusão do crédito tributário, o que se exige em face da regra contida no art. 150, § 6º, da CF. Ademais, o art. 111, II, do CTN determina que seja interpretada literalmente a legislação tributária que disponha sobre outorga de isenção. Ressalte-se, ainda, que não se caracteriza qualquer ofensa ao princípio da isonomia em face da comparação da situação do indivíduo aposentado com o que esteja em atividade" (RMS 31.637-CE, rel. Min. Castro Meira, j. 5-2-2013).

Já a **disponibilidade jurídica**, que também é fato gerador do IR, se dá quando ocorre o **crédito do valor**, ficando disponível ao contribuinte, embora **não esteja ainda incorporado efetivamente ao seu patrimônio**[5]. Exemplo: remessa de dólar proveniente do exterior feita ao contribuinte (valor já creditado em conta), mas que ainda não foi convertido em moeda nacional pela instituição financeira para poder ser sacado (não se incorporou ao seu patrimônio).

5 Hugo de Brito Machado, *Curso de Direito Tributário*, p. 320.

Nos termos do art. 42, § 1º, do CTN: "A incidência do imposto independe da denominação da receita ou do rendimento, da localização, condição jurídica ou nacionalidade da fonte, da origem e da forma de percepção"[STJ].

> STJ: "Incide imposto de renda da pessoa física sobre os juros moratórios decorrentes de benefícios previdenciários pagos em atraso. Os juros moratórios, apesar de terem a natureza jurídica de lucros cessantes, amoldam-se à hipótese de incidência do imposto de renda prevista no inciso II do art. 43 do CTN (proventos de qualquer natureza). Nesse contexto, há duas exceções à regra da incidência do imposto de renda sobre os juros de mora. Nos termos do art. 6º, V, da Lei n. 7.713/88, na situação excepcional em que o trabalhador perde o emprego, os juros de mora incidentes sobre as verbas remuneratórias ou indenizatórias que lhe são pagas são isentos de imposto de renda. Além disso, não incide o referido tributo sobre os juros de mora decorrentes de verba principal isenta ou fora do seu campo de incidência (tese do acessório que segue o principal). Por outro lado, não há regra isentiva para os juros de mora incidentes sobre verbas previdenciárias remuneratórias pagas a destempo, o que acarreta a aplicação da regra geral do art. 16, parágrafo único, da Lei n. 4.506/64" (AgRg no AgEsp 248.264/RS, rel. Min. Mauro Marques, j. 27-11-2012).

Na hipótese de receita ou de rendimento oriundos do exterior, a lei estabelecerá as condições e o momento em que se dará sua disponibilidade, para fins de incidência do imposto referido neste artigo (art. 42, § 2º, do CTN).

9.4.4 Irretroatividade e anterioridade

Conforme já discutido nos capítulos anteriores deste *Manual*, existe grande debate sobre a situação do Imposto de Renda diante da aplicação dos princípios da irretroatividade e anterioridade.

Transcrevemos aqui as conclusões já apresentadas no Capítulo 4.

Nos termos do art. 43 do Código Tributário Nacional:

> O imposto, de competência da União, sobre a renda e proventos de qualquer natureza tem como fato gerador a aquisição da disponibilidade econômica ou jurídica:
>
> I – de renda, assim entendido o produto do capital, do trabalho ou da combinação de ambos;
>
> II – de proventos de qualquer natureza, assim entendidos os acréscimos patrimoniais não compreendidos no inciso anterior.

Assim, o fato gerador o Imposto de Renda consiste no acréscimo patrimonial proveniente do produto do capital, trabalho ou de outra fonte.

Pelo princípio da irretroatividade, as novas leis tributárias em matéria de Imposto de Renda somente se aplicam sobre acréscimos patrimoniais posteriores à data de publicação.

A grande dificuldade nessa matéria é que a legislação define diferentes momentos em que se considera ocorrido o fato gerador do Imposto de Renda, dependendo do tipo de operação.

O fato gerador do Imposto de Renda é do tipo continuado ("complessivo" ou pendente), ou seja, o tributo incide, em regra, sobre o conjunto de rendas e proventos apurados durante determinado período de tempo[6].

Como regra, o imposto incide anualmente sobre a totalidade de rendas e proventos auferidos durante o ano-base compreendido entre 1º de janeiro e 31 de dezembro.

Desse modo, para fins de apuração geral, o fato gerador do imposto fica pendente durante o ano-base e considera-se definitivamente consumado somente ao final do dia 31 de dezembro de cada ano.

Para outras situações muito específicas (ganho de capital, por exemplo), a legislação considera ocorrido o fato gerador na própria data em que acontece o acréscimo patrimonial. Mas estes são casos diferentes e bastante peculiares, que devem ser tratados como exceções.

Mas, se o fato gerador do Imposto de Renda leva em consideração todos os acréscimos patrimoniais ocorridos desde o início do ano-base até o dia 31 de dezembro, havendo alteração durante o ano na legislação aplicável ao imposto, qual lei deve ser aplicada?

Como o Imposto de Renda tem, em regra, fato gerador pendente, **vale a lei vigente na época do início do ano-base**. Essa é a conclusão decorrendo daquilo que exige o princípio da irretroatividade.

Qualquer tentativa de aplicar uma nova lei em matéria de Imposto de Renda no mesmo ano de sua publicação viola o princípio da irretroatividade.

Por exemplo, se no dia 2 de janeiro de 2019 sobrevém uma lei modificando regras sobre a arrecadação do Imposto de Renda, por força do princípio da irretroatividade a nova lei somente poderá ser aplicada a partir de 1º de janeiro de 2020. A nova lei não valerá para o ano de 2019 na medida em que os fatos geradores desse ano estão pendentes, sendo que sua consumação efetiva somente se dará ao final do dia 31 de dezembro.

O raciocínio acima desenvolvido é válido para as situações gerais de incidência do imposto. Para os casos de operações especiais, nada impede que a lei determine regra diferenciada estabelecendo, por exemplo, que o fato gerador considera-se ocorrido na própria data do acréscimo patrimonial. Em tais casos, sendo aprovada nova lei em matéria de Imposto de Renda, o princípio da irretroatividade não irá determinar a aplicação somente a partir de 1º de janeiro do ano seguinte. Na verdade, tal lei aplica-se aos fatos geradores ocorridos já no dia seguinte à sua publicação, na medida em que, para as referidas operações especiais (repita-se o exemplo do ganho de capital), o fato gerador é instantâneo e não pendente[STF].

6 Hugo de Brito Machado, *Curso de Direito Tributário*, p. 322.

STF: "IRPJ extrafiscal: fato gerador. Ante a peculiaridade do caso, consistente no uso do imposto de renda com função extrafiscal, o Plenário afastou a incidência retroativa do art. 1º, I, da Lei n. 7.988/89. A mencionada norma, editada em 28-12-1989, elevou de 6% para 18% a alíquota do imposto de renda aplicável ao lucro decorrente de exportações incentivadas, apurado no ano-base de 1989. Em razão de o fato gerador do imposto de renda ocorrer somente em 31 de dezembro, se a lei fosse editada antes dessa data, sua aplicação a fatos ocorridos no mesmo ano da edição não violaria o princípio da irretroatividade. Ressaltou, entretanto, que na situação dos autos ter-se-ia utilizado o imposto de renda em seu caráter extrafiscal. A União, por meio do Decreto-lei n. 2.413/88, reduziu a alíquota do imposto cobrada sobre a renda auferida sobre certos negócios e atividades, a fim de estimular as exportações, a determinar o comportamento do agente econômico. Essas operações teriam, portanto, tributação diferenciada das demais, e seriam tratadas como unidades contábeis distintas das demais operações. Uma vez alcançado o objetivo extrafiscal, não seria possível modificar as regras de incentivo, sob pena de quebra do vínculo de confiança entre o Poder Público e a pessoa privada, e da própria eficácia de políticas de incentivo fiscal. No caso de o imposto de renda ser utilizado em caráter extrafiscal, a configuração do fato gerador dar-se-ia no momento da realização da operação para, então, ser tributado com alíquota reduzida. Dessa forma, depois da realização do comportamento estimulado, a lei nova apenas poderia ter eficácia para novas possibilidades de comportamentos, sob pena de ofensa ao princípio da irretroatividade da lei em matéria de extrafiscalidade" (RE 183.130/PR, rel. orig. Min. Carlos Velloso, red. p/ o acórdão Min. Teori Zavascki, j. 25-9-2014).

Quanto ao princípio da anterioridade, conforme já visto, o Imposto de Renda submete-se somente à anterioridade anual (art. 150, III, *b*, e § 1º, da CF), de modo que, sendo publicada lei que crie ou majore o tributo, sua exigência poderá ser feita a partir de 1º de janeiro do ano seguinte, sem necessidade de observar os 90 dias de intervalo mínimo.

Enquanto a garantia da irretroatividade aplica-se a qualquer lei, o princípio da anterioridade vale somente para leis que criem ou majorem o tributo, tendo por isso a anterioridade um alcance bem mais reduzido se comparado à abrangência do princípio da irretroatividade.

Desse modo, o princípio da anterioridade autoriza a cobrança do Imposto de Renda, instituído ou majorado por nova lei, já a partir de 1º de janeiro do ano seguinte à data em que essa nova lei tiver sido publicada. Como a anterioridade é um intervalo entre a publicação da lei e a exigência do tributo, não existe grande dificuldade na aplicação do referido princípio quanto ao Imposto de Renda. Todavia, mesmo que autorizada a arrecadação com base na anterioridade, será preciso verificar se foi atendida a exigência da irretroatividade quanto à nova lei, conforme comentado nos parágrafos acima, pois a irretroatividade constitui o requisito mais rigoroso para instituição de inovações em matéria de Imposto de Renda devido às peculiaridades decorrentes de seu fato gerador complessivo.

Interessante notar que os dois princípios, anterioridade anual e irretroatividade, resultam na aplicação das novas leis a partir de 1º de janeiro do ano seguinte em matéria de regime geral do Imposto de Renda. Desse modo, para leis que instituem ou majorem o imposto termina ocorrendo uma coincidência no alcance prático das duas garantias, pois ambas adiam a ação do novo regime tributário para o início do próximo ano-base.

O mesmo não pode ser dito, porém, para os casos de incidência especial do Imposto de Renda. Naquelas situações excepcionais em que a lei considera o fato gerador ocorrido na própria data do acréscimo patrimonial, o alcance dos dois princípios será bastante diferente. A irretroatividade exigirá que a nova lei somente atinja fatos geradores ocorridos a partir do dia seguinte à data de sua publicação. Já a anterioridade resultará em garantia mais vantajosa, na medida em que irá impedir que o novo regime do tributo seja aplicado antes de 1º de janeiro do ano seguinte.

Há outro tema discutido no Capítulo 4 deste *Manual* que vale a pena relembrar.

Trata-se da controvertida **Súmula 584 do STF**:

> Ao imposto de renda calculado sobre os rendimentos do ano-base, aplica-se a lei vigente no exercício financeiro em que deve ser apresentada a declaração.

Como a declaração do Imposto de Renda é apresentada sempre no exercício seguinte ao ano-base, **em termos práticos a Súmula 584 afirma ser aplicável a lei vigente no ano seguinte ao do fato gerador.** É como se o princípio da irretroatividade simplesmente não existisse!

O entendimento firmado pelo STF na Súmula 584 data do ano de 1976 e contempla visão completamente antagônica às garantias asseguradas aos contribuintes pelos princípios da anterioridade e irretroatividade na Constituição de 1988.

Essa ainda é a visão atualmente defendida pelo Supremo Tribunal Federal na matéria.

Para provas e concursos deve ser adotada a orientação majoritária segundo a qual **a Súmula 584 do STF não foi recepcionada pelo Texto de 1988**. Aplica-se ao Imposto de Renda a lei vigente no início do ano-base, e não aquela em vigor no exercício da declaração. Este último ponto de vista somente deve ser sustentado quando for cobrado o posicionamento do Supremo Tribunal Federal sobre o tema.

STF: "No RE 183.130, rel. p/ o ac. min. Teori Zavascki, o Plenário desta Corte assentou que a utilização do imposto de renda com conotação extrafiscal afasta a incidência da Súmula 584 do STF. O fato gerador se consolida no momento em que ocorre cada operação de exportação incentivada pela redução da alíquota do imposto de renda, à luz da extrafiscalidade da tributação na espécie. É inconstitucional a aplicação retroativa do art. 1º, I, da Lei n. 7.988/89, que majorou a alíquota incidente sobre o lucro proveniente de operações incentivadas ocorridas no passado, ainda que no mesmo ano-base. (...) Recurso extraordinário a que se dá provimento, reafirmando a jurisprudência desta Corte, em sede de repercussão geral, para reformar o acórdão recorrido e declarar a inconstitucionalidade, incidental e com os efeitos da repercussão geral, do art. 1º, I, da Lei n. 7.988/89, uma vez que a majoração de alíquota de 6% para 18%, a qual se reflete na base de cálculo do imposto de renda pessoa jurídica incidente sobre o lucro das operações incentivadas no ano-base de 1989, ofende os princípios da irretroatividade e da segurança jurídica" (RE 592.396, rel. Min. Edson Fachin, j. 3-12-2015, P, *DJe* de 28-3-2016, Tema 168).

9.4.5 Contribuinte

São contribuintes do Imposto de Renda todas as **pessoas físicas ou jurídicas sujeitas a acréscimo patrimonial**.

Nesse sentido, estabelece o art. 45 do CTN: "contribuinte do imposto é **o titular da disponibilidade**, sem prejuízo de atribuir a lei essa condição ao possuidor, a qualquer título, dos bens produtores de renda ou dos proventos tributáveis".

> Cespe: A prova da Magistratura Federal do TRF5 de 2011 considerou CORRETA a assertiva: "Considera-se contribuinte do imposto de renda o titular de disponibilidade econômica ou jurídica, podendo a lei atribuir essa condição ao possuidor, a qualquer título, dos bens produtores de renda ou dos proventos tributáveis".

A legislação pode conferir a condição de responsável tributário a quem possui obrigação de reter o imposto na fonte[STJ] (art. 45, parágrafo único, do CTN).

> Cetro: A prova de Titular de Cartório/RJ de 2012 considerou CORRETA a afirmação: "A lei pode atribuir à fonte pagadora da renda ou dos proventos tributáveis a condição de responsável pelo imposto cuja retenção e cujo recolhimento lhe caibam".

> STJ: "DIREITO TRIBUTÁRIO. RESPONSABILIDADE PELO RECOLHIMENTO DO IMPOSTO DE RENDA CUJA DECLARAÇÃO FOI TRANSMITIDA COM DADO EQUIVOCADO PELA FONTE PAGADORA. Mesmo que a fonte pagadora (substituta tributária) equivocadamente tenha deixado de efetuar a retenção de determinada quantia, a título de imposto de renda, sobre importância paga a empregado, tendo, ainda, expedido comprovante de rendimentos informando que a respectiva renda classifica-se como rendimento isento e não tributável, o sujeito passivo da relação jurídico-tributária (substituído tributário) deverá arcar com o imposto de renda devido e não recolhido" (1ª T., REsp 1.218.222-RS, rel. Min. Mauro Campbell Marques, j. 4-9-2014).

9.4.6 Não ocorrência do fato gerador

Como o fato gerador do IR é o acréscimo patrimonial, não há falar-se em incidência do imposto se, pela venda não lucrativa de um bem, o contribuinte apenas substituiu o patrimônio imobilizado por dinheiro.

Além disso, deve-se considerar que a Constituição Federal delimitou negativamente os conceitos de "renda" e de "proventos", deles excluindo situações concretas que caracterizam a hipótese de incidência dos demais impostos.

Por isso, não se admite que o IR incida sobre serviços, propriedade predial e territorial urbana, operações financeiras, circulação de mercadorias, venda de imóveis, tampouco sobre verbas de natureza indenizatória[STJ1], como férias não gozadas[STJ2].

STJ[1]: "IMPOSTO DE RENDA DA PESSOA FÍSICA – IRPF. REGRA GERAL DE INCIDÊNCIA SOBRE JUROS DE MORA, MESMO EM SE TRATANDO DE VERBA INDENIZATÓRIA. CASO DE JUROS DE MORA DECORRENTES DE VERBAS REMUNERATÓRIAS PAGAS EM ATRASO, FORA DO CONTEXTO DE DESPEDIDA OU RESCISÃO DO CONTRATO DE TRABALHO. 1. Regra-geral, incide imposto de renda sobre juros de mora a teor do art. 16, parágrafo único, da Lei n. 4.506/64: 'Serão também classificados como rendimentos de trabalho assalariado os juros de mora e quaisquer outras indenizações pelo atraso no pagamento das remunerações previstas neste artigo'. Primeira exceção: não incide imposto de renda sobre os juros de mora decorrentes de verbas trabalhistas pagas no contexto de despedida ou rescisão do contrato de trabalho consoante o art. 6º, inciso V, da Lei n. 7.713/88. Segunda exceção: são isentos do imposto de renda os juros de mora incidentes sobre verba principal isenta ou fora do campo de incidência do IR, conforme a regra do *accessorium sequitur suum principale*. No caso, os juros de mora devidos são originários de ação ordinária que condenou a União Federal a ressarcir servidores públicos militares por promoções que, de forma ilegal, não foram efetivadas no momento oportuno, não socorrendo ao contribuinte as exceções acima apontadas" (AgRg no REsp 1.348.003/PR, rel. Min. Mauro Campbell Marques, j. 6-12-2012, 2ª T.).

STJ[2]: "A 1ª Seção do STJ firmou o posicionamento majoritário no sentido de que são isentos do imposto de renda os rendimentos do trabalho recebidos por técnicos a serviço das Nações Unidas, contratados no Brasil para atuar como consultores no âmbito do Programa das Nações Unidas para o Desenvolvimento – PNUD. No referido julgamento, entendeu o relator que os 'peritos' a que se refere o Acordo Básico de Assistência Técnica com a Organização das Nações Unidas, suas Agências Especializadas e a Agência Internacional de Energia Atômica, promulgado pelo Decreto n. 59.308/66, estão ao abrigo da norma isentiva do imposto de renda. Conforme decidido pela 1ª Seção, o Acordo Básico de Assistência Técnica atribuiu os benefícios fiscais decorrentes da Convenção sobre Privilégios e Imunidades das Nações Unidas, promulgada pelo Decreto n. 27.784/50, não só aos funcionários da ONU em sentido estrito, mas também aos que a ela prestam serviços na condição de 'peritos de assistência técnica', no que se refere a essas atividades específicas" (REsp 1.306.393/DF, rel. Min. Mauro Campbell Marques, j. 24-10-2012, 1ª Seção).

9.4.7 Base de cálculo

A legislação brasileira prevê três formatos diferentes para composição da base de cálculo do IR: a) lucro real; b) lucro presumido; c) lucro arbitrado.

A apuração pelo **lucro real**, sistema utilizado como regra geral pelas pessoas jurídicas, leva em consideração o acréscimo patrimonial efetivo[STF].

MP/PR: A prova de Promotor/PR de 2012 considerou CORRETA a assertiva: "A base de cálculo do imposto sobre a Renda e Proventos de Qualquer Natureza é o montante, real, arbitrado ou presumido, da renda ou dos proventos tributáveis".

STF: "O valor devido a título de CSLL não deveria, nos termos da Constituição, ser tratado como despesa operacional ou necessária para fins de apuração do IRPJ e, portanto, dedutível. Nem todas as despesas seriam relevantes à apuração do IR, pois a despesa operacional ou a necessária deveria estar direta, intrínseca ou intimamente ligada à atividade empresarial. O valor devido a título de CSLL não consistiria em despesa necessária ou operacional à realização da operação ou do negócio que antecederiam o fato jurídico tributário: auferir renda. O relator salientou que o quadro em exame seria marcado por dois momentos distintos: no primeiro, o contribuinte receberia um fluxo de novas riquezas que, depois da devida apuração, representaria ou não renda; no segundo, se confirmada a existência do lucro real e em razão da incidência das regras-matrizes do IRPJ e da CSLL, uma parte daquele valor teria de ser destinada aos cofres públicos. Concluiu não haver dupla tributação ou incidência do IRPJ sobre a CSLL, haja vista que o valor que deveria ser pago a título de CSLL não deixara de ser lucro ou renda para o contribuinte, em razão da destinação que por ele seria dada após a apuração de ambas as exações" (RE 582.525/SP, rel. Min. Joaquim Barbosa, j. 9-5-2013).

Segundo a legislação que rege a matéria, considera-se lucro real: "o lucro líquido do exercício ajustado pelas adições, exclusões ou compensações prescritas ou autorizadas pela legislação tributária"[STJ-STF] (art. 6º do Decreto-lei n. 1.598/77).

STJ: "DIREITO TRIBUTÁRIO. DEDUÇÃO DAS DESPESAS COM FÉRIAS DE EMPREGADO NA DECLARAÇÃO DO IRPJ. É possível ao empregador deduzir as despesas relacionadas ao pagamento de férias de empregado na declaração do IRPJ correspondente ao ano do exercício em que o direito às férias foi adquirido pelos empregados. De fato, uma vez adquirido o direito às férias, a despesa em questão corresponde a uma obrigação líquida e certa contraída pelo empregador, embora não realizada imediatamente. Com a aquisição do direito às férias pelo empregado, a obrigação de concedê-las juntamente com o pagamento das verbas remuneratórias correspondentes passa a existir juridicamente para o empregador de forma líquida e certa. Nesse momento, a pessoa jurídica incorre numa despesa passível de dedução na apuração do lucro real do ano-calendário em que se aperfeiçoou o direito adquirido do empregado" (REsp 1.313.879-SP, rel. Min. Herman Benjamin, j. 7-2-2013).

STF: "TRIBUTÁRIO. IRPJ. APURAÇÃO PELO REGIME DE LUCRO REAL. DEDUÇÃO DO VALOR PAGO A TÍTULO DE CONTRIBUIÇÃO SOCIAL SOBRE O LUCRO LÍQUIDO. PROIBIÇÃO. 1. O valor pago a título de contribuição social sobre o lucro líquido – CSLL não perde a característica de corresponder a parte dos lucros ou da renda do contribuinte pela circunstância de ser utilizado para solver obrigação tributária. 2. É constitucional o art. 1º e parágrafo único da Lei n. 9.316/96, que proíbe a dedução do valor da CSLL para fins de apuração do lucro real, base de cálculo do Imposto sobre a Renda das Pessoas Jurídicas – IRPJ" (RE 582.525-SP, rel. Min. Joaquim Barbosa).

No **lucro presumido**STJ, o montante tributável é determinado pela utilização de coeficientes legais, de acordo com o tipo de atividade, aplicados sobre a receita bruta[7]. É um **sistema opcional** para pessoas jurídicas cuja receita bruta, no ano-calendário anterior, foi igual ou inferior a R$ 78.000.000,00 (setenta e oito milhões de reais).

> STJ: "DIREITO TRIBUTÁRIO. HIPÓTESE DE INCLUSÃO DO ICMS NA BASE DE CÁLCULO DO IRPJ E DA CSLL. No regime de lucro presumido, o ICMS compõe a base de cálculo do IRPJ e da CSLL" (2ª T., AgRg no REsp 1.423.160-RS, rel. Min. Herman Benjamin, j. 27-3-2014).

Quanto ao **lucro arbitrado**, consiste na forma de apuração aplicada em relação a contribuintes sujeitos em princípio aos sistemas do lucro real ou do lucro presumido, mas que, **não estando com as escriturações comercial e fiscal regularizadas**, obrigam o Fisco a determinar unilateralmente, por meio de estimativa, a base de cálculo a ser utilizada para pagamento do impostoSTJ.

> STJ: "O crédito-prêmio de IPI gera acréscimo patrimonial, devendo, portanto, compor a base de cálculo do IR. O Imposto de Renda (IR), amparado no princípio da universalidade (art. 153, § 2º, I, da CF), incide na totalidade do resultado positivo da empresa, observadas as adições e subtrações autorizadas por lei. O crédito-prêmio de Imposto sobre Produtos Industrializados (IPI), como todo benefício fiscal, acaba por diminuir a carga tributária, majorando, indiretamente, o lucro da empresa. Com efeito, o benefício fiscal, ao reduzir o prejuízo, aumenta indiretamente o resultado da empresa, repercutindo na base de cálculo do IR. Nessas situações, o imposto incide sobre o lucro da empresa, que é, direta ou indiretamente, influenciado por todas as receitas, créditos, benefícios, despesas, etc. Assim, como o crédito-prêmio de IPI representa inegável acréscimo patrimonial, e não há autorização legal expressa de dedução ou subtração desses valores, eles devem compor a base de cálculo do imposto de renda" (REsp 957.153-PE, rel. Min. Castro Meira, j. 4-10-2012).

9.4.8 Alíquotas

A Constituição Federal, em seu art. 153, § 2º, I, determina que o Imposto sobre a Renda será informado pelo critério da progressividade. Desse modo, por exigência constitucional, **o IR obrigatoriamente deve ser cobrado mediante utilização do sistema de alíquotas progressivas** em função da capacidade econômica do contribuinte.

Atualmente, a tabela progressiva do Imposto sobre a Renda para pessoas físicas contempla **cinco faixas distintas de tributação**, conforme a tabela a seguir:

---

7 Hugo de Brito Machado, *Curso de Direito Tributário*, p. 326.

Tabela progressiva para cálculo mensal do Imposto de Renda[8]

Base de cálculo mensal (R$)	Alíquota (%)
Até 1.903,98	–
De 1.903,99 até 2.826,65	7,5
De 2.826,66 até 3.751,05	15,0
De 3.751,06 até 4.664,68	22,5
Acima de 4.664,688	27,5

Convém observar que a cobrança progressiva é válida para pessoas físicas. No **caso de pessoas jurídicas a alíquota não é progressiva, mas proporcional**, variando conforme o modo de apuração aplicável: lucro real, presumido ou arbitrado[STF].

STF: "O Plenário desta Corte, no julgamento do RE 388.312/MG, relatora para o acórdão a Min. Cármen Lúcia, fixou orientação no sentido de que não cabe ao Poder Judiciário autorizar a correção monetária da tabela progressiva do imposto de renda prevista na Lei n. 9.250/95 ante a ausência de previsão legal que o autorize" (RE 470.860-DF, rel. Min. Ricardo Lewandowski, j. 15-5-2012, 2ª T.).

STF: "Imposto de renda. Contribuinte pessoa física. Impossibilidade de o Judiciário, atuando como legislador positivo, estabelecer, de modo inovador, mediante utilização de critério próprio, índice de correção monetária da tabela progressiva de incidência do tributo" (ARE 986.252 AgR, rel. Min. Celso de Mello, j. 9-12-2016, 2ª T, *DJe* de 21-2-2017).

9.4.9 Incidência sobre o ganho de capital

De acordo com o disposto no art. 21 da Lei n. 8.981/95, o ganho de capital percebido por pessoa física ou jurídica em decorrência da alienação de bens e direitos de qualquer natureza sujeita-se ao Imposto sobre a Renda, com **alíquotas que variam de 15% a 22,5%.**

Ocorre ganho de capital quando determinado bem ou direito é alienado por valor superior ao da aquisição, apurando-se a base de cálculo pela diferença entre o *quantum* percebido na transferência e o valor no momento da aquisição.

O imposto deverá ser pago até o último dia útil do mês subsequente ao da percepção dos ganhos (art. 21, § 1º, da Lei n. 8.981/95).

8 Valores levando em consideração a Tabela Progressiva do IR a partir do ano-calendário 2015 Fonte: <http://receita.economia.gov.br/acesso-rapido/tributos/irpf-imposto-de-renda-pessoa--fisica>. Acesso em: 2 set. 2019.

Os ganhos de capital serão apurados e tributados em separado e não integrarão a base de cálculo do Imposto de Renda na declaração de ajuste anual, e o imposto pago não poderá ser deduzido do devido na declaração (art. 21, § 2º).

9.4.10 Rendimentos de menores e outros incapazes

Na hipótese de rendimentos percebidos em dinheiro a título de alimentos ou pensões em cumprimento de acordo homologado judicialmente ou de decisão judicial, inclusive alimentos provisionais ou provisórios, verificada a incapacidade civil do alimentado, **a tributação será feita em seu nome pelo tutor, pelo curador ou pelo responsável por sua guarda (art. 4º do Decreto n. 9.580, de 2018).**

9.4.11 Rendimentos na constância da sociedade conjugal

É comum que casais declarem o Imposto de Renda conjuntamente. Nesses casos, decidiu a 1ª Turma do STJ que, tendo o fato gerador sido praticado apenas por um dos cônjuges, o outro não se torna responsável solidariamente pela dívida tributária dos rendimentos percebidos e declarados por aquele: "Não tendo participado do fato gerador do tributo, a declaração conjunta de imposto de renda não torna o cônjuge corresponsável pela dívida tributária dos rendimentos percebidos pelo outro. Exemplo hipotético: João e Carla são casados. Eles fizeram uma declaração conjunta do imposto de renda. Ocorre que não se declarou que Carla recebeu R$ 10 mil por serviços prestados para uma determinada empresa. Houve, portanto, omissão de rendimentos recebidos. Ao detectar a omissão, a Receita Federal fez lançamento de auto de infração contra Carla e João. Não poderia ter feito contra João. O fato gerador (renda auferida com os serviços prestados) foi praticado apenas pela mulher. Logo, o marido não pode ser considerado como solidariamente obrigado" (STJ. 1ª Turma. REsp 1.273.396-DF, rel. Min. Napoleão Nunes Maia Filho, j. 5-12-2019. *Informativo* 662).

9.4.12 Isenções do Imposto de Renda

9.4.12.1 Portadores de neoplasia maligna ou outras doenças graves

As pessoas portadoras de neoplasia maligna, esclerose múltipla, hanseníase, paralisia irreversível e incapacitante, cardiopatia grave, doença de Parkinson e várias outras doenças graves são isentas de Imposto de Renda, não sendo possível que o Judiciário estenda tal benefício para as pessoas que possuem tais doenças mas estão em atividade. Foi nesse sentido que decidiu o STF na ADI 6.025: "O art. 6º, XIV, da Lei n. 7.713/88 prevê que as pessoas portadoras de neoplasia maligna ou outras doenças graves e que estejam na inatividade não pagarão imposto de renda sobre os rendimentos recebidos a título de aposentadoria, pensão ou reforma. Essa isenção é devida apenas às pessoas que recebem aposentadoria, pensão ou reforma e não é possível que o Poder Judiciário estenda o benefício aos trabalhadores que estão em atividade. Os juízes e Tribunais não podem, mesmo a pretexto de estabelecer tratamento isonômico, conceder isenção tributária em favor daqueles não contemplados pelo favor legal, porque isso equivaleria, em última análise, a converter o Poder Judiciário em inadmissível legislador positivo. A legislação optou por critérios cumulativos absolutamente razoáveis à concessão do benefício tributário, quais sejam, inatividade e enfermidade grave, ainda que contraída após a aposentadoria ou reforma" (STF. Plenário. ADI 6.025, rel. Min. Alexandre de Moraes, j. 20-4-2020. *Informativo* 983).

9.4.12.2 Extensão da isenção de IRPF às pessoas portadoras de doenças graves mesmo após cessada a enfermidade

No julgamento do REsp 1.836.364/RS, a Primeira Turma do STJ decidiu, por unanimidade, que o contribuinte portador de doença grave permanece isento de IR mesmo após cessar a enfermidade e este não apresentar mais sintomas, aplicando-se a Súmula 627 do mesmo Tribunal Superior: "O contribuinte faz jus à concessão ou à manutenção da isenção do imposto de renda, não se lhe exigindo a demonstração da contemporaneidade dos sintomas da doença nem da recidiva da enfermidade", bastando apenas a comprovação por laudo médico.

9.4.13 Direito sumular

9.4.13.1 Súmulas do STF em matéria de Imposto de Renda

Súmula 586

Incide Imposto de Renda sobre os juros remetidos para o exterior, com base em contrato de mútuo.

Súmula 587

Incide Imposto de Renda sobre o pagamento de serviços técnicos contratados no exterior e prestados no Brasil.

9.4.13.2 Súmulas do STJ em matéria de Imposto de Renda

Súmula 125

O pagamento de férias não gozadas por necessidade do serviço não está sujeito à incidência do imposto de renda.

Súmula 136

O pagamento de licença-prêmio não gozada por necessidade do serviço não está sujeito ao imposto de renda.

Súmula 262

Incide o imposto de renda sobre o resultado das aplicações financeiras realizadas pelas cooperativas.

Súmula 394

É admissível, em embargos à execução, compensar os valores de imposto de renda retidos indevidamente na fonte com os valores restituídos apurados na declaração anual.

Súmula 447

Os Estados e o Distrito Federal são partes legítimas na ação de restituição de imposto de renda retido na fonte proposta por seus servidores.

Súmula 463

Incide imposto de renda sobre os valores percebidos a título de indenização por horas extraordinárias trabalhadas, ainda que decorrentes de acordo coletivo.

> Consulplan: A prova de Cartório/MG de 2015 considerou CORRETA a assertiva: "Não incide imposto de renda sobre os valores percebidos a título de indenização por horas extraordinárias trabalhadas, ainda que decorrentes de acordo coletivo".

Súmula 498

Não incide imposto de renda sobre a indenização por danos morais.

> Consulplan: A prova de Cartório/MG de 2015 considerou CORRETA a assertiva: "Não incide imposto de renda sobre a indenização por danos morais."

9.4.13.3 Súmula 29 do CARF em matéria de Imposto de Renda

Nos termos da Súmula 29 do Conselho Administrativo de Recursos Fiscais: "Os co-titulares da conta bancária que apresentem declaração de rendimentos em separado devem ser intimados para comprovar a origem dos depósitos nela efetuados, na fase que precede à lavratura do auto de infração com base na presunção legal de omissão de receitas ou rendimentos, sob pena de exclusão, da base de cálculo do lançamento, dos valores referentes às contas conjuntas em relação às quais não se intimou todos os co-titulares".

9.5 IMPOSTO SOBRE PRODUTOS INDUSTRIALIZADOS (IPI)

9.5.1 Regime geral

Previsto no **rol de impostos federais**, o Imposto sobre Produtos Industrializados consta do art. 153, IV, da Constituição Federal, segundo o qual: "compete à União instituir imposto sobre: IV – produtos industrializados".

Sua disciplina infraconstitucional é realizada especialmente pelas Leis n. 4.502/64, 9.363/96, 9.493/97, 10.865/2004 e 11.452/2007 e pelo Decreto n. 7.212/2010.

O IPI é tributo de **função predominante fiscal (arrecadatória)**, mas também utilizado como ferramenta extrafiscal na medida em que suas alíquotas são seletivas em razão da essencialidade do produto, ou seja, trata-se de um instrumento utilizado pelo governo federal para baratear ou encarecer produtos de acordo com sua importância social.

Sua utilização extrafiscal justifica o fato de o IPI constituir tanto uma **exceção à legalidade quanto à anterioridade anual.** Assim, atendidas as condições e os limites estabelecidos em lei, pode o Executivo modificar as alíquotas do imposto por meio de ato unilateral (art. 153, § 1º, da CF), e, além disso, havendo aumento ou majoração o IPI, pode ser exigido noventa dias após a publicação do ato modificativo, não se sujeitando à anterioridade anual[STF].

MPF: A prova do MPF de 2012 considerou ERRADA a afirmação: "Sobre o IPI está correto asseverar que, a vista da seletividade de que se reveste, de forma que suas alíquotas devem ser fixadas de acordo com a essencialidade do produto, está autorizado o Poder Executivo a alterar a sua base de cálculo e as suas alíquotas, atendidas as condições e observados os limites fixados em lei".

STF: "A majoração da alíquota do IPI, passível de ocorrer mediante ato do Poder Executivo – art. 153, § 1º –, submete-se ao princípio da anterioridade nonagesimal previsto no art. 150, inciso III, *c*, da Constituição Federal. AÇÃO DIRETA DE INCONSTITUCIONALIDADE – IPI – MAJORAÇÃO DA ALÍQUOTA – PRINCÍPIO DA ANTERIORIDADE NONAGESIMAL – LIMINAR – RELEVÂNCIA E RISCO CONFIGURADOS. Mostra-se relevante pedido de concessão de medida acauteladora objetivando afastar a exigibilidade da majoração do Imposto sobre Produtos Industrializados, promovida mediante decreto, antes de decorridos os noventa dias previstos no art. 150, inciso III, *c*, da Carta da República" (ADIn 4.661-DF, rel. Min. Marco Aurélio, j. 20-10-2011, Tribunal Pleno – art. 150, § 1º, da CF).

Quanto à modalidade de lançamento, o IPI, assim como a maioria dos tributos brasileiros, **é lançado por homologação** (art. 150 do CTN), cabendo ao contribuinte antecipar o pagamento do imposto para posterior conferência e aprovação (homologação) ou rejeição pelo Fisco.

O art. 153, § 3º, da CF prescreve que o IPI:

I – será *seletivo* em função da essencialidade do produto;

II – será não cumulativo, compensando-se o que for devido em cada operação com o montante cobrado nas anteriores;

III – não incidirá sobre produtos industrializados destinados ao exterior;

IV – terá reduzido seu impacto sobre a aquisição de bens de capital pelo contribuinte do imposto, na forma da lei.

Vamos analisar separadamente cada uma dessas características que compõem o perfil constitucional do regime jurídico do IPI.

9.5.2 Seletividade

O art. 153, § 3º, I, da CF determina uma característica de presença obrigatória no regime legal do IPI ao afirmar que o imposto "**será seletivo**" em função da essencialidade do produto.

Cespe: A prova da EBC de 2011 considerou ERRADA a assertiva: "O imposto sobre produtos industrializados, de competência da União, não pode ser seletivo em função da essencialidade do produto".

Desse modo, a norma constitucional dá um comando ao legislador **proibindo instituição de alíquota unificada no IPI**. Pelo contrário, suas alíquotas obrigatoriamente devem ser variáveis, em função da relevância social do item tributado. Assim, quanto maior a relevância social do produto, menor a alíquota; quanto menor a relevância social do produto, maior a alíquota[STJ].

STJ: "DIREITO TRIBUTÁRIO. MODIFICAÇÃO DA OPÇÃO DO REGIME DE CÁLCULO DE CRÉDITO PRESUMIDO DE IPI. Após optar, em determinado exercício, pela manutenção do sistema original de cálculo do crédito presumido de IPI previsto na Lei n. 9.363/96 ou pela migração para o regime alternativo preconizado pela Lei n. 10.276/2001, o contribuinte não poderá retificar sua opção em relação ao exercício em que ela foi realizada ou em relação aos exercícios anteriores, mesmo que a escolha tenha ocorrido por desídia decorrente da ausência de modificação da sistemática quando legalmente possível (dentro do prazo legal), ou ainda que ela se relacione ao regime mais oneroso" (1ª T., AgRg no REsp 1.239.867-RS, rel. Min. Benedito Gonçalves, j. 4-2-2014).

Atualmente, a Tabela de Incidência do Imposto Sobre Produtos Industrializados (TIPI) prevê alíquotas de 0 a 300% (esta última aplicável *ad valorem* sobre o cigarro, nos termos do Decreto n. 7.555/2011).

STF: "(...) surge constitucional, sob o ângulo do caráter seletivo, em função da essencialidade do produto e do tratamento isonômico, o art. 2º da Lei n. 8.393/91, a revelar alíquota máxima de IPI de 18%, assegurada a isenção, quanto aos contribuintes situados na área de atuação da Superintendência de Desenvolvimento do Nordeste (SUDENE) e da Superintendência de Desenvolvimento da Amazônia (SUDAM), e autorização para redução de até 50% da alíquota, presentes contribuintes situados nos Estados do Espírito Santo e do Rio de Janeiro" (RE 592.145, rel. Min. Marco Aurélio, j. 5-4-2017, P, *DJe* de 1º-2-2018, Tema 80).

9.5.3 Não cumulatividade

Em linhas gerais, a exigência de não cumulatividade consiste em exigência constitucional voltada a impedir que a incidência plurifásica do imposto eleve excessivamente o valor do produto tributado. Dizendo de um modo mais simples, a não cumulatividade **evita a tributação em cascata**, afastando a possibilidade de o valor do imposto pago na operação anterior integrar a base de cálculo do próprio imposto na operação seguinte[STJ].

STJ: "DIREITO TRIBUTÁRIO. INCIDÊNCIA DE IPI NA REVENDA DE PRODUTOS IMPORTADOS. Não é ilegal a nova incidência de IPI no momento da saída de produto de procedência estrangeira do estabelecimento do importador, após a incidência anterior do tributo no desembaraço aduaneiro. Os produtos importados estão sujeitos a uma nova incidência do IPI quando de sua saída do estabelecimento importador na operação de revenda. Essa interpretação não ocasiona a ocorrência de *bis in idem*, dupla tributação ou bitributação, pois a lei elenca dois fatos geradores distintos: o desembaraço aduaneiro proveniente da operação de compra do produto industrializado do exterior e a saída do produto industrializado do estabelecimento importador equiparado a estabelecimento produtor, isto é, a primeira tributação recai sobre o preço da compra, na qual já está embutida a margem de lucro da empresa estrangeira, e a segunda tributação recai sobre o preço da venda, na qual já está embutida a margem de lucro da empresa brasileira importadora" (2ª T., REsp 1.429.656-PR, rel. Min. Mauro Campbell Marques, j. 11-2-2014).

Mais uma vez, o texto constitucional utiliza a fórmula **"será não cumulativo"**, compensando-se o que for devido a cada operação com o montante cobrado nas anteriores (art. 153, § 3º, II, da CF). A expressão "será não cumulativo" obriga o legislador a aplicar o sistema da não cumulatividade ao IPI[STJ].

STJ: "A 1ª Seção pacificou entendimento de que a vedação injustificada da Fazenda ao aproveitamento dos créditos escriturais de IPI possibilita a sua correção monetária" (AgRg no AREsp 85538/BA, rel. Min. Benedito Gonçalves, j. 4-10-2012, 1ª T.).

STF: "Incide, na importação de bens para uso próprio, o IPI, sendo neutro o fato de tratar-se de consumidor final" (RE 723.651, rel. Min. Marco Aurélio, j. 4-2-2016, P, *DJe* de 5-8-2016, Tema 643).

Nesse sentido, o art. 49 do CTN afirma que:

> O imposto é não cumulativo, dispondo a lei de forma que o montante devido resulte da diferença a maior, em determinado período, entre o imposto referente aos produtos saídos do estabelecimento e o pago relativamente aos produtos nele entrados.
>
> Parágrafo único. O saldo verificado, em determinado período, em favor do contribuinte transfere-se para o período ou períodos seguintes.

Esaf: A prova de Auditor-Fiscal da Receita Federal de 2012 considerou CORRETA a afirmação: "O saldo credor do Imposto sobre Produtos Industrializados – IPI, acumulado em cada trimestre-calendário, decorrente de aquisição de matéria-prima, produto intermediário e material de embalagem, aplicados na industrialização, inclusive de produto isento ou tributado à alíquota zero, que o contribuinte não puder compensar com o IPI devido na saída de outros produtos, poderá ser utilizado na forma prevista em Lei".

Assim, o valor do imposto recolhido sobre insumos (matérias-primas), produtos intermediários e demais itens componentes da produção é calculado como crédito[9] (operação de creditamento) a ser descontado (compensado) no final do mês sobre o valor de IPI devido sobre os produtos que saírem do estabelecimento[STF].

STF: "IPI. Creditamento. Bens destinados à integração ao ativo fixo. Impossibilidade. Não há ofensa ao princípio da não cumulatividade. 1. É pacífica a jurisprudência desta Corte no sentido de não reconhecer, ao contribuinte, o direito de creditar o valor do IPI incidente nas operações de aquisição de bens destinados ao ativo fixo e/ou permanente da empresa" (RE 603.653/PR, rel. Min. Dias Toffoli, j. 7-2-2012, 1ª T.).

Se o **insumo for desonerado na entrada** – o que ocorre por exemplo com matérias-primas imunes, isentas, favorecidas por alíquotas zero ou pela não incidência –, o Supremo Tribunal Federal firmou o entendimento no sentido de que **o contribuinte não terá direito ao creditamento do IPI** (RE 566.819/RS)[STF].

STF: "Aquisição de insumos isentos, não tributados ou sujeitos à alíquota zero. Creditamento de IPI. Impossibilidade. Os princípios da não cumulatividade e da seletividade, previstos no art. 153, § 3º, I e II, da CF, não asseguram direito de crédito presumido de IPI para o contribuinte adquirente de insumos não tributados ou sujeitos à alíquota zero" (RE 398.365 RG, rel. Min. Gilmar Mendes, j. 27-8-2015, P, *DJe* de 22-9-2015, Tema 844).

Esaf: A prova de Auditor-Fiscal da Receita Federal de 2012 considerou ERRADA a afirmação: "A legislação tributária determina, em observância à não cumulatividade do tributo, que a entrada de insumos não onerados – seja por força de alíquota zero, de não incidência, de isenção ou de imunidade – gera direito ao crédito de IPI na saída dos produtos industrializados".

STF: "A jurisprudência do Supremo Tribunal Federal é no sentido de que não há direito à utilização de créditos do IPI na aquisição de insumos não tributados ou sujeitos à alíquota zero" (AgRg no RE 479.927/PR, rel. Min. Ayres Britto, j. 14-2-2012, 2ª T.).

O Supremo Tribunal Federal reafirmou o entendimento supracitado ao aprovar a Súmula Vinculante 58, *in verbis*:

Súmula Vinculante 58: "Inexiste direito a crédito presumido de IPI relativamente à entrada de insumos isentos, sujeitos à alíquota zero ou não tributáveis, o que não contraria o princípio da não cumulatividade".

---

9 Hugo de Brito Machado, *Curso de Direito Tributário*, p. 337.

Na visão do Supremo Tribunal Federal, o princípio da não cumulatividade **não constitui cláusula pétrea** dentro do texto constitucional, na medida em que inexistiria, nele contida, garantia individual ou direito fundamental do contribuinte (ADIn 939).

> Cespe: A prova de Juiz Federal do TRF5 considerou INCORRETA a seguinte assertiva: "De acordo com o STF, a não cumulatividade é considerada cláusula pétrea, visto que constitui direito fundamental das pessoas na condição de contribuintes".

9.5.4 Não incidência nas exportações

Como forma de favorecer a indústria nacional, e do mesmo modo como ocorre com diversos outros tributos, o IPI não incide sobre produtos destinados ao exterior (art. 153, § 3º, III, da CF).

> Cespe: A prova da Magistratura Federal do TRF5 de 2011 considerou ERRADA a assertiva: "O imposto sobre produtos industrializados, que pode ser seletivo, em razão da essencialidade do produto, deve ser não cumulativo e incidir sobre produtos industrializados destinados ao exterior".

9.5.5 Redução do impacto sobre aquisição de bens de capital

O art. 153, § 3º, IV, da CF, com redação dada pela Emenda n. 42/2003, afirma que o IPI "terá reduzido seu impacto sobre a aquisição de bens de capital pelo contribuinte do imposto, na forma da lei".

Trata-se de uma norma constitucional programática ainda sem regulamentação.

9.5.6 Art. 155, § 2º, XI, da CF

Merece bastante destaque a norma do art. 155, § 2º, XI, da CF, segundo a qual o valor pago a título de IPI não compõe a base de cálculo do ICMS, quando a operação configure fato gerador dos dois impostos[STF] (art. 13, § 2º, da Lei Complementar n. 87/96).

> STF: "Inclusão do IPI da base de cálculo do ICMS. Substituição tributária. Hipótese fática que não se enquadra na norma do art. 155, § 2º, inciso XI, da Constituição Federal. 1. Esta Corte firmou entendimento no sentido da constitucionalidade do regime de substituição tributária. 2. Não ocorrência dos três requisitos dispostos no art. 155, § 2º, inciso XI, da Constituição Federal na operação realizada pela sistemática da substituição tributária. A operação não se dá entre contribuintes, não se destina à industrialização, mas ao consumo final, não constituindo fato gerador do IPI a operação de venda da mercadoria ao consumidor final. 3. Deve o substituto incluir na base de cálculo do ICMS presumido relativo às operações subsequentes o valor pago a título de IPI" (AgRg no RE 507.347-SE, rel. Min. Dias Toffoli).

9.5.7 Conceito de produto industrializado

Em termos gerais, o IPI incide sobre produtos industrializados, nacionais ou estrangeiros, obedecidas as especificações constantes na Tabela de Incidência – TIPI (art. 1º do Decreto n. 7.212/2010).

Considera-se produto industrializado o resultante de qualquer operação definida de industrialização, mesmo incompleta, parcial ou intermediária (art. 3º do Decreto n. 7.212/2010).

> Esaf: A prova de Auditor-Fiscal da Receita Federal de 2012 considerou ERRADA a afirmação: "A Secretaria da Receita Federal do Brasil (RFB) é autorizada a adequar a Tabela de Incidência do Imposto sobre Produtos Industrializados (TIPI), em decorrência de alterações promovidas na Nomenclatura Comum do Mercosul (NCM) pela Câmara de Comércio Exterior (CAMEX), caso as alterações promovidas pela CAMEX impliquem necessidade de adequação de alíquotas na TIPI pela RFB".

9.5.8 Fato gerador

O fato gerador do IPI está descrito no art. 46 do CTN:

I – o desembaraço aduaneiro, quando o produto for de procedência estrangeira;

II – a saída do estabelecimento de importação, industrial, comerciante ou arrematante;

III – a arrematação do produto, quando apreendido ou abandonado e levado a leilão.

9.5.8.1 Momento exato da ocorrência do fato gerador

A descrição do fato gerador do IPI contida no art. 46 do CTN não soluciona o problema de saber o momento exato de sua ocorrência (aspecto temporal da hipótese de incidência).

Daí ser imprescindível conhecer as regras estabelecidas pelo art. 36 do Regulamento do IPI:

> Considera-se ocorrido o fato gerador:
>
> I – na entrega ao comprador, quanto aos produtos vendidos por intermédio de ambulantes;
>
> II – na saída de armazém-geral ou outro depositário do estabelecimento industrial ou equiparado a industrial depositante, quanto aos produtos entregues diretamente a outro estabelecimento;
>
> III – na saída da repartição que promoveu o desembaraço aduaneiro, quanto aos produtos que, por ordem do importador, forem remetidos diretamente a terceiros;
>
> IV – na saída do estabelecimento industrial diretamente para estabelecimento da mesma firma ou de terceiro, por ordem do encomendante, quanto aos produtos mandados industrializar por encomenda;

V – na saída de bens de produção dos associados para as suas cooperativas, equiparadas, por opção, a estabelecimento industrial;

VI – no quarto dia da data da emissão da respectiva nota fiscal, quanto aos produtos que até o dia anterior não tiverem deixado o estabelecimento do contribuinte;

VII – no momento em que ficar concluída a operação industrial, quando a industrialização se der no próprio local de consumo ou de utilização do produto, fora do estabelecimento industrial;

VIII – no início do consumo ou da utilização do papel destinado à impressão de livros, jornais e periódicos, em finalidade diferente da que lhe é prevista na imunidade de que trata o inciso I do art. 18, ou na saída do fabricante, do importador ou de seus estabelecimentos distribuidores, para pessoas que não sejam empresas jornalísticas ou editoras;

IX – na aquisição ou, se a venda tiver sido feita antes de concluída a operação industrial, na conclusão desta, quanto aos produtos que, antes de sair do estabelecimento que os tenha industrializado por encomenda, sejam por este adquiridos;

X – na data da emissão da nota fiscal pelo estabelecimento industrial, quando da ocorrência de qualquer das hipóteses enumeradas no inciso VII do art. 25 deste Regulamento;

XI – no momento da sua venda, quanto aos produtos objeto de operação de venda que forem consumidos ou utilizados dentro do estabelecimento industrial;

XII – na saída simbólica de álcool das usinas produtoras para as suas cooperativas, equiparadas, por opção, a estabelecimento industrial; e

XIII – na data do vencimento do prazo de permanência da mercadoria no recinto alfandegado, antes de aplicada a pena de perdimento, quando as mercadorias importadas forem consideradas abandonadas pelo decurso do referido prazo.

9.5.8.2 Regras gerais para interpretação da TIPI

A atual Tabela de Incidência do Imposto sobre Produtos Industrializados foi aprovada pelo Decreto n. 4.070/2001, baseada na Nomenclatura Comum do Mercosul (NCM), definindo os itens que constituem fato gerador do imposto.

Devido à alta frequência de questões sobre o conteúdo da TIPI, em especial nos concursos da Receita Federal, convém transcrever normas introdutórias[10].

REGRAS GERAIS PARA INTERPRETAÇÃO DO SISTEMA HARMONIZADO

A classificação das mercadorias na Nomenclatura rege-se pelas seguintes Regras:

1. Os títulos das Seções, Capítulos e Subcapítulos têm apenas valor indicativo. Para os efeitos legais, a classificação é determinada pelos textos das posições e das Notas de

---

10 Texto extraído do *site*: <http://www.receita.fazenda.gov.br/aliquotas/tabincidipitipi.htm>.

Seção e de Capítulo e, desde que não sejam contrárias aos textos das referidas posições e Notas, pelas Regras seguintes:

2. a) Qualquer referência a um artigo em determinada posição abrange esse artigo mesmo incompleto ou inacabado, desde que apresente, no estado em que se encontra, as características essenciais do artigo completo ou acabado. Abrange igualmente o artigo completo ou acabado, ou como tal considerado nos termos das disposições precedentes, mesmo que se apresente desmontado ou por montar.

b) Qualquer referência a uma matéria em determinada posição diz respeito a essa matéria, quer em estado puro, quer misturada ou associada a outras matérias. Da mesma forma, qualquer referência a obras de uma matéria determinada abrange as obras constituídas inteira ou parcialmente por essa matéria. A classificação destes produtos misturados ou artigos compostos efetua-se conforme os princípios enunciados na Regra 3.

> Esaf: A prova de Auditor-Fiscal da Receita Federal de 2012 considerou ERRADA a afirmação: "De acordo com as regras gerais para interpretação de classificação de produtos na Tabela de Incidência do Imposto sobre Produtos Industrializados (TIPI), a classificação de um produto, quando misturado ou composto de mais de uma matéria, efetuar-se-á, alternadamente, por uma das seguintes regras: a) na posição em que tiver descrição mais específica; b) na posição da matéria ou artigo que lhe conferir caráter essencial; c) na posição que der lugar a aplicação da alíquota mais elevada; d) na posição situada em último lugar na ordem numérica, entre as suscetíveis de validamente se tomarem em consideração".

3. Quando pareça que a mercadoria pode classificar-se em duas ou mais posições por aplicação da Regra 2 b) ou por qualquer outra razão, a classificação deve efetuar-se da forma seguinte:

a) A posição mais específica prevalece sobre as mais genéricas. Todavia, quando duas ou mais posições se refiram, cada uma delas, a apenas uma parte das matérias constitutivas de um produto misturado ou de um artigo composto, ou a apenas um dos componentes de sortidos acondicionados para venda a retalho, tais posições devem considerar-se, em relação a esses produtos ou artigos, como igualmente específicas, ainda que uma delas apresente uma descrição mais precisa ou completa da mercadoria.

b) Os produtos misturados, as obras compostas de matérias diferentes ou constituídas pela reunião de artigos diferentes e as mercadorias apresentadas em sortidos acondicionados para venda a retalho, cuja classificação não se possa efetuar pela aplicação da Regra 3 a), classificam-se pela matéria ou artigo que lhes confira a característica essencial, quando for possível realizar esta determinação.

c) Nos casos em que as Regras 3 a) e 3 b) não permitam efetuar a classificação, a mercadoria classifica-se na posição situada em último lugar na ordem numérica, dentre as suscetíveis de validamente se tomarem em consideração.

4. As mercadorias que não possam ser classificadas por aplicação das Regras acima enunciadas classificam-se na posição correspondente aos artigos mais semelhantes.

5. Além das disposições precedentes, as mercadorias abaixo mencionadas estão sujeitas às Regras seguintes:

a) Os estojos para câmeras fotográficas, para instrumentos musicais, para armas, para instrumentos de desenho, para joias e receptáculos semelhantes, especialmente fabricados para conterem um artigo determinado ou um sortido, e suscetíveis de um uso prolongado, quando apresentados com os artigos a que se destinam, classificam-se com estes últimos, desde que sejam do tipo normalmente vendido com tais artigos. Esta Regra, todavia, não diz respeito aos receptáculos que confiram ao conjunto a sua característica essencial.

b) Sem prejuízo do disposto na Regra 5 a), as embalagens que contenham mercadorias classificam-se com estas últimas quando sejam do tipo normalmente utilizado para o seu acondicionamento. Todavia, esta disposição não é obrigatória quando as embalagens sejam claramente suscetíveis de utilização repetida.

6. A classificação de mercadorias nas subposições de uma mesma posição é determinada, para efeitos legais, pelos textos dessas subposições e das Notas de subposição respectivas, bem como, *mutatis mutandis*, pelas Regras precedentes, entendendo-se que apenas são comparáveis subposições do mesmo nível. Na acepção da presente Regra, as Notas de Seção e de Capítulo são também aplicáveis, salvo disposições em contrário.

Esaf: A prova de Auditor-Fiscal da Receita Federal de 2012 considerou ERRADA a afirmação: "As Notas Complementares (NC) da Tabela de Incidência do Imposto sobre Produtos Industrializados (TIPI), nesta incluídas por Decreto do Executivo, constituem elementos subsidiários de caráter fundamental para a correta interpretação do conteúdo das Posições e Subposições da classificação dos produtos, mas não constituem instrumento hábil para interferir na tributação prevista na TIPI".

REGRAS GERAIS COMPLEMENTARES (RGC)

1. (RGC-1) As Regras Gerais para Interpretação do Sistema Harmonizado se aplicarão, *mutatis mutandis*, para determinar dentro de cada posição ou subposição, o item aplicável e, dentro deste último, o subitem correspondente, entendendo-se que apenas são comparáveis desdobramentos regionais (itens e subitens) do mesmo nível.

2. (RGC-2) As embalagens que contenham mercadorias e que sejam claramente suscetíveis de utilização repetida, mencionadas na Regra 5 b), seguirão seu próprio regime de classificação sempre que estejam submetidas aos regimes aduaneiros especiais de admissão temporária ou de exportação temporária. Caso contrário, seguirão o regime de classificação das mercadorias.

Esaf: A prova de Auditor-Fiscal da Receita Federal de 2012 considerou CORRETA a afirmação: "A tributação das bebidas classificadas nas Posições 22.04, 22.05, 22.06 e 22.08 da TIPI, vulgarmente chamadas de "bebidas quentes", dá-se por intermédio de técnica especial, consistente no enquadramento dos produtos por Classes de valores de imposto. Este enquadramento é passível de alteração pelo Ministro da Fazenda, desde que o comportamento do mercado justifique a alteração, sendo esta alteração legalmente limitada ao valor do imposto que resultaria da aplicação da alíquota do produto constante da TIPI sobre o seu valor tributável".

REGRA GERAL COMPLEMENTAR DA TIPI (RGC/TIPI)

(RGC/TIPI-1) As Regras Gerais para Interpretação do Sistema Harmonizado se aplicarão, *mutatis mutandis*, para determinar, no âmbito de cada código, quando for o caso, o "Ex" aplicável, entendendo-se que apenas são comparáveis "Ex" de um mesmo código.

9.5.9 Contribuintes

São contribuintes do IPI (art. 51 do CTN):

I – o importador[STF] ou quem a lei a ele equiparar;

> Esaf: A prova de Auditor-Fiscal da Receita Federal de 2012 considerou ERRADA a afirmação: "A incidência do IPI na importação de produtos industrializados depende do título jurídico a que se der a importação. Por isso, a Lei exclui da sujeição passiva do IPI a pessoa física na condição de importadora de produtos industrializados para uso próprio".

ATENÇÃO: Em importante virada jurisprudencial, o STF passou a admitir que a pessoa física seja contribuinte do IPI quando importa automóvel para uso próprio (RE 723.651).

II – o industrial ou quem a lei a ele equiparar;

III – o comerciante de produtos sujeitos ao imposto, que os forneça aos contribuintes definidos no inciso anterior;

IV – o arrematante de produtos apreendidos ou abandonados, levados a leilão.

O rol de contribuintes do imposto foi atualizado pelo Regulamento do IPI (Decreto n. 7.212/2010, art. 24), nos seguintes termos:

I – o importador, em relação ao fato gerador decorrente do desembaraço aduaneiro de produto de procedência estrangeira;

II – o industrial, em relação ao fato gerador decorrente da saída de produto que industrializar em seu estabelecimento, bem como quanto aos demais fatos geradores decorrentes de atos que praticar;

III – o estabelecimento equiparado a industrial, quanto ao fato gerador relativo aos produtos que dele saírem, bem como quanto aos demais fatos geradores decorrentes de atos que praticar; e

IV – os que consumirem ou utilizarem em outra finalidade, ou remeterem a pessoas que não sejam empresas jornalísticas ou editoras, o papel destinado à impressão de livros, jornais e periódicos, quando alcançado pela imunidade.

De acordo com o parágrafo único do art. 24 do Decreto n. 7.212/2010, "considera-se contribuinte autônomo qualquer estabelecimento de importador, industrial ou comerciante, em relação a cada fato gerador que decorra de ato que praticar".

9.5.10 Principais responsáveis tributários

O art. 25 do Regulamento do IPI (Decreto n. 7.212/2010) elenca extensa lista de responsáveis tributários pelo pagamento do imposto, entre os quais merecem destaque:

I – o transportador, em relação aos produtos tributados que transportar, desacompanhados da documentação comprobatória de sua procedência;

Esaf: A prova de Auditor-Fiscal da Receita Federal de 2012 considerou CORRETA a afirmação: "Mediante intimação escrita, as empresas transportadoras e os transportadores autônomos são obrigados a prestar aos Auditores-Fiscais da Receita Federal do Brasil todas as informações de que disponham com relação aos produtos, negócios ou atividades de terceiros, exceto quanto a fatos sobre os quais estejam legalmente obrigados a observar segredo em razão de cargo, ofício, função, ministério, atividade ou profissão".

II – o possuidor ou detentor, em relação aos produtos tributados que possuir ou mantiver para fins de venda ou industrialização[STJ];

STJ: "IMPORTADOR. LOCATÁRIO. RESPONSABILIDADE TRIBUTÁRIA. SUBSTITUIÇÃO TRIBUTÁRIA. A empresa locatária de aparelho de ultrassom diagnóstico (recorrente), mesmo com a isenção especial do art. 149, III, do Decreto n. 91.030/85 (Regulamento Aduaneiro), foi responsabilizada pelo Fisco para pagar os tributos incidentes sobre a importação do bem (imposto de importação e de IPI), com base no art. 124, I, do CTN. Isso caracterizaria a solidariedade de fato porque a recorrente se enquadraria nos termos do art. 1º do referido *codex*, por possuir interesse comum na situação. Porém, a Fazenda Nacional, ao lançar o auto de infração, não incluiu o responsável tributário principal, atacando diretamente a locatária, que assumiu a responsabilidade em razão de seu particular interesse na situação. De acordo com o art. 121 do mencionado código, o sujeito passivo da obrigação principal é a pessoa obrigada ao pagamento do tributo. Assim, devendo o tributo de importação ser pago pelo importador, dele é a obrigação principal de pagá-lo, sendo dele também a responsabilidade por burlar a isenção e ter contra si auto de infração sob esse título. Com essas ponderações, a Turma deu provimento ao recurso da empresa locatária, julgando prejudicado o recurso da Fazenda Nacional" (REsp 1.294.061-PE, rel. Min. Francisco Falcão, j. 15-3-2012).

III – o estabelecimento adquirente de produtos usados cuja origem não possa ser comprovada pela falta de marcação, se exigível, de documento fiscal próprio ou do documento pertinente;

IV – os estabelecimentos que possuírem produtos tributados ou isentos, sujeitos a serem rotulados ou marcados, ou, ainda, ao selo de controle, quando não estiverem rotulados, marcados ou selados[STF];

Esaf: A prova de Auditor-Fiscal da Receita Federal de 2012 considerou ERRADA a afirmação: "Para fins de controle do quantitativo de produtos industrializados tributados pelo IPI, a legislação tributária pode instituir obrigação acessória consistente na aplicação de selo especial, confeccionado pela Casa da Moeda do Brasil e distribuído aos contribuintes pela Secretaria da Receita Federal do Brasil, proibida cobrança de valores pela distribuição, exceto no caso de inutilização ou desperdício ocasionado pelo contribuinte, hipótese em que será cobrado ressarcimento pela redistribuição dos selos".

STF: "Decreto-lei n. 1.437/75 e cobrança pelo fornecimento de selos de controle do IPI. O art. 3º do Decreto-lei n. 1.437/75 (O Ministro da Fazenda poderá determinar seja feito, mediante ressarcimento de custo e demais encargos, em relação aos produtos que indicar e pelos critérios que estabelecer, o fornecimento do selo especial) é incompatível com a Constituição de 1988, por violar o princípio da legalidade tributária (CF, art. 150, I), bem assim por vulnerar o art. 25, I, do ADCT. O Tribunal aduziu que, em inúmeros precedentes, o STF teria afastado a incidência da cobrança desses selos. Entretanto, a administração tributária continuaria aplicando o referido decreto-lei, a gerar assimetria concorrencial. Assentou que, por ser o selo do IPI pré-condição para a circulação dos produtos alcançados pela regra do art. 46 da Lei n. 4.502/64, não se poderia falar em preço público, evidenciado pela voluntariedade, ou seja, pela necessidade de o usuário aquiescer com o pagamento em relação à contraprestação pelo usufruto de serviços públicos. Afirmou que a finalidade da cobrança seria de controle quantitativo, matéria inerente ao exercício de poderes fiscalizatórios por parte da administração fazendária, de modo a incidir o art. 77 do CTN. Ademais, assinalou que o selo do IPI não geraria nenhum proveito ao contribuinte, razão pela qual o fornecimento dele não poderia ser considerado serviço público. Ao contrário, seria requisito de regularidade na prática de uma atividade privada. Asseverou que o art. 150, I, da CF preconizaria que a exigência de tributos só se revelaria possível mediante lei formal" (RE 662.113/PR, rel. Min. Marco Aurélio, j. 12-2-2014).

V – os que desatenderem as normas e requisitos a que estiver condicionada a imunidade, a isenção ou a suspensão do imposto;

VI – a empresa comercial exportadora, em relação ao imposto que deixou de ser pago, na saída do estabelecimento industrial, referente aos produtos por ela adquiridos com o fim específico de exportação, nas hipóteses em que:

a) tenha transcorrido cento e oitenta dias da data da emissão da nota fiscal de venda pelo estabelecimento industrial, não houver sido efetivada a exportação;

b) os produtos forem revendidos no mercado interno; ou

c) ocorrer a destruição, o furto ou roubo dos produtos;

Esaf: A prova de Auditor-Fiscal da Receita Federal de 2012 considerou CORRETA a afirmação: "A empresa comercial exportadora, que adquirir produtos industrializados com fim específico de exportação, é obrigada ao pagamento do IPI suspenso na saída dos produtos do estabelecimento industrial, caso referidos produtos venham a ser destruídos, furtados ou roubados".

VII – a pessoa física ou jurídica que não seja empresa jornalística ou editora, em cuja posse for encontrado o papel, destinado à impressão de livros, jornais e periódicos.

9.5.11 Não ocorrência do fato gerador

Nos termos do art. 5º do Decreto n. 7.212/2010, não ocorre o fato gerador do IPI nas seguintes hipóteses:

I – o preparo de produtos alimentares, não acondicionados em embalagem de apresentação:

a) na residência do preparador ou em restaurantes, bares, sorveterias, confeitarias, padarias, quitandas e semelhantes, desde que os produtos se destinem a venda direta a consumidor; ou

b) em cozinhas industriais, quando destinados a venda direta a pessoas jurídicas e a outras entidades, para consumo de seus funcionários, empregados ou dirigentes;

II – o preparo de refrigerantes, à base de extrato concentrado, por meio de máquinas, automáticas ou não, em restaurantes, bares e estabelecimentos similares, para venda direta a consumidor;

III – a confecção ou preparo de produto de artesanato;

IV – a confecção de vestuário, por encomenda direta do consumidor ou usuário, em oficina ou na residência do confeccionador;

V – o preparo de produto, por encomenda direta do consumidor ou usuário, na residência do preparador ou em oficina, desde que, em qualquer caso, seja preponderante o trabalho profissional;

VI – a manipulação em farmácia, para venda direta a consumidor, de medicamentos oficinais e magistrais, mediante receita médica;

VII – a moagem de café torrado, realizada por estabelecimento comercial varejista como atividade acessória;

VIII – a operação efetuada fora do estabelecimento industrial, consistente na reunião de produtos, peças ou partes e de que resulte:

a) edificação (casas, edifícios, pontes, hangares, galpões e semelhantes, e suas coberturas);

b) instalação de oleodutos, usinas hidrelétricas, torres de refrigeração, estações e centrais telefônicas ou outros sistemas de telecomunicação e telefonia, estações, usinas e redes de distribuição de energia elétrica e semelhantes; ou

c) fixação de unidades ou complexos industriais ao solo;

IX – a montagem de óculos, mediante receita médica;

X – o acondicionamento de produtos classificados nos Capítulos 16 a 22 da TIPI, adquiridos de terceiros, em embalagens confeccionadas sob a forma de cestas de natal e semelhantes;

XI – o conserto, a restauração e o recondicionamento de produtos usados, nos casos em que se destinem ao uso da própria empresa executora ou quando essas operações sejam executadas por encomenda de terceiros não estabelecidos com o comércio de tais produtos, bem como o preparo, pelo consertador, restaurador ou recondicionador, de partes ou peças empregadas exclusiva e especificamente naquelas operações;

XII – o reparo de produtos com defeito de fabricação, inclusive mediante substituição de partes e peças, quando a operação for executada gratuitamente, ainda que por concessionários ou representantes, em virtude de garantia dada pelo fabricante;

XIII – a restauração de sacos usados, executada por processo rudimentar, ainda que com emprego de máquinas de costura;

XIV – a mistura de tintas entre si, ou com concentrados de pigmentos, sob encomenda do consumidor ou usuário, realizada em estabelecimento comercial varejista, efetuada por máquina automática ou manual, desde que fabricante e varejista não sejam empresas interdependentes, controladora, controlada ou; e

XV – a operação de que resultem os produtos relacionados na Subposição 2401.20 da TIPI, quando exercida por produtor rural pessoa física.

> Esaf: A prova de Auditor-Fiscal da Receita Federal de 2012 considerou CORRETA a afirmação: "A mistura de tintas entre si, ou com concentrados de pigmentos, sob encomenda do consumidor ou usuário, realizada em estabelecimento comercial varejista, efetuada por máquina automática ou manual, não se caracteriza como industrialização, desde que fabricante e varejista não sejam empresas interdependentes, controladoras, controladas ou coligadas".

9.5.12 A constitucionalidade de valores prefixados para o cálculo do IPI

No RE 602.917, reconhecido como Tema 324 de Repercussão Geral, rel. Min. Rosa Weber, julgado em 26-2-2020, no qual se discutia sobre a reserva de lei complementar para estabelecimento de valores prefixados para o cálculo do IPI sobre bebidas frias, o Plenário, por maioria, decidiu que é constitucional o art. 3º da Lei n. 7.798/89, que estabelece valores prefixados para o IPI.

9.5.13 Direito sumular

9.5.13.1 Súmulas do STF em matéria de IPI

Súmula 536

São objetivamente imunes ao imposto sobre circulação de mercadorias os "produtos industrializados", em geral, destinados à exportação, além de outros, com a mesma destinação, cuja isenção a lei determinar.

Súmula 591

A imunidade ou a isenção tributária do comprador não se estende ao produtor, contribuinte do imposto sobre produtos industrializados.

> UFPA: A prova de Procurador do Estado/PA de 2012 considerou CORRETA a afirmação: "O gozo de imunidade não dispensa o contribuinte do cumprimento de obrigações acessórias nem da sujeição à fiscalização tributária".

9.5.13.2 Súmula do STJ em matéria de IPI

Súmula 411

É devida a correção monetária ao creditamento do IPI quando há oposição ao seu aproveitamento decorrente de resistência ilegítima do Fisco.

9.5.13.3 Súmula Vinculante em matéria de IPI

Súmula Vinculante 58

Inexiste direito a crédito presumido de IPI relativamente à entrada de insumos isentos, sujeitos à alíquota zero ou não tributáveis, o que não contraria o princípio da não cumulatividade.

9.6 IMPOSTO SOBRE OPERAÇÕES FINANCEIRAS (IOF)

9.6.1 Regime geral

Previsto no art. 153, V, da CF, o Imposto sobre Operações de Crédito, Câmbio e Seguro, ou relativas a títulos ou valores imobiliários - IOF, é quinto **imposto de competência da União.**

A disciplina infraconstitucional do IOF está a cargo, especialmente, da Lei n. 8.894/94 e do Decreto n. 6.306/2007.

Embora os recursos provenientes de sua arrecadação tenham um significativo impacto sobre o orçamento federal, há no IOF um **predomínio da função extrafiscal** de regulação da política monetária, creditícia e fiscal (arts. 65 do CTN e 1º, § 2º, da Lei n. 8.894/94).

O IOF constitui **exceção à legalidade tributária**, sendo facultado ao Poder Executivo, atendidas as condições e os limites estabelecidos em lei, modificar suas alíquotas por meio de ato unilateral (art. 153, § 1º, da CF).

> A prova da Magistratura Federal elaborada pelo TRF3 em 2018 considerou CORRETA a assertiva: "O Imposto sobre Operações de Crédito, Câmbio e Seguro, ou relativas a Títulos ou Valores Mobiliários (IOF) pode ter sua alíquota alterada por meio de decreto do Poder Executivo e sem observância do princípio da anterioridade, desde que obedecidas as condições e os limites previstos em lei".

Trata-se também de **exceção às anterioridades anual e nonagesimal**, razão pela qual consiste em tributo de **cobrança imediata**, podendo ser exigido já no dia seguinte ao da publicação da lei ou ato normativo que o houver instituído ou majorado (art. 150, § 1º, da CF).

Assim como ocorre na maioria absoluta dos tributos brasileiros da atualidade, o IOF também é **lançado por homologação** (art. 150 do CTN).

Nos termos do art. 153, § 5º, da CF, o IOF é o único tributo que incide sobre o ouro, quando definido em lei como ativo financeiro ou instrumento cambial, devido na operação de origem, tributado à alíquota mínima de um por cento.

9.6.2 Fato gerador

Conforme disposto no art. 63 do Código Tributário Nacional, o IOF tem como fato gerador:

I – quanto às operações de crédito, a sua efetivação pela entrega total ou parcial do montante ou do valor que constitua o objeto da obrigação, ou sua colocação à disposição do interessado;

II – quanto às operações de câmbio, a sua efetivação pela entrega de moeda nacional ou estrangeira, ou de documento que a represente, ou sua colocação à disposição do interessado em montante equivalente à moeda estrangeira ou nacional entregue ou posta à disposição por este;

> Cespe: A prova de Procurador do Tribunal de Contas/DF considerou CORRETA a afirmação: "Nas operações de câmbio, o fato gerador do imposto sobre operações de crédito, câmbio e seguro (IOF) consiste na efetivação da operação – configurada pela entrega de moeda nacional ou estrangeira ou de documento que a represente – ou na colocação à disposição do interessado do montante equivalente à moeda estrangeira ou nacional por ele entregue ou por ele posta à disposição".

III – quanto às operações de seguro, a sua efetivação pela emissão da apólice ou do documento equivalente, ou recebimento do prêmio, na forma da lei aplicável;

IV – quanto às operações relativas a títulos e valores mobiliários, a emissão, transmissão, pagamento ou resgate destes, na forma da lei aplicável.

Disciplinando o fato gerador do IOF de forma mais detalhada, o art. 2º do Decreto n. 6.306/2007 prescreve que o imposto incide sobre:

I – operações de crédito realizadas:

a) por instituições financeiras;

> Cespe: A prova de Técnico do Banco da Amazônia de 2012 considerou CORRETA a afirmação: "Operações de penhor realizadas por bancos são fatos geradores do IOF".

b) por empresas que exercem as atividades de prestação cumulativa e contínua de serviços de assessoria creditícia, mercadológica, gestão de crédito, seleção de riscos, administração de contas a pagar e a receber, compra de direitos creditórios resultantes de vendas mercantis a prazo ou de prestação de serviços (*factoring*); e

c) entre pessoas jurídicas ou entre pessoa jurídica e pessoa física;

II – operações de câmbio;

III – operações de seguro realizadas por seguradoras;

IV – operações relativas a títulos ou valores mobiliários;

V – operações com ouro, ativo financeiro, ou instrumento cambial.

9.6.3 Contribuinte

O contribuinte do IOF, de acordo com o art. 66 do CTN, é qualquer das partes da operação tributada.

Desse modo, deve-se entender como contribuintes do imposto:

a) qualquer pessoa física ou jurídica tomadora de crédito;

b) compradores ou vendedores de moeda estrangeira;

c) pessoas físicas ou jurídicas seguradas;

d) adquirentes de títulos e valores mobiliários;

e) instituições financeiras;

f) instituições autorizadas pelo Banco Central a realizar operações com ouro.

9.6.4 Base de cálculo

Considera-se como base de cálculo do IOF (art. 64 do CTN):

I – quanto às operações de crédito, o montante da obrigação, compreendendo o principal e os juros;

II – quanto às operações de câmbio, o respectivo montante em moeda nacional, recebido, entregue ou posto à disposição;

III – quanto às operações de seguro, o montante do prêmio;

IV – quanto às operações relativas a títulos e valores mobiliários:

a) na emissão, o valor nominal mais o ágio, se houver;

b) na transmissão, o preço ou o valor nominal, ou o valor da cotação em Bolsa, como determinar a lei;

c) no pagamento ou resgate, o preço.

9.6.4.1 Alteração da base de cálculo por ato do Executivo

O art. 65 do CTN autoriza o Poder Executivo a alterar a base de cálculo do IOF por ato unilateral:

> O Poder Executivo pode, nas condições e nos limites estabelecidos em lei, alterar as alíquotas ou as bases de cálculo do imposto, a fim de ajustá-lo aos objetivos da política monetária.

Todavia, a referida prerrogativa **não encontra amparo no texto constitucional de 1988**, sendo incompatível com o princípio da legalidade tributária (art. 150, I, da CF). Assim, somente por meio de lei pode ser alterada a base de cálculo do IOF, nunca por ato do Executivo.

9.6.5 Alíquota

As alíquotas do IOF são bastante elásticas, dependendo da operação tributada. Atualmente, as alíquotas máximas podem variar de 0,00137% a 25% (valor padrão vigente)[11].

---

11 Fonte: <http://www.receita.fazenda.gov.br/aliquotas/impcresegcamb.htm>.

9.6.6 Não ocorrência do fato gerador

A noção de "operação financeira" envolve a disponibilidade de crédito como produto oferecido pelas instituições do setor, daí por que não incide IOF sobre caderneta de poupança, conta corrente e depósitos judiciais (Súmula 185 do STJ).

> STF: "Não há incompatibilidade material entre os arts. 1º, IV, da Lei n. 8.033/90 e 153, V, da CF, pois a tributação de um negócio jurídico que tenha por objeto ações e respectivas bonificações insere-se na competência tributária atribuída à União no âmbito do Sistema Tributário Nacional, para fins de instituir imposto sobre operações relativas a títulos ou valores mobiliários. A instituição do IOF-Títulos e Valores Mobiliários não ofende o princípio da anterioridade, dada expressa previsão no art. 150, III, *b* e §1º, do texto constitucional, ao passo que também não viola o princípio da irretroatividade, porquanto tem por fato gerador futura operação de transmissão de títulos ou valores mobiliários" (RE 583.712, rel. Min. Edson Fachin, j. 4-2-2016, P, *DJe* de 2-3-2016, Tema 102).

9.6.7 Direito sumular

Súmula 664 do STF

É inconstitucional o inciso V do art. 1º da Lei n. 8.033/90, que instituiu a incidência do imposto nas operações de crédito, câmbio e seguros (IOF) sobre saques efetuados em caderneta de poupança.

Súmula 185 do STJ

Nos depósitos judiciais, não incide o Imposto sobre Operações Financeiras.

9.7 IMPOSTO TERRITORIAL RURAL (ITR)

9.7.1 Regime geral

Compete à União instituir o Imposto sobre a Propriedade Territorial Rural, nos termos do art. 153, VI, da CF.

O sexto imposto de **competência federal** é disciplinado em nível infraconstitucional principalmente pelas Leis n. 8.847/94, 9.393/96 e pelo Decreto n. 4.382/2002.

A função precípua do ITR é **extrafiscal** na medida em que constitui **instrumento federal de intervenção na propriedade privada** (poder de polícia) utilizado para inibir a manutenção de latifúndios improdutivos.

A disciplina constitucional do ITR inclui as seguintes diretrizes:

a) será progressivo a fim de desestimular a manutenção de propriedades improdutivas;

b) não incidirá sobre pequenas glebas rurais, definidas em lei, quando as explore o proprietário que não possua outro imóvel (imunidade);

c) será fiscalizado e cobrado pelos Municípios que assim optarem (parafiscalidade), na forma da lei, desde que não implique redução do imposto ou qualquer outra forma de renúncia fiscal (art. 153, § 4º, da CF);

STF: "A 2ª Turma negou provimento a agravo regimental em recurso extraordinário em que se discutia a possibilidade de se estabelecer alíquotas progressivas em razão do tamanho da propriedade. No caso, o agravante sustentava que o ITR possui caráter extrafiscal, cujo objetivo seria evitar a manutenção de propriedades improdutivas, independentemente da área do imóvel. A Turma entendeu não existir inconstitucionalidade na progressividade das alíquotas do ITR, a qual leva em consideração não só o grau de utilização da terra, como também a área do imóvel, tendo em vista que tais critérios não são isolados, mas sim conjugados. Assim, quanto maior for o território rural e menor o seu aproveitamento, maior será a alíquota de ITR. Essa sistemática potencializa a função extrafiscal do tributo e desestimula a manutenção de propriedade improdutiva. A Turma registrou, ainda, que já era possível a instituição da progressividade em relação às alíquotas do ITR no período anterior à EC n. 42/2003, que expressamente a instituíra" (RE 1.038.357, rel. Min. Dias Toffoli, j. 6-2-2018, 2ª T, *Informativo* 890).

Ieses: A prova de Titular de Cartório/RN de 2012 considerou CORRETA a afirmação: "O ITR será fiscalizado e cobrado pelos Municípios que assim optarem, na forma da lei".

d) 50% do montante de sua arrecadação cabem ao Município onde estiver situado o imóvel tributado, facultado ao Município que celebrar convênio arrecadatório com a União ficar com a totalidade do imposto (art. 158, II, da CF).

Acesse também a videoaula pelo *link*: http://somos.in/MDT0722

PaqTcPB: A prova de Advogado da UEPB de 2012 considerou CORRETA a afirmação: "No que se refere ao Imposto sobre a Propriedade Territorial Rural, o imposto será arrecadado pela União e distribuído aos Municípios de localização dos imóveis".

Quanto ao lançamento, por expressa determinação legal o ITR também é **lançado por homologação** (art. 10 da Lei n. 9.393/96).

9.7.2 Fato gerador

O ITR tem como fato gerador a propriedade, o domínio útil, ou a posse de imóvel por natureza, localizado fora da zona urbana do município, em 1º de janeiro de cada ano (arts. 29 do CTN e 1º da Lei n. 9.393/96), incidindo inclusive sobre o imóvel declarado de interesse social para fins de reforma agrária, enquanto não transferida a propriedade, exceto se houver imissão prévia na posse (art. 1º, § 1º, da Lei n. 9.393/96).

Convém lembrar que o conceito de "zona rural" é residual, sendo assim considerada a área, independentemente da destinação, não definida como zona urbana, nos termos de lei municipal (art. 32 do CTN).

Se o imóvel pertencer a mais de um município, o ITR será devido onde fique a sede do imóvel, e, se esta não existir, será enquadrado no município onde se localize a maior parte do imóvel.

Importante notar que, ao contrário do IPTU, que é "predial e territorial", **o ITR é um imposto somente territorial**, razão pela qual incide sobre o terreno (propriedade territorial), ao passo que as construções (propriedade predial) não integram sua base de cálculo.

Alcançando o mesmo efeito prático da distinção anterior, o CTN afirma que, enquanto o IPTU incide sobre imóveis "por natureza ou acessão física" (art. 32), **o ITR só incide sobre imóveis por natureza** (art. 29). Imóveis por natureza equivalem à propriedade territorial; imóveis por acessão física são construções e benfeitorias, ou seja, o mesmo que propriedade predial.

> Cespe: A prova de Cartório/DF de 2014 considerou CORRETA a assertiva: "Não há fato gerador do ITR em relação ao imóvel rural por acessão física".

9.7.3 ITR *vs.* IPTU

Acesse também a videoaula pelo *link*:
http://somos.in/MDT0737

Como regra, para saber se determinado imóvel é urbano, e paga IPTU para o Município, ou rural, devendo ITR para a União, interessa o **critério da localização**.

Assim, atendidos os requisitos previstos no art. 32 do CTN, cabe ao legislador municipal definir a área urbana. Os imóveis nela situados são suscetíveis à incidência do IPTU. Residualmente, os demais consideram-se rurais e submetem-se ao ITR.

Essa é forma geral como a legislação tributária trata do tema. Abordaremos o assunto mais detalhadamente, neste *Manual*, nos itens específicos sobre IPTU.

Entretanto, por força do art. 15 do Decreto-lei n. 57/66, **incide ITR sobre o imóvel localizado em zona urbana que, comprovadamente, seja utilizado em exploração extrativa vegetal, agrícola, pecuária ou agroindustrial (STJ, REsp 1.112.646-SP).**

9.7.4 Contribuinte

Contribuinte do ITR é o proprietário, o titular do domínio útil ou o possuidor a qualquer título (art. 31 do CTN).

9.7.5 Não ocorrência do fato gerador. Polêmica

O ITR não incide sobre imóveis legalmente considerados como urbanos. A base de cálculo do imposto é o valor da terra nua, excluindo-se as instalações, construções e benfeitorias.

Há quem sustente, adotando visão minoritária, que o domínio útil e a posse a qualquer título, apesar de apontados no art. 31 do CTN como fato gerador do ITR, não se enquadrariam na hipótese de incidência constitucional do imposto, na medida em que o art. 153, VI, da CF menciona apenas a competência da União para tributar a *propriedade* rural, e não outros direitos reais ou pessoais (posse e domínio útil não se confundem com propriedade). Haveria, assim, afronta ao art. 110 do CTN, que proíbe que a legislação tributária altere a definição, o conteúdo e o alcance de institutos, conceitos e formas de direito privado.

9.7.6 Base de cálculo

A base de cálculo do ITR é o valor da terra nua tributável (VTNT), assim considerada a área total e o seu grau de utilização (art. 11 da Lei n. 9.393/96), assim considerado o valor da terra nua. Trata-se, portanto, do **valor fundiário.**

> MPU: A prova de Procurador da República de 2015 considerou CORRETA a assertiva: "A base de cálculo do Imposto Territorial Rural – ITR é o valor da terra nua tributável, que é o valor do imóvel excluídos valores relativos a construções, instalações e benfeitorias, culturas permanentes e temporárias, pastagens e florestas plantadas".

Se o imóvel estiver parcelado ou dividido por logradouros, há interessante regramento estabelecido pelo art. 9º do Decreto n. 4.382/2002:

> Para efeito de determinação da base de cálculo do ITR, considera-se imóvel rural a área contínua, formada de uma ou mais parcelas de terras, localizada na zona rural do município, ainda que, em relação a alguma parte do imóvel, o sujeito passivo detenha apenas a posse.
>
> Parágrafo único. Considera-se área contínua a área total do prédio rústico, mesmo que fisicamente dividida por ruas, estradas, rodovias, ferrovias, ou por canais ou cursos de água.

Considera-se tributável a área total do imóvel, excluídas as áreas (art. 10 do Decreto n. 4.382/2002):

I – de preservação permanente;

II – de reserva legal[STJ];

> STJ: "DIREITO TRIBUTÁRIO. ISENÇÃO DE ITR RELATIVA A ÁREA DE RESERVA LEGAL. A isenção de Imposto Territorial Rural (ITR) prevista no art. 10, § 1º, II, *a*, da Lei n. 9.393/96, relativa a área de reserva legal, depende de prévia averbação desta no registro do imóvel. Corte Especial" (AgRg no REsp 1.243.685-PR, rel. Min. Benedito Gonçalves, j. 5-12-2013).

III – de reserva particular do patrimônio natural;

IV – de servidão florestal;

V – de interesse ecológico para a proteção dos ecossistemas, assim declaradas mediante ato do órgão competente, federal ou estadual, e que ampliem as restrições de uso;

VI – comprovadamente imprestáveis para a atividade rural, declaradas de interesse ecológico mediante ato do órgão competente, federal ou estadual.

9.7.7 Alíquotas progressivas

As alíquotas do ITR têm previsão de progressividade extrafiscal para desestimular latifúndios improdutivos (art. 153, § 4º, I, da CF), variando de 0,03 a 20% (art. 34 do Decreto n. 4.382/2002), aplicáveis de **forma inversamente proporcional ao grau de utilização de cada imóvel**.

> Cetro: A prova de Titular de Cartório/RJ de 2012 considerou CORRETA a afirmação: "Quanto ao Imposto sobre a Propriedade Territorial Rural (ITR), a legislação do imposto dispõe de alíquotas inversamente proporcionais ao grau de utilização de cada imóvel rural".

9.7.8 Requisitos para fruição da imunidade

Para fins de aplicação da imunidade prevista no art. 153, § 4º, II, da CF, consideram-se pequenas glebas rurais os imóveis com área igual ou inferior a:

I – 100 ha, se localizado em município compreendido na Amazônia Ocidental ou no Pantanal mato-grossense e sul-mato-grossense;

II – 50 ha, se localizado em município compreendido no Polígono das Secas ou na Amazônia Oriental;

III – 30 ha, se localizado em qualquer outro município (art. 2º da Lei n. 9.393/96).

9.7.9 Incidência sobre imóvel desapropriado

Nos termos do art. 2º, § 1º, do Decreto n. 4.382/2002, o ITR incide sobre a propriedade rural declarada de utilidade ou necessidade pública, ou interesse social, **inclusive para fins de reforma agrária**:

I – até a data da perda da posse pela imissão prévia do Poder Público na posse;

II – até a data da perda do direito de propriedade pela transferência ou pela incorporação do imóvel ao patrimônio do Poder Público.

9.7.10 Direito sumular

9.7.10.1 Súmula do STF em matéria de ITR

Súmula 595

É inconstitucional a taxa municipal de conservação de estradas de rodagem cuja base de cálculo seja idêntica à do imposto territorial rural.

> Cespe: A prova da Magistratura Federal do TRF5 de 2011 considerou ERRADA a assertiva: "É constitucional a instituição de taxa municipal de conservação de estradas de rodagem cuja base de cálculo seja idêntica à do imposto sobre a propriedade territorial rural".

9.8 IMPOSTO SOBRE GRANDES FORTUNAS (IGF)

9.8.1 Regime geral

A competência para instituição do Imposto sobre Grandes Fortunas está prevista no art. 153, VII, da Carta Política de 1988, entre os impostos federais.

Por razões meramente políticas, o **IGF ainda não foi criado**. É certo, entretanto, que, nos termos do citado dispositivo constitucional, a União deverá instituí-lo por meio de **lei complementar**, vedada sua criação por medida provisória.

> Cespe: A prova da Magistratura/CE de 2012 considerou CORRETA a afirmação: "Compete à União instituir, mediante lei complementar, o imposto sobre grandes fortunas".

O IGF, ao ser instituído, **deverá submeter-se tanto à anterioridade anual quanto à nonagesimal.**

Importante destacar ainda que, como a competência tributária é imprescritível, a União não tem prazo para criar o IGF, e, mesmo que sua instituição demore décadas para efetivar-se, a competência não se deslocará a outra entidade federativa.

9.9 IMPOSTO SOBRE TRANSMISSÃO *CAUSA MORTIS* E DOAÇÕES (ITCMD)

9.9.1 Regime geral

O art. 155, I, da CF estabelece que **compete aos Estados e ao Distrito Federal** instituir Imposto sobre Transmissão *Causa Mortis* e Doações de quaisquer bens ou direitos (ITCMD).

Conhecido como **"imposto da herança"**, o ITCMD tem um fato gerador complexo, na medida em que incide também sobre transmissão gratuita de bens e direitos.

O ITCMD é tributo dotado essencialmente de **função fiscal**, pois sua arrecadação atende a finalidades arrecadatórias.

Sendo tributo estadual, cada entidade competente tem autonomia para definir a modalidade de lançamento a ser utilizada. Todavia, há um predomínio da utilização do **lançamento por declaração**.

Quanto ao regime geral do imposto, algumas regras são definidas pelo § 1º do art. 155 da CF, a saber:

a) relativamente a bens imóveis e respectivos direitos, compete ao Estado da situação do bem, ou ao Distrito Federal;

b) relativamente a bens móveis, títulos e créditos, compete ao Estado onde se processar o inventário ou arrolamento, ou tiver domicílio o doador, ou ao Distrito Federal.

> TJ-SC: A prova da Magistratura/SC de 2013 considerou ERRADA a assertiva: "O imposto incidente na transmissão *causa mortis* e doação, relativamente a bens imóveis e respectivos direitos, compete ao Estado onde se processar o inventário ou arrolamento, ou tiver domicílio o doador, ou ao Distrito Federal".

9.9.2 Interferência da União na disciplina normativa

Visando conferir certa uniformidade à disciplina normativa do tributo, o art. 155, § 1º, III, da CF atribuiu **à lei complementar federal competência para regular a instituição do ITCMD** nos seguintes casos:

a) se o doador tiver domicílio ou residência no exterior;

b) se o *de cujus* possuía bens, era residente ou domiciliado ou teve seu inventário processado no exterior.

Trata-se, desse modo, de um importante caso em que a Constituição Federal autoriza a **interferência da União na disciplina normativa de imposto estadual.** O objetivo claro dessa interferência constitucionalmente autorizada é estabelecer uma padronização em certos aspectos do regime jurídico do imposto. Ocorre que, até o presente momento, a lei complementar mencionada do art. 156, § 1º, da CF ainda não foi criada, cabendo aos Estados e ao Distrito Federal exercer a competência legislativa plena na matéria.

> UFG: A prova de Procurador da AL/GO de 2015 considerou CORRETA a assertiva: "Na competência tributária dos Estados se encontra o Imposto sobre a Transmissão *causa mortis* e Doações (ITCD) que tem como fato gerador a transmissão de propriedade por evento *causa mortis* ou doações *inter vivos* a qualquer título. No exercício da competência tributária desse imposto, o exercício da competência tributária pelos Estados encontra limite no princípio constitucional do não confisco que tem no ITCD uma compreensão tarifada, na medida em que fixada alíquota máxima de 8%".

Além desse caso, o art. 155, § 1º, IV, da CF afirma que o ITCMD **terá alíquotas máximas fixadas por resolução do Senado Federal**. Atualmente, a alíquota máxima é de 8% (Resolução n. 9/92).

9.9.3 Fato gerador

O fato gerador do ITCMD, no caso de herança, é a transmissão de bens móveis ou imóveis em decorrência da morte. Sobre isso importa destacar que o art. 35, parágrafo único, do CTN prescreve que, "nas transmissões *causa mortis*, ocorrem tantos fatos geradores distintos quantos sejam os herdeiros ou legatários".

Constitui, também, fato gerador do ITCMD a transmissão *inter vivos* por meio de doação.

Releva indagar sobre o aspecto temporal da hipótese de incidência do ITCMD, isto é, o momento em que se considera ocorrido o fato gerador. **Na transmissão *Causa Mortis***, a ocorrência do fato gerador opera-se **no exato instante do óbito** (art. 1.784 do Código Civil).

Quanto à doação extrajudicial de **bem móvel**, o fato gerador ocorre com a **tradição**; sendo **imóvel**, com o **registro**[STJ]. Na hipótese de doação judicial, como no caso de separação em juízo, o fato gerador se dá com a homologação da partilha.

STJ: "ITCMD. DOAÇÃO. REPETIÇÃO DE INDÉBITO. PRESCRIÇÃO. TERMO INICIAL. ART. 165, II, DO CTN. 1. O fato gerador do imposto de transmissão (art. 35, I, do CTN) é a transferência da propriedade imobiliária, que somente se opera mediante o registro do negócio jurídico junto ao ofício competente. O recolhimento do ITCMD, via de regra, ocorre antes da realização do fato gerador, porquanto o prévio pagamento do imposto é, normalmente, exigido como condição para o registro da transmissão do domínio. Assim, no presente caso, não é possível afirmar que o pagamento antecipado pelo contribuinte, ao tempo de seu recolhimento, foi indevido, porquanto realizado para satisfazer requisito indispensável para o cumprimento da promessa de doação declarada em acordo de separação judicial. 2. Considerando, portanto, que é devido o recolhimento antecipado do ITCMD para fins de consecução do fato gerador, não se mostra possível a aplicação do art. 168, I, do CTN, porquanto esse dispositivo dispõe sobre o direito de ação para reaver tributo não devido. 3. Deve, portanto, na espécie, ser prestigiado o entendimento adotado pelo acórdão *a quo*, no sentido de que o direito de ação para o contribuinte reaver a exação recolhida nasceu (*actio nata*) com o trânsito em julgado da decisão judicial do juízo de família (de anulação do acordo de promessa de doação) e o consequente registro imobiliário (em nome exclusivo da ex-esposa) que impediram a realização do negócio jurídico prometido, na medida em que, somente a partir desse momento restou configurado o indébito tributário (*lato sensu*) pelo não aproveitamento do imposto recolhido. Aplica-se, *in casu*, por analogia, o disposto no art. 168, II, do CTN" (REsp 1.236.816/DF, rel. Min. Benedito Gonçalves, j. 15-3-2012, 1ª T.).

9.9.4 Contribuinte

O contribuinte do imposto é o herdeiro ou o legatário, vale dizer, a pessoa beneficiada pela transmissão *causa mortis*.

Na hipótese de doação, o legislador estadual pode definir como contribuinte do ITCMD o doador ou o donatário, já que ambos têm relação direta e pessoal com a ocorrência do fato gerador (art. 121, parágrafo único, I, do CTN).

9.9.5 Não ocorrência do fato gerador

Não incide o ITCMD na hipótese de herdeiro abdicar de sua cota-parte em favor do monte-mor. A razão disso é que a abdicação não constitui doação propriamente dita, caracterizando-se, de acordo com a doutrina civilista, como espécie de *renúncia abdicativa*, deixando de atrair a incidência do imposto sobre doações.

9.9.6 Alíquotas progressivas

Embora a Constituição de 1988 não faça qualquer referência à progressividade do ITCMD, nem sua aplicação seja defendida pela doutrina, no julgamento do RE 562.045/RS o **Supremo Tribunal Federal passou a admitir a aplicação de alíquotas progressivas no ITCMD**[STF].

> STF: "O Plenário, por maioria, deu provimento a recurso extraordinário, interposto pelo Estado do Rio Grande do Sul, para assentar a constitucionalidade do art. 18 da Lei gaúcha n. 8.821/89, que prevê o sistema progressivo de alíquotas para o imposto sobre a transmissão *causa mortis* de doação. Salientou-se, inicialmente, que o entendimento de que a progressividade das alíquotas do ITCD seria inconstitucional decorreria da suposição de que o § 1º do art. 145 da CF a admitiria exclusivamente para os impostos de caráter pessoal. Afirmou-se, entretanto, que todos os impostos estariam sujeitos ao princípio da capacidade contributiva, mesmo os que não tivessem caráter pessoal. Esse dispositivo estabeleceria que os impostos, sempre que possível, deveriam ter caráter pessoal. Assim, todos os impostos, independentemente de sua classificação como de caráter real ou pessoal, poderiam e deveriam guardar relação com a capacidade contributiva do sujeito passivo. Aduziu-se, também, ser possível aferir a capacidade contributiva do sujeito passivo do ITCD, pois, tratando-se de imposto direto, a sua incidência poderia expressar, em diversas circunstâncias, progressividade ou regressividade direta. Asseverou-se que a progressividade de alíquotas do imposto em comento não teria como descambar para o confisco, porquanto haveria o controle do teto das alíquotas pelo Senado Federal (CF, art. 155, § 1º, IV). Ademais, assinalou-se inexistir incompatibilidade com o Enunciado 668 da Súmula do STF ('É inconstitucional a lei municipal que tenha estabelecido, antes da Emenda Constitucional n. 29/2000, alíquotas progressivas para o IPTU, salvo se destinada a assegurar o cumprimento da função social da propriedade urbana'). Por derradeiro, esclareceu-se que, diferentemente do que ocorreria com o IPTU, no âmbito do ITCD não haveria a necessidade de emenda constitucional para que o imposto fosse progressivo" (RE 562.045/RS, rel. Min. Cármen Lúcia, j. 6-2-2013).

9.9.7 Direito sumular

9.9.7.1 Súmulas do STF em matéria de ITCMD

Súmula 112

O imposto de transmissão *causa mortis* é devido pela alíquota vigente ao tempo da abertura da sucessão.

Súmula 113

O imposto de transmissão *causa mortis* é calculado sobre o valor dos bens na data da avaliação.

Súmula 114

O imposto de transmissão *causa mortis* não é exigível antes da homologação do cálculo.

Súmula 115

Sobre os honorários do advogado contratado pelo inventariante, com a homologação do juiz, não incide o imposto de transmissão *causa mortis*.

Súmula 331

É legítima a incidência do imposto de transmissão *causa mortis* no inventário por morte presumida.

Súmula 435

O imposto de transmissão *causa mortis* pela transferência de ações é devido ao estado em que tem sede a companhia.

Súmula 590

Calcula-se o imposto de transmissão *causa mortis* sobre o saldo credor da promessa de compra e venda de imóvel, no momento da abertura da sucessão do promitente vendedor.

9.10 IMPOSTO SOBRE CIRCULAÇÃO DE MERCADORIAS E SERVIÇOS (ICMS)

9.10.1 Regime geral

Previsto no rol de **competências tributárias dos Estados e Distrito Federal** (art. 155, II, da CF), o ICMS recebeu o tratamento mais pormenorizado entre os tributos previstos no Texto de 1988.

Embora seja tributo estadual, o art. 155, § 2º, XII, da CF definiu ampla sequência de temas a serem disciplinados pela União, razão pela qual as duas leis gerais mais importantes em matéria de ICMS são as Leis Complementares Federais n. 24/75 e n. 87/96 (Lei Kandir).

Sendo a principal fonte de receita dos Estados e do Distrito Federal, o ICMS tem **função essencialmente fiscal** (arrecadatória)[STF].

> STF: "ICMS. Impor ao contribuinte inadimplente a obrigação de recolhimento antecipado do ICMS, como meio coercitivo para pagamento do débito fiscal, importa em forma oblíqua de cobrança de tributo e em contrariedade aos princípios da livre concorrência e da liberdade de trabalho e comércio" (RE 525.802/SE, rel. Min. Ricardo Lewandowski, j. 7-5-2013, 2ª T.).

No entanto, é possível identificar um caráter extrafiscal secundário residente na determinação constitucional de alíquotas seletivas no ICMS em razão da essencialidade do produto ou do serviço (art. 155, § 2º, III, da CF).

Quanto à modalidade de lançamento, o ICMS é o mais importante caso de tributo **lançado por homologação**, pois, assim como ocorre com praticamente todos os tributos brasileiros, o contribuinte antecipa o pagamento, remete a documentação fiscal à autoridade competente, a quem caberá aprovar as contas.

9.10.2 Disciplina constitucional

Segue síntese das mais importantes normas constitucionais sobre o ICMS:

I) o imposto **será não cumulativo**[STF] (art. 155, § 2º, I, da CF).

TJ-SC: A prova da Magistratura/SC de 2013 considerou CORRETA a assertiva: "O imposto relativo à circulação de mercadorias e sobre prestações de serviços de transporte interestadual e intermunicipal e de comunicação será não cumulativo, compensando-se o que for devido em cada operação relativa à circulação de mercadorias ou prestação de serviços com o montante cobrado nas anteriores pelo mesmo ou outro Estado ou pelo Distrito Federal".

STF: "ICMS. OPERAÇÕES INTERESTADUAIS. DEVIDO O CREDITAMENTO DO MONTANTE EFETIVAMENTE RECOLHIDO NA OPERAÇÃO ANTERIOR. I – A jurisprudência desta Corte possui entendimento firmado no sentido de que, nas operações interestaduais, o creditamento do ICMS na operação subsequente deve corresponder ao montante que foi efetivamente recolhido na operação anterior" (AgRg no RE 491.653-MG. rel. Min. Ricardo Lewandowski).

Embora o dispositivo afirme que o ICMS "será não cumulativo", há entendimento do STF no sentido de que **a Lei Maior não impõe a não cumulatividade**[STF-STJ].

STF: "O princípio da não cumulatividade do ICMS, inscrito no art. 155, § 2º, I, da Carta de 1988, não fundamenta, por si só, o direito ao creditamento nas aquisições de bens destinados ao uso e consumo ou ao ativo fixo do estabelecimento. A legislação pode consagrá-lo, em conformidade com os arts. 20 e 33 da Lei Complementar n. 87/96, mas a Lei Maior não impõe que o faça" (AI 488.345/SP, rel. Min. Rosa Weber, j. 13-11-2012, 1ª T.).

STJ: "DIREITO TRIBUTÁRIO. NÃO CUMULATIVIDADE DO ICMS INCIDENTE NA AQUISIÇÃO DE COMBUSTÍVEL POR EMPRESA DE TRANSPORTE FLUVIAL. O ICMS incidente na aquisição de combustível a ser utilizado por empresa de prestação de serviço de transporte fluvial no desempenho de sua atividade-fim constitui crédito dedutível na operação seguinte (art. 20 da Lei Complementar n. 87/96)" (1ª T., REsp 1.435.626-PA, rel. Min. Ari Pargendler, j. 3-6-2014).

A Lei Complementar n. 87/96 (Lei Kandir) estabelece que geram creditamento de ICMS os insumos utilizados no processo produtivo. Sobre isso, a 1ª Turma do STJ decidiu que os insumos que geram direito ao creditamento do imposto são aqueles que se incorporam ao produto final. Por esse motivo é que as sacolas plásticas e bandejas, fornecidas aos clientes pelo supermercado para o transporte e o acondicionamento de produtos, não geram direito ao creditamento de ICMS.

STJ: "Os insumos que geram direito ao creditamento são aqueles que, extrapolando a condição de mera facilidade, se incorporam ao produto final, de forma a modificar a maneira como esse se apresenta e configurar parte essencial do processo produtivo. Sacos e filmes plásticos utilizados exclusivamente para o fornecimento de produtos de natureza perecível são insumos indispensáveis à atividade desenvolvida pelos supermercados, de modo que a sua aquisição gera direito ao creditamento do ICMS. Sacolas plásticas fornecidas aos clientes para o transporte ou acondicionamento de produtos, bem como bandejas, não são insumos essenciais à atividade dos supermercados, de modo que não geram creditamento de ICMS" (STJ. 1ª Turma. REsp 1.830.894-RS, rel. Min. Benedito Gonçalves, j. 3-3-2020. *Informativo* 666).

Ainda sobre o direito ao creditamento de ICMS, a 1ª Turma do STJ, no julgamento do Resp 1.653.875, assentou o seguinte entendimento: "A exceção prevista no art. 20, § 6º, I, da LC 87/96, que permite a manutenção de créditos nas operações que envolvem produtos agropecuários, não é destinada àquele que realiza a venda contemplada pela isenção, mas ao contribuinte da etapa posterior, que adquire a mercadoria isenta do imposto e que tem a sua operação de saída normalmente tributada" (STJ. 1ª Turma. REsp 1.643.875-RS, rel. Min. Gurgel de Faria, j. 19-11-2019. *Informativo* 663);

II) a isenção ou não incidência, salvo determinação em contrário da legislação:

a) não implicará crédito para compensação com o montante devido nas operações ou prestações seguintes[STF];

TJ-SC: A prova da Magistratura/SC de 2013 considerou ERRADA a assertiva: "A isenção ou não incidência do ICMS, salvo determinação em contrário da legislação, não implicará crédito para compensação com o montante devido nas operações ou prestações seguintes e nem carretará a anulação do crédito relativo às operações anteriores".

STF: "VANTAGEM CONSISTENTE NA REDUÇÃO DA BASE DE CÁLCULO. CONTRAPARTIDA EVIDENCIADA PELA PROIBIÇÃO DO REGISTRO DE CRÉDITOS. IMPOSSIBILIDADE DA MANUTENÇÃO DO BENEFÍCIO SEM A PERMANÊNCIA DA CONTRAPARTIDA. ESTORNO APENAS PROPORCIONAL DOS CRÉDITOS. IMPOSSIBILIDADE. 1. Segundo orientação firmada pelo Supremo Tribunal Federal, as figuras da redução da base de cálculo e da isenção parcial se equiparam. Portanto, ausente autorização específica, pode a autoridade fiscal proibir o registro de créditos de ICMS proporcional ao valor exonerado (art. 155, § 2º, II, *b*, da Constituição federal). 2. Situação peculiar. Regime alternativo e opcional para apuração do tributo. Concessão de benefício condicionada ao não registro de créditos. Pretensão voltada à permanência do benefício, cumulado ao direito de registro de créditos proporcionais ao valor cobrado. Impossibilidade. Tratando-se de regime alternativo e facultativo de apuração do valor devido, não é possível manter o benefício sem a contrapartida esperada pelas autoridades fiscais, sob pena de extensão indevida do incentivo" (AgRg no RE 243.286-RS, rel. Min. Joaquim Barbosa).

STF: "A aquisição de produtos intermediários, sujeitos ao regime de crédito físico, aplicados no processo produtivo que não integram fisicamente o produto final não gera direito ao crédito de ICMS. O princípio constitucional da não cumulatividade é uma garantia do emprego de técnica escritural que evite a sobreposição de incidências, sendo que as minúcias desse sistema e o contencioso que daí se origina repousam na esfera da legalidade" (RE 689.001 AgR, rel. Min. Dias Toffoli, j. 6-2-2018, 2ª T, *DJe* de 26-2-2018).

STF – repercussão geral tema 69: "Inviável a apuração do ICMS tomando-se cada mercadoria ou serviço e a correspondente cadeia, adota-se o sistema de apuração contábil. O montante de ICMS a recolher é apurado mês a mês, considerando-se o total de créditos decorrentes de aquisições e o total de débitos gerados nas saídas de mercadorias ou serviços: análise contábil ou escritural do ICMS. A análise jurídica do princípio da não cumulatividade aplicado ao ICMS há de atentar ao disposto no art. 155, § 2º, I, da Constituição da República, cumprindo-se o princípio da não cumulatividade a cada operação. O regime da não cumulatividade impõe concluir, conquanto se tenha a escrituração da parcela ainda a se compensar do ICMS, não se incluir todo ele na definição de faturamento aproveitado por este STF. O ICMS não compõe a base de cálculo para incidência do PIS e da Cofins. Se o art. 3º, § 2º, I, *in fine*, da Lei n. 9.718/98 excluiu da base de cálculo daquelas contribuições sociais o ICMS transferido integralmente para os Estados, deve ser enfatizado que não há como se excluir a transferência parcial decorrente do regime de não cumulatividade em determinado momento da dinâmica das operações. Recurso provido para excluir o ICMS da base de cálculo da contribuição ao PIS e da Cofins" (RE 574.706, rel. Min. Cármen Lúcia, j. 15-3-2017, P, *DJe* de 2-10-2017).

b) acarretará a anulação do crédito relativo às operações anteriores (art. 155, § 2º, II, da CF);

A prova da Magistratura/CE elaborada pelo Cespe em 2018 considerou CORRETA a assertiva: "Segundo a CF, a isenção do ICMS, salvo previsão legal específica, acarretará a anulação do crédito relativo às operações anteriores e não implicará crédito para compensação com o montante devido nas operações seguintes".

III) o ICMS **poderá ser seletivo, em função da essencialidade das mercadorias e dos serviços** (art. 155, § 2º, III, da CF);

IV) resolução do Senado Federal estabelecerá as alíquotas aplicáveis às operações e prestações interestaduais[STF] e de exportação (art. 155, § 2º, IV, da CF);

STF: "ICMS. COBRANÇA NAS OPERAÇÕES INTERESTADUAIS PELO ESTADO DE DESTINO. EXTENSÃO ÀS REMESSAS PARA CONSUMIDORES FINAIS. COMÉRCIO ELETRÔNICO. GUERRA FISCAL. 1. A Constituição define que o estado de origem será o sujeito ativo do ICMS nas operações interestaduais aos consumidores finais que não forem contribuintes desse imposto. 2. Os entes federados não podem utilizar sua competência legislativa privativa ou concorrente para retaliar outros entes federados, sob o pretexto de corrigir desequilíbrio econômico, pois tais tensões devem ser resolvidas no foro legítimo, que é o Congresso Nacional (arts. 150, V e 152 da Constituição). 3. Compete ao Senado definir as alíquotas do tributo incidente sobre as operações interestaduais" (Ref. em Med. Caut. em ADIn 4.705-DF, rel. Min. Joaquim Barbosa).

> STF: "ICMS e operação interestadual não presencial. É inconstitucional a cobrança de ICMS pelo Estado de destino, com fundamento no Protocolo ICMS 21/2011 do Conselho Nacional de Política Fazendária – Confaz, nas operações interestaduais de venda de mercadoria a consumidor final realizadas de forma não presencial. Com base nesse entendimento, o Plenário negou provimento a recurso extraordinário em que se discutia a constitucionalidade do mencionado protocolo, que dispõe sobre a exigência de parcela do ICMS pelo estado-membro destinatário da mercadoria ou bem devida na operação interestadual em que o consumidor final adquire mercadoria ou bem de forma não presencial por meio de internet, 'telemarketing' ou 'showroom'. Julgou, ainda, procedentes os pedidos formulados em ações diretas para declarar a inconstitucionalidade desse mesmo protocolo. O Tribunal frisou que, no julgamento da ADI 4.565 MC/PI (*DJe* de 27-6-2011), fora assentado que, nas operações interestaduais cuja mercadoria fosse destinada a consumidor final não contribuinte, apenas o estado-membro de origem cobraria o tributo, com a aplicação da alíquota interna. Realçou que regime tributário diverso configuraria bitributação. Mencionou que os signatários do Protocolo teriam invadido a competência das unidades federadas de origem, que constitucionalmente seriam os sujeitos ativos da relação tributária quando da venda de bens ou serviços a consumidor final não contribuinte localizado em outra unidade da Federação. Asseverou que essa hipótese ofenderia o princípio do não confisco, bem como o do tráfego de pessoas e bens (CF, art. 150, V). Consignou que o Protocolo impugnado, ao determinar que o estabelecimento remetente fosse o responsável pela retenção e recolhimento do ICMS em favor da unidade federada destinatária, vulnerara a exigência de lei em sentido formal e complementar (CF, art. 155, § 2º, XII, *b*) para instituir uma nova modalidade de substituição tributária" (RE 680.089/SE, rel. Min. Gilmar Mendes, 17-9-2014. *Informativo* 759, de 19-9-2014).

V) é **facultado ao Senado Federal**: a) estabelecer **alíquotas mínimas** nas operações internas; b) fixar **alíquotas máximas** nas mesmas operações para resolver conflito específico que envolva interesse de Estados (art. 155, § 2º, V, da CF).

9.10.3 Temas reservados à lei complementar federal

Visando conferir certa unidade ao tratamento normativo do imposto, a Constituição Federal atribuiu à União a edição de normas gerais sobre ICMS. Nos termos do art. 155, § 2º, XII, da CF, **cabe à lei complementar federal** disciplinar os seguintes temas em matéria de ICMS:

a) definir seus contribuintes;

b) dispor sobre substituição tributária;

c) disciplinar o regime de compensação do imposto;

d) fixar, para efeito de sua cobrança e definição do estabelecimento responsável, o local das operações relativas à circulação de mercadorias e das prestações de serviços;

e) excluir da incidência do imposto, nas exportações para o exterior, serviços e outros produtos (isenção heterônoma);

f) prever casos de manutenção de crédito, relativamente à remessa para outro Estado e exportação para o exterior, de serviços e de mercadorias;

g) regular a forma como, mediante deliberação dos Estados e do Distrito Federal, isenções, incentivos e benefícios fiscais serão concedidos e revogados;

h) definir os combustíveis e lubrificantes sobre os quais o imposto incidirá uma única vez (incidência monofásica);

i) fixar a base de cálculo, de modo que o montante do imposto a integre, também na importação de bem, mercadoria ou serviço.

9.10.4 Fatos geradores do ICMS

O ICMS tem cinco fatos geradores claramente distintos (art. 155, II, da CF):

a) operações relativas à circulação de mercadorias;

b) prestação de serviços de transporte interestadual e intermunicipal;

c) prestação dos serviços de comunicação;

d) fornecimento de energia elétrica (art. 155, § 3º, da CF);

e) importação de bem ou mercadoria (art. 155, § 2º, IX, *a* da CF).

Muito importante constatar que **a Constituição de 1988 retirou três serviços (comunicação, transporte intermunicipal e transporte interestadual) da competência impositiva dos Municípios e entregou aos Estados-membros.**

O mais natural seria sujeitar tais serviços ao recolhimento do ISS municipal, mas o Texto Maior preferiu, por uma questão de preferência política, trazê-los para o campo de incidência do ICMS estadual.

O ICMS incide ainda que as operações e prestações se iniciem no exterior[STF] (art. 155, II, parte final, da CF).

> STF: "O Sujeito ativo do ICMS é o estado-membro em que localizado o domicílio ou o estabelecimento onde efetivamente se der a mercancia da mercadoria importada, independentemente de onde ocorra o desembaraço aduaneiro" (RE 611.576/RS, rel. Min. Luiz Fux, j. 3-5-2013).

Nesse sentido, o STF editou a Súmula Vinculante 48: "Na entrada de mercadoria importada do exterior, é legítima a cobrança do ICMS por ocasião do desembaraço aduaneiro".

Importante frisar que, no julgamento do RE 1.025.986, aceito como tese 1.012 de Repercussão Geral, o Supremo Tribunal Federal decidiu que "é constitucional a incidência do ICMS sobre a operação de venda, realizada por locadora de veículos, de automóvel com menos de 12 (doze) meses de aquisição da montadora".

O art. 2º da Lei Complementar n. 87/96 enumera, ainda, outras operações e prestações de serviços sujeitas ao recolhimento do ICMS, tais como:

a) fornecimento de alimentação e bebidas em bares, restaurantes e estabelecimentos similares;

b) geração, a emissão, a recepção, a transmissão, a retransmissão, a repetição e a ampliação de comunicação de qualquer natureza;

c) fornecimento de mercadorias com prestação de serviços não compreendidos na competência tributária dos Municípios[STJ];

> STJ: "A prestação de serviço de composição gráfica, personalizada e sob encomenda, ainda que envolva fornecimento de mercadorias, está sujeita, apenas, ao ISS, não constituindo, pois fato gerador de ICMS" (REsp 1.092.206/SP, 1ª Seção).

d) fornecimento de mercadorias com prestação de serviços sujeitos ao imposto sobre serviços, de competência dos Municípios, quando a lei complementar aplicável expressamente o sujeitar à incidência do imposto estadual;

e) sobre a entrada de mercadoria ou bem importados do exterior, por pessoa física ou jurídica, ainda que não seja contribuinte habitual do imposto[STF1], qualquer que seja a sua finalidade[STF2];

STF[1]: "ICMS. IMPORTAÇÃO. 'NÃO CONTRIBUINTE'. 1. Há competência constitucional para estender a incidência do ICMS à operação de importação de bem destinado a pessoa que não se dedica habitualmente ao comércio ou à prestação de serviços, após a vigência da EC n. 33/2001. 2. A incidência do ICMS sobre operação de importação de bem não viola, em princípio, a regra da vedação à cumulatividade (art. 155, § 2º, I, da Constituição), pois se não houver acumulação da carga tributária, nada haveria a ser compensado. 3. Divergência entre as expressões 'bem' e 'mercadoria' (arts. 155, II, e 155, § 2º, IX, *a*, da Constituição). É constitucional a tributação das operações de circulação jurídica de bens amparadas pela importação. A operação de importação não descaracteriza, tão somente por si, a classificação do bem importado como mercadoria. Em sentido semelhante, a circunstância de o destinatário do bem não ser contribuinte habitual do tributo também não afeta a caracterização da operação de circulação de mercadoria. Ademais, a exoneração das operações de importação pode desequilibrar as relações pertinentes às operações internas com o mesmo tipo de bem, de modo a afetar os princípios da isonomia e da livre concorrência. 4. A tributação somente será admissível se também respeitadas as regras da anterioridade e da anterioridade, cuja observância se afere com base em cada legislação local que tenha modificado adequadamente a regra-matriz e que seja posterior à Lei Complementar n. 114/2002" (RE 439.796-PR, rel. Min. Joaquim Barbosa).

STF[2]: "ICMS. Importação. Sujeito ativo. Alínea *a* do inciso IX do § 2º do art. 155 da CF. Estabelecimento jurídico do importador. O sujeito ativo da relação jurídico-tributária do ICMS é o Estado onde estiver situado o domicílio ou o estabelecimento do destinatário jurídico da mercadoria" (AgRg no RE 431.075-SP, rel. Min. Gilmar Mendes).

f) sobre o serviço prestado no exterior ou cuja prestação se tenha iniciado no exterior;

g) sobre a entrada, no território do Estado destinatário, de petróleo, inclusive lubrificantes e combustíveis líquidos e gasosos dele derivados, e de energia elétrica, quando não destinados à comercialização ou à industrialização, decorrentes de operações interestaduais, cabendo o imposto ao Estado onde estiver localizado o adquirente.

9.10.4.1 ICMS sobre circulação de mercadoria

Para fins de incidência do ICMS, só ocorre circulação de mercadoria quando presentes simultaneamente os seguintes requisitos:

1) alteração na propriedade (circulação jurídica);

2) operação envolvendo bens móveis destinados ao comércio (mercadorias);

3) a venda seja realizada por alguém que promova com habitualidade tais operações enquadradas em sua atividade finalística (natureza mercantil)[STF].

> STF: "ICMS. Fornecimento de água tratada por concessionárias de serviço público. Não incidência. Ausência de fato gerador. 1. O fornecimento de água potável por empresas concessionárias desse serviço público não é tributável por meio do ICMS. 2. As águas em estado natural são bens públicos e só podem ser exploradas por particulares mediante concessão, permissão ou autorização. 3. O fornecimento de água tratada à população por empresas concessionárias, permissionárias ou autorizadas não caracteriza uma operação de circulação de mercadoria" (RE 607.056-RJ, rel. Min. Dias Toffoli, j. 10-4-2013, Tribunal Pleno).

Vamos analisar os elementos do fato gerador do ICMS separadamente.

9.10.4.1.1 Circulação jurídica

O primeiro elemento integrante do fato gerador do ICMS é o conceito de "circulação". Entretanto, para que o imposto seja devido a mercadoria deve circular juridicamente, não bastando sua mera circulação física. Isso quer dizer que **é necessária a mudança de propriedade da mercadoria**, sua tradição (circulação em sentido jurídico), para que incida o ICMS, sendo indevido o imposto no caso de simples transporte do item sem mudança de titularidade (circulação em sentido físico)[STF].

Acesse também a videoaula pelo *link*:
http://somos.in/MDT0738

> STF: "ICMS. OPERAÇÃO DE VENDA PELA AGÊNCIA DE AUTOMÓVEIS DE VEÍCULO USADO CONSIGNADO PELO PROPRIETÁRIO. NÃO INCIDÊNCIA. Constata-se que a mera consignação do veículo cuja venda deverá ser promovida por agência de automóveis não representa circulação jurídica da mercadoria, porquanto não induz à transferência da propriedade ou da posse da coisa, inexistindo, dessa forma, troca de titularidade a ensejar o fato gerador do ICMS. Nesse negócio, não há transferência de propriedade (domínio) à agência de automóveis, pois, conforme assentado pelo acórdão recorrido, ela não adquire o veículo de seu proprietário, mas, apenas, intermedeia a venda da coisa a ser adquirida diretamente pelo comprador. De igual maneira, não há transferência de posse, haja vista que a agência de automóveis não exerce nenhum dos poderes inerentes à propriedade (art. 1.228 do Código Civil). Isso porque a consignação do veículo não pressupõe autorização do proprietário para a agência usar ou gozar da coisa, nem tampouco a agência pode dispor sobre o destino da mercadoria (doação, locação, destruição, desmontagem, *v.g.*), mas, apenas, promover a sua venda em conformidade com as condições prévias estabelecidas pelo proprietário. Em verdade, a consignação do veículo significa mera detenção precária da mercadoria para fins de exibição, facilitando, dessa forma, a consecução do serviço de intermediação contratado. 5. Recurso especial não provido" (REsp 1.321.681-DF, rel. Min. Benedito Gonçalves, j. 26-2-2013, 1ª T.).

É por isso que não ocorre o fato gerador do ICMS sobre as operações de transporte de mercadorias entre filiais de uma mesma empresa ou no momento da assinatura do contrato de arrendamento mercantil (*leasing*[STF]), pois nos dois casos inexiste mudança de propriedade da mercadoria.

> STF: "ICMS e *leasing* internacional. Não incide o ICMS importação na operação de arrendamento mercantil internacional, salvo na hipótese de antecipação da opção de compra na medida em que o arrendamento mercantil não implica, necessariamente, transferência de titularidade sobre o bem. A incidência do ICMS pressuporia operação de circulação de mercadoria. Assim, se não houver aquisição de mercadoria, mas mera posse decorrente do arrendamento, não se pode cogitar de circulação econômica. Dessa forma, cabe à Fazenda Pública examinar o contrato de arrendamento para verificar a incidência de ICMS. Não há incidência sobre a operação de arrendamento mercantil sempre que a mercadoria for passível de restituição ao proprietário e enquanto não for efetivada a opção de compra. Por outro lado, sobre a operação de arrendamento a envolver bem insuscetível de devolução, fosse por circunstâncias naturais ou físicas ou por se tratar de insumo, incide ICMS, porque nessa hipótese o contrato tem apenas a forma de arrendamento, mas conteúdo de compra e venda" (RE 540.829/SP, rel. orig. Min. Gilmar Mendes, red. p/ o acórdão Min. Luiz Fux, j. 11-9-2014).

9.10.4.1.2 Noção de "mercadoria"

Não é qualquer circulação que recolhe ICMS. O art. 155, II, da CF descreve como fato gerador do imposto a circulação "de mercadorias". Mercadorias são **bens móveis destinados ao comércio**, ou seja, alienados onerosamente por uma pessoa, física ou jurídica, que tem essa operação figurando no rol de suas atividades finalísticas.

9.10.4.1.3 Natureza mercantil da operação

E por fim **exige-se o intuito comercial da operação** para que ocorra o fato gerador do ICMS. A circulação da mercadoria deve ser realizada por pessoa, física ou jurídica, que opere com **habitualidade** ou em volume que caracterize **intuito comercial** naquele específico ramo de atuação (art. 4º da Lei Complementar n. 87/96).

Nesse sentido, não ocorre o fato gerador do imposto na venda de veículos entre particulares, nem da transferência de bens salvados de sinistro por companhias seguradoras (art. 3º, IX, da Lei Complementar n. 87/96).

9.10.4.2 ICMS sobre serviço de comunicação. Habilitação de celular. Provedores de acesso à internet

O segundo fato gerador do ICMS é a prestação do serviço de comunicação. É prestado serviço de comunicação sempre que for desenvolvida **atividade de transmissão de informações de um emissor a receptores**.

Nesse sentido, o art. 2º, III, da Lei Complementar n. 87/96 inclui no âmbito material da incidência do imposto as "prestações onerosas de serviços de comunicação, por qualquer meio, inclusive a geração, a emissão, a recepção, a transmissão, a retransmissão, a repetição e a ampliação de comunicação de qualquer natureza".

Entretanto, **não ocorre o fato gerador do ICMS** em serviços como **instalação de antenas parabólicas ou habilitação de telefones celulares** porque, embora constituam etapas indispensáveis para a futura transmissão de informações, **inexiste serviço de comunicação** nessas atividades em si mesmas consideradas[STF], apenas prestação de serviços-meio. Nesse sentido, a Súmula 350 do STJ: "O ICMS não incide sobre o serviço de habilitação de telefone celular".

> STF: "Não incide ICMS sobre a prestação de serviços acessórios ao de comunicação. A incidência do ICMS, no que se refere à prestação dos serviços de comunicação, deve ser extraída da CF e da Lei Complementar n. 87/96, incidindo o tributo sobre os serviços de comunicação prestados de forma onerosa, através de qualquer meio, inclusive a geração, a emissão, a recepção, a transmissão, a retransmissão, a repetição e a ampliação de comunicação de qualquer natureza (art. 2º, III, da Lei Complementar n. 87/96). A prestação de serviços conexos ao de comunicação por meio da telefonia móvel (que são preparatórios, acessórios ou intermediários da comunicação) não se confunde com a prestação da atividade fim – processo de transmissão (emissão ou recepção) de informações de qualquer natureza –, esta sim, passível de incidência do ICMS. Exemplos de serviços acessórios são a troca de titularidade de aparelho celular, conta detalhada, troca de aparelho, troca de número, mudança de endereço de cobrança de conta telefônica, troca de área de registro, troca de plano de serviço, bloqueio de DDD e DDI, habilitação e religação. Desse modo, a despeito de alguns deles serem essenciais à efetiva prestação do serviço de comunicação e admitirem a cobrança de tarifa pela prestadora do serviço (concessionária de serviço público), por assumirem o caráter de atividade meio, não constituem, efetivamente, serviços de comunicação, razão pela qual não é possível a incidência do ICMS" (REsp 1.176.753-RJ, rel. Min. Mauro Campbell Marques, j. 28-11-2012).

> STF: "A tarifa de assinatura básica mensal não é serviço (muito menos serviço preparatório), mas sim a contraprestação pelo serviço de comunicação propriamente dito prestado pelas concessionárias de telefonia, consistente no fornecimento, em caráter continuado, das condições materiais para que ocorra a comunicação entre o usuário e terceiro, o que atrai a incidência do ICMS. Fica aprovada a seguinte tese de repercussão geral: 'O ICMS incide sobre a tarifa de assinatura básica mensal cobrada pelas prestadoras de serviço de telefonia, independentemente da franquia de minutos conferida ou não ao usuário'" (RE 912.888, rel. Min. Teori Zavascki, j. 13-10-2016, P, *DJe* de 10-5-2017, Tema 827).

Na mesma linha, quanto ao serviço de provedores de acesso à internet, a Súmula 334 do STJ enuncia que "o ICMS não incide no serviço dos provedores de acesso à Internet".

No julgamento do Recurso Especial n. 719.635 – RS, o STJ entendeu que provedores de internet não pagam ISS, por falta de previsão desse fato gerador na legislação aplicável:

> TRIBUTÁRIO. ISS. PROVEDOR DE ACESSO À INTERNET. SERVIÇO DE VALOR ADICIONADO. NÃO INCIDÊNCIA.
>
> 1. A jurisprudência pacífica desta Corte é no sentido de que não incide o ICMS sobre o serviço prestado pelos provedores de acesso à internet, uma vez que a atividade desenvolvida por eles constitui mero serviço de valor adicionado (art. 61 da Lei n. 9.472/97), consoante teor da Súmula 334/STJ.
>
> 2. O ISS incide sobre a prestação serviços de qualquer natureza, não compreendidos aqueles que cabem o ICMS (art. 156, inciso III, da Constituição Federal).
>
> 3. Não havendo expressa disposição acerca do serviço de valor adicionado na lista anexa ao Decreto-lei 406/68, nem qualquer identidade entre esse serviço e outro congênere nela expressamente previsto, não ocorre a incidência do ISS.

9.10.4.3 ICMS sobre transporte intermunicipal

Constitui fato gerador do ICMS também a prestação do serviço de transporte de pessoas, bens, mercadorias ou valores cujo itinerário ultrapasse os limites de um único município. Trata-se do ICMS sobre transporte intermunicipal. Se o transporte for intramunicipal (dentro do município) incide ISS.

Para todos os efeitos legais, considera-se ocorrido o fato gerador no município onde tem início a prestação do transporte (art. 12, V, da Lei Complementar n. 87/96).

9.10.4.4 ICMS sobre transporte interestadual

Incide ICMS também sobre o serviço de transporte de pessoas, bens, mercadorias ou valores, entre diferentes Estados-membros (transporte interestadual).

O fato gerador considera-se ocorrido e o imposto devido no Estado onde tem início a prestação do serviço de transporte, e não no local de destino (art. 12, V, da Lei Complementar n. 87/96).

9.10.4.5 ICMS sobre operações relativas a energia elétrica (art. 155, § 3º, da CF)

Com redação da EC n. 33/2001, o art. 155, § 3º, da CF reconhece a incidência do ICMS sobre operações relativas a energia elétrica. Sobre o tema, enuncia a Súmula 391 do STJ: "O ICMS incide sobre o valor da tarifa de energia elétrica correspondente à demanda de potência efetivamente utilizada".

Nesse sentido, o STF decidiu que somente integram a base de cálculo do ICMS os valores resultantes do efetivo consumo de energia elétrica, não bastando apenas a potencial demanda de energia, tese esta fundamentada na Súmula 391 do Superior Tribunal de Justiça, citada acima.

STF: "A demanda de potência elétrica não é passível, por si só, de tributação via ICMS, porquanto somente integram a base de cálculo desse imposto os valores referentes àquelas operações em que haja efetivo consumo de energia elétrica pelo consumidor" (RE 593824, Tese 176 de Repercussão Geral).

9.10.4.6 ICMS sobre importação de bem ou mercadoria (art. 155, § 2º, IX, a, da CF)

A EC n. 33/2001 alterou a sistemática de cobrança do ICMS sobre importações. Agora, com a nova redação dada ao art. 155, § 2º, IX, *a*, da CF, o imposto incide sobre "a entrada de bem ou mercadoria importados do exterior por pessoa física ou jurídica, ainda que não seja contribuinte habitual do imposto, qualquer que seja a sua finalidade, assim como sobre o serviço prestado no exterior, cabendo o imposto ao Estado onde estiver situado o domicílio ou o estabelecimento do destinatário da mercadoria, bem ou serviço".

Assim, o ICMS também passou a ser devido por pessoas físicas ou jurídicas que importam, não com finalidade mercantil, mas para uso pessoal.

No entanto, sendo a norma do art. 155, § 2º, IX, *a*, da CF uma nova hipótese de incidência do ICMS, o Superior Tribunal de Justiça (REsp 1.131.718) vem exigindo que a cobrança do imposto sobre a importação realizada por quem não é contribuinte habitual, para ser válida, tenha lastro em lei complementar federal e em lei ordinária estadual posteriores à EC n. 33/2001.

Com isso, a Súmula 660 do STF restringe-se a operações de importação anteriores à EC n. 33/2001, ou ocorridas sem respaldo em posterior lei estadual: "Não incide ICMS na importação de bens por pessoa física ou jurídica que não seja contribuinte do imposto".

Nessa linha, o STF fixou nova tese quanto ao tema: "Após a Emenda Constitucional n. 33/2001, é constitucional a incidência de ICMS sobre operações de importação efetuadas por pessoa, física ou jurídica, que não se dedica habitualmente ao comércio ou à prestação de serviços". É oportuno, por fim, transcrever trecho de um julgado do STF reconhecendo a nova hipótese de incidência:

> 1. Há competência constitucional para estender a incidência do ICMS à operação de importação de bem destinado a pessoa que não se dedica habitualmente ao comércio ou à prestação de serviços, após a vigência da EC n. 33/2001. 2. A incidência do ICMS sobre operação de importação de bem não viola, em princípio, a regra da vedação à cumulatividade (art. 155, § 2º, I, da Constituição), pois se não houver acumulação da carga tributária, nada haveria a ser compensado. 3. Divergência entre as expressões 'bem' e 'mercadoria' (arts. 155, II e 155, § 2º, IX, *a*, da Constituição). É constitucional a tributação das operações de circulação jurídica de bens amparadas pela importação. A operação de importação não descaracteriza, tão somente por si, a classificação do bem importado como mercadoria. Em sentido semelhante, a circunstância de o destinatário do bem não ser contribuinte habitual do tributo também não afeta a caracterização da operação de

circulação de mercadoria. Ademais, a exoneração das operações de importação pode desequilibrar as relações pertinentes às operações internas com o mesmo tipo de bem, de modo a afetar os princípios da isonomia e da livre concorrência.

STF: "É válida lei estadual que dispõe acerca da incidência do ICMS sobre operações de importação editada após a vigência da EC n. 33/2001, mas antes da LC n. 114/2002, visto que é plena a competência legislativa estadual enquanto inexistir lei federal sobre norma geral, conforme art. 24, § 3º, da CF. Com base nesse entendimento, a 2ª Turma deu provimento a agravo regimental interposto pelo Estado de São Paulo e, por conseguinte, negou provimento a recurso extraordinário em que se alegava a inconstitucionalidade da incidência do ICMS sobre importação de veículo para uso próprio, determinada por lei estadual anterior à LC n. 114/2002. Conforme tese de repercussão geral (Tema 171), o Colegiado entendeu válida, embora de eficácia contida, a lei estadual que versa sobre tributos em importação de bens (Lei n. 11.001/2001), editada após a vigência da EC n. 33/2001, que deu nova redação ao art. 155, § 2º, IX, *a*, da CF/88" (RE 917.950 AgR, rel. p/ o ac. min. Gilmar Mendes, j. 5-12-2017, 2ª T, *Informativo* 887).

STF: "O ICMS tem fundamento no art. 155, II, da CF/88 e incide sobre operações relativas à circulação de mercadorias e sobre prestações de serviços de transporte interestadual e intermunicipal e de comunicação, ainda que as operações e as prestações se iniciem no exterior. A alínea *a* do inciso IX do § 2º do art. 155 da CF, na redação da EC n. 33/2001, faz incidir o ICMS na entrada de bem ou mercadoria importados do exterior, somente se de fato houver circulação de mercadoria, caracterizada pela transferência do domínio (compra e venda). Precedente: RE 461.968, rel. Min. Eros Grau, Tribunal Pleno, j. 30-5-2007, *DJe* de 23-8-2007, onde restou assentado que o imposto não é sobre a entrada de bem ou mercadoria importada, senão sobre essas entradas desde que elas sejam atinentes a operações relativas à circulação desses mesmos bens ou mercadorias. Deveras, não incide o ICMS na operação de arrendamento mercantil internacional, salvo na hipótese de antecipação da opção de compra, quando configurada a transferência da titularidade do bem. Consectariamente, se não houver aquisição de mercadoria, mas mera posse decorrente do arrendamento, não se pode cogitar de circulação econômica" (RE 540.829, rel. p/ o ac. min. Luiz Fux, j. 11-9-2014, P, *DJe* de 18-11-2014, Tema 297).

9.10.5 Não ocorrência do fato gerador

Conforme disposto no art. 3º da Lei Complementar n. 87/96, o ICMS não incide sobre:

I – operações com livros, jornais, periódicos e o papel destinado a sua impressão;

II – operações e prestações que destinem ao exterior mercadorias, inclusive produtos primários e produtos industrializados semielaborados, ou serviços;

III – operações interestaduais relativas a energia elétrica e petróleo, inclusive lubrificantes e combustíveis líquidos e gasosos dele derivados, quando destinados à industrialização ou à comercialização[STF];

STF: "ICMS. ART. 155, § 2º, X, *B*, DA CONSTITUIÇÃO FEDERAL. OPERAÇÕES INTERESTADUAIS ENVOLVENDO COMBUSTÍVEIS E OUTROS DERIVADOS DE PETRÓLEO. IMUNIDADE. BENEFÍCIO QUE NÃO SE APLICA AO CONSUMIDOR FINAL" (RE 296.199-PB, rel. Min. Teori Zavascki, j. 7-5-2013, 2ª T.).

O STF declarou parcialmente inconstitucionais os arts. 2º, § 1º, III, e este 3º, III, ambos da Lei Kandir, "na parte em que restringem a incidência do ICMS somente nos casos em que a energia elétrica não se destinar à industrialização ou à comercialização" (RE 748.543, Tese 689 de Repercussão Geral).

No mesmo julgado (RE 748.543), o Supremo Tribunal Federal também firmou o entendimento de que nas operações de fornecimento de energia elétrica entre estados a consumidor final para emprego em processo de industrialização, o ICMS, em sua totalidade, cabe ao Estado de destino;

IV – operações com ouro, quando definido em lei como ativo financeiro ou instrumento cambial;

V – operações relativas a mercadorias que tenham sido ou que se destinem a ser utilizadas na prestação, pelo próprio autor da saída, de serviço de qualquer natureza definido em lei complementar como sujeito ao imposto sobre serviços, de competência dos Municípios, ressalvadas as hipóteses previstas na mesma lei complementar;

VI – operações de qualquer natureza de que decorra a transferência de propriedade de estabelecimento industrial, comercial ou de outra espécie;

VII – operações decorrentes de alienação fiduciária em garantia, inclusive a operação efetuada pelo credor em decorrência do inadimplemento do devedor;

VIII – operações de arrendamento mercantil, não compreendida a venda do bem arrendado ao arrendatário[STJ];

STJ: "ICMS-IMPORTAÇÃO. INCIDÊNCIA SOBRE BEM OBJETO DE CONTRATO DE *LEASING* INTERNACIONAL. EQUIPAMENTO DESTINADO AO ATIVO FIXO DA PESSOA JURÍDICA. INCIDÊNCIA DO TRIBUTO. DISTINÇÃO. *LEASING* DE AERONAVES EM QUE O CONTRATO NÃO PREVÊ A AQUISIÇÃO DO BEM. 1. O Órgão Pleno do Supremo Tribunal Federal ao examinar violação à alínea *a* do inciso IX do § 2º do art. 155 da Constituição, com a redação dada pela EC n. 33/2001, decidiu que 'O disposto no art. 3º, inciso VIII, da Lei Complementar n. 87/96 aplica-se exclusivamente às operações internas de *leasing*'. Nesse julgado ficou consignado que incide ICMS sobre o bem importado ante a sua circulação econômica, por presunção constitucional. Segundo a eminente relatora: [...] esse dispositivo (art. 3º, VIII, da Lei Complementar n. 87/96) aplica-se, tão somente, a operações internas de arrendamento mercantil. Não se revela factível, nas hipóteses como a dos autos, a incidência do ICMS por ocasião por opção pela compra do bem por parte do arrendatário sediado no Brasil. Tudo porque, a opção de compra constante no contrato internacional não está no âmbito da incidência do ICMS, nem o arrendador sediado no exterior é contribuinte.

Por essa razão é que a Constituição Federal estabeleceu a entrada da mercadoria importada como fato gerador do imposto, a ser recolhido pelo comprador/arrendador no Brasil. 3. No julgamento do RE 461.968/SP, da relatoria do Min. Eros Grau, sessão de 30-5-2007, o Órgão Pleno da Corte Constitucional declarou não incidir ICMS sobre importação de aeronaves, peças e equipamentos decorrentes de contrato de *leasing* internacional acordado entre fabricante estrangeira de aeronaves e empresa aérea nacional. 4. A 1ª Seção desta Corte Superior no julgamento do EREsp 783.814/RJ, da relatoria do Min. Herman Benjamin, sessão de 28-11-2007, decidiu por adotar os seguintes entendimentos acerca do *leasing* internacional: i) deve incidir ICMS quando o bem for destinado ao ativo fixo; ii) não deve incidir o ICMS no caso de *leasing* de aeronaves, equipamentos e peças adquiridos por empresas de transporte aéreo" (AgRg no AREsp 83.402/SP, 2011/0197015-2, rel. Min. Benedito Gonçalves, j. 4-10-2012, 1ª T.).

IX – operações de qualquer natureza de que decorra a transferência de bens móveis salvados de sinistro para companhias seguradoras.

Além das referidas hipóteses previstas na Lei Complementar n. 87/96, a doutrina e a jurisprudência sustentam não ocorrer o fato gerador do ICMS nos seguintes casos: a) quando a mercadoria transita por setores diferentes de uma mesma indústria; b) na movimentação de bens de produção própria para autoconsumo; c) na saída de mercadoria para outro estabelecimento da mesma empresa[STF];

STF: "O SIMPLES DESLOCAMENTO DA MERCADORIA DE UM ESTABELECIMENTO PARA OUTRO DA MESMA EMPRESA, SEM A TRANSFERÊNCIA DE PROPRIEDADE, NÃO CARACTERIZA A HIPÓTESE DE INCIDÊNCIA DO ICMS. PRECEDENTES" (RE 466.526-GO, rel. Min. Cármen Lúcia, j. 18-9-2012, 2ª T.).

d) na remessa de mercadorias para demonstração; e) nas entradas e saídas de materiais para beneficiamento; f) no empréstimo de equipamentos; g) na remessa de impressos ou material de escritório para setores diversos da mesma empresa; h) no caso de furto de energia elétrica[STJ].

STJ: "ICMS. ENERGIA ELÉTRICA. FURTO ANTES DA ENTREGA A CONSUMIDOR FINAL. NÃO INCIDÊNCIA. IMPOSSIBILIDADE DE SE COBRAR O IMPOSTO COM BASE NA OPERAÇÃO ANTERIOR REALIZADA ENTRE A PRODUTORA E A DISTRIBUIDORA DE ENERGIA. 1. Resume-se a controvérsia em definir se a energia furtada antes da entrega a consumidor final pode ser objeto de incidência do ICMS, tomando por base de cálculo o valor da última operação realizada entre a empresa produtora e a que distribui e comercializa a eletricidade. 2. Conforme posição doutrinária e jurisprudencial uniforme, o consumo é o elemento temporal da obrigação tributária do ICMS incidente sobre energia elétrica, sendo o aspecto espacial, por dedução lógica, o local onde consumida a energia. 3. A produção e a distribuição de energia elétrica, portanto, não configuram, isoladamente, fato gerador do ICMS, que somente se aperfeiçoa com o consumo da energia gerada e transmitida. 4. Assim, embora as fases anteriores ao consumo (geração e distribuição) influam na determinação da base de cálculo da energia, como determinam os arts. 34, § 9º, do ADCT e 9º da

Lei Complementar n. 87/96, não configuram hipótese isolada e autônoma de incidência do ICMS, de modo que, furtada a energia antes da entrega a consumidor final, não ocorre o fato gerador do imposto, sendo impossível sua cobrança com base no valor da operação anterior, vale dizer, daquela realizada entre a empresa produtora e a distribuidora de energia. 5. O ICMS deixa de ser devido nos casos em que se perde por 'vazamentos no sistema ou em decorrência de ilícito (furto), pois não havendo consumo regular, ausente se acha a operação de energia elétrica sob o aspecto jurídico tributário'" (REsp 1.306.356/PA, rel. Min. Castro Meira, j. 28-8-2012, 2ª T.).

9.10.6 Contribuintes

Nos termos do art. 4º da Lei Complementar n. 87/96, contribuinte do ICMS "é qualquer pessoa, física ou jurídica, que realize, com habitualidade ou em volume que caracteriza intuito comercial, operações de circulação de mercadoria ou prestações de serviços de transporte interestadual e intermunicipal e de comunicação, ainda que as operações e as prestações se iniciem no exterior".

9.10.7 Substituição tributária

Por razões de conveniência arrecadatória, o legislador pode eleger terceira pessoa, distinta daquela que realizou o fato gerador, como responsável tributária pelo recolhimento do valor devido (art. 128 do CTN). Assim, o **responsável tributário funciona como uma espécie de coletor de tributos**, arrecadando valores para o Fisco em substituição ao contribuinte, por expressa determinação legal. Não se confunde a condição do responsável tributário, porém, com a do mero arrecadador, função prática que pode ser desempenhada por qualquer pessoa contratada pelo Fisco, como bancos, casas lotéricas etc., sem qualquer vinculação jurídica com a obrigação tributária[12].

Denomina-se responsabilidade por substituição tributária quando a condição de substituto (responsável) existe antes mesmo da ocorrência do fato gerador. Assim, no momento da ocorrência do fato gerador o substituto tributário já figura como devedor no polo passivo da obrigação.

No caso de um tributo plurifásico como o ICMS, a técnica da substituição tributária é utilizada para reduzir os riscos da sonegação na medida em que a lei atribui a um dos contribuintes a responsabilidade pelo recolhimento do tributo devido em todas as etapas da cadeia circulatória.

Como regra no ICMS, o primeiro contribuinte da cadeia circulatória é substituto tributário de todos os demais devedores, antecipando para o Fisco o montante do imposto devido nas operações de circulação de mercadoria posteriores até o destinatário final. É a chamada **substituição tributária progressiva ou "para a frente"**, autorizada pelo art. 150, § 7º, da CF, bem como pelo art. 6º da Lei Complementar n. 87/96.

---

12 Leandro Paulsen, *Direito Tributário, Constituição e Código Tributário à Luz da Doutrina e da Jurisprudência*, 9. ed., p. 614.

> MPF: A prova de Procurador da República de 2013 considerou CORRETA a afirmação: "Montadora de veículos automotores, ao vendê-los à concessionária, é compelida a recolher o ICMS sob presunção legal de que serão revendidos. No caso ocorre substituição tributária progressiva".

A condição especial de substituto tributário somente pode ser atribuída **por meio de lei estadual** (art. 6º da Lei Complementar n. 87/96).

Nos termos do art. 6º, § 1º, da Lei Complementar n. 87/96: "A responsabilidade poderá ser atribuída em relação ao imposto incidente sobre uma ou mais operações ou prestações, sejam antecedentes, concomitantes ou subsequentes, inclusive ao valor decorrente da diferença entre alíquotas interna e interestadual nas operações e prestações que destinem bens e serviços a consumidor final localizado em outro Estado, que seja contribuinte do imposto".

A adoção do regime de substituição tributária em operações interestaduais dependerá de acordo específico celebrado pelos Estados interessados (art. 9º da Lei Complementar n. 87/96).

É assegurado ao contribuinte substituído o direito à restituição do valor do imposto pago por força da substituição tributária, correspondente ao fato gerador presumido que não se realizar (art. 10 da Lei Complementar n. 87/96).

9.10.8 Base de cálculo

A base de cálculo do ICMS é, como regra geral, **o valor da operação no momento da saída da mercadoria** ou o **preço do serviço**, nas hipóteses de comunicação, transporte interestadual e transporte intermunicipal.

> UFG: A prova de Procurador da AL/GO de 2015 considerou CORRETA a assertiva: "Proposta legislativa de alteração da legislação tributária em matéria do Imposto de Circulação de Mercadorias e Serviços (ICMS) deve observar a seguinte norma constitucional: a mera alteração da base de cálculo do ICMS está sujeita à observância dos princípios constitucionais tributários da legalidade e da anterioridade ânua e nonagesimal".

Não integra a base de cálculo do imposto o montante do Imposto sobre Produtos Industrializados, quando a operação, realizada entre contribuintes e relativa a produto destinado à industrialização ou à comercialização, configurar fato gerador de ambos os impostos[STF] (art. 13, § 2º, da Lei Complementar n. 87/96).

> STF: "ICMS. VENDAS A PRAZO. FINANCIAMENTO REALIZADO PELO PRÓPRIO ALIENANTE. INCLUSÃO NA BASE DE CÁLCULO. CONSTITUCIONALIDADE. A jurisprudência do STF firmou-se no sentido da constitucionalidade da inclusão, na base de cálculo do ICMS, do acréscimo correspondente ao financiamento realizado pelo próprio alienante nas vendas a prazo, sempre que integre o valor da operação" (AI 697.323-SP, rel. Min. Rosa Weber, j. 6-11-2012).

Nas operações e prestações interestaduais entre estabelecimentos de contribuintes diferentes, caso haja reajuste do valor depois da remessa ou da prestação, a diferença fica sujeita ao imposto no estabelecimento do remetente ou do prestador (art. 13, § 5º, da Lei Complementar n. 87/96).

9.10.8.1 Pauta de valores ou pauta fiscal

Quando a fiscalização comparece a determinado estabelecimento comercial e constata que não houve recolhimento de ICMS sobre certas mercadorias, torna-se obrigatória a lavratura de um auto de infração de imposição de multa (AIIM).

No entanto, em alguns casos pode ser difícil para o fiscal identificar, para fins de apuração do montante sonegado, qual o valor real de cada uma das mercadorias comercializadas pelo contribuinte.

Com o objetivo de estabelecer parâmetros facilitadores dessa quantificação, muitos Estados utilizam os sistemas de pauta fiscal. Trata-se da **fixação por ato do Poder Executivo de listas ou tabelamentos definindo o valor mínimo a ser atribuído a cada gênero de mercadoria no momento da lavratura do auto de infração.**

Existe questionamento (corrente minoritária para concursos) quanto à legitimidade dessa definição da base de cálculo tributária por meio de ato administrativo, diante da clara violação ao princípio da legalidade.

De acordo com a jurisprudência majoritária, o uso legítimo das pautas de valores fica condicionado à omissão do contribuinte ou diante da falta do valor real da operação.

> Cespe: A prova de Procurador do Distrito Federal de 2013 considerou ERRADA a afirmação: "Conforme jurisprudência do STJ, admite-se, no processo administrativo, a fixação da base de cálculo do ICMS no valor da mercadoria submetido ao regime de pauta fiscal".

Não se deve, todavia, confundir pauta fiscal com arbitramento. O arbitramento, ao contrário da pauta fiscal, não implica base de cálculo fixada *a priori* por ato administrativo. Isso porque no arbitramento a autoridade fiscal, diante de omissão ou má-fé do sujeito passivo, instaura processo regular e fixa *a posteriori* o valor ou preço dos bens e serviços tributados. É o que expressamente prescreve o art. 148 do CTN: "Quando o cálculo do tributo tenha por base, ou tome em consideração, o valor ou o preço de bens, direitos, serviços ou atos jurídicos, a autoridade lançadora, mediante processo regular, arbitrará aquele valor ou preço, sempre que sejam omissos ou não mereçam fé as declarações ou os esclarecimentos prestados, ou os documentos expedidos pelo sujeito passivo ou pelo terceiro legalmente obrigado, ressalvada, em caso de contestação, avaliação contraditória, administrativa ou judicial".

9.10.9 Alíquotas

As alíquotas do ICMS são fixadas pelo legislador estadual, podendo ser seletivas em função da essencialidade do produto ou do serviço (art. 155, § 2º, III, da CF).

É **facultado ao Senado Federal**: a) estabelecer **alíquotas mínimas** nas operações internas; b) fixar **alíquotas máximas** nas mesmas operações para resolver conflito específico que envolva interesse de Estados (art. 155, § 2º, V, da CF).

9.10.10 Benefícios fiscais em matéria de ICMS. O papel dos convênios

Diferentemente do que ocorre com os demais tributos, o poder para a concessão de benefícios fiscais em matéria de ICMS não está nas mãos da mesma entidade federativa competente para instituir o imposto. Isso porque **um Estado-membro não pode dar nenhum tipo de isenção, vantagem ou benefício em relação ao ICMS.** Na verdade, a Constituição de 1988, para evitar a guerra fiscal, exige a celebração de um **convênio firmado entre governadores**.

> STF: "Isenção de ICMS e guerra fiscal. O Plenário, por maioria, confirmou medida cautelar e julgou procedente pedido formulado em ação direta para declarar a inconstitucionalidade da Lei Complementar n. 358/2009, do Estado do Mato Grosso, que concede isenção de ICMS para as operações de aquisição de automóveis por oficiais de justiça estaduais. O Colegiado reputou que o pacto federativo reclama, para a preservação do equilíbrio horizontal na tributação, a prévia deliberação dos Estados-membros e do Distrito Federal para a concessão de benefícios fiscais relativamente ao ICMS, nos termos do art. 155, § 2º, *g*, da CF e da Lei Complementar n. 24/75"(ADIn 4.276/MT, rel. Min. Luiz Fux, j. 20-8-2014).

É o que estabelece o art. 155, § 2º, XII, *g*, do Texto Maior:

> XII – Cabe à lei complementar:
>
> g) regular a forma como, mediante deliberação dos Estados e do Distrito Federal, isenções, incentivos e benefícios fiscais serão concedidos e revogados.

Convênios são contratos administrativos de cooperação firmados entre entidades federativas visando à consecução de interesses comuns. Em matéria de ICMS, desse modo, cabe aos convênios servir de instrumento para materializar os ajustes entre governadores a respeito de benefícios tributários que irão, sempre de maneira uniforme, favorecer o contribuinte do imposto, evitando tratamento desigual entre os Estados conveniados.

Nesse sentido, a Lei Complementar n. 24/75 detalha minuciosamente o papel dos convênios para a concessão de vantagens fiscais relativas ao ICMS.

Seu art. 1º prescreve:

> Art. 1º As isenções do imposto sobre operações relativas à circulação de mercadorias serão concedidas ou revogadas nos termos de convênios celebrados e ratificados pelos Estados e pelo Distrito Federal, segundo esta Lei.
>
> Parágrafo único. O disposto neste artigo também se aplica:
>
> I – à redução da base de cálculo;

II – à devolução total ou parcial, direta ou indireta, condicionada ou não, do tributo, ao contribuinte, a responsável ou a terceiros;

III – à concessão de créditos presumidos;

IV – à quaisquer outros incentivos ou favores fiscais ou financeiro-fiscais, concedidos com base no Imposto de Circulação de Mercadorias, dos quais resulte redução ou eliminação, direta ou indireta, do respectivo ônus;

V – às prorrogações e às extensões das isenções vigentes nesta data.

Os convênios serão firmados em reuniões para as quais tenham sido convocados representantes de todos os Estados e do Distrito Federal, sob a presidência de representantes do Governo federal, com a presença de representantes da maioria das unidades da Federação (art. 2º da Lei Complementar n. 25/75).

Vunesp: A prova da Magistratura/SP de 2013 considerou CORRETA a assertiva: "A respeito das isenções de ICMS, é correto afirmar que somente podem ser instituídas após aprovação de convênio autorizativo no Conselho Nacional de Política Fazendária".

A concessão de benefícios dependerá sempre de **decisão unânime dos Estados representados**. A revogação total ou parcial dependerá de aprovação de quatro quintos, pelo menos, dos representantes presentes[STF] (art. 2º, § 2º).

STF: "ICMS e isenção tributária. A concessão unilateral de benefícios fiscais relativos ao ICMS, sem a prévia celebração de convênio intergovernamental, nos termos do que dispõe a Lei Complementar n. 24/75, afronta o art. 155, § 2º, XII, *g*, da CF. O comando constitucional contido no art. 155, § 2º, XII, *g*, da CF, que reserva à lei complementar federal regular a forma como, mediante deliberação dos Estados-membros e do Distrito Federal, isenções, incentivos e benefícios fiscais serão concedidos e revogados, revela a manifesta inconstitucionalidade material dos dispositivos da Constituição estadual ao outorgar incentivo fiscal incompatível com a Constituição. A jurisprudência do STF é pacífica no sentido da inconstitucionalidade de texto normativo estadual que outorgasse benefícios fiscais relativos ao ICMS, sem a prévia e necessária celebração de convênio entre os Estados-membros e o Distrito Federal" (ADIn 429/CE, rel. Min. Luiz Fux, j. 20-8-2014).

Dentro do prazo de 15 dias contados da publicação dos convênios, o Poder Executivo de cada Unidade da Federação publicará decreto ratificando seu teor, considerando-se ratificação tácita a falta de manifestação no prazo assinalado (art. 4º).

Por tudo isso, o STF entende inconstitucional a concessão de benefício fiscal de ICMS sem prévia autorização em convênio. Importante registrar, porém, que a simples celebração do convênio não cria, por si só, o benefício fiscal, nem tampouco gera direito adquirido à sua fruição pelo contribuinte. O convênio tem simples natureza autorizativa, sendo destituído de força cogente. Será sempre necessária a aprovação de uma lei, no âmbito de cada Estado conveniado, instituindo o benefício que o convênio disciplina. Além disso, dada a natureza autorizativa desse pacto, nada impede que um legislador estadual exclua do benefício certas mercadorias ou serviços, estando proibido, todavia, de ampliar as vantagens para além dos limites do convênio. Em conclusão, o alcance do convênio pode ser integralmente confirmado no momento de instituir o benefício por lei estadual, ou reduzido à parte das mercadorias e serviços, mas jamais poderá o legislador conceder benefício além do que foi autorizado pelo pacto interestadual.

9.10.10.1 Convalidação de benefícios fiscais irregulares

O art. 1º da Lei Complementar n. 160, de 7 de agosto de 2017, admite a **convalidação de benefícios fiscais em matéria de ICMS concedidos em desacordo com as regras constitucionais**, bem como a sua reinstituição, desde que a vantagem irregular estivesse em vigor na data de 8 de agosto de 2017.

Para tanto, a LC n. 160/2017 exige a aprovação de convênio aceito pelo voto favorável de, no mínimo:

a) 2/3 (dois terços) das unidades federadas; e

b) 1/3 (um terço) das unidades federadas integrantes de cada uma das 5 (cinco) regiões do País.

Note-se que a aprovação do convênio de convalidação, ao contrário do quórum exigido para autorizar o benefício, **não depende da unanimidade** das entidades federativas.

9.10.11 ICMS/combustíveis

Devido à importância crescente da indústria do petróleo, o âmbito de incidência do ICMS sobre operações relativas a combustíveis e derivados vem ganhando *status* quase que de um tributo autônomo.

A incidência do ICMS sobre petróleo e derivados vem descrita no art. 2º, § 1º, III, da Lei Complementar n. 87/96, compreendendo: "a entrada, no território do Estado destinatário, de petróleo, inclusive lubrificantes e combustíveis líquidos e gasosos dele derivados".

Embora o regime geral do ICMS/combustíveis observe o regramento aplicável aos demais fatos geradores do imposto, convém lembrar que **suas alíquotas podem ser modificadas por convênio intergovernamental**, e sua majoração submete-se **somente à anterioridade nonagesimal** (art. 155, § 4º, IV, c, e § 5º, da CF).

9.10.12 Compensação de ICMS em caso de bonificação não exige prova de não repasse econômico

No julgamento do AREsp 105.387, a 1ª Turma do STJ entendeu que a compensação de ICMS cobrado sobre mercadorias dadas em bonificação não exige comprovação de inexistência de repasse econômico, e dessa forma não há violação ao **art. 166** do Código Tributário Nacional (CTN).

9.10.13 Emenda Constitucional n. 87/2015 e novas regras do ICMS sobre operações interestaduais

A EC n. 87/2015 alterou o art. 155, § 2º, VII, da CF, passando a dispor que nas operações e prestações que destinem bens e serviços a consumidor final, contribuinte ou não do imposto, localizado em outro Estado, adotar-se-á a alíquota interestadual e caberá ao Estado de localização do destinatário o imposto correspondente à diferença entre a alíquota interna do Estado destinatário e a alíquota interestadual.

Nesse caso, a responsabilidade pelo recolhimento do imposto correspondente à diferença entre a alíquota interna e a interestadual será atribuída:

a) ao destinatário, quando este for contribuinte do imposto;

b) ao remetente, quando o destinatário não for contribuinte do imposto.

Por fim, a EC n. 87/2015 alterou também o art. 99 do ADCT para fins de, quanto ao mesmo tema, determinar que, no caso de operações e prestações que destinem bens e serviços a consumidor final não contribuinte localizado em outro Estado, o imposto correspondente à diferença entre a alíquota interna e a interestadual será partilhado entre os Estados de origem e de destino, na seguinte proporção:

I – para o ano de 2015: 20% (vinte por cento) para o Estado de destino e 80% (oitenta por cento) para o Estado de origem;

II – para o ano de 2016: 40% (quarenta por cento) para o Estado de destino e 60% (sessenta por cento) para o Estado de origem;

III – para o ano de 2017: 60% (sessenta por cento) para o Estado de destino e 40% (quarenta por cento) para o Estado de origem;

IV – para o ano de 2018: 80% (oitenta por cento) para o Estado de destino e 20% (vinte por cento) para o Estado de origem;

V – a partir do ano de 2019: 100% (cem por cento) para o Estado de destino.

9.10.14 Direito sumular

Existe grande quantidade de súmulas do Supremo Tribunal Federal e do Superior Tribunal de Justiça em matéria de ICMS.

Seguem abaixo os enunciados mais importantes.

9.10.14.1 Súmula vinculante

Súmula Vinculante 32 do STF

O ICMS não incide sobre alienação de salvados de sinistro pelas seguradoras.

9.10.14.2 Súmulas do Supremo Tribunal Federal

Súmula 536

São objetivamente imunes ao imposto sobre circulação de mercadorias os “produtos industrializados”, em geral, destinados à exportação, além de outros, com a mesma destinação, cuja isenção a lei determinar.

Súmula 570

O imposto de circulação de mercadorias não incide sobre a importação de bens de capital.

Súmula 572

No cálculo do imposto de circulação de mercadorias devido na saída de mercadorias para o exterior, não se incluem fretes pagos a terceiros, seguros e despesas de embarque.

Súmula 573

Não constitui fato gerador do imposto de circulação de mercadorias a saída física de máquinas, utensílios e implementos a título de comodato.

Súmula 574

Sem lei estadual que a estabeleça, é ilegítima a cobrança do imposto de circulação de mercadorias sobre o fornecimento de alimentação e bebidas em restaurante ou estabelecimento similar.

Súmula 576

É lícita a cobrança do imposto de circulação de mercadorias sobre produtos importados sob o regime da alíquota "zero".

Súmula 577

Na importação de mercadorias do exterior, o fato gerador do imposto de circulação de mercadorias ocorre no momento de sua entrada no estabelecimento do importador.

Súmula 660

Não incide ICMS na importação de bens por pessoa física ou jurídica que não seja contribuinte do imposto.

Súmula 661

Na entrada de mercadoria importada do exterior, é legítima a cobrança do ICMS por ocasião do desembaraço aduaneiro.

> Vunesp: A prova da Magistratura/SP de 2013 considerou CORRETA a assertiva: "Nos casos de ICMS incidente sobre operação de importação, o tributo é devido a partir do momento do desembaraço aduaneiro".

Súmula 662

É legítima a incidência do ICMS na comercialização de exemplares de obras cinematográficas, gravados em fitas de videocassete.

9.10.14.3 Súmulas do Superior Tribunal de Justiça

Súmula 68

A parcela relativa ao ICM inclui-se na base de cálculo do PIS.

Súmula 94

A parcela relativa ao ICMS inclui-se na base de cálculo do Finsocial.

Súmula 95

A redução da alíquota do Imposto sobre Produtos Industrializados ou do Imposto de Importação não implica redução do ICMS.

Súmula 135

O ICMS não incide na gravação e distribuição de filmes e videoteipes.

Súmula 155

O ICMS incide na importação de aeronave, por pessoa física, para uso próprio.

Súmula 163

O fornecimento de mercadorias com a simultânea prestação de serviços em bares, restaurantes e estabelecimentos similares constitui fato gerador do ICMS a incidir sobre o valor total da operação.

Súmula 166

Não constitui fato gerador do ICMS o simples deslocamento de mercadoria de um para outro estabelecimento do mesmo contribuinte.

Súmula 167

O fornecimento de concreto, por empreitada, para construção civil, preparado no trajeto até a obra em betoneiras acopladas a caminhões, e prestação de serviço, sujeitando-se apenas à incidência do ISS.

Súmula 198

Na importação de veículo por pessoa física, destinado a uso próprio, incide o ICMS.

Súmula 334

O ICMS não incide no serviço dos provedores de acesso à Internet.

Súmula 350

O ICMS não incide sobre o serviço de habilitação de telefone celular[STF].

> STF: "O serviço de habilitação de celular configura atividade preparatória ao serviço de comunicação, não sujeito à incidência do ICMS. Aduziu-se que, consoante se poderia inferir da Lei Geral de Telecomunicações, o serviço de habilitação de telefonia móvel não seria atividade-fim, mas atividade-meio para o serviço de comunicação. Asseverou-se que a atividade em questão não se incluiria na descrição de serviços de telecomunicação constante do art. 2º, III, da Lei Complementar n. 87/96, por corresponder a procedimento tipicamente protocolar, cuja finalidade referir-se-ia a aspecto preparatório" (RE 572.020/DF, rel. orig. Min. Marco Aurélio, red. p/ acórdão Min. Luiz Fux, j. 6-2-2014).

Súmula 391

O ICMS incide sobre o valor da tarifa de energia elétrica correspondente à demanda de potência efetivamente utilizada.

Súmula 395

O ICMS incide sobre o valor da venda a prazo constante da nota fiscal.

Súmula 431

É ilegal a cobrança de ICMS com base no valor da mercadoria submetido ao regime de pauta fiscal.

Súmula 432

As empresas de construção civil não estão obrigadas a pagar ICMS sobre mercadorias adquiridas como insumos em operações interestaduais.

Súmula 433

O produto semielaborado, para fins de incidência de ICMS, é aquele que preenche cumulativamente os três requisitos do art. 1º da Lei Complementar n. 65/91.

Súmula 457

Os descontos incondicionais nas operações mercantis não se incluem na base de cálculo do ICMS.

Súmula 509

É lícito ao comerciante de boa-fé aproveitar os créditos de ICMS decorrentes de nota fiscal posteriormente declarada inidônea, quando demonstrada a veracidade da compra e venda.

9.11 IMPOSTO SOBRE A PROPRIEDADE DE VEÍCULOS AUTOMOTORES (IPVA)

9.11.1 Regime geral

E o terceiro imposto de **competência estadual e distrital** é o Imposto sobre a Propriedade de Veículos Automotores (IPVA), cuja instituição consta do art. 155, III, da CF.

O IPVA tem finalidade meramente arrecadatória, ou seja, é utilizado pelo Estado com **função fiscal**, tendo como único objetivo de sua cobrança a obtenção de recursos públicos para custeio do aparelho governamental.

Em relação ao lançamento, o IPVA é **lançado de ofício pelo Fisco** na medida em que a própria autoridade tributária utiliza os dados cadastrais dos veículos, constantes do registro nos órgãos de trânsito, e envia a notificação para o contribuinte realizar o pagamento. No caso de **aquisição de veículo zero quilômetro**, porém, diante do fato de o Fisco não ter ainda informações sobre a compra, o lançamento de ofício é impossível, razão pela qual o lançamento depende da participação do contribuinte ocorrendo na **modalidade por homologação**.

A teor do § 6º do art. 155 da CF, o IPVA: I) terá **alíquotas mínimas fixadas pelo Senado Federal**; II) poderá ter **alíquotas diferenciadas em função do tipo e forma de utilização do veículo**.

Cabe ressaltar que a previsão do art. 155, § 6º, II, da CF não constitui expressa autorização para cobrança diferenciada do imposto em função do valor do veículo (progressividade).

Note-se que, nos termos do citado dispositivo constitucional, os únicos elementos que podem ser utilizados pelo legislador como critério informador da diferenciação de alíquotas no IPVA são o tipo e a forma de utilização do veículo.

Assim, estabelecer alíquota maior para veículos utilitários (tipo) ou destinados ao transporte coletivo (utilização) é possível. Já a criação de uma alíquota para cada faixa de preço não encontra expressa autorização na Constituição de 1988.

Em relação à legalidade e anterioridade, o IPVA submete-se à regra geral quanto aos dois princípios, de modo que o imposto somente pode ser instituído ou majorado por meio de lei (legalidade), e cobrado no ano seguinte à lei que o houver criado ou aumentado, respeitando o intervalo mínimo de noventa dias (anterioridade).

No entanto, por força da norma contida no art. 150, § 1º, da Constituição Federal, **a fixação da base de cálculo do IPVA sujeita-se somente à anterioridade anual** e não à nonagesimal. A norma faz referência à tabela oficial que os Estados publicam anualmente com os valores dos veículos para fins de apuração do valor devido a título de IPVA. Desse modo, se com divulgação da tabela houver aumento no valor do veículo, a majoração pode ser exigida a partir do exercício posterior (1º de janeiro do ano seguinte), sem necessidade de observar o intervalo mínimo de noventa dias.

Cabe relembrar que, dos recursos obtidos com a arrecadação do IPVA, **50% são destinados ao Município de registro do veículo.**

9.11.2 Fato gerador

O fato gerador do IPVA é propriedade de veículo automotor, assim considerados carros, motos, ônibus e caminhões.

No caso de veículos zero quilômetro, considera-se ocorrido o fato gerador na data da aquisição do veículo pelo consumidor final ou quando de sua incorporação ao ativo permanente da empresa[13].

É por essa razão que as montadoras e concessionárias não são contribuintes do IPVA em relação aos veículos novos integrantes de seus estoques, na medida em que, enquanto não forem vendidos ao consumidor final, integram o ativo circulante ou realizável da empresa[14].

No caso de veículos usados, **o fato gerador ocorre em 1º de janeiro de cada ano**.

9.11.3 Contribuinte

Contribuinte do imposto é o proprietário do veículo, presumindo-se como tal a pessoa em cujo nome o automóvel esteja licenciado pela repartição competente em 1º de janeiro[15].

---

13 Hugo de Brito Machado, *Curso de Direito Tributário*, p. 393.

14 Hugo de Brito Machado, *Curso de Direito Tributário*, p. 393.

15 Hugo de Brito Machado, *Curso de Direito Tributário*, p. 394.

9.11.4 Não ocorrência do fato gerador

O Supremo Tribunal Federal pacificou entendimento no sentido de que o IPVA não incide sobre propriedade de embarcações e aeronaves (RE 134.509 e RE 255.111), ao argumento de que as regras constitucionais para repartição de receitas do referido imposto (art. 158, III, da CF) falam "em Município de licenciamento do veículo", locução esta incompatível com o sistema de registro de embarcações e aeronaves.

9.11.5 Base de cálculo

A base de cálculo do IPVA é o valor do veículo tal como definido na tabela oficial definida anualmente pelo Estado tributante.

9.11.6 Alíquota

O IPVA é imposto de **alíquota fixa**, admitindo-se apenas diferenciação quanto ao tipo e forma de utilização do veículo (art. 155, § 6º, da CF).

Para provas e concursos públicos prevalece amplamente a posição que sustenta a **inconstitucionalidade do sistema de alíquotas progressivas no IPVA**. Embora alguns autores sustentem a existência de uma "previsão implícita" de progressividade para o IPVA na Constituição de 1988, tal ponto de vista é minoritário.

9.11.7 Tributação diferenciada quanto à origem do veículo

Doutrina e jurisprudência vêm rejeitando sistematicamente a possibilidade de tributação diferenciada do IPVA para veículos importados em comparação aos nacionais. Por força do princípio contido no art. 152 da CF, é vedada qualquer forma de diferença tributária quanto à procedência do bem.

9.11.8 Vendedor não responde por IPVA no que se refere ao período posterior à sua alienação

O art. 134 do Código de Trânsito Brasileiro prescreve que, no caso de transferência de propriedade, o proprietário antigo deverá encaminhar ao órgão executivo de trânsito do Estado, dentro de um prazo de trinta dias, cópia autenticada do comprovante de transferência de propriedade, devidamente assinado e datado, sob pena de ter que se responsabilizar solidariamente pelas penalidades impostas e suas reincidências até a data da comunicação. O comprovante de transferência de propriedade de que trata o *caput* poderá ser substituído por documento eletrônico, na forma regulamentada pelo Contran.

Porém, de acordo com a Súmula 585 do STJ: "A responsabilidade solidária do ex-proprietário, prevista no art. 134 do Código de Trânsito Brasileiro – CTB, não abrange o IPVA incidente sobre o veículo automotor, no que se refere ao período posterior à sua alienação".

> STJ: "TRIBUTÁRIO. IPVA. RESPONSABILIDADE TRIBUTÁRIA. EX-PROPRIETÁRIO. DÉBITOS POSTERIORES À ALIENAÇÃO, MAS ANTERIORES À COMUNICAÇÃO DA TRANSFERÊNCIA DA PROPRIEDADE ÀS AUTORIDADES DE TRÂNSITO. SÚMULA 585/STJ. LEI ESTADUAL. OBSERVÂNCIA. PRECEDENTES DO STJ. NÃO CONHECIMENTO DO RECURSO PELA ALÍNEA 'A'. DISSÍDIO PRETORIANO PREJUDICADO. 1. *In casu*, o Tribunal de origem consignou que o regime jurídico a que se submete o alienante do veículo não sofreu significativas alterações nem mesmo com a Lei Estadual 13.296/2008, que ab-rogou a Lei Estadual n. 6.606/87, regulando integralmente o tratamento tributário do IPVA. *In verbis*: 'O regime jurídico a que se submete o alienante do veículo não sofreu significativas alterações nem mesmo com a Lei n. 13.296/2008, que ab-rogou a Lei n. 6.606/87, regulando integralmente o tratamento tributário do IPVA. (...) Como se vê, a responsabilidade tributária do alienante decorre de previsão expressa nos sucessivos regimes legais do IPVA no Estado de São Paulo, que exercer supletivamente a regulação da matéria, à míngua de lei complementar nacional que definisse o contribuinte do imposto. Insista-se que as leis tratam de estabelecer o sujeito passivo indireto da obrigação tributária, atribuindo-lhe a responsabilidade em consonância ao disposto no art. 128 do CTN. Por tal particularidade normativa, é possível afastar a aplicação do enunciado da Súmula 585 do C. STJ, que tão somente veda a extensão das normas do CTB aos débitos tributários relativos ao não pagamento do IPVA. (...) Inconteste, portanto, a responsabilidade solidária do alienante no pagamento do débito do IPVA, quando não comunicada a venda a tempo, por previsão expressa na legislação estadual, cuja constitucionalidade vem reiteradamente reconhecida pelos diversos Órgãos fracionários deste E. Tribunal'. 2. O STJ recentemente editou a Súmula 585 sobre o tema: 'A responsabilidade solidária do ex-proprietário, prevista no art. 134 do Código de Trânsito Brasileiro – CTB, não abrange o IPVA incidente sobre o veículo automotor, no que se refere ao período posterior à sua alienação' (Súmula 585, 1ª Seção, *DJe* 1º-2-2017). 3. *Nada obstante isso, o entendimento do STJ tem sido no sentido de que na falta de comunicação ao órgão de trânsito da transferência de veículo automotor pelo alienante, será solidária a sua responsabilidade tributária pelo pagamento do IPVA, desde que haja previsão em lei estadual.* 4. Dessume-se que o acórdão recorrido está em sintonia com o atual entendimento do STJ, razão pela qual não merece prosperar a irresignação. Incide, *in casu*, o princípio estabelecido na Súmula 83/STJ: 'Não se conhece do Recurso Especial pela divergência, quando a orientação do Tribunal se firmou no mesmo sentido da decisão recorrida'. 5. Cumpre ressaltar que a referida orientação é aplicável também aos recursos interpostos pela alínea *a* do art. 105, III, da Constituição Federal de 1988. Nesse sentido: REsp 1.186.889/DF, 2ª Turma, rel. Min. Castro Meira, *DJe* de 2-6-2010. 6. Ressalte-se, por fim, que fica prejudicada a análise da divergência jurisprudencial quando a tese sustentada já foi afastada no exame do Recurso Especial pela alínea *a* do permissivo constitucional. 7. Recurso Especial não conhecido" (REsp 1.775.668/SP, rel. Min. Herman Benjamin, 6-12-2018, 2ª T.).

9.11.9 IPVA sobre veículos adquiridos por pessoas de direito público em regime de alienação fiduciária

O STF decidiu, no julgamento do RE 727.851, que estão imunes ao **IPVA as pessoas de direito público na aquisição de veículos adquiridos em regime de alienação fiduciária:**

STF: "IPVA – ALIENAÇÃO FIDUCIÁRIA – ADQUIRENTE – PESSOA JURÍDICA DE DIREITO PÚBLICO. Incide a imunidade prevista no art. 150, inc. VI, alínea *a*, da Constituição Federal, em se tratando de contrato de alienação fiduciária em que pessoa jurídica de direito público surge como devedora" (RE 727.851, Tese 685 RG, rel. Min. Marco Aurélio, j. 22-6-2020).

9.11.10 Exigência de IPVA em Estado diverso do domicílio tributário do contribuinte

No RE 1.016.605, o Supremo Tribunal Federal decidiu que "o IPVA deve ser cobrado no domicílio do contribuinte, tendo em vista que nele é onde o veículo mais circula e, consequentemente, onde o contribuinte mais usufrui das vias públicas locais, as quais são mantidas pela arrecadação do referido imposto" (RE 1.016.605, Tese 708 RG, rel. Min. Marco Aurélio, j. 16-6-2020).

9.11.11 Direito sumular

Súmula 585 do STJ

A responsabilidade solidária do ex-proprietário, prevista no art. 134 do Código de Trânsito Brasileiro – CTB, não abrange o IPVA incidente sobre o veículo automotor, no que se refere ao período posterior à sua alienação.

9.12 IMPOSTO SOBRE A PROPRIEDADE PREDIAL E TERRITORIAL URBANA (IPTU)

9.12.1 Regime geral

O art. 156, I, CF, atribuiu aos **Municípios e ao Distrito Federal** a competência para instituição do Imposto sobre a Propriedade Predial e Territorial Urbana (IPTU).

O IPTU tem **função fiscal**, isso porque sua cobrança atende a finalidade notadamente arrecadatória, voltada à mera obtenção de recursos para o custeio das despesas estatais.

Quanto à modalidade de lançamento, o IPTU é o mais importante exemplo de tributo **lançado de ofício pelo Fisco**, na medida em que a autoridade administrativa utiliza as informações cadastrais do contribuinte e, sem qualquer participação do devedor, realiza o lançamento e a notificação[STJ] para pagamento. O envio do carnê para pagamento do imposto ao endereço do contribuinte configura notificação de **lançamento**.

Cetro: A prova de Cartório/RJ de 2012 considerou CORRETA a assertiva: "A simples remessa do carnê para pagamento do IPTU ao endereço do contribuinte configura notificação de lançamento".

Cespe: A prova de Procurador de Fortaleza de 2017 considerou CORRETA a afirmação: "Considera-se válida e regular a notificação do lançamento de ofício do imposto predial e territorial urbano por meio de envio de carnê ou da publicação de calendário de pagamento juntamente com as instruções para o cumprimento da obrigação tributária".

STJ: "A entrega de carnês de IPTU pelos municípios, sem a intermediação de terceiros, no seu âmbito territorial, não viola o privilégio da União na manutenção do serviço público postal. A notificação, porque integra o procedimento de constituição do crédito tributário, é ato próprio dos entes federativos no exercício da competência tributária, que a podem delegar ao serviço público postal" (RE 1.141.300/MG, rel. Min. Hamilton Carvalhido, j. 25-8-2010, 1ª Seção).

No que diz respeito à legalidade e anterioridade, o IPTU está submetido à regra geral quanto aos dois princípios, razão pela qual o imposto somente pode ser criado ou aumentado por meio de lei (legalidade), e cobrado no ano seguinte ao da publicação da lei que o houver instituído ou majorado, respeitado o intervalo mínimo de noventa dias (anterioridade).

STF: "DIREITO TRIBUTÁRIO. AGRAVO INTERNO EM RECURSO EXTRAORDINÁRIO COM AGRAVO. IPTU. MAJORAÇÃO DA BASE DE CÁLCULO. NECESSIDADE DE LEI EM SENTIDO FORMAL. ENTENDIMENTO FIXADO NO ÂMBITO DA REPERCUSSÃO GERAL. 1. O Plenário do Supremo Tribunal Federal, no julgamento do RE 648.245-RG, rel. Min. Gilmar Mendes, admitido sob a sistemática da repercussão geral, decidiu que é **inconstitucional a majoração do IPTU sem edição de lei em sentido formal.** 2. Agravo interno a que se nega provimento, com aplicação da multa prevista no art. 1.021, § 4º, do CPC/2015" (ARE 1.125.205 Agr / Pr – Paraná, rel. Min. Roberto Barroso, j. 31-8-2018, 1ª T.).

Porém, em razão da norma contida no art. 150, § 1º, da Constituição Federal, **a fixação da base de cálculo do IPTU sujeita-se somente à anterioridade anual**, mas não à nonagesimal. O constituinte fez menção, nesse dispositivo, à planta genérica de valores, que consiste no instrumento normativo municipal utilizado para definir o preço do metro quadrado dos imóveis em cada região. Multiplicando o preço estabelecido na planta genérica pela metragem do imóvel, e acrescentando a área construída, chega-se ao valor venal do imóvel, que constitui a base de cálculo do IPTU.

STF: "DIREITO TRIBUTÁRIO. AGRAVO REGIMENTAL EM RECURSO EXTRAORDINÁRIO COM AGRAVO. IPTU. NULIDADE DE CDA. COBRANÇA DE IPTU MEDIANTE A PRETENSA AUSÊNCIA DE PUBLICAÇÃO DAS PLANTAS GENÉRICAS DE VALORES. REVOLVIMENTO DO CONJUNTO FÁTICO-PROBATÓRIO DOS AUTOS. SÚMULA 279/STF. PRECEDENTES. 1. Nos termos da jurisprudência da Corte, não há repercussão constitucional imediata da controvérsia sobre pretensa nulidade de CDA relativa à cobrança de IPTU quando se tratar de discussão sobre pretensa ausência de publicação das plantas genéricas de valores. 2. Agravo regimental a que se nega provimento" (ARE 789.902 Agr/Pr – Paraná, rel. Min. Roberto Barroso, j. 7-6-2016, 1ª T.).

Portanto, havendo aumento no valor do imóvel decorrente de reajuste na planta genérica de valores, a majoração pode ser exigida somente a partir do exercício posterior (1º de janeiro do ano seguinte), sem necessidade de observar o intervalo mínimo de noventa dias.

9.12.2 Fato gerador

O fato gerador do IPTU é a propriedade, o domínio útil ou a posse de bem imóvel por natureza ou por acessão física localizado na zona urbana do Município (art. 32 do CTN).

Porém, o titular de domínio útil e o possuidor somente podem ser eleitos pela lei municipal como contribuintes do imposto se a sua relação com o imóvel assemelhar-se à de um proprietário (exige-se *animus domini*). A detenção e a posse simples (como nos casos do arrendatário, usuário, superficiário, comodatário, inquilino ou mero possuidor) não são fato gerador do IPTU.

De acordo com o parágrafo único do art. 32 do CTN, considera-se zona urbana aquela definida em lei municipal, desde que **beneficiada por melhorias públicas** mencionadas em **pelo menos dois** dos incisos abaixo transcritos:

> Vunesp: A prova da Magistratura/SP de 2013 considerou CORRETA a assertiva: "O veículo introdutor habilitado para delimitar a zona urbana, com a finalidade de incidência do IPTU é a Lei Municipal".

I – meio-fio ou calçamento, com canalização de águas pluviais;

II – abastecimento de água;

III – sistema de esgotos sanitários;

IV – rede de iluminação pública, com ou sem posteamento para distribuição domiciliar;

V – escola primária ou posto de saúde a uma distância máxima de 3 (três) quilômetros do imóvel considerado.

Pode ainda a lei municipal considerar urbanas as **áreas urbanizáveis, ou de expansão urbana,** constantes de loteamentos aprovados pelos órgãos competentes, destinados à habitação, à indústria ou ao comércio (art. 32, § 2º, do CTN).

9.12.2.1 Pode haver Município sem IPTU?

O art. 145, *caput*, da Constituição Federal de 1988 claramente definiu o exercício da competência tributária como facultativa, ao afirmar que União, Estados, Distrito Federal e Municípios "podem" instituir os seguintes tributos.

Desse modo, teoricamente nada impede que um município opte por não cobrar o IPTU em seu território, transformando todos os proprietários de imóveis em contribuintes do ITR. Seria um município 100% rural. Basta, para isso, que inexista a lei municipal definindo a área urbana, mencionada pelo art. 32 do CTN.

Sabe-se da existência de dezenas de municípios brasileiros que não cobram nenhum tributo, vivendo exclusivamente de repasses estaduais e federais.

Embora tal prática seja punida pela Lei de Responsabilidade Fiscal (art. 11 da Lei Complementar n. 101/2000), o texto constitucional não obriga a entidade federativa a criar e arrecadar seus tributos.

9.12.2.2 Pode haver Município 100% urbano?

A polêmica sobre Municípios 100% urbanos esbarra na dificuldade imposta pelo art. 32 do Código Tributário Nacional. Para que todos os imóveis localizados no território de determinado município estejam sujeitos ao recolhimento do IPTU seria necessário, nos termos do art. 32, § 1º, do CTN, que toda a população fosse favorecida por pelo menos duas melhorias públicas, ou, então, os imóveis estivessem em área de expansão urbana (art. 32, § 2º, do CTN).

Embora haja notícia de que muitas câmaras municipais recentemente tenham aprovado leis estendendo o IPTU para toda a população, os rigorosos requisitos do art. 32 do Código Tributário são praticamente impossíveis de ser preenchidos em todo o território de um município.

Ao que consta, o único caso em todo o Brasil de município 100% urbano é o de São Caetano do Sul/SP, que, devido às suas reduzidíssimas dimensões, e por integrar a região metropolitana de São Paulo, reúne peculiaridades que, para fins de tributação, excluíram de seu território a existência de qualquer zona rural.

> Cespe: A prova de Procurador do TC/DF de 2013 considerou CORRETA a assertiva: "Segundo o STJ, incide o imposto sobre a propriedade territorial rural (ITR), e não o imposto sobre a propriedade predial e territorial urbana (IPTU), sobre imóveis comprovadamente utilizados para exploração extrativa, vegetal, agrícola, pecuária ou agroindustrial, ainda que localizados em áreas consideradas urbanas por legislação municipal".

9.12.3 Contribuinte

Contribuinte do IPTU é o proprietário do imóvel. Sendo inviável cobrar o tributo do proprietário, então o titular do domínio útil ou o possuidor a qualquer título responde pela dívida tributária. É que o art. 34 do CTN menciona como contribuintes, sucessivamente, o dono do imóvel, o titular do domínio útil e o possuidor, estabelecendo verdadeiro benefício de ordem em favor destes últimos, que somente poderão ser acionados para quitação da dívida na hipótese de restarem frustradas as tentativas, por parte do Fisco, de cobrança junto ao proprietário[STJ].

> STJ: "Apenas o proprietário do imóvel tem legitimidade ativa para propor ação de repetição de indébito de IPTU. A relação tributária estabelecida entre a Fazenda e o proprietário do imóvel (art. 34 do CTN) prevalece sobre qualquer estipulação contratual que determine que terceiro arcará com o pagamento de IPTU, pois a referida avença não é oponível à Fazenda. Segundo o art. 123 do CTN, convenções particulares relativas à responsabilidade pelo pagamento de tributos não modificam a definição legal do sujeito passivo das obrigações tributárias correspondentes" (AgRg no AgRg no AREsp 143.631-RJ, rel. Min. Benedito Gonçalves, j. 4-10-2012).

STJ: "O IPTU é exigível de cessionária de imóvel pertencente à União, salvo quando aquela detém a posse mediante relação pessoal, sem *animus domini*" (AgRg no REsp 1.337.903-MG, rel. Min. Castro Meira, j. 9-10-2012).

STJ: "TRIBUTÁRIO. IPTU. COBRANÇA. PROPRIETÁRIO. INCIDÊNCIA SOBRE IMÓVEL. OCUPAÇÃO POR TERCEIROS. PERDA DO DOMÍNIO E DOS DIREITOS INERENTES À PROPRIEDADE. IMPOSSIBILIDADE DA SUBSISTÊNCIA DA EXAÇÃO TRIBUTÁRIA. 1. O acórdão recorrido consignou: 'Pela prova documental trazida aos autos, verifica-se que o imóvel tributado está totalmente ocupado por terceiros, sem possibilidade de recuperação, diante da implementação do Loteamento João de Barro. Ante o previsto no art. 32 do Código Tributário Nacional, não é a titularidade do imóvel que faz incidir o tributo, mas a posse ou o domínio útil, ambos direitos que o apelante não mais detém o que afasta sua responsabilidade pelo pagamento do IPTU. (...) Portanto, a decisão recorrida deve ser mantida, pois realmente comprovada a ilegitimidade passiva do apelado' (fls. 420-422, e-STJ). 2. **O Tribunal *a quo* está em consonância com a jurisprudência do STJ segundo a qual é inexigível a cobrança de tributos de proprietário que não detém a posse do imóvel, devendo o Município, no caso, lançar o débito tributário em nome dos ocupantes da área invadida.** 3. Recurso Especial não conhecido" (REsp 1.760.214/SP, rel. Min. Herman Benjamin, j. 2-10-2018, 2ª T.).

9.12.4 Base de cálculo

A base de cálculo do IPTU é o valor venal do imóvel, assim considerado o produto da multiplicação de sua metragem pelo preço do metro quadrado definido na planta genérica de valores (propriedade territorial), somado com o *quantum* da área construída (propriedade predial)[STF].

STF: "É inconstitucional a majoração do IPTU sem edição de lei em sentido formal, vedada a atualização, por ato do Executivo, em percentual superior aos índices oficiais" (RE 648.245-MG, rel. Min. Gilmar Mendes).

9.12.4.1 IPTU é devido sobre imóvel situado em Área de Preservação Permanente (APP)

No julgamento do REsp 1.492.184, a 2ª Turma do STJ entendeu que o IPTU continua devido por imóvel situado em Área de Preservação Permanente (APP) sujeita a limitação do direito de construir (área *non edificandi*). Segundo o Tribunal, **mesmo com todas as restrições o fato gerador do tributo permanece íntegro, de modo que o tributo incide normalmente**[16].

16 *Informativo* n. 558.

9.12.5 Regimes de alíquotas do IPTU

Atualmente, o IPTU sujeita-se a **três sistemas diferenciados de alíquotas**:

a) alíquotas progressivas no tempo em razão do uso inadequado do solo urbano (art. 182, § 4º, II, da CF);

b) alíquotas progressivas em função do valor do imóvel (art. 156, § 1º, I, da CF);

c) alíquotas diferenciadas de acordo com o binômio localização/uso do imóvel (art. 156, § 1º, II, da CF).

Importantíssimo salientar que até a promulgação da Emenda Constitucional n. 29, no ano de 2000, o Texto Maior somente continha previsão expressa de progressividade do IPTU para a hipótese de uso inadequado do solo urbano (art. 182, § 4º, II, da CF), razão pela qual a jurisprudência do Supremo Tribunal Federal pacificou o entendimento de que, antes do ano de promulgação da referida Emenda, não se admitia a cobrança do imposto com alíquotas progressivas em razão do valor ou do uso/localização do imóvel.

Nesse sentido, a Súmula 668 do STF: "É inconstitucional a lei municipal que tenha estabelecido, antes da Emenda Constitucional n. 29/2000, alíquotas progressivas para o IPTU, salvo se destinada a assegurar o cumprimento da função social da propriedade urbana".

Interessante destacar que, **declarada a inconstitucionalidade do sistema de progressividade, o tributo permanece devido à alíquota mínima**.

> Declarada inconstitucional a progressividade de alíquota tributária do Imposto Predial Territorial Urbano no que se refere a fato gerador ocorrido em período anterior ao advento da EC n. 29/2000, é devido o tributo calculado pela alíquota mínima correspondente, de acordo com a destinação do imóvel e a legislação municipal de instituição do tributo em vigor à época (STF, RE 602.347).

A progressividade do IPTU no tempo (art. 182, § 4º, II, da CF) consiste em instrumento para o Município desestimular a manutenção de imóveis urbanos não edificados, subutilizados ou não utilizados, podendo a alíquota atingir patamar máximo de 15% sobre o valor venal do imóvel (art. 7º, § 1º, do Estatuto da Cidade - Lei federal n. 10.257/2001).

A progressividade em função do valor do imóvel (art. 156, § 1º, I, da CF) é instituída com finalidade puramente arrecadatória (progressividade fiscal), realizando a exigência de tributação graduada conforme a capacidade econômica do contribuinte (art. 145, § 1º, da CF).

> Cespe: A prova de Auditor do TCE/ES de 2012 considerou ERRADA a assertiva: "Sem prejuízo da progressividade no tempo como instrumento de política urbana, o IPTU será progressivo, em razão do valor do imóvel, e suas alíquotas, uniformes".

Cabe ressaltar que, no julgamento do RE 666.156, o Plenário do STF fixou a seguinte tese (Tema 523): "São constitucionais as leis municipais anteriores à Emenda Constitucional n. 29/2000, que instituíram alíquotas diferenciadas de IPTU para imóveis edificados e não edificados, residenciais e não residenciais". Isso porque, em diversos outros processos, a Corte decidiu pela constitucionalidade da fixação de alíquotas diferenciadas em razão do imóvel estar ou não edificado e serem residenciais ou não residenciais em período anterior à Emenda Constitucional n. 29/2000, uma vez que essa variação não se confunde com a progressividade do IPTU, que antes da citada emenda era autorizada apenas para forçar o cumprimento da função social da propriedade.

Por fim, o art. 156, § 1º, II, da CF prevê a cobrança de IPTU com alíquotas variáveis de acordo com o uso e a localização do imóvel. Note-se que a norma constitucional impõe ao legislador o dever de combinar uso e localização para determinar a diferenciação nas alíquotas.

Assim, por exemplo, descumpriria o referido dispositivo da Constituição a lei municipal que estabelecesse alíquotas de 3% para imóveis comerciais, e de 2% para imóveis residenciais, pois nessa hipótese o tipo de uso foi empregado separadamente do quesito localização. Seria preciso, para tornar válida a exigência, delimitar certa região do Município dentro da qual os imóveis comerciais estariam sujeitos a alíquotas superiores às aplicadas a imóveis residenciais, não dissociando assim o binômio uso/localização referido pelo texto constitucional.

9.12.6 Comparação entre ITR e IPTU

As mais importantes semelhanças e diferenças entre o ITR e o IPTU estão resumidas na tabela comparativa abaixo:

	ITR	IPTU
Previsão	Art. 153, VI, da CF	Art. 156, I, da CF
Competência	União	Municípios e DF
Função	Extrafiscal	Fiscal
Lançamento	Por homologação	De ofício
Repartição de receitas	50% aos Municípios (ou 100%, se houver convênio)	Sem repartição
Hipótese de incidência	Propriedade territorial (somente propriedade nua, ou seja, terra)	Propriedades predial e territorial (construções + terrenos)
Alíquotas	Admite progressividade	Idem
Repartição de receitas	50% em favor dos Municípios (ou 100%, se houver convênio)	Não tem

9.12.7 Direito sumular

9.12.7.1 Súmulas do STF em matéria de IPTU

Súmula 539

É constitucional a lei do município que reduz o imposto predial urbano sobre imóvel ocupado pela residência do proprietário, que não possua outro.

Súmula 589

É inconstitucional a fixação de adicional progressivo do imposto predial e territorial urbano em função do número de imóveis do contribuinte.

Súmula 668

É inconstitucional a lei municipal que tenha estabelecido, antes da Emenda Constitucional n. 29/2000, alíquotas progressivas para o IPTU, salvo se destinada a assegurar o cumprimento da função social da propriedade urbana.

9.12.7.2 Súmulas do STJ em matéria de IPTU

Súmula 160

É defeso ao Município atualizar o IPTU, mediante decreto, em percentual superior ao índice oficial de correção monetária.

Súmula 397

O contribuinte do IPTU é notificado do lançamento pelo envio do carnê ao seu endereço[STJ].

> STJ: "DIREITO TRIBUTÁRIO. DESNECESSIDADE DE PRÉVIA INSCRIÇÃO DE UNIDADES AUTÔNOMAS NO REGISTRO DE IMÓVEIS PARA A COBRANÇA DE IPTU INDIVIDUALIZADO. O Fisco, verificando a divisão de imóvel preexistente em unidades autônomas, pode proceder às novas inscrições de IPTU, ainda que não haja prévio registro das novas unidades em cartório de imóveis. Conforme o art. 32 do CTN, o fato gerador do IPTU é a propriedade, o domínio útil ou a posse. O art. 34 do referido diploma, por sua vez, preconiza que o 'contribuinte do imposto é o proprietário do imóvel, o titular do seu domínio útil, ou o seu possuidor a qualquer título'. Observa-se, portanto, que é absolutamente dispensável o prévio registro imobiliário das novas unidades para proceder ao lançamento do IPTU individualizado. Basta a configuração da posse do bem imóvel para dar ensejo à exação. Assim, verificando-se a superveniência de unidades autônomas, é devida a cobrança do IPTU de forma individualizada, uma vez que é pacífico o entendimento de que os impostos reais – IPTU e ITBI, em especial – referem-se aos bens autonomamente considerados. Desse modo, seria incabível tratar diversos imóveis como universalidade para fins de tributação" (REsp 1.347.693-RS, rel. Min. Benedito Gonçalves, j. 11-4-2013).

Súmula 399

Cabe à legislação municipal estabelecer o sujeito passivo do IPTU.

9.13 IMPOSTO SOBRE A TRANSMISSÃO *INTER VIVOS* DE BENS IMÓVEIS (ITBI OU ITIV)

9.13.1 Regime geral

Previsto no art. 156, II, da CF, o Imposto sobre a Transmissão de Bens Imóveis (ITBI) é de **competência municipal e distrital**.

O ITBI tem **função exclusivamente fiscal** na medida em que é cobrado com a finalidade única de obter recursos para custear as despesas municipais.

Quanto ao tipo de lançamento, o ITBI é **lançado por declaração**.

> Cespe: A prova de Procurador de Fortaleza de 2017 considerou CORRETA a afirmação: "Não havendo prévia instauração de processo administrativo fiscal, será nulo o lançamento do imposto sobre transmissão de bens imóveis e de direitos a eles relativos no caso de existir divergência entre a base de cálculo declarada pelo contribuinte e o valor arbitrado pela administração tributária".

Nos termos do art. 156, § 2º, I, da CF, o ITBI **não incide** sobre a transmissão de bens ou direitos incorporados ao patrimônio de pessoa jurídica **em realização de capital**, nem sobre a transmissão de bens ou direitos decorrente de fusão, incorporação, cisão ou extinção de pessoa jurídica, salvo se, nesses casos, a atividade preponderante do adquirente for a compra e venda desses bens ou direitos, locação de bens imóveis ou arrendamento mercantil (imunidade).

O imposto **é devido no Município da situação do bem** (art. 156, § 2º, II, da CF).

Em relação aos regimes de legalidade e anterioridade, o ITBI submete-se à regra geral quanto aos dois princípios.

9.13.2 Fato gerador

O fato gerador do imposto é a "transmissão *inter vivos*, a qualquer título, por ato oneroso, de bens imóveis, por natureza ou acessão física, e de direitos reais sobre imóveis, exceto os de garantia, bem como cessão de direitos a sua aquisição" (art. 156, II, da CF).

9.13.3 Não ocorrência do fato gerador

O ITBI não incide sobre registros em cartório de:

a) hipoteca;

b) compromisso de compra e venda simples (já que tal contrato não opera transferência da propriedade imobiliária);

c) usucapião.

9.13.4 Contribuinte

Cabe à legislação municipal determinar o contribuinte do imposto, podendo ser o comprador ou vendedor. Na maioria dos municípios brasileiros, a lei atribui ao adquirente o dever de pagar o ITBI.

9.13.5 Base de cálculo

A base de cálculo do ITBI é o valor venal dos bens ou direitos transmitidos (art. 38 do CTN) ou, nas palavras do STJ, **o valor real da venda ou de mercado.**

> STJ: "PROCESSO CIVIL E TRIBUTÁRIO. AGRAVO INTERNO NO AGRAVO EM RECURSO ESPECIAL. ENUNCIADO ADMINISTRATIVO N. 3/STJ. TRIBUTÁRIO. ITBI. BASE DE CÁLCULO. VALOR VENAL DO IMÓVEL. APURAÇÃO DISSOCIADA DO VALOR APURADO PELA MUNICIPALIDADE PARA COBRANÇA DE IPTU. POSSIBILIDADE. AGRAVO NÃO PROVIDO. 1. A jurisprudência desta Corte firmou-se no sentido de que **a base de cálculo do ITBI é o valor real da venda do imóvel ou de mercado, o qual não se identifica necessariamente com a base de cálculo do IPTU.** 2. Agravo interno não provido" (Agint no AREsp 1.191.604 / SP, rel. Min. Mauro Campbell Marques, 17-5-2018, 2ª T.).

9.13.6 Alíquota

A alíquota do ITBI será fixada pela legislação municipal, **vedada aplicação de alíquotas progressivas.**

9.13.7 A questão da incidência sobre compromisso irretratável de compra e venda

O registro de compromisso de compra e venda não constitui fato gerador do ITBI na medida em que inexiste transferência de propriedade. Entretanto, no caso de **compromisso irretratável de compra e venda do imóvel**, havendo comprovação de pagamento e com o registro do contrato, trata-se de **verdadeira compra e venda simulada**, já que são produzidos todos os efeitos práticos de uma transmissão da propriedade, razão pela qual tem predominado o entendimento segundo o qual **incide o ITBI.**

> STF: "A cobrança de ITBI [Imposto de Transmissão *Inter Vivos* de Bens Imóveis] é devida no momento do registro da compra e venda na matrícula do imóvel" (ARE 759.964 AgR, rel. Min. Edson Fachin, j. 15-9-2015, 1ª T, *DJe* de 29-9-2015).

9.13.8 Doação onerosa paga ITBI ou ITCMD?

Como regra, doações constituem fato gerador do ITCMD. Porém, se a doação estiver submetida a ônus ou encargo, o caráter sinalagmático desnatura a gratuidade do contrato, aproximando a situação de uma transmissão onerosa.

Por essa razão, **sobre doação onerosa incide ITBI** e não ITCMD.

9.13.9 Direito sumular

9.13.9.1 Súmulas do STF em matéria de ITBI

Súmula 75

Sendo vendedora uma autarquia, a sua imunidade fiscal não compreende o imposto de transmissão *inter vivos*, que é encargo do comprador.

Súmula 108

É legítima a incidência do imposto de transmissão *inter vivos* sobre o valor do imóvel ao tempo da alienação e não da promessa, na conformidade da legislação local.

Súmula 110

O imposto de transmissão *inter vivos* não incide sobre a construção, ou parte dela, realizada pelo adquirente, mas sobre o que tiver sido construído ao tempo da alienação do terreno.

Súmula 111

É legítima a incidência do imposto de transmissão *inter vivos* sobre a restituição, ao antigo proprietário, de imóvel que deixou de servir à finalidade da sua desapropriação.

Súmula 326

É legítima a incidência do imposto de transmissão *inter vivos* sobre a transferência do domínio útil.

Súmula 328

É legítima a incidência do imposto de transmissão *inter vivos* sobre a doação de imóvel.

Súmula 329

O imposto de transmissão *inter vivos* não incide sobre a transferência de ações de sociedade imobiliária.

Súmula 470

O imposto de transmissão *inter vivos* não incide sobre a construção, ou parte dela, realizada, inequivocamente, pelo promitente comprador, mas sobre o valor do que tiver sido construído antes da promessa de venda.

Súmula 656

É inconstitucional a lei que estabelece alíquotas progressivas para o imposto de transmissão *inter vivos* de bens imóveis – ITBI com base no valor venal do imóvel.

9.14 IMPOSTO SOBRE SERVIÇOS DE QUALQUER NATUREZA (ISS OU ISSQN)

9.14.1 Regime geral

Nos termos do art. 156, III, da CF, compete aos Municípios e ao Distrito Federal instituir o Imposto sobre Serviços de Qualquer Natureza (ISS ou ISSQN), nos termos de lei complementar federal.

O ISS é imposto cobrado com finalidade essencialmente arrecadatória, daí a doutrina considerá-lo um tributo de função fiscal instituído somente para obtenção de receitas aos cofres públicos municipais e distritais.

A respeito da modalidade de lançamento, o ISS, como ocorre com a maioria absoluta dos tributos brasileiros, **é lançado por homologação**.

Quanto à legalidade e anterioridade, o ISS sujeita-se à regra geral dos dois princípios, de modo que o imposto somente pode ser instituído ou majorado por meio de lei (legalidade), e cobrado no ano seguinte ao da publicação da lei que o houver criado ou aumentado, respeitando o intervalo mínimo de noventa dias (anterioridade).

9.14.2 O papel da lei complementar federal em matéria de ISS

Com a finalidade de **conferir uniformidade** à disciplina normativa do imposto e **evitar a guerra fiscal,** o art. 156, § 3º, da Constituição Federal de 1988 atribuiu à lei complementar federal, em matéria de ISS:

I – fixar suas alíquotas máximas e mínimas;

II – excluir da sua incidência exportações de serviços (isenção heterônoma);

III – regular a forma e as condições como isenções, incentivos e benefícios fiscais serão concedidos e revogados.

Atualmente, tais temas são disciplinados pela Lei Complementar n. 116/2003.

9.14.3 Fato gerador

Como a noção de serviço é muito ampla, o texto constitucional delegou ao legislador complementar da União a tarefa de definir quais serviços devem recolher ISS.

Nesse sentido, o art. 156, III, da CF determina que compete aos municípios instituir impostos sobre: III – serviços de qualquer natureza "**definidos em lei complementar**"[STJ].

> STJ: "DIREITO TRIBUTÁRIO. ISS. INDUSTRIALIZAÇÃO POR ENCOMENDA. A industrialização por encomenda está sujeita à incidência de ISS, e não de ICMS. A prestação de serviço personalizado feita em conformidade com o interesse exclusivo do cliente, distinto dos serviços destinados ao público em geral, caracteriza espécie de prestação de serviço que está elencada na lista de serviços da Lei Complementar n. 116/2003" (AgRg no AREsp 207.589-RS, rel. Min. Humberto Martins, j. 6-11-2012).

Sobre o tema, o STF decidiu que "no tocante às farmácias de manipulação, incide o ISS sobre as operações envolvendo o preparo e o fornecimento de medicamentos encomendados para posterior entrega aos fregueses, em caráter pessoal, para consumo; incide ICMS sobre os medicamentos de prateleira por elas produzidos, ofertados ao público consumidor" (RE 505.552, Tema 379 RG, rel. Min. Dias Toffoli, 5-8-2020).

Assim, atualmente o fato gerador do ISS é a prestação dos serviços enumerados na lista anexa à Lei Complementar n. 116/2003, lista que foi considerada taxativa pelo STF (Tema 179 de Repercussão Geral fixado em 26-6-2020).

Convém destacar que o imposto é devido, em regra, ao Município onde se localiza o estabelecimento prestador (art. 3º da Lei Complementar n. 116/2003) ou, na falta do estabelecimento, no local do domicílio do prestador, com exceção de alguns casos – como os serviços de construção civil e edificações em geral – em que o ISS é pago no local da prestação[STJ].

MPE-SC: A prova de Promotor/SC de 2013 considerou CORRETA a assertiva: "O Imposto Sobre Serviços de Qualquer Natureza – ISS, de competência exclusiva dos Municípios e do Distrito Federal, incide sobre os serviços públicos explorados economicamente, prestados por delegação do órgão estatal competente, com o pagamento de tarifa, preço ou pedágio pelo usuário final do serviço".

STJ: "O Município competente para a cobrança de ISS sobre operações de arrendamento mercantil, na vigência do Dec.-lei n. 406/68, é o do local onde sediado o estabelecimento prestador (art. 12), e, a partir da Lei Complementar n. 116/2003, é aquele onde o serviço é efetivamente prestado (art. 3º). A Lei Complementar n. 116/2003 adotou um sistema misto, considerando o imposto devido no local do estabelecimento prestador, ou, na sua falta, no local do domicílio do prestador e, para outras hipóteses definidas, o local da prestação do serviço, do estabelecimento do tomador ou do intermediário (art. 3º). Vê-se, assim, que nem mesmo a Lei Complementar n. 116/2003, que sucedeu o Dec.-lei n. 406/68, prestigiou em sua integralidade o entendimento externado pelo STJ, de modo que não se considera como competente para a arrecadação do tributo, em todos os casos, o Município em que efetivamente prestado o serviço" (REsp 1.060.210-SC, rel. Min. Napoleão Nunes Maia Filho, j. 28-11-2012).

9.14.4 Contribuinte

O contribuinte do ISS é o prestador do serviço (art. 5º da Lei Complementar n. 116/2003).

FUNIVERSA: A prova de Analista de Gestão da UEG de 2015 considerou CORRETA a assertiva: "Relativamente ao ISS, os municípios e o DF poderão atribuir a responsabilidade pelo crédito tributário a terceira pessoa, vinculada ao fato gerador, que ficará obrigado ao recolhimento mesmo sem ter efetuado a retenção".

9.14.5 Não ocorrência do fato gerador

O ISS não incide sobre:

a) serviços não arrolados na listagem anexa à Lei Complementar n. 116/2003;

b) a remuneração do próprio trabalho, quando se tratar da prestação de serviços sob a forma de trabalho pessoal do próprio contribuinte (art. 9º, § 1º, do Decreto-lei n. 406/68);

c) serviços de transporte interestadual, transporte intermunicipal e de comunicação (art. 155, II, da CF);

Cespe: A prova de Auditor do TCE/ES de 2012 considerou ERRADA a assertiva: "Como a CF autoriza a incidência do ISS sobre serviços de qualquer natureza, esse imposto incide sobre os serviços onerosos ou gratuitos, de trato sucessivo ou imediato, intelectuais ou materiais, prestados por pessoas físicas ou jurídicas".

d) locação (Súmula Vinculante 31).

STF: "AGRAVO REGIMENTAL NO RECURSO EXTRAORDINÁRIO. CONSTITUCIONAL. IMUNIDADE RECÍPROCA. ART. 150, INCISO VI, 'A', DA CONSTITUIÇÃO DA REPÚBLICA. EXTENSÃO EM FAVOR DA CASA DA MOEDA. RESTRIÇÃO ÀS ATIVIDADES NAS QUAIS A EMPRESA ATUA COMO DELEGATÁRIA DA UNIÃO. SERVIÇOS DE COMPOSIÇÃO GRÁFICA RESIDUAL EM RELAÇÃO À CONFECÇÃO DE FICHAS TELEFÔNICAS. NÃO INCIDÊNCIA DO ISS. 1. Ao atuar em regime de concorrência com o particular, o ente integrante da Administração indireta não pode gozar de benefícios inextensíveis aos demais agentes do setor privado. Por tal razão, a norma imunizante só alcança os serviços prestados em regime de exclusividade, com base em expressa delegação da União. 2. **Os serviços de composição gráfica realizados em fichas telefônicas são prestados em caráter privado.** A despeito de a atividade não estar acobertada pela imunidade, **não há como reconhecer a incidência do ISS na hipótese em virtude de os serviços serem meramente residuais em relação à operação de circulação de tais mercadorias.** Aplicam-se ao caso as conclusões do Supremo Tribunal Federal sobre a composição de serviços gráficos em embalagens (ADI 4.389-MC). 3. Agravo regimental a que se nega provimento" (AG.RG. NO RECURSO EXTRAORDINÁRIO 592.752/RJ, rel. Min. Roberto Barroso, j. 18-3-2014, 1ª T.).

9.14.5.1 O caso do serviço de locação de bens móveis

Embora a locação conste como fato gerador do ISS no item 3.04 da Lista Anexa à Lei Complementar n. 116/2003, está pacificado o entendimento, tanto no STJ quanto no STF, no sentido de que **locação não é fato gerador do ISS porque o contrato de locação não tem por objeto a prestação de serviços**.

Na verdade, segundo o Direito Civil, o contrato de locação não é uma espécie de obrigação de fazer, sendo, isto sim, típica prestação de dar.

Por tal razão, consolidando a jurisprudência na matéria, o Supremo Tribunal Federal editou a Súmula Vinculante 31, *in verbis*:

> É inconstitucional a incidência do Imposto sobre Serviços de Qualquer Natureza – ISS sobre operações de locação de bens móveis.

Cespe: A prova da Defensoria Pública/DF de 2013 considerou ERRADA a assertiva: "De acordo com o STF, é constitucional a incidência do ISS sobre operações de locação de bens móveis".

9.14.6 Base de cálculo

A base de cálculo do ISS varia de acordo com o tipo de contribuinte[17]:

1) no caso de prestação de serviços na forma de **trabalho pessoal, o valor do imposto é fixo** (art. 9º, § 1º, do Decreto-lei n. 406/68)[STJ];

> STJ: "Não se aplica à prestação de serviços de registros públicos cartorários e notariais a sistemática de recolhimento de ISS prevista no § 1º do art. 9º do Dec.-lei n. 406/68. O referido preceito legal impõe, como condição para o enquadramento no regime especial de recolhimento de ISS, a 'prestação de serviços sob a forma de trabalho pessoal do próprio contribuinte'. No entanto, a prestação dos serviços cartoriais não importa em necessária intervenção pessoal do notário ou do oficial de registro, tendo em vista que o art. 236 da CF e a legislação que o regulamenta permitem a formação de uma estrutura economicamente organizada para a prestação do serviço de registro público, assemelhando-se ao próprio conceito de empresa. Nesse sentido, o art. 236 da CF determina a natureza jurídica da prestação do serviço como privada, sem determinar, contudo, a unipessoalidade da prestação de serviço cartorário, e o art. 20 da Lei n. 8.935/94 autoriza, de forma expressa, o notário ou oficial de registro a contratar, para o desempenho de suas funções, escreventes, dentre eles escolhendo os substitutos, e auxiliares como empregados. Além do mais, a realidade comprova que, em regra, a atividade cartorária não é prestada de modo direto apenas pelo tabelião, mas também por atendentes, principalmente nos grandes centros urbanos" (REsp 1.328.384-RS, rel. originário Min. Napoleão Nunes Maia Filho, rel. p/ acórdão Min. Mauro Campbell Marques, j. 4-2-2013).

2) no caso de **prestação de serviços por empresas**, a base de cálculo é o **preço do serviço**[STJ] (art. 7º da Lei Complementar n. 116/2003);

> MP/PR: A prova de Promotor/PR 2012 considerou CORRETA a assertiva: "É possível a dedução da base de cálculo do ISS dos materiais empregados na prestação de serviço de construção civil".

> STJ: "DIREITO TRIBUTÁRIO. TRANSPORTE COLETIVO. VENDA ANTECIPADA DE PASSAGEM. REAJUSTE. ISS. BASE DE CÁLCULO. A base de cálculo do ISS incidente sobre a prestação de serviço de transporte coletivo de passageiros é o preço efetivamente pago pelo usuário no ato da compra e venda dos bilhetes (seja vale-transporte ou passagem escolar), não o vigente no momento posterior em que se dá a efetiva prestação. Assim, mostra-se indevido o recolhimento do tributo sobre a diferença verificada quando da majoração da tarifa de transporte ocorrida entre a compra do bilhete antecipado e a efetiva prestação do serviço, pois o momento da incidência do fato gerador é o da compra das passagens" (AgRg no AREsp 112.288-RS, rel. Min. Benedito Gonçalves, j. 20-9-2012).

> STJ: "É possível a dedução da base de cálculo do ISS dos valores das subempreitadas e dos materiais utilizados em construção civil. O STF, ao julgar o RE 603.497-MG, no rito do art. 543-B do CPC, entendeu ser possível, mesmo na vigência da Lei Complementar n. 116/2003, a dedução da base de cálculo do ISS do material empregado na construção civil. No mesmo sentido, no RE 599.497-RJ, concluiu-se que a orientação adotada no recurso acima é aplicável aos valores das subempreitadas, pois o art. 9º do Dec.-lei n. 406/68 foi recepcionado pela CF" (REsp 1.327.755-RJ, rel. Min. Herman Benjamin, j. 18-10-2012).

---

17 Hugo de Brito Machado, *Curso de Direito Tributário*, p. 415.

3) no caso da prestação de serviços por sociedades profissionais, o valor é calculado multiplicando o montante fixo do tributo pelo número de profissionais que a integrem (art. 9º, § 3º, do Decreto-lei n. 406/68).

9.14.7 Alíquotas

Compete a cada município definir a alíquota do ISS aplicável em seu território. No entanto, o legislador municipal deve respeitar as alíquotas mínima de 2% e máxima de 5% (arts. 88 do ADCT e 8º da Lei Complementar n. 116/2003).

> Cespe: A prova de Procurador do TC/DF de 2013 considerou ERRADA a assertiva: "O benefício da alíquota fixa do imposto sobre serviços – ISS alcança as sociedades unipessoais integradas por profissionais que atuem com responsabilidade pessoal e as sociedades empresárias limitadas".

9.14.7.1 Lei Complementar n. 157/2016 e improbidade administrativa

Com o advento da Lei Complementar n. 157/2016, passa a constituir ato de improbidade administrativa qualquer ação ou omissão para conceder, aplicar ou manter benefício financeiro ou tributário que contrarie a alíquota mínima de 2% do ISS, inclusive sobre serviço proveniente do exterior do País ou cuja prestação se tenha iniciado no exterior (art. 10-A da Lei n. 8.429/92).

Trata-se de inovação legislativa que visa coibir manobras fiscais que, na prática, reduzem a alíquota do ISS para patamar inferior ao mínimo legal, evitando assim a conhecida guerra fiscal entre os Municípios.

Por força do art. 6º da LC n. 157/2016, os Municípios tiveram até 1º-6-2018 para revogar benefícios financeiros ou fiscais que desatendam à alíquota mínima de 2% do ISS.

Assim, entendemos que somente após tal data (1º-6-2018) é que as condutas enquadradas no art. 10-A da Lei n. 8.429/92 serão puníveis, sujeitando quem as praticar às penas de:

a) perda da função pública;

b) suspensão dos direitos políticos de 5 (cinco) a 8 (oito) anos;

c) e multa civil de até 3 (três) vezes o valor do benefício financeiro ou tributário concedido (art. 12, IV, da Lei n. 8.429/92).

9.14.7.2 Inovações da Lei Complementar n. 175/2020

Em 24 de setembro de 2020 entrou em vigor a Lei Complementar n. 175 trazendo uma nova sistemática de arrecadação do Imposto sobre Serviços de Qualquer Natureza – ISSQN, especificamente sobre alguns serviços da lista anexa à Lei Complementar n. 116/2003, a saber:

a) planos de medicina de grupo ou individual e convênios para prestação de assistência médica, hospitalar, odontológica e congêneres (item 4.22);

b) outros planos de saúde que se cumpram através de serviços de terceiros contratados, credenciados, cooperados ou apenas pagos pelo operador do plano mediante indicação do beneficiário (item 4.23);

c) planos de atendimento e assistência médico-veterinária (item 5.09);

d) administração de fundos quaisquer, de consórcio, de cartão de crédito ou débito e congêneres, de carteira de clientes, de cheques pré-datados e congêneres (item 15.01);

e) arrendamento mercantil (*leasing*) de quaisquer bens, inclusive cessão de direitos e obrigações, substituição de garantia, alteração, cancelamento e registro de contrato, e demais serviços relacionados ao arrendamento mercantil (*leasing*) (item 15.09);

Duas são as mudanças dignas de referência.

Em primeiro lugar, instituiu-se um **padrão nacional de obrigação acessória para o ISS**, por meio do qual o recolhimento se dá mediante apuração do tributo pelo contribuinte e declaração do montante devido utilizando-se sistema eletrônico (art. 1º).

Além disso, a nova lei define regras para a gradual **partilha do produto da arrecadação do ISS**, quanto aos serviços acima mencionados, entre o município do local do estabelecimento e o município do tomador de serviços (art. 15).

Não se deve perder de vista que as inovações da Lei Complementar n. 175/2020 aplicam-se somente aos serviços acima listados.

9.14.8 Constitucionalidade da incidência de ISS sobre a atividade de exploração de jogos e apostas e a validade da base de cálculo adotada

No julgamento do Recurso Extraordinário 634.764, o STF decidiu ser constitucional a tributação mediante ISS das atividades de jogos e apostas como a venda de produtos de loteria, sorteios e prêmios, fixando a base de cálculo como valor a ser pago pelo serviço.

> STF: "O Plenário finalizou julgamento virtual e, por maioria, apreciando o tema 700 da repercussão geral, fixou a seguinte tese: 'É constitucional a incidência de ISS sobre serviços de distribuição e venda de bilhetes e demais produtos de loteria, bingos, cartões, pules ou cupons de apostas, sorteios e prêmios (item 19 da Lista de Serviços Anexa à Lei Complementar n. 116/2003). Nesta situação, a base de cálculo do ISS é o valor a ser remunerado pela prestação do serviço, independentemente da cobrança de ingresso, não podendo corresponder ao valor total da aposta'" (RE 634.764, Tema 700 RG, rel. Min. Gilmar Mendes, j. 8-6-2020).

9.14.9 Direito sumular

Em matéria de ISS, merecem destaque as súmulas abaixo transcritas.

9.14.9.1 Súmula Vinculante 31

É inconstitucional a incidência do imposto sobre serviços de qualquer natureza – ISS sobre operações de locação de bens móveis.

STF: "A Súmula Vinculante 31 não exonera a prestação de serviços concomitante à locação de bens móveis do pagamento do ISS. Se houver ao mesmo tempo locação de bem móvel e prestação de serviços, o ISS incide sobre o segundo fato, sem atingir o primeiro" (ARE 656.709 AgR, rel. Min. Joaquim Barbosa, j. 14-2-2012, 2ª T, *DJe* de 8-3-2012).

STF: "A Súmula Vinculante 31, que assenta a inconstitucionalidade da incidência do Imposto sobre Serviços de Qualquer Natureza (ISSQN) nas operações de locação de bens móveis, somente pode ser aplicada em relações contratuais complexas se a locação de bens móveis estiver claramente segmentada da prestação de serviços, seja no que diz com o seu objeto, seja no que concerne ao valor específico da contrapartida financeira. Hipótese em que contratada a locação de maquinário e equipamentos conjuntamente com a disponibilização de mão de obra especializada para operá-los, sem haver, contudo, previsão de remuneração específica da mão de obra disponibilizada à contratante. Baralhadas as atividades de locação de bens e de prestação de serviços, não há como acolher a presente reclamação constitucional" (Rcl 14.290 AgR, rel. Min. Rosa Weber, j. 22-5-2014, P, *DJe* de 20-6-2014).

9.14.9.2 Súmula do STF em matéria de ISS

Súmula 588

O imposto sobre serviços não incide sobre os depósitos, as comissões e taxas de desconto, cobrados pelos estabelecimentos bancários.

9.14.9.3 Súmulas do STJ em matéria de ISS

Súmula 138

O ISS incide na operação de arrendamento mercantil de coisas móveis.

Súmula 156

A prestação de serviço de composição gráfica, personalizada e sob encomenda, ainda que envolva fornecimento de mercadorias, está sujeita, apenas, ao ISS.

Súmula 167

O fornecimento de concreto, por empreitada, para construção civil, preparado no trajeto até a obra em betoneiras acopladas a caminhões, e prestação de serviço, sujeitando-se apenas à incidência do ISS.

Súmula 274

O ISS incide sobre o valor dos serviços de assistência médica, incluindo-se neles as refeições, os medicamentos e as diárias hospitalares.

STF: "As operadoras de planos de saúde realizam prestação de serviço sujeita ao Imposto Sobre Serviços de Qualquer Natureza – ISSQN, previsto no art. 156, III, da CRFB/88" (RE 651.703-ED-segundos, rel. Min. Luiz Fux, j. 28-2-2019, P, *DJe* de 7-5-2019, Tema 581).

Súmula 424

É legítima a incidência de ISS sobre os serviços bancários congêneres da lista anexa ao Decreto-lei n. 406/68 e à Lei Complementar n. 56/87.

Súmula 524

No tocante à base de cálculo, o ISSQN incide apenas sobre a taxa de agenciamento quando o serviço prestado por sociedade empresária de trabalho temporário for de intermediação, devendo, entretanto, englobar também os valores dos salários e encargos sociais dos trabalhadores por ela contratados nas hipóteses de fornecimento de mão de obra.

9.15 CONTRIBUIÇÃO PARA FINANCIAMENTO DA SEGURIDADE SOCIAL (COFINS)

9.15.1 Regime geral

A Contribuição para Financiamento da Seguridade Social – Cofins foi criada pela Lei Complementar n. 70/91, com natureza jurídica de contribuição social (art. 195, I, *b*, da CF), sendo **devida pelas pessoas jurídicas, inclusive às a elas equiparadas pela legislação do Imposto de Renda**, e destinada exclusivamente às despesas com atividades-fim das áreas de saúde, previdência e assistência social (art. 1º da Lei Complementar n. 70/91).

Tem como **base de cálculo o faturamento mensal**, assim considerada a receita bruta[STF]

> STF: "COFINS. CONCEITO DE FATURAMENTO. RESTRIÇÃO ÀS RECEITAS ESTRITAMENTE RELACIONADAS À VENDA DE MERCADORIAS E SERVIÇOS. 1. Nos termos da jurisprudência do Supremo Tribunal Federal assentada antes da Emenda Constitucional n. 20/98, as expressões receita bruta e faturamento devem ser tidas como sinônimas, de modo que ambas devem se circunscrever aos valores auferidos com venda de mercadorias, de serviços ou de mercadorias e serviços" (AgRg no RE 548.422-RJ. rel. Min. Roberto Barroso).

das vendas de mercadorias, de mercadorias e serviços e de serviço de qualquer natureza (art. 2º da Lei Complementar n. 70/91)[STJ].

> STJ: "Não é possível a inclusão do crédito presumido de ICMS na base de cálculo da contribuição do PIS e da Cofins. O crédito-presumido do ICMS configura incentivo voltado à redução de custos, com a finalidade de proporcionar maior competitividade no mercado para as empresas de um determinado Estado-membro, não assumindo natureza de receita ou faturamento. Assim, não se tratando de receita, não há que se falar em incidência do crédito presumido do ICMS na base de cálculo do PIS e da Cofins" (AgRg no REsp 1.329.781-RS, rel. Min. Arnaldo Esteves Lima, j. 27-11-2012).

A alíquota é fixa no percentual de 2%[STF].

STF: "PIS E COFINS – LEI N. 9.718/98 – ENQUADRAMENTO NO INCISO I DO Art. 195 DA CONSTITUIÇÃO FEDERAL, NA REDAÇÃO PRIMITIVA. Enquadrado o tributo no inciso I do art. 195 da Constituição Federal, é dispensável a disciplina mediante lei complementar. Em sessão realizada em 9 de novembro de 2005, o Plenário, julgando os Recursos Extraordinários n. 357.950/RS, 390.840/MG, 358.273/RS e 346.084/PR, observou o que já assentado no Tribunal – Ação Declaratória de Constitucionalidade n. 1–1/DF –, no sentido da desnecessidade de lei complementar para a majoração de contribuição cuja instituição se dê com base no art. 195, inciso I, da Carta da Republica. Descabe cogitar de instrumento próprio, o da lei complementar, para majoração da alíquota da COFINS, sendo possível a compensação de valores, consideradas COFINS e CSLL, em harmonia com precedente do Supremo" (REsp 336.134/RS, RE 445.256/SP, rel. Min. Marco Aurélio, j. 11-9-2012, 1ª T.).

Atualmente, a Cofins é disciplinada também pela Lei n. 10.833/2003[STJ].

STJ: "DIREITO TRIBUTÁRIO. INCIDÊNCIA DO PIS E DA COFINS SOBRE A CORREÇÃO MONETÁRIA E OS JUROS REFERENTES À VENDA DE IMÓVEL. Se a correção monetária e os juros (receitas financeiras) decorrem diretamente das operações de venda de imóveis realizadas pelas empresas – operações essas que constituem os seus objetos sociais –, esses rendimentos devem ser considerados como um produto da venda de bens ou serviços, ou seja, constituem faturamento, base de cálculo das contribuições ao PIS e da COFINS, pois são receitas inerentes e acessórias aos referidos contratos e devem seguir a sorte do principal" (2ª T., REsp 1.432.952-PR, rel. Min. Mauro Campbell Marques, j. 25-2-2014).

9.15.2 Diferentes regimes da Cofins

A complexa legislação aplicável à Cofins estabelece três regimes diferenciados de incidência do tributo:

1) incidência multifásica cumulativa: previsto nos arts. 8º a 10 da Lei n. 10.833/2003, é o sistema aplicável a grande parte das pessoas jurídicas brasileiras, tais como:

a) empresas que recolhem IR com base no lucro presumido;

b) pessoas jurídicas sujeitas ao Simples;

c) pessoas jurídicas imunes a impostos;

d) órgãos públicos, autarquias e fundações públicas;

e) cooperativas.

Nesse regime, a Cofins incide em várias etapas sucessivas, não havendo aplicação da regra de compensação do valor devido com os montantes pagos em operações anteriores;

2) incidência multifásica não cumulativa: o regime multifásico não cumulativo teve sua instituição autorizada pelo art. 195, § 12, da CF, acrescentado pela EC n. 42/2003. Essa modalidade de incidência da Cofins está disciplinada, principalmente, pela Lei n. 10.865/2004, que regula a exigência do tributo sobre a importação, com previsão de mecanismo de creditamento assemelhado ao modelo não cumulativo do ICMS;

3) incidência monofásica: a Cofins de incidência única (monofásica) pode ser exigida com base art. 149, § 4º, da CF, com redação dada pela EC n. 33/2001, tendo como exemplo o recolhimento do tributo sobre produtos da indústria farmacêutica (Lei n. 10.147/2000).

9.15.3 Direito sumular

Súmula 659 do STF

É legítima a cobrança da Cofins, do PIS e do Finsocial sobre as operações relativas a energia elétrica, serviços de telecomunicações, derivados de petróleo, combustíveis e minerais do país.

Súmula 688 do STF

É legítima a incidência da contribuição previdenciária sobre o 13º salário.

Súmula 423 do STJ

A Contribuição para Financiamento da Seguridade Social - Cofins incide sobre as receitas provenientes das operações de locação de bens móveis.

9.16 PIS/PASEP

A contribuição para financiamento do Programa de Integração Social (PIS) e de Formação do Patrimônio do Servidor Público (Pasep) foi instituída pelas Leis Complementares n. 7/70 (PIS) e n. 8/70 (Pasep) e originariamente o valor arrecadado compunha um fundo distribuído anualmente a empregados e servidores sob a forma de cotas[STF].

> STF: "A contribuição social para o PIS submete-se ao princípio da anterioridade nonagesimal (CF, art. 195, § 6º), e, nos casos em que a majoração de alíquota tenha sido estabelecida somente na lei de conversão, o termo inicial da contagem é a data da conversão da medida provisória em lei" (RE 568.503/RS, rel. Min. Cármen Lúcia, j. 12-2-2014).

Com a promulgação da Constituição de 1988, o fundo composto pelos valores arrecadados com o PIS/Pasep pode ser sacado na superveniência das seguintes eventualidades por parte do empregado ou servidor[18]:

a) aposentadoria;

b) invalidez permanente ou reforma militar;

18 Fonte: <http://www.caixa.gov.br/beneficios/pis>.

c) idade igual ou superior a 70 anos;

d) transferência de militar para a reserva remunerada;

e) titular ou dependente portador do vírus HIV;

f) titular ou dependente portador de neoplasia maligna (câncer);

g) morte do participante;

h) benefício assistencial à pessoa portadora de deficiência e ao idoso.

A contribuição tem como **fato gerador o faturamento mensal** que incide sobre o total das receitas auferidas no mês pela pessoa jurídica, independentemente de sua denominação ou classificação contábil[STJ] (art. 1º da Lei n. 10.637/2002).

> STJ: "DIREITO TRIBUTÁRIO. PIS E COFINS. ATOS NÃO COOPERATIVOS. INCIDÊNCIA. A contribuição ao PIS e à Cofins incide sobre os atos praticados por cooperativa com terceiros. As receitas resultantes da prática de atos cooperativos – que são aqueles que a cooperativa realiza com os seus cooperados ou com outras cooperativas (art. 79 da Lei n. 5.764/71) – estão isentas do pagamento de tributos, inclusive de contribuições de natureza previdenciária. Por outro lado, estão submetidas à tributação aquelas decorrentes da prática de atos da cooperativa com não associados. O fato de o art. 146, III, *c*, da CF prever o adequado tratamento tributário do ato cooperativo não significa isenção ou imunidade tributária ampla e irrestrita às cooperativas, com a desoneração do recolhimento de contribuições previdenciárias. Até porque, segundo os princípios da universalidade e da solidariedade social, em que se fundamentam os arts. 194 e 195 da CF, a expansão e manutenção do sistema de seguridade social serão financiadas por toda a sociedade, direta ou indiretamente" (AgRg no AREsp 170.608-MG, rel. Min. Arnaldo Esteves Lima, j. 9-10-2012).

Contribuinte do tributo é toda pessoa jurídica de direito privado que auferir as receitas descritas no art. 1º da Lei n. 10.637/2002[STJ].

> STJ: "DIREITO TRIBUTÁRIO. PIS. HONORÁRIOS DE SUCUMBÊNCIA. PRESTAÇÃO DE SERVIÇOS POR SOCIEDADE DE ADVOGADOS. Incide contribuição ao PIS sobre as receitas decorrentes da prestação de serviços advocatícios de sociedade de advogados" (REsp 1.283.410-PE, rel. Min. Herman Benjamin, j. 20-9-2012).

> STJ: "DIREITO TRIBUTÁRIO. BASE DE CÁLCULO DA CONTRIBUIÇÃO PARA O PIS. A base de cálculo da contribuição para o PIS incidente sobre os ganhos em operações de *swap* com finalidade de *hedge* atreladas à variação cambial deve ser apurada pelo regime de competência – e não pelo regime de caixa – se o contribuinte tiver feito a opção pela apuração segundo aquele regime" (1ª T., REsp 1.235.220-PR, rel. Min. Benedito Gonçalves, j. 22-4-2014).

A **base de cálculo é a totalidade das receitas** auferidas pela pessoa jurídica contribuinte[STJ].

> STJ: "DIREITO TRIBUTÁRIO. PIS E COFINS. BASE DE CÁLCULO. INCLUSÃO DO ICMS. O ICMS está incluído na base de cálculo do PIS e da Cofins. A jurisprudência do STJ cristalizou o entendimento de que o ICMS está incluído no cálculo do PIS e da Cofins nas Súm. ns. 68 e 94, respectivamente" (AgRg no AREsp 186.811-SC, rel. Min. Arnaldo Esteves Lima, j. 4-10-2012).

> STJ: "RECURSO REPETITIVO. PIS/COFINS SOBRE JCP. Antes da EC n. 20/98, a definição constitucional de faturamento envolvia somente a venda de mercadorias, de serviços ou de mercadorias e serviços, não abrangendo a totalidade das receitas auferidas pela pessoa jurídica, tal como o legislador ordinário pretendeu. Somente após a edição da referida emenda constitucional, possibilitou-se a inclusão da totalidade das receitas – incluindo o JCP – como base de cálculo do PIS, circunstância materializada com a edição das Leis n. 10.637/2002 e 10.833/2003" (REsp 1.104.184-RS, rel. Min. Napoleão Nunes Maia Filho, j. 29-2-2012).

A alíquota varia de 0,65%, 1% ou 1,65%, dependendo da forma de recolhimento e da operação.

9.16.1 Direito sumular

Súmula 659 do STF

É legítima a cobrança da Cofins, do PIS e do Finsocial sobre as operações relativas a energia elétrica, serviços de telecomunicações, derivados de petróleo, combustíveis e minerais do país.

Súmula 68 do STJ

A parcela relativa ao ICM inclui-se na base de cálculo do PIS.

9.17 QUADRO SINÓTICO

IMPOSTO SOBRE IMPORTAÇÃO (II)

Regime geral: previsto no art. 153, I, da CF, é tributo de **competência da União**.

Sendo **exceção à legalidade e à anterioridade**, pode ter suas alíquotas modificadas por ato do Poder Executivo, atendidos os limites e condições fixados em lei (art. 153, § 1º, CF), hipótese em que **a cobrança será imediata**.

Sua **função** é predominantemente **extrafiscal**, já que se trata de um imposto voltado à regulação da balança comercial e proteção da indústria nacional, muito mais do que utilizado para simples captação de recursos aos cofres públicos. É lançado **por homologação**, de modo que o contribuinte é obrigado a antecipar seu pagamento, cabendo ao Fisco apreciar os cálculos realizados pelo devedor para futura aprovação ou rejeição (art. 150 do CTN).

Fato gerador: é a **entrada de mercadoria estrangeira no território nacional** (art. 1º do Decreto-lei n. 37/66).

Base de cálculo: conforme o art. 2º do Decreto-lei n. 37/66: **a)** quando a **alíquota for específica**, ou seja, fixa em função da categoria de bens tributados, a base de cálculo será a **quantidade de mercadoria** expressa na unidade de medida indicada na tarifa; e **b)** quando a **alíquota for** *ad valorem*, isto é, variável proporcionalmente ao valor do bem tributado, a base de cálculo será **o valor aduaneiro apurado** segundo as normas do art. 7º do Acordo Geral sobre Tarifas Aduaneiras e Comércio – GATT.

Na maioria dos casos, o valor do imposto devido será calculado pela simples aplicação das alíquotas previstas na Tarifa Aduaneira sobre a base de cálculo aplicável à mercadoria tributada.

Contribuintes estão definidos no art. 31 do Decreto-lei n. 37/66: **a)** o importador, assim considerada qualquer pessoa que promova a entrada de mercadoria estrangeira no território nacional; **b)** o destinatário de remessa postal internacional indicado pelo respectivo remetente; e **c)** o adquirente de mercadoria entrepostada.

Responsáveis tributários estão definidos no art. 32 do Decreto-lei n. 37/66: **a)** o transportador, quando transportar mercadoria procedente do exterior ou sob controle aduaneiro, inclusive em percurso interno; e **b)** o depositário, assim considerada qualquer pessoa incumbida da custódia de mercadoria sob controle aduaneiro.

Responsáveis solidários pelo recolhimento do imposto (art. 32, parágrafo único, do Decreto-lei n. 37/66): **a)** o adquirente ou cessionário de mercadoria beneficiada com isenção ou redução do imposto; **b)** o representante, no País, do transportador estrangeiro; **c)** o adquirente de mercadoria de procedência estrangeira, no caso de importação realizada por sua conta e ordem, por intermédio de pessoa jurídica importadora; e **d)** o encomendante predeterminado que adquire mercadoria de procedência estrangeira de pessoa jurídica importadora.

Situações em que o próprio legislador reconhece que o tributo é indevido porque a situação concreta não se enquadra na hipótese de incidência: **a)** mercadoria estrangeira destruída sob controle aduaneiro, sem ônus para a Fazenda Nacional, antes de desembaraçada; **b)** mercadoria estrangeira em trânsito aduaneiro de passagem, acidentalmente destruída; **c)** mercadoria estrangeira que tenha sido objeto de pena de perdimento, exceto na hipótese em que não tenha sido localizada, tenha sido consumida ou revendida; **d)** mercadoria enviada ao exterior em consignação, a mercadoria não for vendida no prazo autorizado e retornar; **e)** se a mercadoria for devolvida por motivo de defeito técnico, para reparo ou substituição; **f)** por motivo de modificações na sistemática de importação por parte do país importador; **g)** por motivo de guerra externa ou calamidade pública; e **h)** por fatores alheios à vontade do exportador.

Despacho aduaneiro: qualquer mercadoria procedente do exterior que ingresse no território nacional sujeita ou não ao recolhimento do Imposto de Importação, deverá ser submetida à autoridade aduaneira para processamento do despacho aduaneiro (art. 44 do Decreto-lei n. 37/66). O despacho será processado com base em declaração apresentada à autoridade aduaneira acompanhada da documentação exigida em lei. Realizada a conferência aduaneira da documentação e das mercadorias, será promovido o desembaraço aduaneiro.

Regime de trânsito aduaneiro e admissão temporária: regime de trânsito aduaneiro é aquele que permite o transporte de mercadorias sob controle aduaneiro, de um ponto a outro do território aduaneiro, sem recolhimento de tributos (art. 73 do Decreto-lei n. 37/66). A mercadoria cuja chegada ao destino não for comprovada ficará sujeita aos tributos vigorantes na data da assinatura do termo de responsabilidade.

DIREITO SUMULAR: existem duas súmulas editadas em matéria de Imposto de Importação:

STJ – Súmula 124: A taxa de melhoramento dos portos tem base de cálculo diversa do imposto de importação, sendo legítima a sua cobrança sobre a importação de mercadorias de países signatários do GATT, da ALALC ou ALADI.

STJ – Súmula 569: Na importação, é indevida a exigência de nova certidão negativa de débito no desembaraço aduaneiro, se já apresentada a comprovação da quitação de tributos federais quando da concessão do benefício relativo ao regime de ***drawback***.

IMPOSTO SOBRE EXPORTAÇÃO (IE)

Regime geral: previsto no art. 153, II, da CF, o IE é um **imposto federal** cuja hipótese de incidência enuncia a "exportação, para o exterior, de produtos nacionais ou nacionalizados".

Fato gerador: é a saída de produtos nacionais ou nacionalizados do território nacional, considerando-se como tal o momento da expedição da guia de exportação ou documento equivalente (art. 1º do Decreto-lei n. 1.578/77).

Base de cálculo: é o preço normal que o produto, ou seu similar, alcançaria, ao tempo da exportação, em uma venda em condições de livre concorrência no mercado internacional, observadas as normas expedidas pelo Poder Executivo, mediante ato da CAMEX – Câmara de Comércio Exterior (art. 2º do Decreto-lei n. 1.578/77). O preço à vista do produto, FOB ou posto na fronteira, é indicativo do preço normal (art. 2º, § 1º, do Decreto-lei n. 1.578/77). Quando o preço do produto for de difícil apuração ou for suscetível de oscilações bruscas no mercado internacional, o Poder Executivo, mediante ato da CAMEX, fixará critérios específicos ou estabelecerá pauta de valor mínimo, para apuração de base de cálculo (art. 2º, § 2º, do Decreto-lei n. 1.578/77).

Alíquotas: por se tratar de exceção ao princípio da legalidade, pode ter alíquotas modificadas por ato do Poder Executivo, entretanto, na ausência de fixação pelo Executivo **a alíquota do IE é de 30%** (art. 3º do Decreto-lei n. 1.578/77), sendo vedada em qualquer hipótese sua majoração para patamar superior a 150% (art. 3º, parágrafo único).

Contribuinte: é o exportador, assim considerada qualquer pessoa que promova a saída do produto do território nacional (art. 5º do Decreto-lei n. 1.578/77), ou quem a lei a ele equiparar (art. 27 do CTN).

Restituição e não ocorrência do fato gerador: se não for efetivada a exportação do produto ou ocorrendo o seu retorno nos casos previstos em lei, a quantia paga será restituída mediante requerimento do interessado (art. 6º do Decreto-lei n. 1.578/77). Não se trata propriamente de casos de não ocorrência do fato gerador do imposto, na medida em que, como dito anteriormente, seu fato gerador é a expedição da guia de exportação ou documento equivalente. Dessa forma, antes de expedida a guia o fato gerador não ocorre, sendo incabível exigir-se o tributo antes do ato de expedição do referido documento.

DIREITO SUMULAR: não existe súmula do STF ou do STJ em matéria de Imposto de Exportação.

IMPOSTO SOBRE A RENDA (IR)

Regime geral: estabelece o art. 153, III, da CF que **compete à União** instituir Imposto sobre a Renda e proventos de qualquer natureza.

Sua **função** é **fiscal**, ou seja, **meramente arrecadatória**, na medida em que a finalidade precípua que justifica sua cobrança consiste na **pura obtenção de recursos para custeio dos gastos gerais do Estado**.

Sujeita-se ao regime geral da legalidade tributária, de modo que o tributo só pode ser criado, majorado, reduzido ou extinto mediante lei ordinária da União. No entanto, **é uma das exceções à anterioridade nonagesimal**. Assim, sendo criado ou majorado em um exercício, os novos valores podem ser exigidos no ano seguinte, **não havendo necessidade de aguardar o intervalo mínimo de noventa dias**.

Quanto à forma de lançamento, o IR é **lançado por homologação**, na medida em que cabe ao Fisco aprovar ou rejeitar a antecipação de pagamento e a declaração realizadas pelo devedor.

O art. 153, § 2º, I, da CF determina que o IR "será informado pelos critérios da **generalidade**, da **universalidade** e da **progressividade**, na forma da lei". Assim, o critério da universalidade impõe o dever de o referido imposto incidir sobre **qualquer espécie de renda** ou provento. Já a generalidade determina que, em princípio, **todas as pessoas** físicas ou jurídicas sujeitam-se à incidência do imposto. E, pela progressividade, as alíquotas do IR devem ser graduadas conforme a capacidade econômica do contribuinte (art. 145, § 1º, da CF).

Fato gerador: o fato gerador do IR é "a aquisição da disponibilidade econômica ou jurídica: **I** – de renda, assim entendido o produto do capital, do trabalho ou da combinação de ambos; **II** – de proventos de qualquer natureza, assim entendidos os acréscimos patrimoniais não compreendidos no inciso anterior" (art. 43 do CTN). Assim, pode-se dizer, em síntese, que o fato gerador do IR é **qualquer acréscimo patrimonial** observado em determinado período de tempo.

Princípio da irretroatividade: as novas leis tributárias em matéria de Imposto de Renda somente se aplicam sobre acréscimos patrimoniais posteriores à data de publicação, já que o fato gerador do Imposto de Renda é do tipo continuado ("complessivo" ou pendente), ou seja, o tributo incide, em regra, sobre o conjunto de rendas e proventos apurados durante determinado período de tempo. Assim, como o Imposto de Renda tem, em regra, fato gerador pendente, **vale a lei vigente na época do início do ano-base**. Essa é a conclusão que decorre daquilo que exige o princípio da irretroatividade. **Qualquer tentativa de aplicar uma nova lei em matéria de Imposto de Renda no mesmo ano de sua publicação viola o princípio da irretroatividade.**

Quanto ao princípio da anterioridade, conforme já visto, o Imposto de Renda submete-se somente à anterioridade anual (art. 150, III, *b* e § 1º, da CF), de modo que, sendo publicada lei que crie ou majore o tributo, sua exigência poderá ser feita a partir de 1º de janeiro do ano seguinte, sem necessidade de observar os 90 dias de intervalo mínimo.

Enquanto a garantia da irretroatividade aplica-se a qualquer lei, o princípio da anterioridade vale somente para leis que criem ou majorem o tributo, tendo por isso a anterioridade um alcance bem mais reduzido se comparado à abrangência do princípio da irretroatividade.

Todavia, mesmo que autorizada a arrecadação com base na anterioridade, será preciso verificar se foi atendida a exigência da irretroatividade quanto à nova lei, pois a irretroatividade constitui o requisito mais rigoroso para instituição de inovações em matéria de IR devido às peculiaridades decorrentes de seu fato gerador complessivo.

Contribuinte: **são contribuintes do Imposto de Renda todas as pessoas físicas ou jurídicas sujeitas a acréscimo patrimonial.** Nesse sentido, estabelece o art. 45 do CTN: "Contribuinte do imposto é **o titular da disponibilidade,** sem prejuízo de atribuir a lei essa condição ao possuidor, a qualquer título, dos bens produtores de renda ou dos proventos tributáveis".

Não ocorrência do fato gerador: como o fato gerador do IR é o acréscimo patrimonial, não há falar-se em incidência do imposto se, pela venda não lucrativa de um bem, o contribuinte apenas substituiu o patrimônio imobilizado por dinheiro. Além disso, deve-se considerar que a Constituição Federal delimitou negativamente os conceitos de "renda" e de "proventos", deles se excluindo situações concretas que caracterizem a hipótese de incidência dos demais impostos. Por isso, não se admite que o IR incida sobre serviços, propriedade predial e territorial urbana, operações financeiras, circulação de mercadorias, venda de imóveis, tampouco sobre verbas de natureza indenizatória, como férias não gozadas.

Base de cálculo: a legislação brasileira prevê três formatos diferentes para composição da base de cálculo do IR: **a) lucro real** (sistema utilizado como regra geral pelas pessoas jurídicas, leva em consideração o acréscimo patrimonial efetivo); **b) lucro presumido** (o montante tributável é determinado pela utilização de coeficientes legais, de acordo com o tipo de atividade, aplicados sobre a receita bruta – Hugo de Brito Machado, *Curso de Direito Tributário*, p. 326); e **c) lucro arbitrado** (consiste na forma de apuração aplicada em relação a contribuintes sujeitos em princípio aos sistemas do lucro real ou do lucro presumido, mas que, **não estando com as escriturações comercial e fiscal regularizadas**, obrigam o Fisco a determinar unilateralmente, por meio de estimativa, a base de cálculo a ser utilizada para pagamento do imposto).

Alíquotas: a Constituição Federal, em seu art. 153, § 2º, I, determina que o Imposto sobre a Renda será informado pelo critério da progressividade. Desse modo, por exigência constitucional, o **IR obrigatoriamente deve ser cobrado mediante utilização do sistema de alíquotas progressivas** em função da capacidade econômica do contribuinte.

Convém observar que a cobrança progressiva é válida para pessoas físicas. No **caso de pessoas jurídicas, a alíquota não é progressiva, mas proporcional**, variando conforme o modo de apuração aplicável: lucro real, presumido ou arbitrado.

DIREITO SUMULAR

Súmulas do STF	Súmulas do STJ
Súmula 586: Incide Imposto de Renda sobre os juros remetidos para o exterior, com base em contrato de mútuo.	**Súmula 125:** O pagamento de férias não gozadas por necessidade do serviço não está sujeito à incidência do imposto de renda.
	Súmula 136: O pagamento de licença-prêmio não gozada por necessidade do serviço não está sujeito ao imposto de renda.
Súmula 587: Incide Imposto de Renda sobre o pagamento de serviços técnicos contratados no exterior e prestados no Brasil.	**Súmula 262:** Incide o imposto de renda sobre o resultado das aplicações financeiras realizadas pelas cooperativas
	Súmula 394: É admissível, em embargos à execução, compensar os valores de imposto de renda retidos indevidamente na fonte com os valores restituídos apurados na declaração anual.
	Súmula 447: Os Estados e o Distrito Federal são partes legítimas na ação de restituição de imposto de renda retido na fonte proposta por seus servidores.
	Súmula 463: Incide imposto de renda sobre os valores percebidos a título de indenização por horas extraordinárias trabalhadas, ainda que decorrentes de acordo coletivo.
	Súmula 498: Não incide imposto de renda sobre a indenização por danos morais.

IMPOSTO SOBRE PRODUTOS INDUSTRIALIZADOS (IPI)

Regime geral: previsto no **rol de impostos federais,** o IPI consta do art. 153, IV, da Constituição Federal.

Tem **função predominantemente fiscal (arrecadatória),** mas também é utilizado como ferramenta extrafiscal, na medida em que suas alíquotas são seletivas em razão da essencialidade do produto, ou seja, trata-se de um instrumento utilizado pelo governo federal para baratear ou encarecer produtos de acordo com sua importância social.

Seletividade: O art. 153, § 3º, I, da CF determina uma característica de presença obrigatória no regime legal do IPI ao afirmar que o imposto **"será seletivo"** em função da essencialidade do produto.

DIREITO SUMULAR

Súmulas do STF	Súmulas do STJ
Súmula 536: São objetivamente imunes ao imposto sobre circulação de mercadorias os "produtos industrializados", em geral, destinados à exportação, além de outros, com a mesma destinação, cuja isenção a lei determinar.	**Súmula 411:** É devida a correção monetária ao creditamento do IPI quando há oposição ao seu aproveitamento decorrente de resistência ilegítima do Fisco.
Súmula 591: A imunidade ou a isenção tributária do comprador não se estende ao produto, contribuinte do imposto sobre produtos industrializados.	

IMPOSTO SOBRE OPERAÇÕES FINANCEIRAS (IOF)

Regra geral: previsto no art. 153, V, da CF, o Imposto sobre Operações de Crédito, Câmbio e Seguro, ou relativas a títulos ou valores imobiliários – IOF, é o quinto **imposto de competência da União**.

O IOF constitui **exceção à legalidade tributária**, sendo facultado ao Poder Executivo, atendidas as condições e os limites estabelecidos em lei, modificar suas alíquotas por meio de ato unilateral (art. 153, § 1º, da CF).

Trata-se também de **exceção às anterioridades anual e nonagesimal**, razão pela qual consiste em tributo de **cobrança imediata**, podendo ser exigido já no dia seguinte ao da publicação da lei ou ato normativo que o houver instituído ou majorado (art. 150, § 1º, da CF). E, assim como ocorre na maioria absoluta dos tributos brasileiros da atualidade, o IOF também é **lançado por homologação** (art. 150 do CTN).

Fato gerador: conforme disposto no **art. 63 do Código Tributário Nacional**, o IOF tem como fato gerador: **I** – quanto às operações de crédito, a sua efetivação pela entrega total ou parcial do montante ou do valor que constitua o objeto da obrigação, ou sua colocação à disposição do interessado; **II** – quanto às operações de câmbio, a sua efetivação pela entrega de moeda nacional ou estrangeira, ou de documento que a represente, ou sua colocação à disposição do interessado em montante equivalente à moeda estrangeira ou nacional entregue ou posta à disposição por este; **III** – quanto às operações de seguro, a sua efetivação pela emissão da apólice ou do documento equivalente, ou recebimento do prêmio, na forma da lei aplicável; **IV** – quanto às operações relativas a títulos e valores mobiliários, a emissão, transmissão, pagamento ou resgate destes, na forma da lei aplicável.

Contribuinte: o contribuinte do IOF, de acordo com o art. 66 do CTN, é qualquer das partes da operação tributada. Desse modo, deve-se entender como contribuintes do imposto: **a)** qualquer pessoa física ou jurídica tomadora de crédito; **b)** compradores ou vendedores de moeda estrangeira; **c)** pessoas físicas ou jurídicas seguradas; **d)** adquirentes de títulos e valores mobiliários; **e)** instituições financeiras; **f)** instituições autorizadas pelo Banco Central a realizar operações com ouro.

Base de cálculo: considera-se como base de cálculo do IOF (art. 64 do CTN): **I** – quanto às operações de crédito, o montante da obrigação, compreendendo o principal e os juros; **II** – quanto às operações de câmbio, o respectivo montante em moeda nacional, recebido, entregue ou posto à disposição; **III** – quanto às operações de seguro, o montante do prêmio; **IV** – quanto às operações relativas a títulos e valores mobiliários: **a)** na emissão, o valor nominal mais o ágio, se houver; **b)** na transmissão, o preço ou o valor nominal, ou o valor da cotação em Bolsa, como determinar a lei; **c)** no pagamento ou resgate, o preço.

Alíquotas: as alíquotas do IOF são bastante elásticas, dependendo da operação tributada.

Não ocorrência do fato gerador: a noção de "operação financeira" envolve a disponibilidade de crédito como produto oferecido pelas instituições do setor, daí por que não incide IOF sobre caderneta de poupança, conta corrente e depósitos judiciais (Súmula 185 do STJ).

IMPOSTO TERRITORIAL RURAL (ITR)

Regime geral: compete à União instituir o Imposto sobre a Propriedade Territorial Rural, nos termos do art. 153, VI, da CF.

A função precípua do ITR é **extrafiscal**, na medida em que constitui **instrumento federal de intervenção na propriedade privada** (poder de polícia) utilizado para inibir a manutenção de latifúndios improdutivos e é **lançado por homologação** (art. 10 da Lei n. 9.393/96).

A disciplina constitucional do ITR inclui as seguintes diretrizes: **a)** será progressivo a fim de desestimular a manutenção de propriedades improdutivas; **b)** não incidirá sobre pequenas glebas rurais, definidas em lei, quando as explore o proprietário que não possua outro imóvel (imunidade); **c)** será fiscalizado e cobrado pelos Municípios que assim optarem (parafiscalidade), na forma da lei, desde que não implique redução do imposto ou qualquer outra forma de renúncia fiscal (art. 153, § 4º, da CF); **d)** 50% do montante de sua arrecadação cabe ao Município onde estiver situado o imóvel tributado, facultado ao Município que celebrar convênio arrecadatório com a União ficar com a totalidade do imposto (art. 158, II, da CF).

O ITR tem como fato gerador a propriedade, o domínio útil, ou a posse de imóvel por natureza, localizado fora da zona urbana do município, em 1º de janeiro de cada ano (arts. 29 do CTN e 1º da Lei n. 9.393/96), incidindo inclusive sobre o imóvel declarado de interesse social para fins de reforma agrária, enquanto não transferida a propriedade, exceto se houver imissão prévia na posse (art. 1º, § 1º, da Lei n. 9.393/96).

IPTU *vs.* ITR: como regra, para saber se determinado imóvel é urbano, e paga IPTU para o Município, ou rural, devendo ITR para a União, interessa o **critério da localização**. Assim, atendidos os requisitos previstos no art. 32 do CTN, cabe ao legislador municipal definir a área urbana. Os imóveis nela situados são suscetíveis à incidência do IPTU. Residualmente, os demais consideram-se rurais e submetem-se ao ITR.

Essa é forma geral como a legislação tributária trata do tema. Abordaremos o assunto mais detalhadamente, neste *Manual*, nos itens específicos sobre IPTU. **Entretanto, por força do art. 15 do Decreto-lei n. 57/66, incide ITR sobre o imóvel localizado em zona urbana que, comprovadamente, seja utilizado em exploração extrativa vegetal, agrícola, pecuária ou agroindustrial (STJ, REsp 1.112.646-SP).**

Tem como contribuinte o proprietário, o titular do domínio útil ou o possuidor a qualquer título (art. 31 do CTN).

Polêmica sobre a não ocorrência do fato gerador: o ITR não incide sobre imóveis legalmente considerados como urbanos. A base de cálculo do imposto é o valor da terra nua, excluindo-se as instalações, construções e benfeitorias. Há quem sustente, adotando visão minoritária, que o domínio útil e a posse a qualquer título, apesar de apontados no art. 31 do CTN como fato gerador do ITR, não se enquadrariam na hipótese de incidência constitucional do imposto, na medida em que o art. 153, VI, da CF menciona apenas a competência da União para tributar a *propriedade* rural, e não outros direitos reais ou pessoais (posse e domínio útil não se confundem com propriedade). Haveria, assim, afronta ao art. 110 do CTN, que proíbe que a legislação tributária altere a definição, o conteúdo e o alcance de institutos, conceitos e formas de direito privado.

Base de cálculo: a base de cálculo do ITR é o valor da terra nua tributável (VTNT), assim considerada a área total e o seu grau de utilização (art. 11 da Lei n. 9.393/96), assim considerado o valor da terra nua. Trata-se, portanto, do **valor fundiário**.

Alíquotas progressivas: as alíquotas do ITR têm previsão de progressividade extrafiscal para desestimular latifúndios improdutivos (art. 153, § 4º, I, da CF), variando de 0,03 a 20% (art. 34 do Decreto n. 4.382/2002) aplicáveis de **forma inversamente proporcional ao grau de utilização de cada imóvel**.

Requisitos para fruição da imunidade: para fins de aplicação da imunidade prevista no art. 153, § 4º, II, da CF, consideram-se pequenas glebas rurais os imóveis com área igual ou inferior a: **I** – 100 ha, se localizado em município compreendido na Amazônia Ocidental ou no Pantanal mato-grossense e sul-mato-grossense; **II** – 50 ha, se localizado em município compreendido no Polígono das Secas ou na Amazônia Oriental; **III** – 30 ha, se localizado em qualquer outro município (art. 2º da Lei n. 9.393/96).

Incidência sobre o imóvel desapropriado: nos termos do art. 2º, § 1º, do Decreto n. 4.382/2002, o ITR incide sobre a propriedade rural declarada de utilidade ou necessidade pública, ou interesse social, **inclusive para fins de reforma agrária**: **I** – até a data da perda da posse pela imissão prévia do Poder Público na posse; **II** – até a data da perda do direito de propriedade pela transferência ou pela incorporação do imóvel ao patrimônio do Poder Público.

DIREITO SUMULAR: Súmula 595 do STF: É inconstitucional a taxa municipal de conservação de estradas de rodagem cuja base de cálculo seja idêntica à do imposto territorial rural.

IMPOSTO SOBRE GRANDES FORTUNAS (IGF)

Regime geral: a competência para instituição do Imposto sobre Grandes Fortunas está prevista no art. 153, VII, da Carta Política de 1988, entre os impostos federais. Por razões meramente políticas, o **IGF ainda não foi criado**. É certo, entretanto, que, nos termos do citado dispositivo constitucional, a União deverá instituí-lo por meio de **lei complementar**, vedada sua criação por medida provisória.

O IGF, ao ser instituído, deverá submeter-se tanto à anterioridade anual quanto à nonagesimal.

IMPOSTO SOBRE TRANSMISSÃO *CAUSA MORTIS* E DE DOAÇÕES (ITCMD)

Regime geral: o art. 155, I, da CF estabelece que **compete aos Estados e ao Distrito Federal** instituir Imposto sobre Transmissão *Causa Mortis* e Doações de quaisquer bens ou direitos (ITCMD). Conhecido como **"imposto da herança"**, o ITCMD tem um fato gerador complexo, na medida em que incide também sobre transmissão gratuita de bens e direitos. O ITCMD é tributo dotado essencialmente de **função fiscal**, pois sua arrecadação atende a finalidades arrecadatórias. Sendo tributo estadual, cada entidade competente tem autonomia para definir a modalidade de lançamento a ser utilizada. Todavia, há um predomínio da utilização do **lançamento por declaração**.

Interferência da União na disciplina normativa: visando conferir certa uniformidade à disciplina normativa do tributo, o art. 155, § 1º, III, da CF atribuiu **à lei complementar federal competência para regular a instituição do ITCMD** nos seguintes casos: **a)** se o doador tiver domicílio ou residência no exterior; **b)** se o *de cujus* possuía bens, era residente ou domiciliado ou teve seu inventário processado no exterior.

Trata-se, desse modo, de um importante caso em que a Constituição Federal autoriza a **interferência da União na disciplina normativa de imposto estadual**. O objetivo claro dessa interferência constitucionalmente autorizada é estabelecer uma padronização em certos aspectos do regime jurídico do imposto. Além desse caso, o art. 155, § 1º, IV, da CF afirma que o ITCMD **terá alíquotas máximas fixadas por resolução do Senado Federal**. Atualmente, a alíquota máxima é de 8% (Resolução n. 9/92).

O fato gerador do ITCMD, no caso de herança, é a transmissão de bens móveis ou imóveis em decorrência da morte. Sobre isso importa destacar que o art. 35, parágrafo único, do CTN prescreve que, "nas transmissões *causa mortis*, ocorrem tantos fatos geradores distintos quantos sejam os herdeiros ou legatários". Constitui, também, **fato gerador** do ITCMD a transmissão *inter vivos* por meio de doação.

O contribuinte do imposto é o herdeiro ou o legatário, vale dizer, a pessoa beneficiada pela transmissão *causa mortis*. Na hipótese de doação, o legislador estadual pode definir como contribuinte do ITCMD o doador ou o donatário, já que ambos têm relação direta e pessoal com a ocorrência do fato gerador (art. 121, parágrafo único, I, do CTN).

Não incide o ITCMD na hipótese de herdeiro abdicar de sua cota-parte em favor do monte-mor. A razão disso é que a abdicação não constitui doação propriamente dita, caracterizando-se, de acordo com a doutrina civilista, como espécie de *renúncia abdicativa*, deixando de atrair a incidência do imposto sobre doações.

Alíquotas progressivas: embora a Constituição de 1988 não faça qualquer referência à progressividade do ITCMD, nem sua aplicação seja defendida pela doutrina, no julgamento do RE 562.045/RS o **Supremo Tribunal Federal passou a admitir a aplicação de alíquotas progressivas no ITCMD**.

DIREITO SUMULAR – STF

Súmula 112: O imposto de transmissão *causa mortis* é devido pela alíquota vigente ao tempo da abertura da sucessão.

Súmula 113: O imposto de transmissão *causa mortis* é calculado sobre o valor dos bens na data da avaliação.

Súmula 114: O imposto de transmissão *causa mortis* não é exigível antes da homologação do cálculo.

Súmula 115: Sobre os honorários do advogado contratado pelo inventariante, com a homologação do juiz, não incide o imposto de transmissão *causa mortis*.

Súmula 331: É legítima a incidência do imposto de transmissão *causa mortis* no inventário por morte presumida.

Súmula 435: O imposto de transmissão *causa mortis* pela transferência de ações é devido ao estado em que tem sede a companhia.

Súmula 590: Calcula-se o imposto de transmissão *causa mortis* sobre o saldo credor da promessa de compra e venda de imóvel, no momento da abertura da sucessão do promitente-vendedor.

IMPOSTO SOBRE A CIRCULAÇÃO DE MERCADORIAS E SERVIÇOS (ICMS)

Regime geral: previsto no rol de **competências tributárias dos Estados e Distrito Federal** (art. 155, II, da CF), o ICMS recebeu o tratamento mais pormenorizado entre os tributos previstos no Texto de 1988.

Sendo a principal fonte de receita dos Estados e do Distrito Federal, o ICMS tem **função essencialmente fiscal (arrecadatória)**. No entanto, é possível identificar um caráter extrafiscal secundário, residente na determinação constitucional de alíquotas seletivas no ICMS, em razão da essencialidade do produto ou do serviço (art. 155, § 2º, III, da CF). Quanto à modalidade de lançamento, o ICMS é o mais importante caso de tributo **lançado por homologação**, pois, assim como ocorre com praticamente todos os tributos brasileiros, o contribuinte antecipa o pagamento e remete a documentação fiscal à autoridade competente, a quem caberá aprovar as contas.

Disciplina constitucional

I) o imposto **será não cumulativo** (art. 155, § 2º, I, da CF) – Embora o dispositivo afirme que o ICMS "será não cumulativo", há entendimento do STF no sentido de que **a Lei Maior não impõe a não cumulatividade**;

II) a isenção ou não incidência, salvo determinação em contrário da legislação: **a)** não implicará crédito para compensação com o montante devido nas operações ou prestações seguintes; **b)** acarretará a anulação do crédito relativo às operações anteriores (art. 155, § 2º, II, da CF);

III) o ICMS poderá ser seletivo, em função da essencialidade das mercadorias e dos serviços (art. 155, § 2º, III, da CF);

IV) resolução do Senado Federal estabelecerá as alíquotas aplicáveis às operações e prestações interestaduais e de exportação (art. 155, § 2º, IV, da CF);

V) é **facultado ao Senado Federal**: **a)** estabelecer **alíquotas mínimas** nas operações internas; **b)** fixar **alíquotas máximas** nas mesmas operações para resolver conflito específico que envolva interesse de Estados (art. 155, § 2º, V, da CF).

Temas reservados à Lei Complementar Federal

Visando conferir certa unidade ao tratamento normativo do imposto, a Constituição Federal atribuiu à União a edição de normas gerais sobre ICMS. Nos termos do art. 155, § 2º, XI, da CF, **cabe à lei complementar federal** disciplinar os seguintes temas em matéria de ICMS: **a)** definir seus contribuintes; **b)** dispor sobre substituição tributária; **c)** disciplinar o regime de compensação do imposto; **d)** fixar, para efeito de sua cobrança e definição do estabelecimento responsável, o local das operações relativas à circulação de mercadorias e das prestações de serviços; **e)** excluir da incidência do imposto, nas exportações para o exterior, serviços e outros produtos (isenção heterônoma); **f)** prever casos de manutenção de crédito, relativamente à remessa para outro Estado e exportação para o exterior, de serviços e de mercadorias; **g)** regular a forma como, mediante deliberação dos Estados e do Distrito Federal, isenções, incentivos e benefícios fiscais serão concedidos e revogados; **h)** definir os combustíveis e lubrificantes sobre os quais o imposto incidirá uma única vez (incidência monofásica); **i)** fixar a base de cálculo, de modo que o montante do imposto a integre, também na importação de bem, mercadoria ou serviço.

Fatos geradores do ICMS: de acordo com o art. 155, II, da CF, o ICMS incide sobre: **a)** as operações relativas à circulação de mercadorias; **b)** a prestação de serviços de transporte interestadual e intermunicipal; e **c)** a prestação dos serviços de comunicação.

Incide ICMS também sobre o fornecimento de energia elétrica (art. 155, § 3º, da CF) e sobre a importação de bem ou mercadoria (art. 155, § 2º, IX, *a*, da CF).

Muito importante constatar que a Constituição de 1988 retirou três serviços (comunicação, transporte intermunicipal e transporte interestadual) da competência impositiva dos Municípios e entregou aos Estados-membros.

O STF editou a Súmula Vinculante 48: "Na entrada de mercadoria importada do exterior, é legítima a cobrança do ICMS por ocasião do desembaraço aduaneiro".

Contribuintes: nos termos do art. 4º da Lei Complementar n. 87/96, contribuinte do ICMS "é qualquer pessoa, física ou jurídica, que realize, com habitualidade ou em volume que caracteriza intuito comercial, operações de circulação de mercadoria ou prestações de serviços de transporte interestadual e intermunicipal e de comunicação, ainda que as operações e as prestações se iniciem no exterior".

Substituição tributária: denomina-se responsabilidade por substituição tributária quando a condição de substituto (responsável) existe antes mesmo da ocorrência do fato gerador. Assim, no momento da ocorrência do fato gerador o substituto tributário já figura como devedor no polo passivo da obrigação. No caso de um tributo plurifásico como o ICMS, a técnica da substituição tributária é utilizada para reduzir os riscos da sonegação na medida em que a lei atribui a um dos contribuintes a responsabilidade pelo recolhimento do tributo devido em todas as etapas da cadeia circulatória. Como regra no ICMS, o primeiro contribuinte da cadeia circulatória é substituto tributário de todos os demais devedores, antecipando para o Fisco o montante do imposto devido nas operações de circulação de mercadoria posteriores até o destinatário final. É a chamada **substituição tributária progressiva ou "para a frente"**, autorizada pelo art. 150, § 7º, da CF, bem como pelo art. 6º da Lei Complementar n. 87/96.

Base de cálculo: a base de cálculo do ICMS é, como regra geral, **o valor da operação no momento da saída da mercadoria** ou o **preço do serviço**, nas hipóteses de comunicação, transporte interestadual e transporte intermunicipal. Não integra a base de cálculo do imposto o montante do Imposto sobre Produtos Industrializados, quando a operação, realizada entre contribuintes e relativa a produto destinado à industrialização ou à comercialização configurar fato gerador de ambos os impostos (art. 13, § 2º, da Lei Complementar n. 87/96).

Alíquotas: as alíquotas do ICMS são fixadas pelo legislador estadual, podendo ser seletivas em função da essencialidade do produto ou do serviço (art. 155, § 2º, III, da CF). É **facultado ao Senado Federal**: a) estabelecer **alíquotas mínimas** nas operações internas; b) fixar **alíquotas máximas** nas mesmas operações para resolver conflito específico que envolva interesse de Estados (art. 155, § 2º, V, da CF).

ICMS/Combustíveis: devido à importância crescente da indústria do petróleo, o âmbito de incidência do ICMS sobre operações relativas a combustíveis e derivados vem ganhando *status* quase que de um tributo autônomo. A incidência do ICMS sobre petróleo e derivados vem descrita no art. 2º, § 1º, III, da Lei Complementar n. 87/96, compreendendo: "a entrada, no território do Estado destinatário, de petróleo, inclusive lubrificantes e combustíveis líquidos e gasosos dele derivados". Embora o regime geral do ICMS/combustíveis observe o regramento aplicável aos demais fatos geradores do imposto, convém lembrar que **suas alíquotas podem ser modificadas por convênio intergovernamental**, e sua majoração **submete-se somente à anterioridade nonagesimal** (art. 155, § 4º, IV, *c* e § 5º, da CF).

DIREITO SUMULAR

Súmula Vinculante 32 do STF: O ICMS não incide sobre alienação de salvados de sinistro pelas seguradoras.

Súmulas do STF

Súmula 536: São objetivamente imunes ao imposto sobre circulação de mercadorias os "produtos industrializados", em geral, destinados à exportação, além de outros, com a mesma destinação, cuja isenção a lei determinar.

Súmula 570: O imposto de circulação de mercadorias não incide sobre a importação de bens de capital.

Súmula 572: No cálculo do imposto de circulação de mercadorias devido na saída de mercadorias para o exterior, não se incluem fretes pagos a terceiros, seguros e despesas de embarque.

Súmula 573: Não constitui fato gerador do imposto de circulação de mercadorias a saída física de máquinas, utensílios e implementos a título de comodato.

Súmula 574: Sem lei estadual que a estabeleça, é ilegítima a cobrança do imposto de circulação de mercadorias sobre o fornecimento de alimentação e bebidas em restaurante ou estabelecimento similar.

Súmula 576: É lícita a cobrança do imposto de circulação de mercadorias sobre produtos importados sob o regime de alíquota "zero".

Súmula 577: Na importação de mercadorias do exterior, o fato gerador do imposto de circulação de mercadorias ocorre no momento de sua entrada no estabelecimento do importador.

Súmula 660: Não incide ICMS na importação de bens por pessoa física ou jurídica que não seja contribuinte do imposto.

Súmula 661: Na entrada de mercadoria importada do exterior, é legítima a cobrança do ICMS por ocasião do desembaraço aduaneiro.

Súmula 662: É legítima a incidência do ICMS na comercialização de exemplares de obras cinematográficas, gravados em fitas de videocassete.

Súmulas do STJ

Súmula 68: A parcela relativa ao ICM inclui-se na base de cálculo do PIS.

Súmula 94: A parcela relativa ao ICMS inclui-se na base de cálculo do Finsocial.

Súmula 95: A redução da alíquota do Imposto sobre Produtos Industrializados ou do Imposto de Importação não implica redução do ICMS.

Súmula 135: O ICMS não incide na gravação e distribuição de filmes e videoteipes.

Súmula 155: O ICMS incide na importação de aeronave, por pessoa física, para uso próprio.

Súmula 163: O fornecimento de mercadorias com a simultânea prestação de serviços em bares, restaurantes, e estabelecimentos similares constitui fato gerador do ICMS a incidir sobre o valor total da operação.

Súmula 166: Não constitui fato gerador do ICMS o simples deslocamento de mercadoria de um para outro estabelecimento do mesmo contribuinte.

Súmula 167: O fornecimento de concreto, por empreitada, para construção civil, preparado no trajeto até a obra em betoneiras acopladas a caminhões, e prestação de serviço, sujeitando-se apenas à incidência do ISS.

Súmula 198: Na importação de veículo por pessoa física, destinado a uso próprio, incide o ICMS.

Súmula 334: O ICMS não incide no serviço dos provedores de acesso à Internet.

Súmula 350: O ICMS não incide sobre o serviço de habilitação de telefone celular.

Súmula 391: O ICMS incide sobre o valor da tarifa de energia elétrica correspondente à demanda de potência efetivamente utilizada.

Súmula 395: O ICMS incide sobre o valor da venda a prazo constante da nota fiscal.

Súmula 431: É ilegal a cobrança de ICMS com base no valor da mercadoria submetido ao regime de pauta fiscal.

Súmula 432: As empresas de construção civil não estão obrigadas a pagar ICMS sobre mercadorias adquiridas como insumos em operações interestaduais.

Súmula 433: O produto semielaborado, para fins de incidência de ICMS, é aquele que preenche cumulativamente os três requisitos do art. 1º da Lei Complementar n. 65/91.

Súmula 457: Os descontos incondicionais nas operações mercantis não se incluem na base cálculo do ICMS.

Súmula 509: É lícito ao comerciante de boa-fé aproveitar os créditos de ICMS decorrentes de nota fiscal posteriormente declarada inidônea, quando demonstrada a veracidade da compra e venda.

IMPOSTO SOBRE A PROPRIEDADE DE VEÍCULOS AUTOMOTORES (IPVA)

Regime geral: imposto de **competência estadual e distrital**, sua instituição consta do art. 155, III, da CF. O IPVA tem finalidade meramente arrecadatória, ou seja, é utilizado pelo Estado com **função fiscal**, tendo como único objetivo de sua cobrança a obtenção de recursos públicos para custeio do aparelho governamental.

Em relação ao lançamento, é **lançado de ofício pelo Fisco** na medida em que a própria autoridade tributária utiliza os dados cadastrais dos veículos, constantes do registro nos órgãos de trânsito, e envia a notificação para o contribuinte realizar o pagamento. No caso de **aquisição de veículo zero quilômetro**, porém, diante do fato de o Fisco não ter ainda informações sobre a compra, o lançamento de ofício é impossível, razão pela qual o lançamento depende da participação do contribuinte, ocorrendo na **modalidade por homologação. A teor do § 6º do art. 155 da CF, o IPVA: I) terá alíquotas mínimas fixadas pelo Senado Federal; II) poderá ter alíquotas diferenciadas em função do tipo e forma de utilização do veículo.**

Em relação à legalidade e anterioridade, o IPVA submete-se à regra geral quanto aos dois princípios, de modo que o imposto somente pode ser instituído ou majorado por meio de lei (legalidade) e cobrado no ano seguinte à lei que o houver criado ou aumentado, respeitando o intervalo mínimo de noventa dias (anterioridade).

No entanto, por força da norma contida no art. 150, § 1º, da Constituição Federal, **a fixação da base de cálculo do IPVA sujeita-se somente à anterioridade anual**, e não à nonagesimal. A norma faz referência à tabela oficial que os Estados publicam anualmente com os valores dos veículos para fins de apuração do valor devido a título de IPVA. Desse modo, se com a divulgação da tabela houver aumento no valor do veículo, a majoração pode ser exigida a partir do exercício posterior (1º de janeiro do ano seguinte), sem necessidade de observar o intervalo mínimo de noventa dias.

Fato gerador: é propriedade de veículo automotor, assim considerados carros, motos, ônibus e caminhões.

No caso de veículos zero quilômetro, considera-se ocorrido o fato gerador na data da aquisição do veículo pelo consumidor final ou quando de sua incorporação ao ativo permanente da empresa.

No caso de veículos usados, o fato gerador ocorre em 1º de janeiro de cada ano.

Contribuinte: é o proprietário do veículo, presumindo-se como tal a pessoa em cujo nome o automóvel esteja licenciado pela repartição competente em 1º de janeiro.

Não ocorrência do fato gerador: o Supremo Tribunal Federal pacificou entendimento no sentido de que o IPVA não incide sobre propriedade de embarcações e aeronaves (RE 134.509 e RE 255.111), ao argumento de que as regras constitucionais para repartição de receitas do referido imposto (art. 158, III, da CF) falam "em Município de licenciamento do veículo", locução esta incompatível com o sistema de registro de embarcações e aeronaves.

Base de cálculo: é o valor do veículo tal como definido na tabela oficial definida anualmente pelo Estado tributante.

Alíquota: o IPVA é imposto de **alíquota fixa**, admitindo-se apenas diferenciação quanto ao tipo e forma de utilização do veículo (art. 155, § 6º, da CF). Para provas e concursos públicos prevalece amplamente a posição que sustenta a **inconstitucionalidade do sistema de alíquotas progressivas no IPVA**. Embora alguns autores sustentem a existência de uma "previsão implícita" de progressividade para o IPVA na Constituição de 1988, tal ponto de vista é minoritário.

Tributação diferenciada quanto à origem do veículo: doutrina e jurisprudência vêm rejeitando sistematicamente a possibilidade de tributação diferenciada do IPVA para veículos importados em comparação aos nacionais. Por força do princípio contido no art. 152 da CF, é vedada qualquer forma de diferença tributária quanto à procedência do bem.

DIREITO SUMULAR – STJ

Súmula 585: A responsabilidade solidária do ex-proprietário, prevista no art. 134 do Código de Trânsito Brasileiro – CTB, não abrange o IPVA incidente sobre o veículo automotor, no que se refere ao período posterior à sua alienação.

IMPOSTO SOBRE A PROPRIEDADE PREDIAL E TERRITORIAL URBANA (IPTU)

Regime geral: o art. 156, I, da CF atribuiu aos **Municípios e ao Distrito Federal** a competência para instituição do Imposto sobre a Propriedade Predial e Territorial Urbana (IPTU), que tem **função fiscal**, isso porque sua cobrança atende a finalidade notadamente arrecadatória, voltada à mera obtenção de recursos para o custeio das despesas estatais. Quanto à modalidade de lançamento, o IPTU é o mais importante exemplo de tributo **lançado de ofício pelo Fisco**, na medida em que a autoridade administrativa utiliza as informações cadastrais do contribuinte e, sem qualquer participação do devedor, realiza o lançamento e a notificação para pagamento.

No que diz respeito à legalidade e anterioridade, o IPTU está submetido à regra geral quanto aos dois princípios, razão pela qual o imposto somente pode ser criado ou aumentado por meio de lei (legalidade), e cobrado no ano seguinte ao da publicação da lei que o houver instituído ou majorado, respeitando o intervalo mínimo de noventa dias (anterioridade).

Porém, em razão da norma contida no art. 150, § 1º, da Constituição Federal, **a fixação da base de cálculo do IPTU sujeita-se somente à anterioridade anual**, mas não à nonagesimal. Assim, havendo aumento no valor do imóvel decorrente de reajuste na planta genérica de valores, a majoração pode ser exigida somente a partir do exercício posterior (1º de janeiro do ano seguinte), sem necessidade de observar o intervalo mínimo de noventa dias.

Fato gerador: é a propriedade, o domínio útil ou a posse de bem imóvel por natureza ou por acessão física localizado na zona urbana do Município (art. 32 do CTN). De acordo com o § 1º do art. 32 do CTN, considera-se zona urbana aquela definida em lei municipal, desde que **beneficiada por melhorias públicas** mencionadas em **pelo menos dois** dos incisos abaixo transcritos: **I** – meio-fio ou calçamento, com canalização de águas pluviais; **II** – abastecimento de água; **III** – sistema de esgotos sanitários; **IV** – rede de iluminação pública, com ou sem posteamento para distribuição domiciliar; **V** – escola primária ou posto de saúde a uma distância máxima de 3 (três) quilômetros do imóvel considerado.

Pode ainda a lei municipal considerar urbanas as **áreas urbanizáveis, ou de expansão urbana,** constantes de loteamentos aprovados pelos órgãos competentes, destinados à habitação, à indústria ou ao comércio (art. 32, § 2º, do CTN).

Contribuinte do IPTU: é o proprietário do imóvel. Sendo inviável cobrar o tributo do proprietário, então o titular do domínio útil ou o possuidor a qualquer título responde pela dívida tributária. É que o art. 34 do CTN menciona como contribuintes, sucessivamente, o dono do imóvel, o titular do domínio útil e o possuidor, estabelecendo verdadeiro benefício de ordem em favor destes últimos, que somente poderão ser acionados para quitação da dívida na hipótese de restarem frustradas as tentativas, por parte do Fisco, de cobrança junto ao proprietário.

Base de cálculo do IPTU: é o valor venal do imóvel, assim considerado o produto da multiplicação de sua metragem pelo preço do metro quadrado definido na planta genérica de valores (propriedade territorial), somado com o *quantum* da área construída (propriedade predial).

Regime de alíquotas do IPTU: **a)** alíquotas progressivas no tempo em razão do uso inadequado do solo urbano (art. 182, § 4º, II, da CF); **b)** alíquotas progressivas em função do valor do imóvel (art. 156, § 1º, I, da CF); **c)** alíquotas diferenciadas de acordo com o binômio localização/uso do imóvel (art. 156, § 1º, II, da CF).

A progressividade do IPTU no tempo (art. 182, § 4º, II, da CF) consiste em instrumento para o Município desestimular a manutenção de imóveis urbanos não edificados, subutilizados ou não utilizados, podendo a alíquota atingir patamar máximo de 15% sobre o valor venal do imóvel (art. 7º, § 1º, do Estatuto da Cidade – Lei federal n. 10.257/2001).

A progressividade em função do valor do imóvel (art. 156, § 1º, I, da CF) é instituída com finalidade puramente arrecadatória (progressividade fiscal), realizando a exigência de tributação graduada conforme a capacidade econômica do contribuinte (art. 145, § 1º, da CF).

	QUADRO COMPARATIVO ENTRE ITR E IPTU	
	ITR	**IPTU**
Previsão	Art. 153, VI, da CF	Art. 156, I, da CF
Competência	União	Municípios e DF
Função	Extrafiscal	Fiscal
Lançamento	Por homologação	De ofício
Repartição de receitas	50% aos Municípios (ou 100%, se houver convênio)	Sem repartição
Hipótese de incidência	Propriedade territorial (somente propriedade nua, ou seja, terra)	Propriedades predial e territorial (construções + terrenos)
Alíquotas	Admite progressividade	Idem

DIREITO SUMULAR

Súmulas do STF

Súmula 539: É constitucional a lei do município que reduz o imposto predial urbano sobre imóvel ocupado pela residência do proprietário, que não possua outro.

Súmula 589: É inconstitucional a fixação de adicional progressivo do imposto predial e territorial urbano em função do número de imóveis do contribuinte.

Súmula 668: É inconstitucional a lei municipal que tenha estabelecido, antes da Emenda Constitucional n. 29/2000, alíquotas progressivas para o IPTU, salvo se destinada a assegurar o cumprimento da função social da propriedade urbana.

Súmulas do STJ

Súmula 160: É defeso, ao município, atualizar o IPTU, mediante decreto, em percentual superior ao índice oficial de correção monetária.

Súmula 397: O contribuinte do IPTU é notificado do lançamento pelo envio do carnê ao seu endereço.

Súmula 399: Cabe à legislação municipal estabelecer o sujeito passivo do IPTU.

Súmula 614: O locatário não possui legitimidade ativa para discutir a relação jurídico-tributária de IPTU e de taxas referentes ao imóvel alugado nem para repetir indébito de tributos.

IMPOSTO SOBRE A TRANSMISSÃO *INTER VIVOS* DE BENS IMÓVEIS (ITBI OU ITIV)

Regime geral: previsto no art. 156, II, da CF, o Imposto sobre a Transmissão de Bens Imóveis (ITBI) é de **competência municipal e distrital** e tem **função exclusivamente fiscal**, na medida em que é cobrado com a finalidade única de obter recursos para custear as despesas municipais. Quanto ao tipo de lançamento, o ITBI é **lançado por declaração** e é imposto devido no Município da situação do bem **(art. 156, § 2º, II, da CF).** Em relação aos regimes de legalidade e anterioridade, o ITBI submete-se à regra geral quanto aos dois princípios.

Fato gerador: é a "transmissão *inter vivos*, a qualquer título, por ato oneroso, de bens imóveis, por natureza ou acessão física, e de direitos reais sobre imóveis, exceto os de garantia, bem como cessão de direitos a sua aquisição" (art. 156, II, da CF).

Não ocorrência do fato gerador: o ITBI não incide sobre registros em cartório de: **a)** hipoteca; **b)** compromisso de compra e venda simples (já que tal contrato não opera transferência da propriedade imobiliária); **c)** usucapião.

Cabe à legislação municipal determinar o contribuinte do imposto, podendo ser o comprador ou vendedor. Na maioria dos municípios brasileiros, a lei atribui ao adquirente o dever de pagar o ITBI.

Base de cálculo do ITBI é o valor venal dos bens ou direitos transmitidos (art. 38 do CTN), e não o preço do negócio celebrado entre as partes.

Alíquota do ITBI: será fixada pela legislação municipal, **vedada a aplicação de alíquotas progressivas.**

O registro de compromisso de compra e venda não constitui fato gerador do ITBI, na medida em que inexiste transferência de propriedade. Entretanto, no caso de compromisso irretratável de compra e venda do imóvel, havendo comprovação de pagamento e com o registro do contrato, trata-se de **verdadeira compra e venda simulada**, já que são produzidos todos os efeitos práticos de uma transmissão da propriedade, razão pela qual tem predominado o entendimento segundo o qual **incide o ITBI**.

DOAÇÃO ONEROSA paga ITBI ou ITCMS? Como regra, doações constituem fato gerador do ITCMD. Porém, se a doação estiver submetida a ônus ou encargo, o caráter sinalagmático desnatura a gratuidade do contrato, aproximando a situação de uma transmissão onerosa. **Por essa razão,** sobre doação onerosa incide ITBI, **e não ITCMD.**

DIREITO SUMULAR – STF

Súmula 75: Sendo vendedora uma autarquia, a sua imunidade fiscal não compreende o imposto de transmissão *inter vivos*, que é encargo do comprador.

Súmula 108: É legítima a incidência do imposto de transmissão *inter vivos* sobre o valor do imóvel ao tempo da alienação e não da promessa, na conformidade da legislação local.

Súmula 110: O imposto de transmissão *inter vivos* não incide sobre a construção, ou parte dela, realizada pelo adquirente, mas sobre o que tiver sido construído ao tempo da alienação do terreno.

Súmula 111: É legítima a incidência do imposto de transmissão *inter vivos* sobre a restituição, ao antigo proprietário, de imóvel que deixou de servir à finalidade da sua desapropriação.

Súmula 326: É legítima a incidência do imposto de transmissão *inter vivos* sobre a transferência do domínio útil.

Súmula 328: É legítima a incidência do imposto de transmissão *inter vivos* sobre a doação de imóvel.

Súmula 329: O imposto de transmissão *inter vivos* não incide sobre a transferência de ações de sociedade imobiliária.

Súmula 470: O imposto de transmissão *inter vivos* não incide sobre a construção, ou parte dela, realizada, inequivocamente, pelo promitente-comprador, mas sobre o valor do que tiver sido construído antes da promessa de venda.

Súmula 656: É inconstitucional a lei que estabelece alíquotas progressivas para o imposto de transmissão *inter vivos* de bens imóveis – ITBI com base no valor venal do imóvel.

IMPOSTO SOBRE SERVIÇOS DE QUALQUER NATUREZA (ISS OU ISSQN)

Regime geral: nos termos do art. 156, III, da CF, **compete aos Municípios e ao Distrito Federal** instituir o Imposto sobre Serviços de Qualquer Natureza (ISS ou ISSQN), nos termos de lei complementar federal. O ISS é imposto cobrado com finalidade essencialmente arrecadatória, daí a doutrina considerá-lo um **tributo de função fiscal** instituído somente para obtenção de receitas aos cofres públicos municipais e distritais. A respeito da modalidade de lançamento, o ISS, como ocorre com a maioria absoluta dos tributos brasileiros, **é lançado por homologação**. Quanto à legalidade e anterioridade, o ISS sujeita-se à regra geral dos dois princípios, de modo que o imposto somente pode ser instituído ou majorado por meio de lei (legalidade), e cobrado no ano seguinte ao da publicação da lei que o houver criado ou aumentado, respeitando o intervalo mínimo de noventa dias (anterioridade).

O papel da lei complementar federal em matéria de ISS: com a finalidade de **conferir uniformidade** à disciplina normativa do imposto e **evitar a guerra fiscal**, o art. 156, § 3º, da Constituição Federal de 1988 atribuiu à lei complementar federal, em matéria de ISS: **I** – fixar suas alíquotas máximas e mínimas; **II** – excluir da sua incidência exportações de serviços (isenção heterônoma); **III** – regular a forma e as condições como isenções, incentivos e benefícios fiscais serão concedidos e revogados. Atualmente, tais temas são disciplinados pela Lei Complementar n. 116/2003.

Fato gerador: é a prestação dos serviços enumerados na lista anexa à Lei Complementar n. 116/2003.

Contribuinte do ISS é o prestador do serviço (art. 5º da Lei Complementar n. 116/2003).

Não ocorrência do fato gerador: **a)** serviços não arrolados na listagem anexa à Lei Complementar n. 116/2003; **b)** a remuneração do próprio trabalho, quando se tratar da prestação de serviços sob a forma de trabalho pessoal do próprio contribuinte (art. 9º, § 1º, do Decreto-lei n. 406/68); **c)** serviços de transporte interestadual, transporte intermunicipal e de comunicação (art. 155, II, da CF); **d)** locação (Súmula Vinculante 31).

A base de cálculo do ISS varia de acordo com o tipo de contribuinte: **1)** no caso de prestação de serviços na forma de **trabalho pessoal, o valor do imposto é fixo** (art. 9º, § 1º, do Decreto-lei n. 406/68) (somente para sociedade uniprofissional sem caráter empresarial); **2)** no caso de **prestação de serviços por empresas**, a base de cálculo é o **preço do serviço** (art. 7º da Lei Complementar n. 116/2003); **3)** no caso de prestação de serviços por **sociedades profissionais**, o valor é calculado multiplicando o montante fixo do tributo pelo número de profissionais que a integrem (art. 9º, § 3º, do Decreto-lei n. 406/68).

Alíquotas: compete a cada Município definir a alíquota do ISS aplicável em seu território. No entanto, o legislador municipal deve respeitar as alíquotas **mínima de 2%** (art. 88 do ADCT) e **máxima de 5%** (art. 8º da Lei Complementar n. 116/2003).

DIREITO SUMULAR

Súmula Vinculante – STF

Súmula Vinculante 31: É inconstitucional a incidência do imposto sobre serviços de qualquer natureza – ISS sobre operações de locação de bens móveis.

Súmula do STF

Súmula 588: O imposto sobre serviços não incide sobre os depósitos, as comissões e taxas de desconto, cobrados pelos estabelecimentos bancários.

Súmulas do STJ

Súmula 138: O ISS incide na operação de arrendamento mercantil de coisas móveis.

Súmula 156: A prestação de serviço de composição gráfica, personalizada e sob encomenda, ainda que envolva fornecimento de mercadorias, está sujeita, apenas, ao ISS.

Súmula 167: O fornecimento de concreto, por empreitada, para construção civil, preparado no trajeto até a obra em betoneiras acopladas a caminhões, e prestação de serviço, sujeitando-se apenas à incidência do ISS.

Súmula 274: O ISS incide sobre o valor dos serviços de assistência médica, incluindo-se neles as refeições, os medicamentos e as diárias hospitalares.

Súmula 424: É legítima a incidência do ISS sobre os serviços bancários congêneres da lista anexa ao Decreto-lei n. 406/68 e à Lei Complementar n. 56/87.

Súmula 524: No tocante à base de cálculo, o ISSQN incide apenas sobre a taxa de agenciamento quando o serviço prestado por sociedade empresária de trabalho temporário for de intermediação, devendo, entretanto, englobar também os valores dos salários e encargos sociais dos trabalhadores por ela contratados nas hipóteses de fornecimento de mão de obra.

CONTRIBUIÇÃO PARA FINANCIAMENTO DA SEGURIDADE SOCIAL (COFINS)

Regime geral: a Contribuição para Financiamento da Seguridade Social – Cofins foi criada pela Lei Complementar n. 70/91, com natureza jurídica de contribuição social (art. 195, I, *b*, da CF), sendo **devida pelas pessoas jurídicas, inclusive as a elas equiparadas pela legislação do Imposto de Renda**, e destinada exclusivamente às despesas com atividades-fim das áreas de saúde, previdência e assistência social (art. 1º da Lei Complementar n. 70/91). Tem como **base de cálculo o faturamento mensal**, assim considerada a receita bruta das vendas de mercadorias, de mercadorias e serviços e de serviço de qualquer natureza (art. 2º da Lei Complementar n. 70/91). A **alíquota** é fixa no percentual de **2%**. Atualmente, a Cofins é disciplinada também pela Lei n. 10.833/2003.

Diferentes regimes da Cofins: a complexa legislação aplicável à Cofins estabelece **três regimes diferenciados de incidência** do tributo:

1) incidência multifásica cumulativa: previsto nos arts. 8º a 10 da Lei n. 10.833/2003, é o sistema aplicável a grande parte das pessoas jurídicas brasileiras, tais como: **a)** empresas que recolhem IR com base no lucro presumido; **b)** pessoas jurídicas sujeitas ao Simples; **c)** pessoas jurídicas imunes a impostos; **d)** órgãos públicos, autarquias e fundações públicas; e **e)** cooperativas;
2) incidência multifásica não cumulativa: o regime multifásico não cumulativo teve sua instituição autorizada pelo art. 195, § 12, da CF, acrescentado pela EC n. 42/2003. Essa modalidade de incidência da Cofins está disciplinada, principalmente, pela Lei n. 10.865/2004, que regula a exigência do tributo sobre a importação, com previsão de mecanismo de creditamento assemelhado ao modelo não cumulativo do ICM;

3) incidência monofásica: a Cofins de incidência única (monofásica) pode ser exigida com base no art. 149, § 4º, da CF, com redação dada pela EC n. 33/2001, tendo como exemplo o recolhimento do tributo sobre produtos da indústria farmacêutica (Lei n. 10.147/2000).

DIREITO SUMULAR

Súmula 659 do STF: É legítima a cobrança da Cofins, do PIS e do Finsocial sobre as operações relativas a energia elétrica, serviços de telecomunicações, derivados de petróleo, combustíveis e minerais do país.

Súmula 423 do STJ: A Contribuição para Financiamento da Seguridade Social – Cofins incide sobre as receitas provenientes das operações de locação de bens móveis.

PIS/PASEP

A contribuição para financiamento do Programa de Integração Social (PIS) e de Formação do Patrimônio do Servidor Público (Pasep) foi instituída pelas Leis Complementares n. 7/70 (PIS) e n. 8/70 (Pasep), e originariamente o valor arrecadado compunha um fundo distribuído anualmente a empregados e servidores sob a forma de cotas.

Com a promulgação da Constituição de 1988, o fundo composto pelos valores arrecadados com o PIS/Pasep pode ser sacado na superveniência das seguintes eventualidades por parte do empregado ou servidor: **a)** aposentadoria; **b)** invalidez permanente ou reforma militar; **c)** idade igual ou superior a 70 anos; **d)** transferência de militar para a reserva remunerada; **e)** titular ou dependente portador do vírus HIV; **f)** titular ou dependente portador de neoplasia maligna (câncer); **g)** morte do participante; **h)** benefício assistencial à pessoa portadora de deficiência e ao idoso.

A contribuição tem como fato gerador o faturamento mensal.

Contribuinte do tributo é toda pessoa jurídica de direito privado que auferir as receitas descritas no art. 1º da Lei n. 10.637/2002.

A **base de cálculo é a totalidade das receitas** auferidas pela pessoa jurídica contribuinte.

A alíquota varia entre 0,65%, 1% ou 1,65%, dependendo da forma de recolhimento e da operação.

DIREITO SUMULAR

Súmula 659 do STF: É legítima a cobrança da Cofins, do PIS e do Finsocial sobre as operações relativas a energia elétrica, serviços de telecomunicações, derivados de petróleo, combustíveis e minerais do país.

Súmula 68 do STJ: A parcela relativa ao ICM inclui-se na base de cálculo do PIS.

9.18 QUESTÕES

1. **(FCC – Afap – Analista de Fomento – Contador – 2019)** De acordo com o Código Tributário Nacional, o Imposto sobre a Renda e Proventos de Qualquer Natureza – IR tem como fato gerador:
   a) a aquisição da disponibilidade de renda, assim entendido o produto do capital e do trabalho, aí incluída a expectativa de disponibilidade jurídica relacionada ao recebimento de herança proveniente do exterior, desde que prevista em lei complementar federal;
   b) a aquisição da disponibilidade de renda, assim entendidas as espécies de rendimentos expressamente previstas como tal, em ato próprio, emanado do Poder Executivo Federal;
   c) a expectativa de aquisição, em até três exercícios futuros, de disponibilidade econômica ou jurídica de renda, ainda que esta disponibilidade não venha a se realizar;
   d) a aquisição da disponibilidade, econômica ou jurídica, de proventos, assim entendidos exclusivamente os acréscimos patrimoniais definidos em decreto federal publicado em exercício financeiro anterior àquele em que o referido decreto deverá produzir seus efeitos;
   e) a aquisição da disponibilidade, econômica ou jurídica, de renda, assim entendido o produto do capital, do trabalho ou da combinação de ambos.

2. **(FCC – Afap – Analista de Fomento – Contador – 2019)** De acordo com o Código Tributário Nacional, a base de cálculo do Imposto sobre a Renda e Proventos de Qualquer Natureza – IR é o montante:
   a) fixado em pauta elaborada pelo Poder Executivo, desde que publicada, por meio de decreto ou de portaria interministerial, até 90 dias antes do início do exercício em relação ao qual ela produzirá seus efeitos;
   b) real, arbitrado, ficto ou presumido, da renda ou dos proventos, sejam eles tributáveis ou não;
   c) real, arbitrado ou presumido, da renda ou dos proventos tributáveis;
   d) fixado em pauta fiscal elaborada pelo Poder Executivo, desde que publicada, por meio de decreto ou de portaria interministerial, até 91 dias antes do início do exercício financeiro em relação ao qual ela deverá produzir seus efeitos;
   e) real, presumido ou ficto, declarado ou não pelo contribuinte, excluída, em qualquer caso, a possibilidade de seu arbitramento.

3. **(UFSC – UFSC – Contador – 2019)** A respeito do Imposto sobre Serviços de Qualquer Natureza, segundo a Lei Complementar n. 116/2003, analise as afirmativas abaixo e assinale a alternativa correta.

   I. Sua incidência tem como fato gerador a prestação de serviços, não dependendo da denominação dada ao serviço prestado.

   II. Não é admitida a hipótese de substituição tributária em casos de sua incidência.

   III. Incide sobre serviços realizados no país, bem como provenientes do exterior ou realizados fora do país.

   IV. Em regra geral, a base de cálculo do imposto é o preço do serviço prestado.
   a) Somente as afirmativas I e II estão corretas.
   b) Somente as afirmativas I e IV estão corretas.
   c) Somente as afirmativas II e III estão corretas.
   d) Somente as afirmativas I, III e IV estão corretas.
   e) Somente as afirmativas II e IV estão corretas.

4. **(NC-UFPR – TJ-PR – Titular de Serviços de Notas e de Registros – Provimento – 2019)** Sobre a Competência Tributária atribuída aos entes federativos pela Constituição da República Federativa do Brasil, identifique como verdadeiras (V) ou falsas (F) as seguintes afirmativas.
   ( ) Os seguintes impostos foram inseridos na Competência Municipal: ISS (Imposto sobre Serviços), ITBI (Imposto sobre Transmissão de Bens Imóveis), IPTU (Imposto sobre Propriedade Predial e Territorial Urbana) e ITCMD (Imposto sobre Transmissão *Causa Mortis* e Doações).

( ) Os seguintes impostos foram inseridos na Competência Estadual: ICMS (Imposto sobre Circulação de Mercadorias e Serviços), ITCMD (Imposto sobre Transmissão *Causa Mortis* e Doações) e IPVA (Imposto sobre Propriedade de Veículos Automotores).

( ) Competência Tributária é o Poder Tributário já repartido pela Constituição da República Federativa entre os entes políticos da Federação.

( ) Os seguintes impostos foram inseridos na Competência Estadual: ICMS (Imposto sobre Circulação de Mercadorias e Serviços), IPI (Imposto sobre Produtos Industrializados), IOF (Imposto sobre Operações Financeiras), ITR (Imposto Territorial Rural), IPTU (Imposto sobre Propriedade Predial e Territorial Urbana) e ITCMD (Imposto sobre Transmissão Causa Mortis e Doações).

( ) Os seguintes impostos foram inseridos na Competência Distrital (Distrito Federal): ICMS (Imposto sobre Circulação de Mercadorias e Serviços), IPVA (Imposto sobre Propriedade de Veículos Automotores), ITCMD (Imposto sobre Transmissão *Causa Mortis* e Doações), IPTU (Imposto sobre Propriedade Predial e Territorial Urbana), ITBI (Imposto sobre Transmissão de Bens Imóveis) e ISS (Imposto sobre Serviços).

( ) Os seguintes impostos foram inseridos na Competência Federal: IPI (Imposto sobre Produtos Industrializados), IR (Imposto de Renda), ITR (Imposto Territorial Rural, II (Imposto de Importação), IE (Imposto de Exportação), IOF (Imposto sobre Operações Financeiras) e ITBI (Imposto sobre Transmissão de Bens Imóveis).

( ) Os seguintes impostos foram inseridos na Competência Municipal: IPTU (Imposto sobre Propriedade Predial e Territorial Urbana), ITBI (Imposto sobre Transmissão de Bens Imóveis) e ISS (Imposto sobre Serviços).

Assinale a alternativa que apresenta a sequência correta, de cima para baixo.

a) V – F – V – V – F – V – F.
b) F – V – V – F – V – F – V.
c) F – V – F – V – F – V – V.
d) V – V – F – F – V – V – V.
e) V – F – V – V – V – F – F.

5. (Vunesp – Prefeitura de Itapevi – SP – Auditor-Fiscal Tributário – 2019) Assinale a alternativa que contém o tributo de competência da União.

a) Imposto sobre a Propriedade Predial e Territorial Urbana.
b) Imposto sobre a Transmissão de Bens Imóveis e de Direitos a eles Relativos.
c) Imposto sobre Operações Relativas à Circulação de Mercadorias – ST.
d) Imposto sobre propriedade de veículos automotores.
e) Imposto sobre a Propriedade Territorial Rural.

6. (Ibade – Prefeitura de Aracruz – ES – Auditor de Controle Interno – 2019) O imposto sobre a propriedade predial e territorial urbana é instituído por:

a) União.
b) Estados
c) Municípios.
d) Organização das Nações Unidas.
e) Organização dos Estados Americanos.

7. (Vunesp – Prefeitura de Itapevi – SP – Analista Jurídico – Procurador Municipal – 2019) Pertence aos Municípios 50% do produto da arrecadação do imposto do Estado sobre a propriedade de veículos automotores licenciados em seus territórios. No que se refere ao imposto em questão, é correto afirmar que suas alíquotas mínimas são fixadas:

a) pela Constituição Federal;
b) por lei complementar;
c) pelo Senado Federal;
d) por lei ordinária estadual;
e) por decreto legislativo.

8. (NC-UFPR – Prefeitura de Curitiba – PR – Procurador – 2019) O ITR (Imposto Territorial Rural) é de competência da União. Há casos, entretanto, em que os Municípios ficam responsáveis pela sua arrecadação. Levando em consideração os dados apresentados, assinale a alternativa correta.

a) O ITR tem como hipótese de incidência a propriedade territorial rural, incidindo, portanto, até mesmo sobre pequenas glebas rurais quando as explore o proprietário que não possua outro imóvel.

b) O ITR será progressivo e terá suas alíquotas fixadas de forma a atender a capacidade contributiva.

c) A União, por intermédio da Secretaria da Receita Federal, poderá celebrar convênios com o Distrito Federal e os Municípios que assim optarem, visando a delegar as atribuições de fiscalização, exceto as de lançamento dos créditos tributários, e as de cobrança do Imposto sobre a Propriedade Territorial Rural.

d) O ITR será fiscalizado e cobrado pelos Municípios que assim optarem, na forma da lei, desde que não implique redução do imposto ou qualquer outra forma de renúncia fiscal.

e) O ITR não incide sobre o imóvel declarado de interesse social para fins de reforma agrária.

9. (Vunesp – TJ-RS – Titular de Serviços de Notas e de Registros – Remoção – 2019) No âmbito de sua competência tributária, conforme estabelecida pela Constituição Federal, podem exigir o Imposto sobre a Propriedade Predial e Territorial Urbana (IPTU):

a) os Estados e os Municípios;

b) os Municípios e o Distrito Federal;

c) a União e os Estados;

d) apenas os Municípios;

e) a União e os Municípios.

10. (Vunesp – Câmara de Tatuí – SP – Procurador Legislativo – 2019) Acerca dos tributos municipais, assinale a alternativa correta.

a) O serviço de iluminação pública pode ser remunerado mediante taxa.

b) É defeso ao Município atualizar o IPTU, mediante decreto, em percentual superior ao índice oficial de correção monetária.

c) Cabe ao poder público comprovar a realização de notificação do lançamento tributário pelo envio do carnê de cobrança do IPTU.

d) Não é válida a utilização da metragem do imóvel como base de cálculo da cobrança da taxa de coleta de lixo.

e) É constitucional a incidência do ISS sobre operações de locação de bens móveis dissociadas da prestação de serviços.

11. (Ieses – TJ-SC – Titular de Serviços de Notas e de Registros – Remoção – 2019) Os impostos constituem tributos de grande importância arrecadatória. Com relação aos impostos em vigor no sistema tributário brasileiro, assinale a alternativa INCORRETA.

a) A base de cálculo do IPTU, segundo o Código Tributário Nacional, é o valor venal do imóvel.

b) O ITR é imposto de competência da União.

c) O ITBI tem como fato gerador a propriedade, o domínio útil ou a posse de bem imóvel por natureza ou por acessão física, como definido na lei civil, localizado na zona urbana do Município.

d) A doação de bens e direitos constitui fato gerador do ITCMD.

12. (Vunesp – Juiz de Direito Substituto – TJ-RS – 2018) O governo estadual quer fomentar as áreas de lazer e turismo do Estado com a construção de um complexo multiuso com arena coberta que comporte a realização de *shows* e outros eventos de lazer, além de um aquário. Para tanto, pretende conceder à iniciativa privada a realização das obras de construção do complexo, que deverá ser levantado em área pública predefinida, e sua posterior exploração pelo prazo de 30 (trinta anos). O concessionário será remunerado exclusivamente pelas receitas advindas da exploração econômica do novo equipamento, inclusive acessórias. Para que o projeto tenha viabilidade econômica, está prevista a possibilidade de construção de restaurantes, de um centro comercial, de pelo menos um hotel dentro da área do novo complexo, além da cobrança de ingresso para visitação do aquário e dos eventos e *shows* que vierem a ser realizados na nova arena. Há previsão de pagamento de outorga para o Estado em razão da concessão.

Em relação à cobrança do IPTU pelo município onde se situa a área do complexo, é correto afirmar que:

a) por se tratar de área pública estadual, o Município não poderá cobrar IPTU em nenhuma hipótese, em razão da imunidade recíproca, prevista no art. 150, inciso VI, a da Constituição Federal de 1988;

b) a cobrança do IPTU é indevida porque o concessionário não exerce nenhum direito de propriedade sobre o imóvel, sendo mero detentor de posse precária e desdobrada, decorrente de direito pessoal, fundada em contrato de cessão de uso, não podendo ser considerado contribuinte do imposto;

c) apesar de o imóvel ser de propriedade do Estado, o Município poderá cobrar IPTU se não restar comprovado que a outorga paga pelo concessionário ao Estado pela concessão foi integralmente revertida para a realização de atividades de caráter eminentemente público;

d) apesar do imóvel ser de propriedade do Estado, o Município poderá cobrar IPTU porque a área foi cedida a pessoa jurídica de direito privado para a realização de atividades com fins lucrativos, sendo o concessionário o contribuinte do imposto;

e) a cobrança do IPTU é indevida porque o imóvel é público, sendo irrelevante para a caracterização do fato gerador a finalidade que o Estado dá ao imóvel.

13. (Cespe – Auditor do Estado – Bloco II – Sefaz-RS – 2018) Considerando o disposto no Decreto n. 3.000/99 e na Instrução Normativa RFB n. 971/2009, julgue os itens a seguir.

I. Incide IR na fonte nos rendimentos de serviços profissionais creditados ou pagos de pessoa jurídica a pessoa jurídica que realize consultoria ou serviços médicos.

II. Os serviços de propaganda e publicidade prestados por pessoa jurídica para pessoa jurídica não estão sujeitos à retenção de IR na fonte.

III. A intermitência do serviço prestado descaracteriza a continuidade da cessão de mão de obra necessária para a retenção previdenciária sobre a fatura de prestação de serviço.

IV. A retenção previdenciária não é necessária na prestação exclusiva de serviço profissional regulamentado por lei federal, desde que prestado diretamente pelos sócios, sem a utilização de empregados.

Estão certos apenas os itens:

a) I e II;

b) I e IV;

c) III e IV;

d) I, II e III;

e) II, III e IV.

14. (Cespe – Auditor do Estado – Bloco II – Sefaz-RS – 2018) Considerando que determinada empresa tenha recolhido ICMS por substituição tributária em relação a fatos geradores que ainda não ocorreram no momento do pagamento, assinale a opção correta.

a) A substituição tributária possui previsão constitucional.

b) A responsabilidade só pode ser auferida após a ocorrência do fato gerador.

c) É hipótese de substituição tributária regressiva.

d) É impossível a restituição do tributo, mesmo que a base de cálculo efetiva seja inferior à presumida.

e) São obrigados por lei a pagar o tributo tanto o contribuinte direto quanto o responsável tributário.

15. (FCC – Procurador do Estado – PGE-TO – 2018) Uma distribuidora de combustíveis da Bahia vende gasolina para um posto de gasolina de Tocantinópolis/TO, que vai comercializar o produto, e para uma empresa prestadora de serviços de transporte intramunicipal de Porto Nacional/TO, que vai utilizá-lo nas suas prestações de serviço de transporte intramunicipais. De acordo com a Lei Complementar n. 87/96, nas remessas que a distribuidora baiana fizer para essas duas empresas, a remetente:

a) não se debitará nem recolherá o ICMS para o Estado da Bahia, nem os adquirentes tocantinenses deverão debitar ou recolher o imposto aos cofres de Tocantins, pela entrada da gasolina neste Estado, relativamente às aquisições feitas em operações interestaduais;
b) deverá se debitar e recolher o ICMS para o Estado da Bahia, mas somente o posto de gasolina poderá se creditar do imposto anteriormente cobrado;
c) não se debitará nem recolherá o ICMS para o Estado da Bahia, mas, na qualidade de contribuinte, deverá debitar e recolher o imposto a favor dos cofres de Tocantins, pela entrada do combustível neste Estado, relativamente às aquisições feitas pelas duas empresas;
d) deverá, de um lado, se debitar e recolher o ICMS para o Estado da Bahia, e, de outro lado, deverá, na qualidade de contribuinte, debitar e recolher o imposto a favor dos cofres de Tocantins, pela entrada do combustível neste Estado, relativamente às aquisições feitas pelo posto de gasolina;
e) não se debitará nem recolherá o ICMS para o Estado da Bahia, mas o prestador de serviços de transporte intramunicipal, na qualidade de contribuinte, deverá pagar o imposto ao Estado de Tocantins, pela entrada do combustível neste Estado, relativamente às aquisições efetuadas por ele.

16. (FCC – Procurador do Estado – PGE-TO – 2018) O ICMS é um imposto não cumulativo, por expressa determinação constitucional. A Lei complementar n. 87/96 estabelece, no *caput* de seu art. 23, que o *direito de crédito, para efeito de compensação com débito do imposto, reconhecido ao estabelecimento que tenha recebido as mercadorias ou para o qual tenham sido prestados os serviços, está condicionado à idoneidade da documentação e, se for o caso, à escrituração nos prazos e condições estabelecidos na legislação*.

De acordo com o parágrafo único do artigo adrede mencionado, o direito de utilizar o crédito do ICMS extingue-se depois de decorridos:

a) cinco anos, contados do primeiro dia do exercício seguinte àquele em que a mercadoria ou o serviço foram recebidos;
b) três anos, contados da data da entrada da mercadoria no estabelecimento ou do recebimento do serviço;
c) cinco anos, contados da data de emissão do documento;
d) três anos, contados da data em que saiu do estabelecimento a mercadoria que deu suporte ao crédito;
e) três anos, contados da data da ocorrência do fato gerador.

17. (FCC – Procurador do Estado – PGE-TO – 2018) Em 16 de novembro de 2016 foi publicada lei estadual, que produziu efeitos a partir da data de sua publicação, e que alterou a lei do IPVA de um determinado Estado brasileiro. As alterações promovidas implicaram a fixação da:

I. alíquota das motocicletas em percentual superior ao anteriormente fixado;
II. alíquota dos veículos de carga, tipo caminhão, em percentual inferior ao anteriormente fixado;
III. base de cálculo de veículos de passeio importados do exterior, em valor superior ao anteriormente fixado.

De acordo com a disciplina constitucional, a norma relacionada com a situação mencionada acima, no item:

a) I já pôde ser aplicada desde 16 de novembro de 2016;
b) I já pôde ser aplicada desde 1º de janeiro de 2017;
c) II só pôde ser aplicada a partir de 1º de janeiro de 2017;
d) III só pôde ser aplicada a partir de 1º de janeiro de 2017;
e) III só pôde ser aplicada a partir de 15 de fevereiro de 2017.

18. (Cespe – Defensor Público – DPE-PE – 2018) A empresa BETA, operadora de plano privado de saúde, foi notificada pelo Fisco estadual em razão do não recolhimento de ICMS relativo às operações mistas, que envolvem a prestação de serviços associados ao fornecimento de mercadorias. Em sua defesa, a empresa alegou que o Fisco municipal entende que, nesse caso, incide o imposto sobre serviços de qualquer natureza (ISSQN).

Considerando o entendimento majoritário e atual do Supremo Tribunal Federal, assinale a opção correta, acerca dos impostos que poderão incidir no presente caso.

a) No caso em tela, deve prevalecer a incidência do ICMS, afastando-se a incidência do ISSQN sobre a operação.

b) Se os serviços prestados pela empresa em questão estiverem previstos na lei complementar federal que dispõe sobre o ISSQN, prevalecerá a incidência do ISSQN sobre o ICMS.

c) Incidirá, em regra, o ICMS, podendo haver a incidência do ISSQN se o serviço estiver previsto na lei complementar federal que dispõe sobre esse tributo, caso em que, para evitar a bitributação, o valor pago a título de ICMS será deduzido da base de cálculo do ISSQN

d) No caso em tela, incidem tanto ICMS como o ISSQN: o ICMS incidirá sobre a parcela relativa à obrigação de dar e o ISSQN incidirá sobre a parcela referente à obrigação de fazer.

e) Há de se verificar a atividade preponderante do contribuinte: se a atividade preponderante for o fornecimento de mercadorias, ele deve ser tributado pelo ICMS; se for a prestação de serviços, ele será tributado pelo ISSQN.

19. (Cespe – Analista Judiciário – TRE-PE – 2017) O ISS:

a) é devido por serviços prestados que não constituam atividade preponderante do prestador;

b) é de competência da União, com arrecadação destinada aos Municípios;

c) exclui a cobrança sobre serviços cuja prestação se tenha iniciado no exterior;

d) pode ser cobrado em conjunto com o ICMS;

e) tem sua incidência condicionada à denominação dada ao serviço prestado.

20. (Consulplan – Analista – TRF2 – 2017) "Idealize que em um Estado qualquer da Federação foi publicado decreto governamental, pelo qual foi alterada a sistemática de recolhimento do ICMS sobre o fornecimento de energia elétrica. Passou-se do sistema de encontro de contas (crédito-débito) estabelecido por lei complementar, para um sistema de recolhimento por estimativa, com base no apurado no mês anterior, realizando-se no mês subsequente o encontro de contas e admitindo-se o creditamento, caso o saldo fosse favorável ao contribuinte." Com relação ao novo sistema de recolhimento do ICMS deste Estado, tal como registrado no decreto, é correto afirmar que:

a) é válido, visto que não há necessidade de lei quando apenas se altera a sistemática de recolhimento do tributo;

b) é ineficaz, até que se complete o exercício fiscal em que foi promulgado o decreto, só produzindo efeitos após este período;

c) afronta a Constituição, já que a criação de nova maneira de recolhimento do tributo deve ocorrer mediante lei no sentido formal e material;

d) é inconstitucional, uma vez que a fixação de nova sistemática para recolhimento do imposto tem que ser aprovada pelo CONFAZ – Conselho Nacional de Política Fazendária.

21. (FGV – Procurador da Alerj – 2017) NÃO integra(m) a base de cálculo do ICMS nas operações de importação de mercadorias:

a) o imposto de importação e o imposto sobre produtos industrializados;

b) a taxa de armazenagem e capatazia;

c) a contribuição ao PIS e a COFINS incidente na importação;

d) a Taxa de Utilização do SISCOMEX;

e) quaisquer despesas aduaneiras devidas à repartição alfandegária.

22. (FGV – Procurador da Alerj – 2017) A empresa XYZ Comércio e Atacadista Ltda. está sujeita ao regime de substituição tributária para frente em relação às mercadorias que comercializa. Ao efetuar a saída dessas mercadorias, adotou um preço de venda menor do que aquele que serviu como base de cálculo do ICMS-ST, recolhido antecipadamente. Diante disso, a empresa apresentou pedido de restituição do ICMS-ST recolhido a maior, com fundamento no art. 150, § 7º, da Constituição Federal.

Considerando a legislação sobre o regime de substituição tributária para frente no caso do ICMS, bem como o atual entendimento do STF firmado sob a sistemática da repercussão geral (RE n. 593.849 – Tema 201), a pretensão da empresa está:

a) incorreta, pois o regime de substituição tributária para frente, em que a legislação estabelece uma base de cálculo presumida do ICMS-ST, que é recolhido antecipadamente pelo sujeito passivo, não admite a restituição proporcional do imposto na hipótese em que a base de cálculo da operação efetivamente realizada é menor do que a presumida;

b) correta, pois é admitida a restituição do ICMS pago a maior no regime de substituição tributária para frente quando a base de cálculo efetiva da operação foi inferior à presumida, sob pena de enriquecimento ilícito do Estado;

c) incorreta, pois no regime de substituição tributária para frente a tributação é definitiva, não se admitindo a restituição do ICMS recolhido antecipadamente de acordo com a base de cálculo presumida, ainda que o fato gerador não se concretize;

d) correta, pois no regime de substituição tributária para frente admite-se a restituição do tributo recolhido antecipadamente sob a base de cálculo presumida quando o fato gerador não se concretizar ou ocorrer parcialmente;

e) incorreta, pois o instituto da substituição tributária para frente, em que os critérios para apuração da base de cálculo presumida são fixados com base em pesquisas de mercado, a fim de facilitar a fiscalização de setores difíceis de monitorar e evitar a sonegação, é incompatível com a restituição do ICMS-ST na hipótese em que a base de cálculo efetiva da operação for inferior à presumida, pois restaria violada a própria natureza do instituto.

23. (FGV – Procurador da Alerj – 2017) Joana foi contratada pela empresa XYZ Prestadora de Serviços de Limpeza Ltda. em 25-3-2015. Ultrapassado o período de um ano, Joana pleiteou férias, que foram gozadas no período de 1º-4-2016 a 30-4-2016. Na ocasião, Joana recebeu o valor correspondente às suas férias e o respectivo terço constitucional, descontado o imposto de renda sobre o montante total recebido. No caso concreto, considerando a atual jurisprudência do STJ, firmada por sua 1ª Seção em sede de julgamento de recurso repetitivo (REsp 1.459.779-MA), a inclusão do terço constitucional de férias gozadas na base de cálculo adotada pela empregadora para fins de retenção do imposto de renda está:

a) incorreta, pois, ao contrário das férias gozadas, o respectivo terço constitucional consiste em verba de natureza indenizatória destinada a compensar o trabalhador pelo dano imaterial sofrido em decorrência do exercício normal de sua profissão durante o período aquisitivo, não sofrendo a incidência do imposto de renda;

b) incorreta, pois, uma vez que o terço constitucional de férias gozadas não se sujeita à incidência de contribuição previdenciária sobre a folha de salários, em razão da não incorporação dessa verba para fins de aposentadoria, também não se submete à incidência do imposto de renda;

c) correta, pois o terço constitucional sobre as férias gozadas configura aquisição de disponibilidade econômica, eis que se trata de efetivo acréscimo patrimonial ao trabalhador, fato gerador do imposto de renda;

d) incorreta, pois o terço constitucional de férias gozadas não possui natureza salarial, não tem caráter retributivo e não constitui ganho habitual;

e) correta, pois, assim como o terço constitucional sobre as férias não gozadas, o terço constitucional sobre as férias gozadas representa acréscimo patrimonial sujeito à incidência do imposto de renda.

24. (FGV – Procurador da Alerj – 2017) No ano de 2010, o calendário fixado pelo Estado do Rio de Janeiro para pagamento do IPVA foi publicado na imprensa oficial e amplamente divulgado pelos meios de comunicação em 2-1-2010 e tinha como prazo final para pagamento do imposto o dia 29-10-2010. Tácito, proprietário de um veículo automotor naquele exercício, não efetuou o pagamento do imposto no prazo estabelecido na legislação estadual. Diante disso, em 3-1-2011, o Fisco Fluminense lavrou auto de infração em face de Tácito, que, embora regularmente notificado em 7-1-2011, não apresentou defesa administrativa, permanecendo inadimplente quanto à referida obrigação tributária. Em 31-3-2016, Tácito foi citado em execução fiscal ajuizada em 4-3-2016 pelo Estado do Rio de Janeiro para cobrança de IPVA do exercício de 2010. Tácito apresentou Exceção de Pré-Executividade em que requereu a extinção da execução fiscal, com fundamento na prescrição do crédito tributário de IPVA exigido.

Considerando a legislação sobre o tema e a atual jurisprudência do Superior Tribunal de Justiça firmada por sua 1ª Seção, na ocasião do julgamento do REsp 1.320.825-RJ, submetido à sistemática do art. 1.039 do CPC/2015 (Tema n. 903), a alegação de Tácito está:

a) correta, pois o IPVA é um tributo sujeito a lançamento de ofício, cujo prazo prescricional para o ajuizamento de execução fiscal conta-se da data da divulgação do calendário de pagamento do tributo, quando os contribuintes são notificados do lançamento do imposto;
b) incorreta, pois o IPVA é um tributo sujeito a lançamento de ofício e, portanto, na hipótese de não pagamento pelo contribuinte no prazo estabelecido na legislação pertinente conforme calendário divulgado pelos meios de comunicação, o Fisco Estadual dispõe do prazo de cinco anos, previsto no art. 173, I, do CTN, a contar do exercício seguinte à ocorrência do fato gerador para constituir o crédito tributário, e, após a sua definitiva constituição, dispõe do prazo de cinco anos para a propositura de execução fiscal, conforme previsto no art. 174 do CTN;
c) correta, pois o IPVA é um tributo sujeito a lançamento de ofício, cujo prazo prescricional para o ajuizamento de execução fiscal conta-se do primeiro dia de cada exercício, eis que a exigibilidade do referido tributo é de notório conhecimento da população;
d) correta, pois foi ultrapassado o prazo prescricional de cinco anos contados entre a data da constituição definitiva do crédito tributário, que ocorreu mediante a notificação da lavratura de auto de infração, e o ajuizamento da execução fiscal;
e) correta, pois a notificação do contribuinte para o recolhimento do IPVA, inclusive quando esta se der mediante ampla divulgação do calendário com indicação de forma e prazo para pagamento do tributo, é meio idôneo para a constituição definitiva do crédito tributário, iniciando-se o prazo prescricional para o ajuizamento de execução fiscal no dia seguinte à data estipulada para o vencimento da exação.

25. (Cespe – PC-GO – 2017) Instrução normativa expedida em dezembro de 2015 pelo secretário de Fazenda do Estado de Goiás estabeleceu que, para ter acesso ao sistema de informática de emissão de nota fiscal, relativa ao ICMS, o contribuinte deve estar em dia com suas obrigações tributárias estaduais. Em janeiro de 2016, a empresa Alfa Ltda., com pagamento de tributos em atraso, requereu acesso ao sistema e teve o seu pedido indeferido.

Nessa situação hipotética:

a) ainda que a emissão de notas fiscais seja obrigação acessória, o princípio da legalidade estrita, vigente no Direito Tributário, impõe que tais deveres sejam previstos por lei ordinária, sendo inválida a restrição estabelecida por instrução normativa;
b) o ICMS é tributo sujeito à anterioridade nonagesimal, de modo que, embora válida a instrução normativa, o indeferimento é ato insubsistente, por ter aplicado a instrução normativa antes do prazo constitucional;
c) a interdição de emissão de notas fiscais é meio indireto de cobrança do tributo, já que inibe a continuidade da atividade profissional do contribuinte, o que torna a instrução normativa em questão inválida;
d) o ICMS não é tributo sujeito à anterioridade nonagesimal, de modo que o indeferimento é válido;
e) a emissão de notas fiscais é obrigação acessória, podendo ser regulada por ato infralegal, sendo válida a restrição estabelecida.

26. (IBFC – Advogado – 2017) Assinale a alternativa correta quanto à previsão constitucional sobre operações relativas à circulação de mercadorias e sobre prestações de serviços de transporte interestadual e intermunicipal e de comunicação, ainda que as operações e as prestações se iniciem no exterior.

a) Nas operações e prestações que destinem bens e serviços a consumidor final, contribuinte ou não do imposto, localizado em outro Estado, adotar-se-á a alíquota interestadual e caberá ao Estado de localização do remetente o imposto correspondente à diferença entre a alíquota interna do Estado destinatário e a alíquota interestadual.

b) Nas operações e prestações que destinem bens e serviços a consumidor final, contribuinte ou não do imposto, localizado em outro Estado, adotar-se-á a alíquota estadual e caberá ao Estado de localização do destinatário o imposto correspondente à diferença entre a alíquota interna do Estado destinatário e a alíquota interestadual.

c) Nas operações e prestações que destinem bens e serviços a consumidor final, contribuinte ou não do imposto, localizado em outro Estado, adotar-se-á a alíquota estadual e caberá ao Estado de localização do remetente o imposto correspondente à diferença entre a alíquota interna do Estado destinatário e a alíquota interestadual.

d) Nas operações e prestações que destinem bens e serviços a consumidor final, contribuinte ou não do imposto, localizado em outro Estado, adotar-se-á a alíquota interestadual e caberá ao Estado de localização do destinatário o imposto correspondente à diferença entre a alíquota interna do Estado remetente e a alíquota interestadual.

e) Nas operações e prestações que destinem bens e serviços a consumidor final, contribuinte ou não do imposto, localizado em outro Estado, adotar-se-á a alíquota interestadual e caberá ao Estado de localização do destinatário o imposto correspondente à diferença entre a alíquota interna do Estado destinatário e a alíquota interestadual.

27. (XXIII Exame de Ordem Unificado) O laboratório de análises clínicas X realizou a importação de equipamento eletrônico necessário para a realização de alguns exames. Por ocasião do desembaraço aduaneiro, foi lhe exigido o pagamento de Imposto sobre Produtos Industrializados (IPI), cuja base de cálculo correspondia a 150% do preço corrente do equipamento no mercado atacadista da praça do remetente, acrescido do Imposto de Importação (II), das taxas exigidas para a entrada do produto no país e dos encargos cambiais efetivamente pagos pelo laboratório. Sobre a exigência feita, assinale a afirmativa correta.

a) É ilegal, pois, além dos acréscimos, a base de cálculo está sendo de 150% do preço corrente do equipamento no mercado atacadista da praça do remetente.

b) É ilegal, pois a base de cálculo está incluindo o montante correspondente ao imposto de importação.

c) É ilegal, pois a base de cálculo está incluindo o montante correspondente às taxas exigidas para a entrada do produto no país.

d) É ilegal, pois a base de cálculo está incluindo o montante correspondente aos encargos cambiais efetivamente pagos pelo laboratório.

28. (Cespe – Procurador do Estado – PGE-SE – 2017) Os tributos cuja instituição compete aos Municípios incluem o:

a) ITBI, o IPI e o IPVA;

b) ITR, o ITCMD e o IPI;

c) ITBI, o IPVA e o ITCMD;

d) IPTU, o ITR e o ISSQN;

e) IPTU, o ITBI e o ISSQN.

29. (FMP Concursos – Promotor de Justiça Substituto – MPE-RO – 2017) De acordo com o disposto no art. 155, § 1º, da Constituição da República Federativa do Brasil, é CORRETO o que se afirma acerca do imposto sobre transmissão *causa mortis* e doação, de quaisquer bens ou direitos na alternativa.

a) Relativamente a bens imóveis e respectivos direitos, compete ao Estado da situação do bem ou ao Distrito Federal.

b) Relativamente a bens imóveis e respectivos direitos, compete ao Estado onde se processar o inventário ou o arrolamento dos bens ou ao Distrito Federal.

c) Relativamente a bens imóveis e respectivos direitos, compete ao Estado onde estiver domiciliado o contribuinte ou ao Distrito Federal.

d) Terá suas alíquotas mínimas fixadas pelo Senado Federal.

e) Terá suas alíquotas mínimas e máximas fixadas por lei complementar estadual.

30. (FMP Concursos – Procurador do Estado – PGE-AC – 2017) Em relação ao ICMS e sua base constitucional, assinale a alternativa CORRETA.

a) Quando a Constituição Federal alude à mercadoria, faz isso *lato sensu*, ou seja, refere-se a qualquer produto vendido por um contribuinte do ICMS a outra pessoa, seja ela física ou jurídica.

b) A acepção "mercadoria", por não ser unívoca, é conceito a ser esclarecido em lei complementar, por não ser suficiente o conteúdo que se possa extrair do texto constitucional.

c) Em razão de advir da mercancia, cabe unicamente à lei comercial definir o que seja mercadoria, não podendo a lei tributária definir por si só o conceito.

d) Um bem do ativo imobilizado de uma determinada empresa é sempre considerado mercadoria, ainda mais se for, por exemplo, um automóvel, bem inequivocamente presente no comércio.

e) As leis complementares estaduais podem estabelecer sobre quais bens deverá incidir o ICMS e quais não.

31. (FMP Concursos – Procurador do Estado – PGE-AC – 2017) No que se refere ao Imposto sobre Transmissão "causa mortis" e doação, de competência do Estado, assinale a alternativa CORRETA.

a) Incide sobre a transmissão de direitos reais ou do domínio útil de bens imóveis a título oneroso.

b) Incide sobre a cessão de direitos relativos às transmissões da propriedade, seja onerosa ou não.

c) Incide sobre a transmissão de direitos reais de garantia, onerosa ou não.

d) Incide sobre a cessão de direitos relativos às transmissões de direitos reais sobre bens móveis tanto a título gratuito quanto oneroso.

e) Nenhuma das alternativas acima está CORRETA.

32. (Vunesp – Juiz Substituto – TJ-SP – 2017) Considerando o disposto no art. 156, § 1º, inciso I, da Constituição Federal, pode-se afirmar que foi instituída a denominada:

a) Progressividade fiscal genérica;

b) Progressividade extrafiscal genérica;

c) Progressividade fiscal específica do IPTU;

d) Progressividade extrafiscal específica do IPTU.

33. (Cespe – Promotor de Justiça Substituto – MPE-RR – 2017) Um imóvel localizado na área urbana de determinado município é utilizado por seu proprietário comprovadamente para o exercício exclusivo de atividades agrícola e pecuária.

Nessa situação hipotética:

a) é cabível apenas a cobrança do ITR, por expressa previsão legal, uma vez que o imóvel é utilizado em exploração agrícola e pecuária;

b) o IPTU e o ITR serão tributos devidos e cobrados cumulativamente, pois se referem a dois fatos geradores distintos: o IPTU será devido em razão da propriedade urbana; o ITR será devido pelo uso de imóvel em atividades agrícola e pecuária;

c) embora sejam devidos, os dois tributos não poderão ser cobrados cumulativamente, pois ambos incidem sobre o mesmo bem, devendo ser aplicado o princípio da não cumulatividade: o contribuinte terá o direito de descontar do valor do IPTU devido o montante que for eventualmente pago a título de ITR;

d) somente será cabível a cobrança do IPTU, uma vez que o critério aplicado pelo CTN é o da localização do imóvel, sendo irrelevante a destinação dada por seu proprietário.

34. (Cespe – Promotor de Justiça Substituto – MPE-RR – 2017) A tributação sobre a propriedade rural, fundamental para o desenvolvimento agrário, tem como espécie o ITR, tributo de competência da União. A respeito das características desse imposto, assinale a opção correta.

a) É um imposto progressivo: quanto mais alto for o valor do objeto que recebe o gravame tributário, maior será a alíquota e, portanto, o ônus imputado ao contribuinte.

b) O contribuinte do imposto é o real proprietário do imóvel rural; aquele que for apenas possuidor não será considerado contribuinte do imposto.

c) É classificado como um imposto proporcional, ou seja, a alíquota é constante e o resultado aumenta à medida que aumenta o valor do bem sobre o qual ele incide.

d) O município poderá optar por fiscalizá-lo e cobrá-lo e, até mesmo, reduzi-lo de forma discricionária, conforme a política agrária local.

35. (FCC – Juiz Substituto – TJ-SC – 2017) A base de cálculo do ICMS devido por operações subsequentes, em regime de substituição tributária:

a) só pode ser fixada pela Administração Tributária conforme os preços únicos ou máximos previamente determinados por autoridade competente para regulação de mercados;

b) será fixada pela soma dos valores relativos à entrada do bem ou recebimento do serviço, incluídos frete, seguro e encargos, com a margem de valor agregado, inclusive lucro, das operações ou prestações subsequentes;

c) será obrigatoriamente fixada por preço final a consumidor sugerido pelo substituto tributário, em caso de inexistência de preços únicos ou máximos fixados por autoridade competente para regulação de mercados;

d) só poderá ser fixada pela Administração Tributária por meio de pesquisas de preços finais praticados em mercado;

e) não pode utilizar os levantamentos de preço praticados em mercado para a determinação da margem de valor agregado nas operações subsequentes.

36. (FCC – Juiz Substituto – TJ-SC – 2017) As contribuições sociais para a seguridade social:

a) estão entre as competências comuns da União, Estados, Distrito Federal e Municípios;

b) incidem exclusivamente sobre os valores pagos a segurados empregados e avulsos;

c) não podem, em hipótese alguma, se desvincular do orçamento da previdência social;

d) não incidem sobre gorjetas pagas ao segurado;

e) só incidem sobre o lucro líquido apurado conforme a legislação do Imposto de Renda.

37. (Cespe – Procurador Municipal – Prefeitura de Belo Horizonte-MG – 2017) No que se refere às normas constitucionais aplicáveis aos tributos de competência municipal, assinale a opção correta.

a) É possível a instituição de ISSQN sobre a prestação de serviços de transporte intermunicipal, desde que observada a alíquota máxima relativa a operações intermunicipais prevista em lei complementar.

b) No caso de subutilização do solo urbano, poderá o poder público municipal, mediante lei específica para a área incluída no plano diretor, exigir a incidência de IPTU progressivo no tempo.

c) Lei editada após a Emenda Constitucional n. 29/2000 deverá ser declarada inconstitucional caso institua cobrança de IPTU com alíquotas diferentes em razão da localização do imóvel.

d) A cobrança do imposto municipal devido por transmissão de bens imóveis por ato *inter vivos*, a título oneroso, compete ao Município do domicílio tributário do alienante.

38. (Cespe – Procurador Municipal – Prefeitura de Belo Horizonte-MG – 2017) Depois de ter sido regularmente contratada pelo Município de Belo Horizonte – MG para o fornecimento de equipamentos médicos de fabricação estrangeira a hospitais municipais, a empresa Alfa, importadora de bens e mercadorias, tornou-se, nos termos do contrato administrativo celebrado com o município, a responsável pela importação e pelo pagamento de todos os tributos exigíveis por ocasião do desembaraço aduaneiro. Tendo os equipamentos ficado retidos na aduana em razão do não recolhimento do ICMS incidente sobre as mercadorias, a Alfa alegou que o imposto deveria ser recolhido pelo Município de Belo Horizonte, destinatário final dos produtos. Entendeu a empresa que o ICMS não faz parte do desembaraço aduaneiro, visto que o fato gerador ainda não teria ocorrido e não decorreria do ato de importação, ou seja, o referido imposto somente seria devido no momento da entrada dos bens no estabelecimento do destinatário final.

Considerando as regras de Direito Tributário, assinale a opção correta, a respeito dessa situação hipotética.

a) É devida a retenção aduaneira, pois o ICMS não poderia ser cobrado de quem não é contribuinte habitual do imposto.

b) Na entrada de mercadoria importada do exterior, é legítima a cobrança do ICMS por ocasião do desembaraço aduaneiro.

c) Como os bens não serão comercializados, o ICMS não é devido, pois inexiste o fato gerador do tributo.

d) O ICMS não é devido, dada a imunidade tributária. Nesse caso, somente pode ser exigido o imposto sobre a importação, sendo vedada a bitributação.

39. (Cespe – Procurador Municipal – Prefeitura de Belo Horizonte-MG – 2017) Em determinado Município, uma associação de produtores rurais solicitou que o prefeito editasse lei afastando a incidência do ITR para os munícipes que tivessem idade igual ou superior a sessenta e cinco anos e fossem proprietários de pequenas glebas rurais, assim entendidas as propriedades de dimensão inferior a trezentos hectares. O prefeito, favorável ao pedido, decidiu consultar a procuradoria municipal acerca da viabilidade jurídica dessa norma.

Com relação a essa situação hipotética, assinale a opção correta de acordo com as normas constitucionais e a legislação tributária vigente.

a) O ITR é um imposto da União e, por conseguinte, é vedado atribuir aos municípios, que não detêm competência para legislar sobre essa matéria, a responsabilidade por sua fiscalização.

b) Cabe ao município a competência legislativa sobre o ITR, podendo ele instituir hipóteses de isenção e de não incidência.

c) O ITR é um imposto de competência da União, não podendo o município reduzi-lo ou adotar qualquer renúncia fiscal.

d) A CF prevê a imunidade fiscal para os proprietários de pequenas glebas rurais que tenham idade igual ou superior a sessenta e cinco anos.

40. (UFPR – Câmara de Curitiba – Procurador Jurídico – 2020) Sobre o IPTU, assinale a alternativa correta.

a) Não se pode exigir do proprietário o pagamento do IPTU quando ele sofreu invasão de sua propriedade por terceiros, defendeu-se por meio dos meios jurídicos apropriados e foi posteriormente expropriado pela municipalidade.

b) O fisco, verificando a divisão de imóvel preexistente em unidades autônomas, pode proceder às novas inscrições de IPTU, desde que exista prévio registro das novas unidades em cartório de imóveis.

c) É constitucional a atualização do IPTU, por ato do Executivo, ainda que em percentual superior aos dos índices oficiais.

d) A restrição à utilização da propriedade referente a área de preservação permanente em parte de imóvel urbano (loteamento) afasta a incidência do IPTU.

e) A maçonaria é considerada religião pelas Cortes Superiores, razão pela qual seus imóveis gozam de imunidade tributária.

41. (UFPR – Câmara de Curitiba – Procurador Jurídico – 2020) Nos termos da Constituição Federal de 1988, compete aos Municípios instituir o Imposto sobre Propriedade Predial e Territorial Urbana (IPTU). Esse tributo, ademais, poderá ser progressivo em razão do valor do imóvel e ter alíquotas diferentes de acordo com a localização e o uso do imóvel. Sobre o IPTU, considere as seguintes afirmativas:

1. A base de cálculo do imposto é o valor venal do imóvel. 2. Contribuinte do imposto é o proprietário do imóvel, o titular do seu domínio útil ou o seu locatário. 3. Para fins de incidência do IPTU, a lei municipal pode considerar urbanas as áreas urbanizáveis, ou de expansão urbana, constantes de loteamentos

aprovados pelos órgãos competentes, destinados à habitação, à indústria ou ao comércio. 4. Nos Municípios com menos de 20.000 habitantes, admite-se a delegação da competência para instituir o IPTU ao Estado.

Assinale a alternativa correta.

a) Somente a afirmativa 4 é verdadeira.
b) Somente as afirmativas 1 e 2 são verdadeiras.
c) Somente as afirmativas 1 e 3 são verdadeiras.
d) Somente as afirmativas 2, 3 e 4 são verdadeiras.
e) As afirmativas 1, 2, 3 e 4 são verdadeiras.

42. (FEPESE – Prefeitura de Itajaí-SC – Auditor Fiscal Municipal – 2020) Sobre o Imposto Sobre Serviços de Qualquer Natureza, de competência dos Municípios e do Distrito Federal, é correto afirmar.

a) No caso de contratação de serviços de engenharia ou arquitetura, o contribuinte do tributo será o tomador do serviço.
b) O imposto não será objeto de concessão de isenções, incentivos ou benefícios tributários ou financeiros, não podendo, a sua alíquota, exceder a dois por cento.
c) Nos serviços executados em águas marítimas, o fato gerador do imposto será sempre o local do estabelecimento prestador dos serviços.
d) A incidência do imposto tem como fato gerador a prestação e a denominação do serviço constantes em lista anexa de que trata a Lei Complementar própria.
e) O ato municipal que não respeite a alíquota mínima do imposto, no caso de serviço prestado a tomador ou intermediário localizado em Município diverso daquele onde está localizado o prestador do serviço, será nulo.

43. (INSTITUTO AOCP – Prefeitura de Betim-MG – Auditor Fiscal de Tributos Municipais – 2020) Em relação à Lei do ISSQN (Lei Complementar n. 116/2003), analise as assertivas e assinale a alternativa correta:

I. O imposto incide sobre o valor intermediado no mercado de títulos e valores mobiliários, o valor dos depósitos bancários, o principal, juros e acréscimos moratórios relativos a operações de crédito realizadas por instituições financeiras.
II. O serviço considera-se prestado, e o imposto, devido, no local do estabelecimento prestador ou, na falta do estabelecimento, no local do domicílio do prestador, incluindo-se o do local das edificações em geral, estradas, pontes, portos e congêneres.
III. Os Municípios e o Distrito Federal não poderão atribuir de modo expresso a responsabilidade pelo crédito tributário à terceira pessoa, vinculada ao fato gerador da respectiva obrigação, excluindo a responsabilidade do contribuinte ou atribuindo-a a este em caráter supletivo do cumprimento total ou parcial da referida obrigação.

a) I, II e III estão incorretas.
b) Apenas I e II estão corretas.
c) I, II e III estão corretas.
d) Apenas I e III estão corretas.
e) Apenas II e III estão corretas.

44. (FUNDEP – Prefeitura de Barão de Cocais-MG – Advogado – 2020) No que diz respeito às regras constitucionais previstas para os impostos municipais, assinale a alternativa incorreta.

a) O Imposto sobre a Transmissão de Bens Imóveis (ITBI) não incide sobre a transmissão de bens ou direitos incorporados ao patrimônio de pessoa jurídica em realização de capital, nem sobre a transmissão de bens ou direitos, decorrente de fusão, incorporação, cisão ou extinção de pessoa jurídica, salvo se, nesses casos, a atividade preponderante do adquirente for a de compra e venda desses bens ou direitos, locação de bens imóveis ou arrendamento mercantil.

b) Sem prejuízo da progressividade no tempo para atendimento à função social da propriedade urbana, o Imposto sobre a Propriedade Predial e Territorial Urbana (IPTU) poderá ser progressivo em razão do valor do imóvel.

c) Compete aos municípios instituir o Imposto sobre Serviços de Qualquer Natureza (ISSQN), que abrange quaisquer serviços a serem definidos em lei complementar, excluindo os serviços de transporte interestadual e intermunicipal e de comunicação.

d) O Imposto sobre a Transmissão de Bens Imóveis (ITBI) compete ao município da situação do bem e pode ter alíquotas diferentes de acordo com a localização e o uso do imóvel.

45. (FUNDEP - Prefeitura de Barão de Cocais-MG - Fiscal de Rendas e Tributos - 2020) Analise as afirmativas a seguir, relativas às características gerais da tributação.

I. O Imposto sobre a Propriedade Territorial Rural (ITR) poderá ser fiscalizado e cobrado pelos Municípios que assim optarem, na forma da lei, desde que não implique redução do imposto ou qualquer outra forma de renúncia fiscal.

II. O Crédito Tributário não se extingue por dação em pagamento em bens imóveis.

III. A Obrigação Tributária Acessória, pelo simples fato da sua inobservância, converte-se em Obrigação Tributária Principal relativamente à penalidade pecuniária.

Estão corretas as afirmativas

a) I e II, apenas.

b) I e III, apenas

c) II e III, apenas.

d) I, II e III.

46. (FUNDEP - Prefeitura de Barão de Cocais-MG - Fiscal de Rendas e Tributos - 2020) Sobre o Imposto sobre Transmissão de Bens Imóveis (ITBI), assinale a alternativa correta.

a) A base de cálculo corresponde ao valor venal do imóvel utilizado para a cobrança do IPTU.

b) O ITBI é um tributo de competência estadual que tem como fato gerador a transmissão, a qualquer título, de direitos reais sobre imóveis, inclusive os direitos reais de garantia.

c) O ITBI não incide sobre a transmissão dos bens ou direitos, quando decorrente da incorporação ou da fusão de uma pessoa jurídica por outra ou com outra.

d) Apenas o comprador pode ser o contribuinte do ITBI, pois a lei municipal não pode definir qual das partes da operação será tributada.

47. (CESPE/CEBRASPE - SEFAZ-AL - Auditor Fiscal da Receita Estadual - 2020) Acerca de ICMS, julgue o item a seguir.

Situação hipotética: Determinado estado celebrou convênio com outros estados prevendo a redução da base de cálculo do ICMS para determinado setor de peças automobilísticas.

Assertiva: A ratificação do convênio pelo chefe do Poder Executivo estadual, por meio de decreto, é condição necessária e suficiente para internalização do benefício de redução de base de cálculo no ordenamento jurídico daquele estado.

( ) Certo ( ) Errado

48. (CESPE/CEBRASPE - SEFAZ-AL - Auditor Fiscal da Receita Estadual - 2020) Acerca de ICMS, julgue o item a seguir.

Nas operações e prestações que destinem bens e serviços a consumidor final, contribuinte ou não do imposto, localizado em outro estado, será adotada a alíquota interestadual e caberá ao estado de localização do destinatário o imposto correspondente à diferença entre a alíquota interna do estado destinatário e a alíquota interestadual.

( ) Certo ( ) Errado

49. (FCC – TJ-MS – Juiz Substituto – 2020) A respeito dos impostos estaduais e municipais, é correto afirmar:

a) O Imposto de Transmissão Inter Vivos de Bens Imóveis (ITBI) e o Imposto sobre Propriedade Territorial Urbana (IPTU), instituídos pelo município, podem, ambos, ser progressivos com base no valor venal do imóvel, em homenagem ao princípio da capacidade contributiva.

b) O Estado-Membro pode instituir Imposto sobre Transmissão Causa Mortis e Doação (ITCMD) progressivo, com base no valor da doação ou da sucessão causa morte.

c) O Imposto sobre Circulação de Mercadorias e Serviços (ICMS) incide sobre a alienação de salvados de sinistro pelas seguradoras, pois tais exercem atividade empresarial.

d) O Imposto sobre Circulação de Mercadorias e Serviços (ICMS) não incide sobre a importação de veículos do exterior por pessoas físicas que não exercem atividade empresarial, ainda que exista lei estadual com essa previsão.

e) O Imposto sobre Serviços de Qualquer Natureza (ISS) incide sobre a operação exclusiva de locação de bens móveis.

50. (CESPE/CEBRASPE – SEFAZ-DF – Auditor Fiscal – 2020) Julgue o próximo item, com base no disposto na Lei Orgânica do DF, na Constituição Federal de 1988 e no Código Tributário Nacional (CTN).

De acordo com o CTN, o arrematante de produtos importados apreendidos pela aduana é contribuinte do imposto sobre a importação.

( ) Certo ( ) Errado

GABARITO

1. E / **2.** C / **3.** B / **4.** B / **5.** E / **6.** C / **7.** C / **8.** D / **9.** B / **10.** B / **11.** C / **12.** D / **13.** B / **14.** A / **15.** E / **16.** C / **17.** D / **18.** B / **19.** A / **20.** C / **21.** B / **22.** B / **23.** C / **24.** E / **25.** C / **26.** E / **27.** A / **28.** E / **29.** A / **30.** C / **31.** E / **32.** C / **33.** A / **34.** A / **35.** B / **36.** A / **37.** B / **38.** B / **39.** C / **40.** A / **41.** C / **42.** E / **43.** A / **44.** D / **45.** B / **46.** C / **47.** Errado. / **48.** Certo. / **49.** B / **50.** Certo.

9.19 QUESTÕES COMENTADAS

1. (MPE-PR – Promotor Substituto – 2019) Sobre o ICMS, é **correto** afirmar.

a) O ICMS incide sobre alienação de salvados de sinistro pelas seguradoras.

b) O ICMS incide sobre a tarifa de assinatura básica mensal cobrada pelas prestadoras de serviço de telefonia, independentemente da franquia de minutos conferida ou não ao usuário.

c) O fornecimento de água potável por empresas concessionárias desse serviço público é tributável por meio do ICMS.

d) A aquisição de produtos intermediários, sujeitos ao regime de crédito físico, aplicados no processo produtivo que não integram fisicamente o produto final gera direito ao crédito de ICMS, em razão do princípio da não cumulatividade.

e) A aplicação de correção monetária aos créditos escriturais do ICMS registrados tardiamente independe de lei autorizadora ou de prova quanto ao obstáculo injustamente posto pelas autoridades fiscais à pretensão do contribuinte, em razão da força normativa dos princípios da não cumulatividade e da isonomia.

COMENTÁRIO

a) Nos termos da Súmula Vinculante 32, não incide ICMS sobre a alienação de salvados de sinistro pelas seguradoras. **(Errado)**

b) O STF entendeu em sede de repercussão geral (Tema 827) que "o Imposto sobre Circulação de Mercadorias e Serviços (ICMS) incide sobre a tarifa de assinatura básica mensal cobrada pelas prestadoras de serviços de telefonia, independentemente da franquia de minutos concedida ou não ao usuário". **(Correto)**

c) O STF entendeu em sede de repercussão geral (Tema 326) que "O ICMS não incide sobre o fornecimento de água tratada por concessionária de serviço público, dado que esse serviço não caracteriza uma operação de circulação de mercadoria". **(Errado)**

d) Tal situação não gera crédito, conforme julgado pelo STF no RE 689.001. **(Errado)**

e) No caso de registro tardio dos créditos, para que seja aplicada a correção monetária é necessário que haja lei autorizadora. Nesse sentido, STF RE 591.846 AgR. **(Errado)**

Gabarito: letra B

2. (Iades – AL-GO – Procurador – 2019) No que tange à Administração Tributária, assinale a alternativa correta.

a) A formulação de consulta quanto à legitimidade de cobrança do Imposto sobre Operações relativas à Circulação de Mercadorias e Prestações de Serviços (ICMS) por ocasião de desembaraço aduaneiro, feita por consulente que não seja contribuinte habitual do imposto, impede a inscrição desse crédito em dívida ativa.

b) A adoção do regime de substituição tributária para reger a cobrança do ICMS, em operações interestaduais, dependerá de acordo específico celebrado pelos Estados interessados.

c) As autoridades e os agentes fiscais tributários da União, dos Estados, do Distrito Federal e dos Municípios somente poderão examinar documentos, livros e registros de instituições financeiras, inclusive os referentes a contas de depósitos e aplicações financeiras, mediante autorização judicial expressa quando tais informações restarem sujeitas a sigilo constitucional.

d) A dívida regularmente inscrita goza de presunção absoluta de certeza e liquidez e tem o efeito de prova pré-constituída contra o sujeito passivo.

e) A emissão errônea de certidão negativa, em desfavor da Fazenda Pública, gera responsabilidade objetiva do funcionário que a expedir pelo crédito tributário e juros de mora acrescidos.

COMENTÁRIO

a) A consulta tributária está prevista no art. 161, § 2º, do CTN. Segundo o *caput* do dispositivo, não há acréscimo de juros de mora enquanto estiver pendente resposta à consulta. No entanto, no caso relatado, a consulta foi formulada por pessoa que não é contribuinte, logo, não há óbice para a inscrição em dívida ativa. **(Errada)**

b) Nos termos do art. 9º da LC n. 87/96, a adoção do regime de substituição tributária em operações interestaduais depende de acordo específico celebrado entre os Estados interessados. **(Correta)**

c) O art. 6º da LC n. 105/2001 permite que as autoridades fiscais possam examinar documentos, livros e registros de instituições financeiras, inclusive os referentes a contas de depósitos e aplicações financeiras, quando houver processo administrativo instaurado ou procedimento fiscal em curso, não sendo necessária autorização judicial. **(Errada)**

d) A presunção de certeza e liquidez da CDA não é absoluta, mas relativa, conforme dispõe o parágrafo único do art. 3º da LEF (Lei n. 6.830/80). **(Errada)**

e) Nos termos do art. 208 do CTN, para que haja responsabilização do funcionário público é indispensável que seja comprovado o dolo ou fraude. Assim, não se trata de responsabilidade objetiva. **(Errada)**

Gabarito: letra B

3. (Cespe – Sefaz-RS – Auditor-Fiscal da Receita Estadual – Bloco III – 2019) O fato gerador e a hipótese de incidência do ICMS:

a) são vinculados a contraprestações da Administração Pública;

b) contemplam produtos importados do comércio internacional;

c) afastam outras incidências tributárias em razão do *bis in idem*;

d) resultam de resoluções de maioria absoluta do Senado Federal;

e) incidem sobre o ouro definido por lei como ativo financeiro.

COMENTÁRIO

a) Somente taxas e contribuições de melhoria têm como fato gerador atividade administrativa relacionada ao contribuinte. Sendo o ICMS um imposto, seu fato gerado é não vinculado. **(Errado)**

b) O ICMS incide sobre a importação de produtos, inclusive sobre aqueles importados por pessoas físicas que não sejam contribuintes habituais do tributo, conforme dispõe o art. 155, § 2º, IX, *a*, da CF. **(Correto)**

c) A incidência do ICMS não afasta o dever de pagar outros tributos, como o próprio IPI, por exemplo. **(Errado)**

d) O fato gerador e a hipótese de incidência do ICMS não decorrem de resoluções do Senado Federal. Na verdade, o Senado tem competência para estabelecer, via resolução, aprovada por maioria absoluta, as alíquotas aplicáveis às operações interestaduais. **(Errado)**

e) Nos termos do art. 153, § 5º, da CF, o ouro definido como ativo financeiro só recolhe IOF. **(Errado)**

Gabarito: letra B

4. (Cespe – Sefaz-RS – Auditor-Fiscal da Receita Estadual – Bloco III – 2019) A empresa Alfa Tecnologia S.A., sediada em Santa Maria – RS, forneceu à empresa Beta Suprimentos e Tecnologia Ltda., localizada em Vitória – ES, em julho de 2018, um computador e uma impressora, os quais foram revendidos no mesmo mês, respectivamente, a Pedro, em Brasília – DF, e a Paulo, em São Luís – MA, os dois consumidores finais dos referidos produtos. Pedro e Paulo, ao contrário das duas empresas, não são contribuintes do ICMS.

Nessa situação hipotética, o recolhimento do diferencial entre a alíquota de ICMS interna e a interestadual é responsabilidade de:

a) Beta Suprimentos e Tecnologia Ltda.;

b) Alfa Tecnologia S.A.;

c) Pedro e Paulo;

d) Pedro somente, pois não há diferença de alíquotas no caso de Paulo;

e) Paulo somente, pois não há diferença de alíquotas no caso de Pedro.

COMENTÁRIO

a) Considerando que o destinatário não é contribuinte do ICMS, cabe ao remetente recolher o diferencial de alíquota, nos termos do art. 155, § 2º, incisos VII e VIII, *b*, da CF. Portanto, o recolhimento incumbe à empresa Beta, localizada no ES. **(Correto)**

b) A empresa Alfa remete para outro Estado, mas o destinatário é Beta, que é contribuinte do ICMS. **(Errado)**

c) Pedro e Paulo, por não serem contribuintes do imposto, não devem recolher o diferencial de alíquota. **(Errado)**

d) Idem. **(Errado)**

e) Idem. **(Errado)**

Gabarito: letra A

5. (Cespe – Sefaz-RS – Auditor-Fiscal da Receita Estadual – Bloco II – 2019) Lei municipal instituiu imposto sobre transmissões *inter vivos* de bens imóveis (ITBI) estabelecendo o seguinte:

I. alíquotas progressivas para o imposto com base no valor venal do imóvel;

II. exigibilidade de cobrança do imposto a partir da lavratura da escritura para o adquirente;

III. incidência do imposto nos contratos de promessa de compra e venda;

IV. obrigatoriedade de cobrança do imposto ao munícipe, ainda que o imóvel esteja situado em outro Município.

Nessa situação hipotética, considerando-se as disposições da CF e a jurisprudência do STF, é correto afirmar que a referida lei é inconstitucional no que se refere ao estabelecido nos itens:

a) I, II e III, apenas;
b) I, II e IV, apenas;
c) I, III e IV, apenas;
d) II, III e IV, apenas;
e) I, II, III e IV.

COMENTÁRIO

Assertiva I – Nos termos da Súmula 656 do STF: "É inconstitucional a lei que estabelece alíquotas progressivas para o imposto de transmissão *inter vivos* de bens imóveis – ITBI com base no valor venal do imóvel". **(Correta)**

Assertiva II – O STF entende que a cobrança do ITBI somente pode ocorrer após o registro da transferência do imóvel. Logo, a mera lavratura da escritura não dá ensejo à cobrança. **(Correta)**

Assertiva III – Idem. **(Correta)**

Assertiva IV – Conforme art. 156, § 2º, II, CF, a competência é do Município da situação do bem. **(Correta)**

Gabarito: letra E

6. (Cespe – Sefaz-RS – Auditor-Fiscal da Receita Estadual – Bloco II – 2019) Nas operações interestaduais, o ICMS incide sobre:

a) operações que destinem mercadorias ao exterior, inclusive produtos primários e produtos industrializados semielaborados;
b) operações de entrada de bem importado do exterior por pessoa jurídica que não seja contribuinte habitual do imposto;
c) operações de qualquer natureza, das quais decorra a transferência de propriedade de estabelecimento industrial;
d) operações com ouro, quando este for definido em lei como instrumento cambial;
e) operações que envolvam livros, jornais, periódicos e o papel destinado à impressão destes.

COMENTÁRIO

a) Não incide ICMS, conforme art. 155, § 2º, X, *a*, da CF. **(Errado)**
b) O art. 155, § 2º, IX, *a*, da CF, prevê que o ICMS incide nessas operações. **(Correto)**
c) Não existe previsão para tal hipótese. **(Errado)**
d) Não incide, conforme art. 155, § 2º, X, *c*, da CF. **(Errado)**
e) Nesse caso há imunidade tributária, prevista no art. 150, VI, *d*, da CF. **(Errado)**

Gabarito: letra B

7. (Cespe – Sefaz-RS – Auditor-Fiscal da Receita Estadual – Bloco II – 2019) O ICMS é espécie tributária que pode ser classificada como um imposto:

a) direto e especial, que deverá ser seletivo;
b) indireto e real, que poderá ser seletivo;
c) direto e pessoal, que deverá ser seletivo;
d) indireto e pessoal, que poderá ser seletivo;
e) direto e real, que poderá ser seletivo.

COMENTÁRIO

a) O ICMS é tributo indireto. A seletividade do ICMS não é obrigatória. A classificação como "especial" não é usada pela doutrina. **(Errado)**
b) O ICMS é um tributo indireto porque seu valor pode ser repassado, pelo contribuinte de direito, a terceiro (contribuinte de fato). O valor do imposto é repassado economicamente para aquele que adquire a mercadoria. O ICMS é um tributo real porque incide sobre algo objetivo (mercadoria ou serviço),

não levando em consideração aspectos pessoais do contribuinte. Por fim, pode ser seletivo, conforme art. 155, § 2º, III, da CF. **(Correto)**

c) Não é direto, nem especial. A seletividade do ICMS não é obrigatória. **(Errado)**

d) Não é pessoal, conforme explicado na alternativa "B". **(Errado)**

e) Não é direto, conforme explicado na alternativa "B". **(Errado)**

Gabarito: letra B

8. (Cespe – Sefaz-RS – Auditor-Fiscal da Receita Estadual – Bloco II – 2019) Determinadas espécies normativas são aptas a aumentar as alíquotas de ICMS sobre operações internas e operações interestaduais. A respeito desse assunto, assinale a opção correta.

a) Lei estadual é apta a aumentar as alíquotas de ICMS sobre as operações internas e interestaduais.

b) Lei complementar estadual é apta a aumentar alíquotas de ICMS sobre operações internas, e resolução do Senado Federal, sobre operações interestaduais.

c) Resolução do Senado Federal é apta a aumentar alíquotas de ICMS sobre operações internas, e resolução do Conselho Nacional de Política Fazendária, sobre operações interestaduais.

d) Lei estadual é apta a aumentar alíquotas de ICMS sobre operações internas, e resolução do Senado Federal, sobre operações interestaduais.

e) Lei complementar estadual é apta a aumentar alíquotas de ICMS sobre operações internas, e convênio do Conselho Nacional de Política Fazendária, sobre operações interestaduais.

COMENTÁRIO

a) As alíquotas de ICMS nas operações interestaduais não são fixadas por resolução do Senado. **(Errado)**

b) Basta lei ordinária estadual para aumentar alíquotas sobre operações internas. **(Errado)**

c) A resolução do Senado apenas estabelece as alíquotas das operações interestaduais. **(Errado)**

d) Por ser um imposto estadual, compete a cada Estado estabelecer as alíquotas de ICMS. Em relação às operações internas, observa-se a regra de competência prevista no art. 155, II, da CF. No entanto, por ser um imposto de abrangência nacional, uma vez que há inúmeras operações interestaduais, a Constituição atribuiu ao Senado Federal (que representa os Estados) a competência de estabelecer por meio de resolução as alíquotas das operações interestaduais (art. 155, § 2º, IV, da CF). **(Correto)**

e) Não há necessidade que a lei estadual seja complementar para aumentar alíquotas sobre operações internas. O Confaz não tem competência para estabelecer alíquotas. **(Errado)**

Gabarito: letra D

9. (Cespe – Sefaz-RS – Auditor-Fiscal da Receita Estadual – Bloco II – 2019) Determinado produto, oriundo do Estado de São Paulo, foi comprado, pela Internet, por consumidor final residente no Estado do Rio Grande do Sul.

Nesse caso, com relação ao ICMS devido nessa negociação, é correto afirmar que o Estado do Rio Grande do Sul:

a) não fará jus ao ICMS, devendo o estado de São Paulo auferir o valor integral de alíquota interna;

b) fará jus ao diferencial entre a alíquota interna de ICMS do estado do Rio Grande do Sul e a alíquota interestadual apenas se o destinatário final for contribuinte do tributo;

c) fará jus à integralidade da alíquota interna de ICMS do estado do Rio Grande do Sul;

d) fará jus ao diferencial entre a alíquota interna de ICMS do estado de São Paulo e a alíquota interestadual;

e) fará jus ao diferencial entre a alíquota interna de ICMS do estado do Rio Grande do Sul e a alíquota interestadual.

COMENTÁRIO

a) Após a Emenda Constitucional n. 87/2015, a regra foi alterada para que os Estados destinatários pudessem arrecadar o diferencial de alíquota nesses casos. **(Errado)**

b) Após a Emenda Constitucional n. 87/2015, a regra foi alterada e o diferencial de alíquota é devido mesmo nos casos em que o destinatário não é contribuinte do imposto. **(Errado)**

c) O imposto é repartido entre SP e RS, conforme regra estabelecida pelo art. 155, § 2º, VII, da CF. **(Errado)**

d) O Estado de destino tem direito ao diferencial de alíquota em relação à do Estado de origem, nos termos do art. 155, § 2º, VII, da CF. **(Errado)**

e) Nos termos do art. 155, § 2º, VII, da CF, no caso de operação interestadual em que o destinatário é consumidor final, deve ser aplicada a alíquota interestadual, cabendo ao Estado do destinatário (RS) o diferencial de alíquota. **(Correto)**

Gabarito: letra E

10. (UFU-MG – UFU-MG – Técnico em Contabilidade – 2019) A discriminação das rendas tributárias no Brasil é estabelecida pela Constituição da República e representa a partilha do poder tributário e a distribuição das respectivas receitas entre os entes tributantes.

Com base nessas informações, assinale a alternativa que apresenta competência da União para instituir impostos.

a) Importação de produtos estrangeiros; rendas e proventos de qualquer natureza; produtos industrializados; transmissão *causa mortis* e doação.

b) Importação de produtos estrangeiros; rendas e proventos de qualquer natureza; transmissão *causa mortis* e doação; propriedade predial e territorial urbana.

c) Transmissão *causa mortis* e doação; propriedade predial e territorial urbana; propriedade de veículos automotores; propriedade territorial rural.

d) Importação de produtos estrangeiros; rendas e proventos de qualquer natureza; produtos industrializados; propriedade territorial rural.

COMENTÁRIO

A CF/88 atribuiu à União competência para instituir sete impostos previstos no art. 153: (i) importação de produtos estrangeiros; (ii) exportação, para o exterior, de produtos nacionais ou nacionalizados; (iii) renda e proventos de qualquer natureza; (iv) produtos industrializados; (v) operações de crédito, câmbio e seguro, ou relativas a títulos ou valores imobiliários; (vi) propriedade territorial rural e (vii) grandes fortunas.

Assim, a alternativa correta é a da letra D, visto que nas outras alternativas se encontram presentes o imposto de transmissão *causa mortis* e de doação e de propriedade de veículos automotores (competência estadual) e o imposto de propriedade predial e territorial urbana (competência municipal).

Gabarito: letra D

11. (UFMG – UFMG – Contador – 2019) A Constituição Federal apresenta algumas características de dois importantes impostos: aquele sobre produtos industrializados e aquele sobre operações relativas à circulação de mercadorias e sobre prestações de serviços de transporte interestadual e intermunicipal e de comunicação. Uma característica comum a ambos os impostos supracitados, de acordo com a Constituição Federal, é:

a) dependem exclusivamente do senado Federal para o estabelecimento de alíquotas interestaduais e de exportação;

b) devem ser seletivos, em função da essencialidade do produto;

c) devem ser não cumulativos;

d) são de competência da União.

COMENTÁRIO

a) Regra válida apenas para o ICMS. **(Errado)**

b) Segundo a CF, o IPI será seletivo e o ICMS poderá ser seletivo. **(Errado)**

c) Está correto, visto que o IPI e o ICMS são obrigatoriamente não cumulativos. **(Correto)**

d) O IPI é de competência da União (art. 153 da CF) e o ICMS é de competência dos Estados e Distrito Federal (art. 155 da CF). **(Errado)**

Gabarito: letra C

12. (UFMG – UFMG – Contador – 2019) A Lei n. 5.172/66 estabelece aspectos específicos no que tange ao Imposto sobre a propriedade predial e Territorial Urbana (IPTU). Conforme a referida lei, é INCORRETO afirmar:

a) a base do cálculo do imposto é o valor venal do imóvel, sendo que não se deve considerar o valor dos bens móveis mantidos, em caráter permanente ou temporário, no imóvel, para efeito de sua utilização, exploração, aformoseamento ou comodidade;

b) entende-se como zona urbana a definida em lei municipal; observado o requisito mínimo da existência de melhoramentos construídos ou mantidos pelo poder público, tais como sistema de esgoto sanitários e rede de iluminação pública, com ou sem posteamento, para distribuição domiciliar;

c) a lei municipal pode considerar urbanas as áreas urbanizáveis, ou de expansão urbana, constantes de loteamentos aprovados pelos órgãos competentes, destinados exclusivamente à habitação;

d) tem como fato gerador a propriedade, o domínio útil ou a posse de bem imóvel por natureza ou por acessão física, como definido na lei civil, localizado na zona urbana do Município.

COMENTÁRIO

a) Assertiva correta, pois transcreve o parágrafo único do art. 33 do CTN.

b) Assertiva correta conforme o § 1º do art. 32 do CTN.

c) É a ALTERNATIVA A SER ASSINALADA, porém a AFIRMATIVA ESTÁ INCORRETA, pois a área urbanizável não pode ser loteamento destinado exclusivamente à habitação.

d) Assertiva correta, conforme art. 32 do CTN.

Gabarito: letra C

13. (UFMG – UFMG – Contador – 2019) Considere as afirmações sobre o Imposto sobre produtos Industrializados.

I. É fato gerador desse imposto, o seu desembaraço aduaneiro, quando de procedência estrangeira.

II. O imposto pode ser seletivo em função da essencialidade dos produtos e deve ser não cumulativo, dispondo a lei de forma que o montante devido resulte da diferença a maior, em determinado período, entre o imposto referente aos produtos saídos do estabelecimento e o pago relativamente aos produtos nele entrados.

III. Os produtos sujeitos ao imposto, quando remetidos de um para outro Estado, ou do ou para o Distrito Federal, serão acompanhados de nota fiscal de modelo especial, emitida em séries próprias e contendo, além dos elementos necessários ao controle fiscal, os dados indispensáveis à elaboração da estatística do comércio por cabotagem e demais vias internas.

IV. São exemplos de contribuintes do imposto o importador ou quem a lei a ele equiparar, assim como o arrematante de produtos apreendidos ou abandonados, levados a leilão.

De acordo com a Lei n. 5.172/66, estão CORRETAS as afirmações:

a) I e II, apenas;

b) I, III e IV, apenas;

c) I, II e III, apenas;

d) II, III e IV, apenas.

COMENTÁRIO

Assertiva I – Está correta (cópia do art. 46, I, do CTN). **(Correta)**

Assertiva II – Está incorreta. Afirma que o IPI pode ser seletivo, o que está incorreto, visto que o IPI deve ser seletivo, conforme arts. 48 e 49 do CTN. **(Errada)**

Assertiva III – Está correta (cópia do art. 50 do CTN). **(Correta)**

Assertiva IV – Está correta (cópia dos incisos I e IV do art. 51 do CTN). **(Correta)**

Gabarito: letra B

14. (Instituto AOCP – Ufpb – Tecnólogo Formação – Gestão Pública – 2019) Além de estarem na dimensão de um ente federativo (União, Estados ou Municípios), os impostos são classificados como diretos ou indiretos. Nesse sentido, é correto afirmar que:

a) o ICMS é um imposto estadual direto;
b) o IRPF é um imposto federal indireto;
c) o IPTU é um imposto estadual indireto;
d) o ICMS é um imposto municipal indireto;
e) o IRPF é um imposto federal direto.

COMENTÁRIO

a) ICMS é tributo indireto. **(Errado)**
b) IRPF é tributo direto. **(Errado)**
c) IPTU é tributo direto e de competência dos Municípios (art. 156, I, da CF). **(Errado)**
d) ICMS é tributo indireto mas de competência dos Estados (art. 155, II CF). **(Errado)**
e) IRPF é tributo direto e de competência da União (art. 153, III, da CF). **(Correto)**

Gabarito: letra E

15. (FCC – DPE-SP – Defensor Público – 2019) Acerca do imposto sobre circulação de mercadorias e serviços (ICMS), é correto afirmar.

a) A contratação de arrendamento mercantil caracteriza o fato gerador do ICMS, devendo o tributo ser pago pela pessoa física ou jurídica que figurar no contrato como arrendatário do bem, firmada ou não a cláusula de opção de compra.
b) É lícito ao contribuinte de boa-fé aproveitar créditos de ICMS decorrentes de nota fiscal posteriormente declarada inidônea, desde que demonstrada a existência da compra e venda indicada no documento.
c) O fornecimento de mercadorias com a simultânea prestação de serviços de bares, restaurantes e estabelecimentos similares não constitui fato gerador do ICMS, uma vez que perfaz a hipótese de incidência do ISSQN.
d) Em razão do princípio da obrigatoriedade da tributação, as operações mistas, aquelas que comportam um "duplo objeto negocial", podem ser tributadas por diversas pessoas políticas sem que se caracterize a bitributação, uma vez que constituem o fato gerador de dois ou mais tributos.
e) Não caracterizam fato gerador do ICMS as hipóteses de movimentação de mercadorias entre estabelecimentos de um mesmo contribuinte, salvo se a movimentação ocorrer entre estabelecimentos situados em Estados diferentes ou entre Estados e o Distrito Federal.

COMENTÁRIO

a) O art. 3º, VIII, da Lei Kandir (LC n. 87/96), expressamente exclui da incidência do ICMS as operações de arrendamento mercantil quando não há venda do bem arrendado ao arrendatário. **(Errado)**
b) A alternativa é a transcrição da Súmula 509 do STJ. **(Correto)**
c) O art. 2º, I, da Lei Kandir (LC n. 87/96) prescreve que o ICMS incide sobre fornecimento de alimentação e bebidas em bares e restaurantes. Para ratificar, o STJ editou a Súmula 163: "O fornecimento de mercadorias com a simultânea prestação de serviços em bares, restaurantes e estabelecimentos similares constitui fato gerador do ICMS a incidir sobre o valor total da operação". **(Errado)**
d) Há diversos dispositivos na Lei Kandir (LC n. 87/96) que indicam que quando incide o ICMS, não é devido o ISSQN nos casos de "duplo objeto negocial". Além disso, o CTN aponta como cabimento de ação de consignação em pagamento quando há exigência de mais de uma pessoa jurídica de direito público sobre o mesmo fato gerador. **(Errado)**
e) A incidência do ICMS decorre da circulação jurídica, ou seja, é necessário que ocorra mudança de titularidade da mercadoria. Isso não ocorre quando há mera circulação física entre estabelecimentos da mesma

pessoa jurídica, conforme entendimento da Súmula 166, do STJ: "Não constitui fato gerador do ICMS o simples deslocamento de mercadoria de um para outro estabelecimento do mesmo contribuinte". **(Errado)**

Gabarito: letra B

16. (FCC – DPE-SP – Defensor Público – 2019) Considere as assertivas abaixo a respeito do Imposto sobre Serviços de Qualquer Natureza (ISSQN) e seu regramento legislativo constitucional.

I. O rol de serviços previstos pela Lei Complementar Federal n. 116, de 31 de julho de 2003, é taxativo, não se admitindo interpretações analógicas ou extensivas por parte da legislação municipal em face do princípio da estrita legalidade.

II. No que concerne ao ISSQN, a Lei Complementar n. 116, de 31 de julho de 2003, estabelece que os Municípios e o Distrito Federal, mediante lei, poderão atribuir de modo expresso a responsabilidade pelo crédito tributário à terceira pessoa, vinculada ao fato gerador da respectiva obrigação, excluindo a responsabilidade do contribuinte ou atribuindo-a a este em caráter supletivo do cumprimento total ou parcial da referida obrigação, inclusive no que se refere à multa e aos acréscimos legais.

III. A Constituição Federal de 1988 garante a imunidade do ISSQN em relação aos Municípios e ao Distrito Federal e às demais pessoas políticas, salvo nos casos de exploração de atividade econômica realizada por empresas estatais, concessionários e permissionários que prestem seus serviços mediante regras de direito privado e pagamento mediante preço público ou tarifa.

IV. Isenções ao ISSQN deverão ser veiculadas mediante lei complementar federal, vedada sua concessão por meio de lei municipal ou distrital.

Está correto o que se afirma APENAS em:

a) II e IV;
b) I e II;
c) I e III;
d) II e III;
e) I e IV.

COMENTÁRIO

Assertiva I – O rol é taxativo, mas a jurisprudência admite interpretação extensiva. Há diversos precedentes nesse sentido, inclusive em sede de recurso repetitivo (Tema 132). **(Errada)**

Assertiva II – Esse é o texto do art. 6º da LC n. 116/2003, que serve como fundamento para que as legislações municipais instituam o ISSQN retido pelo tomador de serviço. **(Correta)**

Assertiva III – A imunidade tributária recíproca está prevista no art. 150, VI, *a*, c/c § 2º da CF.

Atenção: a questão foi expressa sobre empresas estatais que exploram atividades econômicas. O STF entende que a imunidade se aplica somente nos casos de empresas estatais que prestam serviços públicos. **(Correta)**

Assertiva IV – Não é função de lei complementar federal instituir isenção de ISS. **(Errada)**

Gabarito: letra D

17. (NC-UFPR – Prefeitura de Curitiba – PR – Procurador – 2019) O Imposto sobre a propriedade predial e territorial urbana é, nos termos do art. 156, I, da Constituição Federal, um tributo de competência dos Municípios. Levando em consideração os dados apresentados, identifique como verdadeiras (V) ou falsas (F) as seguintes afirmativas.

( ) A hipótese de incidência do Imposto sobre a Propriedade Predial e Territorial Urbana é apenas a propriedade de imóvel situado na zona urbana, tendo em vista que se fossem também hipóteses de incidência o domínio útil ou a posse de imóvel situado na zona urbana, haveria inovação infraconstitucional. Isso porque a Constituição expressamente prevê competir aos Municípios instituir imposto sobre a propriedade predial e territorial urbana.

( ) A base de cálculo do IPTU é o valor venal do imóvel, que será considerado o declarado pelo proprietário, pelo possuidor ou pelo detentor do domínio útil, casos em que se desconsiderará a avaliação, tomando-se como referência os valores unitários constantes da Planta Genérica de Valores Imobiliários e características do imóvel.

( ) O Poder Executivo lançará o IPTU para imóveis de utilização residencial, desde que com padrão simples de acabamento, conforme previsto em regulamento, com área total construída igual ou inferior a 70,00 m² (setenta metros quadrados) e cujo valor venal respectivo seja igual ou inferior a R$ 140.000,00 (cento e quarenta mil reais), e não lançará o IPTU em áreas objeto de regularização fundiária, processos de parcelamento do solo urbano promovidos pela Companhia de Habitação Popular de Curitiba (COHAB-CT) e aqueles em parceria com a iniciativa privada, nos 02 (dois) anos subsequentes à data de registro do projeto de Parcelamento de Solo Urbano junto à competente Circunscrição imobiliária.

( ) Entende-se como zona urbana a que apresentar os requisitos mínimos de melhoramentos, indicados em lei nacional, e também as áreas urbanizáveis ou de expansão urbana, constantes de loteamentos aprovados pela Prefeitura, destinados à habitação ou atividades econômicas.

Assinale a alternativa que apresenta a sequência correta, de cima para baixo.

a) V – F – V – V.
b) V – V – F – F.
c) V – V – V – V.
d) F – F – V – F.
e) F – F – F – V.

COMENTÁRIO

Assertiva I – Fundamentos: CF – Art. 156: "Compete aos Municípios instituir impostos sobre: I – propriedade predial e territorial urbana". / CTN – Art. 32: "O imposto, de competência dos Municípios, sobre a propriedade predial e territorial urbana tem como fato gerador a propriedade, o domínio útil ou a posse de bem imóvel por natureza ou por acessão física, como definido na lei civil, localizado na zona urbana do Município". / CTN – Art. 34: "Contribuinte do imposto é o proprietário do imóvel, o titular do seu domínio útil, ou o seu possuidor a qualquer título". **(Falsa)**

Assertiva II – Fundamento: CTN – Art. 33: "A base do cálculo do imposto é o valor venal do imóvel. Parágrafo único. Na determinação da base de cálculo, não se considera o valor dos bens móveis mantidos, em caráter permanente ou temporário, no imóvel, para efeito de sua utilização, exploração, aformoseamento ou comodidade". **(Falsa)**

Assertiva III – Enunciado sem qualquer fundamento na legislação federal. **(Falsa)**

Assertiva IV – Fundamento: CTN – Art. 32: "O imposto, de competência dos Municípios, sobre a propriedade predial e territorial urbana tem como fato gerador a propriedade, o domínio útil ou a posse de bem imóvel por natureza ou por acessão física, como definido na lei civil, localizado na zona urbana do Município. § 1º Para os efeitos deste imposto, entende-se como zona urbana a definida em lei municipal; observado o requisito mínimo da existência de melhoramentos indicados em pelo menos 2 (dois) dos incisos seguintes, construídos ou mantidos pelo Poder Público: I – meio-fio ou calçamento, com canalização de águas pluviais; II – abastecimento de água; III – sistema de esgotos sanitários; IV – rede de iluminação pública, com ou sem posteamento para distribuição domiciliar; V – escola primária ou posto de saúde a uma distância máxima de 3 (três) quilômetros do imóvel considerado". **(Verdadeira)**

Gabarito: letra E

18. (NC-UFPR – Prefeitura de Curitiba – PR – Procurador – 2019) O Impostos sobre Serviços é tributo de competência municipal ensejador de muitas controvérsias, a começar pelo fato de ser disciplinado pela Constituição Federal, pela Lei Complementar n. 116/2003, pelo Decreto-lei n. 406/68 e pela Lei Complementar Municipal n. 40/2001. Levando em consideração os dados apresentados, assinale a alternativa correta.

a) O serviço considera-se tomado, e o imposto, devido, no local do estabelecimento prestador e, na falta deste estabelecimento, no domicílio do tomador. A base de cálculo do serviço nesses casos é o preço da prestação do serviço.
b) A alíquota mínima do Imposto sobre Serviços é de 2% (dois por cento). O imposto poderá, entretanto, ser objeto de concessão de isenções, incentivos ou benefícios tributários ou financeiros, inclusive de redução de base de cálculo ou de crédito presumido ou outorgado, ou sob qualquer outra forma, mesmo que disso resulte, direta ou indiretamente, carga tributária menor que a decorrente da aplicação da alíquota mínima de 2% (dois por cento).
c) Considera-se estabelecimento prestador o local onde o contribuinte desenvolva a atividade de prestar serviços, de modo permanente ou temporário, e que configure unidade econômica ou profissional, sendo irrelevantes para caracterizá-lo as denominações de sede, filial, agência, posto de atendimento, sucursal, escritório de representação ou contato ou quaisquer outras que venham a ser utilizadas.
d) O Contribuinte do ISS é o tomador do serviço.
e) O enquadramento de sociedade como sociedade profissional com vistas à tributação fixa anual independe de requerimento, sendo suficiente o preenchimento dos requisitos estabelecidos na lei.

COMENTÁRIO

a) Art. 3º da LC n. 116: "O serviço considera-se prestado, e o imposto, devido, no local do estabelecimento prestador ou, na falta do estabelecimento, no local do domicílio do prestador, exceto nas hipóteses previstas nos incisos I a XXV, quando o imposto será devido no local". **(Errada)**
b) Art. 8º-A da LC n. 116: "A alíquota mínima do Imposto sobre Serviços de Qualquer Natureza é de 2% (dois por cento). § 1º O imposto não será objeto de concessão de isenções, incentivos ou benefícios tributários ou financeiros, inclusive de redução de base de cálculo ou de crédito presumido ou outorgado, ou sob qualquer outra forma que resulte, direta ou indiretamente, em carga tributária menor que a decorrente da aplicação da alíquota mínima estabelecida no caput, exceto para os serviços a que se referem os subitens 7.02, 7.05 e 16.01 da lista anexa a esta Lei Complementar". **(Errada)**
c) Art. 4º da LC n. 116: "Considera-se estabelecimento prestador o local onde o contribuinte desenvolva a atividade de prestar serviços, de modo permanente ou temporário, e que configure unidade econômica ou profissional, sendo irrelevantes para caracterizá-lo as denominações de sede, filial, agência, posto de atendimento, sucursal, escritório de representação ou contato ou quaisquer outras que venham a ser utilizadas". **(Correta)**
d) Art. 5º da LC n. 116: "Contribuinte é o prestador do serviço". **(Errada)**
e) Inexiste a previsão mencionada. **(Errada)**

Gabarito: letra C

19. (Vunesp – TJ-RS – Titular de Serviços de Notas e de Registros – Provimento – 2019) As alíquotas máximas do Imposto sobre Transmissão *Causa Mortis* e Doação, de quaisquer bens ou direitos (ITCMD), são fixadas:
a) por lei ordinária estadual;
b) pela Assembleia Legislativa do Estado ao qual competir;
c) pelo Congresso Nacional;
d) pelo Senado Federal;
e) por lei complementar federal.

COMENTÁRIO

"Art. 155. Compete aos Estados e ao Distrito Federal instituir impostos sobre:

I – transmissão *causa mortis* e doação, de quaisquer bens ou direitos;

§ 1º O imposto previsto no inciso I:

IV – terá suas alíquotas máximas fixadas pelo Senado Federal."

Gabarito: letra D

20. (Vunesp – TJ-SP – Contador Judiciário – 2019) No que tange ao ISS, assinale a alternativa correta sobre a prestação de serviços em relação de emprego, dos trabalhadores avulsos, dos diretores e membros de conselho consultivo ou de conselho fiscal de sociedades e fundações, bem como dos sócios-gerentes e dos gerentes-delegados, segundo a Lei Complementar n. 116/2003.

a) Não haverá incidência do imposto.

b) A alíquota do imposto é de 1,5%.

c) A alíquota do imposto é de 3%.

d) A alíquota do imposto é de 5%

e) A alíquota do imposto é de 2%.

COMENTÁRIO

Conforme previsão do art. 2º, inciso II, da LC n. 116/2003:

"Art. 2º O imposto (ISS) não incide sobre:

(...)

II – a prestação de serviços em relação de emprego, dos trabalhadores avulsos, dos diretores e membros de conselho consultivo ou de conselho fiscal de sociedades e fundações, bem como dos sócios-gerentes e dos gerentes-delegados".

Gabarito: letra A

21. (UFMG – UFMG – Técnico em Contabilidade – 2019) Considere as afirmações sobre o imposto sobre operações relativas à circulação de mercadorias e sobre prestações de serviços de transporte interestadual e intermunicipal e de comunicação.

I. É de competência dos Estados e do Distrito Federal.

II. Deverá ser não cumulativo, compensando-se o que for devido em cada operação.

III. Deverá ser seletivo, em função da essencialidade das mercadorias e dos serviços.

IV. É facultado à Câmara dos Deputados estabelecer suas alíquotas máximas nas mesmas operações para resolver conflito específico que envolva interesse de Estados.

Com base no exposto no art. 155 da Constituição Federal, está(ão) correta(s) a(s) afirmação(ões):

a) I e II, apenas;

b) I, apenas;

c) I, II e III, apenas;

d) III e IV, apenas.

COMENTÁRIO

Assertiva I – ICMS é de competência dos Estados e do Distrito Federal. **(Correta)**

Assertiva II – O ICMS deverá ser não cumulativo, compensando-se o que for devido em cada operação. **(Correta)**

Assertiva III – O ICMS poderá ser seletivo. O imposto que DEVE ser seletivo é o IPI. **(Errada)**

Assertiva IV – Cabe ao Senado estabelecer alíquotas máximas do ICMS. **(Errada)**

Gabarito: letra A

22. (FCC – Semef Manaus – AM – Auditor-Fiscal de Tributos Municipais – 2019) Pedro, domiciliado em Belo Horizonte/MG, é arrendatário de uma aeronave de propriedade da empresa "Planalto Aeronaves Ltda.", localizada em Campo Grande/MS, sendo que esta aeronave é utilizada apenas nos dias úteis, para transportar Pedro a várias localidades do Brasil. A manutenção da aeronave é feita no Rio de Janeiro/RJ e, quando não está em uso, é estacionada e guardada em estabelecimento de empresa localizada em Guarulhos/SP, que mantém hangares destinados a isso. De acordo com a Lei Complementar n. 116/2003, o serviço de guarda desta aeronave é considerado prestado e o imposto devido:

a) a Belo Horizonte, Município de domicílio de Pedro, arrendatário;

b) a Campo Grande, Município de localização da empresa arrendante;

c) ao Rio de Janeiro, Município em que é feita a manutenção da aeronave;
d) a Guarulhos, Município em que a aeronave é guardada;
e) a qualquer Município que constitua o local de origem do trecho aéreo a ser percorrido.

COMENTÁRIO

A resposta da questão tem fundamento no art. 3º da LC n. 116/2003:

"Art. 3º. O serviço considera-se prestado, e o imposto, devido, no local do estabelecimento prestador ou, na falta do estabelecimento, no local do domicílio do prestador, exceto nas hipóteses previstas nos incisos I a XXV, quando o imposto será devido no local:

(...)

XV – onde o bem estiver guardado ou estacionado, no caso dos serviços descritos no subitem 11.01 da lista anexa;

11 – Serviços de guarda, estacionamento, armazenamento, vigilância e congêneres.

11.01 – Guarda e estacionamento de veículos terrestres automotores, de aeronaves e de embarcações".

Gabarito: letra D

23. (Ieses – TJ-SC – Titular de Serviços de Notas e de Registros – Provimento – 2019) Considerando os dispositivos previstos no Código Tributário Nacional e o entendimento sumulado do Supremo Tribunal Federal sobre os impostos vigentes no ordenamento jurídico brasileiro, assinale a alternativa correta.

a) O imposto sobre transmissão causa mortis e doação, de quaisquer bens ou direitos (ITCMD), é calculado sobre o valor dos bens na data da avaliação, enquanto a alíquota aplicável é a vigente ao tempo da abertura da sucessão.
b) O ITBI não incide sobre a transferência onerosa do domínio útil de bens imóveis.
c) A base de cálculo do IPTU é o valor venal do imóvel, devendo ser considerado, para a sua determinação, o valor dos bens móveis mantidos, em caráter permanente ou temporário, no imóvel, para efeito de sua utilização, exploração, aformoseamento ou comodidade.
d) O ITR, de competência dos Municípios, tem como contribuintes o proprietário do imóvel rural, o titular de seu domínio útil, ou o possuidor a qualquer título.

COMENTÁRIO

a) Súmula 112 do STF: "O Imposto de Transmissão *Causa Mortis* é devido pela alíquota vigente ao tempo da abertura da sucessão".
b) Súmula 113 do STF: "O Imposto de Transmissão *Causa Mortis* é calculado sobre o valor dos bens na data da avaliação". **(Correta)**
c) Art. 35, I, do CTN: "O imposto, de competência dos Estados, sobre a transmissão de bens imóveis e de direitos a eles relativos tem como fato gerador a transmissão, a qualquer título, da propriedade ou do domínio útil de bem imóveis, por natureza ou por acessão física, como definidos na lei civil". **(Errada)**
d) Art. 33, parágrafo único, do CTN: "Na determinação da base de cálculo, não se considera o valor dos bens móveis mantidos, em caráter permanente ou temporário, no imóvel, para efeito de sua utilização, exploração, aformoseamento ou comodidade". **(Errada)**
e) Art. 29 do CTN: "O imposto, de competência da União, sobre a propriedade territorial rural tem como fato gerador a propriedade, o domínio útil ou a posse de imóvel por natureza, como definido na lei civil, localizado fora da zona urbana do Município". **(Errada)**

Gabarito: letra A

24. (FUNDATEC – Prefeitura de Santo Augusto-RS – Advogado – 2020) O entendimento sumulado do Superior Tribunal de Justiça tem grande valia na interpretação da legislação tributária, sendo relevante seu conhecimento quando da administração dos tributos municipais, sendo exigido do aspirante a Procurador transitar com segurança por seus enunciados. Diante de tal realidade, assinale a alternativa que apresenta uma assertiva INCORRETA, quando ao entendimento sumulado do STJ em matéria tributária, atinente à esfera municipal:

a) O contribuinte do IPTU é notificado do lançamento pelo envio do carnê ao seu endereço.
b) É defeso, ao município, atualizar o IPTU, mediante decreto, em percentual superior ao índice oficial de correção monetária.
c) No tocante à base de cálculo, o ISSQN incide apenas sobre a taxa de agenciamento quando o serviço prestado por sociedade empresária de trabalho temporário for de intermediação, devendo, entretanto, englobar também os valores dos salários e encargos sociais dos trabalhadores por ela contratados nas hipóteses de fornecimento de mão de obra.
d) A prestação de serviço de composição gráfica, personalizada e sob encomenda, ainda que envolva fornecimento de mercadorias, está sujeita, apenas, ao imposto sobre serviços.
e) O fornecimento de concreto, por empreitada, para construção civil, ainda que preparado no trajeto até a obra em betoneiras acopladas a caminhões, não está sujeito ao imposto sobre serviços.

COMENTÁRIO

a) STJ, Súmula 397 – "O contribuinte de IPTU é notificado do lançamento pelo envio do carnê ao seu endereço". **(Correta)**
b) STJ, Súmula 160 – "É defeso, ao Município, atualizar o IPTU, mediante decreto, em percentual superior ao índice oficial de correção monetária". **(Correta)**
c) STJ, Súmula 524 – "No tocante à base de cálculo, o ISSQN incide apenas sobre a taxa de agenciamento quando o serviço prestado por sociedade empresária de trabalho temporário for de intermediação, devendo, entretanto, englobar também os valores dos salários e encargos sociais dos trabalhadores por ela contratados nas hipóteses de fornecimento de mão de obra". **(Correta)**
d) STJ, Súmula 156 – "A prestação de serviço de composição gráfica, personalizada e sob encomenda, ainda que envolva fornecimento de mercadorias, está sujeita, apenas, ao ISS". **(Correta)**
e) STJ, Súmula 167 – "O fornecimento de concreto, por empreitada, para construção civil, preparado no trajeto até a obra em betoneiras acopladas a caminhões, e prestação de serviço, sujeitando-se apenas a incidência do ISS". **(Incorreta)**

Gabarito: letra E

25. (FCM – Prefeitura de Contagem-MG – Auditor Fiscal – 2020) Considere a seguinte situação hipotética. Lei complementar municipal instituiu o Imposto Sobre Serviços de Qualquer Natureza (ISSQN). Anos depois, a lei ordinária daquela municipalidade alterou dispositivos da referida lei complementar.

Com base nessa situação, é correto afirmar que a alteração realizada é

a) inconstitucional, vez que lei ordinária não pode disciplinar matéria tributária sem expressa previsão constitucional.
b) inconstitucional, vez que a instituição de ISS ocorre por lei complementar federal em razão da exigência de maior quórum para sua aprovação.
c) inconstitucional, vez que o campo material destinado às leis ordinárias é apenas residual.
d) constitucional, vez que a instituição do ISS ocorre por lei ordinária e o Supremo Tribunal Federal (STF) se posicionou acerca da inexistência de hierarquia entre leis ordinária e complementar.
e) constitucional, vez que a utilização de lei ordinária ou complementar para a instituição de ISS é questão controvertida na doutrina, razão pela qual se admitem ambas para tal finalidade.

COMENTÁRIO

Não se deve confundir a necessidade de lei complementar federal para definir normas gerais sobre ISS e seu fato gerador, com a criação do tributo em cada município. A criação do ISS em cada município, respeitadas as normas da lei complementar federal, ocorre por simples lei ordinária municipal.

Gabarito: letra D

26. (FUNDEP – Prefeitura de Barão de Cocais-MG – Advogado – 2020) Sobre o Imposto sobre a Propriedade Predial e Territorial Urbana (IPTU), assinale com V as afirmativas verdadeiras e com F as falsas.

( ) O locatário não possui legitimidade ativa para discutir a relação jurídico-tributária de IPTU e de taxas referentes ao imóvel alugado nem para repetir indébito desses tributos.

( ) A incidência do IPTU sobre imóvel situado em área considerada pela lei local como urbanizável ou de expansão urbana está condicionada à existência dos melhoramentos públicos elencados Código Tributário Nacional.

( ) É defeso, ao município, atualizar o IPTU, mediante decreto, em percentual superior ao índice oficial de correção monetária.

( ) O contribuinte do IPTU é notificado do lançamento pelo envio do carnê ao seu endereço.

Assinale a sequência correta.

a) V F V F

b) F V F F

c) V F V V

d) F V F V

COMENTÁRIO

1. Súmula 614, STJ: "O locatário não possui legitimidade ativa para discutir a relação jurídico-tributária de IPTU e de taxas referentes ao imóvel alugado nem para repetir indébito desses tributos". **(Verdadeiro)**
2. Súmula 626, STJ: "A incidência do IPTU sobre imóvel situado em área considerada pela lei local como urbanizável ou de expansão urbana não está condicionada à existência dos melhoramentos elencados no art. 32, § 1º, do CTN". **(Falso)**
3. Súmula 160, STJ: "É defeso, ao Município, atualizar o IPTU, mediante decreto, em percentual superior ao índice oficial de correção monetária". **(Verdadeiro)**
4. Súmula 397, STJ: "O contribuinte de IPTU é notificado do lançamento pelo envio do carnê ao seu endereço". **(Verdadeiro)**

Gabarito: letra C

27. (CESPE/CEBRASPE – SEFAZ-AL – Auditor Fiscal da Receita Estadual – 2020) Acerca de ICMS, julgue o item a seguir.

Isenções, incentivos e benefícios fiscais alusivos ao ICMS devem ser concedidos ou revogados mediante deliberação dos estados e do Distrito Federal, por meio de convênio, nos termos de lei complementar.

( ) Certo ( ) Errado

COMENTÁRIO

Constituição Federal: "Art.155. § 2º – O imposto previsto no inciso II atenderá ao seguinte:

XII – cabe à lei complementar:

g) regular a forma como, mediante deliberação dos Estados e do Distrito Federal, isenções, incentivos e benefícios fiscais serão concedidos e revogados".

Gabarito: Certo

28. (CESPE/CEBRASPE – SEFAZ-AL – Auditor Fiscal da Receita Estadual – 2020) Acerca de ICMS, julgue o item a seguir.

É possível a cobrança de ICMS sobre as importações de bens realizadas por pessoas físicas e pessoas jurídicas não contribuintes habituais do referido imposto, estando a tributação condicionada à edição de lei complementar estabelecendo normas gerais e de leis estaduais, reveladoras do exercício da competência tributária.

( ) Certo ( ) Errado

COMENTÁRIO

Ementa: CONSTITUCIONAL. TRIBUTÁRIO. **IMPOSTO SOBRE CIRCULAÇÃO DE MERCADORIAS E SERVIÇOS. ICMS. IMPORTAÇÃO. PESSOA QUE NÃO SE DEDICA AO COMÉRCIO OU À PRESTAÇÃO DE SERVIÇOS DE COMUNICAÇÃO OU DE TRANSPORTE INTERESTADUAL OU INTERMUNICIPAL. "NÃO CONTRIBUINTE".** VIGÊNCIA DA EMENDA CONSTITUCIONAL 33/2002. POSSIBILIDADE. REQUISITO DE VALIDADE. FLUXO DE POSITIVAÇÃO. EXERCÍCIO DA COMPETÊNCIA TRIBUTÁRIA. CRITÉRIOS PARA AFERIÇÃO. 1. Há competência constitucional para estender a incidência do ICMS à operação de importação de bem destinado a pessoa que não se dedica habitualmente ao comércio ou à prestação de serviços, após a vigência da EC 33/2001. 2. A incidência do ICMS sobre operação de importação de bem não viola, em princípio, a regra da vedação à cumulatividade (art. 155, § 2º, I da Constituição), pois se não houver acumulação da carga tributária, nada haveria a ser compensado. 3. Divergência entre as expressões "bem" e "mercadoria" (arts. 155, II e 155, § 2, IX, *a* da Constituição). É constitucional a tributação das operações de circulação jurídica de bens amparadas pela importação. A operação de importação não descaracteriza, tão-somente por si, a classificação do bem importado como mercadoria. Em sentido semelhante, a circunstância de o destinatário do bem não ser contribuinte habitual do tributo também não afeta a caracterização da operação de circulação de mercadoria. Ademais, a exoneração das operações de importação pode desequilibrar as relações pertinentes às operações internas com o mesmo tipo de bem, de modo a afetar os princípios da isonomia e da livre concorrência. CONDIÇÕES CONSTITUCIONAIS PARA TRIBUTAÇÃO 4. Existência e suficiência de legislação infraconstitucional para instituição do tributo (violação dos arts. 146, II e 155, XII, § 2º, *i* da Constituição). **A validade da constituição do crédito tributário depende da existência de lei complementar de normas gerais (LC 114/2002) e de legislação local resultantes do exercício da competência tributária, contemporâneas à ocorrência do fato jurídico que se pretenda tributar.** (...)

(RE 439.796, Relator(a): Min. JOAQUIM BARBOSA, Tribunal Pleno, j. 6-11-2013, ACÓRDÃO ELETRÔNICO REPERCUSSÃO GERAL – MÉRITO *DJe*-051 DIVULG 14-3-2014 PUBLIC 17-3-2014)

Ademais, segundo o art. 2º, § 1º, da LC n. 87/96: "O imposto incide também:

I – Sobre a entrada de mercadorias ou bem importados do exterior, por pessoa física ou jurídica, ainda que não seja contribuinte habitual do imposto, qualquer que seja a sua finalidade".

Gabarito: Certo

29. (CESPE/CEBRASPE – SEFAZ-AL – Auditor Fiscal da Receita Estadual – 2020) Acerca de ICMS, julgue o item a seguir.

O ICMS incide sobre o fornecimento de mercadorias com prestação de serviços sujeitos ao ISS, de competência dos municípios, quando a lei complementar aplicável expressamente o sujeitar à incidência do imposto estadual.

( ) Certo ( ) Errado

COMENTÁRIO

Art. 2º da Lei Kandir: "O imposto incide sobre: V – fornecimento de mercadorias com prestação de serviços sujeitos ao imposto sobre serviços, de competência dos Municípios, quando a lei complementar aplicável expressamente o sujeitar à incidência do imposto estadual".

Súmula STJ, 163 – O fornecimento de mercadorias com simultânea prestação de serviços em bares, restaurantes e estabelecimentos similares constitui fato gerador do ICMS a incidir sobre o valor total da operação.

Súmula STF, 574 – Sem lei estadual que a estabeleça, é ilegítima a cobrança do imposto de circulação de mercadorias sobre o fornecimento de alimentação e bebidas em restaurante ou estabelecimento similar.

Gabarito: Certo

30. (CESPE/CEBRASPE – SEFAZ-AL – Auditor Fiscal da Receita Estadual – 2020) No que concerne ao Sistema Tributário Nacional, julgue o item subsecutivo.

A seletividade em razão da essencialidade do bem é obrigatória tanto para o IPI quanto para o ICMS.

( ) Certo ( ) Errado

COMENTÁRIO

Constituição Federal: "Art. 153. Compete à União instituir impostos sobre:

IV – produtos industrializados;

§ 3º O imposto previsto no inciso IV:

I – **será** seletivo, em função da essencialidade do produto;"

Constituição Federal: "Art. 155. Compete aos Estados e ao Distrito Federal instituir impostos sobre:

II – operações relativas à circulação de mercadorias e sobre prestações de serviços de transporte interestadual e intermunicipal e de comunicação, ainda que as operações e as prestações se iniciem no exterior;

§ 2º O imposto previsto no inciso II atenderá ao seguinte:

III – **poderá** ser seletivo, em função da essencialidade das mercadorias e dos serviços;"

Gabarito: Errado

31. (CESPE/CEBRASPE – SEFAZ-AL – Auditor Fiscal da Receita Estadual – 2020) No que concerne ao Sistema Tributário Nacional, julgue o item subsecutivo.

As alíquotas do IPVA, imposto de competência dos estados e do Distrito Federal, podem ser diferenciadas em função do tipo e da utilização dos veículos.

( ) Certo ( ) Errado

COMENTÁRIO

Art. 155, § 6º, inciso II, da Constituição Federal:

"Compete aos Estados e ao Distrito Federal instituir impostos sobre:

(...)

§ 6º O imposto previsto no inciso III:

I – terá alíquotas mínimas fixadas pelo Senado Federal;

II – poderá ter alíquotas diferenciadas em função do tipo e utilização".

Gabarito: Certo

32. (INSTITUTO AOCP – Prefeitura de Cariacica-ES – Fiscal de Tributos Municipais – 2020) O Imposto sobre a Propriedade Predial e Territorial Urbana (IPTU) tem como fato gerador a propriedade, o domínio útil ou a posse de bem imóvel por natureza ou por acessão física, como definido na lei civil, localizado na zona urbana do Município. Para os efeitos desse imposto, entende-se como zona urbana a definida em lei municipal, observado o requisito mínimo da existência de melhoramentos indicados em pelo menos 2 (dois) dos incisos seguintes, construídos ou mantidos pelo Poder Público:

a) sistema de esgotos sanitários e escola primária ou posto de saúde a uma distância máxima de 10 (dez) quilômetros do imóvel considerado.

b) rede de iluminação pública e biblioteca municipal em um raio de 5 (cinco) quilômetros.

c) abastecimento de água e escola primária ou posto de saúde a uma distância máxima de 3 (três) quilômetros do imóvel considerado.

d) meio-fio ou calçamento, com canalização de águas pluviais, e cobertura asfáltica das vias de acesso ao imóvel.

COMENTÁRIO

Art. 32, CTN: "O imposto, de competência dos Municípios, sobre a propriedade predial e territorial urbana tem como fato gerador a propriedade, o domínio útil ou a posse de bem imóvel por natureza ou por acessão física, como definido na lei civil, localizado na zona urbana do Município.

§ 1º Para os efeitos deste imposto, entende-se como zona urbana a definida em lei municipal; observado o requisito mínimo da existência de melhoramentos indicados em pelo menos 2 (dois) dos incisos seguintes, construídos ou mantidos pelo Poder Público:

I – meio-fio ou calçamento, com canalização de águas pluviais;

II – abastecimento de água;

III – sistema de esgotos sanitários;

IV – rede de iluminação pública, com ou sem posteamento para distribuição domiciliar;

V – escola primária ou posto de saúde a uma distância máxima de 3 (três) quilômetros do imóvel considerado.

§ 2º A lei municipal pode considerar urbanas as áreas urbanizáveis, ou de expansão urbana, constantes de loteamentos aprovados pelos órgãos competentes, destinados à habitação, à indústria ou ao comércio, mesmo que localizados fora das zonas definidas nos termos do parágrafo anterior".

Gabarito: letra C

10

HIPÓTESE DE INCIDÊNCIA E FATO GERADOR

Acesse também a videoaula pelo *link*:
http://somos.in/MDT0711

10.1 PARA QUE SERVE ESTUDAR HIPÓTESE DE INCIDÊNCIA E FATO GERADOR?

O estudo da hipótese de incidência tributária e do fato gerador tem direta relação com o tema do devido processo legal para a cobrança de tributos.

Nos termos do art. 5º, LIV, da CF: "ninguém será privado da liberdade ou de seus bens sem o devido processo legal".

O referido dispositivo enuncia o princípio constitucional do devido processo legal, cujo alcance se projeta sobre diversos ramos do Direito.

No campo específico do Direito Tributário, o devido processo legal incide na medida em que existe um rito determinado por meio do qual o Fisco cobra o contribuinte inadimplente.

Entre diversas garantias asseguradas ao contribuinte no bojo do princípio do devido processo legal, e de cumprimento obrigatório por parte do Fisco, merecem destaque as seguintes:

1) **é vedado ao Fisco utilizar meios indiretos ou sanções políticas** para coagir o contribuinte ao pagamento do tributo, como, por exemplo, recusar expedir certidões, negar inscrição no CNPJ ou interditar estabelecimentos[STF];

> STF: "Cassação de registro especial de funcionamento na indústria de cigarro não caracteriza sanção política. A orientação firmada pelo Supremo Tribunal Federal rechaça a aplicação de sanção política em matéria tributária. Contudo, para se caracterizar como sanção política, a norma extraída da interpretação do art. 2º, II, do Decreto-lei n. 1.593/77 deve atentar contra os seguintes parâmetros: (1) relevância do valor dos créditos tributários em aberto, cujo não pagamento implica a restrição ao funcionamento da empresa; (2) manutenção proporcional e razoável do devido processo legal de controle do ato de aplicação da penalidade; e (3) manutenção proporcional e razoável do devido processo legal de controle da validade dos créditos tributários cujo não pagamento implica a cassação do registro especial. 4. Circunstâncias que não foram demonstradas no caso em exame" (RE 550.769, rel. Min. Joaquim Barbosa, Tribunal Pleno, j. 22-5-2013).

2) somente a lei pode determinar o procedimento para cobrança de tributos, sendo que atualmente o rito está previsto no Código Tributário Nacional e na Lei de Execuções Fiscais (Lei n. 6.830/80).

Desse modo, o contribuinte tem direito à observância do rito legal para cobrança do tributo (devido processo legal), sob pena de nulidade do processo.

E o **passo a passo** do rito atualmente em vigor é o seguinte:

1º passo: definição da **hipótese de incidência** tributária;

2º passo: ocorrência do **fato gerador**;

3º passo: nascimento da **obrigação tributária**;

4º passo: lançamento tributário;

5º passo: constituição do **crédito tributário**;

> Cespe: A prova de Defensor/DF de 2013 considerou ERRADA a assertiva: "Segundo o disposto no CTN, o crédito tributário é constituído a partir do momento em que ocorre o fato gerador do tributo".

6º passo: inscrição em **dívida ativa**;

7º passo: expedição da **certidão da dívida ativa (CDA)**;

8º passo: propositura da **execução fiscal**.

Assim, o estudo da hipótese de incidência e do fato gerador tem a finalidade de auxiliar na compreensão dos primeiros passos do devido processo legal[STF] para cobrança de tributos no Brasil.

> STF: "A exigência, pela Fazenda Pública, de prestação de fiança, garantia real ou fidejussória para a impressão de notas fiscais de contribuintes em débito com o Fisco viola as garantias do livre exercício do trabalho, ofício ou profissão (CF, art. 5º, XIII), da atividade econômica (CF, art. 170, parágrafo único) e do devido processo legal (CF, art. 5º, LIV). O aludido dispositivo legal vincularia a continuidade da atividade econômica do contribuinte em mora ao oferecimento de garantias ou ao pagamento prévio do valor devido a título de tributo. Ante a impossibilidade de impressão de talonário de notas fiscais, salvo garantia prevista com base em débitos ainda não existentes, o contribuinte encontrar-se-ia coagido a quitar a pendência sem poder questionar o passivo, o que poderia levar ao encerramento de suas atividades. Aludiu que se trataria de providência restritiva de direito, complicadora ou mesmo impeditiva da atividade empresarial do contribuinte para forçá-lo ao adimplemento dos débitos. Esse tipo de medida, denominada pelo Direito Tributário, sanção política, desafiaria as liberdades fundamentais consagradas na Constituição, ao afastar a ação de execução fiscal, meio legítimo estabelecido pela ordem jurídica de cobrança de tributos pelo Estado. O Tribunal ressaltou o teor dos Enunciados 70 ('É inadmissível a interdição de estabelecimento como meio coercitivo para cobrança de tributo'), 323 ('É inadmissível a apreensão de mercadorias como meio coercitivo para pagamento de tributos') e 547 ('Não é lícito à autoridade proibir que o contribuinte em débito adquira estampilhas, despache mercadorias nas alfândegas e exerça suas atividades profissionais')" (RE 565.048/RS, rel. Min. Marco Aurélio, j. 29-5-2014).

10.2 HIPÓTESE DE INCIDÊNCIA OU REGRA-MATRIZ DE INCIDÊNCIA?

Na doutrina, os termos "hipótese de incidência" e "regra-matriz de incidência" são equivalentes. O primeiro é mais tradicional e foi difundido pela obra de Geraldo Ataliba. O segundo, mais moderno, é de Paulo de Barros Carvalho.

Para provas e concursos, devido à sua maior abrangência, recomenda-se sempre a utilização da nomenclatura "hipótese de incidência tributária".

10.3 CONCEITO DE HIPÓTESE DE INCIDÊNCIA E A DUALIDADE HIPÓTESE DE INCIDÊNCIA-FATO GERADOR

Hipótese de incidência é a descrição legislativa de uma situação que, ocorrendo na prática, produz a quem lhe deu causa o dever de pagar tributo.

Trata-se de uma técnica utilizada em todos os países ocidentais modernos para dar nascimento à obrigação tributária. Primeiro, o legislador descreve uma certa conduta (hipótese de incidência). Então, quando determinado sujeito realiza no mundo concreto (fato gerador) a conduta descrita na hipótese de incidência, passa a ter o dever de pagar o tributo.

> TRF3: A prova de Juiz Federal da 3ª Região de 2013 considerou CORRETA a assertiva: "A expressão fato gerador é criticada por parte da doutrina especializada, por ser utilizada pelo legislador quer para se referir à norma tributária, quer para se referir aos fatos ocorridos no mundo fenomênico, o que pode dificultar sua compreensão. Nesses termos, pode ser substituída por hipótese de incidência tributária e fato imponível".

Assim, por exemplo, a hipótese de incidência do IPVA, nos termos do art. 155, III, da CF, é "ser proprietário de veículo automotor".

10.4 UTILIDADE DA HIPÓTESE DE INCIDÊNCIA

O instituto da hipótese de incidência tem dupla finalidade:

a) no plano do ordenamento: serve como instrumento para delimitar a competência tributária definindo o âmbito dentro do qual o tributo pode ser validamente instituído pela entidade federativa;

b) no plano doutrinário: atua como ferramenta facilitadora para compreensão didática dos cinco aspectos que envolvem a relação jurídico-tributária (temporal, territorial, material, pessoal e quantitativo).

10.5 DIFERENÇA ENTRE HIPÓTESE DE INCIDÊNCIA E FATO GERADOR

A hipótese de incidência é a descrição normativa da situação, integrando o mundo normativo. Exemplo: "ser proprietário de veículo automotor" (hipótese de incidência do IPVA).

Já o fato gerador é a ocorrência concreta da situação descrita na hipótese de incidência, pertencente ao mundo concreto. Exemplo: Fulano é proprietário de veículo automotor.

> TRF3: A prova de Juiz Federal da 3ª Região de 2013 considerou CORRETA a assertiva: "Fato gerador, como norma tributária, refere-se aos acontecimentos econômicos, escolhidos pelo legislador, que poderão fazer surgir a obrigação tributária".

10.6 ASPECTOS OU CRITÉRIOS DA HIPÓTESE DE INCIDÊNCIA

Com o objetivo de facilitar o estudo do tema, a doutrina tem dividido a hipótese de incidência em cinco aspectos, partes ou critérios:

a) aspecto temporal;

b) aspecto territorial ou espacial;

c) aspecto material;

d) aspecto pessoal;

e) aspecto quantitativo.

Convém analisar separadamente o significado de cada um deles.

10.6.1 Aspecto temporal

O aspecto temporal é a parte da hipótese de incidência responsável por definir quando se considera ocorrido o fato gerador, ou seja, trata-se da fixação do momento de sua ocorrência.

Sendo instantâneo o fato gerador, no momento de sua ocorrência surge imediatamente a obrigação tributária.

Na hipótese de fato gerador complessivo, complexivo ou complexo, como o que existe é uma situação estendida no tempo, cabe ao legislador fixar qual a data em que juridicamente se tem como nascida a obrigação de pagar o tributo.

> PUC/PR: A prova da Magistratura/PR de 2014 considerou ERRADA a assertiva: "O fato gerador do tributo chama-se *periódico ou complexivo* quando é ele representando por situação que se mantém no tempo e que é mensurada em cortes temporais, como ocorre nos tributos sobre a propriedade – IPTU e IPVA".

> STF: "AGRAVO REGIMENTAL EM RECURSO EXTRAORDINÁRIO. DIREITO TRIBUTÁRIO. CONTRIBUIÇÃO PARA O FUNRURAL. CONSTITUCIONALIDADE. HIPÓTESE DE INCIDÊNCIA. EMPREGADOR RURAL. COOPERATIVA. 1. A discussão referente ao aspecto temporal da hipótese de incidência e a técnica de arrecadação tributária da contribuição para o FUNRURAL cinge-se ao âmbito infraconstitucional. Precedentes. 2. Agravo regimental a que se nega provimento, com previsão de aplicação de multa, nos termos do art. 1.021, § 4º, do CPC, e majoração de honorários advocatícios, nos termos do art. 85, § 11, do CPC" (RE 1.026.510 Agr / RS, rel. Min. Edson Fachin, j. 13-4-2018, 2ª T.).

10.6.2 Aspecto territorial ou espacial

No aspecto territorial ou espacial, a lei determina **onde** ocorre o fato gerador do tributo, isto é, trata-se da **delimitação geográfica de sua ocorrência**.

Normalmente, a análise do aspecto espacial não envolve muitas controvérsias, pois, via de regra, a hipótese de incidência opera seus efeitos em todo o território nacional (tributos federais) ou apenas nos limites do Estado (tributos estaduais) ou do Município (tributos municipais) titulares da competência para criação do tributo.

> Esaf: A prova de Analista Técnico da Susep de 2012 considerou ERRADA a assertiva: "O aspecto espacial da incidência tributária nem sempre corresponderá ao território da pessoa política tributante, já que a extraterritorialidade da tributação estadual e municipal não necessariamente implica invasão de idêntica competência dos demais Estados e Municípios".

Digna de referência é a questão que envolve a delimitação dos conceitos de zona urbana e de zona rural, discussão cujo deslinde permite saber se determinado imóvel será tributado pelo Município (via IPTU) ou pela União (por meio de ITR).

Para fins exclusivamente tributários, incide na hipótese a norma do art. 32, § 1º, do CTN, pela qual zona urbana é aquela definida em lei municipal, observado o requisito mínimo da existência de pelo menos duas melhorias públicas na região, tais como meio-fio, calçamento, canalização de águas pluviais, abastecimento de águas, sistema de esgotos, iluminação pública, escola primária ou posto de saúde a uma distância máxima de três quilômetros do imóvel.

Essa regra, repita-se, só pode ser utilizada para o Direito Tributário, já que, por exemplo, no campo do Direito Administrativo o critério diferenciador de imóveis rurais e urbanos, para fins de precisar qual modalidade expropriatória será cabível (para reforma agrária ou para política urbana), é a destinação do bem independentemente da sua localização ou das benfeitorias públicas existentes.

Entretanto, deve-se registrar entendimento do **STJ** em sentido contrário ao exposto: "*IPTU. ITR. LOCALIZAÇÃO. IMÓVEL. A localização do imóvel não é suficiente para que se decida entre a incidência de IPTU ou ITR. Há que se observar sua* ***destinação*** *econômica*". **AgRg no Ag 498.512-RS, rel. Min. Peçanha Martins, j. 22-3-2005.**

10.6.3 Aspecto material

O aspecto material determina **qual o fato gerador**, isto é, o evento ou situação que, ocorrendo, produz o dever de pagar tributo.

> STF: "AGRAVO REGIMENTAL EM RECURSO EXTRAORDINÁRIO COM AGRAVO. DIREITO TRIBUTÁRIO. CIDE. LEI COMPLEMENTAR. 1. A jurisprudência do STF é firme no sentido de que a instituição de Contribuição de Intervenção de Domínio Econômico prescinde da forma de lei complementar. 2. **A aferição em concreto do aspecto material da hipótese de incidência tributária cinge-se ao âmbito infraconstitucional**. Súmula 279 do STF. 3. Agravo regimental a que se nega provimento" (ARE 934.095 Agr/RJ, rel. Min. Edson Fachin, j. 31-5-2016, 1ª T.).

TRF3: A prova de Juiz Federal da 3ª Região de 2013 considerou CORRETA a assertiva: "No Brasil, a expressão fato gerador é consagrada, largamente utilizada pelo legislador, e remonta à publicação da tradução de artigo do jurista Gaston Jèze, em 1945, significando a legislação que cria tributos e os fatos econômicos que farão surgir a obrigação tributária".

10.6.4 Aspecto pessoal

O aspecto pessoal define quem são os dois polos da obrigação tributária, isto é, o credor e o devedor do tributo.

O polo ativo é ocupado pelo credor tributário, também denominado "Fisco". Em regra, será uma entre as entidades federativas (União, Estados, Distrito Federal ou Municípios), ao menos que o caso seja de parafiscalidade, hipótese em que o credor será outra pessoa, física ou jurídica, definida em lei.

Esaf: A prova de Analista Técnico da Susep de 2012 considerou CORRETA a assertiva: "O sujeito ativo, na ausência de disposição em contrário, será a própria pessoa política de que a lei impositiva constitui manifestação, pois a delegação da condição de sujeito ativo a outra pessoa jurídica de direito público não se presume".

No polo passivo podemos ter duas figuras distintas: o contribuinte ou o responsável tributário.

Conforme será visto nos capítulos seguintes deste *Manual*, contribuinte é o sujeito passivo que tem relação direta e pessoal com o fato gerador do tributo (art. 121, parágrafo único, I, do CTN).

UFPR: A prova da Magistratura/PR de 2013 considerou ERRADA a assertiva: "O sujeito passivo da obrigação principal diz-se responsável quando tenha relação pessoal e direta com a situação que constitua o respectivo fato gerador".

Já o responsável tributário é o sujeito passivo que, não revestindo a condição de contribuinte, tenha obrigação de recolher tributos decorrente de expressa disposição legal (art. 121, parágrafo único, II, do CTN).

Cespe: A prova de Procurador/BA de 2014 considerou ERRADA a assertiva: "O sujeito passivo diretamente ligado com o fato gerador é denominado responsável tributário".

10.6.5 Aspecto quantitativo

O aspecto quantitativo indica *quanto* o contribuinte deve ao Fisco.

A apuração do valor devido pelo sujeito passivo dá-se pela ação conjunta de dois elementos distintos: a base de cálculo e a alíquota.

Acesse também a videoaula pelo *link*: http://somos.in/MDT0739

10.6.5.1 Base de cálculo e base calculada

Base de cálculo é a grandeza econômica sobre a qual incide o tributo. Ex.: a base de cálculo do IPTU é o valor venal do imóvel (art. 33 do CTN).

Base calculada é o **valor apurado da base de cálculo**. Assim, por exemplo, se João mora em imóvel urbano cujo valor venal é de R$ 50.000,00 (cinquenta mil reais), a base de cálculo é o elemento econômico tributável (valor venal) e a base calculada é a quantificação concreta desse elemento (R$ 50.000,00). Desse modo, a base de cálculo do IPTU é a mesma em todo o Brasil (art. 33 do CTN); a base calculada varia de imóvel para imóvel.

Cabe lembrar que o legislador não está inteiramente livre para eleger uma base de cálculo, isso porque a fixação da grandeza econômica a ser tributada deverá observar uma relação de pertinência lógica com o aspecto material da hipótese de incidência.

Assim, por exemplo, sendo certo que o IPTU tributa a propriedade imobiliária urbana, sua base de cálculo não pode ser outra senão o valor do bem. Seria inconstitucional, portanto, o IPTU cobrado em função da quantidade de automóveis na casa, já que isso não seria tributar a propriedade imobiliária, mas outra grandeza econômica (propriedade de veículos automotores).

Do mesmo modo, se uma taxa de polícia fosse criada para remunerar a atividade exercida pela guarda costeira de fiscalizar embarcações em busca de tripulantes clandestinos e o legislador escolhesse o valor das mercadorias embarcadas como base de cálculo, o tributo seria inconstitucional, porque a grandeza econômica utilizada para apurar o *quantum* devido não observa relação lógica alguma com a hipótese de incidência.

Em síntese, a **base de cálculo** deve ser fixada de modo a **confirmar a materialidade da hipótese de incidência**.

10.6.5.2 Alíquota

Para determinar o *quantum* devido pelo contribuinte, não basta a existência da base de cálculo, na medida em que, sendo vedada a utilização de tributo para confiscar bens privados, o Estado não poderia retirar dos particulares o valor de toda a base de cálculo, sendo necessário estabelecer qual fração dela deverá ser entregue ao Fisco.

A essa fração da base de cálculo, normalmente expressa por meio de um **percentual**, dá-se o nome de ***alíquota***.

10.7 FATO GERADOR

Fato gerador ou fato imponível é a **ocorrência concreta** da situação descrita na hipótese de incidência.

Nos termos do art. 114 do CTN, "fato gerador da obrigação principal é a **situação definida em lei como necessária e suficiente à sua ocorrência**".

> UFPR: A prova da Magistratura/PR de 2013 considerou CORRETA a assertiva: "O fato gerador da obrigação tributária principal corresponde à situação definida na lei como necessária e suficiente à sua ocorrência".

Se a hipótese de incidência descreve um evento específico, como circular mercadorias ou prestar serviço de limpeza, diz-se que o fato gerador é instantâneo.

> Esaf: A prova de Analista Técnico da Susep de 2012 considerou CORRETA a assertiva: "Em se tratando de tributos com fato gerador instantâneo, estará determinado pelo momento mesmo da ocorrência do ato, fato ou situação que configura o aspecto material da incidência tributária".
>
> TRF3: A prova de Juiz Federal da 3ª Região de 2013 considerou CORRETA a assertiva: "Fato gerador foi conceito eleito pelo constituinte originário para distribuir as materialidades dos impostos entre a União, Estados, Distrito Federal e Municípios".

Por outro lado, caso a descrição legislativa preveja que o tributo incide sobre situação que se prolonga no tempo, fala-se em fato gerador complexo ou fato gerador complessivo.

10.7.1 Art. 4º do CTN

É importante lembrar que, nos termos do art. 4º do CTN, **é o fato gerador que define a natureza específica do tributo**, sendo irrelevantes a denominação, demais características formais adotadas pela lei e a destinação legal do produto da sua arrecadação.

> Ieses: A prova de Cartório/RO de 2017 considerou CORRETA a afirmação: "A natureza jurídica específica do tributo é determinada pelo fato gerador da respectiva obrigação".

Assim, para saber se determinado tributo é um imposto, taxa ou contribuição de melhoria, o único critério cientificamente apropriado consiste na análise do fato gerador da respectiva obrigação.

> Cespe: A prova de Defensor/DF de 2013 considerou CORRETA a assertiva: "A natureza jurídica do tributo é determinada pelo fato gerador da respectiva obrigação, sendo irrelevantes para qualificá-la as características formais adotadas pela lei".

10.7.2 Momento da ocorrência do fato gerador. Negócios condicionais

De acordo com o art. 116 do CTN, salvo disposição de lei em contrário, **considera-se ocorrido o fato gerador e existentes os seus efeitos**:

I – tratando-se de situação de fato, desde o momento em que se verifiquem as circunstâncias materiais necessárias a que produza os efeitos que normalmente lhe são próprios. Situação de fato é aquela que ainda não foi disciplinada por nenhum ramo jurídico. Exemplo: o conceito de "exportação";

II – tratando-se de situação jurídica, desde o momento em que esteja definitivamente constituída, nos termos de direito aplicável. Entende-se por situação jurídica aquela já disciplinada por algum ramo jurídico. Exemplos: prestação de serviço, transmissão de imóvel etc.

Já no caso de **atos e negócios jurídicos condicionais**, consideram-se perfeitos e acabados (art. 117):

I – sendo suspensiva a condição, desde o momento de seu implemento;

II – sendo resolutória a condição, desde o momento da prática do ato ou da celebração do negócio.

10.7.3 Autossuficiência do fato gerador

A simples ocorrência da situação descrita na hipótese de incidência é suficiente para dar nascimento à obrigação tributária, **devendo sua definição legal ser interpretada abstraindo-se** de elementos pertencentes a outros ramos jurídicos, tais como (art. 118 do CTN):

1) **da validade jurídica dos atos efetivamente praticados** pelos contribuintes, responsáveis ou terceiros, bem como da natureza do seu objeto ou de seus efeitos (independência do fato gerador perante o Direito Penal ou "princípio do *non olet*"). É por isso que, por exemplo, havendo venda de um animal da fauna silvestre, é devido o ICMS sobre a operação, mesmo sabendo que o Direito Ambiental brasileiro tipifica como crime tal conduta. Isso ocorre porque o fato gerador "circulação de mercadoria" ocorre abstraindo-se do tipo penal cometido a prática da conduta;

> PUC/PR: A prova da Magistratura/PR de 2014 considerou CERTA a assertiva: "Segundo nosso Código Tributário Nacional para a incidência do tributo não se mostra relevante a regularidade jurídica dos atos praticados, nem tampouco a licitude de seu objeto".

2) **dos efeitos dos fatos efetivamente ocorridos** (independência do fato gerador perante os Direitos Civil e Empresarial). Exemplo: quem constar no registro estadual como proprietário do veículo automotivo em 1º de janeiro será o contribuinte do IPVA correspondente àquele exercício inteiro, pouco importando se já nos dias seguintes o veículo for vendido ou furtado.

10.7.4 Emenda Constitucional n. 3/93 e fato gerador presumido: análise crítica

A EC n. 3/93 acrescentou o § 7º ao art. 150 da Constituição Federal, com o seguinte teor: "A lei poderá atribuir a sujeito passivo de obrigação tributária a condição de responsável pelo pagamento de imposto ou contribuição, cujo fato gerador deva ocorrer posteriormente, assegurada a imediata e preferencial restituição da quantia paga, caso não se realize o fato gerador presumido".

> FCC: A prova de Julgador Administrativo da Sefaz/PE de 2015 considerou ERRADA a assertiva: "A lei poderá atribuir a sujeito passivo de obrigação tributária a condição de responsável pelo pagamento de imposto ou contribuição, cujo fato gerador deva ocorrer posteriormente, assegurada a restituição da quantia paga no início do período de apuração seguinte, caso não se realize o fato gerador presumido".

A validade jurídica do chamado fato gerador presumido é bastante discutível, porque subverte a sequência lógica dos eventos que antecedem o momento do pagamento do tributo. De fato, não faz sentido exigir do contribuinte o desembolso de certa quantia em dinheiro antes que a situação legal desencadeadora da obrigação de pagar o tributo tenha ocorrido, e antes também da própria constituição do crédito.

A novidade criada pela Emenda n. 3/93 é altamente prejudicial à segurança jurídica, fragilizando a estabilidade social e produzindo um ambiente de incerteza para os contribuintes. Além do princípio da segurança jurídica, noção essencial que está na base de todo o sistema tributário nacional, o instituto do fato gerador presumido fere o princípio da não surpresa e o direito do contribuinte de somente ser tributado segundo as normas previstas na ordem jurídica, inexistindo como sustentar-se a legitimidade da exigência de um tributo antes que tenha ocorrido o fato que provoca a obrigação de pagá-lo.

Assim, na esteira da melhor doutrina, deve-se considerar inconstitucional a Emenda Constitucional n. 3/93, no que diz respeito à instituição da figura do fato gerador presumido, diante da inarredável constatação de que a referida Emenda foi promulgada em desatenção aos limites materiais impostos ao constituinte reformador, especialmente tendo em vista o teor do art. 60, § 4º, IV, da Constituição Federal, que afirma: "Não será objeto de deliberação a proposta de emenda tendente a abolir: IV – os direitos e garantias individuais".

Convém registrar, contudo, que o STF, instado a manifestar-se, declarou constitucional a EC n. 3/93 (ADIn 1.851).

10.8 QUADRO COMPARATIVO ENTRE HIPÓTESE DE INCIDÊNCIA E FATO GERADOR

Por fim, sintetizando o que foi dito nos itens anteriores, podemos resumir as diferenças entre hipótese de incidência e fato gerador conforme apontado no quadro abaixo:

Hipótese de incidência	Fato gerador
É a descrição normativa da conduta	É a ocorrência concreta da situação descrita na hipótese de incidência
Também chamada de "regra-matriz de incidência"	Também conhecido como "fato imponível"
Integra o mundo normativo	Pertence ao mundo concreto
Ex.: "ser proprietário de veículo automotor"	Ex.: Fulano é proprietário de veículo automotor

10.9 QUADRO SINÓTICO

PARA QUE SERVE ESTUDAR HIPÓTESE DE INCIDÊNCIA E FATO GERADOR?
O estudo da hipótese de incidência e do fato gerador tem a finalidade de auxiliar na compreensão do devido processo legal para cobrança de tributos no Brasil.
HIPÓTESE DE INCIDÊNCIA OU REGRA-MATRIZ DE INCIDÊNCIA?
Na doutrina, os termos "hipótese de incidência" e "regra-matriz de incidência" são equivalentes. O primeiro é mais tradicional e foi difundido pela obra de Geraldo Ataliba. O segundo, mais moderno, é de Paulo de Barros Carvalho. Para provas e concursos, devido à sua maior abrangência, recomenda-se sempre a utilização da nomenclatura "hipótese de incidência tributária".
CONCEITO DE HIPÓTESE DE INCIDÊNCIA E A DUALIDADE HIPÓTESE DE INCIDÊNCIA-FATO GERADOR
É a **descrição legislativa de uma situação** que, ocorrendo na prática, produz a quem lhe deu causa o dever de pagar tributo. DUPLA FINALIDADE DA HIPÓTESE DE INCIDÊNCIA: **a) no plano do ordenamento:** serve como instrumento para delimitar a competência tributária definindo o âmbito dentro do qual o tributo pode ser validamente instituído pela entidade federativa; e **b) no plano doutrinário:** atua como ferramenta facilitadora para compreensão didática dos cinco aspectos que envolvem a relação jurídico-tributária (temporal, territorial, material, pessoal e quantitativo). Assim, HIPÓTESE DE INCIDÊNCIA é a descrição normativa da situação, interagindo o **mundo normativo**, enquanto FATO GERADOR é a **ocorrência concreta** da situação descrita na hipótese de incidência, pertencente ao **mundo concreto**.
ASPECTOS OU CRITÉRIOS DA HIPÓTESE DE INCIDÊNCIA
Aspecto temporal: é a parte da hipótese de incidência responsável por definir **quando** se considera o fato gerador, ou seja, trata-se da fixação do **momento de sua ocorrência**. Dessa forma, tratando-se de hipótese de fato gerador complessivo, complexivo ou complexo, como o que existe é uma situação estendida no tempo, cabe ao legislador fixar qual a data em que juridicamente se tem como nascida a obrigação de pagar o tributo. Aspecto territorial ou espacial: é a lei que determina **onde** ocorre o fato gerador do tributo, ou seja, trata-se da **delimitação geográfica de sua ocorrência**. Aspecto material: determina **qual o fato gerador**, isto é, o evento ou situação que, ocorrendo, produz o dever de pagar tributo. Aspecto pessoal: define **quem são** os dois polos da obrigação tributária, ou seja, **o credor e o devedor do tributo**. O credor tributário, denominado como "Fisco", em regra, será uma das entidades federativas (União, Estados, Distrito Federal ou Municípios), exceto no caso de parafiscalidade, hipótese em que o credor será outra pessoa, física ou jurídica, definida em lei. Já o devedor do tributo pode ser o "contribuinte" ou "responsável tributário" (art. 121, parágrafo único, II, do CTN). Aspecto quantitativo: indica quanto o contribuinte deve ao Fisco. A apuração do valor devido dá-se pela ação conjunta dos elementos **base de cálculo** (que consiste na grandeza econômica sobre a qual incide o tributo, por exemplo, a base de cálculo do IPTU, que é o valor venal do imóvel, nos termos no art. 33, do CTN, e, em consequência, a *base calculada* é o *valor apurado da base de cálculo*) e **alíquota** (que nada mais é do que a fração da base de cálculo expressada por meio de um *percentual*, ou seja, para que se possa determinar o *quantum* devido pelo contribuinte, não basta a existência da base de cálculo, na medida em que, sendo vedada a utilização de tributo para confiscar bens privados, o Estado não poderia retirar dos particulares o valor de toda a base de cálculo, sendo necessário estabelecer qual fração dela deverá ser entregue ao Fisco).
FATO GERADOR
Fato gerador ou **fato imponível** é a **ocorrência concreta** da situação descrita na hipótese de incidência, de modo que o art. 114 do CTN descreve: "fato gerador da obrigação principal é a **situação definida em lei como necessária e suficiente à sua ocorrência**". É importante lembrar que, nos termos do art. 4º do CTN, é o fato gerador que define a natureza específica do tributo, sendo irrelevantes a denominação, demais características formais adotadas pela lei e a destinação legal do produto de sua arrecadação. De acordo com o art. 116 do CTN, considera-se ocorrido o fato gerador e existentes os seus efeitos: **i)** tratando-se de situação de fato, desde o momento em que se verifiquem as circunstâncias materiais necessárias a que produza os efeitos que normalmente lhe são próprios, e, **ii)** tratando-se de situação jurídica, desde o momento em que esteja definitivamente constituída, nos termos de direito aplicável. Já no caso de atos e negócios jurídicos condicionais, consideram-se perfeitos e acabados, nos termos do art. 117 do CTN, **i)** sendo suspensiva a condição, desde o momento de seu implemento, e, **ii)** sendo resolutória a condição, desde o momento da prática do ato ou da celebração do negócio.

Para sintetizar melhor, segue quadro comparativo entre hipótese de incidência e fato gerador:

Hipótese de incidência	Fato gerador
É a descrição normativa da conduta	É a ocorrência concreta da situação descrita na hipótese de incidência
Também chamada de "regra-matriz de incidência"	Também conhecido como "fato imponível"
Integra o mundo normativo	Pertence ao mundo concreto
Ex.: ser proprietário de veículo automotor	Ex.: fulano é proprietário de veículo automotor

10.10 QUESTÕES

1. **(NC-UFPR – Prefeitura de Curitiba – PR – Procurador – 2019)** A regra-matriz de incidência tributária é um ferramental para que se possam identificar todos os critérios informadores da norma geral e abstrata de conduta que prescreve a incidência do tributo. A regra-matriz de incidência tributária é formada a partir da revelação de diversas proposições prescritivas que, não raras vezes, encontram-se esparsas por numerosos diplomas normativos. Estrutura-se da seguinte forma: na hipótese da norma – também chamada de descritor, antecedente ou suposto –, haverá a descrição hipotética de um evento portador de expressão econômica. O consequente normativo – também denominado prescritor – prescreve os efeitos irradiados, caso aconteça o fato abstratamente descrito na hipótese. Com relação ao assunto, identifique como verdadeiras (V) ou falsas (F) as seguintes afirmativas.

( ) Os critérios que compõem a hipótese tributária são o material, o espacial e o temporal. O prescritor será formado pelos critérios pessoal e quantitativo. Este formado pela base de cálculo e alíquota; aquele composto pelos sujeitos ativo e passivo.

( ) O critério material contém a descrição do comportamento que, se ocorrido em determinadas coordenadas de tempo e de espaço, fará irromper o vínculo jurídico prescrito pelo consequente. Ele é a descrição objetiva do fato.

( ) O critério temporal é aquele no qual se encontram as coordenadas de tempo, em que, se ocorrer o fato descrito no critério material, irromperá a relação jurídica prescrita pelo consequente. O critério espacial, por sua vez, é aquele no qual se encontram as coordenadas de espaço estabelecidas pelo legislador como local em que, se se concretizar o comportamento presente no núcleo da hipótese de incidência tributária, nascerá a relação jurídica prescrita pelo consequente normativo.

( ) A função da base de cálculo não se restringe à determinação do montante devido a título de tributo. São três as suas funções: I) função mensuradora (medir as reais proporções do fato); II) função objetiva (compor a específica determinação da dívida); e III) função comparativa (confirmar, infirmar ou afirmar o verdadeiro critério material da hipótese de incidência tributária).

Assinale a alternativa que apresenta a sequência correta, de cima para baixo.

a) V – V – F – F.
b) F – V – V – V.
c) V – F – V – V.
d) F – V – F – F.
e) V – F – V – F.

2. **(FCC – Sead-AP – Analista Jurídico – 2018)** Sobre o fato gerador da obrigação principal, conforme determina o Código Tributário Nacional:

a) a previsão legal e a atividade administrativa respectiva são condições imprescindíveis à sua ocorrência;
b) trata-se de situação de fato legalmente qualificada e assim reconhecida por ato administrativo;
c) sua ocorrência depende, em qualquer caso, de fato jurídico único e instantâneo;
d) sua ocorrência não depende de lei, mas da declaração do contribuinte;
e) trata-se de situação definida em lei como necessária e suficiente à sua ocorrência.

3. **(FMP Concursos – Procurador do Estado-AC – 2017)** A tributação dos atos ilícitos é tema sempre tormentoso. No atual estágio da doutrina e jurisprudência, é CORRETO afirmar que:

a) não se pode tributar atos ilícitos sob pena de conferir uma pretensa legalidade para as operações;
b) deve-se proceder caso a caso, avaliando os prós e contras da tributação sobre a atividade ilícita, pois o Estado não pode perder de vista que os recursos a ingressar no Tesouro são imprescindíveis;
c) dependendo de qual for a atividade ilícita, a solução pode ser uma ou outra. Nos casos de mera contravenção penal, é plenamente aceitável a tributação. Já no tráfico de drogas, por exemplo, não é aceita;
d) se com a atividade ilícita há uma outra, lícita, pode-se proceder a autuação fiscal na parte lícita, como sonegação fiscal;
e) a atividade ilícita deve ser tributada e assim o permitem a Constituição Federal e o CTN.

4. **(Consulplan – Cartório-MG – 2017)** O fato gerador da obrigação principal é a situação definida em lei como necessária e suficiente à sua ocorrência. Sobre o fato gerador disciplinado no Código Tributário Nacional, analise as afirmações que seguem.

I. Inclui-se na interpretação da definição legal do fato gerador a validade jurídica dos atos efetivamente praticados pelos contribuintes, responsáveis, ou terceiros, bem como a natureza do seu objeto ou dos seus efeitos.

II. Fato gerador da obrigação acessória é qualquer situação que, na forma da legislação aplicável, impõe a prática ou a abstenção de ato que não configure obrigação principal.

III. A autoridade administrativa poderá desconsiderar atos ou negócios jurídicos praticados com a finalidade de dissimular a ocorrência do fato gerador do tributo ou a natureza dos elementos constitutivos da obrigação tributária, observados os procedimentos a serem estabelecidos em lei ordinária.

IV. Tratando-se de situação de fato, salvo disposição de lei em contrário, considera-se ocorrido o fato gerador e existentes os seus efeitos desde o momento em que o se verifiquem as circunstâncias materiais necessárias a que produza os efeitos que normalmente lhe são próprios.

Está correto o que se afirma em:

a) I e II, apenas;
b) II e III, apenas;
c) II, III e IV, apenas;
d) I, II, III e IV.

5. **(Cespe – PC-GO – 2017)** Ricardo, com quinze anos de idade, traficou entorpecentes por três meses, obtendo uma renda de R$ 20.000. Informado pela autoridade competente, um auditor da Receita Federal do Brasil efetuou lançamento contra o menor.

Tendo como referência essa situação hipotética, assinale a opção correta.

a) O tráfico de entorpecente é ato ilícito, sendo responsáveis pelos prejuízos dele decorrentes, nos termos da lei civil, os pais de Ricardo, que deverão recolher o tributo a título de sanção cível.
b) A capacidade tributária independe da capacidade civil, de modo que é correto o lançamento contra o menor que, no caso, percebeu remuneração que pode ser considerada renda.
c) O tráfico de entorpecente é atividade que gera proveito econômico, o que justifica torná-lo fato gerador de tributo, não podendo, no entanto, Ricardo, por ser incapaz, sofrer lançamento, devendo a renda percebida ser imputada aos seus pais.
d) O tráfico de entorpecente, por ser crime, não pode ser objeto de tributação, pois o pagamento de imposto em tal hipótese significaria que o Estado estaria chancelando uma atividade ilícita, sendo, portanto, insubsistente o lançamento.
e) Ricardo, por ser incapaz, não pode sofrer lançamento, não constituindo renda eventuais ganhos econômicos que ele venha a ter.

6. **(Cespe – Procurador Municipal – Prefeitura de Belo Horizonte-MG – 2017)** Com base nas disposições do CTN, assinale a opção correta.

a) A autoridade administrativa não poderá alterar de ofício o lançamento já notificado ao sujeito passivo, mesmo em caso de comprovada falsidade de elemento de declaração obrigatória.
b) Uma taxa pode ser calculada em função do capital social da empresa contribuinte.
c) Em caso de inobservância, pelo responsável, da legislação tributária, a obrigação principal será convertida em obrigação acessória.
d) Interpreta-se a definição legal de fato gerador abstraindo-se da validade jurídica dos atos efetivamente praticados pelos contribuintes, pois para a incidência do tributo, não é relevante a regularidade jurídica dos atos.

7. **(IBADE – Prefeitura de São Felipe D'Oeste-RO – Fiscal de Patrimônio – 2020)** O Código Tributário Nacional, trata do fato gerador da obrigação principal como a situação definida em lei necessária e suficiente à(ao) sua(seu):
   a) remissão.
   b) previsão.
   c) prescrição.
   d) ocorrência.
   e) extinção.

8. **(INSTITUTO AOCP – Prefeitura de Cariacica-ES – Fiscal de Tributos Municipais – 2020)** Ao prescrever regras sobre a obrigação tributária, o Código Tributário Nacional afirma que:
   a) a interrupção da prescrição, em favor ou contra um dos obrigados solidários, favorece aos demais, mas não os prejudica.
   b) o sujeito ativo da obrigação é a pessoa jurídica de direito público ou privado, titular da competência originária ou delegada para exigir o seu cumprimento.
   c) a definição legal do fato gerador é interpretada, considerando-se os efeitos dos fatos efetivamente ocorridos.
   d) o fato gerador da obrigação acessória é qualquer situação que, na forma da legislação aplicável, impõe a prática ou a abstenção de ato que não configure obrigação principal.

GABARITO

1. C / **2.** E / **3.** E / **4.** C / **5.** B / **6.** D / **7.** D / **8.** D.

10.11 QUESTÕES COMENTADAS

1. **(Cespe – TJ-PR – Juiz Substituto – 2019)** Duas pessoas celebraram entre si um contrato de prestação de serviço sujeito a uma condição suspensiva. A natureza dessa prestação sujeita uma das partes ao pagamento de uma taxa, para a qual não há regramento específico na hipótese de negócio jurídico condicional.

   Nessa situação, o fato gerador da obrigação tributária principal ocorre no momento:
   a) da efetiva prestação do serviço;
   b) da celebração do negócio jurídico;
   c) da prática do ato jurídico condicional;
   d) do implemento da condição suspensiva.

COMENTÁRIO

a) Sendo um negócio sob condição suspensiva, só com seu implemento ocorre o fato gerador. **(Errado)**
b) A celebração do negócio jurídico não coincide com a prestação do serviço, que é o fato gerador nesse caso. **(Errado)**
c) A prática do ato jurídico condicional se refere a negócios jurídicos sob condição resolutória, nos termos do art. 177, II, do CTN. **(Errado)**
d) Nos termos do art. 177, I, do CTN, os negócios jurídicos sob condição suspensiva são considerados perfeitos e acabados no momento do implemento da condição. **(Correto)**

Gabarito: letra D

2. **(Vunesp – TJ-RS – Juiz de Direito Substituto – 2018)** Sobre a disciplina do fato gerador trazida pelo Código Tributário Nacional, é correto afirmar que:
   a) a autoridade administrativa não poderá desconsiderar atos ou negócios jurídicos praticados com a finalidade de dissimular a ocorrência do fato gerador do tributo ou a natureza dos elementos constitutivos da obrigação tributária, salvo nos casos expressos em lei;

b) se tratando de situação de fato, salvo disposição de lei em contrário, considera-se ocorrido o fato gerador e existentes os seus efeitos desde o momento em que se verifiquem as circunstâncias materiais necessárias a que produza os efeitos que normalmente lhe são próprios;

c) fato gerador da obrigação acessória é qualquer situação definida em lei como necessária e suficiente à sua ocorrência;

d) a definição legal do fato gerador é interpretada considerando-se a validade jurídica dos atos efetivamente praticados pelos contribuintes, responsáveis ou terceiros, bem como da natureza do seu objeto ou dos seus efeitos;

e) se tratando de atos ou negócios jurídicos sujeitos a condição suspensiva, considera-se ocorrido o fato gerador e existentes os seus efeitos desde o momento da prática do ato ou da celebração do negócio.

COMENTÁRIO

a) Art. 116 do CTN: "A autoridade administrativa poderá desconsiderar atos ou negócios jurídicos praticados com a finalidade de dissimular a ocorrência do fato gerador do tributo ou a natureza dos elementos constitutivos da obrigação tributária, observados os procedimentos a serem estabelecidos em lei ordinária". **(Errado)**

b) Art. 116, I, do CTN: "Se tratando de situação de fato, salvo disposição de lei em contrário, considera-se ocorrido o fato gerador e existentes os seus efeitos desde o momento em que se verifiquem as circunstâncias materiais necessárias a que produza os efeitos que normalmente lhe são próprios". **(Correto)**

c) Art. 114 do CTN: "Fato gerador da obrigação PRINCIPAL é a situação definida em lei como necessária e suficiente à sua ocorrência". **(Errado)**

d) Art. 118, I, do CTN: "A definição legal do fato gerador é interpretada ABSTRAINDO-SE da validade jurídica dos atos efetivamente praticados pelos contribuintes, responsáveis, ou terceiros, bem como da natureza do seu objeto ou dos seus efeitos". Trata-se do princípio do *non olet*. **(Errado)**

e) Art. 117, II, do CTN: "Se tratando de atos ou negócios jurídicos sujeitos a condição RESOLUTÓRIA, considera-se ocorrido o fato gerador e existentes os seus efeitos desde o momento da prática do ato ou da celebração do negócio". **(Errado)**

Gabarito: letra B

3. (Vunesp – TJ-MT – Juiz Substituto – 2018) O fato gerador é um dos elementos centrais do Direito Tributário no Brasil, delimitando as situações que poderão dar ensejo à cobrança de tributos. A esse respeito, assinale a alternativa correta.

a) Considera-se ocorrido o fato gerador e existentes os seus efeitos, tratando-se de situação jurídica, desde o momento em que se verifiquem as circunstâncias materiais necessárias a que produza os efeitos que normalmente lhe são próprios.

b) Fato gerador da obrigação acessória é qualquer situação que, na forma da legislação aplicável, impõe a prática ou a abstenção de ato que não configure obrigação principal.

c) Fato gerador da obrigação acessória é a situação definida em lei como necessária e suficiente à sua ocorrência.

d) A definição legal do fato gerador é interpretada a partir da validade jurídica dos atos efetivamente praticados pelos contribuintes, responsáveis, ou terceiros.

e) A autoridade administrativa poderá desconsiderar negócios jurídicos praticados com a finalidade de evitar a ocorrência do fato gerador do tributo.

COMENTÁRIO

a) Nos termos do inciso I do art. 116, do CTN, considera-se ocorrido o fato gerador e existentes seus efeitos, tratando-se de situação de fato, desde o momento em que se verifiquem as circunstâncias materiais necessárias a que produza os efeitos que normalmente lhe são próprios. **(Errada)**

b) Cópia do art. 115 do CTN. **(Correta)**

c) Fato gerador da obrigação principal é a situação definida em lei como necessária e suficiente à sua ocorrência, conforme prevê o art. 114 do CTN. (Errada)

d) A definição legal do fato gerador é interpretada abstraindo-se da validade jurídica dos atos efetivamente praticados pelos contribuintes, responsáveis, ou terceiros, nos termos do art. 118, inciso I, do CTN. **(Errada)**

e) A autoridade administrativa poderá desconsiderar negócios jurídicos praticados com a finalidade de dissimular a ocorrência do fato gerador do tributo, conforme prevê o parágrafo único do art. 116 do CTN. **(Errada)**

Gabarito: letra B

11

CÓDIGO TRIBUTÁRIO NACIONAL E LEGISLAÇÃO TRIBUTÁRIA

Acesse também a videoaula pelo *link*:
http://somos.in/MDT0712

11.1 NORMAS GERAIS DE DIREITO TRIBUTÁRIO NO CÓDIGO TRIBUTÁRIO NACIONAL

O Código Tributário Nacional, promulgado por meio da Lei n. 5.172/66, é dividido em dois grandes Livros.

O Livro Primeiro denomina-se "Sistema Tributário Nacional" (arts. 1º a 95) e disciplina basicamente o regime dos tributos em espécie, contendo grande quantidade de normas que repetem regras do texto constitucional de 1988.

Já o Livro Segundo, de grande relevância para provas e concursos públicos, é intitulado "Normas Gerais de Direito Tributário" (arts. 96 a 218), dividindo-se em cinco partes:

Título I – Legislação Tributária (arts. 96 a 112);

Título II – Obrigação Tributária (arts. 113 a 138);

Título III – Crédito Tributário (arts. 139 a 193);

Título IV – Administração Tributária (arts. 194 a 208);

Disposições Finais e Transitórias (arts. 209 a 218).

Sob o título de "Legislação Tributária", os arts. 96 a 111 do CTN tratam de normas gerais a respeito dos seguintes temas:

a) conceito de "legislação tributária";

b) leis, tratados, convenções internacionais e decretos;

c) normas complementares;

d) vigência da lei tributária;

e) aplicação da lei tributária;

f) interpretação e integração da legislação tributária.

O objetivo do presente capítulo é analisar especificamente o conceito de "legislação tributária", bem como todos os elementos que o integram.

11.2 CONCEITO DE "LEGISLAÇÃO TRIBUTÁRIA"

Visando delimitar o alcance de suas disposições normativas, o CTN, em seu art. 96, definiu o significado da locução "legislação tributária" nos seguintes termos:

> A expressão "legislação tributária" compreende as **leis**, os **tratados** e as **convenções internacionais**, os **decretos** e as **normas complementares** que versem, no todo ou em parte, sobre tributos e relações jurídicas a eles atinentes.

É possível notar, desse modo, que a expressão "legislação tributária", nos termos do CTN, **é muito mais abrangente do que a simples noção de lei em sentido estrito**, na medida em que inclui atos normativos de diversas naturezas e variedades como tratados (vínculos regidos pelo direito internacional), decretos (atos administrativos) etc.

Convém destacar que a diferença conceitual entre "legislação tributária" e "lei tributária" é de grande utilidade prática para compreensão de outros temas dentro do próprio CTN.

Ao distinguir a obrigação tributária principal e a obrigação tributária acessória, o Código Tributário afirma que a **obrigação tributária principal tem como fato gerador a situação "prevista em lei"** (art. 114 do CTN), enquanto **a obrigação tributária acessória "decorre da legislação tributária"** (art. 113, § 2º, do CTN).

11.2.1 Quadro esquemático do conceito de legislação tributária

Legislação tributária

↓ Leis

↓ Tratados e convenções

↓ Decretos

↓ Normas complementares

11.2.2 Quadro comparativo entre os conceitos de "legislação tributária" e "lei tributária" no CTN

Legislação tributária	Lei tributária
Conceito abrangente	Conceito restrito
Inclui leis, tratados, convenções internacionais, decretos e normas complementares (atos normativos, decisões do Fisco, convênios e costumes)	Somente leis em sentido formal emanadas do Parlamento (ordinárias, complementares, emendas constitucionais)
Fonte da obrigação tributária acessória	Fonte da obrigação tributária principal

11.3 LEIS, TRATADOS, CONVENÇÕES INTERNACIONAIS E DECRETOS

Os arts. 97 a 99 do Código Tributário Nacional disciplinam as principais fontes normativas do Direito Tributário: leis, tratados, convenções internacionais e decretos.

Detalhando o conteúdo do princípio da legalidade, o art. 97 do CTN afirma que somente a *lei* pode estabelecer:

a) a instituição de tributos ou a sua extinção;

b) a majoração de tributos ou a sua redução;

c) a definição do fato gerador da obrigação principal e do seu sujeito passivo;

d) a fixação da alíquota do tributo e da sua base de cálculo;

e) a cominação de penalidades para as ações ou omissões contrárias aos dispositivos legais;

f) as hipóteses de exclusão, suspensão e extinção de créditos tributários, ou de dispensa ou redução de penalidades.

Equipara-se à majoração de tributos a ampliação de sua base de cálculo (art. 97, § 1º). Ao contrário, não constitui majoração de tributo a atualização do valor monetário da respectiva base de cálculo (§ 2º).

Acerca dos **tratados e convenções internacionais**, o CTN limita-se a afirmar que têm o **poder de revogar ou modificar a legislação tributária interna**. Além disso, sujeita-se também ao atendimento do disposto nos tratados e nas convenções internacionais a legislação que lhes sobrevenha (art. 98 do CTN). Denunciado o tratado, a lei interna volta a viger.

> PGE/GO: A prova de Procurador/GO de 2013 considerou ERRADA a afirmação: "Os tratados internacionais em matéria tributária, considerando seu caráter infraconstitucional, não revogam ou modificam a legislação interna".

Já o art. 99 do CTN enuncia que o **conteúdo e o alcance dos decretos ou regulamentos restringem-se aos das leis em função das quais sejam expedidos**.

A referida regra reafirma o caráter infralegal dos decretos e regulamentos na ordem jurídica brasileira. Isso porque **no Direito Tributário Brasileiro não existem os chamados decretos e regulamentos autônomos ou independentes**, que, em outros países, podem inovar originariamente no âmbito do direito, criando, por si, deveres e obrigações aos particulares independentemente de lei.

A Constituição Federal de 1988 enfatiza em diversas oportunidades a subordinação irrestrita dos decretos à lei. É o que, por exemplo, estabelece o art. 84, IV, da CF, com força no qual cabe ao Presidente da República *expedir decretos e regulamentos para dar fiel execução à lei*. No art. 5º, II, por outro ângulo, o Texto Maior afirma que *ninguém será obrigado a fazer ou deixar de fazer algo senão em virtude de lei*, o que impede visivelmente a fixação de deveres e proibições a particulares por meio de decretos – meros atos administrativos.

Em conclusão, o papel reservado pelo ordenamento jurídico pátrio aos decretos e regulamentos é o de simples viabilizadores da aplicação de dispositivos legais, razão pela qual faz todo o sentido a afirmação do CTN: "o conteúdo e o alcance dos decretos restringem-se aos das leis em função das quais sejam expedidos".

11.4 NORMAS COMPLEMENTARES

Ao lado das fontes normativas mais importantes, o art. 100 do CTN menciona outras fontes, chamadas de "normas complementares", tais como:

a) atos normativos expedidos pelas autoridades administrativas;

b) decisões normativas de órgãos singulares ou colegiados da esfera administrativa;

c) práticas reiteradas observadas pelas autoridades administrativas (costumes);

d) convênios entre Estados, Distrito Federal e Municípios.

Com o objetivo de evitar confusão frequente, é importante notar que as tais "normas complementares" mencionadas no art. 100 do CTN não têm nenhuma relação com as leis complementares. Trata-se somente de uma infeliz coincidência terminológica.

> FMP: A prova de Defensor Público/PA de 2015 considerou CORRETA a assertiva: "A observância, pelo sujeito passivo, das normas complementares, exclui a imposição de penalidades, a cobrança de juros de mora e a atualização monetária da base de cálculo do tributo".

11.5 VIGÊNCIA DA LEI TRIBUTÁRIA

A disciplina da vigência das leis tributárias está contida nos arts. 101 a 104 do CTN, cujo teor passamos a analisar.

O art. 101 determina que a vigência no tempo e no espaço da legislação tributária rege-se pelas disposições legais aplicáveis às normas jurídicas em geral, ou seja, a eventual lacuna do CTN deverá ser suprida com auxílio dos arts. 1º a 6º da Lei de Introdução às Normas do Direito Brasileiro (Decreto-lei n. 4.657/42).

Reconhece-se, entretanto, a possibilidade de extraterritorialidade da legislação tributária dos Estados-membros, do Distrito Federal e dos Municípios se assim dispuser convênio de que participem, ou ainda nos termos do CTN e das normas gerais expedidas pela União (art. 102).

> Fepese: A prova de Promotor/SC considerou CORRETA a afirmação: "Nos termos do Código Tributário Nacional, é correto afirmar que a legislação tributária dos Estados, do Distrito Federal e dos Municípios vigora, no País, fora dos respectivos territórios, nos limites em que lhe reconheçam extraterritorialidade os convênios de que participem, ou do que disponham esta ou outras leis de normas gerais expedidas unicamente pela União".

11.6 VIGÊNCIA DAS NORMAS COMPLEMENTARES

Conforme visto nos itens anteriores, o art. 100 do CTN define como normas complementares à legislação tributária: 1) atos normativos expedidos pelas autoridades administrativas; 2) decisões normativas de órgãos singulares ou colegiados da esfera administrativa; 3) práticas reiteradas observadas pelas autoridades administrativas (costumes); 4) convênios entre Estados, Distrito Federal e Municípios.

> A prova da Magistratura/RS elaborada pela Vunesp em 2018 considerou CORRETA a assertiva: "As decisões dos órgãos singulares ou coletivos de jurisdição administrativa podem ter eficácia normativa, desde que lei lhes atribua tal efeito".

> Cespe: A prova de Defensor Público da União de 2015 considerou CERTA a assertiva: "Os costumes, como as práticas reiteradamente observadas pelas autoridades administrativas, não são expressamente citados entre as fontes destinadas a colmatar lacunas na legislação tributária; eles são, sim, considerados normas complementares das leis, dos tratados e convenções internacionais e dos decretos".

Sobre a entrada em vigor das normas tributárias complementares, o art. 103 estabelece os seguintes prazos:

a) **atos normativos** expedidos por autoridades administrativas, **na data da sua publicação**;

> Fepese: A prova de Auditor-Fiscal da Prefeitura de Florianópolis considerou CORRETA a afirmação: "Os atos normativos expedidos pelas autoridades administrativas entram em vigor na data da sua publicação".

> Cespe: A prova de Cartório/DF em 2014 considerou ERRADA a afirmação: "Os atos normativos tributários expedidos pelas autoridades administrativas entram em vigor quarenta e cinco dias depois de oficialmente publicados, salvo disposição em contrário".

b) **decisões normativas** de órgãos singulares ou coletivos da esfera administrativa, **trinta dias após a data da sua publicação**;

> Fepese: A prova de Auditor-Fiscal da Prefeitura de Florianópolis considerou ERRADA a afirmação: "As decisões dos órgãos singulares com jurisdição administrativa, a que a lei atribua eficácia normativa, entram em vigor na data da sua publicação".

> Cespe: A prova de Procurador do TC/DF em 2013 considerou ERRADA a afirmação: "Desde que a lei atribua eficácia normativa às decisões dos órgãos singulares ou coletivos de jurisdição normativa, essas decisões, no que se refere aos efeitos normativos, entram em vigor na data de sua publicação".

c) **convênios**, na **data neles prevista**.

Importante registrar que o art. 103 não faz qualquer menção à entrada em vigor dos costumes (práticas reiteradas da autoridade) simplesmente porque sua vigência está condicionada a variantes sociais, especialmente ao momento em que o costume for considerado de cumprimento obrigatório pela coletividade.

> Fepese: A prova de Auditor-Fiscal da Prefeitura de Florianópolis considerou ERRADA a afirmação: "As práticas reiteradamente observadas pelas autoridades administrativas entram em vigência trinta dias após oficialmente declaradas".

11.6.1 A controvérsia em torno do art. 104 do CTN

Na tentativa de evitar conflito entre os prazos legais para início da vigência da legislação tributária e o conteúdo do princípio da anterioridade, o art. 104 do CTN afirma que entram em vigor no primeiro dia do ano seguinte àquele em que ocorra a publicação os dispositivos de lei que:

a) instituem ou majoram tributos;

b) definem novas hipóteses de incidência;

c) extinguem ou reduzem isenções.

Porém, conforme explicamos no Capítulo referente aos princípios tributários (*vide* item 4.5.6 deste *Manual*), o art. 104 confunde os institutos da vigência e da anterioridade tributária.

Segue transcrição do trecho onde a questão foi esclarecida.

Embora o dispositivo acima mencionado seja bastante claro ao sujeitar a revogação de isenções ao princípio da anterioridade anual, essa não é a corrente majoritária. Atualmente, predomina o entendimento de que a revogação de isenção NÃO SE SUJEITA À ANTERIORIDADE, especialmente com base em dois argumentos:

1) o art. 104 do CTN não seria uma regra específica de anterioridade, mas de vigência, porque fala em "entrada em vigor", e **o princípio da anterioridade não tem qualquer relação com o fenômeno da entrada em vigor da lei**;

2) o art. 104 do CTN não teria sido recepcionado pela Constituição de 1988, pois inexiste no Texto Maior qualquer referência a tal aplicação do princípio da anterioridade.

Esse sempre foi o entendimento tradicional do Supremo Tribunal Federal, segundo o qual, "na isenção, o tributo já existe. Por isso, revogado o favor legal, força é concluir que um novo tributo não foi criado, senão que houve apenas a restauração do direito de cobrar o tributo, o que não implica a obrigatoriedade de ser observado o princípio da anterioridade" (RE 204.026).

Todavia, **o Supremo Tribunal Federal voltou a aplicar o princípio da anterioridade no caso de revogação de benefícios fiscais**[STF]. Cabe ressaltar que, nos termos do afirmado pelo legislador, a anterioridade do art. 104, III, do CTN aplica-se somente à redução e extinção de isenções relativas a impostos sobre patrimônio ou renda.

STF: "Revogação de benefício fiscal e princípio da anterioridade tributária. Configura aumento indireto de tributo e, portanto, está sujeita ao princípio da anterioridade tributária, a norma que implica revogação de benefício fiscal anteriormente concedido. A concepção mais adequada de anterioridade é aquela que afeta o conteúdo teleológico da garantia. O mencionado princípio visa garantir que o contribuinte não seja surpreendido com aumentos súbitos do encargo fiscal, o que propicia um direito implícito e inafastável ao planejamento. O prévio conhecimento da carga tributária tem como base a segurança jurídica e, como conteúdo, a garantia da certeza do direito. Toda alteração do critério quantitativo do consequente da regra matriz de incidência deve ser entendida como majoração do tributo. Assim, tanto o aumento de alíquota, quanto a redução de benefício, apontam para o mesmo resultado, qual seja, o agravamento do encargo" (RE 564.225 AgRg/RS, rel. Min. Marco Aurélio, j. 2-9-2014).

Por fim, é importante destacar que, quando se tratar de ISENÇÃO ONEROSA e TEMPORÁRIA, deve-se garantir o direito adquirido do contribuinte que preencher os requisitos necessários para sua concessão, como será visto nos capítulos seguintes deste *Manual* (art. 178 do CTN e Súmula 544 do STF: "Isenções tributárias concedidas, sob condição onerosa, não podem ser livremente suprimidas").

Cespe: A prova da Magistratura Federal da 5ª Região de 2013 considerou ERRADA a afirmativa: "Ainda que a isenção tenha sido concedida por prazo certo e sob condição onerosa, é possível a sua posterior revogação, com efeitos sobre os contribuintes que tiverem por ela sido beneficiados, já que eles não possuem direito adquirido de usufruir do benefício legalmente estipulado".

STJ: "TRIBUTÁRIO E PROCESSUAL CIVIL. AGRAVO REGIMENTAL NO AGRAVO REGIMENTAL NO AGRAVO EM RECURSO ESPECIAL. IMPOSTO DE RENDA. CONTRADIÇÃO OU OBSCURIDADE. AUSÊNCIA. ISENÇÃO ONEROSA POR PRAZO INDETERMINADO. DECRETO-LEI N. 1.510/76. REVOGAÇÃO PELA LEI N. 7.713/88. AUSÊNCIA DE PREQUESTIONAMENTO. SÚMULA 211/STJ. 1. Não se reveste de omissão, obscuridade ou contradição o julgado que se manifesta a respeito de todas as questões levadas a juízo pela parte. Desse modo, descabido falar em violação do art. 535, I e II, do CPC. 2. É isento do imposto de renda o ganho de capital decorrente da alienação de participações societárias adquiridas sob a égide do DL n. 1.510/76 e negociadas após cinco anos da data da aquisição, ainda que a transação tenha ocorrido já na vigência da Lei n. 7.713/88 (REsp 1.148.820/RS, rel. Min. Castro Meira, 2ª T, j. 17-8-2010, *DJe* 26-8-2010). 3. Contudo, consoante ressaltou o Ministério Público Federal, no caso em análise as instâncias ordinárias consignaram a inexistência de direito adquirido à isenção com relação às ações por qualquer meio havidas em 28-12-1987, pela impossibilidade de implementação do lapso temporal de 5 (cinco) anos sem alienação até a revogação da isenção por meio da Lei n. 7.713, de 22 de dezembro de 1988. 4. Para fazerem jus à imunidade seria necessário que os próprios agravantes tivessem implementado o lapso temporal de 5 (cinco) anos sem a alienação das participações societárias antes da revogação da isenção ocorrida com a publicação da Lei n. 7.713, de 22 de dezembro de 1988, o que não ocorreu. 5. Os arts. 1.711 do CC/16 e 347 do CC/2002, que são utilizados como fundamento para o direito dos agravantes se sub-rogarem no direito à isenção do IR, sequer foram objetos de análise pelo Tribunal de origem. Desse modo, carece o tema do indispensável prequestionamento viabilizador do recurso especial, razão pela qual não merece ser apreciado, a teor do que preceituam as Súmulas 211 desta Corte. 6. Agravo regimental a que se nega provimento" (Agrg no Agrg no AREsp 732.773/RS, rel. Min. Diva Malerbi, j. 3-12-2015, 2ª T.).

11.7 APLICAÇÃO DA LEI TRIBUTÁRIA

A legislação tributária, em regra, não produz efeitos retroativos, aplicando-se somente aos fatos geradores futuros e aos pendentes (art. 105 do CTN).

Entretanto, o art. 106 do Código Tributário Nacional estabelece exceções a tal regra, afirmando que a lei tributária é aplicável a fatos pretéritos:

I – em qualquer caso, quando seja expressamente interpretativa;

II – tratando-se de fato não definitivamente julgado:

a) quando deixe de defini-lo como infração;

> Vunesp: A prova de Auditor Tributário da Prefeitura de São José dos Campos/SP de 2015 considerou CORRETA a assertiva: "A legislação tributária aplica-se a ato ou fato pretérito ainda não definitivamente julgado quando deixe de defini-lo como infração".

b) quando deixe de tratá-lo como contrário a qualquer exigência de ação ou omissão, desde que não tenha sido fraudulento e não tenha implicado falta de pagamento de tributo;

c) quando lhe comine penalidade menos severa que a prevista na lei vigente ao tempo de sua prática.

Em síntese, a **lei tributária incide retroativamente** apenas se for **expressamente interpretativa** ou **mais benéfica ao contribuinte em matéria de infração**.

11.8 INTERPRETAÇÃO E INTEGRAÇÃO DA LEGISLAÇÃO TRIBUTÁRIA

Os arts. 108 a 112 do CTN estabelecem regras para determinação do **sentido e do alcance** das normas tributárias (***interpretação*** da legislação tributária), bem como enumeram os meios jurídicos idôneos para **preencher lacunas**, ou seja, solucionar casos não expressamente disciplinados pela lei (***integração*** da legislação tributária).

Convém analisar separadamente os dois temas.

11.9 PRINCÍPIOS HERMENÊUTICOS DO DIREITO TRIBUTÁRIO

Na condição de ramo autônomo, o Direito Tributário dispõe de técnicas próprias de **hermenêutica jurídica**, isto é, instrumentos teóricos utilizados para interpretar o **conteúdo e o alcance de normas** sobre tributação. Desse modo, a legislação tributária deve ser interpretada conforme disposto no CTN (art. 107).

Há essencialmente dois princípios hermenêuticos gerais previstos no CTN como vetores para a interpretação de leis tributárias:

1) interpretam-se literalmente as normas que eliminam ou reduzem deveres tributários;

2) disposições definidoras de infrações ou que cominem penalidades devem ser interpretadas da maneira mais favorável ao acusado.

PGE/GO: A prova de Procurador/GO de 2013 considerou CORRETA a afirmação: "Interpreta-se literalmente a legislação tributária que disponha sobre a suspensão do crédito tributário".

Enquadram-se na primeira hipótese, devendo ser **interpretadas literalmente**, as regras tributárias que disponham sobre (art. 111 do CTN):

a) suspensão e exclusão do crédito tributário;

Cespe: A prova de Procurador de Fortaleza de 2017 considerou CERTA a afirmação: "É vedada a adoção de métodos de interpretação ou qualquer princípio de hermenêutica que amplie o alcance da norma tributária que outorga isenção".

b) outorga de **isenções**STJ;

STJ: "Não é possível ao Poder Judiciário estender benefício de isenção fiscal a categoria não abrangida por regra isentiva na hipótese de alegação de existência de situação discriminatória e ofensa ao princípio da isonomia. A concessão de isenção fiscal é ato discricionário, fundado em juízo de conveniência e oportunidade do Poder Público, não sendo possível ao Poder Judiciário, sob o pretexto de tornar efetivo o princípio da isonomia, reconhecer situação discriminatória de categorias não abrangidas pela regra isentiva e estender, por via transversa, benefício fiscal sem que haja previsão legal específica" (AgRg no AREsp 248.264-RS, rel. Min. Mauro Campbell Marques, j. 27-11-2012).

c) dispensa do cumprimento de obrigações acessórias.

Em sentido contrário, **devem ser interpretadas da maneira mais favorável ao acusado** as normas tributárias **definidoras de infrações**, em caso de dúvida, quanto (art. 112):

a) à capitulação legal do fato;

b) à natureza ou às circunstâncias materiais do fato, ou à natureza ou extensão dos seus efeitos;

c) à autoria, imputabilidade ou punibilidade;

d) à natureza da penalidade aplicável, ou à sua graduação.

Assim, pode-se afirmar que vigora no Direito Tributário o **princípio do *in dubio pro contribuinte***, no que diz respeito às normas definidoras de infrações e de penalidades.

11.10 REGRAS PARA A INTEGRAÇÃO DE LEIS TRIBUTÁRIAS

Integração é o processo pelo qual o operador do direito, utilizando instrumentos oferecidos pelo próprio sistema jurídico, supre a ausência de norma específica para a regulação de determinado caso, **preenchendo as chamadas lacunas da lei**.

Acesse também a videoaula pelo *link*: http://somos.in/MDT0740

Nos termos do art. 108 do CTN:

> Na **ausência de disposição expressa,** a autoridade competente para aplicar a legislação tributária utilizará sucessivamente, na ordem indicada:

Vunesp: A prova de Auditor tributário da Prefeitura de São José dos Campos/SP de 2015 considerou ERRADA a assertiva: "Na ausência de disposição expressa, a autoridade competente para aplicar a legislação tributária utilizará sucessivamente, na ordem indicada: os princípios gerais de direito tributário, os princípios gerais de direito público, a analogia e a equidade".

> I – a **analogia**;
>
> II – os **princípios gerais de direito tributário**;
>
> III – os **princípios gerais de direito público**;
>
> IV – a **equidade**.

Analogia consiste em aplicar a situação não prevista especialmente em lei, disposição relativa a caso semelhante[1].

Trata-se, assim, do primeiro recurso a ser utilizado pelo intérprete como meio para superar a falta de norma específica para o caso.

A utilização da analogia, no entanto, não poderá conduzir à exigência de tributo não previsto em lei (art. 108, § 1º, do CTN).

Cespe: A prova de Cartório/DF de 2014 considerou ERRADA a afirmação: "Excepcionalmente, o emprego da analogia poderá resultar na exigência de tributo não previsto em lei".

Se o uso da analogia não for suficiente para preencher o vazio legislativo, o segundo instrumento técnico idôneo são os *princípios gerais de Direito Tributário.*

O intérprete deverá recorrer então ao conteúdo valorativo das noções elementares deste ramo jurídico, tais como: princípio da legalidade, princípio da anterioridade, princípio da vedação do confisco, princípio da não limitação de pessoas e bens, princípio da não cumulatividade etc., conforme enunciados nos arts. 150 e 151 da Constituição Federal.

Em terceiro lugar devem ser empregados os *princípios gerais do Direito Público,* como: princípio republicano, princípio federativo, princípio da supremacia do interesse público sobre o privado, princípio da indisponibilidade do interesse público, princípio da razoabilidade, princípio da finalidade.

---

1 W. de Barros Monteiro. *Curso de Direito Civil,* v. 1, p. 39.

Por fim, falhando os mecanismos integrativos supramencionados, o Código Tributário Nacional remete a autoridade administrativa ao uso dos juízos de equidade, aplicações concretas da **noção maior de justiça** e **bom senso** com o objetivo de preencher vácuos axiológicos[2].

Note-se que, por força de expressa disposição do CTN, o recurso à equidade não poderá redundar na dispensa do pagamento de tributo devido (art. 108, § 2º).

11.11 PRINCÍPIOS GERAIS, INSTITUTOS E CONCEITOS DO DIREITO PRIVADO

Os arts. 109 e 110 versam sobre os limites da utilização, no campo tributário, de princípios, institutos e conceitos do Direito Privado.

Costuma-se dizer que o Direito Tributário é um "ramo de sobreposição" na medida em que as normas sobre criação, arrecadação e fiscalização de tributos incidem sobre realidades previamente normatizadas pelos Direitos Civil e Comercial, invocando noções e conceitos definidos pela legislação privada.

Em outras palavras, **o Direito Tributário não cria suas próprias realidades**, mas aproveita conceitos já instituídos em outros ramos.

A fim de prevenir excessos nesse processo de importação conceitual, tanto do legislador tributário quanto de intérpretes da lei, o CTN determina que "os princípios gerais de direito privado utilizam-se para pesquisa da definição, do conteúdo e do alcance de seus institutos, conceitos e formas, mas não para definição dos respectivos efeitos tributários" (art. 109).

Na mesma linha de preocupação, o art. 110 reza: "a lei tributária não pode alterar a definição, o conteúdo e o alcance de institutos, conceitos e formas de direito privado, utilizados, expressa ou implicitamente, pela Constituição Federal, pelas Constituições dos Estados, ou pelas Leis Orgânicas do Distrito Federal ou dos Municípios, para definir ou limitar competências tributárias".

> Cespe: A prova de Cartório/DF de 2014 considerou ERRADA a afirmação: "Somente lei complementar federal tributária pode alterar a definição de institutos de direito privado".

Assim, por exemplo, quando o art. 156, III, da Constituição Federal afirma que compete aos municípios instituir imposto sobre "serviços" de qualquer natureza, o conceito de "serviços" é originário do Direito Civil e deve ser importado pelo Direito Tributário sem alteração de seu conteúdo no ramo de origem.

Vamos trabalhar com um caso verídico.

No Direito Civil, o conceito de "serviço" tem seu significado vinculado a uma obrigação de fazer. Se o legislador tributário ampliar a noção de serviço para incluir também a locação (locação no Direito Civil é obrigação de entregar, e não

2 Luciano Amaro, *Direito Tributário Brasileiro*, p. 215.

de fazer), exigindo o ISS sobre contratos de locação de bens móveis, haverá uma violação do art. 110 do CTN, na medida em que a legislação tributária estará desrespeitando, no processo de importação conceitual, o significado original que a noção de "serviço" tem no **Direito Privado**.

> PGE/GO: A prova de Procurador/GO de 2013 considerou ERRADA a afirmação: "O Direito Tributário serve-se de institutos, conceitos e formas do direito privado, podendo a lei tributária alterar a definição, o conteúdo e o alcance para definir ou limitar competências tributárias".

Essa é a razão de existir da Súmula Vinculante 31 do STF: "É inconstitucional a incidência do Imposto sobre Serviços de Qualquer Natureza – ISS sobre operações de locação de bens móveis.

> Cespe: A prova de Procurador de Fortaleza de 2017 considerou ERRADA a afirmação: "A interpretação da legislação tributária a partir dos princípios gerais de direito privado é realizada para identificar o conceito, o conteúdo e o alcance dos institutos de direito privado, determinando, assim, a definição dos respectivos efeitos tributários".

Nesse contexto é que o art. 110 do CTN determina que a lei tributária não pode alterar a definição, o conteúdo e o alcance de institutos, conceitos e formas de direito privado.

11.12 QUADRO SINÓTICO

CONCEITO DE "LEGISLAÇÃO TRIBUTÁRIA"
O art. 96 do CTN definiu o significado da locução "legislação tributária" no sentido de que compreende as **leis**, os **tratados** e as **convenções internacionais**, os **decretos** e as **normas complementares** que versem, no todo ou em parte, sobre tributos e relações jurídicas a eles atinentes. A diferença conceitual entre "legislação tributária" e "lei tributária" é de grande utilidade na prática, como por exemplo, ao distinguir a obrigação tributária principal e a obrigação tributária acessória. O CTN afirma que a obrigação tributária principal tem como fato gerador a situação "prevista em lei" (art. 114 do CTN), enquanto a obrigação tributária acessória "decorre da legislação tributária" (art. 113, § 2º, do CTN).
LEIS, TRATADOS, CONVENÇÕES INTERNACIONAIS E DECRETOS
Os arts. 97 a 99 do CTN disciplinam as principais fontes normativas do Direito Tributário: leis, tratados, convenções internacionais e decretos. Detalhando o conteúdo do princípio da legalidade, o art. 97 do CTN afirma que somente a *lei* pode estabelecer: **a)** a instituição de tributos, ou a sua extinção; **b)** a majoração de tributos ou a sua redução; **c)** a definição do fato gerador da obrigação principal e do seu sujeito passivo; **d)** a fixação da alíquota do tributo e da sua base de cálculo; **e)** a cominação de penalidades para as ações ou omissões contrárias aos dispositivos legais; e **f)** as hipóteses de exclusão, suspensão e extinção de créditos tributários, ou de dispensa ou redução de penalidades. Acerca dos **tratados e convenções internacionais**, o CTN limita-se a afirmar que têm o **poder de revogar ou modificar a legislação tributária interna**. Além disso, sujeita-se também ao atendimento do disposto nos tratados e nas convenções internacionais a legislação que lhes sobrevenha (art. 98 do CTN). **Já o art. 99 do CTN enuncia que o** conteúdo e o alcance dos decretos ou regulamentos restringem-se aos das leis em função das quais sejam expedidos. NORMAS COMPLEMENTARES: são os **atos normativos** expedidos pelas autoridades administrativas, as **decisões normativas** de órgãos singulares ou colegiados da esfera administrativa, as **práticas reiteradas** observadas pelas autoridades administrativas, chamadas popularmente de **costumes**, bem como os **convênios** entre Estados, Distrito Federal e Município, nos termos do art. 100 do CTN. VIGÊNCIA DA LEI TRIBUTÁRIA: o art. 101 determina que **a vigência no tempo e no espaço da legislação tributária rege-se pelas disposições legais aplicáveis às normas jurídicas em geral**, ou seja, a eventual lacuna do CTN deverá ser suprida com o auxílio dos arts. 1º a 6º da Lei de Introdução às Normas do Direito Brasileiro (Decreto-lei n. 4.657/42). Reconhece-se, entretanto, a possibilidade de **extraterritorialidade da legislação tributária** dos Estados-membros, do Distrito Federal e dos Municípios **se assim dispuser convênio** de que participem, ou ainda nos termos do CTN e das normas gerais expedidas pela União (art. 102). VIGÊNCIA DAS NORMAS COMPLEMENTARES: o art. 103 do CTN estabelece os seguintes prazos: **a) atos normativos** expedidos por autoridades administrativas, **na data da sua publicação**; **b) decisões normativas** de órgãos singulares ou coletivos da esfera administrativa, **trinta dias após a data da sua publicação**; e **c) convênios, na data neles prevista.** APLICAÇÃO DA LEI TRIBUTÁRIA: a legislação tributária, em regra, não produz efeitos retroativos, aplicando-se somente aos fatos geradores futuros e aos pendentes (art. 105 do CTN). Entretanto, o **art. 106 do CTN**, estabelece **exceções** a tal regra, afirmando que a lei tributária é aplicável a fatos pretéritos: **I** – em qualquer caso, quando seja **expressamente interpretativa**; **II** – tratando-se de **fato não definitivamente julgado**: a) quando **deixe de defini-lo como infração**; b) quando **deixe de tratá-lo como contrário a qualquer exigência de ação ou omissão, desde que não tenha sido fraudulento e não tenha implicado falta de pagamento de tributo**; e c) quando lhe **comine penalidade menos severa que a prevista na lei vigente ao tempo de sua prática**. INTERPRETAÇÃO E INTEGRAÇÃO DA LEGISLAÇÃO TRIBUTÁRIA: os arts. 108 a 112 do CTN estabelecem regras para determinação do **sentido** e do **alcance** das normas tributárias (**interpretação** da legislação tributária), bem como enumeram os meios jurídicos idôneos para **preencher lacunas**, ou seja, solucionar casos não expressamente disciplinados pela lei (**integração** da legislação tributária).
PRINCÍPIOS HERMENÊUTICOS DO DIREITO TRIBUTÁRIO
O Direito Tributário dispõe de técnicas próprias de **hermenêutica jurídica**, isto é, instrumentos teóricos utilizados para interpretar o **conteúdo** e o **alcance de normas** sobre tributação. Os princípios hermenêuticos gerais previstos no CTN como vetores para a interpretação de leis tributárias prescrevem: **1)** As normas que versarem sobre **suspensão e exclusão do crédito tributário**, bem como sobre **outorga de isenções e dispensa do cumprimento das obrigações acessórias**, devem ser **interpretadas literalmente**, conforme disposição no **art. 111 do CTN**.

2) Devem ser interpretadas de **maneira mais favorável ao acusado** as normas tributárias **definidoras de infrações, em caso de dúvida, quanto à capitulação legal do fato, quanto à natureza ou às circunstâncias materiais do fato, ou à natureza ou extensão dos seus efeitos, e ainda quanto à autoria, imputabilidade ou punibilidade, bem como quanto à natureza da penalidade aplicável ou à sua graduação, conforme disposição do art. 112 do CTN.**

ATENÇÃO: Vigora no Direito Tributário o princípio do *in dubio pro contribuinte*, no que diz respeito às normas definidoras de infrações e de penalidades.

REGRAS PARA INTEGRAÇÃO DE LEIS TRIBUTÁRIAS

Integração é o processo pelo qual o operador do Direito, utilizando instrumentos oferecidos pelo próprio sistema jurídico, supre a ausência de norma específica para regulação de determinado caso, **preenchendo as chamadas lacunas da lei.**

No caso de lacuna, a autoridade deverá utilizar sucessivamente (art. 108 do CTN):

1) ANALOGIA;

2) PRINCÍPIOS GERAIS DO DIREITO TRIBUTÁRIO;

3) PRINCÍPIOS GERAIS DO DIREITO PÚBLICO;

4) EQUIDADE.

A utilização da analogia não poderá conduzir à exigência de tributo não previsto em lei (art. 108, § 1º, do CTN).

Por fim, falhando os mecanismos integrativos supramencionados, o Código Tributário Nacional remete a autoridade administrativa ao uso dos juízos de equidade. Contudo, por força de expressa disposição do CTN, o recurso à equidade não poderá resultar na dispensa do pagamento de tributo devido, conforme art. 108, § 2º.

11.13 QUESTÕES

1. **(Core-SP – Inaz do Pará – Assistente Jurídico – 2019)** Conforme o art. 112 do Código Tributário Nacional, a lei tributária que define infrações, ou lhe comina penalidades, interpreta-se da maneira mais favorável ao acusado, em caso de dúvida; EXCETO quanto:
   a) à suspensão ou exclusão do crédito tributário;
   b) à capitulação legal do fato;
   c) à natureza ou às circunstâncias materiais do fato, ou à natureza ou extensão dos seus efeitos;
   d) à autoria, imputabilidade ou punibilidade;
   e) à natureza da penalidade aplicável, ou à sua graduação.

2. **(Core-SP – Inaz do Pará – Assistente Jurídico – 2019)** De acordo com o Código Tributário Nacional, na ausência de disposição expressa, a autoridade competente para aplicar a legislação tributária utilizará, sucessivamente, em qual ordem abaixo indicada?
   a) Equidade; os princípios gerais de direito tributário; os princípios gerais de direito público; e analogia.
   b) Os princípios gerais de direito tributário; os princípios gerais de direito público; analogia; e equidade.
   c) Analogia; equidade; os princípios gerais de direito tributário; e os princípios gerais de direito público.
   d) Equidade; analogia; os princípios gerais de direito tributário; e os princípios gerais de direito público.
   e) Analogia; os princípios gerais de direito tributário; os princípios gerais de direito público; e equidade.

3. **(NC-UFPR – TJ-PR – Titular de Serviços de Notas e de Registros – Provimento – 2019)** As técnicas de integração da lei tributária encontram previsão expressa na legislação tributária brasileira. Na ausência de disposição legal tributária expressa:
   a) autoriza-se ao aplicador da lei tributária o recurso aos princípios gerais de direito tributário, aos princípios gerais de direito público, à equidade e à interpretação construtiva;
   b) autoriza-se ao aplicador da lei tributária o recurso à interpretação extensiva, aos princípios gerais de direito público, aos princípios gerais de direito tributário e à equidade;
   c) autoriza-se ao aplicador da lei tributária o recurso à analogia, aos princípios gerais de direito financeiro, aos princípios gerais de direito privado e à equidade;
   d) autoriza-se ao aplicador da lei tributária o recurso à analogia, aos princípios gerais de direito tributário, aos princípios gerais de direito público e à equidade;
   e) o legislador autoriza o uso da analogia para exigir tributo não previsto em lei.

4. **(Vunesp – TJ-AC – Juiz de Direito Substituto – 2019)** Assinale a alternativa correta quanto às regras de interpretação da legislação tributária.
   a) O emprego da equidade poderá resultar na dispensa do pagamento de tributo devido, desde que no curso de fiscalização.
   b) O emprego da analogia poderá resultar na exigência de tributo não previsto em lei, observado o princípio da anterioridade.
   c) Os princípios gerais de direito privado utilizam-se para pesquisa da definição de seus institutos, conceitos e formas e para definição dos respectivos efeitos tributários.
   d) A lei tributária não pode alterar a definição, o conteúdo e o alcance de institutos de direito privado, utilizados, expressa ou implicitamente, pela Constituição Federal.

5. **(Vunesp – Prefeitura de Itapevi – SP – Analista Jurídico – Procurador Municipal – 2019)** Determina o Código Tributário Nacional que a autoridade competente para aplicar a legislação tributária, na ausência de disposição expressa, aplique, sucessivamente pela ordem, a analogia:
   a) a equidade; os princípios gerais de direito público; os princípios gerais de direito tributário;
   b) os princípios gerais de direito público; os princípios gerais de direito tributário; a equidade;
   c) os princípios específicos de direito tributário; a equidade; os princípios gerais de direito público;

d) a equidade; os princípios específicos de direito tributário; os princípios gerais de direito público;
e) os princípios gerais de direito tributário; os princípios gerais de direito público; a equidade.

6. **(Vunesp – Prefeitura de Guarulhos – SP – Inspetor Fiscal de Rendas – Conhecimentos Específicos – 2019)** A analogia, no Direito Tributário, é:
a) método de integração da legislação tributária que disponha sobre suspensão ou exclusão do crédito tributário;
b) método de interpretação da legislação tributária, não podendo acarretar exigência de tributo não previsto em lei;
c) método de preenchimento de lacunas normativas relativas a definição, conteúdo e alcance dos efeitos tributários;
d) garantia fundamental do contribuinte, devendo ser empregada pela fiscalização da maneira mais favorável ao sujeito passivo tributário;
e) princípio constitucional interpretativo que, em conjunto com a equidade, pode resultar na dispensa do pagamento de tributo devido.

7. **(TRF – 3ª Região – TRF – 3ª Região – Juiz Federal Substituto – 2018)** Indique a afirmação INCORRETA.
a) Os tratados internacionais para evitar a dupla tributação prevalecem sobre a legislação interna brasileira.
b) O aplicador da lei não pode empregar a analogia para exigir tributo não previsto em lei.
c) A compensação pode ser promovida pelo sujeito passivo, mesmo sem lei que a preveja, desde que seja realizada entre tributos e contribuições da mesma espécie.
d) A moratória suspende a exigibilidade do crédito tributário.

8. **(FCC – Prefeitura de São Luís – MA – Auditor-Fiscal de Tributos I – Geral – 2018)** De acordo com o Código Tributário Nacional, as leis, os tratados e as convenções internacionais, os decretos e as normas complementares que versem, no todo ou em parte, sobre tributos e relações jurídicas a eles pertinentes, estão compreendidos:
a) na expressão "legislação tributária";
b) no conceito de "crédito tributário plenamente constituído";
c) na definição de "fato gerador";
d) na noção de "lei complementar";
e) na concepção de "norma tributária inadimplida".

9. **(FCC – PGE-AP – Procurador do Estado – 2018)** O Código Tributário Nacional contempla uma regra geral atinente à contagem de prazos, que está inserida em dispositivo específico de suas "Disposições Finais e Transitórias", regra esta que determina que os prazos sejam contínuos, excluindo-se, na sua contagem, o dia de início e incluindo-se o de vencimento. De acordo com o CTN, esta regra é aplicável:
a) apenas aos prazos fixados no próprio CTN, salvo disposição de lei em contrário;
b) apenas aos prazos fixados na legislação tributária;
c) tanto aos prazos fixados no próprio CTN, como na legislação tributária em geral;
d) apenas aos prazos fixados na legislação tributária, salvo disposição de lei em contrário;
e) apenas aos prazos fixados no próprio CTN.

10. **(FCC – MPE-PB – Promotor de Justiça Substituto – 2018)** O art. 3º do Código Tributário Nacional estabelece que *"tributo é toda prestação pecuniária compulsória, em moeda ou cujo valor nela se possa exprimir, que não constitua sanção de ato ilícito, instituída em lei e cobrada mediante atividade administrativa plenamente vinculada"*. Desta definição de tributo, infere-se, por via indireta, que as penalidades, que representam sanção por ato ilícito, não se classificam como tributos. Não obstante isso, o mesmo CTN alberga diversas regras concernentes às penalidades, notadamente às penalidades pecuniárias. De acordo com este Código:

a) a cominação de penalidades para as ações ou omissões contrárias a dispositivos legais devem obedecer ao princípio da legalidade, da anterioridade nonagesimal (noventena), mas não da anterioridade anual;
b) quando lei nova cominar penalidade menos severa que a prevista na lei vigente ao tempo da prática infracional, esta lei nova será aplicada, sempre, ao ato ou fato pretérito;
c) a observância das normas complementares das leis, dos tratados e das convenções internacionais e dos decretos exclui a imposição de penalidades, a cobrança de juros de mora e a atualização do valor monetário da base de cálculo do tributo;
d) a lei tributária que comina penalidades deve ser interpretada, sempre, de maneira mais favorável ao acusado considerado legalmente pobre, no que diz respeito à dosimetria da pena atribuída a ele, e quanto à natureza ou às circunstâncias materiais do fato;
e) quando se comprove ação ou omissão do sujeito passivo que dê lugar à aplicação de penalidade pecuniária, o lançamento será efetuado de ofício, pela autoridade administrativa, ou por homologação, como acontece no lançamento do ICMS.

11. (Coseac – Prefeitura de Maricá – RJ – Procurador do Município – 2018) Acerca da interpretação da norma tributária é correto afirmar que:

a) interpreta-se literalmente legislação tributária a respeito de outorga de isenção;
b) a lei tributária que define infrações deve ser interpretada de forma mais favorável ao acusado, em caso de dúvida, exceto quanto à capitulação legal do fato;
c) a lei tributária pode alterar a definição, o conteúdo e o alcance de institutos, conceitos e formas de direito privado, utilizados, expressa ou implicitamente, pela Constituição Federal de 1988, pelas Constituições dos Estados, ou pelas Leis Orgânicas do Distrito Federal ou dos Municípios, para definir ou limitar competências tributárias;
d) a definição legal do fato gerador deve levar em consideração a validade jurídica dos atos praticados pelo contribuinte;
e) o emprego da equidade poderá resultar na dispensa do pagamento de tributo devido.

12. (Vunesp – Juiz de Direito Substituto – TJ-RS – 2018) Assinale a alternativa correta em relação à legislação tributária.

a) A atualização do valor monetário da base de cálculo do tributo somente pode ser estabelecida por lei, uma vez que implica na sua majoração.
b) As práticas reiteradamente observadas pelas autoridades administrativas não são consideradas como normas complementares em matéria tributária, pois não possuem conteúdo normativo.
c) A redução de tributo somente pode ser estabelecida por lei, já sua extinção poderá ser veiculada por decreto ou ato normativo expedido pela autoridade administrativa competente.
d) Os tratados e as convenções internacionais são normas complementares das leis nacionais, não podendo revogar ou modificar a legislação tributária interna.
e) As decisões dos órgãos singulares ou coletivos de jurisdição administrativa podem ter eficácia normativa, desde que lei lhes atribua tal efeito.

13. (Ieses – Cartório-RO – 2017) Considerando as normas gerais de direito tributário estabelecidas pelo Código Tributário Nacional, pode-se afirmar o seguinte sobre a "legislação tributária", EXCETO que:

a) na ausência de disposição expressa, a autoridade competente para aplicar a legislação tributária utilizará, sucessivamente, a analogia, os princípios gerais de direito tributário, os princípios gerais de direito público e a equidade;
b) a legislação tributária aplica-se imediatamente aos fatos geradores futuros, passados (cuja ocorrência já esteja completa) e aos pendentes, cuja ocorrência tenha tido início mas não esteja completa;
c) a vigência, no espaço e no tempo, da legislação tributária rege-se pelas disposições legais aplicáveis às normas jurídicas em geral, ressalvado o previsto no Código Tributário Nacional;
d) o emprego da analogia não poderá resultar na exigência de tributo não previsto em lei.

14. (FMP Concursos – Promotor de Justiça Substituto – MPE-RO – 2017) A respeito da aplicação da legislação tributária, É CORRETO afirmar que:

a) a lei tributária aplica-se imediatamente a fatos geradores futuros, mas não aos pendentes;

b) a lei tributária aplica-se imediatamente a fatos geradores pendentes, mas não aos futuros;

c) a lei tributária aplica-se a ato ou fato pretérito, tratando-se de ato não definitivamente julgado, quando deixe de defini-lo como infração, quando deixe de tratá-lo como contrário a qualquer exigência de ação ou omissão, desde que não tenha sido fraudulento e não tenha implicado em falta de pagamento de tributo, e ainda quando lhe comine penalidade menos severa que a prevista na lei vigente ao tempo da sua prática;

d) a lei tributária aplica-se a ato ou fato pretérito, tratando-se de ato não definitivamente julgado, quando deixe de defini-lo como infração, quando deixe de tratá-lo como contrário a qualquer exigência de ação ou omissão, desde que não tenha sido fraudulento e não tenha implicado em falta de pagamento de tributo, e ainda quando lhe comine alíquota inferior àquela prevista na lei vigente ao tempo da sua prática;

e) Nenhuma das alternativas está correta.

15. (Cespe – Promotor de Justiça Substituto – MPE-RR – 2017) Em matéria tributária, uma lei ordinária pode dispor sobre:

a) isenção restrita a determinada região do território da entidade tributante, em função de condições peculiares a essa região;

b) conflitos de competência entre a União, os Estados, o DF e os Municípios;

c) normas gerais relativas à prescrição e à decadência;

d) instituição de empréstimo compulsório para atender a despesas extraordinárias decorrentes de calamidade pública.

16. (AMEOSC – Prefeitura de Barra Bonita-SC – Fiscal Tributário – 2020) De acordo com o Código Tributário Nacional, a expressão "legislação tributária" compreende as leis, os tratados e as convenções internacionais, os decretos e as normas complementares que versem, no todo ou em parte, sobre tributos e relações jurídicas a eles pertinentes. De acordo com o Código Tributário Nacional, a cominação de penalidades para as ações ou omissões contrárias a seus dispositivos, ou para outras infrações nela definidas pode ser instituída por:

a) Jurisprudência.

b) Lei.

c) Contrato.

d) Doutrina

17. (INSTITUTO AOCP – Prefeitura de Novo Hamburgo-RS – Auditor Fiscal de Tributos – 2020) Acerca da Administração Tributária, nos termos previstos no Código Tributário Nacional (CTN), informe se é verdadeiro (V) ou falso (F) o que se afirma a seguir e assinale a alternativa com a sequência correta.

( ) Para os efeitos da legislação tributária, têm aplicação quaisquer disposições legais excludentes ou limitativas do direito de examinar mercadorias, livros, arquivos, documentos, papéis e efeitos comerciais ou fiscais, dos comerciantes industriais ou produtores, ou da obrigação destes de exibi-los. ( ) As pessoas que gozem de imunidade tributária ou isenção de caráter pessoal submetem-se às obrigações perante as autoridades administrativas, no cumprimento de suas atribuições. ( ) A Fazenda Pública da União, dos Estados e do Distrito Federal, na forma estabelecida em tratados, acordos ou convênios, poderá permutar informações com Estados estrangeiros no interesse da arrecadação e da fiscalização de tributos. ( ) Os inventariantes, mediante intimação escrita, são obrigados a prestar à autoridade administrativa todas as informações de que disponham com relação aos bens, negócios ou atividades de terceiros.

a) F – V – F – V.

b) F – F – F – V.

c) V – V – F – F.

d) F – V – V – F.

e) V – V – V – V.

18. (INSTITUTO AOCP – Prefeitura de Betim-MG – Auditor Fiscal de Tributos Municipais – 2020) Sobre vigência e aplicação da lei tributária, assinale a alternativa INCORRETA.

a) Entram em vigor no primeiro dia do exercício seguinte àquele em que ocorra a sua publicação os dispositivos de lei, referentes a impostos sobre o patrimônio ou a renda que instituem ou majoram tais impostos.

b) A legislação tributária dos Estados, do Distrito Federal e dos Municípios vigora, no País, fora dos respectivos territórios, nos limites em que lhe reconheçam extraterritorialidade os convênios de que participem, ou do que disponham esta ou outras leis de normas gerais expedidas pela União.

c) A lei aplica-se a ato ou fato pretérito em qualquer caso, quando seja expressamente interpretativa, excluída a aplicação de penalidade à infração dos dispositivos interpretados.

d) Entram em vigor no primeiro dia do exercício seguinte àquele em que ocorra a sua publicação os dispositivos de lei, referentes a impostos sobre o patrimônio ou a renda que definem novas hipóteses de incidência.

e) A legislação tributária aplica-se imediatamente aos fatos geradores futuros, excetuados os pendentes, assim entendidos como aqueles cuja ocorrência tenha tido início, mas não esteja completa.

19. (FEPESE – Prefeitura de Itajaí-SC – Assistente Jurídico – 2020) Assinale a alternativa correta nos termos do Código Tributário Nacional (Lei n. 5.172, de 1966).

a) A capacidade tributária passiva independe da capacidade civil das pessoas naturais.

b) Somente a lei complementar pode estabelecer as hipóteses de exclusão, suspensão e extinção de créditos tributários.

c) Os convênios celebrados entre a União, os Estados, o Distrito Federal e os Municípios entram em vigor, salvo disposição em contrário, trinta dias após a data da sua publicação.

d) Interpreta-se da maneira mais favorável ao acusado a legislação tributária que disponha sobre outorga de isenção.

e) Extinguem o crédito tributário a compensação, a transação e a moratória.

20. (INSTITUTO AOCP – Prefeitura de Cariacica-ES – Fiscal de Tributos Municipais – 2020) Sobre a interpretação da lei tributária prevista no Código Tributário Nacional, assinale a alternativa correta.

a) Interpreta-se livremente a legislação tributária que disponha sobre dispensa do cumprimento de obrigações tributárias acessórias.

b) A lei tributária que define infrações, ou lhe comina penalidades, interpreta-se da maneira mais favorável ao acusado, em caso de dúvida quanto à capitulação legal do fato, mas não quanto à imputabilidade.

c) Interpreta-se literalmente a legislação tributária que disponha sobre outorga de isenção.

d) Os princípios gerais de direito privado utilizam-se para pesquisa da definição, do conteúdo, do alcance de seus institutos, conceitos e formas, e para definição dos respectivos efeitos tributários.

21. (Instituto Ânima Sociesc – Prefeitura de Jaraguá do Sul-SC – Fiscal Tributarista – 2020) Conforme o Código Tributário Nacional no seu art. 194, a legislação tributária, observado o disposto nesta Lei, regulará, em caráter geral, ou especificamente em função da natureza do tributo de que se tratar, a competência e os poderes das autoridades administrativas em matéria de fiscalização da sua aplicação. A legislação a que se refere este artigo aplica-se:

a) Às pessoas naturais ou jurídicas, contribuintes ou não, inclusive às que gozem de imunidade tributária ou de isenção de caráter pessoal.

b) Às pessoas naturais ou jurídicas, contribuintes ou não, excluindo às que gozem de imunidade tributária.

c) Às pessoas naturais ou jurídicas, quando contribuintes, excluindo às que gozem de isenção de caráter pessoal.

d) Às pessoas naturais ou jurídicas, quando não contribuintes, excluindo às que gozem de isenção de caráter pessoal.

e) Às pessoas físicas ou naturais contribuintes, excluindo às que gozem de imunidade tributária.

GABARITO

1. A / **2.** E / **3.** D / **4.** D / **5.** E / **6.** B / **7.** C / **8.** A / **9.** C / **10.** C / **11.** A / **12.** E / **13.** B / **14.** C / **15.** A / **16.** B / **17.** A / **18.** E / **19.** A / **20.** C / **21.** A

11.14 QUESTÕES COMENTADAS

1. (Cespe – Sefaz-RS – Auditor-Fiscal da Receita Estadual – Bloco II – 2019) O Código Tributário Nacional (CTN) disciplina o que a autoridade competente pode fazer para interpretar a norma tributária, a fim de resolver dúvidas e solucionar casos de ausência de disposição expressa acerca de determinada questão. Com relação à interpretação e à integração da legislação tributária, é correto afirmar que:

a) os princípios gerais de direito público precedem os de direito tributário;
b) a equidade pode ser utilizada para estender a isenção de tributos a outros sujeitos passivos;
c) é vedado o uso da analogia para instituir contribuições sociais não previstas em lei;
d) não se admite a interpretação literal de norma que trate de suspensão ou exclusão do crédito tributário;
e) devem ser interpretadas em favor do Fisco as questões que envolvam imputabilidade e circunstâncias materiais do fato.

COMENTÁRIO

a) A ordem estabelecida pelo art. 108 do CTN é: (i) analogia; (ii) princípios gerais do direito tributário; (iii) princípios gerais do direito público e (iv) equidade. **(Errado)**
b) O art. 108, § 2º, CTN determina que o emprego da equidade não pode resultar em dispensa do pagamento de tributo devido. **(Errado)**
c) O art. 108, § 1º, CTN estabelece que é vedado o uso de analogia para cobrança de tributo não previsto em lei e, como as contribuições sociais são uma espécie de tributo, a alternativa está correta. **(Correto)**
d) O art. 111, I, do CTN dispõe que normas sobre suspensão ou exclusão devem ser interpretadas literalmente. **(Errado)**
e) O art. 112, II, do CTN dispõe que, quanto à imputabilidade e circunstâncias materiais do fato, a lei tributária deve ser interpretada da maneira mais favorável ao acusado. **(Errado)**

Gabarito: letra C

2. (FCC – Prefeitura de Recife – PE – Analista de Gestão Contábil – 2019) De acordo com as normas do Código Tributário Nacional atinentes à legislação tributária:

a) as normas complementares podem estabelecer cominação de penalidades para as ações ou omissões contrárias a seus dispositivos, no tocante às taxas;
b) somente a lei pode estabelecer as hipóteses de dispensa ou redução de penalidades;
c) os decretos podem estabelecer hipóteses de redução de penalidade, mas não sua dispensa;
d) os decretos podem reduzir as alíquotas dos impostos municipais;
e) somente a lei e o decreto podem estabelecer a redução de tributos, mas sua extinção é matéria exclusiva de lei complementar.

COMENTÁRIO

a) Nos termos do art. 100 do CTN, normas complementares são atos normativos expedidos pelas autoridades administrativas, decisões normativas de órgãos singulares ou colegiados da esfera administrativa, práticas reiteradas observadas pelas autoridades administrativas (conhecidas também como costumes) e os convênios entre Estados, Distrito Federal e Municípios. Assim, conforme preceitua o inciso V do art. 97 do CTN, somente a lei pode estabelecer cominação de penalidades para as ações ou omissões contrárias aos dispositivos legais. **(Errado)**
b) O art. 97 do CTN detalha o conteúdo do princípio da legalidade e, conforme seu inciso VI, somente a lei poderá estabelecer as hipóteses de exclusão, suspensão e extinção do crédito tributário, bem como dispensa ou redução de penalidades. **(Correto)**

c) O papel reservado pelo ordenamento jurídico pátrio aos decretos é o de simples viabilizadores da aplicação de dispositivos legais, ou seja, o conteúdo e o alcance dos decretos restringem-se aos das leis em função das quais sejam expedidos. Assim, decretos não podem estabelecer hipóteses de redução de penalidades (art. 97 do CTN). **(Errado)**

d) Nos termos do § 1º do art. 153 da CF, é facultado ao Poder Executivo, atendidas as condições e os limites estabelecidos em lei, alterar as alíquotas dos impostos enumerados nos incisos I, II, IV e V (IE, II, IPI e IOF), todos impostos federais. Não há previsão relativamente aos impostos municipais, exceto a Súmula 160 do STJ que proíbe o Município de atualizar o IPTU mediante decreto em percentual superior ao índice oficial de correção monetária. **(Errado)**

e) O art. 97, inciso I, do CTN prevê que somente a lei pode tratar da instituição de tributos ou sua extinção. **(Errado)**

Gabarito: letra B

3. (FCC – Prefeitura de Recife – PE – Analista de Gestão Contábil – 2019) O Decreto-lei n. 4.657/42, conhecido originalmente como Lei de Introdução ao Código Civil e, atualmente, como Lei de Introdução às Normas do Direito Brasileiro, é exemplo de diploma legal que, em alguns de seus dispositivos, estabelece regras atinentes à vigência das leis em geral, no espaço e no tempo. Essa lei continua vigente até a presente data. O Código Tributário Nacional (CTN), por sua vez, em alguns de seus dispositivos, trata especificamente da vigência da legislação tributária no tempo e no espaço. De acordo com o referido Código, a vigência das leis que tratam de matéria tributária, no tempo e no espaço:

a) rege-se, necessariamente, pelas disposições do CTN, quando elas se referirem, expressamente, a contribuinte, base de cálculo e fato gerador de impostos;

b) rege-se pelas disposições legais aplicáveis às normas jurídicas em geral, ressalvado o previsto no CTN a esse respeito;

c) é matéria a ser tratada por cada uma das pessoas jurídicas de direito público interno, individualmente, nos limites do que estão constitucionalmente autorizadas a editar leis de natureza tributária;

d) rege-se apenas pelas disposições do CTN a esse respeito;

e) rege-se, exclusivamente, pelas disposições do CTN, quando elas tratarem, expressa ou implicitamente, de contribuinte, base de cálculo e fato gerador de tributos em geral.

COMENTÁRIO

Por força do art. 101 do CTN, a vigência no tempo e no espaço da legislação tributária rege-se pelas disposições legais aplicáveis às normas jurídicas em geral, ressalvado o previsto no próprio CTN.

Gabarito: letra B

4. (FCC – Sefaz-BA – Auditor-Fiscal – Administração Tributária – Prova I – 2019) Conforme o Código Tributário Nacional, em se tratando de legislação tributária, e salvo disposição em contrário, entram em vigor:

I. os atos normativos expedidos pelas autoridades administrativas, quinze dias após sua publicação;

II. as decisões dos órgãos singulares ou coletivos de jurisdição administrativa, a que a lei atribua eficácia normativa, na data de sua publicação;

III. os convênios que entre si celebrem a União, os Estados, o Distrito Federal e os Municípios, na data neles prevista;

IV. o decreto expedido pelo Presidente da República alterando a alíquota do imposto sobre importação de produtos estrangeiros, na data de sua publicação.

Está correto o que se afirma APENAS em:

a) I e IV;

b) I e II;

c) I, II e III;

d) II, III e IV;

e) III e IV.

COMENTÁRIO

Assertiva I – Art. 103, I, do CTN: os atos normativos expedidos pelas autoridades administrativas entram em vigor na data da sua publicação. **(Errada)**

Assertiva II – Art. 103, II, do CTN: as decisões dos órgãos singulares ou coletivos de jurisdição administrativa, a que a lei atribua eficácia normativa entram em vigor 30 (trinta) dias após a data da sua publicação. **(Errada)**

Assertiva III – Art. 103, III, do CTN: os convênios que entre si celebrem a União, os Estados, o Distrito Federal e os Municípios entram em vigor na data neles prevista. **(Correta)**

Assertiva IV – O § 1º do art. 150 da CF traz exceções ao princípio da anterioridade, podendo haver cobrança imediata, ou seja, no dia seguinte da publicação da lei ou ato executivo. **(Correta)**

Gabarito: letra E

5. **(Cespe – PGM – Campo Grande – MS – Procurador Municipal – 2019)** À luz das disposições do Código Tributário Nacional, julgue o item seguinte.

Situação hipotética: Lei publicada em 1º-9-2017 aumentou a alíquota do ISS sobre determinadas atividades e reduziu a multa de mora em 20%.

Assertiva: Essa lei não retroage para alcançar prestações de serviço realizadas e sujeitas à incidência do ISS e infrações tributárias não julgadas e cometidas entre 1º-1-2017 e 1º-9-2017.

( ) Certo ( ) Errado

COMENTÁRIO

A lei que aumenta alíquota não pode retroagir para alcançar os fatos geradores anteriores à sua publicação, em função do princípio da irretroatividade (art. 150, III, *a*, CF). No entanto, em relação às penalidades, sendo menos severa e se tratando de ato não definitivamente julgado, aplica-se a retroatividade benigna, conforme previsto no art. 106, II, *c*, do CTN.

Gabarito: Errada

6. **(INSTITUTO AOCP – Prefeitura de Cariacica-ES – Fiscal de Tributos Municipais – 2020)** O Código Tributário Nacional tem regras próprias sobre vigência e interpretação das normas tributárias. Sobre esse tema, assinale a alternativa correta.

a) Os tratados e as convenções internacionais não têm o condão de revogar ou modificar a legislação tributária interna, uma vez que tal expediente é privativo das leis complementares.
b) A lei aplica-se a ato ou fato pretérito tratando-se de ato não definitivamente julgado quando passe a defini-lo como infração.
c) Na ausência de disposição expressa, a autoridade competente para aplicar a legislação tributária poderá fazer uso de sucessivos mecanismos, sendo um deles o da equidade.
d) O emprego da analogia poderá resultar na exigência de tributo não previsto em lei.

COMENTÁRIO

a) Art. 98, CTN. "Os tratados e as convenções internacionais revogam ou modificam a legislação tributária interna, e serão observados pela que lhes sobrevenha." **(Incorreta)**
b) Art. 106, CTN. "A lei aplica-se a ato ou fato pretérito: II – tratando-se de ato não definitivamente julgado: *a*) quando deixe de defini-lo como infração;" **(Incorreta)**
c) Art. 108, CTN. "Na ausência de disposição expressa, a autoridade competente para aplicar a legislação tributária utilizará sucessivamente, na ordem indicada IV – a equidade. § 2º O emprego da equidade não poderá resultar na dispensa do pagamento de tributo devido." **(Correta)**
d) Art. 108, CTN. "§ 1º O emprego da analogia não poderá resultar na exigência de tributo não previsto em lei." **(Incorreta)**

Gabarito: letra C

7. (FCC – AL-AP – Advogado Legislativo – 2020) Autoridade estadual, com atribuição de aplicar a legislação tributária estadual relativa às taxas estaduais, deparou com situação fática inusitada, para a qual não existia disposição normativa expressa nessa legislação.

De acordo com o Código Tributário Nacional, na aplicação da legislação tributária relativa a esse tipo de exação, essa autoridade

a) não deverá aplicar a analogia, se puder aplicar a equidade, pois a equidade é mais benéfica ao sujeito passivo, na medida em que poderá redundar em não exigência da referida taxa, além de atender à máxima segundo a qual, havendo dúvida, deve-se interpretar a legislação a favor do acusado (*in dubio pro reo*).

b) poderá fazer uso da analogia, ainda que isso leve a Fazenda Pública estadual, com base em usos e costumes, a exigir taxa não prevista expressamente em lei.

c) deverá empregar os princípios gerais de direito tributário, desde que possível, antes de empregar os princípios gerais de direito público.

d) poderá fazer uso da equidade, mesmo que isso acarrete, excepcional e justificadamente, a não exigência da referida taxa.

e) deverá empregar, em primeiro lugar, os usos e costumes locais, mesmo que lhe seja possível o emprego da analogia.

COMENTÁRIO

Art. 108, CTN. "Na ausência de disposição expressa, a autoridade competente para aplicar a legislação tributária utilizará sucessivamente, na ordem indicada:

I – a analogia;

II – os princípios gerais de direito tributário;

III – os princípios gerais de direito público;

IV – a equidade.

§ 1º O emprego da analogia não poderá resultar na exigência de tributo não previsto em lei.

§ 2º O emprego da eqüidade não poderá resultar na dispensa do pagamento de tributo devido."

Gabarito: letra C

8. (VUNESP – EBSERH – Advogado – 2020) Em relação aos tratados e convenções internacionais sobre matéria tributária, dispõe o Código Tributário Nacional que estes:

a) revogam ou modificam a legislação tributária interna, e serão observados pela que lhes sobrevenha.

b) devem respeitar a legislação tributária interna preexistente, e serão observados pela que lhes sobrevenha.

c) devem respeitar a legislação tributária interna preexistente, e poderão ser revogados pela que lhes sobrevenha.

d) terão hierarquia constitucional, sempre que versarem sobre princípios fundamentais da tributação, independentemente do quórum de internalização na ordem jurídica nacional.

e) se aprovados, em cada Casa do Congresso Nacional, em dois turnos, por três quintos dos votos dos respectivos membros, serão equivalentes às emendas constitucionais.

COMENTÁRIO

Art. 98 do CTN – "Os tratados e as convenções internacionais revogam ou modificam a legislação tributária interna, e serão observados pela que lhes sobrevenha."

Gabarito: letra A

9. (CESPE/CEBRASPE – SEFAZ-DF – Auditor Fiscal – 2020) No que se refere a aplicação da lei e responsabilidade tributária, julgue o item seguinte.

Como o conceito de doação constante do direito civil decorre de legislação infraconstitucional ordinária da União, não oponível aos demais entes federados, o intérprete da legislação que necessitar utilizar tal conceito para fins tributários no âmbito do Distrito Federal deve buscá-lo exclusivamente na legislação tributária distrital, ainda que esta veicule definição mais ampla que a do direito privado.

( ) Certo ( ) Errado

COMENTÁRIO

Art. 110, CTN: "A lei tributária não pode alterar a definição, o conteúdo e o alcance de institutos, conceitos e formas de direito privado, utilizados, expressa ou implicitamente, pela Constituição Federal, pelas Constituições dos Estados, ou pelas Leis Orgânicas do Distrito Federal ou dos Municípios, para definir ou limitar competências tributárias."

Gabarito: Errado

10. (CESPE/CEBRASPE - SEFAZ-DF - Auditor Fiscal - 2020) Considerando as regras do CTN acerca da vigência da legislação tributária e das limitações constitucionais ao poder de tributar, julgue o item que se segue.

Não havendo disposição em contrário, os efeitos normativos das decisões dos órgãos coletivos de jurisdição administrativa a que a lei atribua eficácia normativa entram em vigor trinta dias após a data da publicação da decisão.

( ) Certo ( ) Errado

COMENTÁRIO

"Art. 103. Salvo disposição em contrário, entram em vigor:

I – os atos administrativos a que se refere o inciso I do artigo 100, na data da sua publicação;

II – as decisões a que se refere o inciso II do artigo 100, quanto a seus efeitos normativos, 30 (trinta) dias após a data da sua publicação;

III – os convênios a que se refere o inciso IV do artigo 100, na data neles prevista."

Gabarito: Certo

12

OBRIGAÇÃO TRIBUTÁRIA

Acesse também a videoaula pelo *link*:
http://somos.in/MDT0713

12.1 NASCIMENTO DA OBRIGAÇÃO TRIBUTÁRIA. IRRELEVÂNCIA DA VONTADE DO SUJEITO PASSIVO

Vimos nos capítulos anteriores que o devido processo legal para cobrança de tributos tem diversas fases, sendo as três primeiras: 1) hipótese de incidência; 2) ocorrência do fato gerador; 3) surgimento da obrigação tributária.

> Ipad: A prova de Analista do IPEM/PE de 2014 considerou ERRADA a afirmação: "A obrigação tributária principal surge com a ocorrência do fato gerador, tem por objeto o pagamento de tributo ou penalidade pecuniária e extingue-se juntamente com o crédito dela decorrente. Com o surgimento dessa obrigação, já é possível a cobrança do tributo".

Quando ocorre no mundo fenomênico a situação descrita na hipótese de incidência, tem-se o fato gerador do tributo. Com a ocorrência do fato gerador nasce, instantânea e infalivelmente, a obrigação tributária, não importando a vontade do sujeito passivo.

> Cespe: A prova de Analista do TRE/PE de 2017 considerou CORRETA a afirmação: "A vontade do sujeito passivo é irrelevante na relação tributária".

A obrigação tributária é uma relação jurídica que vincula de um lado o devedor e, de outro, o Fisco.

As regras sobre nascimento da obrigação tributária estão disciplinadas nos arts. 113 a 118 do CTN.

12.2 ACEPÇÕES E CONCEITO DE OBRIGAÇÃO TRIBUTÁRIA

No Direito das Obrigações o vocábulo "obrigação" é empregado em várias acepções diferentes: a) no sentido do *dever* que incumbe ao polo passivo da relação jurídica, contraposto ao *direito* a que faz jus o credor; b) como o *comportamento* – objeto da relação – que o credor pode exigir do devedor; c) enquanto sinônimo da própria *relação jurídica* que une credor e devedor.

É especialmente nesta terceira acepção que o termo tem sido utilizado na seara do Direito Tributário: *obrigação tributária é a relação jurídica entre o credor (Fisco) e o devedor (contribuinte ou responsável), instituída por lei e submetida aos princípios e normas do Direito Tributário, tendo como objeto prestações de dar, de fazer ou de não fazer.*

12.3 OBRIGAÇÃO TRIBUTÁRIA PRINCIPAL E OBRIGAÇÃO TRIBUTÁRIA ACESSÓRIA

As obrigações tributárias, conforme determina o art. 113 do CTN, são de dois tipos: a) obrigações principais; b) obrigações acessórias.

Obrigação tributária principal é aquela que surge com a ocorrência do fato gerador previsto em **lei**, tendo por objeto o **pagamento do tributo ou da penalidade pecuniária**, e que se extingue juntamente com os créditos dela decorrentes (art. 113, § 1º, do CTN). Como o objeto da obrigação principal envolve sempre o dever de pagar, no Direito Tributário a multa é obrigação principal.

> A prova da Magistratura/CE elaborada pelo Cespe em 2018 considerou CORRETA a assertiva: "A obrigação tributária principal é de natureza patrimonial; a obrigação acessória, de natureza não patrimonial".

Já a **obrigação acessória**, também conhecida como "dever tributário instrumental", ao contrário, tem por objeto prestações positivas ou negativas, ou seja, **obrigações de fazer ou não fazer**, previstas na **legislação tributária**, instituídas no **interesse da arrecadação e da fiscalização** tributárias (art. 113, § 2º, do CTN).

Exemplos de obrigações acessórias: emitir nota, elaborar declaração do Imposto de Renda, manter livros fiscais.

Nos termos do art. 96 do CTN, a expressão "legislação tributária" compreende as leis, os tratados e as convenções internacionais, os decretos e as normas complementares que versem, no todo ou em parte, sobre tributos e relações jurídicas a eles pertinentes.

Desse modo, nada impede que obrigação tributária acessória tenha previsão em atos administrativos (decretos), tratados internacionais e até normas complementares (atos normativos, decisões de órgãos do Fisco, convênios e práticas reiteradas da autoridade ou costumes).

Interessante registrar que a obrigação acessória, se descumprida, converte-se em principal para fins de cobrança da penalidade pecuniária (art. 113, § 3º, do CTN).

> UFPR: A prova da Magistratura/PR de 2013 considerou ERRADA a afirmação: "Mesmo diante de sua inobservância, a obrigação tributária acessória mantém a sua natureza jurídica, deixando de se converter em obrigação principal inclusive em relação às penalidades pecuniárias".

Assim, por exemplo, se o contribuinte deixa de emitir nota fiscal, vindo a ser descoberto, o descumprimento dessa obrigação acessória (de fazer) transforma-se no dever de pagar uma multa.

Tal circunstância, que nada mais é do que a aplicação de uma penalidade pecuniária pelo inadimplemento de um dever instrumental, o CTN explicou afirmando que "a obrigação acessória converteu-se em principal".

STJ: "TRIBUTÁRIO. RECURSO ESPECIAL REPETITIVO (ART. 543-C DO CPC/73 E ART. 1.036 DO CPC/2015). AFIXAÇÃO DE SELOS DE CONTROLE EM PRODUTOS SUJEITOS À INCIDÊNCIA DE IPI: OBRIGAÇÃO TRIBUTÁRIA ACESSÓRIA. PAGAMENTO PELO FORNECIMENTO DOS SELOS ESPECIAIS: OBRIGAÇÃO TRIBUTÁRIA PRINCIPAL, DA ESPÉCIE TAXA DE POLÍCIA. PRECEDENTES: RESP 1.448.096/PR, REL. MIN. NAPOLEÃO NUNES MAIA FILHO, *DJe* 14-10-2015; RESP 1.556.350/RS, REL. MIN. HUMBERTO MARTINS, *DJe* 1º-12-2015; E RE 662.113/PR, REL. MIN. MARCO AURÉLIO MELLO, *DJe* 12-2-2014. PREVISÃO VEICULADA EM NORMA INFRALEGAL. DL N. 1.437/75. OFENSA À REGRA DA ESTRITA LEGALIDADE TRIBUTÁRIA. ART. 97, IV, DO CTN. RECONHECIMENTO DO INDÉBITO. PRESCRIÇÃO QUINQUENAL DA PRETENSÃO REPETITÓRIA DE TRIBUTOS SUJEITOS A LANÇAMENTO DE OFÍCIO. JULGAMENTO SUJEITO AO ART. 543-C DO CÓDIGO BUZAID E ART. 1.036 DO CÓDIGO FUX. RECURSO ESPECIAL DOS PARTICULARES CONHECIDO E PARCIALMENTE PROVIDO, PARA RECONHECER O DIREITO À REPETIÇÃO TRIBUTÁRIA, MAS ALCANÇANDO APENAS O QUINQUÊNIO ANTERIOR À PROPOSITURA DA AÇÃO CORRESPONDENTE. 1. **A obrigação tributária acessória tem por escopo facilitar a fiscalização e permitir a cobrança do tributo, sem que represente a própria prestação pecuniária devida ao Ente Público.** 2. Ao impor a determinados sujeitos passivos o dever de afixar selos especiais em seus produtos, o Ente Tributante atua nos moldes do art. 113, § 2º do CTN, pois se trata de obrigação de fazer, no interesse exclusivo do Fisco. 3. Por outro lado, não pode ser considerada acessória a obrigação de pagar pelo fornecimento dos selos especiais utilizados para tal controle, haja vista a tipificação dessa cobrança como taxa, a teor do art. 77, *caput* do CTN. 4. De fato, a diferença fundamental entre obrigação tributária principal e obrigação tributária acessória é a natureza da prestação devida ao Estado. Enquanto aquela (principal) consubstancia entrega de dinheiro, esta (acessória) tem natureza prestacional (fazer, não fazer ou tolerar). 5. Embora ao Fisco seja dado impor ao sujeito passivo certas obrigações acessórias por meio da legislação tributária – expressão que compreende não só as leis, mas, também, os tratados e as convenções internacionais, os decretos e as normas complementares que versem, no todo ou em parte, sobre tributos e relações jurídicas a eles pertinentes –, o mesmo não ocorre no âmbito das taxas, que devem obediência à regra da estrita legalidade tributária, nos termos do art. 97, IV do CTN. 6. O art. 3º do Decreto n. 1.437/95, ao impor verdadeira taxa relativa à aquisição de selos de controle do IPI, incide em vício formal; a exação continua sendo tributo, a despeito de ser intitulada de ressarcimento prévio. 7. Conclui-se que, no entorno dos selos especiais de controle do IPI, o dever de afixá-los tem natureza de obrigação acessória, enquanto o dever de adquiri-los tem natureza de obrigação principal. 8. A partir de um prisma didático, convém classificar como Taxas do Poder de Polícia aquelas que têm origem, ensejo e justificativa no vigiar e punir, ou seja, na fiscalização, que é interesse eminentemente estatal, reservando a categoria das taxas de serviço para aquelas que se desenvolvem em função do interesse do usuário, ante a compreensão de que esse interesse é relevante para definir a atividade como serviço.

9. Na espécie, os valores exigidos à guisa de ressarcimento originam-se do exercício de poderes fiscalizatórios por parte da Administração Tributária, que impõe a aquisição dos selos como mecanismo para se assegurar do recolhimento do IPI, configurando-se a cobrança como tributo da espécie Taxa de Poder de Polícia. 10. Pontua-se que a questão ora discutida somente se refere à inexigibilidade do ressarcimento do custo do selo de controle do IPI enquanto perdurou a previsão em norma infralegal (art. 3º do DL n. 1.437/95), não alcançando, todavia, os fatos geradores ocorridos após a vigência da Lei n. 12.995/2014, instituindo taxa pela utilização de selo de controle previsto no art. 46 da Lei n. 4.502/64. 11. Em tempo, esclareça-se que, por se tratar de tributo sujeito a lançamento de ofício, é quinquenal a pretensão de reaver os valores pagos indevidamente, tendo como termo inicial a data de extinção do crédito tributário pelo pagamento, consoante se extrai da leitura combinada dos arts. 165, I e 168 I do CTN. 12. Recurso Especial de Vinhos Salton S.A. Indústria e Comércio e outro, conhecido e parcialmente provido. Na espécie, não se reconhece o direito à repetição de indébito tributário, senão somente no que se refere ao quinquênio anterior à propositura da ação. 13. Acórdão submetido ao regime do art. 543-C do CPC/73 (art. 1.036 do Código Fux, CPC/2015), fixando-se a tese da inexigibilidade do ressarcimento de custos e demais encargos pelo fornecimento de selos de controle de IPI instituído pelo DL n. 1.437/75, que, embora denominado ressarcimento prévio, é tributo da espécie Taxa de Poder de Polícia, de modo que há vício de forma na instituição desse tributo por norma infralegal, excluídos os fatos geradores ocorridos após a vigência da Lei n. 12.995/2014. Aqui se trata de observância à estrita legalidade tributária" (REsp 1.405.244/SP, rel. Min. Napoleão Nunes Maia Filho, j. 8-8-2018, 1ª Seção).

12.3.1 A independência da obrigação acessória

Se no Direito Civil vigora a lógica segundo a qual "o acessório segue o principal", o mesmo raciocínio é inaplicável às obrigações tributárias. Isso porque **a existência da obrigação tributária acessória independe da principal.**

PUC/PR: A prova da Magistratura/PR de 2014 considerou CERTA a assertiva: "As obrigações tributárias acessórias não dependem da efetiva existência de uma obrigação principal".

A título de exemplo, temos o caso das imunidades e isenções tributárias. Contribuintes imunes ou isentos permanecem obrigados a cumprir obrigações acessórias, na medida em que estas servem como meio de comprovação do direito de fruição do benefício (*vide* item 5.7 deste *Manual*). É o que ocorre na venda de livros, pois, embora a operação seja imune ao recolhimento de ICMS, a livraria está obrigada a emitir nota fiscal (obrigação acessória).

Portanto, **no Direito Tributário o acessório não segue necessariamente o principal**[STF].

STF: "A tese assentada pela 1ª T. é da viabilidade de exigência de cumprimento de obrigações acessórias, ainda que haja incidência de imunidade constitucional, ante o disposto no art. 14, cabeça e inciso III, do Código Tributário Nacional" (RE 250.844-SP, 1ª T., rel. Min. Marco Aurélio, j. 12-11-2012).

> STF: "Só há como fruir da norma imunizante após tal demonstração, o que é realizado justamente pelo cumprimento desses deveres instrumentais. Contraria a lógica, portanto, sustentar que, na hipótese, a inexistência de obrigação principal torna inexigível a obrigação acessória, já que só com cumprimento da obrigação acessória é que se pode afirmar a inexistência de obrigação principal... Em suma, os deveres instrumentais (como a escrituração de livros e a confecção de documentos fiscais) ostentam caráter autônomo em relação à regra matriz de incidência do tributo, porquanto dotados de finalidades próprias e independentes da apuração de certa e determinada exação devida pelo próprio sujeito passivo da obrigação acessória" (RE 250.844-SP, 1ª T., trecho extraído do voto-vista Min. Luiz Fux, j. 29-5-2012).

12.3.2 Quadro comparativo entre obrigação principal e acessória

As diferenças, acima indicadas, entre obrigação tributária principal e acessória podem ser sintetizadas no quadro abaixo:

Obrigação principal	Obrigação acessória
Art. 113, § 1º, do CTN	Art. 113, § 2º, do CTN
Fato gerador previsto na lei	Fato gerador previsto na legislação

> UFPR: A prova da Magistratura/PR de 2013 considerou CORRETA a afirmação: "O fato gerador – fato jurídico tributário e/ou fato imponível – da obrigação tributária principal corresponde à situação definida na lei como necessária e suficiente à sua ocorrência".

Obrigação principal	Obrigação acessória
De pagar (conteúdo pecuniário)	De fazer ou não fazer
Inclui o tributo e a penalidade pecuniária	Sendo descumprida, converte-se em principal
Exs.: imposto, multa	Exs.: emitir nota, manter livros fiscais

12.4 TÉCNICA DE NASCIMENTO DA OBRIGAÇÃO TRIBUTÁRIA

O dever de pagar tributos decorre diretamente da lei.

Como visto há pouco, a técnica modernamente utilizada para fazer nascer a obrigação tributária é sempre a mesma: o legislador descreve normativamente um fato ou uma situação. Quando, no mundo concreto, alguém pratica aquele fato ou se enquadra na referida situação, surge para ele o dever da pagar tributo.

A descrição legislativa do fato ou situação (plano abstrato) chama-se hipótese de incidência. A sua ocorrência (plano fático) é denominada fato gerador.

12.5 ASPECTO PESSOAL DA HIPÓTESE DE INCIDÊNCIA

A hipótese de incidência é dividida didaticamente nos aspectos temporal, territorial, material, quantitativo e pessoal.

O aspecto pessoal estabelece quem são os dois polos da obrigação tributária, isto é, o credor e o devedor do tributo.

O polo ativo é ocupado pelo credor tributário, denominado também "Fisco". Em regra, será uma entre as entidades federativas (União, Estados, Distrito Federal ou Municípios), ao menos que o caso seja de parafiscalidade, hipótese em que o credor será outra pessoa, física ou jurídica, definida em lei (art. 7º do CTN).

> FCC: A prova de Procurador da Alesp/PB de 2013 considerou CORRETA a afirmação: "Sujeito ativo da obrigação tributária é a pessoa jurídica de direito público titular da competência para exigir o seu cumprimento".

O polo passivo da obrigação tributária pode ser ocupado por duas figuras distintas: a) contribuinte; ou b) responsável tributário.

12.6 CONTRIBUINTES DE FATO E DE DIREITO

Contribuinte é o devedor que tem relação direta e pessoal com a situação que constitui o fato gerador do tributo (art. 121, parágrafo único, I, do CTN).

> Cespe: A prova de Procurador/BA de 2014 considerou ERRADA a afirmação: "O sujeito passivo diretamente ligado com o fato gerador é denominado responsável tributário".

> UFPR: A prova da Magistratura/PR de 2013 considerou ERRADA a afirmação: "O sujeito passivo da obrigação principal diz-se responsável quando tenha relação pessoal e direta com a situação que constitua o respectivo fato gerador".

Alguns autores diferenciam contribuinte de fato e contribuinte de direito.

Contribuinte de direito ou direto é **quem recolhe o tributo**, ou seja, a pessoa que está legalmente obrigada, perante o Fisco, a efetuar o pagamento. Exemplo: o lojista, no caso do ICMS incidente sobre mercadoria vendida em seu estabelecimento.

> MP/MA: A prova de Promotor/MA de 2014 considerou CORRETA a afirmação: "Define-se como contribuinte de direito aquele que, por força de lei, obriga-se a satisfazer a pretensão fazendária relativa a determinado tributo".

Já o **contribuinte de fato** ou indireto **sofre a diminuição patrimonial** decorrente do pagamento. Exemplo: o consumidor final, que sofreu o repasse do ICMS, pago pelo lojista (contribuinte de direito), embutido no valor da mercadoria.

> MP/MA: A prova de Promotor/MA de 2014 considerou CORRETA a afirmação: "Define-se contribuinte de fato aquele que, através de uma ótica econômica, suporta o ônus de determinado tributo".

A distinção entre contribuintes de direito e de fato é mais econômica do que tributária. E não se torna visível em todos os tributos. Na maioria dos casos, aliás, a mesma pessoa que paga o tributo para o Fisco é quem sofre as consequências econômicas do pagamento.

É o que ocorre nos chamados **tributos diretos**, nos quais existe uma **coincidência entre contribuinte de direito e de fato**. Exemplo: IPVA.

> MP/MA: A prova de Promotor/MA de 2014 considerou CORRETA a afirmação: "Na hipótese de a pessoa eleita pela lei como obrigada ao pagamento do tributo ser a mesma que suporta economicamente o respectivo ônus, teremos o chamado tributo direto".

Por outro lado, **tributos indiretos** são aqueles **pagos por uma pessoa** (contribuinte de direito) mas **suportados economicamente por outra** (contribuinte de fato), devido ao repasse do encargo financeiro no custo do produto, mercadoria ou serviço. Exemplos: ICMS, ISS, IPI e Cofins.

> MP/MA: A prova de Promotor/MA de 2014 considerou CORRETA a afirmação: "Define-se como tributo indireto aquele em que o sujeito passivo eleito pela lei consegue repassar a outrem o respectivo ônus econômico".

12.6.1 Princípio da repercussão

A distinção entre os dois tipos de contribuinte ganha relevância na hipótese de tributo recolhido indevidamente, já que, pelo art. 166 do CTN, "a restituição de tributos que comportem, por sua natureza, transferência do respectivo encargo financeiro somente será feita a quem prove haver assumido referido encargo, ou, no caso de tê-lo transferido a terceiro, estar por este expressamente autorizado a recebê-la".

> Acesse também a videoaula pelo *link*:
> http://somos.in/MDT0741

> MP/MA: A prova de Promotor/MA de 2014 considerou ERRADA a afirmação: "A identificação daquele sobre o qual recai o ônus econômico do tributo é de extrema importância, eis que é sobre ele que a autoridade fazendária irá desenvolver as atividades atinentes à fiscalização e cobrança".

O referido dispositivo enuncia o **princípio da repercussão**, segundo o qual a restituição de tributos indiretos só pode ser feita pelo contribuinte de direito se houver comprovação de que não repassou para o contribuinte de fato o valor do encargo financeiro.

Em termos práticos, o art. 166 do CTN inviabiliza qualquer possibilidade de restituição de tributos indiretos pagos a maior ou indevidamente, ao exigir condições irrealizáveis para sua efetivação[STJ].

> STJ: "ICMS. DEPÓSITO ADMINISTRATIVO. LEVANTAMENTO. LEGITIMAÇÃO SUBJETIVA ATIVA. Cuida-se, na espécie, do levantamento de valores depositados administrativamente relativos à cobrança de ICMS sobre serviços de instalação de linhas telefônicas. Afastou-se o levantamento do depósito administrativo pela empresa de telefonia, por se entender que somente o contribuinte de fato (o que suporta efetivamente o ônus financeiro do tributo) é que está legitimado para o pedido de repetição de valores indevidamente pagos ao Fisco. *In casu*, o valor depositado foi repassado para o consumidor final, ou seja, o usuário do serviço de telefonia. Assim, apenas o usuário do serviço tem legitimidade subjetiva ativa para requerer o levantamento do depósito em função de haver suportado o ônus indevido (art. 166 do CTN e Súm. 546-STF). Ademais, consignou-se que o depósito realizado pela empresa de telefonia não diminuiu seu patrimônio, tendo em vista que essa quantia foi repassada ao contribuinte, sendo que o levantamento pleiteado acabaria por beneficiar indevidamente pessoa que não sofreu o encargo, caracterizando enriquecimento ilícito. Outrossim, anotou-se que o recurso especial do estado-membro agravante será oportunamente julgado" (AgRg no Ag 1.365.535-MG, rel. Min. Napoleão Nunes Maia Filho, j. 7-2-2012).

Sobre o tema, enuncia a Súmula 546 do STF: "Cabe a restituição do tributo pago indevidamente, quando reconhecido por decisão, que o contribuinte 'de jure' não recuperou do contribuinte 'de facto' o 'quantum' respectivo".

Entretanto, convém lembrar que, de acordo com entendimento firmado pela 1ª Turma do STJ no julgamento do AREsp 105.387, a compensação de ICMS cobrado sobre mercadorias dadas em bonificação não exige comprovação de inexistência de repasse econômico, e dessa forma não há violação ao **art. 166** do Código Tributário Nacional.

12.7 SOLIDARIEDADE NO DIREITO TRIBUTÁRIO

No Direito Tributário brasileiro **não existe solidariedade ativa, entre credores.** Assim, o tributo só pode ser devido a uma entidade credora, ou seja, o polo ativo da obrigação tributária não admite pluralidade subjetiva.

Em qualquer caso de tributo exigido simultaneamente por mais de uma entidade haverá irregularidade na cobrança, caracterizando bitributação.

Já a **solidariedade tributária passiva é admitida** somente nos casos expressamente previstos em lei, já que solidariedade não se presume, nem pode decorrer de contrato, acordo ou outro instrumento jurídico diverso da lei em sentido formal.

O tema da solidariedade de devedores é disciplinado nos arts. 124 e 125 do CTN, aplicando-se as seguintes regras:

1) solidariedade tributária é sempre passiva, nunca ativa;

2) solidariedade não se presume, dependendo em todos os casos de **expressa previsão legal**;

3) são solidárias as pessoas que **tenham interesse comum na situação** que constitua o fato gerador da obrigação principal;

UFPR: A prova da Magistratura/PR de 2013 considerou ERRADA a afirmação: "Não são solidariamente obrigados os que tenham interesse comum na situação que constitua o fato gerador da obrigação tributária principal".

4) solidariedade tributária **nunca comporta benefício de ordem**, razão pela qual o Fisco pode escolher livremente qual, entre os devedores solidários, será acionado para o pagamento.

MPE/GO: A prova de Promotor/GO de 2013 considerou ERRADA a afirmação: "A solidariedade existente entre pessoas que tenham interesse comum na situação que constitua o fato gerador da obrigação principal comporta benefício de ordem nos casos em que o interessado efetuar o depósito do montante integral do débito".

Constituem **efeitos da solidariedade tributária** (art. 125 do CTN):

1) o pagamento efetuado por um dos obrigados aproveita aos demais;

2) a isenção ou remissão de crédito exonera todos os obrigados, salvo se outorgada pessoalmente a um deles, subsistindo, nesse caso, a solidariedade quanto aos demais pelo saldo;

MPE/GO: A prova de Promotor/GO de 2013 considerou ERRADA a afirmação: "No caso de haver obrigados solidários, a concessão de isenção ou remissão de crédito aproveita a todos, salvo se outorgada pessoalmente a um deles, caso em que remanesce a solidariedade quanto aos demais pelo total do débito".

3) a interrupção da prescrição, em favor ou contra um dos obrigados, favorece ou prejudica aos demais.

12.8 RESPONSÁVEL TRIBUTÁRIO

Responsável ou sujeito passivo indireto é o nome dado à pessoa que, não revestindo a condição de contribuinte, tenha obrigação de recolher tributos decorrente de expressa disposição legal (art. 121, parágrafo único, II, do CTN). Exemplo: o empregador é responsável tributário pela retenção na fonte do Imposto de Renda devido pelo empregado[STJ].

STJ: "DIREITO TRIBUTÁRIO. RESPONSABILIDADE PELO PAGAMENTO DA MULTA APLICADA EM DECORRÊNCIA DO NÃO RECOLHIMENTO DE IMPOSTO DE RENDA. Na hipótese em que a fonte pagadora deixa de efetuar a retenção do imposto de renda, expedindo comprovante de rendimentos o qual os classifica como isentos e não tributáveis, de modo a induzir o empregado/contribuinte a preencher equivocadamente sua declaração de imposto de renda, não é este – mas sim o empregador – o responsável pelo pagamento da multa prevista no art. 44, I, da Lei n. 9.430/96" (2ª T., REsp 1.218.222-RS, rel. Min. Mauro Campbell Marques, j. 4-9-2014).

O tema da responsabilidade tributária é objeto do capítulo seguinte deste *Manual*.

12.9 O ESTADO NO POLO PASSIVO DA OBRIGAÇÃO TRIBUTÁRIA. EXECUÇÃO FISCAL CONTRA O FISCO

A União, os Estados, o Distrito Federal e os Municípios, assim como quaisquer entidades da Administração Pública Indireta, também devem tributos uns aos outros, com exceção dos impostos alcançados pela imunidade do art. 150, VI, *a*, da CF, razão pela qual **o Estado pode perfeitamente figurar no polo passivo de obrigações tributárias**.

Nesses casos, a obrigação tributária tem seus dois polos ocupados por entidades governamentais, e, na hipótese de inadimplemento, será proposta execução fiscal pelo ente credor contra a pessoa jurídica estatal que não recolheu o tributo.

12.10 DOMICÍLIO TRIBUTÁRIO. NATUREZA QUESÍVEL OU *QUERABLE* DA OBRIGAÇÃO TRIBUTÁRIA

O Código Tributário Nacional estabelece, em seu art. 127, normas para determinação do domicílio de contribuintes e responsáveis tributários.

A exata compreensão das normas sobre fixação do domicílio tributário ganha importância diante da **natureza quesível da obrigação tributária**. Isso porque, salvo quando a legislação dispuser em contrário, o pagamento do tributo deverá ser efetuado na repartição competente do domicílio do sujeito passivo (art. 159 do CTN).

Obrigação ou dívida quesível (*querable*) é aquela que deve ser paga no domicílio do devedor.

No entanto, como o art. 159 contém a ressalva "quando a legislação tributária não dispuser a respeito", pode o legislador definir hipóteses em que a obrigação deverá ser cumprida em local diverso daquele onde se encontra domiciliado o contribuinte. Assim, em casos excepcionais **admite-se obrigação tributária com natureza portável (portable).**

> STJ: "PROCESSUAL CIVIL. TRIBUTÁRIO. IPVA. ALEGAÇÃO DE DUPLO DOMICÍLIO E VIOLAÇÃO DO ART. 127 DO CTN. MATÉRIA COM REPERCUSSÃO GERAL RECONHECIDA NO STF. RE 1.016.605 – TEMA 708. NECESSIDADE DE DEVOLUÇÃO DOS AUTOS AO TRIBUNAL DE ORIGEM. I – A matéria deduzida no recurso, qual seja a possibilidade de recolhimento do Imposto sobre a Propriedade de Veículos Automotores (IPVA) em estado diverso daquele em que o contribuinte mantém sua sede ou domicílio tributário, teve a repercussão geral admitida no RE 1.016.605/SP, sob o regime de repercussão geral" (AREsp 1.211.536/SP, rel. Min. Francisco Falcão, j. 11-9-2018, 2ª T.).

12.11 ELEIÇÃO E RECUSA DO DOMICÍLIO TRIBUTÁRIO

O Código Tributário Nacional **admite que o devedor eleja seu domicílio tributário**. Tal possibilidade vem reconhecida na primeira parte da norma contida no art. 127, *caput*, do CTN, segundo o qual: "Na falta de eleição, pelo contribuinte ou responsável, de domicílio tributário, na forma da legislação aplicável, considera-se como tal (...)".

Dessa forma, é lícito que o sujeito passivo da obrigação tributária escolha onde será considerado domiciliado para fins de recolhimento do tributo.

No entanto, se a eleição dificultar ou impossibilitar a arrecadação ou fiscalização, o art. 127, § 2º, autoriza **o Fisco a discricionariamente recusar o domicílio eleito**, *in verbis*:

> A autoridade administrativa pode recusar o domicílio eleito, quando impossibilite ou dificulte a arrecadação ou a fiscalização do tributo, aplicando-se então a regra do parágrafo anterior.

> PUC/PR: A prova de Advogado do Copel/PR de 2010 considerou ERRADA a afirmação: "A autoridade administrativa pode recusar o domicílio tributário eleito, por razões de conveniência e de eficiência, ainda que o domicílio indicado não impossibilite ou dificulte a arrecadação ou a fiscalização do tributo".

Havendo a recusa, aplicam-se as regras de fixação de domicílio previstas nos incisos I, II e III do art. 127 do CTN, que serão estudadas nos itens seguintes.

12.12 DOMICÍLIO DAS PESSOAS FÍSICAS

A pessoa física ou pessoa natural considera-se domiciliada no local de sua **residência habitual**. Sendo este desconhecido ou incerto, tem-se como domiciliada no **centro habitual** de suas atividades (art. 127, I, do CTN).

12.13 DOMICÍLIO DAS PESSOAS JURÍDICAS DE DIREITO PRIVADO

As pessoas jurídicas de direito privado ou firmas individuais têm domicílio tributário no **local de sua sede**. Em relação aos atos ou fatos que deram origem à obrigação, vale **o local de cada estabelecimento** (art. 127, II, do CTN).

> Cespe: A prova da AGU de 2013 considerou CORRETA a afirmação: "Se a indústria hipotética SL tiver quatro unidades produtivas localizadas em quatro diferentes unidades da Federação e sua sede localizar-se no DF, será considerada como seu domicílio tributário, pelos fatos geradores de impostos que nela ocorram, cada uma das referidas unidades fabris, a não ser que a empresa SL tenha eleito como tal o DF".

12.14 DOMICÍLIO DAS PESSOAS JURÍDICAS DE DIREITO PÚBLICO

A União, os Estados, o Distrito Federal, os Municípios, assim como autarquias e fundações públicas, sendo pessoas jurídicas de Direito Público, têm domicílio tributário em **qualquer de suas repartições** no território da entidade tributante.

12.15 ELISÃO, EVASÃO E ELUSÃO FISCAL

Elisão ou **planejamento tributário** é nome dado à utilização de **práticas lícitas** realizadas pelo sujeito passivo, normalmente **antes da ocorrência do fato gerador**, com o objetivo de economizar no pagamento do tributo. Exemplo: mudar a sede da empresa para município onde o ISS tem alíquota menor.

Embora as práticas elisivas impliquem redução no valor arrecadado pelo contribuinte e, por isso, encontrem sempre resistência por parte dos órgãos integrantes da estrutura fazendária, como a elisão é realizada dentro dos limites autorizados pelo ordenamento, não há como impedir ou proibir o contribuinte de buscar formas válidas de pagar menos tributo.

Já a **evasão, fraude fiscal** ou **sonegação fiscal** consiste na **prática de uma conduta ilícita** pelo sujeito passivo, normalmente **após a ocorrência do fato gerador**, visando frustrar **intencionalmente** o recolhimento do tributo. Exemplo: circular mercadoria sem emitir nota fiscal.

Quanto à **elusão fiscal** ou **elisão ineficaz**, trata-se de um **ato jurídico simulado** visando não recolher ou recolher tributo a menor. Desse modo, a elusão materializa-se como um abuso de forma. Exemplo: venda de mercadoria formalizada como "prestação de serviço" tendo em vista que a alíquota do ISS é menor que a do ISS na operação.

12.15.1 Crime de sonegação

Os crimes de sonegação fiscal estão tipificados no art. 1º da Lei n. 8.137/90, segundo o qual:

> Art. 1º Constitui crime contra a ordem tributária suprimir ou reduzir tributo, ou contribuição social e qualquer acessório, mediante as seguintes condutas:
>
> I – omitir informação, ou prestar declaração falsa às autoridades fazendárias;
>
> II – fraudar a fiscalização tributária, inserindo elementos inexatos, ou omitindo operação de qualquer natureza, em documento ou livro exigido pela lei fiscal;
>
> III – falsificar ou alterar nota fiscal, fatura, duplicata, nota de venda, ou qualquer outro documento relativo à operação tributável;
>
> IV – elaborar, distribuir, fornecer, emitir ou utilizar documento que saiba ou deva saber falso ou inexato;
>
> V – negar ou deixar de fornecer, quando obrigatório, nota fiscal ou documento equivalente, relativa a venda de mercadoria ou prestação de serviço, efetivamente realizada, ou fornecê-la em desacordo com a legislação.
>
> Pena – reclusão de 2 (dois) a 5 (cinco) anos, e multa.

Nesse sentido, o Supremo Tribunal Federal editou a Súmula Vinculante 24: "Não se tipifica crime material contra a ordem tributária, previsto no art. 1º, incisos I a IV, da Lei n. 8.137/90, antes do lançamento definitivo do tributo".

O art. 2º da referida Lei também tipifica crimes de sonegação, *in verbis*:

> Art. 2º Constitui crime da mesma natureza:
>
> I – fazer declaração falsa ou omitir declaração sobre rendas, bens ou fatos, ou empregar outra fraude, para eximir-se, total ou parcialmente, de pagamento de tributo;
>
> II – deixar de recolher, no prazo legal, valor de tributo ou de contribuição social, descontado ou cobrado, na qualidade de sujeito passivo de obrigação e que deveria recolher aos cofres públicos;
>
> III – exigir, pagar ou receber, para si ou para o contribuinte beneficiário, qualquer percentagem sobre a parcela dedutível ou deduzida de imposto ou de contribuição como incentivo fiscal;
>
> IV – deixar de aplicar, ou aplicar em desacordo com o estatuído, incentivo fiscal ou parcelas de imposto liberadas por órgão ou entidade de desenvolvimento;
>
> V – utilizar ou divulgar programa de processamento de dados que permita ao sujeito passivo da obrigação tributária possuir informação contábil diversa daquela que é, por lei, fornecida à Fazenda Pública.

Importante destacar que os **crimes de sonegação exigem dolo**, não admitindo modalidade culposa, razão pela qual **a simples falta de pagamento do tributo** sem a intenção específica de fraudar o Fisco **não constitui crime.**

Desse modo, o contribuinte que, por falta de condições financeiras de suportar a carga tributária, deixa de recolher o valor devido não comete crime de sonegação diante da falta do elemento subjetivo da conduta (dolo).

Cumpre frisar que **o pagamento integral, a qualquer tempo, do tributo e acessórios extingue a punibilidade** (art. 9º da Lei n. 10.684/2003).

Já na hipótese de **parcelamento** dos valores sonegados ocorre **suspensão da pretensão punitiva do Estado,** desde que o pedido de parcelamento tenha sido formalizado **antes do recebimento da denúncia criminal** (art. 6º da Lei n. 12.382/2011).

12.16 NORMA ANTIELISIVA NO DIREITO TRIBUTÁRIO BRASILEIRO

O art. 116, parágrafo único, do Código Tributário Nacional é conhecido como "**a norma antielisiva**" do ordenamento jurídico brasileiro. Vale transcrever o seu teor:

> A autoridade administrativa poderá **desconsiderar** atos ou negócios jurídicos praticados com a finalidade de dissimular a ocorrência do fato gerador do tributo ou a natureza dos elementos constitutivos da obrigação tributária, observados os procedimentos a serem estabelecidos em lei ordinária.

Inicialmente, verifica-se um **equívoco terminológico** na expressão "norma antielisiva" na medida em que o art. 116, parágrafo único, **é na verdade uma norma antievasiva ou antielusiva**, dependendo do caso.

Sendo a elisão uma operação lícita, não poderia ser proibida pelo Código Tributário. O referido dispositivo reforça práticas de sonegação fiscal dotando a Fazenda Pública da **prerrogativa de recusar negócios jurídicos fraudulentos** praticados pelo sujeito passivo.

ATENÇÃO: Assim como ocorre com a regra do art. 127, § 2º, do CTN (recusa de domicílio eleito), a prerrogativa que a norma antielisiva confere ao Fisco é a de **DESCONSIDERAR** negócios jurídicos fraudulentos, **mas nunca DESCONSTITUIR tais negócios**. Ou seja, o Fisco pode ignorar o ato praticado pelo sujeito passivo, aplicando, em substituição, outra regra estabelecida em lei. Assim, por exemplo, se o contribuinte realiza uma transferência fictícia de sede para outro Município visando recolher menos ISS, o Fisco pode ignorar (desconsiderar) a alteração e continuar tributando no Município da sede anterior. Entretanto, em nome do princípio da autonomia da vontade **o Fisco não tem poder para desfazer (desconstituir) o negócio privado**. Assim, no exemplo dado, é impossível para o Fisco anular a transferência fictícia de sede, porque seria uma invasão na esfera privada de **interesses**.

Acesse também a videoaula pelo *link*:
http://somos.in/MDT0726

> Consulplan: A prova de Cartório/MG de 2017 considerou CORRETA a afirmação: "A autoridade administrativa poderá desconsiderar atos ou negócios jurídicos praticados com a finalidade de dissimular a ocorrência do fato gerador do tributo ou a natureza dos elementos constitutivos da obrigação tributária, observados os procedimentos a serem estabelecidos em lei ordinária".

12.17 TEORIA DA INTERPRETAÇÃO ECONÔMICA DO DIREITO TRIBUTÁRIO

Inspirada no Direito alemão, a primeira tentativa empreendida pela doutrina brasileira no sentido de oferecer recursos teóricos para combater a fraude à legislação tributária foi a teoria da interpretação econômica do Direito Tributário.

Autores como Rubens Gomes de Souza, Amílcar Falcão e Ruy Barbosa Nogueira, entre 1950 e 1960, sempre defenderam **que atos, fatos, contratos e negócios jurídicos realizados pelo contribuinte devem ser interpretados de acordo com os seus efeitos econômicos**, e não se levando em conta a forma jurídica que lhes for atribuída[1].

---

1 Godoi, Marciano Seabra de. *O Direito Tributário Interpretado pelo STJ*. Artigo disponível em: <http://www.publicadireito.com.br>.

Desse modo, busca-se evitar que o contribuinte manipule as formas jurídicas de direito privado, utilizados na descrição das hipóteses de incidência, para fraudar o valor do tributo devido.

Se o Fisco interpretar o fato gerador com base na relação econômica subjacente, descobrirá a verdadeira intenção do contribuinte ao realizar o negócio jurídico, ignorando a forma utilizada, minimizando o abuso das formas.

Entretanto, como o desenvolvimento da moderna ciência do Direito Tributário e o avanço das correntes formalistas, a **teoria da interpretação econômica está totalmente superada**.

12.18 TEORIA DO ABUSO DAS FORMAS

Com o objetivo geral de **combater fraudes à legislação tributária** e, em especial, **evitar manobras de elusão fiscal**, foi desenvolvida a teoria do abuso das formas, segundo a qual, ficando evidenciado que o contribuinte **utilizou uma "forma jurídica"** (instituto) **distorcendo a finalidade** que o ordenamento lhe confere (simulação), o intérprete/operador está liberado para qualificar a operação segundo a **realidade econômica**, ou seja, **desconsiderando sua aparência jurídica**[2].

Assim, por exemplo, se ficar comprovada a intenção do contribuinte de fraudar a lei simulando uma doação, quando na verdade a transferência da propriedade ocorreu por meio de compra e venda, a teoria permitiria ao Fisco ignorar a "forma jurídica" doação e tributar o fato de acordo com a realidade econômica da operação: exigindo ITBI (transmissão onerosa).

O certo é que a teoria do abuso das formas **sempre pressupõe a prova da intenção do contribuinte de fraudar a legislação tributária** e enfrenta a grande dificuldade concreta de exigir o recolhimento de um tributo sem a ocorrência formal do fato gerador.

Além disso, haverá um conflito (bitributação) entre a entidade competente para cobrar o tributo formalmente devido e aquela do que incide desconsiderando a forma jurídica utilizada.

Sendo uma teoria desenvolvida exclusivamente para defesa dos interesses do Fisco, ainda é **minoritária na doutrina e jurisprudência pátrias.**

2 Godoi, Marciano Seabra de. *O Direito Tributário Interpretado pelo STJ.* Artigo disponível em: <http://www.publicadireito.com.br>.

12.19 QUADRO SINÓTICO

NASCIMENTO DA OBRIGAÇÃO TRIBUTÁRIA
Quando ocorre no mundo fenomênico a situação descrita na hipótese de incidência, tem-se o fato gerador do tributo. Com a ocorrência do fato gerador nasce, instantânea e infalivelmente, a obrigação tributária, que nada mais é do que uma relação jurídica que vincula, de um lado o devedor, e, de outro, o Fisco.
CONCEITO DE OBRIGAÇÃO TRIBUTÁRIA
Obrigação tributária é a relação jurídica entre o credor (Fisco) e o devedor (contribuinte ou responsável), instituída por lei e submetida aos princípios e normas do Direito Tributário, tendo como objeto prestações de dar, de fazer ou de não fazer.
OBRIGAÇÃO TRIBUTÁRIA PRINCIPAL E OBRIGAÇÃO TRIBUTÁRIA ACESSÓRIA
Conforme determina o art. 113 do CTN, a obrigação tributária pode ser: Obrigação tributária principal: surge com a ocorrência do fato gerador previsto em **lei**, tendo por objeto o **pagamento do tributo ou da penalidade pecuniária**, e se extingue juntamente com os créditos dela decorrentes (art. 113, § 1º, do CTN). Como o objeto da obrigação principal envolve sempre o dever de pagar, no Direito Tributário a multa é obrigação principal. Obrigação tributária acessória: também conhecida como "dever tributário instrumental", ao contrário, tem por objeto prestações positivas ou negativas, ou seja, **obrigações de fazer ou não fazer**, previstas na **legislação tributária**, instituídas no **interesse da arrecadação e da fiscalização** tributárias (art. 113, § 2º, do CTN). Independência da obrigação acessória: se no Direito Civil vigora a lógica segundo a qual "o acessório segue o principal", o mesmo raciocínio é inaplicável às obrigações tributárias. Isso porque **a existência da obrigação tributária acessória independe da principal**. **Portanto, no Direito Tributário o acessório não segue necessariamente o principal.**
TÉCNICA DE NASCIMENTO DA OBRIGAÇÃO TRIBUTÁRIA
A técnica modernamente utilizada para fazer nascer a obrigação tributária é sempre a mesma: o legislador descreve normativamente um fato ou uma situação. Quando, no mundo concreto, alguém pratica aquele fato ou se enquadra na referida situação, surge para ele o dever de pagar tributo. A descrição legislativa do fato ou situação (plano abstrato) chama-se hipótese de incidência. A sua ocorrência (plano fático) é denominada fato gerador.
ASPECTO PESSOAL DA HIPÓTESE DE INCIDÊNCIA
A hipótese de incidência é dividida didaticamente nos aspectos temporal, territorial, material, quantitativo e pessoal. O aspecto pessoal estabelece quem são os dois polos da obrigação tributária, isto é, o credor e o devedor do tributo. O polo ativo é ocupado pelo credor tributário, denominado também "Fisco" e, em regra, será uma entre as entidades federativas (União, Estados, Distrito Federal ou Municípios), exceto na parafiscalidade, hipótese em que o credor será outra pessoa, física ou jurídica, definida em lei (art. 7º do CTN). O polo passivo da obrigação tributária pode ser ocupado por duas figuras distintas: contribuinte ou responsável tributário.
CONTRIBUINTES DE FATO E DE DIREITO
Contribuinte é o devedor que tem relação direta e pessoal com a situação que constitui o fato gerador do tributo (art. 121, parágrafo único, I, do CTN). CONTRIBUINTE DE FATO: **sofre a diminuição patrimonial decorrente do pagamento.** CONTRIBUINTE DE DIREITO: é **quem recolhe o tributo**, ou seja, a pessoa que está legalmente obrigada, perante o Fisco, a efetuar o pagamento. Princípio da repercussão: a distinção entre os dois tipos de contribuinte ganha relevância na hipótese de tributo recolhido indevidamente, já que, pelo art. 166 do CTN, "*a restituição de tributos que comportem, por sua natureza, transferência do respectivo encargo financeiro somente será feita a quem prove haver assumido referido encargo, ou, no caso de tê-lo transferido a terceiro, estar por este expressamente autorizado a recebê-la*". O referido dispositivo enuncia o **princípio da repercussão,** segundo o qual a restituição de tributos indiretos só pode ser feita pelo contribuinte de direito se houver comprovação de que não repassou o encargo para o contribuinte de fato ou se estiver por este autorizado a recebê-lo SOLIDARIEDADE NO DIREITO TRIBUTÁRIO: no Direito Tributário brasileiro **não existe solidariedade ativa**. Assim, o tributo só pode ser devido a uma entidade credora, ou seja, o polo ativo da obrigação tributária não admite pluralidade subjetiva. Já a **solidariedade tributária passiva é admitida** nos casos expressamente previstos em lei, já que solidariedade não se presume, nem pode decorrer de contrato, acordo ou outro instrumento jurídico diverso da lei em sentido formal.

O tema da solidariedade de devedores é disciplinado nos arts. 124 e 125 do CTN, aplicando-se as seguintes regras:

1) solidariedade tributária é sempre passiva, nunca ativa;

2) solidariedade não se presume, dependendo em todos os casos de **expressa previsão legal**;

3) são solidárias as pessoas que **tenham interesse comum na situação** que constitua o fato gerador da obrigação principal;

4) solidariedade tributária **nunca comporta benefício de ordem**, razão pela qual o Fisco pode escolher livremente qual, dentre os devedores solidários, será acionado para o pagamento.

Efeitos da solidariedade tributária (art. 125 do CTN):

1) o pagamento efetuado por um dos obrigados aproveita aos demais;

2) a isenção ou remissão de crédito exonera todos os obrigados, salvo se outorgada pessoalmente a um deles, subsistindo, nesse caso, a solidariedade quanto aos demais pelo saldo;

3) a interrupção da prescrição, em favor ou contra um dos obrigados, favorece ou prejudica os demais.

RESPONSÁVEL TRIBUTÁRIO: responsável ou sujeito passivo indireto é o nome dado à pessoa que, não revestindo a condição de contribuinte, tenha obrigação de recolher tributos decorrente de expressa disposição legal (art. 121, parágrafo único, II, do CTN). Exemplo: o empregador é responsável tributário pela retenção na fonte do Imposto de Renda devido pelo empregado.

O ESTADO NO POLO PASSIVO DA OBRIGAÇÃO TRIBUTÁRIA

EXECUÇÃO FISCAL CONTRA O FISCO

A União, os Estados, o Distrito Federal e os Municípios, assim como quaisquer entidades da Administração Pública Indireta, também devem tributos uns aos outros, com exceção dos impostos alcançados pela imunidade do art. 150, VI, *a*, da CF, razão pela qual **o Estado pode perfeitamente figurar no polo passivo de obrigações tributárias**. Nesses casos, a obrigação tributária tem seus dois polos ocupados por entidades governamentais, e, na hipótese de inadimplemento, será proposta execução fiscal pelo ente credor contra a pessoa jurídica estatal que não recolheu o tributo.

DOMICÍLIO TRIBUTÁRIO

NATUREZA QUESÍVEL OU *QUERABLE* DA OBRIGAÇÃO TRIBUTÁRIA

Salvo quando a legislação dispuser em contrário, o pagamento do tributo deverá ser efetuado na repartição competente do domicílio do sujeito passivo (art. 159 do CTN). Assim, revela-se a **natureza quesível** da obrigação tributária.

Obrigação ou dívida quesível (*querable*) é aquela que deve ser paga no domicílio do devedor.

No entanto, como o art. 159 contém a ressalva "quando a legislação tributária não dispuser a respeito", pode o legislador definir hipóteses em que a obrigação deverá ser cumprida em local diverso daquele onde se encontra domiciliado o contribuinte. Assim, em casos excepcionais, **admite-se obrigação tributária com natureza portável** (*portable*).

ELEIÇÃO E RECUSA DO DOMICÍLIO TRIBUTÁRIO: o Código Tributário Nacional **admite que o devedor eleja seu domicílio tributário**, conforme norma contida no art. 127, *caput*, segundo o qual: "Na falta de eleição, pelo contribuinte ou responsável, de domicílio tributário, na forma da legislação aplicável, considera-se como tal...". Dessa forma, é lícito que o sujeito passivo da obrigação tributária escolha onde será considerado domiciliado para fins de recolhimento do tributo. No entanto, se a eleição dificultar ou impossibilitar a arrecadação ou fiscalização, o art. 127, § 2º, **autoriza o Fisco a discricionariamente recusar o domicílio eleito.**

DOMICÍLIO DAS PESSOAS FÍSICAS: a pessoa física ou pessoa natural considera-se domiciliada no local de sua **residência habitual**. Sendo este desconhecido ou incerto, tem-se como domiciliada no **centro habitual** de suas atividades (art. 127, I, do CTN).

DOMICÍLIO DAS PESSOAS JURÍDICAS DE DIREITO PRIVADO: as pessoas jurídicas de direito privado ou firmas individuais têm domicílio tributário no **local de sua sede**. Em relação aos atos ou fatos que deram origem à obrigação, vale **o local de cada estabelecimento** (art. 127, II, do CTN).

DOMICÍLIO DAS PESSOAS JURÍDICAS DE DIREITO PÚBLICO: a União, os Estados, o Distrito Federal, os Municípios, assim como autarquias e fundações públicas, sendo pessoas jurídicas de direito público, têm domicílio tributário em qualquer de suas repartições no território da entidade tributante.

ELISÃO, EVASÃO E ELUSÃO FISCAL

Elisão ou planejamento tributário: é o nome dado à utilização de práticas lícitas realizadas pelo sujeito passivo, normalmente antes da ocorrência do fato gerador, com o objetivo de economizar no pagamento do tributo.

Evasão, fraude fiscal ou sonegação fiscal: consiste na prática de uma conduta ilícita pelo sujeito passivo, normalmente após a ocorrência do fato gerador, visando frustrar intencionalmente o recolhimento do tributo.

Elusão fiscal ou elisão ineficaz: trata-se de um ato jurídico simulado visando não recolher ou recolher tributo a menor.

Crimes de sonegação: estão tipificados no art. 1º da Lei n. 8.137/90 e **exigem dolo**, não admitindo modalidade culposa, razão pela qual **a simples falta de pagamento do tributo** sem a intenção específica de fraudar o Fisco **não constitui crime.**
Cumpre frisar que o pagamento integral, a qualquer tempo, do tributo e acessórios extingue a punibilidade (art. 9º da Lei n. 10.684/2003). Já na hipótese de **parcelamento** dos valores sonegados, ocorre **suspensão da pretensão punitiva do Estado**, desde que o pedido de parcelamento tenha sido formalizado **antes do recebimento da denúncia criminal** (art. 6º da Lei n. 12.382/2011).

NORMA ANTIELISIVA NO DIREITO TRIBUTÁRIO BRASILEIRO

O art. 116, parágrafo único, do CTN é conhecido como **"a norma antielisiva"** do ordenamento jurídico brasileiro. Sendo a elisão uma operação lícita, não poderia ser proibida pelo Código Tributário. O referido dispositivo proíbe práticas de sonegação fiscal, dotando a Fazenda Pública da **prerrogativa de recusar negócios jurídicos fraudulentos** praticados pelo sujeito passivo.
ATENÇÃO: assim como ocorre com a regra do art. 127, § 2º, do CTN (recusa de domicílio eleito), a prerrogativa que a norma antielisiva confere ao Fisco é de **DESCONSIDERAR** negócios jurídicos fraudulentos, **mas nunca DESCONSTITUIR tais negócios**. Ou seja, o Fisco pode ignorar o ato praticado pelo sujeito passivo, aplicando, em substituição, outra regra estabelecida em lei.

TEORIA DO ABUSO DAS FORMAS

Com o objetivo geral de **combater fraudes à legislação tributária** e, em especial, **evitar manobras de elusão fiscal**, foi desenvolvida a teoria do abuso das formas, segundo a qual, ficando evidenciado que o contribuinte **utilizou uma "forma jurídica" (instituto) distorcendo a finalidade** que o ordenamento lhe confere (simulação), o intérprete/operador está liberado para qualificar a operação segundo a **realidade econômica**, ou seja, **desconsiderando sua aparência jurídica.**
O certo é que a teoria do abuso das formas **sempre pressupõe a prova da intenção do contribuinte de fraudar a legislação tributária** e enfrenta a grande dificuldade concreta de exigir o recolhimento de um tributo sem a ocorrência formal do fato gerador.
Sendo uma teoria desenvolvida exclusivamente para defesa dos interesses do Fisco, sua aceitação ainda é **minoritária na doutrina e jurisprudência pátrias.**

12.20 QUESTÕES

1. **(Iades – AL-GO – Procurador – 2019)** Nos termos do Direito Tributário, acerca das regras relativas ao domicílio tributário, assinale a alternativa correta.
   a) O domicílio tributário é a sede das pessoas jurídicas de direito público.
   b) O domicílio tributário é o local habitual das transações comerciais das sociedades empresárias.
   c) O domicílio tributário caracteriza-se como elemento essencial para o surgimento de qualquer obrigação tributária.
   d) O Código Tributário Nacional prescreve a regra de eleição do domicílio fiscal pelo contribuinte; contudo, a autoridade administrativa pode recusar o domicílio eleito quando a escolha deste dificultar a arrecadação ou a fiscalização do tributo.
   e) O domicílio tributário reputa-se fixado no Distrito Federal ou nas capitais dos Estados quanto às pessoas naturais, quando não houver outro critério definido.

2. **(Inaz do Pará – Core-PE – Assistente Jurídico – 2019)** É imposta pela legislação tributária que não seja levar dinheiro aos cofres públicos e denominada de dever instrumental formal. Pode constituir-se em prestações positivas e negativas, sendo que as primeiras têm como exemplo emitir notas fiscais e escriturar livros. Prestações negativas, por exemplo, permitem que a fiscalização examine os livros, que não seja transportada mercadorias sem as respectivas notas fiscais.

   O trecho textual acima se refere a:
   a) decadência tributária;
   b) obrigação acessória;
   c) formalização tributária;
   d) tributação secundária;
   e) formalização compulsória.

3. **(FCC – Prefeitura de Recife – PE – Analista de Gestão Contábil – 2019)** De acordo com o Código Tributário Nacional, a obrigação tributária principal é:
   a) aquela cujo cumprimento o Fisco deve exigir em primeiro lugar, sob pena de ocorrência de responsabilidade funcional administrativa;
   b) a obrigação acessória cujo cumprimento antecede ao de todas as demais, dentro de determinado período, e no mesmo exercício financeiro;
   c) aquela que surge com a ocorrência do fato gerador e que tem por objeto o pagamento de tributo ou penalidade pecuniária;
   d) a mais importante de todas as obrigações acessórias, embora seu adimplemento não precise ocorrer, necessariamente, antes do adimplemento das obrigações primárias;
   e) aquela cujo cumprimento o Fisco deve exigir em primeiro lugar, sob pena de ocorrência de crime funcional.

4. **(NC-UFPR – TJ-PR – Titular de Serviços de Notas e de Registros – Provimento – 2019)** Considere as seguintes situações.
   1. Maria, pessoa física, sem residência habitual, trabalha em Umuarama (PR), praticando o fato gerador de determinado imposto estadual na cidade de Cascavel (PR), não informa a receita estadual sobre seu domicílio quando solicitada.
   2. Souza Empreendimentos, pessoa jurídica de direito privado, possuindo sede em Brasília (DF) e praticando o fato gerador de determinado imposto federal em Blumenau (SC), deixa de informar seu domicílio tributário para a receita federal quando solicitado.
   3. Pedro, pessoa física, possuindo residência incerta, trabalhando em Colombo (PR) e praticando o fato gerador de determinado imposto estadual em Campina Grande do Sul (PR), deixa de informar seu domicílio tributário para a receita estadual quando solicitado.

Sobre as situações descritas acima, assinale a alternativa que corresponde à ordem correta de domicílios tributários para fins de cobrança de tributos.

a) Na situação 1, o domicílio tributário de Maria considerado pela legislação tributária será Umuarama (PR) – Na situação 2, o domicílio tributário de Souza Empreendimentos será Brasília (DF) – Na situação 3, o domicílio tributário de Pedro será Colombo (PR).

b) Na situação 1, o domicílio tributário de Maria considerado pela legislação tributária será Cascavel (SC) – Na situação 2, o domicílio tributário de Souza Empreendimentos será Blumenau (SC) – Na situação 3, o domicílio tributário de Pedro será Campina Grande do Sul (PR).

c) Na situação 1, o domicílio tributário de Maria considerado pela legislação tributária será Umuarama (PR) – Na situação 2, o domicílio tributário de Souza Empreendimentos será Blumenau (SC) – Na situação 3, o domicílio tributário de Pedro será Campina Grande do Sul (PR).

d) Na situação 1, o domicílio tributário de Maria considerado pela legislação tributária será Umuarama (PR) – Na situação 2, o domicílio tributário de Souza Empreendimentos será Brasília (DF) – Na situação 3, o domicílio tributário de Pedro será Campina Grande do Sul (PR) e Colombo (PR), cumulativamente.

e) Na situação 1, o domicílio tributário de Maria considerado pela legislação tributária será Cascavel (PR) – Na situação 2, o domicílio tributário de Souza Empreendimentos será Brasília (DF) – Na situação 3, o domicílio tributário de Pedro será Colombo (PR).

5. **(Vunesp – Prefeitura de Guarulhos – SP – Inspetor Fiscal de Rendas – Conhecimentos Específicos – 2019)** Na hipótese de o contribuinte ou responsável deixar de eleger seu domicílio tributário, de acordo com o Código Tributário Nacional, considera-se como tal:

a) o lugar de cada estabelecimento, no caso de pessoa jurídica de direito privado, em relação aos atos ou fatos que deram origem à obrigação;

b) a residência habitual, em se tratando de empresário individual;

c) o lugar da sede, no caso de pessoa jurídica de direito público;

d) o lugar arbitrado pela Fazenda Pública, de acordo com a conveniência da atividade fiscalizatória;

e) o centro habitual da atividade, no caso de microempreendedor individual.

6. **(Vunesp – TJ-SP – Titular de Serviços de Notas e de Registros – Provimento – 2018)** De acordo com o Código Tributário Nacional:

a) os princípios gerais de direito privado são utilizados para pesquisa da definição, do conteúdo e do alcance de seus institutos, conceitos e formas, inclusive para a definição dos respectivos efeitos tributários;

b) a obrigação acessória, pelo simples fato de sua inobservância, converte-se em obrigação principal relativamente à penalidade pecuniária;

c) está em conformidade com o conceito de tributo a noção de prestação pecuniária que constitua sanção de ato ilícito;

d) a lei tributária nova pode retroagir, quando for expressamente interpretativa, inclusive para aplicação de penalidade.

7. **(Cespe – PGE-PE – Procurador do Estado – 2018)** Considerando o que dispõe o CTN, assinale a opção correta a respeito das obrigações tributárias.

a) A obrigação tributária surge apenas com a ocorrência da hipótese de incidência do tributo.

b) A obrigação acessória é convertida em obrigação principal na hipótese de sua inobservância.

c) O fato gerador deve ser o mesmo tanto para a obrigação principal quanto para a obrigação acessória.

d) O sujeito ativo da obrigação acessória é denominado responsável tributário.

e) Uma vez modificado o crédito tributário, deve ser igualmente alterada a obrigação tributária dele originada.

8. (Vunesp – Juiz de Direito Substituto – TJ-RS – 2018) Sobre a disciplina do fato gerador trazida pelo Código Tributário Nacional, é correto afirmar que:

a) a autoridade administrativa não poderá desconsiderar atos ou negócios jurídicos praticados com a finalidade de dissimular a ocorrência do fato gerador do tributo ou a natureza dos elementos constitutivos da obrigação tributária, salvo nos casos expressos em lei;

b) se tratando de situação de fato, salvo disposição de lei em contrário, considera-se ocorrido o fato gerador e existentes os seus efeitos desde o momento em que se verifiquem as circunstâncias materiais necessárias a que produza os efeitos que normalmente lhe são próprios;

c) fato gerador da obrigação acessória é qualquer situação definida em lei como necessária e suficiente à sua ocorrência;

d) a definição legal do fato gerador é interpretada considerando-se a validade jurídica dos atos efetivamente praticados pelos contribuintes, responsáveis ou terceiros, bem como da natureza do seu objeto ou dos seus efeitos;

e) se tratando de atos ou negócios jurídicos sujeitos a condição suspensiva, considera-se ocorrido o fato gerador e existentes os seus efeitos desde o momento da prática do ato ou da celebração do negócio.

9. (Ieses – Cartório-RO – 2017) Sobre o sujeito passivo da obrigação tributária, assinale a alternativa INCORRETA.

a) A capacidade tributária passiva possui como condição a existência de capacidade civil do sujeito, nos termos da legislação civil.

b) A capacidade tributária passiva independe de estar a pessoa jurídica regularmente constituída, bastando que configure uma unidade econômica ou profissional.

c) Sujeito passivo da obrigação principal é a pessoa obrigada ao pagamento de tributo ou penalidade pecuniária.

d) Sujeito passivo da obrigação acessória é a pessoa obrigada às prestações que constituam o seu objeto.

10. (Ieses – Cartório-RO – 2017) No que tange à obrigação tributária é correto afirmar.

I. A obrigação tributária é principal ou acessória.

II. A obrigação principal decorre da legislação tributária e tem por objeto as prestações, positivas ou negativas, nela previstas no interesse da arrecadação ou da fiscalização dos tributos.

III. A obrigação acessória, pelo simples fato da sua inobservância, converte-se em obrigação principal relativamente à penalidade pecuniária.

IV. A obrigação acessória surge com a ocorrência do fato gerador, tem por objeto o pagamento de tributo ou penalidade pecuniária e extingue-se juntamente com o crédito dela decorrente.

A sequência correta é:

a) As assertivas I, II, III e IV estão corretas;

b) Apenas a assertiva IV está correta;

c) Apenas as assertivas I, III, IV estão corretas;

d) Apenas as assertivas I e III estão corretas.

11. (Cespe – Promotor de Justiça-RR – 2017) A respeito da obrigação tributária, assinale a opção correta conforme o que dispõe o CTN.

a) A obrigação principal e sua obrigação acessória devem decorrer de um mesmo fato gerador.

b) Obrigação principal pode ter por objeto o pagamento de penalidade tributária.

c) A obrigação principal é considerada obrigação tributária, ao passo que as obrigações acessórias são consideradas obrigações de natureza não tributária.

d) Obrigação acessória não se converte em obrigação principal.

12. (Cespe – Promotor de Justiça Substituto – MPE-RR – 2017) A respeito da obrigação tributária, assinale a opção correta conforme o que dispõe o CTN.

a) A obrigação principal e sua obrigação acessória devem decorrer de um mesmo fato gerador.
b) Obrigação principal pode ter por objeto o pagamento de penalidade tributária.
c) A obrigação principal é considerada obrigação tributária, ao passo que as obrigações acessórias são consideradas obrigações de natureza não tributária.
d) Obrigação acessória não se converte em obrigação principal.

13. (FCC – AL-AP – Advogado Legislativo – 2020) O Código Tributário Nacional contempla diversas regras atinentes às obrigações tributárias. De acordo com esse Código,

a) somente a lei pode estabelecer a definição do fato gerador da obrigação tributária principal relativa às contribuições de melhoria.
b) a autoridade administrativa poderá desconsiderar atos ou negócios jurídicos praticados com a finalidade de dissimular a ocorrência do fato gerador do tributo ou a natureza dos elementos constitutivos da obrigação tributária, observados os procedimentos a serem estabelecidos no regulamento de cada tributo.
c) interpreta-se literalmente a legislação tributária que disponha sobre dispensa do cumprimento de obrigações tributárias principais, mas não a que disponha sobre dispensa do cumprimento de obrigações tributárias acessórias.
d) a natureza das garantias atribuídas ao crédito tributário altera a natureza da obrigação tributária a que corresponda, desde que observados os critérios da objetividade da garantia e da subjetividade do agente garantidor.
e) o fato gerador da obrigação tributária principal é qualquer situação que, na forma da legislação aplicável, impõe a prática ou a abstenção de ato que não configure obrigação tributária acessória.

14. (FCC – AL-AP – Advogado Legislativo – 2020) De acordo com o Código Tributário Nacional, o crédito tributário é constituído pelo lançamento tributário. Esse Código estabelece, ainda, que

a) a legislação tributária que dispõe sobre o lançamento e sobre a suspensão, a exclusão e a extinção do crédito tributário deve ser interpretada literalmente.
b) a obrigação principal decorre do crédito tributário e tem a mesma natureza dele.
c) o crédito tributário regularmente constituído somente se modifica, ou tem sua exigibilidade suspensa ou excluída, nos casos previstos na lei que tiver instituído o tributo, fora dos quais não podem ser dispensadas, sob pena de responsabilidade funcional na forma da lei, a sua efetivação ou as respectivas garantias.
d) a ação para a cobrança do crédito tributário será objeto de decadência após o transcurso do prazo de cinco anos, contados da data da ocorrência do fato gerador.
e) a exclusão do crédito tributário não dispensa o cumprimento das obrigações acessórias dependentes da obrigação principal cujo crédito seja excluído, ou dela consequente.

15. (VUNESP – FITO – Analista de Gestão – 2020) Sobre a responsabilidade tributária é correto afirmar que:

a) o sucessor a qualquer título é pessoalmente responsável pelos tributos devidos pelo *de cujus* até a data da partilha, sem limitação dessa responsabilidade ao montante do quinhão legado.
b) a lei pode atribuir a responsabilidade pelo crédito tributário a terceira pessoa, vinculada ao fato gerador da respectiva obrigação, excluindo a responsabilidade do contribuinte.
c) os créditos tributários relativos a impostos cujo fato gerador seja a propriedade, o domínio útil ou a posse de bens imóveis, e bem assim os relativos a taxas pela prestação de serviços referentes a tais bens, ou a contribuições de melhoria, não se subrogam na pessoa dos respectivos adquirentes em regra geral.
d) a pessoa jurídica de direito privado que resultar de fusão, transformação ou incorporação de outra ou em outra não é responsável pelos tributos devidos até à data do ato pelas pessoas jurídicas de direito privado fusionadas, transformadas ou incorporadas.
e) os pais respondem solidariamente com o contribuinte menor de idade em qualquer hipótese pelos tributos devidos.

16. (ITAME – Prefeitura de Edeia-GO – Auditor da Receita Municipal – 2020) Sobre a responsabilidade tributária, a lei pode atribuir de modo expresso a responsabilidade pelo crédito tributário:

a) a pessoa jurídica, vinculada ao fato gerador, ou o contribuinte ou atribuindo-a a este em caráter supletivo do cumprimento parcial da referida obrigação;

b) a terceira pessoa, vinculada ao fato gerador da respectiva obrigação, excluindo a responsabilidade do contribuinte ou atribuindo-a a este em caráter supletivo do cumprimento total ou parcial da referida obrigação;

c) a pessoa física, vinculada ao fato gerador, ou o contribuinte ou atribuindo-a a este em caráter supletivo do cumprimento total da referida obrigação;

d) as pessoas físicas ou jurídicas que sejam vinculadas ao fato gerador, ou o contribuinte ou atribuindo-a a este em caráter supletivo do cumprimento legal e jurídico da referida obrigação.

17. (ITAME – Prefeitura de Edeia-GO – Auditor da Receita Municipal – 2020) Visando a obrigação tributária, são solidariamente obrigadas perante a lei:

a) as pessoas que tenham interesse comum na situação que constitua o fato gerador da obrigação principal e as pessoas expressamente designadas por lei;

b) as pessoas que tenham interesse comum na situação que constitua o fato gerador da obrigação principal e as pessoas que tenham interesse comum na situação que constitua o fato gerador da obrigação assessoria;

c) todas as pessoas que tenham interesse comum na situação, mesmo que não constitua o fato gerador das obrigações seja ela principal ou assessoria;

d) as pessoas designadas por atos de direito como jurídicas de interesse comum na situação que constitua o fato gerador da obrigação jurídica comercial.

18. (FCM – Prefeitura de Contagem-MG – Auditor Fiscal – 2020) Com base nas regras do Código Tributário Nacional, avalie o que se afirma acerca da solidariedade e da responsabilidade tributária.

I – São solidariamente obrigadas as pessoas que tenham interesse comum na situação que constitua o fato gerador da obrigação principal, bem como aquelas que a lei designar.

II – O sócio quotista é pessoalmente responsável pelos créditos correspondentes a obrigações tributárias resultantes de atos praticados com excesso de poderes ou infração de lei, contrato social ou estatutos.

III – A solidariedade tributária respeita o benefício de ordem, de modo a se exigir, inicialmente, a obrigação do contribuinte principal, entendido como aquele que praticou o fato gerador em maior proporção.

IV – Os sucessores e o cônjuge meeiro são, pessoalmente, responsáveis pelos tributos devidos pelo *de cujus* até a data da partilha ou adjudicação, limitada esta responsabilidade ao montante do quinhão, do legado ou da meação.

Está correto apenas o que se afirma em

a) II.

b) IV.

c) II e III.

d) I e IV.

e) I, II e III.

19. (CESPE/CEBRASPE – SEFAZ-AL – Auditor Fiscal da Receita Estadual – 2020) No que se refere a legislação tributária, obrigação tributária e crédito tributário, julgue o item que se segue.

No âmbito do direito tributário, prevalece a máxima civilista de que o acessório segue o principal, de tal forma que a extinção da obrigação principal implica a extinção da obrigação acessória, dada a relação de subordinação existente entre elas.

( ) Certo ( ) Errado

20. (FCC – TJ-MS – Juiz Substituto – 2020) A empresa Móveis Ltda., empresa de grande porte, em boa saúde financeira e com vários estabelecimentos, vende um de seus estabelecimentos para a empresa Sofás Ltda., em 10/01/2015. A atividade do estabelecimento é mantida, assim como a da empresa Móveis Ltda. No instrumento do trespasse, a empresa Móveis Ltda. se compromete a pagar todos os tributos referentes aos fatos geradores ocorridos até o dia 31/12/2014. Em janeiro de 2018, houve uma fiscalização na qual foi lançado tributo referente a fatos geradores de agosto de 2014 referentes ao estabelecimento em questão. Após o contencioso administrativo, o tributo é inscrito em dívida ativa. A respeito desses fatos, à luz do Código Tributário Nacional,

a) ambas as empresas poderão ser cobradas em ação de execução fiscal, mas Sofás Ltda. somente subsidiariamente.
b) somente a empresa Móveis Ltda. poderá ser cobrada em ação de execução fiscal, pois assim se comprometeu no trespasse.
c) somente a empresa Sofás Ltda. poderá ser cobrada em ação de execução fiscal, pois era a empresa titular do estabelecimento no momento da fiscalização.
d) somente a empresa Móveis Ltda. poderá ser cobrada em ação de execução fiscal, pois era a titular do estabelecimento no momento da ocorrência do fato gerador.
e) somente a empresa Sofás Ltda. poderá ser cobrada em ação de execução fiscal, pois houve substituição tributária.

21. (FCC – TJ-MS – Juiz Substituto – 2020) O contribuinte João, percebendo que deixou de recolher certo valor ao Fisco, paga espontaneamente o tributo e os juros da mora. Considerando o fato descrito e a jurisprudência relativa ao Código Tributário Nacional (CTN), é correto afirmar:

a) Caso o pagamento feito seja precedido de início de fiscalização a respeito do fato, o contribuinte João poderá se utilizar dos benefícios da denúncia espontânea.
b) O contribuinte João poderá se beneficiar da denúncia espontânea, ainda que opte pelo pagamento parcelado do tributo e dos juros de mora.
c) Caso já tenha declarado o tributo anteriormente e o equívoco diga respeito apenas à falha de recolhimento tempestivo, o contribuinte João não poderá se beneficiar da denúncia espontânea.
d) Caso a denúncia espontânea se caracterize, o contribuinte João ficará desobrigado ao pagamento de multas punitivas, mas não da multa moratória.
e) A declaração do tributo devido, com o seu parcelamento e quitação, excluem a incidência somente das multas punitivas, mas não das moratórias.

22. (CESPE/ CEBRASPE – SEFAZ-AL – Auditor – 2020) A respeito de responsabilidade, de obrigação e de administração tributária, julgue o item subsequente.

A denúncia espontânea da infração, acompanhada, se for o caso, do pagamento do tributo devido com juros de mora correspondentes, realizada até a conclusão do procedimento administrativo ou da medida de fiscalização relacionada com a infração resulta na exclusão da responsabilidade do contribuinte pela infração.

( ) Certo ( ) Errado

23. (CESPE/ CEBRASPE – SEFAZ-AL – Auditor – 2020) No que se refere a legislação tributária, obrigação tributária e crédito tributário, julgue o item que se segue.

A obrigação tributária principal corresponde a uma prestação pecuniária que tenha como objeto o pagamento de tributo ou de multa por descumprimento da legislação tributária e, diferentemente da obrigação acessória, submete-se à reserva de lei em sentido formal.

( ) Certo ( ) Errado

24. (CESPE – SEFAZ-DF – Auditor Fiscal – 2020) No que se refere a aplicação da lei e responsabilidade tributária, julgue o item seguinte.

É incompatível com o Código Tributário Nacional lei distrital que admita a indicação do sujeito passivo do imposto sobre transmissão de bens imóveis (ITBI) pelas partes no contrato de compra e venda de imóvel, pois as convenções particulares não são oponíveis à fazenda pública.

( ) Certo ( ) Errado

25. (CESPE – SEFAZ-DF – Auditor Fiscal – 2020) No que se refere a aplicação da lei e responsabilidade tributária, julgue o item seguinte.

A atribuição de responsabilidade tributária solidária ao administrador da massa falida pelas penalidades tributárias por ela devidas se restringe às de caráter moratório.

( ) Certo ( ) Errado

GABARITO

1. D / **2.** B / **3.** C / **4.** A / **5.** A / **6.** B / **7.** B / **8.** B / **9.** A / **10.** D / **11.** B / **12.** B / **13.** A / **14.** E / **15.** B / **16.** B / **17.** A / **18.** D / **19.** Errado / **20.** A / **21.** C / **22.** Errado / **23.** Certo / **24.** Errado / **25.** Certo

12.21 QUESTÕES COMENTADAS

1. (Iades – AL-GO – Procurador – 2019) No que tange ao Direito Tributário, é correto afirmar que a obrigação tributária:

a) principal nasce com a ocorrência do fato gerador descrito abstratamente na norma, hipótese tida como suficiente e necessária para o respectivo surgimento;
b) terá natureza acessória quando importar em obrigação de dar, estipulada no interesse da arrecadação ou da fiscalização dos tributos;
c) tem por sujeito passivo principal o contribuinte e, por sujeito passivo acessório, o responsável pela obrigação de fazer ou não fazer previsto pela norma;
d) importa em solidariedade entre as pessoas que tenham interesse comum na situação que constitua o fato gerador da obrigação principal, mas admite a oponibilidade do benefício de ordem para efeitos de pagamento;
e) terá por sujeito ativo a União, os Estados, os Municípios, o Distrito Federal ou os Territórios, a depender da competência tributária estabelecida para cada tributo.

COMENTÁRIO

a) Nos termos do art. 113, § 1º, do CTN, a obrigação tributária principal surge com a ocorrência do fato gerador. Já o art. 114 prescreve que o fato gerador é a situação necessária e suficiente à ocorrência da obrigação tributária. **(Correto)**
b) A obrigação tributária acessória consiste em uma obrigação de fazer ou não fazer. **(Errado)**
c) Tanto o contribuinte como o responsável tributário podem figurar como sujeito passivo da obrigação tributária principal, conforme art. 121 do CTN. **(Errado)**
d) Nos termos do art. 124, parágrafo único, do CTN, a solidariedade não comporta benefício de ordem. **(Errado)**
e) É possível que o ente tributante não seja o mesmo que faça a cobrança. Trata-se da chamada parafiscalidade. **(Errado)**

Gabarito: letra A

2. (Cespe – Sefaz-RS – Auditor-Fiscal da Receita Estadual – Bloco II – 2019) A atividade estatal de arrecadação de tributos depende do cumprimento de obrigações de naturezas distintas pelo contribuinte e pelo não contribuinte, para que se materialize todo o percurso de lançamento, cobrança e fiscalização do crédito tributário. Com relação a esse assunto, é correto afirmar que:

a) as relações contributivas dispensam a atuação do Fisco;
b) presume-se por facultativa a obrigação que vise auxiliar a fiscalização tributária atribuída a terceiro não contribuinte;
c) obrigação acessória, quando descumprida por terceiro não contribuinte, converte-se em principal, exceto quanto às penalidades pecuniárias;

d) o contribuinte que usufrui de imunidade deve cumprir as obrigações acessórias relativas ao benefício fiscal;
e) obrigações acessórias extinguem-se com a ocorrência do fato gerador em relação a terceiro não contribuinte.

COMENTÁRIO

a) Todo lançamento exige a atuação do Fisco. **(Errado)**
b) As obrigações tributárias são sempre compulsórias, conforme previsão do art. 113, § 2º, do CTN. **(Errado)**
c) Nos termos do art. 113, § 3º, CTN, a obrigação acessória, pelo simples fato da sua inobservância, converte-se em obrigação principal relativamente à penalidade pecuniária. **(Errado)**
d) As obrigações acessórias são prestações, positivas ou negativas, no interesse da arrecadação ou fiscalização dos tributos. A existência da obrigação acessória não depende da obrigação principal. Assim, não havendo qualquer ressalva às entidades imunes, elas devem cumprir o dever instrumental (obrigação acessória). **(Correto)**
e) Não há previsão legal nesse sentido. **(Errado)**

Gabarito: letra D

3. (Cespe – Sefaz-RS – Auditor-Fiscal da Receita Estadual – Bloco II – 2019) Se um contribuinte não eleger o seu domicílio fiscal na forma da lei, a administração tributária deverá considerar como domicílio:

a) a residência habitual do contribuinte, ainda que incerta, caso se trate de pessoa natural;
b) a residência do empresário, caso se trate de firma individual;
c) o estabelecimento mantido na capital do estado federado, caso se trate de sociedade de economia mista;
d) qualquer uma das repartições localizadas no território da entidade tributante, caso se trate de pessoa jurídica de direito público;
e) qualquer uma das filiais localizadas no território da entidade tributante, caso se trate de empresa pública.

COMENTÁRIO

a) Quando a residência habitual for incerta, o domicílio fiscal será o centro habitual de sua atividade, nos termos do art. 127, I, do CTN. **(Errado)**
b) Quanto às firmas individuais, o domicílio fiscal é o lugar da sua sede ou de cada estabelecimento, nos termos do art. 127, II, do CTN. **(Errado)**
c) As sociedades de economia mista são pessoas jurídicas de direito privado, aplicando-se a regra do art. 127, II, do CTN. **(Errado)**
d) A alternativa reproduz a previsão do art. 127, III, do CTN. **(Correto)**
e) As empresas públicas são pessoas jurídicas de direito privado, aplicando-se a regra do art. 127, II, do CTN. **(Errado)**

Gabarito: letra D

4. (Cespe – Sefaz-RS – Auditor-Fiscal da Receita Estadual – Bloco II – 2019) Determinada empresa, constituída como pessoa jurídica de direito privado, elegeu por domicílio tributário, entre os seus estabelecimentos fabris, um situado em área distante de seu centro administrativo de distribuição logística, que é o lugar de situação dos bens a serem vendidos, o que dificulta a arrecadação e a fiscalização de tributos.

Nessa situação hipotética, a autoridade administrativa:

a) pode rejeitar o domicílio eleito e considerar como domicílio tributário da empresa o centro de distribuição;
b) não pode rejeitar o domicílio tributário eleito porque a empresa agiu nos limites de sua discricionariedade;
c) pode rejeitar o domicílio eleito e considerar como domicílio tributário o centro habitual da atividade;
d) pode rejeitar o domicílio eleito e considerar como domicílio tributário qualquer outro de seus estabelecimentos situados no território da entidade tributante;
e) não pode rejeitar o domicílio eleito caso o domicílio tributário indicado seja o local de residência habitual do administrador.

COMENTÁRIO

a) A previsão de recusa do domicílio tributário eleito está no art. 127, § 2º, do CTN. **(Correto)**

b) Não existe discricionariedade para particulares. **(Errado)**

c) Quanto há a recusa do domicílio eleito, o domicílio será o lugar da situação dos bens ou da ocorrência dos atos ou fatos. **(Errado)**

d) Idem. **(Errado)**

e) Não há previsão legal nesse sentido. **(Errado)**

Gabarito: letra A

5. (Cespe – MPE-PI – Promotor de Justiça Substituto – 2019) De acordo com o Código Tributário Nacional, constitui um traço distintivo entre a obrigação tributária principal e a obrigação tributária acessória o fato de que:

a) somente a obrigação principal decorre da legislação tributária, uma vez que a obrigação acessória é determinada por normas de direito civil ou empresarial;

b) a obrigação principal tem por objeto o pagamento de tributo ou de penalidade pecuniária, ao passo que a obrigação acessória tem por objeto as prestações, positivas ou negativas, previstas no interesse da arrecadação ou da fiscalização dos tributos;

c) a obrigação principal somente pode ter como objeto o pagamento de tributo; a obrigação acessória, por sua vez, deve ter por objeto o pagamento de uma penalidade pecuniária;

d) somente a obrigação principal decorre de um fato gerador; a obrigação acessória é imposta a terceiro que, sem possuir a condição de contribuinte, tem uma obrigação decorrente de disposição expressa de lei;

e) a obrigação principal é devida pelo contribuinte, ao passo que a obrigação acessória é imposta e compete ao responsável tributário.

COMENTÁRIO

a) O art. 113, § 2º, do CTN afirma que a obrigação acessória decorre da legislação tributária. **(Errado)**

b) A assertiva está de acordo com o art. 113, § 1º (para a obrigação tributária principal) e § 2º, do CTN (para a obrigação tributária acessória). **(Correto)**

c) A obrigação principal tem por objeto o pagamento, quer do tributo ou da penalidade. Já a obrigação acessória tem por objeto obrigação de fazer ou não fazer. **(Errado)**

d) A obrigação acessória não é imposta apenas a terceiros. **(Errado)**

e) A obrigação principal pode vincular tanto o contribuinte quanto o responsável tributário. **(Errado)**

Gabarito: letra B

6. (NC-UFPR – TJ-PR – Titular de Serviços de Notas e de Registros – Remoção – 2019) Sobre a definição do domicílio fiscal do contribuinte, nos termos do Código Tributário Nacional, assinale a alternativa correta.

a) Cabe inicialmente ao Fisco eleger o domicílio fiscal do contribuinte.

b) O domicílio fiscal da pessoa física será, via de regra, o local da prática do fato gerador, ainda que o contribuinte possua residência habitual.

c) Na falta de eleição, pelo contribuinte ou responsável, de domicílio tributário, na forma da legislação aplicável, considera-se domicílio fiscal das pessoas físicas a sua residência habitual, ou, sendo esta incerta ou desconhecida, o centro habitual de sua atividade.

d) A autoridade administrativa não pode recusar o domicílio eleito pelo contribuinte, ainda que impossibilite ou dificulte a arrecadação ou a fiscalização do tributo, prevalecendo a liberdade do contribuinte de escolher seu domicílio para fins fiscais.

COMENTÁRIO

a) Nos termos do art. 127 do CTN, cabe ao contribuinte ou responsável tributário eleger o domicílio tributário. **(Errada)**

b) Segundo o art. 127, I, do CTN, na falta de eleição, consideram-se domiciliadas as pessoas naturais na sua residência habitual ou, sendo esta incerta ou desconhecida, no centro habitual de sua atividade. **(Errada)**

c) Idem. **(Correta)**

d) Por força do § 2º do art. 127, do CTN, a autoridade administrativa pode recusar o domicílio eleito pelo contribuinte quando impossibilite ou dificulte a arrecadação ou a fiscalização do tributo. **(Errada)**

Gabarito: letra C

7. (Vunesp – TJ-AC – Juiz de Direito Substituto – 2019) Caso a administração tributária deseje impor aos contribuintes a obrigação de entrega de informações econômicas específicas por meio de declaração eletrônica, no interesse da fiscalização tributária, é correto afirmar, com base no CTN, que essa obrigação:

a) deverá ser prevista em lei ou em convenção internacional, mas poderá ser exigida imediatamente após a sua publicação;

b) poderá estar prevista em ato normativo infralegal e deverá guardar razoabilidade com o interesse de fiscalização tributária, não onerando de forma desproporcional os contribuintes;

c) poderá estar prevista em decreto e apenas poderá ser exigida no exercício fiscal seguinte ao da publicação deste;

d) deverá ser prevista em lei e apenas poderá ser exigida decorridos 90 (noventa) dias da sua entrada em vigor.

COMENTÁRIO

Correta é a alternativa b, pois somente a obrigação acessória pode estar prevista em ato normativo infralegal (art. 113, § 2º, do CTN). É importante mencionar ainda que a criação de uma obrigação tributária acessória não está sujeita ao princípio da anterioridade.

Gabarito: letra B

8. (Cespe – TJ-DFT – Titular de Serviços de Notas e de Registros – Provimento – 2019) Oficial de registro de imóveis, ao realizar alienação de imóvel submetido ao regime de enfiteuse, verificou que o laudêmio não havia sido recolhido.

Nessa situação hipotética, o laudêmio:

a) dispensa o pagamento do imposto sobre transmissão de bens imóveis e de direitos a eles relativos (ITBI);

b) é condição para o registro do imóvel, mediante apresentação de certidão de sua quitação;

c) pode ser incluído na dívida ativa tributária da União, uma vez que possui natureza tributária;

d) não pode integrar a dívida ativa não tributária da União, uma vez que não possui natureza tributária;

e) ensejará responsabilidade tributária solidária ao oficial em caso de inadimplemento da obrigação principal.

COMENTÁRIO

a) Não se deve confundir laudêmio com o ITBI, visto que o ITBI tem natureza tributária, e o laudêmio natureza administrativa. **(Errado)**

b) A cobrança do laudêmio está prevista no art. 3º do Decreto-lei n. 2.398/87. Nos termos do § 2º, I, *a*, desse dispositivo, os cartórios de notas e registros estão obrigados a exigir certidão emitida pela SPU com a comprovação do recolhimento do laudêmio, sob pena de responsabilidade. **(Correto)**

c) Embora possa integrar a dívida ativa da União, o laudêmio não possui natureza tributária. **(Errado)**

d) O laudêmio pode ser inscrito na dívida ativa como crédito de natureza não tributária. **(Errado)**

e) Não sendo tributo, o laudêmio não pode ensejar responsabilidade tributária. **(Errado)**

Gabarito: letra B

9. (Vunesp – Prefeitura de Guarulhos – SP – Inspetor Fiscal de Rendas – Conhecimentos Específicos – 2019) A obrigação tributária acessória:

a) surge com a ocorrência do fato gerador e tem como objeto o pagamento de penalidade pecuniária;

b) extingue-se juntamente com o crédito dela decorrente;

c) decorre da legislação tributária e tem como objeto as prestações, positivas ou negativas, nela previstas no interesse da arrecadação;

d) pelo simples fato da sua inobservância, converte-se em obrigação principal relativamente à multa e aos juros incidentes sobre o tributo;

e) tem como fato gerador a situação definida em lei como necessária e suficiente à sua ocorrência, pressupondo a existência de uma obrigação principal.

COMENTÁRIO

a) Art. 113 do CTN: a obrigação principal surge com a ocorrência do fato gerador, já a acessória decorre da legislação tributária. **(Errado)**

b) Nos termos do § 1º do art. 113, do CTN, a obrigação principal extingue-se juntamente com o crédito dela decorrente mas a acessória, sendo independente, pode permanecer **(Errado)**

c) Art. 113, § 2º, do CTN: a obrigação acessória decorre da legislação tributária e tem como objeto as prestações, positivas ou negativas, nela previstas no interesse da arrecadação. **(Correto)**

d) A obrigação acessória, pelo simples fato da sua inobservância, converte-se em obrigação principal relativamente à penalidade pecuniária, não aos juros (art. 113, § 3º, do CTN). **(Errado)**

e) A obrigação acessória independe da principal. **(Errado)**

Gabarito: letra C

10. (Vunesp – Prefeitura de Guarulhos – SP – Inspetor Fiscal de Rendas – Conhecimentos Específicos – 2019) De acordo com o Código Tributário Nacional:

a) a solidariedade pelo pagamento do débito tributário não comporta benefício de ordem;

b) são solidariamente obrigadas as pessoas expressamente indicadas no auto de infração e imposição de multa, lavrado pela autoridade competente;

c) o pagamento efetuado por um dos devedores solidários aproveita apenas as pessoas expressamente indicadas pelo obrigado solvente;

d) a interrupção da decadência em favor ou contra um dos obrigados solidários favorece os demais, mas não os prejudica;

e) a exclusão do crédito tributário exonera apenas os solidariamente obrigados pessoalmente indicados por aquele que efetuou o pagamento, independentemente da existência de saldo devedor.

COMENTÁRIO

a) Art. 124, parágrafo único, do CTN: a solidariedade não comporta benefício de ordem. **(Correto)**

b) Art. 124 do CTN: são solidariamente obrigadas as pessoas que tenham interesse comum na situação que constitua o fato gerador da obrigação principal e as pessoas expressamente designadas por lei. **(Errado)**

c) Art. 125, I, do CT: o pagamento efetuado por um dos obrigados aproveita aos demais. **(Errado)**

d) Art. 125, III, do CTN: a interrupção da prescrição, em favor ou contra um dos obrigados, favorece ou prejudica aos demais. **(Errado)**

e) Art. 125, II, do CTN: a isenção ou remissão de crédito exonera todos os obrigados, salvo se outorgada pessoalmente a um deles, subsistindo, nesse caso, a solidariedade quanto aos demais pelo saldo. **(Errado)**

Gabarito: letra A

11. (CESPE/CEBRASPE – SEFAZ-DF – Auditor Fiscal – 2020) Julgue o próximo item, relativo a fraudes e erros na escrita fiscal.

As penalidades relativas à obrigação acessória referente à escrituração dos livros fiscais se aplicam mesmo aos contribuintes que tenham sanado, antes de qualquer procedimento do fisco, as irregularidades das respectivas obrigações.

( ) Certo ( ) Errado

COMENTÁRIO

Art. 138, CTN. "A responsabilidade é excluída pela denúncia espontânea da infração, acompanhada, se for o caso, do pagamento do tributo devido e dos juros de mora, ou do depósito da importância arbitrada pela autoridade administrativa, quando o montante do tributo dependa de apuração.

Parágrafo único. Não se considera espontânea a denúncia apresentada após o início de qualquer procedimento administrativo ou medida de fiscalização, relacionados com a infração."

Gabarito: Errado

12. (VUNESP – Prefeitura de São Roque-SP – Advogado – 2020) Fulano não possui residência conhecida. Contudo, sabe-se que atua profissionalmente, com habitualidade, prestando serviços no Município X. No curso de fiscalização, a Administração Tributária descobre que Fulano presta os referidos serviços no Município X, valendo-se formalmente do nome de sociedade limitada de sua propriedade, com sede no Município Y, que se encontra a cerca de 800 km de distância do Município X.

Com base na situação descrita e nas regras vigentes no país sobre o domicílio tributário, é correto afirmar que:

a) a ausência de residência conhecida do contribuinte permite fixar o seu domicílio em qualquer local da conveniência da Administração Tributária.

b) como os serviços são prestados por meio de pessoa jurídica, o domicílio tributário será a sede da sociedade, ainda que a eleição da sede possa causar dificuldades à fiscalização.

c) ainda que se comprove posteriormente a existência de domicílio tributário de eleição do contribuinte, a lei determina que o domicílio para fins tributários será o centro habitual de sua atividade, ou seja, o Município X.

d) quando não houver domicílio de eleição e nem for possível a aplicação das regras gerais previstas no Código Tributário Nacional para definição do domicílio tributário, considerar-se-á este como o lugar da ocorrência dos atos ou fatos que deram origem à obrigação.

e) independentemente da sede da sociedade, o domicílio tributário no caso de imposto incidente sobre serviços será sempre o do local do estabelecimento prestador dos serviços.

COMENTÁRIO

Art. 127, CTN. "Na falta de eleição, pelo contribuinte ou responsável, de domicílio tributário, na forma da legislação aplicável, considera-se como tal:

I – quanto às pessoas naturais, a sua residência habitual, ou, sendo esta incerta ou desconhecida, o centro habitual de sua atividade;

II – quanto às pessoas jurídicas de direito privado ou às firmas individuais, o lugar da sua sede, ou, em relação aos atos ou fatos que derem origem à obrigação, o de cada estabelecimento;

III – quanto às pessoas jurídicas de direito público, qualquer de suas repartições no território da entidade tributante.

§ 1º Quando não couber a aplicação das regras fixadas em qualquer dos incisos deste artigo, considerar-se-á como domicílio tributário do contribuinte ou responsável o lugar da situação dos bens ou da ocorrência dos atos ou fatos que deram origem à obrigação.

§ 2º A autoridade administrativa pode recusar o domicílio eleito, quando impossibilite ou dificulte a arrecadação ou a fiscalização do tributo, aplicando-se então a regra do parágrafo anterior."

Gabarito: letra D

13. (CESPE/CEBRASPE – MPE-CE – Promotor de Justiça – 2020) João arrematou um imóvel em hasta pública, tendo descoberto posteriormente que havia dívidas de IPTU relativas ao imóvel, constituídas antes da data da arrematação e que não haviam sido informadas no leilão.

Nessa situação hipotética, de acordo com o Código Tributário Nacional (CTN), a sub-rogação do crédito tributário ocorrerá sobre

a) o patrimônio do arrematante, o qual passa a ser pessoalmente responsável pela dívida.
b) o patrimônio do proprietário anterior, o qual deverá responder sozinho pela dívida tributária.
c) o preço pago pelo arrematante, não devendo ser gerado qualquer gravame no imóvel.
d) o imóvel, sobre o qual incidirá o gravame, até o limite do seu valor.
e) o patrimônio tanto do proprietário anterior quanto do arrematante, sendo hipótese de responsabilidade solidária.

COMENTÁRIO

Art. 130, CTN. "Os créditos tributários relativos a impostos cujo fato gerador seja a propriedade, o domínio útil ou a posse de bens imóveis, e bem assim os relativos a taxas pela prestação de serviços referentes a tais bens, ou a contribuições de melhoria, subrogam-se na pessoa dos respectivos adquirentes, salvo quando conste do título a prova de sua quitação.

Parágrafo único. No caso de arrematação em hasta pública, a sub-rogação ocorre sobre o respectivo preço."

Gabarito: letra A

14. (CESPE/CEBRASPE – SEFAZ-DF – Auditor Fiscal – 2020) No que se refere a aplicação da lei e responsabilidade tributária, julgue o item seguinte.

A sociedade empresária que tenha sócio remanescente de sociedade extinta e que explore a mesma atividade não responde pelos débitos tributários desta.

( ) Certo ( ) Errado

COMENTÁRIO

O parágrafo único do art. 132 do CTN prevê expressamente que responde pelos débitos tributários da sociedade extinta a empresa que continue a exploração da atividade sob a mesma ou outra razão social e que tenha sócio remanescente da sociedade extinta.

Gabarito: Errado

15. (FCC – TJ-MS – Juiz Substituto – 2020) À luz do Código Tributário Nacional e da jurisprudência atualmente sedimentada a respeito da responsabilidade dos sócios de empresas limitadas e desconsideração da personalidade jurídica,

a) os sócios cotistas, sem poder de administração, também podem ser atingidos pelo redirecionamento de ação de execução fiscal, ainda que o capital social esteja integralizado.
b) o ônus da prova de atos de excesso de poderes ou infração a lei, contrato social ou estatutos é do fisco, ainda que o nome do sócio conste na certidão de dívida ativa.
c) a simples falta de pagamento do tributo configura fraude a lei para a responsabilização do sócio que seja administrador da pessoa jurídica.
d) a pessoa jurídica tem interesse recursal para interpor medida contra decisão que determinou o redirecionamento da execução fiscal em face dos sócios.
e) por ser matéria afeita a lei complementar, lei ordinária não pode criar hipótese de responsabilidade solidária relativa a sócio sem poder de gestão em empresa constituída na forma de sociedade limitada.

COMENTÁRIO

a) Art. 135, CTN. "São pessoalmente responsáveis pelos créditos correspondentes a obrigações tributárias resultantes de atos praticados com excesso de poderes ou infração de lei, contrato social ou estatuto:

I – as pessoas referidas no artigo anterior;

II – os mandatários, prepostos e empregados;

III – os diretores, gerentes ou representantes de pessoas jurídicas de direito privado."

"(...) para o redirecionamento da execução fiscal é imprescindível que o sócio-gerente a quem se pretenda redirecionar tenha exercido a função de gerência no momento dos fatos geradores e da dissolução irregular da empresa executada. STJ. 1ª Turma. AgInt no REsp 1597018/SC, Rel. Min. Napoleão Nunes Maia Filho, julgado em 23/08/2016". **(Errada)**

b) "A orientação da Primeira Seção do STJ firmou-se no sentido de que, se a execução foi ajuizada apenas contra a pessoa jurídica, mas o nome do sócio consta da CDA, a ele incumbe o ônus da prova de que não ficou caracterizada nenhuma das circunstâncias previstas no art. 135 do CTN, ou seja, não houve a prática de atos 'com excesso de poderes ou infração de lei, contrato social ou estatutos'" (AgRg no AREsp 753.074/DF, *DJe* 18-11-2015). **(Errada)**

c) Súmula 430 do STJ: "O inadimplemento da obrigação tributária pela sociedade não gera, por si só, a responsabilidade solidária do sócio-gerente". **(Errada)**

d) "Em execução fiscal, a sociedade empresária executada não possui legitimidade para recorrer, em nome próprio, na defesa de interesse de sócio que teve contra si redirecionada a execução. Isso porque, consoante vedação expressa do art. 6º do CPC, ninguém poderá pleitear, em nome próprio, direito alheio, salvo quando autorizado por lei. Dessa forma, como não há lei que autorize a sociedade a interpor recurso contra decisão que, em execução ajuizada contra ela própria, tenha incluído no polo passivo da demanda os seus respectivos sócios, tem-se a ilegitimidade da pessoa jurídica para a interposição do referido recurso. REsp 1.347.627-SP, Rel. Min. Ari Pargendler, julgado em 9/10/2013." **(Errada)**

e) "1. (...) 6. O art. 13 da Lei 8.620/93 não se limitou a repetir ou detalhar a regra de responsabilidade constante do art. 135 do CTN, tampouco cuidou de uma nova hipótese específica e distinta. Ao vincular à simples condição de sócio a obrigação de responder solidariamente pelos débitos da sociedade limitada perante a Seguridade Social, tratou a mesma situação genérica regulada pelo art. 135, III, do CTN, mas de modo diverso, incorrendo em inconstitucionalidade por violação ao art. 146, III, da CF. (...) 8. Reconhecida a inconstitucionalidade do art. 13 da Lei 8.620/93 na parte em que determinou que os sócios das empresas por cotas de responsabilidade limitada responderiam solidariamente, com seus bens pessoais, pelos débitos junto à Seguridade Social. (...)" (STF – RE 562.276, rel. Min. Ellen Gracie, Tribunal Pleno, j. 3-11-2010, Repercussão Geral – Mérito) **(Correta)**

Gabarito: letra E

16. (CESPE/CEBRASPE – SEFAZ-AL – Auditor Fiscal da Receita Estadual – 2020) A respeito de responsabilidade, de obrigação e de administração tributária, julgue o item subsequente.

A responsabilidade tributária corresponde à imposição do pagamento do tributo a terceira pessoa vinculada ao fato gerador da respectiva obrigação: é originária quando o responsável é colocado diretamente na posição de sujeito passivo, como ocorre, por exemplo, no caso da responsabilidade dos pais pelos tributos devidos pelos filhos menores.

( ) Certo ( ) Errado

COMENTÁRIO

Art. 134, CTN. "Nos casos de impossibilidade de exigência do cumprimento da obrigação principal pelo contribuinte, respondem solidariamente com este nos atos em que intervierem ou pelas omissões de que forem responsáveis:

I – os pais, pelos tributos devidos por seus filhos menores;"

Gabarito: Errado

17. (FUNDATEC – Prefeitura de Santo Augusto-RS – Auditor Fiscal de Tributos Municipais – 2020) No que se refere à obrigação tributária principal e à obrigação tributária acessória, indique a afirmativa INCORRETA.

a) A obrigação acessória tem por objeto as prestações – positivas ou negativas –, nela previstas no interesse da arrecadação ou da fiscalização dos tributos.

b) A obrigação acessória, pelo simples fato da sua inobservância, converte-se em obrigação principal relativamente à penalidade pecuniária.

c) A obrigação principal extingue-se juntamente com o crédito dela decorrente.

d) A obrigação principal surge com a ocorrência do fato gerador.

e) A obrigação principal tem por objeto o pagamento do crédito fiscal, desde que este não se refira à penalidade pecuniária.

COMENTÁRIO

Art. 113, CTN. "A obrigação tributária é principal ou acessória.

§ 1º A obrigação principal surge com a ocorrência do fato gerador, tem por objeto o pagamento de tributo ou penalidade pecuniária e extingue-se juntamente com o crédito dela decorrente.

§ 2º A obrigação acessória decorre da legislação tributária e tem por objeto as prestações, positivas ou negativas, nela previstas no interesse da arrecadação ou da fiscalização dos tributos.

§ 3º A obrigação acessória, pelo simples fato da sua inobservância, converte-se em obrigação principal relativamente à penalidade pecuniária."

Gabarito: letra E

18. (IBADE – Prefeitura de São Felipe D'Oeste – Fiscal de Patrimônio – 2020) O Código Tributário Nacional, no Art. 134, determina que, nos casos de impossibilidade de exigência do cumprimento da obrigação principal pelo contribuinte, respondem solidariamente com este nos atos em que intervierem ou pelas omissões de que forem responsáveis, EXCETO:

a) os pais, pelos tributos devidos por seus filhos menores.

b) administração do município.

c) os administradores de bens de terceiros, pelos tributos devidos por estes.

d) o síndico e o comissário, pelos tributos devidos pela massa falida ou pelo concordatário.

e) os sócios, no caso de liquidação de sociedade de pessoas.

COMENTÁRIO

Art. 134. "Nos casos de impossibilidade de exigência do cumprimento da obrigação principal pelo contribuinte, respondem solidariamente com este nos atos em que intervierem ou pelas omissões de que forem responsáveis:

I – os pais, pelos tributos devidos por seus filhos menores;

II – os tutores e curadores, pelos tributos devidos por seus tutelados ou curatelados;

III – os administradores de bens de terceiros, pelos tributos devidos por estes;

IV – o inventariante, pelos tributos devidos pelo espólio;

V – o síndico e o comissário, pelos tributos devidos pela massa falida ou pelo concordatário;

VI – os tabeliães, escrivães e demais serventuários de ofício, pelos tributos devidos sobre os atos praticados por eles, ou perante eles, em razão do seu ofício;

VII – os sócios, no caso de liquidação de sociedade de pessoas.

Parágrafo único. O disposto neste artigo só se aplica, em matéria de penalidades, às de caráter moratório."

Gabarito: letra B

19. (ITAME – Prefeitura de Edeia-GO – Auditor da Receita Municipal – 2020) Decorre da obrigação principal e tem a mesma natureza desta, o conceito refere-se:

a) ao empréstimo compulsório;

b) a dívida flutuante;

c) o credito fiscal;

d) o crédito tributário.

COMENTÁRIO

Art. 139, CTN. "O **crédito tributário** decorre da obrigação principal e tem a mesma natureza desta."

Gabarito: letra D

20. (ITAME – Prefeitura de Edeia-GO – Auditor da Receita Municipal – 2020) Firmados na obrigação tributária, o sujeito passivo da obrigação principal é:

a) a pessoa obrigada ao pagamento de tributo ou penalidade pecuniária, ou seja, o contribuinte, quando tenha relação pessoal e direta com a situação que constitua o respectivo fato gerador;

b) a pessoa jurídica de direito público, titular da competência para exigir o seu cumprimento;

c) a pessoa obrigada às prestações que constituam o seu objeto;

d) as pessoas que tenham interesse comum na situação que constitua o fato gerador da obrigação assessoria.

COMENTÁRIO

Art. 121, CTN. "**Sujeito passivo da obrigação principal é a pessoa obrigada ao pagamento de tributo ou penalidade pecuniária.**

Parágrafo único. O sujeito passivo da obrigação principal diz-se:

I – contribuinte, quando tenha relação pessoal e direta com a situação que constitua o respectivo fato gerador;

II – responsável, quando, sem revestir a condição de contribuinte, sua obrigação decorra de disposição expressa de lei."

Gabarito: letra A

13

RESPONSABILIDADE TRIBUTÁRIA

Acesse também a videoaula pelo *link*:
http://somos.in/MDT0714

13.1 CONCEITO DE RESPONSÁVEL TRIBUTÁRIO

Nas hipóteses da denominada responsabilidade tributária, a legislação **redireciona o dever de recolhimento do tributo**, transferindo-o do contribuinte, que realizou o fato gerador, para terceira pessoa.

Estabelece o art. 128 do CTN: "Sem prejuízo do disposto neste Capítulo, a lei pode atribuir de modo expresso a responsabilidade pelo crédito tributário a terceira pessoa, vinculada ao fato gerador da respectiva obrigação, excluindo a responsabilidade do contribuinte ou atribuindo-a a este em caráter supletivo do cumprimento total ou parcial da referida obrigação".

Assim, no Capítulo V do CTN (arts. 128 a 138) estão enumeradas normas que disciplinam os diversos casos de responsabilidade tributária, isto é, de extensão do dever de pagar tributos a devedores não enquadrados como contribuintes.

O art. 121, parágrafo único, II, do CTN define responsável tributário como sendo aquele devedor que, "sem revestir a condição de contribuinte, sua obrigação decorra de disposição expressa de lei".

De forma mais analítica, pode-se conceituar responsável tributário como "**sujeito passivo da obrigação tributária, vinculado ao fato gerador, que, sem enquadrar-se na condição de contribuinte, tenha sua obrigação decorrente de expressa disposição legal**".

> FCC: A prova de Procurador Municipal de Cuiabá de 2014 considerou CORRETA a afirmação: "Ambos, contribuinte e responsável, são considerados sujeitos passivos de obrigação principal, dependendo do grau de relação – direta ou indireta –, com a situação que constitua o respectivo fato gerador".

Para melhor compreensão, o conceito apresentado pode ser assim dividido:

1) responsável tributário é o sujeito passivo que não se enquadra na condição de contribuinte;

2) obrigatoriamente vinculado ao fato gerador;

3) tem sua obrigação decorrente de expressa disposição legal.

> STJ: "TRIBUTÁRIO. ARROLAMENTO DE BENS. SUJEITO PASSIVO. CONCEITO. RESPONSÁVEL TRIBUTÁRIO. POSSIBILIDADE. 1. O arrolamento de bens encontra-se previsto no art. 64 da Lei n. 9.532/97, nos seguintes termos: "A autoridade fiscal competente procederá ao arrolamento de bens e direitos do sujeito passivo sempre que o valor dos créditos tributários de sua responsabilidade for superior a trinta por cento do seu patrimônio conhecido". 2. Consoante a jurisprudência do STJ, o arrolamento de bens, instituído pela Lei n. 9.532/97, consiste em mecanismo pelo qual o Fisco promove apenas um cadastro destinado a viabilizar o acompanhamento da evolução patrimonial do sujeito passivo da obrigação tributária (AgRg no REsp 1.313.364/SC, rel. Min. Humberto Martins, 2ª T, *DJe* 11-5-2015; AgRg no AREsp 289.805/SC, rel. Min. Herman Benjamin, 2ª T, *DJe* 12-9-2013). 3. **O conceito de sujeito passivo da obrigação tributária abrange o de responsável tributário, nos termos do art. 121 do CTN, in verbis: "Art. 121. Sujeito passivo da obrigação principal é a pessoa obrigada ao pagamento de tributo ou penalidade pecuniária. Parágrafo único. O sujeito passivo da obrigação principal diz-se: I – contribuinte, quando tenha relação pessoal e direta com a situação que constitua o respectivo fato gerador; II – responsável, quando, sem revestir a condição de contribuinte, sua obrigação decorra de disposição expressa de lei".** 4. Com a incidência da norma de responsabilidade, o responsável tributário passa a ser sujeito passivo da relação jurídico-tributária, adequando-se, portanto, ao preceito do art. 64 da Lei n. 9.532/97. 5. A propósito, o STJ já decidiu pela possibilidade do arrolamento de bens do responsável, desde que motivado em uma das hipóteses legais de responsabilidade tributária, e não em mero inadimplemento do contribuinte (AgRg no REsp 1.420.023/RS, rel. Min. Benedito Gonçalves, 1ª T, *DJe* 27-10-2015). 6. No caso concreto, o acórdão recorrido vedou, em absoluto, o arrolamento de bens do responsável, de modo que não fora apreciada a possível incidência da norma de responsabilidade. Por conseguinte, o Recurso Especial fazendário foi parcialmente acolhido para que o Tribunal *a quo*, afastada a tese pela vedação em abstrato, verifique se estão configuradas as hipóteses que justificariam tal medida contra o sócio. 7. Agravo Regimental não provido" (Agrg no REsp 1.572.557/SC, rel. Min. Herman Benjamin, j. 19-5-2016, 2ª T. – Grifado).

13.1.1 Responsável tributário é o sujeito passivo que não se enquadra na condição de contribuinte

O Código Tributário Nacional optou pela utilização do **critério residual** para conceituar responsável tributário. Nesse sentido, o art. 121, parágrafo único, II, do CTN afirma que responsável tributário é o "sujeito passivo da obrigação principal que, **sem revestir a condição de contribuinte**, sua obrigação decorra de disposição expressa de lei".

Assim, para o CTN, **todo devedor que não seja contribuinte** deve ser considerado responsável tributário.

13.1.2 Responsável tributário deve ser alguém obrigatoriamente vinculado ao fato gerador

Ao disciplinar o regime geral da responsabilidade tributária, o art. 128 do CTN determina que o responsável deve ser uma "terceira pessoa", ou seja, alguém diverso do contribuinte, mas **"vinculado ao fato gerador".**

> PGE/GO: A prova de Procurador do Estado/GO de 2013 considerou ERRADA a afirmação: "O legislador pode, com ampla liberdade, atribuir a qualquer pessoa a responsabilidade pelo cumprimento da obrigação tributária, exonerando total ou parcialmente o contribuinte".

A necessária vinculação ao fato gerador constitui uma importante **limitação à liberdade do legislador na definição das hipóteses de reponsabilidade tributária.** Isso porque a lei só pode eleger como responsável uma pessoa que, embora não realize o fato gerador, participe da relação jurídica no contexto da qual o fato gerador ocorre.

Se o legislador escolher como responsável alguém que não participa da relação jurídica ensejadora do dever de pagar tributo, haverá ilegitimidade na definição do caso de responsabilidade ante o descumprimento da exigência prevista no art. 128 do CTN.

Seria o caso, por exemplo, de uma lei que atribuísse a um condômino a responsabilidade pelo pagamento de IPTU na hipótese de inadimplemento referente à unidade autônoma pertencente a outro morador. Embora ambos residam no mesmo prédio, inexiste qualquer vinculação entre o responsável eleito pelo legislador e a propriedade alheia.

Portanto, pode-se concluir afirmando que, enquanto o contribuinte tem relação pessoal e direta com o fato gerador (porque realiza a conduta descrita na hipótese de incidência), **o responsável tributário deve ter relação pessoal e INDIRETA com o fato gerador** (está vinculado ao fato gerador sem realizá-lo).

13.1.3 Responsável tributário tem sua obrigação decorrente de expressa disposição legal

O último elemento integrante do conceito de responsável tributário aponta para a **lei como a única fonte habilitada pelo ordenamento para definir hipóteses de responsabilidade tributária.**

A regra deriva do fato de que todos os aspectos da hipótese de incidência tributária dependem de previsão legislativa, e os casos de responsabilidade, em última análise, envolvem a definição do aspecto pessoal (devedor) da hipótese de incidência.

Inadmissível, desse modo, a utilização de outros veículos normativos como contratos, atos administrativos unilaterais, sentenças, acordos etc., para definir ou modificar regras de responsabilidade.

É nesse sentido que deve ser compreendido o teor do art. 123 do Código Tributário Nacional, *in verbis*: "Salvo disposições de lei em contrário, as convenções particulares, relativas à responsabilidade pelo pagamento de tributos, não podem ser opostas à Fazenda Pública, para modificar a definição legal do sujeito passivo das obrigações tributárias correspondentes".

FCC: A prova de Procurador Municipal de Cuiabá de 2014 considerou ERRADA a afirmação: "Em regra, as convenções particulares, relativas à responsabilidade pelo pagamento de tributos, podem ser opostas à Fazenda Pública, para modificar a definição legal do sujeito passivo das obrigações tributárias correspondentes, desde que sejam acordadas em cartório"

MPE-GO: A prova de Promotor de Justiça/GO de 2013 considerou CORRETA a afirmação: "A lei pode permitir que as convenções particulares, relativas à responsabilidade pelo pagamento de tributos, possam ser opostas à Fazenda Pública, para modificar a definição legal do sujeito passivo das obrigações tributárias correspondentes".

Portanto, somente a lei pode deslocar, do contribuinte para o responsável, o dever de recolhimento de tributos.

13.2 QUADRO SINÓTICO COMPARATIVO ENTRE CONTRIBUINTE E RESPONSÁVEL TRIBUTÁRIO

Resumindo tudo o que foi dito nos itens anteriores sobre responsabilidade tributária, podemos comparar as figuras do contribuinte e do responsável tributário nos termos do quadro abaixo:

Contribuinte	Responsável tributário
Art. 121, parágrafo único, I, do CTN	Art. 121, parágrafo único, II, do CTN
Realiza o fato gerador	Não realiza, mas é vinculado ao fato gerador
Relação pessoal e direta com o fato gerador	Sem revestir a condição de contribuinte, sua obrigação decorra de disposição expressa de lei (relação pessoal e indireta com o fato gerador)
Definido em lei	Definido em lei
O mesmo que sujeito passivo direto	O mesmo que sujeito passivo indireto

13.3 POR QUE A LEGISLAÇÃO ESTABELECE CASOS DE RESPONSABILIDADE TRIBUTÁRIA?

A responsabilidade tributária promove um deslocamento do dever de recolher o tributo, transferindo-o do contribuinte que realizou o fato gerador para terceira pessoa: o responsável.

Em termos gerais, são **conveniências arrecadatórias e fiscalizatórias** (defesa do interesse público secundário) que justificam a definição legal das hipóteses de responsabilidade tributária.

Desse modo, pode-se dizer que as conveniências arrecadatórias e fiscalizatórias são o fundamento geral do instituto da responsabilidade.

Porém, é possível identificar também **finalidades específicas** que levam o legislador a estabelecer cada hipótese determinada de responsabilidade tributária, dentre as quais podem ser mencionadas:

a) maior facilidade para arrecadar o tributo junto ao responsável;

b) desaparecimento do contribuinte;

c) praticidade na forma de cobrança;

d) redução do risco de sonegação;

e) inadimplemento do contribuinte.

Portanto, todos os casos de responsabilidade tributária são estabelecidos para defesa dos interesses do Fisco, e nunca do sujeito passivo.

Acesse também a videoaula pelo *link*: http://somos.in/MDT0742

13.4 O RESPONSÁVEL TRIBUTÁRIO COMO UM COLETOR DE IMPOSTOS

A doutrina europeia costuma referir-se à figura do responsável tributário como um "coletor de impostos", na medida em que, muitas vezes, o responsável termina exercendo a tarefa, que caberia ao Fisco, de recolher o tributo junto ao contribuinte. Exemplo: empregador é responsável tributário por fazer a retenção, na fonte, do imposto de renda devido pelo empregado.

13.5 RESPONSÁVEL OU SUJEITO PASSIVO INDIRETO

"Sujeito passivo indireto" é outro nome utilizado pela doutrina e pela jurisprudência para referir-se à figura do responsável tributário.

Assim, **sujeito passivo indireto é sinônimo de responsável tributário.**

Por oposição, o contribuinte pode ser denominado "sujeito passivo direto".

Já a expressão "sujeição passiva indireta" designa o instituto da responsabilidade tributária ou a condição do responsável tributário. Ao passo que "sujeição passiva direta" significa a condição do contribuinte.

13.6 TIPOS DE RESPONSABILIDADE TRIBUTÁRIA

A responsabilidade tributária ou sujeição passiva indireta pode ser de **dois tipos**: a) por **substituição**; b) por **transferência**.

Já o CTN, sem preocupação científica, divide as hipóteses de responsabilidade em: a) dos sucessores; b) de terceiros; c) por infrações.

Analisemos, de início, as diferenças entre responsabilidade por substituição e por transferência.

13.6.1 Sujeição passiva indireta originária ou por substituição. Substituição tributária

Ocorre a sujeição passiva indireta originária por substituição quando, por expressa determinação legal, o dever de pagar tributo **nasce** para o substituto **desde a ocorrência do fato gerador**, assumindo tanto a obrigação principal quanto a acessória. Ex.: Imposto de Renda recolhido na fonte pelo empregador em nome do empregado.

> PGE/GO: A prova de Procurador do Estado/GO de 2013 considerou ERRADA a afirmação: "Na responsabilidade por substituição, o substituto assume desde a ocorrência do fato gerador a posição do contribuinte; entretanto, seu papel resume-se ao cumprimento da obrigação tributária primária ou principal".

> Cetro: A prova de Cartório/RJ de 2012 considerou CORRETA a afirmação: "A responsabilidade por substituição ocorre quando a obrigação tributária já nasce, por previsão legal, diretamente na pessoa de terceiro".

13.6.1.1 Substituição tributária progressiva ("para a frente") e regressiva (diferimento)

Se o legislador atribui ao responsável o dever de pagar o tributo **quanto a fatos geradores futuros** mediante a presunção de que estes irão ocorrer, tem-se **substituição tributária progressiva ou "para a frente"**, autorizada pelo art. 150, § 7º, da CF, bem como pelo art. 6º da Lei Complementar n. 87/96. É o caso da montadora de veículos que recolhe o ICMS devido por toda a cadeia circulatória com base em fatos geradores futuros.

> MPF: A prova de Procurador da República de 2013 considerou CORRETA a afirmação: "Montadora de veículos automotores, ao vendê-los à concessionária, é compelida a recolher o ICMS sob presunção legal de que serão revendidos. No caso ocorre substituição tributária progressiva".

Ressalte-se, porém, que, se o fato gerador presumido não ocorrer, ou ocorrer em valor inferior ao presumido, assegura-se a imediata e preferencial restituição do montante pago a maior (art. 150, § 7º, da CF). A mesma garantia à restituição existe se, embora o fato gerador tenha ocorrido, a base de cálculo seja inferior ao *quantum* presumido (STF, RE 593.849). Foi fixada para efeitos de repercussão geral a seguinte tese: "É devida a restituição da diferença do Imposto sobre Circulação de Mercadorias e Serviços (ICMS) pago a mais no regime de substituição tributária para a frente se a base de cálculo efetiva da operação for inferior à presumida". Cabe destacar que o direito à restituição pertence ao contribuinte substituído (art. 10 da LC n. 87/96).

> STF: "RECURSO EXTRAORDINÁRIO. REPERCUSSÃO GERAL. DIREITO TRIBUTÁRIO. IMPOSTO SOBRE CIRCULAÇÃO DE MERCADORIAS E SERVIÇOS – ICMS. SUBSTITUIÇÃO TRIBUTÁRIA PROGRESSIVA

OU PARA FRENTE. CLÁUSULA DE RESTITUIÇÃO DO EXCESSO. BASE DE CÁLCULO PRESUMIDA. BASE DE CÁLCULO REAL. RESTITUIÇÃO DA DIFERENÇA. ART. 150, § 7º, DA CONSTITUIÇÃO DA REPÚBLICA. REVOGAÇÃO PARCIAL DE PRECEDENTE. ADI 1.851. 1. Fixação de tese jurídica ao Tema 201 da sistemática da repercussão geral: **"É devida a restituição da diferença do Imposto sobre Circulação de Mercadorias e Serviços – ICMS pago a mais no regime de substituição tributária para frente se a base de cálculo efetiva da operação for inferior à presumida"**. 2. A garantia do direito à restituição do excesso não inviabiliza a substituição tributária progressiva, à luz da manutenção das vantagens pragmáticas hauridas do sistema de cobrança de impostos e contribuições. 3. O princípio da praticidade tributária não prepondera na hipótese de violação de direitos e garantias dos contribuintes, notadamente os princípios da igualdade, capacidade contributiva e vedação ao confisco, bem como a arquitetura de neutralidade fiscal do ICMS. 4. O modo de raciocinar "tipificante" na seara tributária não deve ser alheio à narrativa extraída da realidade do processo econômico, de maneira a transformar uma ficção jurídica em uma presunção absoluta. 5. De acordo com o art. 150, § 7º, *in fine*, da Constituição da República, a cláusula de restituição do excesso e respectivo direito à restituição se aplicam a todos os casos em que o fato gerador presumido não se concretize empiricamente da forma como antecipadamente tributado. 6. Altera-se parcialmente o precedente firmado na ADI 1.851, de relatoria do Ministro Ilmar Galvão, de modo que os efeitos jurídicos desse novo entendimento orientam apenas os litígios judiciais futuros e os pendentes submetidos à sistemática da repercussão geral. 7. Declaração incidental de inconstitucionalidade dos arts. 22, § 10, da Lei n. 6.763/75, e 21 do Decreto n. 43.080/2002, ambos do Estado de Minas Gerais, e fixação de interpretação conforme à Constituição em relação aos arts. 22, § 11, do referido diploma legal, e 22 do decreto indigitado. 8. Recurso extraordinário a que se dá provimento" (RE 593.849/MG, rel. Min. Edson Fachin, j. 19-10-2016, Plenário, Tema 201).

Se a lei opta por adotar o caminho contrário, deslocando na cadeia circulatória ou produtiva a um sujeito passivo a responsabilidade pelo pagamento de tributo em relação **aos fatos geradores anteriores na cadeia,** é o caso de **substituição tributária regressiva ou diferimento.**

Cetro: A prova de Cartório/RJ de 2012 considerou CORRETA a afirmação: "É possível uma modalidade de substituição tributária intitulada regressiva, que ocorre mediante o diferimento do tributo".

Cespe: A prova de Cartório/SE de 2014 considerou ERRADA a afirmação: "Conforme expressamente previsto na CF, a responsabilidade por substituição classifica-se em progressiva e regressiva".

Nesses dois casos, a substituição tributária garante ao Fisco a possibilidade de exigir do devedor economicamente mais forte o valor de todo o tributo devido da cadeia.

13.6.2 Sujeição passiva indireta derivada ou por transferência

A sujeição passiva indireta derivada ou por transferência surge na hipótese de o dever de pagar o tributo nascer vinculado à pessoa do contribuinte e deslocar-se para o responsável após a ocorrência de um fato novo.

Pode dar-se de três modos[1]:

> PGE/GO: A prova de Procurador do Estado/GO de 2013 considerou CORRETA a afirmação: "A responsabilidade dos sucessores é exemplo típico de responsabilidade por transferência".

> Cetro: A prova de Cartório/RJ de 2012 considerou CORRETA a afirmação: "A sucessão é modalidade de sujeição passiva indireta ou responsabilidade por transferência".

a) por solidariedade: quando por força de lei duas ou mais pessoas são coobrigadas a pagar o mesmo tributo. Ex.: IPTU de condomínio *pro indiviso*;

b) por sucessão: quando o primitivo devedor desaparece deixando quem lhe faça as vezes. Por exemplo: falecimento de contribuinte com dívidas, caso em que os herdeiros, após o evento morte, respondem pelo pagamento do tributo, até o limite da herança;

c) por responsabilidade legal: quando a pessoa que tinha o dever legal de fiscalizar o recolhimento não o fez, o que produz, em determinadas situações, a obrigação de o responsável legal pagar. Ex.: tabelião que não fiscaliza o recolhimento do ITBI no registro da escritura.

13.6.3 Responsabilidade dos sucessores

O primeiro conjunto de hipóteses de responsabilidade tributária no CTN refere-se aos casos de sucessores (arts. 129 a 133 do CTN), tanto em se tratando de pessoas físicas quanto de pessoas jurídicas[STF].

> STF: "A responsabilidade tributária dos sucessores protege o erário de um tipo de inadimplência bastante específica, que é o desaparecimento jurídico do contribuinte, conjugado com a transferência integral ou parcial do patrimônio a outra pessoa jurídica. Assim, a desconstituição da pessoa jurídica faz com que o crédito tributário não possa mais ser exigido contra o contribuinte original, que deixa de existir juridicamente. O patrimônio – material ou imaterial – transferido deveria garantir o crédito. O sucessor, ainda que se trata de um ente federado, deve arcar com a dívida" (RE 599.176/PR, rel. Min. Joaquim Barbosa, j. 5-6-2014).

Sub-rogam-se na pessoa do adquirente os créditos tributários relacionados com o imóvel adquirido, se o respectivo fato gerador consistir na propriedade,

1 Os conceitos e exemplos deste tópico são do prof. Roque Antonio Carrazza, anotados em sala de aula durante o curso de graduação na PUC-SP, ano de 1997.

no domínio útil ou na posse, assim também quanto a taxas pela prestação de serviços e contribuições de melhoria vinculadas ao imóvel, salvo quando conste do título prova de sua quitação. Por alguma razão, o art. 130 do CTN excluiu as taxas de polícia da sub-rogação na pessoa do adquirente.

> A prova do XII Exame de Ordem, elaborada pela FGV, considerou CORRETA a assertiva: "Pedro adquire imóvel de João, que o alugava anteriormente a uma sociedade empresária. Sobre esse imóvel estavam pendentes de pagamento os seguintes tributos: o IPTU, a Contribuição de Melhoria, a Taxa de Coleta Domiciliar de Lixo e a Taxa de Inspeção Sanitária devida pelo exercício do poder de polícia, em função da atividade ali desenvolvida. Com relação à responsabilidade tributária, está correto afirmar que Pedro só se torna responsável tributário do IPTU, da Taxa de Coleta Domiciliar de Lixo e da Contribuição de Melhoria, permanecendo João como sujeito passivo da Taxa de Inspeção Sanitária".

Dessa forma, os créditos tributários acompanham o imóvel, pois este serve de garantia de satisfação daqueles, mesmo após a transferência para terceiros sem relação com a dívida.

São pessoalmente responsáveis o adquirente ou remitente, pelos tributos relativos aos bens adquiridos ou remidos.

> PGE/GO: A prova de Procurador do Estado/GO de 2013 considerou ERRADA a afirmação: "O adquirente ou remitente respondem supletivamente pelos tributos relativos aos bens adquiridos ou remidos".

Havendo **arrematação em hasta pública**, a sub-rogação **ocorre sobre o respectivo preço** e não sobre a pessoa do arrematante, ao contrário do que ocorre com o adquirente de bens (sub-rogação na pessoa).

> FCC: A prova de Técnico Judiciário do TRF4 de 2014 considerou ERRADA a afirmação: "O arrematante é responsável pelos tributos cujos fatos geradores sejam anteriores à arrematação, do mesmo modo que o adquirente de bem móvel".

> Cespe: A prova de Cartório/DF de 2014 considerou CORRETA a afirmação: "No caso de arrematação em hasta pública, é vedada em sub-rogação de impostos cujo fato gerador seja a propriedade de bens imóveis".

Em caso de **falecimento do contribuinte**, respondem por tributos devidos pelo *de cujus* **o sucessor a qualquer título e o cônjuge meeiro**, até a data da partilha ou adjudicação, limitada a responsabilidade ao montante do quinhão, do legado ou da meação (art. 131, II).

Também responde o espólio pelos tributos devidos pelo contribuinte falecido, até a data da abertura da sucessão (art. 131, III, do CTN).

No caso de pessoas jurídicas, a responsabilidade por sucessão obedece a regras mais detalhadas.

A **pessoa jurídica resultante** de fusão, transformação ou incorporação de outra ou em outra **é responsável pelos tributos devidos até a data do ato** pelas pessoas jurídicas fusionadas, transformadas ou incorporadas (art. 132 do CTN).

> FCC: A prova de Técnico Judiciário do TRF4 de 2014 considerou ERRADA a afirmação: "A pessoa jurídica de direito privado que resultar da incorporação, fusão ou transformação é responsável pelos tributos relativos aos fatos geradores anteriores à incorporação, fusão ou transformação de forma subsidiária, caso o patrimônio da incorporada, fundida ou transformada seja insuficiente para quitar os créditos tributários devidos".

> Cespe: A prova de Cartório/DF de 2014 considerou CORRETA a afirmação: "A pessoa jurídica que resultar de fusão de outra é responsável pelas pessoas jurídicas fusionadas e pelos tributos devidos pelo prazo de seis meses, contado da data do ato".

A mesma regra vale nos casos de extinção de pessoas jurídicas de direito privado, quando a exploração da respectiva atividade seja continuada por qualquer sócio remanescente, ou seu espólio, sob a mesma ou outra razão social, ou sob firma individual (art. 132, parágrafo único).

Trata-se de uma forma de evitar mecanismo fácil de sonegação fiscal, impedindo que uma simples transformação empresarial seja capaz de eliminar a dívida tributária.

Portanto, nos casos de **transformação empresarial**, a **pessoa jurídica resultante da operação é responsável** pelas dívidas tributárias das empresas transformadas.

13.6.4 Responsabilidade no trespasse

Trespasse é a alienação do estabelecimento comercial ou fundo de comércio.

O art. 133 do CTN disciplina a questão dos tributos devidos na hipótese de trespasse, tanto do ponto de vista de quem está adquirindo o estabelecimento quanto em relação ao alienante, nos seguintes termos:

> A pessoa natural ou jurídica de direito privado que adquirir de outra, por qualquer título, fundo de comércio ou estabelecimento comercial, industrial ou profissional, e continuar a respectiva exploração, sob a mesma ou outra razão social ou sob firma ou nome individual, responde pelos tributos, relativos ao fundo ou estabelecimento adquirido, devidos até à data do ato:
>
> I – integralmente, se o alienante cessar a exploração do comércio, indústria ou atividade;
>
> II – subsidiariamente com o alienante, se este prosseguir na exploração ou iniciar dentro de seis meses a contar da data da alienação, nova atividade no mesmo ou em outro ramo de comércio, indústria ou profissão.

Em linhas gerais, o dispositivo deixa claro que no Direito Brasileiro **quem adquire um estabelecimento comercial assume também todo o passivo tributário da empresa**.

No entanto, o art. 133 do CTN distingue casos em que o adquirente assume o passivo tributário sozinho (integralmente) de outros nos quais a responsabilidade é dividida com o alienante (subsidiariamente).

Como o objetivo evidente da regra é proteger os interesses do Fisco, garantindo a satisfação do crédito, mesmo vendendo a empresa, o alienante só deixa de responder por dívidas do estabelecimento transferido se permanecer pelo menos seis meses sem exercer qualquer atividade comercial após a alienação.

Em síntese, a responsabilidade pelo recolhimento dos tributos na hipótese de trespasse será:

1) **integral do adquirente**: se o alienante cessar a exploração do comércio, indústria ou atividade empresarial;

2) **subsidiária do adquirente e alienante**: se o alienante prosseguir na exploração ou iniciar dentro de seis meses, a contar da data da alienação, nova atividade no mesmo ou em outro ramo de comércio, indústria ou profissão.

13.6.5 Trespasse sem assunção do passivo tributário

Com o claro objetivo de tornar atrativa a aquisição de estabelecimentos em crise por grupos econômicos mais saudáveis, o art. 133, § 1º, do CTN determina que **a aquisição da empresa não inclui as dívidas tributárias quando ocorrer:**

I – **em processo de falência;**

> FCC: A prova de Técnico Judiciário do TRF4 de 2014 considerou ERRADA a afirmação: "O adquirente de estabelecimento comercial é responsável pelos tributos cujos fatos geradores sejam anteriores à aquisição quando a aquisição se dá em processo de falência, já que os créditos tributários têm preferência sobre créditos extraconcursais".

II – no caso de filial ou unidade produtiva isolada, **em processo de recuperação judicial.**

Porém, essas duas hipóteses excepcionalíssimas de trespasse sem assunção do passivo tributário deixam de ser admitidas pela legislação quando o adquirente for (art. 133, § 2º):

I – sócio da sociedade falida ou em recuperação judicial, ou sociedade controlada pelo devedor falido ou em recuperação judicial;

II – parente, em linha reta ou na colateral até o 4º (quarto) grau, consanguíneo ou afim, do devedor falido ou em recuperação judicial ou de qualquer de seus sócios;

III – identificado como agente do falido ou do devedor em recuperação judicial com o objetivo de fraudar a sucessão tributária.

"Em processo da falência, o produto da alienação judicial de empresa, filial ou unidade produtiva isolada permanecerá em conta de depósito à disposição do juízo de falência pelo prazo de 1 ano, contado da data de alienação, somente podendo ser utilizado para o pagamento de créditos extraconcursais ou de créditos que preferem ao tributário" (art. 133, § 3º, do CTN).

STJ: "AGRAVO INTERNO NO RECURSO ESPECIAL. CIVIL E PROCESSUAL CIVIL. OMISSÃO. NÃO OCORRÊNCIA. TRESPASSE DO ESTABELECIMENTO EMPRESARIAL. DÍVIDAS ANTERIORES. RESPONSABILIDADE. SÚMULAS 5 E 7 DO STJ. 1. Não se viabiliza o recurso especial pela violação do dever de prestação jurisdicional, porque, embora rejeitados os embargos de declaração, a matéria em exame foi devidamente enfrentada pelo Tribunal de origem, que emitiu pronunciamento de forma fundamentada, ainda que em sentido contrário à pretensão da parte recorrente. 2. **A Corte de origem, soberana na análise dos fatos e das provas, consignou que a simples alienação do estabelecimento não desobriga o alienante da quitação do seu passivo, sendo certo que, no caso dos autos, não houve comprovação da existência de assunção de dívida ou de sucessão empresarial**. Derruir a conclusão a que chegou o Tribunal *a quo* demandaria, necessariamente, interpretação de cláusulas contratuais, bem como novo exame do conjunto fático-probatório acostado aos autos, o que é vedado pelas Súmulas 5 e 7 do STJ. 3. O suporte fático normativo previsto no art. 1.146 do Código Civil, impõe outros requisitos além da mera transferência do estabelecimento comercial para a cristalização da solidariedade entre alienante e adquirente, notadamente a exigência de regular contabilização dos débitos anteriores à alienação, circunstância que não foi sequer alvo de argumentação da parte em sede recursal. 4. Agravo interno não provido" (Agint no REsp 1.457.672/DF, rel. Min. Luis Felipe Salomão, j. 20-9-2018, 4ª T.).

13.7 RESPONSABILIDADE DE TERCEIROS

Cespe: A prova de Cartório/SE de 2014 considerou CORRETA a afirmação: "As hipóteses de responsabilidade tributária previstas no CTN são de três tipos: dos sucessores, de terceiros e por infrações".

Nos termos do art. 134 do CTN, na impossibilidade de exigência do cumprimento **da obrigação principal** pelo contribuinte, **são solidariamente responsáveis**:

a) os pais, pelos tributos devidos por seus filhos menores;

b) os tutores e curadores, pelos tributos devidos por seus tutelados ou curatelados;

c) os administradores de bens de terceiros, pelos tributos devidos por estes;

Cespe: A prova de Cartório/SE de 2014 considerou ERRADA a afirmação: "Nos termos do CTN, é subsidiária a responsabilidade dos administradores de bens de terceiros pelos tributos por estes devidos, nos casos de impossibilidade de exigência do cumprimento da obrigação principal pelo contribuinte".

d) o inventariante, pelos tributos devidos pelo espólio;

e) o síndico e o comissário, pelos tributos devidos pela massa falida ou pelo concordatário;

f) os tabeliães, escrivães e demais serventuários de ofício, pelos tributos devidos sobre os atos praticados por eles, ou perante eles, em razão do seu ofício;

g) os sócios, no caso de liquidação de sociedade de pessoas.

Observe-se, porém, que a responsabilidade tributária nas hipóteses referidas acima somente ocorre **se o terceiro tiver participado diretamente da situação concreta que configura o fato gerador do tributo,** assistindo o contribuinte ou em seu nome atuando. Ou, então, se tinha o dever jurídico de assistir o contribuinte, mas deixou de fazê-lo, caso em que a responsabilidade tributária surge como decorrência de sua omissão.

Se o art. 134 estabelece um benefício de ordem, exigindo que primeiro o Fisco esgote as tentativas de cobrança junto ao contribuinte para depois acionar o responsável, então na verdade **não se trata de responsabilidade solidária, mas subsidiária.**

13.8 DESCONSIDERAÇÃO DA PERSONALIDADE JURÍDICA DO CTN

O art. 135 do CTN consagra o caráter excepcional da responsabilidade de diretores, sócios, gerentes ou representantes por dívidas da empresa. Isso porque vigora o **princípio da autonomia patrimonial**, isolando os bens da pessoa jurídica em relação ao patrimônio de seus dirigentes.

Nessa esteira, o Código Tributário Nacional afirma que somente os **atos praticados com excesso de poder** ou **infração** de lei, contrato social ou estatutos têm o poder de afastar a autonomia patrimonial, autorizando o Fisco a redirecionar a cobrança contra os dirigentes da empresa.

> FCC: A prova de Técnico Judiciário do TRF4 de 2014 considerou CORRETA a afirmação: "O representante legal de pessoa jurídica de direito privado, ainda que não seja sócio da empresa, é pessoalmente responsável pelos créditos correspondentes a obrigações tributárias resultantes de atos praticados com excesso de poderes, infração de lei, contrato social ou estatuto".

> Cespe: A prova de Cartório/SE de 2014 considerou ERRADA a afirmação: "Os diretores, gerentes ou representantes de pessoas jurídicas de direito privado são pessoalmente responsáveis pelos créditos correspondentes às obrigações tributárias resultantes de atos que impliquem infração de lei, mas não por aqueles que infrinjam o contrato social ou o estatuto".

Excesso de poder ou infração constituem sempre **comportamentos dolosos**, que exigem **má-fé** para sua caracterização, sendo inadmissível sua configuração na modalidade meramente culposa.

Trata-se das regras para **desconsideração da personalidade jurídica** em Direito Tributário.

Na prática é cada vez mais comum a simples inclusão, sem critério e fora das hipóteses legais, dos dirigentes no polo passivo de execuções fiscais movidas contra a pessoa jurídica (redirecionamento da execução), manobra processual escusa e maliciosa com o objetivo de ampliar as chances de satisfação do crédito fiscal.

Não se deve deixar de enfatizar que **cabe ao Fisco o ônus de provar** a ocorrência dos motivos circunstanciais que autorizam a responsabilização dos administradores. Assim, se o Fisco não puder demonstrar que ocorreram atos concretos de excesso de poder, infração à lei, ao contrato social ou aos estatutos, descabe a inclusão de diretores, sócios e gerentes na execução fiscal. Ocorrendo a ampliação ilegal do polo passivo da execução, a matéria deverá ser suscitada em sede de embargos ou exceção de pré-executividade[STJ].

STJ: "DIREITO PROCESSUAL CIVIL E TRIBUTÁRIO. HIPÓTESE DE NÃO SUJEIÇÃO DE SENTENÇA A REEXAME NECESSÁRIO. Não se sujeita ao reexame necessário, ainda que a Fazenda Pública tenha sido condenada a pagar honorários advocatícios, a sentença que extinguiu execução fiscal em razão do acolhimento de exceção de pré-executividade pela qual se demonstrara o cancelamento, pelo Fisco, da inscrição em dívida ativa que lastreava a execução" (2ª T., REsp 1.415.603-CE, rel. Min. Herman Benjamin, j. 22-5-2014).

Comprovado o excesso de poder ou a infração, caracterizando comportamento doloso ensejador da responsabilidade pessoal do dirigente, como regra **a pessoa jurídica deixa de ser a devedora principal do tributo**, passando o dirigente a ocupar tal papel.

Segundo o STJ, **o simples inadimplemento da obrigação tributária não autoriza o redirecionamento** da Execução Fiscal[STJ]. Veja-se, como exemplo, o seguinte julgado:

PGE/GO: A prova de Procurador do Estado/GO de 2013 considerou ERRADA a afirmação: "O sócio-gerente de uma pessoa jurídica é alcançado pela responsabilidade tributária apenas no caso de inadimplemento do tributo, ocasião em que se tornará pessoalmente responsável por tal obrigação".

STJ: "EXECUÇÃO FISCAL. REDIRECIONAMENTO. SÓCIO NÃO GERENTE. QUALIFICAÇÃO JURÍDICA DOS FATOS. A Turma reiterou o entendimento do STJ sobre a hipótese de redirecionamento da execução fiscal contra sócio-gerente, que depende de comprovação de conduta com excesso de mandato ou infringência da lei, contrato social ou estatuto, não bastando a simples inadimplência no recolhimento de tributos. Ademais, para haver o redirecionamento na hipótese de dissolução irregular da sociedade, exige-se a permanência do sócio na administração no momento da irregularidade" (2ª T., AgRg no REsp 1.279.422-SP, rel. Min. Humberto Martins, j. 13-3-2012).

EXECUÇÃO FISCAL. REDIRECIONAMENTO. REQUERIMENTO. AUTOFALÊNCIA. A recorrente pleiteia, em síntese, o redirecionamento da execução contra a pessoa do sócio-gerente da empresa. O Ministro Relator lembrou que a jurisprudência deste Superior Tribunal é assente no sentido de que **a imputação da responsabilidade prevista no art. 135, III, do CTN não está vinculada apenas ao inadimplemento da obrigação tributária, mas à comprovação das demais condutas nele descritas: prática de atos com excesso de poderes ou infrações de lei, contrato social ou estatutos. Assim, não há por que falar em responsabilidade objetiva.** Acrescentou prevalecer a diretriz jurisprudencial das Turmas da 1ª Seção deste Tribunal. Ademais, não merece prosperar a alegação de violação de lei ante a ausência do requerimento de autofalência. Também esse Superior Tribunal já se posicionou no sentido de que a mera ausência de requerimento não é suficiente para ensejar o redirecionamento. Isso posto, a Turma conheceu do recurso, mas lhe negou provimento. Precedentes citados: AgRg no REsp 586.020-MG, *DJ*, 31-5-2004; AgRg no REsp 570.096-SC, *DJ*, 10-5-2000; REsp 757.918-RS, *DJ*, 20-2-2006, e REsp 700.770-RS, *DJ*, 16-5-2005. REsp 573.849-PR, rel. Min. João Otávio de Noronha, j. 26-9-2006.

No **caso específico de sócios**, segundo entendimento do STJ, se o **nome estiver indicado na CDA**, diante da presunção de liquidez e certeza da certidão, **inverte-se o ônus da prova**, cabendo ao sócio demonstrar que não houve excesso de poder ou infração. *In verbis:*

> TRIBUTÁRIO. EXECUÇÃO FISCAL. EXCEÇÃO DE PRÉ-EXECUTIVIDADE. NECESSIDADE DE DILAÇÃO PROBATÓRIA. INADMISSÃO. INADIMPLEMENTO DA OBRIGAÇÃO DE PAGAR TRIBUTOS. RESPONSABILIDADE DOS SÓCIOS INDICADOS NA CERTIDÃO DE DÍVIDA ATIVA. PRESUNÇÃO DE LEGITIMIDADE.
>
> 1. Admite-se a objeção de pré-executividade para acolher exceções materiais, extintivas ou modificativas do direito do exequente, desde que comprovadas de plano e desnecessária a produção de outras provas além daquelas constantes dos autos ou trazidas com a própria exceção.
>
> 2. O mero inadimplemento da obrigação de pagar tributos não constitui infração legal capaz de ensejar a responsabilidade prevista no art. 135, III, do Código Tributário Nacional.
>
> **3. Não se pode, diante da presunção de certeza e liquidez da Certidão de Dívida Ativa, inverter o ônus probatório para a exclusão dos sócios da execução fiscal.**
>
> 4. Por possuir a CDA presunção *juris tantum* de liquidez e certeza, seria gravame incabível a exigência de que o Fisco fizesse prova das hipóteses previstas no art. 135 do CTN.
>
> 5. Recurso especial improvido. **(REsp 896.493/SP, 2006/0232048-7)**

Ainda a respeito da desconsideração da personalidade jurídica **em relação aos sócios**, entende-se que será **sempre cabível** nas hipóteses de:

1) **confusão patrimonial** deles em relação à empresa;

2) **dissolução irregular** da sociedade.

É que nesses dois casos a circunstância fática evidencia o elemento subjetivo (dolo) caracterizador da infração à lei.

13.8.1 Incidente de desconsideração da personalidade jurídica

Os arts. 133 a 137 do Código de Processo Civil disciplinam o incidente de desconsideração da personalidade jurídica:

> "Art. 133. O incidente de desconsideração da personalidade jurídica será instaurado a pedido da parte ou do Ministério Público, quando lhe couber intervir no processo.
>
> § 1º O pedido de desconsideração da personalidade jurídica observará os pressupostos previstos em lei.
>
> § 2º Aplica-se o disposto neste Capítulo à hipótese de desconsideração inversa da personalidade jurídica.
>
> Art. 134. O incidente de desconsideração é cabível em todas as fases do processo de conhecimento, no cumprimento de sentença e na execução fundada em título executivo extrajudicial.
>
> § 1º A instauração do incidente será imediatamente comunicada ao distribuidor para as anotações devidas.
>
> § 2º Dispensa-se a instauração do incidente se a desconsideração da personalidade jurídica for requerida na petição inicial, hipótese em que será citado o sócio ou a pessoa jurídica.
>
> § 3º A instauração do incidente suspenderá o processo, salvo na hipótese do § 2º.
>
> § 4º O requerimento deve demonstrar o preenchimento dos pressupostos legais específicos para desconsideração da personalidade jurídica.
>
> Art. 135. Instaurado o incidente, o sócio ou a pessoa jurídica será citado para manifestar-se e requerer as provas cabíveis no prazo de 15 (quinze) dias.
>
> Art. 136. Concluída a instrução, se necessária, o incidente será resolvido por decisão interlocutória.
>
> Parágrafo único. Se a decisão for proferida pelo relator, cabe agravo interno.
>
> Art. 137. Acolhido o pedido de desconsideração, a alienação ou a oneração de bens, havida em fraude de execução, será ineficaz em relação ao requerente".

Existe controvérsia jurisprudencial a respeito da aplicabilidade do incidente de desconsideração ao âmbito da execução fiscal.

Julgando caso de sucessão de empresas integrantes de grupo econômico de fato, a 1ª Turma do STJ entendeu possível a instauração do incidente: "**O redirecionamento de execução fiscal a pessoa jurídica que integra o mesmo grupo econômico da sociedade empresária originalmente executada, mas que não foi identificada no ato de lançamento (nome na CDA) ou que não se enquadra nas hipóteses dos arts. 134 e 135 do CTN, depende da comprovação do abuso de personalidade, caracterizado pelo desvio de finalidade ou confusão patrimonial, tal como consta do art. 50 do Código Civil, daí porque, nesse caso, é necessária** a instauração do incidente de desconsideração da personalidade da pessoa jurídica devedora" (Recurso Especial n. 1.775.269, *DJe* de 1-3-2019).

Já a 2ª Turma do STJ, em sentido contrário, julgou que: "A previsão constante no art. 134, *caput*, do CPC/2015, sobre o cabimento do incidente de desconsideração da personalidade jurídica, na execução fundada em título executivo extrajudicial, não implica a incidência do incidente na execução fiscal regida pela Lei n. 6.830/1980, verificando-se verdadeira incompatibilidade entre o regime geral do Código de Processo Civil e a Lei de Execuções, que diversamente da Lei geral, não comporta a apresentação de defesa sem prévia garantia do juízo, nem a automática suspensão do processo, conforme a previsão do art. 134, § 3º, do CPC/2015. Na execução fiscal 'a aplicação do CPC é subsidiária, ou seja, fica reservada para as situações em que as referidas leis são silentes e no que com elas compatível' (REsp n. 1.431.155/PB, rel. Ministro Mauro Campbell Marques, Segunda Turma, julgado em 27/5/2014)".

A questão ainda está em aberto na doutrina e na jurisprudência.

Do deslinde dessa controvérsia preliminar depende a solução de outro ponto, a saber, se é possível aplicar a "teoria da desconsideração inversa da personalidade jurídica" no rito da execução fiscal (arts. 133, § 2º e 792, § 3º, do CPC, e 50 do Código Civil).

A desconsideração inversa é uma defesa da empresa contra o sócio que se valeu da pessoa jurídica para ocultar ou desviar bens pessoais, com prejuízo a terceiros (Enunciados 284 e 285 da Jornada de Direito Civil).

Fala-se ainda em "desconsideração expansiva da personalidade jurídica", utilizada para quando empresários utilizavam da criação de novas pessoas jurídicas para se esquivarem de dívidas e penalidades impostas às pessoas jurídicas das quais eram sócios anteriormente[2].

As teorias inversa e expansiva da desconsideração da personalidade jurídica constituem novidades, em princípio, incompatíveis com o rito da execução fiscal, por falta de previsão legal específica na legislação tributária brasileira. Encontram óbice, portanto, nos princípios do devido processo legal e da legalidade (arts. 5º, LIV, e 37, *caput*, da CF/88, respectivamente).

13.9 RESPONSABILIDADE POR INFRAÇÕES

Em Direito Tributário, a responsabilidade por infrações da legislação tributária, salvo disposição de lei em contrário, independe da intenção do agente, não importando tampouco se o ato infracional chegou a produzir todos os efeitos. Assim, são irrelevantes, nos casos de infração:

2 ALMEIDA, Túlio Ponte de. O que é desconsideração expansiva da personalidade jurídica?. *Revista Jus Navigandi*, ISSN 1518-4862, Teresina, ano 21, n. 4852, 13 out. 2016. Disponível em: https://jus.com.br/artigos/48417. Acesso em: 21 set. 2020.

> Cespe: A prova de Cartório/DF de 2014 considerou ERRADA a afirmação: "Como regra geral, a responsabilidade por infrações da legislação tributária depende do dolo do agente ou do responsável".

a) a intenção do agente; e

b) o resultado da conduta por ele praticado.

Desse modo, analogicamente ao Direito Penal, a **responsabilidade** por infrações tributárias classifica-se como "**culposa**" e "**de mera conduta**".

13.10 DENÚNCIA ESPONTÂNEA

Denúncia espontânea é a **autodelação premiada no Direito Tributário**. O próprio infrator confessa ao Fisco a prática de um comportamento irregular **antes do início de qualquer procedimento administrativo ou medida de fiscalização relacionada com a infração**, acompanhado do pagamento do tributo devido e dos juros de mora, ou do pedido para que o Fisco arbitre o valor devido.

> Cespe: A prova de Cartório/SE de 2014 considerou ERRADA a afirmação: "A denúncia espontânea, acompanhada do pagamento da obrigação, pode ser apresentada a qualquer tempo, mesmo após o início de processo administrativo ou de medida de fiscalização".

> Cespe: A prova de Especialista em Regulação da Anatel de 2014 considerou CERTA a afirmação: "A lavratura do primeiro ato de ofício por servidor competente, cientificando o sujeito passivo ou seu preposto do início da ação fiscal, exclui a espontaneidade tributária do devedor".

Como prêmio, o art. 138 do CTN determina a **exclusão da responsabilidade** afastando a aplicação de qualquer penalidade, sejam multas punitivas ou moratórias[STJ].

> FCC: A prova de Técnico Judiciário do TRF4 de 2014 considerou ERRADA a afirmação: "A responsabilidade pelo pagamento do tributo, juros de mora e multa é excluída pela denúncia espontânea da infração".

> STJ: "DIREITO TRIBUTÁRIO. PERIODICIDADE DE MULTA POR ATRASO NA ENTREGA DA DIMOF. A multa pela entrega tardia da Declaração de Informações sobre Movimentação Financeira (Dimof) incide a cada mês de atraso – e não por declaração atrasada" (2ª T., REsp 1.442.343-RS, rel. Min. Mauro Campbell Marques, j. 6-5-2014).

Entretanto, de acordo com a jurisprudência consolidada do STJ, o benefício da denúncia espontânea **não se aplica:**

a) no caso de inadimplemento de **obrigações tributárias acessórias autônomas** sem qualquer vínculo direto com a existência do fato gerador do tributo. Ex.: atraso na entrega da declaração de rendimentos do Imposto de Renda (REsp 1.129.202);

b) quanto aos **tributos sujeitos a lançamento por homologação**, declarados pelo contribuinte, mas recolhidos fora do prazo de vencimento (Súmula 360 do STJ);

c) se houver confissão do débito **acompanhada de pedido de parcelamento**, na medida em que parcelamento não pode ser confundido com pagamento (REsp 378.795).

> STJ: "PROCESSUAL CIVIL E TRIBUTÁRIO. DENÚNCIA ESPONTÂNEA. TRIBUTO DECLARADO PELO CONTRIBUINTE E PAGO A DESTEMPO. DIVERGÊNCIA JURISPRUDENCIAL. EXAME PREJUDICADO. 1. Nos termos da Súmula 360/STJ: **"O benefício da denúncia espontânea não se aplica aos tributos sujeitos a lançamento por homologação regularmente declarados, mas pagos a destempo". 2. É que a apresentação de Declaração de Débitos e Créditos Tributários Federais – DCTF, de Guia de Informação e Apuração do ICMS – GIA, ou de outra declaração dessa natureza, prevista em lei, é modo de constituição do crédito tributário, dispensando-se, para isso, qualquer outra providência por parte do Fisco. Se o crédito foi assim previamente declarado e constituído pelo contribuinte, não configura denúncia espontânea (art. 138 do CTN) o seu posterior recolhimento fora do prazo estabelecido. 3. A 1ª Seção do STJ, no julgamento dos recursos repetitivos REsp 962.379 e REsp 886.462, reafirmou o entendimento já assentado de que não existe denúncia espontânea quando o pagamento se refere a tributos noticiados pelo contribuinte, por meio de Declaração de Débitos e Créditos Tributários Federais (DCTF), de Guia de Informação e Apuração do (ICMS) GIA, ou de outra declaração dessa natureza prevista em lei, e pagos a destempo.** 4. Fica prejudicada análise da divergência jurisprudencial quando a tese sustentada já foi afastada no exame do Recurso Especial pela alínea *a* do permissivo constitucional. 5. Recurso Especial parcialmente conhecido e, nessa extensão, não provido" (REsp 1.764.249/SP, rel. Min. Herman Benjamin, j. 4-10-2018, 2ª T.).

13.11 QUADRO SINÓTICO

CONCEITO DE RESPONSÁVEL TRIBUTÁRIO

CONCEITO: sujeito passivo da obrigação tributária, vinculado ao fato gerador, que, sem enquadrar-se na condição de contribuinte, tenha sua obrigação decorrente de expressa disposição legal.

Responsável tributário é o sujeito passivo que não se enquadra na condição de contribuinte: o Código Tributário Nacional optou pela utilização do **critério residual** para conceituar responsável tributário. Nesse sentido, o art. 121, parágrafo único, II, do CTN afirma que responsável tributário é o "sujeito passivo da obrigação principal que, **sem revestir a condição de contribuinte**, sua obrigação decorra de disposição expressa de lei". Assim, para o CTN, **todo devedor que não seja contribuinte** deve ser considerado responsável tributário.

Responsável tributário deve ser alguém obrigatoriamente vinculado ao fato gerador: a lei só pode eleger como responsável uma pessoa que, embora não realize o fato gerador, participe da relação jurídica no contexto da qual o fato gerador ocorre. Portanto, pode-se concluir afirmando que, enquanto o contribuinte tem relação pessoal e direta com o fato gerador (porque realiza a conduta descrita na hipótese de incidência), **o responsável tributário deve ter relação pessoal e INDIRETA com o fato gerador** (está vinculado ao fato gerador sem realizá-lo).

Responsável tributário tem sua obrigação decorrente de expressa disposição legal: **o último elemento integrante do conceito de responsável tributário aponta para a lei como a única fonte habilitada pelo ordenamento para definir hipóteses de responsabilidade tributária.** A regra deriva do fato de que todos os aspectos da hipótese de incidência tributária dependem de previsão legislativa, e os casos de responsabilidade, em última análise, envolvem a definição do aspecto pessoal (devedor) da hipótese de incidência.

É nesse sentido que deve ser compreendido o teor do art. 123 do Código Tributário Nacional, *in verbis*: "Salvo disposições de lei em contrário, as convenções particulares, relativas à responsabilidade pelo pagamento de tributos, não podem ser opostas à Fazenda Pública, para modificar a definição legal do sujeito passivo das obrigações tributárias correspondentes".

Portanto, somente a lei pode deslocar, do contribuinte para o responsável, o dever de recolhimento de tributos.

CONTRIBUINTE	RESPONSÁVEL TRIBUTÁRIO
Art. 121, parágrafo único, I, do CTN	Art. 121, parágrafo único, II, do CTN
Realiza o fato gerador	Não realiza, mas é vinculado ao fato gerador
Relação pessoal e direta com o fato gerador	Sem revestir a condição de contribuinte, sua obrigação decorra de disposição expressa de lei (relação pessoal e indireta com o fato gerador)
Definido em lei	Definido em lei
O mesmo que o sujeito passivo direto	O mesmo que sujeito passivo indireto

POR QUE A LEGISLAÇÃO ESTABELECE CASOS DE RESPONSABILIDADE TRIBUTÁRIA? Em termos gerais, por **conveniências arrecadatórias e fiscalizatórias** (defesa do interesse público secundário) que justificam a definição legal das hipóteses de responsabilidade tributária.

Entretanto, é possível identificar também **finalidades específicas** que levam o legislador a estabelecer cada hipótese determinada de responsabilidade tributária, entre as quais podem ser mencionadas:

a) maior facilidade para arrecadar o tributo junto ao responsável;

b) desaparecimento do contribuinte;

c) praticidade na forma de cobrança;

d) redução do risco de sonegação; e

e) inadimplemento do contribuinte.

Portanto, todos os casos de responsabilidade tributária são estabelecidos para defesa dos interesses do Fisco, e nunca do sujeito passivo.

O RESPONSÁVEL TRIBUTÁRIO COMO UM COLETOR DE IMPOSTOS: A doutrina europeia costuma referir-se à figura do responsável tributário como um "coletor de impostos", na medida em que, muitas vezes, o responsável termina exercendo a tarefa, que caberia ao Fisco, de recolher o tributo junto ao contribuinte. Exemplo: empregador é responsável tributário por fazer a retenção, na fonte, do Imposto de Renda devido pelo empregado.

RESPONSÁVEL OU SUJEITO PASSIVO INDIRETO: "sujeito passivo indireto" é outro nome utilizado pela doutrina e jurisprudência para referir-se à figura do responsável tributário. **Assim, sujeito passivo indireto é sinônimo de responsável tributário.** Por oposição, o contribuinte pode ser denominado "sujeito passivo direto". Já a expressão "sujeição passiva indireta" designa o instituto da responsabilidade tributária ou a condição do responsável tributário. Ao passo que "sujeição passiva direta" significa a condição do contribuinte.

TIPOS DE RESPONSABILIDADE TRIBUTÁRIA

Sujeição passiva indireta originária ou por substituição – substituição tributária: ocorre a sujeição passiva indireta originária por substituição quando, por expressa determinação legal, o dever de pagar tributo **nasce** para o substituto **desde a ocorrência do fato gerador**, assumindo tanto a obrigação principal quanto a acessória.

Substituição tributária progressiva ("para a frente") e regressiva (diferimento): se o legislador atribui ao responsável o dever de pagar o tributo **quanto a fatos geradores futuros** mediante a presunção de que estes irão ocorrer, tem-se **substituição tributária progressiva ou "para a frente"**, autorizada pelo art. 150, § 7º, da CF, bem como pelo art. 6º da Lei Complementar n. 87/96. É o caso da concessionária de veículos que recolhe o ICMS devido por toda a cadeia circulatória em razão de fatos geradores futuros. Mas, se a lei opta por adotar o caminho contrário, deslocando na cadeia circulatória ou produtiva a um sujeito passivo a responsabilidade pelo pagamento de tributo em relação **aos fatos geradores anteriores na cadeia**, é o caso de **substituição tributária regressiva ou diferimento**.

Sujeição passiva indireta derivada ou por transferência: a sujeição passiva indireta derivada ou por transferência **surge** na hipótese de o dever de pagar o tributo nascer vinculado à pessoa do contribuinte e **deslocar-se para o responsável após a ocorrência de um fato novo** e pode dar-se de **três modos:**

a) por **solidariedade**: quando por força de lei duas ou mais pessoas são coobrigadas a pagar o mesmo tributo. Ex.: IPTU de condomínio *pro indiviso*;

b) por **sucessão**: quando o primitivo devedor desaparece deixando quem lhe faça as vezes. Por exemplo: falecimento de contribuinte com dívidas, caso em que os herdeiros, após o evento morte, respondem pelo pagamento do tributo, até o limite da herança; e

c) por **responsabilidade legal**: quando a pessoa que tinha o dever legal de fiscalizar o recolhimento não o fez, o que produz, em determinadas situações, a obrigação de o responsável legal pagar. Ex.: tabelião que não fiscaliza o recolhimento do ITBI no registro da escritura.

Responsabilidade dos sucessores: **sub-rogam-se na pessoa do adquirente** os **créditos tributários relacionados com o imóvel** adquirido, se o respectivo fato gerador consistir na propriedade, no domínio útil ou na posse, assim também quanto a taxas e contribuições de melhoria vinculadas ao imóvel, salvo quando conste do título prova de sua quitação.

São pessoalmente responsáveis o adquirente ou remitente, pelos tributos relativos aos bens adquiridos ou remidos.

Havendo **arrematação em hasta pública**, a sub-rogação **ocorre sobre o respectivo preço** e não sobre a pessoa do arrematante, ao contrário do que ocorre com o adquirente de bens (sub-rogação na pessoa).

Em caso de **falecimento do contribuinte**, respondem por tributos devidos pelo *de cujus* **o sucessor a qualquer título e o cônjuge meeiro**, até a data da partilha ou adjudicação, limitada a responsabilidade ao montante do quinhão, do legado ou da meação (art. 131, II).

Também responde o espólio pelos tributos devidos pelo contribuinte falecido, até a data da abertura da sucessão (art. 131, III, do CTN).

Responsabilidade no trespasse: trespasse é a alienação do estabelecimento comercial ou fundo de comércio. O art. 133 do CTN disciplina a questão dos tributos devidos na hipótese de trespasse, tanto do ponto de vista de quem está adquirindo o estabelecimento quanto em relação ao alienante. **O dispositivo deixa claro que no Direito brasileiro quem adquire um estabelecimento comercial assume também todo o passivo tributário da empresa.**

Assim, a responsabilidade pelo recolhimento dos tributos na hipótese de trespasse será:

1) integral do adquirente: se o alienante cessar a exploração do comércio, indústria ou atividade empresarial; **2) subsidiária do adquirente e alienante:** se o alienante prosseguir na exploração ou iniciar dentro de seis meses, a contar da data da alienação, nova atividade no mesmo ou em outro ramo de comércio, indústria ou profissão.

Trespasse sem assunção do passivo tributário: com o claro objetivo de tornar atrativa a aquisição de estabelecimentos em crise por grupos econômicos mais saudáveis, o art. 133, § 1º, do CTN determina que **a aquisição da empresa não inclui as dívidas tributárias quando ocorrer: I – em processo de falência; II** – no caso de filial ou unidade produtiva isolada **em processo de recuperação judicial**.

Porém, essas duas hipóteses excepcionalíssimas de trespasse sem assunção do passivo tributário deixam de ser admitidas pela legislação quando o adquirente for (art. 133, § 2º): **I** – sócio da sociedade falida ou em recuperação judicial, ou sociedade controlada pelo devedor falido ou em recuperação judicial; **II** – parente, em linha reta ou na colateral até o 4º (quarto) grau, consanguíneo ou afim, do devedor falido ou em recuperação judicial ou de qualquer de seus sócios; e **III** – identificado como agente do falido ou do devedor em recuperação judicial com o objetivo de fraudar a sucessão tributária.

RESPONSABILIDADE DE TERCEIROS

Nos termos do art. 134 do CTN, na impossibilidade de exigência do cumprimento **da obrigação principal** pelo contribuinte, **são solidariamente responsáveis**:

a) os pais, pelos tributos devidos por seus filhos menores;

b) os tutores e curadores, pelos tributos devidos por seus tutelados ou curatelados;

c) os administradores de bens de terceiros, pelos tributos devidos por estes;

d) o inventariante, pelos tributos devidos pelo espólio;

e) o síndico e o comissário, pelos tributos devidos pela massa falida ou pelo concordatário;

f) os tabeliães, escrivães e demais serventuários de ofício, pelos tributos devidos sobre os atos praticados por eles, ou perante eles, em razão do seu ofício; e

g) os sócios, no caso de liquidação de sociedade de pessoas.

Observe-se, porém, que a responsabilidade tributária nas hipóteses referidas acima somente ocorre **se o terceiro tiver participado diretamente da situação concreta que configura o fato gerador do tributo**, assistindo o contribuinte ou em seu nome atuando. Ou, então, se tinha o dever jurídico de assistir o contribuinte, mas deixou de fazê-lo, caso em que a responsabilidade tributária surge como decorrência de sua omissão.

DESCONSIDERAÇÃO DA PERSONALIDADE JURÍDICA DO CTN: o art. 135 do CTN consagra o caráter excepcional da responsabilidade de diretores, sócios, gerentes ou representantes por dívidas da empresa. Isso porque vigora o **princípio da autonomia patrimonial,** isolando os bens da pessoa jurídica em relação ao patrimônio de seus dirigentes.

Nessa esteira, o Código Tributário Nacional afirma que somente os **atos praticados com excesso de poder** ou **infração** de lei, contrato social ou estatuto têm o poder de afastar a autonomia patrimonial, autorizando o Fisco a redirecionar a cobrança contra os dirigentes da empresa.

Excesso de poder ou infração constituem sempre **comportamentos dolosos**, que exigem **má-fé** para sua caracterização, sendo inadmissível sua configuração na modalidade meramente culposa. Trata-se das regras para **desconsideração da personalidade jurídica** em Direito Tributário.

RESPONSABILIDADE POR INFRAÇÕES: em Direito Tributário, a responsabilidade por infrações da legislação tributária, salvo disposição de lei em contrário, **independe da intenção do agente**, não importando tampouco se o ato infracional chegou a produzir todos os efeitos. Assim, são irrelevantes, nos casos de infração: **a)** a intenção do agente; e **b)** o resultado da conduta por ele praticada.

Desse modo, analogicamente ao Direito Penal, a **responsabilidade** por infrações tributárias classifica-se como **"culposa"** e **"de mera conduta"**.

DENÚNCIA ESPONTÂNEA: é a **autodelação premiada no Direito Tributário**. O próprio infrator confessa ao Fisco a prática de um comportamento irregular **antes do início de qualquer procedimento administrativo ou medida de fiscalização relacionada com a infração**, acompanhado do pagamento do tributo devido e dos juros de mora, ou do pedido para que o Fisco arbitre o valor devido.

Como prêmio, o art. 138 do CTN determina a **exclusão da responsabilidade,** afastando a aplicação de qualquer penalidade, sejam multas punitivas ou moratórias.

Entretanto, de acordo com a jurisprudência consolidada do STJ, o benefício da denúncia espontânea **não se aplica**: **a)** no caso de inadimplemento de **obrigações tributárias acessórias autônomas** sem qualquer vínculo direto com a existência do fato gerador do tributo. Ex.: atraso na entrega da declaração de rendimentos do Imposto de Renda (REsp 1.129.202); **b)** quanto aos **tributos sujeitos a lançamento por homologação**, declarados pelo contribuinte, mas recolhidos fora do prazo de vencimento (Súmula 360 do STJ); e **c)** se houver confissão do débito **acompanhada de pedido de parcelamento**, na medida em que parcelamento não pode ser confundido com pagamento (REsp 378.795).

13.12 QUESTÕES

1. **(Cespe – TJ-BA – Juiz de Direito Substituto – 2019)** Por expressa previsão legal do CTN, entende-se como responsável tributário a pessoa que:
   a) por expressa previsão legal do CTN, entende-se como responsável tributário a pessoa que figure como sujeito ativo de uma obrigação tributária sem que tenha a obrigação de efetuar o pagamento do crédito tributário;
   b) tenha relação pessoal direta com a situação que constitua o respectivo fato gerador e seja obrigada ao pagamento de uma penalidade pecuniária;
   c) esteja obrigada ao pagamento de tributo ou penalidade pecuniária sem ter relação pessoal e direta com a situação que constitua o respectivo fato gerador;
   d) esteja obrigada a prestações que constituam o objeto de uma obrigação acessória.

2. **(FCC – Prefeitura de Recife – PE – Analista de Gestão Contábil – 2019)** De acordo com o CTN, a responsabilidade é excluída pela denúncia espontânea da infração. Segundo esse mesmo Código, NÃO se considera espontânea a denúncia:
   a) de ato ou fato que, simultaneamente, constitua infração tributária, cometida com dolo, fraude ou simulação, e crime contra a ordem tributária, com o objetivo de redução da pena criminal;
   b) que não seja feita, pessoalmente, a agente do sujeito ativo competente para exigir o tributo relacionado com a denúncia, dentro do prazo de 30 dias contados da data do cometimento da infração;
   c) de prática infracional que, simultaneamente, constitua crime contra a ordem tributária ou contravenção de natureza grave;
   d) relativa a infração cometida com dolo, fraude ou simulação;
   e) apresentada após o início de qualquer procedimento administrativo ou medida de fiscalização, relacionados com a infração.

3. **(Vunesp – TJ-AC – Juiz de Direito Substituto – 2019)** Os créditos tributários relativos a impostos cujo fato gerador seja a propriedade, o domínio útil ou a posse de bens imóveis, e bem assim os relativos a taxas pela prestação de serviços referentes a tais bens, ou a contribuições de melhoria:
   a) subrogam-se na pessoa dos respectivos adquirentes, ainda que conste do título a prova de sua quitação;
   b) no caso de arrematação em hasta pública, permanecem ligados ao imóvel, respondendo o arrematante pela sua quitação;
   c) subrogam-se na pessoa dos respectivos adquirentes, salvo quando conste do título a prova de sua quitação;
   d) no caso de arrematação em hasta pública, permanecem ligados ao imóvel, respondendo o alienante solidariamente pela sua quitação.

4. **(Vunesp – Prefeitura de Itapevi – SP – Analista Jurídico – Procurador Municipal – 2019)** De acordo com as disposições do Código Tributário Nacional, a responsabilidade do espólio, pelos tributos devidos pelo de cujus até a data da abertura da sucessão, é tida como:
   a) de terceiros;
   b) pessoal;
   c) subjetiva;
   d) subsidiária;
   e) solidária.

5. **(Vunesp – TJ-RS – Titular de Serviços de Notas e de Registros – Provimento – 2019)** Ao dispor acerca da responsabilidade tributária, o Código Tributário Nacional estabelece que são pessoalmente responsáveis:
   a) os tutores e curadores, pelos tributos devidos por seus tutelados ou curatelados;
   b) os administradores de bens de terceiros, pelos tributos devidos por estes;

c) os tabeliães, escrivães e demais serventuários de ofício, pelos tributos devidos sobre os atos praticados por eles, ou perante eles, em razão do seu ofício;
d) os pais, pelos tributos devidos por seus filhos menores;
e) o adquirente ou o remitente, pelos tributos relativos aos bens adquiridos ou remidos.

6. **(Vunesp – Juiz de Direito Substituto – TJ-RS – 2018)** De acordo com as disposições constantes do Código Tributário Nacional acerca da responsabilidade por infrações à legislação tributária, é correto afirmar que:
a) a denúncia espontânea pode ser apresentada após o início de qualquer procedimento administrativo ou medida de fiscalização, relacionados com a infração, desde que seja acompanhada pelo pagamento do tributo devido e dos juros de mora;
b) a responsabilidade por infração à legislação tributária não é excluída pela denúncia espontânea da infração se esta for conceituada por lei como crime ou contravenção;
c) os pais podem ser responsabilizados por infrações tributárias cometidas por seus filhos menores quando essas infrações forem conceituadas por lei como crimes ou contravenções;
d) salvo disposição de lei em contrário, a responsabilidade por infrações da legislação tributária depende da intenção do agente ou do responsável e da efetividade, natureza e extensão dos efeitos do ato;
e) a responsabilidade é pessoal dos diretores, gerentes ou representantes de pessoas jurídicas de direito privado quanto às infrações à legislação tributária praticadas pela empresa, quando decorram direta e exclusivamente de dolo específico contra a empresa.

7. **(Cespe – Auditor do Estado – Bloco II – Sefaz-RS – 2018)** Aberta a sucessão após o falecimento de Eriberto, foram verificadas, antes da sentença de partilha, dívidas oriundas do não pagamento de IPVA referente a veículo de propriedade de Eriberto, com fato gerador posterior ao óbito, e do não recolhimento do imposto de renda (IR) referente ao período anterior a sua morte.
Nessa situação hipotética, conforme o disposto no Código Tributário Nacional (CTN):
a) os responsáveis tributários pelo IR serão os sucessores e os meeiros;
b) o inventariante será o responsável tributário pela dívida do IPVA;
c) o contribuinte do IR é o espólio;
d) o responsável pelo IR é o "*de cujus*";
e) o contribuinte do IPVA é o "*de cujus*" que detinha a propriedade do bem.

8. **(Cespe – Defensor Público – DPE-PE – 2018)** A empresa ALFA, contribuinte do ICMS, encerrou suas atividades sem fazer qualquer comunicação ao Fisco estadual. Posteriormente, constatado que a empresa era devedora de ICMS, ela foi inscrita na dívida ativa e cobrada por meio de execução fiscal. Na execução, verificou-se que a empresa não dispõe de bens para garantir o débito.
Considerando a jurisprudência majoritária e atual do Superior Tribunal de Justiça, assinale a opção correta, a respeito da possibilidade de redirecionamento da execução fiscal aos sócios da empresa ALFA.
a) Caberá à Fazenda Pública, nesse caso, impetrar medida cautelar fiscal para requerer o redirecionamento da execução aos sócios.
b) Para que o redirecionamento da execução fiscal seja autorizado, a Fazenda Pública deverá demonstrar previamente que os sócios agiram com dolo.
c) Presume-se, nesse caso, a dissolução irregular da sociedade, o que autoriza o redirecionamento da execução fiscal para o sócio-gerente.
d) O redirecionamento da execução fiscal será possível apenas se ficar provado que o sócio-gerente excedeu seus poderes de gestão.
e) Tendo o débito já sido inscrito em dívida ativa, não será mais possível o redirecionamento da execução fiscal.

9. (XXV Exame de Ordem Unificado) A pessoa jurídica XXX é devedora de Contribuição Social sobre o Lucro Líquido (CSLL), além de multa de ofício e de juros moratórios (taxa Selic), relativamente ao exercício de 2014. O referido crédito tributário foi devidamente constituído por meio de lançamento de ofício, e sua exigibilidade se encontra suspensa por força de recurso administrativo. No ano de 2015, a pessoa jurídica XXX foi incorporada pela pessoa jurídica ZZZ. Sobre a responsabilidade tributária da pessoa jurídica ZZZ, no tocante ao crédito tributário constituído contra XXX, assinale a afirmativa correta.

a) A incorporadora ZZZ é responsável apenas pelo pagamento da CSLL e dos juros moratórios (taxa Selic).

b) A incorporadora ZZZ é integralmente responsável tanto pelo pagamento da CSLL quanto pelo pagamento da multa e dos juros moratórios.

c) A incorporadora ZZZ é responsável apenas pelo tributo, uma vez que, em razão da suspensão da exigibilidade, não é responsável pelo pagamento das multas e dos demais acréscimos legais.

d) A incorporadora ZZZ é responsável apenas pela CSLL e pela multa, não sendo responsável pelo pagamento dos juros moratórios.

10. (FMP Concursos – Procurador do Estado-AC – 2017) Segundo o CTN, no que tange à responsabilidade tributária, é CORRETO afirmar que:

a) o adquirente, em leilão judicial, de estabelecimento comercial ou fundo de comércio em processo de falência, é pessoalmente responsável por tributos devidos até a data da aquisição;

b) o cônjuge e o sucessor a qualquer título ficam responsáveis pelos tributos devidos pelo *de cujus* até a data da partilha ou adjudicação, limitada a responsabilidade ao montante da herança;

c) o alienante de bem imóvel é responsável pelo IPTU, no caso de ter assumido em escritura pública a obrigação por tributo relativo a fato gerador acontecido antes da transmissão, quando não houver prova de quitação de tributos;

d) o arrematante de bem imóvel, no caso de arrematação em hasta pública, é responsável pelos tributos devidos por fatos geradores anteriores à arrematação;

e) nenhuma das alternativas acima está correta.

11. (TRF2 – Juiz Federal – 2017) Entidade autárquica federal adquire imóvel. Mais tarde, não se comprovando o recolhimento da taxa de coleta de lixo, de período anterior à alienação, surge dúvida sobre a eventual responsabilidade da autarquia em honrar tal débito. Sobre essa eventual responsabilidade, pode-se afirmar que:

a) ela não existe, tendo em conta se tratar de autarquia;

b) a responsabilidade é subsidiária;

c) a responsabilidade é solidária;

d) a responsabilidade é regressiva;

e) a responsabilidade é autônoma, e apenas existe se o lixo foi recolhido.

12. (Cespe – PC-GO – 2017) São responsáveis pelos créditos tributários relativos a obrigação de terceiros, quando não for possível exigir-lhes o cumprimento da obrigação principal, independentemente de terem agido com excesso de poderes ou em desacordo com a lei, estatuto ou contrato social:

a) os empregados;

b) os diretores de pessoa jurídica;

c) os representantes legais de pessoas jurídicas de direito privado;

d) os administradores de bens de terceiros;

e) os mandatários.

13. (FMP Concursos – Procurador do Estado – PGE-AC – 2017) Segundo o CTN, no que tange à responsabilidade tributária, é CORRETO afirmar que:

a) o adquirente, em leilão judicial, de estabelecimento comercial ou fundo de comércio em processo de falência, é pessoalmente responsável por tributos devidos até a data da aquisição;

b) o cônjuge e o sucessor a qualquer título ficam responsáveis pelos tributos devidos pelo *de cujus* até a data da partilha ou adjudicação, limitada a responsabilidade ao montante da herança;

c) o alienante de bem imóvel é responsável pelo IPTU, no caso de ter assumido em escritura pública a obrigação por tributo relativo a fato gerador acontecido antes da transmissão, quando não houver prova de quitação de tributos;

d) o arrematante de bem imóvel, no caso de arrematação em hasta pública, é responsável pelos tributos devidos por fatos geradores anteriores à arrematação;

e) Nenhuma das alternativas acima está correta.

14. (FMP Concursos – Procurador do Estado – PGE-AC – 2017) Se uma determinada Sociedade Limitada retira-se de seu domicílio fiscal sem comunicar ao Fisco, e sendo caso de cobrança de débitos fiscais, é correto afirmar.

a) O fato é considerado dissolução irregular da empresa, expondo todos os bens de todos os sócios à eventual execução fiscal.

b) Como entende o STJ, o mero fato de se ausentar do domicílio fiscal não é suficiente para caracterizar dissolução irregular e a execução fiscal fica restrita à pessoa jurídica.

c) Considera-se dissolução irregular, mas somente os bens dos sócios-gerentes estarão expostos a eventual execução fiscal.

d) Se o não pagamento se deu por interpretação da lei tributária, considera-se sonegação e todos os sócios responderão.

e) Só o fato do não pagamento, aliado à retirada da empresa de seu domicílio fiscal implica sonegação, expondo todos os bens de todos os sócios à execução fiscal.

15. (FMP Concursos – Procurador do Estado – PGE-AC – 2017) O art. 134, VII, do CTN menciona que são solidariamente responsáveis com o contribuinte em caso de impossibilidade de exigência os sócios, no caso de liquidação de sociedades de pessoas. Sobre isso, assinale a alternativa CORRETA.

a) As sociedades limitadas são sociedades de pessoas e, portanto, os sócios deste tipo societário são solidariamente responsáveis em caso de liquidação.

b) Os sócios serão responsáveis apenas em caso de falência e, mesmo assim, apenas os sócios-gerentes.

c) Esta responsabilidade de todos os sócios somente ocorre em caso de falência fraudulenta e de forma automática.

d) O CTN está a referir apenas os sócios de sociedades de pessoas cujo tipo societário não seja o de responsabilidade limitada.

e) A responsabilidade limitada é instituto de direito comercial que não se aplica ao Fisco.

16. (Cespe – Procurador Municipal – Prefeitura de Belo Horizonte-MG – 2017) No que concerne aos ilícitos tributários e aos crimes contra a ordem tributária, assinale a opção correta.

a) No caso de crime contra a ordem tributária, o coautor que, por confissão espontânea, revelar a trama delituosa à autoridade judicial terá direito à extinção da punibilidade, condicionada ao pagamento do tributo.

b) Em caso de dúvida quanto às circunstâncias materiais do fato, a lei tributária que trata de infrações e penalidades será interpretada da maneira mais favorável ao Fisco.

c) Havendo omissão na apresentação de declaração exigida em lei, o inventariante responderá solidariamente pelas infrações tributárias imputáveis ao espólio, excluídas as penalidades de caráter moratório.

d) A denúncia espontânea exclui a responsabilidade do agente que comete infração tributária, desde que esse ato seja anterior ao início de qualquer procedimento administrativo ou medida de fiscalização relacionada com a infração.

17. (IBFC – EBSERH – Advogado – 2020) A responsabilidade tributária, prevista no Código Tributário Nacional, indica quem é o responsável pelo efetivo pagamento do tributo. Sobre a responsabilidade tributária, assinale a alternativa incorreta.

a) São pessoalmente responsáveis, o sucessor a qualquer título e o cônjuge meeiro, pelos tributos devidos pelo *de cujus* até a data da partilha ou adjudicação, limitada esta responsabilidade ao montante do quinhão do legado ou da meação
b) Sobre a responsabilidade de terceiros, nos casos de impossibilidade de exigência do cumprimento da obrigação principal pelo contribuinte, respondem solidariamente com este nos atos em que intervierem ou pelas omissões de que forem responsáveis os pais, pelos tributos devidos por seus filhos menores
c) Os credores são sempre pessoalmente responsáveis pelos créditos correspondentes a obrigações tributárias resultantes de atos praticados com excesso de poderes ou infração de lei, contrato social ou estatutos
d) Salvo disposição de lei em contrário, a responsabilidade por infrações da legislação tributária independe da intenção do agente ou do responsável e da efetividade, natureza e extensão dos efeitos do ato
e) Na responsabilidade por infrações, a responsabilidade é pessoal ao agente quanto às infrações conceituadas por lei como crimes ou contravenções, salvo quando praticadas no exercício regular de administração, mandato, função, cargo ou emprego, ou no cumprimento de ordem expressa emitida por quem de direito.

18. (INSTITUTO AOCP – Prefeitura de Novo Hamburgo-RS – Auditor Fiscal de Tributos – 2020) Nos termos do Código Tributário Nacional (CTN), a respeito da responsabilidade tributária de terceiros, quando da impossibilidade de exigência do cumprimento da obrigação principal pelo contribuinte, respondem solidariamente com este, nos atos em que intervierem ou pelas omissões de que forem responsáveis, o(s)

a) adquirente ou remitente, pelos tributos relativos aos bens adquiridos ou remidos.
b) diretores, gerentes ou representantes de pessoas jurídicas de direito privado.
c) tabeliães, escrivães e demais serventuários de ofício, pelos tributos devidos sobre os atos praticados por eles, ou perante eles, em razão do seu ofício.
d) espólio, pelos tributos devidos pelo *de cujus* até a data da abertura da sucessão.
e) sucessor a qualquer título e o cônjuge meeiro, pelos tributos devidos pelo *de cujus* até a data da partilha ou adjudicação.

19. (AMEOSC – Prefeitura de Barra Bonita-SC – Fiscal Tributário – 2020) De acordo com o Código Tributário Nacional, é certo dizer que o espólio, pelos tributos devidos pelo *de cujus* até a data da abertura da sucessão, será:

a) Pessoalmente responsável.
b) Subsidiariamente responsável.
c) Apenas garantidor, mas não responsável.
d) Isento da responsabilidade.

GABARITO

1. D / **2.** E / **3.** C / **4.** B / **5.** E / **6.** E / **7.** B / **8.** C / **9.** B / **10.** B / **11.** C / **12.** D / **13.** B / **14.** C / **15.** D / **16.** D / **17.** C / **18.** C / **19.** A

13.13 QUESTÕES COMENTADAS

1. (Iades – AL-GO – Procurador – 2019) No que se refere à responsabilidade tributária, assinale a alternativa correta.

a) A responsabilidade tributária importa na responsabilidade do espólio pelas obrigações tributárias já ocorridas e as futuras do de cujus até a data de abertura da sucessão.

b) Não haverá sucessão de responsabilidade tributária na aquisição de unidade produtiva, realizada em processo de falência, seja quem for o adquirente.

c) A substituição tributária caracteriza hipótese de sujeição passiva indireta, definida em lei, na qual a responsabilidade tributária é atribuída a um terceiro que não praticou o fato tributável.

d) O inadimplemento da obrigação tributária pela sociedade empresária gera, por si só, a responsabilidade do sócio-gerente.

e) A denúncia espontânea caracteriza-se como mecanismo indutor de cumprimento da legislação tributária e, por essa razão, pode ser apresentada a qualquer momento, a fim de excluir a responsabilidade pessoal do agente que cometeu infração da legislação tributária.

COMENTÁRIO

a) Art. 131, III, do CTN: o espólio só é responsável pelos tributos devidos pelo de cujus até a data da abertura da sucessão. **(Errada)**

b) Art. 133, § 2º, CTN: se o adquirente for sócio da sociedade falida, a sociedade controlada pelo devedor falido ou parente até o quarto grau ou agente do falido, haverá sucessão na aquisição de unidade produtiva. **(Errada)**

c) O responsável tributário é aquele que tem relação indireta com o fato gerador, mas não o realizou. A substituição tributária é uma das formas de responsabilidade tributária. **(Correta)**

d) Segundo a Súmula 430 do STJ, o mero inadimplemento da obrigação tributária não enseja a responsabilidade dos sócios. **(Errada)**

e) Nos termos do art. 138, parágrafo único, do CTN, a denúncia espontânea deve ser apresentada antes do início do procedimento administrativo ou medida de fiscalização. **(Errado)**

Gabarito: letra C

2. (Cespe – Sefaz-RS – Auditor-Fiscal da Receita Estadual – Bloco II – 2019) Verificada situação que enseje a imposição de multa em decorrência de infração tributária legalmente prevista, a administração tributária poderá impor a penalidade considerando:

a) a intenção do agente causador;

b) a efetividade do ato;

c) a natureza do ato;

d) a extensão dos efeitos do ato;

e) a ocorrência do ato.

COMENTÁRIO

a) Art. 136 do CTN: a responsabilidade por infrações à legislação tributária independe da intenção do agente. **(Errado)**

b) Art. 136 do CTN: a responsabilidade por infrações à legislação tributária independe da efetividade do ato. **(Errado)**

c) Art. 136 do CTN prescreve que a responsabilidade por infrações à legislação tributária independe da natureza do ato. **(Errado)**

d) Art. 136 do CTN: a responsabilidade por infrações à legislação tributária independe da extensão dos efeitos do ato. **(Errado)**

e) Por interpretação do art. 136 do CTN, a mera ocorrência do ato dá ensejo à responsabilidade por infrações à legislação tributária. Logo, trata-se de responsabilidade objetiva. **(Correto)**

Gabarito: letra E

3. (Cespe – Sefaz-RS – Auditor-Fiscal da Receita Estadual – Bloco II – 2019) Determinada lei estadual transferiu para momento posterior o pagamento de tributo referente à saída de mercadoria de produção própria entre um produtor e uma cooperativa.

Nessa situação hipotética, verifica-se hipótese de responsabilidade por:

a) transferência progressiva;
b) transferência de terceiros;
c) substituição regressiva;
d) transferência regressiva;
e) substituição progressiva.

COMENTÁRIO

a) O nome "transferência progressiva" não é usado na doutrina ou jurisprudência. **(Errado)**
b) O nome "transferência de terceiros" não é usado na doutrina ou jurisprudência. **(Errado)**
c) Substituição regressiva é o mesmo que substituição para trás. Ocorre quando o responsável pelo pagamento está no final da cadeia produtiva. **(Correto)**
d) O nome "transferência regressiva" não é usado na doutrina ou jurisprudência. **(Errado)**
e) Substituição progressiva é o mesmo que substituição para frente. Ocorre quando o responsável está no início da cadeia produtiva. **(Errado)**

Gabarito: letra C

4. (Cespe – MPE-PI – Promotor de Justiça Substituto – 2019) Determinada lei atribuiu a uma empresa não contribuinte do imposto de circulação de mercadorias e serviços (ICMS) a condição de responsável pelo pagamento do referido tributo em relação a um fato gerador ainda não ocorrido.

Considerando-se as limitações constitucionais ao poder de tributar, é correto afirmar que a referida norma é:

a) inconstitucional, uma vez que a Constituição Federal de 1988 veda a possibilidade de lei prever a cobrança de tributos relacionados a fato gerador ainda não ocorrido;
b) inconstitucional, visto que a Constituição Federal de 1988 impede que lei imponha o pagamento de tributo a quem não seja legalmente qualificado como contribuinte;
c) inconstitucional, porque a Constituição Federal de 1988 proíbe que se impute a terceiro a responsabilidade pelo pagamento decorrente de fato gerador presumido;
d) constitucional; porém, é vedada a exigência de efetivo recolhimento do tributo em razão de fato gerador presumido, questão que não se confunde com a responsabilidade solidária pelo pagamento;
e) constitucional, sendo assegurada a imediata e preferencial restituição da quantia paga caso não se realize o fato gerador presumido.

COMENTÁRIO

a) Há previsão expressa no art. 150, § 7º, da CF. **(Errado)**
b) Não há essa vedação na CF. Tanto o contribuinte como o responsável podem ser cobrados. **(Errado)**
c) Há previsão expressa no art. 150, § 7º, da CF. **(Errado)**
d) O art. 150, § 7º, da CF não veda o efetivo recolhimento em função do fato gerador presumido. **(Errado)**
e) O art. 150, § 7º, da CF prevê a possibilidade da substituição tributária para frente, ou seja, com o "fato gerador presumido". Nesse caso, se o fato não ocorrer é assegurada a imediata e preferencial restituição da quantia paga. Note que a empresa não precisa ser contribuinte, pois a CF usa o termo "sujeito passivo" que é mais abrangente. **(Correto)**

Gabarito: letra E

5. (Cespe – TJ-PR – Juiz Substituto – 2019) A empresa X adquiriu todo o fundo de comércio da empresa Y e passou a explorar o negócio sob outra razão social. Após a venda do fundo, Y encerrou regularmente suas atividades, sem que tenha havido falência ou recuperação judicial.

De acordo com a jurisprudência majoritária do STJ, em relação a tributos e multas devidos pela empresa Y e referentes a fatos geradores ocorridos até a data da sucessão, a empresa X responderá:

a) apenas pelos tributos devidos, e não pelas multas moratórias ou punitivas;
b) pelos tributos devidos e pelas multas moratórias, mas não pelas multas punitivas;
c) pelos tributos devidos e pelas multas moratórias ou punitivas;
d) apenas pelas multas moratórias ou punitivas, e não pelos tributos devidos.

COMENTÁRIO

A questão está fundamentada em recurso repetitivo, Tema 382, do STJ: "A responsabilidade tributária do sucessor abrange, além dos tributos devidos pelo sucedido, as multas moratórias ou punitivas, que, por representarem dívida de valor, acompanham o passivo do patrimônio adquirido pelo sucessor, desde que seu fato gerador tenha ocorrido até a data da sucessão".

Gabarito: letra C

6. (NC-UFPR – TJ-PR – Titular de Serviços de Notas e de Registros – Provimento – 2019) Sobre capacidade tributária passiva, assinale a alternativa INCORRETA.

a) O filho menor de idade possui capacidade tributária para praticar fato gerador e, portanto, pode ser considerado sujeito passivo de obrigação tributária.
b) A empresa irregular que não tenha se registrado na junta comercial pode ser considerada sujeito passivo de obrigações tributárias.
c) O sujeito passivo da obrigação tributária será chamado de contribuinte quando realizar o fato gerador que dará origem à obrigação tributária.
d) O sujeito passivo da obrigação tributária será chamado de responsável quando, ainda que não pratique o fato gerador da obrigação tributária, a lei tributária o inclua como sujeito obrigado ao pagamento do tributo.
e) O proprietário do imóvel é excluído da relação tributária quando o contrato de aluguel estabeleça que o locatário do imóvel assume a obrigação de pagar o IPTU no lugar do proprietário.

COMENTÁRIO

a) Ver o inciso I do art. 126 do CTN, segundo o qual a capacidade tributária passiva independe da capacidade civil das pessoas naturais. Assim, nada impede que um menor civilmente incapaz possa ser contribuinte de qualquer imposto, bastando, por exemplo, que ele seja proprietário de um imóvel urbano para ser contribuinte do IPTU. **(Correta)**
b) O inciso III do art. 126 do CTN reconhece plena capacidade tributária passiva à pessoa jurídica estando regularmente constituída ou não. É o caso da sociedade irregular que funciona em transgressão às leis ou sem preencher as formalidades estabelecidas em lei. No mesmo sentido a sociedade de fato que, em princípio, é uma sociedade irregular por existir em desconformidade a lei. **(Correta)**
c) De acordo com o art. 121 do CTN, o sujeito passivo da obrigação tributária pode ser contribuinte ou responsável. Sendo contribuinte, o sujeito passivo é aquele que praticou o fato gerador, ou seja, tem relação pessoal e direta com o fato gerador. Qualquer outro devedor definido pela lei será responsável tributário. **(Correta)**
d) Idem. **(Correta)**
e) Como a questão pede para assinalar a alternativa INCORRETA, a alternativa "E" é a que deve ser assinalada. Trata de uma prática muito utilizada em contratos de locação, que consiste na inclusão de cláusulas que estabelecem a transferência da responsabilidade do pagamento do IPTU sobre o imóvel alugado para a figura do inquilino. O art. 123 do CTN afirma que as convenções particulares relativas à responsabilidade pelo pagamento de tributos não podem ser opostas à Fazenda Pública para modificar a definição legal do sujeito passivo das obrigações tributárias correspondentes. Por fim, se o inquilino não efetuar o pagamento do ITPU, quem será executado pela Fazenda Pública será o proprietário do imóvel, visto que o contrato particular de locação não pode ser oposto à Fazenda. **(Falsa)**

Gabarito: letra E

7. (FCC – Sefaz-BA – Auditor-Fiscal – Administração Tributária – Prova I – 2019) Sobre a responsabilidade tributária, o Código Tributário Nacional dispõe:

I. a responsabilidade é pessoal ao agente, quanto às infrações conceituadas por lei como crimes ou contravenções, salvo quando praticadas no exercício regular de administração, mandato, função, cargo ou emprego, ou no cumprimento de ordem expressa emitida por quem de direito;

II. a pessoa natural ou jurídica de direito privado que adquirir de outra, por qualquer título, fundo de comércio e continuar a respectiva exploração, sob a mesma ou outra razão social, responde subsidiariamente pelos tributos, relativos ao fundo ou estabelecimento adquirido, devidos até a data do ato, se o alienante cessar a exploração do comércio, indústria ou atividade;

III. haverá responsabilidade pessoal e exclusiva dos pais, pelos tributos devidos por seus filhos, bem como dos tutores e curadores, pelos tributos devidos por seus tutelados ou curatelados em todos os atos em que intervierem, exceto pelas omissões de que forem responsáveis;

IV. os mandatários, prepostos e empregados são pessoalmente responsáveis pelos créditos correspondentes a obrigações tributárias resultantes de atos praticados com excesso de poderes ou infração de lei, contrato social ou estatutos.

Está correto o que se afirma APENAS em:

a) I e II;
b) II e III;
c) I, II e IV;
d) III e IV;
e) I e IV.

COMENTÁRIO

Assertiva I – Art. 137, I, do CTN: "A responsabilidade é pessoal ao agente quanto às infrações conceituadas por lei como crimes ou contravenções, salvo quando praticadas no exercício regular de administração, mandato, função, cargo ou emprego, ou no cumprimento de ordem expressa emitida por quem de direito". **(Correta)**

Assertiva II – No caso de o alienante cessar suas atividades, a responsabilidade é integral do adquirente, conforme previsão do art. 133, I, do CTN. **(Errada)**

Assertiva III – Não respondem exclusiva, mas sim solidariamente nos atos em que intervierem ou pelas omissões de que forem responsáveis, conforme art. 134 do CTN. **(Errada)**

Assertiva IV – Art. 135, II, do CTN: "São pessoalmente responsáveis pelos créditos correspondentes a obrigações tributárias resultantes de atos praticados com excesso de poderes ou infração de lei, contrato social ou estatutos os mandatários, prepostos e empregados". **(Correta)**

Gabarito: letra E

8. (Ieses – TJ-SC – Titular de Serviços de Notas e de Registros – Provimento – 2019) Os tributos, em regra, devem ser exigidos da pessoa que realiza o fato gerador da obrigação tributária. Entretanto, a lei pode atribuir de modo expresso, em determinadas situações, a responsabilidade pelo crédito tributário a terceira pessoa, vinculada ao fato gerador da respectiva obrigação, excluindo a responsabilidade do contribuinte ou atribuindo-a a este em caráter supletivo do cumprimento total ou parcial da referida obrigação. No que tange à responsabilidade tributária, assinale a alternativa INCORRETA.

a) Nas hipóteses de impossibilidade de exigência do cumprimento da obrigação principal pelo espólio, o inventariante responde solidariamente com este nos atos em que intervier ou pelas omissões de que for responsável, assim como ocorre com os tutores e curadores em relação aos tributos devidos por seus tutelados ou curatelados.

b) Em relação às infrações que decorram direta e exclusivamente de dolo específico, a responsabilidade é pessoal ao agente.

c) Os mandatários, prepostos e empregados não são pessoalmente responsáveis pelos créditos correspondentes a obrigações tributárias resultantes de atos praticados com excesso de poderes ou infração de lei, contrato social ou estatutos, contra seus mandantes, preponentes ou empregadores.

d) De acordo com o entendimento sumulado do Superior Tribunal de Justiça, o inadimplemento da obrigação tributária pela sociedade não gera, por si só, a responsabilidade solidária do sócio-gerente.

COMENTÁRIO

A questão pede a alternativa INCORRETA.

a) Art. 134, IV, do CTN. **(Correta)**

b) Art. 137 do CTN. **(Correta)**

c) O enunciado pede é a alternativa incorreta. É esta, pois mudou o texto do art. 135 do CTN. **(Errada)**

d) Súmula 430 do STJ. **(Correta)**

Gabarito: letra C

9. (FCC – Semef Manaus – AM – Técnico Fazendário – 2019) Em abril de 2018, Márcio adquiriu a propriedade de imóvel residencial, sendo que o IPTU referente aos exercícios de 2016, 2017 e 2018 não tinha sido pago. O título aquisitivo da referida propriedade não trazia prova da quitação do referido imposto, nem mencionava nada a este respeito. Considerando que o fato gerador do IPTU, no caso, ocorre no dia 1º de janeiro de cada exercício, e tendo em conta as normas do Código Tributário Nacional acerca da responsabilidade tributária, constata-se que:

a) apenas o crédito tributário relativo ao IPTU devido em 2018 se sub-roga na pessoa de Márcio, tendo ocorrido a prescrição da responsabilidade em relação aos exercícios de 2016 e 2017, porque, entre as datas dos fatos geradores de 2016 e 2017 e a data da aquisição do imóvel por Márcio, transcorreram mais de 360 dias;

b) os créditos tributários relativos ao IPTU devido em 2016, 2017 e 2018 sub-rogam-se na pessoa de Márcio;

c) os créditos tributários relativos ao IPTU devido em 2016, 2017 e 2018 não se sub-rogam na pessoa de Márcio, porque o título aquisitivo da propriedade nada menciona a este respeito;

d) apenas o crédito tributário relativo ao IPTU devido em 2018 se sub-roga na pessoa de Márcio, tendo ocorrido a prescrição da responsabilidade em relação aos exercícios de 2016 e 2017, porque, entre as datas dos fatos geradores de 2016 e 2017 e a data da aquisição do imóvel por Márcio, transcorreram mais de 180 dias;

e) apenas os créditos tributários decorrentes de fatos geradores ocorridos após a data da aquisição do imóvel por Márcio é que se sub-rogarão na sua pessoa.

COMENTÁRIO

O gabarito da questão é a letra b e encontra previsão no art. 130 do CTN: "Os créditos tributários relativos a impostos cujo fato gerador seja a propriedade, o domínio útil ou a posse de bens imóveis, e bem assim os relativos a taxa pela prestação de serviços referentes a tais bens, ou a contribuições de melhoria, sub-rogam-se na pessoa dos respectivos adquirentes, salvo quando conste do título a prova de sua quitação".

Gabarito: letra B

10. (Vunesp – Prefeitura de Guarulhos – SP – Inspetor Fiscal de Rendas – Conhecimentos Específicos – 2019) A responsabilidade por infrações da legislação tributária:

a) é excluída pela denúncia espontânea, acompanhada, se for o caso, do pagamento do tributo devido e dos juros de mora;

b) é excluída pela denúncia espontânea ocorrida após o início de medida de fiscalização relacionada à infração;

c) é excluída nos casos dos tributos sujeitos a lançamento por homologação, regularmente declarados, mas pagos a destempo;

d) depende, para sua caracterização, da intenção do agente ou do responsável, e da efetividade, natureza e extensão dos efeitos do ato;

e) é pessoal do agente, inclusive nos casos em que a infração for praticada no exercício regular de administração, mandato, função, cargo ou emprego.

COMENTÁRIO

a) Art. 138, *caput*, do CTN: "A responsabilidade é excluída pela denúncia espontânea da infração, acompanhada, se for o caso, do pagamento do tributo devido e dos juros de mora, ou do depósito da importância arbitrada pela autoridade administrativa, quando o montante do tributo dependa de apuração". **(Correto)**

b) Art. 138, parágrafo único, do CTN: "Não se considera espontânea a denúncia apresentada após o início de qualquer procedimento administrativo ou medida de fiscalização, relacionados com a infração". **(Errado)**

c) Súmula 360 do STJ: "O benefício da denúncia espontânea não se aplica aos tributos sujeitos a lançamento por homologação regularmente declarados, mas pagos a destempo". **(Errado)**

d) Art. 136 do CTN: "Salvo disposição de lei em contrário, a responsabilidade por infrações da legislação tributária independe da intenção do agente ou do responsável e da efetividade, natureza e extensão dos efeitos do ato". **(Errado)**

e) Art. 137, I, do CTN: "A responsabilidade é pessoal ao agente quanto às infrações conceituadas por lei como crimes ou contravenções, salvo quando praticadas no exercício regular de administração, mandato, função, cargo ou emprego, ou no cumprimento de ordem expressa emitida por quem de direito". **(Errado)**

Gabarito: letra A

14

LANÇAMENTO TRIBUTÁRIO

Acesse também a videoaula pelo *link*:
http://somos.in/MDT0715

14.1 NOÇÃO GERAL

Com a ocorrência do fato gerador nasce a obrigação tributária principal. Cabe lembrar que o fato gerador da obrigação principal é "a situação definida em lei como necessária e suficiente à sua ocorrência" (art. 114 do CTN).

O surgimento da obrigação tributária, entretanto, não é suficiente para que a dívida do contribuinte perante o Fisco possa ser paga. Isso porque, com a simples ocorrência do fato gerador, ainda não se sabe quem deve pagar o tributo, qual o valor, onde, como e qual a data final para o pagamento.

A definição de todos esses elementos necessários para a quitação da dívida tributária é feita por meio do lançamento.

O fato gerador dá nascimento à obrigação tributária, ao passo que o crédito tributário (direito de o Fisco cobrar) surge com o lançamento.

Nota-se, desse modo, que a obrigação e o crédito tributário são elementos inter-relacionados, mas com origens em eventos fáticos distintos. Pode-se dizer, então, que a obrigação e o crédito são *relativamente autônomos*.

Nesse sentido, o art. 139 do CTN afirma que "o crédito tributário decorre da obrigação principal e tem a mesma natureza desta". Mas o art. 140 do mesmo diploma normativo, ressalva: "As circunstâncias que modificam o crédito tributário sua extensão ou efeitos, ou as garantias ou os privilégios a ele atribuídos, ou que excluem sua exigibilidade, não afetam a obrigação tributária que lhe deu origem".

14.2 NATUREZA JURÍDICA DO LANÇAMENTO TRIBUTÁRIO

Bastante controvertido na doutrina é o tema da natureza jurídica do lançamento tributário.

Nos termos do art. 142 do CTN, lançamento é o "procedimento administrativo tendente a verificar a ocorrência do fato gerador da obrigação correspondente, determinar a matéria tributável, calcular o montante do tributo devido, identificar o sujeito passivo e, sendo caso, propor a aplicação da penalidade cabível".

Portanto, a lei indiscutivelmente trata do lançamento como procedimento administrativo, isto é, como uma sequência ordenada de atos administrativos voltados à obtenção de finalidade específica.

> PUC/PR: A prova da Magistratura/PR de 2014 considerou CORRETA a afirmação: "Ainda que se trate de débito declarado pelo próprio contribuinte, mas não recolhido no prazo legal, o procedimento administrativo tendente à constituição do crédito tributário – lançamento –, como atividade vinculada e obrigatória, jamais poderá ser dispensado pelo Fisco, sendo ele o marco inicial do prazo prescricional".

A maioria da doutrina, entretanto, tem outra visão, recusando a natureza de procedimento. O lançamento, para os tributaristas mais modernos, seria na verdade um ato administrativo unilateral privativo do Fisco.

Portanto, a natureza jurídica ou taxonomia do lançamento é a ato administrativo.

14.3 CONCEITO DE LANÇAMENTO TRIBUTÁRIO

Pode-se conceituar o instituto da seguinte forma: é o ato administrativo unilateral, privativo do Fisco, plenamente vinculado, declaratório da ocorrência do fato gerador e constitutivo do crédito tributário.

> Fepese: A prova de Advogado Fundacional/MA considerou ERRADA a afirmação: "O lançamento tributário é atividade administrativa discricionária tendente a verificar a ocorrência do fato gerador da obrigação correspondente, determinar a matéria tributável, calcular o montante do tributo devido, identificar o sujeito passivo e, sendo o caso, propor a aplicação da penalidade cabível".

O conceito apresentado é composto pelas seguintes partes:

a) ato administrativo unilateral: conforme visto no item anterior, predomina na doutrina o entendimento segundo o qual o lançamento tributário tem taxonomia de ato administrativo unilateral, e não de procedimento, embora sua prática deva ser precedida de um rito previsto na legislação tributária;

b) plenamente vinculado: constatada a ocorrência o fato gerador, a autoridade administrativa competente é obrigada a realizar o lançamento, não tendo qualquer margem de liberdade para decidir se deve realizá-lo ou não. Trata-se, assim, de típico ato administrativo vinculado (praticado sem margem de liberdade), e não um ato discricionário (com margem de liberdade). Não cabe ao agente competente avaliar o mérito do ato administrativo de lançamento (motivo e objeto do ato), ou seja, julgar a conveniência e oportunidade de sua realização.

> Cespe: A prova de Procurador de Fortaleza de 2017 considerou CORRETA a afirmação: "No que concerne à atividade de cobrança de tributo, não se admite avaliação do mérito administrativo pelo agente público, uma vez que o motivo e o objeto da atividade administrativa fiscal são plenamente vinculados".

A natureza vinculada do lançamento tributário é confirmada pelo disposto no art. 3º do CTN, segundo o qual "o tributo é cobrado mediante atividade administrativa plenamente vinculada". A mesma regra é enfatizada pelo art. 142, parágrafo único, do CTN: "a atividade administrativa de lançamento é **vinculada e obrigatória, sob pena de responsabilidade funcional**".

Importante mencionar que, segundo a Súmula 21 do CARF, é nula por vício formal a notificação de lançamento que não contenha a identificação da autoridade que o expediu;

c) **privativo do Fisco:** assim como ocorre com todo ato administrativo, o lançamento tributário é **manifestação do *ius imperii* do Estado**, da supremacia do interesse público sobre o privado, razão pela qual somente pode ser praticado pela autoridade administrativa (Fisco), e nunca pelo contribuinte;

d) **declaratório do fato gerador:** existe importante polêmica sobre o caráter declaratório ou constitutivo do lançamento tributário. Para provas e concursos públicos, é consensual a adoção da **teoria da natureza dúplice do lançamento**, pois, se analisado do ponto de vista da sua relação com o fato gerador, o lançamento é ato declaratório, ao passo que, em face do crédito tributário, trata-se de ato constitutivo. Por tais razões, a conclusão é no sentido de que o lançamento consiste em ato **declaratório da ocorrência do fato gerador e constitutivo do crédito tributário**[1]. Reforçando a tese do caráter declaratório do lançamento em face do fato gerador da obrigação tributária, o art. 144 do Código Tributário Nacional prescreve que: "O lançamento reporta-se à data da ocorrência do fato gerador da obrigação e rege-se pela lei então vigente, ainda que posteriormente modificada ou revogada". Cristalina a conclusão, destarte, de que, para o CTN, o lançamento retroage à data do fato gerador, tendo eficácia *ex tunc*. Se à época do fato gerador estava em vigor a lei "X", mas na data do lançamento vigia a lei "Y", aplica-se a lei "X";

> EsFCEx: A prova para a EsFCEx de 2009 considerou CORRETA a afirmação: "O lançamento possui natureza jurídica mista, pois declara a existência da obrigação tributária e constitui o crédito tributário dela decorrente".

> Fepese: A prova de Advogado Fundacional/MA considerou ERRADA a afirmação: "O lançamento reporta-se à data da constituição do crédito tributário".

e) **constitutivo do crédito tributário:** o direito de o Fisco cobrar o contribuinte (crédito tributário) surge com o lançamento (art. 142 do CTN). Embora a obrigação tributária e o crédito integrem a mesma relação jurídica, a obrigação de pagar nasce com o fato gerador, mas, nesse momento, o Fisco ainda não tem

---

1 A natureza dúplice do lançamento sempre foi brilhantemente defendida por Hugo de Brito Machado, cujo entendimento foi ganhando adeptos até tornar-se atualmente majoritário também na doutrina. *Curso de Direito Tributário*, p. 175.

direito de cobrar. Somente com o lançamento a **dívida ganha liquidez** e surge o direito de exigir o devedor (crédito).

14.4 FINALIDADES DO LANÇAMENTO

Com base no que dispõe o art. 142 do CTN, podem ser identificadas **seis finalidades** do lançamento tributário:

1) **constituir o crédito tributário;**
2) **verificar a ocorrência do fato gerador;**
3) **determinar a matéria tributável;**
4) **calcular o montante do tributo devido;**
5) **identificar o sujeito passivo;**
6) **propor a aplicação da penalidade cabível.**

Com relação à identificação do sujeito passivo, o Conselho de Administração de Recursos Fiscais fixou tese no sentido de que é nulo, por erro na identificação do sujeito passivo, o lançamento formalizado contra pessoa jurídica extinta por liquidação voluntária ocorrida e comunicada ao Fisco Federal antes da lavratura do auto de infração (Súmula Vinculante 112).

14.5 MODALIDADES DE LANÇAMENTO

O Código Tributário Nacional (arts. 147 a 150) reconhece três modalidades de lançamento:

a) lançamento misto ou por declaração;
b) lançamento direto ou de ofício;
c) autolançamento ou lançamento por homologação.

Acesse também a videoaula pelo *link*: http://somos.in/MDT0743

14.6 LANÇAMENTO MISTO OU POR DECLARAÇÃO

Lançamento misto ou por declaração, nos termos do art. 147 do CTN, é aquele em que o sujeito passivo ou o terceiro **presta informações à autoridade administrativa** sobre matéria de fato, indispensáveis à sua efetivação, cabendo ao Fisco calcular o valor devido. Exemplos de tributos lançados por declaração: Imposto de Exportação, ITCMD e ITBI.

> FMP/RS: A prova da Magistratura/MT de 2014 considerou ERRADA a afirmação: "Estão sujeitos a lançamento por declaração todos os tributos relativamente aos quais a legislação imponha ao contribuinte a obrigação acessória de declarar o seu débito".

Cada vez mais raro na prática, o lançamento misto tende a ser abolido do ordenamento pátrio por não ser nem tão infalível quanto o lançamento de ofício, nem tão cômodo para o Fisco quanto como o por homologação.

> Esaf: A prova de Auditor da Receita Federal de 2014 considerou ERRADA a afirmação: "A legislação brasileira utiliza-se largamente da modalidade do lançamento por declaração, a maior parte dos tributos, especialmente nos impostos e contribuições sociais, segue tal sistemática".

"A retificação da declaração por iniciativa do próprio declarante, quando vise a reduzir ou a excluir tributo, só é admissível mediante comprovação do erro em que se funde, e antes de notificado o lançamento" (art. 147, § 1º, do CTN).

"Os erros contidos na declaração e apuráveis pelo seu exame serão retificados de ofício pela autoridade administrativa a que competir a revisão daquela" (art. 147, § 2º, do CTN).

14.7 LANÇAMENTO DIRETO OU DE OFÍCIO

Denomina-se lançamento direto ou de ofício aquele efetuado e revisto **pela autoridade administrativa, sem participação do contribuinte** (art. 149 do CTN), cabendo também ao Fisco calcular o valor devido. Exemplos: IPTU, IPVA, contribuição de melhoria e taxas.

> STJ: "PROCESSUAL CIVIL E TRIBUTÁRIO. AGRAVO INTERNO NOS EMBARGOS DE DECLARAÇÃO NO RECURSO ESPECIAL. ENUNCIADO ADMINISTRATIVO N. 3/STJ. VIOLAÇÃO AO ART. 1.022 DO CPC/2015. FUNDAMENTAÇÃO DEFICIENTE. ÓBICE DA SÚMULA 284/STF. IPTU. LANÇAMENTO. NOTIFICAÇÃO MEDIANTE ENTREGA DO CARNÊ. ÔNUS PROBATÓRIO DO CONTRIBUINTE. PRECEDENTES. AGRAVO NÃO PROVIDO. 1. Esta Corte Superior, ao apreciar o REsp n. 1.111.124/PR (recurso submetido à sistemática prevista no art. 543-C do CPC), pacificou o entendimento no sentido de que **o envio do carnê do IPTU ao endereço do contribuinte configura notificação presumida do lançamento do tributo**. 2. Para que seja afastada a presunção do lançamento tributário, cabe ao contribuinte comprovar que não recebeu, mediante serviço postal, o carnê da cobrança. Precedentes. 3. Agravo interno não provido" (Agint nos Edcl no REsp 1.738.512/MG, rel. Min. Mauro Campbell Marques, j. 2-10-2018, 2ª T.).

14.8 HIPÓTESES DE REVISÃO DO LANÇAMENTO DE OFÍCIO

O lançamento de ofício **pode ser revisto pela autoridade** administrativa **somente nas hipóteses taxativamente** enumeradas no art. 149 do CTN, a saber:

I – quando a lei assim o determine;

II – quando a declaração não seja prestada, por quem de direito, no prazo e na forma da legislação tributária;

III – quando a pessoa legalmente obrigada, embora tenha prestado declaração nos termos do inciso anterior, deixe de atender, no prazo e na forma da legislação tributária, a pedido de esclarecimento formulado pela autoridade administrativa, recuse-se a prestá-lo ou não o preste satisfatoriamente, a juízo daquela autoridade;

IV – quando se comprove falsidade, erro ou omissão quanto a qualquer elemento definido na legislação tributária como sendo de declaração obrigatória;

V – quando se comprove omissão ou inexatidão, por parte da pessoa legalmente obrigada, no exercício da atividade a que se refere o artigo seguinte;

VI – quando se comprove ação ou omissão do sujeito passivo, ou de terceiro legalmente obrigado, que dê lugar à aplicação de penalidade pecuniária;

VII – quando se comprove que o sujeito passivo, ou terceiro em benefício daquele, agiu com dolo, fraude ou simulação;

VIII – quando deva ser apreciado fato não conhecido ou não provado por ocasião do lançamento anterior;

IX – quando se comprove que, no lançamento anterior, ocorreu fraude ou falta funcional da autoridade que o efetuou, ou omissão, pela mesma autoridade, de ato ou formalidade essencial.

> Fepese: A prova de Advogado Fundacional/MA considerou CORRETA a afirmação: "O lançamento deve ser revisto de ofício pela autoridade administrativa, quando se comprove que no lançamento anterior ocorreu falta funcional da autoridade que o efetuou".

A grande quantidade de hipóteses previstas no art. 149 do CTN justifica-se devido ao chamado **caráter substitutivo do lançamento de ofício**, ou seja, se os lançamentos misto ou por homologação falharem devido a erros do contribuinte, o Fisco descobrindo realiza o lançamento de ofício. É o que ocorre, por exemplo, se a fiscalização estadual constata que determinado estabelecimento não recolheu ICMS. Somente nesse caso, será lavrado Auto de Infração, que equivale ao lançamento de ofício.

> STJ: "PROCESSUAL CIVIL. AGRAVO INTERNO NO RECURSO ESPECIAL. ENUNCIADO ADMINISTRATIVO N. 3/STJ. TRIBUTÁRIO. PRESCRIÇÃO. LANÇAMENTO DE OFÍCIO. TERMO INICIAL. CONSTITUIÇÃO DO CRÉDITO TRIBUTÁRIO. DATA DA NOTIFICAÇÃO DO CONTRIBUINTE. AGRAVO INTERNO NÃO PROVIDO. 1. 'É entendimento assente nesta Corte que, **uma vez constituído o crédito tributário pela notificação do auto de infração, não há falar em decadência, mas em prescrição, cujo termo inicial é a data da constituição definitiva do crédito.** Não havendo impugnação pela via administrativa, como no caso dos autos, o curso do prazo prescricional inicia-se com a notificação do lançamento tributário'. 2. Agravo interno não provido" (AgInt no REsp 1.695.663/RJ, rel. Min. Mauro Campbell Marques, j. 12-6-2018, 2ª T.).

> FCC: A prova de Defensor Público/AM de 2013 considerou CORRETA a afirmação: "Em caso de tributo sujeito a lançamento por homologação, o não pagamento antecipado pelo sujeito passivo traz como consequência a necessidade do Fisco em lançar de ofício, o que acontecerá com a lavratura de Auto de Infração e Imposição de Multa, sob pena de decadência"

> FMP/RS: A prova da Magistratura/MT de 2014 considerou ERRADA a afirmação: "O lançamento de ofício sempre estará revestido da forma de auto de infração, de modo que sempre implicará lançamento conjunto de tributo e de multa, invariavelmente".

Importante destacar também que a revisão de ofício somente poderá ser levada a termo pelo Fisco em casos excepcionais. Isso porque o legislador condiciona a realização de correções em lançamento anterior à ocorrência de uma das hipóteses indicadas no rol do art. 149 do CTN, as quais, invariavelmente, envolvem erro, culpa ou dolo do sujeito passivo. **Se o erro no lançamento for imputável exclusivamente ao Fisco é incabível a revisão.**

> Fepese: A prova de Advogado Fundacional/MA considerou ERRADA a afirmação: "O lançamento regularmente notificado ao sujeito passivo não pode mais ser alterado".

A jurisprudência do STJ **admite revisão de lançamento na hipótese de erro de fato**, mas não por erro de direito[STJ].

> STJ: O lançamento do tributo pelo Fisco com base em legislação revogada, equivocadamente indicada em declaração do contribuinte, não pode ser posteriormente revisto – *Informativo* 506. "Hipótese em que se discute se a indicação, pelo contribuinte, de legislação errônea na Declaração de Importação devidamente recebida pela autoridade alfandegária consiste em erro de fato e, portanto, pode dar ensejo à posterior revisão, pela Fazenda, do tributo devido; ou se trata-se de mudança de critério jurídico, cuja revisão é vedada pelo CTN. 2. A jurisprudência desta Corte é pacífica no sentido de que o erro de direito (o qual não admite revisão) é aquele que decorre da aplicação incorreta da norma. Precedentes. Por outro lado, o erro de fato é aquele consubstanciado na inexatidão de dados fáticos, atos ou negócios que dão origem à obrigação tributária 3. Da análise dos autos, verifica-se que ocorreu a indicação de legislação equivocada no momento da internalização da mercadoria, o que culminou com o pagamento da alíquota em valor reduzido, de sorte que não houve engano a respeito da ocorrência ou não de determinada situação de fato, mas sim em relação à norma incidente na situação. Assim, não há falar em possibilidade de revisão do lançamento no caso dos autos, mormente porque, ao desembaraçar o bem importado, o Fisco tem, ao menos em tese, a oportunidade de conferir as informações prestadas pelo contribuinte em sua declaração" (AgRg no Ag 1422444-AL 2011/0133501-8, rel. Min. Benedito Gonçalves, j. 4-10-2012, 1ª T.).

Por fim, nos termos do parágrafo único do art. 149 do CTN, a revisão do lançamento somente poderá ser iniciada **enquanto não extinto o direito da Fazenda Pública**.

> FCC: A prova de Juiz de Direito/GO de 2015 considerou CORRETA a assertiva: "O lançamento somente pode ser revisto de ofício enquanto não extinto o direito da Fazenda Pública".

14.9 AUTOLANÇAMENTO OU LANÇAMENTO POR HOMOLOGAÇÃO

O tributo é lançado por homologação, também conhecido como autolançamento, quando, conforme disposto no art. 150 do CTN, a legislação atribua ao sujeito passivo o dever de **antecipar o pagamento** sem prévio exame da autoridade administrativa.

São exemplos de tributos lançados por homologação: ICMS, ISS, IPI e Cofins.

O pagamento antecipado extingue o crédito sob condição resolutória da posterior aprovação do **Fisco** (§ 1º do art. 150 do CTN).

> Cespe: A prova de Procurador de Fortaleza de 2017 considerou ERRADA a afirmação: "A declaração prestada pelo contribuinte nos tributos sujeitos a lançamento por homologação não constitui o crédito tributário, pois está sujeita a condição suspensiva de ulterior homologação pela administração tributária".

> EsFCEx: A prova para a EsFCEx de 2009 considerou CORRETA a afirmação: "Nos tributos sujeitos a lançamento por homologação, a extinção definitiva do crédito tributário não acontece com o pagamento, mas sim com a homologação".

A grande praticidade para o Fisco em atribuir ao contribuinte todo o trabalho de calcular o valor devido, antecipar o pagamento e comunicar a autoridade transformou o lançamento por homologação **na modalidade atualmente mais adotada pelo legislador brasileiro.** Pode-se dizer que o autolançamento tornou-se a regra geral em nosso ordenamento, pois não exige esforço algum por parte da autoridade administrativa para ser realizado, favorecendo as concepções tão em moda que exaltam um Estado mínimo.

O prazo para homologação do pagamento será, salvo nos casos previstos de maneira diversa na lei, de 5 anos contados da ocorrência do fato gerador. Expirado o prazo sem que a Fazenda Pública tenha se pronunciado, considera-se homologado o lançamento e definitivamente extinto o crédito, salvo se comprovada a ocorrência de dolo, fraude ou simulação (art. 150, § 4º, do CTN).

> FMP/RS: A prova da Magistratura/MT de 2014 considerou CORRETA a afirmação: "O lançamento por homologação prescinde de qualquer ato concreto do Fisco, porquanto, ocorrendo o pagamento tempestivo por parte do contribuinte, considerar-se-á homologado pelo simples decurso do prazo de cinco anos contados do fato gerador, o que extingue definitivamente o crédito, salvo se comprovada a ocorrência de dolo, fraude ou simulação".

> STJ: "PROCESSUAL CIVIL E TRIBUTÁRIO. AGRAVO INTERNO NO AGRAVO EM RECURSO ESPECIAL. ENUNCIADO ADMINISTRATIVO N. 3/STJ. OFENSA AO COMANDO DO ART. 535 DO CPC/73. PRIMEIRA OBSCURIDADE APONTADA. NÃO CARACTERIZAÇÃO. ICMS. TRIBUTO SUJEITO A LANÇAMENTO POR HOMOLOGAÇÃO. INEXISTÊNCIA DE PAGAMENTO. APLICAÇÃO DO ART. 173, I, DO CTN. PRECEDENTES. SEGUNDA OBSCURIDADE APONTADA. NATUREZA DAS RUBRICAS INDICADAS NO AUTO DE INFRAÇÃO. NECESSIDADE DE ESCLARECIMENTO PELO ACÓRDÃO RECORRIDO. FORÇOSO O RETORNO DOS AUTOS AO TRIBUNAL DE ORIGEM PARA ABORDAR A MATÉRIA OBSCURA. AGRAVO INTERNO PROVIDO. 3. Tendo em vista a jurisprudência desta Corte no sentido de que **o ICMS somente incide sobre o serviço de telecomunicação propriamente dito, e não sobre as atividades-meio e serviços suplementares**, faz-se necessário o esclarecimento pelo Tribunal de origem quanto à natureza das rubricas que compõem as infrações 02 e 03 do auto de infração, a fim de que seja possível aplicar o direito à espécie. 4. Agravo interno provido para conhecer do recurso especial e dar-lhe parcial provimento, a fim de anular o acórdão dos embargos de declaração e determinar o retorno dos autos ao Tribunal de origem para que profira novo julgamento e aborde a matéria obscura" (Agint no AREsp 891.313/BA, rel. Min. Mauro Campbell Marques, j. 6-11-2018, 2ª T.).

14.10 QUADRO SINÓTICO

FATO GERADOR – NOÇÃO GERAL
Com a ocorrência do fato gerador, nasce a obrigação tributária principal. Cabe lembrar que o fato gerador da obrigação principal é "a situação definida em lei como necessária e suficiente à sua ocorrência" (art. 114 do CTN). O surgimento da obrigação tributária, entretanto, não é suficiente para que a dívida do contribuinte perante o Fisco possa ser paga. Isso porque, com a simples ocorrência do fato gerador, ainda não se sabe quem deve pagar o tributo, qual o valor, onde, como e qual a data final para o pagamento. A definição de todos esses elementos necessários para a quitação da dívida tributária é feita por meio do lançamento. O fato gerador dá nascimento à obrigação tributária, ao passo que o crédito tributário (direito de o Fisco cobrar) surge com o lançamento. Nota-se, desse modo, que a obrigação e o crédito tributário são elementos inter-relacionados, mas com origens em eventos fáticos distintos, podendo-se dizer, então, que a obrigação e o crédito são *relativamente autônomos*.
NATUREZA JURÍDICA DO LANÇAMENTO TRIBUTÁRIO: nos termos do art. 142 do CTN, lançamento é o "procedimento administrativo tendente a verificar a ocorrência do fato gerador da obrigação correspondente, determinar a matéria tributável, calcular o montante do tributo devido, identificar o sujeito passivo e, sendo caso, propor a aplicação da penalidade cabível". A **lei** indiscutivelmente **trata do lançamento como procedimento administrativo**, isto é, como uma sequência ordenada de atos administrativos voltados à obtenção de finalidade específica. A maioria da doutrina, entretanto, tem outra visão, recusando a natureza de procedimento. O **lançamento**, para os tributaristas mais modernos, seria na verdade um **ato administrativo unilateral** privativo do Fisco. Assim, **a natureza jurídica ou taxonomia do lançamento é a de ATO ADMINISTRATIVO VINCULADO**.
CONCEITO DE LANÇAMENTO TRIBUTÁRIO
É o ato administrativo unilateral, privativo do Fisco, plenamente **vinculado, declaratório** da ocorrência do fato gerador e **constitutivo do crédito tributário**, que tem por finalidade constituir o crédito tributário, verificar a ocorrência do fato gerador, determinar a matéria tributável, calcular o montante do tributo devido, identificando o sujeito passivo da obrigação tributária, para o fim de propor a aplicação da penalidade cabível!
MODALIDADES DE LANÇAMENTO
LANÇAMENTO MISTO OU POR DECLARAÇÃO: nos termos do art. 147 do CTN, é aquele em que o sujeito passivo ou o terceiro **presta informações à autoridade administrativa** sobre matéria de fato, indispensáveis à sua efetivação. Exemplos de tributos lançados por declaração: Imposto de Exportação, ITCMD e ITBI. LANÇAMENTO DIRETO OU DE OFÍCIO: é aquele efetuado e revisto **pela autoridade administrativa, sem participação do contribuinte** (art. 149 do CTN). Exemplos: IPTU, IPVA, contribuição de melhoria e taxas. Hipóteses de revisão do lançamento de ofício estão taxativamente previstas no art. 149, do CTN, a saber: I – quando a lei assim o determine; II – quando a declaração não seja prestada, por quem de direito, no prazo e na forma da legislação tributária; III – quando a pessoa legalmente obrigada, embora tenha prestado declaração nos termos do inciso anterior, deixe de atender, no prazo e na forma da legislação tributária, a pedido de esclarecimento formulado pela autoridade administrativa, recuse-se a prestá-lo ou não o preste satisfatoriamente, a juízo daquela autoridade; IV – quando se comprove falsidade, erro ou omissão quanto a qualquer elemento definido na legislação tributária como sendo de declaração obrigatória; V – quando se comprove omissão ou inexatidão, por parte da pessoa legalmente obrigada, no exercício da atividade a que se refere o artigo seguinte; VI – quando se comprove ação ou omissão do sujeito passivo, ou de terceiro legalmente obrigado, que dê lugar à aplicação de penalidade pecuniária; VII – quando se comprove que o sujeito passivo, ou terceiro em benefício daquele, agiu com dolo, fraude ou simulação; VIII – quando deva ser apreciado fato não conhecido ou não provado por ocasião do lançamento anterior; e IX – quando se comprove que, no lançamento anterior, ocorreu fraude ou falta funcional da autoridade que o efetuou, ou omissão, pela mesma autoridade, de ato ou formalidade essencial. **A jurisprudência do STJ** admite revisão de lançamento na hipótese de erro de fato, **mas não por erro de direito** e, nos termos do parágrafo único do art. 149 do CTN, a revisão do lançamento somente poderá ser iniciada **enquanto não extinto o direito da Fazenda Pública**. AUTOLANÇAMENTO OU LANÇAMENTO POR HOMOLOGAÇÃO: conforme disposto no art. 150 do CTN, a legislação atribua ao sujeito passivo o dever de **antecipar o pagamento** sem prévio exame da autoridade administrativa. O pagamento antecipado extingue o crédito sob condição resolutória da posterior aprovação do Fisco (§ 1º do art. 150 do CTN). O prazo para homologação do pagamento será, salvo nos casos previstos de maneira diversa na lei, de 5 anos contados da ocorrência do fato gerador. Expirado o prazo sem que a Fazenda Pública tenha se pronunciado, considera-se homologado o lançamento e definitivamente extinto o crédito, salvo se comprovada a ocorrência de dolo, fraude ou simulação (art. 150, § 4º, do CTN).

14.11 QUESTÕES

1. **(FCC – Prefeitura de Recife – PE – Analista de Gestão Contábil – 2019)** De acordo com o art. 142 do Código Tributário Nacional, compete privativamente à autoridade administrativa constituir o crédito tributário pelo lançamento. De acordo com este Código, os créditos tributários podem ser constituídos por meio dos seguintes lançamentos:
   a) amplo, limitado e restritivo;
   b) contábil, escritural e originário;
   c) de ofício, por homologação e por declaração;
   d) preambular, complementar e suplementar;
   e) originário, derivado e reparador.

2. **(Vunesp – Prefeitura de Guarulhos – SP – Inspetor Fiscal de Rendas – Conhecimentos Específicos – 2019)** A modalidade de lançamento que ocorre com base nas informações prestadas à autoridade administrativa sobre matéria de fato, pelo sujeito passivo ou terceiro, sem efetiva participação do Fisco é:
   a) de ofício;
   b) por homologação;
   c) por declaração;
   d) por infração;
   e) denúncia espontânea.

3. **(Vunesp – Prefeitura de Guarulhos – SP – Inspetor Fiscal de Rendas – Conhecimentos Específicos – 2019)** Mário recebeu notificação para recolhimento do IPTU incidente sobre imóvel de sua propriedade, no qual realizou, no exercício anterior, reforma que culminou na ampliação da área construída, não tendo ainda adotado as providências necessárias para atualização da Ficha Cadastral do mesmo imóvel. Na hipótese de a fiscalização constatar, no exercício em curso, a omissão do contribuinte:
   a) não será possível rever o ato de lançamento no mesmo exercício, porque se trata de lançamento de ofício;
   b) não será possível rever o ato de lançamento no mesmo exercício, porque se trata de modificação introduzida posteriormente à ocorrência do fato gerador;
   c) deverá rever de ofício o ato de lançamento, em razão da constatação posterior de fato desconhecido por ocasião do lançamento tributário;
   d) deverá rever judicialmente o ato de lançamento, ajuizando ação de execução fiscal;
   e) deverá instaurar processo administrativo de fiscalização para apuração de ilícito praticado pelo contribuinte.

4. **(Upenet/Iaupe – UPE – Advogado – 2019)** Assinale a alternativa INCORRETA.
   a) A solidariedade tributária não comporta benefício de ordem.
   b) A capacidade tributária independe da capacidade civil ou profissional.
   c) Atos firmados entre particulares não mudam a responsabilidade tributária frente ao Estado, embora o pacto convencionado valha no âmbito civil e possa ensejar direito de regresso entre os envolvidos, dependendo do caso concreto.
   d) O lançamento tributário independe da participação do Fisco, como ocorre nas modalidades de lançamento por declaração ou por homologação.
   e) O crédito tributário se presume líquido e certo, por ser proveniente da administração pública, que goza de fé pública, embora o contribuinte tenha o direito constitucional de discutir e questionar sobre sua constituição.

5. (FCC – TRF – 4ª Região – Técnico Judiciário – Área Administrativa – 2019) O crédito tributário tem características distintas do crédito civil e, conforme o Código Tributário Nacional (CTN):

a) compete privativamente à autoridade administrativa constituir o crédito tributário pelo lançamento, assim entendido o procedimento administrativo tendente a verificar a ocorrência do fato gerador da obrigação correspondente, determinar a matéria tributável, calcular o montante do tributo devido, identificar o sujeito passivo e, sendo o caso, propor a aplicação da penalidade cabível;

b) compete ao contribuinte, responsável ou coobrigado pelo valor devido, constituir o crédito tributário pelo pagamento do imposto devido, após o prévio exame da autoridade administrativa, no chamado alto lançamento, na hipótese de tributo relativo a operações no mercado financeiro, grandes heranças ou grandes fortunas, por exemplo;

c) será suspensa a exigibilidade do crédito tributário na hipótese de moratória, depósito do montante parcial ou integral, ou de reclamações nos órgãos de defesa da cidadania e igualdade;

d) o crédito tributário será extinto apenas pelo pagamento, parcelamento, decisão judicial ou morte do devedor;

e) existindo simultaneamente dois ou mais débitos vencidos, do mesmo sujeito passivo, para com o mesmo ou diferentes credores, relativos ao mesmo ou a diferentes tributos, a autoridade administrativa que receber o pagamento determinará a respectiva imputação, obedecidas as seguintes regras: primeiro os créditos da União, e depois os dos estados e municípios, em conjunto e proporcionalmente.

6. (FCC – TRF – 4ª Região – Analista Judiciário – Área Judiciária – 2019) Considerando-se as modalidades de lançamento previstas no Código Tributário Nacional (CTN):

a) quando a autoridade administrativa arbitra valor ou preço de bens, direitos, serviços ou atos jurídicos para o cálculo do tributo que tenha por base, ou tome em consideração, estes valores, sem a necessidade de processos regulares ou complexos, em tributos de baixo valor, tal procedimento se classifica como "lançamento simplificado";

b) o lançamento efetuado com base na declaração do sujeito passivo ou de terceiro, quando um ou outro, na forma da legislação tributária, presta à autoridade administrativa informações sobre matéria de fato, indispensáveis à sua efetivação, pode ser classificado como "lançamento por declaração";

c) o lançamento pode ser realizado pelo sujeito passivo, quando a legislação estabelece que ele deva elaborar sua escrituração fiscal, mediante procedimento regulado e regular, calcular o valor devido, apresentar os cálculos a autoridade administrativa, obter a guia de recolhimento com o visto autorizativo e recolher o valor devido, hipótese em que se configura o "lançamento passivo";

d) as leis tributárias da União, Estados, Distrito Federal e Municípios podem estabelecer outras modalidades de lançamento e de modificação do lançamento realizado, não previstas no Código, conhecidas por "lançamento especial";

e) o lançamento é realizado de ofício pela autoridade administrativa apenas na hipótese de indício ou suspeita de falsidade, erro ou omissão quanto a qualquer elemento definido na legislação tributária como sendo de declaração obrigatória, ou de não localização do sujeito passivo.

7. (Vunesp – Juiz de Direito Substituto – TJ-RS – 2018) Acerca do lançamento tributário, é correto afirmar que:

a) a retificação da declaração por iniciativa do próprio declarante, quando vise a reduzir ou a excluir tributo, só é admissível mediante comprovação do erro em que se funde e antes de notificado o lançamento;

b) salvo disposição de lei em contrário, quando o valor tributário esteja expresso em moeda estrangeira, no lançamento far-se-á sua conversão em moeda nacional ao câmbio do dia em que este ato for realizado;

c) é vedado à autoridade administrativa responsável pela revisão da declaração retificar de ofício os erros nela contidos e apuráveis pelo seu exame;

d) a modificação introduzida, de ofício ou em consequência de decisão administrativa ou judicial, nos critérios jurídicos adotados pela autoridade administrativa no exercício do lançamento, alcança os fatos geradores ocorridos anteriormente à sua introdução, desde que relacionados ao mesmo sujeito passivo;
e) não se aplica ao lançamento a legislação que, posteriormente à ocorrência do fato gerador da obrigação, tenha ampliado os poderes de investigação das autoridades administrativas, ou outorgado ao crédito maiores garantias ou privilégios, exceto, neste último caso, para o efeito de atribuir responsabilidade tributária a terceiros.

8. (FCC – Procurador do Estado – PGE-TO – 2018) O Código Tributário Nacional, em seu art. 145, estabelece, de modo indireto, a definitividade do lançamento regularmente notificado ao sujeito passivo. O referido dispositivo estabelece, expressamente, que o lançamento regularmente notificado ao sujeito passivo só pode ser alterado em virtude de: I – impugnação do sujeito passivo; II – recurso de ofício; III – iniciativa de ofício da autoridade administrativa, nos casos previstos no art. 149.

De acordo com o art. 149 do CTN, a revisão do lançamento só pode ser iniciada:

a) quando o processo administrativo tributário tiver corrido à revelia das autoridades fazendárias;
b) enquanto não transcorrido o prazo decadencial;
c) enquanto não transcorrido o prazo prescricional;
d) quando se comprove que a autoridade fiscal, ou terceiro em benefício daquela, agiu com dolo, fraude ou simulação;
e) quando se comprove omissão ou inexatidão, por parte da pessoa legalmente obrigada, no exercício da atividade de auto aplicação de penalidade pecuniária – lançamento de penalidade por homologação.

9. (Cespe – Promotor de Justiça-RR – 2017) A legislação que instituiu determinada taxa atribuiu ao sujeito passivo o dever de antecipar o pagamento do tributo, sem qualquer exame prévio por parte do órgão da Fazenda Pública competente pela respectiva arrecadação. A mesma lei prevê que o lançamento do tributo ocorrerá em momento posterior ao pagamento, por meio de ato administrativo com o qual a autoridade tributária, tomando conhecimento da declaração prestada pelo contribuinte quanto à atividade exercida, confirmará ou não o montante do tributo devido. Nesse caso, estando o pagamento correto, a autoridade tributária reconhecerá de ofício a extinção do respectivo crédito tributário. Nessa situação hipotética, de acordo com o CTN, a modalidade de lançamento tributário prevista pela referida lei consiste em lançamento:

a) direto;
b) por homologação;
c) de ofício;
d) por declaração.

10. (Consulplan – Cartório-MG – 2017) Acerca da constituição do crédito tributário, à luz das disposições do Código Tributário Nacional, é INCORRETO afirmar que:

a) a atividade administrativa de lançamento é vinculada e obrigatória, sob pena de responsabilidade funcional;
b) o lançamento regularmente notificado pode ser alterado em virtude de impugnação do sujeito passivo;
c) o lançamento rege-se pela lei vigente na data de sua efetivação;
d) a modificação introduzida, de ofício ou em consequência de decisão administrativa ou judicial, nos critérios jurídicos adotados pela autoridade administrativa no exercício do lançamento somente pode ser efetivada, em relação a um mesmo sujeito passivo, quanto a fato gerador ocorrido posteriormente à sua introdução.

11. (Consulplan – Cartório-MG – 2017) Sobre as modalidades de lançamento disciplinadas no Código Tributário Nacional, analise as afirmações seguintes.

I. O lançamento é efetuado com base na declaração do sujeito passivo ou de terceiro, quando um ou outro, na forma da legislação tributária, presta à autoridade administrativa informações sobre matéria de fato, indispensáveis à sua efetivação. A retificação da declaração por iniciativa do próprio declarante, quando vise a reduzir ou a excluir tributo, só é admissível mediante comprovação do erro em que se funde, e antes da efetivação do lançamento pela autoridade administrativa.

II. Quando o cálculo do tributo tenha por base, ou tome em consideração, o valor ou o preço de bens, direitos, serviços ou atos jurídicos, a autoridade lançadora, mediante processo regular, arbitrará aquele valor ou preço, sempre que sejam omissos ou não mereçam fé as declarações ou os esclarecimentos prestados, ou os documentos expedidos pelo sujeito passivo ou pelo terceiro legalmente obrigado, ressalvada, em caso de contestação, avaliação contraditória, administrativa ou judicial.

III. O lançamento é efetuado e revisto de ofício pela autoridade administrativa quando deva ser apreciado fato não conhecido ou não provado por ocasião do lançamento anterior.

IV. O lançamento por homologação, que ocorre quanto aos tributos cuja legislação atribua ao sujeito passivo o dever de antecipar o pagamento sem prévio exame da autoridade administrativa, opera-se pelo ato em que a referida autoridade, tomando conhecimento da atividade assim exercida pelo obrigado, expressamente a homologa. Nessa modalidade de lançamento, não influem sobre a obrigação tributária quaisquer atos anteriores à homologação, praticados pelo sujeito passivo ou por terceiro, visando à extinção total ou parcial do crédito, mas esses atos serão considerados na apuração do saldo porventura devido e, sendo o caso, na imposição de penalidade, ou sua graduação.

Está correto o que se afirma em:

a) I, II e III, apenas;
b) II, III e IV, apenas;
c) II e IV, apenas;
d) I, II, III e IV.

12. (Cespe – Promotor de Justiça Substituto – MPE-RR – 2017) A legislação que instituiu determinada taxa atribuiu ao sujeito passivo o dever de antecipar o pagamento do tributo, sem qualquer exame prévio por parte do órgão da Fazenda Pública competente pela respectiva arrecadação. A mesma lei prevê que o lançamento do tributo ocorrerá em momento posterior ao pagamento, por meio de ato administrativo com o qual a autoridade tributária, tomando conhecimento da declaração prestada pelo contribuinte quanto à atividade exercida, confirmará ou não o montante do tributo devido. Nesse caso, estando o pagamento correto, a autoridade tributária reconhecerá de ofício a extinção do respectivo crédito tributário.

Nessa situação hipotética, de acordo com o CTN, a modalidade de lançamento tributário prevista pela referida lei consiste em lançamento:

a) direto;
b) por homologação;
c) de ofício;
d) por declaração.

13. (FCC – Juiz Substituto – TJ-SC – 2017) Tendo em conta as normas gerais de Direito Tributário, é INCORRETO afirmar.

a) A legislação tributária aplica-se imediatamente aos fatos geradores pendentes e futuros.
b) A obrigação principal surge com a ocorrência do fato gerador e tem por objeto o pagamento de tributo ou penalidade pecuniária, extinguindo-se com o crédito dela decorrente.
c) O lançamento por homologação não admite homologação tácita.
d) A denúncia espontânea acompanhada, quando o caso, de pagamento do tributo devido com consectários cabíveis, exclui a responsabilidade por infração.
e) O parcelamento suspende a exigibilidade do crédito tributário.

14. (ITAME – Prefeitura de Edeia-GO – Auditor da Receita Municipal – 2020) A atividade administrativa de lançamento da constituição de crédito tributário é:

a) originaria e jurídica;
b) desvinculada, prescindida, fiscal e originaria, sob pena de lei e penalidades administrativas;
c) vinculada e obrigatória, sob pena de responsabilidade funcional;
d) espontânea e legal, decorrente da atividade administrativa plena.

15. (Instituto UniFil – Prefeitura de Santo Antônio do Sudoeste-PR – Advogado – 2020) Conforme disposto no Código Tributário Brasileiro – Constituição de Crédito Tributário, analise as assertivas e assinale a alternativa correta.

I. A atividade administrativa de lançamento é vinculada e obrigatória, sob pena de responsabilidade funcional.
II. Salvo disposição de lei em contrário, quando o valor tributário esteja expresso em moeda estrangeira, no lançamento far-se-á sua conversão em moeda nacional ao câmbio do dia da ocorrência do fato gerador da obrigação.
III. A modificação introduzida, de ofício ou em consequência de decisão administrativa ou judicial, nos critérios jurídicos adotados pela autoridade administrativa no exercício do lançamento somente pode ser efetivada, em relação a um mesmo sujeito passivo, quanto a fato gerador ocorrido posteriormente à sua introdução.
IV. O lançamento reporta-se à data da ocorrência do fato gerador da obrigação e rege-se pela lei então vigente, ainda que posteriormente modificada ou revogada.

a) Somente uma assertiva está correta.
b) Somente duas assertivas estão corretas.
c) Somente três assertivas estão corretas.
d) Todas as assertivas estão corretas.

16. (VUNESP – Prefeitura de Cananeia-SP – Controlador Interno do Município – 2020) O lançamento regularmente notificado ao sujeito passivo só pode ser alterado em virtude de

a) impugnação do sujeito passivo, recurso de ofício ou iniciativa de ofício da autoridade administrativa, observadas as hipóteses legais.
b) decisão judicial, provisória ou definitiva, relativa a fato gerador ocorrido anteriormente à modificação do critério jurídico adotado pela autoridade administrativa.
c) aplicação, de ofício, de modificação de critério jurídico adotado pela autoridade administrativa no exercício do lançamento e em relação a um mesmo sujeito ativo, quanto a fato gerador ocorrido anteriormente à publicação da modificação.
d) homologação pelo Poder Judiciário de decisão administrativa definitiva proferida por órgão colegiado integrante da Fazenda Pública, em relação a um mesmo sujeito passivo.
e) decisão administrativa fundamentada e irrecorrível, proferida pelo Chefe do Poder Executivo, em relação a fato gerador ocorrido anteriormente à impugnação do sujeito ativo.

17. (INSTITUTO AOCP – Prefeitura de Betim-MG – Auditor Fiscal de Tributos Municipais – 2020) Analise as assertivas e assinale a alternativa que aponta as corretas. São modalidades legais de lançamento tributário:

I. Lançamento de ofício.
II. Lançamento por declaração.
III. Lançamento por homologação.
IV. Lançamento por sentença.

a) Apenas I, II e III.
b) Apenas I e II.
c) Apenas I, II e IV.
d) Apenas II e III.
e) Apenas I, III e IV.

GABARITO

1. C / **2.** B / **3.** C / **4.** D / **5.** A / **6.** B / **7.** A / **8.** B / **9.** B / **10.** C / **11.** B / **12.** B / **13.** C / **14.** C / **15.** D / **16.** A / **17.** A

14.12 QUESTÕES COMENTADAS

1. (Iades – AL-GO – Procurador – 2019) Considerando-se o crédito tributário e lançamento, no que concerne à respectiva exclusão, suspensão e extinção, assinale alternativa correta.

a) Quando sujeito ao lançamento por homologação, a entrega de declaração pelo contribuinte, reconhecendo o débito fiscal, não tem o condão de constituir o crédito tributário, devendo haver ato expresso da autoridade fazendária a esse respeito.

b) A moratória, o parcelamento e a isenção são hipóteses, além de outras previstas na legislação tributária, de suspensão do crédito tributário.

c) Dada a natureza constitucional indisponível do crédito tributário, a lei não pode autorizar a respectiva remissão total depois que ele tenha sido devidamente constituído.

d) O direito de a Fazenda Pública constituir o crédito tributário extingue-se no prazo decadencial de 20 anos.

e) O crédito tributário decorre da verificação de ocorrência da obrigação tributária principal, sendo constituído pelo lançamento. A anulação do crédito tributário, contudo, não afeta a obrigação tributária que lhe deu origem.

COMENTÁRIO

a) O entendimento que prevalece atualmente é que a própria declaração do contribuinte constitui o crédito tributário, não sendo necessário que o Fisco pratique ato expresso. **(Errada)**

b) A isenção não é causa de suspensão da exigibilidade do crédito tributário, mas causa de exclusão. **(Errada)**

c) O próprio CTN prevê, no art. 156, IV, a remissão como causa de extinção do crédito tributário. **(Errada)**

d) O prazo decadencial para constituir o crédito tributário é de cinco anos e está previsto no art. 173 do CTN. **(Errada)**

e) Nos termos do art. 142 do CTN, o crédito tributário surge com o lançamento. No entanto, a anulação do crédito não afeta a obrigação tributária, que pode ser objeto de novo lançamento. **(Correta)**

Gabarito: letra E

2. (Cespe – Sefaz-RS – Auditor-Fiscal da Receita Estadual – Bloco II – 2019) A secretaria de fazenda de determinado Estado da Federação realizará o lançamento de tributo de sua competência na importação de mercadoria; o valor tributário está expresso em moeda estrangeira e discriminado em documento idôneo. Nesse caso, de acordo com o CTN, o lançamento será feito por:

a) arbitramento do valor mediante aferição de similar exclusivamente nacional;

b) arbitramento do valor mediante aferição de similares nacional e internacional, prevalecendo o que for maior;

c) conversão em moeda nacional ao câmbio do dia fixado na nota fiscal de remessa da mercadoria no exterior;

d) conversão em moeda nacional ao câmbio do dia do lançamento definitivo do tributo;

e) conversão em moeda nacional ao câmbio do dia da ocorrência do fato gerador da obrigação.

COMENTÁRIO

a) Inexiste previsão semelhante no CTN. **(Errado)**

b) Idem. **(Errado)**

c) Idem. **(Errado)**

d) Idem. **(Errado)**

e) Nos termos do art. 143 do CTN, quando o valor estiver expresso em moeda estrangeira, no lançamento far-se-á sua conversão em moeda nacional ao câmbio do dia da ocorrência do fato gerador da obrigação. **(Correto)**

Gabarito: letra E

3. (NC-UFPR – TJ-PR – Titular de Serviços de Notas e de Registros – Provimento – 2019) João viajou para o Canadá com o objetivo de adquirir um aparelho de telefone celular de última geração a preço mais razoável do que o praticado no mercado brasileiro. Retornando ao Brasil, no aeroporto de Curitiba (PR), foi fiscalizado por agentes de fiscalização da Receita Federal do Brasil, para o pagamento de Imposto de Importação. Contudo, primeiramente, para que o tributo seja cobrado pelo Fisco, é preciso que os agentes de fiscalização efetuem o lançamento (e eventual auto de infração). Entretanto, João escondeu a nota fiscal do celular e não informou às autoridades fiscais o valor do bem.

Nesse caso, os fiscais realizarão o lançamento:

a) por declaração, isto é, aquele feito pelo Fisco quando o contribuinte não possui qualquer participação para a constituição do lançamento;

b) por declaração, isto é, aquele no qual o contribuinte declara e com base na declaração o Fisco apura o montante do tributo devido;

c) de ofício, na falta do lançamento por declaração, já que o contribuinte, que deveria prestar as informações para o lançamento de declaração, não o fez de forma adequada; além disso, será elaborado auto de infração pela falta de declaração do contribuinte;

d) por homologação, isto é, aquele que contém participação equilibrada do contribuinte e do Fisco para a apuração do crédito tributário;

e) por homologação, isto é, aquele no qual o Fisco tem grande participação na apuração do montante do tributo devido, já que o contribuinte não declara, não calcula e nem antecipa o tributo devido.

COMENTÁRIO

A questão trata da necessidade de o contribuinte, ao ingressar no território nacional com produto estrangeiro (fato gerador do imposto de importação), realizar a declaração no desembaraço aduaneiro.

Como o contribuinte esconde a nota fiscal, os fiscais realizarão o lançamento de ofício (alternativa C) lavrando o Auto de Infração, conforme previsão do art. 149 do CTN.

Gabarito: letra C

4. (NC-UFPR – TJ-PR – Titular de Serviços de Notas e de Registros – Remoção – 2019) Sobre o lançamento, segundo o Código Tributário Nacional, assinale a alternativa INCORRETA.

a) Compete privativamente às autoridades administrativas constituir o crédito tributário pelo lançamento, assim entendido o procedimento administrativo tendente a verificar a ocorrência do fato gerador da obrigação correspondente, determinar a matéria tributável, calcular o montante do tributo devido e, entre outros aspectos, identificar o sujeito passivo da obrigação tributária.

b) Regra geral, o lançamento reporta-se à data da ocorrência do fato gerador da obrigação e rege-se pela lei então vigente, ainda que posteriormente modificada ou revogada.

c) Excepcionalmente, aplica-se ao lançamento a legislação que, posteriormente à ocorrência do fato gerador da obrigação, tenha instituído novos critérios de apuração ou processos de fiscalização, ampliado os poderes de investigação das autoridades administrativas, ou outorgado ao crédito maiores garantias ou privilégios, exceto, neste último caso, para o efeito de atribuir responsabilidade tributária a terceiros.

d) O lançamento e o auto de infração podem ser objeto de anulação se não cumprirem os requisitos legais necessários à sua constituição.

e) O lançamento por declaração ocorre quando a legislação impõe ao sujeito passivo o dever de antecipar o pagamento sem prévio exame da autoridade administrativa, que, nesse contexto, tomando conhecimento da atividade assim exercida pelo obrigado, expressamente concorda com o mesmo ato realizado pelo primeiro.

COMENTÁRIO

Nessa questão a banca exigiu a alternativa INCORRETA, cobrando a conceituação das modalidades de lançamento tributário.

Inicialmente, é importante lembrar que o lançamento fiscal tem o seu conceito estabelecido no art. 142 do CTN. Nesse contexto, as alternativas "A", "B", "C" e "D" estão corretas, pois a "A" prevê exatamente o conceito de lançamento do art. 142 do CTN e a "B" baseia-se no art. 144.

Já a "C" tem fundamento no § 1º do art. 144 do CTN segundo o qual o lançamento rege-se pela lei vigente no dia da ocorrência do fato gerador, podendo, excepcionalmente, ser aplicada lei posterior ao fato gerador desde que seja uma lei que trate de aumento da fiscalização dos poderes da Administração Pública, do aumento das garantias e privilégios do crédito tributário, exceto para o efeito de atribuir responsabilidade tributária a terceiros.

A alternativa "D" assevera que o lançamento e o auto de infração são procedimentos administrativos que sofrem controle de legalidade, podendo ser anulados.

E a letra "E" é a alternativa INCORRETA que deve ser assinalada, visto que traz o conceito de lançamento por homologação, porém, substituindo o nome "homologação" pela palavra "declaração".

Gabarito: letra E

5. **(NC-UFPR – Prefeitura de Curitiba – PR – Procurador – 2019)** O lançamento tributário é o ato por meio do qual o crédito tributário é constituído. Levando em consideração os dados apresentados, assinale a alternativa correta.

a) O ITBI será lançado por declaração do contribuinte, sendo de ofício o seu lançamento nos casos em que o Fisco Municipal constatar a ocorrência do fato gerador.

b) O lançamento misto ou por declaração, que ocorre quanto aos tributos cuja legislação atribua ao sujeito passivo o dever de antecipar o pagamento sem prévio exame da autoridade administrativa, opera-se pelo ato em que a referida autoridade, tomando conhecimento da atividade assim exercida pelo obrigado, expressamente a homologa.

c) O ISS fixo está sujeito ao lançamento por homologação ou autolançamento.

d) Nos casos em que o contribuinte não realizar o lançamento por homologação do IPTU, o Município o lançará de ofício, considerando-se as circunstâncias objetivas e subjetivas existentes à data da ocorrência do fato imponível.

e) O lançamento das Taxa de Expediente e de Polícia poderá ser efetuado no mesmo instrumento de lançamento do Imposto Sobre a Propriedade Predial e Territorial Urbana.

COMENTÁRIO

a) O ITBI é lançado por declaração do contribuinte em parte dos Municípios brasileiros (como Curitiba). **(Correta)**

b) Trata-se do conceito de lançamento por homologação. **(Errada)**

c) O ISS, via de regra, é lançado por homologação, mas o ISS fixo tem lançamento de ofício. **(Errada)**

d) O IPTU é lançado de ofício. **(Errada)**

e) Tributos diferentes devem ser lançados separadamente. **(Errada)**

Gabarito: letra A

6. **(FCC – Sefaz-BA – Auditor-Fiscal – Administração Tributária – Prova I – 2019)** O Código Tributário Nacional, ao tratar do crédito tributário e do lançamento tributário, assim dispõe:

a) as circunstâncias que modificam o crédito tributário, sua extensão, seus efeitos, as garantias ou os privilégios a ele atribuídos, ou que excluem sua exigibilidade afetam a obrigação tributária que lhes deu origem;

b) aplica-se ao lançamento a legislação que, posteriormente à ocorrência do fato gerador da obrigação, tenha instituído novos critérios de apuração ou processos de fiscalização, ou ampliado os poderes de investigação das autoridades administrativas;

c) ao constituir o crédito tributário, a Administração Fiscal não poderá aplicar ao lançamento a legislação que, posteriormente à data da ocorrência do fato gerador, tenha ampliado os poderes de investigação das autoridades administrativas;

d) a lei posterior à ocorrência do fato gerador da obrigação tributária, que tenha outorgado ao crédito maiores garantias ou privilégios, poderá atribuir responsabilidade tributária a terceiros;

e) o lançamento constitui o crédito tributário e rege-se pela lei vigente na data de sua notificação ao sujeito passivo.

COMENTÁRIO

a) Art. 140 do CTN: "As circunstâncias que modificam o crédito tributário, sua extensão ou seus efeitos, ou as garantias ou os privilégios a ele atribuídos, ou que excluem sua exigibilidade não afetam a obrigação tributária que lhes deu origem". **(Errado)**

b) Art. 144, § 1º, do CTN: "Aplica-se ao lançamento a legislação que, posteriormente à ocorrência do fato gerador da obrigação, tenha instituído novos critérios de apuração ou processos de fiscalização, ampliado os poderes de investigação das autoridades administrativas, ou outorgado ao crédito maiores garantias ou privilégios, exceto, neste último caso, para o efeito de atribuir responsabilidade tributária a terceiros". **(Correto)**

c) Idem (Art. 144, § 1º, do CTN). **(Errado)**

d) Idem (Art. 144, § 1º, do CTN). **(Errado)**

e) Art. 144, *caput*, do CTN: "O lançamento reporta-se à data da ocorrência do fato gerador da obrigação e rege-se pela lei então vigente, ainda que posteriormente modificada ou revogada". **(Errado)**

Gabarito: letra B

7. (FCC – Sefaz-BA – Auditor-Fiscal – Administração Tributária – Prova I – 2019) Relativamente aos temas obrigação tributária, fato gerador e lançamento o nosso ordenamento jurídico prescreve.

I. Além de outras atribuições, cabe à Lei complementar estabelecer normas gerais em matéria de legislação tributária, especialmente sobre a definição de tributo e de suas espécies, bem como, a dos respectivos fatos geradores, base de cálculo e contribuintes dos impostos discriminados na Constituição.

II. A definição legal do fato gerador é interpretada levando-se em consideração a validade jurídica dos atos efetivamente praticados pelos contribuintes, responsáveis, ou terceiros.

III. Tratando-se de situação jurídica, considera-se ocorrido o fato gerador e existentes os seus efeitos, desde o momento que se verifiquem as circunstâncias materiais necessárias a que produza os efeitos que normalmente lhe são próprios.

IV. Se a lei não fixar prazo para homologação do lançamento, será ele de cinco anos, a contar da ocorrência do fato gerador, sendo que, expirado esse prazo sem que a Fazenda Pública se tenha pronunciado, considera-se homologado o lançamento e definitivamente extinto o crédito, salvo se comprovada a ocorrência de dolo, fraude ou simulação.

Está correto o que se afirma APENAS em:

a) I, II e IV;

b) I e IV;

c) II, III e IV;

d) III e IV;

e) III.

COMENTÁRIO

Assertiva I – Art. 146, III, *a*, da CF: "Cabe à lei complementar, estabelecer normas gerais em matéria de legislação tributária, especialmente sobre definição de tributos e de suas espécies, bem como, em relação aos impostos discriminados nesta Constituição, a dos respectivos fatos geradores, bases de cálculo e contribuintes". **(Correta)**

Assertiva II – Art. 118, I, do CTN: "A definição legal do fato gerador é interpretada abstraindo-se da validade jurídica dos atos efetivamente praticados pelos contribuintes, responsáveis, ou terceiros, bem como da natureza do seu objeto ou dos seus efeitos". **(Errada)**

Assertiva III – Art. 116, I e II, do CTN: "Salvo disposição de lei em contrário, considera-se ocorrido o fato gerador e existentes os seus efeitos: I – tratando-se de situação de fato, desde o momento em que o se verifiquem as circunstâncias materiais necessárias a que produza os efeitos que normalmente lhe são próprios; e II – tratando-se de situação jurídica, desde o momento em que esteja definitivamente constituída, nos termos de direito aplicável". **(Errada)**

Assertiva IV – Art. 150, § 4º, do CTN: "Se a lei não fixar prazo a homologação, será ele de cinco anos, a contar da ocorrência do fato gerador; expirado esse prazo sem que a Fazenda Pública se tenha pronunciado, considera-se homologado o lançamento e definitivamente extinto o crédito, salvo se comprovada a ocorrência de dolo, fraude ou simulação". **(Correta)**

Gabarito: letra B

8. (Instituto Ânima Sociesc – Prefeitura de Jaraguá do Sul-SC – Fiscal Tributarista – 2020) Segundo o Código Tributário Nacional, compete privativamente à autoridade administrativa constituir o crédito tributário pelo lançamento, assim entendido o procedimento administrativo tendente a verificar a ocorrência do fato gerador da obrigação correspondente, determinar a matéria tributável, calcular o montante do tributo devido, identificar o sujeito passivo e, sendo caso, propor a aplicação da penalidade cabível. Sobre a atividade administrativa de lançamento é correto afirmar que:

a) É não vinculada e opcional.
b) É não vinculada e obrigatória.
c) Reporta-se a data posterior da ocorrência do fato gerador da obrigação e rege-se pela lei então vigente.
d) É vinculada e obrigatória, sob pena de responsabilidade funcional.
e) Reporta-se a data anterior da ocorrência do fato gerador da obrigação e rege-se pela lei então vigente, ainda que posteriormente modificada ou revogada.

COMENTÁRIO

O lançamento é o ato administrativo **VINCULADO** e **OBRIGATÓRIO**, declaratório do fato gerador e constitutivo do crédito tributário, que se não for realizado, importa em responsabilidade funcional do agente público competente (art. 142, parágrafo único, do CTN).

Gabarito: letra D

9. (FUNDEP – Prefeitura de Barão de Cocais-MG – Fiscal de Rendas e Tributos – 2020) O lançamento do crédito tributário pela Administração Pública, em face do contribuinte, dá origem a sua exigibilidade, e, portanto, a sua obrigação tributária. A esse respeito, numere a COLUNA II de acordo com a COLUNA I, relacionando a modalidade de lançamento a seu respectivo conceito, conforme disposto no Código Tributário Nacional.

COLUNA I

1. Lançamento por homologação
2. Lançamento por declaração
3. Lançamento arbitrado

COLUNA II

( ) Quando o cálculo do tributo tenha por base ou tome em consideração o valor ou o preço de bens, direitos, serviços ou atos jurídicos, a autoridade lançadora, mediante processo regular, determinará aquele valor ou preço, sempre que sejam omissos ou não mereçam fé as declarações, os esclarecimentos prestados, os documentos expedidos pelo sujeito passivo ou pelo terceiro legalmente obrigado, ressalvada, em caso de contestação, avaliação contraditória, administrativa ou judicial.

( ) Ocorre a partir de manifestação do sujeito passivo ou de terceiro, quando um ou outro, na forma da Legislação Tributária, presta à autoridade administrativa informações sobre matéria de fato, indispensáveis à sua efetivação.

( ) Refere-se aos tributos cuja legislação atribua ao sujeito passivo o dever de antecipar o pagamento sem prévio exame da autoridade administrativa, operando-se pelo ato em que a referida autoridade, tomando conhecimento da atividade assim exercida pelo obrigado, expressamente o confirma.

Assinale a sequência correta.

a) 1 2 3

b) 3 2 1

c) 2 3 1

d) 2 1 3

COMENTÁRIO

Lançamento arbitrado – Quando o cálculo do tributo tenha por base ou tome em consideração o valor ou o preço de bens, direitos, serviços ou atos jurídicos, a autoridade lançadora, mediante processo regular, determinará aquele valor ou preço, sempre que sejam omissos ou não mereçam fé as declarações, os esclarecimentos prestados, os documentos expedidos pelo sujeito passivo ou pelo terceiro legalmente obrigado, ressalvada, em caso de contestação, avaliação contraditória, administrativa ou judicial.

Lançamento por declaração – Ocorre a partir de manifestação do sujeito passivo ou de terceiro, quando um ou outro, na forma da Legislação Tributária, presta à autoridade administrativa informações sobre matéria de fato, indispensáveis à sua efetivação.

Lançamento por homologação – Refere-se aos tributos cuja legislação atribua ao sujeito passivo o dever de antecipar o pagamento sem prévio exame da autoridade administrativa, operando-se pelo ato em que a referida autoridade, tomando conhecimento da atividade assim exercida pelo obrigado, expressamente o confirma.

Gabarito: letra B

10. (CESPE/CEBRASPE – SEFAZ-AL – Auditor Fiscal da Receita Estadual – 2020) No que se refere a legislação tributária, obrigação tributária e crédito tributário, julgue o item que se segue.

No caso de lançamento por homologação, não influem sobre a obrigação tributária quaisquer atos anteriores à homologação, praticados pelo sujeito passivo ou por terceiro, visando à extinção total ou parcial do crédito.

( ) Certo ( ) Errado

COMENTÁRIO

"Art. 150. O lançamento por homologação, que ocorre quanto aos tributos cuja legislação atribua ao sujeito passivo o dever de antecipar o pagamento sem prévio exame da autoridade administrativa, opera-se pelo ato em que a referida autoridade, tomando conhecimento da atividade assim exercida pelo obrigado, expressamente a homologa.

(...)

§ 2º Não influem sobre a obrigação tributária quaisquer atos anteriores à homologação, praticados pelo sujeito passivo ou por terceiro, visando à extinção total ou parcial do crédito."

Gabarito: Certo

15

CRÉDITO TRIBUTÁRIO

Acesse também a videoaula pelo *link*:
http://somos.in/MDT0716

15.1 CONCEITO, CONSTITUIÇÃO E REGIME GERAL

Observando a relação jurídica do ponto de vista do Fisco, o crédito tributário é o objeto da obrigação tributária. Para o devedor (contribuinte ou responsável), o conteúdo da obrigação consiste numa ordem de pagar, fazer ou não fazer; para o credor (Fisco), trata-se do direito de exigir o cumprimento daquilo que é devido.

Desse modo, crédito tributário é o **direito que o Fisco tem de exigir do devedor o cumprimento da obrigação tributária**.

Conforme visto no capítulo anterior, embora a obrigação tributária surja com a ocorrência do fato gerador, **somente com o lançamento é que ocorre a constituição definitiva do crédito tributário** (art. 142 do CTN).

O **regime geral** do crédito tributário é definido pelo CTN nos arts. 139 a 141, podendo ser resumido nas **seguintes diretrizes**:

1) o crédito tributário decorre da obrigação principal;

2) o crédito e a obrigação têm a mesma natureza, na medida em que integram uma única relação jurídica;

3) circunstâncias que modificam o crédito tributário, sua extensão ou seus efeitos, ou as garantias ou os privilégios a ele atribuídos, ou que excluem sua exigibilidade, não afetam a obrigação tributária que lhe deu origem;

4) somente lei complementar federal pode prever ou modificar o regime das causas de suspensão, extinção ou exclusão do crédito tributário;

5) qualquer hipótese de suspensão, exclusão ou extinção do crédito instituída de ofício pela autoridade administrativa enseja responsabilidade funcional.

Passemos agora ao estudo das causas de suspensão, extinção e exclusão do crédito.

15.2 SUSPENSÃO, EXTINÇÃO E EXCLUSÃO DO CRÉDITO

Os arts. 151 a 182 do CTN disciplinam detalhadamente **circunstâncias que interferem no regular exercício do direito que o Fisco tem de cobrar o devedor**.

São institutos que o legislador distribuiu em três categorias distintas:

a) **causas de SUSPENSÃO** do crédito (arts. 151 a 155-A): **interrompem temporariamente** o direito de cobrar o devedor. Exemplos: moratória, medida liminar, tutela antecipada;

b) **causas de EXTINÇÃO** do crédito (arts. 156 a 174): **eliminam definitivamente** o direito de cobrar o devedor, **após a constituição do crédito**. Assim, como regra, ocorrem **após o lançamento** (exceto a decadência). Exemplos: pagamento, compensação, dação em pagamento, prescrição, decadência, conversão do depósito em renda;

> Cespe: A prova de Defensor Público/TO de 2013 considerou ERRADA a afirmação: "A conversão do depósito em renda é modalidade de suspensão do crédito tributário".

c) **causas de EXCLUSÃO** do crédito (arts. 175 a 182): são circunstâncias que **evitam a constituição do crédito**, ocorrendo, desse modo, **antes do lançamento**. Exemplos: anistia e isenção.

15.2.1 Necessidade de reserva legal

As causas de suspensão, extinção e exclusão do crédito tributário **somente podem ser definidas e disciplinadas em lei.** Qualquer hipótese de benefício criado por ato administrativo enseja responsabilidade funcional (art. 141 do CTN) e constitui improbidade administrativa (art. 10 da Lei n. 8.429/92).

Como a disciplina do crédito tributário está sob reserva de lei complementar (art. 146, III, *b*, da CF), as alterações na matéria exigem **lei complementar federal**.

15.2.2 Favor geral e favor individual (diferenças)

Muitas das circunstâncias que suspendem, extinguem ou excluem o crédito tributário são denominadas pela doutrina "favores legais", isto é, benefícios que a lei confere em prol do devedor. São favores legais a moratória, o parcelamento, a transação, a remissão, a anistia e a isenção.

O CTN prevê dois sistemas distintos para a concessão de favores legais, dependendo de o benefício ser de natureza geral ou de natureza individual.

O favor de natureza geral produz efeitos com a simples entrada em vigor da lei concessiva, dispensando despacho da autoridade fiscal para suspender a exigibilidade do crédito.

Já o favor de natureza individual é aquele que exige o preenchimento de requisitos pelo favorecido, de modo que a produção de efeitos só ocorre com o despacho da autoridade administrativa.

Nos termos estritos do CTN, a autoridade pode "revogar" (o certo seria "cassar") o favor se o beneficiário deixa de preencher os requisitos indispensáveis à fruição da vantagem.

15.2.3 Quadro comparativo

É possível sintetizar as informações relevantes sobre a comparação entre as causas de suspensão, extinção e exclusão do crédito tributário utilizando o quadro abaixo:

	Causas de SUSPENSÃO do crédito	**Causas de EXTINÇÃO do crédito**	**Causas de EXCLUSÃO do crédito**
Previsão	Arts. 151 a 155-A do CTN	Arts. 156 a 174 do CTN	Arts. 175 a 182 do CTN
Rol	Taxativo, sob reserva de lei complementar federal	Taxativo, sob reserva de lei complementar federal	Taxativo, sob reserva de lei complementar federal
Características	Interrompem temporariamente o crédito	Eliminam definitivamente o crédito, após sua constituição (exceto decadência)	Evitam a constituição do crédito, ocorrendo antes do lançamento
Lista	a) moratória; b) depósito do montante integral; c) reclamações e recursos administrativos; d) medida liminar; e) tutela antecipada; f) parcelamento	a) pagamento; b) compensação; c) transação; d) remissão; e) prescrição; f) decadência; g) conversão do depósito em renda; h) pagamento antecipado e homologação; i) consignação em pagamento; j) decisão administrativa irreformável; k) decisão judicial transitada em julgado; l) dação em pagamento	a) anistia; b) isenção
Dica de memorização	Memorize os nomes das causas de suspensão utilizando a palavra "**MODERETULIPA**", formada pelas iniciais dos nomes dos respectivos institutos (**Mo**ratória, **De**pósito integral, **Re**cursos, **Tu**tela antecipada, **Li**minar e **Pa**rcelamento)	Como a lista das causas de extinção é muito longa, a melhor estratégia consiste em utilizar uma **regra residual**. Todas as causas que estiverem fora das listas de suspensão (fora do "MODERETULIPA") e de exclusão (fora do "AI") serão causas de extinção do crédito	Memorize utilizando a palavra "**AI**" (**A**nistia e **I**senção)

15.3 CAUSAS DE SUSPENSÃO DO CRÉDITO TRIBUTÁRIO

> Cespe: A prova de Defensor Público/TO de 2013 considerou ERRADA a afirmação: "A suspensão da exigibilidade do crédito tributário também suspende as demais obrigações vinculadas ao tributo, dispensando-se o cumprimento das obrigações acessórias dependentes da obrigação principal dela consequentes".

O art. 151 do Código Tributário Nacional prevê seis causas de suspensão da exigibilidade do crédito tributário:

1) moratória;
2) depósito integral;
3) reclamações e recursos administrativos;
4) medida liminar em mandado de segurança;
5) medida liminar ou tutela antecipada nas demais ações;
6) parcelamento.

15.3.1 Moratória

Moratória é a **ampliação do prazo legal** para regular pagamento do tributo. Trata-se de importante instrumento de política tributária utilizado para amenizar o impacto de graves crises econômicas, calamidades públicas ou catástrofes da natureza, casos em que o legislador poderá aumentar o prazo para recolhimento de tributos. Ao contrário da isenção e da remissão, que liberam o pagamento do tributo, na moratória há pagamento, mas posteriormente.

A moratória sempre **depende de lei específica** e, como regra, deve ser concedida pela pessoa política competente para criar o tributo.

Porém, o art. 152, I, *b*, do CTN autoriza a União a conceder moratória, em caráter geral, para tributos estaduais e municipais, quando simultaneamente concedida quanto aos tributos de competência federal e às obrigações de direito privado.

A referida norma é visivelmente inconstitucional, na medida em que viola a autonomia das entidades federativas (art. 1º da Constituição Federal), implicando benefício fiscal concedido pela União em relação a tributo alheio.

> STF: "Ao remeter a disciplina do parcelamento às regras atinentes à moratória, a lei complementar exigiu que a legislação definidora do instituto promovesse a especificação mínima das condições e dos requisitos para sua outorga em favor do contribuinte. Em matéria de delegação legislativa, a jurisprudência da Corte tem acompanhado um movimento de maior flexibilização do Princípio da Legalidade, desde que o legislador estabeleça um desenho mínimo que evite o arbítrio. O grau de indeterminação com que operou a Lei estadual n. 11.453/2000, ao meramente autorizar o Poder Executivo a conceder o parcelamento, provocou a degradação da reserva legal, consagrada pelo art. 150, I, da CF. Isso porque a remessa ao ato infralegal não pode resultar em desapoderamento do legislador no trato de elementos essenciais da obrigação tributária. Para o respeito do princípio da legalidade, seria essencial que a lei (em sentido estrito), além de prescrever o tributo a que se aplica (IPVA) e a categoria de contribuintes afetados pela medida legislativa (inadimplentes), também definisse o prazo de duração da medida, com indicação do número de prestações, com seus vencimentos, e as garantias que o contribuinte deva oferecer, conforme determina o art. 153 do CTN" (ADI 2.304, rel. Min. Dias Toffoli, j. 12-4-2018, P, *DJe* de 3-5-2018).

15.3.1.1 Moratória geral

Moratória geral é aquela outorgada por lei a **todos os devedores descritos na hipótese concessiva**, dispensando-se a necessidade de um ato administrativo que defira concretamente o favor a cada beneficiário. É caso, por exemplo, de uma lei municipal que prorrogue por mais 30 dias o prazo para pagamento do IPTU a todos os contribuintes.

Desse modo, na moratória geral a **simples publicação da lei já suspende a exigibilidade do crédito.**

Nos termos do art. 152, parágrafo único, do CTN, a lei concessiva da moratória pode circunscrever expressamente a sua aplicabilidade a determinada região do território da pessoa jurídica de direito público que a expedir, ou a determinada classe ou categoria de sujeitos passivos.

15.3.1.2 Requisitos para moratória individual

Moratória individual é aquela cuja concessão exige, nos termos da lei específica, um despacho da autoridade administrativa deferindo o benefício a cada devedor.

> **Cespe: A prova de Defensor Público/TO de 2013 considerou ERRADA a afirmação: "A moratória individual não se inclui no âmbito da reserva legal, pois, tendo natureza de ato administrativo que independe de lei, é concedida por portaria da autoridade fiscal competente".**

Assim, para que a moratória específica produza o efeito de suspender a exigibilidade do crédito tributário, é necessária a ocorrência simultânea de **dois requisitos:**

> **Cespe: A prova da Magistratura/RN de 2013 considerou ERRADA a afirmação: "A autoridade administrativa está impedida de conceder, ainda que mediante autorização legal, moratória de caráter individual, pois a legislação tributária somente admite a moratória em caráter geral, que deve ser concedida pela pessoa jurídica de direito público competente para instituir o tributo a que se refira".**

1) **lei específica autorizando;**

2) **despacho da autoridade administrativa:** trata-se de um ato administrativo vinculado da autoridade fiscal que, confirmando o preenchimento dos requisitos exigidos pela lei, defere no caso concreto a concessão do benefício ao devedor. **Somente após o despacho é que ocorre a suspensão do crédito.**

15.3.1.3 Requisitos da lei que concede a moratória

De acordo com o que dispõe o art. 153 do CTN:

> A lei que concede moratória em caráter geral ou autorize sua concessão em caráter individual especificará, sem prejuízo de outros requisitos:
>
> I – o prazo de duração do favor;
>
> II – as condições da concessão do favor em caráter individual;

III – sendo caso:

a) os tributos a que se aplica;

b) o número de prestações e seus vencimentos, dentro do prazo a que se refere o inciso I, podendo atribuir a fixação de uns e de outros à autoridade administrativa, para cada caso de concessão em caráter individual;

c) as garantias que devem ser fornecidas pelo beneficiado no caso de concessão em caráter individual.

Fepese: A prova de Auditor-Fiscal de Florianópolis de 2014 considerou CORRETA a afirmação: "A lei que concede, em caráter individual, a moratória deverá especificar as garantias que devem ser fornecidas pelo beneficiado".

15.3.1.4 Abrangência da moratória

Salvo disposição de lei em contrário, a moratória abrange **somente os créditos definitivamente constituídos à data da lei ou do despacho** que a conceder, ou cujo lançamento já tenha sido iniciado àquela data por ato regularmente notificado ao sujeito passivo (art. 154 do CTN).

15.3.1.5 "Revogação" do benefício

Embora o art. 155 do CTN afirme que o benefício da moratória poderá ser "revogado" de ofício se o devedor deixar de satisfazer as condições para concessão do favor, trata-se na verdade de **hipótese de cassação**, e não propriamente de revogação. Como a concessão da moratória individual é ato vinculado, cuja outorga não envolve qualquer juízo de discricionariedade (conveniência e oportunidade) por parte da autoridade, impossível falar em revogação.

Corrigida a impropriedade legal, cabe transcrever o art. 155 do CTN:

A concessão da moratória em caráter individual não gera direito adquirido e será revogado de ofício, sempre que se apure que o beneficiado não satisfazia ou deixou de satisfazer as condições ou não cumprira ou deixou de cumprir os requisitos para a concessão do favor, cobrando-se o crédito acrescido de juros de mora:

I – com imposição da penalidade cabível, nos casos de dolo ou simulação do beneficiado, ou de terceiro em benefício daquele;

Cespe: A prova de Procurador do TCE/PB em 2014 considerou CORRETA a afirmação: "O parcelamento de crédito tributário não poderá ser concedido a quem aja com dolo, fraude ou simulação, como ocorre com o instituto da moratória".

II – sem imposição de penalidade, nos demais casos.

Parágrafo único. No caso do inciso I deste artigo, o tempo decorrido entre a concessão da moratória e sua revogação não se computa para efeito da prescrição do direito à cobrança do crédito; no caso do inciso II deste artigo, a revogação só pode ocorrer antes de prescrito o referido direito.

15.3.2 Depósito do montante integral

O Código Tributário Nacional, em seu art. 151, II, faculta ao contribuinte suspender a exigibilidade do crédito tributário por meio do depósito integral do montante devido **em dinheiro**.

> Consulplan: A prova de Cartório/MG de 2015 considerou CORRETA a assertiva: "É inconstitucional a exigência de depósito prévio como requisito de admissibilidade de ação judicial na qual se pretenda discutir a exigibilidade de crédito tributário, bem como é inconstitucional a exigência de depósito ou arrolamento prévio de dinheiro ou bens para admissibilidade de recurso administrativo".

Registre-se que, conforme entendimento da doutrina e dos tribunais pátrios, a lei não pode condicionar a propositura de ação judicial ou a interposição e recurso à efetivação de depósito, exigência que colide com a garantia do livre acesso ao Judiciário (art. 5º, XXXV, da CF) e também com o teor do princípio da igualdade tributária (art. 150, II, da CF).

Por essas razões, o art. 38 da Lei n. 6.830/80, ao condicionar a ação anulatória à realização de depósito prévio, é inconstitucional, por desatender aos arts. 5º, XXXV, e 150, II, da Constituição Federal.

É o que declara, por exemplo, a Súmula 373 do STJ: "É ilegítima a exigência de depósito prévio para admissibilidade de recurso administrativo".

No mesmo sentido, foi editada a Súmula Vinculante 21 do STF: "É inconstitucional a exigência de depósito ou arrolamento prévios de dinheiro ou bens para admissibilidade de recurso administrativo".

Assim, a realização de depósito integral **é sempre uma faculdade em favor do contribuinte**, nunca podendo constituir uma condição para recorrer ou acionar o Judiciário.

> STJ: "TRIBUTÁRIO. SUSPENSÃO DA EXIGIBILIDADE DO TRIBUTO. SEGURO-GARANTIA. IMPOSSIBILIDADE DE EQUIPARAÇÃO A DINHEIRO PARA ESSE EFEITO. APLICAÇÃO DA SÚMULA 112/STJ. 1. Trata-se, na origem, de Ação de Anulação de Débito Fiscal em que o Tribunal regional entendeu que o seguro-garantia não tem finalidade de suspender a exigibilidade do débito fiscal e que só o depósito em dinheiro do montante integral do débito possui esta função. 2. É patente que a compreensão esposada pelo Tribunal local está de acordo com a pacífica orientação do STJ, que entende **ser inviável a equiparação do seguro-garantia ou da fiança bancária ao depósito judicial em dinheiro e pelo montante integral para efeito de suspensão da exigibilidade do crédito tributário, sob pena de afronta ao art. 151 do CTN**. 3. A configuração da "probabilidade de provimento do recurso" encontra óbice no entendimento, já fartamente exposto, de que apenas o depósito judicial realizado em dinheiro e pelo montante integral é causa de suspensão da exigibilidade do crédito tributário, conforme sedimentado no enunciado da Súmula 112/STJ: 'O depósito somente suspende a exigibilidade do crédito tributário se for integral e em dinheiro'. 4. Recurso Especial não provido" (REsp 1.759.792/MG, rel. Min. Herman Benjamin, j. 25-9-2018, 2ª T.).

15.3.3 Reclamações e recursos administrativos. Instâncias recursais administrativas

A impugnação administrativa de exigências tributárias, seja por meio de reclamações, seja pela interposição de recursos, suspende a exigibilidade do crédito tributário, nos termos da legislação reguladora do processo administrativo tributário (arts. 151, III, do CTN e 33 do Decreto n. 70.235/72).

Em âmbito federal, o sistema administrativo de impugnação das exigências fiscais é regulado pelo Decreto n. 7.574/2011.

Qualquer exigência tributária federal pode ser objeto de impugnação pelo devedor, no prazo de 30 dias, dirigida à Delegacia da Receita Federal com jurisdição sobre o domicílio tributário do sujeito passivo (art. 56 do Decreto n. 7.574/2011).

Sendo derrotado, o contribuinte pode interpor recurso voluntário com efeito suspensivo ao Conselho Administrativo e Recursos Fiscais – CARF (art. 75).

Caberá, por fim, recurso especial à Câmara Superior de Recursos Fiscais, no prazo de quinze dias da ciência do acórdão ao interessado, de decisão que der à lei tributária interpretação divergente da que lhe tenha dado outra câmara, turma de câmara, turma especial ou a própria Câmara Superior de Recursos Fiscais (art. 79).

Com o recurso especial é atingido o limite máximo de três instâncias na esfera administrativa (art. 57 da Lei n. 9.784/99). Se a decisão final for favorável ao devedor, torna-se imutável para o Fisco. Porém, derrotado o sujeito passivo, ainda poderá este recorrer ao Poder Judiciário.

STJ: "PROCESSUAL CIVIL E TRIBUTÁRIO. EXECUÇÃO FISCAL. RECURSO ADMINISTRATIVO. EXIGIBILIDADE DO CRÉDITO TRIBUTÁRIO. SUSPENSÃO. INSCRIÇÃO EM DÍVIDA ATIVA. IMPOSSIBILIDADE. 1. Não há violação do art. 535 do CPC/73 quando o órgão julgador, de forma clara e coerente, externa fundamentação adequada e suficiente à conclusão do acórdão embargado. 2. Por força do inciso III do art. 151 do CTN, os recursos administrativos, enquanto não definitivamente julgados, suspendem a exigibilidade do crédito tributário, impedindo a inscrição em dívida ativa e o ajuizamento da execução fiscal. 3. Somente a partir da notificação do resultado do recurso tem início a contagem do prazo prescricional para a propositura da execução fiscal, sendo irrelevante eventual intempestividade, caso a administração não a tenha aferido no momento oportuno. 4. Hipótese em que se verifica a sintonia do acórdão recorrido com a orientação jurisprudencial do STJ, uma vez que, considerado o contexto fático probatório delineado pelo órgão judicial *a quo*, à época da emissão da certidão de dívida ativa, o processo administrativo estava pendente de decisão final. 5. Agravo interno não provido" (AgInt nos EDcl no AgInt nos EDcl no REsp 1.344.857/RJ, rel. Min. Gurgel de Faria, j. 10-10-2017, 1ª T.).

15.3.4 Medida liminar em mandado de segurança

Por força do art. 151, IV, do CTN, a decisão judicial concessiva de liminar em sede de mandado de segurança também suspende o crédito tributário.

> Vunesp: A prova da Magistratura/PA considerou ERRADA a afirmação: "É causa de extinção do crédito tributário a impetração de mandado de segurança".

> FCC: A prova de Técnico Judiciário do TRF3 considerou CORRETA a afirmação: "A liminar concedida em mandado de segurança é causa de suspensão da exigibilidade e de suspensão do prazo prescricional".

Entretanto, de acordo com jurisprudência consolidada no STJ, a **concessão de liminar ou tutela antecipada** suspende a cobrança mas **não impede o Fisco de realizar o lançamento** visando prevenir a decadência, hipótese em que a Fazenda Pública deve aguardar o desfecho da ação para fazer a cobrança (STJ, REsp 575.991).

> FCC: A prova de Agente Fiscal de Rendas da Sefaz/SP de 2013 considerou CORRETA a afirmação: "A suspensão da exigibilidade do crédito tributário na via judicial impede o Fisco de praticar qualquer ato contra o contribuinte visando à cobrança de seu crédito, tais como inscrição em dívida, execução e penhora, mas não impossibilita a Fazenda de proceder a regular constituição do crédito tributário para prevenir a decadência do direito de lançar".

STJ: "TRIBUTÁRIO E PROCESSUAL CIVIL. AGRAVO INTERNO NO AGRAVO EM RECURSO ESPECIAL. EXCEÇÃO DE PRÉ-EXECUTIVIDADE. EXECUÇÃO FISCAL. ALEGADA OFENSA AO ART. 535 DO CPC/73. INEXISTÊNCIA. DEFERIMENTO DE LIMINAR, EM MANDADO DE SEGURANÇA. SUSPENSÃO DA EXIGIBILIDADE DO CRÉDITO TRIBUTÁRIO. ART. 151, IV, DO CTN. POSTERIOR DENEGAÇÃO DA ORDEM, PELO TRIBUNAL DE ORIGEM. PRAZO PRESCRICIONAL. TERMO *A QUO*. INTERPOSIÇÃO DE RECURSO ESPECIAL E RECURSO EXTRAORDINÁRIO. AUSÊNCIA DE EFICÁCIA SUSPENSIVA, EM REGRA. DESNECESSIDADE DE AGUARDAR O TRÂNSITO EM JULGADO DO ACÓRDÃO QUE REVOGA A LIMINAR OU A ANTECIPAÇÃO DOS EFEITOS DA TUTELA, PARA A FLUÊNCIA DO PRAZO PRESCRICIONAL. ENTENDIMENTO FIRMADO PELA 1ª SEÇÃO DO STJ. AGRAVO INTERNO IMPROVIDO. IV. A 1ª Seção do Superior Tribunal de Justiça dirimiu a controvérsia então existente entre as Turmas que a compõem e firmou compreensão segundo a qual, **constituído o crédito tributário, mas suspensa a exigibilidade por decisão que concede medida liminar ou antecipação dos efeitos da tutela, posteriormente mantida, na sentença, o prazo prescricional tem início da publicação do acórdão do Tribunal que revogar a tutela provisória, considerando o efeito meramente devolutivo, em regra, dos recursos especial e extraordinário, sendo desnecessário, assim, aguardar o trânsito em julgado do acórdão que revogar a liminar ou antecipação dos efeitos da tutela** (STJ, EAREsp 407.940/RS, rel. Min. Og Fernandes, 1ª Seção, *DJe* de 29-5-2017). V. Segundo entendimento consolidado em julgamento realizado em sede de Recurso Especial representativo de controvérsia repetitiva, **iniciado o prazo prescricional com a constituição do crédito tributário, o termo ad quem dá-se com a propositura da Execução Fiscal. Ademais, a interrupção da prescrição pela citação válida, na redação original do art. 174, I, do CTN, ou pelo despacho que a ordena, conforme a modificação introduzida pela Lei Complementar n. 118/2005, retroage à data do ajuizamento**, em razão do que determina o art. 219, § 1º, do CPC/73 (STJ, REsp 1.120.295/SP, rel. Min. Luiz Fux, 1ª Seção, *DJe* de 21-5-2010) (Agint no AREsp 1.126.019/SP, rel. Min. Assusete Magalhães, j. 15-5-2018, 2ª T.).

15.3.5 Medida liminar ou tutela antecipada nas demais ações

Além da liminar em mandado de segurança, suspendem a exigibilidade do crédito tributário as liminares concedidas em ações cautelares, bem como as decisões em antecipação de tutela nas demais ações tributárias e nos recursos cíveis.

15.3.6 Parcelamento

Acrescentado pela Lei Complementar n. 104/2001 no rol do art. 151 do CTN, o parcelamento agora constitui uma causa autônoma de suspensão da exigibilidade do crédito tributário. Antes da inovação, a doutrina tratava do instituto como uma espécie de transação, ou seja, modalidade de extinção do crédito. Atualmente, porém, o próprio CTN declara que se **aplicam subsidiariamente ao parcelamento as regras relativas à moratória** (art. 155-A, § 2º, do CTN).

A concessão de parcelamento **depende de lei específica da pessoa política competente para criar o tributo**, lei esta que deverá estabelecer as condições de adesão, os prazos e o número máximo de parcelas em que a dívida pode ser dividida[STJ].

> STJ: "É pacífico o entendimento desta Corte Superior no sentido de que a ação de consignação em pagamento é via inadequada para forçar a concessão de parcelamento e discutir a exigibilidade e a extensão do crédito tributário" (AgRg no REsp 1.270.034-RS, rel. Min. Mauro Campbell Marques, j. 23-10-2012, 2ª T.).

Salvo disposição de lei em contrário, o parcelamento do crédito tributário **não exclui a incidência de juros e multas**[STJ].

> STJ: "DIREITO TRIBUTÁRIO. EXCLUSÃO DO PROGRAMA DE RECUPERAÇÃO FISCAL (REFIS) DECORRENTE DA INEFICÁCIA DO PARCELAMENTO. A pessoa jurídica pode ser excluída do REFIS quando se demonstre a ineficácia do parcelamento, em razão de o valor das parcelas ser irrisório para a quitação do débito. Com efeito, o REFIS é um programa que impõe ao contribuinte o pagamento das dívidas fiscais por meio de parcelamento, isto é, o débito tributário é amortizado pelo adimplemento mensal. A par disso, a impossibilidade de quitar o débito é equiparada à inadimplência para efeitos de exclusão de parcelamento com fundamento no art. 5º, II, da Lei n. 9.964/2000. Nessa hipótese, em razão da 'tese da parcela ínfima', é justificável a exclusão de contribuinte do REFIS, uma vez que o programa de parcelamento foi criado para regularizar as pendências fiscais, prevendo penalidades pelo descumprimento das obrigações assumidas, bem como a suspensão do crédito tributário enquanto o contribuinte fizer parte do programa. Assim, não se pode admitir a existência de débito tributário perene, ou até, absurdamente, que o valor da dívida fiscal aumente tendo em vista o transcurso de tempo e a irrisoriedade das parcelas pagas. Nesse passo, ao se admitir a existência de uma parcela que não é capaz de quitar sequer os encargos do débito, não se está diante de parcelamento ou de moratória, mas de uma remissão, pois o valor do débito jamais será quitado" (2ª T., REsp 1.447.131-RS, rel. Min. Mauro Campbell Marques, j. 20-5-2014).

Lei específica disporá sobre as condições de parcelamento dos créditos tributários do devedor em recuperação judicial. Na ausência da referida lei, aplicam-se as normas gerais de parcelamento do ente da Federação ao devedor em recuperação judicial, não podendo, neste caso, ser o prazo de parcelamento inferior ao concedido pela lei[STJ] federal específica (art. 155-A, §§ 3º e 4º, do CTN).

TRF4: A prova da Magistratura Federal da 4ª Região de 2014 considerou CORRETA a afirmação: "A confissão da dívida não inibe o questionamento judicial da obrigação tributária, no que se refere aos seus aspectos jurídicos. Quanto aos aspectos fáticos sobre os quais incide a norma tributária, a regra é que não se pode rever judicialmente a confissão de dívida efetuada com o escopo de obter parcelamento de débitos tributários, salvo se a matéria de fato constante de confissão de dívida decorrer de defeito causador de nulidade do ato jurídico, v.g. erro, dolo, simulação e fraude".

PUC/PR: A prova da Magistratura/PR considerou CORRETA a afirmação: "Segundo o Superior Tribunal de Justiça o parcelamento, ato representativo do reconhecimento da dívida, suspende a exigibilidade do crédito tributário e interrompe o prazo prescricional, que volta a correr no dia em que o devedor deixa de cumprir o acordo".

STJ: "Esta Corte Superior tem se posicionado pela possibilidade da cumulação do parcelamento previsto na Lei n. 10.684/2003 (PAES) com outra modalidade de parcelamento, desde que os débitos tenham vencimento posterior a 28-2-2003" (AgRg no REsp 1.313.079-RS, rel. Min. Napoleão Nunes Maia Filho, j. 13-11-2012, 1ª T.).

15.4 CAUSAS DE EXTINÇÃO DO CRÉDITO TRIBUTÁRIO

Após disciplinar as hipóteses de suspensão do crédito tributário, o Código Tributário Nacional passa a tratar das causas que extinguem a exigibilidade do crédito (arts. 156 a 174). De acordo com o art. 156, extinguem o crédito:

1) pagamento;

2) compensação;

3) transação;

4) remissão;

5) prescrição;

6) decadência;

7) conversão de depósito em renda;

8) pagamento antecipado e a homologação do lançamento;

9) consignação em pagamento;

10) decisão administrativa irreformável, assim entendida a definitiva na órbita administrativa, que não mais possa ser objeto de ação anulatória;

11) a decisão judicial passada em julgado;

12) a dação em pagamento de bens imóveis.

Passemos ao estudo de cada uma das causas de extinção do crédito.

15.4.1 Pagamento: lugar, tempo, juros e meios

O Código Tributário Nacional dispensa tratamento bastante detalhado ao pagamento, forma natural de extinção do crédito tributário.

A disciplina do tema inicia pela regra segundo a qual **a imposição de penalidade não elide (afasta) o pagamento integral do crédito tributário** (art. 157), isso porque eventual sanção imposta ao contribuinte não possui caráter substitutivo do valor principal, passando a existir simultaneamente os deveres decorrentes da penalidade e o crédito tributário principal.

Além disso, nos termos do art. 158, o pagamento de um crédito não importa na extinção:

a) quando parcial, das prestações em que se decomponha;

b) quando total, de outros créditos referentes ao mesmo ou a outros tributos.

Quanto ao **lugar** do pagamento, não dispondo a legislação tributária em sentido contrário, o pagamento deve ser efetuado na repartição competente do **domicílio do sujeito passivo** (art. 159 do CTN). Assim, pode-se concluir que, em princípio, as obrigações tributárias são de **natureza quesível**, e não portável, na medida em que seu cumprimento realiza-se no domicílio do devedor.

> STJ: "TRIBUTÁRIO. DÍVIDA ATIVA. PAGAMENTO DO DÉBITO FISCAL. RECONHECIMENTO DE RECOLHIMENTO APENAS DA PRIMEIRA PARCELA. ALEGAÇÃO DE VIOLAÇÃO AO ART. 156, I, DO CTN. REEXAME FÁTICO-PROBATÓRIO. INCIDÊNCIA DO ENUNCIADO N. 7/STJ. ALEGAÇÃO DE QUE A ADESÃO DO PARCELAMENTO E O PAGAMENTO DA PARCELA INICIAL SUSPENDE O CRÉDITO TRIBUTÁRIO. CONFRONTO COM O ENTENDIMENTO DESTA CORTE. III – **A alegação do recorrente de que bastaria a adesão ao parcelamento e o pagamento da parcela inicial para se ter a exigibilidade do crédito tributário suspenso, verifica-se que a jurisprudência do Superior Tribunal de Justiça encontra-se em confronto com a referida tese, uma vez que a suspensão da exigibilidade somente perdura enquanto encontrar-se em dia o parcelamento,** assim, vencidas as parcelas subsequentes o contribuinte retorna ao *status quo ante* de inadimplente, voltando a ser exigível o crédito exequendo. Neste sentido: AgInt no REsp 1.372.059/PE, rel. Min. Herman Benjamin, 2ª T, j. 18-10-2016, *DJe* 25-10-2016; AgRg no REsp 1.581.498/RS, rel. Min. Mauro Campbell Marques, 2ª T, j. 12-4-2016, *DJe* 18-4-2016; AgInt nos EDcl no REsp 1.600.744/PR, rel. Min. Herman Benjamin, 2ª T, j. 28-3-2017, *DJe* 18-4-2017. IV – Agravo interno improvido" (Agint no AREsp 1.166.299/CE, rel. Min. Francisco Falcão, j. 17-5-2018, 2ª T.).

> Cespe: A prova da Defensoria Pública/TO de 2013 considerou ERRADA a afirmação: "Caso a legislação tributária não disponha a respeito do local de pagamento do tributo, ele deve ser efetuado na repartição competente do local da ocorrência do fato gerador".

Sobre o **tempo** do pagamento, o vencimento do crédito ocorre **30 dias depois da data de notificação do lançamento**, permitida a concessão de descontos pelo pagamento antecipado (art. 160 do CTN).

> Cespe: A prova da Defensoria Pública/TO de 2013 considerou ERRADA a afirmação: "O vencimento do crédito tributário ocorre dez dias depois da data em que se considera o sujeito passivo notificado do cálculo do montante do tributo devido".

O crédito tributário não pago pelo devedor será acrescido de juros de mora, salvo disposição em contrário, de 1% ao mês, cominação que não se aplica na pendência de *consulta* formulada pelo devedor dentro do prazo legal (art. 161, §§ 1º e 2º, do CTN).

A respeito dos **meios** de pagamento, o art. 62 do CTN admite que seja realizado em:

a) moeda corrente;

b) cheque;

c) vale postal;

d) estampilha, nos casos previstos em lei;

e) papel selado, nos casos previstos em lei;

f) por processo mecânico, nos casos previstos em lei.

Os cinco parágrafos do art. 62 do CTN estabelecem ainda as seguintes regras especiais sobre as formas de pagamento:

1) A legislação tributária pode determinar as garantias exigidas para o pagamento por cheque ou vale postal, desde que não o torne impossível ou mais oneroso que o pagamento em moeda corrente.

2) O crédito pago por cheque somente se considera extinto com o resgate deste pelo sacado.

3) O crédito pagável em estampilha considera-se extinto com a inutilização regular daquela.

4) A perda ou destruição da estampilha, ou o erro no pagamento por esta modalidade, não dão direito a restituição, salvo nos casos expressamente previstos na legislação tributária, ou naquelas em que o erro seja imputável à autoridade administrativa.

5) O pagamento em papel selado ou por processo mecânico equipara-se ao pagamento em estampilha.

15.4.1.1 Imputação do pagamento

Se o contribuinte tem **mais de uma dívida** tributária e faz um **pagamento parcial** sem deixar claro qual delas pretende quitar, cabe ao legislador definir uma **ordem automática de quitação**. São as regras denominadas de imputação do pagamento, previstas no art. 163 do CTN.

Nesse sentido, o art. 163 estabelece que: "existindo simultaneamente dois ou mais débitos vencidos do mesmo sujeito passivo para com a mesma pessoa jurídica de direito público, relativos ao mesmo ou a diferentes tributos ou provenientes de penalidade pecuniária ou juros de mora, a autoridade administrativa competente para receber o pagamento determinará a respectiva imputação".

Assim, para que a imputação possa ser realizada pela autoridade, o dispositivo exige as seguintes condições:

a) pluralidade de débitos;

b) único devedor;

c) perante o mesmo Fisco;

d) todos os débitos precisam estar vencidos;

e) natureza tributária de todas as dívidas.

E, por fim, os incisos do art. 163 estabelecem as **quatro regras de imputação** que devem ser utilizadas pela autoridade administrativa **exatamente na ordem abaixo:**

I – em primeiro lugar, aos débitos por obrigação própria, e em segundo lugar aos decorrentes de responsabilidade tributária;

II – primeiramente, às contribuições de melhoria, depois às taxas e pôr fim aos impostos;

III – na ordem crescente dos prazos de prescrição;

IV – na ordem decrescente dos montantes.

15.4.1.2 Pagamento indevido

Havendo pagamento a maior ou realizado indevidamente, como nos casos de erro na identificação do sujeito passivo ou de falha na determinação da alíquota aplicável, o devedor tem direito à restituição integral dos valores pagos[STJ], desde que o faça dentro do prazo de cinco anos (arts. 165 e 168 do CTN).

PUC/PR: A prova da Magistratura/PR considerou CORRETA a afirmação: "A prova de que o pagamento se deu por erro não é indispensável ao pretendente à restituição do indébito, bastando ele evidenciar a inexistência da obrigação tributária geradora do pagamento feito".

STJ: "A declaração de inconstitucionalidade de lei que instituiu contribuição previdenciária é suficiente para justificar a repetição dos valores indevidamente recolhidos. O único pressuposto para a repetição do indébito é a cobrança indevida de tributo, conforme dispõe o art. 165 do CTN" (AgRg no AREsp 242.466-MG, rel. Min. Castro Meira, j. 27-11-2012).

Sobre o valor da restituição incidem juros não capitalizáveis, devidos a partir do trânsito em julgado da decisão que a determinar[STJ] (art. 167, parágrafo único).

STJ: "REPETIÇÃO DE INDÉBITO. CONTRIBUIÇÃO PARA CUSTEIO DE SAÚDE. Cuida-se de repetição de indébito fundada na declaração de inconstitucionalidade da cobrança de contribuição para custeio de serviços de saúde criada por lei estadual a qual determinava a adesão compulsória dos servidores do estado ao Fundo de Assistência à Saúde – FAS. A Turma determinou a restituição de todas as contribuições indevidamente recolhidas, considerando irrelevante a afirmação de que a autora da ação teve ao seu dispor o serviço de saúde, bem como o de eventual utilização deste, pois o que define a possibilidade de repetição do indébito é a cobrança indevida do tributo (art. 165 do CTN)" (REsp 1.294.775-RS, rel. Min. Castro Meira, j. 16-2-2012).

Conforme visto no item 12.6.1 deste *Manual*, em relação aos chamados tributos indiretos (aqueles com impacto financeiro repassado a terceiros, ex.: ICMS), o art. 166 do CTN prescreve: "A restituição de tributos que comportem, por sua natureza, transferência do respectivo encargo financeiro somente será feita a quem prove haver assumido referido encargo, ou, no caso de tê-lo transferido a terceiro, estar por este expressamente autorizado a fazê-lo".

No mesmo sentido, o teor da Súmula 546 do STF: "Cabe a restituição do tributo pago indevidamente, quando reconhecido por decisão, que o contribuinte *de jure* não recuperou do contribuinte *de facto* o *quantum* respectivo".

Em termos práticos, o art. 166 inviabiliza a restituição de tributos indiretos pagos a maior ou indevidamente, na medida em que estabelece condições irrealizáveis para a repetição de tributos indiretos.

15.4.1.3 Meios para obter restituição

Havendo pagamento a maior ou indevido, existem os seguintes caminhos para o contribuinte recompor o prejuízo:

1) pedido administrativo de restituição;

2) ação de repetição de indébito;

3) requerimento administrativo de compensação;

4) ação ordinária com pedido de compensação.

15.4.1.4 Contagem do prazo para restituição

De acordo com o art. 168 do CTN, o **prazo para pleitear restituição** pelo pagamento indevido extingue-se em **5 anos**, contados:

I – da data da extinção do crédito tributário, nas hipóteses de pagamento indevido, a maior ou erro no pagamento;

II – da data em que se tornar definitiva a decisão administrativa ou passar em julgado a decisão judicial que tenha reformado, anulado, revogado ou rescindido a decisão condenatória.

Se o contribuinte optar pelo **pedido administrativo** de repetição o prazo tem **natureza decadencial**. Preferindo a **via judicial**, o prazo será de **prescrição**.

Prescreve em dois anos a ação anulatória da decisão administrativa que denegar a restituição. Tal prazo de prescrição é interrompido pelo início da ação judicial, recomeçando o seu curso, por metade, a partir da data da intimação validamente feita ao representante judicial da Fazenda Pública interessada (art. 169 do CTN).

15.4.1.4.1 Vantagens da via administrativa. Desnecessidade de esgotamento da via administrativa. Renúncia ou desistência do recurso administrativo

Pouco utilizado no Brasil, o processo administrativo fiscal é uma opção aberta ao contribuinte que oferece importantes vantagens sobre a ação judicial:

a) dispensa a presença de advogado;

b) interrompe/suspende o prazo de prescrição para a demanda judicial;

c) se o contribuinte for derrotado no processo administrativo, ainda assim pode recorrer ao Judiciário (nesse caso, a decisão administrativa não é imutável);

d) se o Fisco for administrativamente derrotado, a decisão faz coisa julgada material, impedindo a Fazenda de impugnar o resultado perante o Judiciário;

e) a condenação administrativa do Fisco não se sujeita à fila dos precatórios[1].

Cabe sempre lembrar, no entanto, que, apesar da desnecessidade de esgotamento da via administrativa para recorrer ao Judiciário (art. 5º, XXXV, da CF), a propositura da ação pelo contribuinte importa em renúncia ao poder de recorrer na esfera administrativa e em desistência do recurso acaso interposto (art. 38, parágrafo único, da Lei n. 6.830/80).

15.4.2 Compensação

Compensação é um abatimento da menor dívida em relação à maior na hipótese de duas pessoas possuírem créditos recíprocos.

Por exemplo. Se eu devo R$ 100,00 (cem reais) a João, que por sua vez me deve R$ 30,00 (trinta reais), a compensação promove o desconto do menor valor (R$ 30,00), extinguindo a obrigação inferior, e mantendo somente minha dívida de R$ 70,00, abatido o menor valor.

No Direito Tributário a situação mais frequente ocorre quando o contribuinte paga tributo a maior, ou indevidamente, para determinada pessoa federativa. O crédito que o contribuinte passa a ter frente ao Fisco poderia ser subtraído, nos termos da lei, de outros montantes devidos[STJ].

---

1 Sobre o sistema de precatório e pagamento de obrigações de pequeno valor (OPV) em matéria tributária, *vide* item 17.4.6.2 deste *Manual*.

STJ: "DIREITO TRIBUTÁRIO. APLICABILIDADE DE LIMITES À COMPENSAÇÃO TRIBUTÁRIA RELACIONADOS A TRIBUTO DECLARADO INCONSTITUCIONAL. Os limites estabelecidos pelas Leis n. 9.032/95 e 9.129/95 são aplicáveis à compensação de indébito tributário, ainda que este decorra da declaração de inconstitucionalidade da contribuição social pelo STF. Isso porque a 1ª Seção do STJ consolidou o entendimento de que, 'enquanto não declaradas inconstitucionais as Leis n. 9.032/95 e 9.129/95, em sede de controle difuso ou concentrado, sua observância é inafastável pelo Poder Judiciário, uma vez que a norma jurídica, enquanto não regularmente expurgada do ordenamento, nele permanece válida, razão pela qual a compensação do indébito tributário, ainda que decorrente da declaração de inconstitucionalidade da exação, submete-se às limitações erigidas pelos diplomas legais que regem a compensação tributária'" (1ª Seção, EREsp 872.559-SP, rel. Min. Ari Pargendler, j. 9-4-2014).

A previsão genérica da compensação tributária consta do 170 do CTN:

> A lei pode, nas condições e sob as garantias que estipular, ou cuja estipulação em cada caso atribuir à autoridade administrativa, autorizar a compensação de créditos tributários com créditos líquidos e certos, vencidos ou vincendos, do sujeito passivo contra a Fazenda Pública.
>
> Parágrafo único. Sendo vincendo o crédito do sujeito passivo, a lei determinará, para os efeitos deste artigo, a apuração do seu montante, não podendo, porém, cominar redução maior que a correspondente ao juro de 1% (um por cento) ao mês pelo tempo a decorrer entre a data da compensação e a do vencimento.

Cespe: A prova da Defensoria Pública/TO de 2013 considerou ERRADA a afirmação: "A lei pode autorizar a compensação de crédito tributário com créditos vencidos, líquidos e certos, possibilidade vedada para os vincendos".

Cespe: A prova de Procurador do TCE/PB de 2014 considerou ERRADA a afirmação: "A compensação tributária é modalidade de extinção do crédito tributário cujos efeitos ocorrem imediatamente após o pedido feito pelo contribuinte".

Nos termos do art. 170-A do CTN: "É vedada a compensação mediante o aproveitamento de tributo, objeto de contestação judicial pelo sujeito passivo, antes do trânsito em julgado da respectiva decisão judicial".

TRF2: A prova da Magistratura Federal da 2ª Região considerou CORRETA a afirmação: "Consoante entendimento que se pacificou na jurisprudência, o disposto no art. 170-A do CTN, que exige o trânsito em julgado para fins de compensação de crédito tributário, somente se aplica às demandas ajuizadas após a vigência da Lei Complementar n. 104/2001, ou seja, a partir de 11-1-2001".

Desse modo, constata-se que o Código Tributário estabelece as **três condições gerais** para a compensação de tributos no Brasil:

a) lei específica autorizando;

b) liquidez e certeza dos créditos;

c) identidade de partes (os dois créditos devem ser de tributos de competência da mesma Pessoa Política).

O grande problema é que, na prática, a compensação implica a redução do montante efetivamente pago pelo contribuinte, o que, quase sempre, reduz o interesse do Fisco em facilitar sua efetivação[STJ].

STJ: "A jurisprudência desta Corte preconiza a orientação de que tendo o contribuinte declarado o tributo via DCTF e realizado a compensação nesse mesmo documento, também é pacífico que o Fisco não pode simplesmente desconsiderar o procedimento adotado pelo contribuinte e, sem qualquer notificação de indeferimento da compensação, proceder à inscrição do débito em dívida ativa, negando-lhe certidão negativa de débito" (AgRg no AREsp 227.242/CE, rel. Min. Benedito Gonçalves, j. 9-10-2012, 1ª T.).

Em razão disso, tem sido virtualmente impossível exercer o direito à compensação de créditos tributários em face dos incontáveis óbices impostos pela Fazenda Pública a cada tentativa do contribuinte de pôr em prática o referido instituto.

TRF2: A prova da Magistratura Federal da 2ª Região considerou ERRADA a afirmação: "Os recolhimentos relativos a tributo que tenha sido objeto de pronúncia de inconstitucionalidade pelo Supremo Tribunal Federal, em sede de Recurso Extraordinário com Repercussão Geral declarada poderão ser utilizados como crédito em compensação com débitos de tributos administrados pela Receita Federal do Brasil, independentemente de ajuizamento de ação judicial pelo contribuinte".

Cabe lembrar que a compensação tributária por intermédio do Poder Judiciário **não é permitida em sede liminar ou tutela antecipada**, dependendo sempre de sentença (art. 7º, §§ 2º e 5º, da Lei n. 12.016/2009).

Cespe: A prova de Procurador do Estado/PI de 2014 considerou ERRADA a afirmação: "A compensação é uma modalidade indireta de extinção do crédito tributário mediante o confronto entre créditos e débitos de pessoas reciprocamente credoras e devedoras, podendo ser deferida em caráter liminar pelo juiz quando requerida em sede de ação judicial".

PUC/PR: A prova da Magistratura/PR considerou CORRETA a afirmação: "A compensação realizada pelo sujeito passivo no término do procedimento administrativo fiscal autoriza, constatando posteriormente ser indevido o tributo, a repetição do indébito".

15.4.3 Transação

Dá-se o nome de transação para a forma de extinção das obrigações ocorrida quando credor e devedor aceitam **abrir mão de vantagens recíprocas**. Trata-se de hipótese rara no Direito Tributário, prevista no art. 171 do CTN:

> Cespe: A prova de Procurador do Estado/PI de 2014 considerou ERRADA a afirmação: "Na transação, admite-se a concessão recíproca de ônus e vantagens, aplicável em Direito Tributário apenas em relação aos valores relativos às penalidades pecuniárias e aos juros, pois o crédito tributário objeto da obrigação principal é indisponível".

> A lei pode facultar, nas condições que estabeleça, aos sujeitos ativo e passivo da obrigação tributária celebrar transação que, mediante concessões mútuas, importe em terminação de litígio e consequente extinção de crédito tributário.
>
> Parágrafo único. A lei indicará a autoridade competente para autorizar a transação em cada caso.

Antes da promulgação da Lei Complementar n. 104/2001, a doutrina apresentava o parcelamento como exemplo de transação. Atualmente, o parcelamento consta, por força da citada lei, do rol de causas suspensivas do crédito.

15.4.3.1 Disciplina da transação em âmbito federal (Lei n. 13.988 de 14 de abril de 2020)

Em 14 de abril de 2020, foi promulgada a Lei n. 13.988, que dispõe sobre as condições para que a União, suas autarquias e fundações realizem transações com seus devedores a fim de extinguir créditos tributários e não tributários.

As novas regras são aplicáveis (art. 1º, § 4º):

> I – aos créditos tributários não judicializados sob a administração da Secretaria Especial da Receita Federal do Brasil do Ministério da Economia;
>
> II – à dívida ativa e aos tributos da União, cujas inscrição, cobrança e representação incumbam à Procuradoria-Geral da Fazenda Nacional, nos termos do art. 12 da Lei Complementar n. 73, de 10 de fevereiro de 1993; e
>
> III – no que couber, à dívida ativa das autarquias e das fundações públicas federais, cujas inscrição, cobrança e representação incumbam à Procuradoria-Geral Federal, e aos créditos cuja cobrança seja competência da Procuradoria-Geral da União, nos termos de ato do Advogado-Geral da União e sem prejuízo do disposto na Lei n. 9.469, de 10 de julho de 1997.

São três as modalidades de transação que poderão ser realizadas (art. 2º):

a) por proposta individual ou por adesão, na cobrança de créditos inscritos na dívida ativa da União, de suas autarquias e fundações públicas, ou na cobrança de créditos que seja competência da Procuradoria-Geral da União;

b) por adesão, nos demais casos de contencioso judicial ou administrativo tributário; e

c) por adesão, no contencioso tributário de pequeno valor.

15.4.4 Remissão

Prevista no art. 172 do CTN, a remissão é o **perdão, total ou parcial, da dívida tributária**. Trata-se de um raríssimo benefício fiscal que depende sempre de **lei específica** da entidade competente para instituir o tributo.

A outorga da remissão em favor de cada beneficiário pode ser delegada por lei à autoridade administrativa visando atender:

a) à situação econômica do sujeito passivo;

b) ao erro ou ignorância escusáveis do sujeito passivo, quanto à matéria de fato;

c) à diminuta importância do crédito tributário;

d) a considerações de equidade, em relação com as características pessoais ou materiais do caso;

e) a condições peculiares a determinada região do território da entidade tributante.

15.4.5 Decadência ou caducidade

A prescrição e a decadência são institutos que **decorrem do princípio da segurança jurídica**, atuando como mecanismos de estabilização de conflitos e consecução da paz social.

Decadência tributária é a **perda do direito de constituir o crédito tributário** que ocorre se o Fisco não o exercer dentro do prazo legal.

> PUC/PR: A prova da Magistratura/PR considerou ERRADA a afirmação: "Ainda que se trate de débito declarado pelo próprio contribuinte, mas não recolhido no prazo legal, o procedimento administrativo tendente à constituição do crédito tributário (lançamento), como atividade vinculada e obrigatória, jamais poderá ser dispensado pelo Fisco, sendo ele o marco inicial do prazo prescricional".

Como regra, a constituição do crédito se dá pela realização do lançamento tributário. Mas, se o lançamento falhar, pode o crédito ser constituído também por meio da lavratura do auto de infração e imposição de multa (AIIM). Desse modo, **a decadência extingue o direito de o Fisco realizar o lançamento ou lavrar o auto de infração.**

Trata-se, portanto, de uma **causa de extinção do crédito antes do lançamento**, ao contrário da prescrição, que o extingue após o lançamento[2]. É possível notar, nesse passo, a imprecisão do legislador ao incluir a decadência entre as causas de "extinção" do crédito, pois **na verdade ainda não existe o crédito**. Então, como poderia ele ser "extinto" pela decadência? Mais adequado seria falar em causa impeditiva do surgimento do crédito.

ATENÇÃO: Como o CTN trata da decadência e da prescrição, ambas como "causas de extinção do crédito tributário", se o contribuinte realiza um pagamento de tributo decaído ou prescrito, **nos dois casos terá direito à repetição de indébito**, na medida em que pagou dívida que não existia mais. Inaceitável o argumento de que na prescrição ocorre extinção do direito de recorrer ao Judiciário embora subsista a obrigação natural de pagar. Tal raciocínio é incompatí-

2 Hugo de Brito Machado, *Curso de Direito Tributário*, p. 220.

vel com o art. 156, V, do CTN, que afirma textualmente serem a prescrição e a decadência causas de extinção "do crédito" tributário.

Em linhas gerais, o prazo decadencial é de **5 anos** e conta a partir do primeiro dia do exercício seguinte àquele em que o lançamento poderia ter sido realizado.

É nesse sentido que o art. 173 do CTN enuncia:

> O direito de a Fazenda Pública constituir o crédito tributário extingue-se após cinco anos, contados:
>
> I – do primeiro dia do exercício seguinte àquele em que o lançamento poderia ter sido efetuado;
>
> II – da data em que se tornar definitiva a decisão que houver anulado, por vício formal, o lançamento anteriormente efetuado.

STJ: "PROCESSUAL CIVIL E TRIBUTÁRIO. RECURSO ESPECIAL. IMPOSTO TERRITORIAL RURAL – ITR. DEFICIÊNCIA NA ALEGAÇÃO DE CONTRARIEDADE AO ART. 1.022 DO CPC/2015. INCIDÊNCIA DA SÚMULA 284/STF. DECADÊNCIA TRIBUTÁRIA. TRIBUTO SUJEITO A LANÇAMENTO POR HOMOLOGAÇÃO. TERMOS INICIAIS. NECESSIDADE DE ANÁLISE DO CONTEXTO FÁTICO-PROBATÓRIO. INCIDÊNCIA DA SÚMULA 7/STJ. INSTAURAÇÃO DE PROCESSO ADMINISTRATIVO FISCAL DE APURAÇÃO DE DÉBITO. PRAZO DECADÊNCIA. AUSÊNCIA DE INTERRUPÇÃO. 2. **A orientação jurisprudencial desta Corte a respeito da contagem da decadência tributária para os tributos sujeitos a lançamento por homologação – hipótese à dos autos – firmou-se no sentido de que o termo a quo se refere ao primeiro dia do exercício seguinte àquele em que ocorrido o fato gerador, nos termos do art. 173, I, do CTN, mas desde que não subsistente qualquer pagamento parcial por parte do contribuinte**. Precedentes. 3. O Tribunal de origem afirmou que entre a ocorrência do fato gerador (débitos referentes a 2004) e o primeiro dia do exercício seguinte (débitos referentes a 2003) até o lançamento dos respectivos créditos tributários (5-1-2009) transcorreram mais de 5 anos. Para afastar o entendimento a que chegou a Corte *a quo*, de modo a albergar as peculiaridades do caso e verificar que as citadas datas não condizem com a realidade ou que não teria ocorrido pagamento antecipado a atrair o termo *a quo* da decadência para a data do fato gerador, é necessário o revolvimento do acervo fático-probatório dos autos, o que se mostra inviável em recurso especial por óbice da Súmula 7/STJ: 'A pretensão de simples reexame de prova não enseja recurso especial'. 4. Com relação à alegativa de que a instauração do processo administrativo teria interrompido o prazo decadência, tem-se que tal fundamento não ampara a pretensão fazendária, tendo em vista que, na espécie, referido processo não foi instaurado a partir de impugnação a lançamento realizado, mas para fins de apuração de débitos tributários. 5. Recurso especial conhecido em parte e, nessa extensão, não provido" (REsp 1.647.754/PE, rel. Min. Og Fernandes, j. 3-5-2018, 2ª T.).

Cespe: A prova da Magistratura/RN de 2013 considerou CORRETA a afirmação: "O direito de a Fazenda Pública constituir o crédito tributário extingue-se após cinco anos contados do primeiro dia do exercício seguinte àquele em que o lançamento poderia ter sido efetuado ou da data em que se tornar definitiva a decisão que houver anulado, por vício formal, o lançamento anteriormente efetuado".

> Cespe: A prova de Cartório/SE de 2014 considerou ERRADA a afirmação: "Ocorre a decadência, em regra, após cinco anos contados da data do pagamento do tributo pelo contribuinte".

> Cespe: A prova de Cartório/SE de 2014 considerou CORRETA a afirmação: "À Fazenda Pública será concedido o prazo de cinco anos para constituir o crédito tributário, a partir da data em que se tornar definitiva a decisão que anular, por vício formal, lançamento anteriormente efetuado".

> PUC/PR: A prova da Magistratura/PR considerou ERRADA a afirmação: "Anulado por vício formal determinado lançamento e em se tratando de prazo decadencial aquele destinado a constituição do crédito tributário, terá então o Fisco somente o prazo que restar para efetuar novo lançamento".

Não há causas de suspensão ou interrupção da fluência do prazo decadencial.

> Cespe: A prova de Cartório/SE de 2014 considerou ERRADA a afirmação: "Não é legalmente admissível a interrupção da prescrição nem da decadência, podendo, entretanto, ambas ser suspensas nas hipóteses legais".

A norma contida no inciso I do art. 173 do CTN cria a regra geral para contagem do **termo inicial** do prazo de decadência tributária: o prazo começa a correr em **1º de janeiro do ano seguinte à data em que ocorreu o fato gerador**. Isso porque somente após a data do fato gerador é que "o lançamento poderia ter sido realizado".

Existem, porém, alguns **casos especiais** de contagem:

1) quanto aos **tributos lançados por homologação**, como o ICMS, **o prazo decadencial flui da data da ocorrência do fato gerador**, a partir de quando o Fisco tem cinco anos para lavrar o Auto de Infração e Imposição de Multa (art. 150, § 4º, do CTN). **Havendo dolo, fraude ou simulação**, o prazo para constituição do crédito nos tributos lançados por homologação sujeita-se à **regra geral** e inicia a contagem a partir de 1º de janeiro do ano seguinte à data do fato gerador (art. 173, I, do CTN), funcionando tal prazo majorado como uma espécie de punição pelo comportamento antijurídico do devedor;

2) nos tributos lançados por homologação, **se não houver qualquer pagamento**, a hipótese equipara-se às situações de dolo, fraude ou simulação, e o prazo sujeita-se à **regra geral**, iniciando a contagem a partir de 1º de janeiro do ano seguinte à data do fato gerador (art. 173, I, do CTN);

3) havendo qualquer **medida preparatória indispensável ao lançamento que importe antecipação dos atos de constituição do crédito**, a contagem do prazo quinquenal passa a correr da data em que **o devedor for notificado** de qualquer ato fiscalizatório ocorrido após ao fato gerador (art. 173, parágrafo único, do CTN). É o caso, por exemplo, da lavratura de **Auto de Infração** antes de 1º de janeiro do ano seguinte à data do fato gerador. Nesse caso, o prazo decadencial inicia a partir da lavratura do AIIM;

4) se houver anulação de lançamento por vício formal, o prazo decadencial começa a contar da data em que se tornou definitiva a decisão que o houver anulado (art. 173, II, do CTN).

Vale destacar o teor da Súmula 555 do STJ: "Quando não houver declaração do débito, o prazo decadencial quinquenal para o Fisco constituir o crédito tributário conta-se exclusivamente na forma do art. 173, I, do CTN, nos casos em que a legislação atribui ao sujeito passivo o dever de antecipar o pagamento sem prévio exame da autoridade administrativa".

15.4.5.1 O fim da regra dos "cinco mais cinco"

Aplicando interpretação absurda ao art. 150, § 4º, do CTN, o STJ entendeu durante vários anos que, no caso de tributos lançados por homologação, o Fisco teria os cinco anos para pronunciar-se sobre as contas do devedor (art. 150, § 4º), somados aos outros cinco anos para constituição do crédito, totalizando inaceitáveis dez anos para realizar o lançamento ou a atuação nos tributos sujeitos a homologação.

A manobra hermenêutica do STJ, obviamente aplaudida pela Fazenda Pública, ficou conhecida como regra dos "cinco mais cinco" e dominou a jurisprudência do "Tribunal da Cidadania" de 1995 até meados de 2009.

Atualmente, porém, a regra dos "cinco mais cinco" está superada no STJ, que voltou a entender aplicável o prazo quinquenal para constituição do crédito também no caso dos tributos lançados por homologação (REsp 973.733/SC, *DJe* 18-9-2009).

15.4.6 Prescrição

Prescrição é a causa de extinção do crédito tributário que ocorre quando a Fazenda Pública deixa escoar o prazo para propositura da ação de execução fiscal.

> Cespe: A prova de Cartório/SE de 2014 considerou ERRADA a afirmação: "A prescrição pode ser definida como a perda do direito de lançar, ou seja, de constituir o crédito tributário".

Sobre o tema, estabelece o art. 174 do CTN:

> A ação para cobrança do crédito tributário prescreve em 5 (cinco) anos, contados da data da sua constituição definitiva.

Assim, o prazo prescricional para propositura da ação de cobrança é de 5 anos.

Como o art. 156, V, do CTN trata da prescrição como causa de extinção do próprio crédito tributário, e não de uma simples perda da faculdade processual de acionar o Judiciário para exercer o direito de cobrança, se o contribuinte realiza pagamento de dívida prescrita ou decaída terá direito à repetição do indébito.

> Cespe: A prova de Procurador do Estado/PI de 2014 considerou ERRADA a afirmação: "A prescrição tributária, modalidade de caducidade de direitos, impede o exercício da pretensão fazendária por meio da propositura da ação de execução fiscal e, assim, transforma a obrigação tributária em obrigação natural, de modo que o seu pagamento ocorrerá por exclusivo interesse do devedor".

15.4.6.1 Termo inicial do prazo

O prazo quinquenal para propositura da ação de execução, nos termos do art. 174 do CTN, começa a contar "da data da constituição definitiva do crédito", ou seja, o prazo corre desde quando **se tornou administrativamente imodificável a constituição do crédito tributário.**

> Cespe: A prova de Cartório/SE de 2014 considerou ERRADA a afirmação: "A prescrição pode ser definida como a perda do direito de lançar, ou seja, de constituir o crédito tributário".

Por isso, a referida data pode variar de acordo com a postura adotada pelo devedor após ser notificado pelo Fisco para realizar o pagamento:

1) se, após a notificação, o devedor realiza pagamento integral: nesse caso o crédito tributário é extinto e **não haverá execução fiscal**;

2) se, após a notificação, o devedor realiza pagamento parcial: ocorrendo pagamento parcial sem impugnação no valor restante, o prazo prescricional corre **da data do pagamento**. Porém, havendo impugnação quanto ao valor remanescente, o prazo prescricional inicia da data em que se tornar irrecorrível a última decisão administrativa sobre a matéria (data do "trânsito em julgado" na esfera administrativa);

3) se, após a notificação, o devedor não paga e não recorre contra a cobrança: nessa hipótese, será preciso aguardar o escoamento do prazo de 30 dias que o CTN (art. 160) concede ao devedor para que, sendo notificado, realize o pagamento ou recorra contra a cobrança. Antes de esgotados os 30 dias não há mora. Portanto, na falta de pagamento o prazo prescricional conta a partir do **31º dia após a notificação do devedor**. Vale lembrar que, se o lançamento falhar por culpa do devedor, será substituído pelo Auto de Infração, caso em que o prazo para realização do pagamento corre a partir da lavratura do AIIM;

4) se, após a notificação, o devedor recorre contra o valor da cobrança: nesse caso o prazo prescricional começa a fluir da data em que ocorrer a **imutabilidade da decisão administrativa**, isto é, se o contribuinte perder os recursos, o prazo conta do "trânsito em julgado" administrativo da decisão que manteve o valor da cobrança;

5) no caso específico de tributo lançado por homologação, o Superior Tribunal de Justiça (Súmula 436) considera que a entrega da DCTF (Declaração de

Débito e Crédito de Tributos Federais) pelo sujeito passivo constitui o crédito tributário, razão pela qual, se o contribuinte envia a DCTF mas não realiza o pagamento, o prazo prescricional conta a partir da data do vencimento do tributo declarado.

15.4.6.2 Termo final da prescrição

O termo final do prazo prescricional se dá com o **despacho do juiz que ordenar a citação do devedor em execução fiscal** (art. 174, I, do CTN), e tal marco interruptivo da prescrição **retroage à data do ajuizamento da ação** (STJ, REsp 1.120.295-SP)[3]. Com isso, em termos práticos, **basta que a Fazenda Pública proponha a execução dentro do prazo quinquenal**, sendo irrelevante se o devedor foi efetivamente citado ou não[STJ].

> PUC/PR: A prova da Magistratura/PR considerou ERRADA a afirmação: "Constituído o crédito tributário em janeiro de 2009, o Fisco ajuizou a execução fiscal em fevereiro de 2013, sendo o executado citado em março de 2014. Desse relato pode-se afirmar que ocorreu a prescrição do crédito tributário, ainda que tenha o despacho ordenador da citação ocorrido em março de 2013".

> STJ: "DIREITO TRIBUTÁRIO E PROCESSUAL CIVIL. EXECUÇÃO FISCAL DE CONTRIBUIÇÕES DEVIDAS AOS CONSELHOS PROFISSIONAIS. O art. 8º da Lei n. 12.514/2011, segundo o qual 'Os Conselhos não executarão judicialmente dívidas referentes a anuidades inferiores a 4 (quatro) vezes o valor cobrado anualmente da pessoa física ou jurídica inadimplente', é inaplicável às execuções fiscais propostas antes da vigência do referido diploma legal. De fato, a norma de natureza processual tem aplicação imediata aos processos em curso, conforme dispõe o art. 1.211 do CPC. Contudo, a 'Teoria dos Atos Processuais Isolados' preceitua que cada ato processual deve ser considerado separadamente dos demais para o fim de se determinar qual a lei que o rege. Assim, a lei que disciplina o ato processual é aquela em vigor no momento em que ele é praticado, ou seja, a publicação e a entrada em vigor de nova lei só atingem os atos ainda por serem praticados. Portanto, a regra em análise somente faz referência às execuções que serão propostas pelos conselhos profissionais, não estabelecendo critérios acerca das execuções já em curso no momento de sua entrada em vigor" (REsp 1.404.796-SP, rel. Min. Mauro Campbell Marques, j. 26-3-2014).

15.4.6.3 Causas de interrupção da prescrição

A legislação tributária prevê um **rol taxativo** de hipóteses em que cessa **a fluência do prazo**, desconsiderando-se então o período já transcorrido. Assim, se

3 Ricardo Alexandre, *Direito Tributário Esquematizado*, p. 457.

o prazo voltar a correr, **a contagem retoma de seu início.** São as denominadas causas de interrupção da prescrição.

O parágrafo único do art. 174 do CTN afirma que interrompem o prazo prescricional:

a) a citação pessoal feita ao devedor;

b) o protesto judicial;

c) ato judicial que constitua em mora o devedor;

d) ato inequívoco, ainda que extrajudicial, que importe em reconhecimento do débito pelo devedor. Exemplo: pedido de parcelamento.

15.4.6.4 Causas de suspensão da prescrição

Nas causas de suspensão da prescrição, **a fluência do prazo fica temporariamente paralisada**, voltando a correr pelo tempo remanescente se desaparecer a circunstância que causou a suspensão.

1) A primeira causa de suspensão da prescrição é a **inscrição na dívida ativa** e está prevista no art. 2º, § 3º, da Lei n. 6.830/80 (Lei de Execuções Fiscais ou LEF):

> A inscrição, que se constitui no ato de controle administrativo da legalidade, será feita pelo órgão competente para apurar a liquidez e certeza do crédito e **suspenderá a prescrição, para todos os efeitos de direito, por 180 dias**, ou até a distribuição da execução fiscal, se esta ocorrer antes de findo aquele prazo.

Sendo a LEF uma lei ordinária, e a prescrição tema reservado à lei complementar (art. 146, III, da CF), o STJ vem entendendo que o referido **dispositivo é inconstitucional** (REsp 249.262).

> TJ/PR: A prova de Assessor Jurídico do TJ/PR de 2013 considerou ERRADA a afirmação: "De acordo com a jurisprudência do STJ, a prescrição se suspende, para todos os efeitos de direito, com a inscrição em dívida ativa, por cento e oitenta dias ou até a distribuição da execução fiscal".

2) A segunda causa de suspensão da prescrição consta do art. 40 da LEF, a saber, **se no curso da execução fiscal o juiz suspender o processo enquanto não for localizado o devedor ou encontrados bens sobre os quais possa recair a penhora.** Nessa hipótese, o prazo prescricional fica suspenso enquanto perdurar a suspensão da execução.

3) A terceira causa de suspensão da prescrição se dá nos casos de **moratória, parcelamento**[STJ],

STJ: "DIREITO TRIBUTÁRIO. PRESCRIÇÃO. TERMO *A QUO* DO PRAZO PRESCRICIONAL QUINQUENAL PARA A COBRANÇA DE CRÉDITOS TRIBUTÁRIOS EXCLUÍDOS DO REFIS. Quando interrompido pelo pedido de adesão ao Refis, o prazo prescricional de 5 anos para a cobrança de créditos tributários devidos pelo contribuinte excluído do programa reinicia na data da decisão final do processo administrativo que determina a exclusão do devedor do referido regime de parcelamento de débitos fiscais. O Programa de Recuperação Fiscal – Refis, regime peculiar de parcelamento dos tributos devidos à União, é causa de suspensão da exigibilidade do crédito tributário (art. 151, VI, do CTN) e, ao mesmo tempo, causa de interrupção da prescrição (art. 174, parágrafo único, IV, do CTN), na medida em que representa confissão extrajudicial do débito. Dessa forma, o crédito tributário submetido ao aludido programa será extinto se houver quitação integral do parcelamento, ou, ao contrário, retomará a exigibilidade em caso de rescisão do programa, hipótese em que o prazo prescricional será reiniciado, uma vez que, como foi dito, a submissão do crédito ao programa representa causa de interrupção, e não de suspensão, da prescrição" (REsp 1.144.963-SC, rel. Min. Herman Benjamin, j. 20-11-2012).

STJ: "DIREITO TRIBUTÁRIO. EFEITOS DA SUSPENSÃO DA NORMA AUTORIZADORA DE PARCELAMENTO DO CRÉDITO TRIBUTÁRIO. Ocorre a prescrição da pretensão executória do crédito tributário objeto de pedido de parcelamento após cinco anos de inércia da Fazenda Pública em examinar esse requerimento, ainda que a norma autorizadora do parcelamento tenha tido sua eficácia suspensa por medida cautelar em ação direta de inconstitucionalidade" (1ª T., REsp 1.389.795-DF, rel. Min. Ari Pargendler, j. 5-12-2013).

isenção, remissão ou anistia concedidas em caráter individual de maneira fraudulenta, pois, de acordo com o art. 155, parágrafo único, do CTN, o tempo decorrido entre a concessão da vantagem e sua revogação não se computa para fins de prescrição[4].

15.4.6.5 Prescrição intercorrente

Prescrição intercorrente é a extinção do crédito tributário **sempre que os autos da execução fiscal**[STJ] **ficarem arquivados**, na hipótese do art. 40, §§ 2º e 4º, da LEF, **por prazo superior a cinco anos.**

STJ: "A reunião de execuções fiscais contra o mesmo devedor constitui faculdade do Juiz". Súmula 515.

O juiz pode **decretar de ofício** a prescrição intercorrente, desde que **ouvida previamente a Fazenda Pública** (art. 40, § 4º, da LEF), sendo esta dispensada no

4 Ricardo Alexandre, *Direito Tributário Esquematizado*, p. 462.

caso de cobranças judiciais cujo valor seja inferior ao mínimo fixado por ato do Ministro de Estado da Fazenda (art. 40, § 5º).

Convém, por fim, transcrever o teor integral do art. 40 e seus parágrafos da Lei de Execução Fiscal, que disciplinam o regime jurídico da prescrição intercorrente:

> Art. 40. O Juiz suspenderá o curso da execução, enquanto não for localizado o devedor ou encontrados bens sobre os quais possa recair a penhora, e, nesses casos, não correrá o prazo de prescrição.
>
> § 1º Suspenso o curso da execução, será aberta vista dos autos ao representante judicial da Fazenda Pública.
>
> § 2º Decorrido o prazo máximo de 1 (um) ano, sem que seja localizado o devedor ou encontrados bens penhoráveis, o Juiz ordenará o arquivamento dos autos.
>
> § 3º Encontrados que sejam, a qualquer tempo, o devedor ou os bens, serão desarquivados os autos para prosseguimento da execução.
>
> § 4º Se da decisão que ordenar o arquivamento tiver decorrido o prazo prescricional, o juiz, depois de ouvida a Fazenda Pública, poderá, de ofício, reconhecer a prescrição intercorrente e decretá-la de imediato.
>
> § 5º A manifestação prévia da Fazenda Pública prevista no § 4º deste artigo será dispensada no caso de cobranças judiciais cujo valor seja inferior ao mínimo fixado por ato do Ministro de Estado da Fazenda.

Em 12-9-2018, no julgamento do REsp 1.340.533, o STJ fixou a tese da chamada "prescrição intercorrente automática", segundo a qual o prazo de 1 ano de suspensão do processo e do respectivo prazo prescricional previsto no art. 40, §§ 1º e 2º, da Lei n. 6.830/80 – **LEF tem início automaticamente na data da ciência da Fazenda Pública a respeito da não localização do devedor ou da inexistência de bens penhoráveis no endereço fornecido**, havendo, sem prejuízo dessa contagem automática, o dever de o magistrado declarar ter ocorrido a suspensão da execução.

As demais teses definidas pelo STJ nesse julgamento estão transcritas no item 17.6.14.2 deste *Manual*.

15.4.6.5.1 Teses de repetitivo do STJ sobre prescrição intercorrente

Em 16 de outubro de 2018, o STJ firmou cinco teses de repetitivo sobre prescrição intercorrente:

Tema 566: O prazo de 1 (um) ano de suspensão do processo e do respectivo prazo prescricional previsto no art. 40, §§ 1º e 2º da Lei n. 6.830/80 – LEF tem início automaticamente na data da ciência da Fazenda Pública a respeito da não localização do devedor ou da inexistência de bens penhoráveis no endereço fornecido, havendo, sem prejuízo dessa contagem automática, o dever de o magistrado declarar ter ocorrido a suspensão da execução.

Tema 567: Havendo ou não petição da Fazenda Pública e havendo ou não pronunciamento judicial nesse sentido, findo o prazo de 1 (um) ano de suspensão inicia-se automaticamente o prazo prescricional aplicável.

Tema 568: A efetiva constrição patrimonial e a efetiva citação (ainda que por edital) são aptas a interromper o curso da prescrição intercorrente, não bastando para tal o mero peticionamento em juízo, requerendo, v.g., a feitura da penhora sobre ativos financeiros ou sobre outros bens.

Tema 569: Havendo ou não petição da Fazenda Pública e havendo ou não pronunciamento judicial nesse sentido, findo o prazo de 1 (um) ano de suspensão inicia-se automaticamente o prazo prescricional aplicável.

Tema 570: A Fazenda Pública, em sua primeira oportunidade de falar nos autos (art. 245 do CPC/73, correspondente ao art. 278 do CPC/2015), ao alegar nulidade pela falta de qualquer intimação dentro do procedimento do art. 40 da LEF, deverá demonstrar o prejuízo que sofreu (exceto a falta da intimação que constitui o termo inicial – 4.1., onde o prejuízo é presumido), por exemplo, deverá demonstrar a ocorrência de qualquer causa interruptiva ou suspensiva da prescrição.

15.4.7 Conversão do depósito em renda

Em processos judiciais ou administrativos nos quais o contribuinte opta por realizar depósito prévio para suspensão do crédito tributário, se a controvérsia for decidida favoravelmente à Fazenda Pública, o montante depositado reverte-se para o Fisco, convertendo-se em renda, o que resulta na extinção do crédito tributário.

> Vunesp: A prova da Magistratura/PA considerou CORRETA a afirmação: "É causa de extinção do crédito tributário a conversão do depósito em renda".

> FCC: A prova de Analista Judiciário do TRF3 considerou CORRETA a afirmação: "A conversão do depósito em renda é procedimento para extinção do crédito tributário que foi precedido de depósito do montante integral como medida de suspensão da exigibilidade do crédito tributário".

> Cespe: A prova de Procurador do TCE/PB de 2014 considerou ERRADA a afirmação: "A conversão de depósito em renda tem como efeito a suspensão do crédito tributário assim como o parcelamento de crédito tributário".

15.4.8 Pagamento antecipado e homologação do lançamento

Nos tributos sujeitos a lançamento por homologação, o pagamento antecipado feito pelo contribuinte, sendo aprovado pela autoridade administrativa, produz os mesmos efeitos do pagamento regular, tendo o efeito, por força do disposto no art. 156, VII, do CTN, de extinguir o crédito.

15.4.9 Consignação em pagamento

A consignação em pagamento, como forma de extinção do crédito tributário, constitui mecanismo processual em favor do contribuinte quando este encontre obstáculos impostos pelo Fisco que impeçam o regular pagamento do tributo.

É disciplinada pelo art. 164 do CTN, que faculta ao contribuinte realizar a consignação nos casos de:

a) recusa de recebimento, ou subordinação deste ao pagamento de outro tributo ou de penalidade, ou ao cumprimento de obrigação acessória;

b) subordinação do recebimento ao cumprimento de exigências administrativas sem fundamento legal;

c) exigência, por mais de uma pessoa jurídica de direito público, de tributo idêntico sobre o mesmo fato gerador.

Vale frisar que a terceira hipótese legal ensejadora da consignação – exigência, por mais de uma pessoa jurídica de direito público, de tributo idêntico sobre o mesmo fato gerador – tem causado dificuldades práticas decorrentes da inadequada linguagem utilizada pelo legislador do CTN.

Trata-se da **consignação no caso de bitributação**, a circunstância mais importante de cabimento dessa causa de extinção do crédito. Convém não confundir bitributação com *bis in idem*.

Conforme já explicado no item 3.5.9 deste *Manual*, enquanto na bitributação duas ou mais entidades exigem tributos sobre um único fato gerador ou a mesma base de cálculo, no *bis in idem* as exigências tributárias simultâneas sobre a mesma base de cálculo ou fato gerador emanam de uma única entidade tributante.

A hipótese de consignação descrita no art. 164, III, do CTN é de **bitributação**, cabendo lembrar que a existência de grande quantidade de pretensos credores (multitributação) realizando exigências simultâneas não descaracteriza a bitributação. Exemplo: 35 municípios exigindo simultaneamente, do mesmo contribuinte (concessionário), o ISS integral sobre o serviço de manutenção de uma rodovia intermunicipal.

Já **no caso de *bis in idem* não cabe consignação**, porque inexiste dúvida sobre quem é o legítimo credor do tributo. Para defender o contribuinte **contra *bis in idem*** utilizando uma única ação **cabe, em regra, mandado de segurança.**

Outro esclarecimento se faz necessário.

É preciso interpretar extensivamente o teor do art. 164, III, do CTN, já que, na verdade, a referência a "exigência de tributo idêntico" parece reduzir o alcance da norma somente aos casos de dupla exigência de um mesmo tributo sobre fato gerador único. Porém, se dois tributos distintos recaírem indevidamente sobre o mesmo fato gerador, inegável a conclusão no sentido de que o contribuinte poderá valer-se da consignação em pagamento, transferindo ao Judiciário o encargo de definir qual o legítimo credor do tributo. Mencione-se, a título de exemplo, a hipótese de Estado cobrar ICMS e Município exigir simultaneamente ISS sobre o mesmo serviço. Nessa situação não parece razoável, apenas porque são tributos diferentes, impedir o contribuinte de consignar o montante devido para que o juiz determine qual dos dois entes faz jus ao pagamento.

Portanto, conclui-se que, apesar da literalidade do art. 164, III, do CTN, a consignação em pagamento é cabível, tanto no caso de tributos idênticos exigidos simultaneamente sobre o mesmo fato gerador quanto na hipótese de um único fato gerador atrair a incidência de dois tributos cobrados por entidades federativas distintas.

15.4.10 Decisão administrativa irreformável

A decisão da autoridade administrativa contra a qual não caiba mais recurso, se favorável ao sujeito passivo, também é causa de extinção do crédito (art. 156, IX, do CTN).

15.4.11 Decisão judicial passada em julgado

Conforme o art. 156, X, do CTN, a decisão judicial transitada em julgado, sendo favorável ao contribuinte, extingue o crédito tributário.

15.4.12 Dação em pagamento

A dação em pagamento, nos termos do art. 156, XI, do CTN, é o oferecimento de bem para extinção da dívida tributária.

É admitida a dação no Direito Tributário desde que atendidas as **seguintes condições**:

a) **existência de lei específica autorizando**: é necessária a aprovação de uma lei ordinária, no âmbito da pessoa federativa tributante, admitindo a dação de bens móveis como forma extintiva do crédito tributário;

b) **o bem ofertado deve ser imóvel**: para não violar o dever constitucional de realizar licitações;

> TJ/MG: A prova de Cartório/MG de 2015 considerou CERTA a assertiva: "O crédito tributário pode ser extinto por meio de dação em pagamento de bens imóveis, desde que observadas a forma e as condições estabelecidas em lei".

c) **o Poder Público manifestar interesse no bem**: quer dizer que a aceitação do bem oferecido pelo contribuinte em dação é **ato administrativo discricionário** (e não vinculado), na medida em que a autoridade administrativa deve analisar a conveniência e oportunidade na incorporação daquele bem ao domínio público. Desse modo, o devedor não tem direito adquirido à aceitação do bem oferecido, mas simples expectativa de direito.

15.4.12.1 Novos requisitos para a dação em pagamento no âmbito federal

Conforme já mencionado no item 2.3.2.2 deste Manual, com o advento da Lei n. 13.259/2016, a dação em pagamento de tributos federais passou a ter dois requisitos adicionais (art. 4º):

a) deve ser precedida de **avaliação do bem** ou dos bens ofertados, que devem estar livres e desembaraçados de quaisquer ônus, nos termos de ato do Ministério da Fazenda; e

b) deve **abranger a totalidade do crédito** ou créditos que se pretende liquidar com atualização, juros, multa e encargos legais, sem desconto de qualquer natureza, assegurando-se ao devedor a possibilidade de complementação em dinheiro de eventual diferença entre os valores da totalidade da dívida e o valor do bem ou dos bens ofertados em dação.

Desse modo, ao menos em âmbito federal, a dação agora exige cinco requisitos:

1) lei específica autorizando (já existe);

2) aceitação discricionária do credor;

3) natureza imóvel do bem;

4) avaliação prévia;

5) abranger a totalidade do crédito com atualização, juros, multa e encargos legais.

15.4.13 Criação de outros meios de extinção do crédito

No julgamento da ADIn 2.405, o STF passou a entender que Estados e Distrito Federal podem estabelecer por lei outros meios não previstos expressamente no CTN de extinção de seus créditos tributários, pois, como tais entidades podem conceder remissão, "quem pode mais pode menos".

> Cespe: A prova de Juiz Federal do TRF1 de 2009 considerou CERTA a assertiva: "O STF passou a entender que os Estados e o DF podem estabelecer outros meios não previstos expressamente no Código Tributário Nacional de extinção de seus créditos tributários, máxime porque podem conceder remissão, e quem pode o mais pode o menos".

15.5 CAUSAS DE EXCLUSÃO DO CRÉDITO TRIBUTÁRIO

Após enumerar as causas de suspensão (art. 151) e de extinção do crédito (art. 156), o Código Tributário Nacional, no art. 175, trata da **isenção** e da **anistia** como excludentes da exigibilidade do crédito tributário.

São denominadas causas de "exclusão" porque ocorrem antes do lançamento, atuando como **fatores impeditivos da constituição do crédito.**

> Cespe: A prova da Magistratura/RN de 2013 considerou ERRADA a afirmação: "Em razão da máxima 'o acessório segue o principal', a exclusão do crédito tributário dispensa o cumprimento das obrigações acessórias, dependentes da obrigação principal cujo crédito seja excluído, ou dela, consequente".

15.5.1 Isenção

Do ponto de vista prático, isenção e imunidade são institutos bastante parecidos, já que nos dois casos o contribuinte não paga o tributo. Porém, ao contrário da imunidade, que limita constitucionalmente o exercício da competência tributária, a isenção é o **favor legal que dispensa o contribuinte de realizar o pagamento do tributo**.

> Cespe: A prova de Procurador do Estado/PI de 2014 considerou CORRETA a afirmação: "A isenção, norma tributária que dispensa o pagamento de determinado tributo, deve estar prevista em lei específica e ser interpretada restritivamente, inviabilizando-se a utilização de métodos integrativos da legislação tributária, como a analogia".

A isenção **sempre decorre da lei** (art. 176 do CTN), nunca da Constituição Federal. Por isso, em que pesem os arts. 177, § 4º, e 184, § 5º, do Texto de 1988 iniciarem com as palavras "são isentos", as hipóteses neles referidas são de imunidade, já que **não existem isenções outorgadas por norma constitucional**.

Trata-se de uma causa de exclusão do crédito, porque produz seus efeitos antes da ocorrência do lançamento, atuando como fator impeditivo da constituição do crédito tributário.

O art. 176, parágrafo único, do CTN afirma que "a isenção pode ser restrita a determinada região do território da entidade tributante, em função de condições a ela peculiares". O referido dispositivo, no entanto, deve ser interpretado em conjunto com o princípio da uniformidade geográfica, que veda tratamento diferenciado a partes do território da Pessoa Federativa, a não ser que tenha o objetivo de **incentivar o desenvolvimento social e econômico da região** (art. 151, I, da CF).

15.5.1.1 Anterioridade e isenção

Por força do art. 104, III, do CTN, as leis que extinguem ou reduzem isenções somente produzirão efeitos após o primeiro dia do ano seguinte àquele em que foi publicada a lei. É que a revogação total ou parcial da lei isentiva equipara-se na prática à criação ou ao aumento de tributo, razão pela qual o princípio da anterioridade deve ser aplicado.

Conforme explicado no item 4.5.6 deste *Manual*, embora o dispositivo acima transcrito seja bastante claro ao sujeitar a revogação de isenções ao princípio da anterioridade anual, **essa não é a corrente majoritária**. Atualmente, **predomina o entendimento de que a revogação de isenção NÃO SE SUJEITA À ANTERIORIDADE**, especialmente com base em dois argumentos:

1) o art. 104 do CTN não seria uma regra específica de anterioridade, mas de vigência, porque fala em "entrada em vigor", e, como visto nos itens pretéritos, o princípio da anterioridade não tem qualquer relação com o fenômeno da entrada em vigor da lei;

2) o art. 104 do CTN não teria sido recepcionado pela Constituição de 1988, pois inexiste no Texto Maior qualquer referência a tal aplicação do princípio da anterioridade.

Esse era o entendimento do Supremo Tribunal Federal, segundo o qual, "na isenção, o tributo já existe. Por isso, revogado o favor legal, força é concluir que um novo tributo não foi criado, senão que houve apenas a restauração do direito de cobrar o tributo, o que não implica a obrigatoriedade de ser observado o princípio da anterioridade" (RE 204.026). Porém, tal visão foi alterada pelo STF, que voltou a aplicar a anterioridade na revogação de benefícios fiscais (RE 564.225, rel. Min. Marco Aurélio, 2-9-2014, *vide* item 11.6.1 deste *Manual*).

Por fim, é importante destacar que, **quando se tratar de ISENÇÃO ONEROSA e TEMPORÁRIA**, deve-se garantir o direito adquirido do contribuinte que preencher os requisitos necessários para sua concessão, como será visto nos capítulos seguintes deste *Manual* (art. 178 do CTN e Súmula 544 do STF: "Isenções tributárias concedidas, sob condição onerosa, não podem ser livremente suprimidas").

15.5.1.2 Isenção autonômica e isenção heterônoma

Em regra, a isenção somente pode ser concedida pela Pessoa Federativa competente para criar o tributo. Assim, por exemplo, quando lei federal isenta determinadas pessoas do pagamento de imposto da União tem-se a isenção comum ou autonômica.

O art. 151, III, da Constituição Federal proíbe a União de instituir isenção de tributos da competência dos Estados, do Distrito Federal e dos Municípios.

Porém, a Constituição Federal prevê casos raríssimos em que **a União, por lei complementar, pode conceder isenção de tributos estaduais ou municipais**, como do ICMS (art. 155, § 2º, XII, *e*, da CF) e do ISS (art. 156, § 3º, II, da CF). Trata-se de **isenções impróprias ou heterônomas**.

Nesse sentido, o art. 151, III, da CF deve ser interpretado como uma proibição constitucional à criação de novas isenções heterônomas.

Entretanto, segundo o Supremo Tribunal Federal, nada impede que a União celebre tratado internacional concedendo isenção de tributos estaduais e municipais (RE 229.096/RS). Assim, a vedação prevista no art. 151, III, da CF **não se aplica à União quando atua como sujeito de direito internacional**[STF].

STF: "ISENÇÃO DE TRIBUTO ESTADUAL PREVISTA EM TRATADO INTERNACIONAL FIRMADO PELA REPÚBLICA FEDERATIVA DO BRASIL. Art. 151, INCISO III, DA CONSTITUIÇÃO DA REPÚBLICA. Art. 98 DO CÓDIGO TRIBUTÁRIO NACIONAL. NÃO CARACTERIZAÇÃO DE ISENÇÃO HETERÔNOMA. 1. A isenção de tributos estaduais prevista no Acordo Geral de Tarifas e Comércio para as mercadorias importadas dos países signatários quando o similar nacional tiver o mesmo benefício foi recepcionada pela Constituição da República de 1988. 2. O art. 98 do Código Tributário Nacional "possui caráter nacional, com eficácia para a União, os Estados e os Municípios" (voto do eminente Min. Ilmar Galvão). 3. No direito internacional apenas a República Federativa do Brasil tem competência para firmar tratados (art. 52, § 2º, da Constituição da República), dela não dispondo a União, os Estados-membros ou os Municípios. O Presidente da República não subscreve tratados como chefe de Governo, mas como chefe de Estado, o que descaracteriza a existência de uma isenção heterônoma, vedada pelo art. 151, inciso III, da Constituição. 4. Recurso extraordinário conhecido e provido" (RE 229.096-RS, rel. Min. Ilmar Galvão, j. 16-8-2007, Tribunal Pleno).

15.5.1.3 Art. 178 do CTN

O art. 178 do CTN prescreve: "A isenção, salvo se concedida por prazo certo e em função de determinadas condições, pode ser revogada ou modificada por lei, a qualquer tempo, observado o disposto no inciso III do art. 104".

A ressalva criada pela fala "salvo se concedida por prazo certo e em função de determinadas condições" estabelece **hipótese de ultra-atividade da lei tributária**, na medida em que, se a isenção for condicionada e dada por tempo determinado, o contribuinte que cumprir a condição tem direito adquirido ao benefício fiscal pelo prazo prometido, ainda que a lei seja revogada.

Acesse também a videoaula pelo *link*:
http://somos.in/MDT0744

15.5.1.4 Alcance material da isenção

O benefício isentivo pode atingir **qualquer espécie tributária**, mas seu alcance fica restrito ao tributo expressamente excluído pela lei que instituir a isenção.

É nesse sentido que deve ser interpretado o teor do art. 177 do CTN:

> Salvo disposição de lei em contrário, a isenção não é extensiva:
>
> I – às taxas e às contribuições de melhoria;
>
> II – aos tributos instituídos posteriormente à sua concessão.

Cabe lembrar ainda que, assim como ocorre com a imunidade, a **isenção afasta somente a obrigação tributária principal** (de pagar), não excluindo obrigações tributárias acessórias (de fazer ou não fazer).

15.5.1.5 Outorga da isenção no caso concreto

Da mesma forma como fez quanto à concessão da moratória, o legislador disciplinou detalhadamente a outorga da isenção não geral no art. 179 do CTN. Isso porque, se a isenção for legalmente concedida indistintamente a toda uma categoria de contribuintes (isenção geral), torna-se desnecessária a realização de qualquer procedimento para outorga da vantagem.

Desse modo, se a isenção for não geral, deve ser efetivada, em cada caso, (1) por **despacho da autoridade administrativa**, em (2) **requerimento do interessado** no qual (3) **faça prova** do preenchimento das condições e dos requisitos (4) **previstos em lei ou no contrato** para sua concessão.

No caso de tributo lançado por prazo determinado, o despacho da autoridade será renovado antes da expiração de cada período, cessando automaticamente os seus efeitos a partir do primeiro dia do período para o qual o interessado deixar de promover a continuidade do reconhecimento da isenção (art. 179, § 1º, do CTN).

15.5.2 Anistia

Ao contrário da remissão, que extingue a integralidade do crédito, a **anistia é um favor legal que exclui somente as infrações tributárias (penalidades, multas),** mantendo intacto o montante principal do tributo (arts. 180 do CTN).

> Vunesp: A prova da Magistratura/PA considerou ERRADA a afirmação: "É causa de extinção do crédito tributário a anistia".

> Cespe: A prova de Procurador do Estado/PI de 2014 considerou ERRADA a afirmação: "A anistia consiste na liberação graciosa, por expressa autorização legal, da obrigação tributária principal surgida com a realização do fato gerador pelo contribuinte".

A lei que concede anistia **não se aplica**:

1) aos atos qualificados como crimes ou contravenções que sejam praticados com dolo, fraude ou simulação pelo sujeito passivo ou por terceiro em benefício daquele;

2) salvo disposição de lei em contrário, às infrações resultantes de conluio entre duas ou mais pessoas naturais ou jurídicas;

3) a infrações cometidas posteriormente à publicação da lei que a instituiu.

Nos termos do art. 181 do CTN, a anistia pode ser concedida:

> I – em caráter geral;
>
> II – limitadamente:
>
> a) às infrações da legislação relativa a determinado tributo;
>
> b) às infrações punidas com penalidades pecuniárias até determinado montante, conjugadas ou não com penalidades de outra natureza;
>
> c) a determinada região do território da entidade tributante, em função de condições a ela peculiares;
>
> d) sob condição do pagamento de tributo no prazo fixado pela lei que a conceder, ou cuja fixação seja atribuída pela mesma lei à autoridade administrativa.

Assim como ocorre nos casos de moratória e isenção, se a anistia não for concedida em caráter geral, deve ser efetivada, em cada caso, por despacho da autoridade administrativa, em requerimento do interessado no qual faça prova do preenchimento das condições e dos requisitos previstos para sua concessão (art. 182 do CTN).

A concessão de moratória, isenção ou anistia em caráter individual não gera direito adquirido e pode ser "revogada" (cassada) de ofício pela autoridade administrativa, sempre que se apure que o beneficiário não satisfazia ou deixou de satisfazer condição para a concessão do benefício (arts. 155, 179, § 2º, e 182, parágrafo único, do CTN).

15.6 GARANTIAS E PRIVILÉGIOS DO CRÉDITO TRIBUTÁRIO

A legislação fiscal estabelece garantias e privilégios do crédito tributário com a finalidade de assegurar o cumprimento da obrigação tributária. Trata-se de um rol exemplificativo.

> Cespe: A prova da Magistratura/PB considerou CORRETA a afirmação: "As garantias e privilégios do crédito tributário, instituídas pela lei em favor do poder público, visam assegurar o recebimento da prestação tributária".

> Cespe: A prova do Exame de Ordem da OAB/SP em 2008 considerou CORRETA a afirmação: "O rol das garantias do crédito tributário, previsto no CTN, é meramente exemplificativo".

De acordo com o art. 184 do CTN, **respondem pelo pagamento do crédito tributário todos os bens e as rendas do sujeito passivo**, seu espólio ou massa falida, inclusive os gravados por ônus real ou cláusula de inalienabilidade ou impenhorabilidade, **exceto os bens e rendas que a lei declare absolutamente impenhoráveis**.

> Cespe: A prova da Magistratura/PB considerou ERRADA a afirmação: "Respondem pelo pagamento do crédito tributário todos os bens, presentes e futuros, do sujeito passivo, salvo os gravados por ônus real ou cláusula de inalienabilidade ou impenhorabilidade".

> Cespe: A prova da Magistratura/PB considerou ERRADA a afirmação: "O bem de família, instituído por lei, pode ser penhorado em execução fiscal, independentemente da natureza do tributo cobrado em juízo".

O referido dispositivo consagra a regra geral de que a integralidade do patrimônio do devedor é a maior garantia que o Fisco tem para satisfazer os créditos de natureza tributária, razão pela qual existe uma **presunção relativa de fraude** na alienação ou oneração de bens do devedor **após a inscrição do crédito em dívida ativa** se não tiver sido reservado patrimônio suficiente para saldar os valores devidos (art. 185 do CTN).

Importantíssimo lembrar que, **diante de qualquer ato** do sujeito passivo, posterior à inscrição na dívida ativa, **tendente a frustrar a satisfação do crédito**, pode o Fisco propor judicialmente **medida cautelar fiscal visando** produzir de imediato **a indisponibilidade dos bens do requerido**, até o limite da obrigação (art. 4º da Lei n. 8.397/92).

> A prova da Magistratura/CE elaborada pelo Cespe em 2018 considerou CORRETA a assertiva: "A decretação de medida cautelar fiscal acarretará a indisponibilidade dos bens do requerido até o limite da satisfação da obrigação tributária".

Em termos mais genéricos, a Lei Complementar n. 118/2005 acrescentou o art. 185-A ao CTN, autorizando o juiz a decretar indisponibilidade de bens do devedor em qualquer ação judicial proposta contra o contribuinte[STJ]:

> STJ: "O STJ manifestou-se no sentido de que a classificação de origem da dívida ativa é questão relevante para determinar o regramento normativo aplicado à espécie, sendo indevida a aplicação de institutos previstos no código tributário a temas de natureza não tributária. Mostra-se indevida a incidência do art. 185-A do Código Tributário Nacional a dívidas ativas não tributárias, uma vez que seu *caput* deixa expressamente delineado sua aplicação à hipótese de devedor tributário. 5. 'O fato de a Lei de Execuções Fiscais (Lei n. 6.830/80) afirmar que os débitos de natureza não tributária compõem a dívida ativa da Fazenda Pública não faz com que tais débitos passem, apenas em razão de sua inscrição na dívida ativa, a ter natureza tributária. Isso, simplesmente, porque são oriundos de relações outras, diversas daquelas travadas entre o estado, na condição de arrecadador, e o contribuinte, na qualidade de sujeito passivo da obrigação tributária'" (REsp 1.347.317/PR, rel. Min. Humberto Martins, j. 6-11-2012, 2ª T.).

> Art. 185-A. Na hipótese de o devedor tributário, devidamente citado, não pagar nem apresentar bens à penhora no prazo legal e não forem encontrados bens penhoráveis, o juiz determinará a indisponibilidade de seus bens e direitos, comunicando a decisão, preferencialmente por meio eletrônico, aos órgãos e entidades que promovem registros de transferência de bens, especialmente ao registro público de imóveis e às autoridades supervisoras do mercado bancário e do mercado de capitais, a fim de que, no âmbito de suas atribuições, façam cumprir a ordem judicial.
>
> § 1º A indisponibilidade de que trata o *caput* deste artigo limitar-se-á ao valor total exigível, devendo o juiz determinar o imediato levantamento da indisponibilidade dos bens ou valores que excederem esse limite.
>
> § 2º Os órgãos e entidades aos quais se fizer a comunicação de que trata o *caput* deste artigo enviarão imediatamente ao juízo a relação discriminada dos bens e direitos cuja indisponibilidade houverem promovido.

A necessidade de **comprovação da quitação de débitos tributários** como requisito da efetivação de procedimentos administrativos e judiciais também constitui importante meio indireto de forçar o pagamento do tributo.

Merecem destaque quatro contextos em que tal comprovação é exigida:

1) A **extinção das obrigações do falido** requer prova de quitação de todos os tributos (art. 191 do CTN).

2) A **concessão de recuperação judicial** depende da apresentação da prova de quitação de todos os tributos (art. 191-A do CTN).

3) Nenhuma **sentença de julgamento de partilha ou adjudicação** será proferida sem prova da quitação de todos os tributos relativos aos bens do espólio, ou às suas rendas (art. 192 do CTN).

4) Salvo quando expressamente autorizado por lei, **nenhum departamento da administração pública** da União, dos Estados, do Distrito Federal ou dos Municípios, ou sua autarquia, **celebrará contrato ou aceitará proposta em concorrência pública** sem que o contratante ou proponente faça prova da quitação de todos os tributos devidos à Fazenda Pública interessada, relativos à atividade em cujo exercício contrata ou concorre (art. 193 do CTN).

15.6.1 Preferências do crédito tributário

Na hipótese de um devedor tornar-se insolvente e de seu patrimônio ser menor do que a totalidade das dívidas, a legislação precisa estabelecer quais credores têm prioridade para receber em relação aos demais. Trata-se do estudo da ordem de preferência dos créditos.

O crédito tributário tem preferência sobre todos os demais, seja qual for sua natureza ou o tempo de sua constituição, **exceto os créditos trabalhistas e os decorrentes de acidentes de trabalho** (art. 186 do CTN).

> Cespe: A prova da Magistratura/PB considerou ERRADA a afirmação: "Os créditos tributários gozam de preferência em relação a quaisquer outros, incluindo-se os decorrentes da legislação trabalhista".

Além disso, no caso específico de procedimento falimentar (art. 186, parágrafo único, do CTN):

I – o crédito tributário não prefere aos **créditos extraconcursais ou às importâncias passíveis de restituição**, nos termos da lei falimentar, **nem aos créditos com garantia real**, no limite do valor do bem gravado;

> Vunesp: A prova de Analista da Câmara de São José dos Campos/SP de 2014 considerou CORRETA a afirmação: "O crédito tributário não prefere aos créditos extraconcursais, nos termos da lei falimentar".

> Vunesp: A prova da Magistratura/RJ de 2014 considerou CORRETA a afirmação: "O crédito tributário não prefere às importâncias passíveis de restituição".

II – a lei poderá estabelecer limites e condições para a preferência dos créditos decorrentes da legislação do trabalho; e

III – a multa tributária prefere apenas aos créditos subordinados.

> Vunesp: A prova de Analista da Câmara de São José dos Campos/SP de 2014 considerou ERRADA a afirmação: "A multa tributária não prefere aos créditos subordinados".

São extraconcursais os créditos tributários decorrentes de fatos geradores ocorridos no curso do processo de falência (art. 188 do CTN).

> Vunesp: A prova da Magistratura/RJ de 2014 considerou ERRADA a afirmação: "São considerados concursais os créditos tributários decorrentes de fatos geradores ocorridos no curso do processo de falência".

Outra regra importante é aquela segundo a qual a cobrança judicial do crédito tributário não é sujeita a concurso de credores ou habilitação em falência, concordata, inventário ou arrolamento (art. 187 do CTN).

15.6.2 Concurso entre Fiscos

Na hipótese de o sujeito passivo possuir débitos tributários junto a diferentes entidades federativas, o parágrafo único do art. 187 do CTN estabelece a seguinte ordem de preferência:

1º - União;

2º - Estados, Distrito Federal e Territórios, conjuntamente e *pro rata*;

3º - Municípios, conjuntamente e *pro rata*.

> Cespe: A prova da Magistratura/PB considerou ERRADA a afirmação: "O concurso de preferência para recebimento do crédito tributário entre as pessoas jurídicas de direito público obedece à seguinte ordem: municípios, estados e DF e, por fim, a União".

A análise detalhada da legislação brasileira, no entanto, obriga a acrescentar, ao lado das Pessoas Federativas, as respectivas autarquias, resultando na seguinte ordem (art. 29 da Lei n. 6.830/80):

1º - União;

2º - autarquias federais;

> FMP/RS: A prova de Procurador do Estado/AC de 2014 considerou CORRETA a afirmação: "Segundo o entendimento do Superior Tribunal de Justiça, os créditos das autarquias federais preferem aos créditos da Fazenda estadual, desde que coexistam penhoras sobre o mesmo bem".

> Cespe: A prova da Magistratura/RN de 2013 considerou ERRADA a afirmação: "Embora a União goze de preferência entre as pessoas jurídicas de direito público, o STJ consagrou o entendimento de que os créditos tributários das autarquias federais não têm primazia sobre os créditos fiscais dos estados e municípios".

3º - Estados, Distrito Federal e Territórios, bem como as respectivas autarquias, conjuntamente e *pro rata*;

4º - Municípios e autarquias municipais, conjuntamente e *pro rata*.

A expressão "conjuntamente e *pro rata*" significa que, pagos os créditos da União e das autarquias federais (INSS), e não havendo patrimônio suficiente para saldar a totalidade das dívidas estaduais, distritais, territoriais e das respectivas autarquias, o montante patrimonial remanescente será repartido entre Estados, Distrito Federal, Territórios e suas autarquias, *em quinhões proporcionais aos respectivos créditos*. O mesmo procedimento aplica-se em relação aos Municípios e às autarquias municipais, pois, restando bens após a satisfação dos créditos de todas as entidades antecedentes, as dívidas referentes a tributos municipais e de autarquias desse nível federativo serão pagas na proporção dos respectivos créditos.

15.7 QUADRO SINÓTICO

CONCEITO
Crédito tributário é o direito que o Fisco tem de exigir do devedor o cumprimento da obrigação tributária.
CONSTITUIÇÃO DO CT E REGIME GERAL
É definido pelo CTN nos arts. 139 a 141, podendo ser resumido nas **seguintes diretrizes**: **1)** o crédito tributário decorre da obrigação principal; **2)** o crédito e a obrigação têm a mesma natureza, na medida em que integram uma única relação jurídica; **3)** circunstâncias que modificam o crédito tributário, sua extensão ou seus efeitos, ou as garantias ou os privilégios a ele atribuídos, ou que excluem sua exigibilidade, não afetam a obrigação tributária que lhe deu origem; **4)** somente lei complementar federal pode prever ou modificar o regime das causas de suspensão, extinção ou exclusão do crédito tributário; e **5)** qualquer hipótese de suspensão, exclusão ou extinção do crédito instituída de ofício pela autoridade administrativa enseja responsabilidade funcional.
SUSPENSÃO, EXTINÇÃO E EXCLUSÃO DO CRÉDITO
O CTN prevê 3 tipos de circunstâncias que interferem na regularidade do CT: CAUSAS DE SUSPENSÃO DO CRÉDITO: **(arts. 151 a 155-A) interrompem temporariamente** o direito de cobrar o devedor. Exemplos: moratória, medida liminar, tutela antecipada. CAUSAS DE EXTINÇÃO DO CRÉDITO: **(arts. 156 a 174) eliminam definitivamente** o direito de cobrar o devedor, **após a constituição do crédito**. Assim, como regra, ocorrem **após o lançamento** (exceto a decadência). Exemplos: pagamento, compensação, dação em pagamento, prescrição, decadência, conversão do depósito em renda. CAUSAS DE EXCLUSÃO DO CRÉDITO: **(arts. 175 a 182)** são circunstâncias que **evitam a constituição do crédito**, ocorrendo, desse modo, **antes do lançamento**. Exemplos: anistia e isenção. As causas de suspensão, extinção ou exclusão do crédito tributário **somente podem ser definidas e disciplinadas em LEI**. Qualquer hipótese de benefício criado por ato administrativo enseja responsabilidade funcional (art. 141 do CTN) e constitui improbidade administrativa (art. 10 da Lei n. 8.429/92). Como a disciplina do crédito tributário está sob reserva de lei complementar (art. 146, III, *b*, da CF), as alterações na matéria exigem **lei complementar federal**.
CAUSAS DE SUSPENSÃO DO CRÉDITO TRIBUTÁRIO
1) MORATÓRIA: é a **ampliação do prazo legal** para regular pagamento do tributo. Trata-se de importante instrumento de política tributária utilizado para amenizar o impacto de graves crises econômicas, calamidades públicas ou catástrofes da natureza, casos em que o legislador poderá aumentar o prazo para recolhimento de tributos. Sempre **depende de lei específica** e, como regra, deve ser concedida pela pessoa política competente para criar o tributo. Porém, o art. 152, I, *b*, do CTN autoriza a União a conceder moratória, em caráter geral, para tributos estaduais e municipais, quando simultaneamente concedida quanto aos tributos de competência federal e às obrigações de direito privado. **Moratória geral** é aquela outorgada por lei a **todos os devedores descritos na hipótese concessiva**, dispensando-se a necessidade de um ato administrativo que defira concretamente o favor a cada beneficiário. É caso, por exemplo, de uma lei municipal que prorrogue por mais 30 dias o prazo para pagamento do IPTU a todos os contribuintes. **Desse modo, na moratória geral a simples publicação da lei já suspende a exigibilidade do crédito.** **Moratória individual** é aquela cuja concessão exige, nos termos da lei específica, um despacho da autoridade administrativa deferindo o benefício a cada devedor. Assim, para que a moratória específica produza o efeito de suspender a exigibilidade do crédito tributário é necessária a ocorrência simultânea de **dois requisitos**: **1) lei específica autorizando**; **2) despacho da autoridade administrativa**: trata-se de um ato administrativo vinculado da autoridade fiscal que, confirmando o preenchimento dos requisitos exigidos pela lei, defere no caso concreto a concessão do benefício ao devedor. **Somente após o despacho é que ocorre a suspensão do crédito.** Os requisitos para a concessão da moratória estão previstos no art. 153 do CTN: "A lei que concede moratória em caráter geral ou autorize sua concessão em caráter individual especificará, sem prejuízo de outros requisitos: **I** – o prazo de duração do favor; **II** – as condições da concessão do favor em caráter individual; **III** – sendo caso: **a)** os tributos a que se aplica; **b)** o número de prestações e seus vencimentos, dentro do prazo a que se refere o inciso I, podendo atribuir a fixação de uns e de outros à autoridade administrativa, para cada caso de concessão em caráter individual; e **c)** as garantias que devem ser fornecidas pelo beneficiado no caso de concessão em caráter individual". Salvo disposição de lei em contrário, a moratória abrange **somente os créditos definitivamente constituídos à data da lei ou do despacho** que a conceder, ou cujo lançamento já tenha sido iniciado àquela data por ato regularmente notificado ao sujeito passivo (art. 154 do CTN).

2) DEPÓSITO DO MONTANTE INTEGRAL: o Código Tributário Nacional, em seu art. 151, II, faculta ao contribuinte suspender a exigibilidade do crédito tributário por meio do depósito integral do montante devido **em dinheiro**. Entretanto, a lei não pode condicionar a propositura de ação judicial ou a interposição de recurso à efetivação de depósito, exigência que colide com a garantia do livre acesso ao Judiciário (art. 5º, XXXV, da CF) e também com o teor do princípio da igualdade tributária (art. 150, II, da CF).

Por essas razões, o art. 38 da Lei n. 6.830/80, ao condicionar a ação anulatória à realização de depósito prévio, é inconstitucional, por desatender aos arts. 5º, XXXV, e 150, II, da Constituição Federal.

É o que declara, por exemplo, a Súmula 373 do STJ: "É ilegítima a exigência de depósito prévio para admissibilidade de recurso administrativo".

No mesmo sentido, foi editada a Súmula Vinculante 21 do STF: "É inconstitucional a exigência de depósito ou arrolamento prévios de dinheiro ou bens para admissibilidade de recurso administrativo".

Assim, a realização de depósito integral **é sempre uma faculdade em favor do contribuinte**, nunca podendo constituir uma condição para recorrer ou acionar o Judiciário.

3) RECLAMAÇÕES E RECURSOS ADMINISTRATIVOS: a impugnação administrativa de exigências tributárias, seja por meio de reclamações, seja pela interposição de recursos, suspende a exigibilidade do crédito tributário, nos termos da legislação reguladora do processo administrativo tributário (arts. 151, III, do CTN e 33 do Decreto n. 70.235/72).

Em âmbito federal, o sistema administrativo de impugnação das exigências fiscais é regulado pelo Decreto n. 7.574/2011. Qualquer exigência tributária federal pode ser objeto de impugnação pelo devedor, no prazo de 30 dias, dirigida à Delegacia da Receita Federal com jurisdição sobre o domicílio tributário do sujeito passivo (art. 56 do Decreto n. 7.574/2011). Sendo derrotado, o contribuinte pode interpor recurso voluntário com efeito suspensivo ao Conselho Administrativo de Recursos Fiscais – CARF (art. 75). Por fim, caberá recurso especial à Câmara Superior de Recursos Fiscais, no prazo de 15 dias da ciência do acórdão ao interessado, de decisão que der à lei tributária interpretação divergente da que lhe tenha dado outra câmara, turma da câmara, turma especial ou a própria Câmara Superior de Recursos Fiscais (art. 79). Com o recurso especial é atingido o limite máximo de 3 instâncias na esfera administrativa (art. 57 da Lei n. 9.784/99). Se a decisão final for favorável ao devedor, torna-se imutável para o Fisco, mas, se derrotado o sujeito passivo, ainda poderá recorrer ao Poder Judiciário.

4) MEDIDA LIMINAR EM MANDADO DE SEGURANÇA: por força do art. 151, IV, do CTN, a decisão judicial concessiva de liminar em sede de mandado de segurança também suspende o crédito tributário. Entretanto, de acordo com jurisprudência consolidada no STJ, a **concessão de liminar ou tutela antecipada** suspende a cobrança mas **não impede o Fisco de realizar o lançamento** visando prevenir a decadência, hipótese em que a Fazenda Pública deve aguardar o desfecho da ação para fazer a cobrança (STJ, REsp 575.991).

5) MEDIDA LIMINAR OU TUTELA ANTECIPADA NAS DEMAIS AÇÕES: além da liminar em mandado de segurança, suspendem a exigibilidade do crédito tributário as liminares concedidas em ações cautelares (art. 304 do CPC), bem como as decisões em antecipação de tutela nas demais ações tributárias (art. 294 do CPC) e nos recursos cíveis (art. 299 do CPC).

6) PARCELAMENTO: acrescentado pela Lei Complementar n. 104/2001 ao rol do art. 151 do CTN, o parcelamento agora constitui uma causa autônoma de suspensão da exigibilidade do crédito tributário. Antes da inovação, a doutrina tratava do instituto como uma espécie de transação, ou seja, modalidade de extinção do crédito. Atualmente, porém, o próprio CTN declara que se **aplicam subsidiariamente ao parcelamento as regras relativas à moratória** (art. 155-A, § 2º, do CTN). A concessão de parcelamento **depende de lei específica da pessoa política competente para criar o tributo**, lei esta que deverá estabelecer as condições de adesão, os prazos e o número máximo de parcelas em que a dívida pode ser dividida. Salvo disposição de lei em contrário, o parcelamento do crédito tributário **não exclui a incidência de juros e multas**.

CAUSAS DE EXTINÇÃO DO CRÉDITO TRIBUTÁRIO

1) PAGAMENTO (LUGAR, TEMPO, JUROS E MEIOS): a disciplina do tema inicia pela regra segundo a qual **a imposição de penalidade não elide (afasta) o pagamento integral do crédito tributário** (art. 157), isso porque eventual sanção imposta ao contribuinte não possui caráter substitutivo do valor principal, passando a existir simultaneamente os deveres decorrentes da penalidade e o crédito tributário principal.

Quanto ao **lugar** do pagamento, não dispondo a legislação tributária em sentido contrário, o pagamento deve ser efetuado na repartição competente do **domicílio do sujeito passivo** (art. 159 do CTN). Assim, pode-se concluir que, em princípio, as obrigações tributárias são de **natureza quesível**, e não portável, na medida em que seu cumprimento realiza-se no domicílio do devedor.

Sobre o **tempo** do pagamento, o vencimento do crédito ocorre **30 dias depois da data de notificação do lançamento**, permitida a concessão de descontos pelo pagamento antecipado (art. 160 do CTN).

A respeito dos **meios** de pagamento, o art. 62 do CTN admite que seja realizado em: **a)** moeda corrente; **b)** cheque; **c)** vale postal; **d)** estampilha, nos casos previstos em lei; **e)** papel selado, nos casos previstos em lei; e **f)** por processo mecânico, nos casos previstos em lei.

Imputação ao pagamento: Se o contribuinte tem **mais de uma dívida** tributária e faz um **pagamento parcial** sem deixar claro qual delas pretende quitar, cabe ao legislador definir uma **ordem automática de quitação**. São as regras denominadas de imputação do pagamento, previstas no art. 163 do CTN.

Pagamento indevido: Havendo pagamento a maior ou realizado indevidamente, como nos casos de erro na identificação do sujeito passivo ou de falha na determinação da alíquota aplicável, o devedor tem direito à restituição integral dos valores pagos, desde que o faça dentro do prazo de cinco anos (arts. 165 e 168 do CTN). Sobre o valor da restituição incidem juros não capitalizáveis, devidos a partir do trânsito em julgado da decisão que a determinar (art. 167, parágrafo único).

Meios para obter restituição de pagamento indevido: 1) pedido administrativo de restituição; **2)** ação de repetição de indébito; **3)** requerimento administrativo de compensação; e **4)** ação ordinária com pedido de compensação.

Contagem de prazo para restituição de pagamento indevido: De acordo com o art. 168 do CTN, o **prazo para pleitear restituição** pelo pagamento indevido extingue-se em **5 anos**, contados: **I** – da data da extinção do crédito tributário, nas hipóteses de pagamento indevido, a maior ou erro no pagamento; **II** – da data em que se tornar definitiva a decisão administrativa ou passar em julgado a decisão judicial que tenha reformado, anulado, revogado ou rescindido a decisão condenatória.

Se o contribuinte optar pelo **pedido administrativo** de repetição, o prazo tem **natureza decadencial**. Preferindo a **via judicial**, o prazo será de **prescrição**. Prescreve em dois anos a ação anulatória da decisão administrativa que denegar a restituição. Tal prazo de prescrição é interrompido pelo início da ação judicial, recomeçando o seu curso, por metade, a partir da data da intimação validamente feita ao representante judicial da Fazenda Pública interessada (art. 169 do CTN).

2) COMPENSAÇÃO: trata-se de um abatimento da menor dívida em relação à maior na hipótese de duas pessoas possuírem créditos recíprocos, cuja previsão genérica consta do 170 do CTN, sendo necessário lei específica autorizando, liquidez e certeza dos créditos, bem como identidade de partes (os dois créditos devem ser de tributos de competência da mesma Pessoa Política).

Cabe lembrar que a compensação tributária por intermédio do Poder Judiciário **não é permitida em sede liminar ou tutela antecipada**, dependendo sempre de sentença (art. 7º, §§ 2º e 5º, da Lei n. 12.016/2009).

3) TRANSAÇÃO: é a forma de extinção das obrigações ocorrida quando credor e devedor aceitam **abrir mão de vantagens recíprocas**. Trata-se de hipótese rara no Direito Tributário, prevista no art. 171 do CTN.

4) REMISSÃO: prevista no art. 172 do CTN, a remissão é o **perdão, total ou parcial, da dívida tributária**. Trata-se de um raríssimo benefício fiscal, que depende sempre de **lei específica** da entidade competente para instituir o tributo, e sua outorga em favor de cada beneficiário estará visando atender: **a)** à situação econômica do sujeito passivo; **b)** ao erro ou ignorância escusáveis do sujeito passivo quanto à matéria de fato; **c)** à diminuta importância do crédito tributário; **d)** a considerações de equidade em relação às características pessoais ou materiais do caso; e **e)** a condições peculiares a determinada região do território da entidade tributante.

5) DECADÊNCIA ou CADUCIDADE: é a **perda do direito de constituir o crédito tributário** que ocorre se o Fisco não o exercer dentro do prazo legal.

ATENÇÃO: Como o CTN trata da decadência e da prescrição como "causas de extinção do crédito tributário", se o contribuinte realiza um pagamento de tributo decaído ou prescrito, **nos dois casos terá direito à repetição de indébito**, na medida em que pagou dívida que não existia mais. Inaceitável o argumento de que na prescrição ocorre extinção do direito de recorrer ao Judiciário embora subsista a obrigação natural de pagar. Tal raciocínio é incompatível com o art. 156, V, do CTN, que afirma textualmente serem a prescrição e a decadência causas de extinção "do crédito" tributário. A norma contida no inciso I do art. 173 do CTN cria a regra geral para contagem do **termo inicial** do prazo de decadência tributária: o prazo começa a correr em **1º de janeiro do ano seguinte à data em que ocorreu o fato gerador**. Isso porque somente após a data do fato gerador é que "o lançamento poderia ter sido realizado".

Existem, porém, alguns **casos especiais** de contagem:

1) Quanto aos **tributos lançados por homologação**, como o ICMS, **o prazo decadencial flui da data da ocorrência do fato gerador**, a partir de quando o Fisco tem cinco anos para lavrar o Auto de Infração e Imposição de Multa (art. 150, § 4º, do CTN). **Havendo dolo, fraude ou simulação**, o prazo para constituição do crédito nos tributos lançados por homologação sujeita-se à **regra geral**, e inicia a contagem a partir de 1º de janeiro do ano seguinte à data do fato gerador (art. 173, I, do CTN), funcionando tal prazo majorado como uma espécie de punição pelo comportamento antijurídico do devedor.

2) Nos tributos lançados por homologação, **se não houver qualquer pagamento**, a hipótese equipara-se às situações de dolo, fraude ou simulação, e o prazo sujeita-se à **regra geral**, iniciando a contagem a partir de 1º de janeiro do ano seguinte à data do fato gerador (art. 173, I, do CTN).

3) Havendo qualquer **medida preparatória indispensável ao lançamento que importe antecipação dos atos de constituição do crédito**, a contagem do prazo quinquenal passa a correr da data em que **o devedor for notificado** de qualquer ato fiscalizatório ocorrido após o fato gerador (art. 173, parágrafo único, do CTN). É o caso, por exemplo, da lavratura de **Auto de Infração** antes de 1º de janeiro do ano seguinte à data do fato gerador. Nesse caso, o prazo decadencial inicia a partir da lavratura do AIIM.

4) Se houver anulação de lançamento por vício formal, o prazo decadencial começa a contar da data em que se tornou definitiva a decisão que o houver anulado (art. 173, II, do CTN).

6) PRESCRIÇÃO: **ocorre quando** a Fazenda Pública deixa escoar o prazo para propositura da ação de execução fiscal, conforme estabelece o art. 174 do CTN: "A ação para cobrança do crédito tributário prescreve em 5 (cinco) anos, contados da data da sua constituição definitiva".

Assim, o **prazo prescricional** para propositura da ação de cobrança é de **5 anos**.

Como o art. 156, V, do CTN trata da prescrição como causa de extinção do próprio crédito tributário, e não uma simples perda da faculdade processual de acionar o Judiciário para exercer o direito de cobrança, **se o contribuinte realiza pagamento de dívida prescrita ou decaída terá direito à repetição do indébito.**

Termo inicial do prazo: o prazo quinquenal para propositura da ação de execução, nos termos do art. 174 do CTN, começa a contar "da data da constituição definitiva do crédito", ou seja, o prazo corre desde quando **se tornou administrativamente imodificável a constituição do crédito tributário.**

1) **Se, após a notificação, o devedor realiza pagamento integral:** nesse caso o crédito tributário é extinto e **não haverá execução fiscal.**

2) **Se, após a notificação, o devedor realiza pagamento parcial:** ocorrendo pagamento parcial sem impugnação no valor restante, o prazo prescricional corre da data do pagamento. Porém, havendo impugnação quanto ao valor remanescente, o prazo prescricional inicia da data em que se torna irrecorrível a última decisão administrativa sobre a matéria (data do "trânsito em julgado" na esfera administrativa).

3) **Se, após a notificação, o devedor não paga e não recorre contra a cobrança:** será preciso aguardar o escoamento do prazo de 30 dias que o CTN (art. 160) concede ao devedor para que, sendo notificado, realize o pagamento ou recorra contra a cobrança.

4) **Se, após a notificação, o devedor recorre contra o valor da cobrança:** nesse caso o prazo prescricional começa a fluir da data em que ocorrer a **imutabilidade da decisão administrativa**, isto é, se o contribuinte perder os recursos, o prazo se conta do "trânsito em julgado" administrativo da decisão que manteve o valor da cobrança.

5) No caso específico de tributo lançado por homologação, o STJ (Súmula 436) considera que a entrega da DCTF (declaração de débito e crédito de tributos federais) pelo sujeito passivo constitui o crédito tributário, razão pela qual se o contribuinte envia a DCTF mas não realiza o pagamento, o prazo prescricional conta a partir da data do vencimento do tributo declarado.

Termo final da prescrição: O termo final do prazo prescricional se dá com o **despacho do juiz que ordenar a citação do devedor em execução fiscal** (art. 174, I, do CTN), e tal marco interruptivo da prescrição **retroage à data do ajuizamento da ação** (STJ, REsp 1.120.295-SP) (Ricardo Alexandre, *Direito Tributário Esquematizado*, p. 457). Com isso, em termos práticos, **basta que a Fazenda Pública proponha a execução dentro do prazo quinquenal**, sendo irrelevante se o devedor foi efetivamente citado ou não.

Causas de interrupção da prescrição: A legislação tributária prevê um **rol taxativo** de hipóteses em que cessa **a fluência do prazo**, desconsiderando-se então o período já transcorrido. Assim, se o prazo voltar a correr, **a contagem retoma de seu início.** São as denominadas causas de interrupção da prescrição, conforme o parágrafo único do art. 174 do CTN: **a)** a citação pessoal feita ao devedor; **b)** o protesto judicial; **c)** ato judicial que constitua em mora o devedor; **d)** ato inequívoco, ainda que extrajudicial, que importe em reconhecimento do débito pelo devedor. Exemplo: pedido de parcelamento.

Causas de suspensão da prescrição: a **fluência do prazo fica temporariamente congelada**, voltando a correr pelo tempo remanescente se desaparecer a circunstância que causou a suspensão.

1) A primeira causa de suspensão da prescrição é a **inscrição na dívida ativa** e está prevista no art. 2º, § 3º, da Lei n. 6.830/80 (Lei de Execuções Fiscais ou LEF).

2) **A segunda causa de suspensão da prescrição consta do art. 40 da LEF, a saber, se no curso da execução fiscal o juiz suspender o processo enquanto não for localizado o devedor ou encontrados bens sobre os quais possa recair a penhora.**

3) A terceira causa de suspensão da prescrição se dá nos casos de **moratória, parcelamento, isenção, remissão ou anistia concedidas em caráter individual de maneira fraudulenta**, pois, de acordo com o art. 155, parágrafo único, do CTN, o tempo decorrido entre a concessão da vantagem e sua revogação não se computa para fins de prescrição.

Prescrição intercorrente: é a extinção do crédito tributário **sempre que os autos da execução fiscal ficarem arquivados**, na hipótese do art. 40, §§ 2º e 4º, da LEF, **por prazo superior a cinco anos**. O juiz pode **decretar de ofício** a prescrição intercorrente, desde que **ouvida previamente a Fazenda Pública** (art. 40, § 4º, da LEF), sendo esta dispensada no caso de cobranças judiciais cujo valor seja inferior ao mínimo fixado por ato do Ministro de Estado da Fazenda (art. 40, § 5º).

7) CONVERSÃO DE DEPÓSITO EM RENDA: em processos judiciais ou administrativos nos quais o contribuinte opte por realizar depósito prévio para suspensão do crédito tributário, se a controvérsia for decidida favoravelmente à Fazenda Pública, o montante depositado reverte para o Fisco, convertendo-se em renda, o que resulta na extinção do crédito tributário.

8) PAGAMENTO ANTECIPADO E A HOMOLOGAÇÃO DO LANÇAMENTO: nos tributos sujeitos a lançamento por homologação, o pagamento antecipado feito pelo contribuinte, sendo aprovado pela autoridade administrativa, produz os mesmos efeitos do pagamento regular, tendo o efeito, por força do disposto no art. 156, VII, do CTN, de extinguir o crédito.

9) CONSIGNAÇÃO EM PAGAMENTO: constitui mecanismo processual em favor do contribuinte quando este encontre obstáculos impostos pelo Fisco que impeçam o regular pagamento do tributo. É disciplinada pelo art. 164 do CTN, que faculta ao contribuinte realizar a consignação nos casos de: **a)** recusa de recebimento, ou subordinação deste ao pagamento de outro tributo ou de penalidade, ou ao cumprimento de obrigação acessória; **b)** subordinação do recebimento ao cumprimento de exigências administrativas sem fundamento legal; e **c)** exigência, por mais de uma pessoa jurídica de direito público, de tributo idêntico sobre o mesmo fato gerador.

Trata-se da **consignação no caso de bitributação**, a circunstância mais importante de cabimento dessa causa de extinção do crédito. Convém não confundir bitributação com *bis in idem*.

10) DECISÃO ADMINISTRATIVA IRREFORMÁVEL, ASSIM ENTENDIDA A DEFINITIVA NA ÓRBITA ADMINISTRATIVA, QUE NÃO MAIS POSSA SER OBJETO DE AÇÃO ANULATÓRIA: a decisão da autoridade administrativa contra a qual não caiba mais recurso, se favorável ao sujeito passivo, também é causa de extinção do crédito (art. 156, IX, do CTN).

11) DECISÃO JUDICIAL PASSADA EM JULGADO: conforme o art. 156, X, do CTN, a decisão judicial transitada em julgado, sendo favorável ao contribuinte, extingue o crédito tributário.

12) DAÇÃO EM PAGAMENTO DE BENS IMÓVEIS: a dação em pagamento, nos termos do art. 156, XI, do CTN, é o oferecimento de bem para extinção da dívida tributária. É admitida a dação no Direito Tributário desde que atendidas as **seguintes condições**:

a) existência de lei específica autorizando: é necessária a aprovação de uma lei ordinária, no âmbito da pessoa federativa tributante, admitindo a dação de bens móveis como forma extintiva do crédito tributário;

b) o bem ofertado deve ser imóvel: para não violar o dever constitucional de realizar licitações;

c) o Poder Público manifestar interesse no bem: quer dizer que a aceitação do bem oferecido pelo contribuinte em dação é **ato administrativo discricionário** (e não vinculado), na medida em que a autoridade administrativa deve analisar a conveniência e oportunidade na incorporação daquele bem ao domínio público. Desse modo, o devedor não tem direito adquirido à aceitação do bem oferecido, mas simples expectativa de direito.

CAUSAS DE EXCLUSÃO DO CRÉDITO TRIBUTÁRIO

1) ISENÇÃO: **sempre decorre da lei** (art. 176 do CTN), nunca da Constituição Federal. Por isso, em que pesem os arts. 177, § 4º, e 184, § 5º, do Texto de 1988 iniciarem com as palavras "são isentos", as hipóteses neles referidas são de imunidade, já que **não existem isenções outorgadas por norma constitucional**. Trata-se de uma causa de exclusão do crédito, porque produz seus efeitos antes da ocorrência do lançamento, atuando como fator impeditivo da constituição do crédito tributário.

Anterioridade e isenção: **atualmente, predomina o entendimento de que a revogação de isenção NÃO SE SUJEITA À ANTERIORIDADE, especialmente com base em dois argumentos: 1)** o art. 104 do CTN não seria uma regra específica de anterioridade, mas de vigência, porque fala em "entrada em vigor" e, como visto nos itens pretéritos, o princípio da anterioridade não tem qualquer relação com o fenômeno da entrada em vigor da lei; e **2)** o art. 104 do CTN não teria sido recepcionado pela Constituição de 1988, pois inexiste no Texto Maior qualquer referência a tal aplicação do princípio da anterioridade.

Art. 178 do CTN: a ressalva criada pela fala "salvo se concedida por prazo certo e em função de determinadas condições" estabelece **hipótese de ultra-atividade da lei tributária**, na medida em que, se a isenção for condicionada e dada por tempo determinado, o contribuinte que cumprir a condição tem direito adquirido ao benefício fiscal pelo prazo prometido, ainda que a lei seja revogada.

Alcance material da isenção: O benefício isentivo pode atingir **qualquer espécie tributária**, mas seu alcance fica restrito ao tributo expressamente excluído pela lei que instituir a isenção.

Outorga de isenção no caso concreto: Se a isenção for não geral, deve ser efetivada, em cada caso, (1) por **despacho da autoridade administrativa**, em (2) **requerimento do interessado** no qual (3) **faça prova** do preenchimento das condições e dos requisitos (4) **previstos em lei ou no contrato** para sua concessão.

No caso de tributo lançado por prazo determinado, o despacho da autoridade será renovado antes da expiração de cada período, cessando automaticamente os seus efeitos a partir do primeiro dia do período para o qual o interessado deixar de promover a continuidade do reconhecimento da isenção (art. 179, § 1º, do CTN).

2) ANISTIA: ao contrário da remissão, que extingue a integralidade do crédito, **a anistia é um favor legal que exclui somente as infrações tributárias (penalidades, multas)**, mantendo intacto o montante principal do tributo (arts. 180 do CTN).

A lei que concede anistia **não se aplica**: **1)** aos atos qualificados como crimes ou contravenções que sejam praticados com dolo, fraude ou simulação pelo sujeito passivo ou por terceiro em benefício daquele; **2)** salvo disposição de lei em contrário, às infrações resultantes de conluio entre duas ou mais pessoas naturais ou jurídicas; **3)** a infrações cometidas posteriormente à publicação da lei que a instituiu;

Assim como ocorre nos casos de moratória e isenção, se a anistia não for concedida em caráter geral, deve ser efetivada, em cada caso, por despacho da autoridade administrativa, em requerimento do interessado no qual faça prova do preenchimento das condições e dos requisitos previstos para sua concessão (art. 182 do CTN).

GARANTIAS E PRIVILÉGIOS DO CRÉDITO TRIBUTÁRIO

De acordo com o art. 184 do CTN, respondem pelo pagamento do crédito tributário todos os bens e as rendas do sujeito passivo, seu espólio ou massa falida, inclusive os gravados por ônus real ou cláusula de inalienabilidade ou impenhorabilidade, exceto os bens e rendas que a lei declare absolutamente impenhoráveis.

O referido dispositivo consagra a regra geral de que a integralidade do patrimônio do devedor é a maior garantia que o Fisco tem para satisfazer os créditos de natureza tributária, razão pela qual existe uma **presunção relativa de fraude** na alienação ou oneração de bens do devedor **após a inscrição do crédito em dívida ativa,** se não tiver sido reservado patrimônio suficiente para saldar os valores devidos (art. 185 do CTN).

Importantíssimo lembrar que, **diante de qualquer ato** do sujeito passivo, posterior à inscrição na dívida ativa, **tendente a frustrar a satisfação do crédito**, pode o Fisco propor judicialmente **medida cautelar fiscal visando** produzir de imediato a **indisponibilidade dos bens do requerido**, até o limite da obrigação (art. 4º da Lei n. 8.397/92).

Preferências do crédito tributário

O crédito tributário tem preferência sobre todos os demais, seja qual for sua natureza ou o tempo de sua constituição, exceto os créditos trabalhistas e os decorrentes de acidentes de trabalho (art. 186 do CTN).

I – o crédito tributário não prefere aos **créditos extraconcursais ou às importâncias passíveis de restituição**, nos termos da lei falimentar, **nem aos créditos com garantia real**, no limite do valor do bem gravado;

II – a lei poderá estabelecer limites e condições para a preferência dos créditos decorrentes da legislação do trabalho; e

III – a multa tributária prefere apenas aos créditos subordinados.

Concurso entre Fiscos

Na hipótese de o sujeito passivo possuir débitos tributários junto a diferentes entidades federativas, o parágrafo único do art. 187 do CTN estabelece a seguinte **ordem de preferência**:

1º – **União;**

2º – **Estados**, Distrito Federal e Territórios, conjuntamente e *pro rata*;

3º – **Municípios**, conjuntamente e *pro rata*.

A análise detalhada da legislação brasileira, no entanto, obriga a acrescentar, ao lado das entidades federativas, as respectivas autarquias, resultando na seguinte ordem (art. 29 da Lei n. 6.830/80):

1º – União;

2º – autarquias federais;

3º – Estados, Distrito Federal e Territórios, bem como as respectivas autarquias, conjuntamente e *pro rata*;

4º – Municípios e autarquias municipais, conjuntamente e *pro rata*.

15.8 QUESTÕES

1. **(Cespe – TJ-BA – Juiz de Direito Substituto – 2019)** De acordo com o CTN, o parcelamento é uma modalidade de:
   a) suspensão da exigibilidade do crédito tributário;
   b) extinção da obrigação tributária;
   c) compensação de créditos e débitos tributários;
   d) exclusão do crédito tributário;
   e) remissão da obrigação tributária.

2. **(Cespe – TJ-PR – Juiz Substituto – 2019)** São modalidades de suspensão do crédito tributário:
   a) a remissão e o parcelamento;
   b) o parcelamento e a moratória;
   c) a anistia e a moratória;
   d) a remissão e a anistia.

3. **(NC-UFPR – TJ-PR – Titular de Serviços de Notas e de Registros – Provimento – 2019)** Sobre hipóteses de extinção e de exclusão do crédito tributário, assinale a alternativa correta.
   a) A dação em pagamento de bens imóveis e a consignação em pagamento excluem o crédito tributário.
   b) A prescrição e a decadência excluem o crédito tributário.
   c) O pagamento antecipado extingue o crédito tributário, dependendo de eventual posterior homologação do lançamento.
   d) O pagamento e a isenção extinguem o crédito tributário.
   e) A compensação e a anistia excluem o crédito tributário.

4. **(NC-UFPR – TJ-PR – Titular de Serviços de Notas e de Registros – Remoção – 2019)** O Código Tributário Nacional estabelece modalidades de suspensão da exigibilidade do crédito tributário. Em relação ao tema, assinale a alternativa que NÃO corresponde a uma das hipóteses elencadas no Código.
   a) O depósito do seu montante integral.
   b) A dação em pagamento em bens imóveis.
   c) A concessão de medida liminar em mandado de segurança, bem como a concessão de medida liminar ou de tutela antecipada, em outras espécies de ação judicial.
   d) A moratória.
   e) As reclamações e os recursos, nos termos das leis reguladoras do processo tributário administrativo.

5. **(Vunesp – TJ-AC – Juiz de Direito Substituto – 2019)** A Assembleia Legislativa de determinado estado da federação aprova lei de parcelamento tributário estabelecendo, entre outras medidas, a suspensão, por 36 (trinta e seis) meses, dos pagamentos devidos por tributos vencidos até o momento de aprovação da lei, o parcelamento em 120 (cento e vinte) parcelas das dívidas e o perdão de 50% das multas tributárias devidas. Neste contexto, é correto afirmar que a lei previu instrumentos de:
   a) suspensão da exigibilidade (moratória e parcelamento) e exclusão do crédito tributário (anistia);
   b) anulação (remissão) e extinção do crédito tributário (parcelamento);
   c) exclusão (remissão) e extinção do crédito tributário (anistia e parcelamento);
   d) suspensão da exigibilidade (moratória) e extinção do crédito tributário (anistia).

6. **(Vunesp – TJ-RS – Titular de Serviços de Notas e de Registros – Provimento – 2019)** De acordo com as disposições do Código Tributário Nacional, decorridos 5 anos contados do primeiro dia do exercício seguinte àquele em que o lançamento poderia ter sido efetuado, opera-se a:
   a) decadência;
   b) prescrição;

c) homologação tácita;
d) conversão do depósito em renda;
e) moratória

7. (Vunesp – TJ-RS – Titular de Serviços de Notas e de Registros – Provimento – 2019) É instituto de Direito Tributário que abrange exclusivamente as infrações cometidas anteriormente à vigência da lei que a concede, não se aplicando aos atos qualificados em lei como crimes ou contravenções e aos que, mesmo sem essa qualificação, sejam praticados com dolo, fraude ou simulação pelo sujeito passivo ou por terceiro em benefício daquele e, salvo disposição em contrário, às infrações resultantes de conluio entre duas ou mais pessoas naturais ou jurídicas.

Trata-se da:

a) isenção;
b) prescrição intercorrente;
c) remissão;
d) denúncia espontânea;
e) anistia.

8. (Vunesp – Câmara de Monte Alto – SP – Procurador Jurídico – 2019) No que concerne às modalidades de exclusão do crédito tributário, segundo dispõe o Código Tributário Nacional, é correto afirmar que a:

a) isenção, salvo disposição de lei em contrário, é extensiva aos tributos instituídos posteriormente à sua concessão;
b) anistia pode ser concedida limitadamente às infrações punidas com penalidades pecuniárias até determinado montante, conjugadas ou não com penalidades de outra natureza;
c) isenção, quando não concedida em caráter geral, é efetivada, em cada caso, por despacho da autoridade administrativa, em requerimento com o qual o interessado faça prova do preenchimento das condições, situação em que o despacho concessivo gera direito adquirido;
d) anistia não pode ser concedida limitadamente à determinada região do território da entidade tributante, ainda que em função de condições a ela peculiares, sob pena de afronta ao princípio da isonomia;
e) anistia abrange exclusivamente as infrações cometidas posteriormente à vigência da lei que a conceder, não se aplicando, salvo disposição em contrário, às infrações resultantes de conluio entre duas ou mais pessoas naturais ou jurídicas.

9. (FCC – Semef Manaus – AM – Assistente Técnico Fazendário – 2019) Autoridade fiscal do Município de Manaus constatou que, em 2015, a Fazenda Pública municipal deixou de promover o lançamento do IPTU daquele exercício, relativamente a diversos imóveis localizados em seu território. Considerando: (1) o disposto no Código Tributário Nacional acerca desta matéria; (2) que nada impedia que o referido lançamento já fosse efetuado no próprio exercício de 2015; e (3) que não houve a notificação, aos respectivos sujeitos passivos, de qualquer medida preparatória indispensável ao lançamento; o prazo:

a) prescricional para a efetuação do referido lançamento teve início em fevereiro de 2015;
b) decadencial para a efetuação do referido lançamento teve início em janeiro de 2015;
c) prescricional para a efetuação do referido lançamento teve início em janeiro de 2016;
d) decadencial para a efetuação do referido lançamento teve início em janeiro de 2016;
e) prescricional para a efetuação do referido lançamento teve início em janeiro de 2015.

10. (FCC – Sefaz-BA – Auditor-Fiscal – Administração Tributária – Prova I – 2019) Existindo simultaneamente dois ou mais débitos vencidos do mesmo sujeito passivo para com a mesma pessoa jurídica de direito público, relativos ao mesmo ou a diferentes tributos ou provenientes de penalidade pecuniária ou juros de mora, a autoridade administrativa competente para receber o pagamento determinará a respectiva imputação, obedecida a seguinte regra:

a) os débitos decorrentes de responsabilidade tributária devem ser pagos em primeiro lugar, e, em segundo lugar, os débitos por obrigação própria;

b) por ter como fato gerador a contrapartida de um serviço prestado ao contribuinte, as taxas devem ser pagas em primeiro lugar, depois serão pagas as contribuições de melhoria e, por fim, serão pagos os impostos;
c) quanto à prescrição, os tributos são pagos na ordem decrescente dos prazos de prescrição;
d) quanto ao valor, os tributos são pagos na ordem crescente dos montantes;
e) quanto à espécie de tributo, pagam-se, primeiramente, as contribuições de melhoria, depois as taxas e, por fim, os impostos.

11. (Ieses – TJ-SC – Titular de Serviços de Notas e de Registros – Remoção – 2019) Considerando as disposições do Código Tributário Nacional a respeito das hipóteses de suspensão e extinção do crédito tributário, assinale a alternativa correta.
a) O parcelamento não está previsto expressamente como hipótese de suspensão do crédito tributário no CTN.
b) A prescrição não extingue o crédito tributário.
c) A impetração de mandado de segurança, por si só, suspende a exigibilidade do crédito tributário.
d) O pagamento constitui hipótese de extinção do crédito tributário.

12. (FCC – Semef Manaus – AM – Técnico Fazendário – 2019) Um Município brasileiro concedeu isenção do ISSQN a determinados contribuintes deste imposto, relativamente às prestações de serviços previstas no subitem 16.01 do item 16 da Lista de Serviços anexa à Lei Complementar federal n. 116/2003 (16.01 – Serviços de transporte coletivo municipal rodoviário). Com base no Código Tributário Nacional, os contribuintes beneficiados com a referida isenção estão:
a) autorizados a deixar de emitir documentos fiscais relacionados com as prestações de serviços cujos créditos tributários tenham sido excluídos;
b) impedidos de emitir documentos fiscais relacionados com as prestações de serviços cujos créditos tributários tenham sido excluídos, porque o acessório segue o principal;
c) autorizados a deixar de cumprir todas as obrigações acessórias relacionados com as prestações de serviços cujos créditos tributários tenham sido excluídos, exceto a de emitir documentos fiscais;
d) autorizados a deixar de cumprir todas as obrigações acessórias relacionados com as prestações de serviços cujos créditos tributários tenham sido excluídos, exceto a de emitir e escriturar documentos fiscais;
e) obrigados a emitir os documentos fiscais previstos na legislação e relacionados com as prestações de serviços cujos créditos tributários tenham sido excluídos com a concessão da isenção.

13. (Vunesp – Prefeitura de Guarulhos – SP – Inspetor Fiscal de Rendas – Conhecimentos Específicos – 2019) Constituem causas de suspensão da exigibilidade do crédito tributário:
a) a moratória e o parcelamento;
b) o depósito do seu montante integral e a compensação;
c) a concessão de liminar em mandado de segurança e a conversão de depósito em renda;
d) a interposição de recurso em processo tributário administrativo e a remissão;
e) a concessão de tutela antecipada em ação anulatória de débito e a transação.

14. (Vunesp – Prefeitura de Guarulhos – SP – Inspetor Fiscal de Rendas – Conhecimentos Específicos – 2019) O erro na determinação da alíquota aplicável do qual resulte pagamento a maior de tributo devido:
a) gera, automaticamente, crédito para o contribuinte efetuar a compensação nas operações subsequentes, da mesma natureza;
b) constitui pagamento indevido, que gera direito ao sujeito passivo, independentemente de prévio protesto, a restituir o indébito, seja qual for a modalidade do seu pagamento;
c) constitui o sujeito ativo em mora, fazendo incidir juros sobre os valores recolhidos a maior, até a data da sua restituição;
d) caracteriza pagamento espontâneo e constitui hipótese de exclusão do crédito tributário;
e) constitui indébito tributário, que gera crédito ao sujeito passivo ou a quem comprovadamente suportou o encargo financeiro, se o pagamento tiver ocorrido em moeda corrente, cheque ou estampilha.

15. (Vunesp – Juiz de Direito Substituto – TJ-RS – 2018) A Empresa X possui vultoso montante de débitos tributários de ICMS e necessita saneá-los para dar prosseguimento ao seu pedido de recuperação judicial. Não dispondo do montante integral para a quitação dos valores à vista, a empresa X pretende parcelar o montante devido à Fazenda Estadual.

Considerando as disposições do Código Tributário Nacional sobre o parcelamento, é correto afirmar que:

a) em razão da indisponibilidade do interesse público, não há possibilidade de se prever condições especiais de parcelamento para débitos tributários de empresas que estejam em processo de recuperação judicial;
b) por se tratar de devedor em recuperação judicial, ele poderá se valer de condições especiais de parcelamento dos seus créditos tributários, na forma e condição estabelecida em lei complementar;
c) o parcelamento para empresas que se encontram em processo de recuperação judicial abrange apenas os débitos inscritos em dívida ativa e deve observar a forma e condição estabelecidas em lei complementar;
d) salvo disposição de lei em contrário, o parcelamento do crédito tributário do devedor em processo de recuperação judicial exclui a incidência de multas e juros;
e) a inexistência da lei específica para empresas em recuperação judicial importa na aplicação das leis gerais de parcelamento do ente da Federação ao devedor que se encontre nessa situação, não podendo, nesse caso, ser o prazo de parcelamento inferior ao concedido pela lei federal específica.

16. (Vunesp – Juiz de Direito Substituto – TJ-RS – 2018) Considerando as disposições do Código Tributário Nacional acerca do pagamento, é correto afirmar que:

a) quando a legislação tributária não dispuser a respeito, o pagamento é efetuado no local indicado pelo sujeito ativo;
b) a existência de consulta formulada pelo devedor, dentro do prazo legal para pagamento, não afasta a incidência de juros de mora e penalidades cabíveis nem a aplicação de quaisquer medidas de garantia previstas na legislação tributária caso o tributo não seja integralmente pago no seu vencimento;
c) a importância de crédito tributário pode ser consignada judicialmente pelo sujeito passivo na hipótese de recusa de recebimento, ou subordinação deste ao pagamento de outro tributo ou de penalidade, ou ao cumprimento de obrigação acessória;
d) o pagamento do tributo deve ser realizado em moeda corrente, podendo, nos casos expressamente previstos em lei, ser realizado por meio de cheque ou vale postal;
e) quando a legislação tributária não fixar o tempo do pagamento, o vencimento do crédito ocorre quinze dias depois da data em que se considera o sujeito passivo notificado do lançamento.

17. (FCC – Procurador do Estado – PGE-TO – 2018) O art. 35, *caput*, inciso I da Lei estadual n. 1.288/2001, que dispõe sobre o Contencioso Administrativo-Tributário e os Procedimentos Administrativo-Tributários, estabelece que o Auto de Infração formaliza a exigência do crédito tributário. Desse modo, o Auto de Infração é o instrumento legal que materializa o lançamento de ofício do tributo no Estado do Tocantins. Em seu art. 41, a mesma lei estabelece que a fase contenciosa do procedimento de que trata este Capítulo inicia-se com a apresentação de impugnação ao lançamento formalizado por auto de infração. De acordo com o Código Tributário Nacional, essa impugnação, se apresentada tempestivamente pelo sujeito passivo, suspende:

a) o direito de o sujeito passivo extinguir o crédito tributário;
b) a exigibilidade do crédito tributário;
c) o direito de a Fazenda Pública realizar procedimentos de fiscalização no sujeito passivo;
d) a fluência do prazo decadencial, desde que seja efetuado o depósito integral do crédito tributário questionado;
e) a fluência do prazo decadencial.

18. (Cespe – Defensor Público – DPE-PE – 2018) De acordo com o Código Tributário Nacional, as hipóteses de suspensão do crédito tributário incluem a:

a) moratória, o parcelamento e a remissão;
b) prescrição, a decadência e o parcelamento;
c) remissão, o parcelamento e o depósito do montante integral do crédito;
d) concessão de liminar em favor do sujeito passivo, a compensação e a transação;
e) moratória, o depósito do montante integral do crédito e a concessão de liminar em favor do sujeito passivo.

19. (XXV Exame de Ordem Unificado) Devido à crise que vem atingindo o Estado Y, seu governador, após examinar as principais reclamações dos contribuintes, decidiu estabelecer medidas que facilitassem o pagamento do Imposto sobre a Propriedade de Veículos Automotores (IPVA). Por meio de despacho administrativo, autorizado por lei, perdoou débitos de IPVA iguais ou inferiores a R$ 300,00 (trezentos reais) na época da publicação. Além disso, sancionou lei prorrogando o prazo para pagamento dos débitos de IPVA já vencidos. Com base no caso apresentado, assinale a opção que indica os institutos tributários utilizados pelo governo, respectivamente.

a) Remissão e isenção.
b) Moratória e anistia.
c) Remissão e moratória.
d) Isenção e moratória.

20. (XXV Exame de Ordem Unificado) João, no final de janeiro de 2016, foi citado em execução fiscal, proposta no início do mesmo mês, para pagamento de valores do Imposto sobre a Propriedade Predial e Territorial Urbana (IPTU) referente aos anos de 2009 e 2010. Sabe-se que o IPTU em referência aos dois exercícios foi lançado e notificado ao sujeito passivo, respectivamente, em janeiro de 2009 e em janeiro de 2010. Após a ciência dos lançamentos, João não tomou qualquer providência em relação aos débitos. O município não adotou qualquer medida judicial entre a notificação dos lançamentos ao sujeito passivo e o ajuizamento da execução fiscal. Com base na hipótese apresentada, assinale a opção que indica o argumento apto a afastar a exigência fiscal.

a) O crédito tributário está extinto em virtude de decadência.
b) O crédito tributário está extinto em virtude de parcelamento.
c) A exigibilidade do crédito tributário está suspensa em virtude de compensação.
d) O crédito tributário está extinto em virtude de prescrição.

21. (FGV – Procurador – Alerj – 2017) De acordo com o Código Tributário Nacional, é correto afirmar que:

a) a garantia integral em Execução Fiscal suspende a exigibilidade do crédito tributário;
b) o parcelamento do crédito tributário garante a expedição da certidão negativa de débitos fiscais;
c) o pagamento do tributo não pode ser efetuado em cheque;
d) a redução de base de cálculo configura isenção parcial;
e) a anistia pode ser concedida limitadamente.

22. (FGV – Procurador – Alerj – 2017) O Estado do Rio de Janeiro ajuizou ação de execução fiscal, no ano de 2015, para efeito de cobrança de crédito tributário atualizado no valor de R$ 105,00. Considerando que a exigibilidade do tributo começou no ano de 2007, o Juízo da Dívida Ativa reconheceu, de ofício, a prescrição e extinguiu o processo, proferindo sentença em abril de 2016. Sobre o caso, é correto afirmar que:

a) a prescrição do crédito tributário, por envolver matéria de interesse do erário público, não pode ser conhecida de ofício pelo órgão judicial;
b) o Estado do Rio de Janeiro tem o prazo em dobro para interpor recurso contra a sentença referida no enunciado, que começa a correr da publicação da decisão no *Diário Oficial*;
c) da sentença referida no enunciado, é cabível a interposição de embargos infringentes;

d) na vigência da Lei n. 13.105/2015, não mais subsiste o recurso de embargos infringentes, de modo que a sentença extintiva da execução fiscal somente pode ser impugnada por apelação e embargos de declaração;
e) a sentença extintiva referida no enunciado pode ser impugnada por meio de embargos infringentes e recurso extraordinário e, presentes os seus pressupostos legais, por embargos de declaração.

23. (Cespe – Procurador do Estado – PGE-SE – 2017) Uma lei estadual indicou autoridade competente para estabelecer condições que possibilitassem ao contribuinte e à Fazenda Pública estadual negociar o encerramento de litígios judiciais e administrativos acerca de determinada questão tributária. A referida norma estabeleceu que as partes deveriam fazer determinadas concessões mútuas com o objetivo de alcançar a extinção do crédito tributário.

A negociação objeto da situação hipotética apresentada é um exemplo de:

a) compensação;
b) anistia;
c) moratória;
d) remissão;
e) transação.

24. (Cespe – Procurador do Estado – PGE-SE – 2017) Um devedor tributário, devidamente citado em execução fiscal, não pagou nem apresentou bens à penhora no prazo legal.

Nesse caso, considerando-se as garantias e os privilégios do crédito tributário, a declaração da indisponibilidade dos bens do devedor prevista no CTN dependerá da demonstração do esgotamento das diligências para a localização de bens penhoráveis.

Segundo a jurisprudência do STJ, o esgotamento dessas diligências caracteriza-se pela:

a) comprovação da tentativa ou consumação de alienação ou oneração de bens ou rendas após a inscrição em dívida ativa, como acontece na medida cautelar fiscal;
b) diligência da Fazenda Pública em demonstrar ter realizado buscas razoavelmente exigíveis, já que inexiste na jurisprudência um rol mínimo de diligências a serem realizadas;
c) existência de pedido e determinação, nos autos, de constrição sobre ativos financeiros via BacenJud, expedição de ofícios aos registros públicos do domicílio do executado e ao Departamento Nacional – ou estadual – de Trânsito;
d) existência de pedido e determinação, nos autos, de constrição sobre ativos financeiros via BacenJud, expedição de ofícios aos registros de imóveis do local de residência do executado e da sede da comarca e da capital da respectiva unidade da Federação;
e) simples inexistência de pagamento ou de oferecimento de bens à penhora no prazo legal da contestação, como ocorre na medida cautelar fiscal.

25. (Cespe – Defensor Público Federal – DPU – 2017) Acerca da suspensão e da extinção do crédito tributário, julgue o item a seguir à luz do CTN: "Nas hipóteses de suspensão da exigibilidade do crédito tributário, fica dispensado o cumprimento das obrigações acessórias dependentes da obrigação principal que for suspensa".

( ) Certo ( ) Errado

26. (Cespe – Defensor Público Federal – DPU – 2017) Acerca da suspensão e da extinção do crédito tributário, julgue o item a seguir à luz do CTN: "É possível a suspensão da exigibilidade do crédito tributário em decorrência da concessão de medida liminar em mandado de segurança".

( ) Certo ( ) Errado

27. (Cespe – Defensor Público Federal – DPU – 2017) Acerca da suspensão e da extinção do crédito tributário, julgue o item a seguir à luz do CTN: "Por meio do instituto da transação tributária, é possível a suspensão do crédito tributário em benefício do contribuinte".

( ) Certo ( ) Errado

28. (Cespe – Defensor Público Federal – DPU – 2017) A respeito das normas gerais de direito tributário, julgue o seguinte item: "A efetividade de medida liminar para suspender a exigibilidade de créditos tributários está condicionada ao exaurimento das instâncias administrativas para a anulação dos autos de infração pertinentes, visto que, nessa situação, não cabe ao Poder Judiciário analisar o mérito administrativo".

( ) Certo ( ) Errado

29. (FMP Concursos – Promotor de Justiça Substituto – MPE-RO – 2017) Em face do que está previsto no Código Tributário Nacional a respeito da suspensão da exigibilidade do crédito tributário, é CORRETO afirmar que:

a) a concessão da moratória em caráter individual não gera direito adquirido e será revogada de ofício, sempre que se apure que o beneficiado não satisfazia ou deixou de satisfazer as condições ou não cumpria ou deixou de cumprir os requisitos para a concessão do favor, cobrando-se o crédito tributário acrescido de juros de mora e impondo-se penalidades, tenha ou não havido dolo ou simulação;

b) a concessão da moratória em caráter individual não gera direito adquirido e será revogada de ofício, sempre que se apure que o beneficiado não satisfazia ou deixou de satisfazer as condições ou não cumpria ou deixou de cumprir os requisitos para a concessão do favor, cobrando-se o crédito tributário acrescido de juros de mora e também, se tiver ocorrido dolo ou simulação, se impondo penalidades;

c) a suspensão da exigibilidade do crédito tributário dispensa o cumprimento das obrigações acessórias por parte do beneficiado, mas não de terceiros que sejam responsáveis pela retenção do tributo;

d) a suspensão da exigibilidade do crédito tributário dispensa o cumprimento das obrigações acessórias por parte do beneficiado e também de terceiros que sejam responsáveis pela retenção do tributo;

e) nenhuma das alternativas anteriores está correta.

30. (FMP Concursos – Promotor de Justiça Substituto – MPE-RO – 2017) No atinente à isenção, É CORRETO afirmar que:

a) é extensiva, salvo disposição de lei em contrário, às taxas e contribuições de melhoria e aos tributos instituídos posteriormente à sua concessão;

b) dispensa o cumprimento de obrigações acessórias;

c) pode ser revogada ou modificada por lei, a qualquer tempo, salvo se concedida por prazo certo e em função de determinadas condições;

d) pode ser revogada ou modificada por lei, a qualquer tempo, salvo se concedida por prazo certo ou em função de determinadas condições;

e) extingue o crédito tributário da mesma forma que a anistia.

31. (Vunesp – Juiz Substituto – TJ-SP – 2017) Assinale a alternativa correta.

a) A norma de isenção se aloca no plano da definição da competência tributária, não ocorrendo, portanto, o fato imponível, por não existir a possibilidade de formulação da hipótese de incidência.

b) As imunidades e isenções não se distinguem a partir da fonte formal da qual emanam.

c) As isenções técnicas são legitimamente reconhecidas ante a ausência de capacidade contributiva como a concedida visando à preservação do mínimo vital ou destinada a uma pessoa jurídica para que possa desenvolver suas atividades.

d) A imunidade política é também denominada de imunidade recíproca e veda a tributação sobre patrimônio, renda e serviços das pessoas jurídico-políticas (União, Estados, Distrito Federal e Municípios).

32. (Vunesp – Juiz Substituto – TJ-SP – 2017) Sobre a dação em pagamento, é correto afirmar que:

a) é instituto de direito civil acolhido pelo Código Tributário Nacional, como forma de extinção do crédito tributário, mediante a entrega de bens, no modo e condições estabelecidos em decreto do chefe do Poder Executivo da pessoa jurídica de direito público credora;

b) é instituto de direito civil acolhido pelo Código Tributário Nacional, como forma de extinção do crédito tributário, mediante a entrega de bens móveis e imóveis, no modo e condições estabelecidos em lei;
c) é instituto de direito civil acolhido pelo Código Tributário Nacional, como forma de extinção do crédito tributário, mediante a entrega de bens imóveis, no modo e condições estabelecidos pela lei;
d) é instituto de direito civil não expressamente acolhido pelo Código Tributário Nacional, mas que pode ser admitido pela legislação específica dos entes tributantes como forma de extinção do crédito tributário, mediante a entrega de bens.

33. (Vunesp – Juiz Substituto – TJ-SP – 2017) A alienação ou oneração de bens imóveis presume-se em fraude à execução em relação à Fazenda Pública a partir:
a) do protesto da Certidão da Dívida Ativa;
b) da inscrição do débito tributário na Dívida Ativa;
c) do ajuizamento da ação de execução fiscal;
d) do despacho que ordenou a citação do executado.

34. (Vunesp – Procurador Jurídico – Prefeitura de Porto Ferreira-SP – 2017) De acordo com o que dispõe o Código Tributário Nacional, a lei pode facultar, nas condições que estabeleça, objetivando o término do litígio com a consequente extinção do crédito tributário, que os sujeitos ativo e passivo da obrigação tributária, mediante concessões mútuas, celebrem:
a) compensação;
b) conversão do depósito em renda;
c) dação em pagamento;
d) transação;
e) parcelamento.

35. (Cespe – Procurador Municipal – Prefeitura de Belo Horizonte-MG – 2017) Tendo por base os conceitos presentes na legislação tributária, assinale a opção correta.
a) Presume-se fraudulenta a alienação de bens por sujeito passivo em débito com a Fazenda Pública, ainda que ele tenha reservado bens ou rendas que sejam suficientes para o pagamento total da dívida inscrita.
b) Contribuinte é o sujeito passivo da obrigação principal, ao passo que responsável é o sujeito passivo apenas da obrigação acessória.
c) Decadência é uma modalidade de extinção do crédito tributário; prescrição, uma modalidade de suspensão desse crédito.
d) A isenção exclui o crédito tributário, mas não dispensa o cumprimento das obrigações acessórias dependentes da obrigação principal cujo crédito tenha sido excluído.

36. (XXIV Exame de Ordem Unificado) O Município X, graças a uma lei municipal publicada no ano de 2014, concedeu isenção de IPTU aos proprietários de imóveis cujas áreas não ultrapassassem 70 m^2. João possui um imóvel nessa condição e procura seus serviços, como advogado(a), para saber se deve pagar a taxa de coleta de resíduos sólidos urbanos, instituída pelo município por meio de lei publicada em junho de 2017, a ser exigida a partir do exercício financeiro seguinte. Diante desse quadro fático, assinale a afirmativa correta.
a) João não deve pagar a taxa de coleta, uma vez que a isenção do IPTU se aplica a qualquer outro tributo.
b) João não deve pagar a taxa de coleta, porque, sendo a lei instituidora da taxa posterior à lei que concedeu a isenção, por esta é abrangida, ficando João desobrigado do IPTU e da taxa.
c) João deve pagar a taxa de coleta, porque a isenção só é extensiva às contribuições de melhoria instituídas pelo município.
d) João deve pagar a taxa de coleta, porque, salvo disposição de lei em contrário, a isenção não é extensiva às taxas.

37. (XXIV Exame de Ordem Unificado) O Estado A ajuizou execução fiscal em face da pessoa jurídica B, com o objetivo de cobrar crédito referente ao Imposto sobre a Circulação de Mercadorias e Prestação de Serviços (ICMS). Nesse sentido, requereu, em sua petição inicial, que, após a citação, fosse determinada a imediata indisponibilidade de bens e direitos da contribuinte. Nesse caso, o juiz deve indeferir o pedido, porque a decretação da indisponibilidade de bens e direitos:

a) ocorre somente após o insucesso do pedido de constrição sobre ativos financeiros, embora desnecessária qualquer outra providência;
b) ocorre somente após a expedição de ofícios aos registros públicos do domicílio do executado, embora desnecessária qualquer outra providência;
c) ocorre somente após o exaurimento das diligências na busca por bens penhoráveis;
d) é impossível durante a execução fiscal.

38. (XXIII Exame de Ordem Unificado) O Estado E publicou a Lei n. 123, instituindo anistia relativa às infrações cometidas em determinada região de seu território, em função de condições a ela peculiares. Diante desse fato, o contribuinte C apresentou requerimento para a concessão da anistia, comprovando o preenchimento das condições e o cumprimento dos requisitos previstos em lei. Efetivada a anistia por despacho da autoridade administrativa, verificou-se o descumprimento, por parte do contribuinte, das condições estabelecidas em lei, gerando a revogação da anistia de ofício. Diante da situação apresentada, assinale a afirmativa correta.

a) A anistia instituída pela Lei n. 123 é inviável, pois a anistia deve abranger todo o território da entidade tributante.
b) Não é possível a revogação da anistia, pois o preenchimento das condições e o cumprimento dos requisitos previstos em lei, por parte do contribuinte, geram direito adquirido.
c) A anistia instituída pela Lei n. 123 é inviável, pois a anistia somente pode ser concedida em caráter geral.
d) É possível a revogação da anistia, pois o despacho da autoridade administrativa efetivando a anistia não gera direito adquirido.

39. (XXIII Exame de Ordem Unificado) A massa falida X possui (i) débitos tributários vencidos de Imposto sobre Circulação de Mercadorias e Serviços – ICMS; (ii) débitos decorrentes da legislação do trabalho, no valor de 30 salários mínimos; (iii) débitos com os sócios da massa falida X; e (iv) remuneração devida ao administrador da massa. Em tal quadro, assinale a afirmativa correta.

a) O débito de natureza tributária será pago em primeiro lugar.
b) O débito de natureza tributária será pago em segundo lugar.
c) O débito de natureza tributária será pago em terceiro lugar.
d) O débito de natureza tributária será pago em quarto lugar.

40. (XXII Exame de Ordem Unificado) João e Pedro são, por lei, contribuintes obrigados solidariamente a pagar determinado tributo. Foi publicada lei que isenta os ex-combatentes do pagamento de tal tributo, sendo este o caso pessoal somente de João. Tendo em vista essa situação, assinale a afirmativa correta.

a) Sendo um caso de isenção pessoal, a lei não exonera Pedro, que permanece obrigado a pagar o saldo remanescente, descontada a parcela isenta em favor de João.
b) Pedro ficará totalmente exonerado do pagamento, aproveitando-se da isenção em favor de João.
c) O imposto poderá ser cobrado de Pedro ou de João, pois a solidariedade afasta a isenção em favor deste.
d) Pedro permanece obrigado a pagar integralmente o imposto, nada obstante a isenção em favor de João.

41. (Instituto UniFil – Prefeitura de Santo Antônio do Sudoeste-PR – Advogado – 2020) Conforme disposto no Código Tributário Brasileiro – Suspensão do Crédito Tributário, analise as assertivas e assinale a alternativa correta.

I. Suspendem a exigibilidade do crédito tributário o parcelamento.
II. Suspendem a exigibilidade do crédito tributário a concessão de medida liminar ou de tutela antecipada, em outras espécies de ação judicial;

III. Suspendem a exigibilidade do crédito tributário a concessão de medida liminar em mandado de segurança.
IV. Suspendem a exigibilidade do crédito tributário as reclamações e os recursos, nos termos das leis reguladoras do processo tributário administrativo.
V. Suspendem a exigibilidade do crédito tributário o depósito do seu montante integral.
VI. Suspendem a exigibilidade do crédito tributário a moratória.

a) Somente quatro assertivas estão corretas.
b) Somente três assertivas estão corretas.
c) Somente cinco assertivas estão corretas.
d) Todas as assertivas estão corretas.

42. (IBADE – Prefeitura de São Felipe D'Oeste-RO – Advogado – 2020) Sobre as espécies extintivas do crédito tributário, a modalidade que significa o perdão total ou parcial do crédito tributário é:

a) pagamento.
b) compensação.
c) transação.
d) remissão.
e) decadência do direito de lançar.

43. (Dédalus Concursos – COREN-SC – Advogado – 2020) A decadência, no Direito Tributário, refere-se ao decaimento (ou perecimento) do estatal direito de constituição do crédito tributário pelo lançamento. Assinale a alternativa que apresenta somente características da decadência tributária:

a) Atinge o direito subjetivo do sujeito ativo e sempre decorre de lei.
b) Ocorre sempre após o lançamento do crédito tributário e aplicam-se a ela os princípios da legalidade e da segurança jurídica.
c) Confunde-se com a prescrição, de modo que o tributo cobrado e atingido pela decadência será restituído.
d) Existem casos de decadência intermitente previstos em lei e a decadência não se aplica aos empréstimos compulsórios.
e) A decadência será de 5 (cinco) anos a contar do fato gerador e não possui hipóteses de suspensão.

44. (IBADE – Prefeitura de São Felipe D'Oeste-RO – Fiscal de Patrimônio – 2020) O Código Tributário Nacional trata, no Capítulo IV, da Extinção do Crédito Tributário. No art. 156 os motivos que extinguem o crédito tributário são especificados. São critérios de extinção do crédito tributário, EXCETO:

a) a compensação.
b) o pagamento.
c) a remissão.
d) a prescrição e a decadência.
e) a decisão judicial não julgada.

45. (IBADE – Prefeitura de São Felipe D'Oeste-RO – Fiscal de Patrimônio – 2020) O Código Tributário Nacional trata, no Capítulo III, da Suspensão do Crédito Tributário. No art. 151 os critérios que suspendem a exigibilidade do crédito tributário são especificados, EXCETO:

a) o depósito do seu montante parcial.
b) moratória.
c) o depósito do seu montante integral.
d) as reclamações e os recursos, nos termos das leis reguladoras do processo tributário administrativo.
e) a concessão de medida liminar em mandado de segurança.

46. (IBADE – Prefeitura de São Felipe D'Oeste-RO – Fiscal de Patrimônio – 2020) O Código Tributário Nacional, no Art. 176, estabelece que isenção ainda quando prevista em contrato:

a) é sempre decorrente de lei que especifique as condições e requisitos exigidos para a sua concessão, os tributos a que se aplica e, sendo caso, o prazo de sua duração.
b) não possui lei que especifique as condições e requisitos exigidos para a sua concessão, os tributos a que se aplica e, sendo caso, o prazo de sua duração.
c) é sempre decorrente de lei que especifique as condições e requisitos exigidos para a sua concessão, os tributos a que se aplica, e nunca tem o prazo de sua duração.
d) não possui lei que especifique as condições e requisitos exigidos para a sua concessão, os tributos a que se aplica, e nunca tem prazo definido de sua duração.
e) é sempre decorrente de comunicação interna que indique as condições e requisitos exigidos para a sua concessão, as taxas a que se aplica e, sendo caso, o prazo de sua duração.

47. (FUNDATEC – Prefeitura de Santo Augusto-RS – Auditor Fiscal de Tributos Municipais – 2020) O mais desejável modo de extinção do crédito tributário é o pagamento, a respeito do qual, nos termos do código tributário nacional, está correto afirmar que:

a) O crédito não pago no vencimento é acrescido de juros de mora, mesmo na pendência de consulta formulada pelo devedor dentro do prazo legal para pagamento do crédito.
b) O crédito pago por cheque somente se considera extinto com o resgate deste pelo sacado.
c) Quando a legislação tributária não fixar o tempo do pagamento, o vencimento do crédito ocorre trinta dias depois da data do respectivo lançamento.
d) Salvo casos excepcionais previstos na legislação tributária, o pagamento não pode ser efetuado diretamente na repartição competente do domicílio do sujeito passivo.
e) Se a lei não dispuser de modo diverso, os juros de mora são calculados à taxa de, no mínimo, meio por cento ao mês.

GABARITO

1. A / **2.** B / **3.** C / **4.** B / **5.** A / **6.** A / **7.** E / **8.** B / **9.** D / **10.** E / **11.** D / **12.** E / **13.** A / **14.** B / **15.** E / **16.** C / **17.** B / **18.** E / **19.** C / **20.** D / **21.** E / **22.** C / **23.** E / **24.** C / **25.** E / **26.** C / **27.** E / **28.** E / **29.** B / **30.** C / **31.** C / **32.** C / **33.** B / **34.** D / **35.** D / **36.** D / **37.** C / **38.** D / **39.** C / **40.** A / **41.** D / **42.** D / **43.** A / **44.** E / **45.** A / **46.** A / **47.** B

15.9 QUESTÕES COMENTADAS

1. (Cespe – TJ-SC – Juiz Substituto – 2019) Uma autoridade tributária, respaldada por lei, emitiu despacho concedendo moratória em caráter individual para determinado contribuinte e, assim, suspendeu a exigibilidade do crédito tributário. Posteriormente, o benefício foi revogado de ofício pelo Fisco, em razão de ter sido comprovado que o beneficiário dolosamente simulou as condições para a sua fruição. Com esse fundamento, houve a imposição de penalidade ao contribuinte e a sua exclusão formal do programa em questão.

Nessa situação hipotética, de acordo com o Código Tributário Nacional:

a) a concessão da moratória suspendeu o prazo decadencial para a cobrança do crédito, não sendo computado o tempo decorrido entre a concessão e a revogação do benefício;
b) a concessão da moratória interrompeu o prazo prescricional para a cobrança do crédito, razão pela qual esse prazo somente recomeçou a correr após a revogação do benefício;
c) o tempo decorrido entre a concessão do benefício e a sua revogação não é computado para efeito da prescrição do direito à cobrança do crédito;

d) a revogação do benefício só terá validade se tiver ocorrido antes do término do prazo prescricional do direito à cobrança do crédito;

e) a revogação do benefício só terá validade se tiver ocorrido antes do término do prazo decadencial relativo ao direito de constituição do crédito.

COMENTÁRIO

a) A concessão da moratória suspende o prazo prescricional, e não o decadencial. **(Errado)**

b) A concessão da moratória suspende, não interrompe, o prazo prescricional para a cobrança do crédito. **(Errado)**

c) O tempo decorrido entre a concessão da moratória e sua revogação não se computa para efeito da prescrição do direito à cobrança do crédito no caso de dolo ou simulação do beneficiado, conforme prevê o parágrafo único do art. 155 do CTN. **(Correto)**

d) Se o contribuinte estivesse de boa-fé, a revogação do benefício só poderia ocorrer antes de prescrito o direito da Fazenda Pública. Porém, como agiu de forma dolosa, o tempo decorrente entre a concessão e a revogação da moratória não será levado em consideração para fins de prescrição, conforme previsto no art. 155, I, parágrafo único, do CTN. **(Errado)**

e) Vale o mesmo comentário feita à alternativa "D". **(Errado)**

Gabarito: letra C

2. (Iades – AL-GO – Procurador – 2019) Em conformidade com as disposições contidas no Código Tributário Nacional, relativamente a garantias e privilégios do crédito tributário, assinale a alternativa correta.

a) Não alcançam os bens do sujeito passivo que tenham sido incorporados ao patrimônio em razão de doação, *inter vivos*, com cláusula de inalienabilidade, ocorrida antes do fato gerador da obrigação tributária que lhe deu causa.

b) Tornam fraudulenta a alienação total ou parcial de bens ou rendas, feita por sujeito passivo em débito para com a Fazenda Pública, quando já houver crédito tributário regularmente inscrito em dívida ativa.

c) Excluem a cobrança judicial do crédito tributário do concurso de credores privados ou da necessidade da respectiva habilitação em falência ou recuperação judicial.

d) Tornam-o preferencial em relação às importâncias passíveis de restituição, bem como aos créditos com garantia real, no procedimento falimentar.

e) Isentam o falido de provar a quitação de todos os tributos para declarar a extinção das respectivas obrigações.

COMENTÁRIO

a) Conforme previsto no art. 184 do CTN, tais bens do sujeito passivo respondem pela dívida. **(Errada)**

b) Não se torna fraudulenta, visto que há uma presunção relativa de fraude. Além disso, a regra só se aplica ao devedor que não tiver reservado bens ou rendas suficientes para o pagamento da dívida inscrita, conforme previsto no art. 185 do CTN. **(Errada)**

c) Nos termos do art. 187 do CTN, a cobrança judicial do crédito tributário não se sujeita a concurso de credores ou habilitação em falência. **(Correta)**

d) Art. 186, parágrafo único, inciso I, do CTN: o crédito tributário não prefere às importâncias passíveis de restituição. **(Errada)**

e) Art. 191 do CTN: para que ocorra a extinção das obrigações do falido exige-se prova de quitação de todos os tributos. **(Errada)**

Gabarito: letra C

3. **(Cespe – Sefaz-RS – Auditor-Fiscal da Receita Estadual – Bloco II – 2019)** Isenção do crédito tributário estabelecida por determinada lei federal:

a) dispensará o cumprimento de obrigações acessórias;

b) será extensiva aos tributos que venham a ser criados após a concessão dessa isenção, se tiver sido destinada a determinado grupo de pessoas;

c) não alcançará as taxas, mas apenas as contribuições de melhoria, caso seja destinada a determinado grupo de pessoas;

d) não poderá ser restritivamente concedida a uma região do território da entidade tributante;

e) poderá ser concedida sob determinadas condições ou por prazo certo.

COMENTÁRIO

a) A isenção é uma causa de exclusão do crédito tributário e, conforme o art. 175, parágrafo único, do CTN, a exclusão do crédito tributário não dispensa o cumprimento das obrigações acessórias. **(Errado)**

b) O art. 177, II, do CTN, prevê que, em regra, a isenção não é extensiva aos tributos criados após a sua concessão. **(Errado)**

c) O art. 177, I, do CTN, prevê que, em regra, a isenção não é extensiva às taxas e contribuições de melhoria. **(Errado)**

d) O art. 176, parágrafo único, do CTN, prescreve que a isenção pode ser restrita a parte do território da entidade tributante. **(Errado)**

e) A isenção condicionada e/ou temporária tem previsão no art. 178 do CTN. **(Correto)**

Gabarito: letra E

4. **(Inaz do Pará – CORE-PE – Assistente Jurídico – 2019)** Observe as duas assertivas abaixo que tratam especificamente de duas ações jurídicas ligadas ao Direito Tributário.

I – Perda do prazo estabelecido em lei para ajuizamento da ação pelo titular da pretensão, a partir da lesão ao direito.

II – Extinção de um direito não exercido no prazo legal ou convencional, por omissão de seu legítimo titular.

As duas ações acima promovem, respectivamente:

a) extinção da anistia; e decadência;

b) perda legal; e extinção fiscal;

c) prescrição; e perda legal;

d) extinção da anistia e perda legal;

e) prescrição e decadência.

COMENTÁRIO

Assertiva I – Trata da prescrição, vez que se refere à ação de cobrança (art. 174 do CTN).

Assertiva II – Refere à decadência, conforme art. 173 do CTN.

Gabarito: letra E

5. **(FCC – Prefeitura de Recife – PE – Analista de Gestão Contábil – 2019)** No que tange às isenções de impostos, inclusive municipais, o Código Tributário Nacional estabelece que:

a) a isenção concedida a contribuintes do IPTU não pode ser restrita a determinada região do território da entidade tributante, em função de condições a ela peculiares;

b) a isenção do ISSQN, desde que expressamente prevista em contrato firmado entre o Município e as empresas de construção civil, prescinde da edição de lei que especifique as condições e requisitos exigidos para a sua concessão, bem como o prazo de sua duração;

c) a isenção de ISSQN aos prestadores de serviço de hotelaria, concedida para vigorar durante os três meses em que se celebrarão os festejos de 100 anos da emancipação do Município, e desde que o estádio de futebol local esteja pronto para abrigar a sede dos festejos, poderá ser revogada, por ato do chefe do Poder Executivo municipal, se esta autoridade, posteriormente, mudar de ideia e desistir de realizar esses festejos;
d) as isenções são formas de extinção do crédito tributário e sua concessão, como regra, dispensa o cumprimento das obrigações acessórias dependentes da obrigação principal cujo crédito seja excluído;
e) a isenção do ITBI, concedida apenas em relação às transmissões onerosas de imóveis localizados a menos de 1.000 metros de distância do pântano existente no território do Município, deve ser efetivada, em cada caso, por despacho da autoridade administrativa.

COMENTÁRIO

a) Art. 176, parágrafo único, do CTN: a isenção pode ser restrita a determinada região do território da entidade tributante, em função de condições a ela peculiares. **(Errado)**
b) Art. 176 do CTN: a isenção, ainda quando prevista em contrato, é sempre decorrente de lei. **(Errado)**
c) Súmula 544 do STF: "Isenções tributárias concedidas, sob condição onerosa, não podem ser livremente suprimidas". **(Errado)**
d) Art. 175, parágrafo único, do CTN: a exclusão do crédito tributário não dispensa o cumprimento das obrigações acessórias. **(Errado)**
e) Art. 179 do CTN: a isenção, quando não concedida em caráter geral, é efetivada, em cada caso, por despacho da autoridade administrativa, em requerimento com o qual o interessado faça prova do preenchimento das condições e do cumprimento dos requisitos previstos em lei ou contrato para sua concessão. **(Correto)**

Gabarito: **letra E**

6. (Cespe – MPE-PI – Promotor de Justiça Substituto – 2019) De acordo com o entendimento majoritário do STJ a respeito das garantias aos créditos tributários e do concurso de preferência decorrente de execuções fiscais, quando coexistirem penhoras de uma autarquia federal e da Fazenda estadual sobre um mesmo bem:

a) os créditos das autarquias federais terão preferência em relação aos créditos da Fazenda estadual;
b) os créditos da Fazenda estadual terão preferência sobre os créditos das autarquias federais;
c) o resultado da penhora será dividido *pro rata*, dada a inexistência de ordem de preferência de créditos entre esses entes públicos;
d) a ordem de preferência do crédito será definida pelo critério cronológico, com base na data de registro das penhoras;
e) a ordem de preferência do crédito será definida pelo critério cronológico, com base na data de propositura das execuções.

COMENTÁRIO

a) O art. 29, parágrafo único, da Lei n. 6.830/80 dispõe sobre o concurso de preferência, incluindo em primeiro lugar créditos da União e suas autarquias. **(Correto)**
b) Súmula 497 do STJ: os créditos das autarquias federais preferem aos créditos da Fazenda estadual desde que coexistam penhoras sobre o mesmo bem. **(Errado)**
c) A ordem de preferência consta dos arts. 29 da Lei n. 6.830/80 e 187 do CTN. A divisão *pro rata* ocorre apenas entre Estados ou entre Municípios. **(Errado)**
d) Não há previsão legal nesse sentido. **(Errado)**
e) Não há previsão legal nesse sentido. **(Errado)**

Gabarito: **letra A**

7. **(Cespe – TJ-PR – Juiz Substituto – 2019)** Considerando que, em caso de cobrança judicial de dívida ativa da Fazenda Pública por meio de execução fiscal, haja o registro de penhoras feitas por credores distintos sobre um mesmo bem e não se caracterize hipótese de falência ou recuperação judicial, assinale a opção correta, de acordo com o previsto na Lei de Execuções Fiscais – Lei n. 6.830/80.

a) A Fazenda Pública ingressa no concurso de credores de forma preferencial, ressalvada apenas a preferência dos credores de créditos decorrentes da legislação do trabalho.

b) A Fazenda Pública não se sujeita a concurso de credores, devendo-se verificar o concurso de preferência entre as pessoas jurídicas de direito público.

c) Não há benefício de ordem entre a Fazenda Pública e os credores privados: a ordem cronológica do registro das penhoras deve ser observada.

d) Os créditos da Fazenda Pública devem ser apurados primeiramente, sendo feita a repartição entre os entes públicos federais, estaduais e municipais com base no critério *pro rata*.

COMENTÁRIO

a) O crédito falimentar também goza de preferência. **(Errada)**

b) O art. 29 da Lei n. 6.830/80 dispõe que a cobrança judicial da dívida ativa não se sujeita a concurso de credores, só havendo concurso quando os credores são pessoas jurídicas de direito público. **(Correta)**

c) A Fazenda não se sujeita a concurso de credores quando se tratar de entes privados. **(Errada)**

d) Nos termos do art. 29, parágrafo único, do CTN, a União tem preferência sobre os demais credores federativos. **(Errada)**

Gabarito: letra B

8. **(Quadrix – CRA-PR – Advogado I – 2019)** Conforme a CF e a jurisprudência do STF, julgue o item a seguir acerca dos princípios gerais da atividade econômica.

É inconstitucional, por atentar contra o livre exercício de atividade econômica ou profissional, a conduta do Fisco de condicionar a concessão de regime especial de tributação à apresentação de certidão negativa de débitos.

( ) Certo ( ) Errado

COMENTÁRIO

A assertiva está em conformidade com o posicionamento do STF. No julgamento das ADIns 173 e 394 o tribunal considerou inconstitucional condicionar benefícios econômicos a uma prova de quitação de pagamento dos tributos.

Gabarito: Certo

9. **(Vunesp – TJ-AC – Juiz de Direito Substituto – 2019)** O crédito tributário goza de privilégios e garantias especiais em razão da sua correlação com o financiamento do Estado e das políticas públicas a seu cargo. É correto afirmar que, na falência:

a) a lei não poderá estabelecer limites e condições para a preferência dos créditos decorrentes da legislação do trabalho;

b) a multa tributária é subordinada a todos os demais créditos;

c) o crédito tributário não prefere aos créditos com garantia real, no limite do valor do bem gravado;

d) o crédito tributário prefere aos créditos extraconcursais.

COMENTÁRIO

A questão deve ser resolvida à luz dos arts. 186 do CTN e 83 da Lei n. 11.101/2005 (Lei de Falências). A ordem de preferência de créditos no processo falimentar é a seguinte:

1. créditos trabalhistas, até 150 salários mínimos por trabalhador;
2. créditos decorrentes de acidentes de trabalho;
3. créditos restituíveis;

4. créditos com garantia real até o valor do bem gravado;
5. créditos tributários.

Os créditos extraconcursais são pagos antes do rol credores.

Gabarito: letra C

10. (FCC – DPE-SP – Defensor Público – 2019) Sobre a suspensão do crédito tributário, é correto afirmar.

a) A concessão de medida liminar em mandado de segurança dispensa o contribuinte do cumprimento das obrigações acessórias.
b) O depósito do valor do tributo dispensa o contribuinte do cumprimento das obrigações acessórias.
c) A consignação em pagamento do valor do tributo dispensa o contribuinte do cumprimento das obrigações acessórias.
d) A compensação não dispensa o contribuinte do cumprimento das obrigações acessórias.
e) O parcelamento não dispensa o contribuinte do cumprimento das obrigações acessórias.

COMENTÁRIO

a) Art. 151, parágrafo único, do CTN: nenhuma causa de suspensão da exigibilidade do crédito dispensa o cumprimento de obrigações acessórias. **(Errado)**
b) Idem (art. 151, parágrafo único, do CTN). **(Errado)**
c) A consignação em pagamento é causa de extinção do crédito tributário. **(Errado)**
d) A compensação é causa de extinção do crédito tributário. **(Errado)**
e) O parcelamento é causa de suspensão da exigibilidade do crédito tributário, conforme art. 151, VI, do CTN e, nos termos do parágrafo único do mesmo dispositivo, nenhuma das causas de suspensão da exigibilidade do crédito tributário dispensa o cumprimento de obrigações acessórias. **(Correto)**

Gabarito: letra E

11. (FCC – Sefaz-BA – Auditor-Fiscal – Administração Tributária – Prova I – 2019) Sobre a moratória, o Código Tributário Nacional prevê:

a) do contribuinte devedor, contemplado irregularmente com o benefício da moratória, não serão cobrados juros de mora e não será aplicada penalidade pecuniária, na hipótese de dolo ou simulação, praticados por terceiro, em seu benefício;
b) a moratória somente pode ser concedida, em caráter individual ou geral, por despacho da autoridade administrativa, desde que autorizada por lei ou decreto, expedido pela pessoa jurídica de direito público competente para instituir o tributo a que se refira;
c) a concessão da moratória em caráter individual gera direito adquirido, garantido pela Constituição Federal, e, por isso, nenhum motivo justifica sua revogação de ofício, após ser concedida ao contribuinte por autoridade competente;
d) salvo disposição de lei em contrário, a moratória somente abrange os créditos definitivamente constituídos à data da lei ou do despacho que a conceder, ou cujo lançamento já tenha sido iniciado àquela data por ato regularmente notificado ao sujeito passivo;
e) a moratória suspende a exigibilidade do crédito tributário e dispensa o cumprimento das obrigações assessórias relacionadas com o tributo, cujo crédito tributário está suspenso.

COMENTÁRIO

a) A concessão da moratória em caráter individual não gera direito adquirido e será revogada de ofício sempre que se apure que o beneficiado não satisfazia ou deixou de satisfazer as condições ou não cumprira ou deixou de cumprir os requisitos para a concessão do favor, cobrando-se o crédito acrescido de juros de mora (art. 155 do CTN). **(Errado)**
b) Somente os favores (benefícios) de caráter individual é que são concedidos por despacho de autoridade administrativa, conforme previsto no inciso II do art. 152 do CTN. **(Errado)**

c) Idem alternativa "A". A concessão da moratória em caráter individual não gera direito adquirido e será revogada de ofício sempre que se apure que o beneficiado não satisfazia ou deixou de satisfazer as condições ou não cumprira ou deixou de cumprir os requisitos para a concessão do favor, cobrando-se o crédito acrescido de juros de mora (art. 155 do CTN). **(Errado)**

d) Nos termos do art. 154 do CTN, salvo disposição de lei em contrário, a moratória somente abrange os créditos definitivamente constituídos à data da lei ou do despacho que a conceder ou cujo lançamento já tenha sido iniciado àquela data por ato regularmente notificado ao sujeito passivo. **(Correto)**

e) A moratória suspende a exigibilidade do crédito tributário, porém, não dispensa o cumprimento das obrigações assessórias (art. 151 do CTN). **(Errado)**

Gabarito: letra D

12. (FCC – Sefaz-BA – Auditor-Fiscal – Administração Tributária – Prova I – 2019) Conforme o Código Tributário Nacional, são casos de exclusão do crédito tributário a isenção e anistia, sendo que a:

a) isenção é sempre decorrente de lei, salvo quando prevista em contrato;

b) concessão de anistia, decorrente de infração tributária, compete privativamente ao Presidente da República, sem necessidade da sanção do Congresso Nacional, conforme dispõe, expressamente, o Código Tributário Nacional;

c) Constituição Federal veda à União instituir isenções de tributos da competência dos Estados, do Distrito Federal ou dos Municípios;

d) anistia abrange somente as infrações cometidas após a vigência da lei que a concede, não se aplicando aos atos qualificados em lei como crimes ou contravenções, mas se aplicando aos atos praticados apenas com dolo, fraude ou simulação pelo sujeito passivo ou por terceiro em benefício daquele;

e) isenção concedida a determinado imposto sobre propriedade é extensiva às taxas relacionadas com o referido bem e aos tributos instituídos posteriormente à sua concessão.

COMENTÁRIO

a) A isenção, ainda quando prevista em contrato, é sempre decorrente de lei que especifique as condições e requisitos exigidos para a sua concessão, os tributos a que se aplica e, sendo caso, o prazo de sua duração (art. 176 do CTN). **(Errado)**

b) A anistia, quando não concedida em caráter geral, é efetivada, em cada caso, por despacho da autoridade administrativa, em requerimento com a qual o interessado faça prova do preenchimento das condições e do cumprimento dos requisitos previstos em lei para sua concessão (art. 182 do CTN). **(Errado)**

c) Nos termos do art. 151, III, da CF, é vedado à União instituir isenções de tributos da competência dos Estados, do Distrito Federal ou dos Municípios. **(Correto)**

d) A anistia só pode ser concedida após a infração e antes do lançamento da penalidade pecuniária. Após o lançamento, o benefício seria a remissão. **(Errado)**

e) Salvo disposição de lei em contrário, a isenção não é extensiva às taxas e às contribuições de melhoria, bem como aos tributos instituídos posteriormente à sua concessão (art. 177, I e II, do CTN). **(Errado)**

Gabarito: letra C

13. (FCC 2019 – Sefaz-BA – Auditor-Fiscal – Administração Tributária – Prova I – 2019) Acerca do pagamento indevido e a respectiva restituição pela Fazenda Pública, o Código Tributário Nacional determina que:

a) a restituição de tributos que comportem, por sua natureza, transferência do respectivo encargo financeiro, somente será feita a quem prove haver assumido o referido encargo, ou, no caso de tê-lo transferido a terceiro, estar por este expressamente autorizado a recebê-la;

b) o sujeito passivo tem direito à restituição total ou parcial do tributo se, dentre outros casos, houver cobrança ou pagamento espontâneo de tributo indevido ou maior que o devido em face da legislação tributária aplicável, inclusive no caso de perda ou destruição da estampilha, sem qualquer exceção;

c) a restituição total ou parcial do tributo dá lugar à restituição, na mesma proporção, dos juros de mora e das penalidades pecuniárias, inclusive das penalidades referentes a infrações de caráter formal não prejudicadas pela causa da restituição;

d) o direito de o contribuinte pleitear a restituição do valor pago indevidamente, havendo cobrança ou pagamento espontâneo de tributo indevido ou maior que o devido, extingue-se com o decurso do prazo de dois anos, contados da data da extinção do crédito tributário;

e) a ação anulatória da decisão administrativa que denegar a restituição de tributo pago indevidamente pelo contribuinte prescreve em cinco anos.

COMENTÁRIO

a) A restituição de tributos que comportem, por sua natureza, transferência do respectivo encargo financeiro somente será feita a quem prove haver assumido o referido encargo, ou, no caso de tê-lo transferido a terceiro, estar por este expressamente autorizado a recebê-la (art. 166 do CTN). **(Correto)**

b) O sujeito passivo tem direito, independentemente de prévio protesto, à restituição total ou parcial do tributo, seja qual for a modalidade do seu pagamento, no seguinte caso: I – cobrança ou pagamento espontâneo de tributo indevido ou maior que o devido em face da legislação tributária aplicável, ou da natureza ou circunstâncias materiais do fato gerador efetivamente ocorrido (art. 165, I, do CTN). **(Errado)**

c) A restituição total ou parcial do tributo dá lugar à restituição, na mesma proporção, dos juros de mora e das penalidades pecuniárias, salvo as referentes a infrações de caráter formal não prejudicadas pela causa da restituição (art. 167 do CTN). **(Errado)**

d) O direito de pleitear a restituição extingue-se com o decurso do prazo de 5 (cinco) anos, contados da data da extinção do crédito tributário ou da data em que se tornar definitiva a decisão administrativa ou passar em julgado a decisão judicial que tenha reformado, anulado, revogado ou rescindido a decisão condenatória (art. 168 do CTN) . **(Errado)**

e) Prescreve em dois anos a ação anulatória da decisão administrativa que denegar a restituição. O prazo de prescrição é interrompido pelo início da ação judicial, recomeçando o seu curso, por metade, a partir da data da intimação validamente feita ao representante judicial da Fazenda Pública interessada (art. 169 do CTN). **(Errado)**

Gabarito: letra A

14. (FCC – TJ-MS – Juiz Substituto – 2020) A respeito das isenções tributárias, é correto afirmar:

a) Nos termos do Código Tributário Nacional, a isenção é causa de extinção do crédito tributário.

b) Nos termos da jurisprudência do Supremo Tribunal Federal, lei ordinária posterior não pode revogar isenção concedida por lei complementar.

c) São inconstitucionais tratados internacionais que prevejam isenção de tributos estaduais, por serem firmados por órgãos da União.

d) A concessão da isenção por despacho da autoridade administrativa dispensa também do cumprimento das obrigações acessórias.

e) A isenção, quando condicionada e por prazo certo, não pode ser livremente revogada pelo ente tributante.

COMENTÁRIO

a) A isenção é causa de exclusão (e não extinção) do crédito tributário, nos termos do art. 175 do CTN: "Excluem o crédito tributário: I – a isenção; II – a anistia". **(Incorreta)**

b) Para o STF, não há hierarquia entre Lei ordinária e Lei complementar, tendo em vista que a reserva de LC, em matéria tributária, é definida em razão da matéria. Assim, pode uma lei complementar ser apenas formalmente complementar, mas materialmente ordinária, sendo possível, nesse caso, a revogação da isenção por lei ordinária (STF, RE 377.457, rel. Min. Gilmar Mendes, j. 17-9-2008. Repercussão geral). **(Incorreta)**

c) "(...) A cláusula de vedação inscrita no art. 151, inciso III, da Constituição – que proíbe a concessão de isenções tributárias heterônomas – é inoponível ao Estado Federal brasileiro (vale dizer, à República Federativa do Brasil), incidindo, unicamente, no plano das relações institucionais domésticas que se estabelecem entre as pessoas políticas de direito público interno. Doutrina. Precedentes. – Nada impede, portanto, que o Estado Federal brasileiro celebre tratados internacionais que veiculem cláusulas de exoneração tributária em matéria de tributos locais (como o ISS, p. ex.), pois a República Federativa do Brasil, ao exercer o seu *treaty-making power*, estará praticando ato legítimo que se inclui na esfera de suas prerrogativas como pessoa jurídica de direito internacional público, que detém – em face das unidades meramente federadas – o monopólio da soberania e da personalidade internacional. (...)" (STF, RE 543.943 AgR, rel. Min. Celso de Mello, Segunda Turma, j. 30-11-2010). **(Incorreta)**

d) "Art. 175. Excluem o crédito tributário: (...) Parágrafo único. A exclusão do crédito tributário não dispensa o cumprimento das obrigações acessórias dependentes da obrigação principal cujo crédito seja excluído, ou dela consequente" (CTN). **(Incorreta)**

e) "Art. 178: A isenção, salvo se concedida por prazo certo e em função de determinadas condições, pode ser revogada ou modificada por lei, a qualquer tempo, observado o disposto no inciso III do art. 104" (CTN). **(Correta)**

Gabarito: letra E

15. (CESPE/CEBRASPE – MPE-CE – Promotor de Justiça – 2020) A exclusão do crédito tributário decorrente de infração à legislação tributária, concedida em caráter geral ou por despacho da autoridade administrativa, é chamada de

a) isenção.
b) anistia.
c) remissão.
d) moratória.
e) compensação.

COMENTÁRIO

a) Art. 156, II, do Código Tributário Nacional. "Art. 156. Extinguem o crédito tributário: II – a compensação." **(Incorreta)**

b) Art. 175, I, e Art. 176 do Código Tributário Nacional. "Art. 175. Excluem o crédito tributário: I – a isenção." "Art. 176. A isenção, ainda quando prevista em contrato, é sempre decorrente de lei que especifique as condições e requisitos exigidos para a sua concessão, os tributos a que se aplica e, sendo caso, o prazo de sua duração." **(Incorreta)**

c) Art. 175, II, Art. 180 e Art. 182 do Código Tributário Nacional. "Art. 175. Excluem o crédito tributário: II – a anistia." "Art. 180. A anistia abrange exclusivamente as infrações cometidas anteriormente à vigência da lei que a concede, não se aplicando (...)." "Art. 182. A anistia, quando não concedida em caráter geral, é efetivada, em cada caso, por despacho da autoridade administrativa, em requerimento com a qual o interessado faça prova do preenchimento das condições e do cumprimento dos requisitos previstos em lei para sua concessão." **(Correta)**

d) Art. 156, IV, do Código Tributário Nacional. "Art. 156. Extinguem o crédito tributário: IV – remissão." **(Incorreto)**

e) Art. 151, I, do Código Tributário Nacional. "Art. 151. Suspendem a exigibilidade do crédito tributário: I – moratória." **(Incorreto)**

Gabarito: letra C

16. (INSTITUTO AOCP – Prefeitura de Cariacica-ES – Fiscal de Tributos Municipais – 2020) São causas de suspensão do crédito tributário:

a) moratória e parcelamento.

b) parcelamento e remissão.

c) medida liminar em mandado de segurança e transação.

d) moratória e decisão administrativa irreformável.

COMENTÁRIO

"Art. 151. Suspendem a exigibilidade do crédito tributário:

I - moratória;

II - o depósito do seu montante integral;

III - as reclamações e os recursos, nos termos das leis reguladoras do processo tributário administrativo;

IV - a concessão de medida liminar em mandado de segurança;

V - a concessão de medida liminar ou de tutela antecipada, em outras espécies de ação judicial;

VI - o parcelamento."

Gabarito: letra A

16

ADMINISTRAÇÃO TRIBUTÁRIA

Acesse também a videoaula pelo *link*:
http://somos.in/MDT0717

16.1 CONCEITO DE "ADMINISTRAÇÃO TRIBUTÁRIA"

O Título IV do Código Tributário Nacional é denominado "Administração Tributária", compreendendo os arts. 194 a 208.

Em sua acepção orgânica ou subjetiva, o vocábulo "Administração Tributária" (com iniciais maiúsculas) designa o conjunto de órgãos e entidades estatais encarregados de realizar as atividades de cobrança e fiscalização do pagamento de tributos, ou seja, trata-se de um sinônimo para designar o "Fisco" ou a "Fazenda Pública".

Já se o termo "administração tributária" (com iniciais minúsculas) for utilizado em seu sentido material ou objetivo, significa as próprias atividades administrativas de cobrança e fiscalização do pagamento de tributos.

Desse modo, é possível constatar que a locução "administração tributária" foi utilizada pelo legislador, no Título IV do CTN, em sua acepção material ou objetiva, na medida em que os arts. 194 a 208 disciplinam o exercício das atividades administrativas exercidas pelo Fisco, e não propriamente o regime de sua estruturação orgânica.

16.2 NORMAS DE FISCALIZAÇÃO TRIBUTÁRIA

O poder de fiscalização das autoridades administrativas relacionado à cobrança de tributos aplica-se às pessoas físicas (naturais) ou jurídicas, públicas ou privadas, contribuintes ou não, inclusive às que gozem de imunidade tributária ou de isenção de caráter pessoal (art. 194, parágrafo único, do CTN).

PGE/GO: A prova de Procurador do Estado/GO de 2013 considerou ERRADA a afirmação: "As entidades imunes não se submetem ao poder de fiscalização das administrações tributárias".

Embora possam produzir efeitos em outros ramos jurídicos, para o Direito Tributário não têm aplicação quaisquer disposições legais excludentes ou limitativas do direito de examinar mercadorias, livros, arquivos, documentos, papéis e efeitos comerciais ou fiscais, dos comerciantes industriais ou produtores, ou da obrigação destes de exibi-los (art. 195 do CTN).

Os livros obrigatórios de escrituração comercial e fiscal e os comprovantes dos lançamentos neles efetuados **serão conservados pelo contribuinte até que ocorra a prescrição** dos créditos tributários decorrentes das operações a que se refiram (art. 195, parágrafo único, do CTN)

Nos termos do art. 197 do CTN, são obrigados a prestar à autoridade administrativa, mediante intimação escrita, todas as informações de que disponham com relação aos bens, negócios ou atividades de terceiros:

I – os tabeliães, escrivães e demais serventuários de ofício;

II – os bancos, casas bancárias, Caixas Econômicas e demais instituições financeiras;

III – as empresas de administração de bens;

IV – os corretores, leiloeiros e despachantes oficiais;

V – os inventariantes;

VI – os síndicos, comissários e liquidatários;

VII – quaisquer outras entidades ou pessoas que a lei designe, em razão de seu cargo, ofício, função, ministério, atividade ou profissão.

A referida obrigação **não inclui a prestação de informações quanto a fatos sobre os quais o informante esteja legalmente obrigado a observar segredo** em razão de cargo, ofício, função, ministério, atividade ou profissão.

Quanto à Fazenda Pública e seus servidores, estão **proibidos de divulgar** informações obtidas em razão do ofício sobre a situação econômica ou financeira do sujeito passivo ou de terceiros e sobre a natureza e o estado de seus negócios ou atividades, **exceto nos casos de**:

I – requisição de autoridade judiciária no interesse da justiça;

II – solicitações de autoridade administrativa no interesse da Administração Pública, desde que seja comprovada a instauração regular de processo administrativo, no órgão ou na entidade respectiva, com o objetivo de investigar o sujeito passivo a que se refere a informação, por prática de infração administrativa (art. 198 do CTN).

Importante destacar que, nos termos do art. 198, § 2º, do CTN, "o intercâmbio de informação sigilosa, no âmbito da Administração Pública, será realizado mediante processo regularmente instaurado, e a entrega será feita pessoalmente à autoridade solicitante, mediante recibo, que formalize a transferência e assegure a preservação do sigilo".

Por terem natureza pública, **não é vedada a divulgação de informações** relativas a:

a) representações fiscais para fins penais;

b) inscrições na Dívida Ativa da Fazenda Pública;

> PGE/GO: A prova de Procurador do Estado/GO de 2013 considerou ERRADA a afirmação: "Em respeito ao sigilo fiscal do contribuinte, é vedada a divulgação de informação relativa a inscrições na Dívida Ativa da Fazenda Pública".

c) parcelamento ou moratória (art. 198, § 3º, do CTN).

16.2.1 Cooperação fiscalizatória entre as Fazendas

Por fim, o art. 199 do Código Tributário estabelece diretrizes para a **atuação conjunta e permuta de informações entre as Fazendas** federal, estadual, distrital e municipal para a **fiscalização dos tributos respectivos** de acordo com a forma prevista nas leis e nos convênios.

> PGE/GO: A prova de Procurador do Estado/GO de 2013 considerou CORRETA a afirmação: "As fazendas públicas dos estados prestar-se-ão assistência mútua para a fiscalização dos tributos respectivos e a permuta de informações, na forma estabelecida, em caráter geral ou específico, por lei ou convênio".

Além disso, a **Fazenda Pública da União**, na forma estabelecida em tratados, acordos ou convênios, **poderá permutar informações com Estados estrangeiros** no interesse da arrecadação e da fiscalização de tributos (art. 199, parágrafo único, do CTN).

16.2.2 Auxílio de força pública

Nos termos do art. 200 do CTN, as **autoridades administrativas federais poderão requisitar o auxílio da força pública** federal, estadual ou municipal, e reciprocamente, **quando vítimas de embaraço ou desacato** no exercício de suas funções, ou quando necessário à efetivação dê medida prevista na legislação tributária, **ainda que não se configure fato definido em lei como crime ou contravenção**.

> PGE/GO: A prova de Procurador do Estado/GO de 2013 considerou ERRADA a afirmação: "A autoridade administrativa tributária encontra-se autorizada a proceder à interdição de estabelecimento comercial, quando da inadimplência contumaz do contribuinte".

16.2.3 Princípio da intranscendência e pendência no CAUC

A 2ª Turma do STJ, no julgamento do REsp 1.463.921, entendeu que, se entidade federativa com pendência no Serviço Auxiliar de Informações para Transferências Voluntárias (CAUC) integrar consórcio público que celebrou convênio com a União, o consórcio não pode ser penalizado com o impedimento de receber os valores prometidos. Isso porque, segundo o princípio da intranscendência, as punições impostas ao ente consorciado não podem superar a dimensão pessoal do infrator, atingindo o consórcio, que detém personalidade jurídica autônoma.

16.3 DÍVIDA ATIVA E CDA

Após a constituição definitiva do crédito tributário (lançamento), e não tendo o devedor realizado o pagamento, a inscrição do débito na dívida ativa é o passo seguinte no devido processo legal para cobrança do tributo (*vide* item 10.1 deste *Manual*).

> FCC: A prova de Procurador da Câmara Municipal de São Paulo de 2014 considerou CORRETA a afirmação: "Somente após a inscrição do crédito tributário em dívida ativa é que o mesmo se torna exigível judicialmente".

Trata-se, assim, de um requisito indispensável e preparatório para o ingresso com a ação de execução fiscal.

Em termos práticos, inscrever o débito em dívida ativa significa inserir o nome do contribuinte na lista dos inadimplentes perante o Fisco, transformando o sujeito passivo da obrigação tributária em uma pessoa oficialmente em débito não negociado. Com isso, o patrimônio do inscrito passa a sujeitar-se a diversas limitações em razão da dívida.

> Esaf: A prova de Auditor-Fiscal da Receita Federal de 2014 considerou CORRETA a afirmação: "O exame prévio efetuado para a inscrição em dívida ativa constitui uma garantia ao cidadão de que aquele crédito, originário de uma obrigação não adimplida em tempo e forma devidos, foi devidamente apurado e teve sua existência confirmada por meio do controle administrativo de sua legalidade e legitimidade".

De acordo com o art. 201 do CTN, considera-se dívida ativa tributária "a proveniente de crédito dessa natureza, regularmente inscrita na repartição administrativa competente, depois de esgotado o prazo fixado, para pagamento, pela lei ou por decisão final proferida em processo regular".

Após inscrever na dívida ativa, o Fisco deve expedir a Certidão da Dívida Ativa (CDA), um ato administrativo enunciativo, praticado com o objetivo de viabilizar o controle de legalidade sobre o procedimento de inscrição.

> Esaf: A prova de Auditor-Fiscal da Receita Federal de 2014 considerou CORRETA a afirmação: "A inscrição na dívida ativa é o único ato de controle de legalidade, efetuado sobre o crédito tributário já constituído, que se realiza pela apreciação crítica dos profissionais legalmente competentes".

> Esaf: A prova de Auditor-Fiscal da Receita Federal de 2014 considerou CORRETA a afirmação: "A inscrição em dívida ativa, que se constitui no ato de controle administrativo da legalidade, será feita, no caso dos tributos de competência da União, pela Procuradoria da Fazenda Nacional".

O termo de inscrição (CDA) conterá obrigatoriamente (art. 202 do CTN):

a) o nome do devedor[STJ]

STJ: "DIREITO TRIBUTÁRIO E PROCESSUAL CIVIL. EXECUÇÃO FISCAL PROMOVIDA EM FACE DE HOMÔNIMO. Deve ser extinta a execução fiscal que, por erro na CDA quanto à indicação do CPF do executado, tenha sido promovida em face de pessoa homônima. Ressalte-se que, em caso de homonímia, só é possível verificar quem é o real executado por intermédio do CPF. Assim, tem aplicação a Súmula 392 do STJ, segundo a qual 'a Fazenda Pública pode substituir a certidão de dívida ativa (CDA) até a prolação da sentença de embargos, quando se tratar de correção de erro material ou formal, vedada a modificação do sujeito passivo da execução'" (1ª T., REsp 1.279.899-MG, rel. Min. Napoleão Nunes Maia Filho, j. 18-2-2014).

e, sendo o caso, o dos corresponsáveis bem como, sempre que possível, o domicílio ou a residência de um ou de outro;

b) a quantia devida e a maneira de calcular os juros de mora acrescidos;

c) a origem e a natureza do crédito, mencionada especificamente a disposição da lei em que seja fundado;

d) a data em que foi inscrita;

e) o número do processo administrativo de que se originar o crédito.

Fepese: A prova de Auditor-Fiscal da Prefeitura de Florianópolis de 2014 considerou CORRETA a afirmação: "O termo de inscrição da dívida ativa, constituído de forma unilateral pelo credor, não necessita da assinatura do devedor para ser válido".

A dívida regularmente inscrita goza de **presunção de certeza e liquidez**, caracterizando-se como prova pré-constituída contra o devedor. Trata-se, porém, de **presunção relativa** (*juris tantum*), pois será afastada se o contribuinte demonstrar administrativa ou judicialmente a existência de vício na inscrição[STJ] (art. 204 do CTN).

Vunesp: A prova de Analista da Prodest/ES de 2014 considerou CORRETA a afirmação: "Nos termos do Código Tributário Nacional, a dívida regularmente inscrita goza de presunção de certeza e liquidez e tem efeito de prova pré-constituída. Referida presunção é relativa".

STJ: "Em sede de embargos à execução contra a Fazenda Pública cujo objeto é a repetição de imposto de renda, não se pode tratar como documento particular os demonstrativos de cálculo (planilhas) elaborados pela Procuradoria-Geral da Fazenda Nacional – PGFN e adotados em suas petições com base em dados obtidos junto à Secretaria da Receita Federal do Brasil – SRF (órgão público que detém todas as informações a respeito das declarações do imposto de renda dos contribuintes) por se tratarem de verdadeiros atos administrativos enunciativos que, por isso, gozam do atributo de presunção de legitimidade. 3. Desse modo, os dados informados em tais planilhas constituem prova idônea, dotada de presunção de veracidade e legitimidade, na forma do art. 333, I e 334, IV, do CPC, havendo o contribuinte que demonstrar fato impeditivo, modificativo ou extintivo do direito da Fazenda Nacional, a fim de ilidir a presunção relativa, consoante o art. 333, II, do CPC" (REsp 1.298.407, rel. Min. Mauro Campbell Marques, j. 23-5-2012, 1ª Seção).

16.3.1 Natureza jurídica do crédito, da dívida ativa e da receita

Com o lançamento válido surge o crédito tributário.

Se o contribuinte, sendo notificado, não pagar, o crédito transforma-se em dívida ativa.

Crédito tributário e dívida ativa são **bens públicos dominicais desafetados**, cuja titularidade pertence à pessoa estatal tributante. Essa é sua natureza jurídica.

Como acontece com qualquer bem público, o crédito e a dívida ativa revestem-se dos atributos da inalienabilidade, impenhorabilidade e insuscetibilidade de usucapião (arts. 99 a 103 do Código Civil).

Uma vez que o devedor pague, o crédito tributário é extinto e a dívida, cancelada.

De acordo com o Direito Financeiro, o valor pago a título de tributo ingressa nos cofres públicos como "**receita**".

A receita decorrente do tributo também é bem público dominical desafetado (art. 99, III, do Código Civil), até que a lei orçamentária realize sua afetação a determinada despesa, momento a partir do qual a receita passa a ter natureza jurídica de bem público de uso especial (art. 99, II, do Código Civil).

16.3.2 Efeitos da inscrição na dívida ativa

O ato de inscrição do débito em dívida ativa produz os seguintes efeitos principais:

1) **inibe a expedição de certidão tributária negativa** (art. 205 do CTN);

2) **suspende por 180 dias o prazo prescricional** para propositura da execução fiscal (art. 2º, § 3º, da Lei n. 6.830/80);

3) autoriza a Fazenda a adotar providências cautelares para garantir a satisfação do crédito, como propor **medida cautelar fiscal** (art. 2º da Lei n. 8.397/92) ou obter a **indisponibilidade de bens do devedor** (art. 185-A do CTN);

4) sujeita o patrimônio do devedor a **diversas limitações** impostas pelo ordenamento como forma de garantir o crédito do Fisco;

5) **presume-se fraudulenta a alienação** de bens do devedor se não houver reserva de patrimônio suficiente para quitação do débito;

> STF: "TRIBUTÁRIO. FRAUDE À EXECUÇÃO. ALIENAÇÃO DE BENS POSTERIORMENTE AO DEFERIMENTO DO PEDIDO DE REDIRECIONAMENTO DA EXECUÇÃO AO SÓCIO-GERENTE. 1. Hipótese em que o Tribunal de origem entendeu estar caraterizada a fraude à execução, sob o fundamento de que, 'para a caracterização da fraude à execução, na hipótese de a alienação dos bens se dar após a entrada em vigor da LC n. 118/2005, a notificação da pessoa jurídica acerca da inscrição do crédito em dívida ativa estende seus efeitos ao sócio redirecionado. Significa dizer, na segunda hipótese, que, **notificada a empresa acerca da inscrição em dívida ativa, presume-se cientificado o sócio redirecionado**' (fl. 475, *e-STJ*). 2. O Superior Tribunal de Justiça firmou

entendimento de que não se considera fraude à execução, à luz do art. 185 do CTN, a alienação feita por sócio-gerente antes do redirecionamento da execução, pois inconcebível considerá-lo devedor até aquele momento. Precedente: EDcl no AREsp 733.261/SP, rel. Min. Humberto Martins, 2ª T, j. 15-9-2015, *DJe* 23-9-2015. 4. *In casu*, colhe-se dos autos que o redirecionamento aos sócios gerentes ocorreu em 19-11-2012, e a alienação do bem em 14-4-2008; não há, portanto, falar presunção de fraude à execução prevista no art. 185 do CTN. 5. Recurso Especial provido" (REsp 1.692.251/RS, rel. Min. Herman Benjamin, j. 12-12-2017, 2ª T.).

IBFC: A prova de Cartório/PR de 2014 considerou CORRETA a afirmação: "A presunção de fraude à execução fiscal, por alienação ou oneração de bens ou rendas, ou o seu começo, por sujeito passivo em débito para com a Fazenda Pública, ocorre a partir da inscrição do crédito tributário em dívida ativa".

FMP/RS: A prova de Procurador do Estado/RS de 2014 considerou CORRETA a afirmação: "Nos termos do CTN presume-se fraudulenta a alienação ou oneração de bens ou rendas, ou seu começo, por sujeito passivo em débito para com a Fazenda Pública, por crédito tributário regularmente inscrito em dívida ativa, salvo se o devedor reservar bens ou rendas suficientes ao pagamento total da dívida inscrita".

6) permite a expedição da **CDA**.

Cespe: A prova de Procurador de Fortaleza de 2017 considerou CORRETA a afirmação: "A inscrição do crédito tributário em dívida ativa é condição para a extração de título executivo extrajudicial que viabilize a propositura da ação de execução fiscal, bem como se revela como marco temporal para a presunção de fraude à execução".

16.3.3 Substituição da CDA

Na fase administrativa do processo tributário se admite que a certidão da dívida ativa seja emendada ou substituída **até a decisão de primeira instância** (art. 2º, § 8º, da Lei n. 6.830/80).

Todavia, a jurisprudência do STJ pacificou o entendimento pela possibilidade de emendar ou substituir a CDA por erro material ou formal do título, até a prolação da sentença de embargos, desde que não implique modificação do sujeito passivo da execução, nos termos da Súmula 392 do STJ. 2. Entendimento ratificado pela 1ª Seção, ao julgar o REsp 1.045.472/BA, sob o regime do art. 543-C do antigo CPC. 3. Assim, não é viável a extinção da execução fiscal com base na nulidade da CDA sem antes oportunizar à Fazenda Pública emendar ou substituir o título (STJ, 2ª T, REsp 200800339763, rel. Min. Mauro Campbell Marques, j. 19-8-2010, *DJ* 28-9-2010).

Consulplan: A prova de Cartório/MG de 2015 considerou como CORRETA a assertiva: "Ajuizada uma execução fiscal e tendo sido constatada pela Fazenda Pública a existência de um erro material na Certidão de Dívida Ativa – CDA, de acordo com entendimento consolidado do STJ, é admissível a substituição da CDA por parte da Fazenda Pública, mas desde que os embargos à execução não tenham sido julgados em primeira instância".

16.3.4 Duplo papel desempenhado pela CDA

Acesse também a videoaula pelo *link*: http://somos.in/MDT0745

A certidão da dívida ativa cumpre um duplo papel na medida em que, simultaneamente, exerce as funções de título executivo e petição inicial da ação de execução fiscal (art. 6º, § 2º, da Lei n. 6.830/80).

> FCC: A prova de Analista Judiciário do TRF3 de 2014 considerou CORRETA a afirmação: "O crédito tributário pressupõe inscrição em dívida ativa para se tornar exigível por Execução Fiscal, salvo se for concedido parcelamento do débito".

Nesse sentido, estabelece a Súmula 392 do STJ: "A Fazenda Pública pode substituir a certidão de dívida ativa (CDA) até a prolação da sentença de embargos, quando se tratar de correção de erro material ou formal, vedada a modificação do sujeito passivo da execução".

16.3.5 Regras sobre inscrição da dívida ativa e CDA na Lei de Execuções Fiscais (Lei n. 6.830/80)

Além das regras contidas no CTN, merecem destaque as seguintes normas sobre inscrição na dívida ativa e CDA presentes na Lei de Execuções Fiscais:

1) Constitui Dívida Ativa da Fazenda Pública aquela definida como tributária ou não tributária na Lei n. 4.320/64 (art. 2º).

> Cespe: A prova de Procurador de Fortaleza de 2017 considerou CORRETA a afirmação: "Entende o STF que, em decorrência da autonomia tributária municipal, uma lei estadual que dispense a cobrança de débitos de pequeno valor inscritos em dívida ativa não deve vincular os municípios".

2) Qualquer valor, cuja cobrança seja atribuída às pessoas jurídicas de direito público, será considerado Dívida Ativa da Fazenda Pública (art. 2º, § 3º).

> Esaf: A prova de Auditor-Fiscal da Receita Federal de 2014 considerou CORRETA a afirmação: "A Fazenda Nacional pode, graças à autorização contida em Portaria Ministerial do Ministro de Estado da Fazenda, deixar de inscrever em Dívida Ativa da União débitos consolidados de um mesmo sujeito passivo inferiores a determinado valor".

3) O Termo de inscrição deverá conter (art. 2º, § 5º):

a) o nome do devedor, dos corresponsáveis e, sempre que conhecido, o domicílio ou residência de um e de outros;

b) o valor originário da dívida, bem como o termo inicial e a forma de calcular os juros de mora e demais encargos previstos em lei ou contrato;

c) a origem, a natureza e o fundamento legal ou contratual da dívida;

d) a indicação, se for o caso, de estar a dívida sujeita à atualização monetária, bem como o respectivo fundamento legal e o termo inicial para o cálculo;

e) a data e o número da inscrição, no Registro de Dívida Ativa; e

f) o número do processo administrativo ou do auto de infração, se neles estiver apurado o valor da dívida.

> Esaf: A prova de Auditor-Fiscal da Receita Federal de 2014 considerou ERRADA a afirmação: "Exige-se a notificação do sujeito passivo da lavratura da notificação do débito, da inscrição em dívida ativa e da extração da respectiva certidão, sob pena de nulidade".

4) A Dívida Ativa regularmente inscrita goza da presunção de certeza e liquidez. A presunção é relativa e pode ser ilidida por prova inequívoca, a cargo do executado ou de terceiro, a quem aproveite (art. 3º).

16.3.6 Protesto da CDA

Doutrina e jurisprudência sempre divergiram sobre a possibilidade, ou não, de levar a protesto em cartório certidão da dívida ativa.

O objetivo prático de levar a protesto a CDA é permitir a inclusão do nome do contribuinte nos cadastros privados de inadimplentes, como SPC e Serasa. O envio de notificação com tal ameaça muitas vezes coage o devedor a realizar o pagamento.

A falta de expressa previsão legal, representando violação ao princípio da legalidade, parecia obstáculo intransponível à efetivação dessa forma alternativa de constranger o devedor inadimplente a pagar o tributo.

O Superior Tribunal de Justiça vem se posicionando favoravelmente ao protesto de CDAs (AgRg no Ag 1172684/PR).

> Cespe: A prova de Especialista em Regulação da Anatel de 2014 considerou ERRADA a afirmação: "É incabível o protesto de certidão de dívida ativa, visto que a Fazenda Pública pode utilizar-se da inscrição em cadastro de inadimplentes e do processo de execução fiscal para compelir o devedor ao pagamento do crédito tributário".

Porém, foi promulgada a Lei n. 12.767/2012, que alterou a Lei do Protesto, para fins de **incluir expressamente a CDA entre os títulos sujeitos a protesto.**

Agora, o art. 1º da Lei do Protesto (9.492/97) estabelece que: "Protesto é o ato formal e solene pelo qual se prova a inadimplência e o descumprimento de obrigação originada em títulos e outros documentos de dívida. Parágrafo único. Incluem-se entre os títulos sujeitos a protesto as certidões de dívida ativa da União, dos Estados, do Distrito Federal, dos Municípios e das respectivas autarquias e fundações públicas".

Nessa esteira, a Portaria n. 17/2013 da Procuradoria-Geral Federal disciplinou o protesto extrajudicial por falta de pagamento das CDAs de débitos pertencentes a autarquias e fundações públicas federais. No mesmo sentido, o CNJ recomendou aos TJs a edição de atos normativos viabilizando o protesto de CDAs nas respectivas esferas federativas.

Vale a pena transcrever o entendimento da 2ª Turma do STJ, no julgamento do REsp 1.126.515-PR, em 3-12-2013, resumindo todos os argumentos favoráveis a tal medida:

> DIREITO TRIBUTÁRIO. PROTESTO DE CDA. É possível o protesto de Certidão de Dívida Ativa (CDA). No regime instituído pelo art. 1º da Lei n. 9.492/97 ("Protesto é o ato formal e solene pelo qual se prova a inadimplência e o descumprimento de obrigação originada em títulos e outros documentos de dívida."), o protesto foi ampliado, desvinculando-se dos títulos estritamente cambiariformes para abranger todos e quaisquer "títulos ou documentos de dívida". Dada a natureza bifronte do protesto – o qual representa, de um lado, instrumento para constituir o devedor em mora e provar a inadimplência e, de outro, modalidade alternativa para cobrança de dívida –, não é dado ao Poder Judiciário substituir-se à Administração para eleger, sob o enfoque da necessidade (utilidade ou conveniência), as políticas públicas para recuperação, no âmbito extrajudicial, da dívida ativa da Fazenda Pública. A manifestação sobre essa relevante matéria, com base na valoração da necessidade e pertinência desse instrumento extrajudicial de cobrança de dívida, carece de legitimação por romper com os princípios da independência dos poderes (art. 2º da CF) e da imparcialidade. Quanto aos argumentos de que o ordenamento jurídico (Lei n. 6.830/80) já instituiu mecanismo para a recuperação do crédito fiscal e de que o sujeito passivo não participou da constituição do crédito, estes são falaciosos. A Lei das Execuções Fiscais disciplina exclusivamente a cobrança judicial da dívida ativa e não autoriza, por si, a conclusão de que veda, em caráter permanente, a instituição ou utilização de mecanismos de cobrança extrajudicial. A defesa da tese de impossibilidade do protesto seria razoável apenas se versasse sobre o "Auto de Lançamento", esse sim procedimento unilateral dotado de eficácia para imputar débito ao sujeito passivo. A inscrição em dívida ativa, de onde se origina a posterior extração da Certidão que poderá ser levada a protesto, decorre ou do exaurimento da instância administrativa (na qual foi possível impugnar o lançamento e interpor recursos administrativos) ou de documento de confissão de dívida, apresentado pelo próprio devedor (como o DCTF, a GIA e o Termo de Confissão para adesão ao parcelamento). O sujeito passivo, portanto, não pode alegar que houve "surpresa" ou "abuso de poder" na extração da CDA, uma vez que esta pressupõe sua participação na apuração do débito. Note-se, aliás, que o preenchimento e entrega da DCTF ou GIA (documentos de confissão de dívida) corresponde integralmente ao ato do emitente de cheque, nota promissória ou letra de câmbio. Outrossim, a possibilidade do protesto da CDA não implica ofensa aos princípios do contraditório e do devido processo legal, pois subsiste, para todo e qualquer efeito, o controle jurisdicional, mediante provocação da parte interessada, em relação à higidez do título levado a protesto. Ademais, a Lei n. 9.492/97 deve ser interpretada em conjunto com o contexto histórico e social. De acordo com o "II Pacto Republicano de Estado

por um sistema de Justiça mais acessível, ágil e efetivo", definiu-se como meta específica para dar agilidade e efetividade à prestação jurisdicional a "revisão da legislação referente à cobrança da dívida ativa da Fazenda Pública, com vistas à racionalização dos procedimentos em âmbito judicial e administrativo". Nesse sentido, o CNJ considerou que estão conformes com o princípio da legalidade normas expedidas pelas Corregedorias de Justiça dos Estados do Rio de Janeiro e de Goiás que, respectivamente, orientam seus órgãos a providenciar e admitir o protesto de CDA e de sentenças condenatórias transitadas em julgado, relacionadas às obrigações alimentares. A interpretação contextualizada da Lei n. 9.492/97 representa medida que corrobora a tendência moderna de intersecção dos regimes jurídicos próprios do Direito Público e Privado (2ª T., REsp 1.126.515-PR, rel. Min. Herman Benjamin, j. 3-12-2013).

A questão, todavia, não está pacificada com simples alteração na Lei do Protesto. Isso porque o rito para cobrança de tributos é um **procedimento público** e a lei em questão é de direito privado, faltando-lhe legitimidade sistêmica para modificar o devido processo legal para cobrança de tributos no Brasil.

O protesto de CDA segue sendo uma flagrante violação ao princípio constitucional do devido processo legal (art. 5º, LIV, da CF).

STJ: "PROCESSUAL CIVIL E ADMINISTRATIVO. PROTESTO DE CDA. LEI N. 9.492/97. INTERPRETAÇÃO CONTEXTUAL COM A DINÂMICA MODERNA DAS RELAÇÕES SOCIAIS E O 'II PACTO REPUBLICANO DE ESTADO POR UM SISTEMA DE JUSTIÇA MAIS ACESSÍVEL, ÁGIL E EFETIVO'. RECURSO ESPECIAL PROVIDO. 1. Trata-se de Recurso Especial que discute, à luz do art. 1º da Lei n. 9.492/97, a possibilidade de protesto da Certidão de Dívida Ativa (CDA), título executivo extrajudicial (art. 586, VIII, do CPC) que aparelha a Execução. 2. Merece destaque a publicação da Lei n. 12.767/2012, que promoveu a inclusão do parágrafo único no art. 1º da Lei n. 9.492/97, para expressamente consignar que estão incluídas 'entre os títulos sujeitos a protesto as certidões de dívida ativa da União, dos Estados, do Distrito Federal, dos Municípios e das respectivas autarquias e fundações públicas'. 3. **No regime instituído pelo art. 1º da Lei n. 9.492/97, o protesto, instituto bifronte que representa, de um lado, instrumento para constituir o devedor em mora e provar a inadimplência, e, de outro, modalidade alternativa para cobrança de dívida, foi ampliado, desvinculando-se dos títulos estritamente cambiariformes para abranger todos e quaisquer 'títulos ou documentos de dívida'.** Ao contrário do afirmado pelo Tribunal de origem, portanto, o atual regime jurídico do protesto não é vinculado exclusivamente aos títulos cambiais. 4. A Lei n. 9.492/97 deve ser interpretada em conjunto com o contexto histórico e social. De acordo com o 'II Pacto Republicano de Estado por um sistema de Justiça mais acessível, ágil e efetivo', definiu-se como meta específica para dar agilidade e efetividade à prestação jurisdicional a 'revisão da legislação referente à cobrança da dívida ativa da Fazenda Pública, com vistas à racionalização dos procedimentos em âmbito judicial e administrativo'. 5. Nesse sentido, o CNJ considerou que estão conformes com o princípio da legalidade normas expedidas pelas Corregedorias de Justiça dos Estados do Rio de Janeiro e de Goiás que, respectivamente, orientam seus órgãos a providenciar e admitir o protesto de CDA e de sentenças condenatórias transitadas em julgado, relacionadas às obrigações alimentares. 6. A interpretação contextualizada da Lei n. 9.492/97 representa medida que corrobora a tendência moderna de intersecção dos regimes jurídicos próprios do Direito Público e Privado. A todo instante vem crescendo a publicização do Direito Privado (iniciada, exemplificativamente, com a limitação do direito de propriedade, outrora valor absoluto, ao cumprimento de sua função social) e, por outro lado, a privatização do Direito Público (por exemplo, com a incorporação – naturalmente adaptada às peculiaridades existentes – de conceitos e institutos jurídicos e extrajurídicos aplicados outrora apenas aos sujeitos de Direito Privado, como, e.g., a utilização de sistemas de gerenciamento e controle de eficiência na prestação de serviços). 7. Recurso Especial provido" (REsp 1.689.798/SP, rel. Min. Herman Benjamim, j. 19-10-2017, 2ª T.).

16.4 CERTIDÕES TRIBUTÁRIAS

A legislação brasileira obriga o Fisco a emitir, à vista de requerimento do interessado, certidões comprobatórias da quitação de tributos, contendo todas as informações necessárias à identificação do contribuinte, do domicílio fiscal e do ramo de negócio ou atividade e a indicar o período a que se refere o pedido (art. 205 do CTN).

Quanto à existência de pendências tributárias, as certidões fiscais podem ser de três tipos:

a) certidão negativa de débito;

b) certidão positiva de débito;

c) certidão positiva com efeitos de negativa.

16.4.1 Certidão negativa

Não havendo dívidas tributárias no período indicado no requerimento, a certidão diz-se negativa. Nos termos do art. 205, parágrafo único, do CTN, "a certidão negativa será sempre expedida nos termos em que tenha sido requerida e será fornecida dentro de 10 (dez) dias da data da entrada do requerimento na repartição".

Fepese: A prova de Auditor-Fiscal da Prefeitura de Florianópolis de 2014 considerou ERRADA a afirmação: "A certidão negativa deverá ser fornecida dentro de vinte dias da data da entrada do requerimento na repartição".

Sem prejuízo das consequências criminais e administrativas, a certidão negativa expedida com fraude ou dolo, e que contenha erro contra a Fazenda Pública, responsabiliza o funcionário que a expedir, pelo crédito tributário e juros de mora acrescidos (art. 208 do CTN).

Cabe lembrar o teor da Súmula 446 do STJ: "Declarado e não pago o débito tributário pelo contribuinte, é legítima a recusa de expedição de certidão negativa ou positiva com efeito de negativa".

> Fundatec: A prova de Procurador do Estado/RS de 2015 considerou como CORRETA a assertiva: "Declarado e não pago o tributo, é legítima a recusa de expedição da certidão negativa de débito, independentemente de lançamento de ofício ou de inscrição em dívida ativa".

Sendo a certidão um ato administrativo vinculado, o Fisco é obrigado a expedi-la a todo contribuinte que preencher os requisitos legais. Assim, o contribuinte terá direito subjetivo à expedição da certidão tributária se preencher os requisitos legais. Cabe ao Judiciário, em liminar ou tutela antecipada, determinar que o Fisco cumpra o dever legal de emanar o ato, sob pena de que o próprio juiz, avaliando o preenchimento dos requisitos legais, emita a certidão.

> Cespe: A prova de Procurador de Fortaleza de 2017 considerou CORRETA a afirmação: "Caso o contribuinte tenha créditos inscritos em dívida ativa integralmente garantidos por penhora ou créditos com a exigibilidade suspensa, é admitido que lhe seja expedida certidão de regularidade fiscal".

16.4.1.1 Certidão negativa no caso de grupo econômico

No julgamento do AREsp 1.286.122, a 1ª Turma do STJ alterou entendimento e fixou a tese de que certidões fiscais só podem ser expedidas se matriz e filiais estiverem regulares.

Segundo entendimento do Relator, Ministro Gurgel de Faria, "a pessoa jurídica como um todo é quem possui personalidade. É ela quem é sujeito de direitos e obrigações, assumindo com todo o seu patrimônio a correspondente responsabilidade. As filiais são estabelecimentos secundários da mesma pessoa jurídica, desprovidas de personalidade jurídica e patrimônio próprio, apesar de poderem possuir domicílios em lugares diferentes (art. 75, § 1º, do CC) e inscrições distintas no CNPJ". E arrematou concluindo que o fato de as filiais possuírem CNPJ próprio confere a elas somente autonomia administrativa e operacional para fins fiscalizatórios, a fim de facilitar a atuação da administração fazendária no controle de determinados tributos, como ocorre com o ICMS e IPI. *Não se abarca a autonomia jurídica, já que, como dito alhures, existe a relação de dependência entre o CNPJ das filiais e da matriz.*

16.4.2 Certidão positiva

Chama-se certidão positiva aquela que acuse a existência de dívida tributária.

16.4.3 Certidão positiva com efeitos de negativa

De acordo com o disposto no art. 206 do CTN, tem os mesmos efeitos da certidão negativa aquela de que conste a existência de créditos não vencidos, em curso de cobrança executiva em que tenha sido efetivada a penhora, ou garantido o juízo por outra forma, ou, ainda, cuja exigibilidade esteja suspensa. Trata-se da chamada certidão positiva com efeitos de negativa.

FCC: A prova de Analista Judiciário do TRF3 de 2014 considerou CORRETA a afirmação: "Em havendo suspensão do crédito tributário, cabe ao contribuinte a obtenção de certidão positiva com efeitos de certidão negativa".

Estando a dívida garantida ou a exigibilidade do crédito suspensa, o contribuinte tem direito a obter esse tipo de certidão, que lhe permite praticar determinados atos da vida civil vedados a quem não está quite com o Fisco, como participar de licitações públicas e celebrar contratos administrativos. Nesse sentido, estabelece o art. 193 do CTN: "salvo quando expressamente autorizado por lei, nenhum departamento da administração pública da União, dos Estados, do Distrito Federal ou dos Municípios, ou suas autarquias, celebrará contrato ou aceitará proposta em concorrência pública sem que o contratante ou proponente faça prova da quitação de todos os tributos devidos à Fazenda Pública interessada, relativos à atividade em cujo exercício contrata ou concorre"[STJ].

PGE/GO: A prova de Procurador do Estado/GO de 2013 considerou ERRADA a afirmação: "A expedição de certidão positiva com efeito de negativa não se realizará quando da pendência de débitos tributários em cobrança executiva, independentemente de penhora ou suspensão de exigibilidade".

STJ: "DIREITO TRIBUTÁRIO. HIPÓTESE DE IMPOSSIBILIDADE DE EXPEDIÇÃO DE CERTIDÃO POSITIVA COM EFEITO DE NEGATIVA. 'Não é possível a expedição de certidão positiva com efeito de negativa em favor de sócio que tenha figurado como fiador em Termo de Confissão de Dívida Tributária na hipótese em que o parcelamento dele decorrente não tenha sido adimplido'" (2ª T., REsp 1.444.692-CE, rel. Min. Herman Benjamin, j. 13-5-2014).

Assim, diante de alguma das hipóteses previstas no art. 151 do CTN – moratória, depósito integral, recurso administrativo, medida liminar, tutela antecipada e parcelamento – ou havendo penhora de bens, o Fisco não pode se recusar a expedir certidão positiva com efeitos de negativa.

FMP/RS: A prova da Magistratura/MT de 2014 considerou CORRETA a afirmação: "Embora o depósito suspensivo da exigibilidade do crédito tributário só tenha esse efeito quando integral e em dinheiro, a jurisprudência reconhece ao contribuinte o direito à certidão positiva de débitos com efeitos de negativa quando, por ação cautelar de caução, oferece bem idôneo em garantia de futura execução fiscal, caso em que a caução faz as vezes da penhora para tal fim".

Enuncia a Súmula 446 do STJ: "Declarado e não pago o débito tributário pelo contribuinte, é legítima a recusa de expedição de certidão negativa ou positiva com efeito de negativa".

16.4.4 Rejeição do pedido de certidão

Em que pese a clareza dos arts. 205 e 206 do CTN, ocorre de o Fisco negar-se a expedir a certidão cabível. Os casos mais comuns envolvem contribuintes com dívidas parceladas ou garantidas por penhora, a quem, por desconhecimento ou má-fé, a Fazenda Pública rejeita a emissão de certidão positiva com efeitos de negativa[STJ].

> STJ: "O art. 127, I, do Código Tributário Nacional consagra o princípio da autonomia de cada estabelecimento da empresa que tenha o respectivo CNPJ, o que justifica o direito à certidão positiva com efeito de negativa em nome de filial de grupo econômico, ainda que fiquem pendências tributárias da matriz ou de outras filiais. Precedentes. 3. Agravo regimental não provido" (AgRg no AREsp 192.658-AM, rel. Min. Castro Meira, j. 23-10-2012, 2ª T.).

Ocorrendo tal situação, cabe ao contribuinte prejudicado impetrar mandado de segurança repressivo, pleiteando liminarmente seja ordenada à autoridade administrativa a imediata emissão da certidão adequada ao caso concreto.

Acesse também a videoaula pelo *link*: http://somos.in/MDT0746

16.5 DISPOSIÇÕES FINAIS E TRANSITÓRIAS DO CTN

O Código Tributário Nacional encerra com 10 artigos (de 209 a 218) que contemplam as "Disposições Finais e Transitórias". Merecem destaque as duas regras abaixo transcritas:

> Art. 209. A expressão Fazenda Pública, quando empregada nesta Lei sem qualificação, abrange a Fazenda Pública da União, dos Estados, do Distrito Federal e dos Municípios.
>
> Art. 210. Os prazos fixados nesta Lei ou legislação tributária serão contínuos, excluindo-se na sua contagem o dia de início e incluindo-se o de vencimento.
>
> Parágrafo único. Os prazos só se iniciam ou vencem em dia de expediente normal na repartição em que corra o processo ou deva ser praticado o ato.

16.6 QUADRO SINÓTICO

CONCEITO DE "ADMINISTRAÇÃO TRIBUTÁRIA"
Em sua **acepção orgânica ou subjetiva**, o vocábulo "Administração Tributária" (com iniciais maiúsculas) designa o **conjunto de órgãos e entidades estatais** encarregados de realizar as atividades de **cobrança e fiscalização do pagamento de tributos**, ou seja, trata-se de um sinônimo para designar o "Fisco" ou a "Fazenda Pública". **Já se o termo "administração tributária" (com iniciais minúsculas) for utilizado em seu sentido material ou objetivo, significa as próprias atividades administrativas de cobrança e fiscalização do pagamento de tributos.**
NORMAS DE FISCALIZAÇÃO TRIBUTÁRIA
O **poder de fiscalização das autoridades administrativas** relacionado à cobrança de tributos aplica-se às **pessoas físicas** (naturais) **ou jurídicas, públicas ou privadas, contribuintes ou não**, inclusive às que gozem de imunidade tributária ou de isenção de caráter pessoal (art. 194, parágrafo único, do CTN). Embora possam produzir efeitos em outros ramos jurídicos, para o Direito Tributário não têm aplicação quaisquer disposições legais excludentes ou limitativas do direito de examinar mercadorias, livros, arquivos, documentos, papéis e efeitos comerciais ou fiscais, dos comerciantes, industriais ou produtores, ou da obrigação destes de exibi-los (art. 195 do CTN). Nos termos do art. 197 do CTN, são **obrigados a prestar à autoridade administrativa**, mediante intimação escrita, **todas as informações** de **que disponham** com **relação aos bens, negócios ou atividades de terceiros**: **I** – os tabeliães, escrivães e demais serventuários de ofício; **II** – os bancos, casas bancárias, Caixas Econômicas e demais instituições financeiras; **III** – as empresas de administração de bens; **IV** – os corretores, leiloeiros e despachantes oficiais; **V** – os inventariantes; **VI** – os síndicos, comissários e liquidatários; **VII** – quaisquer outras entidades ou pessoas que a lei designe, em razão de seu cargo, ofício, função, ministério, atividade ou profissão. Por terem natureza pública, **não é vedada a divulgação de informações** relativas a: representações fiscais para fins penais; inscrições na Dívida Ativa da Fazenda Pública; parcelamento ou moratória (art. 198, § 3º, do CTN). Cooperação fiscalizatória entre as Fazendas: o art. 199 do Código Tributário estabelece diretrizes para a **atuação conjunta e permuta de informações entre as Fazendas** federal, estadual, distrital e municipal para a **fiscalização dos tributos respectivos** de acordo com a forma prevista nas leis e nos convênios. Além disso, a **Fazenda Pública da União**, na forma estabelecida em tratados, acordos ou convênios, **poderá permutar informações com Estados estrangeiros** no interesse da arrecadação e da fiscalização de tributos (art. 199, parágrafo único, do CTN). Auxílio de força pública: **nos termos do art. 200 do CTN, as autoridades administrativas federais poderão requisitar o auxílio da força pública federal, estadual ou municipal, e reciprocamente, quando vítimas de embaraço ou desacato no exercício de suas funções, ou quando necessário à efetivação de medida prevista na legislação tributária, ainda que não se configure fato definido em lei como crime ou contravenção.**
DÍVIDA ATIVA E CDA
Após a constituição definitiva do crédito tributário (lançamento), e não tendo o devedor realizado o pagamento, a inscrição do débito na dívida ativa é o passo seguinte no devido processo legal para cobrança do tributo. Trata-se, assim, de um requisito indispensável e preparatório para o ingresso com a ação de execução fiscal. Inscrever o débito em dívida ativa **significa inserir o nome do contribuinte na lista dos inadimplentes perante o Fisco**, transformando o sujeito passivo da obrigação tributária em uma **pessoa oficialmente em débito não negociado**. Com isso, o patrimônio do inscrito passa a sujeitar-se a diversas limitações em razão da dívida. Após inscrever na dívida ativa, o Fisco deve expedir a **Certidão da Dívida Ativa (CDA)**, um ato administrativo enunciativo, praticado com o objetivo de viabilizar o controle de legalidade sobre o procedimento de inscrição. A dívida regularmente inscrita goza de **presunção de certeza e liquidez**, caracterizando-se como prova pré-constituída contra o devedor. Trata-se, porém, de **presunção relativa** (*juris tantum*), pois será afastada se o contribuinte demonstrar administrativa ou judicialmente a existência de vício na inscrição (art. 204 do CTN). Efeitos da inscrição da dívida ativa **1) inibe a expedição de certidão tributária negativa (art. 205 do CTN);** **2) suspende por 180 dias o prazo prescricional** para propositura da execução fiscal (art. 2º, § 3º, da Lei n. 6.830/80); **3)** autoriza a Fazenda a adotar providências cautelares para garantir a satisfação do crédito, como propor **medida cautelar fiscal** (art. 2º da Lei n. 8.397/92) ou obter a **indisponibilidade de bens do devedor** (art. 185-A do CTN); **4)** sujeita o patrimônio do devedor a **diversas limitações** impostas pelo ordenamento como forma de garantir o crédito do Fisco; **5) presume-se fraudulenta a alienação** de bens do devedor se não houver reserva de patrimônio suficiente para quitação do débito; **6)** permite a expedição da CDA.

Substituição da CDA: na fase administrativa do processo tributário, admite-se que a certidão da dívida ativa seja emendada ou substituída **até a decisão de primeira instância** (art. 2º, § 8º, da Lei n. 6.830/80).

Duplo papel desempenhado pela CDA: a certidão da dívida ativa cumpre um duplo papel, na medida em que, simultaneamente, exerce as funções de **título executivo** e **petição inicial** da ação de execução fiscal (art. 6º, § 2º, da Lei n. 6.830/80).

Nesse sentido, estabelece a Súmula 392 do STJ: *"A Fazenda Pública pode substituir a certidão de dívida ativa (CDA) até a prolação da sentença de embargos, quando se tratar de correção de erro material ou formal, vedada a modificação do sujeito passivo da execução"*.

Regras sobre inscrição da dívida ativa e CDA na Lei de Execuções Fiscais (Lei n. 6.830/80)

Além das regras contidas no CTN, merecem destaque as seguintes normas sobre inscrição na dívida ativa e CDA presentes na Lei de Execuções Fiscais:

1) Constitui Dívida Ativa da Fazenda Pública aquela definida como tributária ou não tributária na Lei n. 4.320/64 (art. 2º).

2) Qualquer valor cuja cobrança seja atribuída às pessoas jurídicas de direito público será considerado Dívida Ativa da Fazenda Pública (art. 2º, § 3º).

3) O Termo de inscrição deverá conter (art. 2º, § 5º): **a)** o nome do devedor, dos corresponsáveis e, sempre que conhecido, o domicílio ou residência de um e de outros; **b)** o valor originário da dívida, bem como o termo inicial e a forma de calcular os juros de mora e demais encargos previstos em lei ou contrato; **c)** a origem, a natureza e o fundamento legal ou contratual da dívida; **d)** a indicação, se for o caso, de estar a dívida sujeita à atualização monetária, bem como o respectivo fundamento legal e o termo inicial para o cálculo; **e)** a data e o número da inscrição, no Registro de Dívida Ativa; e **f)** o número do processo administrativo ou do auto de infração, se neles estiver apurado o valor da dívida.

4) A Dívida Ativa regularmente inscrita goza da presunção de certeza e liquidez. A presunção é relativa e pode ser ilidida por prova inequívoca, a cargo do executado ou de terceiro, a quem aproveite (art. 3º).

Protesto da CDA: o objetivo prático de levar a protesto a CDA é permitir a inclusão do nome do contribuinte nos cadastros privados de inadimplentes, como SPC e Serasa. O envio de notificação com tal ameaça muitas vezes coage o devedor a realizar o pagamento.

A falta de expressa previsão legal, representando violação ao princípio da legalidade, parecia obstáculo intransponível à efetivação dessa forma alternativa de constranger o devedor inadimplente a pagar o tributo.

O Superior Tribunal de Justiça vem se posicionando favoravelmente ao protesto de CDAs (AgRg no Ag 1.172.684/PR).

Foi promulgada a Lei n. 12.767/2012, que alterou a Lei do Protesto, para fins de **incluir expressamente a CDA entre os títulos sujeitos a protesto**.

CERTIDÕES TRIBUTÁRIAS

São certidões comprobatórias da quitação de tributos, contendo todas as informações necessárias à identificação do contribuinte, do domicílio fiscal e do ramo do negócio ou atividade, bem como indicam o período a que se refere o pedido, conforme previsto no art. 205 do CTN.

Quando o contribuinte conta com pendências tributárias, as certidões fiscais podem ser de três tipos:

Certidão negativa: não havendo dívidas tributárias no período indicado no requerimento, a certidão diz-se negativa. Nos termos do art. 205, parágrafo único, do CTN, "a certidão negativa será sempre expedida nos termos em que tenha sido requerida e será fornecida dentro de 10 (dez) dias da data da entrada do requerimento na repartição".

Sem prejuízo das consequências criminais e administrativas, a certidão negativa expedida com fraude ou dolo, e que contenha erro contra a Fazenda Pública, responsabiliza o funcionário que a expedir pelo crédito tributário e juros de mora acrescidos (art. 208 do CTN).

Cabe lembrar o teor da Súmula 446 do STJ: "Declarado e não pago o débito tributário pelo contribuinte, é legítima a recusa de expedição de certidão negativa ou positiva com efeito de negativa".

Certidão positiva: aquela que acuse a existência de dívida tributária.

Certidão positiva com efeitos de negativa: de acordo com o disposto no art. 206 do CTN, tem os mesmos efeitos da certidão negativa aquela de que conste a existência de créditos não vencidos, em curso de cobrança executiva em que tenha sido efetivada a penhora, ou garantido o juízo por outra forma, ou, ainda, cuja **exigibilidade esteja suspensa**. Trata-se da chamada certidão positiva com efeitos de negativa. *Vide* Súmula 446 do STJ.

Rejeição do pedido de certidão: em que pese a clareza dos arts. 205 e 206 do CTN, ocorre de o Fisco negar-se a expedir a certidão cabível. Os casos mais comuns envolvem contribuintes com dívidas parceladas ou garantidas por penhora, a quem, por desconhecimento ou má-fé, a Fazenda Pública rejeita a emissão de certidão positiva com efeitos de negativa. Ocorrendo tal situação, cabe ao contribuinte prejudicado impetrar mandado de segurança repressivo, pleiteando liminarmente seja ordenada à autoridade administrativa a imediata emissão da certidão adequada ao caso concreto.

16.7 QUESTÕES

1. **(Cespe – Sefaz-RS – Auditor-Fiscal da Receita Estadual – Bloco II – 2019)** Para que os créditos tributários sejam executados, seu lançamento em certidão de dívida ativa (CDA) deve ser válido. A esse respeito, é correto afirmar que:
   a) a CDA pode fundar-se em crédito tributário parcelado;
   b) penalidade pecuniária pelo descumprimento de obrigação acessória não pode ser objeto de CDA;
   c) compete aos estados e municípios executar créditos tributários da União nos locais onde houver vara federal correspondente ao domicílio do devedor;
   d) o crédito tributário lançado em CDA prescreve em três anos, a partir do seu lançamento;
   e) o executado citado com base em título extrajudicial deve, no prazo de cinco dias, pagar a dívida indicada na CDA ou garantir a execução.

2. **(Cespe – Sefaz-RS – Auditor-Fiscal da Receita Estadual – Bloco II – 2019)** Um contribuinte está em débito para com a Fazenda Pública em razão de um crédito tributário regularmente inscrito como dívida ativa. Com relação a essa situação hipotética, é correto afirmar que, em regra, presume-se lícita a conduta do contribuinte mesmo que ele promova:
   a) a alienação de seus bens;
   b) a alienação de suas rendas;
   c) a oneração de seus bens, desde que reserve rendas suficientes para o pagamento total da dívida;
   d) a oneração de suas rendas, desde que reserve bens suficientes para o pagamento de mais de 80% do total da dívida;
   e) a oneração de rendas em um procedimento com esse objetivo ainda em estágio inicial.

3. **(Vunesp – Prefeitura de Itapevi – SP – Analista Jurídico – Procurador Municipal – 2019)** Assinale a alternativa que está em consonância com o Código Tributário Nacional acerca da administração tributária.
   a) A legislação tributária regula em caráter geral, ou especificamente em função da natureza do tributo de que se tratar, a competência e os poderes das autoridades administrativas em matéria de fiscalização da sua aplicação, não se aplicando aos contribuintes que gozem de imunidade ou isenção de caráter pessoal.
   b) Para efeitos da legislação tributária, aplicam-se as disposições legais excludentes ou limitativas do direito de examinar livros dos empresários, salvo a obrigação destes de exibi-los.
   c) A autoridade administrativa que proceder ou presidir a quaisquer diligências de fiscalização deverá lavrar os termos necessários para que se documente o início do procedimento independentemente da fixação de prazo para conclusão de tais diligências.
   d) Não é vedada a divulgação, por parte da Fazenda Pública ou de seus servidores, de informações acerca do sujeito passivo ou de terceiros, quando se tratar, dentre outras hipóteses, de informações relativas a inscrições na Dívida Ativa, parcelamento ou moratória.
   e) É permitido o intercâmbio de informação sigilosa, no âmbito da Administração Pública, independentemente de processo regularmente instaurado, desde que a entrega seja feita pessoalmente à autoridade solicitante, mediante recibo, que formalize a transferência e assegure a preservação do sigilo.

4. **(Vunesp – Prefeitura de Guarulhos – SP – Inspetor Fiscal de Rendas – Conhecimentos Específicos – 2019)** A divulgação ou o compartilhamento, por parte da Fazenda Pública ou de seus servidores, de informação obtida em razão do ofício sobre a situação econômica ou financeira do sujeito passivo e sobre a natureza e o estado de seus negócios ou atividades:
   a) é vedada se solicitada para instruir processo em trâmite no órgão ou entidade solicitante, com o objetivo de investigar o sujeito passivo a que se refere a informação, por prática de ilícito administrativo;
   b) é vedada em caso de parcelamento ou moratória;
   c) é permitida se requisitada por autoridade judiciária, no interesse da justiça;

d) é permitida, a todos os entes federados, na forma como estabelecido em tratado, acordo ou convênio com Estados estrangeiros, com o objetivo de investigar o sujeito passivo por prática de crime;

e) é permitida entre as Fazendas Públicas de forma mútua, para fiscalização dos respectivos tributos e permuta de informações, independentemente da celebração de convênio ou outro instrumento de cooperação.

5. **(FCC – TRF – 4ª Região – Analista Judiciário – Área Judiciária – 2019)** No que se refere à Administração Tributária, o Código Tributário Nacional (CTN) prevê que:

a) a Fazenda Pública da União, dos Estados, do Distrito Federal e dos Municípios, na forma estabelecida em tratados, acordos ou convênios, poderá permutar informações com Estados estrangeiros, Organizações Internacionais e Agências de avaliação de risco, no interesse da arrecadação, da fiscalização de tributos e da melhoria do ambiente econômico;

b) é vedada a divulgação, por parte dos servidores da Fazenda Pública, de informação obtida em razão do ofício sobre a situação econômica ou financeira do sujeito passivo ou de terceiros, exceto ao que se refere ao estado de seus negócios ou atividades, e as dívidas existentes perante a Fazenda Pública, escritas ou a inscrever na Dívida Pública;

c) mediante ordem judicial, emitida pelo Juiz de Vara Civil ou Criminal da respectiva comarca, os bancos e demais instituições financeiras, são obrigados a prestar todas as informações de que disponham com relação aos bens, negócios ou atividades de terceiros, sendo vedado prestar tais informações mediante solicitação ou intimação escrita da autoridade administrativa tributária;

d) os livros obrigatórios de escrituração comercial e fiscal e os comprovantes dos lançamentos neles efetuados serão conservados, pelo Estado, em arquivo público, até que ocorra a caducidade das informações, a suspensão da exigência ou a extinção dos créditos tributários decorrentes das operações a que se refiram;

e) para os efeitos da legislação tributária, não têm aplicação quaisquer disposições legais excludentes ou limitativas do direito de examinar mercadorias, livros, arquivos, documentos, papéis e efeitos comerciais ou fiscais, dos comerciantes industriais ou produtores, ou da obrigação destes de exibi-los.

6. **(FGV – SEFIN-RO – Técnico Tributário – 2018)** Analise as hipóteses a seguir, e assinale (V) para a verdadeira e (F) para a falsa.

( ) Constitui dívida ativa tributária todo crédito da Fazenda Pública que tiver sido inscrito em repartição administrativa competente, esgotado o prazo em lei para pagamento.

( ) Certidão da Dívida Ativa é o título que habilita o Fisco a ingressar com a execução fiscal, contemplando valor líquido e certo, incabível sua alteração após iniciado o processo executivo.

( ) A Fazenda Pública pode substituir a certidão de dívida ativa até a decisão de 1ª instância, quando se tratar de correção de erro material ou formal, vedada a modificação do sujeito passivo da execução.

Na sequência em que aparecem, as afirmativas são, respectivamente:

a) F – F – V;

b) V – V – F;

c) F – V – F;

d) V – F – V;

e) V – F – F.

7. **(FGV – SEFIN-RO – Técnico Tributário – 2018)** A empresa Delta possuía um débito tributário junto ao Estado Beta relativo à determinada exação lançada por homologação. Ocorre que o Supremo Tribunal Federal declarou inconstitucional o tributo que é objeto da dívida de Delta. Esta precisa obter uma certidão negativa, para poder concorrer a um procedimento licitatório.

Nessas circunstâncias:

a) a empresa não tem direito à certidão negativa, visto que a decisão do STF não retroage, e a dívida é anterior à declaração da inconstitucionalidade;

b) tendo havido regular apuração do crédito fazendário, prevalece a presunção de liquidez e certeza em favor do Fisco;
c) a empresa tem direito apenas à certidão positiva com efeito de negativa, havendo a suspensão da exigibilidade do tributo;
d) a empresa tem direito à certidão negativa, porém deve fazer o depósito cautelar do tributo que foi lançado por homologação, até que a Fazenda interessada se manifeste;
e) a empresa tem direito à certidão negativa até a fiscalização da regularidade do procedimento de lançamento pelo Fisco, apurando-se eventual débito tributário ainda remanescente.

8. (Fauel – Prefeitura de Paranavaí – PR – Procurador do Município – 2018) Assinale a alternativa INCORRETA, a respeito da Administração tributária.

a) Sujeitam-se à fiscalização tributária as pessoas naturais ou jurídicas, contribuintes ou não, inclusive as que gozem de imunidade tributária ou de isenção de caráter pessoal.
b) É inadmissível a interdição de estabelecimento e a apreensão de mercadorias como meio coercitivo para cobrança de tributo.
c) A autoridade administrativa que proceder ou presidir a quaisquer diligências de fiscalização lavrará os termos necessários para que se documente o início do procedimento, na forma da legislação aplicável, que fixará prazo máximo para a conclusão daquelas.
d) A certidão negativa expedida com dolo ou fraude, que contenha erro contra a Fazenda Pública, responsabiliza pessoalmente o funcionário que a expedir, pelo crédito tributário e juros de mora acrescidos.
e) Estão sujeitos à fiscalização tributária ou previdenciária quaisquer livros comerciais, podendo ser examinados em sua integralidade, ainda que não diga respeito aos pontos objeto da investigação.

9. (Funrio – AL-RR – Assessor Técnico Legislativo – 2018) A alternativa que assegura ao contribuinte o direito de obter Certidão Positiva de Débito com Efeito de Negativa é a seguinte:

a) quando apesar de declarado o tributo devido e não pago, o contribuinte ainda não tenha sido intimado sobre a inscrição do referido crédito tributário em Dívida Ativa;
b) quando o contribuinte tenha impetrado mandado de segurança, ainda que a liminar não tenha sido concedida pelo juízo;
c) nos casos em que houver penhora de bens do contribuinte no valor equivalente ao total do débito exequendo;
d) após o encerramento do processo administrativo fiscal, mas antes da execução fiscal.

10. (Vunesp – Câmara de Indaiatuba-SP – Controlador Interno – 2018) De acordo com o que dispõe a Lei n. 6.830/80, a dívida ativa regularmente inscrita goza de presunção de certeza e liquidez. Quanto a tal presunção, é correto afirmar que:

a) é relativa;
b) não admite prova em contrário a ser produzida pelo executado;
c) somente pode ser ilidida pelo próprio executado;
d) somente pode ser ilidida por terceiro a quem aproveite;
e) pode ser ilidida por qualquer tipo de prova, independentemente de ser inequívoca.

11. (Vunesp – Câmara de Campo Limpo Paulista – SP – Procurador Jurídico – 2018) No âmbito das relações dos particulares com a Administração Pública, é comum a exigência por parte desta da apresentação de certidões que atestem a regularidade fiscal do cidadão em face de suas obrigações. A esse respeito, é correto afirmar que:

a) a certidão positiva expedida com dolo ou fraude, que contenha erro contra a Fazenda Pública, responsabiliza pessoalmente o funcionário que a expedir, pelo crédito tributário e juros de mora acrescidos;

b) a certidão negativa será sempre expedida nos termos em que tenha sido requerida e será fornecida dentro de vinte dias da data da entrada do requerimento na repartição;

c) a lei não poderá exigir que a prova da quitação de determinado tributo seja feita por certidão negativa expedida pela Fazenda Pública, para além dos casos expressamente previstos pela Constituição Federal;

d) a certidão de que conste a existência de créditos não vencidos, em curso de cobrança executiva em que tenha sido efetivada a penhora, ou cuja exigibilidade esteja suspensa, tem efeitos de certidão positiva de débitos, impedindo o exercício dos direitos sujeitos à comprovação de regularidade fiscal;

e) independentemente de disposição legal permissiva, será dispensada a prova de quitação de tributos, quando se tratar de prática de ato indispensável para evitar a caducidade de direito, respondendo, porém, todos os participantes no ato pelo tributo porventura devido.

12. (FCC – Prefeitura de São Luís – MA – Auditor-Fiscal de Tributos I – Geral – 2018) Relativamente às diligências de fiscalização, a autoridade que as realizar ou as presidir deverá, segundo o Código Tributário Nacional, lavrar os termos fiscais necessários para documentá-las. Estes termos, de acordo com este mesmo Código, deverão:

I. ser lavrados, necessariamente, em um dos livros contábeis exibidos, se exibidos;

II. documentar o início do procedimento, na forma da legislação aplicável, sendo que esse termo fixará prazo máximo para a conclusão das referidas diligências;

III. quando lavrados em separado, ser entregues, por cópia autenticada, pela autoridade que proceder ou presidir as referidas diligências, à pessoa sujeita a fiscalização;

IV. ser firmados por, no mínimo, três autoridades, de diferentes níveis hierárquicos.

Está correto o que se afirma APENAS em:

a) I e IV;

b) I, II e IV;

c) III e IV;

d) II e III;

e) III.

13. (Vunesp – Juiz de Direito Substituto – TJ-RS – 2018) Um cidadão protocola pedido administrativo junto à Secretaria da Fazenda do Município X, pleiteando acesso à lista dos 50 maiores devedores do Município, considerando apenas os débitos inscritos em dívida ativa.

A autoridade competente da Secretaria da Fazenda, com base na legislação tributária vigente, deve:

a) deferir o pedido, porque não há vedação legal à divulgação de informações relativas às inscrições na Dívida Ativa da Fazenda Pública;

b) indeferir o pedido, porque a divulgação desses dados somente é permitida quando houver solicitação de autoridade administrativa no interesse da Administração Pública, desde que comprovada a instauração regular de processo administrativo com o objetivo de investigar o sujeito passivo a que se refere a informação, por prática de infração administrativa;

c) indeferir o pedido, porque essas informações foram obtidas pela Fazenda Pública em razão do ofício sobre a situação econômica ou financeira do sujeito passivo e sobre a natureza e o estado de seus negócios ou atividades;

d) deferir o pedido, desde que a entrega das informações seja realizada pessoalmente ao solicitante, mediante recibo, que formalize a transferência dos dados solicitados e assegure a preservação do seu sigilo;

e) indeferir o pedido, porque a divulgação de informações sobre inscrição de débito em dívida ativa da Fazenda Pública somente pode ser realizada ante a requisição de autoridade judiciária no interesse da Justiça.

14. **(Cespe – Auditor do Estado – Bloco II – Sefaz-RS – 2018)** Autoridade fazendária lavrou termo de inscrição de dívida ativa contendo apenas os seguintes dados: nome do devedor, quantia devida, data da inscrição e número do processo administrativo do qual se originou.

De acordo com o CTN, o termo deveria conter, ainda, obrigatoriamente:

a) a memória de cálculo detalhada dos juros de mora;
b) os responsáveis tributários;
c) o endereço do devedor;
d) o CPF e o RG do devedor;
e) a previsão legal do crédito.

15. **(Vunesp – PGM de Andradina-SP – 2017)** Tem os mesmos efeitos da certidão negativa a certidão de que conste a existência de créditos:

a) em curso de cobrança executiva, independentemente de ter sido efetuada a penhora;
b) vencidos, mas já inscritos na dívida ativa;
c) vencidos, independentemente de terem sido inscritos ou não na dívida ativa;
d) que estejam em moratória;
e) inscritos na dívida ativa, desde que ainda não promovida sua execução judicial.

16. **(Cespe – Juiz Federal Substituto – TRF5 – 2017)** Em cada uma das opções a seguir, é apresentada uma situação hipotética. Assinale a opção que apresenta situação que configura quebra de sigilo fiscal conforme as disposições do CTN.

a) Com base nas informações constantes dos livros fiscais obtidos em determinada empresa, o funcionário do Fisco lavrou auto de infração e, ao final do procedimento administrativo, sem autorização judicial, encaminhou a informação para apuração criminal.
b) A Fazenda Pública divulgou, por meio de sistemas públicos, sem autorização dos contribuintes, a concessão de moratória ou parcelamentos.
c) Um funcionário da Receita Federal, tendo tomado conhecimento de informações fiscais por conta de sua função, repassou-as a outro funcionário da Receita Federal, do mesmo setor, para providências funcionais, sem expressa autorização da chefia direta.
d) Tendo tomado conhecimento de informações fiscais, um funcionário do Fisco lavrou o devido auto de infração e, após o prazo de impugnação, encaminhou-o para a inscrição na dívida ativa, sem conhecimento do secretário da Receita Federal.
e) Tendo verificado práticas ilícitas de natureza tributária, no curso de processo administrativo fiscal, o funcionário do Fisco encaminhou a informação ao Ministério Público, ao final do procedimento administrativo, bem como repassou para um jornalista amigo as informações, sob a promessa de sigilo da fonte.

17. **(Cespe – Procurador do Estado – PGE-SE – 2017)** Uma certidão positiva com efeitos de negativa consiste em:

a) documento administrativo que indica a existência de créditos inexigíveis ou que já estão garantidos, embora não sirva para a comprovação de regularidade do pagamento de tributos;
b) certidão judicial que indica a existência de créditos exigíveis e não garantidos, apesar de não servir para a comprovação de regularidade do pagamento de determinado tributo;
c) certidão judicial usada para a comprovação de regularidade do pagamento de determinado tributo, ainda que indique a existência de créditos vencidos e exigíveis;
d) documento administrativo utilizado para a comprovação de regularidade do pagamento de determinado tributo, ainda que indique a existência de créditos garantidos ou inexigíveis;
e) certidão administrativa ou judicial que serve para a comprovação de regularidade do pagamento de determinado tributo e que certifica a existência de créditos exigíveis e não adimplidos, mesmo sem garantia.

18. (Cespe – Defensor Público Federal – DPU – 2017) A respeito das normas gerais de direito tributário, julgue o seguinte item: "A fluência de juros de mora de dívida ativa regularmente inscrita exclui a liquidez do crédito".

( ) Certo ( ) Errado

19. (FMP Concursos – Procurador do Estado – PGE-AC – 2017) Os Estados costumam apreender mercadorias e não permitir a emissão de notas fiscais a quem deve para o Fisco. Examine as assertivas abaixo e assinale a CORRETA.

a) O procedimento de apreensão é o correto, pois muitas vezes se a fiscalização permitir que a mercadoria passe, mesmo com tributo recolhido a menor, poderá ocorrer de o Estado não mais conseguir cobrar.
b) Estes procedimentos são ilegais e se denominam sanções políticas, pois muitas vezes são utilizados para perseguição dos inimigos políticos dos governantes.
c) São inconstitucionais os procedimentos referidos, já assim declarados mais de uma vez pelo STF.
d) Apreender as mercadorias é correto, mas impedir a empresa de emitir notas fiscais ou vender produtos não.
e) Nenhuma das alternativas acima é CORRETA.

20. (XXIV Exame de Ordem Unificado) A pessoa jurídica A declarou débitos de Imposto sobre a Renda (IRPJ) que, no entanto, deixaram de ser quitados. Diante do inadimplemento da contribuinte, a União promoveu o protesto da Certidão de Dívida Ativa (CDA) decorrente da regular constituição definitiva do crédito tributário inadimplido. Com base em tais informações, no que tange à possibilidade de questionamento por parte da contribuinte em relação ao protesto realizado pela União, assinale a afirmativa correta.

a) O protesto da CDA é indevido, uma vez que o crédito tributário somente pode ser cobrado por meio da execução fiscal.
b) O protesto da CDA é regular, por se tratar de instrumento extrajudicial de cobrança com expressa previsão legal.
c) O protesto da CDA é regular, por se tratar de instrumento judicial de cobrança com expressa previsão legal.
d) O protesto da CDA é indevido, por se tratar de sanção política sem previsão em lei.

21. (FUNDATEC – Prefeitura de Santo Augusto-RS – Auditor Fiscal de Tributos Municipais – 2020) Os livros obrigatórios de escrituração comercial e fiscal e os comprovantes dos lançamentos neles efetuados, de acordo com o Código Tributário Nacional, devem ser conservados:

a) Até cinco anos após a decadência dos créditos tributários decorrentes das operações a que se refiram.
b) Até cinco anos após a prescrição dos créditos tributários decorrentes das operações a que se refiram.
c) Até que ocorra a decadência dos créditos tributários decorrentes das operações a que se refiram.
d) Até que ocorra a prescrição dos créditos tributários decorrentes das operações a que se refiram.
e) Nenhuma das alternativas está correta.

22. (FUNDEP – Prefeitura de Barão de Cocais-MG – Fiscal de Rendas e Tributos – 2020) Sobre os procedimentos presentes no Código Tributário Nacional (CTN), assinale a alternativa correta.

a) Apenas mediante intimação judicial, as empresas de administração de bens são obrigadas a prestar à autoridade administrativa todas as informações de que disponham com relação aos bens, negócios ou atividades de terceiros.
b) A Certidão Negativa expedida com dolo ou fraude, que contenha erro contra a Fazenda Pública, não responsabiliza pessoalmente o funcionário que a expedir pelo crédito tributário e juros de mora acrescidos.
c) É vedada a divulgação, por parte da Fazenda Pública ou de seus servidores, de informações relativas a representações fiscais para fins penais, a inscrições na Dívida Ativa da Fazenda Pública e a parcelamento ou moratória.
d) Os livros obrigatórios de escrituração comercial e fiscal e os comprovantes dos lançamentos neles efetuados serão conservados até que ocorra a prescrição dos créditos tributários decorrentes das operações a que se refiram.

23. (CESPE/CEBRASPE – SEFAZ-AL – Auditor – 2020) A respeito de responsabilidade, de obrigação e de administração tributária, julgue o item subsequente.

À administração tributária, no exercício da fiscalização, não será oponível norma estadual que limite o direito de examinar livros e documentos comerciais ou fiscais dos comerciantes.

( ) Certo ( ) Errado

24. (VUNESP – Prefeitura de São Roque-SP – Advogado – 2020) O Município "X" exige, por meio de lei, a prova de quitação dos tributos municipais por parte das empresas interessadas em assinar contratos de fornecimento de bens ao Município, por meio da apresentação de certidão negativa. Em determinada contratação, a empresa "Y" apresentou certidão na qual constavam três débitos: um ainda não vencido; um em curso de cobrança executiva em foi efetivada a penhora; e outro incluído em parcelamento vigente.

A respeito da situação hipotética, é correto afirmar, com base no Código Tributário Nacional (CTN), que

a) é inconstitucional a exigência de prova de quitação dos tributos municipais como condição para a contratação com o Poder Público, ainda que a exigência esteja prevista em lei.

b) a certidão apresentada pela empresa não tem capacidade de suprir a prova de quitação dos tributos, uma vez que é exigível o crédito pendente de execução, mesmo diante da garantia da dívida.

c) a apresentação da certidão com os débitos mencionados na situação deverá surtir os mesmos efeitos da certidão negativa de tributos municipais, uma vez que as situações dos créditos podem ser descritas como casos de exclusão do crédito tributário.

d) a certidão apresentada pela empresa não tem capacidade de suprir a prova de quitação dos tributos, uma vez que a certidão aponta a existência de crédito vincendo ainda não pago, impugnado ou parcelado.

e) a apresentação da certidão com os débitos mencionados na situação deverá surtir os mesmos efeitos da certidão negativa de tributos municipais, por expressa determinação do CTN.

25. (VUNESP – EBSERH – Advogado – 2020) Sobre os poderes de fiscalização da Administração Tributária, pode-se afirmar corretamente:

a) têm efeitos tributários as excludentes contratuais do direito de examinar mercadorias, livros, arquivos, documentos e papéis dos comerciantes, industriais ou produtores, ou da obrigação destes de exibi-los à fiscalização.

b) constitui crime contra a ordem tributária, sujeitando o agente à pena de reclusão de dois a cinco anos e multa, suprimir ou reduzir tributo, ou contribuição social e qualquer acessório, por meio da falta de atendimento da exigência da autoridade tributária no prazo consignado.

c) a obrigação de prestar informações à administração tributária atinge também a prestação de informações quanto a fatos sobre os quais o informante esteja legalmente obrigado a observar segredo em razão de cargo, ofício, função, ministério, atividade ou profissão.

d) mediante intimação verbal, escrita ou não escrita, são os bancos obrigados a prestar à autoridade administrativa todas as informações de que disponham com relação aos bens, negócios ou atividades de terceiros.

e) é obrigatória a formalização do encerramento das diligências relativas à fiscalização tributária, mas não o registro e documentação do início da fiscalização.

26. (IBFC – EBSERH – Advogado – 2020) Constitui dívida ativa tributária a proveniente de crédito dessa natureza, regularmente inscrita na repartição administrativa competente, depois de esgotado o prazo fixado, para pagamento, pela lei ou por decisão final proferida em processo regular. Sobre os requisitos obrigatórios do termo de inscrição da dívida ativa, analise as afirmativas abaixo e dê valores Verdadeiro (V) ou Falso (F).

( ) O nome do devedor e, sendo caso, o dos corresponsáveis, bem como, sempre que possível, o domicílio ou a residência de um e de outros. ( ) A quantia devida e a maneira de calcular os juros de mora acrescidos. ( ) A origem e natureza do crédito, mencionada especificamente a disposição da lei em que seja fundado. ( ) A data do vencimento da dívida não paga.

Assinale a alternativa que apresenta a sequência correta de cima para baixo.

a) V, V, V, V
b) F, F, F, F
c) F, V, V, F
d) V, V, V, F
e) F, V, F, F

GABARITO

1. E / **2.** C / **3.** D / **4.** C / **5.** E / **6.** A / **7.** E / **8.** E / **9.** C / **10.** A / **11.** E / **12.** D / **13.** A / **14.** E / **15.** D / **16.** E / **17.** D / **18.** E / **19.** C / **20.** B / **21.** D / **22.** D / **23.** Certo / **24.** E / **25.** B / **26.** D

16.8 QUESTÕES COMENTADAS

1. (Cespe – Sefaz-RS – Auditor-Fiscal da Receita Estadual – Bloco II – 2019) A atuação da administração tributária deve garantir a fiscalização, o lançamento e a cobrança dos tributos, de forma a preservar a igualdade entre os administrados, sem prejuízo da responsabilidade fiscal do sujeito ativo. Considerando-se a legislação pertinente a esse assunto, é correto afirmar que:

a) as autoridades fiscais devem restringir-se à avaliação do acervo material e documental disponibilizado espontaneamente pelo administrado;
b) o procedimento de fiscalização tributária deve ser documentado mediante termo específico que lavre o início do procedimento e que fixe prazo máximo de conclusão;
c) os tabeliães, escrivães e serventuários de ofício são obrigados a prestar informações exigidas pela autoridade administrativa, salvo quando se tratar de bens, negócios ou atividades de terceiros;
d) informações obtidas em razão do ofício pelo Fisco e que antes eram protegidas por sigilo bancário deixam de ser confidenciais e passam a ser públicas;
e) é vedada a troca de informações entre administrações tributárias de diferentes entes federados.

COMENTÁRIO

a) Aos fiscais são conferidos poderes amplos para analisar mercadorias, livros, arquivos, documentos, papéis e efeitos comerciais ou fiscais dos comerciantes, industriais ou produtores, sem restrições (art. 195 do CTN). **(Errado)**
b) A autoridade administrativa que proceder ou presidir a quaisquer diligências de fiscalização lavrará os termos necessários para que se documente o início do procedimento, na forma da legislação aplicável, que fixará prazo máximo para a conclusão daquelas (art. 196 do CTN). **(Correto)**
c) Os tabeliães, escrivães e demais serventuários de ofício são obrigados a prestar à autoridade administrativa todas as informações de que disponham com relação aos bens, negócios ou atividades de terceiros (art. 197 do CTN). **(Errado)**
d) Nos termos do art. 198 do CTN, as informações obtidas pelo Fisco são confidenciais. **(Errado)**
e) O art. 199 do CTN admite a possibilidade de permuta colaborativa de informações entre as administrações tributárias. **(Errado)**

Gabarito: letra B

2. (Cespe – Sefaz-RS – Auditor-Fiscal da Receita Estadual – Bloco II – 2019) Conforme o CTN, com o objetivo de aprimorar a fiscalização tributária, a permuta de informações entre a Fazenda Pública da União e determinada secretaria de fazenda estadual é permitida:

a) se houver previsão em lei ou convênio e desde que não inclua informações sigilosas;
b) independentemente da existência de lei, convênio ou processo administrativo, e pode incluir qualquer tipo de informação;

c) se houver previsão legal e desde que inclua apenas informações não sigilosas;
d) se houver previsão em lei ou convênio e pode incluir informações sigilosas;
e) se houver previsão legal e deve restringir-se a informações estritamente sigilosas.

COMENTÁRIO

a) A permuta de informação sigilosa é permitida e possui regramento próprio previsto no § 2º do art. 198 do CTN. **(Errado)**
b) A permuta de informações depende de lei ou convênio, conforme estabelece o art. 199 do CTN. **(Errado)**
c) Também pode ser por convênio. É possível a permuta de informação sigilosa, que possui regramento próprio previsto no art. 199, § 2º, do CTN. **(Errado)**
d) Conforme previsão do art. 199 do CTN, a permuta de informações deve estar prevista em lei ou convênio. **(Correto)**
e) Também pode ser por convênio, e não se restringe a informações sigilosas. **(Errado)**

Gabarito: letra D

3. (NC-UFPR – Itaipu Binacional – Profissional de Nível Universitário Jr. – Direito – 2019) Sobre a dívida ativa e as certidões negativas, identifique como verdadeiras (V) ou falsas (F) as seguintes afirmativas.

( ) A certidão negativa de débitos tributários expedida com dolo ou fraude, que contenha erro contra a Fazenda Pública, responsabiliza pessoalmente o funcionário que a expedir, pelo crédito tributário e juros de mora acrescidos.

( ) A nulidade da certidão de dívida ativa poderá ser sanada até a decisão de segunda instância, mediante substituição da certidão nula, devendo haver baixa dos autos à primeira instância para novo julgamento, que somente poderá versar sobre a parte modificada.

( ) Tem os mesmos efeitos da certidão negativa de débitos tributários a certidão de que conste a existência de créditos não vencidos, em curso de cobrança executiva em que tenha sido efetivada a penhora, ou cuja exigibilidade esteja suspensa.

( ) O termo de inscrição da dívida ativa, autenticado pela autoridade competente, indicará obrigatoriamente, entre outros elementos, a origem e natureza do crédito, mencionada especificamente a disposição da lei em que seja fundado.

Assinale a alternativa que apresenta a sequência correta, de cima para baixo.

a) V – V – F – V.
b) F – F – F – V.
c) V – V – F – F.
d) F – V – V – F.
e) V – F – V – V.

COMENTÁRIO

Assertiva I – A assertiva é a transcrição do art. 208 do CTN. **(Correta)**

Assertiva II – A nulidade da CDA pode ser sanada até decisão de primeira instância, conforme dispõe o art. 203 do CTN. **(Errada)**

Assertiva III – A assertiva está de acordo com o art. 206 do CTN. **(Correta)**

Assertiva IV – Os elementos do termo de inscrição da dívida ativa estão listados no art. 202 do CTN e, no inciso III, constam a origem e natureza do crédito. **(Correta)**

Gabarito: letra E

4. (NC-UFPR – TJ-PR – Titular de Serviços de Notas e de Registros – Provimento – 2019) Sobre a dívida ativa tributária e as certidões, assinale a alternativa correta.

a) O termo de inscrição da dívida ativa, autenticado pela autoridade competente, indicará facultativamente: 1) o nome do devedor e, sendo caso, o dos corresponsáveis, bem como, sempre que possível, o domicílio ou a residência de um e de outros; 2) a quantia devida e a maneira de calcular os juros de mora acrescidos; 3) a origem e natureza do crédito, mencionada especificamente a disposição da lei em que seja fundado; 4) a data em que foi inscrita; 5) sendo caso, o número do processo administrativo de que se originar o crédito; 6) a indicação do livro e da folha da inscrição.

b) A dívida regularmente inscrita goza da presunção absoluta de certeza e liquidez e possui o efeito de prova pré-constituída.

c) A presunção da dívida ativa regularmente constituída não pode ser ilidida por qualquer meio de prova, a cargo do sujeito passivo ou do terceiro a que aproveite.

d) Constitui dívida ativa tributária a proveniente de crédito dessa natureza, regularmente inscrita na repartição administrativa competente, necessitando, contudo, de que esteja esgotado o prazo fixado para pagamento, pela lei ou por decisão final proferida em processo regular, para que ocorra a constituição da dívida ativa tributária.

e) Aquele que não possuir qualquer débito tributário pode solicitar a certidão de quitação de tributos, também conhecida como certidão positiva de débitos tributários. Contudo, se o contribuinte estiver em dívida tributária para com a Fazenda, mas estiver negociando-a, ou pagando-a em parcelas (parcelamento), poderá exigir a certidão negativa com efeitos de positiva.

COMENTÁRIO

a) Os requisitos do termo de inscrição da dívida ativa estão previstos no art. 202 do CTN e são obrigatórios. **(Errada)**

b) Conforme disposto no art. 204 do CTN, a dívida regularmente inscrita goza de presunção de certeza e liquidez e tem o efeito de prova pré-constituída. No entanto, conforme parágrafo único do mesmo dispositivo, a presunção é relativa e pode ser ilidida por prova inequívoca, a cargo do sujeito passivo ou do terceiro a que aproveite. **(Errada)**

c) Idem. **(Errada)**

d) É a transcrição do art. 201 do CTN. **(Correta)**

e) Aquele que não possuir débitos tributários pode solicitar certidão negativa de débitos fiscais e, havendo créditos não vencidos em curso de cobrança com penhora ou cuja exigibilidade esteja suspensa, poderá solicitar certidão positiva com efeitos de negativa, conforme previsto nos arts. 205 e 206 do CTN. **(Errada)**

Gabarito: letra D

5. (FCC – Sefaz-BA – Auditor-Fiscal – Administração Tributária – Prova I – 2019) A respeito de dívida ativa e certidão negativa, o Código Tributário Nacional prevê:

a) independentemente de disposição legal permissiva, será dispensada a prova de quitação de tributos, ou o seu suprimento, quando se tratar de prática de ato indispensável para evitar a caducidade de direito;

b) a certidão que constar a existência de créditos não vencidos, em curso de cobrança executiva em que tenha sido efetivada a penhora, ou cuja exigibilidade esteja suspensa, não tem os mesmos efeitos de uma certidão negativa;

c) a omissão ou indicação errônea de algum requisito previsto em lei para lavratura do termo de inscrição da dívida ativa será causa de nulidade da inscrição e do processo de cobrança dela decorrente, não podendo tal nulidade ser sanada pela Fazenda Pública, após a citação judicial do contribuinte executado;

d) somente após a decisão judicial transitada em julgado, a dívida regularmente inscrita gozará da presunção de certeza e liquidez e terá o efeito de prova pré-constituída;

e) constitui dívida ativa tributária a proveniente de crédito dessa natureza, regularmente inscrita na repartição administrativa competente, sendo que a fluência de juros de mora exclui a liquidez do crédito tributário citado.

COMENTÁRIO

a) Conforme previsto no art. 207 do CTN. **(Correto)**

b) Tem os mesmos efeitos da negativa, a certidão de que conste a existência de créditos não vencidos, em curso de cobrança executiva em que tenha sido efetivada a penhora, ou cuja exigibilidade esteja suspensa (art. 206 do CTN). **(Errado)**

c) A omissão de quaisquer dos requisitos previstos no artigo anterior, ou o erro a eles relativo, são causas de nulidade da inscrição e do processo de cobrança dela decorrente, mas a nulidade poderá ser sanada até a decisão de primeira instância, mediante substituição da certidão nula, devolvido ao sujeito passivo, acusado ou interessado o prazo para defesa, que somente poderá versar sobre a parte modificada (art. 203 do CTN). **(Errado)**

d) A dívida regularmente inscrita goza da presunção de certeza e liquidez e tem o efeito de prova pré-constituída e, conforme parágrafo único do mesmo dispositivo legal, a presunção é relativa podendo ser ilidida por prova inequívoca, a cargo do sujeito passivo ou do terceiro a que aproveite (art. 204 do CTN). **(Errado)**

e) Conforme disposto no art. 201 do CTN, constitui dívida ativa tributária a proveniente de crédito dessa natureza, regularmente inscrita na repartição administrativa competente, depois de esgotado o prazo fixado, para pagamento, pela lei ou por decisão final proferida em processo regular. Nos termos do seu parágrafo único, a fluência de juros de mora não exclui a liquidez do crédito. **(Errado)**

Gabarito: letra A

6. (Vunesp – PauliPrev – SP – Procurador Autárquico – 2018) Há grandes críticas na imprensa à suposta ineficiência dos órgãos jurídicos de cobrança dos créditos de entes públicos inscritos na chamada Dívida Ativa. Essa crítica ocorre a partir da avaliação dos grandes saldos acumulados a esse título nos balanços dos mais diversos entes públicos. Afirma-se que um dos motivos para a dificuldade de cobrança desses créditos resida na desatualização dos cadastros de contribuintes, fazendo com que os devedores não sejam facilmente encontrados para cobrança. A esse respeito, assinale a alternativa correta.

a) Constitui dívida ativa tributária a proveniente de crédito dessa natureza, regularmente inscrita na repartição judicial competente, depois de esgotado o prazo fixado para recurso pela lei.

b) A dívida regularmente inscrita goza da presunção absoluta de certeza e liquidez e tem o efeito de prova pré-constituída.

c) A fluência de juros de mora sobre a dívida exclui a liquidez do crédito inscrito em dívida ativa e demanda a realização de nova inscrição, sendo esse um dos motivos para a ineficiência destacada no enunciado.

d) O termo de inscrição da dívida ativa, autenticado pela autoridade competente, indicará obrigatoriamente o nome do devedor e, sendo caso, o dos corresponsáveis, bem como, sempre que possível, o domicílio ou a residência de um e de outros.

e) A omissão, no termo de inscrição da dívida ativa, de quaisquer dos requisitos previstos em lei, ou o erro a eles relativo, são causas de ineficácia da inscrição e do processo de cobrança dela decorrente.

COMENTÁRIO

a) A assertiva alterou a redação da parte final do *caput* do art. 201 do CTN. **(Errada)**

b) Conforme parágrafo único do art. 204 do CTN, a presunção de que goza a dívida regularmente inscrita é relativa e pode ser ilidida por prova inequívoca, a cargo do sujeito passivo ou do terceiro a que aproveite. **(Errada)**

c) Nos termos do parágrafo único do art. 201 do CTN, a fluência dos juros de mora sobre a dívida não exclui a liquidez do crédito. **(Errada)**

d) Assertiva extraída do art. 202 do CTN **(Correta)**

e) A omissão, no termo de inscrição da dívida ativa, de quaisquer dos requisitos previstos em lei, e o erro a eles relativo, são causas de nulidade da inscrição e do processo de cobrança dela decorrente, mas a nulidade poderá ser sanada até a decisão de primeira instância, mediante substituição da certidão nula, devolvido ao sujeito passivo, acusado ou interessado o prazo para defesa, que somente poderá versar sobre a parte modificada (art. 203 do CTN). **(Errada)**

Gabarito: letra D

7. (Cespe – SLU-DF – Analista de Gestão de Resíduos Sólidos – Administração – 2019) A respeito de receitas e dívida ativa, julgue o item subsequente.

Os créditos da Fazenda Pública exigíveis pelo transcurso do prazo para pagamento são inscritos como dívida ativa somente após a verificação de que são líquidos e certos.

( ) Certo ( ) Errado

COMENTÁRIO

A definição de dívida ativa consta do art. 39, § 1º, da Lei n. 4.320/64:

"Art. 39 Os créditos da Fazenda Pública, de natureza tributária ou não tributária, serão escriturados como receita do exercício em que forem arrecadados, nas respectivas rubricas orçamentárias. (Redação dada pelo Decreto-lei n. 1.735/79)

§ 1º Os créditos de que trata este artigo, exigíveis pelo transcurso do prazo para pagamento, serão inscritos, na forma da legislação própria, como dívida ativa, em registro próprio, após apurada a sua liquidez e certeza, e a respectiva receita será escriturada a esse título. (Incluído pelo Decreto-lei n. 1.735/79)".

A afirmação está correta porque transcreve o texto do § 1º.

Gabarito: Certo

8. (Cespe – Prefeitura de Boa Vista – RR – Procurador Municipal – 2019) À luz da jurisprudência dos tribunais superiores, julgue o item subsecutivo, acerca da ação anulatória de débito fiscal.

A certidão da dívida ativa poderá ser anulada judicialmente caso não seja respeitado o devido processo legal administrativo que a originou.

( ) Certo ( ) Errado

COMENTÁRIO

O art. 202 do CTN enumera os requisitos do termo de inscrição da dívida ativa. Já o art. 203 do CTN determina que a omissão ou erro de qualquer dos requisitos enseja a nulidade da inscrição.

Gabarito: Correto

9. (CESPE/CEBRASPE – SEFAZ-DF – Auditor Fiscal – 2020) Com relação à inscrição na dívida ativa, julgue o item a seguir.

Eventual nulidade do termo de inscrição da dívida ativa poderá ser sanada até a decisão de primeira instância, mediante a substituição da certidão nula, devolvendo-se o prazo de defesa.

( ) Certo ( ) Errado

COMENTÁRIO

Art. 203, CTN. "A omissão de quaisquer dos requisitos previstos no artigo anterior, ou o erro a eles relativo, são causas de nulidade da inscrição e do processo de cobrança dela decorrente, mas a nulidade poderá ser sanada até a decisão de primeira instância, mediante substituição da certidão nula, devolvido ao sujeito passivo, acusado ou interessado o prazo para defesa, que somente poderá versar sobre a parte modificada."

Gabarito: Certo

10. (CESPE/CEBRASPE – SEFAZ-DF – Auditor Fiscal – 2020) Com relação à inscrição na dívida ativa, julgue o item a seguir.

É obrigatório constar no termo de inscrição da dívida ativa o número do processo administrativo de que se origina o crédito tributário.

( ) Certo ( ) Errado

COMENTÁRIO

"Art. 202. O termo de inscrição da dívida ativa, autenticado pela autoridade competente, indicará obrigatoriamente:

I - o nome do devedor e, sendo caso, o dos co-responsáveis, bem como, sempre que possível, o domicílio ou a residência de um e de outros;

II - a quantia devida e a maneira de calcular os juros de mora acrescidos;

III - a origem e natureza do crédito, mencionada especificamente a disposição da lei em que seja fundado;

IV - a data em que foi inscrita;

V - sendo caso, o **número do processo administrativo de que se originar o crédito**.

Parágrafo único. A certidão conterá, além dos requisitos deste artigo, a indicação do livro e da folha da inscrição."

Gabarito: Certo

11. (CESPE/CEBRASPE - SEFAZ-DF - Auditor Fiscal - 2020) Com relação à inscrição na dívida ativa, julgue o item a seguir.

É facultativo constar no termo de inscrição da dívida ativa a maneira de calcular os juros de mora acrescidos à quantia devida.

( ) Certo ( ) Errado

COMENTÁRIO

Art. 202, CTN. "O termo de inscrição da dívida ativa, autenticado pela autoridade competente, indicará obrigatoriamente: II - a quantia devida e a maneira de calcular os juros de mora acrescidos;"

Gabarito: Errado

12. (INSTITUTO AOCP - Prefeitura de Cariacica-ES - Fiscal de Tributos Municipais - 2020) A respeito da administração tributária, assinale a alternativa correta.

a) A dívida regularmente inscrita goza da presunção de certeza e liquidez, mas não tem o efeito de prova pré-constituída.

b) Os livros obrigatórios de escrituração comercial e fiscal e os comprovantes dos lançamentos neles efetuados serão conservados até que ocorra a prescrição dos créditos tributários decorrentes das operações a que se refiram.

c) Constitui dívida ativa tributária a proveniente de crédito dessa natureza, regularmente inscrita na repartição administrativa competente, ainda que pendente o prazo fixado para pagamento.

d) A omissão de quaisquer dos requisitos ao termo de inscrição de dívida ativa, ou o erro a eles relativo, não causa nulidade da inscrição e do processo de cobrança dela decorrente.

COMENTÁRIO

a) Art. 204. "A dívida regularmente inscrita goza da presunção de certeza e liquidez e tem o efeito de prova pré-constituída." **(Incorreta)**

b) Art. 195, parágrafo único. "Os livros obrigatórios de escrituração comercial e fiscal e os comprovantes dos lançamentos neles efetuados serão conservados até que ocorra a prescrição dos créditos tributários decorrentes das operações a que se refiram." **(Correta)**

c) Art. 201. "Constitui dívida ativa tributária a proveniente de crédito dessa natureza, regularmente inscrita na repartição administrativa competente, depois de esgotado o prazo fixado, para pagamento, pela lei ou por decisão final proferida em processo regular." **(Incorreta)**

d) Art. 203. "A omissão de quaisquer dos requisitos previstos no artigo anterior, ou o erro a eles relativo, são causas de nulidade da inscrição e do processo de cobrança dela decorrente, mas a nulidade poderá ser sanada até a decisão de primeira instância, mediante substituição da certidão nula, devolvido ao sujeito passivo, acusado ou interessado o prazo para defesa, que somente poderá versar sobre a parte modificada." **(Incorreta)**

13. (CESPE/CEBRASPE - SEFAZ-AL - Auditor Fiscal da Receita Estadual - 2020) A respeito de responsabilidade, de obrigação e de administração tributária, julgue o item subsequente.

Auditor fiscal que, com o intuito de beneficiar terceiro devedor de tributos, expedir certidão negativa ignorando os débitos fiscais devidos será responsabilizado pessoalmente pelo crédito tributário e pelos juros de mora acrescidos.

( ) Certo ( ) Errado

COMENTÁRIO

Art. 208, CTN. "A certidão negativa expedida com dolo ou fraude, que contenha erro contra a Fazenda Pública, responsabiliza pessoalmente o funcionário público que a expedir, pelo crédito tributário e juros de mora acrescidos."

Gabarito: Certo

14. (CESPE/CEBRASPE - SEFAZ-AL - Auditor Fiscal da Receita Estadual - 2020) A respeito de responsabilidade, de obrigação e de administração tributária, julgue o item subsequente.

Os livros obrigatórios de escrituração comercial e fiscal, bem como os comprovantes dos lançamentos neles efetuados, deverão ser conservados pelo prazo de cinco anos, independentemente de estarem ou não prescritos os créditos tributários decorrentes das operações a que se refiram.

( ) Certo ( ) Errado

COMENTÁRIO

"Art. 195. Para os efeitos da legislação tributária, não têm aplicação quaisquer disposições legais excludentes ou limitativas do direito de examinar mercadorias, livros, arquivos, documentos, papéis e efeitos comerciais ou fiscais, dos comerciantes industriais ou produtores, ou da obrigação destes de exibi-los.

Parágrafo único. Os livros obrigatórios de escrituração comercial e fiscal e os comprovantes dos lançamentos neles efetuados serão conservados até que ocorra a prescrição dos créditos tributários decorrentes das operações a que se refiram."

Gabarito: Errado

17

PROCESSO TRIBUTÁRIO

Acesse também a videoaula pelo *link*:
http://somos.in/MDT0718

17.1 CONCEITO

Por força da exigência imposta pelo princípio do devido processo legal (art. 5º, LIV, da CF), as atividades de instituir e arrecadar tributos somente podem ser realizadas pelo Estado de modo legítimo se observarem estritamente o procedimento formal previsto na legislação tributária.

Desse modo, em sentido amplo, processo tributário pode ser conceituado como quaisquer atividades estatais, no âmbito dos Poderes Legislativo, Executivo ou Judiciário, desenvolvidas visando instituir e arrecadar tributos.

A excessiva abrangência do citado conceito tem favorecido a preferência, na doutrina e nos concursos, pelo sentido estrito da locução "processo tributário", assim entendido o conjunto ordenado de atos administrativos ou jurisdicionais praticados para solucionar conflitos entre o Fisco e o sujeito passivo da obrigação tributária.

17.2 ÂMBITOS DA PRÁTICA TRIBUTÁRIA

Em termos práticos, os operadores do Direito atuam em três frentes distintas relacionadas ao processo tributário:

a) consultivo tributário: desenvolvimento de atividades, tanto por servidores públicos quanto por profissionais da iniciativa privada, geralmente com natureza preventiva e pré-processual, tendo caráter de orientação e resposta a consultas formuladas por autoridades públicas ou consulentes particulares, podendo materializar-se com a elaboração de parecer conclusivo sobre a dúvida suscitada;

b) processo administrativo fiscal: contribuintes e responsáveis têm a opção de impugnar exigências tributárias indevidas interpondo recurso perante o próprio Fisco, sem prejuízo da possibilidade de recorrerem a qualquer momento ao Judiciário (art. 5º, XXXV, da CF);

c) processo judicial tributário: o caminho preferido, e em geral mais eficiente, para questionar exações fiscais indevidas tem sido a propositura de ações judiciais em favor do contribuinte. No entanto, a rigor o processo judicial tributário inclui tanto demandas propostas pelo sujeito passivo (contribuinte ou responsável tributário) quanto aquelas intentadas pelo Fisco, como é o caso da execução fiscal e da cautelar fiscal.

Vamos analisar, nos itens a seguir, os detalhes mais relevantes sobre os processos administrativo e judicial tributários.

17.3 PROCESSO ADMINISTRATIVO FISCAL

O processo administrativo tributário, ou "fiscal", de acordo com a denominação utilizada pela legislação federal, consiste no procedimento estabelecido **no âmbito no próprio Fisco para determinação, exigência, consulta e impugnação de créditos tributários**.

> FJG/RIO: A prova de Agente da Fazenda/RJ de 2013 considerou CORRETA a afirmação: "No processo administrativo tributário, cabe à Fazenda comprovar a ocorrência do fato gerador".

Na esfera federal, o processo administrativo fiscal é regulado pelo Decreto n. 70.235, de 6 de março de 1972, cujo art. 1º prescreve: "Este Decreto rege o processo administrativo de determinação e exigência dos créditos tributários da União e o de consulta sobre a aplicação da legislação tributária federal". Estados, Distrito Federal e Municípios adotam procedimentos similares ao federal regidos por leis próprias.

A disciplina normativa do processo administrativo fiscal federal também é estabelecida pelo Decreto n. 7.574/2011.

> Cespe: A prova da Magistratura Federal da 5ª Região de 2013 considerou ERRADA a afirmação: "A Lei do Processo Administrativo Fiscal foi recepcionada como lei complementar pela CF".

> Cespe: A prova de Delegado Federal de 2013 considerou CORRETA a afirmação: "É legalmente aceito que, aberto regular processo administrativo, a autoridade administrativa busque junto à autoridade administrativa tributária, informações fiscais para apurar infração administrativa".

Nos termos do art. 7º do Decreto n. 70.235/72, o procedimento fiscal tem início com:

> I – o primeiro ato de ofício, escrito, praticado por servidor competente, cientificado o sujeito passivo da obrigação tributária ou seu preposto;
>
> II – a apreensão de mercadorias, documentos ou livros;
>
> III – o começo de despacho aduaneiro de mercadoria importada.

Uma vez realizado o lançamento ou lavrado o Auto de Infração e Imposição de Multa (AIIM), e notificado o devedor, **poderá ser interposto recurso contra a exigência indevida**, chamado pelo decreto de "impugnação", instaurando a fase litigiosa do procedimento (art. 14).

Segundo a Súmula 6 do CARF: "É legítima a lavratura de auto de infração no local em que foi constatada a infração, ainda que fora do estabelecimento do contribuinte".

> Cespe: A prova de Procurador do Distrito Federal de 2013 considerou ERRADA a afirmação: "Considerando que o agente da autoridade da administração tributária lavre auto de infração e apreensão, com retenção de bens, contra determinada empresa. A situação narrada representa o começo da fase contenciosa do processo administrativo tributário, devendo haver a intimação do sujeito passivo da obrigação tributária".

A impugnação, formalizada por escrito e instruída com os documentos em que se fundamentar, será apresentada ao órgão preparador no prazo de trinta dias, contados da data em que for feita a intimação da exigência (art. 15).

Nos termos do art. 25 do Decreto:

> O julgamento do processo de exigência de tributos ou contribuições administrados pela Secretaria da Receita Federal compete:
>
> I – em primeira instância, às Delegacias da Receita Federal de Julgamento, órgãos de deliberação interna e natureza colegiada da Secretaria da Receita Federal;
>
> a) aos Delegados da Receita Federal, titulares de Delegacias especializadas nas atividades concernentes a julgamento de processos, quanto aos tributos e contribuições administrados pela Secretaria da Receita Federal.
>
> b) às autoridades mencionadas na legislação de cada um dos demais tributos ou, na falta dessa indicação, aos chefes da projeção regional ou local da entidade que administra o tributo, conforme for por ela estabelecido.
>
> II – em segunda instância, ao Conselho Administrativo de Recursos Fiscais, órgão colegiado, paritário, integrante da estrutura do Ministério da Fazenda, com atribuição de julgar recursos de ofício e voluntários de decisão de primeira instância, bem como recursos de natureza especial.

> FJG/RIO: A prova de Agente da Fazenda/RJ de 2013 considerou CORRETA a afirmação: "Encerra-se o litígio administrativo tributário com a desistência do recurso".

Cabe sempre destacar que a qualquer momento o devedor pode, antes ou durante o processo administrativo fiscal, impugnar a exigência na esfera judicial. Isso porque **no Brasil não existe obrigatoriedade de esgotamento da via administrativa como requisito para recorrer ao Judiciário** (adotamos o modelo inglês da unidade de jurisdição, conforme o art. 5º, XXXV, da CF). Assim, **a utilização da via administrativa, como meio de recorrer contra exações fiscais indevidas, é meramente opcional e não faz coisa julgada material**.

Embora algumas instâncias recursais do Fisco sejam compostas por órgãos paritários integrados também por representantes dos contribuintes (art. 25 do Decreto n. 70.235/72), os **processos administrativos nunca são decididos por autoridades totalmente imparciais**. Ao contrário do Poder Judiciário, a

Administração Pública participa dos processos administrativos simultaneamente como juíza e parte da relação jurídica material litigiosa. É um julgador interessado. Por isso, o ordenamento jurídico transforma a via administrativa em caminho opcional e recusa definitividade (coisa julgada material) às decisões finais do Fisco nessa instância. Pelo princípio da sindicabilidade, sempre caberá recurso ao Judiciário contra decisões prolatadas na esfera administrativa.

> Cespe: A prova da Magistratura/MA de 2013 considerou CORRETA a afirmação: "O ajuizamento de ação judicial importa em renúncia ao poder de recorrer na esfera administrativa e desistência do recurso acaso interposto".

Vale lembrar ainda a norma contida no art. 62 do Decreto n. 70.235/72: "Durante a vigência de medida judicial que determinar a suspensão da cobrança, do tributo não será instaurado procedimento fiscal contra o sujeito passivo favorecido pela decisão, relativamente, à matéria sobre que versar a ordem de suspensão. Parágrafo único. Se a medida referir-se a matéria objeto de processo fiscal, o curso deste não será suspenso, exceto quanto aos atos executórios".

Convém, por fim, resumir as três instâncias recursais do processo administrativo fiscal no âmbito da União.

Primeiramente, qualquer exigência tributária federal pode ser objeto de impugnação pelo devedor, no prazo de 30 dias, dirigida à Delegacia da Receita Federal com jurisdição sobre o domicílio tributário do sujeito passivo (art. 56 do Decreto n. 7.574/2011).

Sendo derrotado, o contribuinte pode interpor recurso voluntário com efeito suspensivo ao Conselho Administrativo de Recursos Fiscais – CARF (art. 75).

Caberá, além disso, recurso especial à Câmara Superior de Recursos Fiscais, no prazo de quinze dias da ciência do acórdão ao interessado, de decisão que der à lei tributária interpretação divergente da que lhe tenha dado outra câmara, turma de câmara, turma especial ou a própria Câmara Superior de Recursos Fiscais (art. 79).

Com o recurso especial é atingido o limite máximo de três instâncias na esfera administrativa (art. 57 da Lei n. 9.784/99). Se a decisão final for favorável ao devedor, torna-se imutável para o Fisco. Porém, derrotado o sujeito passivo, ainda poderá este recorrer ao Poder Judiciário.

17.4 PROCESSO JUDICIAL TRIBUTÁRIO

O caminho natural para o contribuinte impugnar cobranças tributárias ilegítimas é o **recurso às medidas propostas no Poder Judiciário**.

Vamos estudar detalhadamente as mais relevantes medidas judiciais em defesa do contribuinte. Em seguida, veremos as ações em prol da Fazenda Pública.

17.4.1 Ação declaratória de inexistência de relação jurídico-tributária

A ação declaratória de inexistência de relação jurídico-tributária tem sua propositura fundamentada no art. 19, I, do Código de Processo Civil, segundo o qual: "O interesse do autor pode limitar-se à declaração: I – da existência, da inexistência ou do modo de ser de uma relação jurídica."

É cabível antes de qualquer ato concreto do Fisco tendente a exigir o tributo, ou seja, tende a ser ajuizada pelo potencial contribuinte antes do lançamento ou da lavratura do Auto de Infração e Imposição de Multa (AIIM).

STJ: "PROCESSUAL CIVIL. EXECUÇÃO FISCAL E AÇÃO DECLARATÓRIA. CONEXÃO. VARA ESPECIALIZADA. COMPETÊNCIA ABSOLUTA. IMPOSSIBILIDADE DE REUNIÃO. AÇÃO DE CONHECIMENTO JÁ JULGADA. SÚMULA 235/STJ. 3. **O STJ entende pela impossibilidade de serem reunidas Execução Fiscal e Ação Anulatória de Débito precedentemente ajuizada, quando o juízo em que tramita esta última não é Vara Especializada em Execução Fiscal**, nos termos consignados nas normas de organização judiciária. Precedentes: CC 105.358/SP, rel. Min. Mauro Campbell Marques, 1ª Seção, *DJe* 22-10-2010; CC 106.041/SP, rel. Min. Castro Meira, 1ª Seção, *DJe* 9-11-2009, e AgRg no REsp 1.463.148/SE, rel. Min. Mauro Campbell Marques, 2ª T, *DJe* 8-9-2014. 6. Recurso Especial não provido" (REsp 1.655.400/SP, rel. Min. Herman Benjamin, j. 20-2-2018, 2ª T.).

Na verdade, a ação declaratória, comumente articulada com pedido de antecipação de tutela, veicula pretensão inibitória visando afastar exigência futura objetivamente delimitada[STJ].

Cespe: A prova de Procurador do Distrito Federal de 2013 considerou CERTA a afirmação: "Devido à necessidade de atender às despesas extraordinárias decorrentes de calamidade pública, o DF promulgou lei instituindo empréstimo compulsório incidente sobre a transmissão de bens incorporados ao patrimônio de pessoa jurídica em realização de capital. Os contribuintes atingidos com a exação poderão fazer uso da ação declaratória de inexistência de obrigação tributária para a suspensão do crédito tributário, admitindo-se a possibilidade de antecipação de tutela judicial ou do depósito integral e em dinheiro".

STJ: "AÇÃO DECLARATÓRIA. RELAÇÃO TRIBUTÁRIA FUTURA. Descabe a ação para declarar a inexistência de relação jurídica tributária que, no caso, obrigue a autora ao recolhimento de multa moratória de tributos da SRF e INSS (arts. 67 da Lei n. 9.430/96 e 35 da Lei n. 8.212/91), ainda que sob a alegação de que tais dispositivos não poderiam ser confrontados com o benefício da denúncia espontânea (art. 138 do CTN). **A Turma entendeu que somente é possível a via declaratória quando há delimitação objetiva da questão e não sobre a suposta existência de futura relação jurídico-tributária**" (REsp 963.950-DF, rel. Min. José Delgado, j. 8-4-2008. *Informativo* 351).

Vale destacar o teor da Súmula 614 do STJ: "O locatário não possui legitimidade ativa para discutir a relação jurídico-tributária de IPTU e de taxas referentes ao imóvel alugado nem para repetir indébito desses tributos" – 1ª Seção, j. 9-5-2018, *DJe* 14-5-2018.

Por tal razão, inexiste prazo para sua propositura.

17.4.2 Ação anulatória de débito fiscal

A ação anulatória de débito fiscal está prevista no art. 38 da Lei n. 6.830/80: "A discussão judicial da Dívida Ativa da Fazenda Pública só é admissível em execução, na forma desta Lei, salvo as hipóteses de mandado de segurança, ação de repetição do indébito ou *ação anulatória do ato declarativo da dívida, esta precedida do depósito preparatório do valor do débito*, monetariamente corrigido e acrescido dos juros e multa de mora e demais encargos" (original sem grifos).

Seu objetivo é promover judicialmente a extinção do lançamento tributário ou da autuação fiscal se tais atos administrativos estiverem eivados de ilegalidade. Daí o nome de "ação anulatória", que revela a **pretensão do autor de anular o ato administrativo que fundamenta a cobrança do tributo**: lançamento ou auto de infração[STJ].

> Cespe: A prova da Magistratura/RN de 2013 considerou ERRADA a afirmação: "É possível a conexão entre ação anulatória e execução fiscal, em virtude da relação de prejudicialidade existente entre tais demandas, recomendando-se a reunião dos feitos, mesmo que o reconhecimento da conexão afaste a competência de uma vara especializada em razão da matéria".

> STJ: "A ação anulatória de crédito fiscal proposta pela Fazenda Municipal prescinde de depósito e garantia" (REsp 1.115.458/BA, rel. Min. Luiz Fux, j. 24-11-2009, 1ª T.).

Assim, a propositura da ação anulatória pressupõe o lançamento ou a lavratura do AIIM. O **prazo prescricional** da ação anulatória é **de 5 anos** (art. 1º do Decreto n. 20.910/32). Mas, quando a ação anulatória for **precedida de decisão administrativa que denegar a restituição do indébito**, o prazo será de **2 anos** (art. 169 do CTN).

> FGV: O XIII Exame de Ordem Unificado de 2014 considerou CORRETA a afirmação: "O prazo para o contribuinte ajuizar ação anulatória é de 2 (dois) anos, a contar da data da decisão administrativa que indeferiu o pedido de repetição".
>
> FCC: A prova da Magistratura/PE de 2013 considerou CORRETA a afirmação: "Se o contribuinte teve negada a repetição do indébito na esfera administrativa terá ele dois anos, a contar da decisão administrava irrecorrível para pleitear judicialmente a anulação desta decisão".

A ação anulatória pode ser proposta mesmo após iniciada a execução fiscal[STJ].

> STJ: "O ajuizamento da ação anulatória de lançamento fiscal é direito do devedor (direito de ação) insuscetível, portanto, de restrição, podendo ser exercido antes ou depois da propositura da ação exacional (Execução Fiscal), não obstante o rito previsto nesses casos ser o da ação de embargos do devedor como instrumento hábil à desconstituição da obrigação tributária, cuja

exigência já é exercida judicialmente pela Fazenda. A diferença entre a ação anulatória e a de embargos à execução é a possibilidade de suspensão dos atos executivos até seu julgamento. Assim, na ação anulatória, para que haja suspensão do executivo fiscal, assumindo a mesma natureza dos embargos à execução, é necessário o depósito do valor integral do débito exequendo (art. 151 do CTN). Nesse caso, ostenta o crédito tributário o privilégio da presunção de sua legitimidade (art. 204 do CTN)" (REsp 1.136.282-SP, rel. Min. Luiz Fux, j. 3-12-2009).

Importante destacar que o art. 38 da Lei n. 6.830/80 enuncia que a propositura da ação anulatória deve ser "precedida do depósito preparatório do valor do débito, monetariamente corrigido e acrescido dos juros e multa de mora e demais encargos". Embora o dispositivo sugira que o depósito constitua requisito indispensável para a admissibilidade da ação, a jurisprudência pacificou o entendimento de que **a realização do depósito prévio na ação anulatória é mera faculdade do contribuinte**[STJ]

Cespe: A prova da Magistratura/MA de 2013 considerou ERRADA a afirmação: "A jurisprudência do STF já afirmou reiteradamente a possibilidade de exigência de depósito prévio como requisito de admissibilidade de ação judicial na qual se pretenda discutir a exigibilidade de crédito tributário".

STJ: "A doutrina e a jurisprudência enraizaram a compreensão de que o depósito prévio ditado no art. 38, Lei n. 6.830/80, não constitui indispensável pressuposto de procedibilidade de ação anulatória de débito fiscal" (REsp 183.969/SP, j. 22-5-2000, rel. Min. Milton Luiz Pereira, 1ª T.).

STJ: "A propositura de ação anulatória de débito fiscal não está condicionada à realização do depósito prévio previsto no art. 38 da Lei de Execuções Fiscais, posto não ter sido o referido dispositivo legal recepcionado pela Constituição Federal de 1988, em virtude de incompatibilidade material com o art. 5º, inciso XXXV, *verbis*: 'a lei não excluirá da apreciação do Poder Judiciário lesão ou ameaça a direito'. 2. 'Ação anulatória de débito fiscal. Art. 38 da Lei n. 6.830/80. Razoável a interpretação do aresto recorrido no sentido de que não constitui requisito para a propositura da ação anulatória de débito fiscal o depósito previsto no referido artigo. Tal obrigatoriedade ocorre se o sujeito passivo pretender inibir a Fazenda Pública de propor a execução fiscal'" (REsp 962.838/BA, rel. Min. Luiz Fux, j. 25-11-2009, 1ª Seção).

Proposta a anulatória, sem depósito, pode o Fisco intentar a execução. Mas, realizado o depósito em sede de anulatória, ocorre a suspensão da exigibilidade do crédito, desautorizando a instauração da execução fiscal[STF].

STF: "AÇÃO ANULATÓRIA DE DÉBITO FISCAL. DEPÓSITO PRÉVIO. ART. 38 DA LEI DE EXECUÇÕES FISCAIS (Lei n. 6.830/80). O depósito preparatório do valor do débito não é condição de procedibilidade da ação anulatória, apenas, na circunstância, não é impeditiva da execução fiscal, que com aquela não produz litispendência, embora haja conexidade. Entretanto, a satisfação do ônus do depósito prévio da ação anulatória, por ter efeito de suspender a exigibilidade do crédito (art. 151, II, do CTN), desautoriza a instauração da execução fiscal. Recurso extraordinário não conhecido" (RE 103.400-SP, rel. Rafael Mayer, j. 10-12-1984).

17.4.2.1 O Fisco devedor, automática suspensão da exigibilidade e certidão tributária

No julgamento do REsp 1.180.697/MG, a 2ª Turma do STJ entendeu que, nas ações anulatórias e de embargos propostas pela Fazenda Pública, sendo seus bens impenhoráveis, não há necessidade de depósito prévio ou garantia do juízo, ficando automaticamente suspensa a exigibilidade do crédito[STJ] com a simples propositura da demanda. Assim, a Fazenda, nesse caso, tem direito de obter certidão positiva com efeitos de negativa (STJ, REsp 1.180.697/MG 2010/0022086-0, rel. Min. Castro Meira, j. 17-8-2010, 2ª T.).

Fundep: A prova de Auditor do TCE/MG de 2015 considerou como ERRADA a assertiva: "A propositura de ação anulatória pela Fazenda Municipal não lhe confere o direito de obter certidão positiva com efeito de negativa".

STJ: "TRIBUTÁRIO. RECURSO ESPECIAL. CRÉDITO CONSTITUÍDO CONTRA A FAZENDA PÚBLICA MUNICIPAL. AÇÃO ANULATÓRIA. SUSPENSÃO DA EXIGIBILIDADE DO CRÉDITO TRIBUTÁRIO. RITO DO ART. 730 DO CPC. CERTIDÃO POSITIVA COM EFEITO DE NEGATIVA. EXPEDIÇÃO. ADMISSIBILIDADE. MATÉRIA EXAMINADA SOB O RITO DO ART. 543-C DO CPC E DA RESOLUÇÃO STJ N. 08/2008. 1. A execução dirigida contra a Fazenda Pública sujeita-se ao rito previsto no art. 730 do CPC, o qual não compreende a penhora de bens, considerando o princípio da impenhorabilidade dos bens públicos. 2. A Fazenda Pública pode propor ação anulatória sem o prévio depósito do valor do débito discutido e, no caso de ser executada, interpor embargos sem a necessidade de garantia do juízo. Ajuizados os embargos ou a anulatória, está o crédito tributário com a sua exigibilidade suspensa. 3. Suspensa a exigibilidade do crédito tributário, assiste ao Município o direito de obter a certidão positiva com efeito de negativa de que trata o art. 206 do CTN. 4. A Fazenda Pública, quer em ação anulatória, quer em execução embargada, faz jus à expedição da certidão positiva de débito com efeitos negativos, independentemente de penhora, posto inexpropriáveis os seus bens" (REsp 1.123.306/SP, rel. Min. Luiz Fux, 1ª Seção, j. 1º-2-2010, submetido ao regime do art. 543-C do CPC e da Resolução STJ n. 08/2008). 5. Recurso especial não provido".

17.4.2.2 Direito sumular sobre ação anulatória

17.4.2.2.1 Súmula do TRF sobre ação anulatória

Súmula 247

Não constitui pressuposto da ação anulatória do débito fiscal o depósito de que cuida o art. 38 da Lei n. 6.830/80.

17.4.3 Mandado de segurança individual

Conforme estabelece o art. 5º, LXIX, da Constituição Federal: "Conceder-se-á mandado de segurança para proteger direito líquido e certo, não amparado por *habeas corpus* ou *habeas data*, quando o responsável pela ilegalidade ou abuso de poder for autoridade pública ou agente de pessoa jurídica no exercício de atribuições do Poder Público"[STJ].

> STJ: "O entendimento jurisprudencial desta Casa Julgadora firmou-se na linha de que a impetração do mandado de segurança interrompe/suspende o fluxo do prazo prescricional, de forma que o prazo para ajuizamento da ação de cobrança das parcelas pretéritas ao seu ajuizamento somente se reinicia após o trânsito em julgado do *mandamus*" (AgRg no REsp 1.294.191/GO, rel. Min. Diva Malerbi, Desembargadora Convocada TRF 3ª Região, j. 13-11-2012, 2ª T.).

Com o mesmo sentido, prescreve o art. 1º da Lei n. 12.016/2009: "Conceder-se-á mandado de segurança para proteger direito líquido e certo, não amparado por *habeas corpus* ou *habeas data*, sempre que, ilegalmente ou com abuso de poder, qualquer pessoa física ou jurídica sofrer violação ou houver justo receio de sofrê-la por parte de autoridade, seja de que categoria for e sejam quais forem as funções que exerça".

No Direito Tributário o mandado de segurança individual é utilizado como meio de impugnação judicial de amplo cabimento contra atos do Fisco. Pode ser usado para atacar tanto **exigências fiscais anteriores** quanto **posteriores ao lançamento tributário** ou à lavratura do auto de infração.

Considera-se **individual** o mandado de segurança impetrado em nome próprio **na defesa de interesse próprio** (legitimação ordinária). Exemplo: partido político impetra.

Quando **impetrado preventivamente**, ou seja, antes da ocorrência do ato coator (que em geral é o lançamento ou auto de infração), o mandado de segurança é uma **alternativa à ação declaratória** de inexistência de relação jurídico-tributária, e **não tem prazo** para impetração.

> Cespe: A prova de Especialista em Regulação da Anatel de 2014 considerou ERRADA a afirmação: "O mandado de segurança é a via adequada para a cobrança de créditos tributários anteriores ao ajuizamento da ação que tenha declarado a inexistência de relação jurídico-tributária entre o impetrante e a Fazenda Pública".

Já na hipótese de mandado de segurança repressivo, vale dizer, impetrado após a ocorrência do ato coator, trata-se de sucedâneo processual da ação anulatória de débito fiscal, sujeitando-se ao prazo decadencial de 120 dias contados da ciência, pelo impugnado, do ato coator (art. 23 da Lei n. 12.016/2009).

Importante destacar que o mandado de segurança, ao contrário das demais ações judiciais do processo tributário, não é impetrado em face de uma pessoa federativa. O polo passivo é ocupado pela autoridade pública que praticou o ato impugnado (art. 6º, § 3º), agora em litisconsórcio passivo com a pessoa jurídica interessada (art. 7º, II, da Lei do MS).

Incabível a impetração de mandado de segurança nas hipóteses de (art. 5º):

I – ato do qual caiba recurso administrativo com efeito suspensivo, independentemente de caução;

II – decisão judicial da qual caiba recurso com efeito suspensivo;

III – decisão judicial transitada em julgado.

O art. 7º, § 2º, da Lei do MS proíbe a concessão de medida liminar que tenha por objeto:

I – a compensação de créditos tributários[STJ];

Cespe: A prova da Magistratura/MA de 2013 considerou ERRADA a afirmação: "De acordo com a jurisprudência do STJ, é possível o manejo de mandado de segurança com o intuito de convalidar compensação tributária realizada pelo contribuinte".

STJ: "RECURSO REPETITIVO. FINSOCIAL. COMPENSAÇÃO. MS. No recurso representativo de controvérsia (art. 543-C do CPC e Res. n. 8/2008-STJ), a Seção reiterou que o mandado de segurança é a via adequada à declaração do direito de compensação de tributos indevidamente pagos (Súm. 213-STJ). Ao revés, não cabe ao Judiciário, na via estreita do *mandamus*, convalidar a compensação tributária, de iniciativa exclusiva do contribuinte, pois é necessária a dilação probatória. Outrossim, cabe à Administração Pública fiscalizar a existência de créditos a ser compensados, o procedimento, os valores a compensar e a conformidade do procedimento adotado com a legislação pertinente, descabendo o provimento jurisdicional substitutivo da homologação da autoridade administrativa que atribua eficácia extintiva, desde logo, à compensação efetuada" (REsp 1.124.537-SP, rel. Min. Luiz Fux, j. 25-11-2009).

II – a entrega de mercadorias e bens provenientes do exterior;

III – a reclassificação ou equiparação de servidores públicos e a concessão de aumento ou a extensão de vantagens ou pagamento de qualquer natureza.

As mesmas vedações foram estendidas à concessão de tutela antecipada (art. 7º, § 5º).

17.4.3.1 "Sintonia fina" entre o mandado de segurança e as ações de rito ordinário

Embora, como regra geral, exista uma liberdade na escolha entre o mandado de segurança e a respectiva ação ordinária (declaratória ou anulatória) como meio de defesa do contribuinte, existem situações excepcionais em que a prática forense recomenda e/ou determina a adoção de somente um desses caminhos.

Nunca se deve impetrar mandado de segurança, e sim propor ação declaratória ou anulatória, quando:

a) tiver escoado o prazo de 120 dias da ciência do ato coator;

b) houver necessidade de produzir prova diversa dos documentos disponíveis no momento da impetração (no mandado de segurança não se admite dilação probatória).

Por outro lado, sempre é recomendável impetrar mandado de segurança quando:

a) a situação concreta não envolver diretamente discussão sobre a existência da relação jurídico-tributária, mas problemas documentais diversos. Exemplos: negativa de inscrição no CNPJ, liberação de mercadoria ou recusa de certidão;

b) for necessária a adoção da medida judicial "mais célere" e/ou "menos onerosa". O mandado de segurança sujeita-se a um procedimento especial bastante curto, se comparado ao rito ordinário aplicável às ações declaratória e anulatória. Daí falar-se no mandado de segurança como medida mais célere. Além disso, como o mandado de segurança, na hipótese de derrota, não gera condenação em honorários advocatícios[STJ], trata-se de ação menos onerosa do que aquelas que tramitam pelo rito ordinário.

> STJ: Súmula 512: "Não cabe condenação em honorários de advogado na ação de mandado de segurança".

17.4.3.2 Direito sumular sobre mandado de segurança

17.4.3.2.1 Súmulas do STF sobre mandado de segurança

Súmula 239

Decisão que declara indevida a cobrança do imposto em determinado exercício não faz coisa julgada em relação aos posteriores.

Súmula 262

Não cabe medida possessória liminar para liberação alfandegária de automóvel.

Súmula 266

Não cabe mandado de segurança contra lei em tese.

Súmula 267

Não cabe mandado de segurança contra ato judicial passível de recurso ou correição.

Súmula 269

O mandado de segurança não é substitutivo de ação de cobrança.

Súmula 271

Concessão de mandado de segurança não produz efeitos patrimoniais, em relação a período pretérito, os quais devem ser reclamados administrativamente ou pela via judicial própria.

Súmula 304

Decisão denegatória de mandado de segurança, não fazendo coisa julgada contra o impetrante, não impede o uso da ação própria.

Súmula 405

Denegado o mandado de segurança pela sentença, ou no julgamento do agravo, dela interposto, fica sem efeito a liminar concedida, retroagindo os efeitos da decisão contrária.

Súmula 510

Praticado o ato por autoridade, no exercício de competência delegada, contra ela cabe o mandado de segurança ou a medida judicial.

Súmula 512

Não cabe condenação em honorários de advogado na ação de mandado de segurança.

Súmula 625

Controvérsia sobre matéria de direito não impede concessão de mandado de segurança.

17.4.3.2.2 Súmulas do STJ sobre mandado de segurança

Súmula 105

Na ação de mandado de segurança não se admite condenação em honorários advocatícios.

Súmula 169

São inadmissíveis embargos infringentes no processo de mandado de segurança.

Súmula 212

A compensação de créditos tributários não pode ser deferida por medida liminar.

Súmula 213

O mandado de segurança constitui ação adequada para a declaração do direito à compensação tributária.

Súmula 460

É incabível o mandado de segurança para convalidar a compensação tributária realizada pelo contribuinte.

17.4.3.2.3 Súmulas do TFR sobre mandado de segurança

Súmula 59

A autoridade fiscal de primeiro grau que expede a notificação para pagamento do tributo está legitimada passivamente para a ação de segurança, ainda que sobre a controvérsia haja decisão, em grau de recurso, de conselho de contribuintes.

Súmula 145

Extingue-se o processo de mandado de segurança, se o autor não promover, no prazo assinado, a citação do litisconsorte necessário.

17.4.4 Mandado de segurança coletivo

O mandado de segurança coletivo, nos termos do art. 5º, LXX, da CF, pode ser impetrado por:

a) partido político com representação no Congresso Nacional;

b) organização sindical, entidade de classe ou associação legalmente constituída e em funcionamento há pelo menos um ano, em defesa dos interesses de seus membros ou associados.

A principal diferença em relação ao mandado de segurança individual é que, enquanto neste a ação é proposta na defesa de interesse próprio (legitimação ordinária), o mandado de segurança coletivo **é impetrado** em nome próprio **na defesa de interesse alheio (legitimação extraordinária)**. Exemplo: partido político impetra mandado de segurança coletivo para que seus filiados não recolham determinada taxa exigida pela justiça eleitoral.

Quanto ao rito, o mandado de segurança coletivo submete-se às mesmas regras aplicáveis à modalidade individual[STJ] (Lei n. 12.016/2009).

> STJ: "Trata-se de mandado de segurança coletivo impetrado contra o secretário da fazenda estadual que apontou inferior hierárquico como o responsável pelo ato de aplicação da lei ao caso particular (expedição de norma individual e concreta). Dessarte, é inaplicável ao caso a teoria da encampação porque, embora o secretário tenha defendido o mérito do ato, sua indicação como autoridade coatora implica alteração na competência jurisdicional, ao passo que compete originariamente ao TJ o julgamento de MS contra secretário de Estado, prerrogativa de foro não extensível ao servidor responsável pelo lançamento tributário ou pela expedição da certidão de regularidade fiscal. Para que a teoria da encampação seja aplicável ao MS, é mister o preenchimento dos seguintes requisitos: existência de vínculo hierárquico entre a autoridade que prestou informações e a que ordenou a prática do ato impugnado, ausência de modificação de competência estabelecida na CF/88 e manifestação a respeito do mérito nas informações prestadas" (RMS 21.775-RJ, rel. Min. Luiz Fux, j. 16-11-2010. *Informativo* STJ 456).

17.4.5 Ação cautelar

As ações cautelares, previstas nos arts. 294 e seguintes do CPC, são importantes instrumentos judiciais de defesa do contribuinte contra exigências tributárias indevidas, principalmente porque admitem formulação de pedido liminar (no CPC, art. 297).

Cautelar pode ser proposta antes ou no curso do processo principal, e deste é sempre dependente.

O cabimento é semelhante ao do mandado de segurança, ou seja, podem ser utilizadas antes ou depois do lançamento tributário.

Nada impede também sua utilização quando o processo já estiver em fase de recurso, a medida cautelar será requerida diretamente ao tribunal (art. 800, parágrafo único).

17.4.6 Ação de repetição de indébito

A ação de repetição de indébito é cabível para obter a restituição de tributos pagos indevidamente ou a maior[STJ].

STJ: "REPETIÇÃO. INDÉBITO. LEGITIMIDADE. BACEN. Trata-se de REsp em que se discute a legitimidade do Bacen para figurar no polo passivo de processo em que se pleiteia a repetição de indébito relativo a imposto de exportação. A Turma deu provimento ao recurso ao entendimento de que o ente que detém a competência tributária, na forma do art. 23 do CTN, possui também a qualidade de sujeito ativo do imposto de exportação. Assim, cabe à União o dever de restituir o tributo indevidamente pago. Ressalte-se que os valores arrecadados com o imposto de exportação somavam-se a outras receitas que compunham a denominada 'reserva monetária' e o Bacen era apenas depositário dessas quantias, o que não induz sua legitimidade para a repetição do indébito. *Informativo* 401" (REsp 742.481-MG, rel. Min. Herman Benjamin, j. 4-8-2009).

É o que estabelece o art. 165 do Código Tributário Nacional: "O sujeito passivo tem direito, independentemente de prévio protesto, à restituição total ou parcial do tributo, seja qual for a modalidade do seu pagamento, ressalvado o disposto no § 4º do art. 162, nos seguintes casos: I – cobrança ou pagamento espontâneo de tributo indevido ou maior que o devido em face da legislação tributária aplicável, ou da natureza ou circunstâncias materiais do fato gerador efetivamente ocorrido; II – erro na edificação do sujeito passivo, na determinação da alíquota aplicável, no cálculo do montante do débito ou na elaboração ou conferência de qualquer documento relativo ao pagamento; III – reforma, anulação, revogação ou rescisão de decisão condenatória".

Cespe: A prova de Defensor Público/DF de 2013 considerou ERRADA a afirmação: "O locatário do imóvel tem legitimidade ativa para propor ação de repetição de indébito de IPTU".

FGV: O XIII Exame de Ordem Unificado de 2014 considerou ERRADA a afirmação: "Para que o contribuinte assegure seu direito à restituição do indébito tributário, é necessário o prévio protesto".

> Cespe: A prova de Especialista em Regulação da Anatel de 2014 considerou ERRADA a afirmação: "Como condição da ação de repetição de indébito, exige-se que o contribuinte, para reaver o que tenha sido pago indevidamente, proteste o crédito tributário devido".

Conforme visto no item 15.4.1.3 deste *Manual*, havendo pagamento a maior ou indevido, existem os seguintes caminhos para o contribuinte recompor o prejuízo:

1) pedido administrativo de restituição[STJ];

> STJ: "REPETIÇÃO DE INDÉBITO. CONTRIBUIÇÃO PARA CUSTEIO DE SAÚDE. Cuida-se de repetição de indébito fundada na declaração de inconstitucionalidade da cobrança de contribuição para custeio de serviços de saúde criada por lei estadual a qual determinava a adesão compulsória dos servidores do estado ao Fundo de Assistência à Saúde – FAS. A Turma determinou a restituição de todas as contribuições indevidamente recolhidas, considerando irrelevante a afirmação de que a autora da ação teve ao seu dispor o serviço de saúde, bem como o de eventual utilização deste, pois o que define a possibilidade de repetição do indébito é a cobrança indevida do tributo (art. 165 do CTN)" (REsp 1.294.775-RS, rel. Min. Castro Meira, j. 16-2-2012).

2) ação de repetição de indébito;

3) requerimento administrativo de compensação;

4) ação ordinária com pedido de compensação.

> FGV: O XIII Exame de Ordem Unificado de 2014 considerou ERRADA a afirmação: "O contribuinte somente poderá receber o indébito reconhecido por ação ordinária por meio de precatório, não sendo possível o recebimento via compensação tributária".

> FGV: O XIII Exame de Ordem Unificado de 2014 considerou ERRADA a afirmação: "O direito de pleitear a restituição extingue-se com o decurso do prazo de 10 (dez) anos, contados do pagamento espontâneo de tributo a maior".

O **prazo** para propor ação repetitória é de **5 anos** (art. 168 do CTN), contados:

I – da data da extinção do crédito tributário, nas hipóteses de pagamento indevido, a maior ou erro no pagamento[STJ];

> PUC/PR: A prova da Magistratura/PR considerou CORRETA a afirmação: "Tanto o STF quanto o STJ entendem que, para as ações judiciais visando à restituição de tributos sujeitos a lançamento por homologação ajuizadas a partir de 9-6-2005, deve ser aplicado o prazo prescricional quinquenal previsto no art. 3º da Lei Complementar n. 118/2005, ou seja, prazo de cinco anos com termo inicial na data do pagamento".

> Cespe: A prova de Especialista em Regulação da Anatel de 2014 considerou CORRETA a afirmação: "O direito à restituição do crédito tributário pago indevidamente extingue-se após cinco anos contados da data do pagamento, ainda que o tributo seja submetido ao lançamento por homologação".

STJ: "PRAZO DE PRESCRIÇÃO PARA A REPETIÇÃO DE INDÉBITO NOS TRIBUTOS SUJEITOS A LANÇAMENTO POR HOMOLOGAÇÃO. 1. O acórdão proveniente da Corte Especial na AI nos EREsp 644.736/PE, rel. Min. Teori Albino Zavascki, *DJ*, 27-8-2007, e o recurso representativo da controvérsia REsp 1.002.932/SP, 1ª Seção, rel. Min. Luiz Fux, j. 25-11-2009, firmaram o entendimento no sentido de que o art. 3º da Lei Complementar n. 118/2005 somente pode ter eficácia prospectiva, incidindo apenas sobre situações que venham a ocorrer a partir da sua vigência. Sendo assim, a jurisprudência deste STJ passou a considerar que, relativamente aos pagamentos efetuados a partir de 9-6-2005, o prazo para a repetição do indébito é de cinco anos a contar da data do pagamento; e relativamente aos pagamentos anteriores, a prescrição obedece ao regime previsto no sistema anterior. 2. No entanto, o mesmo tema recebeu julgamento pelo STF no RE 566.621/RS, Plenário, rel. Min. Ellen Gracie, j. 4-8-2011, onde foi fixado marco para a aplicação do regime novo de prazo prescricional levando-se em consideração a data do ajuizamento da ação (e não mais a data do pagamento) em confronto com a data da vigência da lei nova (9-6-2005). 3. Tendo a jurisprudência deste STJ sido construída em interpretação de princípios constitucionais, urge inclinar-se esta Casa ao decidido pela Corte Suprema competente para dar a palavra final em temas de tal jaez, notadamente em havendo julgamento de mérito em repercussão geral (arts. 543-A e 543-B, do CPC). Desse modo, para as ações ajuizadas a partir de 9-6-2005, aplica-se o art. 3º, da Lei Complementar n. 118/2005, contando-se o prazo prescricional dos tributos sujeitos a lançamento por homologação em cinco anos a partir do pagamento antecipado de que trata o art. 150, § 1º, do CTN" (REsp 1.269.570/MG, rel. Min. Mauro Campbell Marques, j. 23-5-2012, 1ª Seção).

II – da data em que se tornar definitiva a decisão administrativa ou passar em julgado a decisão judicial que tenha reformado, anulado, revogado ou rescindido a decisão condenatória[STJ].

STJ: "TERMO INICIAL. PRESCRIÇÃO. REPETIÇÃO DE INDÉBITO. ITCMD. O cerne da controvérsia diz respeito ao *dies a quo* da prescrição para a ação de repetição de indébito de imposto (ITCMD) sobre a transmissão de bem imóvel mediante doação. O fato gerador do imposto de transmissão (art. 35, I, do CTN) é a transferência da propriedade imobiliária, que apenas se opera mediante o registro do negócio jurídico no ofício competente. O recolhimento do ITCMD, via de regra, ocorre antes da realização do fato gerador, porquanto o prévio pagamento do imposto é, normalmente, exigido como condição para o registro da transmissão do domínio. Considerando, portanto, que é devido o recolhimento antecipado do ITCMD para fins de consecução do fato gerador, não se mostra possível aplicar o art. 168, I, do CTN, porquanto esse dispositivo dispõe sobre o direito de ação para reaver tributo não devido. Deve, portanto, na espécie, ser mantido o entendimento do acórdão *a quo* de que o direito de ação para o contribuinte reaver a exação recolhida nasceu (*actio nata*) com o trânsito em julgado da decisão judicial do juízo de família (de anulação do acordo de promessa de doação) e o consequente registro imobiliário (em nome exclusivo da ex-esposa) que impediram a realização do negócio jurídico prometido, na medida em que, somente a partir desse momento, configurou-se o indébito tributário (*lato sensu*) pelo não aproveitamento do imposto recolhido. Assim, na hipótese, aplica-se, por analogia, o disposto no art. 168, II, do CTN" (REsp 1.236.816-DF, rel. Min. Benedito Gonçalves, j. 15-3-2012).

Se o tributo for indireto, a restituição somente será autorizada havendo comprovação de que o contribuinte de direito não repassou o valor ao contribuinte de fato ou se estiver por este autorizado a restituir[STJ]. (Art. 166 do CTN: "A restituição de tributos que comportem, por sua natureza, transferência do respectivo encargo financeiro somente será feita a quem prove haver assumido o referido encargo, ou, no caso de tê-lo transferido a terceiro, estar por este expressamente autorizado a recebê-la".)

Cespe: A prova da Magistratura/RN de 2013 considerou ERRADA a afirmação: "Tanto o contribuinte quanto o responsável tributário têm direito à restituição total ou parcial do tributo pago a maior, tendo recentemente o STJ conferido legitimidade ativa ao locatário para manejar a ação de repetição de indébito de IPTU, desde que seja destinatário do carnê".

A propositura da ação de repetição implica renúncia ao direito de recorrer na esfera administrativa para discutir o mesmo indébito.

Cespe: A prova de Procurador de BH de 2017 considerou ERRADA a afirmação: "A propositura, pelo contribuinte, de ação de repetição do indébito não implicará renúncia ao poder de recorrer na esfera administrativa acerca da mesma questão".

STJ: "ART. 166 DO CTN. CONDIÇÃO. AÇÃO. JUNTADA POSTERIOR. O art. 166 do CTN legitima o contribuinte de direito a postular a repetição de indébito se estiver autorizado por quem tenha assumido o encargo financeiro do tributo. Essa autorização, embora encartada na lei como uma verdadeira condição da ação de repetição de indébito, pode ser trazida aos autos após o oferecimento da inicial se o autor, oportunamente, protestar por sua juntada posterior e se forem razoáveis os argumentos apresentados como justificativa à impossibilidade de apresentação imediata" (REsp 962.909-BA, rel. Min. Castro Meira, j. 20-9-2007. *Informativo* 332).

Vale destacar o teor da Súmula 614 do STJ: "O locatário não possui legitimidade ativa para discutir a relação jurídico-tributária de IPTU e de taxas referentes ao imóvel alugado nem para repetir indébito desses tributos" – 1ª Seção, j. 9-5-2018, *DJe* 14-5-2018.

17.4.6.1 Direito sumular sobre ação de repetição de indébito

17.4.6.1.1 Súmulas do STJ sobre ação de repetição de indébito

Súmula 162

Na repetição de indébito tributário, a correção monetária incide a partir do pagamento indevido.

Súmula 188

Os juros moratórios, na repetição do indébito tributário, são devidos a partir do trânsito em julgado da sentença.

Súmula 461

O contribuinte pode optar por receber, por meio de precatório ou por compensação, o indébito tributário certificado por sentença declaratória transitada em julgado.

17.4.6.1.2 Súmula do STF sobre ação de repetição de indébito

Súmula 546

Cabe a restituição do tributo pago indevidamente, quando reconhecido por decisão, que o contribuinte *de jure* não recuperou do contribuinte *de facto* o *quantum* respectivo.

17.4.6.2 Procedência da ação repetitória, precatório e OPV

Julgada procedente (e transitando em julgado), a ação de repetição de indébito impõe à Fazenda Pública uma obrigação de pagar. Por força do art. 100 da CF/88, decisões judiciais que condenam o Poder Público a pagar geram um precatório a ser quitado com observância da ordem cronológica. Segundo o citado dispositivo: "Art. 100. Os pagamentos devidos pelas Fazendas Públicas Federal, Estaduais, Distrital e Municipais, em virtude de sentença judiciária, far-se-ão exclusivamente na ordem cronológica de apresentação dos precatórios e à conta dos créditos respectivos, proibida a designação de casos ou de pessoas nas dotações orçamentárias e nos créditos adicionais abertos para este fim".

A sujeição à sempre demorada fila dos precatórios consiste na mais significativa desvantagem da ação judicial de repetição de indébito. O pedido administrativo de restituição, ao contrário, uma vez julgado procedente, será pago imediatamente, não se submetendo à fila dos precatórios.

É importante destacar que, se a condenação judicial da Fazenda for de pequeno valor, nos termos de lei específica da entidade tributante, não haverá precatório. Nesse sentido prescreve o § 3º do art. 100 da Constituição Federal, com redação dada pela EC n. 62/2009: "O disposto no *caput* deste artigo relativamente à expedição de precatórios não se aplica aos pagamentos de obrigações definidas em leis como de pequeno valor que as Fazendas referidas devam fazer em virtude de sentença judicial transitada em julgado".

Em âmbito federal, considera-se obrigação de pequeno valor (OPV) a condenação de até 60 salários mínimos (cerca de R$ 60.000,00). Se o valor da OPV não for pago dentro de 60 dias (na esfera federal), o Presidente do Tribunal competente deverá determinar o **sequestro de recursos financeiros** da entidade executada, suficientes à satisfação da prestação (arts. 78, § 4º, do ADCT, 3º e 17 da Lei n. 10.259/2001).

No caso dos Estados, Distrito Federal e Municípios, o procedimento será o mesmo, mas é necessária a aprovação de lei específica definindo o valor da OPV e o prazo para pagamento (art. 100, § 4º, da CF).

Acesse também a videoaula pelo *link*:
http://somos.in/MDT0721

17.4.7 Ação declaratória cumulada com repetição de indébito

Havendo necessidade de inibir exigência tributária futura e, simultaneamente, obter restituição de valor pago de forma indevida, a prática forense vem reconhecendo a possibilidade de **atender em uma única demanda às pretensões declaratória e repetitória** por meio da utilização da ação declaratória de inexistência de relação jurídico-tributária cumulada com pedido de repetição de indébito.

Acesse também a videoaula pelo *link*:
http://somos.in/MDT0747

17.4.8 Ação de consignação em pagamento

A ação de consignação de pagamento é cabível sempre que **o devedor quer realizar o pagamento corretamente mas não consegue.**

> Cespe: A prova de Defensor Público/DF de 2013 considerou ERRADA a afirmação: "Conforme entendimento do STJ, a ação de consignação em pagamento é via adequada para se forçar a concessão do parcelamento de crédito tributário e discutir a exigibilidade e extensão desse crédito".

Nesse sentido, prescreve o art. 164 do Código Tributário Nacional:

> A importância de crédito tributário pode ser consignada judicialmente pelo sujeito passivo, nos casos:
>
> I – de recusa de recebimento, ou subordinação deste ao pagamento de outro tributo ou de penalidade, ou ao cumprimento de obrigação acessória;
>
> II – de subordinação do recebimento ao cumprimento de exigências administrativas sem fundamento legal;
>
> III – de exigência, por mais de uma pessoa jurídica de direito público, de tributo idêntico sobre um mesmo fato gerador (bitributação).

Nota-se que a consignação, na hipótese de bitributação (inciso III), **evita que o contribuinte pague mal**, pois, se assim o fizer, deverá pagar novamente. Desse modo, o devedor consigna em juízo o valor da maior das exigências e transfere ao juiz a responsabilidade pela definição sobre a quem pertence o montante depositado, liberando o contribuinte.

> FCC: A prova da Magistratura/PE de 2013 considerou ERRADA a afirmação: "Se o Fisco se recusar a realizar compensação entre créditos e débitos, do mesmo sujeito passivo, estando atendidos todos os requisitos legais para a compensação, deverá ser proposta uma consignação em pagamento com pedido de compensação".

A ação de consignação somente pode versar sobre o crédito que o consignante se propõe a pagar (art. 164, § 1º).

> Cespe: A prova de Procurador de BH de 2017 considerou ERRADA a afirmação: "No caso de a ação de consignação em pagamento ser julgada procedente, a importância consignada não poderá ser convertida em renda".

Julgada procedente a demanda, o pagamento reputa-se efetuado e a importância consignada é convertida em **renda**; julgada improcedente a consignação no todo ou em parte, cobra-se o crédito acrescido de juros de mora, sem prejuízo das penalidades cabíveis.

> Ieses: A prova de Cartório/MS de 2014 considerou ERRADA a afirmativa: "Em caso de propositura de Ação de Consignação em Pagamento, julgada procedente a consignação, o pagamento se reputa efetuado e a importância consignada é convertida em renda; julgada improcedente, o crédito deixa de ser exigível, sendo apenas impostas as penalidades legais".

A consignação só pode versar sobre o crédito que o consignante se propõe a pagar (art. 164, § 2º).

17.5 AÇÕES DE DEFESA DA FAZENDA PÚBLICA EM JUÍZO

Por fim, merecem menção algumas ações judiciais de defesa da Fazenda Pública em juízo. Pela maior relevância, para fins de provas e concursos, daremos destaque à medida cautelar fiscal e à execução fiscal.

17.5.1 Cautelar fiscal

A cautelar fiscal é a ação judicial cabível sempre que, **após a constituição do crédito**, contra o devedor que **pratica ou pretende praticar atos tendentes a fraudar o pagamento do tributo.**

Nesse sentido, prescreve o art. 1º da Lei n. 8.397/92: "O procedimento cautelar fiscal poderá ser instaurado após a constituição do crédito, inclusive no curso da execução judicial da Dívida Ativa da União, dos Estados, do Distrito Federal, dos Municípios e respectivas autarquias".

A regra geral, assim, é que a propositura exige prévia constituição do crédito. No entanto, em **duas hipóteses** a medida cautelar fiscal pode ser intentada **independentemente de prévia constituição do crédito tributário**, a saber, quando o devedor (art. 1º, parágrafo único, da Lei n. 8.397/92):

STJ: "TRIBUTÁRIO E PROCESSUAL CIVIL. MEDIDA CAUTELAR FISCAL. CRÉDITO TRIBUTÁRIO AINDA NÃO CONSTITUÍDO DEFINITIVAMENTE. IMPOSSIBILIDADE. MULTA. CABIMENTO. 1. **É pacífico nesta Corte superior o entendimento de que, enquanto suspensa a exigibilidade do crédito tributário, não se pode decretar a indisponibilidade dos bens do devedor ao fundamento exclusivo de que os débitos somados ultrapassam trinta por cento de seu patrimônio conhecido** (art. 2º, VI, da Lei n. 8.397/92). Precedentes. 2. A hipótese não é uma daquelas em relação às quais o art. 1º, parágrafo único, da Lei n. 8.397/92 autoriza a instauração de medida cautelar fiscal antes da constituição definitiva do crédito tributário, circunstância reservada às situações dos incisos V, *b*, e VII do art. 2º daquele diploma legal. 3. Os precedentes trazidos pela agravante não guardam similitude fática com a hipótese dos autos, pois tratam de situações de dilapidação ou tentativa de ocultação de patrimônio, em relação às quais a lei autoriza expressamente a medida cautelar prévia à constituição do débito. 4. O recurso manifestamente improcedente atrai a multa prevista no art. 1.021, § 4º, do CPC/2015, na razão de 1% a 5% do valor atualizado da causa. 5. Agravo interno desprovido, com aplicação de multa" (Agint no Agint no AREsp 939.120/PE, rel. Min. Gurgel de Faria, j. 10-10-2017, 1ª T.).

Cespe: A prova da AGU de 2013 considerou CORRETA a afirmação: "Há hipóteses em que é permitido à administração tributária ajuizar medida cautelar fiscal sem a prévia constituição de crédito tributário".

a) notificado pela Fazenda Pública para que proceda ao recolhimento do crédito fiscal, põe ou tenta pôr seus bens em nome de terceiros;

b) aliena bens ou direitos sem proceder à devida comunicação ao órgão da Fazenda Pública competente, quando exigível em virtude de lei.

Como a Lei n. 8.397/92 tem natureza jurídica de lei nacional, a medida cautelar fiscal pode ser requerida por todas as entidades federativas.

O art. 2º enumera as hipóteses de cabimento da cautelar fiscal, ou seja, quando o devedor:

I – sem domicílio certo, intenta ausentar-se ou alienar bens que possui ou deixa de pagar a obrigação no prazo fixado;

II – tendo domicílio certo, ausenta-se ou tenta se ausentar, visando a elidir o adimplemento da obrigação;

III – caindo em insolvência, aliena ou tenta alienar bens;

IV – contrai ou tenta contrair dívidas que comprometam a liquidez do seu patrimônio;

V – notificado pela Fazenda Pública para que proceda ao recolhimento do crédito fiscal:

a) deixa de pagá-lo no prazo legal, salvo se suspensa sua exigibilidade;

b) põe ou tenta pôr seus bens em nome de terceiros;

VI – possui débitos, inscritos ou não em Dívida Ativa, que somados ultrapassem trinta por cento do seu patrimônio conhecido;

VII – aliena bens ou direitos sem proceder à devida comunicação ao órgão da Fazenda Pública competente, quando exigível em virtude de lei;

VIII – tem sua inscrição no cadastro de contribuintes declarada inapta, pelo órgão fazendário;

> Vunesp: A prova de Promotor de Justiça/ES de 2013 considerou CORRETA a afirmação: "A medida cautelar fiscal poderá ser requerida contra sujeito passivo de crédito tributário ou não tributário, quando o devedor adota certas condutas previstas na lei que regula a matéria, tal como quando o devedor tem sua inscrição no cadastro de contribuintes declarada inapta pelo órgão fazendário".

IX – pratica outros atos que dificultem ou impeçam a satisfação do crédito.

Para a concessão da medida cautelar fiscal é essencial: I – prova literal da constituição do crédito fiscal; II – prova documental de algum dos casos mencionados no artigo antecedente (art. 3º).

> Cespe: A prova de Analista da SERPRO de 2013 considerou CORRETA a afirmação: "Se um devedor da Fazenda Pública, receoso de que seu veículo seja levado a leilão em execução movida pelo governo contra ele, onerar tal veículo com cláusula de alienação fiduciária, tal oneração será considerada fraudulenta".

Decretada a medida cautelar fiscal, será comunicada imediatamente ao registro público de imóveis, ao Banco Central do Brasil, à Comissão de Valores Mobiliários e às demais repartições que processem registros de transferência de bens, a fim de que, no âmbito de suas atribuições, façam cumprir a constrição judicial[STJ] (art. 4º, § 3º).

> STJ: "MEDIDA CAUTELAR FISCAL. TERCEIROS. A Turma asseverou que o art. 4º, § 2º, da Lei n. 8.397/92 autoriza o requerimento da medida cautelar fiscal para tornar indisponível o patrimônio de terceiro, desde que ele tenha adquirido bens do sujeito passivo (contribuinte ou responsável) em condições que sejam capazes de frustrar a satisfação do crédito pretendido. Para o Min. Relator, essas condições podem ser visualizadas em duas hipóteses, a saber: fraude à execução tributária nos termos do art. 185 do CTN com a nova redação dada pela Lei Complementar n. 118/2005 e fraude contra credores, desde que, nesse último caso, a cautelar esteja atrelada a uma ação pauliana ou revocatória – ajuizada no prazo do art. 11 da Lei n. 8.397/92 que declare o vício do negócio jurídico" (REsp 962.023-DF, rel. Min. Mauro Campbell Marques, j. 17-5-2011. *Informativo* 473).

O requerido será citado para contestar o feito (art. 8º).

Os autos do procedimento cautelar fiscal serão apensados aos do processo de execução judicial da Dívida Ativa da Fazenda Pública[STJ] (art. 14).

> STJ: "CAUTELAR FISCAL. FORO. AJUIZAMENTO. Não se nega a incidência do princípio da autonomia dos estabelecimentos tributários para fins fiscais. Porém, cabe ao Fisco escolher dentre os

domicílios tributários do devedor o foro no qual vai ajuizar a ação cautelar fiscal. Para essa escolha, há balizas postas na legislação (art. 578, parágrafo único, do CPC; art. 5º da Lei n. 8.397/92 e art. 5º da LEF)" (REsp 1.128.139-MS, rel. Min. Eliana Calmon, j. 1º-10-2009. *Informativo* 409).

Da sentença caberá apelação sem efeito suspensivo (art. 17).

17.6 LEI DE EXECUÇÃO FISCAL

O procedimento de execução fiscal é disciplinado pela Lei n. 6.830, de 22 de setembro de 1980, conhecida como Lei de Execuções Fiscais ou simplesmente "LEF".

Passemos ao estudo mais detalhado de seus aspectos fundamentais.

17.6.1 Natureza jurídica

A Lei n. 6.830/80 tem natureza jurídica (taxonomia) de **lei nacional**, na medida em que disciplina simultaneamente os processos de execução fiscal em âmbitos federal, estadual, distrital e municipal.

É o que dispõe o seu art. 1º: "A execução judicial para cobrança da Dívida Ativa da União, dos Estados, do Distrito Federal, dos Municípios e respectivas autarquias será regida por esta Lei e, **subsidiariamente, pelo Código de Processo Civil**".

TJ/PR: A prova de Assessor Jurídico do TJ/PR de 2013 considerou ERRADA a afirmação: "Em virtude de legislação especial, na execução judicial para cobrança da Dívida Ativa da União e suas autarquias não se admite a aplicação das normas do Código de Processo Civil".

17.6.2 Objeto da execução fiscal

A Lei n. 6.830/80 estabelece o devido processo legal para exigência judicial de **quaisquer créditos estatais definidos como dívida ativa da Fazenda Pública**, de natureza tributária ou não tributária, incluindo atualização monetária, juros e multa de mora e demais encargos previstos em lei ou contrato (art. 2º, § 2º, da LEF).

IBFC: A prova de Advogado do IDCI de 2013 considerou CORRETA a afirmação: "A Dívida Ativa da Fazenda Pública, compreendendo a tributária e a não tributária, abrange atualização monetária, juros e multa de mora e demais encargos previstos em contrato".

Nos termos do art. 2º, *caput*, da LEF, constitui Dívida Ativa da Fazenda Pública aquela definida como tributária ou não tributária na Lei n. 4.320, de 17 de março de 1964.

Cespe: A prova de Defensor Público/TO de 2013 considerou CORRETA a afirmação: "Qualquer valor cuja cobrança seja atribuída, por lei, à União, aos estados, ao DF, aos municípios e respectivas autarquias será considerado dívida ativa da Fazenda Pública".

Assim, importante verificar que, embora o nome "execução fiscal" sugira uma vinculação a receitas tributárias, o procedimento previsto na Lei n. 6.830/80 aplica-se também para exigir créditos titularizados pelo Estado provenientes de **multas ambientais**, **sanções administrativas**, **imputações de pagamento determinadas por Tribunais de Contas**, **penalidades disciplinares etc.**

17.6.3 Polo ativo

A ação de execução fiscal tem no polo ativo, como regra, a pessoa federativa competente para instituição do tributo exigido, a saber, **União, Estado, Distrito Federal ou Município**.

Nos casos de parafiscalidade (art. 7º do CTN), o polo ativo da demanda será ocupado pela pessoa jurídica encarregada de arrecadar o tributo, isto é, **autarquia, conselho de classe ou pessoa equivalente.**

17.6.4 Polo passivo

Já o polo passivo da execução fiscal, nos termos do art. 4º da LEF, pode ser ocupado por seis figuras distintas:

I – o devedor;

II – o fiador;

III – o espólio;

IV – a massa;

V – o responsável, nos termos da lei, por dívidas, tributárias ou não, de pessoas físicas ou pessoas jurídicas de direito privado; e

VI – os sucessores a qualquer **título**.

> STJ: "PROCESSUAL CIVIL. EXECUÇÃO FISCAL PROPOSTA CONTRA DEVEDOR JÁ FALECIDO. CARÊNCIA DE AÇÃO. ALTERAÇÃO DO POLO PASSIVO DA EXECUÇÃO PARA CONSTAR O ESPÓLIO. IMPOSSIBILIDADE. PRECEDENTES. 1. O redirecionamento da execução contra o espólio só é admitido quando o falecimento do contribuinte ocorrer depois de ele ter sido devidamente citado nos autos da execução fiscal. Assim, se ajuizada execução fiscal contra devedor já falecido, mostra-se ausente uma das condições da ação, qual seja, a legitimidade passiva. Precedentes do STJ. 2. Recurso Especial não provido" (REsp 1.655.422/PR, rel. Min. Herman Benjamin, j. 27-4-2017, 2ª T.).

> Funcab: A prova de Advogado do Detran/PB de 2013 considerou CORRETA a afirmação: "A execução fiscal poderá ser promovida contra o espólio".

> Cespe: A prova de Procurador de BH de 2017 elaborada pelo Cespe considerou ERRADA a afirmação: "Em caso de óbito do devedor, a execução fiscal somente poderá ser promovida contra o cônjuge ou os descendentes em linha reta, não podendo ser proposta contra os demais sucessores".

Em princípio, porém, a demanda deve ser intentada contra aqueles que constam como devedores na certidão da dívida ativa. O posterior redirecionamento do feito é admissível somente em hipóteses excepcionalmente previstas em lei ou reconhecidas pela jurisprudência.

> Cespe: A prova de Defensor Público/DF de 2013 considerou CORRETA a afirmação: "De acordo com o STJ, a não localização de determinada sociedade no domicílio fiscal fornecido gera presunção *iuris tantum* de dissolução irregular, sendo possível, nesse caso, o redirecionamento da execução fiscal ao sócio-gerente da sociedade".

Nada impede também que o Estado figure no polo passivo da execução fiscal, conforme visto no item 12.9 deste *Manual*. Isso ocorre porque as imunidades tributárias normalmente impedem somente a incidência de impostos, fazendo com que taxas, empréstimos compulsórios e contribuições sejam devidos por entidades governamentais. Nesse caso, inexistindo pagamento espontâneo, a execução fiscal terá no polo ativo a entidade pública credora e, no passivo, a pessoa estatal inadimplente.

17.6.5 Título executivo

O título executivo da execução fiscal é a certidão da dívida ativa (CDA), cujo Termo deverá conter (art. 2º, § 3º, da LEF):

I – o nome do devedor, dos corresponsáveis e, sempre que conhecido, o domicílio ou residência de um e de outros;

II – o valor originário da dívida, bem como o termo inicial e a forma de calcular os juros de mora e demais encargos previstos em lei ou contrato;

III – a origem, a natureza e o fundamento legal ou contratual da dívida;

IV – a indicação, se for o caso, de estar a dívida sujeita à atualização monetária, bem como o respectivo fundamento legal e o termo inicial para o cálculo;

V – a data e o número da inscrição, no Registro de Dívida Ativa; e

VI – o número do processo administrativo ou do auto de infração, se neles estiver apurado o valor da dívida.

A CDA tem taxonomia de ato administrativo enunciativo e, se regularmente inscrita, goza de presunção relativa de liquidez e certeza (art. 3º da LEF).

17.6.6 Competência

A execução fiscal deve ser julgada no domicílio do devedor. A competência para processar e julgar a execução da Dívida Ativa da Fazenda Pública exclui a de qualquer outro Juízo, inclusive o da falência, da concordata, da liquidação, da insolvência ou do inventário (art. 5º da LEF).

> Cespe: A prova da Magistratura/RN de 2013 considerou ERRADA a afirmação: "A competência para processar e julgar a execução da dívida ativa não se desloca para o juízo universal da sucessão em caso de morte do executado no curso da execução fiscal, sujeitando-se, contudo, a cobrança judicial do crédito tributário a concurso de credores nas hipóteses de falência e recuperação judicial".

17.6.7 Petição inicial

Acesse também a videoaula pelo *link*: http://somos.in/MDT0748

O art. 6º, § 2º, da LEF, visando garantir celeridade ao procedimento, permite que a certidão da dívida ativa cumpra simultaneamente as funções de petição inicial e título executivo da execução fiscal.

> Cespe: A prova de Defensor Público/DF de 2013 considerou CERTA a afirmação: "De acordo com a jurisprudência do STJ, é vedado o ajuizamento de execução fiscal antes do julgamento definitivo de recurso administrativo".

Mas o uso da CDA como petição inicial é meramente facultativo.

Nesse sentido, a Procuradoria da Fazenda tem liberdade para elaborar petição inicial distinta da CDA, que indicará apenas (art. 6º da LEF):

I – o Juiz a quem é dirigida;

II – o pedido; e

III – o requerimento para a citação.

A petição inicial será instruída com a Certidão da Dívida Ativa, que dela fará parte integrante, como se estivesse transcrita (art. 6º, § 1º).

A produção de provas pela Fazenda Pública independe de requerimento na petição inicial (art. 6º, § 3º).

O valor da causa será o da dívida constante da certidão, com os encargos legais (art. 6º, § 4º).

Nos termos da Súmula 559 do STJ: Em ações de execução fiscal, é desnecessária a instrução da petição inicial com o demonstrativo de cálculo do débito, por tratar-se de requisito não previsto no art. 6º da Lei n. 6.830/80.

Vale mencionar ainda o disposto na Súmula 558 do STJ: Em ações de execução fiscal, a petição inicial não pode ser indeferida sob o argumento da falta de indicação do CPF e/ou RG ou CNPJ da parte executada.

> STJ: "PROCESSUAL CIVIL. EXECUÇÃO FISCAL. CDA. REQUISITOS DE VALIDADE. AUSÊNCIA DE PREJUÍZO À DEFESA. REVISÃO FÁTICO-PROBATÓRIA. SÚMULA 7 DO STJ. 1. O Plenário do STJ decidiu

que 'aos recursos interpostos com fundamento no CPC/73 (relativos a decisões publicadas até 17-3-2016) devem ser exigidos os requisitos de admissibilidade na forma nele prevista, com as interpretações dadas até então pela jurisprudência do Superior Tribunal de Justiça' (Enunciado Administrativo n. 2). 2. De acordo com a jurisprudência desta Corte, não deve ser declarada a nulidade da certidão de dívida ativa quando a existência de meras irregularidades formais não acarretar prejuízo à defesa do executado, à luz do princípio da instrumentalidade das formas, que rege o sistema processual brasileiro. 3. Na espécie, o acórdão recorrido entendeu que, muito embora a CDA que aparelha a execução fiscal não tenha preenchido um dos requisitos, a sua falta não foi capaz de macular o título executivo, pois não causou prejuízo à defesa da executada, sendo que a revisão daquela conclusão implica inevitável revolver de aspectos fático-probatórios, providência inviável em sede de recurso especial, nos termos da Súmula 7 do STJ. 4. Agravo interno desprovido" (Agint no AREsp 653.076/SP, rel. Min. Gurgel de Faria, j. 15-8-2017, 1ª T.).

17.6.8 Garantia do juízo

No momento em que é proposta a execução, **pesa contra o devedor** uma **dupla presunção de veracidade em favor do Fisco**. Isso porque dois atos administrativos distintos abonam o entendimento, que ainda pode ser revertido, no sentido de que a dívida é legítima e o valor, devido. Tanto o lançamento tributário quanto a certidão da dívida ativa são atos administrativos revestidos da presunção de legitimidade em desfavor do executado.

É por tal razão que a LEF estabelece rigorosa exigência para que o devedor consiga suspender o curso da execução por meio da oposição de embargos: a garantia do juízo.

Assim, a **oposição dos embargos** à execução fiscal **exige garantia do juízo**[STJ].

STJ: "EXECUÇÃO FISCAL – PENHORA DE PRECATÓRIO – PESSOA JURÍDICA DISTINTA DA EXEQUENTE – POSSIBILIDADE. 1. É pacífico nesta Corte o entendimento acerca da possibilidade de nomeação à penhora de precatório, uma vez que a gradação estabelecida no art. 11 da Lei n. 6.830/80 e no art. 656 do Código de Processo Civil tem caráter relativo, por força das circunstâncias e do interesse das partes em cada caso concreto. 2. Execução que se deve operar pelo meio menos gravoso ao devedor. Penhora de precatório correspondente à penhora de crédito. Assim, nenhum impedimento para que a penhora recaia sobre precatório expedido por pessoa jurídica distinta da exequente" (Eresp 834.956/RS, rel. Min. Humberto Martins, j. 11-4-2007, 1ª Seção).

Nos termos do art. 7º da LEF: "O despacho do Juiz que deferir a inicial importa em ordem para: I – citação, pelas sucessivas modalidades previstas no art. 8º; II – penhora, se não for paga a dívida, nem garantida a execução, por meio de depósito ou fiança; III – arresto, se o executado não tiver domicílio ou dele se ocultar; IV – registro da penhora ou do arresto, independentemente do pagamento de custas ou outras despesas, observado o disposto no art. 14; e V – avaliação dos bens penhorados ou arrestados".

> Cespe: A prova de Defensor Público/TO de 2013 considerou ERRADA a afirmação: "O despacho do juiz que deferir a inicial não constitui ordem para avaliação dos bens penhorados ou arrestados".

O prazo para garantir o juízo é de **5 dias**.

> TJ/PR: A prova de Assessor Jurídico do TJ/PR de 2013 considerou ERRADA a afirmação: "O executado, após recebida a petição inicial da execução, será citado para que, no prazo de três dias, efetue o pagamento da quantia devida".

A partir da garantia, o prazo para opor embargos é de **30 dias**.

> Cespe: A prova da Magistratura/RN de 2013 considerou CORRETA a afirmação: "O prazo para oposição de embargos no processo de execução fiscal é de trinta dias e se inicia a partir da intimação da penhora, e não da juntada do mandado, devendo o oficial de justiça, sob pena de nulidade, advertir o devedor, de modo expresso, de que o prazo deve ser contado daquele ato".

De acordo com o art. 8º, o executado será citado para, no prazo de 5 (cinco) dias, pagar a dívida com os juros e multa de mora e encargos indicados na Certidão de Dívida Ativa, ou garantir a execução, observadas as seguintes normas:

"I – a citação será feita pelo correio[STJ], com aviso de recepção, se a Fazenda Pública não a requerer por outra forma;

> STJ: "PROCESSO CIVIL – TRIBUTÁRIO – EXECUÇÃO FISCAL – IPTU – ART. 535 DO CPC – VIOLAÇÃO – Não OCORRÊNCIA – PRESCRIÇÃO – CITAÇÃO PESSOAL – ENDEREÇO DO IMÓVEL – VALIDADE – INTERRUPÇÃO. 1. A citação postal enviada ao endereço do imóvel para fins de chamamento à execução fiscal que cobra dívida de IPTU interrompe a prescrição, nos termos do art. 174, parágrafo único, I, do CTN na vigência da Lei Complementar n. 118/2005" (REsp 1.276.120/RJ, j. 13-11-2012, 2ª T.).

II – a citação pelo correio considera-se feita na data da entrega da carta no endereço do executado, ou, se a data for omitida, no aviso de recepção, 10 (dez) dias após a entrega da carta à agência postal;

III – se o aviso de recepção não retornar no prazo de 15 (quinze) dias da entrega da carta à agência postal, a citação será feita por Oficial de Justiça ou por edital;

IV – o edital de citação será afixado na sede do Juízo, publicado uma só vez no órgão oficial, gratuitamente, como expediente judiciário, com o prazo de 30 (trinta) dias, e conterá, apenas, a indicação da exequente, o nome do devedor e dos corresponsáveis, a quantia devida, a natureza da dívida, a data e o número da inscrição no Registro da Dívida Ativa, o prazo e o endereço da sede do Juízo".

O executado ausente do País será citado por edital, dentro do prazo de 60 dias (art. 8º, § 1º).

A prescrição será interrompida pelo despacho do juiz que ordenar a citação (art. 8º, § 2º).

Ieses: A prova de Cartório/MS de 2014 considerou ERRADA a afirmativa: "A ação para a cobrança do crédito tributário prescreve em cinco anos, contados da data da sua constituição definitiva, sendo que a prescrição se interrompe pela citação pessoal feita ao devedor".

Para garantir a execução o devedor poderá, nos termos do art. 9º da LEF:

I – efetuar depósito em dinheiro, à ordem do Juízo em estabelecimento oficial de crédito, que assegure atualização monetária;

II – oferecer fiança bancária ou seguro-garantia;

Cespe: A prova de Procurador de BH de 2017 considerou CORRETA a afirmação: "O executado pode oferecer seguro-garantia como forma de garantia da execução fiscal, devendo o seguro abranger o valor da dívida, multa de mora, juros e encargos indicados na certidão de dívida ativa".

III – nomear bens à penhora[STJ]; ou

STJ: "PROCESSUAL CIVIL. TRIBUTÁRIO. EXECUÇÃO FISCAL. EXISTÊNCIA DE PENHORAS SOBRE O MESMO BEM. DIREITO DE PREFERÊNCIA. CRÉDITO TRIBUTÁRIO ESTADUAL E CRÉDITO DE AUTARQUIA FEDERAL. 1. O crédito tributário de autarquia federal goza do direito de preferência em relação àquele de que seja titular a Fazenda Estadual, desde que coexistentes execuções e penhoras. 2. A instauração do concurso de credores pressupõe pluralidade de penhoras sobre o mesmo bem, por isso que apenas se discute a preferência quando há execução fiscal e recaia a penhora sobre o bem excutido em outra demanda executiva. O concurso de preferência somente se verifica entre pessoas jurídicas de direito público, na seguinte ordem: I – União; II – Estados, Distrito Federal e Territórios, conjuntamente e pro rata; III – Municípios, conjuntamente e pro rata" (REsp 957.836/SP, rel. Min. Luiz Fux, j. 13-10-2010, 1ª Seção).

IV – indicar à penhora bens oferecidos por terceiros e aceitos pela Fazenda Pública[STJ].

STJ: "PROCESSUAL CIVIL. EXECUÇÃO FISCAL. FIANÇA BANCÁRIA ACEITA PELA FAZENDA PÚBLICA. SUBSTITUIÇÃO POR DINHEIRO. POSSIBILIDADE. 1. A Seção de Direito Público do STJ uniformizou o entendimento de que as garantias consistentes na fiança bancária e na penhora de dinheiro não possuem o mesmo *status* (EREsp 1077039/RJ), razão pela qual permanece em vigor a preferência por esta última. 2. Conclui-se que o direito de o ente público postular, originalmente ou em caráter substitutivo, a penhora de quantia específica de dinheiro independe de prévia garantia do juízo, dado que este é o bem sobre o qual preferencialmente deve recair a medida constritiva" (REsp 1.163.553/RJ, rel. Min. Castro Meira, j. 3-5-2011, 2ª T.).

O Superior Tribunal de Justiça vem admitindo que o devedor garanta o juízo por meio do oferecimento de precatório, embora considere que precatório não se equipara a dinheiro[STJ].

Cespe: A prova de Defensor Público/TO de 2013 considerou ERRADA a afirmação: "Consoante a jurisprudência do STJ, a Fazenda Pública pode recusar a nomeação de precatórios, sob o fundamento da inobservância da ordem legal, não obstante o precatório seja um bem penhorável equiparado a dinheiro".

STJ: "PROCESSUAL CIVIL. TRIBUTÁRIO. AGRAVO REGIMENTAL. RECURSO ESPECIAL. EXECUÇÃO FISCAL. OFERECIMENTO DE PRECATÓRIO COMO GARANTIA DO JUÍZO. RECUSA POR PARTE DO EXEQUENTE DE FORMA FUNDAMENTADA. ART. 656 DO CPC. LEGALIDADE. DECISÃO MANTIDA POR SEUS PRÓPRIOS FUNDAMENTOS. 1. O precatório não é considerado dinheiro e não se equipara a ele, mas se amolda à hipótese dos arts. 655, XI, do Código de Processo Civil, e 11, VIII, da Lei n. 6.830/80, e o exequente pode recusá-lo, justificando-se com base nas causas previstas no art. 656 do CPC" (AgRg no REsp 1.129.342-RS 2009/0142131-3, rel. Min. Benedito Gonçalves, *DJe* 2-2-2010).

Na hipótese de não ocorrer pagamento ou garantia, a penhora poderá recair em qualquer bem do executado, exceto os que a lei declare absolutamente impenhoráveis (art. 10 da LEF).

17.6.8.1 Embargos admitidos com garantia parcial. Justiça gratuita e garantia do juízo

No julgamento do REsp 1.127.815/SP, o STJ admitiu o ajuizamento de embargos à execução com garantia parcial, sendo possível sua posterior complementação por meio de reforço da penhora:

Cespe: A prova de Procurador de Fortaleza de 2017 considerou ERRADA a afirmação: "A garantia integral do crédito tributário é condição específica de procedibilidade para os embargos à execução fiscal, ensejando a extinção liminar da ação quando constatada a insuficiência da constrição judicial".

"TRIBUTÁRIO. PROCESSUAL CIVIL. RECURSO ESPECIAL REPRESENTATIVO DE CONTROVÉRSIA. ART. 543-C, DO CPC. EMBARGOS À EXECUÇÃO FISCAL. DETERMINAÇÃO DE REFORÇO DE PENHORA PELO JUIZ *EX OFFICIO*. IMPOSSIBILIDADE. EXISTÊNCIA DE REQUERIMENTO PELA FAZENDA EXEQUENTE, *IN CASU*. INSUFICIÊNCIA DA PENHORA. ADMISSIBILIDADE DOS EMBARGOS. VIOLAÇÃO DO ART. 535 DO CPC NÃO CONFIGURADA" (STJ, REsp 1.127.815/SP 2009/0045359-2, rel. Min. Luiz Fux, j. 24-11-2010, 1ª Seção, *DJe* 14-12-2010).

Outro ponto relevante. A 1ª Turma do STJ entendeu que a concessão, ao executado, do benefício da justiça gratuita afasta o dever de garantir o juízo (RESP 1.437.078). Segundo o Ministro Relator Gurgel de Faria: "no caso, a controvérsia deve ser resolvida não sob esse ângulo (do executado ser beneficiário, ou não, da justiça gratuita), mas, sim, pelo lado da sua hipossuficiência, pois, adotando-se tese contrária, tal implicaria em garantir o direito de defesa ao

'rico', que dispõe de patrimônio suficiente para segurar o Juízo, e negar o direito de defesa ao 'pobre'".

17.6.9 Penhora. Penhora *on-line*

Nos termos do que prescreve o art. 11 da LEF, a penhora ou arresto na execução fiscal seguirá a ordem abaixo:

I – dinheiro;

II – título da dívida pública, bem como título de crédito, que tenham cotação em bolsa;

III – pedras e metais preciosos;

IV – imóveis;

V – navios e aeronaves;

VI – veículos;

VII – móveis ou semoventes; e

VIII – direitos e ações.

Além desses bens, pode a constrição judicial recair excepcionalmente sobre estabelecimento comercial, industrial ou agrícola, bem como em plantações ou edifícios em construção[STJ] (art. 11, § 1º).

> TJ/PR: A prova de Assessor Jurídico do TJ/PR de 2013 considerou ERRADA a afirmação: "Não se admite penhora sobre estabelecimento comercial, por tratar-se de instrumento necessário à continuação da atividade empresarial".

> STJ: "PROCESSUAL CIVIL E TRIBUTÁRIO. EXECUÇÃO FISCAL. PENHORA. POUPANÇA VINCULADA DIRETAMENTE À AQUISIÇÃO DO BEM DE FAMÍLIA. IMPENHORABILIDADE. 1. O Tribunal de origem indeferiu a penhora de dinheiro aplicado em poupança, por verificar a sua vinculação ao financiamento para aquisição de imóvel caracterizado como bem de família. 2. Embora o dinheiro aplicado em poupança não seja considerado bem absolutamente impenhorável – ressalvada a hipótese do art. 649, X, do CPC –, a circunstância apurada no caso concreto recomenda a extensão do benefício da impenhorabilidade, uma vez que a constrição do recurso financeiro implicará quebra do contrato, autorizando, na forma do Decreto-lei n. 70/66, a retomada da única moradia familiar" (REsp 707.263/RS, rel. Min. Herman Benjamin, j. 16-4-2009, 2ª T.).

A qualquer momento no processo, o juiz poderá conceder:

I – ao executado, a substituição da penhora por depósito em dinheiro ou fiança bancária; e

II – à Fazenda Pública, a substituição dos bens penhorados por outros, independentemente da ordem enumerada no art. 11, bem como o reforço da penhora insuficiente.

Embora o tema seja controvertido na doutrina e na jurisprudência, importantes **precedentes do STJ** admitem o uso de **penhora *on-line* em execução fiscal**[STJ] (AgRg no REsp 1.080.493).

STJ: "PROCESSUAL CIVIL E TRIBUTÁRIO. EXECUÇÃO FISCAL. PENHORA ELETRÔNICA DE DIREITO (BACEN JUD). DECISÃO POSTERIOR ÀS MODIFICAÇÕES INTRODUZIDAS PELA LEI n. 11.382/2006. NORMA PROCESSUAL. APLICAÇÃO IMEDIATA. 1. Em 20-6-2007, o juízo de 1º grau indeferiu o requerimento da Fazenda Pública para determinar a penhora eletrônica de dinheiro, conforme o art. 655-A do CPC, com a redação da Lei n. 11.382/2006. 2. A decisão de 1º grau foi mantida pelo aresto impugnado. Assim, tanto ela como o acórdão recorrido devem ser reformados para adequação às novas regras processuais. 3. Agravo Regimental provido" (AgRg no REsp 1.080.493-MG, rel. Min. Herman Benjamin, *DJe* 6-5-2009).

O primeiro fundamento normativo da penhora *online* foi o art. 185-A do Código Tributário Nacional[STJ], com redação dada pela Lei Complementar n. 118/2005:

STJ: "PROCESSUAL CIVIL. OMISSÃO INEXISTENTE. DEVIDO ENFRENTAMENTO DAS QUESTÕES RECURSAIS. EXECUÇÃO FISCAL. CRÉDITO NÃO TRIBUTÁRIO. INDISPONIBILIDADE DE BENS. ART. 185-A DO CTN. INAPLICABILIDADE. 1. O STJ manifestou-se no sentido de que a classificação de origem da dívida ativa é questão relevante para determinar o regramento normativo aplicado à espécie, sendo indevida a aplicação de institutos previstos no código tributário a temas de natureza não tributária. Mostra-se indevida a incidência do art. 185-A do Código Tributário Nacional a dívidas ativas não tributárias, uma vez que seu *caput* deixa expressamente delineado sua aplicação à hipótese de devedor tributário. 2. 'O fato de a Lei de Execuções Fiscais (Lei n. 6.830/80) afirmar que os débitos de natureza não tributária compõem a dívida ativa da Fazenda Pública não faz com que tais débitos passem, apenas em razão de sua inscrição na dívida ativa, a ter natureza tributária. Isso, simplesmente, porque são oriundos de relações outras, diversas daquelas travadas entre o estado, na condição de arrecadador, e o contribuinte, na qualidade de sujeito passivo da obrigação tributária'" (REsp 1.347.317/PR, rel. Min. Humberto Martins, j. 6-11-2012, 2ª T.).

STJ: "TRIBUTÁRIO. AGRAVO INTERNO NO RECURSO ESPECIAL. EXECUÇÃO FISCAL. PENHORA ONLINE DE ATIVOS FINANCEIROS DO DEPOSITÁRIO INFIEL. BACEN JUD. IMPOSSIBILIDADE. PRECEDENTES. 1. A jurisprudência desta Corte é no sentido de que **não pode o depositário ser responsabilizado na própria ação de Execução Fiscal, sendo incabível a penhora eletrônica dos seus ativos financeiros, via BACEN JUD**. Precedentes: REsp 1.581.272/SP, Rel. Min. Herman Benjamin, 2ª T, *DJe* 25-5-2016. 2. Agravo interno não provido" (Agint no REsp 1.615.370/SP, rel. Min. Benedito Gonçalves, j. 28-9-2017, 1ª T.).

Na hipótese de o devedor tributário, devidamente citado, não pagar nem apresentar bens à penhora no prazo legal e não forem encontrados bens penhoráveis, o juiz determinará a indisponibilidade de seus bens e direitos, comunicando a decisão, preferencialmente por meio eletrônico, aos órgãos e entidades que promovem registros de transferência de bens, especialmente ao registro público de imóveis e às autoridades supervisoras do mercado bancário e do mercado de capitais, a fim de que, no âmbito de suas atribuições, façam cumprir a ordem judicial.

§ 1º A indisponibilidade de que trata o *caput* deste artigo limitar-se-á ao valor total exigível, devendo o juiz determinar o imediato levantamento da indisponibilidade dos bens ou valores que excederem esse limite.

§ 2º Os órgãos e entidades aos quais se fizer a comunicação de que trata o *caput* deste artigo enviarão imediatamente ao juízo a relação discriminada dos bens e direitos cuja indisponibilidade houverem promovido.

Posteriormente, a Lei n. 11.382/2006 acrescentou o art. 655-A ao Código de Processo Civil, com a seguinte redação:

Art. 655-A. Para possibilitar a penhora de dinheiro em depósito ou aplicação financeira, o juiz, a requerimento do exequente, requisitará à autoridade supervisora do sistema bancário, preferencialmente por meio eletrônico, informações sobre a existência de ativos em nome do executado, podendo no mesmo ato determinar sua indisponibilidade, até o valor indicado na execução.

§ 1º As informações limitar-se-ão à existência ou não de depósito ou aplicação até o valor indicado na execução.

§ 2º Compete ao executado comprovar que as quantias depositadas em conta corrente referem-se à hipótese do inciso IV do *caput* do art. 649 desta Lei ou que estão revestidas de outra forma de impenhorabilidade.

§ 3º Na penhora de percentual do faturamento da empresa executada, será nomeado depositário, com a atribuição de submeter à aprovação judicial a forma de efetivação da constrição, bem como de prestar contas mensalmente, entregando ao exequente as quantias recebidas, a fim de serem imputadas no pagamento da dívida.

§ 4º Quando se tratar de execução contra partido político, o juiz, a requerimento do exequente, requisitará à autoridade supervisora do sistema bancário, nos termos do que estabelece o *caput* deste artigo, informações sobre a existência de ativos tão somente em nome do órgão partidário que tenha contraído a dívida executada ou que tenha dado causa a violação de direito ou ao dano, ao qual cabe exclusivamente a responsabilidade pelos atos praticados, de acordo com o disposto no art. 15-A da Lei n. 9.096, de 19 de setembro de 1995[1].

---

1 No CPC, a matéria está disciplinada no art. 854, com significativa modificação:
"Art. 854. Para possibilitar a penhora de dinheiro em depósito ou em aplicação financeira, o juiz, a requerimento do exequente, sem dar ciência prévia do ato ao executado, determinará às instituições financeiras, por meio de sistema eletrônico gerido pela autoridade supervisora do sistema financeiro nacional, que torne indisponíveis ativos financeiros existentes em nome do executado, limitando-se a indisponibilidade ao valor indicado na execução.
§ 1º No prazo de 24 (vinte e quatro) horas a contar da resposta, de ofício, o juiz determinará o cancelamento de eventual indisponibilidade excessiva, o que deverá ser cumprido pela instituição financeira em igual prazo.
§ 2º Tornados indisponíveis os ativos financeiros do executado, este será intimado na pessoa de seu advogado ou, não o tendo, pessoalmente.
§ 3º Incumbe ao executado, no prazo de 5 (cinco) dias, comprovar que:
I – as quantias tornadas indisponíveis são impenhoráveis;

> Cespe: A prova de Defensor Público/TO de 2013 considerou ERRADA a afirmação: "Segundo a jurisprudência do STJ, a penhora eletrônica de depósitos ou de aplicações financeiras somente pode ser realizada após o exaurimento de diligências extrajudiciais por parte do exequente, com a observância da ordem de penhora ou de arresto de bens prevista na referida lei".

Assim, a jurisprudência do **Superior Tribunal de Justiça**, após a promulgação da Lei n. 11.382/2006, passou a admitir **penhora *on-line*** como **medida constritiva inicial** em execução fiscal.

17.6.9.1 Suspensão da CNH e do passaporte do executado

O Superior Tribunal de Justiça vem admitindo, em demandas entre particulares, que o juiz suspenda a Carteira Nacional de Habilitação (CNH) e o passaporte do devedor, desde que esgotados os meios típicos de cobrança do crédito e mediante decisão fundamentada (RESP 1.854.289, julgado em 26 de fevereiro de 2020).

No âmbito da execução fiscal, porém, a 1ª turma do STJ decidiu ser **incabível e desproporcional suspender a CNH e o passaporte do contribuinte**. Segundo voto do Relator Ministro Napoleão Maia Filho: "Para se ter uma ideia do que o poder público já possui de privilégios *ex ante*, a execução só é embargável mediante a plena garantia do juízo (artigo 16, parágrafo 1º, da Lei de Execução Fiscal), o que não encontra correspondente na execução que se pode dizer comum.

II – ainda remanesce indisponibilidade excessiva de ativos financeiros.

§ 4º Acolhida qualquer das arguições dos incisos I e II do § 3º, o juiz determinará o cancelamento de eventual indisponibilidade irregular ou excessiva, a ser cumprido pela instituição financeira em 24 (vinte e quatro) horas.

§ 5º Rejeitada ou não apresentada a manifestação do executado, converter-se-á a indisponibilidade em penhora, sem necessidade de lavratura de termo, devendo o juiz da execução determinar à instituição financeira depositária que, no prazo de 24 (vinte e quatro) horas, transfira o montante indisponível para conta vinculada ao juízo da execução.

§ 6º Realizado o pagamento da dívida por outro meio, o juiz determinará, imediatamente, por sistema eletrônico gerido pela autoridade supervisora do sistema financeiro nacional, a notificação da instituição financeira para que, em até 24 (vinte e quatro) horas, cancele a indisponibilidade.

§ 7º As transmissões das ordens de indisponibilidade, de seu cancelamento e de determinação de penhora previstas neste artigo far-se-ão por meio de sistema eletrônico gerido pela autoridade supervisora do sistema financeiro nacional.

§ 8º A instituição financeira será responsável pelos prejuízos causados ao executado em decorrência da indisponibilidade de ativos financeiros em valor superior ao indicado na execução ou pelo juiz, bem como na hipótese de não cancelamento da indisponibilidade no prazo de 24 (vinte e quatro) horas, quando assim determinar o juiz.

§ 9º Quando se tratar de execução contra partido político, o juiz, a requerimento do exequente, determinará às instituições financeiras, por meio de sistema eletrônico gerido por autoridade supervisora do sistema bancário, que tornem indisponíveis ativos financeiros somente em nome do órgão partidário que tenha contraído a dívida executada ou que tenha dado causa à violação de direito ou ao dano, ao qual cabe exclusivamente a responsabilidade pelos atos praticados, na forma da lei".

Como se percebe, o crédito fiscal é altamente blindado dos riscos de inadimplemento, por sua própria conformação jusprocedimental" (HC 453.870, j. 15-8-2019).

17.6.10 Embargos à execução

Os embargos constituem o **meio natural de defesa** do devedor na execução fiscal, tendo **natureza jurídica de ação autônoma.**

A taxonomia de ação de autonomia dos embargos, e não de mera contestação, gera algumas consequências importantes:

1) necessidade de o embargante demonstrar preenchimento de pressupostos processuais e condições da ação;

2) existência de valor da causa autônomo frente ao da execução;

3) distribuição por dependência ao feito executivo;

4) a decisão judicial que rejeita liminarmente ou julga improcedentes os embargos é uma sentença, recorrível por apelação.

Nos termos do art. 16 da LEF, o executado opõe embargos no **prazo de 30 dias contados da garantia do juízo**, ou seja:

I – do depósito;

II – da juntada da prova da fiança bancária;

III – da intimação da penhora.

> TJ/PR: A prova de Assessor Jurídico do TJ/PR de 2013 considerou CORRETA a afirmação: "O termo inicial para a apresentação de embargos à execução fiscal é da intimação da penhora, ou do depósito ou a fiança bancária, e não da juntada do termo nos autos".

Isso porque não são admissíveis embargos antes de garantida a execução (art. 16, § 1º). Sua oposição **antes da garantia** resulta na **extemporaneidade dos embargos.** Não se deve confundir extemporaneidade com intempestividade. Oposição intempestiva é a realizada após o encerramento do prazo legal.

Os embargos **poderão versar sobre toda matéria útil à defesa**, cabendo ao embargante requerer provas e juntar aos autos os documentos e rol de testemunhas, até três, ou, a critério do juiz, até o dobro desse limite (art. 16, § 2º).

17.6.10.1 Efeito suspensivo automático nos embargos

A sistemática adotada tradicionalmente pela Lei n. 6.830/80 sempre favoreceu o entendimento de que o recebimento dos embargos produz **suspensão automática da execução fiscal.**

No entanto, a partir de maio de 2013 a **1ª Seção do Superior Tribunal de Justiça** deu nova interpretação ao art. **739-A do antigo CPC** (com correspondente no art. 919 do CPC de 2015), estendendo o regime privado do Código de Processo Civil aos feitos tributários de modo a **vedar o efeito suspensivo automático** nos embargos à execução fiscal.

Estabelece o referido dispositivo:

> Art. 739-A. Os embargos do executado não terão efeito suspensivo.
>
> § 1º O juiz poderá, a requerimento do embargante, atribuir efeito suspensivo aos embargos quando, sendo relevantes seus fundamentos, o prosseguimento da execução manifestamente possa causar ao executado grave dano de difícil ou incerta reparação, e desde que a execução já esteja garantida por penhora, depósito ou caução suficientes.

Assim, cabe ao embargante requerer ao juiz a atribuição de efeito suspensivo aos embargos desde que comprove que o prosseguimento da execução possa causar grave dano de difícil ou incerta reparação.

A Ordem dos Advogados do Brasil propôs **ADIn no STF** contra o art. 739-A do antigo CPC (art. 919 do CPC de 2015) sob o argumento de que **a referida regra não deve ser aplicada às execuções fiscais** por violar princípios constitucionais como razoabilidade, proporcionalidade, direito ao contraditório, ampla defesa e devido processo legal. Isso porque, na prática, os bens oferecidos em garantia na execução fiscal são expropriados antes do julgamento dos embargos, isto é, sem o contraditório efetivar-se no processo.

Como se sabe, normas gerais e anteriores (Código de Processo Civil), em caso de antinomia, não derrogam regras especiais posteriores (Lei de Execuções Fiscais). Trata-se de um inacreditável equívoco cometido pelo Superior Tribunal de Justiça.

Em rigor, o art. 919 do CPC de 2015 não seria inaplicável ao rito especial da execução fiscal.

Mas na prática tem prevalecido a orientação do STJ:

> STJ: "RECURSO ESPECIAL. EXECUÇÃO FISCAL. EFEITO SUSPENSIVO AOS EMBARGOS. NÃO CABIMENTO. AUSÊNCIA DOS REQUISITOS AUTORIZADORES. HIGIDEZ DA MARCHA PROCESSUAL. PRIMAZIA DO CRÉDITO PÚBLICO. PROVIMENTO. 1. **A concessão de efeito suspensivo aos embargos à execução fiscal não é automática, dependendo de provimento judicial fundamentado a requerimento da parte embargante. 2. Ou seja, não basta que a execução esteja garantida. Devem estar presentes ainda os juízos de relevância da argumentação *(fumus boni juris)* e perigo de dano irreparável ou de difícil reparação *(periculum in mora)*, ambos ausentes na espécie**. 3. É que, de um lado, o próprio Tribunal de origem afirma que a argumentação trazida pela parte não se revela, de plano, capaz de debelar os títulos executivos; de outro, a simples possibilidade de penhora dos bens garantidos, sequência ordinária da marcha processual, não se mostra suficiente para paralisar a execução do crédito público, que ostenta primazia sobre o privado. 4. Entendimento que persiste após a entrada em vigor do art. 919 do CPC/2015. 5. Recurso especial provido para restabelecer a decisão do primeiro grau de jurisdição que indeferiu o recebimento dos embargos no efeito suspensivo" (REsp 1.732.340/RN, rel. Min. Og Fernandes, j. 8-5-2018, 2ª T.).

STJ: "TRIBUTÁRIO. PROCESSUAL CIVIL. EMBARGOS À EXECUÇÃO FISCAL. PEDIDO DE EFEITO SUSPENSIVO DEFERIDO. POSTERIOR JULGAMENTO DO MÉRITO DOS EMBARGOS. RECURSO ESPECIAL CONTRA ACÓRDÃO EM AGRAVO DE INSTRUMENTO. PERDA DE OBJETO. 1. O exame do recurso especial, interposto contra acórdão em agravo de instrumento, em que se decidiu pela concessão de efeito suspensivo aos embargos à execução fiscal, estará prejudicado, por perda de objeto, quando for prolatada sentença de mérito nos embargos, ante seu caráter exauriente. Nesse sentido, julgados de ambas as Turmas da 1ª Seção do STJ: AgRg no REsp 1.241.400/RS, rel. Min. Benedito Gonçalves, 1ª T, *DJe* 21-11-2013; REsp 1.666.941/RS, Rel. Min. Herman Benjamin, 2ª T, *DJe* 13-9-2017. 2. Agravo interno não provido" (Agint no AREsp 635.512/SP, rel. Min. Sérgio Kukina, j. 25-9-2018, 1ª T.).

17.6.11 Exceção de pré-executividade

A necessidade de garantir o juízo para embargar a execução fiscal muitas vezes impede o devedor de exercer seu direito constitucional ao contraditório e à ampla defesa. Diante disso, a **doutrina e a jurisprudência** vêm reconhecendo a possibilidade de o executado defender-se, **sem necessidade de garantir o juízo**, utilizando objeção de pré-executividade ou, nome que se tornou mais conhecido, **exceção de pré-executividade.**

Embora não haja previsão expressa na Lei de Execuções Fiscais, a possibilidade de sua utilização encontra fundamento nos princípios constitucionais do devido processo legal (art. 5º, LIV), contraditório e ampla defesa (art. 5º, LV), além do próprio direito de petição (art. 5º, XXXIV, *a*).

Trata-se de um **incidente processual**, ou seja, ao contrário dos embargos a exceção **não tem natureza jurídica de ação autônoma.**

Desse modo, a decisão judicial que rejeita a exceção de pré-executividade ou a "julga improcedente" é **decisão interlocutória** recorrível por agravo de instrumento, e não por apelação. Entretanto, se o juiz "acatar" a exceção ou a "julgar procedente", tal decisão produzirá o efeito de extinguir a execução[STJ],

STJ: "A exceção de pré-executividade nasceu de construção doutrinária e jurisprudencial. Apesar de não estar prevista na legislação tem sido admitida pelos órgãos judiciais, inclusive pelo STJ, não caracterizando sua admissibilidade, quando cabível, infringência à lei de execução fiscal. Uma vez acolhida a exceção de pré-executividade para extinguir a execução fiscal, é cabível a condenação da Fazenda Pública em honorários advocatícios" (REsp 1.185.036, rel. Min. Herman Benjamin, *DJe* 16-6-2010).

isto é, efeito de sentença, cabendo apelação[STJ].

STJ: "Esta Corte já se posicionou no sentido de que, se a decisão que acolhe exceção de pré--executividade põe fim à execução, o recurso cabível para impugná-la é a apelação e não o agravo de instrumento, considerando, ainda, inaplicável o princípio da fungibilidade recursal. Entretanto, se a execução fiscal prossegue, apenas com a exclusão de uma das partes, cabível o agravo de instrumento" (REsp 889.082/RS, rel. Min. Eliana Calmon, j. 3-6-2008, 2ª T.).

Não existe prazo para oferecimento da exceção de pré-executividade.

São reconhecidas pela doutrina e pela jurisprudência as seguintes **hipóteses de cabimento da exceção de pré-executividade** substituindo os embargos à execução[2]:

1) executado não tem patrimônio suficiente para garantir o juízo;

2) nulidade da CDA passível de reconhecimento de plano (STJ, REsp 915.503/PR);

3) matérias de ordem pública conhecíveis de ofício pelo juiz, que não demandem dilação probatória (STJ, Súmula 393);

4) alegação de pagamento[STJ] (STJ, AGREsp 200701588350);

> STJ: "EXECUÇÃO FISCAL. EXCEÇÃO DE PRÉ-EXECUTIVIDADE. PAGAMENTO. NECESSIDADE DE PERÍCIA. 1. É possível a alegação de pagamento em sede de exceção de pré-executividade, desde que demonstrado de plano, o que inocorre nos autos, pois foram trazidos documentos com diversos valores, retificações e dados que, apenas após a devida análise por um *expert*, possibilitarão comprovar ou infirmar a alegação da autora" (AGREsp 200701588350, rel. Min. Humberto Martins, 2ª T., publicado em 14-4-2008).

5) ilegitimidade da parte com redirecionamento da execução contra sócio cujo nome não consta da CDA[STJ] (STJ, AGREsp 200701588350).

> STJ: "TRIBUTÁRIO – EXECUÇÃO FISCAL – POSSIBILIDADE DE APRECIAÇÃO DA MATÉRIA ALEGADA EM EXCEÇÃO DE PRÉ-EXECUTIVIDADE – REDIRECIONAMENTO – CDA NÃO CONSTA NOME DO SÓCIO – ÔNUS DA PROVA – FAZENDA PÚBLICA. 1) se a execução fiscal foi promovida apenas contra a pessoa jurídica e, posteriormente, foi redirecionada contra sócio-gerente cujo nome não consta da Certidão de Dívida Ativa, cabe ao Fisco comprovar que o sócio agiu com excesso de poderes ou infração de lei, contrato social ou estatuto, nos termos do art. 135 do CTN" (AGREsp 200701588350, rel. Min. Humberto Martins, 2ª T., publicado em 14-4-2008).

Cabe lembrar que, para o STJ, se o nome do sócio consta da CDA, mesmo na hipótese de dívida tributária originariamente da empresa, a presunção de liquidez e certeza do título inverte o ônus da prova, incumbindo ao sócio provar que não houve infração ou excesso de poder nos termos do art. 135 do CTN[STJ];

> STJ: "Não se pode, diante da presunção de certeza e liquidez da Certidão de Dívida Ativa, inverter o ônus probatório para a exclusão dos sócios da execução fiscal. 4. Por possuir a CDA presunção *juris tantum* de liquidez e certeza, seria gravame incabível a exigência de que o Fisco fizesse prova das hipóteses previstas no art. 135 do CTN" (REsp 896.493/SP, REsp 2006/0232048-7).

---

2 O levantamento das hipóteses de cabimento da exceção de pré-executividade foi aqui realizado com base no excelente artigo "Exceção de pré-executividade no redirecionamento da execução fiscal", de Nelson Berriel, publicado no *site* <http://www.jusnavigandi.com.br>, a quem cabe todo o mérito das referências jurisprudenciais indicadas neste tópico. Remeto o leitor interessado em aprofundar-se no tema ao mencionado trabalho. *Jus Navigandi*, Teresina, ano 19, n. 4.131, 23 out. 2014. Disponível em: <http://jus.com.br/artigos/30447>. Acesso em: 13 nov. 2014.

STJ: "TRIBUTÁRIO. PROCESSUAL CIVIL. EXECUÇÃO FISCAL DE SÓCIO CUJO NOME CONSTA DA CDA. PRESUNÇÃO DE RESPONSABILIDADE. 1. Não cabe exceção de pré-executividade em execução fiscal promovida contra sócio que figura como responsável na Certidão de Dívida Ativa – CDA. É que a presunção de legitimidade assegurada à CDA impõe ao executado que figura no título executivo o ônus de demonstrar a inexistência de sua responsabilidade tributária, demonstração essa que, por demandar prova, deve ser promovida no âmbito dos embargos à execução" (REsp 1.110.925/SP, rel. Min. Teori Albino Zavascki, 1ª Seção, *DJe* 4-5-2009).

6) inconstitucionalidade do tributo reconhecida pelo STF (STJ, REsp 1.051. 860/PE);

7) prescrição e decadência, desde não seja necessária dilação probatória (STJ, EREsp 200902124124, REsp 200301294136, REsp 200700416516).

Cespe: A prova de Defensor Público/TO de 2013 considerou ERRADA a afirmação: "Conforme súmula do STJ, o reconhecimento da prescrição ocorrida antes da propositura da execução fiscal depende de provocação do devedor".

Cabe lembrar, por fim, que todas as hipóteses listadas acima, reconhecidas pela doutrina e jurisprudência, de cabimento da exceção exigem prova pré-constituída.

Trata-se de um requisito absoluto: **exceção de pré-executividade é sempre incompatível com dilação probatória.**

TJ/SC: A prova da Magistratura/SC de 2013 considerou CORRETA a afirmação: "A exceção de pré-executividade é admissível na execução fiscal relativamente às matérias conhecíveis de ofício que não demandem dilação probatória".

17.6.12 Impugnação aos embargos

Após o recebimento dos embargos, ou da exceção, o juiz mandará intimar a Fazenda Pública para apresentar **impugnação no prazo de 30 dias**, designando, em seguida, audiência de instrução e julgamento (art. 17 da LEF).

Se não forem oferecidos os embargos, a Fazenda Pública manifestar-se-á sobre a garantia da execução (art. 18).

Cespe: A prova de Procurador do Tribunal de Contas/DF de 2013 considerou CORRETA a afirmação: "É sólido o entendimento jurisprudencial no sentido de que é possível ao juiz reconhecer, de ofício, a nulidade da certidão de dívida ativa ou facultar à Fazenda Pública, a fim de suprir erro formal, a substituição ou emenda do título executivo até a prolação da sentença dos embargos à execução fiscal, em observância ao princípio da economia processual".

Após o trânsito em julgado da decisão nos embargos, o depósito, monetariamente atualizado, será devolvido ao depositante ou entregue à Fazenda Pública, mediante ordem do Juízo competente[STJ] (art. 32, § 2º, da LEF).

STJ: "PROCESSUAL CIVIL. EXECUÇÃO FISCAL. LEVANTAMENTO OU CONVERSÃO EM RENDA QUE SE SUJEITA AO TRÂNSITO EM JULGADO DA DECISÃO QUE RECONHEÇA OU AFASTE A LEGITIMIDADE DA EXAÇÃO. 1. Por força da regra contida no art. 32, § 2º, da Lei n. 6.830/80, o levantamento de depósito judicial ou a sua conversão em renda da Fazenda Pública, sujeita-se ao trânsito em julgado da decisão que reconheceu ou afastou a legitimidade da exação. 2. O art. 32, § 2º, da Lei n. 6.830/80 é norma especial, que deve prevalecer sobre o disposto no art. 587 do CPC, de modo que a conversão em renda do depósito em dinheiro efetuado para fins de garantia da execução fiscal somente é viável após o trânsito em julgado da decisão que reconheceu a legitimidade da exação. Em virtude desse caráter especial da norma, não há falar na aplicação do entendimento consolidado na Súmula 317/STJ" (EREsp 734.831/MG, rel. Min. Mauro Campbell Marques, j. 10-11-2010, 1ª Seção).

17.6.13 Prescrição intercorrente

Nos termos do art. 40 da LEF, o juiz suspenderá o curso da execução, enquanto não for localizado o devedor ou encontrados bens sobre os quais possa recair a penhora, e, nesses casos, não correrá o prazo de prescrição.

TJ/PR: A prova de Assessor Jurídico do TJ/PR de 2013 considerou ERRADA a afirmação: "No caso do juiz suspender o curso da execução fiscal, enquanto não for localizado o devedor ou encontrados bens sobre os quais possa recair a penhora, correrá o prazo de prescrição".

Decorrido o prazo máximo de 1 ano sem que seja localizado o devedor ou encontrados bens penhoráveis, o Juiz ordenará o arquivamento dos autos[STJ] (art. 40, § 1º).

STJ: "PROCESSUAL CIVIL. EXECUÇÃO FISCAL. CONVÊNIO BACEN-JUD. PENHORA. DEPÓSITOS BANCÁRIOS. LEI N. 11.382/2006. 1. Esta Corte admite a expedição de ofício ao Bacen para se obter informações sobre a existência de ativos financeiros do devedor, desde que o exequente comprove ter exaurido todos os meios de levantamento de dados na via extrajudicial. 2. De qualquer modo, há a necessidade de observância da relação dos bens absolutamente impenhoráveis, previstos no art. 649 do CPC, especialmente, 'os recursos públicos recebidos por instituições privadas para aplicação compulsória em educação, saúde ou assistência social' (inciso VIII), bem como a quantia depositada em caderneta de poupança até o limite de quarenta (40) salários mínimos" (REsp 1.070.308, rel. Min. Castro Meira, j. 18-9-2008, 2ª T.).

Porém, se da decisão que ordenar o arquivamento tiver decorrido o prazo prescricional, o juiz, ouvida a Fazenda Pública, **poderá, de ofício, reconhecer a prescrição intercorrente** e decretá-la de imediato (art. 40, § 4º).

Cespe: A prova da Magistratura/RN de 2013 considerou ERRADA a afirmação: "Não sendo localizados bens nas ações de execuções fiscais, suspende-se o processo por um ano, iniciando-se ao final deste o prazo de prescrição quinquenal intercorrente, e podendo o juiz pronunciá-la de ofício, independentemente da oitiva da Fazenda Pública".

17.6.13.1 Prescrição intercorrente automática

No julgamento do REsp 1.340.533, em 12-9-2018, o STJ fixou cinco teses sobre a interpretação do art. 40 da Lei n. 6.830/80, incluindo a polêmica figura da "prescrição intercorrente automática" (tese 1 abaixo).

Segue transcrição do inteiro teor das novas teses acerca da prescrição intercorrente:

> **1) O prazo de 1 (um) ano de suspensão do processo e do respectivo prazo prescricional previsto no art. 40, §§ 1º e 2º da Lei n. 6.830/80 – LEF tem início automaticamente na data da ciência da Fazenda Pública a respeito da não localização do devedor ou da inexistência de bens penhoráveis no endereço fornecido**, havendo, sem prejuízo dessa contagem automática, o dever de o magistrado declarar ter ocorrido a suspensão da execução;
>
> 1.1) Sem prejuízo do disposto no item 1, nos casos de execução fiscal para cobrança de dívida ativa de natureza tributária (cujo despacho ordenador da citação tenha sido proferido antes da vigência da LC n. 118/2005), depois da citação válida, ainda que editalícia, logo após a primeira tentativa infrutífera de localização de bens penhoráveis, o Juiz declarará suspensa a execução.
>
> 1.2) Sem prejuízo do disposto no item 1, em se tratando de execução fiscal para cobrança de dívida ativa de natureza tributária (cujo despacho ordenador da citação tenha sido proferido na vigência da LC n. 118/2005) e de qualquer dívida ativa de natureza não tributária, logo após a primeira tentativa frustrada de citação do devedor ou de localização de bens penhoráveis, o Juiz declarará suspensa a execução.
>
> 2) Havendo ou não petição da Fazenda Pública e havendo ou não pronunciamento judicial nesse sentido, findo o prazo de 1 (um) ano de suspensão inicia-se automaticamente o prazo prescricional aplicável (de acordo com a natureza do crédito exequendo) durante o qual o processo deveria estar arquivado sem baixa na distribuição, na forma do art. 40, §§ 2º, 3º e 4º da Lei n. 6.830/80 – LEF, findo o qual o Juiz, depois de ouvida a Fazenda Pública, poderá, de ofício, reconhecer a prescrição intercorrente e decretá-la de imediato;
>
> 3) A efetiva constrição patrimonial e a efetiva citação (ainda que por edital) são aptas a interromper o curso da prescrição intercorrente, não bastando para tal o mero peticionamento em juízo, requerendo, v.g., a feitura da penhora sobre ativos financeiros ou sobre outros bens. Os requerimentos feitos pelo exequente, dentro da soma do prazo máximo de 1 (um) ano de suspensão mais o prazo de prescrição aplicável (de acordo com a natureza do crédito exequendo) deverão ser processados, ainda que para além da soma desses dois prazos, pois, citados (ainda que por edital) os devedores e penhorados os bens, a qualquer tempo – mesmo depois de escoados os referidos prazos –, considera-se interrompida a prescrição intercorrente, retroativamente, na data do protocolo da petição que requereu a providência frutífera.
>
> 4) A Fazenda Pública, em sua primeira oportunidade de falar nos autos (art. 245 do CPC/73, correspondente ao art. 278 do CPC/2015), ao alegar nulidade pela falta de qualquer intimação dentro do procedimento do art. 40 da LEF, deverá demonstrar o prejuízo

que sofreu (exceto a falta da intimação que constitui o termo inicial – 1., onde o prejuízo é presumido), por exemplo, deverá demonstrar a ocorrência de qualquer causa interruptiva ou suspensiva da prescrição.

5) O magistrado, ao reconhecer a prescrição intercorrente, deverá fundamentar o ato judicial por meio da delimitação dos marcos legais que foram aplicados na contagem do respectivo prazo, inclusive quanto ao período em que a execução ficou suspensa.

17.6.14 Direito sumular sobre execução fiscal

17.6.14.1 Súmulas do STF sobre execução fiscal

Súmula 277

São cabíveis embargos, em favor da Fazenda Pública, em ação executiva fiscal, não sendo unânime a decisão.

Súmula 278

São cabíveis embargos em ação executiva fiscal contra decisão reformatória da de primeira instância, ainda que unânime.

Súmula 383

A prescrição em favor da Fazenda Pública recomeça a correr, por dois anos e meio, a partir do ato interruptivo, mas não fica reduzida aquém de cinco anos, embora o titular do direito a interrompa durante a primeira metade do prazo.

17.6.14.2 Súmulas do STJ sobre execução fiscal

Súmula 58

Proposta a execução fiscal, a posterior mudança de domicílio do executado não desloca a competência já fixada.

Súmula 66

Compete à Justiça Federal processar e julgar execução fiscal promovida por Conselho de fiscalização profissional.

Súmula 106

Proposta a ação no prazo fixado para o seu exercício, a demora na citação, por motivos inerentes ao mecanismo da Justiça, não justifica o acolhimento da arguição de prescrição ou decadência.

Súmula 121

Na execução fiscal o devedor deverá ser intimado, pessoalmente, do dia e hora da realização do leilão.

Súmula 128

Na execução fiscal haverá segundo leilão, se no primeiro não houver lanço superior à avaliação.

Súmula 139

Cabe à Procuradoria da Fazenda Nacional propor execução fiscal para cobrança de crédito relativo ao ITR.

Súmula 153

A desistência da execução fiscal, após o oferecimento dos embargos, não exime o exequente dos encargos da sucumbência.

Súmula 189

É desnecessária a intervenção do Ministério Público nas execuções fiscais.

Súmula 190

Na execução fiscal, processada perante a Justiça Estadual, cumpre à Fazenda Pública antecipar o numerário destinado ao custeio das despesas com o transporte dos oficiais de justiça.

Súmula 251

A meação só responde pelo ato ilícito quando o credor, na execução fiscal, provar que o enriquecimento dele resultante aproveitou ao casal.

Súmula 314

Em execução fiscal, não localizados bens penhoráveis, suspende-se o processo por um ano, findo o qual se inicia o prazo da prescrição quinquenal intercorrente.

Súmula 375

O reconhecimento da fraude à execução depende do registro da penhora do bem alienado ou da prova de má-fé do terceiro adquirente.

Súmula 392

A Fazenda Pública pode substituir a certidão de dívida ativa (CDA) até a prolação da sentença de embargos, quando se tratar de correção de erro material ou formal, vedada a modificação do sujeito passivo da execução.

Súmula 393

A exceção de pré-executividade é admissível na execução fiscal relativamente às matérias conhecíveis de ofício que não demandem dilação probatória.

Súmula 394

É admissível, em embargos à execução, compensar os valores de imposto de renda retidos indevidamente na fonte com os valores restituídos apurados na declaração anual.

Súmula 400

O encargo de 20% previsto no Decreto-lei n. 1.025/69 é exigível na execução fiscal proposta contra a massa falida.

Súmula 406

A Fazenda Pública pode recusar a substituição do bem penhorado por precatório.

Súmula 414

A citação por edital na execução fiscal é cabível quando frustradas as demais modalidades.

Súmula 430

O inadimplemento da obrigação tributária pela sociedade não gera, por si só, a responsabilidade solidária do sócio-gerente.

Súmula 435

Presume-se dissolvida irregularmente a empresa que deixar de funcionar no seu domicílio fiscal, sem comunicação aos órgãos competentes, legitimando o redirecionamento da execução fiscal para o sócio-gerente.

Súmula 451

É legítima a penhora da sede do estabelecimento comercial.

Súmula 515

A reunião de execuções fiscais contra o mesmo devedor constitui faculdade do juiz.

Súmula 558

Em ações de execução fiscal, a petição inicial não pode ser indeferida sob o argumento da falta de indicação do CPF e/ou RG ou CNPJ da parte executada.

Súmula 559

Em ações de execução fiscal, é desnecessária a instrução da petição inicial com o demonstrativo de cálculo do débito, por tratar-se de requisito não previsto no art. 6º da Lei n. 6.830/80.

17.6.14.3 Súmulas do TFR sobre execução fiscal

Súmula 44

Ajuizada a execução fiscal anteriormente à falência, com penhora realizada antes desta, não ficam os bens penhorados sujeitos a arrecadação no Juízo falimentar; proposta a execução fiscal contra a massa falida, a penhora far-se-á no rosto dos autos do processo da quebra, citando-se o síndico.

Súmula 99

A Fazenda Pública, nas execuções fiscais, não está sujeita a prévio depósito para custear despesas do avaliador.

Súmula 112

Em execução fiscal, a responsabilidade pessoal do sócio gerente de sociedade por quotas, decorrente de violação da Lei ou excesso de mandato, não atinge a meação de sua mulher.

Súmula 184

Em execução movida contra sociedade por quotas, o sócio, citado em nome próprio, não tem legitimidade para opor embargos de terceiro, visando livrar da constrição judicial seus bens particulares.

Súmula 189

Proposta a execução fiscal, a posterior mudança de domicílio do executado não desloca a competência já fixada.

Súmula 190

A intimação pessoal da penhora ao executado torna dispensável a publicação de que trata o art. 12 da Lei das Execuções Fiscais.

Súmula 209

Nas execuções fiscais da fazenda nacional, é legítima a cobrança cumulativa de juros de mora e multa moratória.

Súmula 210

Na execução fiscal, não sendo encontrado o devedor, nem bens arrestáveis, é cabível a citação editalícia.

Súmula 224

O fato de não serem adjudicados bens que, levados a leilão, deixaram de ser arrematados, não acarreta a extinção do processo de execução.

17.6.14.4 Súmulas gerais do STJ sobre processo tributário

Súmula 232

A Fazenda Pública, quando parte no processo, fica sujeita à exigência do depósito prévio dos honorários do perito.

Súmula 452

A extinção das ações de pequeno valor é faculdade da Administração Federal, vedada a atuação judicial de ofício.

Súmula 515

A reunião de execuções fiscais contra o mesmo devedor constitui faculdade do juiz.

17.7 QUADRO SINÓTICO

CONCEITO
Em **sentido amplo,** processo tributário pode ser conceituado como **quaisquer atividades estatais**, no âmbito dos Poderes Legislativo, Executivo ou Judiciário, **desenvolvidas visando instituir e arrecadar tributos**. A excessiva abrangência do citado conceito tem favorecido a preferência, na doutrina e nos concursos, pelo **sentido estrito** da locução "processo tributário", assim entendido o conjunto ordenado de **atos administrativos ou jurisdicionais** praticados **para solucionar conflitos entre o Fisco e o sujeito passivo** da obrigação tributária.
ÂMBITOS DA PRÁTICA TRIBUTÁRIA
A) CONSULTIVO TRIBUTÁRIO Desenvolvimento de atividades, tanto por servidores públicos quanto por profissionais da iniciativa privada, geralmente com natureza preventiva e pré-processual, tendo caráter de orientação e resposta a consultas formuladas por autoridades públicas ou consulentes particulares, podendo materializar-se com a elaboração de parecer conclusivo sobre a dúvida suscitada. B) PROCESSO ADMINISTRATIVO FISCAL Contribuintes e responsáveis têm a opção de **impugnar exigências tributárias** indevidas interpondo recurso **perante o próprio Fisco**, sem prejuízo da possibilidade de recorrerem a qualquer momento ao Judiciário (art. 5º, XXXV, da CF). Consiste no procedimento estabelecido **no âmbito no próprio Fisco para determinação, exigência, consulta e impugnação de créditos tributários**. Na esfera federal, o processo administrativo fiscal é regulado pelo Decreto n. 70.235, de 6 de março de 1972. Nos termos do art. 7º do referido decreto, o procedimento fiscal tem início com: **I** – o primeiro ato de ofício, escrito, praticado por servidor competente, cientificado o sujeito passivo da obrigação tributária ou seu preposto; **II** – a apreensão de mercadorias, documentos ou livros; **III** – o começo de despacho aduaneiro de mercadoria importada. Uma vez realizado o lançamento ou lavrado o Auto de Infração e Imposição de Multa (AIIM), e notificado o devedor, **poderá ser interposto recurso contra a exigência indevida**, chamado pelo decreto de "impugnação", instaurando a fase litigiosa do procedimento (art. 14). A impugnação, formalizada por escrito e instruída com os documentos em que se fundamentar, será apresentada ao órgão preparador no prazo de trinta dias, contados da data em que for feita a intimação da exigência (art. 15). A qualquer momento o devedor pode, antes ou durante o processo administrativo fiscal, impugnar a exigência na esfera judicial. Isso porque **no Brasil não existe necessidade de esgotamento da via administrativa como requisito para recorrer ao Judiciário** (art. 5º, XXXV, da CF). Assim, **a utilização da via administrativa, como meio de recorrer contra exações fiscais indevidas, é meramente opcional e não faz coisa julgada material**. C) PROCESSO JUDICIAL TRIBUTÁRIO O caminho preferido, e em geral mais eficiente, para questionar exações fiscais indevidas tem sido a **propositura de ações judiciais em favor do contribuinte**. No entanto, a rigor, o processo judicial tributário inclui tanto demandas propostas pelo sujeito passivo (contribuinte ou responsável tributário) quanto aquelas intentadas pelo Fisco, como é o caso da execução fiscal e da cautelar fiscal. O caminho natural para o contribuinte impugnar cobranças tributárias ilegítimas é o **recurso às medidas propostas no Poder Judiciário**. ↳Ação declaratória de inexistência de relação jurídico-tributária Tem sua propositura fundamentada no art. 19, I, do Código de Processo Civil. É cabível antes de qualquer ato concreto do Fisco tendente a exigir o tributo, ou seja, tende a ser ajuizada pelo potencial contribuinte **antes do lançamento ou da lavratura do Auto de Infração** e Imposição de Multa (AIIM). Na verdade, a ação declaratória, comumente articulada com pedido de antecipação de tutela, **veicula pretensão inibitória visando afastar exigência futura** objetivamente delimitada. ↳Ação anulatória de débito fiscal Está prevista no art. 38 da Lei n. 6.830/80, e seu objetivo é promover judicialmente a extinção do lançamento tributário ou da autuação fiscal se tais atos administrativos estiverem eivados de ilegalidade. Daí o nome de "ação anulatória", que revela a **pretensão do autor de anular o ato administrativo que fundamenta a cobrança do tributo:** lançamento ou auto de infração. Assim, a propositura da ação anulatória pressupõe o lançamento ou a lavratura do AIIM. O **prazo prescricional** da ação anulatória é **de 5 anos** (art. 1º do Decreto n. 20.910/32). Mas, quando a ação anulatória for **precedida de decisão administrativa que denegar a restituição do indébito**, o prazo será de **2 anos** (art. 169 do CTN). A ação anulatória pode ser proposta mesmo após iniciada a execução fiscal.

DIREITO SUMULAR: Súmula do TRF 247: "Não constitui pressuposto da ação anulatória do débito fiscal o depósito de que cuida o art. 38 da Lei n. 6.830, de 1980".

Mandado de segurança individual

No Direito Tributário, o mandado de segurança individual é utilizado como meio de impugnação judicial de amplo cabimento contra atos do Fisco. Pode ser usado para atacar tanto **exigências fiscais anteriores** quanto **posteriores ao lançamento tributário** ou à lavratura do auto de infração.

Considera-se **individual** o mandado de segurança impetrado em nome próprio **na defesa de interesse próprio** (legitimação ordinária). Exemplo: partido político impetra.

Quando **impetrado preventivamente**, ou seja, antes da ocorrência do ato coator (que em geral é o lançamento ou auto de infração), o mandado de segurança é uma **alternativa à ação declaratória** de inexistência de relação jurídico-tributária, e **não tem prazo** para impetração.

Já na hipótese de **mandado de segurança repressivo**, vale dizer, impetrado após a ocorrência do ato coator, trata-se de **sucedâneo processual da ação anulatória de débito fiscal**, sujeitando-se ao **prazo decadencial de 120 dias,** contados da ciência, pelo impugnado, do ato coator (art. 23 da Lei n. 12.016/2009).

ATENÇÃO: O mandado de segurança, ao contrário das demais ações judiciais do processo tributário, não é impetrado em face de uma pessoa federativa. O polo passivo é ocupado pela autoridade pública que praticou o ato impugnado (art. 6º, § 3º), agora em litisconsórcio passivo com a pessoa jurídica interessada (art. 7º, II, da Lei do MS).

"Sintonia fina" entre o mandado de segurança e as ações de rito ordinário: Embora, como regra geral, exista uma liberdade na escolha entre o mandado de segurança e a respectiva ação pelo procedimento comum (declaratória ou anulatória) como meio de defesa do contribuinte, existem situações excepcionais em que a prática forense recomenda e/ou determina a adoção de somente um desses caminhos.

Nunca se deve impetrar mandado de segurança, e sim propor ação declaratória ou anulatória, quando: **a)** *tiver escoado o prazo de 120 dias da ciência do ato coator;* **b)** *houver necessidade de produzir prova diversa dos documentos disponíveis no momento da impetração (no mandado de segurança* **não se admite dilação probatória**).

Por outro lado, sempre é recomendável impetrar mandado de segurança quando: **a)** *a situação concreta não envolver diretamente discussão sobre a existência da relação jurídico-tributária, mas problemas documentais diversos. Exemplos: negativa de inscrição no CNPJ, liberação de mercadoria ou recusa de certidão;* **b)** *for necessária a adoção da medida judicial "mais célere" e/ou "menos onerosa".* O mandado de segurança sujeita-se a um procedimento especial bastante curto, se comparado ao rito ordinário aplicável às ações declaratória e anulatória. Daí falar-se no mandado de segurança como medida mais célere. Além disso, como o mandado de segurança, na hipótese de derrota, não gera condenação em honorários advocatícios, trata-se de ação menos onerosa do que aquelas que tramitam pelo rito ordinário.

DIREITO SUMULAR SOBRE O MANDADO DE SEGURANÇA

Súmulas do STF

Súmula 239: Decisão que declara indevida a cobrança do imposto em determinado exercício não faz coisa julgada em relação aos posteriores.

Súmula 262: Não cabe medida possessória liminar para liberação alfandegária de automóvel.

Súmula 266: Não cabe mandado de segurança contra lei em tese.

Súmula 267: Não cabe mandado de segurança contra ato judicial passível de recurso ou correição.

Súmula 269: O mandado de segurança não é substitutivo de ação de cobrança.

Súmula 271: Concessão de mandado de segurança não produz efeitos patrimoniais, em relação a período pretérito, os quais devem ser reclamados administrativamente ou pela via judicial própria.

Súmula 304: Decisão denegatória de mandado de segurança, não fazendo coisa julgada contra o impetrante, não impede o uso da ação própria.

Súmula 405: Denegado o mandado de segurança pela sentença, ou no julgamento do agravo, dela interposto, fica sem efeito a liminar concedida, retroagindo os efeitos da decisão contrária.

Súmula 510: Praticado o ato por autoridade, no exercício de competência delegada, contra ela cabe o mandado de segurança ou a medida judicial.

Súmula 512: Não cabe condenação em honorários de advogado na ação de mandado de segurança.

Súmula 625: Controvérsia sobre matéria de direito não impede concessão de mandado de segurança.

Súmulas do STJ

Súmula 105: Na ação de mandado de segurança não se admite condenação em honorários advocatícios.

Súmula 169: São inadmissíveis embargos infringentes no processo de mandado de segurança.

Súmula 212: A compensação de créditos tributários não pode ser deferida por medida liminar.

Súmula 213: O mandado de segurança constitui ação adequada para a declaração do direito à compensação tributária.

Súmula 460: É incabível o mandado de segurança para convalidar a compensação tributária realizada pelo contribuinte.

Súmulas do TRF

Súmula 59: A autoridade fiscal de primeiro grau que expede a notificação para pagamento do tributo está legitimada passivamente para a ação de segurança, ainda que sobre a controvérsia haja decisão, em grau de recurso, de conselho de contribuintes.

Súmula 145: Extingue-se o processo de mandado de segurança, se o autor não promover, no prazo assinado, a citação do litisconsorte necessário.

Mandado de segurança coletivo

O mandado de segurança coletivo, nos termos do art. 5º, LXX, da CF, pode ser impetrado por: **a)** partido político com representação no Congresso Nacional; **b)** organização sindical, entidade de classe ou associação legalmente constituída e em funcionamento há pelo menos um ano, em defesa dos interesses de seus membros ou associados.

A principal diferença em relação ao mandado de segurança individual é que, enquanto neste a ação é proposta na defesa de interesse próprio (legitimação ordinária), o mandado de segurança coletivo **é impetrado** em nome próprio **na defesa de interesse alheio (legitimação extraordinária)**.

Ação cautelar

As ações cautelares, previstas nos arts. 294 e seguintes do novo Código de Processo Civil, são importantes instrumentos judiciais de defesa do contribuinte contra exigências tributárias indevidas, principalmente porque **admitem formulação de pedido liminar** (art. 297 do CPC).

Cautelar pode ser proposta antes ou no curso do processo principal e deste é sempre dependente. Seu cabimento é semelhante ao do mandado de segurança, ou seja, pode ser utilizada **antes ou depois do lançamento tributário**.

Nada impede, também, sua utilização quando o processo já estiver em **fase de recurso**; a medida cautelar será **requerida diretamente ao tribunal** (art. 299, parágrafo único).

Ação de repetição de indébito

É cabível para obter a restituição de tributos pagos indevidamente ou a maior.

Havendo pagamento a maior ou indevido, existem os seguintes caminhos para o contribuinte recompor o prejuízo: **1)** pedido administrativo de restituição; **2)** ação de repetição de indébito; **3)** requerimento administrativo de compensação; **4)** ação ordinária com pedido de compensação.

O **prazo** para propor ação repetitória é de **5 anos** (art. 168 do CTN), contados: **I** – da data da extinção do crédito tributário, nas hipóteses de pagamento indevido, a maior ou erro no pagamento; **II** – da data em que se tornar definitiva a decisão administrativa ou passar em julgado a decisão judicial que tenha reformado, anulado, revogado ou rescindido a decisão condenatória.

Se o tributo for indireto, a restituição somente será autorizada havendo comprovação de que o contribuinte de direito não repassou o valor ao contribuinte de fato ou se estiver por este autorizado a restituir (art. 166 do CTN).

A propositura da ação de repetição implica renúncia ao direito de recorrer na esfera administrativa para discutir o mesmo indébito.

DIREITO SUMULAR SOBRE AÇÃO DE REPETIÇÃO DE INDÉBITO

Súmulas do STJ

Súmula 162: Na repetição de indébito tributário, a correção monetária incide a partir do pagamento indevido.

Súmula 188: Os juros moratórios, na repetição do indébito tributário, são devidos a partir do trânsito em julgado da sentença.

Súmula 461: O contribuinte pode optar por receber, por meio de precatório ou por compensação, o indébito tributário certificado por sentença declaratória transitada em julgado.

Súmula do STF

Súmula 546: Cabe a restituição do tributo pago indevidamente, quando reconhecido por decisão que o contribuinte *de jure* não recuperou do contribuinte de fato o *quantum* respectivo.

Ação declaratória cumulada com repetição de indébito

Havendo necessidade de inibir exigência tributária futura e, simultaneamente, obter restituição de valor pago de forma indevida, a prática forense vem reconhecendo a possibilidade de **atender em uma única demanda às pretensões declaratória e repetitória** por meio da utilização da ação declaratória de inexistência de relação jurídico-tributária cumulada com pedido de repetição de indébito.

Ação de consignação em pagamento

É cabível sempre que o devedor quer realizar o pagamento corretamente mas não consegue.

A ação de consignação somente pode versar sobre o crédito que o consignante se propõe a pagar (art. 164, § 1º, do CTN).

Julgada procedente a demanda, o pagamento reputa-se efetuado e a importância consignada é convertida em renda; julgada improcedente a consignação no todo ou em parte, cobra-se o crédito acrescido de juros de mora, sem prejuízo das penalidades cabíveis.

A consignação só pode versar sobre o crédito que o consignante se propõe a pagar (art. 164, § 2º, do CTN).

AÇÕES DE DEFESA DA FAZENDA PÚBLICA EM JUÍZO

Cautelar fiscal

É a ação judicial cabível, após a constituição do crédito, contra o devedor que pratica ou pretende praticar atos tendentes a fraudar o pagamento do tributo.

A regra geral, assim, é que a propositura exige prévia constituição do crédito. No entanto, em duas hipóteses a medida cautelar fiscal pode ser intentada independentemente de prévia constituição do crédito tributário, a saber, quando o devedor (art. 1º, parágrafo único, da Lei n. 8.397/92):

a) notificado pela Fazenda Pública para que proceda ao recolhimento do crédito fiscal, **põe ou tenta pôr seus bens em nome de terceiros;**

b) **aliena bens ou direitos sem proceder à devida comunicação** ao órgão da Fazenda Pública competente, quando exigível em virtude de lei.

Como a Lei n. 8.397/92 tem natureza jurídica de **lei nacional,** a medida cautelar fiscal **pode ser requerida por todas as entidades federativas.**

LEI DE EXECUÇÃO FISCAL

O procedimento de execução fiscal é disciplinado pela Lei n. 6.830, de 22 de setembro de 1980, conhecida como Lei de Execuções Fiscais ou simplesmente "LEF".

Natureza jurídica: a Lei n. 6.830/80 tem natureza jurídica (taxonomia) de **lei nacional,** na medida em que disciplina simultaneamente os processos de execução fiscal nos âmbitos federal, estadual, distrital e municipal.

Objeto da execução fiscal: a Lei n. 6.830/80 estabelece o devido processo legal para exigência judicial, de **quaisquer créditos estatais definidos como dívida ativa da Fazenda Pública**, de natureza tributária ou não tributária, incluindo atualização monetária, juros e multa de mora e demais encargos previstos em lei ou contrato (art. 2º, § 2º, da LEF).

Assim, importante verificar que, embora o nome "execução fiscal" sugira uma vinculação a receitas tributárias, o procedimento previsto na Lei n. 6.830/80 aplica-se também para exigir créditos titularizados pelo Estado provenientes de **multas ambientais, sanções administrativas, imputações de pagamento determinadas por Tribunais de Contas, penalidades disciplinares** etc.

Polo ativo: a ação de execução fiscal tem no polo ativo, como regra, a pessoa federativa competente para instituição do tributo exigido, a saber, **União, Estado, Distrito Federal ou Município.**

Nos casos de parafiscalidade (art. 7º do CTN), o polo ativo da demanda será ocupado pela pessoa jurídica encarregada de arrecadar o tributo, isto é, **autarquia, conselho de classe ou pessoa equivalente.**

Polo passivo: já o polo passivo da execução fiscal, nos termos do art. 4º da LEF, pode ser ocupado por seis figuras distintas: **I** – o devedor; **II** – o fiador; **III** – o espólio; **IV** – a massa; **V** – o responsável, nos termos da lei, por dívidas, tributárias ou não, de pessoas físicas ou pessoas jurídicas de direito privado; e **VI** – os sucessores a qualquer título.

Em princípio, porém, a demanda deve ser intentada contra aqueles que constam como devedores na certidão da dívida ativa. O posterior redirecionamento do feito é admissível somente em hipóteses excepcionalmente previstas em lei ou reconhecidas pela jurisprudência.

Título executivo: o título executivo da execução fiscal é a **certidão da dívida ativa (CDA)**, cujo Termo deverá conter (art. 2º, § 3º, da LEF):

I – o nome do devedor, dos corresponsáveis e, sempre que conhecido, o domicílio ou residência de um e de outros;

II – o valor originário da dívida, bem como o termo inicial e a forma de calcular os juros de mora e demais encargos previstos em lei ou contrato;

III – a origem, a natureza e o fundamento legal ou contratual da dívida;

IV – a indicação, se for o caso, de estar a dívida sujeita à atualização monetária, bem como o respectivo fundamento legal e o termo inicial para o cálculo;

V – a data e o número da inscrição, no Registro de Dívida Ativa; e

VI – o número do processo administrativo ou do auto de infração, se neles estiver apurado o valor da dívida.

A CDA tem taxonomia de **ato administrativo enunciativo** e, se regularmente inscrita, goza de **presunção relativa de liquidez e certeza** (art. 3º da LEF).

Competência: a execução fiscal deve ser julgada no **domicílio do devedor**. A competência para processar e julgar a execução da Dívida Ativa da Fazenda Pública exclui a de qualquer outro Juízo, inclusive o da falência, da concordata, da liquidação, da insolvência ou do inventário (art. 5º da LEF).

Petição inicial: o art. 6º, § 2º, da LEF, visando garantir celeridade ao procedimento, permite que a **certidão da dívida ativa** cumpra **simultaneamente** as funções de **petição inicial** e **título executivo** da execução fiscal.

Mas o uso da CDA como petição inicial é meramente facultativo.

Nesse sentido, a Procuradoria da Fazenda tem liberdade para elaborar petição inicial distinta da CDA, que indicará apenas (art. 6º da LEF):

I – o Juiz a quem é dirigida; **II** – o pedido; e **III** – o requerimento para a citação.

A petição inicial será instruída com a Certidão da Dívida Ativa, que dela fará parte integrante, como se estivesse transcrita (art. 6º, § 1º).

A produção de provas pela Fazenda Pública independe de requerimento na petição inicial (art. 6º, § 3º).

O valor da causa será o da dívida constante da certidão, com os encargos legais (art. 6º, § 4º).

Garantia do juízo: no momento em que é proposta a execução, **pesa contra o devedor** uma **dupla presunção de veracidade em favor do Fisco**. Isso porque dois atos administrativos distintos abonam o entendimento, que ainda pode ser revertido, no sentido de que a dívida é legítima e o valor, devido. Tanto o lançamento tributário quanto a certidão da dívida ativa são atos administrativos revestidos da presunção de legitimidade em desfavor do executado. É por essa razão que a LEF estabelece rigorosa exigência para que o devedor consiga suspender o curso da execução por meio da oposição de embargos: a garantia do juízo.

Assim, a oposição dos embargos à execução fiscal exige garantia do juízo, cujo prazo para garantir o juízo é de **5 dias**. A partir da garantia, o prazo para opor embargos é de **30 dias**.

De acordo com o art. 8º, o executado será citado para, no prazo de 5 dias, pagar a dívida com os juros e multa de mora e encargos indicados na Certidão de Dívida Ativa, ou garantir a execução, observadas as seguintes normas:

I – a citação será feita pelo correio, com aviso de recepção, se a Fazenda Pública não a requerer por outra forma;

II – a citação pelo correio considera-se feita na data da entrega da carta no endereço do executado, ou, se a data for omitida, no aviso de recepção, 10 (dez) dias após a entrega da carta à agência postal;

III – se o aviso de recepção não retornar no prazo de 15 (quinze) dias da entrega da carta à agência postal, a citação será feita por Oficial de Justiça ou por edital; e

IV – o edital de citação será afixado na sede do Juízo, publicado uma só vez no órgão oficial, gratuitamente, como expediente judiciário, com o prazo de 30 (trinta) dias, e conterá, apenas, a indicação da exequente, o nome do devedor e dos corresponsáveis, a quantia devida, a natureza da dívida, a data e o número da inscrição no Registro da Dívida Ativa, o prazo e o endereço da sede do Juízo.

O executado ausente do País será citado por edital, dentro do prazo de 60 dias (art. 8º, § 1º).

Para garantir a execução, o devedor poderá, nos termos do art. 9º da LEF:

I – efetuar depósito em dinheiro, à ordem do Juízo em estabelecimento oficial de crédito, que assegure atualização monetária;

II – oferecer fiança bancária;

III – nomear bens à penhora; ou

IV – indicar à penhora bens oferecidos por terceiros e aceitos pela Fazenda Pública.

Na hipótese de não ocorrer pagamento ou garantia, a penhora poderá recair em qualquer bem do executado, exceto os que a lei declare absolutamente impenhoráveis (art. 10 da LEF).

Penhora e penhora *on-line*: nos termos do que prescreve o art. 11 da LEF, a penhora ou arresto na execução fiscal seguirá a seguinte ordem: **I** – dinheiro; **II** – título da dívida pública, bem como título de crédito, que tenham cotação em bolsa; **III** – pedras e metais preciosos; **IV** – imóveis; **V** – navios e aeronaves; **VI** – veículos; **VII** – móveis ou semoventes; e **VIII** – direitos e ações.

Além desses bens, pode a constrição judicial recair excepcionalmente sobre estabelecimento comercial, industrial ou agrícola, bem como em plantações ou edifícios em construção (art. 11, § 1º).

A qualquer momento no processo, o juiz poderá conceder: **I** – ao executado, a substituição da penhora por depósito em dinheiro ou fiança bancária; e **II** – à Fazenda Pública, a substituição dos bens penhorados por outros, independentemente da ordem enumerada no art. 11, bem como o reforço da penhora insuficiente.

Embora o tema seja controvertido na doutrina e na jurisprudência, importantes **precedentes do STJ** admitem o uso de **penhora *on-line* em execução fiscal. Após a promulgação da Lei n. 11.382/2006, a penhora *on-line* passou a ser admitida como medida constritiva inicial em execução fiscal.**

↳ Embargos à execução

Os embargos constituem o **meio natural de defesa** do devedor na execução fiscal, tendo **natureza jurídica de ação autônoma**.

Consequências importantes:

1) necessidade de o embargante demonstrar o preenchimento de pressupostos processuais e condições da ação;

2) existência de valor da causa autônomo em face da execução;

3) distribuição por dependência ao feito executivo;

4) a decisão judicial que rejeita liminarmente ou julga improcedentes os embargos é uma sentença, recorrível por apelação.

Nos termos do art. 16 da LEF, o executado opõe embargos no **prazo de 30 dias contados da garantia do juízo**, ou seja:

I – do depósito; **II** – da juntada da prova da fiança bancária; **III** – da intimação da penhora.

Os embargos são admissíveis somente após garantida a execução (art. 16, § 1º, da LEF). Sua oposição antes da garantia resulta na extemporaneidade dos embargos, que não se confunde com intempestividade, que é a oposição após o encerramento do prazo legal. Os embargos poderão versar sobre toda matéria útil a defesa, podendo ser requeridas provas e juntada de documentos e testemunhas (art. 16, § 2º, da LEF).

Exceção de pré-executividade

A necessidade de garantir o juízo para embargar a execução fiscal muitas vezes impede o devedor de exercer seu direito constitucional ao contraditório e à ampla defesa. Diante disso, a **doutrina e a jurisprudência** vêm reconhecendo a possibilidade de o executado defender-se, **sem necessidade de garantir o juízo**, utilizando objeção de pré-executividade ou, nome que se tornou mais conhecido, **exceção de pré-executividade**. Trata-se de um **incidente processual**, ou seja, ao contrário dos embargos, a exceção **não tem natureza jurídica de ação autônoma**. Desse modo, a decisão judicial que rejeita a exceção de pré-executividade ou a "julga improcedente" é **decisão interlocutória** recorrível por agravo de instrumento, e não por apelação. Entretanto, se o juiz "acatar" a exceção ou a "julgar procedente", tal decisão produzirá o efeito de extinguir a execução, isto é, efeito de sentença, cabendo apelação.

Não existe prazo para oferecimento da exceção de pré-executividade.

São reconhecidas pela doutrina e pela jurisprudência as seguintes **hipóteses de cabimento da exceção de pré-executividade**, substituindo os embargos à execução:

1) executado não tem patrimônio suficiente para garantir o juízo;

2) nulidade da CDA passível de reconhecimento de plano (STJ, REsp 915.503/PR);

3) matérias de ordem pública conhecíveis de ofício pelo juiz, que não demandem dilação probatória (STJ, Súmula 393);

4) alegação de pagamento (STJ, AGREsp 200701588350);

5) ilegitimidade da parte com redirecionamento da execução contra sócio cujo nome não consta da CDA (STJ, AGREsp 200701588350);

6) inconstitucionalidade do tributo reconhecida pelo STF (STJ, REsp 1.051. 860/PE);

7) prescrição e decadência, desde não seja necessária dilação probatória (STJ, EREsp 200902124124, REsp 200301294136, REsp 200700416516).

Cabe lembrar que, para o STJ, se o nome do sócio consta da CDA, mesmo na hipótese de dívida tributária originariamente da empresa, a presunção de liquidez e certeza do título inverte o ônus da prova, incumbindo ao sócio provar que não houve infração ou excesso de poder nos termos do art. 135 do CTN.

Impugnação aos embargos

Após o recebimento dos embargos, ou da exceção, o juiz mandará intimar a Fazenda Pública para apresentar **impugnação no prazo de 30 dias**, designando, em seguida, audiência de instrução e julgamento (art. 17 da LEF). Se não forem oferecidos os embargos, a Fazenda Pública manifestar-se-á sobre a garantia da execução (art. 18).

Após o trânsito em julgado da decisão nos embargos, o depósito, monetariamente atualizado, será devolvido ao depositante ou entregue à Fazenda Pública, mediante ordem do Juízo competente (art. 32, § 2º, da LEF).

Prescrição intercorrente: Nos termos do art. 40 da LEF, o juiz suspenderá o curso da execução, enquanto não for localizado o devedor ou encontrados bens sobre os quais possa recair a penhora, e, nesses casos, não correrá o prazo de prescrição.

Decorrido o prazo máximo de 1 ano sem que seja localizado o devedor ou encontrados bens penhoráveis, o juiz ordenará o arquivamento dos autos (art. 40, § 1º).

Porém, se da decisão que ordenar o arquivamento tiver decorrido o prazo prescricional, o juiz, ouvida a Fazenda Pública, **poderá, de ofício, reconhecer a prescrição intercorrente** e decretá-la de imediato (art. 40, § 4º).

DIREITO SUMULAR SOBRE EXECUÇÃO FISCAL

Súmulas do STF

Súmula 277: São cabíveis embargos, em favor da Fazenda Pública, em ação executiva fiscal, não sendo unânime a decisão.

Súmula 278: São cabíveis embargos em ação executiva fiscal contra decisão reformatória da de primeira instância, ainda que unânime.

Súmula 383: A prescrição em favor da Fazenda Pública recomeça a correr, por dois anos e meio, a partir do ato interruptivo, mas não fica reduzida aquém de cinco anos, embora o titular do direito a interrompa durante a primeira metade do prazo.

Súmulas do STJ

Súmula 58: Proposta a execução fiscal, a posterior mudança de domicílio do executado não desloca a competência já fixada.

Súmula 66: Compete à Justiça Federal processar e julgar execução fiscal promovida por Conselho de fiscalização profissional.

Súmula 106: Proposta a ação no prazo fixado para o seu exercício, a demora na citação, por motivos inerentes ao mecanismo da Justiça, não justifica o acolhimento da arguição de prescrição ou decadência.

Súmula 121: Na execução fiscal o devedor deverá ser intimado, pessoalmente, do dia e hora da realização do leilão.

Súmula 128: Na execução fiscal haverá segundo leilão, se no primeiro não houver lanço superior à avaliação.

Súmula 139: Cabe à Procuradoria da Fazenda Nacional propor execução fiscal para cobrança de crédito relativo ao ITR.

Súmula 153: A desistência da execução fiscal, após o oferecimento dos embargos, não exime o exequente dos encargos da sucumbência.

Súmula 189: É desnecessária a intervenção do Ministério Público nas execuções fiscais.

Súmula 190: Na execução fiscal, processada perante a Justiça Estadual, cumpre à Fazenda Pública antecipar o numerário destinado ao custeio das despesas com o transporte dos oficiais de justiça.

Súmula 232: A Fazenda Pública, quando parte no processo, fica sujeita à exigência do depósito prévio dos honorários do perito.

Súmula 251: A meação só responde pelo ato ilícito quando o credor, na execução fiscal, provar que o enriquecimento dele resultante aproveitou ao casal.

Súmula 314: Em execução fiscal, não localizados bens penhoráveis, suspende-se o processo por um ano, findo o qual se inicia o prazo da prescrição quinquenal intercorrente.

Súmula 375: O reconhecimento da fraude à execução depende do registro da penhora do bem alienado ou da prova de má-fé do terceiro adquirente.

Súmula 392: A Fazenda Pública pode substituir a certidão de dívida ativa (CDA) até a prolação da sentença de embargos, quando se tratar de correção de erro material ou formal, vedada a modificação do sujeito passivo da execução.

Súmula 393: A exceção de pré-executividade é admissível na execução fiscal relativamente às matérias conhecíveis de ofício que não demandem dilação probatória.

Súmula 394: É admissível, em embargos à execução, compensar os valores de imposto de renda retidos indevidamente na fonte com os valores restituídos apurados na declaração anual.

Súmula 400: O encargo de 20% previsto no Decreto-lei n. 1.025/69 é exigível na execução fiscal proposta contra a massa falida.

Súmula 406: A Fazenda Pública pode recusar a substituição do bem penhorado por precatório.

Súmula 414: A citação por edital na execução fiscal é cabível quando frustradas as demais modalidades.

Súmula 430: O inadimplemento da obrigação tributária pela sociedade não gera, por si só, a responsabilidade solidária do sócio-gerente.

Súmula 435: Presume-se dissolvida irregularmente a empresa que deixar de funcionar no seu domicílio fiscal, sem comunicação aos órgãos competentes, legitimando o redirecionamento da execução fiscal para o sócio-gerente.

Súmula 451: É legítima a penhora da sede do estabelecimento comercial.

Súmula 452: A extinção das ações de pequeno valor é faculdade da Administração Federal, vedada a atuação judicial de ofício.

Súmula 515: A reunião de execuções fiscais contra o mesmo devedor constitui faculdade do juiz.

Súmula 558: Em ações de execução fiscal, a petição inicial não pode ser indeferida sob o argumento da falta de indicação do CPF e/ou RG ou CNPJ da parte executada.

Súmula 559: Em ações de execução fiscal, é desnecessária a instrução da petição inicial com o demonstrativo de cálculo do débito, por tratar-se de requisito não previsto no art. 6º da Lei n. 6.830/80.

Súmulas do TRF

Súmula 44: Ajuizada a execução fiscal anteriormente à falência, com penhora realizada antes desta, não ficam os bens penhorados sujeitos a arrecadação no Juízo falimentar; proposta a execução fiscal contra a massa falida, a penhora far-se-á no rosto dos autos do processo da quebra, citando-se o síndico.

Súmula 99: A Fazenda Pública, nas execuções fiscais, não está sujeita a prévio depósito para custear despesas do avaliador.

Súmula 112: Em execução fiscal, a responsabilidade pessoal do sócio gerente de sociedade por quotas, decorrente de violação da Lei ou excesso de mandato, não atinge a meação de sua mulher.

Súmula 184: Em execução movida contra sociedade por quotas, o sócio, citado em nome próprio, não tem legitimidade para opor embargos de terceiro, visando livrar da constrição judicial seus bens particulares.

Súmula 189: Proposta a execução fiscal, a posterior mudança de domicílio do executado não desloca a competência já fixada.

Súmula 190: A intimação pessoal da penhora ao executado torna dispensável a publicação de que trata o art. 12 da Lei das Execuções Fiscais.

Súmula 209: Nas execuções fiscais da fazenda nacional, é legítima a cobrança cumulativa de juros de mora e multa moratória.

Súmula 210: Na execução fiscal, não sendo encontrado o devedor, nem bens arrestáveis, é cabível a citação editalícia.

Súmula 224: O fato de não serem adjudicados bens que, levados a leilão, deixaram de ser arrematados, não acarreta a extinção do processo de execução.

17.8 QUESTÕES

1. **(Iades – AL-GO – Procurador – 2019)** A respeito do processo tributário nas esferas administrativa e judicial, considerando-se o ilícito administrativo tributário e o penal tributário, assinale a alternativa correta.
   a) Em sede de execução fiscal, com base na vigência do novo Código de Processo Civil – Lei n. 13.105/2015, não há mais a exigência de garantia da execução para se possibilitar a discussão da dívida fiscal.
   b) O devedor pode apresentar embargos à execução para discutir a dívida já cobrada judicialmente, impetrando mandado de segurança ou ajuizando ação anulatória do débito fiscal ou qualquer outra ação judicial que se volte a desconstituir o lançamento tributário, desde que o faça após o esgotamento da instância administrativa.
   c) O processo tributário, desde que seja decorrente de denúncia oferecida pelo Ministério Público ao Poder Judiciário, pode resultar na imputação de responsabilidade penal objetiva às infrações também tipificadas como crimes tributários.
   d) Na esfera administrativa, os ilícitos administrativos tributários podem decorrer do descumprimento de prescrições estabelecidas em atos infralegais.
   e) O processo tributário terá como condição geral de excludente de punibilidade, tanto em relação ao ilícito administrativo quanto ao tipo penal, o pagamento do tributo realizado espontaneamente e a qualquer tempo pelo devedor.

2. **(Cespe – PGE-PE – Analista Administrativo de Procuradoria – Calculista – 2019)** Conforme as súmulas do TJ/PE a respeito de correção monetária, julgue o item subsequente.
   Na repetição de indébito tributário, a correção monetária deverá incidir desde a data do pagamento indevido.
   ( ) Certo ( ) Errado

3. **(Vunesp – TJ-AC – Juiz de Direito Substituto – 2019)** Conforme prevê a Lei n. 6.830/80, a petição inicial da execução fiscal indicará apenas:
   a) o juiz a quem é dirigida, o pedido, o requerimento para a citação e a descrição dos fatos que levam à execução;
   b) a qualificação das partes, o juiz a quem é dirigida e a descrição dos fatos que levam à execução;
   c) a qualificação das partes, a descrição dos fatos que levam à execução, a legislação aplicável e o valor da causa;
   d) o juiz a quem é dirigida, o pedido e o requerimento para a citação.

4. **(Instituto Consulplan – TJ-CE – Juiz Leigo – 2019)** Quanto ao Mandado de Segurança em matéria tributária, considere que um contribuinte de ICMS, residente em Juazeiro do Norte/CE, tenha impetrado mandado de segurança em face de autoridade pública com sede funcional em Fortaleza/CE, e considere que o juiz competente tenha indeferido a inicial sem julgamento de mérito. Sobre o caso hipotético, pode-se afirmar que:
   a) a ação deve ser proposta em uma das varas municipais de Fortaleza/CE;
   b) a ação deve ser proposta em Juazeiro do Norte, em face da residência do impetrante;
   c) cabe recurso de apelação quanto a decisão que indeferiu a inicial de mandado de segurança;
   d) por se tratar de demanda judicial relativa ao ICMS, a ação deve ser proposta em âmbito federal.

5. **(Ieses – TJ-SC – Titular de Serviços de Notas e de Registros – Provimento – 2019)** Com relação ao processo de execução fiscal, assinale a alternativa INCORRETA.
   a) Não sendo embargada a execução fiscal ou sendo rejeitados os embargos à execução fiscal, no caso de garantia prestada por terceiro, será este intimado, sob pena de contra ele prosseguir a execução nos próprios autos, para, no prazo de 15 (quinze) dias: (i) remir o bem, se a garantia for real; ou (ii) pagar o valor da dívida, juros e multa de mora e demais encargos, indicados na Certidão de Dívida Ativa pelos quais se obrigou se a garantia for fidejussória.

b) Se houver penhora sobre imóvel, no curso de processo de execução fiscal, far-se-á intimação ao cônjuge, observadas as normas previstas para a citação.

c) Segundo a Lei de Execução Fiscal, a arrematação será precedida de edital, afixado no local de costume, na sede do Juízo, e publicado em resumo, uma só vez, em jornal de grande circulação. O prazo entre as datas de publicação do edital e do leilão não poderá ser superior a 30 (trinta), nem inferior a 5 (cinco) dias.

d) O executado só poderá indicar e o terceiro oferecer bem imóvel à penhora, no âmbito de processo de execução fiscal, com o consentimento expresso do respectivo cônjuge.

6. (Cespe – PGM – Campo Grande – MS – Procurador Municipal – 2019) Com relação a processo judicial tributário, julgue o item subsequente.

Ação de consignação em pagamento constitui veículo adequado para que contribuinte em dúvida acerca da titularidade da capacidade tributária ativa exonere-se do dever de pagamento.

( ) Certo ( ) Errado

7. (Cespe – DPE-DF – Defensor Público – 2019) A respeito da função jurisdicional, dos sujeitos do processo, dos atos processuais e da preclusão, julgue o item seguinte.

Na execução fiscal, cabe à Fazenda Pública decidir se a dívida será executada no foro de domicílio do réu, no de residência dele ou no do lugar onde ele for encontrado.

( ) Certo ( ) Errado

8. (Quadrix – CRA-PR – Advogado I – 2019) Julgue o item a seguir, relativo ao processo de execução.

A interrupção do prazo de prescrição intercorrente em execução fiscal pressupõe efetiva constrição patrimonial, não bastando o mero peticionamento em juízo pela Fazenda.

( ) Certo ( ) Errado

9. (Orhion Consultoria – Prefeitura de Jaguariúna – SP – Procurador Jurídico – 2018) Considerando o disposto na Lei n. 6.830/80, analise as afirmativas a seguir.

I. A inscrição na dívida ativa, que se constitui no ato de controle administrativo da legalidade, será feita pelo órgão competente para apurar a liquidez e certeza do crédito e suspenderá a decadência, para todos os efeitos de direito, por 180 dias, ou até a distribuição da execução fiscal, se esta ocorrer antes de findo aquele prazo.

II. Até a decisão de primeira instância, a Certidão de Dívida Ativa poderá ser emendada ou substituída, assegurada ao executado a devolução do prazo para embargos.

III. A competência para processar e julgar a execução da Dívida Ativa da Fazenda Pública exclui a de qualquer outro Juízo, inclusive o da falência, da concordata, da liquidação, da insolvência ou do inventário.

IV. A citação pelo correio considera-se feita na data da entrega da carta no endereço do executado, ou, se a data for omitida, no aviso de recepção, 10 (dez) dias após a entrega da carta à agência postal.

V. O edital de citação será afixado na sede do Juízo, publicado três vezes no órgão oficial, gratuitamente, como expediente judiciário, com o prazo de 60 (sessenta) dias, e conterá, apenas, a indicação da exequente, o nome do devedor e dos corresponsáveis, a quantia devida, a natureza da dívida, a data e o número da inscrição no Registro da Dívida Ativa, o prazo e o endereço da sede do Juízo.

Assinale a alternativa CORRETA:

a) Apenas as afirmativas I, III estão corretas;

b) Apenas as afirmativas I, II e IV estão corretas;

c) Apenas as afirmativas II, III e IV estão corretas;

d) Apenas as afirmativas II, IV e V estão corretas.

10. (Orhion Consultoria - Prefeitura de Jaguariúna - SP - Procurador Jurídico - 2018) Consoante dispõe o art. 11 da Lei n. 6.830/80, a penhora ou arresto de bens obedecerá à seguinte ordem:

a) I - dinheiro; II - título da dívida pública, bem como título de crédito, que tenham cotação em bolsa; III - pedras e metais preciosos; IV - imóveis; V - navios e aeronaves; VI - veículos; VII - móveis ou semoventes; e VIII - direitos e ações;

b) I - dinheiro; II - pedras e metais preciosos; III - imóveis; IV - título da dívida pública, bem como título de crédito, que tenham cotação em bolsa; V - navios e aeronaves; VI - veículos; VII - móveis ou semoventes; e VIII - direitos e ações;

c) I - dinheiro; II - título da dívida pública, bem como título de crédito, que tenham cotação em bolsa; III - pedras e metais preciosos IV - imóveis; V - móveis ou semoventes; VI - navios e aeronaves; VII - veículos; e VIII - direitos e ações;

d) I - dinheiro; II - pedras e metais preciosos; III - imóveis; IV - título da dívida pública, bem como título de crédito, que tenham cotação em bolsa; V - navios e aeronaves; VI - veículos; VII - móveis ou semoventes; e VIII - direitos e ações.

11. (Cespe - PGE-PE - Procurador do Estado - 2018) De acordo com a Lei n. 6.830/80, a PGE/PE pode promover execução fiscal contra:

a) o devedor e o interessado economicamente na ocorrência do fato gerador;

b) o fiador e o administrador judicial da massa falida;

c) o depositário e o espólio;

d) o fiador e o responsável tributário;

e) o administrador judicial da massa falida e o responsável tributário.

12. (FGV - TJ-AL - Analista Judiciário - Oficial de Justiça Avaliador - 2018) No que concerne à execução fiscal, é correto afirmar que:

a) o executado ausente do país será citado por edital, com prazo de trinta dias;

b) os embargos do executado são admissíveis antes mesmo de garantida a execução;

c) a citação será feita por Oficial de Justiça, exceto se a Fazenda Pública a requerer por outra forma;

d) o executado será citado para que, no prazo de cinco dias, satisfaça o crédito ou garanta a execução;

e) em garantia da execução, não poderão ser indicados à penhora bens oferecidos por terceiros, ainda que a Fazenda Pública os aceite.

13. (FCC - DPE-RS - Defensor Público - 2018) Ulisses, titular de empresa individual de responsabilidade limitada, possui um modesto restaurante na periferia do Município de Sertão das Flores, onde serve lanches e vende bebidas e artesanato local. No dia 2-5-2018, ele foi autuado por agente fiscal do município, por falta de pagamento do imposto sobre serviços de qualquer natureza. Para efeito da lavratura do auto de lançamento, a base de cálculo utilizada foi o valor total das operações, retroativamente a 3-5-2013. Ulisses, pessoa de pouca instrução, e confiando na incorreção da tributação, por já recolher o Imposto sobre a Circulação de Mercadorias e Serviços, deixou transcorrer o prazo para impugnação na esfera administrativa e recebeu citação para pagamento de R$ 20.000,00 com juros e multa de mora e encargos, no prazo de 5 dias, ou garantir a execução, sob pena de penhora de bens.

Com base nessa situação hipotética, analise as assertivas abaixo.

I. A rigor, Ulisses deve garantir a execução fiscal para ajuizar os embargos e suspender a exigibilidade do crédito tributário, conforme prevê o art. 16, § 1º, da Lei n. 6.830/80.

II. Comprovada a insuficiência econômica, Ulisses pode ser assistido pela Defensoria Pública, que terá o prazo de 15 dias para ajuizar os embargos à execução fiscal, contados da juntada do aviso de recebimento da carta de citação aos autos.

III. A autuação lavrada pelo Fisco municipal foi equivocada, pois, conforme a jurisprudência do STJ, o fornecimento de mercadorias com a simultânea prestação de serviços em bares, restaurantes e estabelecimentos similares constitui fato gerador do ICMS a incidir sobre o valor total da operação.

IV. A Defensoria Pública não possui a prerrogativa de intimação pessoal nas execuções fiscais, porque a Lei n. 6.830/80 tem natureza especial e prevê tão somente a intimação pessoal do representante judicial da Fazenda Pública.

V. Pela jurisprudência do STJ, Ulisses não se eximirá do pagamento simultâneo do ICMS e do ISS, pois essa é uma hipótese de exceção ao princípio do non bis in idem na tributação.

Está correto o que consta APENAS de:

a) II e III;
b) I e III;
c) I e IV;
d) II, III e V;
e) II, IV e V.

14. (Vunesp – PGE-SP – Procurador do Estado – 2018) Em execução fiscal, Antônio, sócio-gerente de empresa contribuinte encerrada de forma irregular, é responsabilizado, nos termos do art. 135, III, do Código Tributário Nacional, por crédito tributário, cujo fato gerador ocorrera quatro anos antes da citação pessoal de Antônio. Como defesa, Antônio aduz, em exceção de pré-executividade, que o inadimplemento do crédito tributário exequendo não decorreu de fato que lhe pudesse ser imputado.

Com base na jurisprudência do Superior Tribunal de Justiça, é correto afirmar que a exceção de pré-executividade:

a) é cabível para excluir o sócio, pois a execução fiscal fora ajuizada contra a empresa contribuinte, sendo inviável a responsabilização posterior ao ajuizamento;
b) não é cabível, pois, em se tratando de matéria de defesa do sócio responsabilizado, pode ser aduzida somente por meio de recurso contra o despacho que o incluiu no polo passivo da execução;
c) é cabível, pois, em se tratando de responsabilidade do sócio, todos os fundamentos do responsabilizado podem ser apreciados de ofício pelo juiz;
d) é cabível, desde que o crédito exequendo tenha sido constituído de ofício, circunstância em que a ausência de culpa do responsável pode ser alegada por qualquer meio processual;
e) não é cabível, pois tem por causa matéria de fato, insuscetível de conhecimento de ofício pelo juiz, demandando prova que não pode ser produzida pelo meio processual utilizado.

15. (Cespe – TJ-CE – Juiz Substituto – 2018) Considerando as disposições da Lei n. 8.397/92 acerca de medida cautelar fiscal, assinale a opção correta.

a) Na hipótese de o devedor ser pessoa jurídica, a indisponibilidade de bens não recairá sobre bens do ativo permanente.
b) A petição inicial deverá vir acompanhada de prova pré-constituída, sendo inadmissível a dilação probatória.
c) Havendo a suspensão do crédito tributário, a medida cautelar será igualmente suspensa.
d) No procedimento cautelar fiscal, é vedado ao réu discutir o pagamento ou a remissão do tributo, devendo essas questões ser apresentadas nos embargos à execução fiscal.
e) A decretação de medida cautelar fiscal acarretará a indisponibilidade dos bens do requerido até o limite da satisfação da obrigação tributária.

16. (Vunesp – Câmara de Campo Limpo Paulista – SP – Procurador Jurídico – 2018) Sobre a dívida ativa e a execução fiscal, avalie as afirmações a seguir e selecione a alternativa correta.

a) O crédito tributário passa a integrar a dívida ativa após o seu registro em sistema informatizado por decorrência da apresentação de recurso administrativo pelo sujeito passivo.
b) A execução fiscal tem início com a inscrição em dívida ativa do crédito tributário, podendo haver a determinação de penhora dos bens do devedor mesmo antes da sua citação.
c) A defesa do devedor no processo de execução fiscal pode ser realizada por meio da apresentação de contestação, oposição, embargos à execução, ou impugnação.

d) A dívida regularmente inscrita em dívida ativa goza de presunção relativa de certeza e de liquidez e tem o efeito de prova pré-constituída.

e) Não se admite o saneamento de omissão no termo de inscrição em dívida ativa, por se tratar de atividade plenamente vinculada e sujeita à legalidade estrita.

17. (Consulplan – Cartório-MG – 2017) À luz do entendimento sumulado pelo Superior Tribunal de Justiça em matéria tributária, assinale a alternativa INCORRETA.

a) A decretação da indisponibilidade de bens e direitos, na forma do art. 185-A do CTN, pressupõe o exaurimento das diligências na busca por bens penhoráveis, o qual fica caracterizado quando infrutíferos o pedido de constrição sobre ativos financeiros e a expedição de ofícios aos registros públicos do domicílio do executado, ao Denatran ou Detran.

b) Em ações de execução fiscal, a petição inicial não pode ser indeferida sob o argumento da falta de indicação do CPF e/ou RG ou CNPJ da parte executada.

c) Quando não houver declaração do débito, o prazo decadencial quinquenal para o Fisco constituir o crédito tributário conta-se exclusivamente na forma do art. 173, I, do CTN, nos casos em que a legislação atribui ao sujeito passivo o dever de antecipar o pagamento sem prévio exame da autoridade administrativa.

d) A petição inicial da ação de execução fiscal deve ser instruída com o demonstrativo do cálculo do débito.

18. (FMP Concursos – Procurador do Estado-AC – 2017) Sobre eventual mandado de segurança em matéria tributária, é CORRETO afirmar que:

a) só cabe para discutir eventos futuros, pois é proibida sua utilização como substitutivo da ação de repetição de indébito;

b) é possível utilizar-se para desconstituir auto de infração, mas somente até 120 dias do ato coator, ou seja, da autuação fiscal, mesmo que haja recurso administrativo;

c) a liminar pode suspender a exigibilidade do tributo, mas desde que se tenham esgotado todas as tentativas de anulação auto de infração administrativamente;

d) caso o pedido seja de compensação com pagamento indevido usualmente inadmitido pelo Fisco, o *mandamus* é preventivo porque o ato coator, a negativa, ainda está por ocorrer, não se computando o prazo decadencial de 120 dias;

e) nenhuma das alternativas acima está CORRETA.

19. (FMP Concursos – Procurador do Estado-AC – 2017) Os Estados costumam apreender mercadorias e não permitir a emissão de notas fiscais a quem deve para o Fisco. Examine as assertivas abaixo e assinale a CORRETA.

a) O procedimento de apreensão é o correto, pois muitas vezes se a fiscalização permitir que a mercadoria passe, mesmo com tributo recolhido a menor, poderá ocorrer de o Estado não mais conseguir cobrar.

b) Estes procedimentos são ilegais e se denominam sanções políticas, pois muitas vezes são utilizados para perseguição dos inimigos políticos dos governantes.

c) São inconstitucionais os procedimentos referidos, já assim declarados mais de uma vez pelo STF.

d) Apreender as mercadorias é correto, mas impedir a empresa de emitir notas fiscais ou vender produtos não.

e) Nenhuma das alternativas acima é CORRETA.

20. (Ieses – Advogado – CRMV – 2017) Com relação às Execuções em favor da Fazenda Pública consoante a Lei n. 6.830/80, assinale a alternativa INCORRETA.

a) O despacho do Juiz que deferir a inicial importa em ordem para: penhora, se não for paga a dívida, nem garantida a execução, por meio de depósito, fiança ou seguro-garantia; citação, pelas sucessivas modalidades; arresto, se o executado não tiver domicílio ou dele se ocultar; registro da penhora ou do arresto, independentemente do pagamento de custas ou outras despesas; avaliação dos bens penhorados ou arrestados.

b) O executado será citado para, no prazo de 5 (cinco) dias, pagar a dívida com os juros e multa de mora e encargos indicados na Certidão de Dívida Ativa, ou garantir a execução.

c) Na execução de dívida ativa em favor da Fazenda Pública: A petição inicial será instruída com a Certidão da Dívida Ativa, que dela fará parte integrante, como se estivesse transcrita; A petição inicial e a Certidão de Dívida Ativa são documentos distintos, devendo estar um apensado ao outro; A produção de provas pela Fazenda Pública depende de requerimento na petição inicial; O valor da causa será o da dívida constante da certidão, sem os encargos legais.

d) A citação pelo correio considera-se feita na data da entrega da carta no endereço do executado, ou, se a data for omitida, no aviso de recepção, 10 (dez) dias após a entrega da carta à agência postal.

21. (Ieses – Advogado – Cegás – 2017) Segundo disposto na Lei n. 6.830/80, na garantia da execução, pelo valor da dívida, juros e multa de mora e encargos indicados na Certidão de Dívida Ativa, o executado poderá:

a) indicar à penhora bens oferecidos por seus credores sem a necessidade de aceitação pela fazenda pública, desde que satisfaça ou exceda o valor da penhora;

b) se o imóvel oferecido a penhora tenha sido adquirido na constância da união do executado, e somente por recursos deste, não há necessidade de anuência do conjugue.

c) efetuar depósito em dinheiro, à ordem do juízo em estabelecimento oficial de crédito, que assegure atualização monetária;

d) quaisquer formas de pagamento, desde que possuam liquidez, fazem cessar a responsabilidade pela atualização monetária e juros de mora.

22. (FMP Concursos – Procurador do Estado – PGE-AC – 2017) Sobre eventual mandado de segurança em matéria tributária, é CORRETO afirmar que:

a) só cabe para discutir eventos futuros, pois é proibida sua utilização como substitutivo da ação de repetição de indébito;

b) é possível utilizar-se para desconstituir auto de infração, mas somente até 120 dias do ato coator, ou seja, da autuação fiscal, mesmo que haja recurso administrativo;

c) a liminar pode suspender a exigibilidade do tributo, mas desde que se tenham esgotado todas as tentativas de anulação do auto de infração administrativamente;

d) caso o pedido seja de compensação com pagamento indevido usualmente inadmitido pelo Fisco, o *mandamus* é preventivo porque o ato coator, a negativa, ainda está por ocorrer, não se computando o prazo decadencial de 120 dias;

e) nenhuma das alternativas acima está CORRETA.

23. (Cespe – Promotor de Justiça Substituto – MPE-RR – 2017) De acordo com dispositivos da Lei n. 6.830/80 pertinentes à execução fiscal, julgue os itens a seguir.

I. A inscrição em dívida ativa feita pelo órgão competente suspenderá a prescrição por cento e oitenta dias, ou até a distribuição da execução fiscal, se esta ocorrer antes de findo aquele prazo.

II. Mesmo após a apresentação dos embargos do executado, o juiz pode deferir-lhe pedido para substituir a penhora de veículos por seguro-garantia.

III. A cobrança de dívida não tributária que tenha sido inscrita em dívida ativa por autarquia estadual não se pode dar por meio do rito da execução fiscal.

Assinale a opção correta.

a) Apenas os itens I e II estão certos.

b) Apenas os itens I e III estão certos.

c) Apenas os itens II e III estão certos.

d) Todos os itens estão certos.

24. (Vunesp – Procurador Jurídico – Prefeitura de Porto Ferreira-SP – 2017) Nos termos da lei que disciplina a matéria, um dos requisitos para a concessão da medida cautelar fiscal é a prova literal da constituição do crédito tributário. Entretanto, independe da prévia constituição do crédito tributário quando o devedor:

a) sem domicílio certo, intenta ausentar-se ou alienar bens que possui ou deixa de pagar a obrigação no prazo fixado;
b) tendo domicílio certo, ausenta-se ou tenta se ausentar, visando a elidir o adimplemento da obrigação;
c) caindo em insolvência, aliena ou tenta alienar bens;
d) notificado pela Fazenda Pública para que proceda ao recolhimento do crédito fiscal, deixa de pagá-lo no prazo legal, salvo se suspensa sua exigibilidade;
e) sem proceder à devida comunicação ao órgão da Fazenda Pública competente, quando exigível em virtude de lei, aliena bens ou direitos.

25. (Vunesp – Procurador Jurídico – Prefeitura de Porto Ferreira-SP – 2017) Em sede de execução fiscal, se da decisão que ordenar o arquivamento dos autos, por não ter sido localizado o devedor ou encontrados bens penhoráveis, tiver decorrido o prazo de cinco anos sem a adoção de qualquer ato que dê andamento à execução, o juiz, depois de ouvida a Fazenda Pública, poderá de ofício reconhecer e decretar de imediato a:

a) decadência da pretensão fazendária;
b) remissão da dívida;
c) anistia parcial do débito;
d) prescrição intercorrente;
e) desconsideração da personalidade jurídica se o devedor for empresário.

26. (Cespe – Procurador Municipal – Prefeitura de Belo Horizonte-MG – 2017) A respeito da execução fiscal e do processo judicial tributário, assinale a opção correta.

a) No caso de a ação de consignação em pagamento ser julgada procedente, a importância consignada não poderá ser convertida em renda.
b) Em caso de óbito do devedor, a execução fiscal somente poderá ser promovida contra o cônjuge ou os descendentes em linha reta, não podendo ser proposta contra os demais sucessores.
c) O executado pode oferecer seguro-garantia como forma de garantia da execução fiscal, devendo o seguro abranger o valor da dívida, multa de mora, juros e encargos indicados na certidão de dívida ativa.
d) A propositura, pelo contribuinte, de ação de repetição do indébito não implicará renúncia ao poder de recorrer na esfera administrativa acerca da mesma questão.

27. (IPEFAE – Prefeitura de São João da Boa Vista-SP – Procurador – 2020) Na execução Fiscal:

a) a penhora jamais poderá recair sobre estabelecimento comercial, industrial ou agrícola, bem como em plantações ou edifícios em construção.
b) a citação será feita, preferencialmente, pelo correio com aviso de recepção.
c) a penhora de bens imóveis prefere a penhora de títulos da divida pública
d) o executado, após a regular garantia do juízo, terá 15 (quinze) dias para oferecimento dos Embargos.

28. (FUNDEP – Prefeitura de Barão de Cocais-MG – Advogado – 2020) Com base na Lei n. 6.830/80, que "dispõe sobre a cobrança judicial da Dívida Ativa da Fazenda Pública, e dá outras providências", também conhecida como Lei de Execuções Fiscais, é incorreto afirmar:

a) Podem ser cobrados, mediante a Execução Fiscal, créditos de natureza tributária ou não tributária, desde que previamente inscritos em Dívida Ativa.
b) Até a decisão de primeira instância, a Certidão de Dívida Ativa poderá ser emendada ou substituída, assegurada ao executado a devolução do prazo para embargos.

c) A inscrição em Dívida Ativa será feita pelo órgão competente para apurar a liquidez e a certeza do crédito e suspenderá a prescrição do crédito tributário por 180 dias.
d) A competência para processar e julgar a execução da Dívida Ativa da Fazenda Pública exclui a de qualquer outro juízo, inclusive o da falência, da concordata, da liquidação, da insolvência ou do inventário.

29. (FEPESE – Prefeitura de Itajaí-SC – Assistente Jurídico – 2020) Assinale a alternativa correta de acordo com a Lei n. 6.830, de 22 de setembro de 1980, que dispõe sobre a cobrança judicial da Dívida Ativa da Fazenda Pública.
a) O valor da causa será o da dívida constante da certidão, sem os encargos legais.
b) A execução fiscal não poderá ser promovida contra o espólio.
c) O executado poderá oferecer embargos à execução, no prazo de quinze dias.
d) É vedado ao executado pagar a parcela da dívida que julgar incontroversa, garantindo a execução do saldo devedor.
e) Em caso de penhora ou arresto de bens, as pedras e os metais preciosos terão preferência sobre os veículos.

30. (FCC – TJ-MS – Juiz Substituto – 2020) A respeito do contencioso tributário no âmbito judicial, é correto afirmar:
a) Os embargos à execução se constituem o único meio adequado para a defesa do devedor em execução fiscal, e para tanto é necessária a penhora ou o oferecimento de garantia do débito tributário em discussão.
b) O contribuinte pode optar por receber o indébito tributário por compensação ou por precatório, quando o indébito tributário for reconhecido em sentença declaratória, independentemente de autorização legal do ente tributante.
c) O mandado de segurança constitui ação adequada para declarar o direito à compensação tributária, mas não para convalidar compensação já realizada pelo contribuinte.
d) É incompatível com a Constituição o artigo da Lei de Execução Fiscal que afirma incabível o recurso de apelação em casos de execução fiscal cujo valor seja inferior a 50 ORTN, por limitar ao contribuinte o acesso ao segundo grau de jurisdição.
e) A citação em execução fiscal é causa de interrupção da prescrição.

31. (VUNESP – Prefeitura de São Roque-SP – Advogado – 2020) A importância de crédito tributário pode ser consignada judicialmente pelo sujeito passivo, no caso de
a) qualquer situação em que o sujeito passivo julgue mais conveniente o pagamento em juízo, em detrimento do pagamento na forma indicada pela Administração.
b) conversão em renda de valores previamente depositados para garantia de execução fiscal movida pela Fazenda Pública.
c) subordinação de recebimento do pagamento pela Administração ao cumprimento de obrigação acessória.
d) exigência, por mais de uma pessoa jurídica de direito público, de tributos distintos sobre um mesmo fato gerador.
e) subordinação, mediante lei, ao recebimento do pagamento em rede arrecadadora bancária ao invés do recebimento direto em dinheiro em repartição pública.

GABARITO

1. D / **2.** C / **3.** D / **4.** C / **5.** C / **6.** C / **7.** C / **8.** C / **9.** C / **10.** A / **11.** D / **12.** D / **13.** B / **14.** E / **15.** E / **16.** D / **17.** D / **18.** D / **19.** C / **20.** C / **21.** C / **22.** D / **23.** A / **24.** E / **25.** D / **26.** D / **27.** B / **28.** C / **29.** E / **30.** C / **31.** C

17.9 QUESTÕES COMENTADAS

1. (MPE-PR – Promotor Substituto – 2019) Assinale a alternativa correta.
a) É inconstitucional a norma que disciplina juros moratórios aplicáveis a condenações da Fazenda Pública, ao fazer incidir sobre débitos oriundos de relação jurídico-tributária o índice de remuneração da caderneta de

poupança, pois se devem observar os mesmos juros de mora pelos quais a Fazenda Pública remunera seu crédito.

b) Por se referir a utilização efetiva de serviço público divisível, é constitucional a instituição e a cobrança de taxas por emissão ou remessa de carnês/guias de recolhimento de tributos.

c) É constitucional norma municipal que estabelece hipótese de decadência, extinguindo o crédito tributário por transcurso de prazo para apreciação de recurso administrativo fiscal.

d) Na hipótese de cumulação lícita de cargos públicos, a contribuição compulsória para o custeio dos serviços de saúde deve incidir sobre a remuneração de ambos os cargos exercidos pelo servidor.

e) A atualização anual do valor venal dos imóveis para efeito da cobrança de IPTU não prescinde da edição de lei, em sentido formal, ainda que não exceda os índices inflacionários anuais de correção monetária.

COMENTÁRIO

a) Tema de análise do RE 870.947, do STF, julgado em sede de repercussão geral. O tribunal entendeu que não é possível que a legislação preveja incidência de juros da caderneta de poupança para casos de repetição de indébito tributário. Por conta do princípio da isonomia, deve ser aplicada a mesma taxa de juros utilizada para atualizar pagamento de tributos em atraso. **(Correta)**

b) A atividade de cobrança de tributos é vinculada. A emissão de carnês é serviço público indivisível, sendo inconstitucional sua taxação. Tema n. 721 da repercussão geral. **(Errada)**

c) Nos termos do art. 146, III, *b*, da Constituição Federal, cabe à lei complementar estabelecer normas gerais de direito tributário, especialmente sobre decadência, não sendo possível aos demais entes disciplinar o tema em sua legislação. **(Errada)**

d) O STF decidiu no ARE 1.091.727/MG que a contribuição para custeio dos serviços de saúde, que é de recolhimento facultativo, deve incidir sobre a remuneração de apenas um dos cargos acumulados licitamente. **(Errada)**

e) A Súmula 160 do STJ autoriza a atualização, via decreto, da base de cálculo, desde que não exceda os índices inflacionários. **(Correta)**

Gabarito: letra A

2. (Iades – AL-GO – Procurador – 2019) De acordo com a Lei n. 6.830/80, a Lei de Execução Fiscal, e o devido processo subjacente dessa lei, segundo a orientação jurisprudencial prevalecente:

a) não se admite a exceção de pré-executividade pelo devedor;

b) há incompatibilidade da citação por edital do devedor, quando frustradas as demais modalidades de citação;

c) é exigida a intervenção do Ministério Público na relação processual, dado o caráter indisponível dos tributos;

d) não importará em ônus sucumbenciais para a Fazenda Pública caso haja a desistência da execução fiscal, mesmo após o oferecimento dos embargos;

e) deverá o devedor ser intimado, pessoalmente, do dia e da hora de realização do leilão do bem penhorado.

COMENTÁRIO

a) Embora não esteja expressamente prevista em lei, a exceção de pré-executividade é amplamente aceita pela jurisprudência e o STJ, por meio na Súmula 393, reconhece esse instrumento de defesa. **(Errado)**

b) É possível citação por edital em execução fiscal quando frustradas as demais modalidades, nos termos da Súmula 414 do STJ. **(Errado)**

c) A Súmula 189 do STJ reconhece a desnecessidade da intervenção do Ministério Público nas ações de execução fiscal. **(Errado)**

d) A desistência da execução fiscal após oposição de embargos pelo devedor não isenta a Fazenda Pública dos encargos da sucumbência, conforme Súmula 153 do STJ. **(Errado)**

e) É o que dispõe a Súmula 121 do STJ: "Na execução fiscal o devedor deverá ser intimado, pessoalmente, do dia e da hora da realização do leilão". **(Correto)**

Gabarito: letra E

3. (Cespe – Sefaz-RS – Auditor-Fiscal da Receita Estadual – Bloco II – 2019) A administração tributária de um estado federado deverá propor execução fiscal em desfavor de um contribuinte pessoa física:

a) na capital do respectivo Estado federado ou no foro de domicílio do contribuinte;
b) no foro de domicílio do contribuinte ou no lugar onde ele for encontrado;
c) na capital do respectivo Estado federado ou no local da ocorrência do fato gerador que originou a execução;
d) no local do fato gerador que originou a execução ou no foro de residência do contribuinte;
e) no foro de residência do contribuinte ou no local por ele escolhido.

COMENTÁRIO

Nos termos do art. 5º da Lei n. 6.830/80, a competência para processar e julgar a execução da dívida ativa da Fazenda Pública exclui a de qualquer outro juízo, inclusive o da falência, da concordata, da liquidação, da insolvência ou do inventário. A execução fiscal deve ser proposta no foro de domicílio do réu, no de sua residência ou no lugar onde for encontrado, conforme preceitua o § 5º do art. 46 do Código de Processo Civil.

Gabarito: letra B

4. (Instituto Consulplan – TJ-CE – Juiz Leigo – 2019) Considere que o Estado do Ceará tenha inscrito o cidadão João de Tal em dívida ativa pelo não pagamento do Imposto sobre a Propriedade de Veículos Automotores – IPVA. Quanto à execução fiscal correspondente, é correto afirmar que:

a) o cancelamento da certidão de dívida ativa, por iniciativa da própria Fazenda Pública, é uma das causas de extinção da execução fiscal;
b) a execução pode ser proposta contra o devedor, vedada a propositura em face do fiador, do espólio e dos sucessores do devedor;
c) a intimação do representante judicial da Fazenda Pública deve ser feita por edital, publicado três vezes em intervalos de quinze dias;
d) a produção de provas pela Fazenda Pública depende de requerimento na petição inicial, devendo ser indeferida se solicitada posteriormente.

COMENTÁRIO

a) Segundo art. 26 da Lei n. 6.830/80, se antes da decisão de primeira instância a inscrição de dívida ativa for a qualquer título cancelada, a execução fiscal será extinta sem qualquer ônus para as partes. **(Correto)**
b) Nos termos do art. 4º da Lei n. 6.830/80, a execução fiscal poderá ser proposta contra o devedor, o fiador, o espólio, a massa, os sucessores a qualquer título, bem como contra o responsável, por dívida tributária ou não, de pessoas físicas ou jurídicas de direito privado. **(Errado)**
c) Conforme dispõe o art. 25 da Lei n. 6.830/80, na execução fiscal a intimação do representante judicial da Fazenda Pública será feita pessoalmente. **(Errado)**
d) A produção de provas pela Fazenda Pública independe de requerimento na petição inicial, nos termos do § 3º do art. 6º da Lei n. 6.830/80. **(Errado)**

Gabarito: letra A

5. (Ieses – TJ-SC – Titular de Serviços de Notas e de Registros – Remoção – 2019) Em relação às ações judiciais em matéria tributária, assinale a alternativa correta.

a) Créditos da Fazenda Pública de natureza não tributária, regularmente inscritos em Dívida Ativa, não podem ser cobrados por meio de Execução Fiscal, nos termos da Lei n. 6.830/80.
b) A Execução Fiscal não pode ser promovida contra o fiador, segundo disposição expressa da Lei de Execução Fiscal.
c) A Ação de Repetição de Indébito pode ser ajuizada, dentre outras hipóteses, no caso de pagamento espontâneo de tributo maior que o devido em face da legislação tributária aplicável.
d) A Ação de Consignação em Pagamento pode ser ajuizada em face do tabelião somente nos casos em que o tributo discutido seja de competência da União.

COMENTÁRIO

a) Conforme preceitua o art. 2º da Lei n. 6.830/80, constitui dívida ativa da Fazenda Pública aquela definida como tributária ou não tributária na Lei n. 4.320, de 17 de março de 1964, que estatui normas gerais de direito financeiro para elaboração e controle dos orçamentos e balanços da União, dos Estados, dos Municípios e do Distrito Federal. A dívida ativa, não importa sua origem, será cobrada por execução fiscal. **(Errada)**

b) A execução fiscal poderá ser promovida contra o fiador, nos termos do inciso II do art. 4º da Lei n. 6.830/80. **(Errada)**

c) É o que dispõe o art. 165 do CTN. **(Correta)**

d) Não há previsão legal nesse sentido. **(Errada)**

Gabarito: letra C

6. (Cespe – PGM – Campo Grande – MS – Procurador Municipal – 2019) Com relação a processo judicial tributário, julgue o item subsequente.

Mandado de segurança constitui veículo adequado para convalidar compensação tributária realizada por contribuinte e ainda não homologada pela administração tributária.

( ) Certo ( ) Errado

COMENTÁRIO

A Súmula 460 do STJ considera incabível o mandado de segurança para convalidar a compensação realizada pelo contribuinte.

Gabarito: Errado

7. (Cespe – PGM – Campo Grande – MS – Procurador Municipal – 2019) Com relação a processo judicial tributário, julgue o item subsequente.

Administrador de empresa arrolado como devedor em certidão de dívida ativa dessa pessoa jurídica pode obter a exclusão do seu nome da certidão via exceção ou objeção de pré-executividade.

( ) Certo ( ) Errado

COMENTÁRIO

A Súmula 393 do STJ admite exceção de pré-executividade em execução fiscal quando se tratar de matéria conhecível de ofício e que não demande dilação probatória. Contudo, nos termos do art. 204 do CTN, a dívida regularmente inscrita goza de presunção relativa de certeza e liquidez, tendo efeito de prova pré-constituída, se fazendo necessária dilação probatória, inadmitida em exceção de pré-executividade, para afastar a presunção.

Gabarito: Errado

8. (Cespe – PC-MA – Delegado de Polícia Civil – 2018) Maria foi notificada, fora do domicílio informado ao Fisco, a pagar imposto de renda, tendo tomado conhecimento da cobrança somente após a propositura de execução fiscal. Em razão da dívida, seu automóvel foi penhorado e, quinze dias após a penhora, o advogado de Maria foi acionado e pretende alegar, em matéria de defesa e pelo meio processual adequado, a decadência do referido tributo.

Com relação a essa situação hipotética e a aspectos legais a ela correlacionados, assinale a opção correta à luz do entendimento dos tribunais superiores.

a) É possível requerer provas e juntar rol de testemunhas quando da oposição dos embargos à execução fiscal.

b) O argumento de defesa cogitado pelo advogado de Maria – decadência – se refere à perda do direito de ação após o lançamento do crédito tributário.

c) É vedada expressamente pelo CTN a eleição do domicílio tributário pelo contribuinte.

d) É impossível a propositura de ação anulatória de débito fiscal após iniciada a execução fiscal.

e) É impossível a oposição da exceção de pré-executividade em razão do decurso do prazo desde a penhora.

COMENTÁRIO

a) É o que consta do § 2º do art. 16 da Lei n. 6.830/80. **(Correta)**

b) A decadência é uma das causas de extinção do crédito tributário (art. 156 do CTN). **(Errada)**

c) O contribuinte tem a possibilidade de eleger seu domicílio tributário (art. 127 do CTN). **(Errada)**

d) Nada impede a propositura de ação anulatória de débito no curso da execução fiscal (art. 38 da Lei n. 6.830/80). **(Errada)**

e) Não há prazo para opor exceção de pré-executividade. **(Errada)**

Gabarito: letra A

9. (VUNESP – FITO – Advogado – 2020) Nos termos da Lei que disciplina o processamento da medida cautelar fiscal, o indeferimento da medida obsta a que a Fazenda Pública intente a execução fiscal da Dívida Ativa, se o juiz, no procedimento da medida cautelar fiscal, acolher alegação de

a) moratória.

b) anistia.

c) transação.

d) preempção.

e) parcelamento.

COMENTÁRIO

Art. 15, Lei n. 8.397/92. "O indeferimento da medida cautelar fiscal não obsta a que a Fazenda Pública intente a execução judicial da Dívida Ativa, nem influi no julgamento desta, salvo se o Juiz, no procedimento cautelar fiscal, acolher alegação de pagamento, de compensação, de **transação**, de remissão, de prescrição ou decadência, de conversão do depósito em renda, ou qualquer outra modalidade de **extinção** da pretensão deduzida."

Gabarito: letra C

10. (VUNESP – FITO – Advogado – 2020) Em sede de Execução Fiscal, nos termos da Lei n. 6.830/80, o Juiz, depois de ouvida a Fazenda Pública, poderá, de ofício, reconhecer a prescrição intercorrente e decretá-la, uma vez transcorrido o prazo prescricional que, nesse caso, é contado da data em que

a) o juiz determinar a suspensão do curso da execução.

b) for proposta a execução fiscal.

c) o juiz ordenar o arquivamento.

d) for inscrita a dívida como dívida ativa.

e) for expedida a Certidão de Dívida Ativa.

COMENTÁRIO

Art. 40, LEF. "O Juiz suspenderá o curso da execução, enquanto não for localizado o devedor ou encontrados bens sobre os quais possa recair a penhora, e, nesses casos, não correrá o prazo de prescrição.

§ 2º – Decorrido o prazo máximo de 1 (um) ano, sem que seja localizado o devedor ou encontrados bens penhoráveis, o Juiz ordenará o arquivamento dos autos.

§ 4º – Se da decisão que ordenar o arquivamento tiver decorrido o prazo prescricional, o juiz, depois de ouvida a Fazenda Pública, poderá, de ofício, reconhecer a prescrição intercorrente e decretá-la de imediato."

Gabarito: letra C

11. (VUNESP – FITO – Advogado – 2020) Acerca da ação de consignação em pagamento, é correto afirmar que

a) constitui causa de suspensão da exigibilidade do crédito consignado, independentemente de concessão de tutela antecipada, impedindo a propositura de eventuais ações executivas fiscais pelo prazo em que perdurar a demanda.

b) é causa de exclusão do crédito consignado, na medida em que, estando o crédito consignado judicialmente, o Fisco tem seu direito garantido, bastando promover seu levantamento ao término da demanda.

c) é medida que não pode ser promovida no caso de subordinação do crédito exigido ao pagamento de penalidade ou de cumprimento de obrigação acessória.

d) julgada improcedente em parte, autoriza o credor tributário a promover a execução fiscal para cobrança da importância correspondente à totalidade do crédito, acrescida de juros e das penalidades cabíveis.

e) somente poderá versar sobre o crédito que o consignante se propõe a pagar.

COMENTÁRIO

a) Não é causa de suspensão, mas de extinção. Art. 156, II, CTN. **(Incorreta)**

b) Não é causa de exclusão, mas de extinção. Art. 156, II, CTN. **(Incorreta)**

c) É medida que PODE ser promovida. Art. 164, I, CTN. **(Incorreta)**

d) Julgada improcedente a consignação no todo ou em parte, cobra-se o crédito acrescido de juros de mora, sem prejuízo das penalidades cabíveis. Art. 164, § 2º, CTN. **(Incorreta)**

e) Art. 164, § 1º, CTN. **(Correta)**

Gabarito: letra E

12. (VUNESP – EBSERH – Advogado – 2020) Sobre o processo administrativo tributário e seus atos, é correto afirmar, com base no Código Tributário Nacional:

a) está integralmente regulamentado no Código Tributário Nacional, não havendo possibilidade de regulamentação em lei do ente federativo específico.

b) é necessário o depósito integral do crédito tributário devido para a apresentação de recurso administrativo contra decisão que indefere impugnação de auto de infração.

c) na ausência de prazo específico, os atos serão praticados nos processos administrativos no prazo máximo de 15 (quinze) dias úteis.

d) segue o princípio da verdade formal, na medida em que os fatos alegados na autuação serão reputados verdadeiros caso não haja a sua contestação pelo interessado, ainda que a Administração tome conhecimento, por outros meios, da incorreção da autuação.

e) a apresentação de recurso tempestivo contra decisão no âmbito do processo administrativo fiscal poderá suspender a exigibilidade do crédito tributário.

COMENTÁRIO

a) Art. 151, CTN. "Suspendem a exigibilidade do crédito tributário:

III – as reclamações e os recursos, nos termos das leis reguladoras do processo tributário **administrativo**;" **(Incorreta)**

b) Art. 151, III, CTN + Súmula Vinculante 21 – "É inconstitucional a exigência de depósito ou arrolamento prévios de dinheiro ou bens para admissibilidade de recurso administrativo." **(Incorreta)**

c) Não há prazo específico na lei. **(Incorreta)**

d) Doutrina e jurisprudência entendem que o processo administrativo busca a verdade material, constituindo verdadeiro princípio implícito do processo administrativo. **(Incorreta)**

e) Art. 151. "Suspendem a exigibilidade do crédito tributário:

III – as reclamações e os recursos, nos termos das leis reguladoras do processo tributário administrativo;" **(Correta)**

Gabarito: letra E

18

TEMAS DE REPERCUSSÃO GERAL DO STF SOBRE DIREITO TRIBUTÁRIO

Tema 001:

É inconstitucional a parte do art. 7º, I, da Lei n. 10.865/2004 que acresce à base de cálculo da denominada PIS/COFINS-Importação o valor do ICMS incidente no desembaraço aduaneiro e o valor das próprias contribuições. (RE 559.937)

Tema 002:

I – Normas relativas à prescrição e decadência em matéria tributária são reservadas à lei complementar;

II – São inconstitucionais o parágrafo único do art. 5º do Decreto-lei n. 1.569/77 e os arts. 45 e 46 da Lei n. 8.212/91. (RE 560.626)

Tema 003:

São inconstitucionais o parágrafo único do art. 5º do Decreto-lei n. 1.569/77 e os arts. 45 e 46 da Lei n. 8.212/91, que tratam de prescrição e decadência de crédito tributário. (RE 559.943)

Tema 008:

A Contribuição Social sobre o Lucro Líquido – CSLL incide sobre o lucro decorrente das exportações. A imunidade prevista no art. 149, § 2º, inciso I, da Constituição Federal, com a redação dada pela Emenda Constitucional n. 33/2001, não o alcança. (RE 564.413)

Tema 0016:

A segurança pública, presentes a prevenção e o combate a incêndios, faz-se, no campo da atividade precípua, pela unidade da Federação, e, porque serviço essencial, tem como a viabilizá-la a arrecadação de impostos, não cabendo ao Município a criação de taxa para tal fim. (RE 643.247)

Tema 0021:

É constitucional a fixação de alíquota progressiva para o Imposto sobre Transmissão *Causa Mortis* e Doação – ITCD. (RE 562.045)

Tema 0031:

É inconstitucional o uso de meio indireto coercitivo para pagamento de tributo – "sanção política" –, tal qual ocorre com a exigência, pela Administração Tributária, de fiança, garantia real ou fidejussória como condição para impressão de notas fiscais de contribuintes com débitos tributários. (RE 565.048)

Tema 0032:

Os requisitos para o gozo de imunidade hão de estar previstos em lei complementar. (RE 566.622)

Tema 0040:

A cobrança de taxa de matrícula nas universidades públicas viola o disposto no art. 206, IV, da Constituição Federal. (RE 500.171)

Tema 0042:

A retenção da parcela do ICMS constitucionalmente devida aos Municípios, a pretexto de concessão de incentivos fiscais, configura indevida interferência do Estado no sistema constitucional de repartição de receitas tributárias. (RE 572.762)

Tema 0044:

O serviço de iluminação pública não pode ser remunerado mediante taxa. (RE 573.675)

Tema 0049:

O direito do contribuinte de utilizar-se de crédito relativo a valores pagos a título de Imposto sobre Produtos Industrializados – IPI, oriundo da aquisição de matéria-prima a ser empregada em produto final beneficiado pela isenção ou tributado à alíquota zero, somente surgiu com a Lei n. 9.779/99, não se mostrando possível a aplicação retroativa da norma. (RE 562.980)

Tema 0052:

A imunidade tributária prevista no art. 149, § 2º, I, da Constituição Federal é restrita às contribuições sociais e de intervenção no domínio econômico incidentes sobre as receitas decorrentes de exportação. Não contempla, assim, a CPMF, cuja hipótese de incidência – movimentações financeiras – não se confunde com receitas. (RE 566.259)

Tema 0053:

É compatível com a Constituição Federal a norma infraconstitucional que atribui a órgão integrante do Poder Executivo da União a faculdade de alterar as alíquotas do Imposto de Exportação. (RE 570.680)

Tema 0055:

I – Os Estados-membros possuem competência apenas para a instituição de contribuição voltada ao custeio do regime de previdência de seus servidores. Falece-lhes, portanto, competência para a criação de contribuição ou qualquer outra espécie tributária destinada ao custeio de serviços médicos, hospitalares, farmacêuticos e odontológicos prestados aos seus servidores;
II – Não há óbice constitucional à prestação, pelos Estados, de serviços de saúde a seus servidores, desde que a adesão a esses "planos" seja facultativa. (RE 573.540)

Tema 0063:

O crédito-prêmio de IPI, incentivo fiscal de natureza setorial instituído pelo art. 1º do Decreto-lei n. 491/69, deixou de vigorar em 5-10-1990 ante a ausência de sua confirmação por lei no prazo de dois anos após a publicação da Constituição de 1988, conforme definido no § 1º do art. 41 do Ato das Disposições Constitucionais Transitórias – ADCT. (RE 561.485)

Tema 0064:

Não ofende o art. 173, § 1º, II, da Constituição Federal, a escolha legislativa de reputar não equivalentes a situação das empresas privadas com relação a das sociedades de economia mista, das empresas públicas e respectivas subsidiárias que exploram atividade econômica, para fins de submissão ao regime tributário das contribuições para o PIS e para o PASEP, à luz dos princípios da igualdade tributária e da seletividade no financiamento da Seguridade Social. (RE 577.494)

Tema 0069:

O ICMS não compõe a base de cálculo para a incidência do PIS e da COFINS. (RE 574.706)

Tema 0071:

É legítima a revogação da isenção estabelecida no art. 6º, II, da Lei Complementar n. 70/91 pelo art. 56 da Lei n. 9.430/96, dado que a LC n. 70/91 é apenas formalmente complementar, mas materialmente ordinária com relação aos dispositivos concernentes à contribuição social por ela instituída. (RE 377.457)

Tema 0075:

É constitucional a proibição de deduzir-se o valor da Contribuição Social sobre o Lucro Líquido – CSLL do montante apurado como lucro real, que constitui a base de cálculo do Imposto de Renda de Pessoa Jurídica – IRPJ. (RE 582.525)

Tema 0080:

Surge constitucional, sob o ângulo do caráter seletivo, em função da essencialidade do produto e do tratamento isonômico, o art. 2º da Lei n. 8.393/91, a revelar alíquota máxima de Imposto sobre Produtos Industrializados – IPI de 18%, assegurada isenção, quanto aos contribuintes situados na área de atuação da Superintendência de Desenvolvimento do Nordeste – SUDENE e da Superintendência de Desenvolvimento da Amazônia – SUDAM, e autorização para redução de até 50% da alíquota, presentes contribuintes situados nos Estados do Espírito Santo e do Rio de Janeiro. (RE 592.145)

Tema 0084:

É formalmente inconstitucional, por ofensa ao art. 146, inciso III, *a*, da Constituição Federal, o § 2º do art. 14 da Lei n. 4.502/64, com a redação dada pelo art. 15 da Lei n. 7.798/89, no ponto em que prevê a inclusão de descontos incondicionais na base de cálculo do Imposto sobre Produtos Industrializados – IPI, em descompasso com a disciplina da matéria no art. 47, inciso II, *a*, do Código Tributário Nacional. (RE 567.935)

Tema 0087:

As vendas inadimplidas não podem ser excluídas da base de cálculo da contribuição ao PIS e da COFINS, visto que integram a receita da pessoa jurídica. (RE 586.482)

Tema 0091:

O prazo nonagesimal previsto no art. 150, III, *c*, da Constituição Federal somente deve ser utilizado nos casos de criação ou majoração de tributos, não nas situações, como a prevista na Lei paulista n. 11.813/2004, de simples prorrogação de alíquota já aplicada anteriormente. (RE 584.100)

Tema 0092:

Não viola o art. 167, IV, da Constituição Federal lei estadual que, ao prever o aumento da alíquota do Imposto sobre Circulação de Mercadorias e Serviços – ICMS, impõe ao chefe do Executivo a divulgação da aplicação dos recursos provenientes desse aumento. (RE 585.535)

Tema 0094:

É constitucional a Emenda Constitucional n. 29, de 2000, no que estabeleceu a possibilidade de previsão legal de alíquotas progressivas para o IPTU de acordo com o valor do imóvel. (RE 586.693)

Tema 0095:

É constitucional a majoração da alíquota da Cofins de 2% para 3%, instituída no art. 8º da Lei n. 9.718/98. (RE 527.602)

Tema 0101:

Ofende a garantia constitucional do ato jurídico perfeito a decisão que, sem ponderar as circunstâncias do caso concreto, desconsidera a validez e a eficácia de acordo constante de termo de adesão instituído pela Lei complementar n. 110/2001. (RE 591.068)

Tema 0102:

É constitucional o art. 1º, IV, da Lei n. 8.033/90, uma vez que a incidência de IOF sobre o negócio jurídico de transmissão de títulos e valores mobiliários, tais como ações de companhias abertas e respectivas bonificações, encontra respaldo no art. 153, V, da Constituição Federal, sem ofender os princípios tributários da anterioridade e da irretroatividade, nem demandar a reserva de lei complementar. (RE 583.712)

Tema 0107:

A Emenda Constitucional n. 10/96, especialmente quanto ao inciso III do art. 72 do ADCT, é um novo texto e veicula nova norma, não sendo mera prorrogação da Emenda Constitucional de Revisão n. 1/94, devendo, portanto, observância ao princípio da anterioridade nonagesimal, porquanto majorou a alíquota da CSLL para as pessoas jurídicas referidas no § 1º do art. 22 da Lei n. 8.212/91. (RE 587.008)

Tema 0109:

Lei estadual autorizadora da não inscrição em dívida ativa e do não ajuizamento de débitos de pequeno valor é insuscetível de aplicação a Município e, consequentemente, não serve de fundamento para a extinção das execuções fiscais que promova, sob pena de violação à sua competência tributária. (RE 591.033)

Tema 0110:

É inconstitucional a ampliação da base de cálculo da contribuição ao PIS e da COFINS prevista no art. 3º, § 1º, da Lei n. 9.718/98. (RE 585.235)

Tema 0117:

É constitucional a limitação do direito de compensação de prejuízos fiscais do IRPJ e da base de cálculo negativa da CSLL. (RE 591.340)

Tema 0125:

É constitucional a incidência do Imposto sobre Serviços de Qualquer Natureza – ISS sobre as operações de arrendamento mercantil (*leasing* financeiro). (RE 592.905)

Tema 0146:

I – A taxa cobrada exclusivamente em razão dos serviços públicos de coleta, remoção e tratamento ou destinação de lixo ou resíduos provenientes de imóveis não viola o art. 145, II, da Constituição Federal;

II – A taxa cobrada em razão dos serviços de conservação e limpeza de logradouros e bens públicos ofende o art. 145, II, da Constituição Federal;

III – É constitucional a adoção, no cálculo do valor de taxa, de um ou mais elementos da base de cálculo própria de determinado imposto, desde que não haja integral identidade entre uma base e outra. (RE 576.321)

Tema 0149:

Compete à Justiça comum o julgamento de conflito de interesses a envolver a incidência de contribuição previdenciária, considerada a complementação de proventos. (RE 594.435)

Tema 0155:

É inconstitucional a lei municipal que tenha estabelecido, antes da Emenda Constitucional n. 29/2000, alíquotas progressivas para o IPTU, salvo se destinada a assegurar o cumprimento da função social da propriedade urbana. (RE 601.234)

Tema 0163:

Não incide contribuição previdenciária sobre verba não incorporável aos proventos de aposentadoria do servidor público, tais como terço de férias, serviços extraordinários, adicional noturno e adicional de insalubridade. (RE 593.068)

Tema 0168:

É inconstitucional a aplicação retroativa de lei que majora a alíquota incidente sobre o lucro proveniente de operações incentivadas ocorridas no passado, ainda que no mesmo ano-base, tendo em vista que o fato gerador se consolida no momento em que ocorre cada operação de exportação, à luz da extrafiscalidade da tributação na espécie. (RE 592.396)

Tema 0171:

Após a Emenda Constitucional n. 33/2001, é constitucional a incidência de ICMS sobre operações de importação efetuadas por pessoa, física ou jurídica, que não se dedica habitualmente ao comércio ou à prestação de serviços. (RE 439.796)

Tema 0176:

A demanda de potência elétrica não é passível, por si só, de tributação via ICMS, porquanto somente integram a base de cálculo desse imposto os valores referentes àquelas operações em que haja efetivo consumo de energia elétrica pelo consumidor. (RE 593.824)

Tema 0177:

São legítimas as alterações introduzidas pela Medida Provisória n. 1.858/99, no que revogou a isenção da COFINS e da contribuição para o PIS concedidas às sociedades cooperativas. (RE 598.085)

Tema 0179:

Em relação às contribuições ao PIS/COFINS, não viola o princípio da não-cumulatividade a impossibilidade de creditamento de despesas ocorridas no sistema cumulativo, pois os créditos são presumidos e o direito ao desconto somente surge com as despesas incorridas em momento posterior ao início da vigência do regime não cumulativo. (RE 587.108)

Tema 0201:

É devida a restituição da diferença do Imposto sobre Circulação de Mercadorias e Serviços (ICMS) pago a mais no regime de substituição tributária para a frente se a base de cálculo efetiva da operação for inferior à presumida. (RE 593.849)

Tema 0202:

É inconstitucional a contribuição, a ser recolhida pelo empregador rural pessoa física, incidente sobre a receita bruta proveniente da comercialização de sua produção, prevista no art. 25 da Lei n. 8.212/91, com a redação dada pelo art. 1º da Lei n. 8.540/92. (RE 596.177)

Tema 0204:

É constitucional a previsão legal de diferenciação de alíquotas em relação às contribuições previdenciárias incidentes sobre a folha de salários de instituições financeiras ou de entidades a elas legalmente equiparáveis, após a edição da Emenda Constitucional n. 20/98. (RE 598.572)

Tema 0209:

A contribuição para o Finsocial, incidente sobre o faturamento das empresas, não está abrangida pela imunidade objetiva prevista no art. 150, VI, *d*, da Constituição Federal de 1988, anterior art. 19. III, *d*, da Carta de 1967/69. (RE 628.122)

Tema 0211:

A majoração do valor venal dos imóveis para efeito da cobrança de IPTU não prescinde da edição de lei em sentido formal, exigência que somente se pode afastar quando a atualização não excede os índices inflacionários anuais de correção monetária. (RE 648.245)

Tema 0212:

É inconstitucional a incidência do Imposto sobre Serviços de Qualquer Natureza – ISS sobre operações de locação de bens móveis, dissociada da prestação de serviços. (RE 626.706)

Tema 0214:

I – É constitucional a inclusão do valor do Imposto sobre Circulação de Mercadorias e Serviços – ICMS na sua própria base de cálculo;

II – É legítima a utilização, por lei, da taxa SELIC como índice de atualização de débitos tributários;

III – Não é confiscatória a multa moratória no patamar de 20%. (RE 582.461)

Tema 0216:

O ICMS não incide sobre alienação de salvados de sinistro pelas seguradoras. (RE 588.149)

Tema 0217:

É constitucional taxa de renovação de funcionamento e localização municipal, desde que efetivo o exercício do poder de polícia, demonstrado pela existência de órgão e estrutura competentes para o respectivo exercício. (RE 588.322)

Tema 0224:

A imunidade tributária recíproca não exonera o sucessor das obrigações tributárias relativas aos fatos jurídicos tributários ocorridos antes da sucessão. (RE 599.176)

Tema 0225:

I – O art. 6º da Lei Complementar n. 105/2001 não ofende o direito ao sigilo bancário, pois realiza a igualdade em relação aos cidadãos, por meio do princípio da capacidade contributiva, bem como estabelece requisitos objetivos e o translado do dever de sigilo da esfera bancária para a fiscal;

II – A Lei n. 10.174/2001 não atrai a aplicação do princípio da irretroatividade das leis tributárias, tendo em vista o caráter instrumental da norma, nos termos do art. 144, § 1º, do CTN. (RE 601.314)

Tema 0226:

Declarada inconstitucional a progressividade de alíquota tributária, é devido o tributo calculado pela alíquota mínima correspondente, de acordo com a destinação do imóvel. (RE 602.347)

Tema 0227:

A contribuição destinada ao Serviço Brasileiro de Apoio às Micro e Pequenas Empresas – Sebrae possui natureza de contribuição de intervenção no domínio econômico e não necessita de edição de lei complementar para ser instituída. (RE 635.682)

Tema 0228:

É devida a restituição da diferença das contribuições para o Programa de Integração Social – PIS e para o Financiamento da Seguridade Social – Cofins recolhidas a mais, no regime de substituição tributária, se a base de cálculo efetiva das operações for inferior à presumida. (RE 596.832)

Tema 0235:

Os serviços prestados pela Empresa Brasileira de Correios e Telégrafos – ECT, inclusive aqueles em que a empresa não age em regime de monopólio, estão abrangidos pela imunidade tributária recíproca (CF, art. 150, VI, *a*, e §§ 2º e 3º). (RE 601.392)

Tema 0244:

Surge inconstitucional, por ofensa aos princípios da não cumulatividade e da isonomia, o artigo 31, cabeça, da Lei n. 10.865/2004, no que vedou o creditamento da contribuição para o PIS e da COFINS, relativamente ao ativo imobilizado adquirido até 30 de abril de 2004. (RE 599.316)

Tema 0259:

A imunidade da alínea *d* do inciso VI do art. 150 da Constituição Federal alcança componentes eletrônicos destinados, exclusivamente, a integrar unidade didática com fascículos. (RE 595.676)

Tema 0261:

É inconstitucional a cobrança de taxa, espécie tributária, pelo uso de espaços públicos dos Municípios por concessionárias prestadoras do serviço público de fornecimento de energia elétrica. (RE 581.947)

Tema 0277:

I – A eventual inconstitucionalidade de desvinculação de receita de contribuições sociais não acarreta a devolução ao contribuinte do montante correspondente ao percentual desvinculado, pois a tributação não seria inconstitucional ou ilegal, única hipótese autorizadora da repetição do indébito tributário;

II – Não é inconstitucional a desvinculação, ainda que parcial, do produto da arrecadação das contribuições sociais instituídas pelo art. 76 do ADCT, seja em sua redação original, seja naquela resultante das Emendas Constitucionais n. 27/2000, 42/2003, 56/2007, 59/2009 e 68/2011. (RE 566.007)

Tema 0278:

I – A contribuição para o PIS está sujeita ao princípio da anterioridade nonagesimal previsto no art. 195, § 6º, da Constituição Federal;

II – Nos casos em que a majoração de alíquota tenha sido estabelecida somente na conversão de medida provisória em lei, a contribuição apenas poderá ser exigida após noventa dias da publicação da lei de conversão. (RE 568.503)

Tema 0283:

É inconstitucional a incidência da contribuição ao PIS e da COFINS não cumulativas sobre os valores recebidos por empresa exportadora em razão da transferência a terceiros de créditos de ICMS. (RE 606.107)

Tema 0296:

É taxativa a lista de serviços sujeitos ao ISS a que se refere o art. 156, III, da Constituição Federal, admitindo-se, contudo, a incidência do tributo sobre as atividades inerentes aos serviços elencados em lei em razão da interpretação extensiva. (RE 784.439)

Tema 0297:

Não incide o ICMS na operação de arrendamento mercantil internacional, salvo na hipótese de antecipação da opção de compra, quando configurada a transferência da titularidade do bem. (RE 540.829)

Tema 0299:

A redução da base de cálculo de ICMS equivale à isenção parcial, o que acarreta a anulação proporcional de crédito relativo às operações anteriores, salvo disposição em lei estadual em sentido contrário. (RE 635.688)

Tema 0302:

É constitucional a substituição tributária prevista no art. 31 da Lei n. 8.212/91, com redação dada pela Lei n. 9.711/98, que determinou a retenção de 11% do valor bruto da nota fiscal ou fatura de prestação de serviço. (RE 603.191)

Tema 0314:

É inconstitucional a exigência de depósito prévio como requisito de admissibilidade de recurso administrativo. (RE 601.235)

Tema 0322:

Há direito ao creditamento de IPI na entrada de insumos, matéria-prima e material de embalagem adquiridos junto à Zona Franca de Manaus sob o regime de isenção, considerada a previsão de incentivos regionais constante do art. 43, § 2º, III, da Constituição Federal, combinada com o comando do art. 40 do ADCT. (RE 592.891 – 25-4-2019)

Tema 0323:

A receita auferida pelas cooperativas de trabalho decorrentes dos atos (negócios jurídicos) firmados com terceiros se insere na materialidade da contribuição ao PIS/PASEP. (RE 599.362)

Tema 0324:

É constitucional o art. 3º da Lei n. 7.798/1989, que estabelece valores pré-fixados para o IPI. (RE 602.917)

Tema 0326:

O ICMS não incide sobre o fornecimento de água tratada por concessionária de serviço público, dado que esse serviço não caracteriza uma operação de circulação de mercadoria. (RE 607.056)

Tema 0329:

É inconstitucional a incidência da contribuição ao PIS e da COFINS sobre a receita decorrente da variação cambial positiva obtida nas operações de exportação de produtos. (RE 627.815)

Tema 0337:

Não obstante as Leis n. 10.637/02 e 10.833/03 estejam em processo de inconstitucionalização, é ainda constitucional o modelo legal de coexistência dos regimes cumulativo e não cumulativo, na apuração do PIS/Cofins das empresas prestadoras de serviços. (RE 607.642)

Tema 0342:

A imunidade tributária subjetiva aplica-se a seus beneficiários na posição de contribuinte de direito, mas não na de simples contribuinte de fato, sendo irrelevante para a verificação da existência do beneplácito constitucional a repercussão econômica do tributo envolvido. (RE 608.872)

Tema 0368:

O Imposto de Renda incidente sobre verbas recebidas acumuladamente deve observar o regime de competência, aplicável a alíquota correspondente ao valor recebido mês a mês, e não a relativa ao total satisfeito de uma única vez. (RE 614.406)

Tema 0379:

No que se refere às farmácias de manipulação, incide ISS sobre as operações envolvendo preparo e o fornecimento de medicamentos encomendados para posterior entrega aos clientes, em caráter pessoal, para consumo e incide ICMS sobre os medicamentos de prateleira. (RE 505.552)

Tema 0385:

A imunidade recíproca, prevista no art. 150, VI, *a*, da Constituição não se estende a empresa privada arrendatária de imóvel público, quando seja ela exploradora de atividade econômica com fins lucrativos. Nessa hipótese é constitucional a cobrança do IPTU pelo Município. (RE 594.015)

Tema 0402:

Não incide o ICMS sobre o serviço de transporte de encomendas realizado pela Empresa Brasileira de Correios e Telégrafos – ECT, tendo em vista a imunidade recíproca prevista no art. 150, VI, *a*, da Constituição Federal. (RE 627.051)

Tema 0408:

É compatível com a Constituição o art. 34 da Lei n. 6.830/80, que afirma incabível apelação em casos de execução fiscal cujo valor seja inferior a 50 ORTN. (ARE 637.975)

Tema 0412:

A Empresa Brasileira de Infraestrutura Aeroportuária – Infraero, empresa pública prestadora de serviço público, faz jus à imunidade recíproca prevista no art. 150, VI, *a*, da Constituição Federal. (ARE 638.315)

Tema 0432:

A imunidade tributária prevista no art. 195, § 7º, da Constituição Federal abrange a contribuição para o PIS. (RE 636.941)

Tema 0437:

Incide o IPTU, considerado imóvel de pessoa jurídica de direito público cedido a pessoa jurídica de direito privado, devedora do tributo. (RE 601.720)

Tema 0475:

A imunidade a que se refere o art. 155, § 2º, X, *a*, da CF não alcança operações ou prestações anteriores à operação de exportação. (RE 754.917)

Tema 0508:

A imunidade tributária recíproca não se aplica às sociedades de economia mista que possuem ações negociadas na bolsa de valores, capazes de acumular e distribuir lucros. (RE 600.867)

Tema 0515:

É constitucional a majoração diferenciada de alíquotas em relação às contribuições sociais incidentes sobre o faturamento ou a receita de instituições financeiras ou de entidades a elas legalmente equiparáveis. (RE 656.089)

Tema 0518:

Nos termos da Súmula 732 do STF, é constitucional a cobrança da contribuição do salário-educação. (RE 660.933)

Tema 0523:

São constitucionais as leis municipais anteriores à Emenda Constitucional n. 29/2000, que instituíram alíquotas diferenciadas de IPTU para imóveis edificados e não edificados, residenciais e não residenciais. (RE 666.156)

Tema 0572:

Compete à Justiça Comum Estadual processar e julgar causas alusivas à parcela do imposto de renda retido na fonte pertencente ao Estado-membro, porque ausente o interesse da União. (RE 684.169)

Tema 0573:

Não viola o princípio da isonomia e o livre acesso à jurisdição a restrição de ingresso no parcelamento de dívida relativa à Contribuição para Financiamento da Seguridade Social – COFINS, instituída pela Portaria n. 655/93, dos contribuintes que questionaram o tributo em juízo com depósito judicial dos débitos tributários. (RE 640.905)

Tema 0581:

As operadoras de planos de saúde realizam prestação de serviço sujeita ao Imposto sobre Serviços de Qualquer Natureza – ISSQN, previsto no art. 156, III, da CRFB/88. (RE 651.703)

Tema 0593:

A imunidade tributária constante do art. 150, VI, *d*, da CF/88 aplica-se ao livro eletrônico (*e-book*), inclusive aos suportes exclusivamente utilizados para fixá-lo. (RE 330.817)

Tema 0615:

É inconstitucional a cobrança de ICMS pelo Estado de destino, com fundamento no Protocolo ICMS n. 21/2011 do CONFAZ, nas operações interestaduais de venda de mercadoria ou bem realizadas de forma não presencial a consumidor final não contribuinte do imposto. (RE 680.089)

Tema 0643:

Incide o imposto de produtos industrializados na importação de veículo automotor por pessoa natural, ainda que não desempenhe atividade empresarial e o faça para uso próprio. (RE 723.651)

Tema 0644:

A imunidade tributária recíproca reconhecida à Empresa Brasileira de Correios e Telégrafos – ECT alcança o IPTU incidente sobre imóveis de sua propriedade e por ela utilizados, não se podendo estabelecer, *a priori*, nenhuma distinção entre os imóveis afetados ao serviço postal e aqueles afetados à atividade econômica. (RE 773.992)

Tema 0645:

O Ministério Público não possui legitimidade ativa *ad causam* para, em ação civil pública, deduzir em juízo pretensão de natureza tributária em defesa dos contribuintes, que vise questionar a constitucionalidade/legalidade de tributo. (ARE 694.294)

Tema 0653:

É constitucional a concessão regular de incentivos, benefícios e isenções fiscais relativos ao Imposto de Renda e Imposto sobre Produtos Industrializados por parte da União em relação ao Fundo de Participação de Municípios e respectivas quotas devidas às Municipalidades. (RE 705.423)

Tema 0665:

São constitucionais a alíquota e a base de cálculo da contribuição ao PIS, previstas no art. 72, V, do ADCT, destinada à composição do Fundo Social de Emergência, nas redações da ECR n. 1/94 e das EC n. 10/96 e 17/97, observados os princípios da anterioridade nonagesimal e da irretroatividade tributária. (RE 578.846 – 6-6-2018)

Tema 0685:

Não incide IPVA sobre o veículo automotor adquirido, mediante alienação fiduciária, por pessoa jurídica de direito público. (RE 727.851)

Tema 0688:

É constitucional a incidência do ISS sobre a prestação de serviços de registros públicos, cartorários e notariais, devidamente previstos em legislação tributária municipal. (RE 756.915)

Tema 0689:

Cabe ao Estado de destino, em sua totalidade, o ICMS sobre a operação interestadual de fornecimento de energia elétrica a consumidor final, para emprego em processo de industrialização. São incostitucionais os artigos 2º, § 1º, III e 3º, III da Lei Complementar 87/1996, na parte em que restringem a incidência do ICMS apenas aos casos em que a energia elétrica não se destinar à industrialização ou à comercialização. (RE 748.543)

Tema 0691:

Incide contribuição previdenciária sobre os rendimentos pagos aos exercentes de mandato eletivo, decorrentes da prestação de serviços à União, a Estados e ao Distrito Federal ou a Municípios, após o advento da Lei n. 10.887/2004, desde que não vinculados a regime próprio de previdência. (RE 626.837)

Tema 0693:

A imunidade tributária prevista no art. 150, VI, *c*, da CF/88 aplica-se aos bens imóveis, temporariamente ociosos, de propriedade das instituições de educação e de assistência social sem fins lucrativos que atendam os requisitos legais. (RE 767.332)

Tema 0700:

É constitucional a incidência de ISS sobre serviços de distribuição e venda de bilhetes e demais produtos de loteria, bingos, cartões, pules ou cupons de apostas, sorteios e prêmios. Nesta situação, a base de cálculo do ISS é o valor a ser remunerado pela prestação do serviço, independentemente da cobrança de ingresso, não podendo corresponder ao valor total da aposta. (RE 634.764)

Tema 0707:

Revela-se constitucional o art. 3º, § 3º, I e II, da Lei n. 10.637/2003, no que veda o creditamento da contribuição para o PIS, no regime não-cumulativo, em relação às operações com pessoas jurídicas domiciliadas no exterior. (RE 698.531)

Tema 0708:

O IPVA deve ser cobrado no domicílio do contribuinte, tendo em vista que nele é onde o veículo mais circula e, consequentemente, onde o contribuinte mais usufrui das vias públicas lovais, as quais são mantidas pela arrecadação do referido imposto. (RE 1.016.605)

Tema 0721:

São inconstitucionais a instituição e a cobrança de taxas por emissão ou remessa de carnês/guias de recolhimento de tributos. (RE 789.218)

Tema 0827:

O Imposto sobre Circulação de Mercadorias e Serviços (ICMS) incide sobre a tarifa de assinatura básica mensal cobrada pelas prestadoras de serviços de telefonia, independentemente da franquia de minutos concedida ou não ao usuário. (RE 912.888)

Tema 0829:

Não viola a legalidade tributária a lei que, prescrevendo o teto, possibilita o ato normativo infralegal fixar o valor de taxa em proporção razoável com os custos da atuação estatal, valor esse que não pode ser atualizado por ato do próprio conselho de fiscalização em percentual superior aos índices de correção monetária legalmente previstos. (RE 838.284)

Tema 0830:

Somente lei em sentido formal pode instituir o regime de recolhimento do ICMS por estimativa. (RE 632.265)

Tema 0844:

O princípio da não cumulatividade não assegura direito de crédito presumido de IPI para o contribuinte adquirente de insumos não tributados, isentos ou sujeitos à alíquota zero. (RE 398.365)

Tema 0891:

É inconstitucional o art. 1º da Lei n. 9.960/2000, que instituiu a Taxa de Serviços Administrativos – TSA, por não definir de forma específica o fato gerador da exação. (ARE 957.650)

Tema 0894:

A contribuição ao PIS só pode ser exigida, na forma estabelecida pelo art. 2º da EC n. 17/97, após decorridos noventa dias da data da publicação da referida emenda constitucional. (RE 848.353)

Tema 0918:

É inconstitucional lei municipal que estabelece impeditivos à submissão de sociedades profissionais de advogados ao regime de tributação fixa em bases anuais na forma estabelecida por lei nacional. (RE 940.769 – 24-4-2019)

Tema 0948:

A Contribuição Sindical Rural, instituída pelo Decreto-lei n. 1.166/71, foi recepcionada pela ordem constitucional vigente e não configura hipótese de bitributação. (RE 883.542)

Tema 1.012:

É constitucional a incidência do ICMS sobre a operação de venda, realizada por locadora de veículos de automóvel com menos de 12 (doze) meses de aquisição da montadora. (RE 1.025.986)

ADI 1.763:

Discussão sobre a constitucionalidade da incidência de IOF sobre alienação, por pessoa física ou jurídica, de direitos creditórios resultantes de vendas a prazo a empresas de *factoring*. Decidiram pela CONSTITUCIONALIDADE do art. 58 da Lei n. 9.532/1997. (ADIE 1.763)

ADI 4.101 e ADI 5.485:

A constitucionalidade da majoração de 9% para 15% da alíquota da CSLL devida por instituições financeiras e pessoas jurídicas de seguros privados e de capitalização, assim como da majoração provisória da alíquota da CSLL das referidas entidades de 15% para 20% e das bolsas de valores e de mercadorias e futuros de 15% para 17%. Isso porque, verifica-se que esta Suprema Corte, em diversos julgados, já vem declarando a constitucionalidade de alíquotas diferenciadas para instituições financeiras, não se verificando a alegada discriminação. Cito ementa do julgamento da ADI 2.898, Rel. Min. Dias Toffoli, *DJe* de 3-12-2018, na qual ficou assentado que "a imposição de alíquotas diferenciadas em razão da atividade econômica pode estar fundada nas funções fiscais ou nas funções extrafiscais da exação. *A priori*, estando fundada na função fiscal, deve a distinção corresponder à capacidade contributiva; estando embasada nas funções extrafiscais, deve ela respeitar a proporcionalidade, a razoabilidade, bem como o postulado da vedação do excesso. (ADI 4.101 e ADI 5.485)

19

TEMAS DE RECURSOS REPETITIVOS DO STJ SOBRE DIREITO TRIBUTÁRIO

Tema 61:

Não resta caracterizada a denúncia espontânea, com a consequente exclusão da multa moratória, nos casos de tributos declarados, porém pagos a destempo pelo contribuinte, ainda que o pagamento seja integral. (REsp 886.462/RS, rel. Min. Teori Albino Zavascki, j. 22-10-2008, 1ª Seção.)

Tema 62:

Por força da isenção concedida pelo art. 6º, VII, *b*, da Lei n. 7.713/88, na redação anterior à que lhe foi dada pela Lei n. 9.250/95, é indevida a cobrança de imposto de renda sobre o valor da complementação de aposentadoria e o do resgate de contribuições correspondentes a recolhimentos para entidade de previdência privada ocorridos no período de 1º-1-1989 a 31-12-1995. (REsp 1.012.903/RJ, rel. Min. Teori Albino Zavascki, j. 13-10-2008, 1ª Seção.)

Repercussão geral – Tema 330/STF – Incidência do IRPF sobre os benefícios recebidos de entidade de previdência privada e as importâncias correspondentes ao resgate de contribuições.

Tema 63:

É indevida a incidência de ICMS sobre a parcela correspondente à demanda de potência elétrica contratada mas não utilizada. (REsp 960.476/SC, rel. Min. Teori Albino Zavascki, j. 11-3-2009, 1ª Seção.)

Repercussão geral – Tema 176/STF – Inclusão dos valores pagos a título de "demanda contratada" na base de cálculo do ICMS sobre operações envolvendo energia elétrica.

Tema 79:

O art. 5º da Resolução n. 20/2001 do Comitê Gestor do Programa prevê a notificação da exclusão do Refis por meio de publicação no *Diário Oficial* ou pela Internet, o que torna desarrazoada a pretensão de intimação pessoal para esta finalidade. (REsp 1.046.376/DF, rel. Min. Luiz Fux, j. 11-2-2009, 1ª Seção.)

Repercussão geral – Tema 291/STF – Notificação pessoal de contribuinte para exclusão do Refis.

Repercussão geral – Tema 668/STF – Declaração de inconstitucionalidade de norma prevista em resolução do Comitê Gestor do Programa de Recuperação Fiscal que regulamentou a forma de notificação de contribuinte sobre sua exclusão do Refis após julgamento do Supremo Tribunal Federal que concluiu pela natureza infraconstitucional da controvérsia.

Tema 80:

A retenção de 11% (onze por cento) a título de contribuição previdenciária, na forma do art. 31 da Lei n. 8.212/91, não configura nova modalidade de tributo, mas tão somente alteração na sua forma de recolhimento, não havendo nenhuma ilegalidade nessa nova sistemática de arrecadação. (REsp 1.036.375/SP, rel. Min. Luiz Fux, j. 11-3-2009, 1ª Seção.)

Repercussão geral – Tema 302/STF – Natureza jurídica da retenção de 11% sobre os valores brutos dos contratos de prestação de serviço por empresas tomadoras de serviços.

Tema 81:

É admissível, em embargos à execução, compensar os valores de imposto de renda retidos indevidamente na fonte com os valores restituídos apurados na declaração anual. (REsp 1.001.655/DF, rel. Min. Luiz Fux, j. 11-3-2009, 1ª Seção.)

Tema 83:

A parcela de 0,2% (zero vírgula dois por cento) – destinada ao Incra não foi extinta pela Lei n. 7.787/89 e tampouco pela Lei n. 8.213/91. (REsp 977.058/RS, rel. Min. Luiz Fux, j. 22-10-2008, 1ª Seção.)

Repercussão geral – Tema 495/STF – Referibilidade e natureza jurídica da contribuição para o Incra, em face da Emenda Constitucional n. 33/2001.

Tema 85:

A contribuição sindical rural implementada a destempo sofre a incidência do regime previsto no art. 2º da Lei n. 8.022/90, reiterado pelo art. 59 da Lei n. 8.383/91. (REsp 902.349/PR, rel. Min. Luiz Fux, j. 24-6-2009, 1ª Seção.)

Repercussão geral – Tema 621/STF – Revogação da multa prevista no art. 600 da Consolidação das Leis do Trabalho, bem como sua aplicabilidade em razão do atraso no pagamento da contribuição sindical rural.

Tema 88:

Nos termos do art. 167, parágrafo único, do CTN e da Súmula 188/STJ, "Os juros moratórios, na repetição do indébito tributário, são devidos a partir do trânsito em julgado da sentença". Tal regime é aplicável à repetição de indébito de contribuições previdenciárias, que também têm natureza tributária. (REsp 1.086.935/SP, rel. Min. Teori Albino Zavascki, j. 12-11-2008, 1ª Seção.)

Repercussão geral – Tema 243/STF – Termo inicial dos juros moratórios nas ações de repetição de indébito tributário.

Tema 89:

As operações de importação de bacalhau (peixe seco e salgado, espécie do gênero pescado), provenientes de países signatários do GATT – *General Agreement on Tariffs and Trade*, realizadas até 30 de abril de 1999, são isentas de recolhimento do ICMS. (REsp 871.760/BA, rel. Min. Luiz Fux, j. 11-3-2009, 1ª Seção.)

Tema 90:

Por força da isenção concedida pelo art. 6º, VII, *b*, da Lei n. 7.713/88, na redação anterior à que lhe foi dada pela Lei n. 9.250/95, é indevida a cobrança de imposto de renda sobre o valor da complementação de aposentadoria e o do resgate de contribuições correspondentes a recolhimentos para entidade de previdência privada ocorridos no período de 1º-1-1989 a 31-12-1995. A quantia que couber por rateio a cada participante, superior ao valor das respectivas contribuições, constitui acréscimo patrimonial (CTN, art. 43) e, como tal, atrai a incidência de imposto de renda. (REsp 760.246/PR, rel. Min. Teori Albino Zavascki, j. 10-12-2008, 1ª Seção.)

Repercussão geral – Tema 330/STF – Incidência do IRPF sobre os benefícios recebidos de entidade de previdência privada e as importâncias correspondentes ao resgate de contribuições.

Tema 91:

As operações de composição gráfica, como no caso de impressos personalizados e sob encomenda, são de natureza mista, sendo que os serviços a elas agregados estão incluídos na Lista Anexa ao Decreto-lei n. 406/68 (item 77) e à LC n. 116/2003 (item 13.05). Consequentemente, tais operações estão sujeitas à incidência de ISSQN (e não de ICMS). Confirma-se o entendimento da Súmula 156/STJ: "A prestação de serviço de composição gráfica, personalizada e sob encomenda, ainda que envolva fornecimento de mercadorias, está sujeita, apenas, ao ISS". (REsp 1.092.206/SP, rel. Min. Teori Albino Zavascki, j. 11-3-2009, 1ª Seção.)

Tema 96:

A entrega de declaração pelo contribuinte reconhecendo débito fiscal constitui o crédito tributário, dispensada qualquer outra providência por parte do Fisco. (REsp 1.101.728/SP, rel. Min. Teori Albino Zavascki, j. 11-3-2009, 1ª Seção.)

Tema 97:

A simples falta de pagamento do tributo não configura, por si só, nem em tese, circunstância que acarreta a responsabilidade subsidiária do sócio, prevista no art. 135 do CTN. É indispensável, para tanto, que tenha agido com excesso de poderes ou infração à lei, ao contrato social ou ao estatuto da empresa. (REsp 1.101.728/SP, rel. Min. Teori Albino Zavascki, j. 11-3-2009, 1ª Seção.)

Tema 101:

O instituto da denúncia espontânea (art. 138 do CTN) não se aplica nos casos de parcelamento de débito tributário. (REsp 1.102.577/DF, rel. Min. Herman Benjamin, j. 22-4-2009, 1ª Seção.)

Tema 107:

O encargo de 20% previsto no DL n. 1.025/69 é exigível na execução fiscal proposta contra a massa falida. (REsp 1.110.924/SP, rel. Min. Benedito Gonçalves, j. 10-6-2009, 1ª Seção.)

Tema 114:

O art. 166 do CTN tem como cenário natural de aplicação as hipóteses em que o contribuinte de direito demanda a repetição do indébito ou a compensação de tributo cujo valor foi suportado pelo contribuinte de fato. (REsp 1.110.550/SP, rel. Min. Teori Albino Zavascki, j. 22-4-2009, 1ª Seção.)

Tema 116:

A remessa do carnê de pagamento do IPTU ao endereço do contribuinte é ato suficiente para a notificação do lançamento tributário. (REsp 1.111.124/PR, rel. Min. Teori Albino Zavascki, j. 22-4-2009, 1ª Seção.)

Tema 119:

Incide a taxa Selic na repetição de indébito de tributos estaduais a partir da data de vigência da lei estadual que prevê a incidência de tal encargo sobre o pagamento atrasado de seus tributos e, relativamente ao período anterior, incide a taxa de 1% ao mês, nos termos do art. 161, § 1º, do CTN, observado o disposto na Súmula 188/STJ, sendo inaplicável o art. 1º-F da Lei n. 9.494/97. (REsp 1.111.189/SP, rel. Min. Teori Albino Zavascki, j. 13-5-2009, 1ª Seção.)

Tema 121:

São isentas de imposto de renda as indenizações de férias proporcionais e respectivo adicional. (REsp 1.111.223/SP, rel. Min. Castro Meira, j. 22-4-2009, 1ª Seção.)

Tema 122:

1. Tanto o promitente-comprador (possuidor a qualquer título) do imóvel quanto seu proprietário/promitente-vendedor (aquele que tem a propriedade registrada no Registro de Imóveis) são contribuintes responsáveis pelo pagamento do IPTU;

2. Cabe à legislação municipal estabelecer o sujeito passivo do IPTU. (REsp 1.111.202/SP, rel. Min. Mauro Campbell Marques, j. 10-6-2009, 1ª Seção.)

Tema 132:

É legítima a incidência de ISS sobre os serviços bancários congêneres da lista anexa ao DL n. 406/68 e à LC n. 56/87. (REsp 1.111.234/PR, rel. Min. Eliana Calmon, j. 23-9-2009, 1ª Seção.)

Repercussão geral – Tema 296/STF – Caráter taxativo da lista de serviços sujeitos ao ISS a que se refere o art. 156, III, da Constituição Federal.

Tema 139:

As verbas concedidas ao empregado por mera liberalidade do empregador, isto é, verba paga na ocasião da rescisão unilateral do contrato de trabalho sem obrigatoriedade expressa em lei, convenção ou acordo coletivo, implicam acréscimo patrimonial por não possuírem caráter indenizatório, sujeitando-se, assim, à incidência do imposto de renda. (REsp 1.102.575/MG, rel. Min. Mauro Campbell Marques, j. 23-9-2009, 1ª Seção.)

Tema 142:

O prazo de prescrição quinquenal para pleitear a repetição tributária, nos tributos sujeitos ao lançamento de ofício, é contado da data em que se considera extinto o crédito tributário, qual seja, a data do efetivo pagamento do tributo. A declaração de inconstitucionalidade da lei instituidora do tributo em controle concentrado, pelo STF, ou a Resolução do Senado (declaração de inconstitucionalidade em controle difuso) é despicienda para fins de contagem do prazo prescricional tanto em relação aos tributos sujeitos ao lançamento por homologação, quanto em relação aos tributos sujeitos ao lançamento de ofício. (REsp 1.110.578/SP, rel. Min. Luiz Fux, j. 12-5-2010, 1ª Seção.)

Tema 144:

Os descontos incondicionais nas operações mercantis não se incluem na base de cálculo do ICMS. (REsp 1.111.156/SP, rel. Min. Humberto Martins, j. 14-10-2009, 1ª Seção.)

Tema 150:

As verbas concedidas ao empregado, por mera liberalidade do empregador, quando da rescisão unilateral de seu contrato de trabalho sujeitam-se à incidência do Imposto de Renda. (REsp 1.112.745/SP, rel. Min. Mauro Campbell Marques, j. 23-9-2009, 1ª Seção.)

Tema 151:

A indenização recebida pela adesão a programa de incentivo à demissão voluntária não está sujeita à incidência do imposto de renda. (REsp 1.112.745/SP, rel. Min. Mauro Campbell Marques, j. 23-9-2009, 1ª Seção.)

Tema 158:

Também com relação ao recebimento antecipado de 10% (dez por cento) da reserva matemática do Fundo de Previdência Privada como incentivo para a migração para novo plano de benefícios, deve-se afastar a incidência do imposto de renda sobre a parcela recebida a partir de janeiro de 1996, na proporção do que já foi anteriormente recolhido pelo contribuinte, a título de imposto de renda, sobre as contribuições vertidas ao fundo durante o período de vigência da Lei n. 7.713/88. (REsp 1.111.177/MG, rel. Min. Benedito Gonçalves, j. 23-9-2009, 1ª Seção.)

Tema 159:

A ficção jurídica prevista no art. 11 da Lei n. 9.779/99, não alcança situação reveladora de isenção do Imposto sobre Produtos Industrializados – IPI que a antecedeu. (REsp 860.369/PE, rel. Min. Luiz Fux, j. 25-11-2009, 1ª Seção.)

Repercussão geral – Tema 49/STF – Creditamento de IPI sobre aquisição de insumos ou produtos intermediários aplicados na fabricação de produtos finais sujeitos à alíquota zero ou isentos, em período anterior à Lei n. 9.779/99.

Tema 160:

O valor do frete (referente ao transporte do veículo entre a montadora/fabricante e a concessionária/revendedora) integra a base de cálculo do ICMS incidente sobre a circulação da mercadoria, para fins da substituição tributária progressiva ("para frente"), à luz do art. 8º, II, *b*, da Lei Complementar n. 87/96. (REsp 931.727/RS, rel. Min. Luiz Fux, j. 26-8-2009, 1ª Seção.)

Tema 161:

Nos casos em que a substituta tributária (a montadora/fabricante de veículos) não efetua o transporte, nem o engendra por sua conta e ordem, o valor do frete não deve ser incluído na base de cálculo do imposto. (REsp 931.727/RS, rel. Min. Luiz Fux, j. 26-8-2009, 1ª Seção.)

Tema 162:

A tributação isolada e autônoma do imposto de renda sobre os rendimentos auferidos pelas pessoas jurídicas em aplicações financeiras de renda fixa, bem como sobre os ganhos líquidos em operações realizadas nas bolsas de valores, de mercadorias, de futuros e assemelhadas, à luz dos arts. 29 e 36, da Lei n. 8.541/92, é legítima e complementar ao conceito de renda delineado no art. 43, do CTN, uma vez que as aludidas entradas financeiras não fazem parte da atividade-fim das empresas. (REsp 939.527/MG, rel. Min. Luiz Fux, j. 24-6-2009, 1ª Seção.)

Tema 163:

O prazo decadencial quinquenal para o Fisco constituir o crédito tributário (lançamento de ofício) conta-se do primeiro dia do exercício seguinte àquele em que o lançamento poderia ter sido efetuado, nos casos em que a lei não prevê o pagamento antecipado da exação ou quando, a despeito da previsão legal, o mesmo inocorre, sem a constatação de dolo, fraude ou simulação do contribuinte, inexistindo declaração prévia do débito. (REsp 973.733/SC, rel. Min. Luiz Fux, j. 12-8-2009, 1ª Seção.)

Tema 164:

É devida a correção monetária sobre o valor referente a créditos de IPI admitidos extemporaneamente pelo Fisco. (REsp 1.035.847/RS, rel. Min. Luiz Fux, j. 24-6-2009, 1ª Seção.)

Tema 165:

É ilícita a exigência de nova certidão negativa de débito no momento do desembaraço aduaneiro da respectiva importação, se a comprovação de quitação de tributos federais já fora apresentada quando da concessão do benefício inerente às operações pelo regime de *drawback*. (REsp 1.041.237/SP, rel. Min. Luiz Fux, j. 28-10-2009, 1ª Seção.)

Tema 167:

Incide imposto de renda sobre a verba intitulada "Indenização por Horas Trabalhadas" – IHT, paga aos funcionários da Petrobras, malgrado fundada em acordo coletivo. (REsp 1.049.748/RN, rel. Min. Luiz Fux, j. 24-6-2009, 1ª Seção.)

Tema 168:

A aquisição de bens integrantes do ativo permanente da empresa não gera direito a creditamento de IPI. (REsp 1.075.508/SC, rel. Min. Luiz Fux, j. 23-9-2009, 1ª Seção.)

Tema 169:

O auxílio condução consubstancia compensação pelo desgaste do patrimônio dos servidores, que utilizam-se de veículos próprios para o exercício da sua atividade profissional, inexistindo acréscimo patrimonial, mas uma mera recomposição ao estado anterior sem o incremento líquido necessário à qualificação de renda. (REsp 1.096.288/RS, rel. Min. Napoleão Nunes Maia Filho, j. 09-12-2009, 1ª Seção.)

Tema 170:

Sob a égide do Convênio ICMS 66/88 (antes, portanto, da entrada em vigor da Lei Complementar n. 87/96) não havia direito do contribuinte ao crédito de ICMS recolhido quando pago em razão de operações de consumo de energia elétrica. (REsp 977.090/ES, rel. Min. Luiz Fux, j. 25-11-2009, 1ª Seção.)

Tema 171:

A retenção da contribuição para a seguridade social pelo tomador do serviço não se aplica às empresas optantes pelo Simples. (REsp 1.112.467/DF, rel. Min. Teori Albino Zavascki, j. 12-8-2009, 1ª Seção.)

Tema 174:

Não incide IPTU, mas ITR, sobre imóvel localizado na área urbana do Município, desde que comprovadamente utilizado em exploração extrativa, vegetal, agrícola, pecuária ou agroindustrial (art. 15 do DL n. 57/66). (REsp 1.112.646/SP, rel. Min. Herman Benjamin, j. 26-8-2009, 1ª Seção.)

Tema 179:

A perda da pretensão executiva tributária pelo decurso de tempo é consequência da inércia do credor, que não se verifica quando a demora na citação do executado decorre unicamente do aparelho judiciário. (REsp 1.102.431/RJ, rel. Min. Luiz Fux, j. 09-12-2009, 1ª Seção.)

Tema 180:

Inexiste qualquer ilegalidade/inconstitucionalidade na determinação de indedutibilidade da CSSL na apuração do lucro real. (REsp 1.113.159/AM, rel. Min. Luiz Fux, j. 11-11-2009, 1ª Seção.)

Repercussão geral – Tema 75/STF – Dedução da CSLL na apuração da sua própria base de cálculo e da base de cálculo do IRPJ.

Tema 183:

O ICMS incide sobre o preço total da venda quando o acréscimo é cobrado pelo próprio vendedor (venda a prazo). (REsp 1.106.462/SP, rel. Min. Luiz Fux, j. 23-9-2009, 1ª Seção.)

Tema 196:

A Contribuição para Financiamento da Seguridade Social – Cofins incide sobre as receitas provenientes das operações de locação de bens móveis. (REsp 929.521/SP, rel. Min. Luiz Fux, j. 23-9-2009, 1ª Seção.)

Repercussão geral – Tema 684/STF – Incidência do PIS e da Cofins sobre a receita advinda da locação de bens móveis.

Tema 198:

Em se tratando de construção civil, antes ou depois da lei complementar, o imposto é devido no local da construção (art. 12, letra *b*, do DL n. 406/68 e art. 3º da LC n. 116/2003). (REsp 1.117.121/SP, rel. Min. Eliana Calmon, j. 14-10-2009, 1ª Seção.)

Repercussão geral – Tema 1.020/STF – Controvérsia relativa à constitucionalidade de lei municipal que obriga o prestador de serviços estabelecido em outra municipalidade que execute atividades no município pertinente a nele se cadastrar, sob pena de retenção do Imposto sobre Serviços de Qualquer Natureza (ISS) pelo tomador dos serviços.

Tema 199:

A Taxa SELIC é legítima como índice de correção monetária e de juros de mora, na atualização dos débitos tributários pagos em atraso, diante da existência de Lei Estadual que determina a adoção dos mesmos critérios adotados na correção dos débitos fiscais. (REsp 879.844/MG, rel. Min. Luiz Fux, j. 11-11-2009, 1ª Seção.)

Repercussão geral – Tema 214/STF – a) Inclusão do ICMS em sua própria base de cálculo; b) Emprego da taxa SELIC para fins tributários; c) Natureza de multa moratória fixada em 20% do valor do tributo.

Tema 201:

Conforme o disposto no art. 605 da Consolidação da Leis do Trabalho, em respeito ao princípio da publicidade, a publicação, em jornais de grande circulação local, de editais concernentes ao recolhimento da contribuição sindical é condição necessária à eficácia do procedimento do recolhimento deste tributo, matéria que consubstancia pressuposto para o desenvolvimento regular do processo e pode ser apreciada de ofício pelo Juiz. (REsp 1.120.616/PR, rel. Min. Benedito Gonçalves, j. 25-11-2009, 1ª Seção.)

Repercussão geral – Tema 195/STF – Publicação de editais de notificação do lançamento da contribuição sindical rural por órgão da imprensa oficial.

Tema 215:

Sob a égide da Lei n. 8.212/91, é ilegal o cálculo, em separado, da contribuição previdenciária sobre a gratificação natalina em relação ao salário do mês de dezembro. (REsp 1.066.682/SP, rel. Min. Luiz Fux, j. 09-12-2009, 1ª Seção.)

Tema 216:

A Lei n. 8.620/93, em seu art. 7º, § 2º, autorizou expressamente a incidência da contribuição previdenciária sobre o valor bruto do 13º salário, cuja base de cálculo deve ser calculada em separado do salário-de-remuneração do respectivo mês de dezembro. (REsp 1.066.682/SP, rel. Min. Luiz Fux, j. 09-12-2009, 1ª Seção.)

Repercussão geral – Tema 215/STF – Forma de cálculo de contribuição previdenciária incidente sobre o 13º salário.

Tema 217:

Para fins do pagamento dos tributos com as alíquotas reduzidas, a expressão "serviços hospitalares", constante do art. 15, § 1º, inciso III, da Lei n. 9.249/95, deve ser interpretada de forma objetiva (ou seja, sob a perspectiva da atividade realizada pelo contribuinte), devendo ser considerados serviços hospitalares "aqueles que se vinculam às atividades desenvolvidas pelos hospitais, voltados diretamente à promoção da saúde", de sorte que, "em regra, mas não necessariamente, são prestados no interior do estabelecimento hospitalar, excluindo-se as simples consultas médicas, atividade que não se identifica com as prestadas no âmbito hospitalar, mas nos consultórios médicos". (REsp 1.116.399/BA, rel. Min. Benedito Gonçalves, j. 28-10-2009, 1ª Seção.)

Repercussão geral – Tema 353/STF – Enquadramento de pessoas jurídicas da área de saúde na qualidade de prestadoras de serviço hospitalar para fins de obtenção do benefício de recolhimento da Contribuição Social sobre o Lucro líquido (CSLL) e do Imposto de Renda de Pessoa Jurídica (IRPJ) com base de cálculo reduzida.

Tema 226:

O crédito-prêmio do IPI, previsto no art. 1º do DL n. 491/69, não se aplica às vendas para o exterior realizadas após 4-10-1990. (REsp 1.111.148/SP, rel. Min. Mauro Campbell Marques, j. 24-2-2010, 1ª Seção.)

Repercussão geral – Tema 63/STF – Termo final de vigência do crédito-prêmio do IPI instituído pelo Decreto-lei n. 491/69.

Tema 227:

O prazo prescricional das ações que visam ao recebimento do crédito-prêmio do IPI, nos termos do art. 1º do Decreto n. 20.910/32, é de cinco anos. (REsp 1.111.148/SP, rel. Min. Mauro Campbell Marques, j. 24-2-2010, 1ª Seção.)

Tema 229:

A ação de repetição de indébito (...) visa à restituição de crédito tributário pago indevidamente ou a maior, por isso que o termo *a quo* é a data da extinção do crédito tributário, momento em que exsurge o direito de ação contra a Fazenda Pública, sendo certo que, por tratar-se de tributo sujeito ao lançamento de ofício, o prazo prescricional é quinquenal, nos termos do art. 168, I, do CTN. (REsp 947.206/RJ, rel. Min. Luiz Fux, j. 13-10-2010, 1ª Seção.)

Tema 232:

Na repetição do indébito tributário referente a recolhimento de tributo direto, não se impõe a comprovação de que não houve repasse do encargo financeiro decorrente da incidência do imposto ao consumidor final, contribuinte de fato. (REsp 1.125.550/SP, rel. Min. Mauro Campbell Marques, j. 14-4-2010, 1ª Seção.)

Tema 237:

É possível ao contribuinte, após o vencimento da sua obrigação e antes da execução, garantir o juízo de forma antecipada, para o fim de obter certidão positiva com efeito de negativa. (REsp 1.123.669/RS, rel. Min. Luiz Fux, j. 9-12-2009, 1ª Seção.)

Tema 238:

A opção pelo Simples de estabelecimentos dedicados às atividades de creche, pré-escola e ensino fundamental é admitida somente a partir de 24-10-2000, data de vigência da Lei n. 10.034/2000. (REsp 1.021.263/SP, rel. Min. Luiz Fux, j. 25-11-2009, 1ª Seção.)

Tema 240:

O imposto de renda incide sobre o resultado positivo das aplicações financeiras realizadas pelas cooperativas, por não caracterizarem "ato cooperativos típicos". (REsp 58.265/SP, rel. Min. Luiz Fux, j. 9-12-2009, 1ª Seção.)

Tema 242:

As atividades de panificação e de congelamento de produtos perecíveis, "*rotisseria* e restaurante", "açougue e peixaria" e "frios e laticínios" (...) por supermercado não configuram processo de industrialização de alimentos (...) razão pela qual inexiste direito ao creditamento do ICMS pago na entrada da energia elétrica consumida no estabelecimento comercial. (REsp 1.117.139/RJ, rel. Min. Luiz Fux, j. 25-11-2009, 1ª Seção.)

Repercussão geral – Tema 218/STF – Direito de supermercado a crédito do ICMS relativo à energia elétrica utilizada no processo produtivo de alimentos que comercializa.

Tema 245:

A suspensão da exigibilidade do crédito tributário superior a quinhentos mil reais para opção pelo Refis pressupõe a homologação expressa do comitê gestor e a constituição de garantia por meio do arrolamento de bens. (REsp 1.133.710/GO, rel. Min. Luiz Fux, j. 25-11-2009, 1ª Seção.)

Tema 248:

O envio da guia de cobrança (carnê), da taxa de licença para funcionamento, ao endereço do contribuinte, configura a notificação presumida do lançamento do tributo, passível de ser ilidida pelo contribuinte, a quem cabe comprovar seu não recebimento. (REsp 1.114.780/SC, rel. Min. Luiz Fux, j. 12-5-2010, 1ª Seção.)

Tema 250:

O conteúdo normativo do art. 6º, XIV, da Lei n. 7.713/88, com as alterações promovidas pela Lei n. 11.052/2004, é explícito em conceder o benefício fiscal em favor dos aposentados portadores das seguintes moléstias graves: moléstia profissional, tuberculose ativa, alienação mental, esclerose múltipla, neoplasia maligna, cegueira, hanseníase, paralisia irreversível e incapacitante, cardiopatia grave, doença de Parkinson, espondiloartrose anquilosante, nefropatia grave, hepatopatia grave, estados avançados da doença de Paget (osteíte deformante), contaminação por radiação, síndrome da imunodeficiência adquirida, com base em conclusão da medicina especializada, mesmo que a doença tenha sido contraída depois da aposentadoria ou reforma. Por conseguinte, o rol contido no referido dispositivo legal é taxativo (*numerus clausus*), vale dizer, restringe a concessão de isenção às situações nele enumeradas. (REsp 1.116.620/BA, rel. Min. Luiz Fux, j. 09-8-2010, 1ª Seção.)

Tema 255:

Os créditos rurais originários de operações financeiras alongadas ou renegociadas (cf. Lei n. 9.138/95), cedidos à União por força da Medida Provisória n. 2.196-3/2001, estão abarcados no conceito de Dívida Ativa da União para efeitos de execução fiscal – não importando a natureza pública ou privada dos créditos em si. (REsp 1.123.539/RS, rel. Min. Luiz Fux, j. 09-12-2009, 1ª Seção.)

Tema 256:

Declarado e não pago o débito tributário pelo contribuinte, é legítima a recusa de expedição de certidão negativa ou positiva com efeito de negativa. (REsp 1.123.557/RS, rel. Min. Luiz Fux, j. 25-11-2009, 1ª Seção.)

Tema 259:

Não constitui fato gerador do ICMS o simples deslocamento de mercadoria de um para outro estabelecimento do mesmo contribuinte. (REsp 1.125.133/SP, rel. Min. Napoleão Nunes Maia Filho, j. 25-8-2010, 1ª Seção.)

Tema 261:

As empresas de construção civil não estão obrigadas a pagar ICMS sobre mercadorias adquiridas como insumos em operações interestaduais. (REsp 1.135.489/AL, rel. Min. Luiz Fux, j. 9-12-2009, 1ª Seção.)

Tema 263:

A contribuição social destinada ao PIS permaneceu exigível no período compreendido entre outubro de 1995 a fevereiro de 1996, por força da Lei Complementar n. 7/70, e entre março de 1996 a outubro de 1998, por força da Medida Provisória n. 1.212/95 e suas reedições. (REsp 1.136.210/PR, rel. Min. Luiz Fux, j. 9-12-2009, 1ª Seção.)

Tema 264:

A mera discussão judicial da dívida, sem garantia idônea ou suspensão da exigibilidade do crédito, nos termos do art. 151 do CTN, não obsta a inclusão do nome do devedor no Cadin. (REsp 1.137.497/CE, rel. Min. Luiz Fux, j. 14-4-2010, 1ª Seção.)

Tema 265:

Em se tratando de compensação tributária, deve ser considerado o regime jurídico vigente à época do ajuizamento da demanda, não podendo ser a causa julgada à luz do direito superveniente, tendo em vista o inarredável requisito do prequestionamento, viabilizador do conhecimento do apelo extremo, ressalvando-se o direito de o contribuinte proceder à compensação dos créditos pela via administrativa, em conformidade com as normas posteriores, desde que atendidos os requisitos próprios. (REsp 1.137.738/SP, rel. Min. Luiz Fux, j. 9-12-2009, 1ª Seção.)

Tema 266:

O prazo prescricional, no que tange às contribuições previdenciárias, foi sucessivamente modificado pela EC n. 8/77, pela Lei n. 6.830/80, pela CF/88 e pela Lei n. 8.212/91, à medida que as mesmas adquiriam ou perdiam sua natureza de tributo. (...) O prazo decadencial, por seu turno, não foi alterado pelos referidos diplomas legais, mantendo-se obediente ao disposto na lei tributária. (REsp 1.138.159/SP, rel. Min. Luiz Fux, j. 25-11-2009, 1ª Seção.)

Tema 267:

O valor do frete configura parcela estranha ao produto rural, por isso que não está inserido na base de cálculo da contribuição para o FUNRURAL, que consiste tão somente no valor comercial do produto rural, correspondente ao preço pelo qual é vendido pelo produtor. (REsp 1.138.159/SP, rel. Min. Luiz Fux, j. 25-11-2009, 1ª Seção.)

Tema 268:

É desnecessária a apresentação do demonstrativo de cálculo, em execução fiscal, uma vez que a Lei n. 6.830/80 dispõe, expressamente, sobre os requisitos essenciais para a instrução da petição inicial e não elenca o demonstrativo de débito entre eles. (REsp 1.138.202/ES, rel. Min. Luiz Fux, j. 9-12-2009, 1ª Seção.)

Tema 269:

Tanto para os requerimentos efetuados anteriormente à vigência da Lei n. 11.457/2007, quanto aos pedidos protocolados após o advento do referido diploma legislativo, o prazo aplicável é de 360 dias a partir do protocolo dos pedidos (art. 24 da Lei n. 11.457/2007). (REsp 1.138.206/RS, rel. Min. Luiz Fux, j. 9-8-2010, 1ª Seção.)

Tema 270:

Tanto para os requerimentos efetuados anteriormente à vigência da Lei n. 11.457/2007, quanto aos pedidos protocolados após o advento do referido diploma legislativo, o prazo aplicável é de 360 dias a partir do protocolo dos pedidos (art. 24 da Lei n. 11.457/2007). (REsp 1.138.206/RS, rel. Min. Luiz Fux, j. 9-8-2010, 1ª Seção.)

Tema 271:

Os efeitos da suspensão da exigibilidade pela realização do depósito integral do crédito exequendo, quer no bojo de ação anulatória, quer no de ação declaratória de inexistência de relação jurídico-tributária, ou mesmo no de mandado de segurança, desde que ajuizados anteriormente à execução fiscal, têm o condão de impedir a lavratura do auto de infração, assim como de coibir o ato de inscrição em dívida ativa e o ajuizamento da execução fiscal, a qual, acaso proposta, deverá ser extinta. (REsp 1.140.956/SP, rel. Min. Luiz Fux, j. 24-11-2010, 1ª Seção.)

Tema 272:

O comerciante de boa-fé que adquire mercadoria, cuja nota fiscal (emitida pela empresa vendedora) posteriormente seja declarada inidônea, pode engendrar o aproveitamento do crédito do ICMS pelo princípio da não cumulatividade, uma vez demonstrada a veracidade da compra e venda efetuada, porquanto o ato declaratório da inidoneidade somente produz efeitos a partir de sua publicação. (REsp 1.148.444/MG, rel. Min. Luiz Fux, j. 14-4-2010, 1ª Seção.)

Tema 273:

A Fazenda Pública, quer em ação anulatória, quer em execução embargada, faz jus à expedição da certidão positiva de débito com efeitos negativos, independentemente de penhora, posto inexpropriáveis os seus bens. (REsp 1.123.306/SP, rel. Min. Luiz Fux, j. 9-12-2009, 1ª Seção.)

Tema 274:

O arrendamento mercantil, contratado pela indústria aeronáutica de grande porte para viabilizar o uso, pelas companhias de navegação aérea, de aeronaves por ela construídas, não constitui operação relativa à circulação de mercadoria sujeita à incidência do ICMS. (REsp 1.131.718/SP, rel. Min. Luiz Fux, j. 24-3-2010, 1ª Seção.)

Repercussão geral – Tema 297/STF – Incidência do ICMS na importação de mercadoria por meio de arrendamento mercantil internacional.

Tema 275:

As leis tributárias procedimentais ou formais, conducentes à constituição do crédito tributário não alcançado pela decadência, são aplicáveis a fatos pretéritos, razão pela qual a Lei n. 8.021/90 e a Lei Complementar n. 105/2001, por envergarem essa natureza, legitimam a atuação fiscalizatória/investigativa da Administração Tributária, ainda que os fatos imponíveis a serem apurados lhes sejam anteriores. (REsp 1.134.665/SP, rel. Min. Luiz Fux, j. 25-11-2009, 1ª Seção.)

Repercussão geral – Tema 225/STF – a) Fornecimento de informações sobre movimentações financeiras ao Fisco sem autorização judicial, nos termos do art. 6º da Lei Complementar n. 105/2001; b) Aplicação retroativa da Lei n. 10.174/2001 para apuração de créditos tributários referentes a exercícios anteriores ao de sua vigência.

Tema 276:

A aquisição de matéria-prima e/ou insumo não tributados ou sujeitos à alíquota zero, utilizados na industrialização de produto tributado pelo IPI, não enseja direito ao creditamento do tributo pago na saída do estabelecimento industrial. (REsp 1.134.903/SP, rel. Min. Luiz Fux, j. 9-6-2010, 1ª Seção.)

Repercussão geral – Tema 136/STF – a) Cabimento de ação rescisória que visa desconstituir julgado com base em nova orientação da Corte; b) Creditamento de IPI pela aquisição de insumos isentos, não tributados ou sujeitos à alíquota zero.

Tema 277:

A aquisição de matéria-prima e/ou insumo não tributados ou sujeitos à alíquota zero, utilizados na industrialização de produto tributado pelo IPI, não enseja direito ao creditamento do tributo pago na saída do estabelecimento industrial. (REsp 1.134.903/SP, rel. Min. Luiz Fux, j. 9-6-2010, 1ª Seção.)

Repercussão geral – Tema 136/STF – a) Cabimento de ação rescisória que visa desconstituir julgado com base em nova orientação da Corte; b) Creditamento de IPI pela aquisição de insumos isentos, não tributados ou sujeitos à alíquota zero.

Tema 278:

O ICMS incide sobre o fornecimento de alimentação e bebidas em bares, restaurantes e estabelecimentos congêneres, cuja base de cálculo compreende o valor total das operações realizadas, inclusive aquelas correspondentes à prestação de serviço. (REsp 1.135.534/PE, rel. Min. Luiz Fux, j. 9-12-2009, 1ª Seção.)

Tema 279:

A base de cálculo do PIS e da COFINS, independentemente do regime normativo aplicável (Leis Complementares n. 7/70 e 70/91 ou Leis ordinárias n. 10.637/2002 e 10.833/2003), abrange os valores recebidos pelas empresas prestadoras de serviços de locação de mão de obra temporária (regidas pela Lei n. 6.019/74 e pelo Decreto n. 73.841/74), a título de pagamento de salários e encargos sociais dos trabalhadores temporários. (REsp 1.141.065/SC, rel. Min. Luiz Fux, j. 9-12-2009, 1ª Seção.)

Tema 293:

O repasse econômico do PIS e da Cofins realizados pelas empresas concessionárias de serviços de telecomunicação é legal e condiz com as regras de economia e de mercado. (REsp 976.836/RS, rel. Min. Luiz Fux, j. 25-8-2010, 1ª Seção.)

Tema 295:

Na restituição do indébito tributário, os juros de mora são devidos, à razão de 1% ao mês, conforme estabelecido no art. 161, § 1º, do CTN, não prevalecendo o disposto no art. 1º-F da Lei n. 9.494/97, acrescentado pela MP n. 2.180-35/2001. (REsp 1.133.815/SP, rel. Min. Castro Meira, j. 9-12-2009, 1ª Seção.)

Tema 313:

i) O art. 3º, § 2º, III, da Lei n. 9718/98 não teve eficácia jurídica, de modo que integram o faturamento e também o conceito maior de receita bruta, base de cálculo das contribuições ao PIS/Pasep e Cofins, os valores que, computados como receita, tenham sido transferidos para outra pessoa jurídica; ii) O valor do ICMS, destacado na nota, devido e recolhido pela empresa compõe seu faturamento, submetendo-se à tributação pelas contribuições ao PIS/Pasep e Cofins, sendo integrante também do conceito maior de receita bruta, base de cálculo das referidas exações. (REsp 1.144.469/PR, rel. Min. Napoleão Nunes Maia Filho, j. 10-8-2016, 1ª Seção.)

Repercussão geral – Tema 69/STF – Inclusão do ICMS na base de cálculo do PIS e da COFINS.

Tema 334:

(...) que trata da responsabilidade dos sócios em face do disposto no art. 13 da Lei n. 8.620/93. Na vigência de tal dispositivo (posteriormente revogado de modo expresso pelo art. 79, VII, da Lei n. 11.941/2009), já havia entendimento desta 1ª Seção segundo o qual, mesmo em se tratando de débitos para com a Seguridade Social, a responsabilidade pessoal dos sócios das sociedades por quotas de responsabilidade limitada, prevista no art. 13 da Lei n. 8.620/93, só existe, quando presentes as condições estabelecidas no art. 135, III do CTN. Há, todavia uma razão superior, mais importante que todas as outras, a justificar a inexistência da responsabilidade do sócio, em casos da espécie: o STF, no julgamento do RE 562.276, ocorrido em 3-11-2010, relatora a Ministra Ellen Gracie, declarou a inconstitucionalidade do art. 13 da Lei n. 8.620/93, tanto por vício formal (violação ao art. 146, III, da Constituição Federal), como por vício material (violação aos arts. 5º, XIII, e 170, parágrafo único, da Constituição Federal). O julgamento do recurso extraordinário se deu sob o regime do art. 543-B do CPC, o que confere especial eficácia vinculativa ao precedente e impõe sua adoção imediata em casos análogos (...). (REsp 1.153.119/MG, rel. Min. Teori Albino Zavascki, j. 24-11-2010, 1ª Seção.)

Repercussão geral – Tema 13/STF – Responsabilidade solidária dos sócios das empresas por quotas de responsabilidade limitada por dívidas junto à Seguridade Social.

Tema 335:

A partir da vigência do art. 31 da Lei n. 8.212/91, com a redação dada pela Lei n. 9.711/98, a empresa contratante é responsável, com exclusividade, pelo recolhimento da contribuição previdenciária por ela retida do valor bruto da nota fiscal ou fatura de prestação de serviços, afastada, em relação ao montante retido, a responsabilidade supletiva da empresa prestadora, cedente de mão de obra. (REsp 1.131.047/MA, rel. Min. Teori Albino Zavascki, j. 24-11-2010, 1ª Seção.)

Tema 336:

A simples declaração de compensação relativa ao crédito-prêmio de IPI não suspende a exigibilidade do crédito tributário – a menos que esteja presente alguma outra causa de suspensão elencada no art. 151 do CTN –, razão porque poderá a Fazenda Nacional recusar-se a emitir a certidão de regularidade fiscal. (REsp 1.157.847/PE, rel. Min. Castro Meira, j. 24-3-2010, 1ª Seção.)

Tema 338:

O auxílio-creche funciona como indenização, não integrando o salário-de-contribuição para a Previdência. Inteligência da Súmula 310/STJ. (REsp 1.146.772/DF, rel. Min. BENEDITO GONÇALVES, j. 24-2-2010, 1ª Seção.)

Tema 340:

Não é possível a cobrança da Contribuição Social sobre o Lucro (CSLL) do contribuinte que tem a seu favor decisão judicial transitada em julgado declarando a inconstitucionalidade formal e material da exação conforme concebida pela Lei n. 7.689/88, assim como a inexistência de relação jurídica material a seu recolhimento. O fato de o Supremo Tribunal Federal posteriormente manifestar-se em sentido oposto à decisão judicial transitada em julgado em nada pode alterar a relação jurídica estabilizada pela coisa julgada, sob pena de negar validade ao próprio controle difuso de constitucionalidade. (REsp 1.118.893/MG, rel. Min. Arnaldo Esteves Lima, j. 23-3-2011, 1ª Seção.)
Repercussão geral – Tema 881/STF – Limites da coisa julgada em matéria tributária, notadamente diante de julgamento, em controle concentrado pelo Supremo Tribunal Federal, que declara a constitucionalidade de tributo anteriormente considerado inconstitucional, na via do controle incidental, por decisão transitada em julgado.

Tema 341:

Em se tratando de ato que impede a permanência da pessoa jurídica no SIMPLES em decorrência da superveniência de situação impeditiva prevista no art. 9º, incisos III a XIV e XVII a XIX, da Lei n. 9.317/96, seus efeitos são produzidos a partir do mês subsequente à data da ocorrência da circunstância excludente, nos exatos termos do art. 15, inciso II, da mesma lei. (REsp 1.124.507/MG, rel. Min. Benedito Gonçalves, j. 28-4-2010, 1ª Seção.)

Tema 342:

Não há ilegalidade no art. 41 do Decreto n. 332/91, consonante com a Lei n. 8.200/91, art. 1º, que, ao cuidar da correção monetária de balanço relativamente ao ano-base de 1990, limitou-se ao IRPJ, não estendendo a previsão legal à CSLL. (REsp 1.127.610/MG, rel. Min. Benedito Gonçalves, j. 23-6-2010, 1ª Seção.)

Tema 345:

Em se tratando de compensação de crédito objeto de controvérsia judicial, é vedada a sua realização "antes do trânsito em julgado da respectiva decisão judicial", conforme prevê o art. 170-A do CTN, vedação que, todavia, não se aplica a ações judiciais propostas em data anterior à vigência desse dispositivo, introduzido pela LC n. 104/2001. (REsp 1.164.452/MG, rel. Min. Teori Albino Zavascki, j. 25-8-2010, 1ª Seção.)

Tema 346:

Nos termos do art. 170-A do CTN, "é vedada a compensação mediante o aproveitamento de tributo, objeto de contestação judicial pelo sujeito passivo, antes do trânsito em julgado da respectiva decisão judicial", vedação que se aplica inclusive às hipóteses de reconhecida inconstitucionalidade do tributo indevidamente recolhido. (REsp 1.167.039/DF, rel. Min. Teori Albino Zavascki, j. 25-8-2010, 1ª Seção.)

Tema 351:

O Imposto de Renda incidente sobre os benefícios previdenciários atrasados pagos acumuladamente deve ser calculado de acordo com as tabelas e alíquotas vigentes à época em que os valores deveriam ter sido adimplidos, observando a renda auferida mês a mês pelo segurado, não sendo legítima a cobrança de IR com parâmetro no montante global pago extemporaneamente. (REsp 1.118.429/SP, rel. Min. Herman Benjamin, j. 24-3-2010, 1ª Seção.)

Repercussão geral – Tema 133/STF – Alíquota do Imposto de Renda de Pessoa Física aplicável aos valores recebidos em atraso e de forma acumulada pelo beneficiário, por culpa exclusiva da autarquia federal.

Repercussão geral – Tema 368/STF – Incidência do imposto de renda de pessoa física sobre rendimentos percebidos acumuladamente.

Tema 354:

Incide ISSQN sobre operações de arrendamento mercantil financeiro. (REsp 1.060.210/SC, rel. Min. Napoleão Nunes Maia Filho, j. 28-11-2012, 1ª Seção.)

Repercussão geral – Tema 125/STF – Incidência do ISS sobre operações de arrendamento mercantil.

Tema 355:

O sujeito ativo da relação tributária, na vigência do DL n. 406/68, é o Município da sede do estabelecimento prestador (art. 12); a partir da LC n. 116/2003, é aquele onde o serviço é efetivamente prestado, onde a relação é perfectibilizada, assim entendido o local onde se comprove haver unidade econômica ou profissional da instituição financeira com poderes decisórios suficientes à concessão e aprovação do financiamento – núcleo da operação de *leasing* financeiro e fato gerador do tributo. (REsp 1.060.210/SC, rel. Min. Napoleão Nunes Maia Filho, j. 28-11-2012, 1ª Seção.)

Tema 356:

O prazo prescricional a ser aplicado às ações de repetição de indébito relativas à contribuição ao Fusex, que consubstancia tributo sujeito ao lançamento de ofício, é o quinquenal, nos termos do art. 168, I, do CTN. (REsp 1.086.382/RS, rel. Min. Luiz Fux, j. 14-4-2010, 1ª Seção.)

Tema 358:

O descumprimento da obrigação acessória de informar, mensalmente, ao INSS, dados relacionados aos fatos geradores da contribuição previdenciária, é condição impeditiva para expedição da prova de inexistência de débito. (REsp 1.042.585/RJ, rel. Min. Luiz Fux, j. 12-5-2010, 1ª Seção.)

Tema 360:

Os valores a serem pagos em razão de decisão judicial trabalhista, que determina a reintegração do ex-empregado, assumem a natureza de verba remuneratória, atraindo a incidência do imposto sobre a renda. Isso porque são percebidos a título de salários vencidos, como se o empregado estivesse no pleno exercício de seu vínculo empregatício. (REsp 1.142.177/RS, rel. Min. Napoleão Nunes Maia Filho, j. 9-8-2010, 1ª Seção.)

Tema 361:

Sendo a reintegração inviável, os valores a serem percebidos pelo empregado amoldam-se à indenização prevista no art. 7º, I, da Carta Maior, em face da natureza eminentemente indenizatória, não dando azo a qualquer acréscimo patrimonial ou geração de renda, posto não ensejar riqueza nova disponível, mas reparações, em pecúnia, por perdas de direitos, afastando a incidência do Imposto sobre a Renda. (REsp 1.142.177/RS, rel. Min. Napoleão Nunes Maia Filho, j. 9-8-2010, 1ª Seção.)

Tema 362:

A contribuição para o salário-educação tem como sujeito passivo as empresas, assim entendidas as firmas individuais ou sociedades que assumam o risco de atividade econômica, urbana ou rural, com fins lucrativos ou não, em consonância com o art. 15 da Lei n. 9.424/96, regulamentado pelo Decreto n. 3.142/99, sucedido pelo Decreto n. 6.003/2006. (REsp 1.162.307/RJ, rel. Min. Luiz Fux, j. 24-11-2010, 1ª Seção.)

Tema 363:

Não incide a contribuição destinada ao PIS/COFINS sobre os atos cooperativos típicos realizados pelas cooperativas. (REsp 1.164.716/MG, rel. Min. Napoleão Nunes Maia Filho, j. 27-4-2016, 1ª Seção.)

Repercussão geral – Tema 323/STF – Incidência do PIS sobre os atos cooperativos próprios.

Repercussão geral – Tema 536/STF – Incidência de COFINS, PIS e CSLL sobre o produto de ato cooperado ou cooperativo.

Tema 364:

A Contribuição para Financiamento da Seguridade Social – COFINS incide sobre o faturamento das sociedades civis de prestação de serviços de profissão legalmente regulamentada, de que trata o art. 1º do Decreto-lei n. 2.397/87, tendo em vista a validade da revogação da isenção prevista no art. 6º, II, da Lei Complementar n. 70/91 (lei materialmente ordinária), perpetrada pelo art. 56 da Lei n. 9.430/96. (REsp 826.428/MG, rel. Min. Luiz Fux, j. 9-6-2010, 1ª Seção.)

Repercussão geral – Tema 71/STF – a) Exigência de reserva de plenário para as situações de não aplicação do art. 56 da Lei n. 9.430/96, que revogou a isenção da COFINS para as sociedades prestadoras de serviços. b) Necessidade de lei complementar para a revogação da isenção da COFINS para as sociedades prestadoras de serviços.

Tema 365:

A produção do efeito suspensivo da exigibilidade do crédito tributário, advindo do parcelamento, condiciona-se à homologação expressa ou tácita do pedido formulado pelo contribuinte junto ao Fisco. (REsp 957.509/RS, rel. Min. Napoleão Nunes Maia Filho, j. 9-8-2010, 1ª Seção.)

Tema 366:

A complementação da pensão recebida de entidades de previdência privada, em decorrência da morte do participante ou contribuinte do fundo de assistência, quer a título de benefício quer de seguro, não sofre a incidência do Imposto de Renda apenas sob a égide da Lei n. 7.713/88, art. 6º, VII, *a*, que restou revogado pela Lei n. 9.250/95, a qual, retornando ao regime anterior, previu a incidência do imposto de renda no momento da percepção do benefício. (REsp 1.086.492/PR, rel. Min. Napoleão Nunes Maia Filho, j. 13-10-2010, 1ª Seção.)

Tema 367:

Ainda que, em tese, o deslocamento de bens do ativo imobilizado e de material de uso e consumo entre estabelecimentos de uma mesma instituição financeira não configure hipótese de incidência do ICMS, compete ao Fisco Estadual averiguar a veracidade da aludida operação, sobressaindo a razoabilidade e proporcionalidade da norma jurídica que tão somente exige que os bens da pessoa jurídica sejam acompanhados das respectivas notas fiscais. (REsp 1.116.792/PB, rel. Min. Napoleão Nunes Maia Filho, j. 24-11-2010, 1ª Seção.)

Tema 370:

Não incide Imposto de Renda sobre verba percebida a título de dano moral. (REsp 1.152.764/CE, rel. Min. Luiz Fux, j. 23-6-2010, 1ª Seção.)

Tema 372:

Os hospitais podem optar pelo Simples, tendo em vista que eles não são prestadores de serviços médicos e de enfermagem, mas, ao contrário, dedicam-se a atividades que dependem de profissionais que prestem referidos serviços, uma vez que há diferença entre a empresa que presta serviços médicos e aquela que contrata profissionais para a consecução de sua finalidade. (REsp 1.127.564/PR, rel. Min. Luiz Fux, j. 9-8-2010, 1ª Seção.)

Tema 374:

A dedução dos descontos incondicionais é vedada, no entanto, quando a incidência do tributo se dá sobre valor previamente fixado, nos moldes da Lei n. 7.798/89 (regime de preços fixos), salvo se o resultado dessa operação for idêntico ao que se chegaria com a incidência do imposto sobre o valor efetivo da operação, depois de realizadas as deduções pertinentes. (REsp 1.149.424/BA, rel. Min. Eliana Calmon, j. 28-4-2010, 1ª Seção.)

Tema 375:

A confissão da dívida não inibe o questionamento judicial da obrigação tributária, no que se refere aos seus aspectos jurídicos. Quanto aos aspectos fáticos sobre os quais incide a norma tributária, a regra é que não se pode rever judicialmente a confissão de dívida efetuada com o escopo de obter parcelamento de débitos tributários. No entanto, como na situação presente, a matéria de fato constante de confissão de dívida pode ser invalidada quando ocorre defeito causador de nulidade do ato jurídico (v.g. erro, dolo, simulação e fraude). (REsp 1.133.027/SP, rel. Min. Luiz Fux, j. 13-10-2010, 1ª Seção.)

Tema 378:

A fiança bancária não é equiparável ao depósito integral do débito exequendo para fins de suspensão da exigibilidade do crédito tributário, ante a taxatividade do art. 151 do CTN e o teor do Enunciado Sumular n. 112 desta Corte. (REsp 1.156.668/DF, rel. Min. Napoleão Nunes Maia Filho, j. 24-11-2010, 1ª Seção.)

Tema 381:

A regra de imputação de pagamentos estabelecida no art. 354 do Código Civil não se aplica às hipóteses de compensação tributária. (REsp 960.239/SC, rel. Min. Napoleão Nunes Maia Filho, j. 9-6-2010, 1ª Seção.)

Tema 382:

A responsabilidade tributária do sucessor abrange, além dos tributos devidos pelo sucedido, as multas moratórias ou punitivas, que, por representarem dívida de valor, acompanham o passivo do patrimônio adquirido pelo sucessor, desde que seu fato gerador tenha ocorrido até a data da sucessão. (REsp 923.012/MG, rel. Min. Napoleão Nunes Maia Filho, j. 9-6-2010, 1ª Seção.)

Tema 383:

O prazo prescricional quinquenal para o Fisco exercer a pretensão de cobrança judicial do crédito tributário conta-se da data estipulada como vencimento para o pagamento da obrigação tributária declarada (mediante DCTF, GIA, entre outros), nos casos de tributos sujeitos a lançamento por homologação, em que, não obstante cumprido o dever instrumental de declaração da exação devida, não restou adimplida a obrigação principal (pagamento antecipado), nem sobreveio quaisquer das causas suspensivas da exigibilidade do crédito ou interruptivas do prazo prescricional. (REsp 1.120.295/SP, rel. Min. Napoleão Nunes Maia Filho, j. 12-5-2010, 1ª Seção.)

Tema 384:

A recusa, pela Administração Fazendária Federal, do fornecimento de Certidão Positiva com efeitos de Negativa (CPD-EN), no período de 30-12-2004 a 30-12-2005, revela-se ilegítima na hipótese em que configurada pendência superior a 30 (trinta) dias do pedido de revisão administrativa formulado pelo contribuinte, fundado na alegação de pagamento integral do débito fiscal antes de sua inscrição na dívida ativa, *ex vi* do disposto no art. 13 da Lei n. 11.051/2004. (REsp 1.122.959/SP, rel. Min. Luiz Fux, j. 9-8-2010, 1ª Seção.)

Tema 385:

A denúncia espontânea resta configurada na hipótese em que o contribuinte, após efetuar a declaração parcial do débito tributário (sujeito a lançamento por homologação) acompanhado do respectivo pagamento integral, retifica-a (antes de qualquer procedimento da Administração Tributária), noticiando a existência de diferença a maior, cuja quitação se dá concomitantemente. (REsp 1.149.022/SP, rel. Min. Luiz Fux, j. 9-6-2010, 1ª Seção.)

Tema 387:

A retificação de dados cadastrais do imóvel, após a constituição do crédito tributário, autoriza a revisão do lançamento pela autoridade administrativa (desde que não extinto o direito potestativo da Fazenda Pública pelo decurso do prazo decadencial), quando decorrer da apreciação de fato não conhecido por ocasião do lançamento anterior, *ex vi* do disposto no art. 149, inciso VIII, do CTN. (REsp 1.130.545/RJ, rel. Min. Napoleão Nunes Maia Filho, j. 9-8-2010, 1ª Seção.)

Tema 388:

A Contribuição Provisória sobre Movimentação ou Transmissão de Valores de Créditos e Direitos de Natureza Financeira – CPMF, enquanto vigente, incidia sobre a conversão de crédito decorrente de empréstimo em investimento externo direto (contrato de câmbio simbólico), uma vez que a tributação aperfeiçoava-se mesmo diante de operação unicamente escritural. (REsp 1.129.335/SP, rel. Min. Luiz Fux, j. 9-6-2010, 1ª Seção.)

Tema 389:

O agente marítimo, no exercício exclusivo de atribuições próprias, no período anterior à vigência do Decreto-lei n. 2.472/88 (que alterou o art. 32 do Decreto-lei n. 37/66), não ostentava a condição de responsável tributário, nem se equiparava ao transportador, para fins de recolhimento do Imposto sobre Importação, porquanto inexistente previsão legal para tanto. (REsp 1.129.430/SP, rel. Min. Luiz Fux, j. 24-11-2010, 1ª Seção.)

Tema 394:

Os depósitos judiciais utilizados para suspender a exigibilidade do crédito tributário consistem em ingressos tributários, sujeitos à sorte da demanda judicial, e não em receitas tributárias, de modo que não são dedutíveis da base de cálculo do IRPJ até o trânsito em julgado da demanda. (REsp 1.168.038/SP, rel. Min. Eliana Calmon, j. 9-6-2010, 1ª Seção.)

Tema 397:

A indenização decorrente de desapropriação não encerra ganho de capital, porquanto a propriedade é transferida ao poder público por valor justo e determinado pela justiça a título de indenização, não ensejando lucro, mas mera reposição do valor do bem expropriado. (...) Não incidência da exação sobre as verbas auferidas a título de indenização advinda de desapropriação, seja por necessidade ou utilidade pública ou por interesse social, porquanto não representam acréscimo patrimonial. (REsp 1.116.460/SP, rel. Min. Luiz Fux, j. 9-12-2009, 1ª Seção.)

Tema 398:

A pretensão repetitória de valores indevidamente recolhidos a título de ISS incidente sobre a locação de bens móveis (cilindros, máquinas e equipamentos utilizados para acondicionamento dos gases vendidos), hipótese em que o tributo assume natureza indireta, reclama da parte autora a prova da não repercussão, ou, na hipótese de ter a mesma transferido o encargo a terceiro, de estar autorizada por este a recebê-los. (REsp 1.131.476/RS, rel. Min. Luiz Fux, j. 9-12-2009, 1ª Seção.)

Tema 399:

Os serviços postais e telemáticos prestados por empresas franqueadas, sob a égide da LC n. 56/87, não sofrem a incidência do ISS, em observância ao princípio tributário da legalidade. (REsp 1.131.872/SC, rel. Min. Luiz Fux, j. 9-12-2009, 1ª Seção.)

Tema 401:

A exclusão do contribuinte do programa de parcelamento (PAES), em virtude da extemporaneidade do cumprimento do requisito formal da desistência de impugnação administrativa, afigura-se ilegítima na hipótese em que tácito o deferimento da adesão (à luz do art. 11, § 4º, da Lei n. 10.522/2002, c/c o art. 4º, III, da Lei n. 10.684/2003) e adimplidas as prestações mensais estabelecidas por mais de quatro anos e sem qualquer oposição do Fisco. (REsp 1.143.216/RS, rel. Min. Luiz Fux, j. 24-3-2010, 1ª Seção.)

Tema 402:

Revela-se legítima a recusa da autoridade impetrada em expedir certidão negativa de débito (CND) ou de certidão positiva com efeitos de negativa (CPEN) quando a autoridade tributária verifica a ocorrência de pagamento a menor, em virtude da existência de divergências entre os valores declarados na Guia de Recolhimento do FGTS e Informações à Previdência Social (GFIP) e os valores efetivamente recolhidos mediante guia de pagamento (GP). (REsp 1.143.094/SP, rel. Min. Luiz Fux, j. 9-12-2009, 1ª Seção.)

Tema 403:

As empresas de mão de obra temporária podem encartar-se em duas situações, em razão da natureza dos serviços prestados: (i) como intermediária entre o contratante da mão de obra e o terceiro que é colocado no mercado de trabalho; (ii) como prestadora do próprio serviço, utilizando de empregados a ela vinculados mediante contrato de trabalho. A intermediação implica o preço do serviço que é a comissão, base de cálculo do fato gerador consistente nessas "intermediações". O ISS incide, nessa hipótese, apenas sobre a taxa de agenciamento, que é o preço do serviço pago ao agenciador, sua comissão e sua receita, excluídas as importâncias voltadas para o pagamento dos salários e encargos sociais dos trabalhadores. Distinção de valores pertencentes a terceiros (os empregados) e despesas com a prestação. Distinção necessária entre receita e entrada para fins financeiro-tributários. (REsp 1.138.205/PR, rel. Min. Luiz Fux, j. 9-12-2009, 1ª Seção.)

Tema 404:

As empresas de mão de obra temporária podem encartar-se em duas situações, em razão da natureza dos serviços prestados: (i) como intermediária entre o contratante da mão de obra e o terceiro que é colocado no mercado de trabalho; (ii) como prestadora do próprio serviço, utilizando de empregados a ela vinculados mediante contrato de trabalho. (...) Se a atividade de prestação de serviço de mão de obra temporária é prestada através de pessoal contratado pelas empresas de recrutamento, resta afastada a figura da intermediação, considerando-se a mão de obra empregada na prestação do serviço contratado como custo do serviço, despesa não dedutível da base de cálculo do ISS. (REsp 1.138.205/PR, rel. Min. Luiz Fux, j. 9-12-2009, 1ª Seção.)

Tema 412:

A base de cálculo do PIS, até a edição da MP n. 1.212/95, era o faturamento ocorrido no sexto mês anterior ao do fato gerador. (REsp 1.127.713/SP, rel. Min. Herman Benjamin, j. 9-8-2010, 1ª Seção.)

Tema 424:

Sujeitam-se a incidência do Imposto de Renda os rendimentos recebidos a título de abono de permanência a que se referem o § 19 do art. 40 da Constituição Federal, o § 5º do art. 2º e o § 1º do art. 3º da Emenda Constitucional n. 41/203, e o art. 7º da Lei n. 10.887/2004. (REsp 1.192.556/PE, rel. Min. Mauro Campbell Marques, j. 25-8-2010, 1ª Seção.)

Repercussão geral – Tema 677/STF – Incidência do imposto de renda sobre os valores recebidos por servidor público a título de abono de permanência.

Tema 427:

A incidência do ICMS, no que se refere à prestação dos serviços de comunicação, deve ser extraída da Constituição Federal e da LC n. 87/96, incidindo o tributo sobre os serviços de comunicação prestados de forma onerosa, através de qualquer meio, inclusive a geração, a emissão, a recepção, a transmissão, a retransmissão, a repetição e a ampliação de comunicação de qualquer natureza (art. 2º, III, da LC n. 87/96). A prestação de serviços conexos ao de comunicação por meio da telefonia móvel (que são preparatórios, acessórios ou intermediários da comunicação) não se confunde com a prestação da atividade fim processo de transmissão (emissão ou recepção) de informações de qualquer natureza, esta sim, passível de incidência pelo ICMS. Desse modo, a despeito de alguns deles serem essenciais à efetiva prestação do serviço de comunicação e admitirem a cobrança de tarifa pela prestadora do serviço (concessionária de serviço público), por assumirem o caráter de atividade meio, não constituem, efetivamente, serviços de comunicação, razão pela qual não é possível a incidência do ICMS. (REsp 1.176.753/RJ, rel. Min. Napoleão Nunes Maia Filho, j. 28-11-2012, 1ª Seção.)

Tema 428:

É legítimo o repasse às tarifas de energia elétrica do valor correspondente ao pagamento da Contribuição de Integração Social – PIS e da Contribuição para financiamento da Seguridade Social – Cofins incidente sobre o faturamento das empresas concessionárias. (REsp 1.185.070/RS, rel. Min. Teori Albino Zavascki, j. 22-9-2010, 1ª Seção.)

Repercussão geral – Tema 415/STF – Reserva de lei complementar para repasse do PIS e da Cofins ao consumidor.

Tema 432:

O benefício fiscal do ressarcimento do crédito presumido do IPI relativo às exportações incide mesmo quando as matérias-primas ou os insumos sejam adquiridos de pessoa física ou jurídica não contribuinte do PIS/PASEP. (REsp 993.164/MG, rel. Min. Napoleão Nunes Maia Filho, j. 13-12-2010, 1ª Seção.)

Tema 435:

O art. 4º do Decreto-lei n. 2.462/88, ao dispor que o benefício fiscal denominado "depósito para reinvestimento" é de 40% (quarenta por cento) sobre o valor do imposto devido somado a outros 40% (quarenta por cento) de recursos próprios, não modificou a base de cálculo do benefício fiscal, permanecendo íntegra a exigência de que o benefício deve ser calculado com base no imposto de renda incidente sobre o lucro da exploração (art. 19, § 6º, do Decreto-lei n. 1.598/77, incluído pelo Decreto-lei n. 1.730/79). (REsp 1.201.850/PE, rel. Min. Mauro Campbell Marques, j. 24-11-2010, 1ª Seção.)

Tema 454:

Não são dedutíveis da base de cálculo das contribuições ao PIS e Cofins o valor destinado aos acionistas a título de juros sobre o capital próprio, na vigência da Lei n. 10.637/2002 e da Lei n. 10.833/2003. (REsp 1.200.492/RS, rel. Min. Napoleão Nunes Maia Filho, j. 14-10-2015, 1ª Seção.)

Tema 455:

Não incide PIS/Cofins sobre o JCP recebido durante a vigência da Lei n. 9.718/98 até a edição das Leis n. 10.637/2002 (cujo art. 1º entrou em vigor a partir de 1º-12-2002) e 10.833/2003, tal como no caso dos autos, que se refere apenas ao período compreendido entre 1º-3-1999 e 30-9-2002. (REsp 1.104.184/RS, rel. Min. Napoleão Nunes Maia Filho, j. 29-2-2012, 1ª Seção.)

Tema 456:

A Lei n. 11.941/2008 remite os débitos para com a Fazenda Nacional vencidos há cinco anos ou mais cujo valor total consolidado seja igual ou inferior a 10 mil reais. O valor-limite acima referido deve ser considerado por sujeito passivo, e separadamente apenas em relação à natureza dos créditos, nos termos dos incisos I a IV do art. 14. (REsp 1.208.935/AM, rel. Min. Mauro Campbell Marques, j. 13-4-2011, 1ª Seção.)

Tema 457:

A Lei n. 11.941/2008 remite os débitos para com a Fazenda Nacional vencidos há cinco anos ou mais cujo valor total consolidado seja igual ou inferior a 10 mil reais. Não pode o magistrado, de ofício, pronunciar a remissão, analisando isoladamente o valor cobrado em uma Execução Fiscal, sem questionar a Fazenda sobre a existência de outros débitos que somados impediriam o contribuinte de gozar do benefício. (REsp 1.208.935/AM, rel. Min. Mauro Campbell Marques, j. 13-4-2011, 1ª Seção.)

Tema 470:

Não incide Imposto de Renda sobre os juros moratórios legais vinculados a verbas trabalhistas reconhecidas em decisão judicial. (REsp 1.227.133/RS, rel. Min. Teori Albino Zavascki, j. 28-9-2011, 1ª Seção.)

Repercussão geral – Tema 306/STF – Natureza jurídica dos juros, em reclamatória trabalhista, para fins de incidência de Imposto de Renda.

Repercussão geral – Tema 808/STF – Incidência de imposto de renda sobre juros de mora recebidos por pessoa física.

Tema 478:

Não incide contribuição previdenciária sobre os valores pagos a título de aviso prévio indenizado, por não se tratar de verba salarial. (REsp 1.230.957/RS, rel. Min. Mauro Campbell Marques, j. 26-2-2014, 1ª Seção.)

Repercussão geral – Tema 163/STF – Contribuição previdenciária sobre o terço constitucional de férias, a gratificação natalina, os serviços extraordinários, o adicional noturno e o adicional de insalubridade.

Tema 479:

A importância paga a título de terço constitucional de férias possui natureza indenizatória/compensatória, e não constitui ganho habitual do empregado, razão pela qual sobre ela não é possível a incidência de contribuição previdenciária (a cargo da empresa). (REsp 1.230.957/RS, rel. Min. Mauro Campbell Marques, j. 26-2-2014, 1ª Seção.)

Repercussão geral – Tema 163/STF – Contribuição previdenciária sobre o terço constitucional de férias, a gratificação natalina, os serviços extraordinários, o adicional noturno e o adicional de insalubridade.

Repercussão geral – Tema 985/STF – Natureza jurídica do terço constitucional de férias, indenizadas ou gozadas, para fins de incidência da contribuição previdenciária patronal.

Tema 484:

Fora dos casos previstos no art. 151 do CTN, a compensação de ofício é ato vinculado da Fazenda Pública Federal a que deve se submeter o sujeito passivo, inclusive sendo lícitos os procedimentos de concordância tácita e retenção previstos nos §§ 1º e 3º do art. 6º do Decreto n. 2.138/97. (REsp 1.213.082/PR, rel. Min. Mauro Campbell Marques, j. 10-8-2011, 1ª Seção.)

Tema 485:

De acordo com o art. 156, I, do CTN, o pagamento extingue o crédito tributário. Se o pagamento por parte do contribuinte ou a transformação do depósito em pagamento definitivo por ordem judicial (art. 1º, § 3º, II, da Lei n. 9.703/98) somente ocorre depois de encerrada a lide, o crédito tributário tem vida após o trânsito em julgado que o confirma. Se tem vida, pode ser objeto de remissão e/ou anistia neste ínterim (entre o trânsito em julgado e a ordem para transformação em pagamento definitivo, antiga conversão em renda) quando a lei não exclui expressamente tal situação do seu âmbito de incidência. (REsp 1.251.513/PR, rel. Min. Mauro Campbell Marques, j. 10-8-2011, 1ª Seção.)

Tema 486:

A remissão/anistia das rubricas concedida (multa, juros de mora, encargo legal) somente incide se efetivamente existirem tais rubricas (saldos devedores) dentro da composição do crédito tributário cuja exigibilidade se encontra suspensa pelo depósito. (REsp 1.251.513/PR, rel. Min. Mauro Campbell Marques, j. 10-8-2011, 1ª Seção.)

Tema 490:

A remissão de juros de mora insertos dentro da composição do crédito tributário não enseja o resgate de juros remuneratórios incidentes sobre o depósito judicial feito para suspender a exigibilidade desse mesmo crédito tributário. (REsp 1.251.513/PR, rel. Min. Mauro Campbell Marques, j. 10-8-2011, 1ª Seção.)

Tema 496:

As empresas prestadoras de serviços estão sujeitas às contribuições ao Sesc e Senac, salvo se integradas noutro serviço social. (REsp 1.255.433/SE, rel. Min. Mauro Campbell Marques, j. 23-5-2012, 1ª Seção.)

Tema 501:

Ainda que seja possível a incidência de contribuição social sobre quaisquer vantagens pagas ao servidor público federal (art. 4º, § 1º, da Lei n. 10.887/2004), não é possível a sua incidência sobre as parcelas pagas a título de indenização (como é o caso dos juros de mora), pois, conforme expressa previsão legal (art. 49, I e § 1º, da Lei n. 8.112/90), não se incorporam ao vencimento ou provento. (REsp 1.239.203/PR, rel. Min. Mauro Campbell Marques, j. 12-12-2012, 1ª Seção.)

Tema 504:

Os juros incidentes na devolução dos depósitos judiciais possuem natureza remuneratória e não escapam à tributação pelo IRPJ e pela CSLL. (REsp 1.138.695/SC, rel. Min. Mauro Campbell Marques, j. 22-5-2013, 1ª Seção.)

Repercussão geral – Tema 962/STF – Incidência do Imposto de renda – Pessoa Jurídica (IRPJ) e da Contribuição Social sobre o Lucro Líquido (CSLL) sobre a taxa Selic (juros de mora e correção monetária) recebida pelo contribuinte na repetição do indébito.

Tema 505:

Quanto aos juros incidentes na repetição do indébito tributário, inobstante a constatação de se tratarem de juros moratórios, se encontram dentro da base de cálculo do IRPJ e da CSLL, dada a sua natureza de lucros cessantes, compondo o lucro operacional da empresa. (REsp 1.138.695/SC, rel. Min. Mauro Campbell Marques, j. 22-5-2013, 1ª Seção.)

Repercussão geral – Tema 962/STF – Incidência do Imposto de renda – Pessoa Jurídica (IRPJ) e da Contribuição Social sobre o Lucro Líquido (CSLL) sobre a taxa Selic (juros de mora e correção monetária) recebida pelo contribuinte na repetição do indébito.

Tema 535:

São isentos do Imposto de Renda os rendimentos do trabalho recebidos por técnicos a serviço das Nações Unidas, contratados no Brasil para atuar como consultores no âmbito do Programa das Nações Unidas para o Desenvolvimento – PNUD. "Peritos" a que se refere o Acordo Básico de Assistência Técnica com a Organização das Nações Unidas, suas Agências Especializadas e a Agência Internacional de Energia Atômica, promulgado pelo Decreto

n. 59.308/66, estão ao abrigo da norma isentiva do imposto de renda. O Acordo Básico de Assistência Técnica atribuiu os benefícios fiscais decorrentes da Convenção sobre Privilégios e Imunidades das Nações Unidas, promulgada pelo Decreto n. 27.784/50, não só aos funcionários da ONU em sentido estrito, mas também aos que a ela prestam serviços na condição de "peritos de assistência técnica", no que se refere a essas atividades específicas. (REsp 1.306.393/DF, rel. Min. Mauro Campbell Marques, j. 24-10-2012, 1ª Seção.)

Tema 541:

O ICMS incidente sobre a energia elétrica consumida pelas empresas de telefonia, que promovem processo industrial por equiparação, pode ser creditado para abatimento do imposto devido quando da prestação de serviços. (REsp 1.201.635/MG, rel. Min. Sérgio Kukina, j. 12-6-2013, 1ª Seção.)

Tema 594:

As empresas concessionárias de veículos, em relação aos veículos novos, devem recolher PIS e Cofins na forma dos arts. 2º e 3º da Lei n. 9.718/98, ou seja, sobre a receita bruta/faturamento (compreendendo o valor da venda do veículo ao consumidor) e não sobre a diferença entre o valor de aquisição do veículo junto à fabricante concedente e o valor da venda ao consumidor (margem de lucro). (REsp 1.339.767/SP, rel. Min. Mauro Campbell Marques, j. 26-6-2013, 1ª Seção.)

Tema 595:

Reconhecido o direito à repetição de indébito com base na inconstitucionalidade do art. 3º, § 1º, da Lei n. 9.718/98, deve ser reconhecido o mesmo direito após a vigência das Leis n. 10.637/2002 e 10.833/2003 para as pessoas jurídicas tributadas pelo imposto de renda com base no lucro presumido ou arbitrado, diante da aplicação do art. 8º, II, da Lei n. 10.637/2002 e do art. 10, II, da Lei n. 10.833/2003, que excluem tais pessoas jurídicas da cobrança não cumulativa do PIS e da Cofins. (REsp 1.354.506/SP, rel. Min. Mauro Campbell Marques, j. 14-8-2013, 1ª Seção.)

Tema 604:

A decadência, consoante a letra do art. 156, V, do CTN, é forma de extinção do crédito tributário. Sendo assim, uma vez extinto o direito, não pode ser reavivado por qualquer sistemática de lançamento ou autolançamento, seja ela via documento de confissão de dívida, declaração de débitos, parcelamento ou de outra espécie qualquer (DCTF, GIA, DCOMP, GFIP etc.). (REsp 1.355.947/SP, rel. Min. Mauro Campbell Marques, j. 12-6-2013, 1ª Seção.)

Tema 624:

As receitas auferidas a título de mensalidades dos alunos de instituições de ensino sem fins lucrativos são decorrentes de "atividades próprias da entidade", conforme o exige a isenção estabelecida no art. 14, X, da Medida Provisória n. 1.858/99 (atual MP n. 2.158-35/2001), sendo flagrante a ilicitude do art. 47, § 2º, da IN/SRF n. 247/2002, nessa extensão. (REsp 1.353.111/RS, rel. Min. Mauro Campbell Marques, j. 23-9-2015, 1ª Seção.)

Tema 630:

Em execução fiscal de dívida ativa tributária ou não tributária, dissolvida irregularmente a empresa, está legitimado o redirecionamento ao sócio-gerente. (REsp 1.371.128/RS, rel. Min. Mauro Campbell Marques, j. 10-9-2014, 1ª Seção.)

Tema 634:

O valor suportado pelo beneficiário do serviço, nele incluindo a quantia referente ao ISSQN, compõe o conceito de receita ou faturamento para fins de adequação à hipótese de incidência do PIS e da Cofins. (REsp 1.330.737/SP, rel. Min. Og Fernandes, j. 10-6-2015, 1ª Seção.)

Tema 687:

As horas extras e seu respectivo adicional constituem verbas de natureza remuneratória, razão pela qual se sujeitam à incidência de contribuição previdenciária. (REsp 1.358.281/SP, rel. Min. Herman Benjamin, j. 23-4-2014, 1ª Seção.)

Tema 688:

O adicional noturno constitui verba de natureza remuneratória, razão pela qual se sujeita à incidência de contribuição previdenciária. (REsp 1.358.281/SP, rel. Min. Herman Benjamin, j. 23-4-2014, 1ª Seção.)

Tema 689:

O adicional de periculosidade constitui verba de natureza remuneratória, razão pela qual se sujeita à incidência de contribuição previdenciária. (REsp 1.358.281/SP, rel. Min. Herman Benjamin, j. 23-4-2014, 1ª Seção.)

Tema 714:

A indisponibilidade de bens e direitos autorizada pelo art. 185-A do CTN depende da observância dos seguintes requisitos: (i) citação do devedor tributário; (ii) inexistência de pagamento ou apresentação de bens à penhora no prazo legal; e (iii) a não localização de bens penhoráveis após esgotamento das diligências realizadas pela Fazenda, caracterizado quando houver nos autos (a) pedido de acionamento do Bacen Jud e consequente determinação pelo magistrado e (b) a expedição de ofícios aos registros públicos do domicílio do executado e ao Departamento Nacional ou Estadual de Trânsito – Denatran ou Detran. (REsp 1.377.507/SP, rel. Min. Og Fernandes, j. 26-11-2014, 1ª Seção.)

Tema 728:

As "sociedades corretoras de seguros" estão fora do rol de entidades constantes do art. 22, § 1º, da Lei n. 8.212/91. (REsp 1.400.287/RS, rel. Min. Mauro Campbell Marques, j. 22-4-2015, 1ª Seção.)

Tema 729:

Não cabe confundir as "sociedades corretoras de seguros" com as "sociedades corretoras de valores mobiliários" (regidas pela Resolução Bacen n. 1.655/89) ou com os "agentes autônomos de seguros privados" (representantes das seguradoras por contrato de agência). As "sociedades corretoras de seguros" estão fora do rol de entidades constantes do art. 22, § 1º, da Lei n. 8.212/91. (REsp 1.391.092/SC, rel. Min. Mauro Campbell Marques, j. 22-4-2015, 1ª Seção.)

Tema 737:

No que se refere ao adicional de férias relativo às férias indenizadas, a não incidência de contribuição previdenciária decorre de expressa previsão legal. (REsp 1.230.957/RS, rel. Min. Mauro Campbell Marques, j. 26-2-2014, 1ª Seção.)

Repercussão geral – Tema 163/STF – Contribuição previdenciária sobre o terço constitucional de férias, a gratificação natalina, os serviços extraordinários, o adicional noturno e o adicional de insalubridade.

Tema 738:

Sobre a importância paga pelo empregador ao empregado durante os primeiros quinze dias de afastamento por motivo de doença não incide a contribuição previdenciária, por não se enquadrar na hipótese de incidência da exação, que exige verba de natureza remuneratória. (REsp 1.230.957/RS, rel. Min. Mauro Campbell Marques, j. 26-2-2014, 1ª Seção.)

Repercussão geral – Tema 163/STF – Contribuição previdenciária sobre o terço constitucional de férias, a gratificação natalina, os serviços extraordinários, o adicional noturno e o adicional de insalubridade.

Tema 739:

O salário-maternidade possui natureza salarial e integra, consequentemente, a base de cálculo da contribuição previdenciária. (REsp 1.230.957/RS, rel. Min. Mauro Campbell Marques, j. 26-2-2014, 1ª Seção.)

Repercussão geral – Tema 72/STF – Inclusão do salário-maternidade na base de cálculo da Contribuição Previdenciária incidente sobre a remuneração.

Tema 740:

O salário-paternidade deve ser tributado, por se tratar de licença remunerada prevista constitucionalmente, não se incluindo no rol dos benefícios previdenciários. (REsp 1.230.957/RS, rel. Min. Mauro Campbell Marques, j. 26-2-2014, 1ª Seção.)

Repercussão geral – Tema 163/STF – Contribuição previdenciária sobre o terço constitucional de férias, a gratificação natalina, os serviços extraordinários, o adicional noturno e o adicional de insalubridade.

Tema 761:

Inexigibilidade do ressarcimento de custos e demais encargos pelo fornecimento de selos de controle de IPI instituído pelo DL n. 1.437/75, que, embora denominado ressarcimento prévio, é tributo da espécie Taxa de Poder de Polícia, de modo que há vício de forma na instituição desse tributo por norma infralegal, excluídos os fatos geradores ocorridos após a vigência da Lei n. 12.995/2014. Aqui se trata de observância à estrita legalidade tributária. (REsp 1.405.244/SP, rel. Min. Napoleão Nunes Maia Filho, j. 8-8-2018, 1ª Seção.)

Repercussão geral – Tema 85/STF – Delegação ao Ministro da Fazenda da competência para instituir taxa destinada ao ressarcimento de custos de selo de controle do IPI.

Tema 777:

A Fazenda Pública possui interesse e pode efetivar o protesto da CDA, documento de dívida, na forma do art. 1º, parágrafo único, da Lei n. 9.492/97, com a redação dada pela Lei n. 12.767/2012. (REsp 1.686.659/SP, rel. Min. Herman Benjamin, j. 28-11-2018, 1ª Seção.)

Tema 779:

(a) é ilegal a disciplina de creditamento prevista nas Instruções Normativas da SRF n. 247/2002 e 404/2004, porquanto compromete a eficácia do sistema de não cumulatividade da contribuição ao PIS e da COFINS, tal como definido nas Leis n. 10.637/2002 e 10.833/2003; e (b) o conceito de insumo deve ser aferido à luz dos critérios de essencialidade ou relevância, ou seja, considerando-se a imprescindibilidade ou a importância de determinado item – bem ou serviço – para o desenvolvimento da atividade econômica desempenhada pelo Contribuinte. (REsp 1.221.170/PR, rel. Min. Napoleão Nunes Maia Filho, j. 22-2-2018, 1ª Seção.)

Tema 881:

Incide imposto de renda sobre o adicional de 1/3 (um terço) de férias gozadas. (REsp 1.459.779/MA, rel. Min. Mauro Campbell Marques, j. 22-4-2015, 1ª Seção.)

Tema 894:

Até a data da retenção na fonte, a correção do IR apurado e em valores originais deve ser feita sobre a totalidade da verba acumulada e pelo mesmo fator de atualização monetária dos valores recebidos acumuladamente, sendo que, em ação trabalhista, o critério utilizado para tanto é o FACDT– fator de atualização e conversão dos débitos trabalhistas. (REsp 1.470.720/RS, rel. Min. Mauro Campbell Marques, j. 10-12-2014, 1ª Seção.)

Tema 903:

A notificação do contribuinte para o recolhimento do IPVA perfectibiliza a constituição definitiva do crédito tributário, iniciando-se o prazo prescricional para a execução fiscal no dia seguinte à data estipulada para o vencimento da exação. (REsp 1.320.825/RJ, rel. Min. Gurgel de Faria, j. 10-8-2016, 1ª Seção.)

Tema 912:

Os produtos importados estão sujeitos a uma nova incidência do IPI quando de sua saída do estabelecimento importador na operação de revenda, mesmo que não tenham sofrido industrialização no Brasil. (EREsp 1.403.532/SC, rel. Min. Napoleão Nunes Maia Filho, j. 14-10-2015, 1ª Seção.)

Repercussão geral – Tema 906/STF – Violação ao princípio da isonomia (art. 150, II, da Constituição Federal) ante a incidência de IPI no momento do desembaraço aduaneiro de produto industrializado, assim como na sua saída do estabelecimento importador para comercialização no mercado interno.

Tema 969:

O encargo do DL n. 1.025/69 tem as mesmas preferências do crédito tributário devendo, por isso, ser classificado, na falência, na ordem estabelecida pelo art. 83, III, da Lei n. 11.101/2005. (REsp 1.521.999/SP e REsp 1.525.388/SP, rel. Min. Sérgio Kukina, j. 28-11-2018 e 12-12-2018 respectivamente, 1ª Seção.)

Tema 980:

(i) O termo inicial do prazo prescricional da cobrança judicial do Imposto Predial e Territorial Urbano – IPTU inicia-se no dia seguinte à data estipulada para o vencimento da exação; (ii) o parcelamento de ofício da dívida tributária não configura causa interruptiva da contagem da prescrição, uma vez que o contribuinte não anuiu. (REsp 1.658.517/PA e REsp 1.641.011/PA, rel. Min. Napoleão Nunes Maia Filho, j. ambos 14-11-2018, 1ª Seção.)

Tema 994:

Os valores de ICMS não integram a base de cálculo da Contribuição Previdenciária sobre a Receita Bruta – CPRB, instituída pela Medida Provisória n. 540/2011, convertida na Lei n. 12.546/2011. (REsp 1.638.772/SC / REsp 1.624.297/RS / REsp 1.629.001/SC, rel. Min. Regina Helena Costa, todos julgados em 10-4-2019, 1ª Seção.)

Tema 1.014:

Os serviços de capatazia estão incluídos na composição do valor aduaneiro e integram a base de cálculo do imposto de importação.

Os serviços de capatazia integram o conceito de valor aduaneiro, tendo em vista que tais atividades são realizadas dentro do porto ou ponto de fronteira alfandegado na entrada do território aduaneiro. (1ª Seção, Resp. 1.799.306/RS, rel. Min. Gurgel de Faria, Rel. Acd. Min. Francisco Falcão, j. 11-3-2020).

20

MAPAS MENTAIS

20.1 CONCEITO DE DIREITO TRIBUTÁRIO

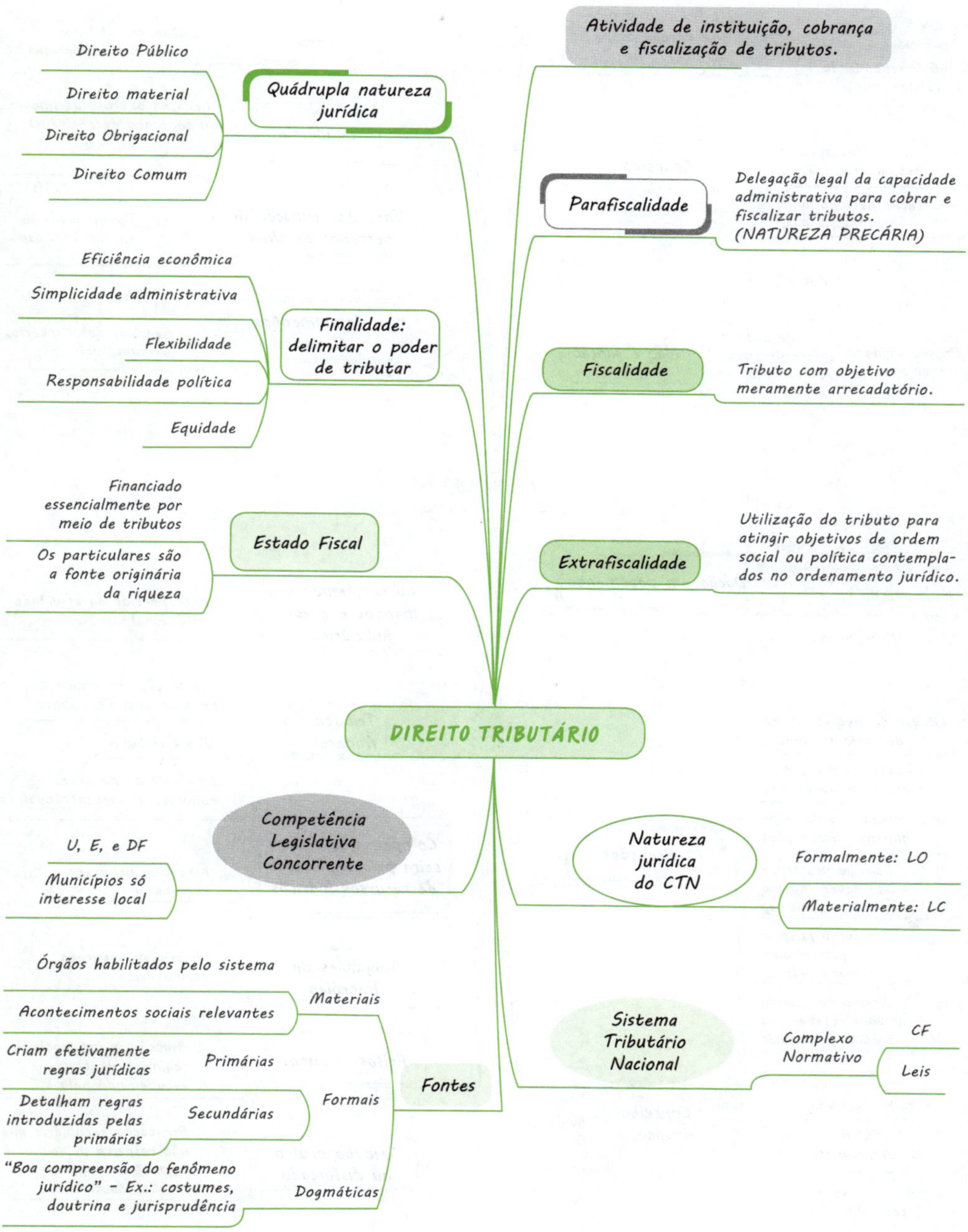

20.2 TRIBUTO

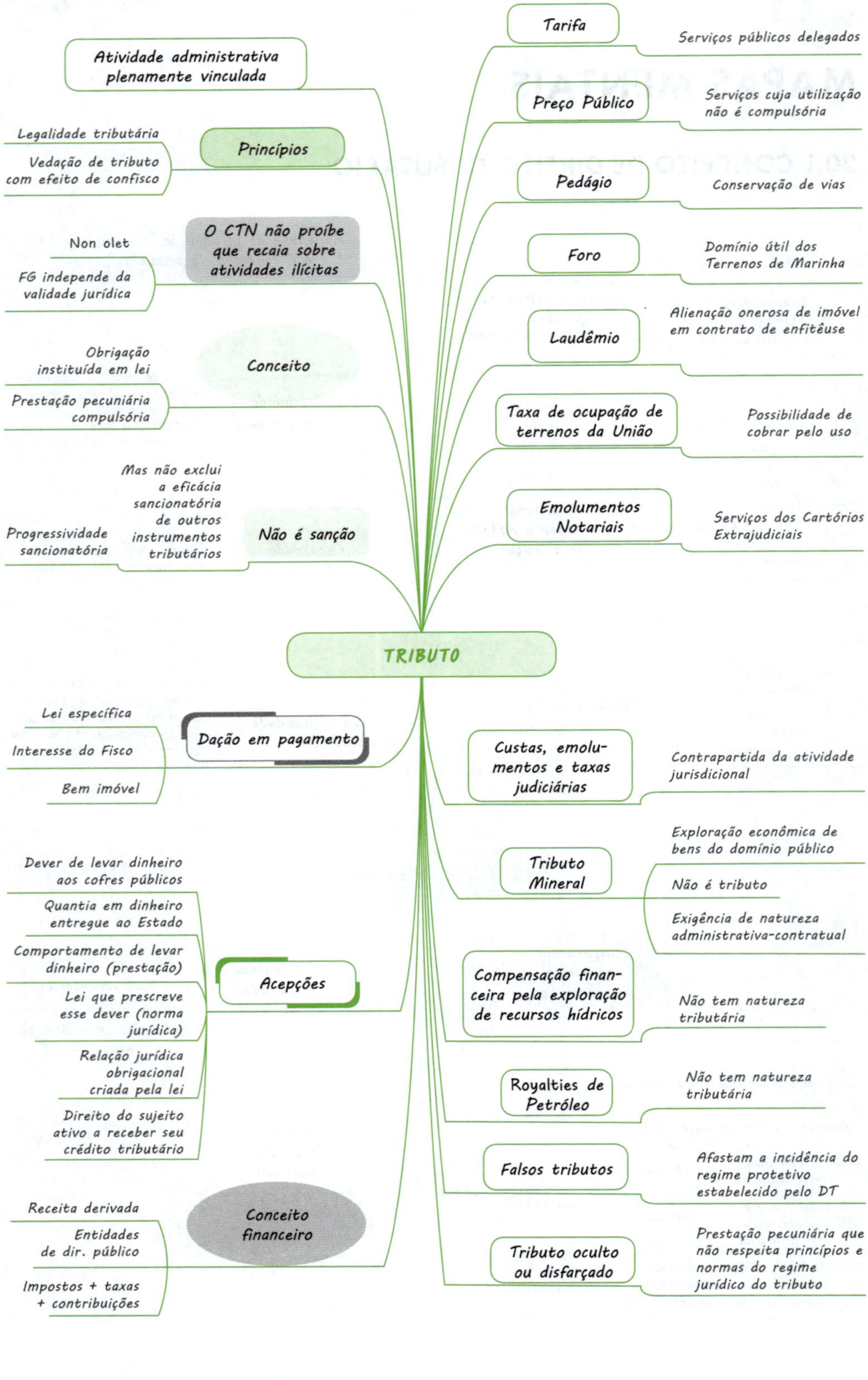

TRIBUTO
Atividade administrativa plenamente vinculada
Princípios
Legalidade tributária
Vedação de tributo com efeito de confisco
O CTN não proíbe que recaia sobre atividades ilícitas
Non olet
FG independe da validade jurídica
Conceito
Obrigação instituída em lei
Prestação pecuniária compulsória
Não é sanção
Progressividade sancionatória
Mas não exclui a eficácia sancionatória de outros instrumentos tributários
Dação em pagamento
Lei específica
Interesse do Fisco
Bem imóvel
Acepções
Dever de levar dinheiro aos cofres públicos
Quantia em dinheiro entregue ao Estado
Comportamento de levar dinheiro (prestação)
Lei que prescreve esse dever (norma jurídica)
Relação jurídica obrigacional criada pela lei
Direito do sujeito ativo a receber seu crédito tributário
Conceito financeiro
Receita derivada
Entidades de dir. público
Impostos + taxas + contribuições
Tarifa
Serviços públicos delegados
Preço Público
Serviços cuja utilização não é compulsória
Pedágio
Conservação de vias
Foro
Domínio útil dos Terrenos de Marinha
Laudêmio
Alienação onerosa de imóvel em contrato de enfitêuse
Taxa de ocupação de terrenos da União
Possibilidade de cobrar pelo uso
Emolumentos Notariais
Serviços dos Cartórios Extrajudiciais
Custas, emolu-mentos e taxas judiciárias
Contrapartida da atividade jurisdicional
Tributo Mineral
Exploração econômica de bens do domínio público
Não é tributo
Exigência de natureza administrativa-contratual
Compensação finan-ceira pela exploração de recursos hídricos
Não tem natureza tributária
Royalties de Petróleo
Não tem natureza tributária
Falsos tributos
Afastam a incidência do regime protetivo estabelecido pelo DT
Tributo oculto ou disfarçado
Prestação pecuniária que não respeita princípios e normas do regime jurídico do tributo

20.3 ESPÉCIES TRIBUTÁRIAS

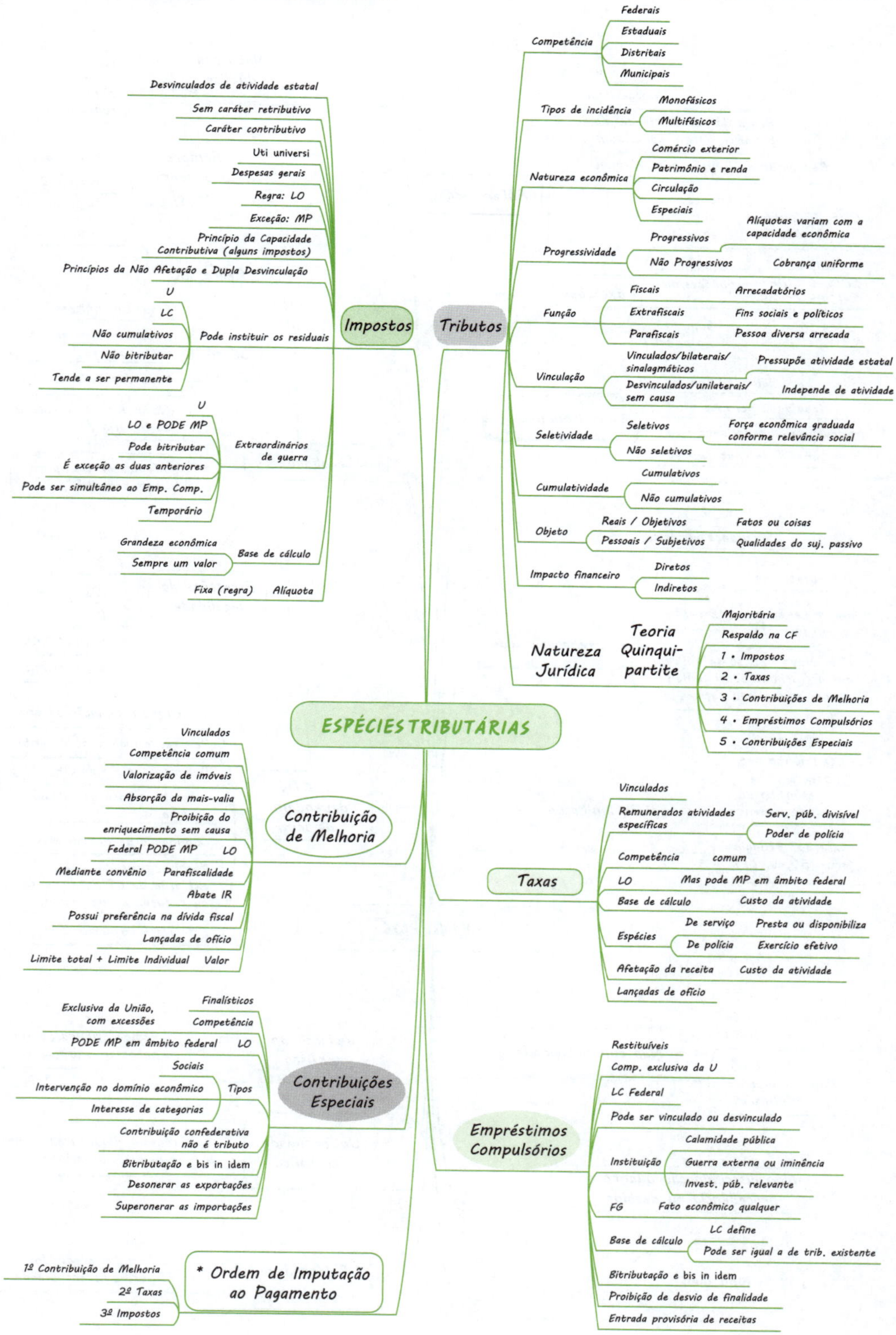

20.4 PRINCÍPIOS

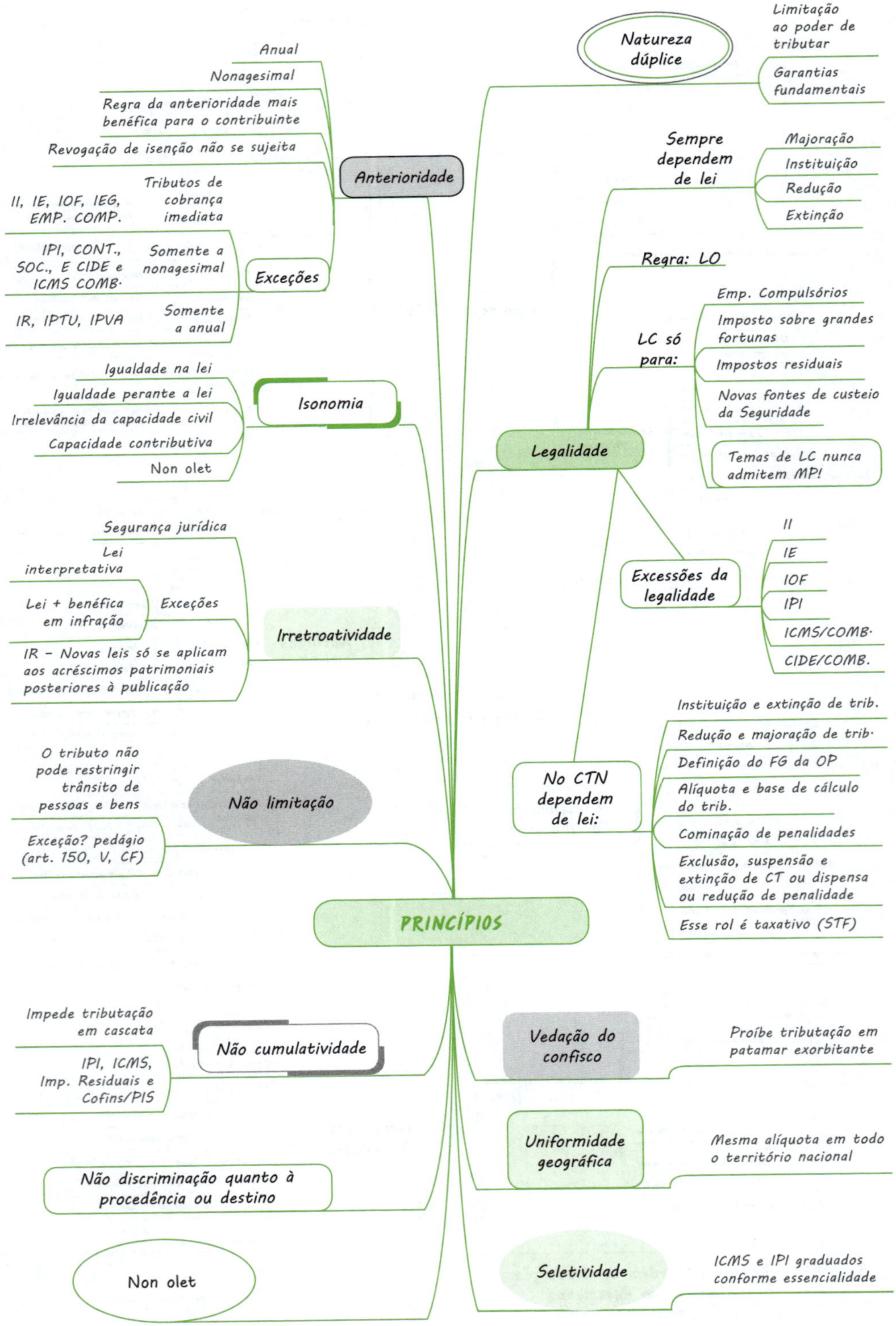

20.5 IMUNIDADES TRIBUTÁRIAS

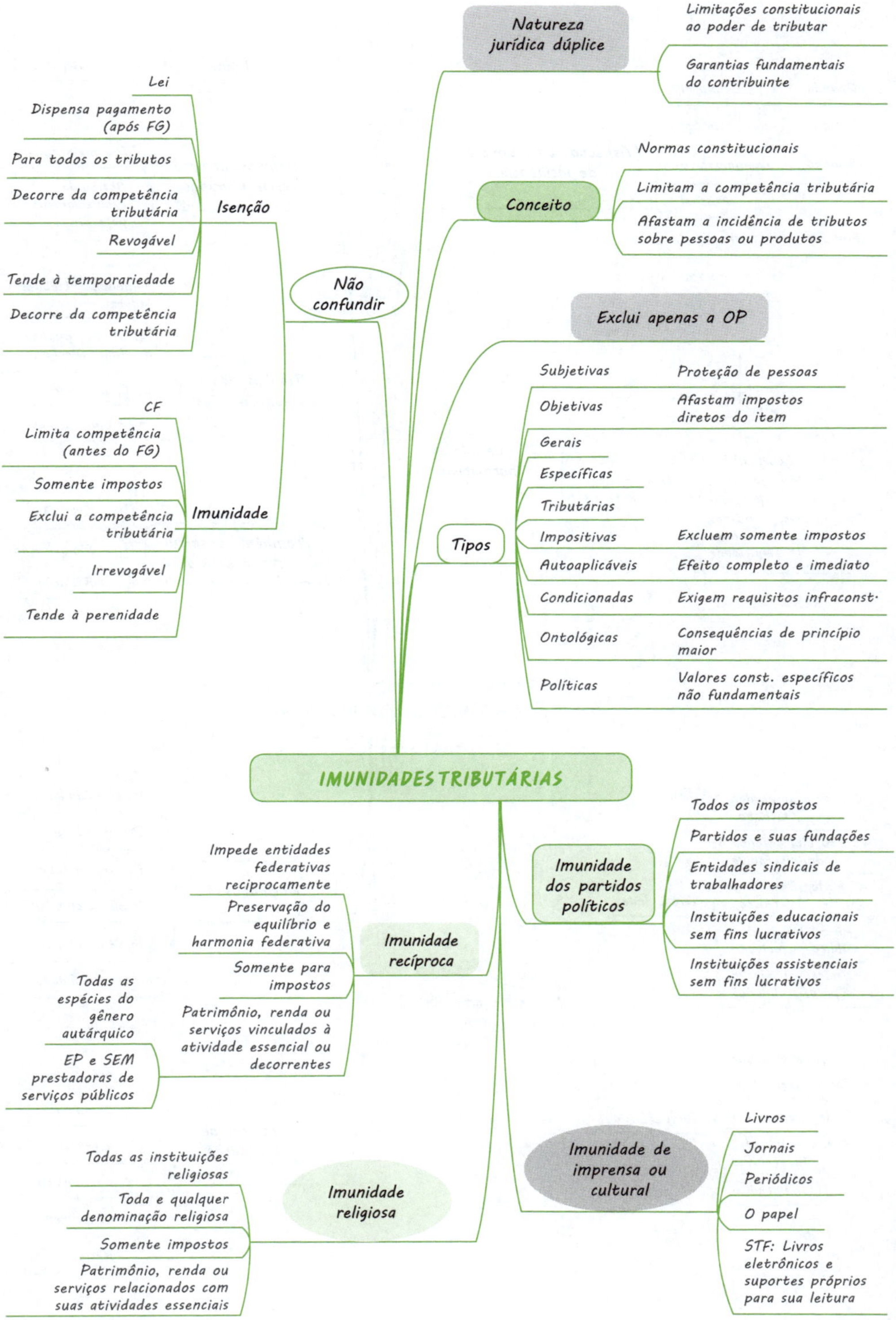

20.6 COMPETÊNCIA TRIBUTÁRIA

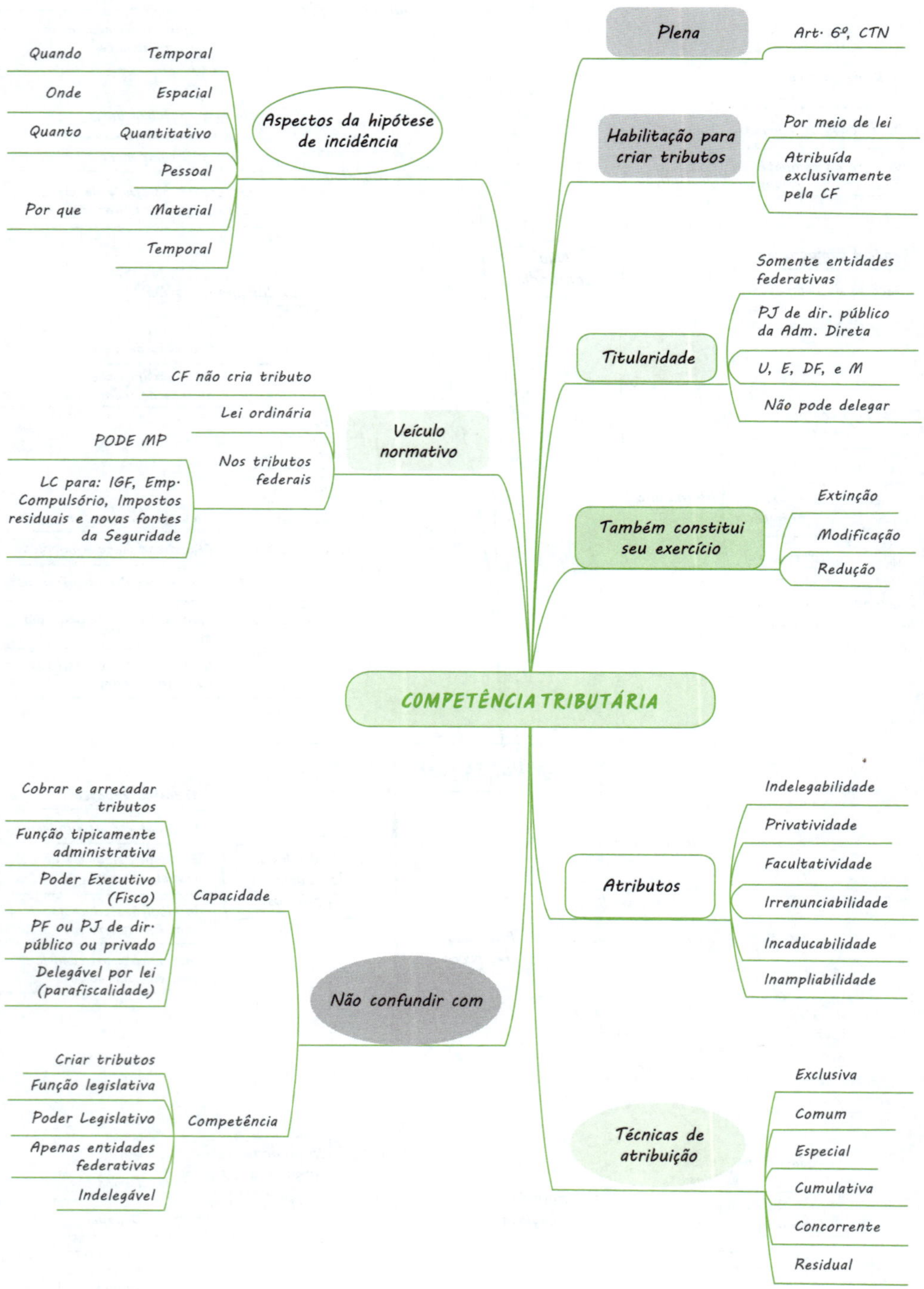

20.7 RESERVA DE LEI COMPLEMENTAR

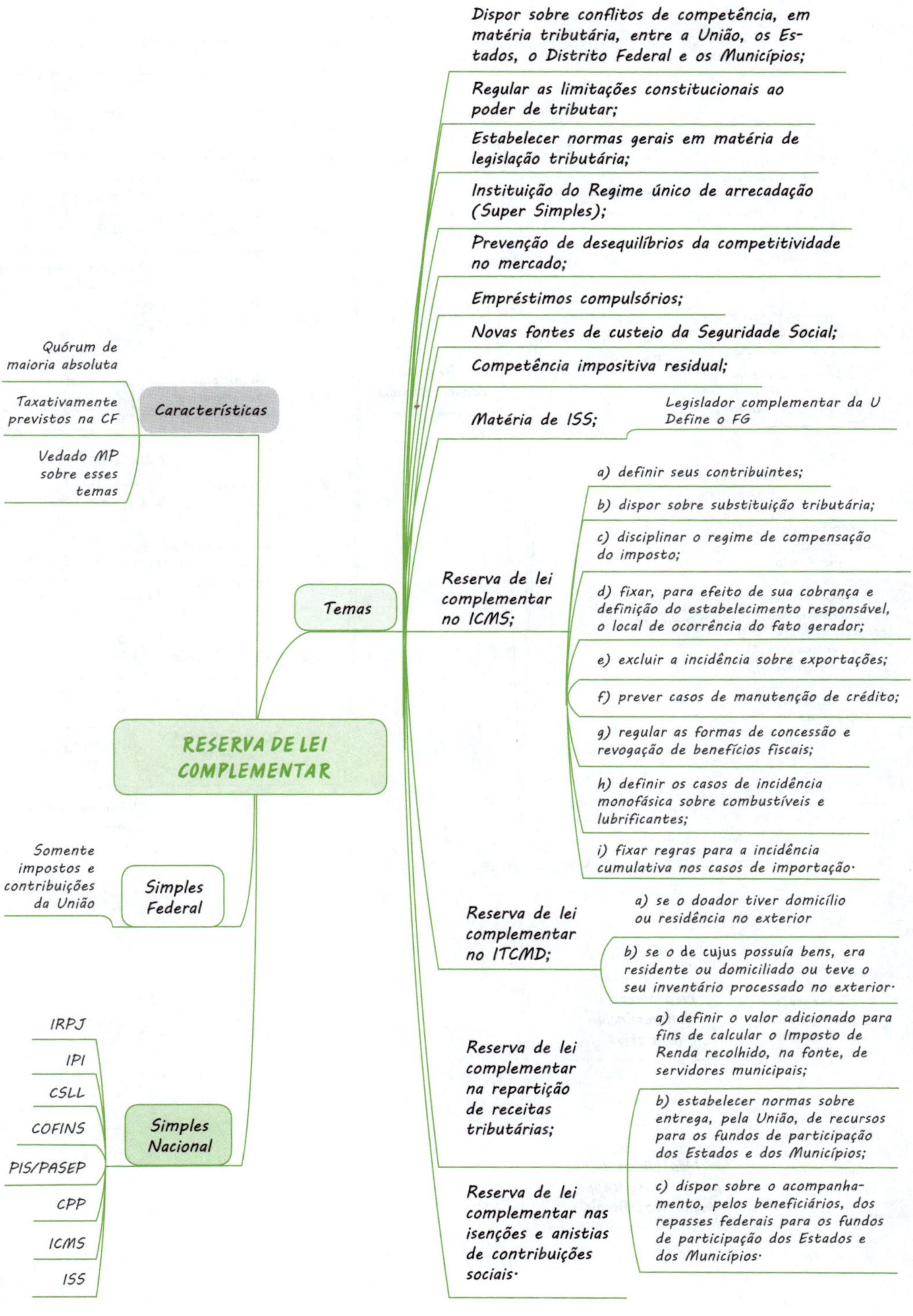

20.8 REPARTIÇÃO DE RECEITAS

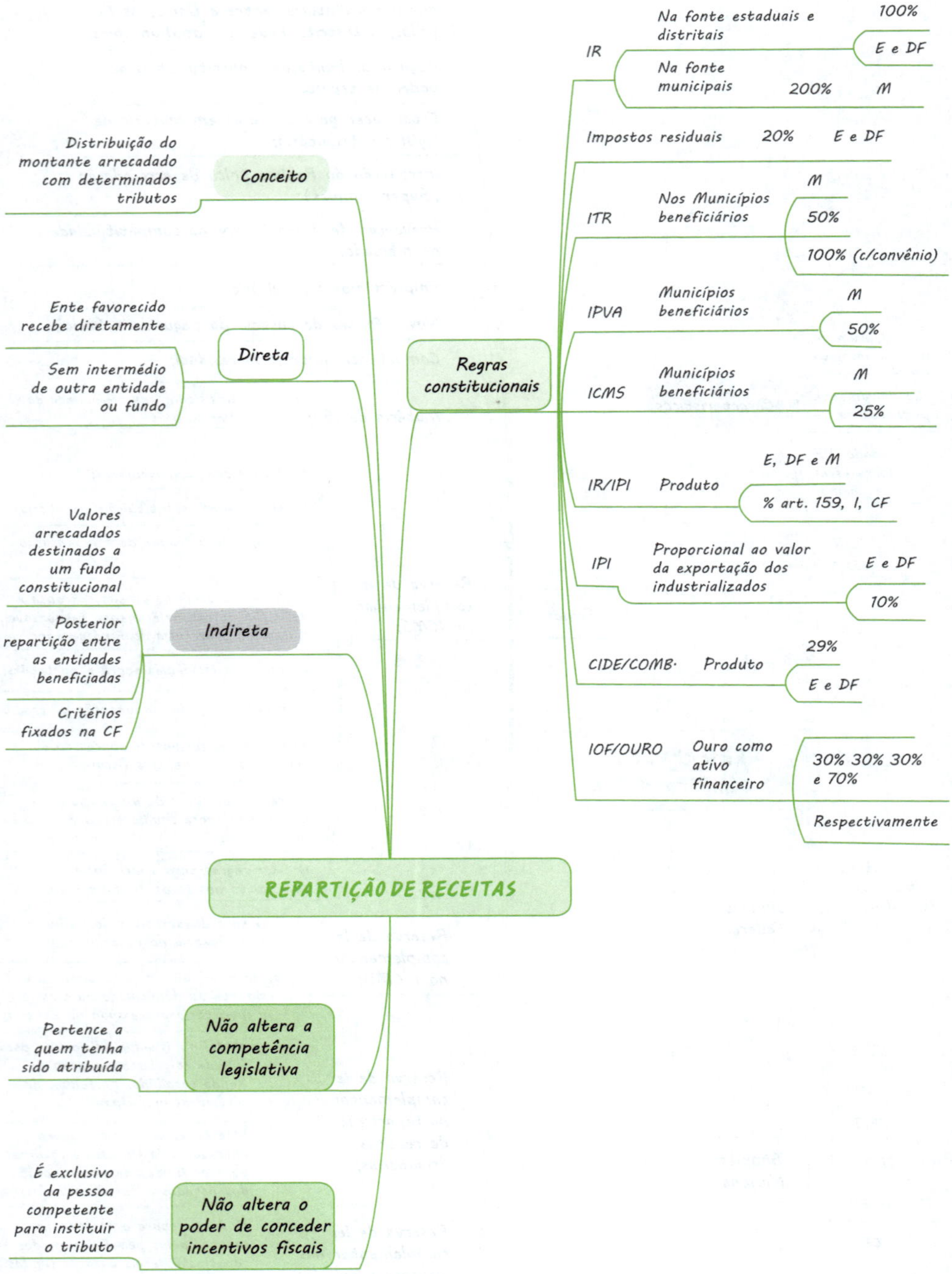

20.9 TRIBUTOS EM ESPÉCIE

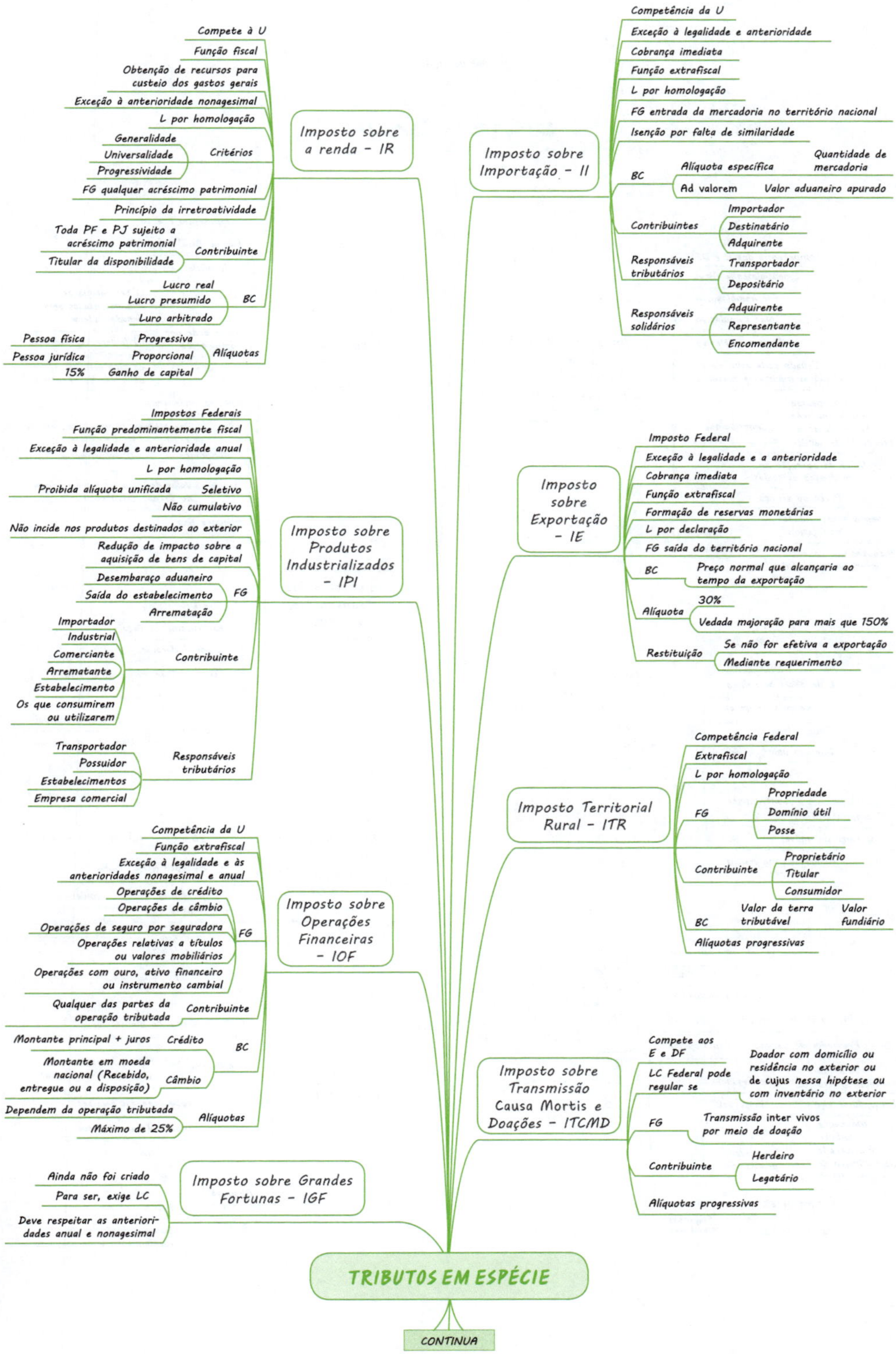

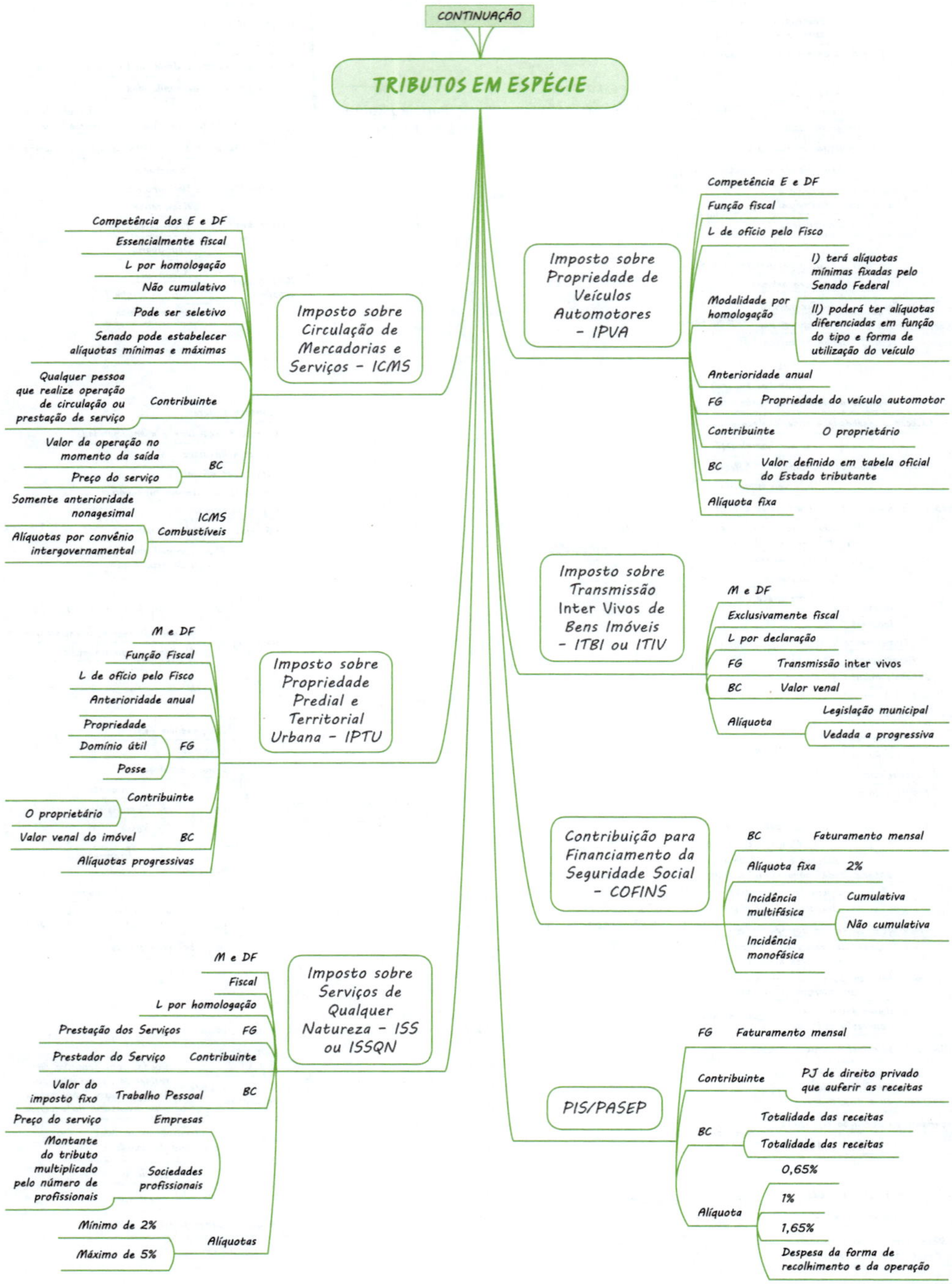
CONTINUAÇÃO
TRIBUTOS EM ESPÉCIE
Imposto sobre Circulação de Mercadorias e Serviços – ICMS
Competência dos E e DF
Essencialmente fiscal
L por homologação
Não cumulativo
Pode ser seletivo
Senado pode estabelecer alíquotas mínimas e máximas
Contribuinte
Qualquer pessoa que realize operação de circulação ou prestação de serviço
BC
Valor da operação no momento da saída
Preço do serviço
ICMS Combustíveis
Somente anterioridade nonagesimal
Alíquotas por convênio intergovernamental
Imposto sobre Propriedade de Veículos Automotores – IPVA
Competência E e DF
Função fiscal
L de ofício pelo Fisco
Modalidade por homologação
I) terá alíquotas mínimas fixadas pelo Senado Federal
II) poderá ter alíquotas diferenciadas em função do tipo e forma de utilização do veículo
Anterioridade anual
FG
Propriedade do veículo automotor
Contribuinte
O proprietário
BC
Valor definido em tabela oficial do Estado tributante
Alíquota fixa
Imposto sobre Propriedade Predial e Territorial Urbana – IPTU
M e DF
Função Fiscal
L de ofício pelo Fisco
Anterioridade anual
FG
Propriedade
Domínio útil
Posse
Contribuinte
O proprietário
BC
Valor venal do imóvel
Alíquotas progressivas
Imposto sobre Transmissão Inter Vivos de Bens Imóveis – ITBI ou ITIV
M e DF
Exclusivamente fiscal
L por declaração
FG
Transmissão inter vivos
BC
Valor venal
Alíquota
Legislação municipal
Vedada a progressiva
Contribuição para Financiamento da Seguridade Social – COFINS
BC
Faturamento mensal
Alíquota fixa
2%
Incidência multifásica
Cumulativa
Não cumulativa
Incidência monofásica
Imposto sobre Serviços de Qualquer Natureza – ISS ou ISSQN
M e DF
Fiscal
L por homologação
FG
Prestação dos Serviços
Contribuinte
Prestador do Serviço
BC
Trabalho Pessoal
Valor do imposto fixo
Empresas
Preço do serviço
Sociedades profissionais
Montante do tributo multiplicado pelo número de profissionais
Alíquotas
Mínimo de 2%
Máximo de 5%
PIS/PASEP
FG
Faturamento mensal
Contribuinte
PJ de direito privado que auferir as receitas
BC
Totalidade das receitas
Totalidade das receitas
Alíquota
0,65%
1%
1,65%
Despesa da forma de recolhimento e da operação

20.10 HIPÓTESE DE INCIDÊNCIA E FATO GERADOR

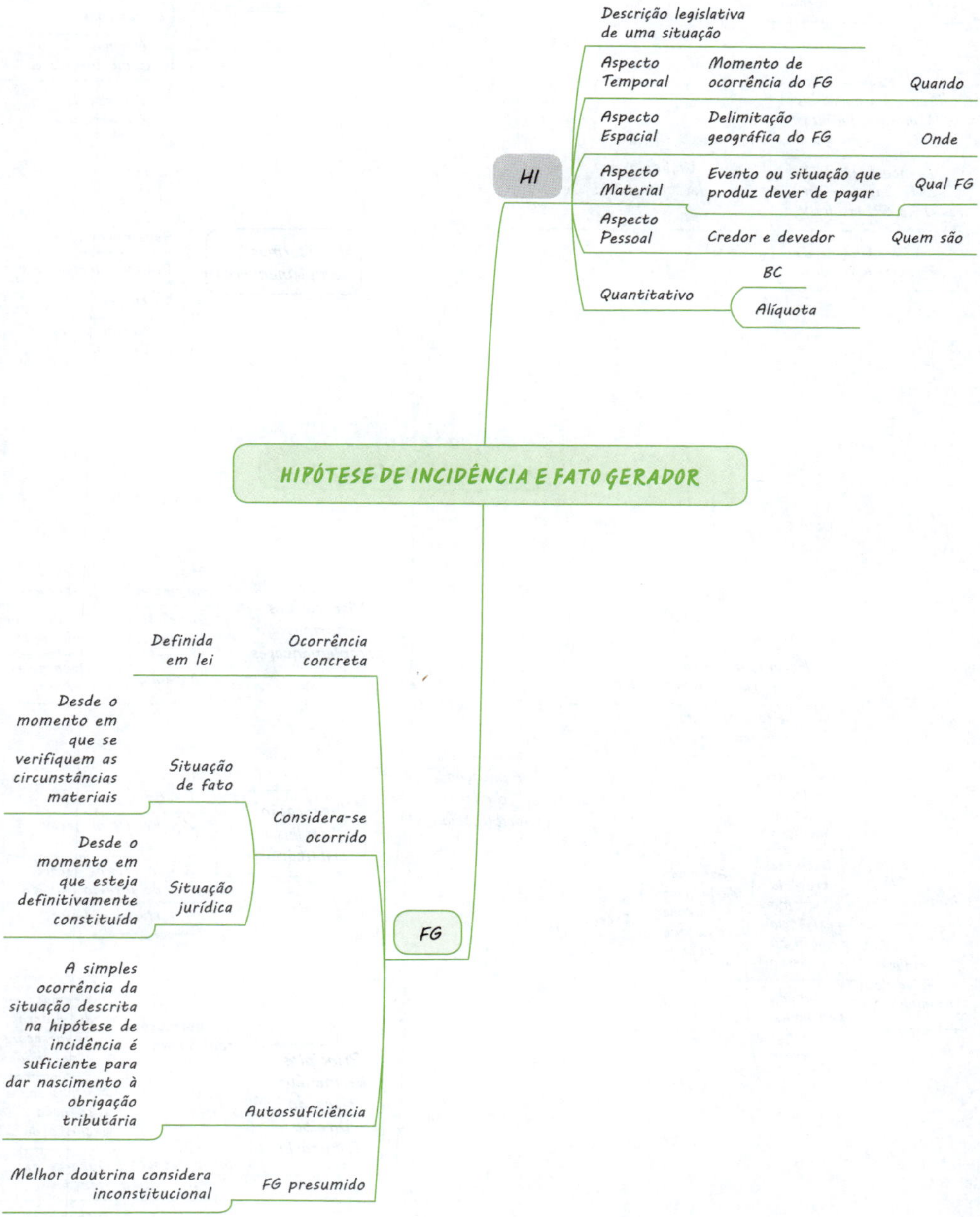

20.11 CÓDIGO TRIBUTÁRIO E LEGISLAÇÃO TRIBUTÁRIA

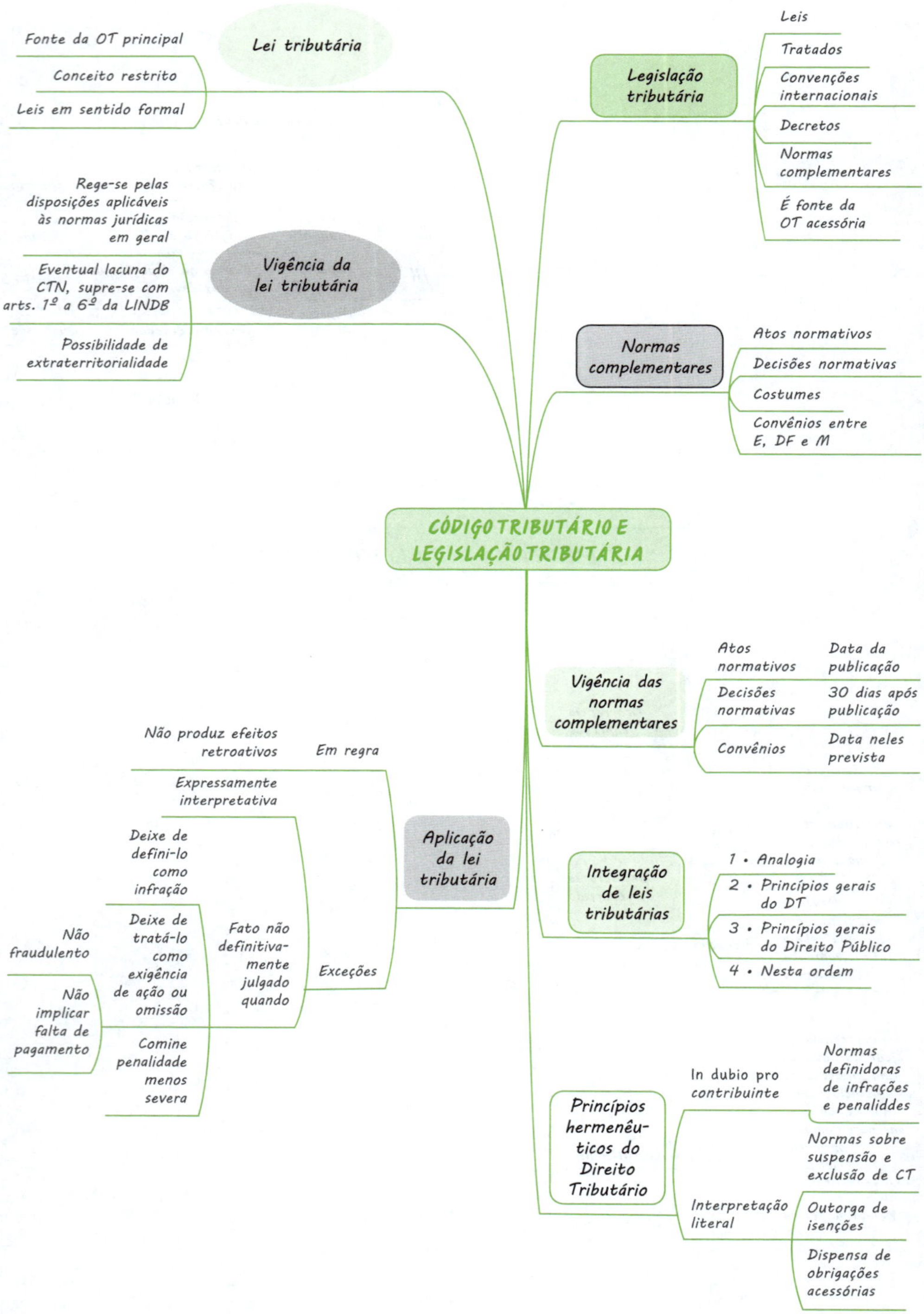

20.12 OBRIGAÇÃO TRIBUTÁRIA

OBRIGAÇÃO TRIBUTÁRIA

- Nasce com a ocorrência do FG
- Conceito
  - Relação jurídica entre credor e devedor
  - Instituída por lei
  - Submetida aos princípios e normas do DT
- Objetivo
  - Prestações de
    - Dar
    - Fazer
    - Não Fazer
- Contribuinte de fato
  - Ou indireto
  - Sofre diminuição patrimonial decorrente do pagamento
- Contribuinte de direito
  - Quem recolhe o tributo
- Princípio da Repercussão
  - A restituição de tributos indiretos só pode ser feita pelo contribuinte de direito se houver comprovação de que não repassou para o contribuinte de fato o valor do encargo financeiro
- Domicílio Tributário
  - Natureza quesível Ou querable
    - É a paga no domicílio do credor
  - Salvo disposição em contrário o pagamento será no domicílio do suj. passivo
  - Pode ser eleito pelo devedor
  - Fisco pode recusar discricionariamente
  - Pessoas físicas
    - Residência habitual
  - Pessoas jurídicas
    - Local da sede
    - Atos ou fatos que originaram: local de cada estabelecimento
  - PJ de dir. público
    - Qualquer de suas repartições no território da entidade tributante
- Crime de sonegação
  - Exige dolo
  - O pagamento a qualquer tempo extingue a punibilidade
  - Parcelamento antes do recebimento da denúncia suspende a pretensão punitiva
- Norma antielisiva
  - Art. 116, parágrafo único, CTN
- Teoria do Abuso das Formas
  - Combater fraudes
  - Evitar manobras de elusão
  - Pressupõe prova da intenção do contribuinte
  - Minoritária na doutrina e na jurisprudência
- OT principal
  - Surge com o FG
  - O objetivo é o pagamento
    - Tributo
    - Penalidade
  - Extingue com os créditos dela decorrentes
- OT acessória
  - Dever tributário instrumental
  - Prestações de objeto
    - Fazer
    - Não fazer
  - Interesse de arrecadação e fiscalização tributárias
  - Independe da OT principal
- Solidariedade
  - Não existe solidariedade ativa entre credores
  - Então solidariedade é sempre passiva
  - Somente pode ser prevista em lei
  - Não se presume
  - São solidárias pessoas com interesse comum na situação
  - Nunca comporta benefício de ordem
    - O Fisco pode escolher entre os solidários
  - Efeitos
    - O pagamento de um aproveita aos demais
    - Isenção ou remissão exonera a todos
    - Interrupção da prescrição favorece ou beneficia os demais
- Responsável tributário
  - Tem obrigação de recolher tributos decorrente de expressa previsão legal
  - Não é o contribuinte
- O Estado pode figurar no polo passivo
- Elisão
  - Práticas lícitas
  - Antes da ocorrência do FG
  - Para economizar no pagamento
- Evasão
  - Conduta ilícita
  - Após FG
  - Para frustar intencionalmente o recolhimento
- Elusão
  - Ato jurídico simulado
  - Visa recolher tributo a menor

20.13 RESPONSABILIDADE TRIBUTÁRIA

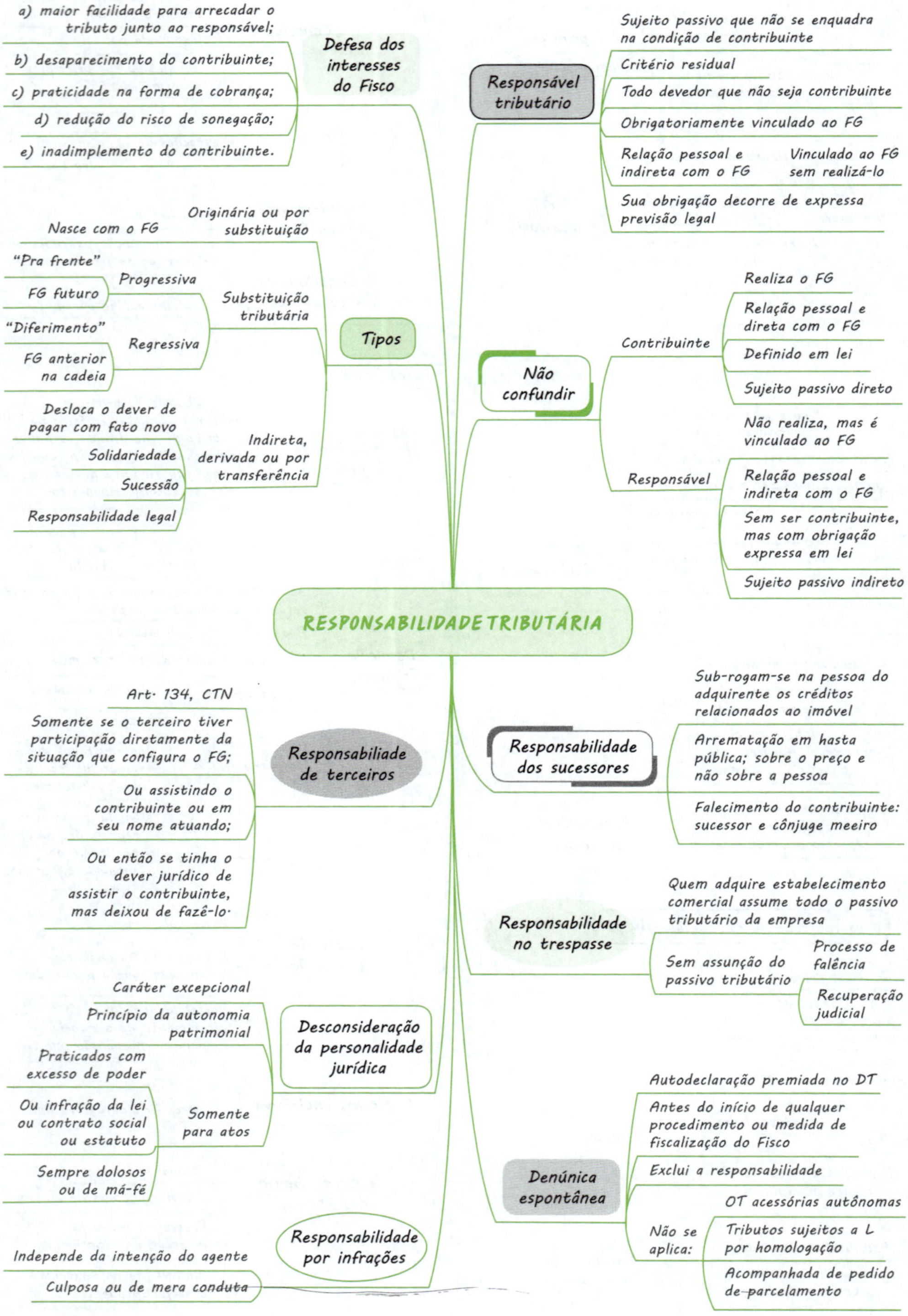

20.14 LANÇAMENTO

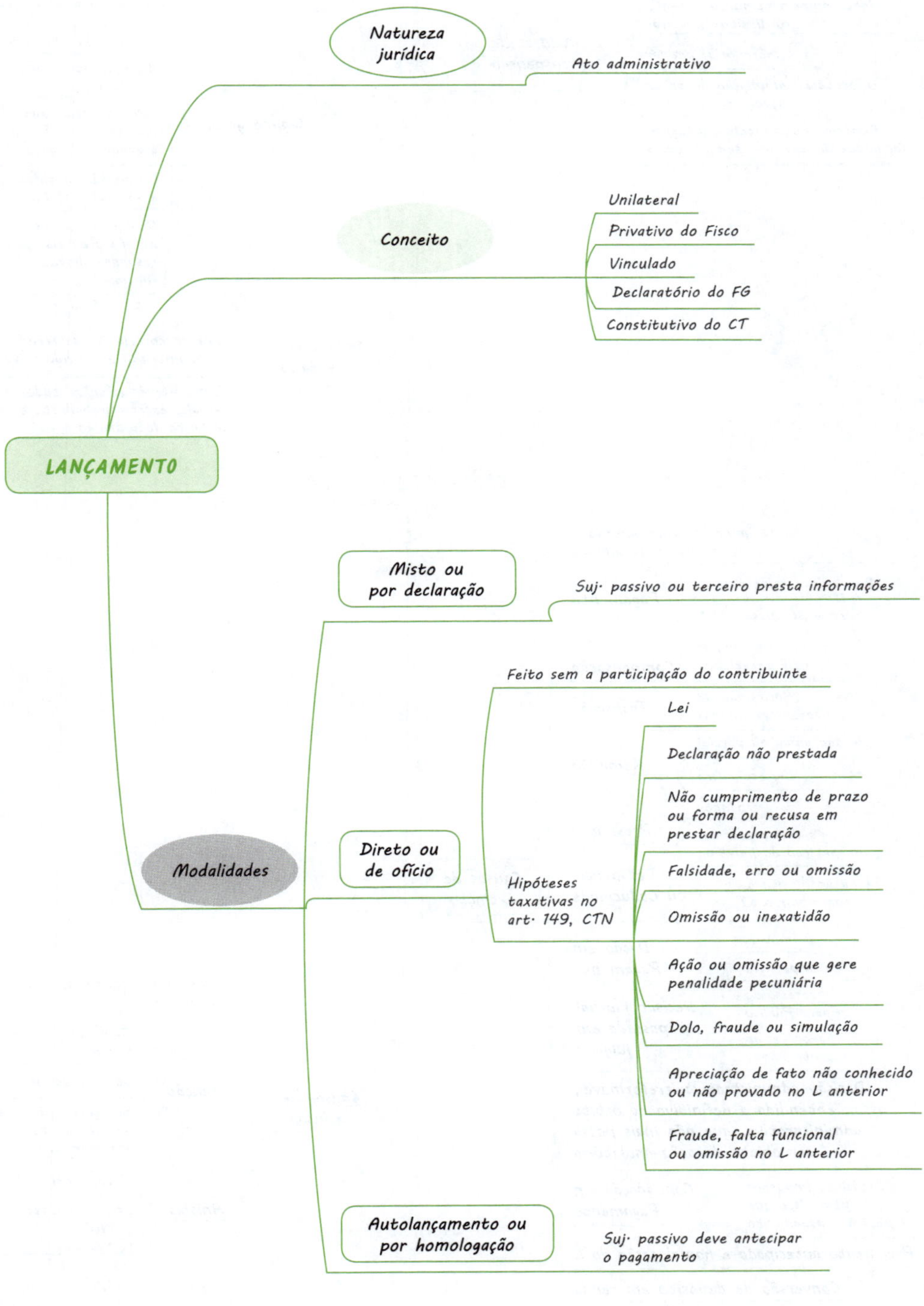

20.15 CRÉDITO TRIBUTÁRIO

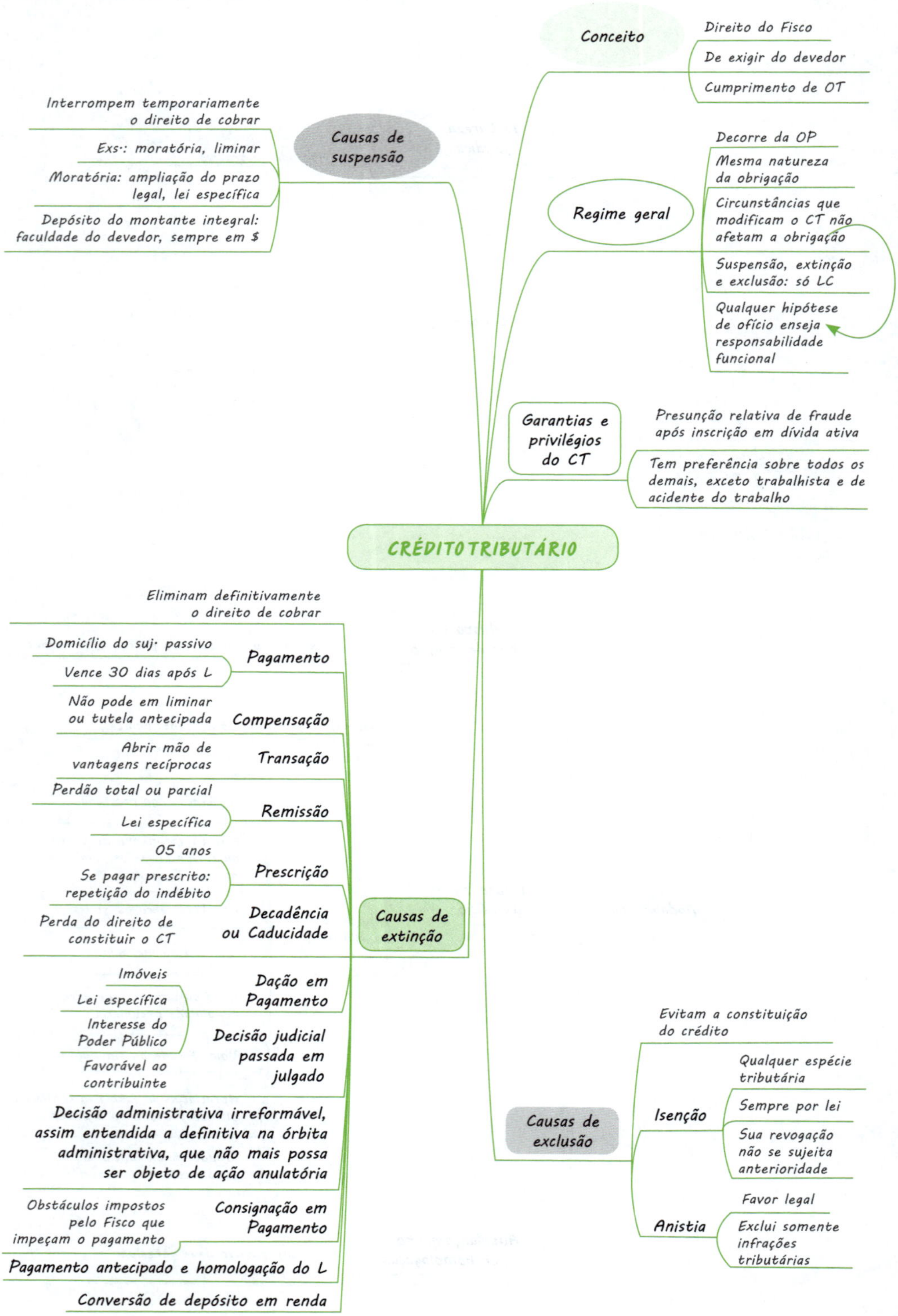

20.16 ADMINISTRAÇÃO TRIBUTÁRIA

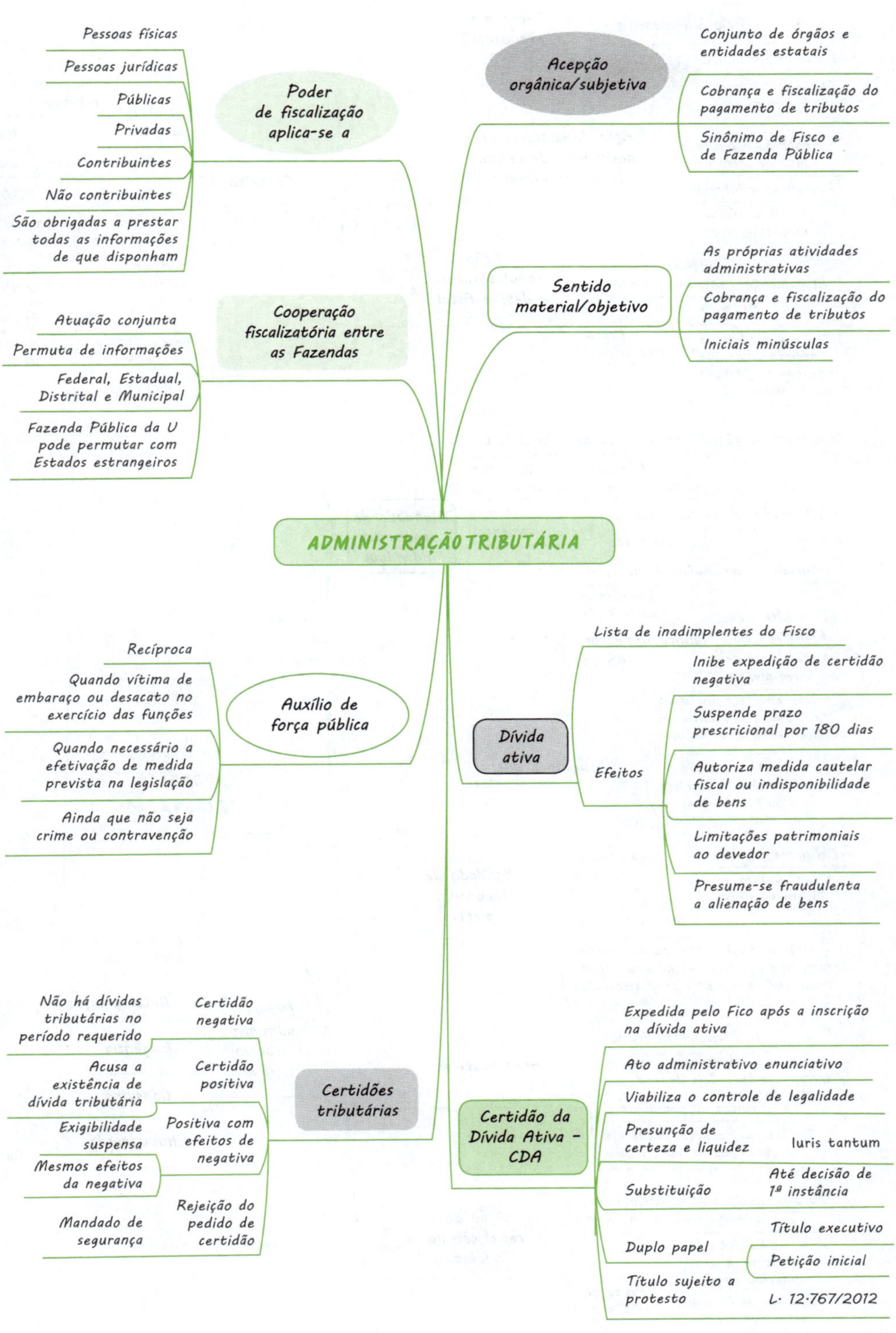

20.17 PROCESSO TRIBUTÁRIO

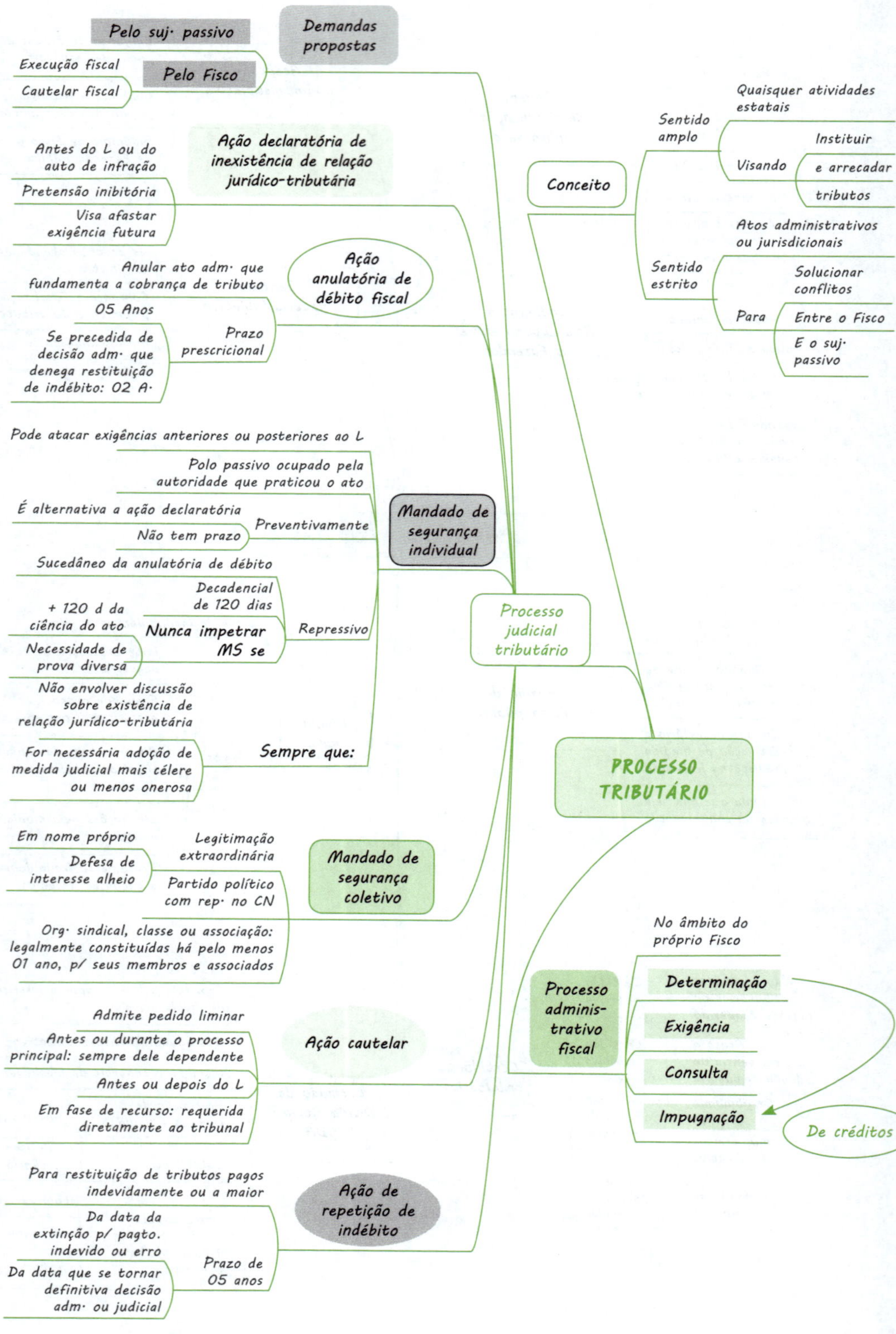

BIBLIOGRAFIA

ALEXANDRE, Ricardo. *Direito Tributário Esquematizado.* 7. ed. São Paulo: Método, 2013.

AMARO, Luciano. *Direito Tributário Brasileiro.* 14. ed. São Paulo: Saraiva, 2008.

ATALIBA, Geraldo. *Hipótese de Incidência Tributária.* 5. ed. São Paulo: Malheiros Editores, 1997.

BALEEIRO, Aliomar. *Direito Tributário Brasileiro.* 11. ed. Rio de Janeiro: GEN, 2010.

BARREIRINHAS, Robinson Sakiyama. *Manual de Direito Tributário.* São Paulo: Método, 2006.

BARRETO, Ayres. Vedação ao Efeito do Confisco. *Revista de Direito Tributário*, v. 64, 1994.

CARRAZZA, Roque Antonio. *Curso de Direito Constitucional Tributário.* 29. ed. São Paulo: Malheiros Editores, 2013.

CARVALHO, Paulo de Barros. *Curso de Direito Tributário.* 23. ed. São Paulo: Saraiva, 2011.

COÊLHO, Sacha Calmon Navarro. *Curso de Direito Tributário Brasileiro.* 11. ed. Rio de Janeiro: Forense, 2011.

COSTA, Regina Helena. *Curso de Direito Tributário.* 2. ed. São Paulo: Saraiva, 2012.

_____. *O Princípio da Capacidade Contributiva.* 4. ed. São Paulo: Malheiros Editores, 2012.

FREITAS, Vladimir Passos de (org.). *Código Tributário Nacional Comentado.* 5. ed. São Paulo: Revista dos Tribunais, 2011.

GODOI, Marciano Seabra de. *Crítica à Jurisprudência Atual do STF em Matéria Tributária.* São Paulo: Dialética, 2011.

_____. *Sistema Tributário Nacional na Jurisprudência do STF.* São Paulo: Dialética, 2002.

GRECO, Marco Aurélio. *Contribuições de Intervenção no Domínio Econômico e Figuras Afins.* São Paulo: Dialética, 2001.

HARADA, Kiyoshi. *Direito Financeiro e Tributário*. 23. ed. São Paulo: Atlas, 2014.

JARDIM, Eduardo Marcial Ferreira. *Manual de Direito Tributário e Financeiro*. 12. ed. São Paulo: Saraiva, 2011.

MACHADO, Hugo de Brito. *Curso de Direito Tributário*. 35. ed. São Paulo: Malheiros Editores, 2014.

_____. *Os Princípios Jurídicos da Tributação na Constituição de 1988*. 5. ed. São Paulo: Dialética, 2004.

MAZZA, Alexandre; PINTO, Tatiana Freire. *Dicionário de Jurisprudência Tributária*. São Paulo: Quartier Latin, 2006.

_____. *Manual de Direito Administrativo*. 10. ed. São Paulo: Saraiva, 2020.

_____. *Noções Elementares de Direito Tributário*. 2. ed. São Paulo: EDJ, 2009.

MELO, José Eduardo Soares de. *Curso de Direito Tributário*. 7. ed. São Paulo: Dialética, 2007.

_____. *ICMS:* teoria e prática. 7. ed. São Paulo: Dialética, 2004.

MORAES, Bernardo Ribeiro de. *Compêndio de Direito Tributário*. São Paulo: Forense, 1987.

OLIVEIRA, Jorge Antônio Bezerra. *Direito Tributário*. São Paulo: Editora Livrus.

PAULSEN, Leandro. *Direito Tributário à Luz da Doutrina e da Jurisprudência*. 9. ed. Porto Alegre: Livraria do Advogado, 2007.

ROCHA, João Marcelo. *Direito Tributário*. 5. ed. Rio de Janeiro: Editora Ferreira, 2007.

SABBAG, Eduardo de Moraes. *Manual de Direito Tributário*. São Paulo: Saraiva, 2009.

SCHOUERI, Luís Eduardo. *Direito Tributário*. São Paulo: Saraiva, 2011.

SOUZA, Rubens Gomes de. *Compêndio de Legislação Tributária*. São Paulo: Forense, 1993.

TORRES, Ricardo Lobo. *Curso de Direito Financeiro e Tributário*. 18. ed. Rio de Janeiro: Renovar, 2011.

XAVIER, Alberto. *Manual de Direito Fiscal*. Lisboa: Almedina, 1981.